D1689084

TEXTE ZUR GESCHICHTE DES PIETISMUS
ABT. II, BAND 5

TEXTE ZUR GESCHICHTE DES PIETISMUS

IM AUFTRAG DER
HISTORISCHEN KOMMISSION
ZUR ERFORSCHUNG DES PIETISMUS
HERAUSGEGEBEN VON
MANFRED JAKUBOWSKI-TIESSEN · HANS OTTE ·
HANS SCHNEIDER · HANS-JÜRGEN SCHRADER

ABT. II

AUGUST HERMANN FRANCKE
SCHRIFTEN UND PREDIGTEN

HERAUSGEGEBEN VON
ERHARD PESCHKE †

BAND 5

De Gruyter

AUGUST HERMANN FRANCKE

SCHRIFTEN ZUR BIBLISCHEN HERMENEUTIK II

NACH VORARBEITEN VON

ERHARD PESCHKE †

HERAUSGEGEBEN VON

CHRISTIAN SOBOTH

UNTER MITARBEIT VON HANS GOLDENBAUM, AMREI KOCH,
MARIA PECUSA, CHRISTOPH VALENTIN UND
MIRJAM BLUMENSCHEIN

De Gruyter

ISBN 978-3-11-007138-2
e-ISBN 978-3-11-030628-6

Library of Congress Control Number: 2018936693

Bibliografische Information der Deutschen Nationalbibliothek

Die Deutsche Nationalbibliothek verzeichnet diese Publikation in der Deutschen Nationalbibliografie; detaillierte bibliografische Daten sind im Internet über http://dnb.dnb.de abrufbar.

© 2018 Walter de Gruyter GmbH, Berlin/Boston
Satz: Meta Systems Publishing & Printservices GmbH, Wustermark
Druck und Bindung: Hubert & Co. GmbH & Co. KG, Göttingen
♾ Gedruckt auf säurefreiem Papier
Printed in Germany
www.degruyter.com

Inhaltsverzeichnis

Vorwort VII
Editorischer Bericht IX
Abkürzungsverzeichnis XI
Einleitung XIII

Programmata 1, 3, 5, 7, 8, 15 (1714) 1

Praelectiones Hermeneuticae (1716) 75

Commentatio de scopo librorum AT und NT (1724) 173

Introductio ad lectionem Prophetarum 269
    I. Generalis, II. Specialis ad lectionem Jonae (1724)

Erklärung der Psalmen Davids (1730) 389
    a) Einleitung in den Psalter 396
    b) Erklärung des 1. Psalms 431
    c) Erklärung des 2. Psalms 441
    d) Erklärung des 139. Psalms v. 1–3 465
    e) Erklärung des 139. Psalms v. 4–5 477

Anhang
Zur Jesajavorlesung 493
Praeliminaria in Jesaiam (1709) 500

Verzeichnis der von Francke genannten oder zitierten Schriften 553

Bibelstellenregister 565
Personenregister 587
Sachregister 591

Vorwort

Der vorliegende Band enthält die späten Schriften August Hermann Franckes zur biblischen Hermeneutik. Sie wurden in der Zeit zwischen 1714 und 1724 bzw. nach seinem Tode 1730 durch seinen Sohn veröffentlicht. Ein Vergleich der vorliegenden Drucke mit den frühen Schriften Franckes lässt erkennen, dass es in seinem hermeneutischen Spätwerk zu einem Strukturwandel gekommen ist.

Während Francke anfangs die Revision seiner Schriften selbst durchführte, hat er später die vorbereitende Durchsicht der studentischen Nachschriften weitgehend seinen Mitarbeitern überlassen, die Editionen jedoch abschließend durch eine *Praefatio ad lectorem* autorisiert.

Da ich seit einiger Zeit gehbehindert bin, musste ich bei Abschluss meiner Arbeit mehrfach um Unterstützung bitten. Herrn Prof. Dr. Dr. Drs. h.c. Paul Raabe, dem Direktor der Franckeschen Stiftungen, danke ich recht herzlich für die Bereitstellung von Texten, Herrn Prof. Dr. Udo Sträter für die Kontaktaufnahme zum Verlag de Gruyter, zur Deutschen Forschungsgemeinschaft und zur Historischen Kommission zur Erforschung des Pietismus, Herrn Prof. Dr. Arno Sames für mancherlei Hilfe. Mein Dank gilt ferner Herrn Prof. Dr. Ulrich Köpf und dem von ihm geleiteten Institut für Spätmittelalter und Reformation in Tübingen für den Nachweis von Lutherstellen und Herrn Dozent Dr. sc. Heinz Berthold in Halle/Saale für die Verifizierung von Kirchenväterzitaten.

Halle/Saale, d. 1. Mai 1995 ERHARD PESCHKE

Für die Unterstützung bei der Fortführung und der Vollendung der von Herrn Peschke und den von ihm genannten Mitarbeitern begonnenen Arbeit dankt der Herausgeber Amrei Koch, Maria Pecusa, Mirjam Blumenschein, Christoph Valentin und Hans Goldenbaum.

Halle a. d. Saale, 19. Januar 2018 CHRISTIAN SOBOTH

Editorischer Bericht

Allgemein

Die editorischen Richtlinien des vorliegenden Bandes lehnen sich an die von Erhard Peschke im Vorwort des ersten Bandes aufgestellten an,[1] wurden allerdings gewissenhaft modernisiert. Dem vorliegenden Band liegen sowohl von Francke autorisierte Drucke als auch eine Handschrift zugrunde.

Drucke

Der Abdruck der Drucke erfolgt buchstabengetreu, die Groß- und Kleinschreibung entspricht der Textvorlage. Abkürzungen werden unverändert übernommen, die Interpunktion wird textgemäß wiedergegeben. Der Frakturaufsatz wurde durch Antiqua, der Frakturbindestrich durch Antiquabindestrich ersetzt, der in den älteren Frakturdrucken der Zeit Franckes als Komma gebräuchliche Schrägstrich jedoch beibehalten. Drucktechnisch bedingte Kürzungen von Doppelbuchstaben wurden stillschweigend aufgelöst, weitergehend wurde jedoch nicht in den Text eingegriffen, so bei Druckfehlern. Die Gliederung entspricht der Textvorlage. Die Seitenzählung der Drucke wird im laufenden Text in Spitzklammern notiert. Hervorhebungen durch Fettdruck werden kursiv wiedergegeben.

Handschrift

Auch der Abdruck der Handschrift erfolgt buchstabengetreu, jedoch sind Groß-und Kleinschreibung oftmals nicht unterscheidbar. Hier wurde kontextbezogen entschieden. Marginalien werden in der Marginalspalte übernommen. Sinnvolle Ergänzungen durch den Herausgeber sind durch eckige Klammern gekennzeichnet. In der Handschrift zu findende, aber offenbar falsche Worte wurden in eckige Klammern gesetzt. Die kaum gegliederte Mitschrift wurde zur Verbesserung der Lesbarkeit kontextbezogen durch Absätze gegliedert. Die Blatt- bzw. Seitenzählung der Handschriften wird im laufenden Text in Spitzklammern notiert. Die zahlreichen, teilweise individuellen Abkürzungen wurden

---

[1] Erhard Peschke: Vorwort. In: August Hermann Francke: Streitschriften. Hg. v. dems. Berlin, New York 1981 (TGP II.1), VII.

stillschweigend aufgelöst. Griechische und hebräische Zitate wurden buchstabengetreu übernommen, sprachliche Fehler aber im textkritischen Apparat angezeigt.

Textkritischer und historisch-kritischer Apparat

Hochgestellte lateinische Kleinbuchstaben im Text verweisen auf den textkritischen Apparat. Dort werden bei den Drucken Abweichungen in Handschriften und anderen Drucken notiert, sofern sie Wortlaut und Sinngehalt betreffen. Unterschiede in der Orthographie und bei Abkürzungen werden im Einzelnen nicht berücksichtigt. Bei Handschriften werden im textkritischen Apparat insbesondere Streichungen, Korrekturen, Einfügungen (auch aus dem Rand) und sonstige Besonderheiten vermerkt.

Hochgestellte arabische Ziffern im Text verweisen auf den historisch-kritischen Apparat. Dort finden sich unter anderem genaue Angaben zur zitierten Literatur. Des Weiteren werden hier die Fußnoten aus dem Original wiedergegeben.

Abkürzungsverzeichnis

I. Archive und Bibliotheken

AFSt   Archiv der Franckeschen Stiftungen zu Halle
BFSt   Bibliothek der Franckeschen Stiftungen zu Halle

II. Quellen und Untersuchungen

AGP 15   E. Peschke, Bekehrung und Reform, Ansatz und Wurzeln der Theologie August Hermann Franckes. Bielefeld 1977.
AGP 20   M. Schmidt, Der Pietismus als theologische Erscheinung. Göttingen 1984.
Bekenntnisschriften
         Die Bekenntnisschriften der evangelisch-lutherischen Kirche. Berlin 1960^5.
CCSL   Corpus Christianorum Series Latina. Tournhout 1954 ff.
CSEL   Corpus scriptorum eccleseasticorum latinorum. Wien 1866 ff.
de Boor F. de Boor, A. H. Franckes Beitrag zu einer umfassenden Interpretation der Römerbriefvorrede Luthers (I) und (II). Erhard Peschke zum 75. Geburtstag. In: ThLZ 1982, 107, 573–586, 649–658.
Kramer, Francke II
         G. Kramer, August Hermann Francke. Ein Lebensbild. Bd. II. Halle 1882.
MSG   J.-P. Migne (Hrsg.), Patrologiae cursus completus, series graeca. Paris 1857 ff.
MSL   J.-P. Migne (Hrsg.), Patrologiae cursus completus, series latina. Paris 1844 ff.
Nebe   A. Nebe, Neue Quellen zu August Hermann Francke. Gütersloh 1927.
RGG   Die Religion in Geschichte und Gegenwart. Tübingen ^{4}2008.
Studien I/II
         E. Peschke, Studien zur Theologie August Hermann Franckes. 2 Bde. Berlin 1964/1966.
TGP II.4 August Hermann Francke, Schriften zur biblischen Hermeneutik I, hrsg. v. E. Peschke (†), zum Druck befördert v. U. Sträter u. C. Soboth, TGP II.4. Berlin, New York 2003.
TGP II.9 August Hermann Francke, Predigten I, hrsg. v. E. Peschke, TGP II/9. Berlin, New York 1987.
ThLZ   Theologische Literaturzeitung.
TRE   Theologische Realenzyklopädie. Berlin, New York 1977 ff.
WA   D. Martin Luthers Werke, Kritische Gesamtausgabe. Weimar 1883 ff. (Weimarer Ausgabe).
WWD II   August Hermann Francke, Oeffentliches Zeugniß Von dem Worte Gottes, Wie solches Unter göttlichem Seegen recht zulesen, und zum heilsamen Nitz und Gebrauch anzuwenden ist, Zu Pflantzung einer gründlichen, lebendigen, und gegen allen Wind menschlicher Lehren bestehenden Erkänntniß Gottes, In verschiedene Schrifften verfasset, Welche zu gleichem Zweck ordentlich zusammen getragen, auch theils vermehret und theils zum erstenmal ans Licht gegeben sind. Halle/Saale 1702.

Die Zitationen der griechischen und lateinischen Kirchenväter dienen dem Auffinden und Vergleichen in den modernen Ausgaben. Bei den nichtchristlichen antiken Autoren werden Ausgaben nicht namhaft gemacht, wenn eingeführte Buch-, Kapitel- und Paragraphenzählungen bestehen. Bloße Erwähnungen ihrer Werke sind nicht mit einzelnen Werkausgaben belegt, erscheinen aber im Personenregister.

Für die Kirchenväter kann auch die Notierung nach Mignes Corpus (MSG und MSL) stehen; als Ausgabekonkordanz stehen zur Verfügung:
Clavis Patrum Graecorum vol. II: Ab Athanasio ad Chrysostomum, Tournhout 1974; vol. III: A Cyrillo Alexandrino ad Johannem Damascenum, ebd. 1979
Clavis Patrum Latinorum (= Sacris Erudiri III), Steenbrugge 1961².

Im Abkürzungsverzeichnis nicht aufgenomme Ausgaben sind zur Stelle notiert. Zitate in Zitaten konnten nicht in allen Fällen nachgewiesen werden.

Einleitung

I.

Nach seiner Bekehrung hat Francke in den Vorlesungen zunächst Texte des Neuen Testamentes behandelt. Offenkundig unter dem überwältigenden Eindruck seiner Erfahrung „der Gnade Gottes in Christo Jesu" hat er nach seiner Rückkehr in Leipzig im Jahre 1689 bis zum Verbot seiner exegetischen Kollegs ausschließlich Vorlesungen über paulinische Briefe gehalten und später auch seinen *Lectiones paraeneticae* stets neutestamentliche Texte zugrunde gelegt. Allen diesen der Exegese des Neuen Testamentes zugeordneten Vorlesungen und Reden ist eine praktisch-erbauliche Ausrichtung eigen. Auch bei der Erklärung der Evangelien in den Jahren 1711, 1715 und 1717 handelt es sich um Erbarmungsreden, die in den so genannten Singstunden gehalten wurden. Nach 1714/16 lässt sich kein neutestamentliches Kolleg Franckes mehr nachweisen.

Von anderer Art waren seine Vorlesungen über das Alte Testament, mit dem er sich bereits vor seiner Bekehrung intensiv beschäftigt hatte. Am Beginn seiner akademischen Tätigkeit 1685 steht die *Dissertatio philologica de grammatica hebraica*. Auch in der Folgezeit hat er sich in seinen wissenschaftlichen Vorlesungen vornehmlich der Exegese alttestamentlicher Texte zugewandt. Von seinen im Collegium philobiblicum vorgetragenen Studien ist uns nur die auf den 29. Juni 1687 datierte *Enarratio* von 1. Mose 7,10–17 erhalten, die uns einen Einblick in die Art seiner damaligen Lehrweise vermittelt.

Seit 1692 Professor des Griechischen und der orientalischen Sprachen, dann seit 1698 Professor der Theologie in Halle, hat sich Francke in seinen Forschungen immer intensiv dem Alten Testament zugewandt. Außer einer allgemeinen Einführung in das Alte Testament (1698 f., 1706, 1712 und 1723 f.) hat er Vorlesungen über die Psalmen (1692, 1702 und 1713 f., 1704–1707 als Erbauungsreden in den Singstunden) und die Propheten (1707 f., 1720 und 1723 f.), ferner Vorlesungen über einzelne alttestamentliche Bücher, über Jona (1707 f.), Joel (1708), Jesaja (1709–1712) und Maleachi (1716), sowie im Rahmen eines kursorischen Kollegs Vorlesungen über die Bücher Genesis bis Esra (1717–1723) gehalten, gelegentlich auch theologisch ergiebige alttestamentliche Einzeltexte behandelt (1716).

II.

Francke hat seine *Lectiones paraeneticae* und seine Vorlesungen in den Singstunden, in denen er eine praktisch-erbauliche Schriftauslegung bot, in deutscher Sprache gehalten. Sie wurden ebenso wie seine Predigten nach hallescher Methode von Studenten nachgeschrieben und nach erfolgter Revision von ihm bzw. nach seinem Tode von seinem Sohn in deutscher Sprache veröffentlicht.

Seine wissenschaftlichen Publikationen dagegen, sowohl seine *Dissertatio philologica de grammatica hebraica* 1685 und seine *Manuductio ad lectionem scripturae sacrae* 1693 als auch seine später in den Jahren 1714, 1717, 1723 und 1724 edierten hermeneutisch-exegetischen Werke sind in lateinischer Sprache erschienen.

Da die Nachschriften dieser für den Druck vorbereiteten wissenschaftlichen Vorlesungen nicht mehr vorhanden sind, lässt sich nicht feststellen, in welcher Gestalt Francke sie tatsächlich durchgeführt hat. Dabei wäre auch zu beachten, dass der in der Frühzeit, jedenfalls bis 1702, die Revision der Nachschriften bzw. der Neuauflagen seiner Drucke selbst vorgenommen hat, während er später weithin seine Mitarbeiter mit der Revision beauftragte.

Nun ist uns von der nicht veröffentlichten Jesaja-Vorlesung Franckes nicht nur die offenbar für den Druck vorbereitete lateinische Reinschrift erhalten, sondern auch die studentische Nachschriftensammlung, die mit zahlreichen Korrekturen, Ergänzungen, Streichungen, Zusammenfassungen und Umstellungen versehen ist, die der mit der Revision beauftragte Inspektor vorgenommen hat.

Aus diesem handschriftlichen Material ist nun eindeutig zu erkennen, dass Francke in seinen Vorlesungen die lateinischen Diktate laufend durch oft umfangreiche deutsche Diskurse ergänzt hat, die sowohl philologische, historisch-kritische, exegetische und hermeneutische Erläuterungen als auch praktische Hinweise auf den Verlauf der Vorlesungen und erbauliche Ausführungen enthalten.

Auf Grund dieser Manuskripte darf man annehmen, dass auch die anderen in lateinischer Sprache erschienenen Drucke keine getreue Wiedergabe der von Francke im akademischen Raum vorgetragenen Vorlesungen sind, sondern literarische für den gelehrten Leser bestimmte Endprodukte einer wohl durchdachten Revision, gelegentlich auch eines komplizierten redaktionellen Prozesses, in dessen Verlauf alle deutschen Diskurse gestrichen wurden.

III.

In seinen *Praeliminaria in Jesaiam* hat Francke nun sowohl den Wert der Diktate als auch den Sinn der deutschen Diskurse in den Vorlesungen erläutert.

Zunächst geht er auf die Methode der Diktate ein, ohne ausdrücklich zu erwähnen, dass sie in lateinischer Sprache erfolgen.

Man gebe Diktate, damit die Studenten etwas in den Händen haben und sich jederzeit an das erinnern können, was im Kolleg vorgetragen wurde. Das Diktat soll keinen Kommentar ersetzen, es soll nur das diktiert werden, was die Hörer sonst nicht finden, ihnen aber für ihr Leben von Nutzen sei.

Wenn man nun im Kolleg nur diktieren würde, blieben etliche Ausführungen unzureichend und unklar. Manche Studenten würden dann auch aus den Vorlesungen fortbleiben, in der Meinung, dass sie das Diktierte ja nachschreiben könnten. Das hätte aber den Nachteil, dass sie die Dinge dann nur zur Hälfte begreifen würden.

Was den Ort eines Diktats betreffe, so sei es das Beste, es an den Anfang der jeweiligen Ausführungen zu stellen. Wenn den Hörern ein Diktat bereits vorliegt, können sie besser beurteilen, was sie während der Vorlesung noch zusätzlich notieren sollten. Sie brauchen dann nicht noch einmal aufzuschreiben, was bereits diktiert wurde. Wenn man ein Diktat erst am Schluss der Vorlesungen bringen würde, bestünde zuvor Unklarheit darüber, was zu notieren sei. Jedenfalls sollten die Hörer stets Feder, Tinte und Papier bereit haben, um richtige Ausführungen aufschreiben zu können.

Francke gibt den Studenten den dringenden Rat, keine Lektion zu versäumen, damit ihnen stets der Zusammenhang der Ausführungen klar ist und sie jederzeit den Anschluss an das vorher Gesagte finden. Bei einer Vorlesung über Jesaja z. B. hängt manchmal viel von einem bestimmten Wort des Propheten ab, das in den folgenden Kapiteln ausführlich behandelt wird. Wenn man nun den Anfang nicht gehört hat, wird einem das Folgende unklar bleiben. Auch wenn man einen diktierten Text nachschreibt, ist nicht immer deutlich, auf welchen Worten der eigentlich Nachdruck lag.

Francke erläutert ferner, weshalb er in seinen Vorlesungen auch deutsche Diskurse bringe. Mancher sei wohl in dem Wahn befangen, dass man etwas in deutscher Sprache nicht sachgemäß darstellen könne. Die Hörer sollten aber bedenken, dass sie das, was sie auf den Universitäten hören, anderen wieder in ihrer Muttersprache vermitteln müssen. Das dürfte ihnen doch dann viel leichter fallen, wenn sie es bereits in deutscher Sprache gehört hätten.

Es spreche zwar manches dafür, die Vorlesungen in lateinischer Sprache abzuhalten. Einigen Hörern, z. B. Ungarn, Franzosen und Engländern, würde man damit wohl einen Dienst erweisen, da manchem von ihnen anfangs die deutsche Sprache noch nicht so geläufig sei. Man sollte aber in den Vorlesungen auch deutsch reden, damit die deutschen Hörer alles gut verstehen. Mit dem Schulunterricht sei es an vielen Orten schlecht bestellt, so dass die Schüler dort zumeist nur schlechte Kenntnisse im Lateinischen erwerben. Mancher habe seine Mühe, ein lateinisches Buch zu lesen, fasse seinen Sinn nicht recht und könne auch nicht lateinisch darüber diskutieren. Wenn man die Vorlesungen nun nur lateinisch hielte, würden sich viele Querelen ergeben und die Hörer nur geringen Nutzen davon haben. Man wolle ja aber die Vorlesungen nicht nur pro forma halten oder um nur äußerlich seiner Amtspflicht zu genügen, sondern um den Hörern etwas fürs Leben zu vermitteln.

IV.

In den *Praeliminaria in Jesaiam* legt Francke das eigentliche Anliegen seiner exegetischen Vorlesungen dar. Er wollte in ihnen keinen ausführlichen Kommentar geben. Sein Leben würde nicht ausreichen, wenn er die ganze Bibel oder auch nur ein einziges biblisches Buch Satz für Satz erklären wollte. Es komme ihm vielmehr darauf an, den Hörern den Weg zu zeigen, wie sie dazu kommen, biblische Texte recht zu erklären. Sie sollen dazu angeleitet werden, nicht nur den im Kolleg behandelten Text zu verstehen, sondern auch jede andere Bibelstelle selbständig zu interpretieren. Sie dürfen sich nicht mit dem zufrieden geben, was sie auf dem Papier diktiert bekommen haben, sondern sollen zur selbständigen Interpretation biblischer Texte erzogen werden.

Von diesem Anliegen beseelt macht Francke seine Hörer mit den Grundsätzen der biblischen Hermeneutik bekannt. Von zentraler Bedeutung ist dabei der in der überlieferten lutherischen Inspirationslehre begründete Gedanke, dass *scriptura sui ipsius interpres* sei. Man müsse lernen, *scripturam ex scriptura et per scripturam* zu interpretieren. Aber wie kommt man dazu?

Francke zeigt nun wiederholt, wie der Exeget diese Forderung erfüllen kann. Ein Bibeltext darf niemals isoliert betrachtet werden. Man muss erkennen, dass er in der ganzen Bibel, in allen Schriften des Alten und Neuen Testaments lebendig ist. Dabei ist der rechte Weg des biblischen Studiums stets einzuhalten. Den Ausgangspunkt bildet stets das Neue Testament. An erster Stelle steht das Wort Christi, das uns in den Schriften der Evangelisten überliefert ist. Anschließend forscht man in den Briefen der Apostel. Dann wendet man sich den Büchern Mosis zu, den historischen Büchern des Alten Testaments, den Propheten, den Psalmen und schließlich den übrigen Hagiographa.

Francke verweist mehrfach auf seine *Introductio generalis in Prophetas*, in der er richtungsweisend hermeneutische Regeln aufgestellt hat. In den lateinischen Abschnitten seiner *Praeliminaria* führt er nochmals alle wichtigen *adminicula hermeneutica* auf, den *scopus*, die *antecedentia* und *consequentia*, die *parallela*, die *analogia fidei*, die *affectus* und die alle biblischen Texte umspannende Harmonie und Symmetrie.

Besonderen Wert schreibt Francke dabei den *parallela* auf die Worte Mosis, der Psalmen und der Propheten zu, die von Jesus, den Evangelisten und den Aposteln zitiert werden. Ferner müssen die Aussagen der Propheten miteinander verglichen werden, auch die Worte, die in verschiedener Gestalt beim selben Propheten vorkommen. Dabei ist auf ein abgewogenes hermeneutisches Urteil zu achten. Man darf nicht alles für parallel halten, was nur parallel zu sein scheint.

In der praktischen Durchführung seiner hermeneutischen Grundsätze verfolgt Francke eine exemplarische Methode. Er entfaltet keine theologischen Ideen, die er dann systematisch-linear durchzieht, sondern er zeigt z. B. an einem bestimmten Wort des Propheten Jesaja, wie es auch in anderen Büchern Alten und Neuen Testamentes vorkommt. Jeder Vergleich, jede ausgewiesene Parallele dient der Klärung und Vertiefung des Verständnisses eines Textes.

Zur Ausbildung des eigenen Urteils gibt Francke seinen Hörern noch einige Ratschläge. Jeder sollte sich durch ständige kursorische Lektüre die Bibel vertraut machen. Man müsse sie laufend *a capite ad calcem* lesen. Dabei sollte man sich die wichtigsten Worte einprägen, Francke berichtet, es habe ihm stets sehr geholfen, dass er „die dicta classica fein aus dem griechischen und hebräischen aus dem Alten und Neuen Testament auswendig gelernt" habe. So wäre es von großem Wert für das Verständnis des Propheten Jesaja, wenn man die „Haupt-Sterne", die „Haupt-dicta" kenne, die von Christus, den Aposteln und in der Apokalypse angeführt werden. Durch private Studien, vor allem in hebräischen, könne man seine Kenntnisse vertiefen. Falls einem aber sein Hebräisch noch nicht ausreichen sollte, könne man die biblischen Texte auch in deutscher Sprache oder in einer lateinischen Version lesen und dann die entsprechenden Stellen in anderen biblischen Büchern vergleichen.

Francke hebt insbesondere den hohen Wert des Psalters hervor. Er sei ein wichtiges hermeneutisches Mittel, das allenthalben im Alten und Neuen Testament seine Spuren hinterlassen habe, das erste Manual der Propheten. Der *status Psalmarum* habe die Sprache der Propheten geprägt. Francke gibt seinen Hörern den Rat, sich den hebräischen Psalter recht familiär zu machen, wenn sie über die genügenden Sprachkenntnisse verfügen. Das würde insbesondere für das Verständnis der prophetischen Schriften von großem Nutzen sein.

V.

Neben der zentralen Inspirationslehre mit ihren gewichtigen Auswirkungen lassen sich in den *Praeliminaria* auch Ansätze einer historisch-kritischen Betrachtungsweise erkennen, die das überlieferte Denkschema durchbrechen und nicht übersehen werden dürfen, wenn man den theologiegeschichtlichen Standort Franckes bestimmen will. Er legt besonderen Wert darauf, dass man bei der Interpretation der Propheten die zeitlichen Umstände und historischen Verhältnisse berücksichtigt, unter denen sie gelebt haben. Nur so könne man ihre *vaticinia* nicht beliebig auf irgendwelche Geschehnisse in Vergangenheit und Gegenwart anwenden.

Francke unterscheidet drei *aetates generales*. Die erste reicht vom Anfang der Welt bis zur Gesetzgebung am Sinai, die zweite ist die Zeit der Verheißungen, die dritte endet in den Tagen des Messias. Die Propheten gehören in den zweiten Zeitabschnitt, der wiederum in sieben Perioden zu gliedern ist. Die erste reicht vom Auszug der Kinder Israel bis zur Einnahme des verheißenen Landes, die zweite bis zu Saul, die dritte von Samuel und den Anfängen des Königtums bis zur Spaltung des Reichs, die vierte von der Spaltung bis zur Babylonischen Gefangenschaft, die fünfte bis zum Ende der Babylonischen Gefangenschaft, die sechste bis zu den Zeiten der Makkabäer, die siebente bis zu Christus.

Die Zeit, in der die Propheten gelebt haben, umfasst etwa 400 Jahre. Sie gehören in die 4., 5. und 6. Periode. Sie treten erstmals in der vierten Periode auf, und zwar noch nicht zu ihrem Beginn, sondern erst beim Größerwerden des Verfalls. Man kann sie in vier Klassen einteilen. Die erste beginnt mit der Wegführung der zehn Stämme, die zweite fällt in die Zeit vor der Wegführung nach Babylon, die dritte in die Zeit der Babylonischen Gefangenschaft, die vierte in die Zeit nach der Gefangenschaft.

Zum weiteren Studium der Propheten empfiehlt Francke Gürtlers *Prophetische Theologie*. Er habe die Geschichte in die *aetates generales* aufgeteilt, dann die *singulae aetates* in Perioden gegliedert und ihre persönlichen Schicksale vortrefflich geschildert. Francke empfiehlt ferner Salomon von Tils Einleitung zur *Lesung der Propheten*, die bereits aus dem Holländischen ins Deutsche übersetzt worden sei und Tafeln enthalte, nach denen die Propheten in vier Perioden eingeteilt werden. Francke verweist ferner auf die 1706 in Halle erschienene Einleitung in die Propheten des hallischen Inspektors Balthasar Kophius.

VI.

Eine notwendige Folge der Konzentration exegetischer Forschung auf die biblischen Quellen ist die Relativierung und Abwertung wissenschaftlicher Kommentare. Die Hörer sollen „von der alten Leyer abkommen", sich mit Kommentaren zu begnügen und anderen wieder vorzusagen, was sie von ihren Lehrern gehört haben. Zum exegetischen Studium brauche man keine großen Bibliotheken und Kommentare. In den Vorlesungen soll den Studenten auch kein Kommentar vorgetragen oder diktiert werden. Es soll ihnen vielmehr Material in die Hand gegeben werden, das ihnen alle Kommentare nicht vermitteln können. Sie sollen lernen, aus den rechten Quellen zu schöpfen, und sich notieren, was dazu dienlich ist.

Seine kritische Haltung zu den wissenschaftlichen Kommentaren hat Francke jedoch nicht daran gehindert, den Studenten die einschlägigen Werke bedeutender Exegeten zu empfehlen. In den Anmerkungen und im laufenden Text seiner Schriften wird der Leser mit zahlreichen hermeneutischen, exegetischen und philologischen Werken konfrontiert. Nach Studium der biblischen Quellen kann auch ihre Lektüre von Nutzen sein.

Aus der Bibiographie des vorliegenden Bandes ist zu ersehen, ein wie reich gefächertes Spektrum wissenschaftlicher Literatur sich dem Leser bietet.

An erster Stelle sind die oft mit gelehrten Vorreden und Anmerkungen versehenen, im Originaltext oder in Übersetzungen edierten Bibelausgaben zu nennen, dazu die Lexika und Konkordanzen sowie die für den Orientalisten wertvollen philologisch-exegetischen Werke jüdischer Gelehrter.

Sodann erschließt sich uns die geistige Welt des Luthertums, der sich Francke zutiefst verbunden weiß. In diesem Sinn beruft er sich auf die Väter der alten Kirche insbesondere auf Augustin und Bernhard, auf Athanasius, Basilius, Chrysostomos und Cyrill, sowie auf die Reformatoren Martin Luther, Philipp Melanchthon und Bugenhagen. Er zitiert, gelegentlich mit langen Auszügen, die lutherischen Theologen Johannes Brenz, Abraham Calov, Martin Chemnitz, Johann Gerhard und Joachim Hülsemann sowie die durch ihre hermeneutischen Werke ausgewiesenen Lutheraner Wolfgang Franz und Salomo Glassius. Ferner begegnen dem Leser die lutherischen Reformtheologen Johann Konrad Dannhauer, Christian Kortholt, Johann Saubert, Sebastian Schmidt und Johann Tarnow, schließlich die Väter der neuen lutherischen Frömmigkeit Johann Arndt und Philipp Jakob Spener.

Aber der Blick Franckes reicht weit hinaus über den Bereich des deutschen Luthertums. Auffallend ist die große Zahl der von Francke zitierten reformierten Theologen, im deutschen Raum Nicolaus M. Gürtler, S. Münster, Johannes Piscator, Friedrich Spanheim und Peter Tossanus, in Frankreich Moyse Amyraut, Ludwig Capellus, Conrad St. Caussenius und Philipp Mornaeus, in den Niederlanden Johannes Braunius, Ludwig de Dieu, Salomon van Til, Campegius Vitringa, Herman Witsius, L. Wolzogen und die Föderaltheologen Johannes Cocceius und Frans Burman.

Francke macht seine Leser ferner mit zahlreichen Vertretern der englischen theologischen Literatur bekannt, mit Robert Boyle, J. Canne, R. Cocus, Ralph Cudworth, R. Gelt, Thomas Goodwin, N. Knatchbull, E. Leigh, H. Morus und Thomas Tailor, schließlich mit den Repräsentanten humanistischer Denkungsart, mit Erasmus von Rotterdam und Hugo Grotius, sodann mit Johann Amos Comenius. Auch auf bedeutende Katholiken, auf Robert Bellarmin, Stanislaus Hosius und Pierre Daniel Huetius, nimmt er Bezug.

Aus allen diesen Hinweisen wird deutlich, mit welcher Sorgfalt Francke seine wissenschaftlichen Forschungen betrieben hat. Allein, alle diese gelehrten Werke dürfen niemals die biblischen Quellen verdrängen oder gar ersetzen. In jedem Fall muss man sie vom festen Stand der Schrift aus prüfen, man muss ihnen kritisch begegnen. So wendet sich Francke z. B. entschieden gegen die historisch-kritische, relativierende Beurteilung der prophetischen *vaticinia* bei Hugo Grotius. Er schätze ihn zwar sehr, er habe viel Gutes geschrieben. Darin könne er ihm jedoch nicht zustimmen, dass er den Worten Jesajas nur eine *similitudo temporum* zuerkenne und ihnen damit den Charakter der *vaticinia* abspreche.

Es ist das Anliegen des vorliegenden Bandes, den Leser in umfassender Weise mit dem späten Schrifttum Franckes zum Studium der Bibel bekannt zu machen und den inneren Zusammenhang zwischen hermeneutischen, exegetischen und erbaulichen Vorlesungen, zwischen den hermeneutischen Grundsätzen, ihrer Anwendung in der Exegese und ihrer praktischen Applikation in erbaulichen Reden darzulegen. Die hermeneutischen Erkenntnisse bleiben nicht isoliert auf den akademischen Raum oder auf gelehrte lateinische Drucke beschränkt, sondern sind von einer starken Forschung, Lehre und Frömmigkeit umfassenden Gestaltungskraft. In den exegetischen Vorlesungen verweist Francke immer wieder auf seine hermeneutischen Grundsätze. Seine erbaulichen Reden wiederum setzen eine solide, oft nur kurz anklingende Textarbeit voraus.

AVGVSTI HERMANNI
FRANCKII
S. THEOL. PROF. ORD. ET PAST.
PROGRAMMATA
DIVERSIS TEMPORIBVS
IN
ACADEMIA HALLENSI
PVBLICE PROPOSITA.

HALAE MAGDEBVRGICAE,

LITERIS ET EMPENSIS ORPHANOTROPHEI
ANNO MDCCXIV.

AVGVSTI HERMANNI
FRANCKII
S. THEOL. PROF. ORD. ET PAST.
PROGRAMMATA
DIVERSIS TEMPORIBVS
IN
ACADEMIA HALLENSI
PVBLICE PROPOSITA.

HALAE MAGDEBVRGICAE,
LITERIS ET IMPENSIS ORPHANOTROPHEI.
ANNO M DCC XIV.

Einleitung zu 1: *Programmata*

Im Jahre 1714, mit einem Vorwort vom 29. Dezember 1713, hat Francke eine Anzahl *Programmata* herausgegeben, „diversis temporibus in Academia Hallensi publice proposita". Der kleine Band ist kennzeichnend für die universale Gesamtschau Franckes, der eine organische Einheit von Wissenschaft und Leben, Theologie und Frömmigkeit als Ziel der akademischen Erziehung sah.

Bezeichnend dafür ist die Tatsache, dass er den rein wissenschaftlichen, lateinisch gefassten hermeneutisch, exegetisch und philologisch ausgerichteten *Programmata* eine *Oeffentliche Vermahnung im Namen des SENATVS ACADEMIAE Bey Gelegenheit einer geschehenen Entleibung publiciret 1699. und in einem gleichen Fall erneuert 1711.* beifügte, die mit Worten höchster akademischer Autorität beginnt: „WIr Pro-Rector und Professores der Koeniglichen Preußischen Friedrichs-Vniversitaet allhier thun hiermit kund."

In der *Vermahnung* werden die Studenten zur Abkehr von einer libertinistischen Lebensführung und zur Hinkehr zu einer sittlich geordneten Lebensart aufgefordert. Von den Universitäten nehme man die Leute, „welche das gantze Kirchen- und gemeine Wesen regieren sollen / daher man sie auch Werckstaette des H. Geistes u. oeffentliche Pflantz-Garten und Baum-Schulen zu nennen pfleget". Die „vermeynte Academische Freyheit" dürfe daher nicht missbraucht werden. Man müsse sich hüten „insonderheit vor allen Freß- und Sauff-gelagen / naechtlichen Musicken / und anderen Schwaermereyen und Ausuebungen boeser Lueste". Die „libertinische Art zu leben" sei die Ursache für „alle Zanckhaendel / Schlaegereyen / Duelle / und alles Blutvergiessen auf Vniversitaeten". „Hat einer von GOtt ein schoenes Ingenium, einen guten Verstand / ein herrliches Gedaechtniß / natuerliche Geschicklichkeit zu allerley loeblichen Verrichtungen", vornehme Eltern, hohe Gönner und viele weltliche Güter empfangen, dann ist er auch verpflichtet, diese Gaben „zu GOttes Ehre / und des Neben-Menschens Besten" anzuwenden! Francke verweist auf Gottes Gericht. „Denn wem viel gegeben ist / von dem wird man viel fodern."

In den vorliegenden Band wurden die *Programmata* 1 (1692), 3 (1701), 5 (1702), 7 (1704), 8 (1705) und 15 (1713) aufgenommen, die für Franckes hermeneutische und exegetische Arbeit besonders bezeichnend sind. Das Programm Nr. 3 hat er bereits 1702 in seiner Schrift *Christus der Kern Heiliger Schrifft* als Beylage in deutscher Sprache veröffentlicht (vgl. TGP II.4, 333–339).

Eingangs kommen die *Praefatio* und das Inhaltsverzeichnis zum Abdruck.

⟨2a+⟩ *Lectori Beneuolo Salutem ac Prosperitatem a Domino nostro Iesu Christo!*

QVas habuerim caussas, Programmata, diversis temporibus publice proposita, iunctim nunc edendi, paucis exponam. Primo non diffiteor, me hac in re exemplo ad imitationem esse incitatum, non mo-⟨2b+⟩do Dn. D. I. I. Breithaupti, A. B. & Facult. Theol. Sen. sed etiam aliorum, quorum, si opus foret, facile quis posset catalogum texere. Deinde, vt in singulis scribendis hoc serio atque ex animo egi, vt nihil, nisi quod certissime persuasum haberem in rem esse studiosae iuuentutis, in chartam coniicerem; ita eodem consilio, quo illa antea seorsum edidi, ea, maximam partem iam distracta, in hunc fasciculum recollegi. Sic vero pariter futurum puto, illa vt a nonnullis, quibus primum ⟨3a+⟩ scripta fuerunt, nunc maiori animi attentione, ac proinde fructu etiam meliori, relegantur, quam tunc forte lecta fuerunt. Qui autem praesenti tempore apud nos studiorum gratia degunt, hoc pacto in commodum suum opportune vertent, quae annis praeteritis fuerunt aliis destinata. Accedit, quod aliunde viri cordati subinde testati sint, se aliosque plurimos vtilitatem aliquam e lectione compellationis istiusmodi publicae, quae non perfunctorie, & vt duntaxat consuetudini sa-⟨3b+⟩tis fiat, sed adfectu debito suscepta esset, percepisse. Id quod, dum acceptum refero gratiae ac misericordiae diuinae, non possum, quin multo magis ex hacce identidem repetitae προσφωνήσεως collectione mihi pollicear. Valebit hic quoque, quae DEI est benignitas, illud Psalmi primi: *Fructum suum edit* (quisquis iugi meditatione verbi diuini, arboris instar, plantatus est ad riuos aquarum) *in tempore suo, nec folium eius decidit.* Erunt vero etiam aliquando, immo iam sunt, quot Programma-⟨4a+⟩ta, tot apologiae aduersus iniquissimam malorum obtrectationem; ac sperandum, vel ideo maius ea pondus apud prudentiores habitura, quod non priuato, sed publico nomine prodierint, nec post tot annorum decursum vlla fuerit ratio, quare lucem vererentur.

Super est caussa, quae me omnium maxime impulit, vt institutum hoc, Programmata mea vno volumine complectendi, prosequerer. In plerisque scribendis, licet parum otii vel ipsa temporis ⟨4b+⟩ circumstantia mihi concesserit, animum tamen ad id, quod in re christiana praecipuum est, adieci, nempe, vt in legentium animis, duce scriptura, accenderem & augerem *agnitionem CHRISTI,* hominesque, dato quouis tempore, ad amorem veritatis, quae in IESV est, adducerem. Hunc itaque finem, vt me per gratiam diuinam quodammodo adsequutum esse confido, ita speraui, me in gloriam Iesu Christi multo felicius ac plenius eundem esse obten-⟨5a+⟩turum, si & coniunctas peculiari libro illas meditationes in publicum emitterem, & simul hoc modo talentum mihi concreditum, quamlibet exiguum, bibiographis quasi *trapezitis,* (quod est *Domini* monitum, Matth. 25, 27.) *traderem, vt ille, quum venerit, quod suum est, cum foenore recipiat.*

Vltimo loco exhibetur *Adhortatio* nomine *Senatus Academici* germanice scripta Ciuibus Fridericianae nostrae, ad disciplinam isto adminiculo suffulciendam.

⟨5b+⟩ Eius adiectio si cui forte hic, superflua videatur, dissimulare nequeo, non nostrae modo, sed nullius non Academiae eam mihi adhuc dum videri conditionem, vt, si paraeneses eiusmodi vel centies repetantur, verendum non sit, ne quid nimis. Vale, Lector Beneuole, & cum nouo anno nouum capesse studium, induendi per fidem minime fucatam, sed veram viuidamque, Dominum Iesum. Ita quidquid facies, prosperabitur. Dabam in Academia Fridericiana
    d. 29. Dec. 1713.   A. H. F.

⟨6a+⟩ SERIES PROGRAMMATVM.

Programma

I. Continens Adhortationem ad culturam linguarum SS. p. 1.
II. De vsu & abusu officii elenchtici Spiritus S. p. 27.
III. Continens harmonicum Mosis, Prophetarum & Psalmorum concentum de resurrectione Christi. p. 37.
IV. De abusibus consolationis euangelicae. p. 53.
V. De adumbrata in veteri Genesi Genesi noua. 76.
VI. De calumniis iniuste sparsis in fideles Dei seruos. 103.
VII. Continens explicationem brevem priorum capitum Prouerbiorum Salomonis, inprimis septimi, octaui & noni. 121.
VIII. De magnitudine & maiestate Domini nostri Iesu Christi. 157.
IX. De donis Dei extraordinariis. 202. ⟨6b+⟩
X. De vero gaudio, cuius caussa & materia Christus. 216.
XI. De veritate & virtute resurrectionis Christi. 232.
XII. De prospero consiliorum DEI successu, hostibus quantumlibet renitentibus. 270.
XIII. De communione Fidelium cum resurrectione Christi. 307.
XIV. De nexu resurrectionis Christi, & effusionis Spiritus S. 339.
XV. De conuenientia temporis illius, quo Iesaias c. 7, 14: Christum ex virgine nascendum praedixit, & aetatis nostrae, eodem vsu vaticinii illius implendi atque impleti. p. 359.
XVI. Väterliche Vermahnung etc. p. 383.

⟨1⟩ *PROGRAMMA I.*
Continens
*ADHORTATIONEM
AD CVLTVRAM LIN-
GVARVM SS.*

*OPtandum erat, Theologis quasi vernaculum esse Hebraeum & Graecum textum Veteris &
Novi Testamenti.* Fuit hoc votum B. Wolffgangi Franzii,[1] magno & spectato Theologo, qualis ille fuit inter maiores nostros, dignissimum. Quodsi enim τὸ γέγραπται illud est, quod in omnibus ad fidem & vitam Christianam necessariis fundamenti loco, vnde cognoscantur, substernitur, quo errores omnes & declinantur & confu-⟨2⟩tantur, quo pugnare & contra Satanam & sequacem eius mundum, exemplo Seruatoris, & contra propriae carnis assultus & iubemur & magistra infallibili experientia optime possumus, ita vt cordati & sapientes viri omnibus saeculis tum demum praeclare cum ecclesia actum iri iudicarint, si Scriptura in singulorum manibus, ore cordeque versetur & quasi habitet; adeoque stricto isthoc gladio Papatus iugulum petierit Organon Dei, Lutherus; certe generalis haec Scripturarum aestimatio praecipue redundabit in Idioma, quo nouimus Spiritum S. per viros Dei loquentem vsum fuisse.

Tametsi vero etiam versiones hanc habeant opportunitatem, (nisi vertentium vel ignorantia, vel malitia, vel praejudiciis nimium fuerint peruersae) vt cuilibet suppeditare possint & doctrinarum & solatiorum copiam abundantissimam, ac sine sufficiente necessariorum ad salutem adipiscendam cognitione nemo, nisi sua culpa, ab earum lectione recedat, quam rudis etiam sit incultique animi: nec affirmare ausim, sanctum & salutarem rerum Spiritualium gustum ab idiotismo linguae ita dependere, vt, qui lin-⟨3⟩guam callet, mentem etiam recte pernoscat Spiritus S. huiusque nemo particeps sine illa fieri possit; quin potius facile largiar, vel exactissimam Linguarum Sanctarum notitiam in Theologum incidere quemlibet, siue nomine talis sit, siue simul etiam Spiritu, indeque sublimiora & augustiora esse, quae Theologum faciant, quam linguae familiaritatem, memoriae naturalis felicitate vsusque adsiduitate haud aegre comparandam: certissimum tamen est, de sensu Scripturae litterali, quo carere non possumus, rectius nobis constare e fontibus, αὐτοπιστίας praerogatiua hoc in genere pollentibus; versionem vero nullam tam accurate adornatam esse, vt in omnibus satisfaciat textus authentici lectoribus accuratis; esse praeterea certas easque familiares Spiritui Sancto in ipsis fontibus phrases, particulas, constructiones, allusiones, figuras, inque his omnibus reconditos quasi sacros quosdam & grauissimos Spiritus loquentis affectus & emphases, quas, si vel maxime annisi fuerint, commode in aliam transfundere linguam interpretes non possint, *ita vt sono,*

---

1 *Fußnote im Original:* „In Prooem. Tract. de Interpret. Script. S." [Franz 1693, Praefatio].

pondere, vi congruant vtrobique, vt Franzius dicto loco ait.² Immo certissimum ⟨4⟩ id quoque est, nil, excepta ipsa doctrina fundamentali, requirere magis solere, certe debere, Auditores illitteratos a doctore Theologo, animarum Pastore, quam vt de sensu genuino ex ipsa lingua Spiritus S. ipsos reddat certiores. Is enim si & ipse alienis viderit oculis, hoc certe in genere non satisfaciet muneri sibi demandato, quo eo melius defungetur, quo sincerius, clarius, certiusque summi Regis voluntatem ex ipsius ad homines epistola, vt Scriptura recte vocatur, declaraverit. Certissimum porro est, ipsum etiam Spiritum S. vt verbo vtitur salutari illuminationis medio, ita solere radios quosdam diuinae lucis saepissime cum piis fontium lectoribus communicare, aperto vnius vel vocabuli vel phraseos proprio sensu, atque exinde in eorum pectore mox nouos eosque dulcissimos excitare amoris motus erga Deum, Saluatorem & proximum.³

⟨5⟩ Certissimum tandem est, ex omnibus studiis externis, quam speciosa etiam prae se ferant nomina, nullum plane esse, quod sua se necessitate pariter atque vtilitate evidentius commendet Theologiae cultoribus, quam ipsum illud linguarum Sanctarum studium,⁴ quod adeo, dum tractatur, suos non eminus pollicetur, sed secum affert in ipsa Theologia fructus, & in quo plane nihil est, nisi quis ineptiis Criticis vltro se immergat, quod non ad solidum variumque referri vsum possit.

⟨6⟩ Quis igitur non agnoscat, recte optasse suo tempore Franzium, *Theologis quasi vernaculum esse Ebraeum & Graecum textum Veteris & Novi Testamenti?*⁵ Verum vt reliqua salutaria & sine fuco omni exposita Theologi illius (cujus nomen quis est, quin veneratione dignum censeat?) consilia intra vota hactenus substiterunt, non monitorum impossibilitate, sed vitio saeculi, ita praesagiens quasi animo posterorum mores, Studiosis Theologiae assiduum textus authentici vsum commendaturus, nil nisi votum effudit, vtpote cuius sibi non nisi valde exigua affulgeret spes assequendi. Absit vt vilipendam eximia virorum diuinitus huic saeculo datorum in hoc studiorum genere merita! Absit vt linguarum Originalium neglectum vniuersim tribuam Theologiae cultoribus! Quin potius exosculor singulare hoc Dei beneficium, quo prae antecedentibus nostrum hoc dotauit saeculum, dum viros excitauit, hoc in genere zelo sic flagrantes, vt in aliqua suae felicitatis parte ponerent, si essent, quibus instillare linguas sanctas, suo etiam

---

2 Ebd.
3 *Fußnote im Original:* „Wo die Sprachen sind / da gehet es frisch und starck / und wird die Schrifft durchtrieben / und findet sich der Glaube immer neu / durch andere und über andere Wort und Werck / daß der CXXIX. Psalm solch Studieren in der Schrifft vergleichet einer Jagt / und spricht / GOTT öffne den Hirschen die dicke Wälde. Und im I. Psalm einem Baum / der immer grünet / und immer frisch Wasser hat. Lutherus Tom. II. Jenensi German. An die Rathherren aller Städte in Teutschland / daß sie Christliche Schulen aufrichten und halten sollen. fol. 460. b." [WA 15, 42, 9–13].
4 *Fußnote im Original:* „So lieb nun als uns das Evangelium ist / so hart laßt uns über den Sprachen halten: Denn GOtt hat seine Schrifft nicht umsonst allein in die zwo Sprachen schreiben lassen / das Alte Testament in die Hebräische / das Neue in die Griechische. Welche nun GOtt nicht veracht / sondern zu seinem Wort erwehlet hat für allen andern / sollen auch wir dieselbe für allen andern ehren. Luth. Tract. cit. fol. 458. b." [WA 15, 37, 17–22].
5 Franz 1693, Praefatio.

incommodo, possent. Nec tantum ipse diuini huius beneficii factus sum particeps, fideles & candidos nactus praeceptores, & inter eos praecipue *celeberrimum Dn. L. Esdram Ezardum,* ⟨7⟩ (cuius in hoc genere & in me & in alios quam plurimos iam a multis retro annis merita grata mente profiteor) sed alios etiam passim obseruo Theologiae Studiosos, serio ad haec studia animum applicantes.⁶ Interea nemo inficias ire poterit, insignem hodienum esse textus originalis neglectum, si quis recte obseruet, (obseruare autem facile poterit,) inter centum eosque veteranos Theologiae studiosos vix tres inueniri, qui codicem Graecum pariter & Ebraeum vel vna vice curate perlegerint, ac perinde vel ecclesiae ministros Doctoresque quam plurimos conqueri, quod reliqua omnia maiori, quam haec, in Academiis industria tractarint; adeoque raram adhuc auem esse, virum Ebraice & Graece ita doctum, vt familiariter vtatur textu authentico.

Et in promtu quidem caussae sunt, cur in tanto, qui vulgo iactari solet, studiorum flore & saeculo tam erudito, ea oppido pauci sciant, quae prae reliquis cognitu necessaria esse, sani omnes fatentur. Caput malorum est impietas saeculi, quae vt ingrauescente Papatu Scripturae sacrae studium tantis inuoluit tenebris, vt haereticus haberetur, qui Graece & Ebraice nosset, ⟨8⟩ ita semper siue clam siue aperte contrariatur tractationi verbi diuini, & quocunque fieri potest modo, Scripturam pedibus quasi conculcat, Satana sic instigante, ne aut hypocrisi aut Epicureismo larua tam facile detrahatur, quae libertate philosophandi ludendique terminis ac distinctionibus, quod Scholasticorum proprium erat, quodammodo tegitur, immo verae pietatis ac eruditionis Theologicae specioso praetextu ornatur, quamdiu sine lucerna verbi diuini in tenebris versantur homines. Inde est, quod plurimi etiam auersentur studia linguarum sanctarum,⁷ eo quod a tractatione verbi diuini diuelli nequeant, vtpote quod irrenatis omnibus fastidio esse solet, nisi ⟨9⟩ forte curiositas sciendique pruritus aliquam, naturalem tamen, attulerit delectationem. Qui vero iam perpenderit eorum qui, Studiosi Theologiae etiam, audiunt, vitam plerumque mundanam & carnalem, ambitione, luxu, comessationibus, rixis & incredibili libidines & cupiditates iuueniles explendi voluptate quasi obrutam & foedissime pollutam, certe non amplius mirabitur, ab iis non amari Biblia, vtpote vitae eorum tam contraria, vt Sol est tenebris, nec tractari ab ipsis linguas sanctas, sine Bibliis quippe non addiscendas.

Persuasissimum autem id mihi est: Quo magis vera florebit pietas, eo magis Christiani deperibunt Scripturam Sacram, & hanc quo amabunt sincerius, eo maiori, qui studiis se dicarunt, linguarum originalium ardebunt desiderio, non

---

6 Vgl. Francke Auswahl, 13 f.
7 *Fußnote im Original:* „Man siehet nicht viel / daß der Teufel dieselben (Griechische und Hebreische Sprache) hätte lassen durch die hohen Schulen und Clöster aufkommen / ja sie haben allezeit aufs höchste darwieder getobet / und toben auch noch. Denn der Teufel roch den Braten wol / wo die Sprachen herfür kämen / würde sein Reich ein Fach gewinnen / das er nicht könnte leicht wieder zustopffen. Weil er nun nicht hat mügen wehren / daß sie herfür kämen / dencket er doch sie nun also schmal zu halten / daß sie von ihnen selbst wieder sollen vergehen / und fallen. Es ist ihm nicht ein lieber Gast damit ins Haus kommen / darumb wil er ihn auch also speisen / daß er nicht lang solle bleiben. Diesen bösen Tück des Teufels sehen unser gar wenig / lieben Herren. Lutherus l. c. f. 458. a." [WA 15, 36, 24–33].

illo, quod sola sciendi auiditate terminetur, sed sancto, ⟨10⟩ quod gloriam Dei vnice intendat. E contrario hac nostra aetate dominantem vsque quaque inter doctos pariter & indoctos impietatem excipit impius & Scripturae in genere & in specie linguarum authenticarum contemtus, qui serpit ab vna aetate ad aliam, e scholis in Academias, & hinc in officia publica, & inde se in alios iterum quasi diffundit, quum, quae quis ignorat ipse, nisi bonae mentis fuerit, in alio ferre sine inuidia non possit. In scholis atque Gymnasiis plerumque tanta est lectionum, auctorum, disciplinarum multitudo, quibus tenera adhuc ingenia simul adstringuntur, vt iis tractandis vix viri subacti animi pares esse possint, nedum aetas illa rerum expers & sui regendi suaque ordinandi minime capax; Quae quum ita obruitur, distracta in varios auctores profanos, Bibliorum vel plane obliuiscitur, vel friuole ea tractat, vtpote quibus euolvendis plerumque minimum otii relinquitur. Adde quod raro Scholis praeficiantur debita sacrarum linguarum notitia imbuti, qui si deinde Graeca & Ebraea tradere iuuentuti teneantur, vltra rudimenta vix progredi audent, curtae suae supellectilis non ignari. Id vero dolendum est ⟨11⟩ maxime, quod rari sint ii praeceptores, qui cum Studiis suis seriae pietatis ardorem coniunxerint; vnde si vel maxime doctrinae laude emineant, fieri non potest, vt prae aliis omnibus Scripturam indesinenter discipulis commendent, in manus tradant, & quasi in os ingerant, cuius diuinas delicias ipsi numquam satis degustarunt. Quodsi vero tales fuerint, qui & pietate & eruditione affatim instructi, & deplorantes ipsi scholarum corruptelas ad verbi diuini amorem iuuenes omnibus modis alliciant, ac teneras illas plantas ad voluntatem summi Patris familias formaturi, nimiae rerum profanarum tractationi aliquam adferre medelam piis exhortationibus studeant, parum abest, quin aperte illis vitio vertatur, & ab ipsorum vocatione censeatur alienum, id quod exemplis probari facile posset. Itaque mittuntur in Academias iuuenes mediocri linguae latinae notitia, Rhetoricae & Logicae praeceptis aliquantisper instructi, Graecae autem & inprimis Ebraicae linguae vel plane nihil, vel certe vix prima rudimenta callentes. Certe experientia docet, miraculo esse inter condiscipulos, qui in Gymnasio codice Graeco & Ebraeo didicerit familiariter vti. ⟨12⟩ Et tum quidem bene adhuc ageretur cum studiis iuuenum, si id, quod in Scholis triuialibus vel Gymnasiis neglectum fuit male, ante omnia in Academiis compensaretur. Ast tunc quasi torrente aliquo abrepti sequuntur plurimi, quo multitudo trahit; Collegia Logica, Metaphysica, Ethica, Politica, Physica, Pneumatica, & quae non? frequentant, minime tractantes ea, quorum maximus in officio vsus remanere, posset, Linguarum praesertim Studium differentes, tandemque negligentes.

Sunt tamen nonnulli, qui solidioris fundamenti auidi, adspirant ad linguae Graecae Ebraicaeque cognitionem, quaerunt collegia, in quibus hae linguae doceantur, Graeca etiam interdum, Ebraea semper & vbiuis inueniri solent; sed vt plurimum iuuenes incidunt in eos praeceptores, qui argento inhiantes, detinent eos ac macerant nimium quantum praeceptis Grammaticis, vt, elapso trium quatuor immo sex mensium spatio, vix eos fecerint profectus, vt secundum Grammaticae regulas & regularum notas ac obseruationes examinare textum valeant, Bibliorum lectionem vix aggressi sint, sine qua futiles & vani sunt, quam eximii etiam in subtilitatibus Grammaticis osten-⟨13⟩tentur progressus. Et in eo quidem isti infeliciores sunt illis, qui linguam Gallicam aut Italicam vel ab illitterato docentur, quippe qui alterutram expedite loquuntur, antequam illi aegre radicem aliquam extrahant, id quod non difficultati linguae, sed methodi diuersitati certissime scio tribuendum esse. Ita autem fatigata misera ingenia abiiciunt studium tam necessarium, inprimis si exempla fuerint obuia eorum, qui, imperiti licet linguarum Sanctarum, magnum nihilominus in Theologia nomen consequuti sunt; & insuper accesserint pessimi consiliarii, qui in reliquis studiis sudandum anxie, in his versandum leuiter suadent, sufficere rati, si ope Lexici radix Ebraea inuestigari possit: quibus eo libentius obtemperant, quo magis iam ipsos horrida & sterilis Grammaticarum minutiarum tractatio (quae breuiter & suo loco iustaque methodo suscepta non nocuisset) per se ipsa deterruit.

Accedit, quod solatio sibi ducant, quod in examinibus plerumque talia non adeo vrgeri soleant. Inde porro plerique, quia ventri alendo student, festinant ad ea, quae ad accelerandam promotionem ⟨14⟩ potissimum conducere videntur, frequetant ante omnia Collegium Homileticum, & si tam diu commorari in Academia liceat, Theticum (vtinam autem de salutari thesium sacrarum cognitione omnes & semper essent solliciti!) quibus ita chartae memoriaeque commendatis, quasi praestantissimis armis, quibus Satanam debellent, instructi in patriam redeunt, examinantur, concionantur, officiis admouentur, familiam curant.

Si qui sunt alacriori ingenio, quos deterrere non potuit methodus molestissima, & qui commilitonum profectus aliquantum superarunt, facile sibi persuadent, quod iam Ebraice calleant, & lautioris ac honoratioris vitae conditionis auidi e vestigio Chaldaicam, Syriacam, Arabicam, aliasque in se non inutiles linguas adgrediuntur, quarum vbi norunt Alphabeta, & in Lexico inuestigare vocabula didicerunt, subito se illarum peritos credunt, iisque mox alia accumulant Studia, non tam ad vivam Dei cognitionem, quam ad pompam parata, in omnibus postea aliquid, in toto nihil scientes. Alii vero immaturis profectibus Rabbinos prehendunt, & praecoci eruditionis ardore accensi fundamenta, quae solide debebant sterni in le-⟨15⟩ctione ipsius textus authentici, negligunt. Hanc vero pessimam negligentiam haud parum promouent ii, qui Auditorum suorum ἱκανότητα non explorant, magno eorum numero sibi vnice satisfactum rati, vnde omnes promiscue in Collegia quaevis admittunt, suae non Auditorum vtilitati consulentes. Eiusmodi vero explorationem nec impossibilem nec inutilem esse, experientiae suae calculo facile comprobabunt illi, qui paterna discipulos solicitudine complexi fuerint, qui singulis liberum ad se aditum permiserint, qui consiliis monitisque salutaribus pro virili singulos iuuerint, & qui nil tandem nisi auditorum suorum commodum spectaverint; nisi quod non negetur, inueniri in magno praesertim coetu aliquos tam peruersi animi, vt oblatum beneficium respuant, suoque arbitrio viuere quam bona consilia sequi malint.

Alii interdum iactis antea solidis (si vel ingenii felicitate, vel magistris simul fidelibus non caruerint) fundamentis, in alterum extremum inclinantes, paullatim eo deuoluuntur, vt nugas tandem Rabbinicas & friuolas Iudaeorum opiniones & ipsi studiose conquirant, & quasi ad ⟨16⟩ aedificationem apprime facientia proponere in concione, ne frustra quidquam didicisse videantur, non erubescant, immemores moniti Paulini:⁸ τοὺς βεβήλους καὶ γραώδεις μύθους παραιτοῦ. Γύμναζε δὲ σεαυτὸν πρὸς εὐσέβειαν. Et:⁹ Μὴ προσέχοντες Ιουδαϊκοῖς μύθοις.

En miserum, in quo studia linguarum Sanctarum hodie versantur, statum! En improbum contemtum! En insanum abusum! Nudam sine inuolucro protuli veritatem, χωρὶς πικρίας καὶ κολακείας, prout eam satis diuturna experientia habeo compertissimam, ne circumstantia quidem, quae a vero abeat, addita. Qui sunt bonae mentis ac veritatis amantes, idem ipsi mecum queruli fatebuntur, cum non arcana prodiderim, sed in propatulo posita recensuerim. Reliquos, qui lucem tenebras, & tenebras lucem vocant, frendentes licet & perfricta fronte cateruatim veritati insultantes, minime curo. Nolunt detegi, vt eo citius sanentur, ecclesiae vulnera, ne propria turpitudo cognoscatur. Non decet vero Christianum in horum gratiam tacere: non metuit Dei inimicos, qui Deum recte credit: Spernit facile malorum conuicia, qui Dei honorem quaerit.

⟨17⟩ Dicant: *Nullas Scholis inesse corruptelas, optime pietatem instillari pubescenti aetati, methodum vbique pereximiam, Scripturam sacram in omnibus Academiis diligentissime tractari, Studiosos rectissime callere Graece & Ebraice, vitam eos viuere Christianis maxime dignam, auaritiam, ambitionem, inuidiam, a moribus Academicis longissime abesse*; Pulcerrima illa quidem forent, sed nemini certe, qui mentis compos fuerit, id persuadebunt. Clament, se tangi atque proscindi; suo se prodent indicio, cuius sint farinae. Mihi sane neque proscindendi animus, neque cum vllo bono lis est. Nullum artium, scientiarumque & disciplinarum genuinum reiicio vsum, sed abusum; Non scholas, non Gymnasia, non Academias contemno, sed velim, vt sint, quod nomen prae se ferunt, officinae Spiritus S. personantes verbo diuino; non laudabilia maiorum instituta mihi improbantur, sed vt sarta tecta & illibata conseruentur, non nostris seruire cogantur explendis cupiditatibus, peruelim. Non de vllo abusu loquor, nisi cum exceptione illorum, qui ab illo sunt alieni. Non nodum in scirpo quaesiui, neque impossibilia optaui, sed quod optarunt iam pri-⟨18⟩dem Lutherus, Franzius,¹⁰ aliique, quorum facile aliquis catalogum texere posset; ab eo vero quam procul simus remoti, in quantum mihi cognitum est exploratumque, ostendi, mali simul caussam subindicans, vt, ea perspecta, facilior reddatur medela.¹¹ Hoc volo: *Christus Iesus quaeratur in Scripturis, fide apprehendatur, vitaque exprimatur, ab omnibus, qui nomine ipsius gloriantur.* Nemini aduersor, nisi qui ab hoc Scripturae canone recesserit.

Sed, quid haec, dicent, ad studia linguarum Sacrarum? Multum omnino. Est enim in omni abusu atque errore connexio quaedam cum principio, vnde fluit: sicuti veritas suis etiam vinculis arctissime iungitur. Vnde fieri aliter non potuit, dum querela mihi instituenda fuit de contemtu linguarum sacrarum, quin mali simul scaturiginem aperirem; id quod in tantum mihi solummodo praestitisse videor, in quantum a recto Christianismi tramite vulgo hic aberrari ab iis,

---

8 *Fußnote im Original:* „I. Tim. IV. v. 7."
9 *Fußnote im Original:* „Tit. I. v. 14."
10 Franz 1693.
11 Vgl. vorl. Bd., 105–107.

qui litterati audiunt, animaduerti. In hanc vero summam redeunt omnia: *Non quaeritur serio & sincero satis studio IESVS CHRI-*⟨19⟩*STVS in Scripturis; hinc vt vernaculae ab illitteratis, ita authenticae a litteratis vulgo negliguntur, aut male vsurpantur, vnde non potest non vel ignorantia in rebus fidei, vel scientia in frugifera & vana oriri, iucundum phantasma pro* ὑποστάσει τῆς πίστεως *subornari, impietas quotidie augeri. Verbo: e contemtu Scripturae omnis impietas deriuatur: atque sic vice versa ex impietate & incredulitate hominum Scripturae contemtus vel saltem eius abusus, aut inepta ac peruersa ipsius, tractatio prouenit; & hinc porro linguarum originalium vel neglectus, vel methodus insulsa, vel vsurpatio incongrua nascitur. Quae mala dum propagantur a praeceptoribus in discipulos, augentur semper scholarum atque Academiarum corruptelae: quibus mederi non possumus, nisi verbum Dei prae aliis omnibus tractare, CHRISTVM in eo vnice quaerere, inuentum sincera fide complecti, & constanter sequi, in animum induxerimus.* Sint tam manifestae veritatis hostes! Οὐ προκόψουσιν ἐπί πλεῖον, ἡ γὰρ ἄνοια αὐτῶν ἔκδηλος ἔσται πᾶσιν.[12]

Vestri autem potissimum gratia, *Theologiae Studiosi Dilectissimi,* ad argumen-⟨20⟩tum hoc perueni. Postquam nimirum Deo T. O. M. ita visum est, vt *FRIDE-RICI III. Serenissimi ac Potentissimi Electoris Brandenburgici Iussu Clementissimo Graecae atque Orientalium Linguarum Professio Ordinaria* in noua hac Academia Hallensi mihi iniungeretur, ad me nunc eo magis spectare studia vestra existimaui, quo magis illa functio ad vniuersale Ecclesiae emolumentum directa est, ac Studio Theologico tam necessaria suppeditare debet subsidia, vt vel poeniteat vel pudeat Theologos negligentiae suae, quibus eorum ignorantia exprobrari potest, & aliud quiduis libentius, quam in hoc genere imperitiam illi suam fateantur, Linguis scilicet sanctis tam arcte cum Theologiae studio connexis, vt nemo nisi qui penitus negauerit Scripturam sacram esse Theologiae *Principium cognoscendi,* ab eo possit diuellere, nec se Theologum quis dicere audeat, qui studiorum cursum, quem vocant, perfecerit, sine solidis in linguis originalibus fundamentis.

Cogitate igitur, quaeso vos, dum haec legitis, quo sint loco studia vestra, in legendo textu Scripturae authentico, potis-⟨21⟩simum, an in aliis quibusuis scopum non aeque attingentibus adhuc versata sint? Id quod quum exploratu difficile non sit, quia in nullius rei facilius quam in Linguae studio aestimare quilibet profectus suos potest, hoc vos scrutinium eo mox deducet, vt pernoscatis, ad quem scopum, quo animo, quibus mediis, qua methodo tractaueritis studia vestra, vestrum an proximi commodum, propriam an Dei gloriam, temporalem an aeternam beatitatem spectaueritis? Ex pia enim fontium sacrorum aestimatione influere bona omnia in totam hominis vitam, ex eorum autem contemtu mala omnia in omnia deriuari studia, facile obseruabitis. Quotquot igitur de mala studiorum vestrorum ratione conuicti estis, agite! recte componatis animos vestros, Deo suam ante omnia tribuatis gloriam, submissis coram facie eius comparentes precibus, vt vestra ad sanctissimum Theologiae studium corda sanctificet, quo sanctis in posterum manibus verbum Propheticum & Apostolicum contrectetis, & ante omnia reliqua studia in id incumbatis sedulo, vt fine

---

12 *Fußnote im Original:* „2. Tim. III. v. 9."

interprete seu versione cum viris θεοπνεύστοις versari discatis, illorumque linguam simul & ⟨22⟩ mentem vobis reddatis familiarissimam, atque in succum & sanguinem (hoc est, in verum animarum vestrarum tum alimentum tum innocentem sanctamque delectationem) diuina eorum eloquia convertatis. Non eruditionis pompa, non scientiae rarae cupiditas, non opimae spes promotionis, non nominis immortalitas, ad Scripturarum tractationem vos propellat. *Inferiora illa sunt dignitate filiorum Dei, quibus sapientia, gloria, voluptas, diuitiae CHRISTVS est, qui coram DEO & Patre suo REGES atque SACERDOTES Spirituales eos constituit,* [13] *vt in aeternum cum ipso regnent atq; triumphent.* Gloriam *IESV CHRISTI* vobis proponatis, qui nucleus est totius Scripturae, veram sapientiam εἰς σωτηρίαν [14] sectemini, caelestes delicias, quas Spiritus S. verbi amatoribus spondet, appetatis, divitias non perituras animabus vestris comparetis.

Certissime vobis promitto futurum, vt si hoc animo studia vestra tractare adgrediamini, & a peruersis saeculi moribus sincere abhorreatis, mox longe feliciori gaudeatis omnium occupationum vestra-⟨23⟩rum successu, Patre Luminum omni donorum genere vos cumulante, Filio vos suauissime complectente, Spiritu S. vos largius in dies illuminante. Facile tum relinquetis suas Spiritui mundi huius ineptias, quibus inter tenebrarum filios regnum suum ornat, mentibusque nulla divina luce collustratis fucum facit, sua illis crepundia immo quisquilias exponens, vt regia sceptra & diademata, quibus scilicet libidini, ambitioni, auaritiae optime satisfieri possit. Vos ea quae solida sunt, quae caelestia, quae aeterna, gustabitis etiam in iis, quae in se cum aeuo desitura sunt, studiis, vt pote in quibus & quaeretis & inuenietis ea, quibus aeternum perfrui poteritis. Indignum quippe est Christiano, quidquam vel dicere vel agere, quod non per fidem, vnde proficiscatur, ad aeternitatem spectet. Neque vos inuitarim, vt ad textus authentici culturam accedatis, mundi inquinamentis conspurcati. In pretio mihi est κειμήλιον τῶν ἱερῶν γραμμάτων, vt religioni mihi sit sordidis id concredere manibus, vel saltem serio cohorter, vt mundatis ἐν τῷ ὀνόματι τοῦ Κυρίου Ἰησοῦ, καὶ ἐν τῷ πνεύματι τοῦ θεοῦ ἡμῶν, prehendatur. Ita vero diuinitus praeparati, nullum sacris litteris impende-⟨24⟩tis momentum, quin illud per *IESVM CHRISTVM*, sanctificantem omnia studia vestra, acceptum sit Patri vestro caelesti, eiusque fructus venientibus annis, immo in altera vita, persentiscatis longe suavissimos.

Si qui vero inter vos, quod certissime scio, hac mea cohortatione non adeo opus habeant, sed per diuinam gratiam idem iam agnouerint ipsi, suaque & verbo diuino studia, & amori IESV CHRISTI sincere dedicarint pectora, gaudeant alios secum excitari, immo ceteros inflamment ipsi, pergantque mecum in coepto tramite alacriter, meque, si non ducem, comitem aut aemulum saltem, admittant. Ego in sinu gaudebo semper, & palam exultabo, quotiescunque alacri vos cursu ad caelestia ferri obseruauero. Iungamus vero animos, vt induamur Scripturae armis, & pro mensura fidei vnusquisque torrenti impietatis ac cor-

---

13 *Fußnote im Original:* „Apoc. I, v. 6."
14 *Fußnote im Original:* „2 Tim. III, v. 15."

ruptelarum suo se opponat exemplo, fretusque auxilio *verbi incarnati* ab amore *verbi* θεοπνεύστου abduci se nec minis, nec illecebris, nec insidiis saeculi patiatur.

Ego quidem certe vnice spem omnem atque fiduciam in Deo meo colloco, neque recipio me in munere mihi con-⟨25⟩credito praestiturum quidquam, nisi secundum gratiae me adiuuantis & corroborantis modum. Illa ipsa tamen in diuino auxilio posita spes mea, & animum mihi addit confidentissimum, & haud dubie pollicetur, fore, vt nemini materia relinquatur conquerendi, quod vel publica vel priuata sibi a me denegetur opera ad originalis textus lectionem rite instituendam, continuandamque. Quin potius, si quis Graecarum & Ebraicarum Litterarum imperitus hinc discesserit, sibi vel aliis impedimentis tribuet, meae negligentiae vel suae paupertati adsignare caussam haud poterit. Neque efficiet Pastorale munus, quod praeter Academicum mihi incumbit, quo minus quoad hanc studiorum partem omnibus consulatur. Commonstrat enim iam Deus media sufficientia (seruet autem per gratiam suam!) quibus commodissime omnium necessitati satisfieri poterit. Loquor autem in genere de Linguarum cognitione, & ad vtilem Scripturae lectionem manuductione. Quis enim mortalium specialia singulorum desideria adimpleret? Methodum spondeo facilem & singulorum adaptatam captui, quam sicuti tribus hisce verbis Praeceptorem meum ⟨26⟩ comprehendere memini: *LEGE, RELEGE, REPETE* (Biblia) ita tenacissime servabo, lecturisque & relecturis facem praeferre non pigrabor.

De fundamentis autem Grammaticis, quoad necessaria videbuntur, nihil a me facile praetermittetur, inprimis nisi immatura quis studia fideli institutioni subtraxerit.

Vt autem definitis me laboribus addicam, constitui quidem *post Paschatos festum*, volente Deo, *publicas* ordiri *praelectiones in PSALMOS &* in *EPISTOLAM AD EBRAEOS, illas* quidem *tribus prioribus, has tribus posterioribus hebdomadis diebus hora quotidie* IX. continuaturus. Interea vero, quia in Meditatione Passionis CHRISTI, Domini ac Saluatoris nostri, iam Ecclesia publice versatur, huic & ego me, vt debeo, libentissime accommodaturus, *e Veteri Testamento in* Cap. LIII. Esaiae, & *e Nouo* in Cap. XIII, XIV, XV, XVI, XVII. *EVANGELISTAE IOHANNIS*, praelectiones succinctas *crastina luce* inchoabo, *his quatuor priorum, illis reliquorum dierum horam* iam indicatam tributurus. Faxit Deus, vt sicut sincere quaeritur, ita vere obtineatur & magis magisque nobis innotescat *GLORIA IESV CHRISTI!*

⟨27⟩ Quod superest, coram facie aeterni atque omnipotentis DEI genua mea flecto, supplex eum rogans, velit, quem tot regionibus Patrem ac Principem dedit, *Electorem nostrum Clementissimum*, Gratiae suae, cui omnia bona debentur, alis benignissime complecti, cor eius augustum Sapientiae suae radiis plenissime collustrare, Benignitatisque ac Prouidentiae suae clypeo eum protegere, vt virtute indutus armatusque diuina sanctam Patriae curam paterne susceptam porro salutariter gerat, mala arceat, *nouaque, quae surgit sub auspiciis Eius, Academia dicata sit mane atque diuinae IESV CRVCIFIXI Gloriae.* P. P. Halae Saxonum Domin. Inuocauit. Anno MDCXCII.

⟨37⟩ *PROGRAMMA III.–*
NOMINE ACADEMIAE
EDITVM, ET CONTINENS
HARMONICVM MO-
SIS, PROPHETARVM ET PSAL-
MORVM CONCENTVM DE
RESVRRECTIONE
CHRISTI.

Μνημονεύετε Ἰησοῦν Χριστὸν ἐγηγερμένον ἐκ νεκρῶν!
REsurrexit, o Nostri, *vere resurrexit CHRISTVS IESVS secundum Scripturas*.[1]
⟨38⟩ *Resurrexit tertio die,* quo sicut terra, cum olim crearetur, *naturaliter*,[2] ita nunc *spiritualiter* est foecundata. Arbor enim, veros fructus edens, germenque terrae praestantissimum, quod vitam mundo, victumque praebet, iam excreuit. *Secundus Adam* ex *somno* mortis euigilauit, cum exstructa ipsi esset ex suo *latere sponsa* optima, carissima.[3] *Semen mulieris* contriuit caput serpentis, prout oraculum diuinum praedixerat.[4] Iam morte superata reclusa est lapsis hominibus via, quae ad *arborem vitae* ducit.[5] Quod figura praenotaverat *Enochus,* septimus ab Adamo,[6] id ipsa re nunc exhibet Adamus secundus: ille mortis legibus exemtus,[7] ante translationem suam testimonium accepit, se Deo placuisse; hic similiter etsi mortem gustauit, a morte tamen teneri non potuit, & antequam e terra tolleretur, ipsum Deum habuit de se testantem.[8] *Aquae diluuianae* resederunt, fontes abyssi sunt obstructi,[9] & verus *Noachus,*[10] qui nos recreabit in miseriis, & laboribus huius terrae, cui ⟨39⟩ Deus maledixit, ex arca sepulcri progreditur, vt suos secum ducat.[11] Eiusdem gratum odorem holocausti odoratus Iehoua, ad cor suum (אֶל לִבּוֹ) i. e. ad Christum ita est locutus: *Posthac non maledicam vltra terrae propter hominem, quamuis figmentum cordis humani malum sit ab adolescentia eius; neque posthac perciam amplius omnia viuentia, quemadmodum feci.*[12] Nunc *Noachus* noster, ex arca sepulchrali egressus, suam *plantat vineam,*[13] quique ipsius sunt, non ita multo post,

---

1 *Fußnote im Original:* „1. Cor. XV, 4."
2 *Fußnote im Original:* „Gen. I, 11."
3 *Fußnote im Original:* „Gen. II, 22. 23. Eph. V, 31."
4 *Fußnote im Original:* „Gen. III, 15."
5 *Fußnote im Original:* „Gen. III, 24."
6 *Fußnote im Original:* „Gen. V, 24. Ebr. XI, 5."
7 *Fußnote im Original:* „Act. II, 24."
8 *Fußnote im Original:* „Matth. XVII, 5."
9 *Fußnote im Original:* „Gen. VIII, 1. 2. 16."
10 *Fußnote im Original:* „V, 29."
11 *Fußnote im Original:* „1 Pet. III, 20. 21. Mat. XXVII, 52. 1 Cor. XV, 23."
12 *Fußnote im Original:* „Gen. VIII, 21."
13 *Fußnote im Original:* „Gen. IX, 20. 21."

dulce eius vinum bibentes, inebriantur.[14] Vincentis *Abrahami*, & benedicentis *Melchisedeci* figuram mysticam vnus Christus expleuit,[15] Filius aeque ac Dominus Dauidis & Abrahami.[16] Hic dies exhibet impletum, quod animo secum dixerat *Abrahamus; Deum vel ex mortuis posse excitare:*[17] qui & *Isaacum* recipiens, rem eandem significauit. Verus *Isaacus*, amor & deliciae generis humani, in ara crucis est immolatus; & Pater, qui nostra caussa Filio suo vnico non pepercit,[18] sua ⟨40⟩ gloria eum resuscitauit. Luctatus iam cum Deo & hominibus, praeualuit *Iacobus*,[19] nec ius primogeniturae solum, quod primogenitus hominum nefarie perdiderat,[20] sed benedictionem quoque reparavit. *Iosephus*, venditus a fratribus, & in vincula coniectus in AEgypto, nunc liberatus prodit, immo *viuit*,[21] omniumque rerum est dominus.[22] Vicit *Leo de tribu Iuda*; venit *Schilo*, cui erit obedientia populorum.[23]

Extractus iam est ex magnis anxietatum & miseriarum fluctibus, quem *Moses* exemplo suo monstrauerat.[24] Nunc patet, quam ob caussam *rubus* ille arserit, nec tamen fuerit consumtus.[25] Ille ipse enim, qui sub flammae specie apparuit in rubo, in assumta carne est necatus; ecce vero, viuit nunc aeternum. Verus *agnus paschalis* est mactatus, nullo eius osse fracto, eiusque sanguine postes nostri sunt conspersi.[26] Nunc recte *Pascha* celebrari potest; nostrum enim Pascha, pro nobis im-⟨41⟩molatum, est Christus.[27] Glorificatus est Iehoua in *Pharaone* infernali, eiusque exercitu, postquam eum vicit, suumque populum, per mare sui sanguinis profusi, e domo seruorum duxit.[28] *Arbor*[29] vitae dulces nunc reddidit amaras miseriarum aquas.

Iam primitiae messis, *manipulus frugum*,[30] in nostro die Paschali, qui post sabbatum erat proximus, Domino messis offeruntur, (Christus enim *primitiae dormientium*[31] est factus,) eoque omnes reliqui sanctificantur.

Illuxit dies, quo *virga Aaronis*[32] summi Sacerdotis nostri corpus, producit germen, emittit flores, editque amygdala, nempe viuam spem, fructumque maturum beatitatis. Exaruisse in cruce, abiectumque videbatur pedum, quo Pastor

---

14 *Fußnote im Original:* „Act. I, 5. II, 13. Psal. XXXVI, 9. Cant. II, 4. V, 1. Es. LV, 1."
15 *Fußnote im Original:* „Gen. XIV."
16 *Fußnote im Original:* „Ps. CX. Ebr. VII."
17 *Fußnote im Original:* „Ebr. XI, 19. Gen. XXII, 9."
18 *Fußnote im Original:* „Rom.VIII, 32."
19 *Fußnote im Original:* „Gen. XXXII, 28."
20 *Fußnote im Original:* „Gen. XXV, 33. Ebr. XII, 16."
21 *Fußnote im Original:* „Gen. XLI, 14."
22 *Fußnote im Original:* „Gen. XLV, 26. Rom. XIV, 9. Apoc. II, 8."
23 *Fußnote im Original:* „Gen. XLIX, 9. 10. Apoc. V, 5."
24 *Fußnote im Original:* „Ex. II, 10. Ps. XVIII, 17. LXIX, 2. 3."
25 *Fußnote im Original:* „Ex. III, 2."
26 *Fußnote im Original:* „Exod. XII, 3. seqq."
27 *Fußnote im Original:* „1 Cor. V, 7."
28 *Fußnote im Original:* „Exod. XIII, XIV."
29 *Fußnote im Original:* „Exod. XV, 25."
30 *Fußnote im Original:* „Leu. XXIII, 10. sqq."
31 *Fußnote im Original:* „1 Cor. XV, 23. Apoc. I, 5."
32 *Fußnote im Original:* „Num. XVII, 8."

animarum summus vtebatur; ecce autem virga Aaronis, tamquam typus, longe cedit ei, vt germine viridiori, flore amoeniori, fructibus praestantiori.

Nunc *Iosua* noster transiuit Iorda-⟨42⟩nem, quem *Moses* in suo officio non potuit transire.³³

*Sub pedibus suis ille contriuit hostes*³⁴ nostros, nobisque virtutem comparauit idem praestandi. *Hereditatem*³⁵ acquisivit, *ciuitates receptui*³⁶ designauit, suaque morte, vtpote veri *Sacerdotis*, vindici sanguinis omne ius abstulit, vt in posterum ad Paradisum Dei nostri, vnde fugeramus, nobis liceat redire.

Capite infernalis *Sisserae*³⁷ paxillo crucis Christi transfixo, liberati sumus e manu hostium,³⁸ & qui amant ipsum, sunt sicut sol, cum procedit in robore suo.³⁹ Nunc verum *altare*⁴⁰ est exstructum, quod *Dominus vocat*; *Pacis:* & noster *Gideon* prima luce surrexit, exercitumque infernalem Midianitarum adortus prostrauit. Noster *Simson*⁴¹ leonem, qui rugiens occurrebat ei, discidit, ac si discinderet hoedum: nunc prodit ab edente edulium, & ab acri dulce.⁴² Post mediam noctem, cum custodibus esset ⟨43⟩ septus, is surrexit,⁴³ portasque orci confregit.

*Boas*⁴⁴ verus, *Goel* noster, iam est inuentus, postquam *Moses*, qui nec sponsam nec hereditatem potuit acquirere, suum calceum extraxit.⁴⁵

*Virum secundum animum suum*⁴⁶ *Iehova sibi exquisiuit, eumque iussit esse principem in populo suo,* cum prior Iehouae Dei sui mandatum non obseruasset. Hic vniverso *populo triumphum* comparauit, postquam fortem adortus superauit,⁴⁷ arma, quibus confisus erat, abstulit⁴⁸ palam eum ostentauit, ac triumphauit per se ipsum.⁴⁹

Nunc *Dauidis* nostri hymnus⁵⁰ decantatur pro liberatione e manu omnium hostium, & in populo eius vox laeta personat: *Dominus viuit.*⁵¹ Iehoua regem suum constituit⁵² *super Sion montem sanctum* suum, ad quem Deus dixerat: *Filius meus es tu, ego hodie genui te.*

---

33 *Fußnote im Original:* „Deut. XXXI, 2. 3. Ios. III, 1. seqq."
34 *Fußnote im Original:* „Ios. X, 24. 25. Gen. III, 15. Rom. XVI, 20."
35 *Fußnote im Original:* „Ios. XIII, sq."
36 *Fußnote im Original:* „XX, 2–6."
37 *Fußnote im Original:* „Iud. IV, 21."
38 *Fußnote im Original:* „Luc. I, 71."
39 *Fußnote im Original:* „Iud. V, 31."
40 *Fußnote im Original:* „Iud. VI, 24. VII, 9. seq."
41 *Fußnote im Original:* „Iud. XIV, 5. 6."
42 *Fußnote im Original:* „ibid. v. 14."
43 *Fußnote im Original:* „Iud. XVI, 2. 3."
44 *Fußnote im Original:* „Ruth IV, 8. sq."
45 *Fußnote im Original:* „Ex. III, 5."
46 *Fußnote im Original:* „1 Sam. XIII, 14."
47 *Fußnote im Original:* „1 Sam. XVII, 49."
48 *Fußnote im Original:* „Luc. XI, 22. Ebr. II, 14."
49 *Fußnote im Original:* „Col. II, 15."
50 *Fußnote im Original:* „2 Sam. XXII. 1. sqq. Ps. XIIX."
51 *Fußnote im Original:* „2 Sam. XXII, 47. Luc. XXIV, 5. 23. 34."
52 *Fußnote im Original:* „1 Reg. I. Ps. II, 6. 7. 2 Sam. VII, 14. Ebr. I, 5."

Quantus Propheta, qui *in vita* sua fe-⟨44⟩cit mirabilia, & *in morte*⁵³ mirabilia opera sua. Ast maior typo antitypus, Elisaeo Christus noster, qui & virtute propria maiora praestitit viuus ac mortuus, & animam, quam vltro posuit, rursus accepit,⁵⁴ rediuiuus vitam credentibus largitur omnibus.

Complementum monstrauit, Iudam pariter ac Iosephum significasse Christum, ad quem principatus est delatus, ac primogenitura,⁵⁵ quod vtrumque Adam perdiderat.

Iam *gloria Iehouae* impleuit verum Dei templum, postquam Salomo noster omnia *perfecit*, quae in animo habuerat.⁵⁶

Hodie figura patientis, & ex angustia iudicioque sublati *Iobi* exprimitur in eius vnice dilecto *Redemtore viuo*.⁵⁷

Exiguo temporis spatio ille fuerat a Deo *derelictus,*⁵⁸ sed gloria & decore est *coronatus*.⁵⁹ Nam animam eius Deus noluit *relinquere in inferno, neque committere, vt sanctus suus corruptionem patere-*⟨45⟩*tur*.⁶⁰ De torrente in via bibit, proptereaque *caput exaltauit*.⁶¹ Iccirco vox *iubilationis & salutis* in tabernaculis iustorum auditur: *dextera Iehouae* facit fortitudinem, *dextera Iehouae* excelsa, *dextera Iehouae* facit fortitudinem. *Lapis*, quem reprobauerunt aedificantes, fuit in *caput anguli*. A Iehoua factum est hoc, & est mirabile in oculis nostris.⁶²

Videte ergo, quam suauiter *ludat Sapientia* in orbe terrarum, ante exsecrato, & quae deliciae ipsi sint cum filiis hominum.⁶³

Nunc re ipsa probat Sapientia, se *vitam* tribuere possessori suo.⁶⁴

Nunc experitur Sponsa, qualis dilectus suus sit prae alio dilecto.⁶⁵ Videt enim, maiore quemquam caritate non esse praeditum, quam si animam suam amicorum caussa impendat.⁶⁶ Eam ipsi nullus eripuit, sed ipse *sua sponte* posuit. Potestatem habuit eam ponendi, itemque potestatem habuit eam rursus sumendi.⁶⁷

⟨46⟩ Agnus Dei, qui peccata mundi sustulit, exposuit se ipsum sacrificium pro peccato, & abscissus est de terra viuentium; sed prolongabit dies suos; & quis generationem eius enarrabit?⁶⁸

---

53 *Fußnote im Original:* „2 Reg. XIII, 21. Sir. XLIIX, 14."
54 *Fußnote im Original:* „Ioh. X, 18."
55 *Fußnote im Original:* „1 Chron. VI, 1. 2."
56 *Fußnote im Original:* „2 Chron. VII, 1. 11. Ioh. XIX, 30."
57 *Fußnote im Original:* „Iob. XLII, 10. Es. LIII, 9. Apoc. I, 18. Iob. XIX, 25."
58 *Fußnote im Original:* „Ps. VIII, 6."
59 *Fußnote im Original:* „Ebr. II, 7."
60 *Fußnote im Original:* „Ps. XVI, 10. Act. II, 27. 31. XIII, 35."
61 *Fußnote im Original:* „Psal. CX, 7."
62 *Fußnote im Original:* „Ps. CXVIII, 15–17. 22. 23."
63 *Fußnote im Original:* „Prou. VIII, 31."
64 *Fußnote im Original:* „Eccl. VII, 13. Esa. LXII, 3. 4. 5."
65 *Fußnote im Original:* „Cant. V, 9."
66 *Fußnote im Original:* „Ioh. XV, 13."
67 *Fußnote im Original:* „Ioh. X, 18."
68 *Fußnote im Original:* „Es. LIII. Ioh. I, 29."

Iustum germen (virens virga Aaronis) fructus suos profert, & hoc nomen eius est: *Iehoua Iustitia nostra*:[69] Resurrexit enim Dominus propter iustitiam nostram.[70] Quid olim indicauerit Spiritus S. per *Iosephum* ac *Ieremiam*, a fratribus & propinquis in foueam, aqua destitutam, coniectos, & deinceps liberatos,[71] perspicuum iam est, cum antitypus id monstret.

Nunc intelligitur *Ezechielis* vaticinium de arbore[72] alta deiicienda, deiectaque exaltanda, & de arbore virenti exsiccanda, siccaque facienda, vt floreat, quippe qui *tener Dei surculus*[73] erat.

Verus *Daniel*[74] vir Deo carus, iam ex ⟨47⟩ fouea obsignata liberatus est, & leonis, nempe mortis, os occlusum, vt laedere ipsum non potuerit.

Ecquid sibi voluit, quod *Hoseas* exclamauit: Vitae restituet nos post biduum; *die tertio* excitabit nos, & viuemus coram ipso?[75]

Dies Ioelis[76] adsunt propius; nam in monte Sionis & Hierosolymae erit liberatio, quemadmodum dixit Iehoua.

Tugurium Dauidis, quod concidit, rursus erigitur, eiusque rupturae sepiuntur, ac demolitiones restituuntur & reaedificatur illud, sicut olim.[77]

Hinc in monte Sionis erit, qui euadet, eritque sanctus: & possidebit domus Iacob hereditarias possessiones suas.[78]

Signum Ionae, quod est mysterium crucis, iam plene in ipso capite apparuit.[79]

Promissus *Effractor*[80] perrupit sepulcri portam & sigillum, fidelibus suis vniuersis praeit, ac in principiis eorum antecedit, vitae Princeps. Is iam adest, ⟨48⟩ & *pascit*[81] in robore Iehouae & excellentia, nomine Iehouae Dei sui, & incipit magnus fieri vsque ad fines terrae.

Proinde in montibus iam veniunt *pedes euangelizantis*, promulgantis pacem.[82]

Et *iustitia fidei*[83] confirmatur per Christi resurrectionem ex mortuis.

Nunc igitur Sioni dicitur: Ne remittuntor manus tuae, Sion, nam *Iehoua Deus tuus* in medio tui *potens seruaturus* est, gauisurus de te laetitia, conquieturus in amore suo, exultaturus de te cantu.[84]

Capti enim Sionis sunt redemti, typusque *aedificationis secundi templi*, & *Hierosolymae* vrbis, sub *Esra* & *Nehemia*,[85] nunc reperit antitypum suum; quandoquidem

---

69 *Fußnote im Original:* „Ier. XXIII, 5. 6. XXXIII, 15."
70 *Fußnote im Original:* „Rom. IV, 25. Ies. XLV, 23."
71 *Fußnote im Original:* „Ier. XXXVIII, 6. Thren. III, 53–56. Gen. XXXVII, 24. Zach. IX, 11."
72 *Fußnote im Original:* „Ez. XVII, 24. Matth. XXI, 19. 20. Num. XVII, 8."
73 *Fußnote im Original:* „Ezech. XVII, 22. Esa. LIII, 2."
74 *Fußnote im Original:* „Dan. VI, 22. 23."
75 *Fußnote im Original:* „Hos. VI, 2."
76 *Fußnote im Original:* „Joel II, 28. 29. 32."
77 *Fußnote im Original:* „Am. IX, 11. Act. XV, 16."
78 *Fußnote im Original:* „Obad. v. 7."
79 *Fußnote im Original:* „Ion. II, 1. sqq. Matth. XII, 40. Luc. XI, 29."
80 *Fußnote im Original:* „Mich. II, 13."
81 *Fußnote im Original:* „Mich. V, 4."
82 *Fußnote im Original:* „Nah. I, 15."
83 *Fußnote im Original:* „Habac. II, 4. Rom. I, 17. IV, 24. 25."
84 *Fußnote im Original:* „Zeph. III, 16. 17."
85 *Fußnote im Original:* „Esra & Nehemia."

vaticinia *Haggaei*,⁸⁶ *Zachariae*,⁸⁷ *Malachiae*,⁸⁸ de *gloria posterioris domus*, de viro, qui vocatur *Zemah*, sub quo germinabit, & qui in solio residens dominabitur, ac de *sacrificiis Deo in iustitia offerendis*, omnia iam fiunt, & fundamenta iacta sunt veri liliorum regni, quod, secundum profun-⟨49⟩dam veterum interpretationem vocis Susan, cui cabbalisticam obseruationem nominis Estherae adiunxerunt, historia libro Esther descripta mystice denotauit.

Sic ergo pati Christum necesse fuit, & die tertia ex mortuis resurgere: ⁸⁹ *sic omnia in Mosis lege, in Prophetis, & in Psalmis de ipso scripta, perfici oportuit.*

Huic sermoni propositum est nihil aliud, quam vt ad celebrationem dierum Paschalium, qui Dei gratia in hoc nouo etiam saeculo nobis illuxerunt, talem excitemur, qua Rex regum & Dominus dominorum, qui sedet ad dexteram maiestatis, in excelsis vere glorificetur. In eum enim finem ob oculos hic est positum, vti ab initio Deus per os sanctorum Prophetarum verae iustitiae restitutionem ex resurrectione Filii sui promiserit & testatus suerit. Quomodo vero vnigenitus Patris Filius ipse in diebus exinanitionis suae eam praedixerit, & quomodo itidem Apostoli de eadem re magna virtute testimonia exhibuerint, large his diebus nobis explicabitur. Certum enim est, postquam, comprobatis vaticiniis, Deus ipse *per Filium suum* ⁹⁰ ad nos locutus est, & hic verbum suum *per e-*⟨50⟩*os, qui ipsi audiuerunt illud*, proponi nobis curauit, Deus etiam concionem de resurrectione Christi *multis signis, miraculis & prodigiis, variis viribus, ipsaque Spiritus S. distributione, prout ipsi complacuit, confirmauit*,⁹¹ longe grauius iudicium nos manere, si his fidem dignam non adhibeamus, quam eos, qui tantam cognitionis vbertatem non sunt nacti. Quantae *stultitiae* ac *socordiae* nos arguemur, quum mansuetissimus & humanissimus Saluator noster in ipsis discipulis suis⁹² hoc vitium animaduerterit, quibus tamen excusatio aliqua ignorantiae & incredulitatis non defuisse videtur. Forsitan vero non pauci putabunt, inter nos nullos stultos, & corde tardos ad credendum inueniri: praesertim quum nuda scientia locum iam obtineat viuae cognitionis, & fides historica tamquam in divina virtute consistens soleat venditari. Hinc enim, quando dicitur: *Quis credit sermoni nostro?* ⁹³ nemo non respondet: *Ego credo*. Obseruetur igitur, quid vlterius Propheta addat: *Brachium Iehouae cui reuelatum est?* Sed fortasse etiam tantae sumus audaciae, vt hoc aeque nobis reuelatum es-⟨51⟩se arbitremur, quando assensu saltem comprobamus, Christum brachio Iehouae suscitatum esse. Ecquis autem curatius animo ponderat, nos aeque esse mortuos, & quidem in delictis ac peccatis, quamdiu excellens diuinae potentiae magnitudo in nobis se non exserit: nostramque fidem non nisi vanam deceptionem, phantasma & spectrum esse Satanae, nisi *brachio Iehouae*, seu eadem excellentis potentiae diuinae virtute, quam operatus est in Christo Iesu, eum ex mor-

---

86 *Fußnote im Original*: „Hagg. II, 10."
87 *Fußnote im Original*: „Zach. VI, 12. 13."
88 *Fußnote im Original*: „Mal. III, 3."
89 *Fußnote im Original*: „Luc. XXIV, 46. 47."
90 *Fußnote im Original*: „Ebr. I, 2."
91 *Fußnote im Original*: „Ebr. II, 2. 3. 4."
92 *Fußnote im Original*: „Luc. XXIV, 25. Marc. XVI, 14."
93 *Fußnote im Original*: „Esa. LIII, 1."

tuis suscitando, in nobis illa efficiatur: eandem etiam roboris virtutem in conuersione hominis esse impendendam, quam Deus in resuscitando Christo impendit; eamque conuersionem nil nisi falsam persuasionem esse, quae non re ipsa sit resurrectio ex morte spirituali: id quod Apostolus graui oratione firmissime asseuerat.[94] Et certe plus, quam opinio, humanaque persuasio requiritur, si quis vere adaptare sibi haec verba cupit: *Cum essemus mortui in peccatis, viuificauit nos Deus vna cum Christo, simulque resuscitauit, & in Christo Iesu in caelestibus collocauit.*[95] Bene ergo in nos ipsos attendamus, ne *festum agamus in fermento vetere improbitatis ac mali-*⟨52⟩*tiae, sed sinceritatis, veritatisque panibus infermentatis,* vti grauiter Paulus monet.[96] *Immo euigilet, qui dormit, & surgat a mortuis, tunc Christus eum illuminabit.*[97] Si quis vero in sepulchris mundanarum carnaliumque voluptatum vult permanere, & vlterius exsequi voluntatem carnis & rationis, ille ne se iactet contra verum & mentiatur. Qui crucem Christi in spiritu non degustavit, is nec in Spiritu degustabit resurrectionem. Non est Christi, qui carnem non crucifixit cum passionibus & concupiscentiis.[98] Viuens cum mortuis quaerendus non est.[99] Otio certe, comessationibus & potationibus, nugis & confabulationibus otiosis, vano luxu, aliisque gaudiis mundanis non potest celebrari Pascha. Nec sufficit audire conciones, & cantare hymnos de Resurrectione Christi, si id fiat animo cum Christo nondum crucifixo & mortuo, nec adsit verum desiderium coniunctionis cum Christo. *Regnum* enim *diuinum non situm est in cibo & potu, nec in verbis, sed in iustitia, pace, laetitia in Spiritu S. & in virtute.*[100] Vera enim ⟨53⟩ Paschatis celebratio est ea, quam Paulus describit, dicens: *Si igitur cum Christo surrexistis, quae sursum sunt, quaerite, vbi Christus est, ad dextram Dei sedens. Quae sursum sunt, sapite, non quae super terra.*[101] Aliis vero bonum exemplum praebeamus, & ambulemus, velut ii, qui compotes sunt facti vitae, quae ex Deo est, ne cui scandalum praebeamus, eiusque peccati participes reddamur. P. P. in Academia Fridericiana. Anno DOM. MDCCI. Fer. Paschal.

---

94 *Fußnote im Original:* „Eph. I, 19. sq."
95 *Fußnote im Original:* „Eph. II, 5. 6."
96 *Fußnote im Original:* „1 Cor. V, 8."
97 *Fußnote im Original:* „Eph. V, 14."
98 *Fußnote im Original:* „Gal. V, 24."
99 *Fußnote im Original:* „Luc. XXIV, 5."
100 *Fußnote im Original:* „Rom. XIV, 17. 1 Cor. IV, 20."
101 *Fußnote im Original:* „Col. 3, 1. 2."

⟨76⟩ PROGRAMMA V.
NOMINE ACADEMIAE
EDITVM
De
ADVMBRATA IN VE-
TERI GENESI GENESI
NOVA.
Gloria in supremis Deo, &
in terra pax, & in homini-
bus beneplacitum!

⟨77⟩ NOuam *Genesin*, Ciues Academici, devota, vt par est, mente concelebremus. *Genesis* & in Veteri & in Nouo Testamento primus liber, vel, si hic pars libri, & ea quidem minima est, eo tamen ipso, quod βίβλος audit γενέσεως,[1, 2] (*liber generationis*) & harmoniam Noui Foederis cum Veteri, & rerum, quae vtriusque scriptis comprehenduntur, connexionem, & nouae γενέσεως dignitatem ostendit ac praerogatiuam. Est enim haec γένεσις Ἰησοῦ Χριστοῦ, (*generatio Iesu Christi*) absque qua si fuisset, γένεσις τοῦ κόσμου καὶ γένεσις τῶν ἀνθρώπων, (*Creatio mundi & generatio hominum*) vt Gen. V, 1. habent LXX. nobis haud profuisset. Linea sancta in *Matthaeo*[3] ab Abrahamo ad Christum, in *Luca*[4] autem a Christo ad Adamum vsque protenditur; verum Christus vtrobique finis est, & is, ad quem omnes in V. T. genealogiae collinearunt. Earum proinde, post Christum reuelatum, in sacris vt vtilitas, ita cura inter veros Christi cultores, ex monito Aposto-⟨78⟩li,[5] illico cessauit. Ceterum, ne quid veteris ac nouae geneseos desit harmoniae, *Iohannes* initium sui Euangelii connectit cum initio *Mosis*, ita, vt *genesin primam*, siue mundi creationem, ad caussam suam referendo, *nouae genesi* maiorem, eique debitam concilet dignitatem. *Verbum*, ait, *caro factum est.*[6] Ecquod? Illud ipsum, quod *in principio iam erat*, (antequam crearetur quidquam) & *sine quo factum est nihil, quod factum est.*[7] Ita sistit θεόλογος, (*Theologus*) quod Iohanni nomen sancta tribuit antiquitas, πρωτότοκον (non πρωτόκτιστον) πάσης κτίσεως,[8] (*primogenitum*, non primo creatum, *omnis creaturae*) ex sinu Patris prodeuntem,[9] & venientem in hunc mundum, vt mundum, quem formauerat ipse,[10] per se ipsum reformet.

---

1 *Fußnote im Original:* „Matth. I, 1."
2 *Fußnote im Original:* ספר תולדת Gen. V, 1. liber, *recensio, enumeratio* generationum; ad eam analogiam vocat Matthaeus βίβλον γενέσεως (*librum generationis*) recensionem genealogiae Christi."
3 *Fußnote im Original:* „Matth. I, 1–17."
4 *Fußnote im Original:* „Luc. III, 23–38."
5 *Fußnote im Original:* „1 Tim. I, 4."
6 *Fußnote im Original:* „Ioh. I, 14."
7 *Fußnote im Original:* „v. 1. 2. 3."
8 *Fußnote im Original:* „Col. I, 5."
9 *Fußnote im Original:* „Ioh. I, 18."
10 *Fußnote im Original:* „Ebr. I, 2.3. Ioh. I, 10."

Recolamus igitur animo, ductum virorum θεοπνεύστων (qui afflatu Spiritus S. scripserunt) pie sequentes, *Genesin veterem*, & in eius vmbris, figuris, typis ac vaticiniis spectemus *nouam genesin*, tamquam in aliquo Sapientiae theatro heredi Dei, (Ecclesiae) quum infans[11] esset, pro-⟨79⟩positam, & quasi *in tabula* ei *suspen-*
sam,[12] vt is, quod serio res agatur, & ex multitudine, & ex varietate, & ex grauitate ac pondere testimoniorum edoceatur. Quae autem infantibus lusus instar Sapientia repraesentauit, ieiuna aut tenuia non sunt. Quando Sapientia ludit, viri inueniunt, quod discant, & in quo etiam iis, qui sensus habent exercitatiores, aqua saepius haereat; immo remanent semper haud pauca, quae lynceam humani iudicii aciem fugiunt, a simplicibus autem animis & τοῖς νηπίοις[13] (*infantibus*), quibus, vt ad lusum sacrum aptioribus, praecipue delectatur Sapientia, obseruantur, amantur. Sapientibus saeculi talia haud raro sordent,[14] quia nec ipse Christus iis bonus est odor, nec vlla, quae vere animam nutrit & conseruat, cibi instar salutaris sapit sapientia. Iis vero, qui vere sapientes sunt, (hoc est, quibus, definiente Bernhardo,[15] *quaeque res sapiunt, prout sunt,*) sapit Man-⟨80⟩na istud, & est in deliciis. Quantum inter *accommodationes*, vt vocantur, steriles, *ingenii humani lusus*, sensum verbi Dei violentia quadam ad interpretis voluntatem inflexum ac *detortum*, & inter sanctissimum diuinae *Sapientiae lusum*[16] ac sacrum Drama, rerum maximarum prodromum & nuntium intersit, hi demum recte iudicare valent, qui experiuntur quotidie, magis serio rem agi a Sapientia, quando ea ludit, quam ab hominibus, vbi maxime serio & grauiter agere videntur.

In praesentia nobis Genesis Mosaica ad γένεσιν Ἰησοῦ Χριστοῦ (*generationem Iesu Christi*) in vaticiniis ac imaginibus diuinis spectandam campum aperit, quem emetiri alloquii huius solemnis angustia non permittit. Sufficiat igitur, aditum patefieri, & Genesin Mosaicam a nobis repeti ab ouo, vt in prouerbio dicitur, ad Abrahami aetatem, qua βίβλον γενέσεως Ἰησοῦ Χριστοῦ (*librum Generationis Iesu Christi*) auspicatur primus Noui Foederis scriptor, Matthaeus.

Τὴν ἀρχὴν τῆς κτίσεως (*principium creationis*) describit in Genesi sua Moses:[17] Primogenito autem in orbem aduentan-⟨81⟩te, qui ipsa est ἀρχὴ τῆς κτίσεως,[18] nouum datur nouae creationis principium. Creat enim Deus caelum nouum ac nouam terram.

---

11 *Fußnote im Original:* „Gal. IV, 1."
12 *Fußnote im Original:* „Habac. II, 2. 3."
13 *Fußnote im Original:* „Mat. XI, 25."
14 *Fußnote im Original:* „1 Cor. II, 14."
15 *Fußnote im Original:* „Bernh. Serm. XIIX. Est sapiens, cui quaeque res sapiunt, prout sunt. Cui vero ipsa iam in se, prout est, sapientia sapit, is non modo sapiens, sed etiam beatus est. Nempe hoc est videre Deum sicuti est, atque hic quidem fluminis impetus laetificans ciuitatem Dei; hic torrens voluptatis, haec denique vbertas inebrians est." [Bernhard v. Clairvaux, sermones de diversis XVIII 1: MSL 183, 537 D].
16 *Fußnote im Original:* „Prou. VIII, 30. 31."
17 *Fußnote im Original:* „Gen. I, 1."
18 *Fußnote im Original:* „Ioh. I, 1. c. VIII, 25. 1 Ioh. I, 1. Marc. I, 1. 2 Pet. III, 4. Apoc. III, 14. Es. LXV, 17. & c."

Vera lux, fons lucis ac vitae omnis, ἡ ἀνατολὴ ἐξ ὕψους (*ortus ex alto*) in mundum venit tenebricosum,[19] Fugiunt vmbrae, ac tenebrae infernales dispelluntur. Nam *e Ziione perfectio pulchritudinis, Deus effulget*.[20] *Videt Deus* isthanc *lucem bonam esse*.[21] Propterea hanc lucem vocauit *Diem, in cordibus nostris exorientem*.[22] *Caeli* nunc *enarrant gloriam Dei, & opus manuum eius adnuntiat firmamentum*;[23] quia ille nunc homo natus est, per quem caeli facti sunt.[24] Merito igitur *gloria in excelsis Deo*[25] a caelitibus canitur.

In terra vero pax an non iure celebratur? Ecce *terra* nunc *dat prouentum suum. Benedixit* enim *nobis Deus, Deus noster; be-⟨82⟩nedixit nobis Deus, vt timeant ipsum omnes fines terrae*.[26]

Prodit nunc *Sol iustitiae*,[27] tamquam *sponsus exiens et balamo suo; gaudet sicut heros ad currendum viam*.[28] Creationis mundi dies quartus Solem creatum attulit; mundo vero creato qui sex dies magnos ante σαββατισμὸν (*quietem*) tribuunt, die totius diuinae oeconomiae quarto Solem increatum effulsisse, haud incongrue obseruant. Est hoc *lumen maius*,[29] Esaia teste, obfuscans minus, Solem ipsum creatum; & cuius luce, propria carens, Lunae instar, coruscat Ecclesia; Sponsa paupercula, Sponsi conspicua vestitu.[30]

Nunc vt pisces multiplicabuntur iusti,[31] & aquae[32] (quae populos in Scriptu-⟨83⟩ris denotare, non raro solent) innumeram, vt reptilium, dabunt multitudinem iustorum. Haec demum נֶפֶשׁ חַיָּה (*anima viuens*,) quae VITAM EX DEO[33] nacta fuerit, & viua & iusta vere, viua per *regenerationem,* iusta per *iustificationem* gratis datam. *Iustus* enim natus est, *qui cognitione sui multos*[34] *reddere* debebat *iustos*, vtpote quorum erat *iniquitatem portaturus*. Iam εἰκὼν[35] (*imago*) Dei inuisibilis, ἀπαύγασμα τῆς δόξης καὶ χαρακτὴρ τῆς ὑποστάσεως αὐτοῦ[36] (*splendor gloriae & forma expressa substatiae eius*) oculis cernitur hominum. Illustrior haec Dei imago, quam illa, quae

---

19 *Fußnote im Original:* „Gen. I, 2. 3. Ioh. I, 4. seqq. Luc. I, 78. Ioh. IIX, 12. c. IX, 5. c. I, 9. Luc. II, 32. Es. LX, 3. c. XLIX, 6. Rom. XIII, 12."
20 *Fußnote im Original:* „Ps. L, 2."
21 *Fußnote im Original:* „Gen. I, 4."
22 *Fußnote im Original:* „Gen. I, 5. 2 Pet. I, 19."
23 *Fußnote im Original:* „Ps. XIX, 2."
24 *Fußnote im Original:* „Ps. XXXIII, 6. Ps. CXXXVI, 5."
25 *Fußnote im Original:* „Luc. 2, 14."
26 *Fußnote im Original:* „Gen. I, 11. Ps. LXVII, 7. 8."
27 *Fußnote im Original:* „Gen. I, 16. Mal. IV, 2."
28 *Fußnote im Original:* „Ps. XIX,6. Agi hic de caelo spirituali N. T. docent sequentia & interpretatio Psalmi huius Apostolica Rom. X, 18."
29 *Fußnote im Original:* „Esa. IX, 2. Matth. IV, 16. Ps. LXXXIX, 16. Apoc. XII, 1. c. XXI, 24. 2 Cor. IV, 6."
30 *Fußnote im Original:* „Ps. XLV, 9. 10. Apoc. XIX, 8."
31 *Fußnote im Original:* „Gen. XLIIX, 16. Benedictio Ephraimi & Manasseh: יְדְגּוּ לָרֹב *crescant in multitudinem* instar piscium. Hinc necessarii דָּגִים *piscatores* (hominum) Ier. XVI, 16. Matth. IV, 19. Luc. V, 6. 10. Ioh. XXI, 6. 11. Ezech. XLVII, 10. Habac. I, 14."
32 *Fußnote im Original:* „Ps. XCIII, 3. 4."
33 *Fußnote im Original:* „Eph. IV, 18."
34 *Fußnote im Original:* „Es. LIII, 11. 12. c. LIV, 1. sq. c. LX. Ps. LXXII, 16. 17."
35 *Fußnote im Original:* „Gen. I, 26. 27. Col. I, 15."
36 *Fußnote im Original:* „Ebr. I, 3."

Adamo primo fuit impertita. *Nam primus homo e terra, terrenus; secundus homo Dominus* (vt videas, ad quem dominium, homini primo in creaturas datum, pertineat) *e caelo. Qualis terrenus, tales etiam terreni; & qualis supracaelestis, tales etiam supracaelestes. Et sicut portauimus imaginem terreni, portabimus etiam imaginem supracaelestis.*[37]

Veri Sabbathi,[38] quod praedixerunt ⟨84⟩ Prophetae, initium nunc est, & fundamentum σαββατισμοῦ a populo Dei exspectandi.[39] Non Moses in *capsula*;[40] qui destinatus erat, vt ex Aegypto populum educeret, promissam vero hereditatem adire non poterat nec Iesus typicus,[41] (qui in requiem externam, quod typo conveniebat, populum introduxit) sed in *praesepi* verus Iesus inuenitur: quo duce, si credimus, ingredimur in veram requiem, vtpote cui & Moses cessit & Iosua, & vterque, exuendo pedes calceis,[42] testimonium perhibet, illum esse verum גֹּאֵל[43] (*Redemtorem*) cui soli debeatur sponsa, ita vt nec praecursor proximus, Iohannes, ea in parte ipsum potuerit praeuenire.[44]

Aperite nunc oculos & arrigite aures, o Nostri, & *mysterium*, quod Paulus *magnum* appellat, animaduertite. *Haec, vice hac,* aiebat primus homo, *est os de ossibus meis, & caro de carne mea; huic vocabitur* nomen אִשָּׁה Ischa (*mulier*) *quia de* אִישׁ Isch (*viro*) *sumta est hac. Propterea derelinquet vir patrem suum & matrem suam: & adhaerebit* ⟨85⟩ *vxori suae, & erunt in carnem vnam.*[45] Haec sunt verba, quae repetit magnus Gentium Apostolus, & grauiter addit: *Mysterium hoc magnum est; Ego de Christo & Ecclesia dico*;[46] Iterumque vocat μυστήριον ὁμολογουμένως μέγα,[47] (*mysterium in confesso magnum*) quod *Deus* sit *manifestatus in carne. Nam vt pueri carnem & sanguinem habent, ipse similiter iisdem praeditus fuit.*[48] Natus est ex virgine *Immanuel*,[49] verus Deus ac verus homo. Quanta hinc solatii abundantia! *Nemo enim vmquam suam carnem odit, sed eam alit, fouetque. Nos autem membra sumus corporis ipsius, ex carne ipsius, & ex ossibus ipsius.*[50]

Pudoris caussam iam non habemus, in hunc si credamus *Immanuelem*, tegente nuditatem nostram ipso Deo.[51]

Ecce enim promissum *semen mulieris*, quod *suo calcaneo serpentis conculcaturum erat caput.*[52] Mulieris semen fuerat promissum, idque in virginis partu (vt κατὰ τὸ ῥητὸν Scriptura impleretur, quae idem clarius posterioribus in vaticiniis expressit,

---

[37] *Fußnote im Original:* „1 Cor. XV, 47. 48. 49. Ioh. III, 31."
[38] *Fußnote im Original:* „Gen. II, 2. Es. LIIX, 13. Es. LXVI, 23."
[39] *Fußnote im Original:* „Ebr. IV, 9."
[40] *Fußnote im Original:* „Exod. II, 3. 5."
[41] *Fußnote im Original:* „Ebr. IV, 8."
[42] *Fußnote im Original:* „Ex. III, 5. Ios. V, 15. Deut. XXV, 9."
[43] *Fußnote im Original:* „Ruth IV, 8."
[44] *Fußnote im Original:* „Matth. III, 11. Ioh. III, 29."
[45] *Fußnote im Original:* „Gen. II, 23. 24."
[46] *Fußnote im Original:* „Eph. 5, 32."
[47] *Fußnote im Original:* „1 Tim. III, 16."
[48] *Fußnote im Original:* „Ebr. II, 14."
[49] *Fußnote im Original:* „Es. VII, 14."
[50] *Fußnote im Original:* „Eph. V, 29. 30."
[51] *Fußnote im Original:* „Gen. II, 25. c. III, 21. Apoc. III, 18. Es. LXI, 10. Ezech. XVI, 8."
[52] *Fußnote im Original:* „Gen. III, 15."

multisque typis⁵³ abundantius antea signi-⟨86⟩ficauit,) praestitum est. En igitur sublatam *maledictionem* terrae, & in *benedictionem* transmutatam. Sublatus nunc reatus mortis; inter homines enim viuit ipsa *vita*,⁵⁴ quae vitam restituit iis, qui mortem⁵⁵ promeriti erant. Sic prophetico spiritu Adamus vocauit nomen suae vxoris
5 *Chauab*⁵⁶ (viuentem). Liberum nunc credentibus, *manum suam*, manum, inquam, fidei, *extendere, & sumere de arbore vitae,*⁵⁷ *& comedere & viuere in aeternum*. Angeli enim ad custodiendam viam ligni vitae olim constituti, nunc liberum aditum ipsi adnuntiant, & ad recens spectaculum pastores, quibus adnuntiauerant, ipsi ablegant, iis accinentes: *Gloria in altissimis Deo, & in terra pax, & in hominibus*
10 *beneplacitum* (esto).⁵⁸

Virgo genetrix nunc demum illa est, quae iure dicere potest: *Kanithi* (hoc est: *possedi*) *virum, qui Iehoua est*.⁵⁹ Adamo vero tot posterorum parenti, tempore, quod Deus constituerat, impleto, tandem ⟨87⟩ nascitur ex virgine filius, cuius nomen *Scheth*⁶⁰ (h. e. *repositus*) merito vocatur. Reposuit enim Deus semen aliud,
15 nempe semen mulieris, postquam *vana* facta fuit, mortique subiecta omnis Adami progenies: id quod & nomine & sanguine suo *Habel*⁶¹ significauerat, & miseriae humanae, & simul Christi, eam expiaturi, prima inter Adami posteros imago. *Restituere* debebat semen mulieris ea, quae prima mulier,⁶² deinde etiam Adamus perdiderant. *Posuit* igitur Deus hoc salutis *fundamentum*, [quod & ipsum nomen
20 *Scheti* prae se tulit,] *Iesum Christum, praeter quod fundamentum aliud nemo potest ponere*.⁶³

Noach (h. e. *quietis auctor*) iam nobis natus; *hic consolabitur nos* (non typice, sed vere) *ab opere nostro, & a labore manuum nostrarum ex terra, cui maledixit Iehouah*.⁶⁴ Hic vt nomen re ipsa impleret, clamauit: *Venite ad me omnes, qui laboratis & onerati estis: & ego vos refocillabo*.⁶⁵

25 Ecce *poenituerat Iehouam, quod fecisset hominem in terra: & dolor penetrauerat ad cor* ⟨88⟩ *ipsius*. Deleta fuisset omnis caro, & aeternum periisset, nisi hic nobis natus fuisset Noachus, vt sacrificium Deo ad expiationem peccatorum totius generis humani offerret. Cernitur enim nunc & matris fouetur gremio τὸ ἀρνίον (*agnellus ille*) quod in holocaustum offerendum erat, *vt odoretur Deus odorem quie-*
30 *tis, & dicat ad cor suum*; (quidni Christum, *Iedidiah*, dilectum Dei,⁶⁶ hic intelligamus?) *non addam maledicere amplius terrae propter hominem*.

---

53 *Fußnote im Original:* „Vid. Allix Reflexions sur l'Ecriture Sainte integro capita XIV. p. 108." [Allix 1687].
54 *Fußnote im Original:* „Ioh. XIV, 6."
55 *Fußnote im Original:* „Gen. II, 17. c. III, 3."
56 *Fußnote im Original:* „v. 20. Vid. omn. Goodw. Moses & Aaron p. 50. in notis." [Goodwin ³1694].
57 *Fußnote im Original:* „Apoc. XXII, 14. καὶ ἐξουσία αὐτῶν ἐπὶ τὸ ξύλον τῆς ζωῆς, ius eis in arborem vitae. conf. Ioh. VI, 51."
58 *Fußnote im Original:* „Luc. II, 10–14."
59 *Fußnote im Original:* „Gen. IV, 1."
60 *Fußnote im Original:* „Gen. IV, 25."
61 *Fußnote im Original:* „v. 2–8."
62 *Fußnote im Original:* „1 Tim. II, 14. 15. Gal. IV, 4."
63 *Fußnote im Original:* „1 Cor. III, 11."
64 *Fußnote im Original:* „Gen. V, 29. Es. XI, 10. מְנֻחָתוֹ כָּבוֹד *Quies eius* (Noachi nostri) *gloria* (erit)."
65 *Fußnote im Original:* „Matth. XI, 28."
66 *Fußnote im Original:* „2 Sam. XII, 25. Matth. III, 17. Col. I, 13. Eph. I, 6."

Ille, vt carnis & sanguinis propterea factus fuit particeps,[67] vt holocaustum, quod offerret, haberet, ita ipse, in adsumta carne, *arca* existere debebat, vndis, fluctibus ac procellis obiicienda, immo disruptis omnibus abyssi fontibus & apertis caeli fenestris[68] exponenda, vt seruaretur omne genus humanum. Quid? quod illum ipsum, qui iam natus est, non tantum *Noachum* & *holocaustum* & *arcam*, sed & *columbam* merito dicimus, quam Pater emisit *ex arca*,[69] h. e. ex caelo [quid enim obstat, quo minus arca duplicem typum sustineat respectu diuerso?] in hanc terram ⟨89⟩ diluuio peccatorum inundatam. Sed columba haec, quum non inuenisset quietem[70] volae pedis sui, (*infanti* enim Christo ne *in diuersorio*[71] quidem, nec *viro, quo reclinaret caput*,[72] *erat locus*,) donec in cruce moreretur, redire debebat ad eum,[73] a quo emissa erat, intromittenda quippe in arcam, quam reliquerat.

Quam exoptata autem nobis esse debet natiuitas eius, in quo Deus nouo nobis foedere iungitur, quod ei est *sicut foedus, quod iniit cum Noacho*? Cuius foederis gloriosum effectum, quem Esaias praedixit quinquagesimo quarto capite, per fidem exspectamus.

Adimpleta nunc est benedictio *Schemo*[74] a patre Noacho impertita; natus enim ex semine eius ille est, qui est *Deus ac Dominus Schemi*, quem celebrauit Noachus, & ex quo dependet omnis non tantum posteritatis Schemi, sed etiam totius mundi *benedictio*. Natae sunt deliciae generis humani, quibus ad tentoria Schemi[75] Iaphetus quoque allicitur, & propter ⟨90⟩ quas deinceps dilatantur tentoria Iapheto.[76]

Proditur nunc vera ratio, propter quam Schemi posteritas[77] tanto studio in Genesi commemorata, nempe vt promissioni diuinae sua constaret veritas, & post tot saecula fidelitas Dei celebraretur, promissam *benedictionem* longe supra exspectationem hominum miraculose implentis.

Hactenus confuderat Deus *labia hominum*,[78] ad perniciem suam in ausu malo conspirantium, *ita vt non intelligeret vir labium socii sui*. Nunc autem venit instaurator generis humani, in quo per Spiritum caritatis coalescunt animi hominum, & in bono conspirant, vt *populus* fiat *vnus, & labium vnum omnibus*. Propterea enim Filius Dei, homo factus, cruci ac morti se dedit, vt *filios Dei, qui* erant *dispersi*,

---

67 *Fußnote im Original*: „Ebr. II, 14. c. X, 5. sq."
68 *Fußnote im Original*: „Ps. XIIX, 16. 17."
69 *Fußnote im Original*: „Gen. IIX, 8."
70 *Fußnote im Original*: „Gen. IIX, 9."
71 *Fußnote im Original*: „Luc. II, 7."
72 *Fußnote im Original*: „Luc. IX, 58"
73 *Fußnote im Original*: „Ioh. XVI, 28."
74 *Fußnote im Original*: „Gen. IX, 26."
75 *Fußnote im Original*: „Gen. IX, 27."
76 *Fußnote im Original*: „Paulus Eph. II, 22. vocat κατοικητήριον *(domicilium)* quum posteri Iapheti συμπολίται *(conciues)* posterorum Schemi facti essent, forsan alludendo ad versionem LXX. quae Gen. IX, 27. habet πλατύναι ὁ θεὸς τοὺς Ἰάφεθ καὶ κατοικησάτω ἐν τοῖς οἴκοις τούς Σήμ. Dilatet Deus Iapheto, & habitet in domiciliis Schemi."
77 *Fußnote im Original*: „Gen. X, 21. sq."
78 *Fußnote im Original*: „Gen. XI, 1. sq."

*congregaret in vnum.*⁷⁹ *Is est enim pax nostra, qui ex duobus vnum fecit, septique* ⟨91⟩ *interstitium abrupit, & inimicitias, legem praeceptorum in placitis positam, in sua carne aboleuit, vt in sese ex duobus conderet vnum novum hominem, faciendo pacem, & ambos vno in corpore reconciliaret Deo per crucem, peremtis in ea inimicitiis.*⁸⁰ Eo fine se a Patre in hunc mundum fuisse missum, testatur iamiam ad Patrem rediturus, quando, *non pro his* (discipulis) *solum*, ait, *oro, sed etiam pro eis, qui per eorum sermonem in me credent; Vt omnes vnum sint, quemadmodum tu Pater in me, & ego in te, vt ipsi quoque sint in nobis vnum, vt mundus me abs te missum fuisse credat. Ego quoque, quam tu mihi gloriam dedisti, eis dedi, vt sint vnum, quomodo nos vnum sumus: Ego in eis, & tu in me, vt perfecti sint in vnum, vtque cognoscat mundus, me abs te esse missum, & eos a te amatos, quemadmodum me amasti.*⁸¹ Hinc non ita multo post erat *multitudinis eorum, qui crediderant, vna mens, vnusque animus:*⁸² & qui visi fuerant linguis diuersis⁸³ miraculose disiuncti, Spiritu Dei longe, quam antea, facti eodem momento erant coniunctiores, vnum *sonum,*⁸⁴ qui *in mundum vniuersum exire* debebat, nunc ⟨92⟩ vere edentes; id quod Salomonis tempore, post arcam foederis typicam in locum suum introductam, sua iam designauerat symphonia chorus musicus Leuitarum & Sacerdotum centum & viginti;⁸⁵ qui propterea numerus accurate etiam in antitypo est expressus.

Ad *Abrahamum*⁸⁶ venimus, qui *videre gestiuit diem Messiae, & vidit, idque laetatus est.*⁸⁷ Miratur Matthaeus proportionem, quae in Genealogia Christi ab Abrahamo ad Dauidem, a Dauide ad captiuitatem Babylonicam, a captiuitate ad finem periodorum Veteris Testamenti deprehenditur inter generationes numero quaterdenario distinctas. *Non frustra* (sunt verba Erasmi Schmidii⁸⁸) *periodum quaterdenariam Euangelista obseruat; sed ad altiorem historiarum & temporum indaginationem atque collationem nos deducere cupit.* Recte omnino Euangelistae vestigia sequuntur, qui tres heptades simplices, praeeunte scriptura, in superioribus generationibus obferuant ac mirantur. Quis talia fortuito ⟨93⟩ ita euenisse sibi persuadeat, in primis quum viderit, Spiritum S. ea non neglexisse? Est sane serius iste sapientiae aeternae lusus per tot hominum generationes, per tot saecula, immo millennia deductus. O caecos mortales, Scripturae auctoritatem in dubium vocantes, a Scepticismo ad Atheismum procliues! Possent, nisi ea, quae diuina sunt, mente profana fastidirent, vel ex lusu Sapientiae de temeritate ac stultitia sua conuinci; quid futurum, si ad magis seria, & ipsam Numinis Maiestatem spirantia, mentem caste ac submisse appellerent? Verum enim vero sterilis est ager, quem sol amo-

---

79 *Fußnote im Original:* „Ioh. XI, 52."
80 *Fußnote im Original:* „Eph. II, 14. sq."
81 *Fußnote im Original:* „Ioh. XVII, 20–23."
82 *Fußnote im Original:* „Act. IV, 32."
83 *Fußnote im Original:* „Act. II, 1. seqq."
84 *Fußnote im Original:* „Ps. XIX, 5. Rom. X, 18."
85 *Fußnote im Original:* „2 Par. V, 12. 13. Act. I, 15."
86 *Fußnote im Original:* „Gen. XI, 26. sq. c. XII, 1. sq."
87 *Fußnote im Original:* „Ioh. VIII, 56."
88 *Fußnote im Original:* „Annot. in. N. T. p. 11. & 12. Iean d'Espagne Harmonie des Temps. Franc. Burmannus Gesetz und Zeugniß p. 65." [E. Schmidt 1658, 11 f.; d'Espagne 1671; Burman 1693, 29].

ris Christi non reddidit foecundum. Qui Christum diligunt, ad eum testimonio Scripturae adducti, eodem se dum communire satagunt, plura in dies deprehendunt, quibus & oblectentur, & in cognitione Christi viua ac salutari confirmentur. Id illis vsu venit in legenda Scriptura, quod tribus discipulis in transfiguratione Christi, qui conspiciebant primum *Mosen* & *Eliam* cum *Christo* colloquentem, at mox *sublatis oculis neminem viderunt nisi solum Iesum.*[89] Ita videlicet o-⟨94⟩mnia tandem propter *Iesum* scripta esse deprehenduntur.

Sed quo dilabimur? Isthanc si demonstrare obseruationem per singulas ab Adamo ad Abrahamum generationes vellemus, destituturum nos tempus foret, aeque ac auctorem epistolae ad Ebraeos, exempla fidei ex Veteri Testamento[90] commemorantem; nedum, si adscendere ab Abrahamo ad Christum, & singulis in generationibus, vna cum nominibus hominum, diuino consilio impositis, singula facta dictaque, & tectas vmbra. Veteris Testamenti vias Dei typicas excutere, atque ad Christum finem vnicum & vltimum referre sustineremus. Tam copiose ac varie ludit ἡ πολυποίκιλος σοφία τοῦ θεοῦ (*multiplex & varia sapientia Dei*) tam cumulate vaticiniis disertis miscet rerum vmbras, &, dum prorsus aliud agere, & rebus modo minimis, modo maximis intenta esse inter homines videtur, nunc infantem, puerum, adolescentem, iuuenem, virum, senem, nunc sponsum, maritum, patrem- & matremfamilias, immo nunc puerperam & obstetricem, nunc oeconomum, nunc architectum, nunc pastorem, nunc ⟨95⟩ militem, nunc regem ac iudicem, nunc seruum, hospitem, peregrinum, captivum, nunc Leuitam, sacerdotem, prophetam, nunc legislatorem, nunc seruatorem, & quid tandem non? agendo, finis sui principalis non immemor, in his omnibus *filium hominis*, veste prophetiam prae se ferente indutum, in scenam producit. Et quis creaturas omnes θεανθρώπου (*Dei in carne*) reuelandi significationem habentes, ne inanimatis quidem in ipso deserto de Christo tacentibus, enumeret? Relinquimus hanc meditationem Sapientiae filiis, *quibus datum est, vt cognoscant mysterium regni caelorum. Reliquis enim non datum est.*[91]

Non in hac re sanctissima *coniecturis humanis*, non *ineptis applicationibus*, quas in auctoribus profanis etiam (nec interdum forsan sine ingenio) formaueris, nec aliquo *sensus litteralis praeiudicio* agendum quidquam est. *Prophetarum* clara & expressa sequenda sunt vestigia, filum interpretationis Apostolicae ἀκριβῶς (*accurate*) tenendum. Illa sola amplectenda, quae *fundamento Prophetarum & Apostolorum*, vbi *ipse Christus est angularis*,[92] inaedificari ⟨96⟩ possunt. Hisce limitibus si nos contineamus, non tantum paratum erit aduersus dubitationem omnem remedium, & certa ac firma, vtpote ad regulam certam examinata, erunt omnia; sed etiam imaginum ac figurarum diuinarum vbertatem ac copiam infinitam, duce Spiritu veritatis, pie scrutando ipsi deprehendemus.

Nos hac vice manum de tabula. Ad Abrahamum tamen quia peruenimus, principem promissionem diuinitus illi factam, typumque principalem, qui in

---

89 *Fußnote im Original:* „Matth. XVII, 5. 8. Est haec comparatio Rob. Boyle, Angli, in diss. elegantissima *de stilo Scripture S.*" [Boyle 1680, 29].
90 *Fußnote im Original:* „Ebr. XI, 32."
91 *Fußnote im Original:* „Matth. XI, 19. 25. XIII, 11."
92 *Fußnote im Original:* „Eph. II, 20."

domo Abrahami datus est, sicco pede praeterire nefas credimus. *Benedicentur*, ait Deus, *in te (ac in semine tuo) omnes gentes terrae*.[93] Huius promissionis, quae nihil obscuri habet, *Iizchacus* existere typus debebat, vt ipso nomine *Iesum, Immanuelem, Iedidiah, delicias caeli ac terrae*, quasi praenuntiaret. *Iizchacus* enim *risum facientem*[94] significat. Et typicus quidem erat *Sarae* risus, typicus *Abrahami*; risus vero ille, exspectationis ac desiderii praecedentis, admirationis atque gaudii praesentis index, Messiae in carnem aduentu imple-⟨97⟩tus est. Primitias spiritualis illius laetitiae perquam beatas illico persensit *pastorum cohors* sensit mox etiam *Simeon*, sensit *Hanna* cum aliis,[95] qui *solatium Israelis*[96] praestolati erant; senseratque iam antea nactus praecursorem Messiae filium *Zacharias*, senserat beata virgo vna cum Elisabetha; & in huius vtero delibutus illo ipso gaudio, immo persusus, aduentante matre Domini sui, exultauerat *Iohannes*: Quid? quod nato nostro *Iizchaco* (Iesu) ipsum *caelorum exercitum*, & suo ex caelis descensu, & hilari nuntio, cantuque suauissimo exultantem intelligimus, ouantem, triumphantem, eademque gaudia vniuerso mundo adferentem: quamquam paucitas eorum, quos tunc in tanta hominum multitudine gauisus esse sacra pagina commemorat, testatur, Abrahami fidem ad degustandum tam sanctum gaudium requiri, vt quod maxime.

Ceterum nobis quid agendum, *Ciues Academici!* videtur? Non Athenae hic sunt, vt altare exstruamus Ignoto DEO.[97] Fundata est *Fridericiana* nostra, vt sit *vrbs Dei*, cuius portas, tan- ⟨98⟩quam *portas Ziionis amet Iehouah*;[98] vrbs, quae personet euangelio Christi, cuius cives verbi virtute *nascantur ex Deo*, qui se *manu sua animoque Iehouae adscribant*.[99] Praedicatus est, & adhuc praedicatur Iesus Christus *fundamentum, lapis angularis*,[100] *factus nobis a Deo sapientia, iustitia, sanctificatio & redemtio*.[101] Quod si quis vano vitae habitu eum sibi adhuc ignotum esse (quod plurimi pro dolor! faciunt,) ostendat, suae id acceptum ferat incuriae, ac somnolentiae, suoque tribuat detestando verbi diuini contemtui. Non ita agamus, o Nostri, ne moniti tandem, nostra culpa, vindice iustitia Dei, pereamus. Gaudeamus ac perfruamur *Officina*, quam Dei erga nos misericordia instruxit, *Spiritus Sancti*. Sint corda nostra altaria, CHRISTO SALVATORI dicata.

Cogitemus, & apud animum sancte custodiamus; res, quae diebus hisce sermonibus sacris celebratur, *noua* nimirum *genesis*, ipsam mundi genesin vt antitypus typum, vt substantia vmbram superans; *mundi* peccatis perditi *restitutio*, & propter hanc ipsam, *Filii Dei* ἐνσάρκωσις (*incarnatio*) ⟨99⟩ quanti sit ponderis ac momenti. Quid mirum, rem eandem tanto, vt intelleximus, apparatu, tot saeculis, tanta personarum, rerumque multitudine, immo ab omni creatura in theatro sapientiae repraesentatam esse? qua maiorem, magisque stupendam nec dede-

---

93 *Fußnote im Original*: „Gen. XII, 3. XVIII, 18. XXII, 18. XXVI, 4."
94 *Fußnote im Original*: „Gen. XVII, 17. XVIII, 12. 13."
95 *Fußnote im Original*: „Luc. I. & II."
96 *Fußnote im Original*: „Ier. XIV, 8."
97 *Fußnote im Original*: „Act. XVII, 23."
98 *Fußnote im Original*: „Ps. LXXXVII, 1. sq."
99 *Fußnote im Original*: „Es. XLIV, 5."
100 *Fußnote im Original*: „Es. XXIIX, 16."
101 *Fußnote im Original*: „1 Cor. I, 30."

runt saecula vlla, nec dabunt vmquam. Hunc nobis risum, haec gaudia Deus Optimus Maximus praeparavit, & vt, apparentibus tandem tot ipsius promissis, largiora, suauiora, solidiora nobis existerent, amplissimum maximeque varium tanto antea tempore praeludium, ad suffulciendam maiorum spem, & confirmandam posterorum fidem, nec dare, nec scriptione tradere, mortales dedignatus est.

Fruamur itaque & perfruamur gaudiis diuinitus nobis praeparatis, iisque praesentibus nunc & obuiis: qui autem fruamur? Per fidem, an sine fide? Per fidem. Si per fidem, an sine poenitentia ab operibus mortuis, a sensu carnali, a vana mente & profana? Fides sine poenitentia nulla, vt sine operibus mortua.[102] *Exuamus* igitur *calceos,*[103] *remoueamus vestes impuras;*[104] *deponamus,* inquam, *quia est veritas in* ⟨100⟩ *Iesu, veterem hominem,*[105] neque ad haec mysteria sine reuerentia, iis debita, accedamus. Praesertim *cum sciamus,* quae est grauissima Apostoli exhortatio, *venisse tempus & horam, qua iam sit nobis a somno expergiscendum. Nunc enim propius est salus nostra, quam tum, quum credidimus. Discessit nox, dies adest. Quare deponamus opera tenebrarum, & induamus arma lucis. Honeste nos, vt in die, geramus: non comessationibus & ebrietatibus, non concubitibus, & libidinibus, non iurgiis, aemulatione. Sed induite Dominum Iesum Christum, neue carnis curam gerite, cupiditatibus indulgendo.*[106] *Vetera praetereant, noua fiant omnia.*[107] Si Christiani sumus, simus καινὴ κτίσις (*noua creatura*) atque ποίημα (*opus Dei*) κτισθέντες (*creati*) *in Christo Iesu ad recte facta, quae praeparauit Deus, vt in illis versaremur.*[108] In nobis fiat, oportet, noua creatio; quandoquidem praeter eam, quid est, quod valeat in Christo? *Quicunque* vero *ad hanc normam se gerunt, iis pax* (quam chorus caelestis appecatus est) *& misericordia* tribuetur *vna cum Israele Dei.*[109] *In nobis caelum nouum, & noua terra, in quibus iustitia habi-*⟨101⟩*tet,*[110] per fidem hic praeparentur, vt simus *domicilium Dei in Spiritu,*[111] *Spiritus Sancti templum,*[112] ciuitas Dei sancta, in qua *regnet iustitia, pax & gaudium.*[113] In nobis, se iunctis tenebris, lux aeterna[114] diem adferat nouum; *nostrum iam in caelis est* πολίτευμα[115] (*nostra obuersatio*); In nobis conspiciatur in posterum *terra, quae pluuiam caeli, viuas, quas Christus sitientibus spopondit, aquas*[116] imbibat; terra, quam *Iehouah Deus noster requirat iugiter, & in quam dirigantur oculi Iehouae Dei nostri ab initio vsque ad finem anni;*[117] *terra, quae herbam pariat,* diuino verbi semini confor-

---

[102] *Fußnote im Original:* „Iac. II, 26."
[103] *Fußnote im Original:* „Ex. III, 5."
[104] *Fußnote im Original:* „Zach. III, 4. Matth. XXII, 12."
[105] *Fußnote im Original:* „Eph. IV, 21. 22."
[106] *Fußnote im Original:* „Rom. XIII, 11–14."
[107] *Fußnote im Original:* „2 Cor. V, 17."
[108] *Fußnote im Original:* „Eph. II, 10."
[109] *Fußnote im Original:* „Gal. VI, 15. 16."
[110] *Fußnote im Original:* „2 Pet. III, 13."
[111] *Fußnote im Original:* „Eph. II, 22."
[112] *Fußnote im Original:* „1 Cor. III, 16."
[113] *Fußnote im Original:* „Rom. XIV, 17."
[114] *Fußnote im Original:* „2 Pet. I, 19. 2 Cor. IV, 6."
[115] *Fußnote im Original:* „Phil. III, 20."
[116] *Fußnote im Original:* „Es. XLIV, 3. Ioh. IV, 10. 14. VII, 37. 38. 39."
[117] *Fußnote im Original:* „Deut. XI, 11. 12."

mem, *fructusque illis accommodatos, propter quos colitur*;[118] in nobis effulgeat & exsplendescat. *Sol iustitiae, & sanitas* (fidei) *sub alis eius*;[119] *vt simus irreprehensi integrique, inculpati Dei filii, in medio praui peruersique generis hominum, quos inter micemus* ὡς Φωστῆρες (*luminaria*, astra) *in mundo*,[120] prout decet veram ac spiritualem Abra-
5 hami sobolem; in nobis sedentur vagi cupiditatum fructus, nec ⟨102⟩ simus porro *sicut mare, cuius aquae caenum & lutum eiiciant*;[121] producantur autem in nobis Christi verbo cogitationes sobriae, vitam diuinam spirantes, vt simus τὰ ἄνω ζητοῦντες καὶ Φρονοῦντες *(supera quaerentes & sentientes) non terrestria*.[122] Renouetur in nobis (quo pacto enim id extra nos, si de interno soliciti non simus, fieret?)
10 Imago Dei; *mentis nostrae spiritu renouemur, & novum hominem induamus, conditum diuinitus cum iustitia veraque pietate*.[123] Huc sabbatum diesque festi spectent; in nobis hic etiam per fidem quies[124] sit ab operibus nostris, pax Christi regnet, nomen Domini exercituum sanctificetur. Ita vocabimus iure sabbatum, diesque festos *delicias Sancto Iehouae*,[125] quem laudari etiam a nobis, vt iussi sumus, his ipsis diebus
15 propter externa beneficia & arma victricia fas est, in primis quum absque vllo nostro merito ex abundantia gratiae peccatoribus nobis tantum indulserit; sed cauendum, ne obliuiscamur inter gratulationes, nos esse peccatores, ac poenam esse promeritos; sed ad id omni animo incumbendum, vt *seruiamus Iehouae in timore, & exultemus in* ⟨103⟩ *tremore, vt osculemur Filium, ne irascatur, & pereamus in*
20 *via; quia exardebit breui ira eius: beati omnes confidentes in ipso.*[126] P. P.
in Academia Fridericiana ipsis feriis,
Natali Christi sacris. Anno
MDCCII.

---

118 *Fußnote im Original:* „Hebr. VI, 7."
119 *Fußnote im Original:* „Mal. IV, 2."
120 *Fußnote im Original:* „Phil. II, 15. Gen. XV, 5."
121 *Fußnote im Original:* „Es. LVII, 20."
122 *Fußnote im Original:* „Col. III, 1. 2."
123 *Fußnote im Original:* „Eph. IV, 23. 24."
124 *Fußnote im Original:* „Hebr. IV, 10."
125 *Fußnote im Original:* „Es. LIIX, 13."
126 *Fußnote im Original:* „Ps. II, 11. 12."

⟨121⟩ PROGRAMMA VII.
NOMINE ACADEMIAE EDITVM, ET SVBMINISTRANS
EXPLICATIONEM BREVEM PRIORVM CAPITVM PROVERBIORVM SALOMONIS, INPRIMIS SEPTIMI, OCTAVI ET NONI.

Gratiam, misericordiam
& pacem a Patre, Filio
& Spiritu Sancto!

NOn more tantum solemni, sed amore vero erga Vos, *Ciues*, animos vestros ad piam *dierum concelebrationem*, quibus de *Spiritu S.* praecipue agitur, excitaturi, immo ad desiderium, quod adspiret ad beatam S. Spiritus communionem, ope diuina erecturi, altius paullo commonefactionem nostram repetimus, nempe ex prioribus nouem *Prouerbiorum Salomonis* capitibus, & inprimis capite *septimo, octauo & nono*. Si cordi Vobis est, vt decet Christianos, verbi diuini amor, non ⟨122⟩ deerit hic, quo animi vestri pascantur; & curae si Vobis est, vt ea, quae dicentur, perpendatis sobrie & percipiatis, speramus fore, vt diuina accedente gratia, & ad dies festos, prout fas est, praeparemini, & ad sapientiae, quam solus Dei Spiritus largiri potest, genuinum studium atque culturam mens cuiusque Vestrum, id quod est princeps nostrae adhortationis finis, inflammetur. Agite dum igitur, *Nostri*, animos aduertite!

Prouerbia Salomonis non ea ratione concinnata sunt, qua doctrinam moralem scriptores plerique, cum veteres, tum recentiores, tradere consueuerunt. His enim vsitatissimum est, viuendi praecepta sensu omnibus obuio, & absque parabolarum inuolucro proponere. At *Prouerbia Salomonis* non tantum habent τὸ γνωμικὸν, (sententiosum scribendi genus) sed eam ob caussam *Prouerbia* seu *paroemiae*, immo *aenigmata* a Spiritu S. qui ea inspirauit, vocantur, vt illico vnusquisque intelligat, hoc in libro *sub sermone, qui alias res pingere ac exprimere videtur, alia significari ac doceri.* Prouerbia etenim משלים vocant Hebraei: quae vox similia potius significat, siue metaphoras, quum vnum dici-⟨123⟩*tur, & aliud intelligitur.*[1] παρὰ δὲ ὑμῖν, ait Basilius M.[2] παροιμία ἐστὶ λόγος ὠφέλιμος μετ' ἐπικρύψεως μετρίας ἐκδεδομένος, πολὺ μὲν τὸ αὐτόθεν χρήσιμον περιέχων, πολλὴν δὲ καὶ ἐν τῷ βάθει τὴν διάνοιαν συγκαλύπτων, i. e. *apud nos vero prouerbium est sermo vtilis, sub vmbra figura-*

---

1 *Fußnote im Original:* „Flac. Clav. Baynus in Prou. Vid. etiam Glass. de voce משל Philol. S. L. l. p. m. 337." [Flacius 1580 u. 1695: Locorum sacrae scripturae Index: Proverbio Salomonis; Baynes 1555; Glassius 1691, 337 f.].
2 *Fußnote im Original:* „Homil. in Princip. Prouerbior."

que idonea expressus, multum & vsus & grauitatis complectens, in recessu quoque multum altae sententiae contegens. ³

Haud immerito dixeris, *Salomonem* eo in genere *typum Christi* exstitisse. De Christo enim vaticinatur Psaltes, quod *in similibus aperire os suum, & effari, quae ab orbe condito abdita fuerunt*,⁴ debeat; idque in Iesu nostro impletum esse, *Matthaeus* testis est.⁵ Vt igitur in *Nouo Testamento Christus* per similitudines mysteria regni Dei exposuit, quam methodum cum eo nemo Apostolorum ea ratione communem habuit: ita etiam Salomo in *Veteri Testamento, superans sapientiae praestantia*, vt Christum significaret, *omnes mortales*,⁶ singulari hac scribendi ratione gaudet, quae parabolis tegit arca-⟨124⟩na sapientiae diuinae dogmata, vt ea ex voluntate Dei *premantur, & apud genuinos sapientiae discipulos obsignentur.*⁷

Iam si quis verum parabolae (adeoque libri etiam parabolice scripti) sensum adsequi gestiat, recte quidem primo loco id apprehendere studebit, quod littera ipsa primum animo obiicit; in hoc vero acquiescendum sibi esse non existimabit, sed procedet longius, idque scrutabitur, quod, veluti nucleus cortice, sic parabola sapienter contectum sit. Exemplo sunt discipuli Christi, qui rerum triuialium adeo expertes esse non poterant, vt ea, quae Christus de *zizaniis & agro* dixerat,⁸ in se non comprehenderent; rem vero parabolice significatam, quia non percipiebant, accedentes ad Dominum rogabant, vt *parabolam zizaniorum & agri* explicaret.⁹ Haud dispari ratione in *Prouerbiis Solomonis* litterae sensus nemini non patet; quae autem littera abscondit, vt nobis eluceant, impetrandum est *a Patre luminum, a quo omne bonum donum, & omne munus perfectum super ne descendit.*¹⁰ Atque hoc ipsum Salomo in-⟨125⟩dicat, quando librum hunc scriptum esse ait *ad docendum prouerbium* (parabolam) *& interpretationem, verba* (doctrinam) *sapientum & aenigmata eorum.*¹¹

Priora autem nouem libri huius capita a sequentibus capitibus eo sunt modo seiuncta, quomodo praefatio talis, quae luculentius & plenius ad rem in ipso libro tractandam aditum lectori patefacit, & partem libri non immerito constituere, & ab ipso tamen libro quodammodo seiuncta credi potest. Hoc qui perspexerit, non mirabitur titulum libro praefixum capite decimo, tamquam praefatione finita, repeti, &, quasi tum demum ad rem veniatur, ibi denuo dici: *Haec sunt Prouerbia Salomonis.*¹²

In iis ipsis tamen nouem capitibus scribendi ratio diuersa non est ab ea, quae deinde a capite decimo ad finem libri obseruatur, sed & ipsa est parabolica, interfluentibus licet haud raro apertae doctrinae riuulis (vt Cap. I, 1–7. v. 28–

---

3 Basilius v. Caeserea, hom. XII in principium proverbiorum: MSG 31, 388 C.
4 *Fußnote im Original:* „Ps. LXXVIII, 1."
5 *Fußnote im Original:* „c. XIII, 35."
6 *Fußnote im Original:* „1. Reg. IV, 34."
7 *Fußnote im Original:* „Es. VIII, 16."
8 *Fußnote im Original:* „Matth. XIII, 24. seq."
9 *Fußnote im Original:* „v. 36."
10 *Fußnote im Original:* „Iac. I, 17."
11 *Fußnote im Original:* „C. I, 6."
12 *Fußnote im Original:* „C. X."

33.) quo lectori sapientiae auido, sed mysteriorum sapientiae adhuc ignaro, tanto facilior redderetur ad haec sacra accessus. Tantum vero abest, vt hac ratione aliquid de-⟨126⟩cedat parabolico dicendi generi, vt ipsa docentis fidelitas, doctrinaeque finis id quam maxime requirat, si non in omnibus, certe in iis, quae scire omnes, & quidem sine mora, plurimum interest: vt exemplo suo ipse Christus passim edocuit.

Ceterum pericope haec nouem priora capita complectens, saepe numero de Muliere Aliena, a qua sibi quilibet cavere debeat, quoniam sit vesana, loquax, mendax, fallax, impudica, adultera, & amatores suos in mortem & infernum det praecipites; e contrario vero de Vxore Iuuentutis, cuius amore quilibet tuto exsatiari queat, quia vitam omnemque beatitatem homini largiatur, mentionem facit. Iteratus in Scriptura sermo de re eadem, si mala fuerit, mali periculique deuitandi magnitudinem, sin bona, boni consequendi grauitatem, & in vtramque partem rem certam, indubitatam ac necessariam designat. Quid autem per vtramque mulierem intelligatur, hoc etiam atque etiam videndum est, vt percipiamus, ne fructu tam sanctae & seriae paraeneseos priuemur.

Quod per Vxorem Iuuentutis Incre-⟨127⟩ata Dei Sapientia, ὁ λόγος τοῦ Θεοῦ, significetur, ipse Salomo integro *capite octauo*,[13] nec non prioribus versiculis *capitis noni* tam euidentibus signis expressit, vt admodum vecordem esse oportet, qui, si in Scripturis versatus sit, id in dubium vocare sibi sumserit. Per Alienam autem illam Mulierem, non desunt, qui, capite in primis secundo, sexto & septimo Salomonem sine parabola intelligere quamlibet meretriciam & adulteram mulierem statuunt, & inculcatione sexti praecepti sensum Spiritus S. circumscribunt.

Et negari quidem minime fas est, omnem foeditatem atque impuritatem carnis abominandam quam maxime atque detestandam, hominesque ab ea dehortationibus creberrimis grauissimisque cohibendos esse; fatente etiam homine pagano, *nullam capitaliorem pestem, quam corporis voluptatem (cuius illecebris stupra & adulteria excitentur) hominibus a natura* (corruptissima) *datam esse*.[14] Neque parcus fuit Spiritus S. in detestando scortationis & adulterii crimine, im-⟨128⟩mo in eo penitus ex omni rerum sacrarum commercio proscribendo & eliminando, siue Veteris, siue Noui Testamenti libros euoluas. In illo, *neque e filiabus Israelis*, Deus inquit, *meretrix quaequam, neque Israelitarum scortator esto!*[15] In hoc vero, *scortatores*, ait, *& adulteros damnabit Deus*.[16] Quumque hactenus omnis historia Scripturis consentiens clamet, nullum aliud libidine nocentius malum esse, quo maxime si bene se res hominum habeant, omnis generis corruptelae inuehantur, subito augeantur, & velut epidemicae non priuatos tantum homines, sed ipsa regna & imperia de statu suo dimoueant ac deturbent; numquam superfluum esse poterit, si tantum malum opera indefessa impugnetur. Supponitur id ipsum quoque haud

---

13 *Fußnote im Original:* „vid. Geierum in h. l." [Geier 1688, 342 ff.].
14 *Fußnote im Original:* „Archytas Tarentinus in Cat. M. Cicer." [Archytas Tarentinus: siehe M. Tullius Cicero: Cato maior, de senectute cap. XII, 39 f.].
15 *Fußnote im Original:* „Deut. XXIII, 17."
16 *Fußnote im Original:* „Ebr. XIII, 4. Gal. V, 19, 21. 1 Cor. VI, 9."

dubie ab ipso Salomone, qui, quam detestabile hoc sit vitium, re ipsa declarat, dum, instinctu S. Spiritus praecauturus ne mens humana serpentis antiqui incantatione mortifera, & infernali toxico perderetur, similitudinem petit ab impudica muliere, quod animo impudico & impuro nihil ca-⟨129⟩stissimae Sapientiae magis aduersum inueniri queat. Nequaquam igitur sensui viri θε πνεύστου contrarius est, quisquis verba eius tamquam dehortationem a scortatione & adulterio accipit.

Hoc vero adfirmamus, Salomonem hic non minus, quam alibi, parabolas loqui, quapropter neque hic in eo, quod littera primum ostendit, subsistendum, sed res, quae similibus tegitur, & doctrina, quae sub parabola & aenigmate delitescit, inuestiganda est: in qua demum, si recte cognoscatur, vt in omni parabolico dicendi genere, dicentis scopus & verus sensus litteralis apprehenditur. Nam, quod supra dictum est, in prioribus novem capitibus via sternitur ad doctrinam totius libri salutariter imbibendam. In eo vero introductionis huius cardo vertitur, & hic ei praefigitur scopus, vt fundamentum verum & vnicum sapientiae, quod in timore Domini consistat, inculcetur, & vt vnusquisque, ni oderit animam suam, ad amorem Sapientiae ac desiderium eius ardens, gratiae caelestis stimulo excitetur & adducatur.

Idcirco statim capite I. v. 20. Sapientia sistitur, conquerens de excaecata mor-⟨130⟩talium mente, eosque ab erroribus perniciosissimis, cum suauissimis promissionibus, tum comminationibus monitisque seueris reuocare studens. Eademque Sapientia mox cap. II. 16–19. admonet *filium*, (qui futurus est, quisquis monenti paruerit) vt sibi caueat *ab Aliena Muliere*, eamque describit, quod *deseruerit ducem iuuentutis suae*, (Creatorem[17] Deum) *& foederis Dei sui oblita sit*, (initi in paradiso) *cuius domus ad mortem propendeat, & cuius orbitae sint vitae expertes*, (morte[18] transgressionem mandati diuini e vestigio excipiente) *ita vt eorum, qui illam adeunt, nullus redeat, aut mortem euadat*.

Vt autem liquido pateat, Sapientiam spectare profundiorem omnium malorum caussam, & plura complecti, quam externum adulterii flagitium; statim *orbitas rephaim*, seu mortuorum, *semitis viuorum*,[19] *viae ad interitum ducenti*, quam latam Christus vocat,[20] *viam arctam ducentem ad vitam; bonis & iustis improbos & perfide agentes*,[21] sibi inuicem opponit. Cap. III. eodem in argumento pergens, iis, quae ⟨131⟩ capite II. a Muliere Aliena dixerat proventura esse mala, bona quam plurima opponit, quae ipsa (*Sapientia*) certissime spondeat; id quod vel ex collatione v. 18. & 19. Cap. II. cum versiculo 17. 18. Cap. III. liquescit. Cap. IV. aperte & sine parabola agitur, dum *sapientia & impietas* sibi opponuntur. Cap. V. parabola continuatur, & vt Cap. IV. impietas & sapientia, ita cap. V. hoc Mulier Aliena & vxor iuuentutis sunt quasi e diametro oppositae, & aperte, quid aenigma significatum velit, v. 21. 22. 23. exponitur.

---

17 *Fußnote im Original:* „Gen. I, 26. 27."
18 *Fußnote im Original:* „c. 2, 16. 17. Rom. 5, 12."
19 *Fußnote im Original:* „v. 18. 19. 20."
20 *Fußnote im Original:* „Matth. 7, 13."
21 *Fußnote im Original:* „v. 21. 22. 23."

Noua vero prouerbia, sed ad eundem scopum tendentia, (quod ostendere iam nostrum non est) Cap. VI. subiunguntur; iterumque ad parabolam de Aliena Muliere redit oratio eiusdem capitis v. 24. Parabolae autem sensum subsequens caput VII. declarat, vbi Mulieri Adulterae denuo Sapientia opponitur, hominesque monentur, vt hanc sororem & cognatam suam habeant, hoc est, cum ea arctissimo commercio coniungantur, & in coniugium spirituale coalescant, quo Alienam illam pestiferam Mulierem caueant.

His ita paraenetice & grauiter toties totiesque inculcatis, tandem Sapientia pa-⟨132⟩rabolam, quam praecipue aliquoties attigerat, plenissime pertexit, & longe amplius, quam factum erat hactenus, deducit. Capite enim VII. v. 7. sqq. hominem primum in statu integritatis non persistentem, astutia Diaboli ab obseruatione mandati diuini, & innocentiae custodia abductum, in peccatum prolapsum, mortisque reum factum, viuis coloribus depingit. Capite VIII. & ex parte cap. IX. ipsa se quasi coram sistit Sapientia Increata, quae miserrimo iam homini medicam vocem & manum adhibeat, immo eum in peccatis mortuum resuscitet, a damnatione aeterna vindicet, & per se ipsam in libertatem & vitam adserat. Capite denique IX. v. 13. sqq. quasi ex orco redeuntem Mulierem illam Alienam, effrenem & adulteram denuo repraesentat, & eam quidem insurgentem contra homines, euangelio Christi seruandos, & fucata sua sapientia verae Sapientiae opus irritum reddere conantem.

Ea vero vltimo hoc loco Alienae Mulieris datur descriptio, vt etiam illi, qui superiores descriptiones ad simplicem dehortationem a scelere fornicationis & adulterii referunt, inficias ire nequeant, ⟨133⟩ hic non amplius agi de adulterio externo, sed de tentata nouo impetu ab antiquo serpente corruptione hominum,[22] eorumque in viam mortis fraudulenta abstractione ab eo, qui est *via, veritas & vita*,[23] sermonem esse, vltro fateantur. Si autem negari nequit, Salomonem vltima haec verba cap. IX. parabolice protulisse, quo pacto sibi persuadere aliquis poterit, ipsum in superioribus sine parabola locutum esse? Manifestum enim est, quod iisdem fere verbis & phrasibus vbique parallelis vtatur. Quando enim e. gr. cap. IX. ita concluditur: *sed ignorat ille expertes vitae illic esse; in profundissimo sepulcro inuitatos ab ea:* in eundem sensum iam antea cap. II, 18. 19. dictum erat: *propendet ad mortem domus, & ad expertes vitae orbitae eius; quicunque adeunt eam, non reuertuntur, neque adsequuntur itinera vitae.* Et cap. V. v. 5. *pedes eius descendunt ad mortem, ad sepulcrum gressus eius pertinent.* Et cap. VII, 27. *viae ad sepulcrum sunt viae ad domum eius, descendentes ad penetralia mortis.* Annon igitur violenta foret textus detorsio, si quis eadem, saltem eiusdem valoris, verba saepius adhibita, & in quibus sensus diuersi caussa ⟨134⟩ reddi plane nulla potest, accipere in alio oco alia de re, quam alio velit?

Qui autem conuinci clarius de vero verborum sensu quis posset, quam ex oppositis iuxta se positis? In vulgus enim notum est, quod *opposita iuxta se posita magis eluceant.* Inuitari homines ad ineundum sanctissimum cum Sapientia Increata commercium connubiumque spirituale, cap. in primis VIII. extra dubium

---

22 *Fußnote im Original:* „vid. Geier. in c. IX. Prou." [Geier 1688, 443 ff.].
23 *Fußnote im Original:* „Ioh. 14, 6."

ponitur, nec cap. V. v. 16. 17. 18. 19. idem coniugium innui, si cohaerentia textus perpendatur, negari potest. Huic autem coniugio spirituali, quod *mysterium magnum*[24] vocat *Apostolus*, opponuntur Impudicae & Adulterae Mulieris mortis instar euitandi, & numquam castissimis Sapientiae nuptiis agglutinandi complexus. Quid euidentius igitur esse potest, quam detestabilibus hisce amoribus, ex lege oppositionis, notari adulterium spirituale, seu apostasiam animae a fide, quam Christo, Domino suo, debet, ad falsam illam veneno infectam & contaminatam serpentis antiqui sapientiam, seu potius astutiam, quae spiritu huius mundi hominem inebriat, lumine diuino exspoliat, necat? Vsitata sane haec est vi- ⟨135⟩rorum Dei, qui instinctu Spiritus S. scripserunt, loquendi ratio, vt hanc turpissimam Apostasiam, Adulterii & Scortationis nomine appellent.[25]

Quid miramur? Annon haec ipsa Meretrix & Adultera cap. XVII. & XIIX. Apoc. postquam vino impudicitiae perditum iuit reges & incolas terrae, in iudicium adducitur, omnis corruptionis rea, immo mater omnis scortationis & abominationis deprehenditur & condemnatur? Vocatur inibi omnis haec tragoedia *Mysterium de Muliere*.[26] Quid euidentius, quam hac appellatione *mysterio magno*, quod in coniunctione Christi spirituali cum anima quaque fideli consistit, *mysterium impietatis* opponi? Ea Spiritus prophetici harmonia si vel tantillum animaduertatur, (posset enim facile pluribus explicari) haud difficulter intelligitur, Salomonem in spiritu iam vidisse, & per parabolam (a prophetico Spiritu temporibus sequentibus pertexendam & euoluendam) vaticinando expressisse *Mysterium vtrumque, Pietatis & Impietatis.*

⟨136⟩ Quandoquidem igitur in aprico positum est, Salomonem prioribus nouem capitibus Prouerbiorum parabolico scribendi genere, in primis in argumento iam indicato, vti, tanto nunc cognitu erit facilius, quis eius sensus sit, capitibus septimo, octauo & nono; vtpote in quibus fusissime parabolas, de vtroque mysterio toties iam subindicatas, proponit.

Aperte adfirmamus, *Salomonem in tribus hisce capitibus, tamquam compendio aliquo, omnia complecti, quae de lapsu & restitutione generis humani, & de omnibus iis, quae Serpens antiquus & Draco, qui est Diabolus & Satanas, contra Christum vmquam tentauit, & ad finem saeculi tentaturus est, in tota Scriptura distincte & ordine exposita habentur, quaeque de victoria verbi Draconem debellantis omnis omnium temporum prophetia praedixit.*

Itaque cap. VII. 6. sq. aeterna & increata Sapientia sistitur, tamquam de caelo prospiciens, & quasi coram intuens, (omnipraesens videlicet & omniscia) lapsum hominis, misere & acerbe per astutiam Serpentis circumuenti, atque in peccatum & mortem, quae inobedientiam certo manebat, praecipitati.[27] Prima ⟨137⟩ haec erat hominum & maxime horrenda a Deo Creatore defectio, quippe qua factum est, vt peccatum & *mors in mundum intrarent, atque ita ad omnes homines mors peruaderet*.[28] De omnibus deinceps Adami posteris, tamquam ad imaginem

---

24 *Fußnote im Original:* „Eph. 5, 32."
25 *Fußnote im Original:* „Exod. 34, 15. Deut. 31, 16. Ier. 2, 20. Cap. 3, 1–9. Ezech. 16. & 23. &c."
26 *Fußnote im Original:* „Apoc. 17, 7."
27 *Fußnote im Original:* „Prou. 7, 21. 22. 23. Gen. 2, 16. 17."
28 *Fußnote im Original:* „Rom. 5, 12."

ipsius, non potuit non affirmari a Spiritu veritatis: *Dicit stultus cum animo suo, non est Deus: corrumpunt, abominandam quamque actionem perpetrant, non est, qui faciat bonum: Iehoua e caelis prospectat super filios, hominum; vt videat, an sit vllus, qui intelligat, qui exquirat Deum. Vnusquisque recessit, omnes simul putidi facti sunt, non est, qui faciat bonum, non est vel vnus.* [29] Vt enim lapsus Protoplastorum Sapientiam DEI latere minime potuit: ita etiamnum aperti sunt eius oculi, & contuentur omnia, nec eos fugit aut praeterit vllum vllius hominis peccatum, siue intra animum, siue facto externo committatur.[30] Et quemadmodum res in prima transgressione peracta fuit: ita peragitur toties quoties homo pleno voluntatis consensu malum perpetrat. Eadem enim ratione ⟨138⟩ Iacobus rem describit:[31] *nemo, dum tentatur, dicat, a Deo se tentari. Deus enim nec malis vmquam tentari potest, nec tentat ipse quemquam. Sed vnusquisque tentatur, dum a propria cupiditate abstrahitur & inescatur. Deinde cupiditas, posteaquam concepit, parit peccatum, peccatum vero peractum gignit mortem.*

Sistit se igitur sua cuique cupiditas non aliter, quam Adultera illa Mulier, hominemque allectum, & falsa pulcritudinis specie inescatum, variis paralogismis in partes suas pertrahere laborat, donec homo, nisi Deo adhaerens cupiditati restiterit, suam cum illa voluntatem coniungat, atque sic spirituale illud & abominandum adulterium committat, in quo peccatum & mors progignitur. Tum autem sua quemque cupiditas facillimo negotio recto de statu deiicit, quum animus Christum non intime complectitur, sed quasi foras prodit, regimini sensuum temere se subiicit, & in externo huius mundi schemate inconsiderate oberrat. Tum enim in hominem miserum, secure nimis agentem, inopinato impetum facit animarum hostis, amicitiam simulat, fucato eum ore tentat, escam mortiferam ostendit, irrita-⟨139⟩menta suggerit, qua fieri potest optima specie persuadere conatur, vt appetitui sensuum obsequatur. Quid plura? Nisi homo in eo statu animo sincero ad Deum confugiat, & auxilium Spiritus S. imploret, de eo actum est subito, vincitur a propria cupiditate, lumen animi extinguitur, imprudens in seruitutem peccati & mortis redigitur, voluntas in malo obfirmatur, vt vel non intelligat, vel susque deque habeat, quod faucibus mortis aeternae, ipsoque orco, quoad reatum, iam sit conclusus.

Idcirco, postquam Sapientia discipulis suis reuelauit, quo pacto lapsum in Paradiso suis adspexerit oculis, eumque innumeris vicibus iteratum & contingentem quotidie (a rebus enim in corrupto hoc mundo obuiis parabolam ideo arcessit) intueatur, tandem, instar matris, tenerrime liberos suos, etiam malos, diligentis, blandis suauibusque verbis admonet, vt quisque sibi a simili errore ac peruersitate caueat. *Quamobrem,* ait, filii mei, *auscultate mihi, & attendite ad sermones oris mei. Ne declinato ad vias illius animus, ne aberrato in semitas illius: nam multos confossos deiecit, & numerosi sunt omnes interfecti ab illa. Viae* ⟨140⟩ *ad sepulcrum sunt viae ad domum eius, descendentes ad penetralia mortis.*

Iam Cap. VIII. parabola quidem continuatur, verum *Sapientia* plane ad alium actum introducitur. Neque enim hic de caelo prospectare sed vocem suam attol-

---

29 *Fußnote im Original:* „Psalm. 14, 1. 2. 3."
30 *Fußnote im Original:* „Iob. 34, 21. Ierem. 16, 17. cap. 32, 19. Hebr. 4, 12. 13."
31 *Fußnote im Original:* „Cap. 1, 13. 14. 15."

lere dicitur. *Nonne Sapientia clamat, & Intelligentia edit vocem suam?*[32] Videlicet consummato primi hominis lapsu, eoque cum vxore sua *a facie Dei* fugiente, seque in arborum latebras abdente, primum erat, vt DEus hominem VOCARET.[33] Audias ibi *Sapientiam Dei clamantem, Verbum Dei vocans*, homini lapso se vltro offerens, Mediatorem se sistens. Adest *Medicus*, qui ex morte eripere valet, Verbum ὑποστατικὸν; *Medicina*, quae in vitam hominem reuocat, *Verbum* προφορικὸν; Nempe *Euangelium Christi, quod est potentia Dei salutaris omni credenti.*[34] Non Deus hominem, sed homo Deum deserverat; at homo lapsus non arbitrio suo surgit, sed Sapientia eum erigit; peccato illa queatus non Deum praeuenit, sed gratia Dei praeueniens misero occurrit.

Ordinem hunc diuinae oeconomiae iam transferas, quaeso, ad capitits VII. & VIII. Prouerbiorum accuratam conside-⟨141⟩rationem. Eundem enim inibi expressum esse, & aliud ex alio haud aliter necti, perfacile res ipsa eiusque series te docebit. Atque hoc te conuincat, caput septimum plus, quam detestationem externi adulterii complecti. Concedis, capite octauo Sapientiam (*Verbum Dei, Christum*) ad se omnes aduocare mortales, omnibus salutis viam commonstrare, Seruatorem omnibus existere velle. Vides autem, caput octauum cum septimo copulari vinculo indissolubili, nullamque caussam adsignari posse, quae de diuersis agi argumentis vel probabile reddat. Num vero Christum forte dices, ad tollendam vnicam mali speciem verbo Euangelii nobis praesto fuisse, reliqua autem mala immo malorum originem non curasse? Si hoc absurdum videtur, id relinquitur, vt, quemadmodum capite octauo remedium offerri vides, quo vniuersae corruptioni naturae obuiam eatur, & homini perdita restituatur imago DEI, ita etiam capite septimo concedas Malum, cui remedium destinatur, non angustioribus, quam quibus comprehenditur, terminis circumscribi.

⟨142⟩ Vt autem Capite septimo de lapsu primi hominis non *exclusiue* agitur, h. e. non ita, vt iteratus posterorum, quoties peccato mortifero implicantur, lapsus excludatur: sic etiam Capite octauo de vocatione primi hominis haud aliter agitur, quam vt vocationis eiusdem apud posteros continuatio includatur; qua ratione amplitudini sensus in vtroque capite fieri satis, & quidquid *particularis* ad eandem rem pertinentis sensus adferatur; huic *vniuersali*, salua rerum & oeconomiae diuinae serie, subordinari haud coacte potest. A primo enim tempore *multis vicibus multisque modis DEus loquutus est patribus in prophetis.*[35] In hisce igitur omnibus vox Sapientiae audita fuit. Porro, etsi τὰ λόγια τοῦ Θεοῦ (oracula DEI) concredita Iudaeis[36] fuerunt, *non passus tamen est DEus, se destitui testimonio inter omnes omni aetate gentes, bona tribuendo, dans iis caelitus pluuias, ac praestituta tempora fructibus proferendis, implens cibo & delectatione corda eorum, iisque se manifestum fecit;*[37] *ipsius enim inuisibilia iam inde a condito mundo ex iis, quae fecit, mente perpensa, peruiden-*

---

32 *Fußnote im Original:* „Prou. 8, 1."
33 *Fußnote im Original:* „Gen. 3, 8. 9."
34 *Fußnote im Original:* „Rom. 1, 16."
35 *Fußnote im Original:* „Ebr. 1, 1."
36 *Fußnote im Original:* „Rom. 3, 2."
37 *Fußnote im Original:* „Act. 14, 17."

tur, aeterna videlicet eius tum ⟨143⟩ *potentia tum diuinitas, ad hoc, vt sint inexcusabiles.*[38] Itaque eiusdem Numinis & ad eundem finem Iudaeis & gentibus reliquis, sed diuerso modo & gradu, manifestationem dedit Sapientia, paedagogiam certe nullius non sibi vendicans, ita vt nemo, nisi sua ipsius culpa, pereat.

Ceterum per Sapientiam a Salomone descriptam neque legem DEI scriptam, neque sapientiam humanam, neque etiam DEI sapientiam, prout est essentiale DEI attributum, neque aliud quidquam, praeter Verbum DEI aeternum, Filium DEI, intelligendum esse, & ipse textus cum historia creationis & initio Euangelii Iohannis aliisque Scripturae locis collatio[39] sedula facile docebit, & ab aliis passim sufficienter solideque probatum est. Vnica haec, Paulo teste, *nobis a Deo data Sapientia*;[40] vnica haec, *quae iusta agnoscitur ab omnibus filiis suis*;[41] eademque est *Sapientia Dei*, quae ait: *mittam ad eos Prophetas & Apostolos.*

⟨144⟩ Capite tandem IX. sermo de Sapientia continuatur: neque tamen ea sistitur amplius, tamquam de caelo prospiciens, & transgressionem hominis intuens, vt Capite VII; aut hominem de statu misero reuocans, vt capite VIII; sed *domum sibi aedificasse*, columnas septem excidisse, mactauisse animalia sua, miscuisse vinum, & mensam instruxisse, atque tum demum missis virginibus suis invitasse omnes ad loca excelsa vrbis, dicitur.

Aduertite quaeso, animisque vestris, qui haec in Salomone legitis, recolite, quanta commiseratione conspexerit Sapientia lapsum hominis, sua se culpa & inobedientia a Deo temere abstrahentis, voluntarie Creatorem suum deserentis, mortisque & damnationis aeternae reatum scienter subeuntis. Videte porro & perpendite, quam serio, quam amanter, quam ardenter, quanta & vigilantia & perseuerantia retrahere inobedientem filium, eumque & omnes eius posteros seruare, ac ab interitu vindicare verbo diuino eadem *Sapientia* enitatur. Ea omnia vero dum nihil efficiunt, sed posteri potius Adami, *natura iam filii irae*[42] existentes, culpam augent, ⟨145⟩ quid agendum sibi credit amantissima hominum *Sapientia DEI*? Quoniam, ait, (liceat nobis animi nostri sensum hac ratione exprimere) homines sonantem in servis meis atque Prophetis, implentemque caelum & terram, vocem meam neque audire neque agnoscere dignantur, sed in erroribus perseuerant, immo persequuntur & occidunt eos, qui a me eum in finem mittuntur,[43] vt ipsis in gratiam cum Deo redeundi, vitaeque & gloriae recuperandae via commonstretur; Egomet ipsa tandem veniam, domumque mihi & tabernaculum inter filios hominum aedificabo. Ingens est amor, quo Sapientia hominem condidit; maior, quo immorigerum & apostatam non illico perdidit, sed erexit verbo Euangelii, viam redeundi ad pristinum felicitatis statum ei aperuit, apertamque ingredi eum toties totiesque iussit; sed hic demum est amor maximus & eminen-

---

38 *Fußnote im Original:* „Rom. 1, 19. 20."
39 *Fußnote im Original:* „Eam collationem in libello Germ. cuius Tit. *Christus Scripturae nucleus*, instituimus." [Francke, Christus der Kern 1702; vgl. TGP II.4, 208–339].
40 *Fußnote im Original:* „1 Cor. 1, 24. 30."
41 *Fußnote im Original:* „Matth. 11, 19. Luc. 7, 35. Luc. 11, 49. coll. Prou. 9, 1. 3."
42 *Fußnote im Original:* „Eph. 2, 3."
43 *Fußnote im Original:* „Matth. 21, 33. 39. c. 23, 34."

tissimus,⁴⁴ *omnemque cognitionem longissime superat,* quo Sapientia *apparere inter homines, Verbum caro fieri,* atque sic *inter homines habitare* voluit.⁴⁵ Hoc enim est ⟨146⟩ Tabernaculum Mosaico adumbratum, haec Domus Salomonis templo significata, quam sibi elegit Sapientia DEI, *quam condidit Dominus & non homo,*⁴⁶ vt domum spiritualem sibi acquireret, *quae domus sumus nos, si fiduciam & gloriationem spei* (fundamento regenerationis & iustificationis innixam) *ad finem vsque firmam retinuerimus.*⁴⁷ Tanto maior vero culpa, tantoque reatus grauior eorum erit, qui tantum amorem aspernati, verbo DEI vivo obicem ponunt, & nihilominus non resipiscunt, vt seruentur.⁴⁸

Sed videamus porro, quam dedita opera, quam diuino adparatu damna nostra reparare Sapientia allaboret. *Columnas septem excidit.* Hae robur ac firmamentum domus modo nominatae designant. Sunt enim *septem* illa, hoc est, perfecta *Spiritus S. dona,* quibus sine *mensura*⁴⁹ vnctus fuit *Christus* homo: vt Iesaias, super quo, ait, *quiescet Spiritus Iehouae; Spiritus Sapientiae & Intelligentiae, Spiritus Consilii & Potentiae, Spiritus Scientiae & Reuerentiae* ⟨147⟩ *Iehouae.*⁵⁰ *En plenitudinem Deitatis,* & τὴν δόξαν τοῦ Θεοῦ, (gloriam DEI) *in Christo baptantem, qua impletus expiationem peccatorum nostrorum fecit per semet ipsum,*⁵¹ *caput serpentis contriuit,* hominesque *heredes Dei, suos* autem *coheredes* constituit.⁵² Et quomodo dubium superesse posset, Salomonem, de exstruenda *Sapientiae domo* vaticinantem, subinnuere ac praedicere adventum Christi in carnem, & cum eo connexam vnctionem diuinam, generis humani redemtionem, Spiritus S. effusionem, missionem Apostolorum, Euangelii praedicationem, sponsaeque ad gaudia aeterna praeparationem? Sapientia ipsa ἔισαρκος Christus *Salomone maior,*⁵³ parabolam eandem adsumit, longius eam prosequitur, expositionem eius genuinam in manus quasi tradit Matth. XXII, 2. sqq. & Luc. XIV, 16. sqq. Quibus ita non immerito suppositis, quis non intelliget, ad mortem Christi hic etiam digitum intendi? Pro nobis enim mactatus est agnus DEI, vt nos per ipsum viueremus; *Mortuus est pro nobis, ne amplius nobis, sed ei, qui pro* ⟨148⟩ *nobis mortuus est, viueremus.*⁵⁴ Et quia non nobis, sed ipsi viuere tenemur, se quoque nobis ad nutriendas & conseruandas animas nostras, & suffulciendam resurrectionis spem, cibum dedit. Propterea ait: *Ego sum panis ille viuus, qui e caelis descendit. Si quis ederit ex hoc pane, viuet in aeternum: panis autem, quem ego dabo, caro mea est, quam ego dabo pro mundi vita.*⁵⁵

---

44 *Fußnote im Original:* „Ioh. 3, 16."
45 *Fußnote im Original:* „c. 1, 14. c. 2, 19. 21. Eph. 3, 17. 18. 19. 1 Tim. 3, 16. Baruch. 3, 38."
46 *Fußnote im Original:* „Hebr. 8, 2."
47 *Fußnote im Original:* „c. 3, 3. 5. 6. Eph. 2, 20. 21. 22."
48 *Fußnote im Original:* „Ioh. 15, 22. 9, 41. Matth. 21, 40. sqq. c. 22, 7. c. 23, 34."
49 *Fußnote im Original:* „Ps. 45, 7. 8. Ebr. 1, 9. Ioh. 3, 34."
50 *Fußnote im Original:* „Es. 11, 2."
51 *Fußnote im Original:* „Ioh. 1, 14. Ebr. 1, 3."
52 *Fußnote im Original:* „Rom. 8, 17."
53 *Fußnote im Original:* „Luc. 11, 31."
54 *Fußnote im Original:* „Ioh. 1, 14. c. 2, 21. 1 Cor. 5, 7. Ebr. 7, 27. c. 9, 14. 26. c. 10, 10. 12. 1 Cor. 5, 7. 1 Petr. 1, 19. 20. 2 Cor. 5, 15."
55 *Fußnote im Original:* „Ioh. 6, 51. vide etiam v. 53 58."

Praeparauit autem & instruxit *mensam* Sapientia, tum agens in terra, *verba vitae aeternae*[56] adferendo promerendoque nobis bona caelestia, tum quando ad Patrem rediit, & *dona pro hominibus accepit.*[57] Exinde enim Spiritum S. *largissime effudit in corda* eorum, qui *credebant in ipsum.*[58] Vnctos sanctissimo hoc oleo, tamquam *virgines sapientes,*[59] misit *Apostolos,* qui *castas reddiderant animas suas per obedientiam veritatis,*[60] vt inuitarent omnes gentes ad ⟨149⟩ beatam, non cum ipsis tantum, sed &, vel maxime quidem, cum Patre & Filio κοινωνίαν.[61] *Ita enim scriptum est,* ait, *& ita oportuit Christum pati, & resurgere ex mortuis tertio die: & praedicari eius nomine resipiscentiam ac remissionem peccatorum apud omnes gentes, incipiendo ab vrbe Hierosolymorum.*[62] Euangelium igitur est, quod Salomo adnunciatum iri parabolice significat Prov. IX, 4. 12. optimeque cum eo, & quoad rem & quoad verba, consentit Iesaias Cap. LV, 1. 2. 3. Quae & similia vaticinia quum impleta essent, Paulus merito laetabundus exclamat: *Magnum confessione omnium est pietatis mysterium: DEus manifestatus est in carne, iustificatus est in spiritu, conspectus est ab Angelis, praedicatus est gentibus, fides illi habita est in mundo, sublatus est in gloriam.*[63] Sed quid porro ait Paulus? *Spiritus autem,* pergit, *diserte dicit, fore vt posterioribus temporibus desciscant quidam a fide, attenti spiritibus deceptoribus, ac doctrinis daemoniorum.*[64] Videlicet vno ore viri DEI testantur, Apostasiam futuram esse, & spiritum Anti-Christi contra Christum insurrecturum.

⟨150⟩ Hoc ipsum igitur nec a Salomone praetermittendum erat. De hac enim Apostasia, pro sua scribendi ratione, parabolice sic loquitur Prou. IX, 13–18. *Mulier stolida, strepera est, fatua, etsi nescit quidquam, tamen sedet ad ostium domus suae, super solium, in locis excelsis vrbis, ad auocandum viatores, qui recta eunt itineribus suis, & quisquis fatuus, diuertito huc, & quisquis est demens, dicit ei, aquae furtiuae suaues sunt, & cibus latebrarum amoenus. Sed ignorat ille mortuos illic esse, & in profundissimo sepulcro inuitatos ab ea.*

Idem sane est *Serpens,* idem *Diabolus* & *Satanas,*[65] qui primum hominem a DEo alienauit, qui posteros eius veneno peccati originalis infectos, magis magisque in deuia & praecipitia abducere laborat,[66] eosque adigit, vt persequantur, illos & occidant, per quos seruari deberent:[67] & qui ipsi Christo, promisso semini mulieris, calcaneum contriuit,[68] tandem in spiritu Antichristi extrema tentat, vt astu pariter ac tyrannide[69] supe-⟨151⟩ret Sapientiae filios, vano licet conatu &

---

56 *Fußnote im Original:* „Ioh. 6, 68."
57 *Fußnote im Original:* „Ps. 68, 18. Eph. 4, 8."
58 *Fußnote im Original:* „Ioh. 7, 38. 39. Act. 2. Tit. 3, 6. Hebr. 2, 4."
59 *Fußnote im Original:* „Matth. 25, 4."
60 *Fußnote im Original:* „1 Pet. 1, 22."
61 *Fußnote im Original:* „1 Ioh. 1, 1. 2. 3."
62 *Fußnote im Original:* „Luc. 24, 46. 47."
63 *Fußnote im Original:* „1 Tim. 3, 16."
64 *Fußnote im Original:* „2 Thess. 2, 3. sqq. 1 Ioh. 2, 18. 22. Apoc. 13. c. 17, 4. 5. c. 18, 3."
65 *Fußnote im Original:* „Gen. 3, 1."
66 *Fußnote im Original:* „1 Ioh. 5, 19. Apoc. 12, 9."
67 *Fußnote im Original:* „Ioh. 8, 40. 41. 43. 44. 59. Prou. 9, 7. 8. Matth. 23, 34. cap. 22, 6."
68 *Fußnote im Original:* „Gen. 3, 15."
69 *Fußnote im Original:* „Apoc. 12, 17. c. 13, 17. c. 17, 5. 6."

irrito,⁷⁰ posteaquam princeps ille tenebrarum Principi vitae succubuit. Beatus igitur est, cui oculos aperuit DEus, vt letalem morsum veteris Serpentis in corrupta sua natura agnoscat, seque *vita, quae ex DEo est*, nisi regeneretur, orbatum persentiscat.⁷¹ Immo beatus est ille, qui aurem praebet vocanti Sapientiae, ac voci eius auscultat, vt adeo cum illa commercium, & ab illa vitam obtineat sempiternam.⁷² Certe habitabit in ipso,⁷³ & arctissimo sanctissimoque coniugio cum eo copulabitur,⁷⁴ & virtutibus sancti Spiritus *fructibusque iustitiae*⁷⁵ eum implebit; *instruet coram eo mensam e regione hostium eius: delibutum reddet vnguento caput eius, poculum eius exuberans. Nihil nisi bonum & benignitas prosequentur eum omnibus vitae diebus, & quietus erit in domo Iehouae in aeternum.*⁷⁶

⟨152⟩ Quid autem haec omnia ad Vos, o nostri? Vobis omnino dictum est, quidquid hactenus adlatum. Vos *Sapientia* per Salomonem in Prouerbiis haud minus quam alios compellauit, *filios* nominauit. Nomine autem hoc tum demum digni eritis, si Sapientiae albo nomina vestra serio & ex animo dare non dedignemini. Quaeso, cur ad hanc liberalium artium & scientiarum, quam vocamus, officinam accessistis? Vt animum rerum optimarum studiis excoleremus: respondebitis. Si hoc ergo a Vobis agitur, vt prudentiores & sapientiores cultura ingeniorum euadatis, quid prius habendum est Vobis, quam vt ad ipsos purissimos Sapientiae fontes adspirantes, procul non tantum a foedis cupiditatibus & lasciuis cogitationibus, quibuscum nihil Sapientia habet commercii, sed etiam ab omni falsa sapientia, & ab ipso spiritu mundano recedatis. *Mundus enim* (h. e. homines, qui spiritu huius mundi gubernantur) *Spiritum veritatis accipere nequit; nec videt eum, neque cognoscit*.⁷⁷ *Peruersae enim ratiocinationes separant a DEO – inque malitiosum* ⟨153⟩ *animum non intrat Sapientia, nec habitat in corpore, quod subiectum est peccato. Sanctus enim disciplinae Spiritus fugit dolum, & abigitur ratiocinationibus hominum vacuorum intelligentia, & iniustitiae aduentu fugatur & homini inutilis redditur.*⁷⁸ Ergo nihil agitis, quidquid agatis, quamdiu *amorem mundi, peruersas ratiocinationes, animum malitiosum, dolum, iniustitiam* non abdicaueritis. *Omnis enim sapientia a Domino est, & penes eundem est perpetuo.*⁷⁹ Quam igitur sapientiam se consequuturum speret animus mundo deditus, a DEo alienus? Talem certe ne ad limen quidem, nedum ad adyta sacrorum suorum atque mysteriorum admittit *Sapientia vera*; Aliena autem Mulier, *Sapientia falsa*, Serpentis antiqui progenies, iuuenem ita, vt est vita huius mundi, versantem plane inuenit idoneum, quem in casses suos pellectum in aeternam perniciem pertrahat & abripiat.

Resili igitur, quisquis amore rerum huius mundi non extricatum sentis animum, *neue cunctatus fueris in eius loco, neue ad eam oculum adieceris. Sic enim transibis*

---

70 *Fußnote im Original:* „Matth. 16, 18. Ioh. 14, 30. c. 16, 33. c. 10, 28. 29. Num. 21, 8. Ioh. 3, 14. 15."
71 *Fußnote im Original:* „Eph. 4, 18."
72 *Fußnote im Original:* „Matth. 11, 28. sqq. Ioh. 5, 40."
73 *Fußnote im Original:* „c. 14, 23. c. 1, 14. 1 Cor. 3, 16. 2 Cor. 6, 16. Eph. 2, 20. 21."
74 *Fußnote im Original:* „Hosea 2, 19. 20."
75 *Fußnote im Original:* „Phil. 1, 11."
76 *Fußnote im Original:* „Ps. 23, 5. 6."
77 *Fußnote im Original:* „Ioh. 14, 17."
78 *Fußnote im Original:* „Sap. 1, 3. 4. 5. 1 Ioh. 2, 15."
79 *Fußnote im Original:* „Sir. 1, 1."

alienam aquam. Ab aliena autem aqua absti-⟨154⟩*ne, neque ex alieno fonte bibe, vt longo viuas tempore, & addantur tibi* (etiam post hanc vitam) *tempora vitae* (vita aeterna): quae est paraenesis salutaris Capiti IX. Prouerbiorum in versione τῶν LXX. in fine adiecta, reliquis Sapientiae monitis, toties totiesque inculcatis, quam maxime parallela. *Timor Domini initium sapientiae* Vobis existat![80] ab eo quam receditis procul, tam procul ab ipso Sapientiae initio abestis. Optime & rectissime monuit Auctor libri de Eruditione solida, superficiaria & falsa:[81] „Scripturae saepissime inculcant, TIMOREM DOMINI INITIVM ESSE OMNIS Sapientiae siue Eruditionis verae: nam ex timore sincero, quo Mens erga DEum tangitur, timens ne ipsa DEo dissimilis sit, ei displiceat, neue in se habeat aut acquirat multa, quae non congruant cum similitudine & mente DEI, fit, vt incipiat & decernat a se remouere, repellere, disiicere, quidquid rude & DEO dissimile, quidquid ei ingratum in se suspicari potest; quae ab iisdem abstineat, atque iis solum acquirendis incumbat, quae diuinam illam similitudinem, diui-*⟨155⟩*numque placitum decent ac referunt. Et hoc ipsum est vere erudiri, & ad veram tendere eruditionem; cuius initium, primumque punctum non potuit ordine magis exacto, seuero, atque, vt ita dicam, magis mathematico vel philosophico, proponi, quam in diuinis Scripturis designatum est, dum pro saliente verae eruditionis puncto hoc nobis commendat: TIMOR DOMINI, INITIVM SAPIENTIAE."

Agite itaque, non legite tantum exhortationem Sapientiae prioribus nouem Prouerbiorum capitibus comprehensam, sed vt cum fructu legatis, DEum precibus exorate, & quae hoc pacto legitis, ponderate, ponderata apud animum custodite. Officii vestri Vos admoneant hi ipsi dies festi, quibus omnia personant praedicatione donorum Spiritus Sancti, quem in corda suorum *Sapientia DEI* effudit. Sed quis inde fructus in Vos redundare potest, si ad Sapientiae verae amorem adplicare animum detrectaueritis? Templa Spiritus S. quomodo reddemini, si fundamentum vnicum timor Domini non vere in mente vestra fuerit suppositum?

Tum autem, si veneratio Numinis ⟨156⟩ mentem vestram possederit totam, eritis & Vos esse probabitis *viuentis DEI templum, quemadmodum dixit DEus: Habitabo ac versavor apud eos, eroque eorum DEus, & ipsi mihi populus erunt: si purgantes vos ipsos ab omni & corporis & animi labe, sanctimonia perfungamini cum DEI timore.*[82] Tum in Vobis impletum agnoscetur dictum Domini: *Cor nouum dabo vobis, & spiritum nouum ponam in medio vestri, & amouens cor lapideum e carne vestra, indam vobis cor carneum: & spiritum meum ponam in medio vestri: quo faciam, vt in statutis meis ambuletis, & iura mea obseruetis, facientes ea.*[83] Tum dies festos vocabimus *honorandas sancti Iehouae delicias,*[84] si a peccatis ad DEum, a tenebris ad lucem, conuertamur, filii Sapientiae & Lucis euadentes. Tum pectora nostra a Spiritu

---

80 *Fußnote im Original:* „Ps. 111, 10. Prou. 1, 7. &c."
81 *Fußnote im Original:* „Pet. Poiret lib. 1. part. 1. n. 11." [Poiret 1694, 6].
82 *Fußnote im Original:* „2 Cor. 6, 16. 1 Cor. 3, 16. 6, 19. Leu. 26, 11. Es. 52, 11. 2 Cor. 7, 1."
83 *Fußnote im Original:* „Ezech. 36, 26. 27."
84 *Fußnote im Original:* „Es. 58, 13."

Dei sanctificata locus erunt, de quo dicetur: יְהוָה שָׁמָּה (*Ibi Iehoua*).[85]

P. P. in Alma Fridericiana Fer. Pentecost.
M DCC IV.

---

85 *Fußnote im Original:* „Ez. 48, 35."

⟨157⟩ *PROGRAMMA VIII.*
NOMINE ACADEMIAE
EDITUM,
De
MAGNITVDINE ET
MAIESTATE DOMINI NO-
STRI IESV CHRISTI.
Gloria in coelis altissimis
Deo, & in terra pax, in
homines beneuolentia!

EXimia, CIVES, ac cedro digna B. Iohannis Brentii verba sunt, dicentis:[1] *Nullum in terris maius & diligentius studium esse debet, quam vt recte cognoscamus Iesum Christum Dominum nostrum;* &, supposito isto solideque probato fundamento, grauissime subiungentis: *quemadmodum omnes tam Patriarchae, quam reges necesse habuerunt, opem suam conferre, vt adnuntiatio de aduentu Christi conseruaretur;* ita admoneatur vnusquisque, vt operam suam conferat, quo Euangelium, quod Christum advenisse nunc praedicat, conseruetur, Magi-⟨158⟩stratus praecipuum hoc officium est: quod si neglexerit, nullius vtilitatis erit, & exterminabitur; aut si Deus tolerat, non nisi in malum eius tolerat, sicut Satanam, sicut & Turcam. *Patris familias item officium est, vt conseruet in sua familia Euangelium Christi: quod si neglexerit, aut familia interibit, aut reseruabitur in malum ipsius. Idem de vnoquouis priuato sentiendum est.*

Hoc quum tam certum sit, vt de eo sine peccato dubitari nequeat, quid de scholis, non tantum inferioribus, sed etiam superioribus, quae Academiae vocantur, sentiendum erit? Non aliud certe de iis iudicium ferri poterit, quam quod candidissimus Brentius de Magistratu, de Patre familias, de vnoquouis priuato ferendum existimauit: officium videlicet scholarum atque Academiarum esse, vt cognitionem Iesu Christi conseruent, vt populum instructum Christo parent, vt omnes omnia ad Christi regnum & gloriam referre doceant, omnique opera sua Christo fideliter inseruiant. Hoc si neglexerint, nec ipsae Academiae vllius vtilitatis erunt, sed exterminabuntur, aut, si tolerantur, fiet id in maximum earum malum. Eodem examine, eademque libra ⟨159⟩ fas est se ponderare omnes, qui iuuentutem docent, omnesque ac singulos litterarum ac scientiarum studiosos. Si enim suae, non Christi gloriae seruiant, adeoque non id, quod Christi est, vnice quaerant, credere, seu fide vera ac viua Christo adhaerere nequeunt, teste ipsa veritate Ioh. V, 44. Si autem credere nequeunt, quo pacto seruabuntur? & qua via euadent, aut qua se a perditione saluos & incolumes praestabunt?

Agite igitur, o Nostri! Quidquid in hac re nostri est muneris, quaecunque ab ipso Deo nobis praecipue demandatae sunt partes, ne, quaeso, negligamus,

---

1 *Fußnote im Original:* „Hom. II. Dom. I. Adu." [Brenz 1588].

immo id ipsum, vt semper alias, ita hoc maxime tempore, quo Natales Iesu Christi celebramus, prae aliis ad nos certissime pertinere credamus, eaque, qua par est, reuerentia curare atque obseruare toto pectore studeamus, &, rogato exoratoque Spiritus S. auxilio, connitamur. Vera haec nobis laus erit, si omnem laudem nobis derogemus, vera gloria, si nullam adfectemus, nisi hanc vnam, vt omnem laudem atque gloriam, non tantum verbis tribuamus, sed ipso animi habitu, vnoque vitae totius tenore deferamus Christo, ⟨160⟩ nosque *nihil* esse agnoscentes, ipsum solum omnia esse in omnibus laeti profiteamur.

His itaque inter haec ipsa festorum dierum solemnia sanctarum meditationum deliciis animum perfundamus, vocisque angelicae: VOBIS NATVS HODIE EST SERVATOR, CHRISTVS DOMINVS, pie memores, pia mente pensitemus ac contemplemur, MAGNVM, immo vna cum Patre & Spiritu S. vere ΤΡΙΣΜΕΓΙΣΤΟΝ (TER MAXIMVM) eum esse, qui nobis natus est, quemque colimus, SERVATOREM, CHRISTVM DOMINVM. Attendite animos, rem cognoscite, eamque, quia ob amplitudinem ne delineari quidem satis a nobis potest, tanto solicitius animis vestris mandate, vt admissi quasi in latissimum meditandi campum, omni cogitatione in eum ingrediamini, ipsique inueniatis, quibus mens immortalis perpetuo oblectetur, nutriatur, exsatietur.

Iure optimo meritissimoque MAGNVM nominamus eum, quem MAGNVM futurum esse Angelus significauit, priusquam ipse in vtero concipere-⟨161⟩tur. De eo enim, quem suo nomine IESVM appellandum esse dixerat, illico ait: Hic erit MAGNVS;[2] vt intelligeremus, non nomine tantum, sed re ipsa *magnum* fore, ac proinde non minori efficacitate cognomen MAGNI, quam nomen IESV sibi adserturum esse.

Declarat vero Angelus id ipsum, quod MAGNVS sit futurus, ita, vt summatim quasi paucisque verbis complectatur, quidquid vaticiniorum a condito mundo de Messia exspectando editum, & quidquid MAGNVM de eo praedictum fuerat. Nam *hic erit MAGNVS*, ait, *& Filius Altissimi vocabitur, dabitque ei Dominus Deus sedem Dauidis patris ipsius, regnabitque in domo Jacobi in aeternum, & regni eius non erit finis*. Itane magnitudinem filii nascituri ad vaticinia expressa Veteris Testamenti, ad regnum Dauidis, ad desiderium Iacobi, adeoque non minus antecedentium Patriarcharum, clarissime refert? Quis igitur MAGNVM non appellauerit eum, cuius nomen ore Patriarcharum & Prophetarum omnium celebratum, saeculis primis & antiquissimis non ignotum, a Dauide piisque stirpis Dauidicae ⟨162⟩ Regibus cultum, adeoque tanto antea tempore *magnum* extitit, quam ab Angelo ei imponeretur; eum denique, cuius nomen omni creaturae sub caelo adnuntiatum iri *magnumque* futurum esse in saecula saeculorum, omnis Scriptura Θεόπνευστος, &, praeter Angelum Dei, nubes quaedam testium confirmauit?

Qui magni in hoc mundo audire gestiunt, nominum ac titulorum longam seriem prae se ferunt. At IESVS noster tot a Spiritu S. nominibus insignitur, vt dinumerare stellas velle videatur, qui illa (quae adnotare quidem & pensitare

---

2 *Fußnote im Original:* „Luc. I, 32."

vtilissimum est) ad computationem omnia reuocare in animum inducat. Vnico autem eius nomine plura ac maiora comprehenduntur, quam omnes omnium Imperatorum, Regum ac Principum tituli ac nomina complecti vlla ratione possunt.

Hic, hic vere MAGNVS est, quia *non est aliud nomen sub caelo, quod datum sit inter homines, per quod oporteat nos seruari:*[3] vtpote de quo *testimonium perhibuerunt omnes Prophetae, quod, quisquis crediderit in eum, sit per nomen eius remissionem peccatorum accepturus.*[4]

⟨163⟩ Etsi ergo omnium creaturarum voces in testimonium magnitudinis nominis Iesu merito consentiant, tantum tamen, tamque sublime est eius mysterium, vt praeter ipsum *Magnum* Iesum nemo omnino sit, qui plane illud agnoscat, modumque eius intellectus lumine adsequatur, quam solus optimus ille maximusque Pater: vbi non *Spiritum S. qui omnia scrutatur, etiam profunditates Dei,*[5] sed creaturas excludi, nemo non facile intelligit. Id quod non Iohannes tantum, [6]clarissima diuinae reuelationis luce imbutus, sed ipse gloriae Paternae illustrissimus splendor Filius testatus est & declarauit.[7] Quapropter non modo mortales, qua sunt intellectus angustia, sed ipsi etiam caelicolae nominis eius vim, emphasin, amplitudinem, gloriam ac maiestatem attoniti mirantur potius, & auguste sancteque venerantur, quam capiunt & cogitatione comprehendunt. Tale enim est nomen eius & tantum, qualis, quantusque est ipse, cui tribuitur. Eius autem dignitas quum infinita sit, pari ea indicio ornari debet. Agnouit hoc Psaltes, quare Messiam in-⟨164⟩stinctu Spiritus S. ita laudauit: *Exaltabo te, Deus mi, Rex; & benedicam nomini tuo in saeculum & sempiternum: Quotidie benedicam tibi & laudabo NOMEN tuum in saeculum & sempiternum. MAGNVS est Iehoua & laudandus valde, immo MAGNITVDO eius peruestigari nequit.*[8] Quis ergo nominis illius magnitudinem, quo infinitae huius personae magnitudo designatur, peruestigari a se posse praesumserit?

Et de diuina quidem magnitudine recte Augustinus ait:[9] *Non participatione magnitudinis Deus magnus est, sed se ipso magno magnus est, quia ipse sua est magnitudo.* Est autem Christus ὁ μέγας Θεὸς, *magnus Deus.*[10] Namque talem Euangelistae & Apostoli praedicarunt; talem Prophetae Messiam & vaticinati sunt, & exspectarunt, & ad decentem eius venerationem nos inuitarunt. *Deus magnus Iehoua,* ait Psaltes;[11] *& Rex magnus supra omnes deos: in cuius manu sunt ima vestigia terrae, penes quem sunt vires montium; cuius est ipsum mare, vt qui fecit illud; & arida,* ⟨165⟩ *quam manus eius formarunt; venite, incurvemus nos, & procumbamus; flectamus genua coram Iehoua, qui fecit nos; quum ipse sit Deus noster, nos vero populus pastus eius, & grex manus*

---

3 *Fußnote im Original:* „Act. IV, 12."
4 *Fußnote im Original:* „c. X, 43."
5 *Fußnote im Original:* „1. Cor. II, 10."
6 *Fußnote im Original:* „Apoc. XIX, 12."
7 *Fußnote im Original:* „Matth. XI, 27."
8 *Fußnote im Original:* „Ps. CXLV, 1. 2. 3."
9 *Fußnote im Original:* „L. 5. de Trin. cap. 10." [Augustinus, de trinitate V 10 = CCSL 50, 218, 21 f.].
10 *Fußnote im Original:* „Tit. II, 13. Rom. IX, 5. Ioh. I, 1."
11 *Fußnote im Original:* „Ps. XCV, 3. seqq."

eius. Hodie si vocem eius audieritis, ne obduretis animum vestrum &c. Et alibi: *Pudore suffundantur omnes colentes sculptile, qui se iactant de idolis; adoranto eum omnes Angeli.*[12]

Proinde Christi magnitudinem declaraturus Iohannes, *In Principio*, ait, *erat Verbum, & Verbum illud erat apud Deum, eratque illud Verbum Deus: Hoc erat in principio apud Deum. Omnia per hoc* (Verbum) *facta sunt, & absque eo factum est nihil, quod factum est.*[13] Rectissime de hoc initio euangelii Iohannis scribit Rupertus Tuicensis:[14] *Secundum huius Euangelii tutissimam fidem, Verbum Dei Deum esse credimus, & confitemur, Deo, apud quem erat in principio, consubstantialem. Credentes autem & confidentes adoramus cum Patre & Spiritu S. hunc Deum.* Hoc igitur maximum est magnitudinis Christi fundamentum. Ex eo enim intelligitur, quod Christus, vt ὁ μέγας Θεὸς, Patri *consubstantialis*, ⟨166⟩ non participatione magnitudinis, sed se ipso magno magnus sit, quodque ipse sua sit magnitudo, vt Augustini verbis iterum vtamur. Quisquis autem ab hoc fundamento recedit, is nec Mosen, nec Prophetas, nec Psalmos, neque Christum ipsum, neque Euangelistas, neque Apostolos intelligit, nec Christum aeque vt Patrem, quae tamen Patris voluntas est, honorat,[15] &, quamlibet speciosa, re tamen ipsa inania nomina, & subdole impertit.

Ideo etiam Angelus, postquam ipsum *Magnum* dixerat futurum esse, statim addidit: *& Filius Altissimi vocabitur.*[16] Vocabitur, *id est, declarabitur. Quum enim Filius esset ab aeterno, suo tempore manifestatus est in carne.*[17] Et enim de Messia hoc dictum erat Dauidi: *Ego ero illi Pater, & ipse erit mihi filius.*[18] Id quod per Spiritum propheticum intelligens Dauid, eum non tantum vocabat *Dominum*,[19] quem nouerat filium futurum esse, secundum carnem; sed etiam *Iehouae* & *Magni Dei* ac *Creatoris caeli & terrae* nomine frequentissime in psal-⟨167⟩mis,[20] tum antea iam adductis, tum plurimis aliis, appellabat. Ac tametsi in Veteri Testamento non tam clare, vt in Nouo T. omnis veritas erat manifestata, & Sapientia interdum parabolico quodam sermonis genere vtebatur, in primis ad ἀπιστίαν hominum respiciens, quomodo in Prouerbiis videre est: *Quis suscitauit omnes terminos terrae? Quod nomen est eius, & quod nomen filii eius? nostine?* nihilominus tamen, quod per filium Dei non homo, sed persona Deo *consubstantialis* intelligatur, adeo Iudaeos non fugiebat tempore Christi, vt, quum Christus diceret: *Filius sum Dei*; blasphemiae eum (licet in eo ipsi blasphemi) accusarent, quippe qui, *quum esset filius hominis, se ipsum Deum faceret.*[21] Vnde & Apostolus deinde ex concessa veritate arguens, Christi diuinam maiestatem ex eo, quod *Filius Dei* vocetur, non minus probat, quam ex

---

12 *Fußnote im Original:* „Ps. XCVII, 7. Ebr. I, 6."
13 *Fußnote im Original:* „Ioh. I, 1. 2. 3."
14 *Fußnote im Original:* „de victoria Verbi Dei I. 1. c. 2." [Rupertus Tuit. 1631, II, 627, col. 1 f.].
15 *Fußnote im Original:* „Ioh. V, 23."
16 *Fußnote im Original:* „Luc. I, 32."
17 *Fußnote im Original:* „Beza in h. l." [NT griech. ed. Beza 1598, 233].
18 *Fußnote im Original:* „2. Sam. VII, 14. conf. Ps. LXXXIX, 27. 28."
19 *Fußnote im Original:* „Ps. CX, 1."
20 *Fußnote im Original:* „Ps. XIX. XXIII. XXIV. XXIX. XLV. XLVI. XLVII. XLVIII. LXVII. LXVIII. LXXXIX. XCIII. XCV. XCVI. XCVII. XCVIII. XCIX. C. CX. CXXX. &c."
21 *Fußnote im Original:* „Ioh. X, 33. c. V, 18."

eo, quod ab Angelis adoretur, & expresse Deus appelletur, & creatio caeli ac terrae, immutabilitas ac aeternitas ei adscribatur.²² *Magnum* itaq; & nos vocamus Christum propterea quoque, quod ⟨168⟩ *Filius Dei* sit,²³ & extiterit ab aeterno, & in tempore sit declaratus, adeoque vt *imago Dei inuisibilis, splendor gloriae eius, & character essentiae eius, sustinens omnia verbo suo potente, & per se ipsum faciens purificationem peccatorum nostrorum,*²⁴ non possit non *MAGNVS* & agnosci & nominari.

Quem vero ita secundum scripturas tamquam Dei inuisibilis, & essentiae eius imaginem, gloriaeque effulgentiam, *Magnum* esse profitemur; eum oportet etiam *Magnum* esse *Charitate. Deus* enim est *charitas.*²⁵ Itaque Filius Dei, imago Patris, etiam est charitas, h. e. non tantum *Magnus* charitate, sed ipsa *charitas.* Id quod, vt plenius intelligatur, verbis B. Ioh. Brentii malumus, quam nostris, declarare.²⁶ *Vocatur*, ait, *Deus misericors, clemens, multae miserationis & verax. Haec non sunt nuda Dei epitheta, nec tribuuntur Deo propter vnum tantum aut alterum beneficium, miseris praestitum, sed quod clementia, misericordia & miseratio* (nimirum quibus epithetis charitas Dei declaratur) *sint ipsa Dei natura, essentia, & naturale, vt sic loquar, ingenium. Etsi enim tribuitur Deo aliquoties, pro humano mo-*⟨169⟩*re, ira, indignatio, & furor, tamen haec non est propria eius natura, sed aduentitia, &, vt Esaias loquitur (c. 28, 11. 21.) aliena & peregrina, &c.* Et alibi:²⁷ *Quacunque Dominus incedat, quidquid instituerit, proposuerit, studuerit, statuerit & fecerit, non est, si consilium & finem eius consideraueris, nisi clementiae, bonitas, & salus: Viuo ego, dicit Dominus, nolo mortem peccatoris, sed magis, vt conuertatur, & viuat. Vides, ne mortem quidem ipsam esse apud Deum meditationem mortis, sed vitae. Nec mirum, Deus enim, essentia & natura sua, non est nisi vita & salus, vt, si qui morte perierint, non pereant Dei, sed suo ipsorum vitio, quod beneficium Dei non agnoscant fide, sed incredulitate repellant.* Quam rem Brentius passim in scriptis suis exegeticis vberrime, vt fas est, prosequitur. Vnde si quis iam perceperit, quid Iohannes velit, quando adfirmat, quod *Deus* sit *charitas*, intelligit simul, Christum *charitate* vere *Magnum* esse, verissimeque de eo adfirmari, quod *nemo eo maiorem habeat charitatem,*²⁸ vtpote qui sit ipsa charitas. Vt enim inter homines *vere magnus est*, vt Thomas a Kempis ait,²⁹ *qui magnam habet charitatem,* eo quod imago Dei in ho-*⟨170⟩*mine tali maxime reluceat*: ita longe meliori iure Christus vere *magnus* dicitur, quia modo multo sublimiori ipsa Dei natura atque essentia, qua charitas est, in eo tamquam in vnigenito filio, charactere ὑποστάσεως ac splendore gloriae eius, inest & exsplendescit.

Ecce autem, tantus quum esset Dei Filius, an in carne se manifestantem, humanam naturam adsumentem, eamque cum diuina natura in vnitatem personae *vnientem*, minorem factum opinabimur? Absit, vt, quem *Magnum* charitate, ipsamque charitatem esse agnouimus, eum minorem putemus in eo ipso, quo

---

22 *Fußnote im Original:* „Ebr. I, 5. 6. 8. 10. 11. 12."
23 *Fußnote im Original:* „Rom. I, 4."
24 *Fußnote im Original:* „Ebr. I, 3."
25 *Fußnote im Original:* „1 Ioh. IV, 16."
26 *Fußnote im Original:* „Brent. in Ps. LXXXV." [Brenz 1578, 947].
27 *Fußnote im Original:* „in Ps. 67. vid. etiam in Ps. 30." [Brenz 1578, 753; 370 ff.].
28 *Fußnote im Original:* „Ioh. XV, 13."
29 *Fußnote im Original:* „de imit. Chr. I. 1. c. 3." [Thomas a Kempis 1696, 10].

magnitudinem suae charitatis, non verbis aut promissis amplius, sed re ipsa declarauit, factoque stupendo, ipsis Angelis mirabili, hominibus deprauatis incredibili, ostendit, comprobauit, & ipse vt charitas in mundo apparuit! Quid? quod & Angelus ad testimonium a Deo missus, & omnis insuper exercitus caelestis testatur, Christum & tum, quum nasceretur, humillimum quidem, at sua quoque maiestate venerandum extitisse.

Rem, quaeso, accuratius considerate! Creator vniuersi, Deus, legatum mit-⟨171⟩tit; ad quem? ad Imperatorem Augustum? non. ad Herodem? minime. ad Synedrium magnum? nequaquam. ad quem igitur? ad pastores in agro excubantes. Ita nimirum primum a natiuitate Domini euangelium pauperibus, contemtisque in mundo hominibus, adnuntiandum erat, vt eum venisse constaret, quem ad euangelizandum pauperibus (spiritu potissimum) venturum Iesaia praedixerat; vtque, facta praesertim summae Maiestatis cum extrema tenuitate comparatione, de magnitudine exhibendae charitatis symbolum daretur. Quis autem ad legationem isthanc obeundam a Deo deligitur? Non homo mortalis, sed Angelus. Idem saepe numero factum, ais; quid igitur hic singulare accidit? *Gloria Domini hic circumfulsit eos ipsos*, quibus Angelus, nihil tale exspectantibus, superuenit.

Notandum autem, quod visiones, in sacris narratae, omnibus suis circumstantiis aut vaticinentur, aut doceant, aut arguant, aut consolentur. Vt legis terror significaretur, adeo horrendum erat visum, quod apparebat, vt Moses dice-⟨172⟩ret; *expauefactus sum ac tremebundus*,[30] Iosuae vt signum esset, Dominum sine longiori mora impietatem Cananaeorum severe vindicaturum, attollenti oculos vir quidam, gladium strictum in manu tenens, ex aduerso stabat, quem postea principem militiae Iehouae esse intelligebat.[31] Quum inflammatae a Spiritu Sancto linguae Apostolorum Christum in vniuerso mundo praedicare deberent, videbantur eis dispertitae linguae instar ignis.[32] Igitur hic quoque; vt & verba legati, & circumstantiae visionis rem ipsam plenius declararent, simul Angelus Dei recitauit εὐαγγέλιον suum, & effulsit *Gloria Domini*, ac pastores *circumfulsit*. Ita quippe maiestatem atque gloriam eius, qui natus esse dicebatur, omnes intelligere debebant. Is enim, quem *effulgentiam gloriae Domini* esse percepimus, tum natus erat; is, qui gloriam Dei adserturus, hominesque ad gloriam caelestem perducturus erat, fasciis inuolutus, & in praesepi iacens, Bethlehemi poterat inueniri, quo, ne dubitatio superesset, Angelus pastores ablegabat. Et ecce! dum magna Angelus gaudia ⟨173⟩ nuntiat, dum, quae a Deo mandata erant, dilucide expedit, non hominum tantum, sed Angelorum (omnium ne dicam?) attentis vtitur auribus. Delectantur hi nuntio exoptatissimo, laetissimoque, audiunt, silent, gaudent; simul ac finem sermoni suo legatus imponit, ecce, non aliquis angelorum chorus, non exercitus, sed *multitudo exercituum caelestium* plausum dat; nec plausu tamen confuso aer personat, sed carmen de laude Dei, de pace in terris, de beneuolentia in homines symphonia composita cantitatur. Rem miram! tantae multitudinis quasi vna vox ad pastorum aures distincte permanat, videlicet, vt

---

30 *Fußnote im Original:* „Ebr. XII, 21. Ex. XIX."
31 *Fußnote im Original:* „Ios. V, 13."
32 *Fußnote im Original:* „Act. II, 3."

angeli docerent eadem opera etiam homines cantare ac psallere iucunde scienterque in Christi gloriam. Num, simile quid vmquam contigisse, ex veteri aut nouo Testamento nobis constat? Nihil certe, quod conferri cum his circumstantiis possit. Siccine igitur, modo plane inusitato atque inaudito, testimonium de Maiestate ac Magnitudine Christi perhibitum non fuit eo ipso tempore, quo paruus factus videbatur? Nec videbatur tantum, sed erat *paruus factus, quia nos parui eramus*, vt Au-⟨174⟩gustinus ait. Tantum autem abest, vt propterea, quia paruus factus est, a nobis parui fieri debeat, vt Angeli suo nos exemplo doceant, nihil nos magis, quam id ipsum, impellere debere ad magnitudinem eius in caelum extollendam. *Vides*, inquit Bernhardus,[33] *amori cedere etiam Maiestatem?* addit: *amor in se ipso celsos humilesque contemperat; nec modo pares, sed vnum eos facit. Tu Deum forsitan adhuc ab hac amoris regula excipi putas, sed qui adhaeret DEo, vnus spiritus est* (cum eo).[34] *Quid miraris hoc? Ipse factus est, tamquam vnus ex nobis. Minus dixi, non tamquam vnus, sed vnus. Parum est, parem esse hominibus, homo est.* Hominis igitur nomine merito indignus censebitur, quisquis magnitudinem Christi ex immensa hac charitatis magnitudine, quod Deus homo factus sit, non magni aestimauerit.

Nos vero hic ingressi sumus stadium, (postquam de *mysterio extra dubitationem magno, quod DEus manifestatus sit in carne*,[35] verba facere coepimus) quod haud graue nobis foret decurrere, nisi intra ⟨175⟩ breuis exhortationis limites, vt moris est, nos continere deberemus. Demonstrare enim ex Scripturis possemus, *magnum* esse Christum Vnctionis dono, & omnibus vnctis DEI, quia sine mensura & supra omnem mensuram Spiritu Sancto vnctus est,[36] longe maiorem: *Magnum* eum esse officio Mediatoris, quod sustinet inter DEum & homines: *Magnum* esse fulgore attributorum diuinorum, quorum natura humana particeps diuina est facta: *Magnum* proinde duodecennem puerum, vtpote diuinae Sapientiae documenta publice dantem Doctoribus, Parentibus vero responso, quod captum eorum plane transcenderet, profundae admirationis caussam suppeditantem: *Magnum*, tantus quum esset, obedientia illa simplicissima, Parentibus praestita:[37] *Magnum*, omni illo sacri illius, vt ita dicamus, silentii tempore, ad annum vsque trigesimum observati; quo spatio temporis quantus sanctitate fuerit, vel ex eo apparet, quod quum ad Iohannem accederet, vt ab eo baptizaretur, Iohannes enixe eum prohibuerit, dicens, *mihi opus est, vt a te baptizer, & tu* ⟨176⟩ *venis ad me*:[38] *Magnum* deinde in ipso baptismo, testibus Patre ac Spiritu Sancto, declaratum; dehinc *Magnum* a magno Praecursore omni parrhesia praedicatum, digitoque monstratum: tum *Magnum* se ipsum, immo omnibus Prophetis maiorem, miraculis, in Scriptura de ipso praedictis, exhibentem: *Magnum* porro sanctitate, puritate, ἀναμαρτησία, legis impletione, immo *tantum*, (quod ad hoc ipsum attinet) vt solus audiat *agnus immaculatus*, cuius perfectissima & innocentissima puritas & sanctitas

---

33 *Fußnote im Original:* „in Cant. Serm. 59." [Bernhard v. Clairvaux, sermones in cantica canticorum LIX 2: MSL 183, 1062 C].
34 *Fußnote im Original:* „1 Cor. 6, 17."
35 *Fußnote im Original:* „1 Tim. 3, 16."
36 *Fußnote im Original:* „Psalm. 45, 8. Ioh. 3, 34."
37 *Fußnote im Original:* „Luc. 2, 51."
38 *Fußnote im Original:* „Matth. 3, 13. 14."

omnem, quam ratio humana excogitet aut effingat, virtutis ideam, omnemque etiam vere sanctorum hominum, immo ipsorum Angelorum, sanctitatem longissime transgrediatur: *Magnum* doctrina, ipso videlicet Mose Prophetam maiorem:³⁹ *Magnum* obedientia, quam vsque ad mortem, eamque ignominiosissimam,
5 in ipsa cruce, Dominus gloriae quum esset, Patri caelesti praestitit: *Magnum* ac summum sacerdotem, Aharone Maiorem:⁴⁰ *Magnum* Pastorem Ouium,⁴¹ vnicum, fidelissimum, amantissi-⟨177⟩mum suorum: *Magnum* in ipsa morte, quam ignominiosissimam diximus.

Quid? in ipsa morte? Mirum id quidem nec ipsi rationi videri debet, si in
10 ipsa morte quis *magnus* dicatur. Heroes enim, qui gloriose occumbunt, *magnos* dici, infrequens non est. Sed absit, vt Christum non sublimiori ratione magnum in ipsa morte dicamus. De iis, quos Mundus magnos appellat, ita existimemus: *Nihil esse magnum re, quod paruum sit tempore.*⁴² Aliter enim de iis Spiritus Sanctus, quam mundus, iudicat. *Non descensura est post eos gloria eorum*, ait.⁴³ Christus vero
15 in morte ipsa magnus extitit, quia secundum Scripturas *deposuit, vt vnicus bonus Pastor, animam suam pro ouibus.*⁴⁴ Considerate vero, quantus ille sit, qui, antequam deponeret animam, dicere (& quod dixerat, facto probare & implere) poterat: *Propterea Pater me diligit, quia ego depono animam meam, vt eam rursus adsumam. Nemo tollit eam a me, sed ego depono eam per meipsum: auctoritatem habeo deponendi eam, &*
20 *auctori-*⟨178⟩*tatem habeo rursus eam adsumendi.*⁴⁵ Magnus omnino in morte sua fuit, quia *morte sua mortem aboleuit, & vitam ac incorruptibilitatem in lucem produxit*;⁴⁶ immo, *vt pro omnibus mortem gustauit*,⁴⁷ ita *per mortem aboleuit eum, penes quem erat mortis robur, hoc est diabolum, & liberos reddidit, quotquot metu mortis per omnem vitam subiecti erant seruituti*,⁴⁸ & tamquam *Pontifex futurorum bonorum in sacrarium per proprium*
25 *sanguinem, (se ipsum per Spiritum aeternum DEO inculpatum offerens) ingressus, aeternam redemtionem nactus est*;⁴⁹ paucis: peccata expiauit, DEum hominibus reconciliauit, mortem ac Diabolum vicit, peccati regnum destruxit, vitam aeternam hominibus acquisiuit.⁵⁰ Ita Scriptura de eo testatur, quod Magnus in morte extiterit. Ceterum vt magnum in natiuitate praedicarunt Angeli, ita res inanimatae ipso mori-
30 ente, iussu creatoris, quosdam, qui increduli fuerant, adege-⟨179⟩runt, vt magnitudinem eius confiterentur. *Tenebrae* enim praeter naturae ordinem *factae; velum templi scissum in duas partes a summo vsque ad imum; terra mota; petrae fissae; monumenta aperta; multa sanctorum, qui dormierant, corpora surrexerunt, qui egressi e monumentis post*

---

39 *Fußnote im Original:* „Ebr. 3, 5. 6."
40 *Fußnote im Original:* „c. 7, 22. seqq."
41 *Fußnote im Original:* „c. 13, 20."
42 *Fußnote im Original:* „Eucherius." [Eucherius 1530, 110].
43 *Fußnote im Original:* „Psalm. 49, 18."
44 *Fußnote im Original:* „Ioh. 10, 11. 15."
45 *Fußnote im Original:* „Ioh. 10. v. 17. 18."
46 *Fußnote im Original:* „2 Tim. 1, 10."
47 *Fußnote im Original:* „Ebr. 2, 9."
48 *Fußnote im Original:* „v. 14. 15."
49 *Fußnote im Original:* „Ebr. 9, 11. 12. 14."
50 *Fußnote im Original:* „Es. 58, 8. 1 Cor. 15, 13. 2 Cor. 5, 18. Rom. 5, 10. Hos. 13, 14. 1 Cor. 15, 55. Gen. 3, 15. Rom. 6, 11. Ebr. 9, 15."

resurrectionem eius, introierunt in sanctam vrbem, & apparuerunt multis.[51] Non negligamus haec magnitudinis eius testimonia; maxime vero, si Christiani sumus, id cum Iohanne suspiciamus, quod quodam ex militibus lancea latus eius fodiente, *sanguis & aqua exierit.*[52] En quanti hoc signum pietas Iohannis fecerit! *Qui vidit,* ait, *testatur, & firmum est testimonium eius, ille,* inquam, *scit, se vera dicere, vt & vos credatis.* Et in Epistola sua prima, *Hic ille est,* ait, *qui venit per aquam & sanguinem,* nempe *Iesus Christus: non per aquam solum, sed per aquam & sanguinem.*[53] Ita omnino Apostolus Christo dilectissimus maiorem huius rei rationem habuit, quam Solis deficientis, quam scissi veli in templo, quam petrarum fissarum, quam ⟨180⟩ denique omnium eorum, quae tum temporis acciderunt. Scripturas enim intellexit, & promissum & ante hac in Veteri significatum Testamento Redemtorem, ac summum futurorum bonorum Sacerdotem, in hoc signo per Spiritum Sanctum magis, quam in reliquis omnibus, agnouit.

Detinuit nos diutius consideratio magnitudinis Christi in ipsa morte elucentis; at quum in hac morte eius, morte inquam Christi, quem mors retinere non potuit, omnis vita & salus sita sit, immo omnis ex ea fidei victoria, & futura eorum, quos fides ad finem seruata coronabit, gloria dependeat, de tanta re ne incepisse quidem aliquid dicere nobis videmur. Tanta autem rerum amplitudo se nobis offert, vt momenta singula ne attingere quidem, vel, vt dicitur, degustare liceat. Reliquum enim esset, vt *Magnum* post mortem in quiete, qua secundum Scripturas tridui spatio in sepulcro vsus est, quamque gloriae (כָּבוֹד) ei futuram esse,[54] Spiritus Sanctus praedixerat; vt *Magnum* in adsumenda rursus anima; vt *Ma-*⟨181⟩*gnum* in descensu ad inferos; vt *Magnum* in resurrectione; *Magnum* in apparitionibus, quadraginta illis diebus, quibus post resurrectionem in terris cum discipulis versatus est; *Magnum* in adscensione in caelos; *Magnum* in sessione ad dextram, *Magnum* in effusione Spiritus S. contemplaremur.

Neque, si in his omnibus Christum vere Magnum se exhibuisse, e Scripturis probassemus, dicendorum finis esset. Nouum potius inde ab ipsa sessione ad dextram, & Spiritus Sancti effusione initium daretur, & quasi proprius, si de militante Ecclesia loquamur, aperiretur campus Magnitudinem Christi euidentissimis argumentis comprobandi. Apostolum audiamus, ex illo temporis articulo argumenta de Magnitudine Christi nectentem. Postquam enim dixerat, *iustificatus est in Spiritu, conspectus est ab Angelis*; addit: *praedicatus est gentibus, fides illi habita est in mundo, sursum receptus est in gloriam.*[55] Et clarius alibi: *Collocauit eum ad dextram suam in caelis, longe supra omne imperium ac potestatem, & potentiam & dominationem, & omne* ⟨182⟩ *nomen, quod nominatur, non solum in hoc saeculo verum etiam in futuro; & omnia subiecit eius pedibus, eumque constituit caput super omnia Ecclesiae, quae est corpus ipsius, & complementum eius, qui omnia implet in omnibus.*[56] Et alibi: *DEus ipsum in*

---

51 *Fußnote im Original:* „Matth. 27, 45. 51. 52. 53. Luc. 23, 47. 48."
52 *Fußnote im Original:* „Ioh. 19, 34. 35."
53 *Fußnote im Original:* „c. 5, 6."
54 *Fußnote im Original:* „Es. 11, 10."
55 *Fußnote im Original:* „1 Tim. 3, 16."
56 *Fußnote im Original:* „Eph. 1, 20. 21. 22. 23."

summam extulit sublimitatem, ac donauit ei nomen, quod est supra omne nomen, vt in nomine IEsu, omne genu se flectat caelestium ac terrestrium ac subterraneorum, omnisque lingua profiteatur, Iesum Christum esse Dominum, ad gloriam DEI Patris. [57]

Exponenda itaque Magnitudo Christi esset enarratione illustrissimae manifestationis regni gratiae & amoris eius, & euolutione mysteriorum inter homines, immo inter angelicos quoque spiritus in lucem productorum; quod regnum ille facta Spiritus Sancti effusione, suaeque virtutis & amoris non iucundissima tantum promulgatione & oblatione per Euangelium instituta, sed praestita quoque fidelibus salutari communicatione (o quam diuinis, quam gloriosis operibus!) ⟨183⟩ per vniuersum orbem instituit, diffudit, & in hunc vsque diem conseruat, immo vero ad vltimum huius saeculi diem conseruaturus est. Quam vero orationem hoc Christi regno celebrando dignam, quam ei suffecturam esse existimatis? Neque vero hic terminus ac finis dicendorum foret, vbi noua potius a Prophetis & Apostolis nobis periodus panderetur, non iam in regno gratiae amplius, sed in regno gloriae Magnitudinem Christi, spectandi, vt Iudicis vniuersalis, & Regis devictis omnibus inimicis in throno cum Patre sedentis ac regnantis in aeternum, vt Alpha & Omega, principii & finis salutis omnis, qui suos, quos a Patre accepit, ab interitu vindicatos, gratiaeque suae factos participes, in fide conseruatos, & omnino reparatos ac consummatos Patri tradat, vt eius amore gloriaque aeternum fruantur. Sic tandem magnitudinis eius non esse finem, liquido appareret.

In diuersis vero illis, quibus manifestatio Magnitudinis Christi distingui quodammodo secundum Scripturam posset, periodis, singula pro magnitudine Christi facientia argumenta tanta depre-⟨184⟩henderentur, vt nulla omnino ingenii vi, nullo intellectu satis ea comprehendi nullaque dicendi copia enumerari, digneque explicari a quoquam posse, nemo non confessurus esset. Verum in praesentia sicco ea pede praeterimus, partim quia in reliquorum festorum dierum solemnibus ea luculentius iam sunt exposita, partim quia sua luce ita radiant, vt nemo, nisi rei Christianae plane expers, magnitudinem & maiestatem Domini nostri Iesu Christi in iis non agnoscat; maxime autem, quia in tanta argumentorum pro magnitudine Christi copia praestare existimamus, si iis, quae dicta sunt, addamus nonnulla, quae non omnibus obuia, nec ab omnibus, in Scriptura interpretanda versantibus, cognita atque perspecta videantur.

Ad hanc classem primum referenda existimamus ea, quae decus illud & ornamentum Ecclesiae tempore Reformationis, B. Iohannes Brentius, iam supra bis nominatus, vere & egregie de instituenda, ad ductum Scripturae Sacrae, consideratione magnitudinis Christi passim monuit, & quorum neruum & summam loco ⟨185⟩ iam adducto ita expressit: „Danda nobis est opera, vt agnoscamus Iesum Christum, qui est thesaurus noster, non solum ex iis, quae de ipso dicta & acta sunt, post Natiuitatem, Mortem, Resurrectionem & Adscensionem in caelum, sed etiam ex iis, quae de ipso & propter ipsum, immo propter nos, dicta & acta sunt, priusquam in hoc mundo natus est. De Christo enim prophetatum

---

57 *Fußnote im Original:* „Philipp. 2. v. 9. 10. 11."

est primo publicis vaticiniis seu oraculis, hoc est, promissionibus & concionibus de ipso. Deinde publicis sacris & ceremoniis. POSTREMO AD CONSERVANDA VATICINIA DE CHRISTI ADVENTV, AD CONSERVANDVM ETIAM GENVS, E QVO CHRISTVS HOMO NASCITVRVS ERAT, MAXIMA ET STVPENDA ¦MIRACVLA ¦ EDITA SVNT. INSTITVTAE PRAETEREA ET ITERVM DEIECTAE SVNT POTENTISSIMAE IN TERRA MONARCHIAE."

Quod hic primo loco Brentius de vaticiniis, quodque secundo loco de sacris & ceremoniis ad Christum collineantibus dicit, id a multis copiose tractatum est; ⟨186⟩ proinde neque ea, quae ille in sequentibus quoad duo priora magnitudinis Christi argumenta addit, hic recensenda ducimus. Quod autem postremo loco maximorum & stupendorum operum DEI, regnorumque & ortorum & destructorum, caussam & fundamentum nectat ex oeconomia DEI, qua Christus solus & vnicus verus Monarcha, Rex Regum & Dominus Dominorum constitutus est; quodque tantas rerum mutationes ex DEI consilio ac prouidentia in conseruandis, propagandis implendisque vaticiniis de Christo, repetit; id a paucis cognosci, a paucioribus curatius ponderari, a paucissimis dedita opera, & pro rei amplitudine ac dignitate solide & luculenter tractari, dolendum est.

Quamobrem vt de mente B. Brentii, immo potius de re ipsa, plenius constet, audiamus, quae ab illo in sequentibus, explicationis ac probationis gratia, subiunguntur. „Initio, ait, quum homines multiplicarentur, & traderent se voluptatibus, neglexerunt concionem de aduentu Christi. Plantabant, (*inquit Christus*) seminabant, aedificabant, ducebant vxo-⟨187⟩res. Dixit itaque DEus; Non permanebit Spiritus meus in homine, quia caro est, homines caro sunt, non curant Spiritum meum, seu concionem de aduentu Christi. Quare vt DEus restitueret concionem de aduentu Christi, perdidit totum orbem terrarum diluuio, & conseruauit paucos, per quos propagauit vaticinia de aduentu Christi. Postea Abraham, Isaac & Iacob electi fuerunt, vt ex posteritate & genere ipsorum veniret Christus. Quare DEus non permisit, eis hominem nocere, Psal. CV. Corripuit pro eis etiam Reges. Deinde Pharao necesse habuit perire, quod cogitauerit delere Israelitas, e quibus venturus erat Christus. Similiter Gentes Cananeae deletae sunt, vt hoc genus hominum, e quo Christus erat venturus, haberet regionem, in qua institueret concionem & sacra de aduentu Christi, Deut. IX. Nationes deletae sunt, vt compleret DEus iuramentum suum, quod pollicitus erat Patribus. Praecipuum autem iuramentum erat: Per memet ipsum iuraui (dicit Dominus) in semine tuo benedicentur omnes gentes. ⟨188⟩ Postea cum Babylonii nolebant remittere captiuitatem Iudaeorum, & periculum erat, ne genus, e quo Christus descensurus erat, periret, necesse habuit potentissima Monarchia interire, vt hoc genus conseruaretur. Sic enim Esa. cap. XLV. dictum est de Cyro: Ego Dominus, qui voco nomen tuum, DEus Israel, propter seruum meum Iacob, & Israel electum meum &c. Breuiter, OMNIA REGNA TERRAE NECESSE HABVERVNT OPERAM SVAM CONFERRE, VT CONSERVARETVR GENVS, E QVO CHRISTVS ERAT VENTVRVS. ET QVOD REGNVM MOLIEBATVR HVIC FAMILIAE EXITIVM, HOC INTERNECIONE PERIBAT."

Quae hic succincte & compendiose Brentius delineauit, ea data occasione fusius in commentariis suis pertractauit probauitque.⁵⁸ Strictim autem & in genere mentem suam declarat, quando vsum Psalmi nonagesimi tertii his verbis comprehendit: „Hic Psalmus est vatici-⟨189⟩nium de regno Christi: etsi Christus non diserte aut nominatim in eo praedicatur, quod loquatur de regno Christi. Apostolica enim scripta sunt apocalypsis & commentarius veterum Propheticorum Scriptorum. Postquam autem Christus intrauit in Gloriam suam, & consedit ad dextram DEI Patris sui, scripta Apostolica nesciunt alium Dominum DEum nostrum praeterquam Christum. Norunt quidem duas alias in diuinitate personas, Patrem & Spiritum Sanctum; sed nesciunt alium Dominum DEum nostrum Zebaoth, praeter Christum. Huic enim subiiciunt caelum & terram, & vniuersum orbem: hunc exaltant super omnes creaturas: hunc collocant ad Dextram DEI: huic dant nomen super omne nomen, vt in nomine eius omne genu se flectat, caelestium, terrestrium & infernorum: huic soli deferunt illum honorem, vt non sit aliud nomen sub caelo inter homines datum, in quo oporteat nos saluos fieri. *Quare* VBICVNQVE SCRIPTA PROPHETICA DEFERVNT DEO HONOREM REGNI, OMNIPOTENTIAE ET SALVTIS, ⟨190⟩ SENTIAMVS, EVM DEFERRI DOMINO NOSTRO IESV CHRISTO, QVI EST VNA CVM PATRE ET SPIRITV SANCTO DEVS LAVDANDVS IN SAECVLA."⁵⁹

Verba ista cum antea adductis collata ostendunt, virum beatum Christo non tantum tribuisse potentissimarum monarchiarum regnorumque maximorum, quae in orbe extiterunt, institutionem & exstirpationem, omnesque rerum ab orbe condito mutationes, ita vt DEus arcano quodam consilio respectum ad implenda vaticinia de Christo habuerit, cui, consilio DEI, omnes reges ac monarchae, etsi non semper voluntate, effectu tamen, inseruire debuerint; sed illum etiam Apostolica Scriptorum Veteris Testamenti interpretatione adductum, omnino statuisse, expresse & ex mente Spiritus S. sermonem de Christo esse, *vbicunque*, vt eius verba repetamus, *Scripta Prophetica deferant DEO honorem regni, omnipotentiae, & salutis*. Et optime notandum, quod in hac oraculorum Veteris Testamenti expositione non nitatur proprio iudicio nec auctoritate humana, sed vtatur potius ge-⟨191⟩nuina claue Scriptorum Mosis & Prophetarum, scriptis nempe Apostolicis; quorum testimonium omni exceptione maius esse, nemo, qui Christo nomen dedit, negauerit.

Iam si quis ea, quae de Christo Brentius adfirmat, secum digne reputet, ac pensitet, haud difficulter obseruabit, ea ratione Maiestatem Christi in Scripturis Veteris non minus quam Noui Testamenti, vtramque, quod aiunt, paginam facere; Per Christum vt facta sunt omnia, ita etiam cuncta ab initio fuisse gubernata; illum ipsum esse, qui vere dicere possit: *Meum est consilium, & quidquid est, mea est prudentia, meum robur. Per me reges regnant, & dominatores decernunt iustitiam. Per me principes gerunt principatum; & ingenui omnes iudices terrae*.⁶⁰ Porro omnia, quae

---

58 *Fußnote im Original:* „vid. inprimis Brent. Comment. in Ies. cap. 44. & 45." [Brenz 1555, 635 ff., 657 ff.].
59 Brenz 1578, 995 f.
60 *Fußnote im Original:* „Prov. 8, 14. 15. 16."

a condito mundo facta in Scripturis memorantur, non aliquo tantum modo, sed vel maxime oeconomiam DEI, quae est in Christo, spectare; hinc denique nec sapientissimum DEI consilium, quas profundas Dei cogitationes Scriptura dicit,[61] nec ⟨192⟩ Satanae νοήματα pestilentissima, Christo capiti, singulisque ac vniuersis eius membris, opposita, in iis, quae in Scriptura narrantur, posse intelligi, nisi quis illam Christi magnitudinem ac maiestatem bene cognitam atque perspectam habeat; & quae sunt alia verbis adductis beati viri comprehensa.

Vtinam intentis animi oculis ista omnes considerarent, & inter pias preces sobrie meditarentur! Ita demum quae Luthero, quaeque eius aequalibus mens fuerit, quando Christi magnitudinem indefesso studio Scripturis ostendendam, & solam hominibus commendandam crediderunt, melius essent intellecturi. Exemplo sit hic ipse Luthero in paucis dilectus Brentius, quantopere is ad Christum, tamquam ad cynosuram, tractationem Scripturarum omnem doceat referendam, vt maiestas ac magnitudo eius nobis recte & salutariter innotescat. Agnouerunt in eo genuinam hanc optimamque Scripturas exponendi viam Theologi cordati, & approbarunt, inter quos eum Glassius hoc ornat elogio:[62] *Dignissima* ⟨193⟩ *profecto sunt huius insignis Theologi scripta exegetica, praesertim in Veteris Testamenti libros, quae diligenter euoluantur ab omnibus, qui Theologiae & Philologiae sacrae etiam studio addicti sunt: quippe doctrinae caelestis omnigenae & obseruationum variarum ex Hebraeo textu plena.*

Brentio possemus *Iohannem Bugenhagium Pomeranum*[63] adiungere, non dissimilem Maiestatis Christi in Scripturis Veteris Testamenti praedicatae testem, de cuius Commentariis in Psalmos ita in praefatione Lutherus loquitur: *Pomeranus primus in orbe, qui Psalterii interpres dici mereatur; adeo ceteri fere omnes tantum opinionem quisque suam, eamque incertam, in hunc pulcherrimum librum congessit, hic vero iudicium Spiritus certum te docebit mirabilia.*[64] Hi autem eius in Psalterium Commentarii plane referti sunt meditationibus de summa Christi Magnitudine & Maiestate, etiam, ante quam in carne manifestaretur, ab eo vsurpata, & e Scripturis cognoscenda. Sit exempli loco Psalmus vigesimus nonus, in quo ea, quae de *voce Domini* magnifica dicuntur, confert cum iis, quae ad Ebraeos capite quarto de *voce Domini* ac *viuo DEI Sermone*, & Iohannis capite primo *de* ⟨194⟩ *Dei Verbo, quo fiant omnia*, praedicantur, &, hoc supposito, Psalmum omnia agere iucundissimis *ad veteres historias* allusionibus, adfirmat, &, *prouocatur*, ait, *in hoc Psalmo omnis potestas, vt subdatur VERBO DOMINI, & gloriam det Deo, qui suo VERBO POTENTISSIMO & EFFICACISSIMO, quippe quo omnia creauit, superbos, qui Deo Deique populo resistunt, terret, punit, absorbet, occidit, igne consumit, demergit ad inferos etiam viuentes, quosdam etiam trementes fugere facit a conspectu & suo & sanctorum, qui tremor est Cain. &c.*[65]

---

61 *Fußnote im Original:* „Ps. 92, 6. Ps. 36, 7. Ies. 55, 8. 9."
62 *Fußnote im Original:* „Philol. S. lib. 4. tract. 1." [Glassius 1691, 865].
63 Bugenhagen 1524, Vorrede Luthers.
64 Ebd.
65 WA 15, 8, 19–22.

Si in re tanta testes antiquiores desideremus, sit instar multorum *Rupertus Tuicensis*,⁶⁶ saeculi quidem duodecimi scriptor, sed qui in illa suae aetatis caligine lumen clarissimum ad cognoscendam Christi Maiestatem etiam posteris praetulit. Non tantum enim *de gloria & honore Filii hominis* inscriptos commentarios in
5 Matthaeum, sed etiam libros tredecim *de Victoria Verbi Dei* elucubrauit,⁶⁷ quibus bella inter Agnum DEI & Draconem, inde vsque a posita inter eos diuinitus inimicitia Genes. 3, 15. ad triumphum vsque Agni plenissimum, vbi sub pedes eius omnes eius inimici positi erunt, solida Spiritus demonstratione pro-⟨195⟩sequitur: ita vt ea, quae modo quasi tribus verbis e Brentio expressimus,⁶⁸ ibi &
10 copiosius & enucleatius pertractata inuenias. Vt enim largiamur, in nonnullis non male ab eo dissentiri, tamen, quod ad argumentum in se attinet, quod sibi tractandum sumsit, ei abunde satisfecit, adeoque in magnitudine & maiestate Christi, e certaminibus atque victoriis demonstranda, quam plurimos superauit. Id quod, vt ex vnico saltem exemplo, tempori & tractationi huic congruo, elu-
15 ceat, audiamus eum docentem, „quod Verbum Dei nondum incarnatum, id est, Immanuel nondum natus, liberarit terram a rege Assyriorum. Nonne, *ait*, sibimet prouidit? Nonne propter semet ipsum hoc operatum est Verbum Dei? Vtique nobis & propter nos sibi prouidit, vt seruaret genus, vnde virgo veniens conciperet & pareret ipsum, qui vocaretur Immanuel, nondum quidem vocabatur, sed
20 futurum erat vt vocaretur Immanuel. Attamen Esaias inuocabat eum Immanuel, vt a praedictis Assyriis Ierusalem liberaret. Cum enim dixisset: Ecce virgo concipiet, & pariet filium, & vocabitur ⟨196⟩ nomen eius Immanuel;⁶⁹ postmodum haec quoque locutus est:⁷⁰ adducet Dominus aquas fluminis fortes & multas, regem Assyriorum, & omnem gloriam eius, & ascendet super omnes riuos
25 eius, & fluet super omnes ripas eius, & ibit per Iudam inundans, & transiens vsque ad collum veniet, & erit extensio alarum eius, implens latitudinem terrae tuae, o Immanuel. Quod dicit, terrae tuae, o Immanuel, magna cordis exclamatio est, ad commune faciendum Dei Verbum, quod terra Iuda terra ipsius esset secundum propositum gratiae, quia praefinitum atque praenuntiatum fuerat,
30 quod de terra Iuda, & de terra Dauid virgo ipsum conciperet, & pareret, & vocaretur Immanuel. Et quia sic certissimum futurum erat, quia castra Assyriorum percussurus erat, iste nondum secundum carnem natus Immanuel protinus insultabundus dicit: Congregamini populi, & vincimini, & audite procul vniuersae terrae: Confortamini, & vincimini, accingite vos & vincimini, inite consi-
35 lium, & dissipabitur, loquimini verbum, & non fiet, quia no-⟨197⟩biscum Deus. Magna fiducia, magna & certa securitate taliter ob hoc dictum est, quippe cui incertum non erat, nihil esse, quod propositum Dei auertere posset. Contra cuius consilium omne hominum consilium vanum est, inde tutus insultat, & iuxta quod scriptum est:⁷¹ qui habitat in caelis irridebit eos, & Dominus subsan-

---

66 Rupertus Tuit. 1631, II, 1 ff.
67 Ebd., II, 626 ff.
68 Brenz 1578.
69 *Fußnote im Original:* „Es. 7, 14."
70 *Fußnote im Original:* „Es. 8, 7. 8. 9. 10."
71 *Fußnote im Original:* „Ps. 2, 4."

nabit eos; Ridendo & subsannando prouocat, prouocando irridet & subsannat gentes frustra frementes, & populos inania meditantes, qui iam assistebant, & conueniebant in vnum aduersus Dominum, & aduersus Christum eius Immanuel."

Ceterum & plura ex istis, quos nominauimus, Scripturae interpretibus testimonia Magnitudinis Christi, & plures eiusdem Magnitudinis ac Maiestatis testes satis graues in praesentia producere, instituti nostri memores, supersedemus. Neque vero existimandum est, ideo ista esse prolata, vt iis quasi caput argumentorum ad ostendendam Christi Magnitudinem comprehendatur: Illustriora enim in antecedentibus suppeditata sunt, & haec ⟨198⟩ ipsa antea dictis certissime iam continentur. Propterea autem adduximus, quia haec potissimum ad Scripturam recte intelligendam faciunt, &, vt negligi perperam a multis interpretibus solent, ita lectoribus Scripturae Sacrae non animaduersa minorem Maiestatis Christi venerationem, adde etiam minorem, in cognoscenda rerum omnium gubernatione diuina, sapientiam in animis relinquunt. Et qui Theocratiam Christo, non tantum peculiari modo in gentem Israeliticam,[72] sed etiam in totum orbem tribuendam, Christumque *Excelsum* esse *supra vniuersam terram*, & tamquam *Dominum* ius dicere *in omnibus gentibus*,[73] idque ab eo & nunc fieri, & ante manifestationem eius in carne iam factum esse, e Scripturis didicit agnouitque, ac rerum in oeconomia diuina connexionem ex Spiritus Sancti in Scripturis indicio, hac ratione pie animaduertit, is non potest non ad venerandam Christi Maiestatem magis accendi, & fir-⟨199⟩miora simul solatia in miserrimo orbis, quo nunc laborat, statu, rerumque omnium, quae videtur, perturbatione, ex genuinis fontibus haurire.

Vos autem, *Ciues*, potissimum vestrae excitationis gratia MAGNITVDINEM AC MAIESTATEM DOMINI NOSTRI IESV CHRISTI ante oculos vobis propositam esse, intelligatis. *Verbum caro factum est, & habitauit inter nos, qui est plenus gratiae & veritatis.*[74] Oportet igitur vt & nos *gloriam eius, gloriam quasi vnigeniti, qui venit a Patre*, contemplemur. Hic est *imago Dei inuisibilis, & primogenitus omnis rei conditae, per eum condita sunt omnia, quae in caelis sunt & quae in terra, visibilia & inuisibilia, siue throni, siue dominia, siue imperia, siue potestates, omnia per eum, & eius respectu condita sunt, estque ipse ante omnia, & omnia per eum consistunt, estque caput corporis, id est, Ecclesiae, estque etiam principium & primogenitus ex mortuis, quoniam libuit Patri, vt omnis plenitudo in eo inhabitaret, & vt pace per sanguinem crucis eius facta per eum reconciliaret omnia sibi, per eum,* inquam, *tum* ⟨200⟩ *quae in terra, tum quae in caelis.*[75] Hic est *Agnus Dei in medio throni diuini consistens*, coram quo non minus quam coram Patre *quatuor*, quae vocantur, *viuentia & viginti quatuor seniores* in genua cum adoratione *procumbunt*, & cui *millies centena millia, & decies centena millia in circuitu throni* dicunt: *Dignus est Agnus ille mactatus, qui accipiat potestatem, &*

---

[72] *Fußnote im Original:* „vid. Cl. Hermanni Vvitsii Oratio de Theocr. Israel. praef. Godvv. Mos. & Aar." [Witsius 1700; Goodwin 1694].
[73] *Fußnote im Original:* „Ps. 83, 19. & 82, 8."
[74] *Fußnote im Original:* „Ioh. 1, 14."
[75] *Fußnote im Original:* „Col. 1, 15–20."

diuitias, & sapientiam, & virtutem, & honorem, & gloriam, & benedictionem: & cui tandem omnes res conditae, quae in caelo sunt, & quae in terra & in mari, & quae in eis sunt omnia, aeque vt Patri applaudunt, & concinunt: *Benedictionem, & gloriam & robur in saecula saeculorum.*[76]

Hic, hic est, hic talis ac tantus est, DOMINVS NOSTER IESVS CHRISTVS! Sat est tanti Domini esse seruum. Is, quo *inter genitos e mulieribus quisquam maior* (teste ipso Domino) *non est suscitatus, indignum se aestimauit, qui incuruatus corrigiam solearum eius solueret.*[77] Hunc igitur Dominum, qua par est veneratione, perinde vt Patrem, colamus omnes, hunc & publice & priuatim adoremus, huius erga nos merita infinita laudibus sanctissimis ⟨201⟩ celebremus, huic nos totos, vt ipse se nobis totum, quo nostra sit *sapientia, iustitia, sanctificatio & redemtio*, quin *tota salus*,[78] tradidit ac donauit, toto animo deuoueamus & consecremus; huic dati atque mancipati, per Spiritum Sanctum, quem petentibus largitur, non coacte sed libere seruiamus;[79] & vt ei placeamus, non his tantum diebus festis, sed in omni vita, studio omni contendamus, vt eum quem *MAGNVM* esse Scripturae nos conuincunt, in nobis *MAGNVM* & exaltatum esse re ipsa quoque comprobandoque testemur. P. P.
    in Academia Fridericiana. Anno
    Domini M DCC V. Fer.
    Natalit.

---

[76] *Fußnote im Original:* „Apoc. 5, 6. 14."
[77] *Fußnote im Original:* „Matth. 11, 11. Marc. 1, 7."
[78] *Fußnote im Original:* „1 Cor. 1, 30."
[79] *Fußnote im Original:* „2 Cor. 5, 9."

⟨359⟩ *PROGRAMMA XV.*
NOMINE ACADEMIAE
EDITVM.
DE
CONVENIENTIA
TEMPORIS ILLIVS, QVO
IESAIAS c. 7, 14. *CHRISTVM*
EX VIRGINE NASCENDVM
PRAEDIXIT, ET AETATIS NO-
STRAE, EODEM VSV VATICINII
ILLIVS IMPLENDI ATQVE
IMPLETI.

QVod DEVS optime vertat, CIVES, memoria *diei natalis* DOMINI NOSTRI IESV CHRISTI denuo nobis non modo est cum animo recensenda, sed publice etiam solemniterque celebranda. Isthuc vt sancte a nobis fiat, antea nunc, praeparationis loco, consideremus, quae fuerit illorum temporum conditio, quibus Iesaias Christum ex virgine nascendum perspicue his praedixit verbis (cap. 7, 14.) *Ecce Virgo concipiet, & pariet filium, & vocabis nomen eius Immanuelem.* Deinde id quoque haud obiter pen-⟨360⟩sitemus, in quae nos, nos, inquam, qui nunc superstites sumus, inciderimus tempora, et in quibus haec cum illis conueniant. Sic enim futurum confidimus, vt impleti vaticinii eosdem, quos olim implendi, vsus ad humanarum rerum rationem referre discamus.

Malorum et calamitatum tunc erat abunde, quibus ferendis superandisque sermone illo prophetico medelam DEus parabat. Antea enim modo reges Israelis, modo reges Syriae, sigillatim quilibet, aduersus reges Iudae, qui a Dauide genus ducebant, bella mouerant. Nunc vero confoederatio Retzinis, regis Syriae, et Pecachi, regis Israelis, eorumque in excidium Hierosolymae coniuratio Achaso, regi Iudae, nuntiabatur. Et iam iam illi adfuturi credebantur, ingentibus armatorum copiis instructi, vt vrbem obsidione cingerent. *Rex igitur, et vniuersus populus trepidare et pauere, et tristissimis curis agitari, et in varias partes impelli, vt impellitur folium arboris, cum aurae flatu concutitur.*[1]

Neque malum hoc tantummodo ad externum regni statum spectabat, licet ⟨361⟩ tum forte plurimi nihil metuerent aliud, nisi externam publicae rei conuulsionem. Tristius certe his machinationibus ac profundius Satanae consilium inerat. Is enim instigabat reges Syriae et Israelis, vt familiam Dauidicam exscinderent, et regnum Iudae dissectum sibi adiungerent, quo hac ratione irritum redderetur Dei consilium, eo tendens, vt ex illa familia Messias aliquando prodiret.

---

1 *Fußnote im Original:* „Paraphrasis Osorii" [Osorius 1584, 25b].

Praeclare in hunc sensum B. Brentius, *hic*, inquit, *considerandum est, non esse nouum, sed vetus odium Satanae aduersus Ecclesiam DEI*. Dictum est olim ad Satanam: *semen mulieris conteret caput tuum, et tu insidiaberis calcaneo eius; quare, quum Satan sciat, potentiam suam conteri per Christum, qui est illud mulieris semen, teneri non potest, quo minus adgrediatur omnes illos homines, in quibus inueniat Christum. Itaque multis malis adflixit Patriarchas, et meditatus est semper ipsorum internecionem, quia vidit ex familia eorum venturum Christum, et inuenit etiam in ipsis Christum per fidem. Ac postea excitauit Pharaonem, qui cogitabat totum Israelem opprimere. Deinde, quum Israelitae tenerent terram Patriarchis promissam, excitauit omnes finitimas gentes, vt ad perdendos Israelitas, tamquam ad commune incendium ex inguendum, adcurrerent. Sic et hoc loco excitauit regem Syriae, et regem Israelis, vt foedere quodam sese ad delendam totam familiam Dauidis con-*⟨362⟩*iungant. Sciebat enim promissum esse, venturum e familia Dauidis Christum, contritorem capitis sui.*[2]

At enim, dices, auertebat DEVS malum illud, quod Achaso ac populo eius reges foederati minabantur; simulque ipsius Satanae, vnde illud ortum trahebat, consilium prorsus, saltem tum temporis, euanescebat. Videtur igitur illa, licet fuerit maxima, tamen non nisi momentanea fuisse animorum perturbatio, ex incumbente malo suborta. Siccine ergo, nebula illa subito discussa, illuxerunt statim tempora meliora? minime vero. Nam dixerat quidem DEVS per Iesaiam (c. 7, 7.) *Non existet*, seu non consistet, regum illorum consilium, *neque extabit illud*, aut exitum reperiet; isque omnino, quem vates praedixit, tantorum moliminum inanis fuit euentus, licet fidem his eius dictis Achasus minime adiungeret. Attamen propterea haud feliciora regem ac populum eius tempora tum manebant. Sic enim ex mandato DEI Propheta (c. 7, 17.) ad Achasum: *Faciet Iehouah, vt veniant contra Te et contra populum tuum, et contra domum paternam tuam, tempora, qualia non venerunt, ex qua die recessit Ephraim a Iuda, per regem Assyriae*. Ita DEVS, ⟨363⟩ pro veracitate, potentia, sapientia ac iustitia sua, et commemoratum illud abigebat malum, quod, in neruum si erupisset, promissorum domui Dauidicae factorum maxime ambiguam fecisset fidem; et idem. Numen iudicio iustissimo alia sine mora adducebat mala, illis ipsis; quae Achasus, verbo DEI diffisus, euitare nitebatur, longe grauiora; quae nunc quidem speciatim describere nostri haud est instituti.

Malis vero istis omnibus, quae in scholis *mala poenae* vocari solent, locus minime fuisset, nisi *mala*, quae *culpae* dicuntur, praecessissent. Hinc ad Achasum, *audite iam*, ait Iesaias (c. 7, 13.) *domus Dauidis: an parua vobis res est, fatigare homines, quod etiam fatigatis DEVM meum*, q. d. tam pertinaciter inhaeretis male agendi proposito, vt parum vobis sit, omnibus hominibus vos esse deprauatis actionibus vestris molestos, neque hoc contenti sitis; sed DEO etiam insultetis, abominanda Religionis simulatione insignem illam eludentes gratiam, quam DEVS vobis, ad faciendam verbo suo fidem, benignissime obtulit.

De populi autem statu quid Iesaias? *nisi*, inquit, *Iehouah exercituum reliquos fecisset nobis superstites, vtcunque paucos, vt Sodoma* ⟨364⟩ *essemus, Gomorrae similes essemus*. Quae verba, licet alibi prolata (cap. 1, 9.) quis dubitet, cum de longiori

---

2 Brenz 1580, 198.

temporis serie, vt patet ex collatione Rom. 9, 29. tum vero maxime de Achasi aetate valere. Hinc non ad huiusce tantum, sed ad populi ipsius peccata venturam refert tempestatem, quum ait (c. 8, 6. 7.): *Propterea, quod spreuit populus iste aquas Schiloachi* (vias Christi) *euntes sensim; et eius gaudium* (carnale ac profanum) *est apud Retzinem et filium Remaliae: iccirco, ecce Dominus faciet, vt adscendant contra istos aquae illius fiuminis fortissimae et amplissimae, rex Assyriae et omnis gloria eius: qui adscendens super omnes validas aquas suas, iensque super omnes ripas suas,* reliqua.

Quamobrem Propheta edoctum se diuinitus, animoque probe confirmatum dicit, (c. 8, 11.) ne populi illius corruptissimi viam, h. e. mores et nefaria instituta, consectaretur; et mox praedicto decem tribubus exitio, suae etiam genti, quam progenies Dauidica regebat, iussu diuino Vae denunciat, (c. 10, 1. 2. 5. 6.) et quas iustissimo iudici tum apertae impietatis, tum fucati cultus poenas sit daturus, liquidissime declarat enarratque.

⟨365⟩ Tam misera autem ac deplorata quum fuerit temporum illorum conditio, primo quidem id ab exquisita ratione profectum censeri debet, quod epidemicae corruptionis torrenti non modo comminationes legales, quas vtique poscebat perfidiae atrocitas ac sceleratae vitae flagrantia, sed promissiones etiam euangelicae obiiciantur. Enimuero conueniebat illi quoque tempori, quod Paulus ait (Rom. 3, 2. 3. 4.) *Iudaeis concredita sunt eloquia Dei. Si autem infidi fuerunt quidam, quid tum? Num ipsorum infidelitas fidem Dei inanem reddet? Absit: immo esto Deus verax, omnis autem homo mendax: sicut scriptum est, vt iustificeris in sermonibus tuis, et vincas, quando tu iudicas.*

Admiranda deinde nobis hic est sapientia Dei, qui Spiritu suo, cuius instinctu Propheta loquitur, orationem eius ita temperat, vt, licet admistae consolationibus minae essent, et hae ad malos, illae ad pios maxime pertinerent, tamen, ad utros hae, illae essent referendae, discerni ab omnibus, nec facile a bonis malisue error hac in re committi posset, vt forte, quod esset partis alterius, altera sibi praepostere adplicaret. Quum enim domus ⟨366⟩ Dauidica contemtu iam et obliuione propemodum obtriuisset promissa Dei, quae ipsi impertita fuerant, eminentissima, oportebat illa in memoriam cunctis reuocari, atque in clariorem simul lucem proferri, eo maxime tempore, quo ingruentia mala adeo videbantur insuperabilia, vt omnem diuinis promissionibus fidem apud eos, qui animum verbo Dei non solicite confirmarent, abrogatum irent. Hoc pacto autem repetitis et illustratis veteribus vaticiniis, poterant ii, qui, licet probi non essent, tenebras tamen luci praeferre peruicaci malitia haud pergerent, nouo lucis splendore et euangelicae consolationis suauitate ad bonam frugem perduci. Illi vero pariter, qui mente illibata in Dei cultu perstiterant, non modo inter tot temporis corruptissimi mala erigebantur, sed eam etiam e luculentissimis de Christo vaticiniis, quae Spiritus S. per Prophetam fundebat, solatii haurire poterant abundantiam, vt in omnibus aduersis amplius, quam victores essent per eum, qui denuo et iterum iterumque iis spondebatur, CHRISTUM SERVATOREM.

Cardo enim solatii, quod Prophetae solebant veteri populo in ipsis externis cala-⟨367⟩mitatibus ministrare, in testimoniis de Christo venturo vertebatur. Quum autem alias Prophetae generatim auditorum animos ad salutem in Christo exspectandam remittere consueuerint; id quodammodo singulare hoc loco videtur, quod Iesaias ab ipsa speciatim Christi natiuitate suam consolationem arcessat.

Et mirum id quidem, Prophetam nostrum natiuitate Christi solari homines, tanto temporis interuallo ab illa distantes; mirum id quoque, eum salutem a Christo nobis pariendam, quam spiritualem esse haud ignorabat, constituere fundamentum omnis, etiam in adflictionibus exterioribus, solatii; sed tamen id multo est mirabilius, Iesaiam in consolatione illa, quam a Christo olim nascendo desumit, ita exsultare ac triumphare, vt occasionem dederit veteribus dicendi, eum magis hic Euangelistam, qui, quae in salutem nostram facta essent, enarret, quam Prophetam, qui de futuris nos reddat certos, appellandum esse. Neque enim ipsa duntaxat prophetia, quam capite 7. de Christo sine labis impuritate ex virgine nascendo edidit, laetitiae prae se fert adfectum; sed mox etiam regionem Iudaicam ⟨368⟩ nomine insignit, eousque inaudito, *terrae Immanuelis* (c. 8, 8.) idque non sine euidenti tenerrimi adfectus significatione.

Tum fidei, qua promissum complectitur *Immanuelem*, eam vim prodit, vt ludos ei debeant infensae populo DEI gentes. Nam, *consociamini*, inquit, (c. 8, 9. 10.) *o populi, et conterimini; auremque praebete, quotquot estis in locis longinquis terrae: accingimini et conterimini. Inite consilium, et irritum fiet: loquimini verbum, et non existet; nam Immanuel,* h. e. *nobiscum DEUS* est. Eandem vero viam ac rationem, aduersus ingruentem quamuis tempestatem animum communiendi, iussu diuino cunctos edocet, verbo DEI fidem habentes, *ne dicatis,* inquiens, (c. 8, 12. 13.) *coniuratio: in quibuscunque dicit populus iste coniuratio: et timore istius ne timeatis, neque expauescendum dicatis. Iehouam exercituum ipsum sanctificate, et ipse sit timori vobis, idemque sit pauori vobis.* Quid? quod subito quasi spiritu in ipsa nati Christi tempora translatus, ac mixtus coetui fidelium, Iosephi, Mariae, Simeonis, Hannae, caeterorum, qui *Salutare Domini,* (Luc. 2, 30.) *Immanuelem,* suis conspicati sunt oculis, *erit,* inquit, (c. 8, 14.) *sanctificationi in lapidem autem allisionis, et in rupem offensionis ambabus domibus Israelis, in laqueum, et in tendiculam habitatori Hierosolymae: in quae offendant multi, et cadentes con-*⟨369⟩*fringantur, aut irretiti capiantur.* His ita prolatis, quasi summa cum admiratione in hanc descendere videtur cogitationem: Quis ergo fide debita Christum suscipiet, si iste offendiculum erit Israëlitis, & ruina ciuibus Hierosolymitanis? Ad hanc vero tacitam quaestionem quasi ex ore ipsius Christi responsionem excipit, et, vt denuo hic cum B. Brentio loquamur, *quasi de suggesto descendit, vt concionem Christi etiam ipse audiat,* dicentis: *Liga contestationem, consigna legem inter discipulos meos,*[3] reliqua. Etsi enim plures Israëlitae, et ciues Hierosolymitani, offendentur in me, et cadent, tamen reliqui erunt inter ipsos nonnulli pii, qui mei erunt discipuli, et in quibus testimonium et lex ligabitur et obsignabitur, h. e. a quibus meum Euangelium recipietur, et in quibus sigillo Spiritus S. ita confirmabitur, vt magna fide ipsum amplectantur, et toto corde ei adhaereant. Eo tempore dicam (Matth. 11, 25.) *Gloriam Tibi tribuo Pater, Domine coeli et terrae, quod haec occultaueris a sapientibus, & intelligentibus: et ea retexeris infantibus.*

Ne autem in consideratione adfectus Iesaiani, (quem, e verbis DEI, Immanuelem e Virgine nascendum pollicentibus, animo conceptum, in subsequentibus

---

[3] Brenz 1584, 134 ff.

pas-⟨370⟩sim exprimit et effundit) iusto simus longiores, compendii gratia excerpemus dicta nonnulla, in quibus apertissima eius indicia resident.

Sic c. 9, 3. ait: *Laetati sunt coram te, quasi laetitia, quae agitatur in messe, vt qui exsultant partientes praedam.* & v. 6. *Puer natus est nobis, filius datus nobis, qui humero sustinet principatum; cuius nomen vocat* (Iehoua) *admirabilem, consiliarum, DEUM fortem robustissimum, Patrem aeternitatis, Principem pacis. Amplitudini illius principatus, & paci nullus erit finis, in solio Dauidis, & in regno eius, stabiliendo illud iure, & iustitia: ab isto tempore in saeculum vsque Zelus Iehouae exercituum facturus est istud.*

Sic c. 10, 21. nouam ingentis gaudii materiam profert, quum ait: *Reliquum reuertetur, reliquum Iacobi, ad DEUM fortem robustissimum.* Nimirum, quod filio nascendo (c. 7, 14.) imponendum dixerat, nomen *Immanuel, Nobiscum DEUS*, id iam (c. 9, 6.) addita voce vnica exposuerat, quum eundem nominandum diceret *El Gibbor, DEUM fortem robustissimum.* Quum autem c. 8, 14. conquestus etiam esset, tantum abesse, vt maiestatem illam ac robur Messiae, nomine *Immanuelis* designatum, posteri omnes Iacobi sint agnituri, vt plurimis potius offensioni futurus sit; iam etiam (c. 10, 21.) laeta-⟨371⟩tur, fore tamen aliquando, vt quod de progenie Iacobi esset reliquum, ad ipsum conuerteretur, isque talis ac tantus, nempe vt *El Gibbor, DEUS fortis robustissimus*, re ipsa atque experiundo agnosceretur.

Sic capitis 11^{mi} initium declarat, Prophetam in continuatione sermonis nihil a laetitia remisisse, quam ex oraculo de nascendo Christo perceperat. Subito enim ad illud haud obscure se refert, *Prodibit*, inquiens, *virgula e trunco succiso Isai, & surculus e radicibus eius efflorescet, super quo quiescet Spiritus Iehouae; Spiritus Sapientiae, et intelligentiae, Spiritus scientiae et reuerentiae Iehouae.*

Et quis tandem, si exundantissimum istum, etiam in sequentibus, gaudii perpenderit adfectum, miretur, eum capite duodecimo in laetissimum Ecclesiae hymnum desinere?

Prophetam autem in agnitione mysterii de Incarnatione Filii DEI tam claris et apertis vsum esse oculis, ac thesauros Euangelii tam explorate perspectos habuisse, atque etiam in suam et communem Ecclesiae vtilitatem tam conuenienter oeconomiae Noui Testamenti, data quauis occasione, conuertisse, id vtique maximopere est admirandum. Vidit enim, omne ⟨372⟩ solatium generis humani in illius in carnem aduentu esse repositum; solatium vero illud non tum demum locum esse habiturum, quum venisset plenum tempus, ac Filius DEI, adsumto homine, ipse terras lustrasset; sed ex prima primigeniis Parentibus, admisso peccato, facta promissione in omnes, qui verbo DEI non diffiderent, redundasse. Vidit, solatium illud non terminari in riuulis, h. e. bonis quibuslibet gratia et misericordia DEI in nos deriuatis; sed in ipsomet Christo, fonte gratiae, salutis, bonorumque omnium, vltimo animos nostros esse defigendos, si velimus requiem animabus nostris inuenire. Vidit, tam acerbam et grauem esse temporum conditionem nullam, quae non tolerabilior ex eo, quod Christus nobis Seruator datus sit, reddatur; quaeque, quod multo praestantius est, in commodum nostrum non vergat ac desinat sempiternum, si modo *puero nobis nato filioque* (DEI) *nobis dato* vera fide gaudeamus, totaque mente in illum recumbamus. Vidit, malis vniuersis vnicam se fidem secure obiicere; fidem autem vim illa superandi non ab alio nisi ab vnico habere Christo. Quis enim sigillatim omnia enar-⟨373⟩ret, quae, omnino Iesaiam vidisse, (breuissimo licet oraculo de Christi ἐνσαρκώσει admonitum) vel sex illa, quae hic attigimus, capita euincunt? Omnia illi Christus atque, vt esset idem τὰ πάντα καὶ ἐν πᾶσί, *omnia etiam in omnibus* Col. 3, 11. summo ille studio, ac perpetuo doctrinae tenore contendit. Quis autem non obstupescat, si consideret, tot saeculis ante, quam natus esset Christus, eius tam profunda, tam exacta, tam liquida notitia praeditum Iesaiam fuisse, vt, nisi de eius aetate indubie constaret, facile luculentissimo Noui Testamenti tempore scripsisse censeretur? Et quis non summe admiretur, illum doctrinae de Christo, naturam humanam diuinae copulante, adplicationem tam solidam ac plenam prophetia sua esse complexum, vt in hoc genere Apostolicis scriptis nihil concedat? Forte hoc mirari iis in mentem non venit, qui non nisi perfunctorie Iesaiam legunt, aut qui dicta quidem extantiora, sed extra integri contextus et infiti adfectus debitam considerationem, inde decerpunt. Ast non potest non illud stupori esse iis, qui serio rem agunt, et inter pias preces Iesaiae lectioni in haerent, dum mentem Spiritus Sancti, qui cor illius inhabitauit, animum ⟨374⟩ erudiuit, ori calamoque vna cum re verba suggessit, plenius adsequuti fuerint, inbiberintque.

Vtinam autem hoc esset nostrum his temporibus negotium, hic labor! vt concionantem de Christi natiuitate Iesaiam audiremus atque intelligeremus. Neque enim melior est aetatis nostrae conditio, quam eius, in quam Iesaias incidit. Otiosum foret, praesentium malorum et publicarum calamitatum amplam dare descriptionem. Succincte vero non nemo praesentem et eum quidem externum statum orbis Christiani publico in Programmate non ita pridem sic repraesentavit: *Pergit saeuire pertinax temporum acerbitas: casus casum excipit: mala malis cumulantur: belli incendiae pestilentiis, pestilentiae diluuiis miscentur: spes vix ostensa reuanescit: et vndique rerum facies subinde terribilior occurrit.* Haec sane sciuntur publice ac sentiuntur, atque ita sunt in aprico posita, vt nec rerum publicarum incuriosos praeterire possint. Sunt autem alia, quae nec sciuntur, nec sentiuntur, saltem non a quamplurimis; aut, si sciantur, non deputantur esse mala, bello, peste, fame, diluuio, et si quid his rebus gravius est, longe tetriora. Ea sunt, quae Paulus 2. Tim. 3, 1. 5. ⟨375⟩ his verbis praenuntiat: *Illud autem scito, fore, vt extremis diebus instent tempora molesta. Erunt enim homines sui amantes, auari, gloriosi, superbi, maledici, parentibus non obsequentes, ingrati, profani, charitatis expertes, implacabiles, calumniatores, intemperantes, immites, minime amantes bonorum. Proditores, praecipites, inflati, voluptatum amantes potius, quam amantes Dei: habentes formam pietatis, sed qui vim eius abnegarint.* Quo pertinent, quos 1. Tim. 4, 5. describit, *insanientes circa quaestiones ac pugnas de verbis: ex quibus nascitur inuidia, lis, maledicentiae, suspiciones malae, perversae exercitationes hominum, mente corruptorum, et qui privati sunt veritate, et quaestui habent pietatem.* Haec sunt mala, quibus etiamnum plenus est orbis christianus, velut aquis alveum maris opperientibus. Quis iam ea, quae ex his in dies pullulant, mala dinumerare sustineat? Meminimus superiori saeculo libellum prodire incerti Auctoris, sub titulo: *Ter mille querelae de corrupto Christianismo* (Drey tausend Klagen über das verdorbene Christenthum.)[4] At vero myriadem earum facile aliquis dederit, nec

---

4 Evenius 1691.

dum argumento huic fecerit satis. Nec desunt, qui mala haec domestica pro officii ratione candide modesteque detexerint. Vtinam aeque prona ac facilis eorum curatio esset! Haec autem eo nunc redditur difficilior, quo magis ⟨376⟩ in probrosissimam haeresin ipsa pietas verti consueuit. Quae vero in his malis sint Satanae νοήματα, haud difficulter intelligitur. Hoc videlicet agit, vt exscindat Christum, vt nihil ei sit reliquum; vt inanem reddat crucem Christi; vt Christianismo Apostolico, unice vero, dudum substitutum Christianismum fictum, pictum, spiritu carentem sancto, nescientem mundi amicitiam esse inimicitiam aduersus Deum, in verbis et in otiosa scientia, non in spiritus potentia, regnum DEI collocantem, vt talem, inquam, Christianismum introductum sempiterna auctoritate stabiliat; si quis autem re et ore contrarium nitatur ostendere, eum tamquam merito suspectum nouatorem, et mox quoque tamquam haereticum, saltem vt schismaticum, et, qualis qualis fuerit, certe eo ipso, quod in receptis prauis moribus non conquiescat, ceu reiectaneum, per organa sua fidelia communi odio, contemtui, ludibrio exponat, et, quantum vsque fieri possit, pessime habeat.

Recte vero iterum eum in sensum B. Brentius: *Quod Satan conatur aduersus Ecclesiam Christi publice, hoc idem conatur aduersus vnumquodque membrum Ecclesiae priuatim, vt etiamsi* ⟨377⟩ *nulla sit publica persecutio, tamen immittat vnicuique, in quo inuenit Christum per fidem, varias adflictiones, vt excutiat ei Christum, et perdat in ipso Christum. Sed animus noster firmandus est certitudine verbi DEI, vt obuiam eamus conatui Satanae, et maneamus in Christo, vero nostro Seruatore* &c.[5]

Et nostri quidem officii satis superque nos admonet Iesaias, quando cunctis sui temporis malis opposuit dictum: *Ecce, virgo concipiet, & pariet filium, et vocabis nomen eius Immanuelem.* Et illud: *Puer natus est nobis, datus nobis filius,* reliqua. Ita credidit, atque omnes docuit, Euangelio de Christo, tum quidem venturo, eam vim inesse, vt, qui fidem illi habuerit, in rebus quamlibet aduersis bono animo esse valeat.

Hinc igitur ita nobis arguendum est: quod si tanto ante aduentum Christi tempore praecipuum illud fuit malorum remedium et consolationis fundamentum, quo etiam pii se aduersus impios saeculi mores tuerentur ac sustentarent: quanto magis nos, qui Christum aduentasse nouimus, credimus, profitemur, eius in aduentu tenebimur refugium omne ac praesidium quaerere, summamque solatii conlocare?

Postea enim, quam illa DEI promissa adparuerunt, res ipsa loquitur, ⟨378⟩ maiori cum parrhesia dicere cum Paulo nos posse: *Si DEus pro nobis, quis contra nos? Is quidem, qui proprio filio non pepercit, sed* (missum, ex muliere natum, carnis et sanguinis factum participem) *pro nobis omnibus tradidit eum, quomodo non etiam cum eo nobis omnia gratificabitur?* (Rom. 8, 31. 32.) Ipsa humana ratio, si modo concesserit prius, nempe, *Deum esse pro nobis,* haud diffitebitur posterius, neminem contra nos esse futurum, videlicet eo cum successu, vt nos impugnatos expugnet, pressos opprimat, immo morti traditos vita aeterna priuet, Deumque

---

[5] Brenz 1580, 198.

prohibeat, quo minus *illico praetereuntem afflictionis nostrae leuitatem, excellenter excellente gloriae pondere aeternum repenset* (2 Cor. 4, 17.) Prius autem illud, *quod DEVS sit pro nobis*, ratio ignorat, nec aliunde nisi ex Euangelio nobis innotescit ac dispalescit: quod Euangelium etsi etiam Iesaias et integer Prophetarum chorus habe-
5 bat, erat tamen eo tempore illud Ecclesiae veluti *lucerna splendens in obscuro loco. Prophetabant* enim *de ventura in nos gratia, scrutantes, in quem, aut qualem temporis articulum* (1. Pet. 1, 10. 11) illa deberet incidere. Nunc autem *illuxit gratia illa DEI salutifera omni-*⟨379⟩*bus hominibus.* (Tit. 2, 11.) *Nox iam praeteriit, dies adest.* (Rom. 13, 12.) Vnde Paulus et reliqui Apostoli magno studio de hac luce homines
10 admonuerunt. Sic ille (2 Cor. 6, 2.): *Dicit DEVS: Praestituto tempore accepto exaudiui te, et in die salutis succurri tibi: ecce nunc est praestitutum illud tempus acceptum, ecce nunc dies salutis.*

Pudori itaque sit nobis, Iesaiam et reliquos, qui cupiuerunt videre impleta, quae nos videmus implementum debitum plenissime obtinuisse, nec viderunt;
15 et audire, non tamquam futura, sed tamquam facta, quae nos audimus et argumentis inuictis facta iam esse conuincimur; illos, inquam, ipsos multo tamen magis de Christo nascendo gauisos, et illo se contra omnes malorum tempestates solatos, quid? quod luculentiori ac profundiori ipsius Christi et bonorum, quibus per ipsum potimur, cognitione imbutos fuisse, quam hodie plerique, qui a puero
20 historiam Euangelii didicerunt.

Aduertite igitur animos, o Ciues, *excitamini, quotquot dormitatis, et resurgite e mortuis, vt illucescat vobis Christus* (Eph. 5, 14.) Agite, *abiicite opera tenebrarum,* ⟨380⟩ *et induimini habitu, qui luci conueniat. Vt interdiu, composite ambuletis: non in comessationibus et ebrietatibus, non cubilibus, ac lasciuiis, non lite, et inuidia. Sed induimini Domino*
25 *Iesu Christo, et carnis curam ne habete ad explendas cupiditates.* (Rom. 13, 12. 13. 14.) Propterea enim *illuxit*, nato Christo, *gratia illa DEI* etiam vobis, *vt erudiret vos, abnegata impietate et mundanis cupiditatibus, temperanter, et iuste, et pie viuendum esse in praesenti saeculo, atque sic deinceps exspectandam vobis esse beatam illam spem, et illustrem illum aduentum gloriae magni DEI, ac Seruatoris nostri Iesu Christi.* (Tit. 2, 12. 13.)
30 *Excubate* igitur, *omni tempore deprecantes, vt digni habeamini, qui effugiatis omnia, quae adhuc futura sunt*, mala iudiciaque diuina, quae iam premunt orbem christianum, *et consistatis ante filium hominis*, contemtum sui atque verbi poenitentiae poenis etiam temporalibus nunc pro merito vindicantem. Ita, ita, praeuia peccatorum poenitentia, succincti Euangelio, ac precibus muniti, perfruemini etiam vos sola-
35 tio, quod ex natiuitate Christi promanat, ipsaque re experiemini, quam securi atque confidenti sint animo, qui vera fide natum nobis Christum complectuntur, eique, tamquam Seruatori ac Sospitatori, se totos commiserunt ac tradiderunt.

⟨381⟩ Vos autem, quotquot *eratis olim* quidem *tenebrae, nunc autem lux* estis *in Domino: vt filii lucis per fidem incedite.* (Eph. 5, 8.) Agite, aemulamini Iesaiam ac
40 caeteros, qui praegustarunt *donum illud coeleste, ac bonum Dei verbum et virtutes futuri saeculi*. Accinunt illi vobis: *Ecce virgo concipiet et pariet filium etc.* Respondete vos: *Totum hoc factum est, atque impletum, quod Dominus per Prophetam dixit*: (Matth. 1, 22.) Peperit enim virgo illa *benedicta inter mulieres.* (Luc. 1, 28.) Habemus iam Immanuelem. Illi: *Puer natus est nobis, filius datus nobis etc.* Vos: Immo nobis natus
45 ac datus. *Ita enim Deus dilexit mundum, vt Filium illum suum vnigenitum dederit, vt,*

quisquis credit in eum, non pereat, sed habeat vitam aeternam (Ioh. 3, 16.) Vestrum iam est dicere: *Quam pretiosa est benignitas tua, Deus, quum filii hominum ad vmbram alarum tuarum sese recipiunt. Vberrime explentur pinguedine domus tuae, et de torrente deliciarum tuarum bibendum das eis, quandoquidem penes te est fons vitae, in luce tua fruamur luce.*
(Ps. 36, 8. 9. 10.) Haec, antiquissimis temporibus de Christo praedicta, iam a vobis non leuiter degustanda sunt, sed vsu ipso atque experientia quotidie ad saturitatem vsque, nauseae nesciam, percipienda. Ita si Christum per fidem indueritis, *non timebitis malum amplius,* sed *fiduciam habebitis etiam in* ⟨382⟩ *die iudicii, quod qualis ille est, tales et vos sitis in hoc mundo.* (1 Ioh. 4, 17.) *Iehova, Deus vester, in medio vestri potens, vos est servaturus; gavisurus de vobis laetitia, conquieturus in amore suo, exsultaturus de*

vobis cantu. (Zeph. 3, 15. 17.) NAM HIC
est IMMANVEL.
P. P. d. 23. Dec. 1713. in Academia
Fridericiana.

AVGVSTI HERMANNI
FRANCKII,
S. THEOL. PROF. ORD. PAST. VLRICIANI,
ET GYMNASII SCHOLARCHÆ,
PRÆLECTIONES
HERMENEVTICÆ,
AD VIAM DEXTRE INDAGANDI
ET EXPONENDI SENSVM SCRIPTVRÆ S.
THEOLOGIÆ STVDIOSIS OSTEN-
DENDAM,
IN
ACADEMIA HALLENSI,
ALIQVOT ABHINC ANNIS,
PVBLICE HABITÆ.
ADIECTA EST IN FINE
BREVIS ET LVCVLENTA SCRI-
PTVRAM S. CVM FRVCTV LEGENDI
INSTITVTIO,
PRO RVDIORIBVS SCRIPTA,
ET ANTEA SEORSVM EDITA.

HALAE MAGDEBVRGICÆ,
LITERIS ET IMPENSIS ORPHANOTROPHEI.
ANNO M DCC XVII.

AVGVSTI HERMANNI
FRANCKII,
S. THEOL. PROF. ORD. PAST. VLRICIANI,
ET GYMNASII SCHOLARCHAE,
PRAELECTIONES
HERMENEVTICAE,
AD VIAM DEXTRE INDAGANDI
ET EXPONENDI SENSVM SCRIPTVRAE S.
THEOLOGIAE STVDIOSIS OSTEN-
DENDAM,
IN
ACADEMIA HALLENSI,
ALIQVOT ABHINC ANNIS,
PVBLICE HABITAE.
ADIECTA EST IN FINE
BREVIS ET LVCVLENTA SCRI-
PTVRAM S. CVM FRVCTV LEGENDI
INSTITVTIO,
PRO RVDIORIBVS SCRIPTA,
ET ANTEA SEORSVM EDITA.

HALAE MAGDEBVRGICAE,
LITERIS ET IMPENSIS ORPHANOTROPHEI.
ANNO M DCC XVII.

Einleitung zu 2: *Praelectiones hermeneuticae*

Vorlesungen zur Hermeneutik hat Francke 1699 (vgl. Nebe, Neue Quellen, 55), 1702 (vgl. Callenberg, Bd. VIII, 68 b), 1712 (Commentatio, Vorrede an den Leser, 2+), 1714 f. (vgl. Callenberg, Bd. X, 246 b) und 1716 (vgl. Tagebuch) gehalten. Die *Praelectiones hermeneuticae* im Besonderen hat er nach der Auslegung des Propheten Joel (1708/09), vor dem Erscheinen des neuen Vorlesungskataloges und vor dem Beginn der Jesajavorlesung (Frühjahr 1709), also vor Ostern 1709 (PH I) vorgetragen. 1712 hatte er die Edition seines neuen hermeneutischen Werkes fast zum Abschluss gebracht, wurde aber durch plötzlich notwendig gewordene Arbeiten an der endgültigen Fertigstellung der Schrift gehindert (vgl. PH. Vorrede an den Leser, 1+; Prodromos *lectionum* 1712). Bei den Vorbereitungen zur Edition hatte er die Vorlesungen offenbar ergänzt (vgl. PH 10, 17, 156, 164). Eine weitere Bearbeitung des Textes für den Druck 1717 ist dann aber offenbar nicht mehr erfolgt (vgl. PH, Vorrede an den Leser, 1 f.+). Eine zweite, nur orthographisch veränderte Auflage erschien 1723 (vgl. Kramer II, 394 ff., Studien II, 42 ff., 46).

Francke hat in seinem *Tagebuch* u. a. auch die Daten seiner Vorlesungen eingetragen. Im Folgenden wurden die Angaben zusammengestellt, die darüber Auskunft geben, an welchen Tagen er hermeneutische und exegetische Vorlesungen gehalten hat. Die hermeneutischen Vorlesungen des Jahres *1716*, vgl. vorl. Bd., 83–171, fanden mit der Edition der *Praelectiones hermeneuticae* 1717 ihren Abschluss. Der Ertrag seiner exegetischen Vorlesungen in den Jahren 1716 bis 1724, vgl. vorl. Bd., 173–388, wurde in den Publikationen des Jahres 1724 zusammengefasst. Es verdient Beachtung, dass im Tagebuch die Begriffe *Collegium*, *Collegium hermeneuticum*, *exegeticum* bzw. *publicum* oder *Lectio, Lectio hermeneutica, exegetica* bzw. *publica* einander abwechseln. In den meisten Fällen wird der behandelte Bibeltext angegeben, gelegentlich fehlt jedoch jede Textangabe. Francke hat in seinem Tagebuch die einzelnen Vorkommnisse jeden Tages mit Nummern versehen, die im Folgenden in Klammern gesetzt wurden.

Tagebuch 1716: AFSt A 169 : 17[a–m]
13. 1.(3): *Malachia 2,17* u. *3,1–6*; 14.1.(3); 16.1.(2); 20.1.(2); 21.1.(7); 23.1.(3): *3 letzte verse Malachiae*; 24.1.(2): *Malachia beschlossen*; 27.1.(2): erstes dictum im neuen Collegio: *Genes. 1,27*; 28.1.(3): in dem gestrigen dicto continuiret; 30.1.(3): *Exod. 34,6,7*; 31.1.(3): in dem gestrigen Spruch continuiret; 3.2.(2); 4.2.(3); 6.2.(3): *Exod. 34*; 7.2.(12); 10.2.(2): *Lev. 16,2*; 11.2.(2); 13.2.(7); 14.2.(3): *Deut. 18,5*; 17.2.(2): *Joh. 1,7*; 18.2.(2); 20.2.(2): *Judic. 5,31*; 21.2.(3): *Ruth 4,11*; 24.2.(2): *1. Sam. 2,1*; 25.2.(7): Die Lectio publica hermenevtica ist wegen der Feyer des Tages Matthiae ausgesetzt; 27.2.(2): *1. Sam. 2,1*; 28.2.(3): *2. Sam. 7,11–*

17; 3.3.(9): Propter valetudinem infirmam ist das Collegium exet. heute ausgesetzet worden; 6.3.(3): *2. Sam. 7,11–17*; 9.3.(4): abermal über *2. Sam. 7,11 ff.*; 14.3.(3): Die Lectio exegetica ist wegen der vorhergegangenen Unruhe in der vorigen Nacht ausgesetzet worden. 30.3.(2): *1. Kön. 8,18,19*; 2.4.(3): *2. Kön. 16,10 ff.*; 6.4.(11): *1. Chron. 22,1*; 23.4.(2): *Neh. 8,11*; 24.4.(4): *Esther 4,13,14.*

Die Eintragungen vom 9. 5. bis zum 18. 12. 1716 vermitteln einen guten Einblick in die hermeneutischen Vorlesungen Franckes und in den Entstehungsprozess der *Praelectiones hermeneuticae:*

9.5.(7): Anschlagen laßen, daß auf den nächsten Montag das Colleg. hermeneut: und auf den Dienstag das Pastorale anfangen wolle.
11.5.(3): Auf meine lectionem primam Collegii publici Hermenevtici habe ich meditiret; und darauf die lection selbst gehalten; wovon der Inhalt hiebey lieget.
12.5.(1): Auf die secundam lectionem hermeneuticam habe ich meditiret, und dieselbe darauf gehalten, deren praecipua momenta hiebey liegen.
15.5.(3): Ich habe auf die 3te lection. hermen. meditiret, u. dieselbe gehalten.
18.5.(2): Ich habe meditiret auf die 4te lectionem hermenevticam dieselbe gehalten, und die praecipua momenta davon beygeleget.
19.5.(5): auf meine lection habe ich meditiret, und dieselbe gehalten, wovon nur einige momenta aufgezeichnet sind, so hiebey lieget.
22.5.(2): auf die lect. hermen. meditiret, und dieselbe gehalten de tentationibus studiosorum circa veritatem et divinam auctoritatem Scripturae S, wovon die praecipua momenta hiebey liegen.
8.6.(2): Darnach ward das hermeneuticum gehalten, de fine hermeneuticae sacrae.
9.6.(2): Darnach ward das collegium hermeneuticum gehalten.
15.6.(4): Der Herr Prof. hat sein Collegium de Sensu SS.ae gehalten.
16.6.(2): Darnach ward das Collegium exegeticum de Sensu SS. gehalten.
19.6.(7): Das Collegium ist frühe gehalten worden.
22.6.(3): Die Lectio exegetica de Sensu SS.ae ist gehalten.
23.6.(2): 26.6.(2); 30.6.(3);
3.7.(1): Frühe hielt der Hr. Prof. das Collegium de inspectione textus exponendi.
7.7.(3): auch ward das collegium exegeticum gehalten.
10.7.(2): Frühe u. Abends sind die beyden Collegia gehalten, da in dem ersten De collatione antecedent. cum sequentibus gehandelt ist.
28.7.(1): Heute frühe ward das Collegium exegeticum gehalten, darin gehandelt ward de collatione antecedentium et consequentium.
10.8.(6): Die lectionem hermen. habe ob negotia publica auf heute u. morgen ausgesetzet.
17.8.(5): Lectionem hermeneuticam gehalten de consideratione hermenevtica scopi s.S. O

18.8.(4): Ich habe publice Lectionem hermenevticam gehalten, darinnen gezeiget, wie der scopus textuum sacrorum zu untersuchen sey. Die regula, so ich dazu suppeditiret, u. mit exempeln illustriret im discours, liegen hiebey s.S. O.

2.10.(11): Ich habe den Titul und die Praefation der Praelectionum Hermeneuticarum zum Druck gegeben.

2.10.(14): Von 3 biß 4 a mer. habe ich mit Hn. Prof. Herrenschm. conferiret de Praelectionibus meis Hermenevticis, die mit dieser Meße herauskommen.

9.10.(14): Die Prael. Hermenev. sind fertig worden.// Die Prael. hermen. sind aus der Preße bey H. Orban kommen.

16.10.(6): Die Lectio hermenevtica ist gehalten worden de dignitate et Sanctitate hermenevt. S.v.s.S.S.0

19.10.(2): auf die lect: hermen. mich praepariret, u. de necessitate hermen. S. gelesen.

23.10.(2): Ich habe eine lection hermen. gehalten de necessitate studii hermen. 1. quod e⟨nim⟩ non possimus vlla in parte studii theol. carere. 2. ob conditionem praesentis temporis, vbi Atheismus, Scepticismus, naturalismus vbique grassatur. 3. ob rationem ipsius veri Christianismi, quae nulla re magis promovetur quam genuina expositione Scripturae.

26.10.(2): Collegium hermenevtic.// Darnach ist das collegium exegeticum de utilitate er juranditate studii hermenevtici gehalten.

27.10.(2): Collegium hermeneutic.// Um 8 Uhr ward im Collegio de amplitudine studii exegetici gehandelt.

6.11.(3): Lectio// Darnach ward Lectio hermenevtica gehalten.

9.11.(4): Frühe ward das collegium gehalten.

10.11.(7): Lectio Hermeneutica// Frühe ward das Collegium gehalten.

16.11.(2): Auch ist das Collegium exegeticum gehalten worden.

17.11.(4): Das Collegium Hermeneuticum ward de sensu mystico gehalten.

20.11.(9): Collegium exegeticum.// Im Collegio ist von dem sensu mystico continuiret.

24.11.(2): Collegium exegeticum.// Hernach ward die Lectio exegetica de sensu spirituali ratione subjecti gehalten.

1.12.(2): Collegium exegeticum// Darnach ist das Collegium Exegeticum gehalten worden über positionem secundam praelectionum hermenevticarum.

4.12.(2): Collegium exegeticum// Darnach ist das Collegium Hermeneuticum gehalten worden.

7.12.(2): Collegium exegeticum// Das collegium exegeticum ist gehalten, u. in consideratione scopi ist das gestrige Evangelium loco exempli genommen.

8.12.(2): Das Collegium exegeticum ist gehalten, u. in dem 21. Cap. Lucae fortgefahren worden.

11.12.(4): Das Collegium exegeticum ist heute gehalten, u. in der vorigen materie continuiret worden.

14.12.(2):   Coll. hermeneut.// Im Collegio hermenevtic. ist de scopo gehandelt, u. das gestrige Evangelium zum Exempel vorgestellet.
14.12.(3):   Dem Herrn Profess. Herrnschm. ist aufgetragen, daß er die übrigen Lectiones hermenevticas bis Weynachten halte.
15.12.(2):   Herr Prof. Herrnschmidt hat heute das collegium hermenevticum gehalten.
16.12.(4):   Herr Reinmann sind an die dortige Freunde in Friesland von den praelectionibus hermenevticis, wie auch unterschiedl. Predigten mitgegeben.
18.12.(6):   H. Prof. Herrenschmidt hat heute frühe das Collegium Hermenevticum gehalten, u. hernach mit dem Hn Prof. conferirt.

Bei einigen dieser Daten wurde auch der auf der linken Seite des Tagebuches stehende Sachvermerk wiedergegeben, um zu verdeutlichen, dass Francke gelegentlich die Begriffe *coll. hermeneuticum* und *coll. exegeticum* auf dieselbe Vorlesung anwendet.

⟨1*⟩ *L.B.S.*

PRAELECTIONES hasce *HERMENEVTICAS* aliquot abhinc annis ex ore meo Auditores exceperunt. Postea ego, quum nouos capesserem in hoc studiorum genere labores, vt Studiosi sacrarum litterarum qualecunque rei hermeneuticae compendium in manibus haberent, ad cuius ductum iis viam ad indagandum Scripturae S. sensum plus plusque aperirem, in publicum illas emittere coepi. Verum inchoatam, immo propemodum ad vmbilicum perductam, earum impressionem oppressit subito moles ⟨2*⟩ quaedam negotiorum, quae me ad alia tum pertraxerunt. Nunc pristini tandem aliquando memor instituti, ea, quae impressa dudum fuerant, in manus resumsi, & praeter illa, quae imprimenda restiterunt, in calce *breuem illam & luculentam Scripturam S. cum fructu legendi Institutionem, pro rudioribus scriptam,* cuius in *Praefatiuncula ad auditores* facta est mentio, adieci. Nolui Te, B. L. has opusculi circumstantias ignorare. Vale, &, si DEVM amas, eum roga, vt in sui nominis gloriam, verumque Ecclesiae fructum, hunc tantillum laborem, & quidquid praeterea ago ac molior, cedere iubeat.

⟨1⟩ *PRAEFATIVNCVLA*
AD
AVDITORES.

FInitis per DEI gratiam praelectionibus in Ioelem, animus erat, Iesaiae tractationem capessere. Quum autem mecum perpenderem, futurum breui, vt nouus operarum Academicarum Catalogus prodiret, & vt tempore verno Auditores noui, vt fieri solet, complures nobis existerent, quibus nihil ingratius accidere posse reor, quam si Praelectionum initio & quasi capite carere cogantur; tantillo tempore alia non minus vtilia vobis proponenda, Iesaiae vero tractati-⟨2⟩onem tantisper differendam, credidi. Quam ob caussam heri per schedulam, publice affixam, indicaui, me interim *Hermeneuticam S.* vobis, opitulante DEO, esse ministraturum, non talem quidem, quae in omnia rei exegeticae capita atque momenta se diffundat; sed succinctam, quaeque non alia praecepta, nisi summe vobis necessaria, comprehendat. Video nimirum quam plurimos multo iam tempore audientes Collegia Exegetica, ignorare tamen *viam & rationem indagandi & exponendi genuinum sensum Scripturae Sacrae.* Hoc itaque illud est, quod & breuiter, &, quantum a me fieri poterit, luculenter vobis tradere satagam. Nihil attinet de necessitate & vtilitate argumenti harum Praelectionum nonnihil prae-⟨3⟩fari: Neque enim puto quemquam vestrum dubitare, id & vobis maxime esse necessarium, & fore vtilissimum.

Quid autem vestri hac in re officii sit, id paucis nunc exponam. Memineritis ante omnia mecum, in negotio maximi momenti, atque in re sanctissima nos versari, a qua mentem profanam procul abesse oporteat. Iccirco nihil prius habeatis, quam vt cum vera ac debita veneratione erga Deum hoc, quidquid est, negotii subeatis. Quam ad venerationem in animis vestris gignendam non ita pridem etiam pereximiam *Roberti Boylii dissertationem de Veneratione humani intellectus erga Deum*,[1] inter nonnullas eiusdem Auctoris dissertationes, in linguam germanicam ⟨4⟩ translatam, edendam curauimus. Agite dum ab omni Numinis contemtu, qui cuncta inquinat, recedatis, & vosmet ac studia vestra Deo sanctificetis. Sic animis vestris Deo deuotis & consecratis, porro calidissimis precibus Deum rogetis, vt revelet oculos vestros, quo *videatis mirabilia e lege ipsius*, sicut eum precatus est Dauid Ps. 119, 18. Atque vtinam integrum illum Psalmum sancta cum attentione saepissime legeretis, animoque ad singula verba in Deum directo, ab eo fide peteretis & exspectaretis illuminationem Spiritus S. per verbum. Tum experturi essetis, quam vere & sapienter dixerit Augustinus:[2] *Qui didicerunt a Domino Iesu Christo mites esse, & humiles,* ⟨5⟩ *plus cogitando & orando proficiunt, quam agendo & audiendo;* atque tum ex hisce quoque Praelectionibus exoptatos & suauissimos, in nutrimentum interioris hominis, percepturi essetis fructus. Verum de his plura vos docebit *breuis & luculenta Scripturam Sacram cum fructu legendi Institutio pro rudioribus scripta*, & his ipsis emissa diebus. Nunc, ne vos pluribus morer, id moneo, excipienda calamo a vobis esse ea, quae proponentur, vt & nunc relectione antecedentium praeparare vos semper lectionibus subsequentibus possitis, quod omnino industrii auditoris est; & deinceps in manibus vobis sit, quod recolatis, & cuius subsidio accuratius ⟨6⟩ in dies viam & rationem indagandi & exponendi genuinum Scripturae Sanctae sensum ad viuidam praxin transferatis. De assiduitate & constantia nihil moneo, quoniam ipsa breuitas, nobis proposita, vtrumque, vt spero, vobis suadebit. Nunc ad rem ipsam accedo. Praesto nobis

    sit auxilio suo DEVS Optimus Maximus.

---

1 Boyle 1709.
2 *Fußnote im Original:* „Epst. 112." [Augustinus, epistula 147, 1: CSEL 44, 275, 13–15 (MSL 33, 597 = epistula 147 alias 112)].

⟨7⟩ *PRAELECTIONES*
HERMENEVTICAE
De
Via & ratione sensum genu-
inum Scripturae Sacrae indagan-
di & enarrandi.

Positio I.

SEnsus genuinus Scripturae Sacrae dicitur, quidquid Spiritus Sanctus, tamquam Auctor eius principalis, per verba & res, quae in illa habentur, hominibus significatum voluit. E contrario falsus & adulterinus sensus dicitur, quidquid a mente Spiritus Sancti, quam per Scripturam hominibus patefacere voluit, alienum est, quodque nihilominus sic apprehenditur, aut obtruditur, quasi verbis aut rebus, Scriptura comprehensis, significaretur.

Expositio.

⟨8⟩ DAtur (1) *sensus Grammaticus*, qui vocari solet *sensus litterae*, quem nimirum verba ipsa, non nisi grammatice intellecta, in animo gignunt, & quem ille, qui linguam, qua liber aliquis scriptus est, satis perfecte callet, adsequitur, (licet forte rem, quae in libro tractatur, minime capiat) hactenus videlicet, vt, quid voces ac phrases in se significent, & ipse percipiat, & alia, quam forte nouerit, lingua haud difficulter exprimat. Ita qui libros N. T. addiscendae Graecae, & libros V. T. linguae Hebraicae caussa legunt, atque huc enituntur, vt & Graecum & Hebraicum Textum quoad significationem vocum & phrasium intelligant, hoc duntaxat agunt, vt *sensum*, quem diximus, *litterae* siue *grammaticum* percipiant, licet forte eadem opera haud parum de ipsa re, quae in scripturis habetur, cognoscant.

Exempli loco sit praeceptum quintum: *Non occides.* Hic quod nemini debeamus violentas inferre manus, ita, vt vita eum priuemus, sensus litterae est, quem Grammaticus etiam adsequitur. Et quia ⟨9⟩ hoc in exemplo ad perspicuitatem verborum accedit ipsius rei euidentia, cum sensu verborum facile rem quoque ipsam intelligit quisquis linguae gnarus est.

Sed videamus aliud exemplum, vbi verba sunt perspicua, sed res obscurior videtur. Ier. 31, 22. dicitur: *femina circumdabit virum.* Hic sensum litterae haud difficulter, quisquis modo linguae peritus est, apprehendit: nouit enim, quae sit singulorum vocabulorum significatio, vnde si ex eo quaeratur, quomodo lingua v. g. germanica sensum horum verborum exprimere velit, subito verba sic grammatice exponet: *das Weib wird den Mann umgeben.* Quia autem hic verba sunt perspicua, res ipsa vero, verbis comprehensa, euidens non est, nihil praeter sensum grammaticum adsequitur, quisquis ad intelligenda illa verba, praeter illam linguae peritiam, nihil attulerit adiumenti.

Aliud consideremus exemplum, vbi verba sunt obscura, euoluto autem nihilominus sensu litterae, res verbis significata sua luce radiat. 2. Sam. 12, 13. de Dauide dicitur, quod, expugnata Rabba, populum, qui in ea fuerit, eduxerit, & posuerit in fer-⟨10⟩ra, & in tribulis ferri, & in securibus ferri; quin transire eos fecerit per fornacem lateritiam: Atque sic fecerit omnibus vrbibus filiorum Ammonis. Luth. *Das Volck drinnen führete er heraus/ und legte sie unter eiserne Sägen und Zacken/ und eiserne Keile/ und verbrandte sie im Ziegelofen. So thät er allen Städten der Kinder Ammon.*[1] In hunc locum Diss. edidit Ienae an. 1710. Dn. D. Io. Andr. Danzius sub tit. *Dauidis in Ammonitas deuictos mitigata crudelitas*: vbi ostendit hunc esse loci illius sensum: *Populum, qui in ea, eduxit ad ferram* (trahendam) *& in ferri fodinas* (ad fodiendum parandumque ferrum) *atque ad scalptra ferrea* [secandorum lapidum] *postquam transire fecisset eos vna cum rege suo* [ad nouas sedes in exilium].[2] Quis non gaudeat, sensu litterae sic euoluto, simul crudelitatis notam a Dauide amoueri? Ex his exemplis facile intelligitur, quid dicatur sensus grammaticus siue sensus litterae genuinus.

Huic iam *falsus & adulterinus sensus* opponitur, quo a Grammatica vocum ac phrasium significatione aberratur. Exemplum eiusmodi sensus adulterini esse pot-⟨11⟩est id, quod Erasmus Roterod. commemorat ad verba illa: *Haereticum hominem post vnam & secundam correptionem deuita* Tit. 3, 10. „Hic locus est", inquit Erasmus, „quem senex quidam Theologus, & inprimis seuerus, in Concilio produxit, cum venisset in quaestionem, num quis esset locus in libris Canonicis, qui iuberet haereticum affici supplicio capitis; *de vita, de vita*, inquit, putans *deuitare* Latinis esse, de vita tollere. Id ne quis suspicetur meum esse commentum, accepi ex Iohanne Coleto[3] viro spectatae integritatis, quo Praesidente res acta est. Eamus nunc & negemus periculum esse errare in verbis."[4] Hactenus Erasmus.

Si malimus exemplum, vbi a sensu litterae in lingua authentica aliqua ratione aberratum sit, notari potest illud, quod Erasmus Schmidius habet in Adnotationibus ad Matth. 16, 18. vbi occasione illius loci adducit locum Luc. 23, 42. „dicit, inquiens, latro ad Iesum: μνήθητί μου, Κύριε, ὅταν ⟨12⟩ ἔλθῃς ἐν τῇ βασιλείᾳ σου, *quum venies, vel veneris in regno tuo*, cui Iesus respondet: non tam diu differeris, sed σήμερον μετ' ἐμοῦ ἔσῃ ἐν τῷ παραδείσῳ."[5] Haec Erasmus Schmidius. Emphasis autem, quam ille optime vrget, intelligi ex versione Germanica nequit, quia in illa sic verba illa exprimuntur: *Wenn du in dein Reich kommest.* non: *Wenn du in deinem Reiche kommest/* vt illa expressa oportebat ex grammatica significatione particulae ἐν, quae ob responsionem Christi hoc loco erat apprime attendenda. Facile quidem vnicuique patet, hanc aberrationem tanti momenti ac periculi haud esse, quam illam in vulgata versione loci Paulini ad Titum a Sene illo rudi admissam in Concilio; Attamen in Scriptura nihil leue ducendum est, inprimis

---

1 WA DB IX 1, 333.
2 Danzius 1710, 4 u. 46.
3 *Fußnote im Original:* „Hic Coletus fuit Decanus S. Pauli apud Londinum, cui Erasmus Roterodamus dedicauit libellum suum de Copia verborum & rerum an. 1512."
4 Erasmus VI, 1705, col. 973, N. 14.
5 E. Schmidt 1558, 264.

si vel tantilla aberratione emphasi verborum Christi, vt hoc loco, adeoque rei ipsi significatae, quae leuis non est, aliquid decedat. Obiter hic notamus, non deesse, qui locum adductum Luc. 23, 43. legere malint: *Amen dico tibi hodie, mecum eris in paradiso.* Quae insulsissima commatis mutatio, ad adfirmandam aliquo modo hypothesin falsam excogitata, refutationem non meretur.

⟨13⟩ Exemplo autem illi petito ex Nouo Testamento alterum ex Veteri adiungemus. Gen. 1, 7. mentio fit *aquarum, quae fuerint super firmamentum,* vt vulgata reddidit. In ebraeo est vox רקיע quam LXX. verterunt στερέωμα, *stabilimentum seu firmamentum,* vnde forte ipsa vulgata vocem *firmamenti* accepit. Et satis quidem commode versio τῶν LXX. & Vulgata cum fonte ebraeo conciliari potest. Scholastici vero, quum in vulgata legerent Firmamentum, & ipsi plerumque linguarum SS. expertes essent, illud de caelo stellato acceperunt. At vox ebraea nihil aliud significat, quam *Expansum,* nec denotat aliud, quam *caelum aëreum per omnia sublunaria extensum; seu omne illud rarum atque tenue corpus, quod ab hoc orbe terrarum se extendit ad caelum igneum:* quae est recentioris cuiusdam Physici[6] descriptio. Interim, posteaquam esset suppositum, quod per Expansum intelligendum sit caelum supremum, mox error errorem peperit, vt Moses crederetur de ⟨14⟩ aquis loqui, quae sint super caelum stellatum seu supremum, quod sibi homines facile fingerent solidissimum & velut aere fusum, quum tamen in textu ebraeo nihil adfirmetur, nisi quod aquae sint מעל לרקיע *desuper von oben her/* item *a iuxta,* vt notet *discessum* vel *separationem,* vt Gen. 18, 3. ita vt aërea regio attingeret aquas inferiores terram cingentes, & aquas superiores, easque diuideret. Apparet igitur ex hoc exemplo, sensus grammatici neglectam considerationem falsis hypothesibus & otiosis quaestionibus ansam dedisse. Ceterum, quae de aquis superioribus, tum physicae sunt considerationis, tum theologicae, nempe vt quaedam loca Scripturae S. e.g. Gen. 7, 11. Ps. 104, 3. recte explicentur, ea prosequi, hic nostri instituti non est. Obiter addimus verba Christoph. Cellarii in Disp. de LXX. Interpretibus an. 1696. Halae habita: *Verbum* רקיע *dum LXX.* στερέωμα *firmamentum vertunt, veterem philosophiam sequuti sunt, quae caelum durum & solidum, instar aeris aut crystalli esse docuit; sed neque vim vocis ebraeae expresserunt, neque cum noua conuenerunt philosophia, cuius obseruationibus constat esse caelum corpus tenuissimum, subtilissimum & maxime fluidum.*[7]

⟨15⟩ Ceterum nemo existimet, rem leuis momenti esse, considerationem & euolutionem sensus grammatici. Restat enim vel peritissimis linguarum SS. quod hic agant; atque in rem Ecclesiae est, eo in studio meliores fieri in dies progressus. Quare & gaudendum est, nostra & superiori aetate quam plurima Scripturae loca versione accuratiori esse donata, & studendum porro, vt magis atque magis grammaticum cuiusque loci sensum percipiamus.

Datur [II] *Sensus Litteralis,* quem forte possemus *Realem* vocare, quia non amplius circa nudam grammaticam vocabulorum significationem versatur, sed

---

6 *Fußnote im Original:* „Edm. *Dickinsoni in Physica Vet. & vera.* s. Tract. de naturali veritate Hexaëmeri Mosaici p. 83. qui etiam videri potest c. 17. de aquis Chauticis & Elementaribus." [Dickinson 1702, 83,238–252 = Kapitel 17].
7 Cellarius 1712, Diss. XIII. De LXX interpretationibus, 299.

rem ipsam verbis significatam complectitur. *Est autem Sensus Litteralis, qui proxime & immediate per ipsa verba, siue sint propria, siue sint modificata* [impropria], *significatur.* Sic definitur a Glassio in Philologia S. Lib. II. part. I. Tract. I. Sect. 1.⁸ Ne autem quis sensum litteralem pro eodem accipiat cum sensu litterae, paullo amplior dari potest descriptio, vt Sensus Litteralis is dicatur, *quem intendit proxime Spiritus Sanctus, & qui ex verbis secundum dicentis scopum, antecedentium & consequentium cohaerentiam, Scripturaeque ana-⟨16⟩logiam eruitur, siue verba ista sint propria & a tropis libera; siue sint tropis affecta.* Ita sensum litteralem vberius ipse modo adductus descripsit Glassius [Phil. S. Lib. II. P. I. Tr. 2. sect. 1. p. 262.]⁹ qui ex Hunnio addit: *Non dicimus primum & immediatum vocum ac phrasium grammatice acceptarum sensum, sed eum, quem verba, prout in textu vsurpantur, per se ac primo possunt reddere.* ¹⁰

Sit exempli loco idem, quod antea de Sensu Litterae dedimus. Docet nos Christus Matth. 5, 21. 22. verborum legis illius: *non occides*, Sensum Litteralem, quem significatum Deus voluerit, non illum duntaxat esse, quem vocis *occidere* significatio ordinaria requirit, nempe vita aliquem penitus priuare; sed corde etiam, ore & gestibus contra hoc praeceptum peccari. Consulant Theologiae Studiosi de huius & reliquorum praeceptorum genuino Sensu Litterali Chemnitium in Locis Theologicis, qui duodecim regulas, ex ipsius Scripturae sinu petitas, ad Sensum Litteralem Decalogi rite indagandum subministrauit.¹¹ Atque huc pertinet notissimum illud dictum Celsi ICti: *Scire leges, non hoc est, verba earum temere, sed vim ac potestatem,* h. e. mentem ac ⟨17⟩ sententiam, terminos & finem & c. Immo huc referamus etiam illud Christi Matth. 22, 29. seqq. Vbi reprehendit Sadducaeos, quod errent, nescientes Scripturas & virtutem Dei; & mox iis ex mente Spiritus S. in versu sexto capitis tertii Exodi ostendit sensum litteralem profundissimum, inde probans resurrectionem: quam ob rem etiam populus obstupuit, doctrinam eius magnopere admiratus.¹²

Genuino autem Sensui Litterali *falsus* & *adulterinus* opponitur, qui non ex Scriptura sacra sic effertur, vt vim ac potestatem verborum Scripturae S. declaret, sed in eam potius infertur; apprehenditur tamen aut obtruditur, quasi sit omnino menti Spiritus S. conformis.

Exempla si quis desideret spurii eiusmodi & in Scripturam Sacram praeter & contra mentem Spiritus S. illati sensus; farraginem eorum, & quidem non modo in Scriptis minus accuratis, sed etiam, & in primis certe in hominum sermone quotidie adhuc obuiorum, insignem dabit libel-⟨18⟩lus pereximius B. Speneri, cui titulus *Sprüche heiliger Schrifft/ so zur fleischlichen Sicherheit pflegen gemißbrauchet zu werden.* editus Francofurti 1693.¹³ Quod opusculum licet ad praxin

---

8 Glassius 1691, 249.
9 Ebd., 262.
10 Hunnius s. ebd.
11 Chemnitz 1610, II, 23 ff.
12 *Fußnote im Original:* „Vid. omnino Disput. Dn. D. Gottfridi Olearii Lipsiae habita. an. 1712. h. t. Demonstratio Resurrectionis mortuorum ex foedere cum Patribus a Christo Matth. 22, 31. suppeditata." [G. Olearius 1713, 606–624].
13 Spener 1693.

Christianismi promouendam adornatum sit, ideoque succinctius pleraque tractet, quam vt indicari potuerint fontes, e quibus genuinus locorum Scripturae Sensus Litteralis deriuetur; mire tamen iuuabit Exegeseos Sacrae studiosos, vt sibi mature a ψευδερμηνεία plurimorum locorum Scripturae Sacrae caueant. Videatur etiam & legatur *Dn. Prof. Ioach. Langii Antibarb. Part. 3. Sect. posterior Hermeneutica, sistens vindicias trecentorum Scripturae Locorum in doctrina de Renovatione & cognatis materiis.*[14] Atque in genere scriptorum Polemicorum accuratius & solidius veritatem diuinam adstruentium hoc est praecipuum, quod vindicias plurimorum Scripturae Locorum, quorum sensum Aduersarii studio hypotheseos deprauarunt, Lectoribus porrigant. Exemplo iterum esse potest scriptum B. Speneri Germanicum solidum & luculentissimum, quod contra Socinianos ante obitum concinnauit:[15] vtpote in quo Woltzogenii & aliorum pseudermeniae ⟨19⟩ quamplurimae sic ostenduntur, vt accuratioris studii Hermeneutici studiosi multum vtilitatis inde percipere possint.

Datur (III) *Sensus*, qui a Theologis dici solet, *Mysticus*, siue Spiritualis, is nempe, qui non significatur proxime per ipsa verba, sed per rem ipsis verbis significatam. Mysticus hic sensus vt genuinus sit, requiritur, vt & ipse non minus quam sensus Litteralis menti atque intentioni Spiritus Sancti sit conformis, immo *Sensus Mysticus magis a Spiritu Sancto intenditur*[16]*, quam Litteralis, quia ille hoc est nobilior atque sacratior, & Mysticus Litterali prior est dignitate, quemadmodum Litteralis prior est Mystico natura & ordine:*[17] quae Glassii verba sunt.

Illustre Sensus Mystici exemplum subministrat Epistola ad Ebraeos c. 7. vbi nimirum exponitur Sensus mysticus versuum 18. 19. 20. capitis 14. Geneseos; cuius explicationis fundamentum jactum iam fuerat in Psalmo 110. Immo tota ferme Epistola ad Ebraeos quid est aliud, quam mystica & spiritualis interpretatio Veteris Testamenti, & in primis cultus Leuitici?

Falsus autem & adulterinus Sensus Mysticus est, quem Spiritus Sanctus noluit ⟨20⟩ significare per res verbis Scripturae comprehensas, quique per nudam accommodationem ex arbitrio humano res ac verba Scripturae, ad, nescio, quae Mysteria, & ad suffulciendas praeconceptas hypotheses transfert. Sic de Theologis Pontificiis ac Monachis conqueritur Apologia Aug. Conf. *de Potestate Ecclesiastica: In interpretatione Scripturae ludunt & comminiscuntur, quidquid libet.* Vbi obiter notamus, haec verba in ordinaria Lipsiensi Editione Apologiae non haberi; haberi autem in Editione Wittebergensi, quae prodiit anno 1531. in forma octaua.[18]

Exemplum eiusmodi interpretationis Pseudo-mysticae ipsa Apologia adfert sub titulo: *De Confeß. & Satisfactione* p. 181. edit. Lips. Verba Apologiae haec sunt: „Ridiculum est huc (ad enumerationem delictorum in Confessione) transferre dictum Salomonis: *Diligenter cognosce vultum pecoris tui* (Prou. 27, 23.) nihil enim dicit Salomon de confessione, sed tradit oeconomicum praeceptum patri

---

14 Lange 1711, 241 (Titelblatt); Text 242–338.
15 Spener 1706.
16 *Fußnote im Original:* „Vid. Io. Arnd. de ver. Christ. lib. 1, c. 6." [Arndt 1658, I, 30–35].
17 Glassius 1691, 289.
18 Bekenntnisschriften, 396–402.

familias, vt vtatur suo, & abstineat ab alieno, & iubet eum res suas diligenter curare, ita tamen, ne studio augendarum facultatum occupatus animus abiiciat timorem Dei, aut fidem, ⟨21⟩ aut curam verbi DEi. Sed aduersarii nostri mirifica metamorphosi transformant dicta Scripturae in quaslibet sententias. Hic cognoscere significat eis audire Confessiones. Vultus non externam conuersationem, sed arcana conscientiae. Pecudes significant homines. Sane bella est interpretatio." &c.[19] Sine dubio autem ad Allegoricum sensum isthanc interpretationem retulerunt, qui eam commenti sunt. Solent enim Sensum Spiritualem dispescere *in Allegoricum, Tropologicum & Anagogicum*. De qua diuisione non necesse est solicitos esse S. Exegeseos Studiosos, neque ea opus habebunt, si e firmis & planis principiis didicerint genuinum Scripturae S. Sensum indagare. *Allegoricus* enim sensus ille ipse est (si recte accipiatur) quem nos *mysticum* seu *spiritualem* diximus. Neque negamus Allegoricum posse nominari. Ita enim Paulus ait Gal. 4, 24. ἅτινά ἐστιν ἀλληγορούμενα. Id modo in exemplis, quae Scripturarum interpretes aut Homiletae proferunt, dispiciendum est, vtrum Allegoricus ille sensus genuinus sit, & firmis ac solidis innixus fundamentis, an vero spurius, isque vel ingenio humano belle confictus, vel accommodatione violenta & inepta ad sensum Auctoris sui de-⟨22⟩tortus. *Tropologicum* autem dicunt, quum verba aut facta referuntur ad aliquid significandum, quod pertinet ad mores; & *Anagogicum*, quum verba aut facta referuntur ad significandam vitam aeternam. Terminis vero hisce minime opus est, quum mera accommodatio neutiquam sit sensus Scripturae; si autem id, quod quis Tropologicum aut Analogicum sensum dicere voluerit, omnino aut in verbis aut in rebus, ex mente & intentione Spiritus Sancti, contineatur, tum id referendum erit ad sensum Litteralem aut Mysticum seu Allegoricum. Neque turbari debent Hermeneuticae S. cultores, si de *sensu Typico* & Parabolico passim a Doctoribus mentionem fieri animaduertant. *Sensus* enim *Typicus* & *Parabolicus* qui vocantur, sub *Allegorico*, tamquam species sub genere, continentur. Possunt Auditores nostri ambagibus illis supersedere, &, quam monstravimus viam planam atque expeditam, tanto alacrius ingredi.

    Id vero notandum est (IV) recte sic quidem & ex vero sensum Scripturae S. distingui in *Sensum Litterae, Litteralem & Mysticum s. Spiritualem*; attamen ipsam Scripturam Sacram suppeditare aliam *sensus* alicuius litteralis & spiritualis consideratio-⟨23⟩nem, non ratione *Obiecti*, sed ratione *Subiecti*, vt Sensus Litteralis dicatur, qui electione & meditatione Scripturae apprehensus fuerit ab homine etiam spiritu Dei carente: *spiritualis* vero, qui non cadit nisi in eos, qui spiritu Dei praediti sunt, & ab eo impertiuntur vero gustu rerum spiritualium, seu eorum, quae in Scripturae meditatione animo comprehendunt, vero sensu adficiuntur. Ita luculentissime sensum spiritualem a litterali discernit Paulus I Cor. 2, 6. seqq. vbi loquitur *de sapientia inter perfectos, quae non sit saeculi huius, neque principum saeculi huius; & de sapientia Dei in mysterio; & abscondita, quam nemo principum saeculi huius cognouerit*, h. e. nemo eorum, qui sapientum facile principes adhuc habiti sint. Porro isthanc sapientiam nemini inesse, nisi cui eam Spiritus Dei reuelauerit, his

---

19 Ebd., 273, 21–37.

verbis edocet: *Sicut scriptum est, quae oculus non vidit, & auris non audiuit, & super cor hominis non ascenderunt, quae praeparauit Deus iis, qui diligunt ipsum. Nobis vero Deus reuelauit per Spiritum suum* &c. Et vt euidentius declaret, dono Spiritus Sancti ad hanc sapientiam consequendam opus esse, addit: *Nos non spiritum mundi accepimus, sed spiritum, qui ex Deo est, vt sciamus ea, quae ex Deo donata sunt nobis.* Negat tandem *Animalem hominem* ⟨24⟩ (spirituali oppositum Iud. v. 19.) *capere* (capit autem neque intellectu neque voluntate) *ea quae sint Spiritus Dei; stultitiam enim illi esse,* (ergo intellectus non percipit vt sapientiam) *nec posse scire* (ergo superior est viribus naturalibus) *quum spiritualiter diiudicentur.* Sic 2 Cor. 3, 16. 17. 18. Apostolus docet velamen, *quod super corde* sit in lectione Mosis, non auferri nisi in *Conuersione ad Dominum. Dominum autem esse Spiritum: vbi Spiritus Domini sit, ibi esse libertatem, & ibi dari specularem receptionem Gloriae Domini facie revelata.* Sic dicitur *mysterium Dei esse apud timentes seu venerantes Dominum* Ps. 25, 14. *& apud rectos.* Prou. 3, 32. Et sapientia non dicitur *ingredi animam impiam, nec habitare in corpore peccatis dedito, Spiritus Sanctus recte docens fugere idololatras & recedere ab improbis* Sap. 1, 4. Sic Dauid vt נפלאות *mirabilia* & ab humano intellectu remota, & abscondita in lege Dei cognoscat, Deum rogat, *vt revelet sibi oculos* Ps. 119, 18. Sic dominus dicitur *aures* Ies. 50, 4. Apoc. 2, 17. *cor* Act. 16, 14. *animum* Luc. 24, 45. aperire; immo *nouam mentem ad cognoscendum* τὸν ἀληθινὸν *impertire*. I Ioh. 5, 20. Tales dicuntur Θεοδίδακτοι Ioh. 6, 54. I Thess. 4, 9. Tales sunt, qui degustant *verba vitae aeternae*. Ioh. 6, 68. 69. Et τὸ καλὸν Θεοῦ ῥῆμα Ebr. 6, 5. Hinc etiam Paulus ⟨25⟩ adprecatur Ephesiis *Spiritum Sapientiae & reuelationis in agnitione eius (sc. Christi v. 15.) & illuminatos oculos mentis* &c. Ephes. 1, 17. 18. Quae & alia testimonia, quibus abundat Scriptura, si recte ponderentur, facile animos nostros conuincent, quantumlibet accuratam cognitionem Sensus Scripturae, siue Litteralis, siue Mystici, judice ipsomet verbo veritatis, non posse ratione subjecti, h. e. ratione hominis, cui insit, *Spiritualem* appellari, nisi homo ille vere ad Dominum conuersus & Spiritus Dei particeps factus sit; sed ratione hominis irrenati, & in comparatione ad agnitionem, quam vere Θεοδίδακτοι possident, non nisi *Litteralem* appellandam esse. Id quod eum in finem sedulo a nobis inculcatur, vt Theologiae Studiosi, dum ad solidam accuratamque scientiam Hermeneuticam incumbunt, quod vtique in iis laudandum est, pariter ad veram, spiritualem, viuidam, sapidissimam ac filiis Dei plane propriam, ossa & medullas penetrantem[20] veritatis caelestis agnitionem seria ad Deum con-⟨26⟩versione, precibus item flagrantissimis atque assidua mentis per Spiritum S. renouatione adspirent. Si secus fecerint, limpidissimos Israelis fontes & absconditum Manna haudquaquam degustabunt, & quum vulgus eos adpellabit Spirituales (*Geistliche*)/ veritas eos declarabit *animales*, πνεῦμα μὴ ἔχοντας Iud. v. 19. (*natürliche u. geistlose Menschen*); adeoq[ue]; ne Christianos quidem, (Rom. 8, 9.) nedum dignos, qui Christianorum Doctores genuini agnoscantur. Hoc volumus & in Hermeneuticae S. Studiosis requirimus,

---

20 *Fußnote im Original:* „B. Lutherus an. 1509. ad Io. Braunium Sacerdotem Isenacensem scribens, anhelauit ad Theologiam, quae nucleum nucis, ac medullam tritici, & medullam ossium scrutaretur. vid. Kortholti Hist. Eccles. p. 697." [WA Br I, 15–17; Kortholt 1697, 697 (Druckfehler im Buch; richtig: 695)].

vt a priscorum Pharisaeorum & γραμματέων indole quam longissime omni animi intentione recendant, vtpote qui in studio externo Scripturae, de Christo testimonium perhibentis, acquieuerunt, externam insuper & qualemcunque legis obseruationem prae se ferentes, quasi nihil amplius requireretur; ad Christum vero, vt vitam aeternam consequerentur, non accesserunt. Ioh. 5, 39. 40. Volumus e contrario, vt ii, qui Christo nomen dederunt, & in primis qui de professo tractant Scripturam, eam meditentur quidem, & in *sensum Litterae* & *Litteralem*, & his rite suppositis, in *Mysticum* etiam, eumque certum & ⟨27⟩ digito Dei impressum, diligentissime inquirant; verum vt in hoc studio externo Scripturae, quamlibet accurato, haud acquiescant, sed sub ipsum meditationis Scripturae initium, per gratiam Dei, cor pulsantem, ab amore mundi animum auertant, & fide τῆς ἐνεργείας τοῦ Θεοῦ. Col. 2, 12. Christum complectantur, quo in gratiam Dei recepti, & interiori Spiritus S. illuminatione homines Spirituales euadentes, sensu quoque Scripturarum spirituali a Deo impertiantur, eoque in dies magis atque magis imbuantur. Tum demum, quid sit *Littera*, quid *Spiritus*, per Spiritum Dei recte, h. e. spiritualiter, intelligent. *Spiritus Sanctus* enim, vt recte ait Franciscus Lambertus in cap. I. Lucae, *est Lex & Euangelium in corde credentium, dum eos illuminat, vt credant Euangelio, facitque, vt legem voluntarie seruent, quorum vtrumque scribit in corde eorum. Carni* (vt paullo ante illa verba idem Auctor scribit) *incredulis scilicet,* (Spiritum Sanctum non habentibus) *Euangelium Lex fit; Spiritui vero, id est credentibus, etiam ipsa Lex quasi Euangelium placet.*[21] Est ille Franciscus Lambertus, qui tempore Reformationis non contemnendum *Commentarium* ⟨28⟩ *de Prophetia ac de Littera ac Spiritu*[22] concinnauit; neq[ue]; is in locis adductis existimandus est tollere discrimen Legis & Euangelii, aut vtrumque confundere, quum verbis illis nihil voluerit, quam vt aliqua ratione Spiritualem vtriusque sensum a Spiritu S. fidelibus inditum exponeret: id quod ii, qui Spirituales sunt, facile diiudicabunt. Theologiae Studiosis commendamus praestantissimum B. Speneri tractatum Germanicum, cui titulus: *die allgemeine Gottes-gelahrtheit*:[23] vbi hanc rem e genuinis fundamentis satis accurate disceptatam deprehendent, quibus se non tantum communire aduersus perniciosas aliquorum sophisticationes; sed etiam ad ea, quae annis recentioribus de hoc ipso argumento alii plurimi docte ac pie commentati sunt, cum fructu legenda, praeparari optime poterunt.

Positio II.

AD sensum genuinum Scripturae Sacrae rite indagandum nihil conducit magis, quam ⟨29⟩ *Scopi seu Finis, ad quem verba & res verbis comprehensa spectant & collineant, solers & accurata consideratio.* Qui apprehendit *Scopum* genuinum, is hactenus etiam sensum

---

21 Lambertus 1526, 13b.
22 *Fußnote im Original:* „Excerpta potiora e Fr. Lamberti de Prophetia Commentario subiuncta reperiuntur Elementis homileticis Dn. Prof. Antonii, vna cum cautelis quibusdam. Conf. vltima edit. tract. de Pathmo Lutheri p. 49. sq. 58. sq. 73." [Lambertus 1666; Anton 1700; Anton 1710].
23 Spener 1680.

genuinum adsequi censendus est. Contra autem, qui verbis Scripturae *scopum* falsum adfingit, is hactenus etiam falsum & adulterinum sensum mente sua concipit, & quia in fine errat, tota, quod dici solet, via errat, nec habet deinceps, quo interpretationis susceptae cursum tuto dirigat.

Expositio.

INtelligimus, de Pontificiis Doctoribus conquestos esse maiores nostros in Apologia, quod in interpretatione Scripturae Sacrae *luderent, & quidquid liberet, comminiscerentur.* Iam antea sane Cardinalis Cusanus Hussitis in Bohemia persuadere laborauerat, Scripturas esse ad tempus adaptatas, *ita vt pro ratione temporis aliter exponi eas oporteat, nec esse mirum, si praxis Ecclesiae* vno tempore interpretetur Scripturam vno modo, & alio tempore alio modo; Intellectum enim currere cum praxi. Vid. Kortholtus Hist. Eccles. Sec. 15. cap. 3. p. 65.[24] In ⟨30⟩ eundem sensum & ex parte iisdem verbis Cardin. Hosius Praeses Concil. Trident. De Auctoritate Eccl. & Concil. „Dicis fortasse", ait, „Ecclesia hodierna non ita ambulat in ritu communionis sicut ante ista tempora - - Certe hoc te non moueat, quod diuersis temporibus alius atque alius ritus Sacrificiorum & Sacramentorum, stante veritate, inuenitur, Scripturasque esse ad tempus adaptatas, & varie intellectas, ita vt vno tempore secundum currentem vniuersalem ritum exponerentur, mutato ritu, mutaretur sententia - - *Quare,* etiamsi hodie fuerit alia interpretatio Ecclesiae eiusdem praecepti Euangelici, quum tamen aliquando hic sensus, nunc in vsu currens, ad Regimen Ecclesiae inspiratus sit, vti tempori congruus & Salutis via debet acceptari - - Hanc sententiam radicem vniuersalem Conciliorum reperimus Canonizatam."[25] vid. Christiani Aletophili *Antw. auf Christ. Conscientiosi Sendschreiben* c. XI.[26]

Quodsi isthaec antiquata videantur, turpius sane est, etiamnum apud multos *intellectum,* ut Cusanus dixit, *nimium quantum cum praxi* (sua videlicet, licet ea do⟨31⟩ctrinae sanae oppido contraria sit) *currere,*[27] & plurimos passim in interpretatione Scripturae ludere & comminisci quidquid libet, vt dictus B. Speneri libellus de abusu dictionum Scripturae vna cum reliquis ibi laudatis,[28] aliisque, abunde demonstrat, & facile pluribus exemplis iisque petitis non ex imperitorum sermonibus, sed ex editis multorum scriptis, abundantius ostendi posset. Quamobrem ne Theologiae Studiosi hoc in genere infelices aliquando euadant aliorum imitatores, haud graventur, hoc quidquid est laboris atque operae subire, vt discant veros fontes, e quibus genuinum Scripturae S. sensum ita hauriant, vt de eo & ipsi certi sint, & alios reddere certiores valeant.

Atque in hoc negotio eos monitos volumus, vt primum & principem locum *Considerationi Scopi* attribuant. Quanti autem haec res momenti sit, declarari hoc

---

24 Kortholt 1697, 654.
25 Hosius 1584, I, 711–719 (zit. in Christianus Alethophilus [vermutlich Valentin Alberti 1713]).
26 [Alberti] 1713, 258 f.
27 Kortholt 1697, 654.
28 Spener 1693.

modo potest. Quemadmodum qui in actionibus politicis verum scopum siue finem & consilium agentis, quo nihil consueuit solicite magis occultari, cognitum habuerit perspectumque, is nouerit sane praecipuum actionum ipsarum momentum & quasi cardinem, in quo omnia vertantur, ac minori deinceps negotio reli⟨32⟩qua omnia, & quomodo aliud ex alio nectatur, intelliget: Ita qui in diuinis Scripturis verum ipsius Spiritus S. *Scopum* & finem habuerit exploratum, is certe id quod praecipuum est, iam videt & cognoscit, & quasi in arcaniora consilia intromissus omnium verborum sacrorum sensum & facilius percipit & profundius introspicit. Primum itaque in omni interpretatione est, consilium agentis, aut loquentis, aut scribentis, cognitum exploratumque habere; quemadmodum legem aliquam is demum rite exponet, qui quod subest consilium Legislatoris, ipse pernoscit, aliisque idem sat firmis comprobare documentis potest. Quo etiam pertinet jam in antecedentibus adductum tritum illud Celsi ICti: *Scire leges non hoc est, verba earum tenere, sed vim atque potestatem.* Haec enim ex ratione legis potissimum percipienda est.

Iam, quo intelligant Hermeneuticae S. cultores, quae sit ineunda via, vt *Scopum* in Sacris Litteris recte considerent, adhortor eos, vt sequentia apud animum custodiant, eaque ad vsum in quotidiana Scripturarum tractatione impigre transferant.

1. Recte monet Glassius in Philologia S. Lib. II. part. 2. de Scripturae S. sensu ⟨33⟩ eruendo Sect. 2. pag. 356. 357. 358.[29] Scripturae Scopum considerari posse tripliciter (1) *Vniuersaliter*, quatenus Libri Sacri ad vnicum eundemque *Scopum* omnes collineant, qui est Christus Seruator. (2) *Communiter*, quatenus quilibet Scripturae Sacrae liber habet proprium *Scopum*, ad quem explicandum omnia & singula capita faciunt. (3) *Singulariter*, quatenus est *scopus* proprius huic vel illi Scripturae loco & contextui. Haec Glassius loco citato fusius exponit, vbi videri possunt.

Quod ad primam considerationem Scopi attinet, quam Glassius *Vniuersalem* dicit, ea maximi & praecipui est momenti, vsque adeo, vt in cuiuslibet pericopes tractatione exegetica ea fundamenti loco esse, & idemtidem de nouo institui debeat; quia nihil prodest Scripturam legisse, & exposuisse, nisi ea nos ad Christum reducat. Quandoquidem vero hujus loci non est, vt, quae de isthac *Scopi* consideratione monenda essent, copiosius exponantur, remitto Auditores ad libellum nostrum Germanicum, cui titulus: *Christus der Kern H. Schrift*.[30] Id quidem opinor me adfirmare posse, sufficienter ibi commonstrari viam ad agno⟨34⟩scendum Christum, tamquam finem Scripturae Sacrae, vt, qui pia mente rationem illic ostensam obseruauerit, & exemplum, declarationis caussa vberius ibidem propositum, probe comprehenderit, haud difficulter eandem viam in exponenda Scriptura deinceps in aliis quoque exemplis sit ingressurus. Meminerint autem libri illius lectores, eum non otiosae theoriae caussa, sed ad excitandam & adiuuandam fidei viuae praxin concinnatum esse: quem finem, dum studii exegetici gratia eum legunt, ne susque deque habeant, eos cauere fas est.

---

29 Glassius 1691, 356–358.
30 Francke, Christus der Kern 1702; vgl. TGP II.4, 208–339.

Secundam *Scopi* considerationem, quam Glassius *communem* dixit,³¹ iuuabit, quoad libros Noui Test. libellus noster *Einleitung zu Lesung Heil. Schrifft*:³² vbi scopum singulorum librorum Noui Testamenti ex fundamentis genuinis indicauimus. Consuli etiam possunt quae de *scopo* librorum singulorum Biblicorum habet Waltherus in officina Biblica;³³ Item, quae, breuissimis licet, de eo notata sunt in M. Gottfriedi Hoffmanni *ausführlicher Einleitung zum Bibel lesen/* quae adnexa est eiusdem *auserlesenen Kern=Sprüchen heiliger Schrifft*; qui libellus editus ⟨35⟩ est Lipsiae 1705.³⁴ Haec tironibus viam hanc ingredientibus proderunt; qui autem vel qualescunque in studio Scripturarum progressus iam fecerint, periculum ipsi faciant, possint ne suopte studio accuratius Scopum cuiusque Libri inuestigare.

Tertia *Scopi* consideratio, quam Glassius *singularem* vocauit,³⁵ vtut supposita vtraque antecedenti consideratione, plurimum iudicii exegetici requirit; & quia consultum non est ante institutam loci alicuius piam atque solertem meditationem, & ante adhibita adminicula exegeseos ipsi Scripturae insita, continuo ad externa, nempe ad Commentarios, confugere, sciat, quisquis genuinum loci alicuius sensum indagaturus est, hoc sibi relictum esse negotii, vt dispiciat ante omnia, quis sit pericopes explicandae *scopus* genuinus.

Nos iam in Manuductione ad lectionem Scripturae S. sect. II. Cap. I.³⁶ nonnulla de *Consideratione Scopi* rite instituenda monuimus: quae hoc loco repetentur, ita tamen, vt ea pro re nata mutemus, iisque ea, quae profutura credimus, adiiciamus.

a) Integer contextus, interdum etiam integer liber Biblicus, studiose perle-⟨36⟩gendus, immo etiam relegendus, iterum iterumque est, in primis si aliqua illius obscuritas id videatur exposcere, antequam exquisitiori Pericopes alicuius tractationi accingamur. Qua de re notari merentur verba Wolffgangi Franzii (in praefatione de modo legendi SS. Biblia, praemissa Tractatui de interpretatione Scripturae S.) dicentis: „Sic, & non aliter, ipsi quoque (qui nempe consilio iam exposito fuerint obsequuti) integri auctoris diuini scopum, eiusdemque varias materias, & partes totius Scripti, & partium συνέχειαν iterum facilius certiusque inuestigabunt. Quandoque enim caussa facti in bene multis praecedentibus Capitibus, euentus autem in sequentibus aliquot Capitibus enarrantur. Quantum in Politicis referat, vt talia connexa simul & semel aestimentur, prudentes iudicabunt & indicabunt, & classicum est illud, turpe esse, integra lege non introspecta, iudicare seu pronunciare. Optandum igitur multo magis est, vt feruore & labore non minore versemur in euoluendis diuinis."³⁷

b) Vbi expressis Scriptoris verbis, Scopus totius Libri, vel etiam certae Pericopes nobis proditur, id diligentissime ⟨37⟩ obseruandum est. e. g. Ioan. 20, 31.

---

31 Glassius 1691, 356–358.
32 Francke, Einleitung 1694; vgl. TGP II.4, 126–174.
33 Walther 1668, 431–1220.
34 Hoffmann 1705.
35 Glassius 1691, 358.
36 Francke, Manuductio 1693; vgl. TGP II.4, 27–111, hier 61–71.
37 Franz 1693, 6.

Haec scripta sunt, vt credatis quod Iesus est Christus, Filius Dei, & vt credentes vitam habeatis in nomine eius. Et 2 Pet. 3, 1 *Hasce iam alteras vobis litteras scribo, dilecti, quibus sinceram mentem vestram per submonitionem expergefacio, vt memores sitis verborum, quae praedicta sunt a Sanctis Prophetis, & praecepti illius nostri, qui sumus Apostoli Domini & Saluatoris.*

Ita Scopus & Finis Scripturae totius, multiplici eius continetur vtilitate, quam Apostolus perhibet 2 Tim. 3, 16. 17. *Tota Scriptura diuinitus est inspirata, & vtilis ad doctrinam, ad redargutionem, ad correctionem, ad disciplinam in iustitia, vt perfectus sit homo Dei, ad omne bonum opus perfecte instructus.* Et Rom. 15, 4. *Quae ante scripta sunt, ad nostram doctrinam ante scripta sunt, vt per tolerantiam & consolationem Scripturarum spem habeamus.* Optime enim Danhauerus Hermen. S. p. 358. „Scopum", inquit, „titulus aliquando insinuat, vtpote in libro Prouerbiorum Salomonis statim in principio: Parabolae Salomonis *ad sciendum sapientiam & disciplinam, & vt detur paruulis astutia, adolescenti scientia & intellectus.*"[38]

c) Praecipuum autem, saltem eximium, adiumentum, ad scopum genuinum feliciter inueniendum praebent Conclusiones, si nimirum hae ex integro contextu diligenter *excerpantur*, recte *ponderentur*, atque inter se *conferantur*.

Certe conclusiones, quas facile particulae conclusiuae produnt, vel expresse indicant Scopum, vel iam cognitum euidentissimis scriptoris ipsius verbis, immo etiam rei circumstantiis, quas complectuntur, egregie nobis confirmant.

Periculum huius rei fieri potest in epist. ad Ebraeos. In ea *quaerantur* primum, deinde *perpendantur*, tum inter se *conferantur*, Conclusiones, quales habentur cap. 2, 1. c. 3, 1. & 14 c. 6, 1, c. 8, 1, c. 10, 19. 25. 12, 1, 12. seq. facile ex hisce collatis inter se conclusionibus colligetur, epistolae ad Ebraeos hunc esse scopum, vt Ebraei vacillantes confirmentur in fide christiana, & ab apostasia, ad quam propendere videbantur, reuocentur. Iste enim est epistolae huius *scopus generalis*, complectens caussam scribendi impulsiuam, cui subordinatur facile *scopus specialior*, quem Ioan. Braunius in Comment. ad hanc ep. p. 30. his verbis perhibet: „Praecipuus Apostoli scopus in tota hac epistola fuit, vt Ebraeos fratres ab obseruantia Legis Mosaicae, a toto Choragio ⟨39⟩ caerimoniarum, a sacerdotio, a templo, a ciuitate Ierusalem, a terra Chanaan, a patribus & patria abstraheret, & ad Christum adduceret." (mallemus, adductos iam ad Christum, sed ad apostasian pronos, demonstrata praerogatiua, quam prae rebus omnibus modo nominatis in Christo inuenissent, in ipso retineret) „Deinde, vt cordibus fide purificatis piae & inculpatae vitae sese traderent, fide & spe in vera sanctitate perseuerarent vsque ad finem."[39] Scopus hic specialior viam & rationem simul continet, quam Apostolus iniuit, quo ad scopum illum generalem pertingeret. Et notandum, quod iste *specialior scopus* habeatur inter argumenta, quibus haec epistola Paulo adiudicatur.

d) Si integer liber exponendus sit, *scopus* eius *generali*s; sin pericope quaedam libri sit interpretanda, *scopus* eius *specialis* (illius considerationem communem, hu-

---

38 Dannhauer 1654, 358.
39 Braun 1705, 30 f.

ius vero singularem Glassius dixit)[40] e toto contextu ante omnia inuestigandus est. Isthuc facere tentantem praecipue adiuuabit commemoratio alicuius facti, quam forte textus habet, talis nempe facti, quod Scriptioni aut integri libri, aut propositae Pericopes, ansam dederit: e. g. ⟨40⟩ in epist. ad. Coloss. (cap. 1, 3. vsque ad 8.) Paulus verbis expressis narrat, Colossensium conuersionem ministerio Epaphrae factam, & ab eo ipso nuncium sibi de ecclesiae Coloss. statu perlatum esse. Et Cap. 2, 1. addit, se insigne certamen sustinere pro iis ecclesiis, quas in carne non viderit: inter quas erat Colossensis, quae proinde nulla melius ratione, quam litteris ab eo, absente inprimis & captiuo, confirmari potuerit. Facile hinc scopus generalis Epistolae ad Colossenses colligitur, vt ostensum est in nostra Introductione Analytica ad illam Epistolam, manuductioni supra nominatae adiuncta.

Ceterum, vt in Pericope ex integro libro decerpta etiam exemplum praesto sit, id nunc suppeditet cap. 9. Epistolae 1. ad Corinthios. Ex collatione integri contextus, qui cum capite illo nono cohaeret, capitis np. 8. 9. & 10. intelligi poterit, Paulum suum & Barnabae exemplum non alium in finem inducere, quam vt, ostendens quanta cum circumspectione, charitate & Euangelii citra offensionem praedicandi studio ipse & Barnabas libertate, quam in Christo habeant, vtantur, eo grauius redarguat abusum libertatis Christianae, in ⟨41⟩ ecclesia Corinthiorum perniciose inualescentem.

e) Si breuissima Pericope explicanda sit, in *scopum* eius *specialissimum* etiam inquirendum est, v. g. si *medius terminus* in verbis explicandis contineatur, respiciens conclusionem propositioni & argumento principali totius libri subordinatam, tunc illa ipsa *Conclusio subordinata*, ratione sui *medii termini*, se habet instar *scopi specialissimi*. Sit exempli loco Ebr. 3, 3. *Tanto namque ampliore gloria prae Mose Christus dignus est habitus, quanto maiorem habet is, qui construxit domum, quam domus ipsa.* In hoc versu habetur medius terminus, seu ratio, probans Conclusionem propositioni principali totius epistolae subordinatam. *Conclusio* autem *subordinata* haec est: *Iesus ampliore gloria prae Mose dignus est habitus.* Quae *Conclusio* ipsa quoque habetur in adducto isto versiculo. *Medius Terminus* s. ratio probans hanc conclusionem: *Maior enim honor debetur illi, qui construxit domum* (Conditor autem eius Christus est) *quam domui ipsi* (ad quam referri debet Moses, siue vt seruus, domui inseruiens, siue vt lapis viuus aedificii spiritualis.) Itaque priora verba huius versiculi perhibent *scopum specialissimum* posteriorum verborum illius versiculi. ⟨42⟩ Quilibet enim *Medius terminus* ad *Conclusionem* suam, tamquam ad *scopum* sibi proprium, dirigitur. Iam illa *Conclusio* subordinatur Propositioni principali s. *scopo generali* totius Epistolae h. m. Si Christus praestantior est Mose, & quidem gradu tam eminente, ergo oportet sane vos Ebraeos esse constantes in fide Christiana, nec deserto Christo ad Mosen relabi: vel h. m. Ergo oportet vos eo amplius attendere Euangelium Christi, nec tantam salutem, quam fide complexi estis, negligere.

f) Haec accuratissima Scopi consideratio in reliquo negotio Exegetico, e. g. in consideratione *Antecedentium & Consequentium, Parallelismi* &c. abiicienda siue

---

40 Glassius 1691, 357 f.

omittenda non est. Qui enim a scopo aberrat, is a re tota aberrat. Quam ob rem singula totius Contextus verba animo attento (non tamen studio intempestiue operoso) ponderanda & excutienda sunt. Ita fiet, vt, si quid contineant haec illa verba, quod ad Scopum accuratius pernoscendum faciat, id haud temere praetereatur. Immo ita fiet quoque, vt verba eadem diuerso in contextu non eundem, sed diuersum gignant sensum. Quam rem obuio aliquo exemplo statim illustrabi-⟨43⟩mus. 1 Cor. 10, 26. & 28. idem dictum producitur: *Domini est terra, & plenitudo eius,* seu potius Apostolus ipse his verbis bis vtitur ad confirmandum id, quod Corinthios docuerat. Ibi, si Seb. Schmidium (in paraphr. subiuncta Commentationi eiusdem in Ep. ad Coloss. p. 334. & 335.)[41] audiamus, versus 26. hic est sensus: Nam Domini, Iesu Christi, omnis caro est & manet, non idoli (quod nihil est); quandoquidem illius est omnis terra & plenitudo eius. E. libere ematis, & comedatis, quidquid in macello venditur. Versu autem 28. in hunc sensum eadem verba sunt accipienda: habetis sat aliorum ciborum, quos comedatis, vt vobis non necessarium sit, carnem edere, nec morituri sitis, etiamsi carnem non edatis, quandoquidem tam diues est Dominus noster, vt terra ipsius sit, & omnis eius plenitudo. Si quis dixerit, hanc non esse explicationem, sed applicationem diuersam eiusdem dicti, non admodum repugnauerimus. Sufficit autem, quod ex diuerso scopo scribentis eadem verba diversos in animis legentium conceptus progignant: id quod necessitatem considerationis scopi dicentis clarissime euincit: quod volumus.

⟨44⟩ Ceterum, quum error circa *Scopum* & finem Scriptoris in omni exegesi maximopere cauendus sit, optime hoc in negotio consultum credimus iis, quibus viua fidelis Magistri subuenerit institutio. Nec tantum hac ratione caueri poterit, ne tirones sibi passim fingant *Scopum* a mente Scriptorum Sacrorum alienissimum; sed etiam illos magno temporis operaeque dispendio docentis leuabit dexteritas. Brevi enim temporis spatio iis singulorum librorum *Scopus* declarari, & via *scopum* in qualibet Pericope *specialissimum* indagandi per exempla plurima ostendi poterit: id quod in omni deinceps studio Exegetico, & per omnem vitam vsum amplissimum praebebit.

III. Diximus in superioribus, sensum Scripturae distingui in sensum *Litterae, Litteralem* & *Mysticum.* A nullo horum excludenda est *Consideratio Scopi*; quamquam ea grauior & sublimior sit in sensus *Litteralis* & *Mystici,* quam in sensus *Litterae* inuestigatione.

Exemplis hoc declaratum ibimus, & primo quidem quoad *Sensum Litterae.* Ebr. 10, 11. 12. 13. *Et omnis quidem sacerdos praesto est quotidie ministrans, & easdem saepe offerens hostias, quae nunquam possunt au-*⟨45⟩*ferre peccata: hic autem vnam pro peccatis offerens hostiam, in sempiternum sedet in dextra Dei, de cetero expectans, donec ponantur inimici eius scabellum pedum eius.* Sic Vulgata habet; vernacula autem nostra verba Apostoli sic reddidit: *Ein jeglicher Priester ist eingesetzet/ daß Er alle Tage Gottes=Dienst pflege/ und oftmals einerley Opffer thue/ welche nimmermehr können die Sünde abnehmen: dieser aber/ da er hat ein Opfer für die Sünde geopffert/ das ewiglich gilt/*

---

[41] Seb. Schmidt, Colosser 1691, 334 f.

sitzet er nun zur Rechten GOttes/ und wartet hinfort/ bis daß seine Feinde zum Schemel seiner Füsse geleget werden. Oppositio hic manifesta est inter Sacerdotes Leuiticos & verum Sacerdotem. Manifestum etiam est, diuersitatem poni in eo, quod illi quotidie & eadem saepius obtulerint. Sed restat diuersitas, quae inter vtrosque intercedit, quamque Apostolus verbis expressis in hoc textu significatam voluit, quae tamen neque ex Vulgata versione, neque ex nostra Vernacula facile intelligitur. Nempe de Sacerdote Leuitico v. 11. dicitur ἕστηκε, de vero Sacerdote autem ἐκάθισεν v. 12. Illud in Vulgata exprimitur, *praesto est*, in nostra autem Vernacula, *ist eingesetzet.* Neutrum vero emphasin Apostoli continet. Nam τὸ ἕστηκε stitit, est si-⟨46⟩gnum seruitutis, τὸ ἐκάθισε est signum dominii, v. Ps. 110, 2. Isthaec vero emphasis apprime convenit scopo Apostoli. Proposuit enim sibi demonstrandam Maiestatem Christi, & praerogatiuam eius prae angelis Cap. 1. & 2. prae Mose cap. 3. prae Iosua cap. 4. prae Aarone cap. 5. 7. 8. 9. 10. prae omnibus sanctis cap. 11. coll. cum cap. 12, 1. 2. 3. Et hanc demonstrationem direxit ad generalem Epistolae scopum, nempe vt Ebraeos a periculo Apostasiae, ad firmitatem in fide Christiana, reduceret. Vocibus itaque illis diuersis, & oppositam relatorum conditionem designantibus, nempe voce ἕστηκε, & voce ἐκάθισε, monere Ebraeos voluit, quam sit indignum, eos ab ipso Domino ad seruos & seruile ministerium retrogredi. Quae quum ita se habeant, germanica haec enascitur versio: *Ein jeglicher Priester stehet und dienet alle Tage (verrichtet den Gottesdienst). etc. Dieser aber/ da Er hat EIN Opfer für die Sünde geopfert/ das ewiglich gilt/ sitzet/ (hat sich gesetzet) zur Rechten Gottes etc.* Obseruauit isthanc emphasin etiam Chrysostomus, & Apostoli verba sic exposuit: ἄρα τὸ ἑστάναι τοῦ λειτουργεῖν ἐστι σημεῖον. οὐκ οὖν τὸ καθῆσθαι τοῦ λειτουργεῖσθαι;[42] i. e. *nam stare* ⟨47⟩ *signum est administrationis, ergo sedere signum est, vt ei ministretur.* Optime D. I. H. Maius in Paraphr. Epist. ad Ebraeos: „Omnis *Sacerdos* Leuiticus - - stetit ac stare debuit - - *quotidie* ad rem sacram faciendam, & rite obeundas publici ministerii partes, instar serui famuliue, qui promtum se paratumque sistit in conspectu Domini, imperata obsequiose facturus - -. At Christi Pontificis nostri alia ratio est. Nam ille, postquam - - non opus habuit saepius aut quotidie stare in Ministerio sacerdotali, & offerre sacrificium, sed isto defunctus officio in perpetuum *consedit in dextra Dei*, tamquam Dominus & Rex omnipotens, vnde non redibit ad offerendam nouam hostiam."[43] Conf. Seb. Schmid. in Epist. ad Ebr. ad h. l.[44] Nec vero isthaec emphasis opponenda est illi, quam itidem contextus & Scopus Epistolae requirit, quamque eleganter & pie sic exprimit Thom. Goodwin in opusculis latine versis, & quidem in *triumpho fidei* a Morte Christi &c. p. 92. 93. „Paraphrasis illa *sedendi* quietem designat, post opus aliquod ad vmbilicum perductum; Christus in caelum redire non debuit, donec opus impositum ipsi a Patre consum⟨48⟩masset. Inde Apostolus facta comparatione sacrificii, quod Christus obtulit, ad Sacrificia legalia, ait, Sacerdotes illos *stetisse* Ministerio defungentes, quia hostiae illae nunquam potuerunt auferre peccata, & nunquam dicere potuerunt:

---

[42] Johannes Chrysostomus zu Hebr 10, 11–13: MSG 63, 135.
[43] Majus 1700, 73.
[44] Seb. Schmidt, Hebräer 1680, 1142.

Consummatum est. At Christus vna pro peccato oblata in perpetuum victima, *Consedit ad dexteram Dei.* Perpendite oppositionem: illi steterunt, Christus vero sedit, vt opus suum perfecerat. Et alio in loco (c. 4, 10.) de Christo loquens ait: *Qui ingressus est in requiem ipsius, requieuit & ipse ab operibus suis, quemadmodum a suis Deus."*[45]

Subiungimus nunc exemplum pertinens ad *Sensum Litteralem*, 1 Cor. 15, v. 42. seq. *Seminatur in corruptione, surget in incorruptione.* Non male Grotius: „quasi dicat Apostolus: Tota illa, quam attuli, comparatio huc tendit, vt intelligatur longe alia esse species mortalis, alia immortalis corporis. Et quum posset dicere *sepelitur*, maluit dicere *seritur*, vt magis insisteret similitudini supra sumtae de grano."[46] Hactenus Grotius. Est itaque Scopus Apostoli in hoc sermone, vt resurrectionem possibilem esse ostendat, & vt qualitates corporum beatorum declaret. ⟨49⟩ Possibilem esse Resurrectionem sic ostendit: Si fieri potest, vt solsata euocet putrefacta, fieri id quoque poterit, vt Deus pro omnipotentia sua corpora in terra putrefacta resuscitet. Atqui illud fieri posse, experientia edocet. Ergo nec hoc impossibile est iudicandum. Qualitates autem corporum beatorum ita declarare instituit: Quemadmodum grana terrae mandata putrescunt quidem, postea vero ex se alia grana pulcherrime progignunt; ita corpora beatorum, vtpote φθαρτὰ, in terra putrescunt, aliquando autem caelestem induta gloriam, vt corrumpi denuo nequeant, resurgent. Ille Apostoli *Scopus* nisi obseruetur, facile quis limites similitudinis in eo propositae excesserit, & sensum alienum Apostolo affinxerit. Etenim in grano quidem terrae mandato vis inest eius, quod ex eo progignitur; in corporibus autem beatorum vis illa non inest, interim *non difficilius est DEo ea reparare, quam parare*, vt Augustinus ait.[47] Porro idem sane granum, quod satum fuit, non restituitur, sed alia grana ex eo gignuntur; at corpora beatorum eadem, quae sepeliuntur, etiam reuiuiscunt. Et haec quidem ita in Dogmatica, quae vocari solet, ⟨50⟩ Theologia, recte tradi solent; vnde ea repeti hoc loco commode posse credidimus: vt discerent hoc exemplo Auditores, quo pacto prudens *consideratio Scopi* coercere eos debeat in explicando *Sensu Litterali* sermonis Apostolici, ne temere euagati ac suo abundantes sensu, ea, quae Apostolis in mentem non venerunt, comminiscantur.

Aliud Exemplum, spectans ad *Sensum Litteralem*, praebere potest locus 2 Cor. 12, 9. vbi Paulus ait: *Lubentissime potius gloriabor de infirmitatibus meis.* Germanice: *Ich wil mich am allerliebsten meiner Schwachheit rühmen.* His verbis homines, a studio sanctimoniae maxime alieni, in hunc sensum abutuntur, vt iis se defendant aduersus eos, a quibus, praesertim propositis piorum hominum exemplis, admonentur, vt vitae rationem emendent. Etenim comminiscuntur, Paulum per ἀσθενείας (infirmitates) hoc loco intelligere peccata, quum nouerint *peccata venialia* dici solere infirmitates, *menschliche Schwachheiten.* Atque hoc extendunt ad ea peccata, quae *regnantia* dicuntur, quaeque ad classem *venialium* vllo modo referri nequeunt. Sic in peruersissima ⟨51⟩ huius dicti applicatione ab iis supponitur

---

[45] Goodwin 1658, 92 f.
[46] Grotius 1679, II, 2,824.
[47] Augustinus, vgl. etwa de libero arbitrio I 6 (43): CCSL 29, 219, 8 ff.

falsissimus verborum Sacrorum Sensus, quasi Paulus omnium lubentissime gloriatus sit de peccatis suis. Absurdum vero est gloriari fidelem de peccatis *venialibus*, nedum de *regnantibus*. De quo enim quis gloriatur, eo tamquam excellenti bono gaudere ac frui censetur; ita, vt *gaudia in tacito clausa sinu*, vt quidam loquitur, cohibere nequeat. Ostendit igitur B. Spenerus pulcherrime huius etiam Dicti abusum in libello supra laudato p. 332. seqq.[48] Argumenta autem, quibus demonstrat, abusu illo falsum Apostolico illi dicto sensum affingi, praecipue petit ex antecedentibus & consequentibus, & genuinum sensum, non modo suis, sed etiam B. Lutheri verbis enarrat, qui locum illum sic exponit: „*Hiemit zeiget* S. Paulus *an/ daß der Christen rechter Ruhm sey/ daß sie sich rühmen und stoltz seyn in Trübsalen/ Schmach/ Schwachheit etc. um Christus willen.*"[49] Hi si iam addatur etiam *Scopi*, qui per circumstantias historicas, in contextu commemoratas, in apricum producendus est, consideratio, ea lumen eximium sensui illi genuino affundet, pariterque adulterini sensus tene-⟨52⟩bras, si quae superfuerint, facile dispellet. Consideret itaque, qui indagare velit genuinum sensum Dicti Paulini, integrum contextum a Cap. 10. vsque ad fin. Cap. 12, in primis cap. 10, 2. 7. 8. 12. vsque ad 18. Cap. 11, 3. 4. 5. 13. 14. 15. 18. 21. seqq. ad finem Capitis. Et Cap. 12, 11. seqq. Ex his certe omnibus nullo negotio colligi poterit, Paulum verissimam suam gloriationem, adductum necessitate quadam, opposuisse falsae gloriationi Pseudapostolorum, eum in finem, vt hac ratione illos confunderet, Corinthios autem aduersus corruptiones illorum praemuniret. Qui hoc expenderit, fatebitur, ab isto Apostoli Scopo alienissimum fuisse, si de peccatis suis fuisset gloriatus, quae non potuissent non in probrum eius vertere Pseudapostoli. Patet igitur ex hoc exemplo, quantum adiumenti adferat *Consideratio Scopi* ad *Sensum* vocum *Litteralem*. Conferatur *Praxis Hermeneutica, Elementis Hermen. S.* subiuncta *Dn. D. Io. Olearii* Sen. Lips. p. 124. seqq. vbi *ex scopo generali & specialissimo* explicatur dictum Ies. 53, 9. ita ibidem redditum: *Et dedit impios* (in) *sepulchrum suum, & diuites in mortes suas; propterea quod non vim fecit, & non fuit dolus in ore* ⟨53⟩ *eius.*[50] Item p. 148. vbi dictum Col. 2, 14. & 15. *de abrogatione legis ceremonialis, & abolitione Principum Legalium*[51] exponitur (cum Cocceio. Comm. in Ep. ad Col.) *Antecedentibus & Consequentibus curatius animaduersis, & Scopo Apostoli ex iis inuestigato.*[52]

Exemplum etiam huiusmodi Considerationis Scopi suppeditat Apolog. Aug. Conf. p. 153. Quando enim isthaec de Ritibus, quos Apostoli in Ecclesia adhibuerunt, ait, iudicium de iis omnibus ex consideratione *Scopi* Apostolorum ferendum esse vrget. „Non enim", inquit, „*voluerunt Apostoli* nos sentire, quod per tales ritus iustificemur, quod tales ritus sint res necessariae ad iustitiam coram DEo. Non *voluerunt* Apostoli tale onus imponere conscientiis. Non *voluerunt* iustitiam & peccatum collocare in obseruationibus dierum, ciborum & similium rerum. Immo Paulus compellat huiusmodi opiniones, Doctrinas Daemonum. Ita-

---

[48] Spener 1693, 332 ff.; 339 (Lutherzitat).
[49] WA DB VII, 168 f. (zu 2Kor 12, 2–19).
[50] J. Olearius 1699, 124.
[51] Ebd., 148.
[52] Cocceius, Colosser 1689, VI, 37.

que *voluntas & consilium Apostolorum ex Scriptis eorum quaeri debet*, non est satis allegare exemplum" &c. Hactenus Apologia.[53] Videmus autem nos in verbis adductis, in locis illis omnibus, ⟨54⟩ quae de ritibus Apostolicis agunt, Scopum accurate considerandum esse, ne in Scripturae interpretatione, pariterque in ipsa Doctrina, errorem grauissimum admittamus.

IV. Superest, vt exemplum adferamus Considerationis Scopi, quod ad sensum mysticum pertineat. Hic nobis ipse Paulus euidens exemplum suggerit I Cor. 9, 9. 10. *Scriptum est in Lege Mosis, non alligabis os boui trituranti. Numquid de bobus cura est DEo? an propter nos vtique hoc dicit? nam propter nos scripta sunt* &c. Adfirmauerat Paulus, iustum esse, vt qui Euangelium adnunciunt, alantur ab Auditoribus, siue *de Euangelio viuant*. Ita enim id exprimit v. 14. Quaerit autem v. 8. *Numquid secundum hominem haec dico?* h. e. numquid persuadetis vobis, me isthaec non nisi humana auctoritate adstruere? Et statim subiicit: *An & Lex haec non dicit?* quasi dicat: Neutiquam haec secundum hominem dico; sed DEus ipse in Lege suam ea de re voluntatem declarauit. Adfert itaque praeceptum Legis: *Non alligabis os boui trituranti*. At enim haec Lex videri potuisset Corinthiis nihil minus probare, quam id, quod in praesentia ⟨55⟩ probandum erat. De bobus enim agit, non de hominibus, non de Ministris Ecclesiae, si quidem sensum Litteralem spectemus. Ad sublimiorem igitur, eumque Mysticum Sensum, Legem illam transfert, & in eo inesse neruum probandi ostendit. Quomodo autem ostendit? iubet Corinthios animum ad Scopum, finem, consilium & voluntatem Legislatoris aduertere; sic enim facile eos cognituros tacite spondet, rem illam, quam Sensus Litteralis perhibeat, non esse tanti momenti, vt praeter eam aliud nihil sapientissimus Legislator voluerit, sed illam ipsam rem leuiusculam quidem, attamen a DEo populo veteri praeceptam, significasse & adumbrasse rem sublimiorem, veritati & dignitati Noui Foederis congruam: *Numquid de bobus cura est DEo? an propter nos vtique hoc dicit? nam propter nos scripta sunt*. Mera sane & nuda rei, Sensu Litterali comprehensae, accommodatio ad rem spiritualem, non habuisset vllam vim probandi; sed quia detegit consilium Legislatoris, & ipsius Legis *Scopum* principalem in *Mystico* demum Sensu deprehendi ostendit, per illum sensum Legis mysticum efficacissime probat id, ⟨56⟩ quod probatum iuerat. Ceterum non negauerim, licet dictum illud, a Paulo adductum, soleat vulgo haberi exemplum luculentissimum Sensus Mystici, posse tamen in Mose ipso Dicti illius Sensui Litterali ita laxari vela, vt opus non sit, Sensum illum, quem Apostolus in eo prodit, dicere Mysticum. Ita Lutherus in Adnotationibus in Deut. Tom. III. Ien. f. 142. p. 2. commode Paulum & Mosen exponit: „*Non ligabis os boui trituranti*, vt mansuetudine erga bestias exercitati, magis erga homines beneuoli fierent. Est autem Gnome prouerbialis, quam Paulus I Cor. 9. copiose explicat, adeo vt dicat: *Numquid cura est DEo de bobus?* quasi dicat: Etsi DEus curat boues, non tamen propter boues curat hoc scribi, quum nesciant legere; vt sit sensus Pauli: Ita significatio non tantum de bobus, sed generaliter de omnibus laborantibus intelligitur, vt labore suo viuant, sicut & Christus dicit: Dignus est enim

---

[53] Bekenntnisschriften 224, 20–32.

operarius mercede sua. Qui ergo laboranti non dat victum, vel non communicat ei omne bonum Gal. 5, is est, qui ligat os boui trituranti."⁵⁴ Hactenus Lutherus.

⟨57⟩ V. Ad Positionem primam notauimus, distingui etiam Sensum Scripturae in Sensum *Litteralem & Spiritualem*, diuersa quadam ab ea, quae in Scholis vrgetur, & quam ipsi antea exposuimus, acceptione; qua nimirum sensus omnis, siue alias Litterae, siue Litteralis, siue Mysticus appelletur, quatenus cognitione humana, naturali & externa apprehenditur, *Litteralis* & irregenitis competere dicitur; quatenus vero per Spiritum Sanctum, & ex lumine gratiae, intelligitur, *Spiritualis*, & non nisi regenitis competere dicitur. Hoc ad *considerationem Scopi*, de qua in praesentia agitur, transferendum est. Potest vtique consideratio Scopi, siue de Sensu Litterae, siue Litterali, siue de Mystico quaestio sit, etiam ab impiis institui, qui suo quoque modo, naturali nempe & humana cognitione, Scopum seu finem Scriptorum Sacrorum apprehendunt, siue ipsi inuestigarint, siue ab aliis eum dextre expositum acceperint. Id quod vel ex illis ipsis exemplis, quae adhuc de Scopo considerando, si ad cognitionem genuini sensus pertingere velimus, in medium protulimus, elucere potest. Sensum enim ex consideratione Scopi deductum, posse ⟨58⟩ etiam suo modo, quantum nempe naturalis iudicii vires permittunt, impium quemque percipere, res ipsa loquitur. Interim firmum est id, quod docet Paulus 2 Cor. 3, 13. 14. 15. seqq. non posse hominem, quamdiu κάλυμμα ἐπὶ τὴν καρδίαν κεῖταί ἀτενίσαι εἰς τὸ τέλος, oculos intendere *in finem & Scopum Scripturae*, seu Spiritus Sancti in Scriptura loquentis.

Tenendum itaque est, cognitionem Scopi, ipsiusque Sensus Scripturae apprehensionem, solis naturae innixam viribus, paedagogicam quidem esse, quae reddat hominem ἀναπολόγητον, & multo quidem magis, quam naturalis DEi notitia, quam Ethnici habuerunt, Rom. 1, 20. Verum tamen illam, quamdiu homo Spiritui Sancto obicem ponit, manere cognitionem naturalem, nec posse dici, nisi forte ratione principii externi, vnde hausta est, & ratione obiecti, circa quod versatur, (quae tamen impropria valde & minime accurata appellandi ratio esset) Spiritualem, minimeque illam pertingere ad interiora velaminis. Ad haec enim cognoscenda, si quidquam aliud, certe id requiritur, vt Scopus Spiritus Sancti intimus, & consili-⟨59⟩um eius profundiori ratione, quam id solis naturae viribus praestari possit, agnoscatur, licet in hac etiam agnitione Spirituali diuersi dentur gradus. Hic igitur reuelatione Spiritus Sancti opus est, non duntaxat externa, quae nuda lectione Scripturae diuinitus reuelatae obtinetur; neque etiam extraordinaria quadam & singulari, quae Prophetis obtigit; sed ordinaria illa, quam Spiritus gratiae, qui propterea *Spiritus Sapientiae & Reuelationis* vocatur Ephes. 1, 17. in corde fidelium habitans, & verbo semper efficaciter praesens, impertire intus solet in corde credentibus, quo *intelligant & spiritualiter examinent ea, quae sunt Spiritus DEi* 1 Cor. 1, 15. Immo quo est oculus mentis magis a mundo abstractus, in DEoque defixus, quo magis lumine Spiritus Sancti est illustratus, & quo per gratiam purior est redditus; eo certior etiam firmior ac purior est Scopi divini consideratio, & sensus inde deriuati agnitio. Neque enim

---

54 WA 14, 718, 10–18.

lumen gratiae excludit media, sed ea potius includit & vult ea adhiberi; immo adhibet, sed non per obscurum rationis lumen, verum per divinum sapientiae & Spiritus lumen, veritatem ipsam (non solum verborum, recte ⟨60⟩ cohaerentium, sed) ipsius rei significatae, inque fide approbandae, vel improbandae, recipiendae vel reiiciendae, prout bona vel mala in hoc lumine appareat. Et vt per gradus illuminamur, ita per gradus etiam a nobis cognoscitur & totius Scripturae, & Librorum eius singulorum, & pericopes cuiusque particularis scopus & sensus. Quo nihil aliud volumus, quam quod Augustinus dixit Lib. II. de Doctrina Christiana cap. 7. *Oculi in tantum vident, (in Scripturis) in quantum moriuntur huic saeculo; in quantum autem huic viuunt, non vident.*[55] Id quod ante omnia ad cognitionem Scopi, seu τοὺς τέλους, vt Paulus vocat, applicandum est. Nam homo impius videt quidem, quid verba velint, at rem significatam impietate sua repudiat, adeoque & verba in eum sensum torquet, qui a Spiritu, verborum auctore, indicatus non est. Videant itaque Theologiae Studiosi, vt agnoscentes, a quo ipsis Spiritualis perceptio Sensus Scripturae S. dari debeat, debita reuerentia & animi demissione inter suspiria precesque minime hypocriticas in Scripturae Scopum inquirant, quo illis obtingat id, quod scriptum est: *In luce tua videmus lucem* Ps. 36, 10. Discant, quid sit ⟨61⟩ illud, quod Christus Iudaeis, prae caecitate mentis ipsum signis maximis & euidentissimis conspicuum non agnoscentibus, dixit Luc. 11, 35. *Considera, num lumen, quod in te est, tenebrae sint.*

Positio III.

SI qua Pericope Biblica nobis exponenda, eiusque Sensus genuinus, ad nostram aliorumque conuictionem eruendus fuerit, omnia & singula eius verba, ne minimo quidem apice neglecto, attento animo ponderanda, simulque cum Antecedentibus & Consequentibus prudenti cura conferenda sunt.

Expositio.

NOtandum est I. pericopen ipsam, cuius sensum genuinum indagare aliquis voluerit, praecipue in oculis habendam esse, eiusque verba singula plus attentionis operaeque sibi deposcere, quam reliqua, quae sunt extra illam pericopen. Nam illa est instar metae, quam sibi praestituit Exegeta. Eo proinde cetera omnia Exegeseos adminicula, & inter haec etiam illa, quae ex *Antecedentibus & Consequentibus* petuntur, referenda sunt. Quamlibet ⟨62⟩ accurate igitur verba exponenda conferantur cum *Antecedentibus & Consequentibus*, ipsa tamen Antecedentia & Consequentia quodammodo in transcursu quasi considerari debent, ne operam nostram fatigent, eamque ipsius propositae pericopes considerationi surripiant. Quis autem in eo negotio modus sit habendus, ne quid nimis, & ne quid minus, quam res postulat, a nobis fiat, prudentia, quae regulis vix comprehendi potest, vnumquemque docere debet.

---

55 Augustinus, de doctrina Christiana II 7 = CCSL 32, 38, 47 f. = CSEL 80, 39, 11–13 (§ 22).

Notandum est II. per Antecedentia & Consequentia nos non tantum intelligere aliquos versiculos antecedentes & consequentes, sed ea omnia, quae ad idem argumentum eodem in contextu pertinent. Vnde si liber vnicum idemque argumentum complectatur, integer liber, quantus quantus fuerit, cum proposita pericope conferendus est: Sin varii argumenti liber sit, illa duntaxat huc accommodanda sunt, quae cum pericope nostra cohaerent; verbi caussa, si in Epistola ad Ebraeos expendendi essent Cap. octaui versus primus & secundus, integrae Epistolae contextus, quoniam vnicum argumentum continet, non immerito cum illis versiculis confer-⟨63⟩retur. Si autem dictum 1 Cor. 10, 16. esset tractandum, capita 8. 9. & 10. ad Antecedentia & Consequentia spectarent, citra quorum accuratam collationem de dicto illo vix solidi quid liceret pronunciare; reliqua vero eiusdem Epistolae non necessario conferenda essent, quum aliud argumentum contineant. Ceterum vt prae aliis in hoc adminiculo commendando operosus est *Wolffgangus Franzius* in Praefat. Libri de interpretatione Scripturae S. & in argumento illius Tractatus, ita verba eius merito adducimus, quibus se in exemplum aliis, vt desidiam iis excuteret, proposuit. „Ut exemplum meum", inquit, „ostendam, vere adfirmare ausim, me vnam aliquam Epistolam Paulinam quandoque in vna septimana perlegisse cum attentione quinquies, quoties nimirum vel in praelectione publica, vel in Thesibus meis allegandum fuit prima fronte difficilius & obscurius visum aliquod testimonium. Vere illud quoque adfirmo, me in Praelectionibus & incusis Disputationibus ne vnum vmquam allegasse extanto numero Scripturae dictum, cuius sedem, & cum proxime antecedentibus & proxime conse-⟨64⟩quentibus testimoniis connexionem, non de nouo ante collectionem & conscriptionem inspexerim probauerimque."[56] Haec ille. Nec minus vtilia Auditoribus nostris erunt sequentia verba, quibus itidem praeceptum de considerandis Antecedentibus & Consequentibus sic exponit pag. 49. „Primo omnium in fontibus inspicienda & diligenter examinanda sunt singula alicuius loci vocabula, ne vno excepto, & in chartam variae vocabulorum significationes sunt coniiciendae, praesertim ab incipientibus; deinde vbi agitur de vero intellectu vnius versiculi, ordine legendi sunt proxime antecedentes quinque, sex, septem versiculi; aliquando propter vnum versiculum debet perlegi totum Caput; saepe numero propter vnum versiculum debent diligentissime & accuratissime perlegi aliquot capita integra antecedentia, & aliquot integra capita consequentia. Nonnumquam propter vnum versiculum debet totum illud integrum Scriptum, in quo difficilis locus continetur, a capite ad calcem perlegi. Et quod bene notandum, haec tum proxime Antecedentium & proxime Consequentium siue ⟨65⟩ versiculorum siue capitum integrorum Scriptorum & contextuum Lectio, non tantum semel & quasi obiter instituetur, sed saepius bis, saepius ter, saepius decies."[57] Post pauca interiecta idem Auctor se denuo in exemplum proponit, sic pergens p. 51. „Istud vsu mihi venit in omnibus etiam prolixis Prophetis, in quibus legendo plurimum profeci, & multorum locorum natiuam sententiam facillime impetraui, quando & eadem capita saepius, & ipsum integrum Prophe-

---

56 Franz 1693.
57 Franz 1693, 49 f.

tam saepius a primo ad vltimum vsque Caput euolui. Multoties enim Scriptura clarioribus & specialioribus verbis dicit in sequenti aliquo loco, quod quasi inuolutum & quasi obscurius profert in antecedenti capite."[58] Hactenus Franzius: qui similia monita in Libro eodem de Interpretatione Scripturae Sacrae frequentius inculcat.

Id tamen obseruandum etiam fuerit, eum per Antecedentia & Consequentia non modo intelligere integrum contextum, qui ad idem argumentum pertinet, sed etiam Loca Parallela, & quacunque ratione ex reliquis Scripturae Libris ad interpretandum aliquem Locum in ⟨66⟩ subsidium vocanda. Vnde factum, vt omnem viam & rationem interpretandi Scripturam Sacram duobus mediis, quae vocat, seu adiumentis, complecteretur; *Peritia* nempe *Linguarum*, & *accurata Antecedentium & Consequentium Collatione*. Ea vocum significatio amplior illum forte vsum habet, vt hac ratione ad pauciora Capita reducatur methodus interpretandi.

Nobis vero visum est, cum aliis angustiore significatu Antecedentia & Consequentia accipere pro iis, quae cum loco aliquo explicando in contextu integro quoad idem argumentum cohaerent, saltem eodem libro continentur. Ita enim cetera interpretandi adminicula seorsum tractare possumus: qua ratione arbitramur facilius nos impetraturos, vt Exegeseos Sacrae Studiosi genuina methodo indagandi & exponendi Sensum Scripturae Sacrae informentur.

Vtinam vero cuncti consilio illo exemploque Franzii excitarentur ad imitandam illius in conferendis cum loco quolibet explicando Antecedentibus & Consequentibus industriam & constantiam. Certe nihil solidi ab iis facile exspectan- ⟨67⟩dum, qui tam leui brachio Exegesin tractant, vt integro contextu nondum ponderato, de sensu genuino locorum Scripturae quidquam adfirment aut negent.

Notandum est III. officium quidem Exegetae esse, vt cum ipsa loci exponendi verba, tum Antecedentia & Consequentia in originalibus Linguis legat, relegat & expendat; verumtamen isthanc loci cuiusque cum integro contextu collationem non sine fructu etiam ab imperitis Linguarum Sacrarum in versionibus institui. Etenim veritas diuina tam luculenter in Scripturis digito DEi expressa est, vt qui ipsius auidus sit veritatis, eamque serio & ob animae suae salutem cognoscere cupiat, voti sui ex obuia qualibet versione compos reddi possit, corruptelas hic illic inuectas compensantibus & quasi ex se corrigentibus locis aliis, in quibus eadem veritas aeque facile occultari aut corrumpi sinistra versione haud potuit.

Enim vero monemus quidem Theologiae Studiosos, vt audiant iterum Franzium, qui in Argumento supra laudati Tractatus pag. 7. „Optandum", inquit, ⟨68⟩ „erat, Theologis quasi vernaculum esse Ebraeum & Graecum textum Veteris & Noui Testamenti. Optandum erat, & quidem cum primis istud singulis erat optandum, nimirum iisdem omnibus, de quibus nunc sermo est, tam notas esse in ipsis fontibus phraseologias, quibus Spiritus S. familiariter vtitur. Sunt

---

58 Franz 1693, 51.

enim vt phrases certae Ciceroni, & certae Poëtis, ita certae quoque Spiritui Sancto intra ipsos fontes; Ac quemadmodum phrases latinae non possunt verbo ad verbum commode in aliam linguam ita transfundi & verti, vt sono, pondere, vi congruant vtrobique; ita quoque pulchriores & puriores sunt phrases Ebraeae, nec tam facile, concinne, pureque in alias transferuntur linguas."[59] Haec ille: quibus consona sunt, quae in aurea Dissertatione de stylo Scripturae S. habet Rob. Boylius. „Ebraeus sermo," ait, „habet hoc cum aliis commune, quod sua habeat lumina, & emphasin quibusdam loquendi formulis peculiarem; quam vt integram frustra apud interpretem quaeras, ita raro vel eiusdem vmbram reperias, vbi is verbis originalibus nimis religiose adhaereat. Vides, vt aliquas pulchelli vultus partes, ⟨69⟩ nempe genas, nasum & labia, tabella satis apte imitetur; est tamen aliquid plerumque in oculis, cuius vim & splendorem pictoris manus exprimere neutiquam valeat: idem cogita in nonnullis eximiae notae Scriptis reperiri, quorum magnam partem vt peritus interpres sat feliciter in suum sermonem transferat; est tamen, vbi oratio splendidi quiddam & emphatici habeat, quod ille numquam adsequi possit."[60] Haec Boylius, qui in sequentibus ostendit docte & eleganter, quam ob rem haec consideratio propius ad S. Codicem eiusque versiones, quam ad alios libros spectet. Omnino igitur & nos Theologiae Studioso, inprimis veterano, turpem censemus Linguarum Sanctarum ignorantiam; & multo turpiorem desidiam, si cui otium, si vires, si occasio, si adminicula illas addiscendi non desint, & is nihilominus ad earum studium adiicere animum grauetur. Et sunt fortasse, quibus defectus occasionis, aetas prouectior, & alia obstant, quo minus ad Linguae Ebraeae peritiam accuratiorem adspirent; At si quis inueniatur, qui Graecum N. Test. sermonem sibi crebra lectione reddere familiarem recuset, ⟨70⟩ vix habebit, & vix inuenire poterit, quo suam palliet ignauiam.

Verum enim vero si accidat tamen, vt quis peritia Linguarum in praesentia destitutus sit, eum in indagando Scripturae Sensu abiicere animum & quasi oculis propriis orbatum continuo ad Commentarios prouolare nolumus, sed potius subsidio collationis Antecedentium & Consequentium eo magis gaudere ac perfrui debere credimus, quo magis eo, ob reliquorum adminiculorum defectum, indiget. Vsus ipse & experientia comprobabit, eum hoc pacto certiorem reddi de genuino Scripturae Sensu, quam si, neglecta totius contextus consideratione, tantum aliorum interpretamentis innitatur.

Notandum est IV. quod in Positione hac *de non negligendo apice* in verborum sacrorum ponderatione diximus, id nos intellectum velle de omnibus iis, quae in loco aliquo exponendo forte minutula videntur, quaecunque ea sint. In Scriptura S. enim nihil habendum est otiosum.

Grauiter hac de re pro more suo Basilius M. homil. 10. in Hexaem: Ἀργὸν ῥῆμα ἐν τῇ γραφῇ λέγειν βλασφημία δεινή h. e. *Otiosum verbum in Scriptura esse, dicere blasphe-*⟨71⟩*mia ingens est.*[61] Et Chrysost. Hom. 21. in Gen. in princ. οὐδὲ

---

59 Franz 1693, 7.
60 Boyle 1680, 4.
61 Basilius v. Caesarea, hom. X in Hexameron: MSG 30, 29b = Gregor. Nyss. opera ed. W. Jaeger, Suppl., 28, 5.

γὰρ συλλαβὴ οὐδὲ κεραία μία ἐστὶν ἐγκειμένη παρὰ τῇ γραφῇ, ᾗ μὴ πολὺς ἐναπόκειται θησαυρὸς ἐν τῷ βάθει[62] h. e. *Non est syllaba vel apiculus in sacris litteris, in cuius profundo non sit grandis quispiam thesaurus.* [vid. Flac. in Cl. part. 2. p. m. 176.][63] Notum etiam est illud Rabbinorum:

אין בתורה אפילו אות אחת שאין
הרים גדולים תלויין בה:

Non est in lege vel vna littera, a qua non dependeant magni montes. Haec & similia dicta merito Exegeseos S. cultores apud animum custodiunt, vt iis se excitent ad accuratam illam Scripturarum perscrutationem, quae paucissimis sane cordi est, alacriter suscipiendam.

Quum autem hermeneutae opera praecipue in sensu e linguis Scripturae authenticis eruendo versetur, speciatim illum oportet in Ebraea lingua puncta & accentus, in Graeca vero etiam distinctionum signa animaduertere & examinare; minime vero ea, quasi minutula, susque deque habere. Quod ad Accentuationem Ebraeam attinet, via plana & facilis nostris tum viua Magistrorum voce, tum institutionibus Dn. Prof. Michaelis Coll. Dil. osten-⟨72⟩ditur: quam si sequantur, deinceps nec difficili nec sterili cura in accentibus textuum examinandis occupabuntur. De Graeco autem Noui Testamenti textu observent tirones exegeseos id, quod in vetere praefatione Noui Testamenti Oxoniensis, recusi Lipsiae An. 1702. his verbis exprimitur: „Vetustissimi Codices sine spiritibus, accentibus, notis subscriptis, interpunctionibus, immo vocum a se inuicem intercapedine, & distinctione exarati, vt fere, quod de lege sua fecerunt Hebraei, de Euangelio etiam obtinuerit, vnam esse periodum, immo vocabulum vnicum."[64] Sic Dn. D. Maius in Exam. Hist. Crit. N. Test. P. Rich. Sim. C. XXXIII. p. 477. ait: „Certum exploratumque habent eruditi, antiquissimos Codices MS. grae cos juxta & latinos ita exaratos fuisse, vt nullo interstitio voces distinguantur, sed vno litterarum ductu inuicem cohaereant."[65] Et pag. 478. „Extra omne dubium positum esse opinor, quod quum antiqui vna cum matris lacte accentuum rationem haurirent, eos scribendo non pinxisse, sed loquendo pronuntiasse; ac posteaquam illos adscribendi consuetudo iam inoleuerat, tamen multos morem veterum ⟨73⟩ praetulisse, quemadmodum ex antiquis Scholiastis liquet."[66] Quod distinctiones quidem attinet, modo laudatus Dn. D. Maius 1. c. p. 479. ait: „Quum Scriptura a perspicuitate, perfectione & certitudine subinde commendetur, vix dubitamus, quin, quod profani Auctores discipulorum gratia fecerunt, sacri Scriptores, tamquam Doctores Catholici, propter Lectores omnium temporum, accentus addiderint."[67] Et p. 481. „Nullas video caussas, cur Sacri Scriptores non voluerint addere notas magis & vtiles & necessarias, quam accentus; praesertim quum latini Grammatici iuxta ac graeci distinctiones & subdistinctiones antiquitus, &

---

62 Johannes Chrysostomus, hom. XXI in Genesim: MSG 53, 175–185.
63 Flacius 1695, II, 177.
64 NT griech. ed. Oxon. Leipzig 1702, Praefatio fol. *4a. (i.O. „Vetustissimos [...] distinctione exaratos, ut fere, quod de lege sua ferunt Hebraei [...]."
65 Majus, Examen 1694, 477.
66 Ebd., 478.
67 Ebd., 479.

Ciceronis quidem aeuo, adhibuerint."⁶⁸ Verum istae rationes morales potius sunt, quam historicae, h. e. adstruunt potius, quas potuissent caussas Scriptores sacri habere, quare accentus & in primis distinctiones textui adderent, quam probant, id omnino factum ab iis esse. Et ipse Dn. Auctor. 1. c. Stolbergium adduxit in diss. de distinct. N. T. concedere nolentem,⁶⁹ notas distinctionum ab initio adfuisse, sed ab Ecclesiae Doctoribus ex legitimis mediis constitutas. „Nec vero ex defectu huiusmodi interstinctionum & ⟨74⟩ notarum tacticarum inferendum erit, sive minus vigilem fuisse curam DEi circa Textum Graecum, siue maiori ideo ac fere ineluctabili laborare illum obscuritate, si maxime ex antiquioribus MS. Exemplaribus aestimetur: quum abstractis etiam distinctionibus istis a Textu Graeco N. Testam. adhuc aliis modis verus eius nexus adstrui possit": quae sunt verba Dn. D. Ioh. Olearii in Elem. Herm Sac. p. 72.⁷⁰ Hoc autem obseruamus: Licet Dn. D. Maio (in Exam. Hist. Crit. N. Test. Rich. Sim.) verisimile visum sit, Scriptores Sacros scriptis suis notas illas, quas alii recentiores ducunt, addidisse;⁷¹ [quod etiam Dn. D. Pritius in Introd. in Lect. N. T. p. 377. tamquam sententiam illius adduxit]⁷² postea tamen in *Introductione ad Stud. Philolog. Crit. & Exeget.* p. 27. ita hanc rem, adhibitis in vtramque partem cautionibus, disceptauit: „Distinctio N. T. in Commata, Cola, & Versus potissimum ex Syntaxi Grammatica & Canonibus de structura cuiusque linguae aestimari debet, quia non certa, constanti & perpetua ratione nititur, pro periodorum longitudine vel breuitate, aut pro integrae sententiae ambitu &c. sed saepe sensu & arbitrio ⟨75⟩ eius, qui distinctionem facit. Antiqui enim Codices raro admodum, & aliter ac nostri, & diuersimode distincti fuerunt, quemadmodum ex diuersis interpretibus, Graecis, Latinis, Syro, Arab. &c. constat. Quae negligentia deinceps in abusum versa est ab haereticis, plus iusto sibi hic indulgentibus, & pro arbitrio quaeuis mutantibus. Caute ergo hic versari debet Interpres, ne vel nimium tribuat receptis interpunctionibus, vel temere recedat. Quamquam enim salva fide atque pietate recedere alicubi ab iis liceat, immo necesse quandoque sit, ne soloecismos concedamus (vide Exemplum luculentum Apoc. 1, 4. 5. 6.): id tamen non faciendum est ante, quam omnia interpretandi media legitima tentata fuerint & vitium manifesto compareat."⁷³ Haec ille. Nos in his facile acquiescimus; tirones autem, quibus loquimur & scribimus, remittimus in reliquis, quae huc pertinent, ad Auctoris citatam Introd. ad Stud. Philolog. &c. repetitam in Praef. Synobs. Crit. Poli, & ad itidem citatam Introd. ad Lect. N. T. Dn. D. Pritii c. 26. (Vbi *de hodierna in Capita & versus distinctio*-⟨76⟩*ne* agitur) & seqq.⁷⁴ Ceterum maiores nostros, licet religiosissime in Scripturis explicandis versatos, ac litterae tenacissimos, haud tamen nimium in his rebus fuisse scrupulosos, vnico exemplo, (quod pluribus probari posset) ostendam. Iohannes Brentius, cui tot succulentos in Scripturam

---

68 Majus 1694, 481 f.
69 Stolberg 1672.
70 J. Olearius 1699, 72.
71 Majus, Examen 1694, 19 ff., 23 f.
72 Pritius 1704, 377.
73 Majus [1699], 27 f.
74 Pritius 1704, 361–367.

Commentarios debemus, in Cap. 2. Matthaei, exposita coniectura sua de nomine *Nazareni* Seruatori imposito, addit: „Fortassis huc etiam facit, quod Philippus Ioh. 1. ad Nathanaëlem dicit: *De quo scripsit Moses & Prophetae, inuenimus Iesum filium Ioseph Nazarenum.* Et Nathanaël respondet: *a Nazareth? Potest aliquid boni esse.* Videlicet, vt hoc tantum (*a Nazareth?*) legas per interrogationem: quod autem sequitur, per subiectionem."[75] Quam nos interpretationem nunc suo loco relinquimus.

Videamus autem, his praenotatis, exempla, ad positionem ipsam a nobis datam pertinentia. Atque vt primum nobis de genuino *Sensu Litterae ex Consideratione Antecedentium & Consequentium* eruendo constet, sit exempli loco dictum 1. Cor. 9, 6. In vernaculo nostro sermone sic habemus: *oder haben allein ich und Barnabas* ⟨77⟩ *nicht Macht solches zu thun?* In Graeco autem: Ἢ μόνος ἐγὼ καὶ Βαρνάβας οὐκ ἔχομεν ἐξουσίαν τοῦ μὴ ἐργάζεσθαι; Verba ipsa graeca vtique docent rectius haec ita verti: *Oder haben ich allein und Barnabas nicht Macht zu arbeiten?* Confirmant autem hanc versionem Antecedentia & Consequentia. Versu enim quarto dixerat Apostolus: *Nonne habemus potestatem edendi & bibendi* (seu victum exigendi ab iis, quos docemus, vt non teneamur eum nobis labore manuum nostrarum comparare)? Rationes autem, quas versu septimo & seqq. adfert, probant, ministros verbi, ac proinde etiam se & Barnabam non inique alimenta accipere ab auditoribus, nec obligari posse ad victum externo labore quaerendum. Si haec conferantur cum versu 6. liquido constabit, verba τοῦ μὴ ἐργάζεσθαι non reddenda esse *solches zu thun*: qua ratione primo demitur particula negativa, quae in Graeco est, deinde supprimitur emphasis verbi ἐργάζεσθαι; sed reddenda potius esse: *nicht zu arbeiten / nemlich mit den Händen/* id quod tamen hactenus Paulus & Barnabas fecerant; conf. Act. 20, 34. 35. Sic plurima alia dicta Scripturae ⟨78⟩ Sacrae in alienum torquentur sensum, neglecta Antecedentium & Consequentium consideratione.

Videamus etiam exempla, vbi in considerationem veniunt commata & accentus Textus Graeci: Apoc. 13, 8. Germanica versio habet: *Deren Namen nicht geschrieben sind in dem lebendigen Buch des Lamms/ das erwürget ist vom Anfang der Welt.* Quid hoc sibi velit, quod agnus mactatus dicatur a condito mundo, varie interpretes exposuerunt. Plerisque maxime consentaneum visum est, de typis sacrificialibus id intelligendum esse, quibus passio & mors Christi in Veteri Testamento sint adumbratae: Id quod in se vtique verum est, & in epistola ad Ebraeos egregie declaratur & confirmatur. Verum alia ratione alii nodum illum soluunt. Quam solutionem Dn. D. Diecmannus in praefat. Bibliorum Germanicorum his verbis exprimit pag. 27. *Wohin denn auch die dem ansehen nach geringe Unterlassung eines* commatis Apoc. 13, 8. *gehöret/ da in vielen Bibeln die letzten Worte: Vom Anfang der Welt/ mit dem vorhergehenden / das erwürget ist/ zusammen hangen/ und daher viel Fragens und* disputir*ens de agno* ma-⟨79⟩ctato *ab origine mundi veranlasset haben/ so man/ als hieher nicht gehörig/ an seinen Ort gestellt seyn lässet; Dieses aber anietzo unumgänglich anzeigen muß/ daß in unterschiedlichen alten Bibeln diese Worte: das erwürget*

---

75 Brenz 1582, 62.

ist von Anfang der Welt/ von einander getheilet/ und demnach die letzten nicht auf die Erwürgung des Lamms/ sondern auf die Einschreibung in dem lebendigen Buch/ wie auch Apoc. 17, 8. *geschiehet/ und es einige alte also auslegen/ gerichtet werden.*⁷⁶ Auctoritates etiam Dn. D. Diecmannus producit, quibus hanc expositionem firmat: in quibus praecipue notamus *Sixtinum ab Amama* in Antibarbaro Biblico. Is enim libr. III. p. 573. postquam locum illum per traiectionem, vt illud ἀπὸ καταβολῆς &c. referatur ad γέγραπταί exposuisset, idque loco parallelo Cap. 17, 8. confirmasset, addit deinde: hinc consequi, frustra esse, & circa vitiosam lectionem eorum versari industriam, qui hoc ostendere satagant, quomodo agnus commode dici possit ab origine mundi seu a iactis eius fundamentis mactatus.⁷⁷

Aliud exemplum videamus, vbi accentus Graeci etiam incidit consideratio, in Marc. IX, 22. 23. 24. ad quae verba adnotauit ⟨80⟩ sequentia *Nortonus Knatchbull* in Animadversionibus in N. T. „Interpretes in hoc loco plerumq; praetermittunt articulum τὸ, in quo videtur esse quaedam emphasis nullo modo silenda. Ne pereat ergo emphasis, nec syntaxis violetur, distingui velim verba, vt supra, & congruenter verti: *Sed si quid potes, succurre nobis miserescens nostri; Iesus vero dixit ei, si potes? Crede tu, omnia credenti possibilia.* Τὸ accipitur hoc loco τεχνικῶς, & praesupponit materiam, de qua agit, nempe quaestionem de potentia *Christi.* Pater enim pueri, qui iam antea filium adduxerat ad discipulos, qui eum sanare non poterant, διὰ τὴν ἀπιστίαν, *propter inopiam fidei,* vt dixit eis Iesus Matth. 17, 14. videtur dubitasse, num etiam *Christus* eum sanare posset, ideoque dixit: εἴ τι δύνασαί *si tu quid potes,* discipuli enim tui non possunt, *miserere nostri.* Cui Iesus respondet, illico corripiens eum cum indignatione propter incredulitatem, ac si diceret, (saltem cum aliqua incredulitatis exprobratione) An dubitas, vtrum ego possim? *Si potes,* inquis? *Crede tu,* nec de mea potentia despera, *omnia enim credenti sunt possibilia.* Qualia sunt verba eius ad Centurionem Matth. VIII, 13. & ad caecos cap. IX, 29. Atque ⟨81⟩ hunc esse huius loci sensum, sequentia valde arguunt. Nam continuo Pater pueri exclamans cum lacrimis aiebat: *Credo Domine, adiuua incredulitatem meam.* Vnicum hoc erat tempus, quo vmquam quaestio facta est Christo de potentia eius a quoquam, qui sanari ab eo petiit; Vox enim vulgo fuit, Κύριε ἐὰν θέλῃς, δύνασαί με καθαρίσαι, *Domine, si vis, potes me mundare.* Matth. 8, 2. & *dic verbum tantum, & sanabitur puer meus.* ibidem v. 8. de potentia nulla quaestio, voluntatem tantum implorabant, adeo vt non sit omnino mirum, Christum hoc loco exprobrare Patri pueri incredulitatem eius. Πιστεῦσαι pro accentu potest esse vel Aoristus primus vocis Mediae" (Ita Knatchbull, Aoristus autem imperat. Med. est non πιστεῦσαί sed πίστευσαι) „vel Infinitiuus Actiuae subaudiendo θέλε vel μέμνησο, vt frequenter fieri solet (Ita Knatchbull, hoc vero alienum a textu videtur)."⁷⁸ Haec ille Autor, qui plura exempla suggerere potest, quae tamen examinanda erunt, an recte ab eo sint animaduersa. Ceterum in loco Marci, quem ille exponere laborauit, genuinus sensus facile apprehenderetur, si quis ita legeret textum: τὸ, εἰ δύνασαι πίστευσαι, *id,* (quod du-⟨82⟩bitans dicis)

---

76 Stad. Bibel 1703, Vorrede 23 (Nachweis in: Dieckmann 1735, 22).
77 Ab Amama 1656, III, 573.
78 Knatchbull 1659, 40–42.

si potes, id crede. Vel: *Hoc*, quod dubius quaeris, me alloquens: si *potes; hoc*, inquam, ne in dubium reuoca; sed *crede*, certo persuasus, te, dummodo credas, voti tui compotem fore, *quum credenti omnia sint possibilia* & extra dubium posita.

De sectionibus versiculorum examinandis exemplum obuium se nobis sistit in Seb. Schmidii Comment. in Ep. ad Coloss. c. 2. v. 11. „Notum est", ait, „quod sectiones versiculorum diuinae auctoritatis non sint. Male itaque, qui versiculos fecit, hic finiuit v. 11. quum adhuc ad illum pertineant, ad complendum sensum, verba, συνταφέντες αὐτῷ ἐν βαπτίσματι, consepulti ipsi in baptismo; hoc nexu: quae (circumcisio non manu facta) contigit vobis in circumcisione Christi, dum consepulti estis cum illo in baptismate; hoc est, in circumcisione Christi, quae est baptisma, in quo consepulti estis cum ipso."[79]

E Veteri Testamento, (quoad exprimendam vim accentuum) exempli loco sit dictum classicum in artic. de Iustific. Hab. II, 4: צַדִּיק בֶּאֱמוּנָתוֹ יִחְיֶה *Iustus in fide sua viuet.* Hic per ordinariam lectionem ⟨83⟩ accentuum coniunguntur voces: *Iustus in fide sua,* צַדִּיק בֶּאֱמוּנָתוֹ & ab his vocibus per Tiphcha distinguitur vox יִחְיֶה *Viuet.* Qua obseruatione tantum abest, vt imminuatur emphasis, quae pro iustitia fidei ex hoc loco vrgeri potest, vt potius illa ipsa, sic magis agnoscenda sit, quod facile quilibet aduertere potest. Et tunc a Paulo etiam obseruata illa emphasis deprehendi non difficulter poterit Rom. 5, 1. δικαιωθέντες ἐκ πίστεως *iustificati ex fide &c.* Non dissimulo, in Stephani aliisque Codicis Ebraei editionibus aliter legi accentus, ita nimirum vt vox צַדִּיק per Tiphcha distinguatur a reliquis.[80]

⟨84⟩ Aliud exemplum videamus: Es. XL, 3. קוֹל קוֹרֵא בַּמִּדְבָּר *Vox clamans* vel *clamantis in deserto.* Haec verba Tremellius in Versione sua ita distinguit, vt τὸ *in deserto*, referat ad sequentia hoc modo: *in deserto parate viam Iehouae*: In notis autem addit: „Hoc ita distinguendum esse, ostendit Hebraea distinctio, & comparatio sequen-⟨85⟩tis membri, neque dubitamus, quin eadem distinctio seruanda fuerit in Nouo Testamento."[81] Haec ille. Seb. Schmidius in Adnot. ad Ies. p. 342. „*Vox clamantis*", ait, „*in deserto.* Ita vertunt communiter post LXX. & Vulgatum. Vix tamen abnuere possumus, quod Tremellius obseruauit, τὸ *In deserto* ad sequentia

---

79 Seb. Schmidt, Colosser 1691, 147.
80 *Fußnote im Original:* „Heinr. Hoepffner. Disp. XII. p. 376. seqv. Aliqui voculas, *ex fide sua,* referunt ad subiectum. Iustus ex fide, viuet: aliqui autem ad praedicatum, & hoc modo ordinant: Iustus, viuet ex fide. Atque haec diuersitas Syntaxeos originem habuit ex diuersitate Exemplarium Hebraeorum. Nam prior distinctio habetur in edit. Bibliorum Veneta Bomberg. in quarto, & Felicis Pratensis in fol. itemque Ariae Montani a. 1584. impressa. Haec enim habent sub voce צַדִּיק tantum accentum Etymologicum, Merca Peschuta, seu simplex, quae com⟨84⟩matis vim obtinet, sub voce autem בֶּאֱמוּנָתוֹ est demum accentus syntacticus Tiphcha, dimidii Coli vim habens, & distinguendis enunciationis complexae partibus inseruiens: Atque ad hanc lectionem prouocat Fr. Iunius in Parallelis. Sed aliae sunt edd. quae praedictorum Accentuum plane contrarium habent situm, & sub voce צַדִּיק ponunt Tiphcha, sub voce autem בֶּאֱמוּנָתוֹ habent Merca simplex, vti Veneta Bombergiana in Folio cum Commentariis Rabbinorum; exemplaritem Vatabli, quod ex officina Commel. prodiit a. 1599. & denique Opus Regium a. 1572. Antverpiae absolutum, nec bon Biblia Buxtorffii nuper edita. Vtraque autem distinctio bonum & vtilem praebet sensum, eumque in N. T. Scriptis fundatum. Rationes vtrisque distinctionis ibid, ab Hoepfnero adduntur." [Höpffner 1672, 376 f.; Biblia hebr. ed. Bomberg 1518, Biblia hebr. ed. Montanus 1584].
81 Biblia lat. ed. Tremellius 1596, IV, 194a.

referendum esse verba. Vrget hoc accentuatio Codicis Hebraei, & vocabulorum respectus; nam vt posterius hemistichium vult, viam rectificari in solitudine vel campestri, sic prius vult parari viam in deserto."[82] Sic Schmidius: qui deinde etiam ostendit, id non repugnare allegationi in Novo Testamento. Idem vero iam obseruauit in Comment. in Ies. Io. Oecolampadius, qui „apud Hebraeos," inquit, „distinctio est, *In deserto parate viam*; & congruit iuxta sermonis elegantiam, quia postea subdit: *rectas facite in solitudin*e &c."[83] Res sane manifesta est, licet vulgaris versio nihil sensui prophetae habeat contrarium.

Quae protulimus exempla, eo spectant, vt declaremus & tirones conuincamus, in locis ipsis, quorum quis explicationem susceperit, non modo verba, sed singulos ⟨86⟩ apices considerari ac ponderari debere, vt de Sensu Litterae nobis recte constet; licet sensus litteralis consideratio ab illo haud semper remota sit; vti sane sensus litterae & litteralis arctissimo nexu cohaerent.

Addemus autem seorsum exempla collationis *Antecedentium & Consequentium*, quae pertineant ad *sensum litteralem*. Prov. XXIV. verba versus 16. vulgo exponuntur de lapsu in peccatum, quum Antecedentia & Consequentia postulent, vt intelligantur de rebus aduersis, quae permittente DEo piis accidunt. Vid. B. Spenerus in libro supra laudato p. 43. seqv.[84] & in primis Sixtinus ab Amama Antib. Bibl. l. III. p. 590. qui ex Iunio in notis, W. Franz. de interpretatione Scripturae Sacrae, Tarnouio in Exercitationibus Biblicis, aliisque locum Prouerbiorum in illum sensum, quem genuinum diximus, exposuit.[85]

Sic multi candidati ministerii dicto Pauli 1 Tim. 3, 1. *Si quis episcopatum desiderat, praeclarum opus desiderat*, abutuntur, quum, emolumenta temporalia consectantes, ambiunt Spartam Ecclesiasticam. Considerare autem deberent Antecedentia & Consequentia, quae luculenter edocent, ⟨87⟩ hoc agere Paulum, vt dignitatem & gravitatem muneris Ecclesiastici extollat, ob quam istud non modo nulli mulieri, sed nec cuiuis viro committendum sit, sed iis duntaxat, qui per omnia tales sint, qualem episcopum in sequentibus describit. Bene in hunc locum Grotius: „Tam ὀρέγεται quam ἐπιθυμεῖ hic valet אהב *optat, quaerit*. Neque id tunc ambitionis erat, sed maximae fortitudinis, eo quod presbyteri munus non tantum cum grauissimis laboribus, sed & cum summis periculis esset coniunctum, ideo, quod hi maxime, vt aliorum magistri, ad poenas raperentur."[86] Ceterum iam suo tempore Dionysius Carthusianus in Pastorali suo abusum illum dicti Paulini haud perfunctorie notauit.[87]

Sic complures credunt verba Pauli 1 Tim. 5, 8. *Quod si quis suis & maxime domesticis non prouidet, fidem abnegauit, & est infideli deterior*, auaritiae suae patrocinari; eos autem hoc pacto sensum dicti Paulini pervertere ostendit, simulque abusum illum reprehendit B. Spenerus in libro laudato p. 387. seq. Destruit vero illum

---

82 Seb. Schmidt, Jesaja 1695, 342 f.
83 Oekolampadius 1558, Jesaja, 221.
84 Spener 1693, 43–54.
85 Ab Amana 1656, III, 590; mit anderen bei Amana erwähnt: Biblia lat. ed. Tremellius 1596, III, 164b; Franz 1693, Praefatio, 6 ff.; Tarnow 1640, 132.
86 Grotius 1679, II, 2, 965.
87 Dionysios Carth. 1533, Fo. 113b (Zählung des Paulus-Kommentars).

abusum per euolutionem sensus genuini ex integro Apostoli contextu p. 392. seqv.⁸⁸ At-⟨88⟩que ita se res habet in innumeris aliis locis.

Ne desit etiam Exemplum collationis *Antecedentium & Consequentium*, quod ad *Sensum Mysticum* spectet, breuissimis tractemus locum Ioh. 8, 35. ὁ δοῦλος οὐ μένει ἐν τῇ οἰκίᾳ εἰς τὸν αἰῶνα, ὁ υἱὸς μένει εἰς τὸν αἰῶνα *Seruus non manet in domo perpetuo: filius manet perpetuo*. Putamus Christum in his verbis mysticum sensum velle significatum, quem Iudaei debeant animaduertere in historia Abrahami, ex mandato DEi ancillae filium aedibus extrudentis, liberae autem filium heredem bonorum omnium constituentis. Gen. 21, 10. 11. 12. c. 25, 5. 6. Id quod veluti ex ore & mente Domini acceptum pluribus deinde declarauit Paulus Gal. 4, 21. seqv. De illo autem sensu mystico, seu mysterio historiae Abrahami & familiae eius, abunde satis constabit, si modo integrum verborum Christi contextum Ioh. 8, a v. 31. vsque ad finem capitis recte ponderemus: in quibus certe nihil aliud agit Dominus, quam vt discrimen illud inter filios Abrahami secundum carnem & secundum spiritum exponat, & Iudaeis declaret, ipsos ad horum classem minime esse referendos, licet ma-⟨89⟩xime se eo ipso efferant, quod habeant patrem Abrahamum: quod idem quoque Paulus loco citato facere instituit, nisi quod status controuersiae in Epistola ad Galatas eum rem eandem alia quadam ratione iubeat argumento suo accommodare.

Ceterum apprehensionem sensus Scripturae in aliis mere Litteralem esse, nempe in irregenitis, in aliis vero Spiritualem, ac lumini gratiae debitam, nimirum in regenitis, supra docuimus. Agedum nunc in exemplo sensus mystici modo adducto, quod verba Christi Ioh. 8, 35. seqv. nobis suppeditarunt, mentem nostram paullo dilucidius declaratum ibimus. Sane quod ad sensum litterae seu natiuam verborum significationem attinet, eam homo etiam ψυχικός, πνεῦμα μὴ ἔχων, in hoc loco citra difficultatem apprehenderit. Idemque, si adhibuerit adminicula Hermeneutica, quibus forte alias vtatur in lectione profanorum auctorum, & speciatim quidem, si Antecedentia & Consequentia solicite ponderarit, rem quoque ipsam, quam hoc loco Christus in medium protulit, atque sic sensum litteralem, siue id, quod Christus in re ipsa hic significatum voluit, suo modo pernoscet. ⟨90⟩ Fieri etiam poterit, vt, si scientia Theologica bene instructus sit, inde occasionem arripiat, multa docte disserendi de externa & mundana libertate, itemque de libertate spirituali ac caelesti, atque in hanc Christum nos adseruisse, secundum Scripturas erudite doceat. Quid? quod si integrum Christi sermonem accurate ponderet, eumque non modo cum historia Abrahami, sed etiam cum elencho Pauli, quem in epistola ad Gal. c. IV. aduersus Iudaizantes ex historia Abrahami depromit, solicite transferat, hactenus etiam sensum mysticum historiae Abrahami forte adsequatur. Quodsi vero iam cognitione isthac, quam sibi suopte studio comparauit, fuerit contentus, neque interea Spiritui Sancto per verbum Christi voluntatem pulsanti ac trahenti obicem ponere desistat, certe illa quamlibet accurata veritatis cognitio non nisi humana, naturalis & litteralis; diuina vero supernaturalis & spiritualis, (si ratione subiecti consideretur), quum

---

88 Spener 1693, 387–395, besonders 392 f.

non oriatur ex animo Spiritu Christi imbuto, neutiquam dici merebitur; nec vero talis homo Spiritui Sancto repugnare pergens veram libertatem filiorum ⟨91⟩ DEi intelliget in lumine DEi, quia in seruitute peccati manet.

Sin homo ille, qui hucusque ψυχικὸς fuit, subeundo serium poenitentiae certamen operationi Spiritus Sancti obicem ponere desinat, iamque Christo ex operatione Spiritus Sancti credat, & *in sermone eius maneat,* viuida firmaque fide ipsi adhaerescens, tum vere *discipulus Christi euadet, & VERITATEM AGNOSCET:* quae sunt verba Christi Ioh. 8, 31. 32. & optime in hunc locum Brentius scribit: „*Hoc verbo promittit Christus, se HIS, QVI MANEANT IN SERMONE IPSIVS, daturum Spiritum Sanctum, qui in corde ipsorum habitet.*"[89] Tunc igitur illi obtingit talis agnitio veritatis, *quae vere spiritualis,* eo *quod Spiritus Sancti donum sit,* dici mereatur, ac veris Christi discipulis propria sit. *Spiritus* enim *Sanctus* est ille a Christo promissus *hodegeta, qui in omnem ducit veritatem,* ita, vt homo, ductui illius obsequutus, non modo ad externam aliquam veritatis cognitionem pertingat, sed viuido etiam agnitae veritatis sensu adficiatur, eius amore incendatur, per eam se pacatam consequi conscientiam, atque ad veram sibi ante hac ignotam libertatem Spiritus se ⟨92⟩ in Christo iam peruenisse experientia ipsa persentiscat, degustet ac gaudeat. Tum ille, vbi vere discipulus Christi factus, viua & Abrahamica fide donatus, amoris diuini certior, ac Spiritus filialis particeps redditus, pariterque hereditatis caelestis spe repletus fuerit, tum demum, inquam, in illo statu est, in quo *vere nouit, ita vt nosse decet,* τὰ ὑπὸ Θεοῦ χαριθέντα αὐτῷ 1 Cor. 2, 12. Eiusmodi verus Christi discipulus, ex Spiritu genitus, vltro iam ac lubens fatebitur, se antea Spiritu gratiae adhuc carentem non nisi humana, naturali, mortua, mereque litterali tantarum rerum scientia gauisum fuisse; res ipsas vero se haudquaquam spiritualiter examinasse, percepisse ac degustasse, quemadmodum nunc eas per lumen gratiae agnoscat ac sentiat, licet ipsi in pristino suo statu ob coecitatem spiritualem persuaderi a nemine potuisset, se a spirituali veritatis agnitione tam longe adhuc esse remotum. Antea enim forte prae zelo, (quem quidem habuerit, ἀλλ' οὐ κατ' ἐπίγνωσιν Rom. 10, 2.) fanaticismi dicam aliis scripsisset, eiusmodi spiritualem & supernaturalem veritatis agnitionem, eiusque sensum ac gustum viuidum requirentibus, illam vero ipsius me-⟨93⟩re litteralem rerum caelestium scientiam toto caelo differre ab experimentali earum agnitione, qua regeniti perfruuntur, affirmantibus.

Quorsum autem haec omnia tendunt? Eo tendunt, vt exegeseos sacrae cultores non vilipendant quidem scientiam hermeneuticam industria humana comparandam, nec genuina interpretandi adminicula oscitanter, sed potius studiose & alacriter adhibeant; verum tamen vt multo magis accendantur desiderio diuinae vnctionis, qua reddantur vero Θεοδίδακτοι, &, quod omni eruditione augustius est, viua existant Spiritus Sancti habitacula, atque sic Scripturas eo, quo scriptae sunt, spiritu legant in posterum & meditentur. Sit suus apud illos scientiae solidae ac fundamentali (quippe qua carere neutiquam debent) honos; attamen, quum scientiae viribus humanis acquisitae sapientia diuina multum om-

---

89 Brenz 1584, 364.

nino praestet, sit maior honos lumini gratiae. „Est sapiens", ait Bernhardus Tom. 2. Serm. 18. p. m. 208., „cui quaeque res sapiunt, prout sunt. Cui vero ipsa iam in se, prout est, sapientia sapit, is non modo sapiens, sed etiam beatus est, Nempe ⟨94⟩ hoc est videre DEum, sicuti est, atque hic quidem fluminis impetus laetificans civitatem DEi. Hic torrens voluptatis, haec denique vbertas inebrians est."⁹⁰ Ad illam veram sapientiam, quam beatitas consequitur, adspirabunt ac pertingent studio Scripturarum addicti, si iis non modo vt *principio cognoscendi* res Theologicas externe vtantur, qua ratione iis etiam hypocritae vtuntur; sed si praeterea, & praecipue quidem, Scripturis vtantur ac perfruantur tamquam *medio conuersionis animique sui ac vitae omnis in melius commutandae*, si non *cerebrum* duntaxat impleri, sed ipsum *cor* eiusque penetralia affici, imbui, & sanctificari diuino rerum diuinarum sensu discupiant.

Positio IV.

AD loci cuiusque sensum genuinum inuestigandum, explicandum & confirmandum loca alia Scripturae Sacrae, quae illi siue quoad nudam phrasin, siue quoad ipsam rem parallela sunt, quam plurimum conferunt: Nec vero alia re luculentius demonstrari potest, ipsam sibi interpretem esse Scripturam Sacram, quam parallelismo impigre & solerter adhibito.

⟨95⟩ *Expositio.*

DIximus, *loca parallela* exegesin adiuvare, siue ea *quoad nudam Phrasin*, sive *quoad Rem ipsam* parallela sint. Etenim nonnumquam *dictio eadem in re diuersa*, interdum *dictio diuersa de eadem re*, aliquando etiam *in eiusdem rei, sed diuersis in locis, tractatione dictio eadem* adhibetur. Vbi eadem est dictio, seu verba eadem habentur, at eadem de re, quam locus explicandus continet, non agitur, dici solet Parallelismus *Verbalis* tantum. Vbi vero eadem res & phrasis, aut saltem eadem res, de qua in loco explicando agitur, habetur, licet phrasis diuersa sit, dici solet Parallelismus *Realis*. Ille ad *sensum* genuinum *litterae* euoluendum potissimum pertinet. Quod si enim in verbis aliquid haereat vel obscuritatis, vel emphaseos, vel improprietatis, vel ambiguitatis, nihil aeque suppetias ferre Exegetae potest, quam *Parallelismus verbalis*. Quum vero res ipsa, licet in verbis nihil inesse difficultatis videatur, expediri nequit, aut ea res in se quidem clara est, sed illustratione aliqua aut confirmatione opus habere videtur, circumspectanda sunt alia ⟨96⟩ loca Scripturae, in quibus, quantum nobis iudicare licet, eadem de re, siue de professo siue obiter agatur. Atque hic *Parallelismus realis* ad *Sensum Litteralem* siue investigandum siue liberius explicandum, siue corroborandum, maxime conducit, & Sensu Litterali probe eruto, explicato & confirmato, si res ipsa porro mysterium aliquod significet, haud parum etiam ad *Sensum mysticum*, menti Spiritus S. conformem, in lucem producendum conferre solet.

---

90 Bernhard von Clairvaux, sermones de diversis XVIII 1 fin. = MSL 183, 587 D.

Ad mentem nostram dilucidius explicandam, videamus primo Exempla parallelismi in *Sensu Litterae* indagando cosiderandi. Es. 40, 12. *Und begreiffet die Erde in einem Dreyling.* Ambiguum est, quid per vocem germanicam *Dreyling* Interpres voluerit intellectum. In Ebraeo est: וְכָל בַּשָּׁלִישׁ עֲפַר הָאָרֶץ *Complexus est in trientali puluerem terrae*; שָׁלִישׁ *Triens* vel *triental* fuit modus mensurae incertus. Quod de mensura accipiendum sit, optime docet locus Parallelus Ps. 80, 6. *Potabas eos cum lacrymis trientali, Du tränckest sie mit grossem Maaß voll Thränen.* Piscator ad Ps. 80, 6. vocem ita explicat: *ein Trinckgeschirr/ welches hält das dritte Theil* ⟨97⟩ *einer Maas/ die zwölff Becher hält.*[91] Cocceius ait: Verisimiliter ad בַּת vt totum, triens hic reuocandus est.[92] Reliquae significationes vocis שָׁלִישׁ, quas Lexica & Concordantiae exhibent, in loco Iesaiae adplicari nequeunt. Reddi itaque verba adducta possunt: *und fasset den Staub der Erden in ein Maas.*

Aliud videamus exemplum: Ies. 9, 5. (al. v. 6.) inter nomina Messiae in versione Germ. sunt: *Kraft/ Held*: in Ebr. textu: אל גבור Schmidius reddidit: *Deus, Heros.* Et in Adnotationibus in Ies. p. 103. idem scribit: „Est *Deus*, scilicet noster, qui nobis benignus est, nos curat aeternum. Per quam relationem videtur facile decidi quaestio de versione nominis El, h. l. num Deum, an vero fortem, vt Lutherus cum aliis vertit, denotet? Vbi ante omnia absoluimus Lutherum nostrum, tam grauiter propterea a Pontificiis accusatum per calumniam. Certum est, tam ipsum diuinitati Messiae nihil voluisse detractum, quam eos ex Iudaeis, qui per fortem interpretantur, & tamen de Deo Patre accipiunt. Vid. D. Kimch. h. l. Prolixius eum vindicauit Dn. D. Dorscheus de tect. M. F. p. 209 seqq. ⟨98⟩ At relationi, ad quam in primis videtur respexisse B. Lutherus, satisfiet, si noster Deus dictus sit, vt Ier. 23. *Iehouah Iustitia nostra. Fortis* siue *potens*: contra quem nihil quicunque nostri hostes possunt."[93] Haec ille recte quidem. Ast locus parallelus c. 10, 21. vbi eaedem voces ebraeae habentur, *& reliquiae Iacobi* dicuntur *conuersum iri ad* אל גבור *Deum potentem*, facile rem conficit, & testatur *Dei potentis* nomen cum emphasi Messiae c. 9. tributum fuisse, vtpote ad quem tamquam *Deum potentem (den starcken GOtt)* olim reliquiae Iacobi reuerti debeant. Nec tantummodo locus ille quoad voces parallelus est, sed etiam ad contextum, seu ad consequentia, cum textu ipso sedulo conferenda, pertinet. Confirmat versionem parallelismus Ps. 45, 47. Ps. 24, 8. 10. &c.

Aliud: Ies. 58, 8. *Die Herrlichkeit des HERRN wird dich zu sich nehmen.* Quis sensus huius phraseos germanicae? Textus Ebraeus habet: כבוד יהוה יאספך *Gloria Iehouae colliget te.* Iam consulamus parallelismum. Exod. 13, 21. de Iisraelitis dicitur, *Iehouah antecedebat eos interdiu in columna nubis &c.* c. 14, 19. *Tum profectus est angelus ipse Dei, qui antecedebat castra Iisrae-*⟨99⟩*litarum, iuit a tergo eorum: & profecta columna illa nubis a conspectu eorum.* Hinc patet, recte a Tremellio sic quoque exprimi: *Gloria Iehouae extremum agmen tuum aget*; & ab aliis germanice: *Die Herrlichkeit des HErrn wird dich von hinten her schützen.* Respondent huic versioni proxime

---

[91] Piscatorbibel 1605, AT III, 248.
[92] Cocceius, Lexicon 1689, 908; vgl. Cocceius 1660, 348.
[93] Seb. Schmidt, Jesaja 1695, 103; dieser zitiert aus: WA DB XI 1, 47; Kimhi; Dorscheius 1646, 209–223 (§ 2); Biblia lat. ed. Tremellius 1596, IV, 202 (= Act 4, 5–23).

antecedentia: *Deine Gerechtigkeit wird vor dir hergehen.* Ceterum ad plura loca Mosis in hoc capite 58. respici, adeoque integrum hoc caput collatione Mosis optime exponi, facile ostendi posset. e. g. hoc ipso v. 8. *Tum erumpet velut aurora lux tua, sanitas tua* (germanica versio habet: *deine Besserung*) *protinus efflorescet*; nimirum, quum tenebrae caliginosae existerent in terra tota Aegyptiorum tribus diebus, erat lux filiis Iisraelis in habitationibus ipsorum. Variis autem morbis adficiebantur Aegyptii, iisque peribant: At Iisraelitis pollicebatur Dominus se Medicum iis extiturum, si verbo Domini obtemperarent. Exod. 15. Ita h. l. promittitur Iudaeis, nisi ipsi se peccatis & iniquitatibus a Deo seiunxerint (c. 59, 2.) fore, vt luce Domini in Spiritu ac veritate perfruantur, sanenturque ab omnibus malis, quae precibus hypocriticis huc vsque ⟨100⟩ haud potuerint abigere. Sic v. 11. & 14. dicitur: *Ducet te Iehouah iugiter* &c. *veham te super excelsa terrae; & cibabo te hereditate Iacobi Patris tui.* Haec conferri debent cum Deut. 32, 12. 13. 14. Ibi enim exponitur ductus ille diuinus, Iisraelitae vecti dicuntur supra excelsa terrae, & cibatio eorum facta butyro & melle narratur. Sed haec obiter hoc quidem loco.

Ad excitandam autem tironum diligentiam in eruendo sensu verborum grammatico ex locis parallelis, alia quaedam exempla, vt se nobis offerunt, adiiciemus. Ps. 39, 13. *Audi orationem meam Iehouah, & clamorem meum: aurem aduerte ad lacrimas meas; ne surdum agas: quia peregrinus sum coram te, inquilinus vt omnes maiores mei.* Quis sensus verborum: גר אנכי עמך תושב *peregrinus sum coram te, inquilinus?* Nostra versio germ. habet: *Ich bin beyde dein Pilgrim und dein Bürger.* Hac versione dici hoc videtur, quod Dauid, quatenus in terris agat, instar peregrini sit, qui *stabilem ciuitatem hic minime habeat, sed futuram illam inquirat,* (Hebr. 13, 14.) quatenus autem iam cum Deo versetur & in caelis agat, non amplius sit considerandus tamquam *peregrinus & inquilinus,* sed ⟨101⟩ potius *conciuis sanctorum & domesticus Dei* existat, & pro *municipe caelorum* habendus sit. Eph. 2, 19. Philip. 3, 20. Atque sic inter has voces גר & תושב esset oppositio. Ciuis enim peregrino opponitur. Quodmodo autem iam, obsecro, pertingi poterit minimo negotio ad verum sensum grammaticum harum vocum? Parallelismus eum ostendit & euincit. Vtamur verbis D. Geieri in hunc Psalmum, qui, „optime", inquit, „praesentem textum declarabimus ex Leu. 25, 23. vbi Deus terram ait esse suam, Iisraelitas vero esse גרים ותושבים עמדו item 1. Par. 29, 13. *ex manu tua accepimus vniuersa, quae obtulimus tibi: nam* גרים אנחנו לפניך ותושבים *peregrini sumus coram te & incolae, sicut & omnes patres nostri.* Ac proinde & Dauid h. l. suam agnoscens egestatem, vt & infaustam e sedibus paternis eiectionem, implorat benignum Domini supremi praesidium, ne inimicorum libidini porro expositus, deficiat tandem, non citra periculum ipsiusmet diuinae famae. Bene Campensis: peregrinus enim sum apud te & alienigena. Et in antecedentibus idem D. Geierus: תושב incola, h. e. nullum habeo peculium vel domini-⟨102⟩um, in respectu ad te, vnicum orbis Dominum, a quo concessum mihi video domicilium locumque ad tempus commorandi. Nam תושב (a ישב sedit, commoratus fuit) vsurpari solet de eo, qui aliunde adueniens alicubi commoratur tamquam incola receptus; *der zur Miete ist.* conf. Gen. 23, 4. &c."[94]

---

[94] Geier 1696, 568.

Hinc alii reddiderunt: *Ich bin ein Gast bey dir; ein Einwohner.* it. *dein Pilgrim und dein Beysaß.* Ex nostra versione locorum Leu. 25, 23. & 1. Chron. 29, 15. possemus verba Psalmi reddere: *Ich bin ein Fremdling und Gast bey dir.* Nec enim immerito in parallelismo verbali, in primis quum hic simul aliqua ex parte sit realis, eadem versio retinebitur. Obseruandum hoc etiam, quod Ebr. עמך *tecum* germ. expressum sit per pronomen possessiuum *dein.* Optime autem iterum D. Geierus emphasin Ebraei textus sic expressit: „h. e. in territorio tuo, vel iuxta aut coram te, quomodo peregrini viuere solent apud principem aliquem, licentia commorandi decenter impetrata."[95] Hanc emphasin vero ex ipso parallelismo Leu. 25, 47. & 1. Paral. 29, 15. probat, notans posteriori loco pro vocula עמך *tecum* ⟨103⟩ substitui לפניך *in conspectu tuo.* E sensu litterae hoc modo ex locis parallelis ostenso, nectit ipsum sensum litteralem totius versus: „Proinde", ait, „Dauid videtur ita inferre: sicut tu, clementissime peregrinorum patrone, voluisti peregrinorum in populo tuo singularem haberi curam, ita & mei, quaeso, tamquam personae miserabilis, curam in te suscipias, quum coram te instar contemti alicuius ac deserti exteri incedam, praesidio gaudens nullo, vexatus misere."[96] Obiter addimus (nec tamen obiter animaduerti volumus) quae ex hoc loco praeclare ad praxin accommodata sunt a Io. Arndio L. 1. de V. Christ. cap. 17. „Considera alium adhuc esse mundum, aliud corpus & aliam vitam, hoc mundo, corpore, & vita longe praestantiora. Haec, inquam, mortales ad animum reuocate. Vel obliti prorsus estis, aduenas vos esse & peregrinos coram Deo, vt est in Ps. 39, 13? *Coram Deo,* inquam: paucissimos enim credere aduenas se esse, facta eorum abunde testantur. Conf. Leu. 25, 23. Quum itaque in hoc mundo aduenae simus, consequitur, alibi patriam nostram esse. Id quod facile patescet, si tempus cum aeternitate; mun-⟨104⟩dum visibilem cum inuisibili; habitaculum terrenum cum caelesti; mortalia cum immortalibus; caduca cum aeternis conferamus. Rerum harum contrariarum collatio frequensque meditatio purificat animam nostram, ita vt per fidem conspicere multa liceat, ad quorum cognitionem non admittuntur, qui huic contemplationi non vacant." &c.[97] Ne poeniteat Hermeneuticae S. Studiosos, paullulum salis a nobis ex Arndio esse obiter adspersum. Quid? quod eos moneo, meditationes Arndii in loca Scripturae S. in quae incidit, tam esse succulentas ac solidioris sapientiae plenas[,] vt, qui ad studium exegeticum recte incubuerit, progressibus suis ex pia & accurata Scriptorum Arndianorum lectione haud leuem aut contemnendam fieri accessionem sit experturus.

Aliud Exemplum: Ies. 7, 14. *Ecce virgo concipiet, & pariet filium &c.* vocem העלמה recte reddi per *virginem,* (tori nesciam) & falsum esse, quod sensus litterae nihil aliud inferat, quam *Feminam nubilem florentis aetatis,* id quidem parallelismus Noui Testamenti, qui veteri lumen clarissimum praefert, satis euincit. Nam Matth. 1, 23. ita redduntur Prophetae verba: ἰδοὺ, ἡ ⟨105⟩ παρθένος ἐν γαστρὶ ἕξει &c. „Vbi simul, Erasmo Schmidio recte obseruante, Articulus non frustra additur: notat enim determinatam personam, q. d. Non quaeuis virgo, sed illa

---

[95] Ebd., 568
[96] Ebd., 567 f.
[97] Arndt 1658, 96 f.

diuinitus praeuisa, & ad hoc destinata העלמה quod expresse reddendum ἡ παρθένος, *die Jungfrau/* potius, quam *eine Jungfrau*. Quod posterius etsi errorem nullum inducit, textus tamen Sacri emphasin non exprimit."[98] Inseruit ista Erasmi Schmidii obseruatio etiam instituto nostro, vt tirones videant, quam solicite parallelismus ad sensum litterae cognoscendum consulendus, nec quidquam in hoc negotio leue ducendum sit. Nunc tamen praecipue respicimus ipsam Ebraeam vocem עלמה; cuius sensum diximus quidem in N. T. nobis exponi; Iudaeum autem quomodo conuincemus, vocem illam significare Virginem, non Feminam quamuis iuuenem? Non negatum imus, suppetere argumenta plurima, quibus illis satis fiat. (vid. D. Iohannis Melchioris Parallelismus Locorum V. T. in Nouo citatorum, (qui liber totus ad positionem nostram, in qua exponenda versamur, pertinet) in operibus eius ed. Herbornae 1693. Tom. I. p. 397. seqq.[99] Vitringa Obseruat. Lib. ⟨106⟩ V. c. 1. & 2.[100] qui Huetium Demonstr. Euang. Prop. 9. Cap. 9.[101] Wagenseilium Tel. Ign. Satan. p. 381.[102] citat, qui proxime hoc argumentum tractauerint. Vesperae Groninganae ed. Amstel. 1698. Colloqu. XX.[103]) Verum inter argumenta praecipua hoc est, quod a Parallelismo Scripturae petitur. Nos in hermeneuticae S. studiosorum gratiam integrum citati D. Io. Melchioris locum, nobis in hac materia in primis arridentem, adponemus: Ita ille loco cit. p. 398. ait: „Satis clare dicitur nostro hoc loco, עלמה *virginem* futuram. Non *iuuenculam* aetatis tantum ratione; ea enim נערה dicitur, sed reuera בתולה intactam. Ipsa vocis origo id satis docet, ex qua habet significationem *occultationis*, quae scilicet *cognitioni viri & retectioni nuditatis* opponitur. Id enim magis ad rem esse videtur, quam vt עלמה significet, τὴν κατάκλειστον reclusam, ἐν θαλάμοις scilicet, quo Grotius adducit 2. Maccab. 3, 19. & l. 3. c. 1, 25. & alii litterati plura congesserunt; nam pueri vtique non recludebantur, aut latebant, vt & illi inde nomen ferre debuerint, etiam, quando iam in publico versabantur. Dicitur עלם *puer*; sed caelebs, quantum quidem coniicere licet ex duobus locis 1 ⟨107⟩ Sam. 17, 56. & cap. 20, 22. & dubitari queat, an apud Patriarchas eiusmodi occlusio locum habuerit, sed quod maxime facit, vt alteram originationis rationem magis attendendam putemus, est, quod haec virgo, de qua agitur, non amplius reclusa erat futura, sed desponsata viro, in eiusque deducta domum. Ceterum עלמה significare eam, quae integra adhuc est, patet ex septem illis locis, vbi vox eadem reperitur. (conf. Gen. 24, 43. Ex. 2, 8. Ps. 68, 26. Cant. 1, 3. c. 6, 8.) Neque de quoquam illorum mouent Iudaei controuersiam, praeterquam de vno, qui extat Prou. 30, 19. *Non noui viam Aquilae in caelo, & viam serpentis in rupe, viam nauis in mari, & viam viri in virgine.* Vbi ad minimum עלמה notat eam, quae pro virgine habetur. Sed quandoquidem v. seq. 20. adiungitur *via mulieris scortantis*, non possumus locum dare illi explicationi, quae statuit *viam viri in virgine*

---

98 E. Schmidt 1658, 23.
99 Melchior 1693, I, 395–490 (Text beginnt 397).
100 Vitringa, Observ. 1708, V, 1 (1–16); 2 (16–27).
101 Huetius 1694, 761–778.
102 Wagenseil 1681, 381–453 (de Jes 7,14); A. Kircher 1636.
103 Gousset, Vesperae Groningenae (Coll. XX), 421–468.

significare furtiuum concubitum, ex quo non intumescat vterus; quemadmodum neque altera obtinere potest, quae accipit verba de machinationibus viri, quibus insidias struit virginis pudicitiae, nam non dicitur de via *ad* virginem, sed *in* illa, vti & tria illa, quae ad-⟨108⟩iuncta sunt, ostendunt, de transitu per virginem, non de tentato tantum ad illam aditu sermonem haberi. Quare omnibus recte perpensis, videntur veteres mentem loci adsequuti esse, qui de ipso virginis partu intellexerunt. Praeterquam enim, quod is sensus emphasi vocabulorum respondet (nam גבר puerum masculum recens natum significare patet ex Iob. 3, 2.) & geminus est alter locus Ier. 31, 22. Iam vtique coeptum erat de Christo *Filio Dei*, eiusque *nomine* & *descensu adscensuque* agi huiusdem capitis initio v. 4. Adde quod v. 1. idem Filius Dei אתיאל *mecum Deus* appellatur, admodum congrue illi appellationi, qua Iesaias Virginis partum insigniendum pronuntiat. Quare tantum abest, vt locus ille quidquam obsit τῇ παρθενογονίᾳ, vt potius eam magnopere confirmet."[104] Haec ille.

Aliud exemplum seligamus e Franzii Tr. de Interpret. Scripturae S. qui liber apprime huc referendus est, quandoquidem Auctor ibi totus in eo versatur, vt ostendat, in euoluendo Scripturae sensu ab authenticarum linguarum peritis consulendum esse Parallelismum, quem, vt iam supra notauimus, sub Antecedentium & ⟨109⟩ Consequentium notione simul comprehendit. Is igitur p. 696. seqq. dictum Matth. 11, 5. πτωχοὶ εὐαγγελίζονται, *Pauperes euangelizantur*, quoad sensum litterae operose examinat, suamque *explicationem*, vt in fine ait, *omnium eruditorum iudiciis committit*. Et initio quidem narrat occasionem, qua ad dicti huius sensum examinandum peruenerit. „Multis", inquit, „de caussis hoc in loco inserere mihi placet ea, quae de hoc oraculo sacro ante annos aliquot Dresdae ex me quaesiuit Iurisconsultus Clarissimus, & Electoris Saxoniae a praecipuis Ecclesiasticis & Politicis Consiliis; & non modo in Theologia, verum & cum primis in hac ipsa methodo scrutandi & enucleandi sacras litteras cum magna laude versatissimus, amicus & fautor meus honorandus, Dn. D. Leonh. Coeppelius, Norimbergensis, nimirum, an non activa, vel, vt in Scholis loquimur, Media significatione leniore exponi possint & debeant haec verba, in hunc modum: *Pauperes euangelizant, die Armen predigen das Evangelium.*"[105] Commemorat mox etiam Franzius rationes, quas vir ille attulerit, huius explicationis, sicque peruenit etiam ad inuestigationem Parallelismi ⟨110⟩ τοῦ εὐαγγελίζομαι &, hoc, inquit, „verbum in sacris litteris Noui Test. reperitur saepissime, & quidem in significatione actiua quadragies septies, in passiua vero non tam saepe. Etsi vero lectori hunc laborem committere poteram, tamen, quia maxime insigne hoc est exemplum, iccirco operationem ipse sustinebo, vt ex ea videat iterum, quali labore ordineque defungendum sit, qui pie scrutatur Scripturas."[106] Appositis igitur locis illis 47. adiicit etiam sex loca Noui Testamenti, in quibus τὸ εὐαγγελίζομαι passiuam habet significationem. Tum addit: „His ita satis prolixe praemissis quoad contextuum rationem, omnia erunt faciliora, nec indigebunt magna proli-

---

104 Melchior 1693, I, 398 f.
105 Franz 1693, 696.
106 Ebd., 699 f.

xitate. Christus elegit ex suis Auditoribus duodecim discipulos 1) vt essent secum, hoc est, inspicerent exactius totam suam vitam & doctrinam. Marc. 3, 14. 2) vt mitteret eos ad praedicandum, ibidem."[107]

„Etsi vero conuersatio quotidiana mature contigit & fructuosa fuit discipulis duodecim, tamen pro conuertendis regibus, principibus ac aliis magnis ac sapientibus, satis apti non fuere redditi, nisi circa illud tempus, quando iam iam ⟨111⟩ ad vrbes emitti debebant. Perlege a quarto capite Evangelistam Matthaeum continuo ductu vsque ad finem capitis vndecimi."[108]

„Ex Matthaei decimo capite plus quam satis agnoscet aptitudinem divinam Apostolis communicatam: *Euntes praedicate - - Dabitur enim VOBIS in illa hora - - SPIRITVS Patris vestri, qui LOQVITVR in vobis.*"

„Et postea capite vndecimo indicat discipulis Iohannis, quod talem potestatem & aptitudinem miraculose dederit duodecim discipulis, *pauperes* (inquiens) seu imperitissimi (NB. qui ex lingua Spiritus S. sint πτωχοί supra Auctor ex parallelismo ostenderat) euangelizantur, seu ad praedicandum a me emittuntur. Denique post pauca in eodem capite *gratias agit Patri*, quod absconderit *haec ipsa a sapientibus & prudentibus, & reuelarit ea parvulis.* Sic ergo euangelizatio pauperum sit miraculosum opus, prorsus simile reliquis miraculosis operibus, quae a discipulis Iohannis loco responsionis acceptari & considerari iussit, quod vident ibi sanari caecos, leprosos, mutos, resurgere mortuos, & Euangelium propagari a laicis, miraculose ad tantum negotium a Chri-⟨112⟩sto per virtutem Patris, idoneis redditis in momento propemodum, vt loqui solemus."[109] In seqq. Auctor etiam quaedam de communi interpretatione huius loci, ex Luthero inprimis, adfert.

Potuissemus ista breuius expedire; verum quum mira sit desidia plurimorum Theologiae Studiosorum in euoluendis & adnotandis locis parallelis, & in considerando integro Scripturae contextu, visum est ipsa Auctoris verba transscribere, vt aliis, proposito hoc exemplo, torporem excutiamus, pariterque alios, iam serio hoc negotium agentes, magis incitemus.

Iis ipsis autem, nempe Theologiae Exegeticae Studiosis, quibus haec ingeruntur, vt abundantius satisfaciamus, non possumus quin Erasmi Schmidii epicrisin, illi Franzii explicationi additam, etiam adiungamus. „Hoc", inquit, „disquisitione dignum iudico, quod & Franzius Orac. 115. prolixe, sed dubie pertractat, vtrum hoc loco Matth. 11, 5. Verbum εὐαγγελίζονται actiue, an vero passiue significet. Etsi enim vtraque expositio suo modo admitti potest, quod Franzius concedit: non tamen vtraque huic loco, sensu genuino tribui potest. Non desunt, qui actiue in-⟨113⟩terpretentur, *pauperes Euangelium praedicant*, vt intelligatur de discipulis praedicatum emissis, Matth. 10, 5. Sicut & actiuam significationem alibi passim obtinet, vt 1 Cor. 9, 16. Gal. 1, 8. 9. 23. Luc. 3, 18. 4, 18. Act. 5, 42. &c. Nec etiam absurdi quid elicitur: Tamen praesenti loco, eiusque contextui, conuenientius est, si passiue reddatur, quocunque sane ex modo allegatis modis.

---

107 Ebd., 700–708.
108 Ebd., 708.
109 Ebd.

πτωχοὶ εὐαγγελίζονταί *pauperes in doctrina Euangelii informantur, vel Euangelio beantur* &c. Quandoquidem ad hoc erat missus Christus, & hoc eius officium praedictum Es. 61, 1. Quem locum ipse Christus Luc. 4, 18. allegat, ὁ Κύριος εὐαγγελίζεσθαι πτωχοῖς ἀπέσταλκέ με. Sicut ergo hoc loco, & Luc. 7, 22. Christus legatos Iohannis ad vaticinium Esaiae remittit, c. 29, 18. & 15, 5. ita etiam ad hoc Es. 61, 1. Quodsi igitur Christus missus est εὐαγγελίζεσθαι πτωχοῖς, active: vtique οἱ πτωχοὶ εὐαγγελίζονται passive. Quibus paucis tota dubitatio tollitur. Similis vsus in passiua significatione est Ebr. 4, 2. Καὶ γάρ ἐσμεν εὐηγγελισμένοι. Et v. 6. οἱ πρότερον εὐαγγελισθέντες, quibus prius euangelizatum est."[110]

Hanc communem explicationem ⟨114⟩ sequuntur etiam Cocceius[,][111] Dn. Salom. van Til,[112] aliique in adnotationibus ad Matthaeum. Interim sua laude fraudanda non est industria illa, quam Franzius inuestigationi veri sensus, in primis e Parallelismo ac integro contextu, impendit; & licet sensus, ad quem amplectendum pronior visus est, quemque eruditorum judicio commisit, horum applausum non inuenerit, nemo tamen superuacaneam operam lectioni meditationum eius insumet, sed aditum sibi ad profundiorem rerum nonnullarum considerationem patefieri sentiet.

Aliud exemplum indagationis solertioris *sensus litterae* ex locis parallelis seu *Scripturae Analogia*, quae dici solet, suggerit nobis *Robertus Gell*, Anglus, in libro, cui titulus: *An Essay toward the amendment of the last English-Translation of the Bible.* London 1659. h. e. Specimen, concernens correctionem nouissimae Versionis Anglicae Bibliorum. Verba eius p. 226. in latinam linguam translata, haec sunt: Exod. 20, 3. *Ne esto tibi Deus alius ante facies meas:*) „τὸ על פני varie translatum est, v. g. *coram me, ante me*; Sic Hieronymus, Munsterus, Gallica, Hispanica versio: πλὴν ἐμοῦ, *praeter me*, sic ⟨115⟩ LXX. & *Paraphr. Chaldaica*, Martinus Lutherus, Piscator, & versiones Belgicae, itemque Castellio. Verum quid est clarius in textu Ebraeo, quam על פני significare, *Super facies meas?* Sic vertit Arias Montanus. Nec vero dubito, similiter etiam alios verba illa reddituros fuisse, nisi satius duxissent, sensum eorum potius exprimere, quam propriam illorum significationem in versione retinere, vtpote duriusculam ipsis visam. Si autem consideremus, quid sit *Facies Dei*, & quomodo de idolis dici possit, quod sint *super Facie Dei*, textus cunctis satis clarus erit. Et quid est *Facies Dei*, nisi eius Christus? Exod. 33, 14. sqq. Moses cupiebat videre *Faciem Dei*, seu ita Deum cognoscere, veluti homo hominem ex facie cognoscit. Dominus autem dixit ei פני *facies mea praecedet:* id quod Chaldaica Paraphrasis reddidit שכנתי *inhabitans Deitas*, quae est Christus Dei, *praecedet te.* Ita, quod habemus Mal. 3, 1. *Ante me*, est, *Ante faciem meam*, Matth. 11, 10."

„Et quis idolorum effectus est, nisi vt operiant & obscurent faciem Dei, immo Christi eius, in nobis? - - - Hinc conqueritur Deus, falsos Deos, & iis similes, ⟨116⟩ (cupiditates dominantes & regnantes in nobis) *disterminare inter nos & Deum nostrum, & peccata nostra facere, vt occultet faciem a nobis.* Ies. 59, 2." &c.[113]

---

110 E. Schmidt 1658, 185; Franz 1693, 696–712 (bei Schmidt erwähnt).
111 Cocceius, Matth. 1689, IV, 19: Mt 11, 5.
112 Til 1705, 420 f.
113 Gellius 1659.

Haud contemnendam nos ducimus istam obseruationem, in primis quod ad illustrandam Christi gloriam e scriptis Vet. Testamenti pertineat: & conferimus cum ea dictum 1 Ioh. 5, 20. 21. *Cognoscimus Verum illum, & sumus in Vero illo,* (id est) *in eius Filio Iesu Christo. Hic est verus ille DEus, & vita illa aeterna. Filioli, cavete vobis ab idolis.* Christus est *effulgentia Gloriae & character* τῆς ὑποστάσεως *illius, sustinens omnia verbo suo potente.* (Ebr. 1, 3.) In eo, tamquam in Facie sua, se DEus reuelauit, & in eo recte atque ex voluntate sua colitur. Idola interna & externa, vt recte Auctor ille dixit, omni vera agnitione ac fruitione DEi nos priuant. Non sine emphasi igitur DEus dixit: *Ne esto tibi DEus alius super facie mea.* Neque hic inutiliter sensus litterae enucleatur, *sensum* ipsum *litteralem* simul pandens.

Pergimus ad exempla *Sensus Litteralis* indagandi aut confirmandi per collationem *locorum parallelorum.* Ioh. 8, 51. Christus ait: *Si quis sermonem meum serua-*⟨117⟩*verit, mortem non videbit in aeternum.* Phrasis ea, *non videre mortem,* inuenitur etiam Luc. 2, 26. Simeoni enim responsum obtigerat a Spiritu Sancto, ipsum *non visurum mortem,* nisi prius videret Christum Domini. Habetur quoque Ebr. 11, 5. Henoch enim dicitur translatus, *ne videret mortem.* Fuerunt, qui negarent, Henochum viuum fuisse translatum in caelum. His quum obiectus esset locus Ebr. 11, 5. vbi expresse adfirmatur, Henochum *non vidisse mortem,* responderunt, Christum eandem phrasin Ioh. 8, 51. accipere non de morte naturali, sed de morte aeterna; de hac igitur eam etiam in loco ad Ebr. accipiendam esse, praesertim quum Henoch fide translatus esse dicatur, quae nos liberet, non a morte naturali, sed a morte aeterna. Verum locus ad Ebraeos, si quoad Phrasin, *non videre mortem,* conferatur cum Ioh. 8, 51. Parallelismum verbalem tantum continet, & harmonia duntaxat in verbis est, non in re ipsa. Hic enim de *morte aeterna,* quae significantius etiam exprimitur per appositum εἰς τὸν αἰῶνα, illic *de morte naturali* sermo est. Si autem conferatur cum Luc. 2, 26. non modo in verbis, sed etiam in ipsa re Parallelismus est; ⟨118⟩ vtrobique enim eadem verba de re eadem, nempe de morte naturali, adhibentur. Quod autem Henoch non viderit mortem naturalem, id ex aliis etiam argumentis abunde constat, petitis nempe ex integro Contextu huc pertinentis loci paralleli Gen. 5, 24. & ex Ebr. 11, 5. accedente testimonio Siracidis cap. 44, 16. & Chaldaei Interpretis. Iudaei verba Christi Ioh. 8, 51. etiam intellexerunt de morte naturali, vt apparet v. 53. licet sibi viderentur Emphasin verborum Christi percipere, quum, quod Christus dixerat θεωρεῖν θάνατον, id ipsi explicarent per γεύεσθαι θανάτου. Sed eos perperam verba Christi fuisse interpretatos, hoc loco non indiget longa probatione.

Aliqua quidem differentia phraseos est in locis adductis. Nam Luc. 2, 26. & Ebr. 11, 5. dicitur ἰδεῖν θάνατον, Ioh. 8, 51. autem θεωρεῖν θάνατον: Haec vero differentia tanti non est, vt θεωρεῖν θάνατον, si extra contextum spectetur, non possit etiam accipi de morte naturali.

Hic iterum, vt accendamus Theologiae exegeticae Studiosorum diligentiam in conferendis Scripturis, plura exempla in medium proferemus. *Hanc* enim ⟨119⟩ *collationem esse verissimam sanae interpretationis clauem,* recte Danhauerus in Hermen. Sacra adfirmat. sect. 2. Artic. 1. p. 342.[114] Considerent, quaeso, tirones exem-

---

[114] Dannhauer 1654, 342.

plum, quod Auctor modo laudatus l. c. statim addit: „Quum Dominus dicit Ioh. 3, 16. *Sic Deus dilexit mundum, vt Filium suum vnigenitum daret, vt omnis, qui credit in eum, non pereat, sed habeat vitam aeternam*, subintelligendus est ordo diuinus, si poenitentiam agat: nam id Act. 3, 19. additur, vbi scriptum, *Poenitentiam agite, &*
conuertimini, vt deleantur peccata vestra; Item *si baptizetur vnusquisque vestrum in nomine Iesu Christi in remissionem peccatorum vestrorum.*"[115] Si in dicto tam perspicuo interpretatio instituenda est ex collatione aliorum locorum, quae huiusce rei erit in minus perspicuis necessitas atque vtilitas? Et recte sane ille ipse Auctor p. 345. „Periculum", ait, „e neglectu collationis nos hic diligentiae monere debet. Ausim dicere, nullam facile parhermeniam committi, nisi ex neglectu collationis. Ecquid decepit Iudaeos veteres, ne Iesum pro Messia haberent, nisi neglecta collatio? Legerunt generationem Messiae esse inenarrabilem, fore Sacerdotem ⟨120⟩ Melchisedechianum ἀγενεαλόγητον, ac sempiternum: hinc colligunt Iesum non esse Messiam Ioh. 7, 27. *Nouimus, vnde hic sit: quum autem venerit ille Christus, nemo cogniturus est, vnde sit.* It. Ioh. *12, 34. Nos audiuimus ex lege, Christum manere in aeternum, quomodo igitur tu dicis, oportere tolli filium hominis? quis est ille filius hominis?* Si contulissent illi natales Messiae a Michea delineatos, si vaticinia de sacrificio Messiae, adeoque eius morte, facile distinxissent natales alios secundum humanitatem. Saepe vnus locus seorsum acceptus videtur errori alicui fauere, quem locus alius statim prodit, cauetque, limitat verba & illustrat, ne errori ansam praebere possit. Interpres monoculus facile fallitur. Ergo opus est toto oculeo, qui praesentem textum hoc oculo, alios parallelos alio oculo statim intueatur & inter se comparet."[116]

Quae adduximus Danhaueri verba[,] simul & commoda exempla collationis Scripturarum, & monita perutilia, eaque ad excitandam industriam apta, tironibus suggerunt. Sed addamus alia exempla.

⟨121⟩ Paulus Rom. 8, 15. ait, *nos* (in Christo Iesu si simus) *accepisse Spiritum adoptionis, per quem clamemus, Abba Pater.* Manifestus quidem est locus parallelus Gal. 4, 6. *Quoniam estis filii, emisit Deus Spiritum Filii sui in corda vestra, clamantem, Abba Pater.* Et sane alter alteri locus explicando inservit. Nam in illo dicimur *nos per* Spiritum adoptionis preces ad Deum fundere, eumque Patrem appellare; in hoc vero *Spiritus* ipse, in corda nostra missus, dicitur clamorem illum filialis fiduciae plenum proferre. Sed in his aliisque facilis est horum locorum inter se collatio. Praesto autem est alius locus parallelus, qui magis aperit recessus sermonis Apostolici in vtroque loco; nimirum Marc. 14, 36. legimus ipsum Filium DEi in oratione sua dixisse: *Abba Pater.* Hoc videlicet pacto Spiritus Filii se exserebat, quum *tristis* esset *anima illius vsque ad mortem*, & in angore summo constitutus, *positis genibus, maxima contentione oraret*: qua de re in reliquis quoque Euangelistis loca parallela sunt consulenda. Hinc, hinc igitur Apostolus, (eam indicaturus Spiritus Sancti operationem, quae consistit in impulsu ad preces) format eloquutionem suam, vt ⟨122⟩ illic dicat: *per quem clamamus: Abba, Pater!* hic *Spiritum* ipsum dicat *clamare: Abba, Pater!* q. d. vt in illo, qui est Filius DEi natura, per illam

---
[115] Ebd., 343.
[116] Ebd., 345.

vocem se cognoscendam praebuit Spiritus, quo agebatur, indoles: ita, quod nos per adoptionem simus filii DEi, & quod ipsius Filii DEi Spiritus emissus sit in corda nostra, in nobis habitet, & nos regat, eo ipso fit manifestum, quod nos per illum Spiritum, perinde vt ille, clamemus: *Abba, Pater!* Atque vt is non modo illo tempore, quo in spiritu exsultavit, dixit: *Pater!* (Luc. 10, 21.) sed etiam in extremis angustiis atque in certamine summo eadem filiali fiducia egit cum Patre caelesti, dicens: *Abba, Pater:* Ita in eo agnoscimur praediti eodem spiritu, quod non tantum rebus secundis DEi paterno erga nos affectu gaudeamus, quod suo modo etiam prae se ferunt filii saeculi; sed etiam, vbi aduersa nos *clamare* h. e. intentius orare iubent, filiali fiducia ad eum, tamquam Patrem dilectissimum nostrique amantissimum, accedamus, ipsiusque voluntatem nostrae praeferamus. In hoc certe ad Romanos capite octauo Paulus statim cum hoc dicto connectit materiam de afflictionibus fidelium. Super-⟨123⟩est autem, qui huc pertinet, locus parallelus Veteris Testamenti, nempe Gen. 22, 7. *Alloquens Isaac Abrahamum patrem suum dicebat, mi pater: qui dixit, ecce me, fili mi.* Hic locus parallelus typum continet passionis Christi, & adducta verba versus septimi speciatim designant illam orationem Christi, qua dixit: *Abba Pater.* Nos iam decet in Nouo Testamento per Spiritum S. imitari eum, quem pro ratione Veteris Testamenti Isaacus typo admirabili adumbrauit. Vid. *Bochartus* in epistola eximia, qua Scripturae S. diuinitatem argumentis insitis demonstrauit Tom. 2. operum p. 927. sqq.[117] Burmannus *Gesetz und Zeugniß* p. 166. sqq.[118] Thomae Tailorii Christus Reuelatus editus Franequerae anno 1700. p. 28. sqq.[119] & reliqui enucleatius rem typicam tractantes.

Quo autem Exegeseos sacrae studiosos illustriori aliquo exemplo in parallelismum Scripturae, eum in primis, qui ad *sensum litteralem* eruendum pertinet, immittamus, fundamenti loco substernemus dictum Petri Act. 10, 43. *Huic* (Iesu) *omnes Prophetae testimonium dant, remissionem peccatorum accepturum per nomen eius quemuis, qui crediderit in eum.* Inter palmaria Pro-⟨124⟩phetarum dicta istud censendum esse, grauiter & vere pronuntiauit B. Lutherus in Postilla Ecclesiastica, Edit. Berol. Part. II. p. 25.[120] Prouocatur enim hic quam clarissime ad testimonium vniuersale omnium Prophetarum, qui *sentiant & vno ore confiteantur, non per opera, sed per fidem, non propter merita hominum, sed propter nomen Iesu Christi contingere remissionem peccatorum, quae est iustitia nostra*, vt Brentii in hunc locum verbis rem breuiter exprimamus.[121] Iam si velimus cum Beroeensibus (Act. 17, 11.) qui reliquis Iudaeis Thessalonicensibus generosiores dicuntur, hunc Apostoli Petri sermonem, vt illi sermonem Pauli, non modo cum omni alacritate recipere, sed perinde vt illi examinare etiam Scripturas, an haec ita se habeant; collatio vtique accurata ipsorum inter se Prophetarum instituenda est, quo & firmius credamus, & certissime ex ipsis Prophetis sciamus quoque, & conuincamur, verum esse id, quod

---

117 Bochartus 1716, II, 927–942 (Seitenangabe nach Titelblatt, Einzeldruck 1–46).
118 Burmann 1693, 166–168.
119 Taylor 1665, 1700; vgl. insbes. 25–34 (Isaacus Christi typus).
120 WA 21, 218, 5–12.
121 Brenz 1588, 211 f. (zu Act 10, 43).

Petrus adfirmauit, quodque ipse Deus largitione Spiritus Sancti confirmauit, nempe Prophetas omnes illud testimonium Iesu perhibere de remissione peccatorum per nomen eius impetranda. Supponimus sane Apostolum ⟨125⟩ Prophetarum nomine non insignire duntaxat eos, qui inter Sciptores Θεοπνεύστους Prophetae, & in Codice Bibliorum Hebraico quidem *posteriores* dici solent, sed reliquos etiam, quos praeuios Messiae testes extitisse ex indicio Scripturae constat. Id enim docet parallelus Petri sermo Act. 3, 22. 23. 24. Verum nobis hic sufficere potest, si certiores reddamur, eos, qui κατ' ἐξοχὴν Prophetarum nomen, vbi de libris Biblicis sermo est, obtinuerunt, id, quod Petrus ait, de Iesu testari. Iam aliquid certe est, adnotasse loca nonnulla Prophetarum manifesto satis illud testantia, v. g. Ies. 53, 5. 6. Ier. 31, 34. Ezech. 34, 16. Dan. 9, 24. Hos. 1, 7. c. 13, 14. Mich. 7, 18. quae fere loca illa sunt, quae vt parallela in Bibliis adponi e Prophetis solent. Verum enim vero ita non satisfieri dicto Petrino, intuenti parallela illa non potest non in mentem venire: quia haec testimonia non ex omnibus, sed tantummodo ex nonnullis Vatibus excerpta sunt; quum omnes sint adducendi, si quidem sermoni Petri sua constare debeat veritas. Tametsi etiam plures in testimonium adducuntur, vt adduci certe possunt, nihilominus quam diu de numero Prophetarum vel ⟨126⟩ vnicus deest, e quo idem, quod Petrus dixit, non corroboretur, residet dubium in mente lectoris, an ea, quae Petrus dixit, ita se habeant. Vltra igitur progrediendum vtique, & accuratior Prophetarum inter se collatio instituenda est.

Expressa quidem de futuro Messia testimonia, quae iustitiam DEi per eum reuelandam praedicent, atque in Dominum Iesum conueniant, e Prophetis studiose colligere & congerere, labor minime inutilis foret; talia vero in singulis Prophetis haud extare, res ipsa ostendit. Vnde recte infertur, Petrum non ad verba duntaxat, sed ad vim verborum, sensumque eorum profundiorem, ad modum item testimonii perhibendi non vnum, sed varium, atque ad finem, quo omnia sacrorum Vatum oracula collineant, animum intendisse. Qua de re perspicue, pro more suo, *Brentius* Homil. 77. in Resurrectionem Christi. „Lex Mosis", ait, „Prophetae & Psalmi, maxime omnium in Christum respiciunt, de Christo vaticinantur, Christum commendant, & ad solum Christum Saluatorem nos remittunt. Ac tametsi interdum aliud agere videantur, tamen Spiritus semper ⟨127⟩ dirigit oculos suos in Christum." Et ob hanc caussam in sequentibus addit, „nihil maiori studio agendum nobis esse, quam vt Scripturam audiamus, & in Scriptura noctes atque dies meditemur."[122]

Videlicet qui excerpunt pro arbitrio suo e Prophetis testimonia de Christo extantiora, & forte ab aliis iam adnotata, reliqua autem dimittunt intacta, quasi ad Christum minime pertinentia, censendi sunt inter *tardos corde ad credendum omnibus, quae loquuti sunt Prophetae*, Luc. 24, 25. Qui vero assiduae relectionis & collationis studium, quod a piis precibus seiungendum numquam est, in Prophetas contulerint, illis demum *Sapientia*, vt ea ipsa loquitur Prov. 1, 23. *emanare faciet Spiritum suum, & nota iis verba sua reddet*, vt quam plurima in Prophetis clare satis

---

[122] Brenz 1582, 1625.

cernant, quae obscura sunt aliis, nec vllo modo de Christo agere videntur. Ab illis enim nunc typi & symbola animaduertentur, nunc, excusso & accurate cognito litterae sensu, res, de qua agitur, collatione Apostolicorum Scriptorum, & inprimis Apocalypseos, deprehendetur, ad Christum, & ad ea, quae Christi sunt, ex mente Spiritus Sancti omnia referenda esse.

⟨128⟩ Non inepte quidem *Grotius* in Luc. 24, 27. „Credibile est aliorum quoque oraculorum similem explicationem mysticam" (nempe similem ei, quam de Serpente aeneo, de Sacrificio piaculari, de rebus Dauidis, Christus & Apostoli nobis tradiderunt) a Christo aut eius Spiritu traditam & per manus quasi conseruatam in Ecclesia: neque enim omnia scribi potuerunt. Quale illud est de Oblatione Isaaci, in quo arcanum ingens latere veteres etiam Iudaei crediderunt. Sed & nunc *per id sacrificium* Deum obtestantur, *vt ipsis esse velit propitius.* Quin & Isaacus illis dicitur *crucem suam baiulasse & ex mortuis recuperatus.*"[123] Haec Grotius. Absit autem, vt iactura eiusmodi traditionum, aut immani earum corruptione Ecclesia vero Scripturae sensu sit defraudata. Viuit etiam nunc Spiritus DEI, & Scripturas dies noctesque versantibus, meditantibus, conferentibus, veramque mentis illuminationem serio atque ad solius DEI gloriam efflagitantibus, tandemque omnia, quae a benigna DEi manu accipiunt, ad suam arctiorem cum DEo communionem aliorumque aedificationem pie ac sobrie referentibus praesto est, ⟨129⟩ vt, quomodo Spiritus Christi, qui in Prophetis fuit, ad Christum vsque quaque intendat digitum, iis obscurum amplius non sit.

Etsi vero maturae experientiae cuiuslibet relinquendum hoc potissimum videtur, paucis tamen probatum dabimus, Prophetas eos, qui dicto Petrino Act. 10, 43. tamquam testes adponi non solent, e testium numero excludendos non esse. Et primo quidem adfirmatiuum oraculum Spiritus Sancti recte cum illo negatiuo Cap. 4, 12. coniungitur: *Non est aliud nomen sub caelo datum, per quod oporteat seruari homines*: Videatur de eo *Flacius in Glossa Noui Testam. Act. 10, 43.*[124] Enim vero ad catholicum consensum Scriptorum sacrorum demonstrandum satis est, doctrinam aliquam ab eorum compluribus per exerta ac dilucida stabiliri testimonia, ab ea autem doctrina reliquos minime abire, nec suum ab illa dissensum vllo pacto testari. Neganti enim, doctrinam eam esse catholicam, incumberet, saltem vnicum e Scriptoribus Sacris producere, qui ei contradiceret, aut alienam ab illa proferret. Verum licet hoc ita sese habeat, praestat tamen haud dubie, si ostendatur, eandem ⟨130⟩ doctrinam a reliquis non modo non negari, sed etiam confirmari.

Prophetas igitur ipsos, supra nondum ad confirmationem verborum Petri adductos, videamus. Sunt illi *Ioel, Amos, Obadia, Iona, Nahum, Habacuc, Zephania, Haggai, Zacharia* & *Malachias*.

In *Ioele* manifestum satis testimonium illud est, quod ipse Petrus in maxime solemni concione Pentecostali profert Act. 2, 17–21. adeoque si res ita tulisset, haud dubie etiam in primo illo suo ad homines ethnicos sermone (Act. 10.) in testimonium produxisset. A Paulo quoque idem Ioelis dictum, quantum ex eo

---

123 Grotius 1679, II, 1, 466.
124 NT lat. ed. Flacius 1659, 533 (= NT griech. ed. Erasmus).

ad probationem remissionis peccatorum per Messiam impetrandae praecipue pertinet, Rom. 10, 12. 13. adhibetur.

Amos a Iacobo tamquam eiusdem veritatis, nempe de gentibus per fidem in Christum seruandis, testis adfertur Act. 15, 16. 17. Vbi obseruandum est in rem praesentem, Iacobum indirecte Apologiam Petro, quod Gentibus Euangelium de gratuita peccatorum remissione, sine legis impositione, adnuntiauerit, ipsa illa adductione testimonii ex Amoso fecisse.

⟨131⟩ Neque *Obadia*, etsi breuissimus omnium, & Argumento, quo Edomaeis excidium denuntiat, a praedicanda peccatorum remissione prima facie alienior, suo nos priuare voluit testimonio. Huc enim pertinet illud v. 17. *In monte Zionis erit euasio, eritque Sanctitas &c.* Quae verba optime sic exponit Tarnouius: „*In monte Sionis*, id est, in Ecclesia (Psalm. 2, 6. Hebr. 12, 22.) *erit euasio*, hoc est, qui euadat, eritque vnusquisque eius ciuitatis incola (Ps. 15, 1) sanctus sanctitate tum Christi imputata ac perfecta, tum sua inhaerente ac imperfecta, Ioel 3, 17." &c.¹²⁵ Deinde huc spectat quoque v. 21.¹²⁶ *Quumque adscenderint Seruatores in monte Zionis ad iudicandum montem Esaui, erit Iehouae regnum*; Id quod *Iunius* ita παραφράζει: „Quum praedicatione Euangelii, fideliumque seruorum opera adhibita Christus Ecclesiam seruauerit ex inimicis ipsius, & e manu omnium eorum, qui oderunt eam, (vt dicitur Luc. 1, 71.) tum regnabit Christus super Ecclesiam in aeternum, & *regni eius non erit finis*, vt Luc. 1, 33."¹²⁷

In *Iona* typo tam perspicuo, vt ad eum prae reliquis omnibus ipse Christus prouocet, Matth. 12, 40. sq. c. 16, *4*. Luc. ⟨132⟩ 11, 29. id omne quod reliqui vaticiniis de Christo ac regno gratiae praedixerunt, adumbratur. Qua de re in *Christo Reuelato* p. 108. *Thomas Tailorius* succincte ita loquitur: „In vtroque, tum Typo, tum Veritate, patescit gratiae diuinae libertas circa Gentium vocationem. *Iona* gratiae praeco fuit apud Gentiles: *Christus* gratiae praeco non inter Iudaeos tantum, sed & inter Gentes, *quibus in lucem datus* (Es. 42, 6.) *ad salutem gentium, ad extremos vsque terrae terminos.* 1) *DEus* enim *non Iudaeorum modo, verum & Gentium Deus est.* Rom. 3, 29. 2) Christus promissum illud est *Semen, in quo omnes terrae gentes erant benedicendae.* Gen. 22, 18."¹²⁸ Hactenus ille. Et quae obsecro summa est negotii DEi, quod, Iona ministro, cum Niniuitis peregit, quam quae summa quoque est sermonum omnium Christi: nempe ad resipiscentiam exhortatio, & remissionis peccatorum adnuntiatio? nisi quod pro ratione oeconomiae temporis tam clara nondum esset Christi praedicatio. Ne quid de eo dicamus, quod dictum in hoc negotio maxime classicum Exod. 34, 6. ore Davidis aliorumque Prophetarum satis celebratum, in Iona cap. 4, 2. repetatur.

⟨133⟩ *Nahum* non modo eadem de re intelligendus est, quando cap. 1, 15. ait: *Ecce super his montibus pedes euangelizantis, promulgantis pacem* &c. quibus verbis cum Iesaia c. 52, 7. plane concinit, eandemque proinde cum Iesaiae verbis interpretationem sortitur Rom. 10, 15. sed etiam illo ipso cap. 1, 2. 3. 6. 7. Christum

---

125 Tarnow 1688, 741.
126 Ebd., 743 f.
127 Biblia lat. ed. Tremellius 1596, IV, 227b.
128 Taylor 1665, 96.

praedicat e dicto, quod classicum modo vocauimus Exod. 34, 6. fidei in primis vexillum, perinde vt reliqui Prophetae consueuerunt, verbis illis erigens: *Bonus est Iehoua, robori est tempore angustiae: & agnoscit recipientes se ad ipsum* v. 7. vid. Psalm. 2, 12, Rom. 9, 33.

Habacuc oraculum excellens ac ponderosum: *Iustus ex fide sua viuet*, cap. 2, 4. Paulo suppeditauit, Rom. 1, 17. Gal. 3, 11. adde Ebr. 10, 38. Tam manifestum hoc est testimonium, vt addere plura opus non sit, & tantum sane apud nos vtique Pauli valere debet auctoritas, vt in hoc testimonio conquiescamus.

E *Zephania* huc referenda est pericope integra cap. 3, 8–20. qua Propheta, iudicio quidem Iunii in notis, primum vocationem gentium ad cultum DEI & ministerium Ecclesiae, tribus versibus, dein-⟨134⟩de Ecclesiae ipsius constitutionem exponit tribus alteris; postremo hortationem propheticam ad Ecclesiam Dei adhibet reliquo capite. Petro autem testimonii loco praecipue inseruire potuisset verbum Domini v. 9. *Tunc mutabo in populis labium, vt purum sit; quo inuocent omnes nomen Iehouae, colendo eum humero vno.*

Haggai, *Zacharia* & *Malachia* vt post captiuitatem Babylonicam vaticinati sunt, ita non obscuriora, sed clariora potius de Christo & regno eius, quod per fidem erecturus erat in cordibus hominum, testimonia Ecclesiae ministrarunt. *Haggai* cap. *2, 4–9.* it. v. *21. 22. 23. Zacharias* plane testimoniis abundat; quamobrem in ipsa Passionis Christi historia testis reliquis frequentior adhibetur. Quid? quod ipse Christus loquens, & gratiam Noui Testamenti in peccatorum remissione exundaturam praedicens a Zacharia inducitur, v. g. cap. 2, 9. sq. Prae aliis vero Zachariae oraculis a Petro adferri potuisset cap. *3, 8. 9.* c. *6, 12. 13.* &c. *13, 1. Malachiae* illustre vaticinium est c. *1, 11.* & illud c. *3, 1.* sqq. tandemque c. *4, 2.*

Quae omnia longius prosequi otiosum & praeter nostrum institutum foret. ⟨135⟩ Patrum memoria id pro virili exsequutus est *Vrbanus Regius* in eximio & satis noto *Dialogo* de Sermonibus Christi in itinere *Emauntico* habitis,[129] qui videri potest.

Simile exemplum Parallelismi Prophetici suppeditat *Praefatio in Prophetas Minores*, qui inter reliquos Veteris Testamenti libros, distinctis voluminibus Parisiis saeculo superiori in forma octaua editos, sub hoc Titulo prodierunt: *Les Douze Petits Prophetes traduits en François, avec l' explication du sens litteral & du sens spirituel, tirée des SS. Peres & des Auteurs Ecclesiastiques.*[130] h. e. Duodecim Prophetae minores translati in Linguam Gallicam, cum explicatione sensus litteralis & sensus spiritualis, e SS. Patribus & Auctoribus Ecclesiasticis depromta. Ibi primum verba *Augustini de Cons. Euang.* I. *3.* c. 7. producuntur: „Omnes sancti Prophetae vno spiritu loquuti mirabili inter se consensione constant, vt hoc multo amplius sit, quam si omnium omnia Prophetarum vno vnius hominis ore dicerentur. Et ideo indubitanter, quaecunque per eos Spiritus Sanctus dixit, & singula esse omnium & omnia singulorum."[131] Deinde sequens de rebus ⟨136⟩ ad Christum

---

129 Rhegius 1558.
130 Les douze Petits Proph. 1681, Preface, 5a.
131 Augustinus, de consensu evangelistarum II 7, 30 = CSEL 43, 305, 19–306, 1.

attinentibus parallelismus adfertur: „Praedictum tot ante Christum natum seculis."

„In *Micha*, (c. 5, 2.) quod is, *qui debeat dominari in Israel, & cuius egressus sit ab initio, a diebus aeternitatis, debeat nasci in parvula vrbe Bethlehem*: prout in Euangelio videmus, Iudaeos ipsos eius rei Herodem certiorem fecisse."

„In *Malachia* (c. 3, 1.) quod sanctus Praecursor futurus sit *Angelus, quem Dominus missurus sit ante Messiam*: prout idem adfirmauit ipse Filius Dei, citans propria huius Prophetae verba Matth. 11, 10."

„In *Zacharia* (c. 9, 9.) quod Filius DEi *tamquam Rex Hierosolymam sit intraturus, pauper & asino insidens;* quodque (c. 13, 7.) *Deus percussurus sit Pastorem, ac futurum, vt oues dispergantur:* quae sunt verba ab ipso Filio DEi citata paullo ante ipsius Passionem. (Matth. 26, 31.)"

„In eodem Zacharia (c. 11, 13.) quod Iesus Christus *vendendus sit pretio triginta argenteorum: quo emendus sit ager figuli; quodque Saluator vulneribus configendus sit, & quod illi, qui eum hoc modo confixerint, debeant dolere super eum, vt doleri solet in mor*⟨137⟩*te primogeniti*: id quod impletum legimus in conuersione primorum fidelium."

„Quis non in persona *Ionae* (c. 2, 11.) qui viuus egressus est e ventre ceti, a quo ante triduum fuerat absorptus, admirabitur mysteria Passionis & Resurrectionis Iesu Christi tam viua ratione repraesentata: quemadmodum ipse nobis testatur Saluator, ea, quae Prophetae huic acciderint, esse figuram eius, quod ipsi deberet euenire? (Matth. 12, 40.) Quis non in Cantico *Habacuci* (c. 3.) mirabitur, si videat sub vmbris & figuris eximiam repraesentationem vitae & mortis Iesu Christi, & fundationem, progressum, ac diuersas agitationes Ecclesiae ipsius?"

„In *Malachia* (c. 1, 11.) sacrificium altarium nostrorum [ita auctor loquitur ex hypothesi Pontificiorum] clare designatum, quum Dominus ad Iudaeos ait, (c. 1, 10. 11.) *quod eos non amet amplius, eo quod Gentes nomen ipsius reuereantur, ac nomini eius offeratur hostia pura in omni loco?*"[132] (Responsionem ad sententiam hanc Pontificiam, qua sacrificium Missae hic praedici falso statuitur, luculentam, vna cum genuina loci expositione, legant Theolo-⟨138⟩giae Studiosi in *Tarnouii Comment. in Prophetas Min.* p. 1612. sq.)[133]

„In *Ioele* [c. 2, 28.] *Effusionem Spiritus Sancti super vniuersam Ecclesiam*, secundum explicationem ipsius Petri in prima sua praedicatione, quae Iudaeis propria huius Prophetae verba citat?"

„Et quum insignis effectus praepotentis gratiae Iesu Christi, secundum Paulum, mysterium illud sit, [quod *sibi* dicit *reuelatum esse, & cuius ipse sit constitutus dispensator*, Eph. 3, 2. sqq. &c.) quod, quum cultus vsque ad aetatem Apostolorum Deo non nisi in Iudaea praestitus esset, deinceps e contrario Gentiles, h. e. omnes populi terrae vocari debeant ad heredidatem illam, qua essent Iudaei excludendi: videmus illam insignem veritatem testimoniis Prophetarum aperte stabilitam. Etenim, ne in praesentia nisi de *Prophetis minoribus*, qui dicuntur, loquamur, videmus illam veritatem"

---

[132] Les douze Petits Proph. 1681, Preface, 5b–6a.
[133] Tarnow 1688, 1612 f.

„In *Hosea*, DEum videlicet cognitum iri a populis extraneis, quippe qui Populus DEI aliquando debeant audire, vt S. Petrus in 1. Epist. sua ipsemet observat c. *2, 9. 10*. Quum enim gentilibus ⟨139⟩ dixisset: *Vos estis populus, quem sibi Deus vt proprium vendicat: vt virtutes praedicetis illius, qui vos vocauit e tenebris in admirabilem suam lucem*; adiicit sequentia Prophetae (c. 1, 10.) verba: *Qui quondam eratis non populus, nunc estis populus Dei: qui non consequuti misericordiam, nunc estis misericordiam consequuti.*"

„In *Ioële*, qui futurum ait, (c. 2, 28.) vt *Deus effundat Spiritum suum super omnem carnem*, h. e. super omnes populos, vtque *omnis, qui nomen Domini inuocauerit, seruetur*."

„In *Amoso*, ex quo S. Apostolus Iacobus verba quaedam in Concilio Hierosolymitano adducit; (Act. 15, 16. 17.) Am. 9, 11. *Post haec reuertar, & restaurabo tabernaculum Dauidis collapsum, & ruinas eius restaurabo, & rursus erigam illud: vt requirant reliqui homines Dominum, & omnes Gentes, super quas inuocatum fuerit nomen meum.*"

„In *Obadia*, qui vocat, secundum S. *Hieronymum*, Apostolos *Saluatores*, eo quod in vniuersa terra praedicare deberent *Salvatorem* mundi."

„In *Iona*, qui figura fuit Iesu Christi, tamquam futuri Redemtoris Gentium; quando conuertit Niniuen, vrbem Re-⟨140⟩giam monarchiae omnium nationum validissimae. (c. 3, 10.)"

„In *Micha*, quum dicit: (c. 2, 12. 13.) *Congregatione congregabo Iacob totum te: in vnum conducam reliquias Israel, pariter ponam illum quasi gregem in ouili, quasi pecus in medio caularum, tumultuabuntur a multitudine hominum. Adscendens enim pandens iter ante eos - - transibit Rex eorum coram eis, & Dominus in capite eorum.*"

„In *Habacuco*, quum ait modo prophetico & figurato: (c. 3, 6.) *Adspexit, & dissoluit Gentes, & contriti sunt montes saeculi* (h. e. Regna mundi); *incuruati sunt colles mundi, ab itineribus aeternitatis eius.*"

„In *Sophonia*, vbi videmus Deum ipsum veritatem illam stabilire, quum dicit: (c. 3, 9.) *Tunc reddam populis labium electum, vt inuocent omnes in nomine Domini & seruiant ei humero vno.*"

„In *Haggaeo*, vbi Iesus Christus aperte vocatur (c. 2, 8.) *Desideratus cunctis gentibus.*"

„In *Zacharia*, vbi idem Saluator eam ipsam ob caussam vocatur (c. 3, 8.) *Sol oriens*, quod illuminare debeat totam terram; quemadmodum Zacharias, Pater S. Iohannis, id expresse in Cantico suo adfirmat."

⟨141⟩ „Et tandem in *Malachia*, vbi Deus diserte ait (c. 1, 11.) *fore, vt ipsius Maiestas ab omnibus agnoscatur gentibus.*"[134] Haec loco citato.

Instituti nostri hic non est, quam accurate parallelismus iste collectus sit, examinare. Sufficit autem istiusmodi exempla tironibus viam ostendere, qua ratione ad exemplum Christi Luc. 24, 44. Pauli Rom. 15, 9–12. & alibi, inprimis in Epist. ad Ebr. capite vndecimo integro (Conf. l. 1. Maccab. c. 2, 51 – 61.) ad verum ac solidum studium Exegeticum hoc referre teneantur, vt Parallelismum

---

[134] Les douze Petits Proph. 1681, Preface, 6a–7b.

ex integra Scriptura, saltem in rebus praecipui momenti, conquirant. Id quod dum vno alteroque exemplo docere visum est, fieri non potuit, quin pro re nata etiam nonnulla admiscerentur, quae ad *sensum mysticum* potius, quam ad *litteralem* pertinent.

Quod autem speciatim ad sensum mysticum, menti Spiritus S. conformem, in apricum producendum Parallelismus haud parum conferat, id vt seorsum exemplis aliquot declaremus, superest. Gen. 49, 9. dicitur: *Catulus Leonis Iehudah, a praeda adscendisti, fili mi: curuauit se, cubuit sicut leo vetulus, quis excitabit eum?* ⟨142⟩ In hoc dicto ante omnia de sensu litterali, siue de eo, quod Spiritus S. proxime significatum voluit per isthaec verba, certo constare nobis debet. Fundamentum autem certissimum sensus litteralis petitur ex antecedentibus. Nam v. 1. huius capitis dicitur Iacobus vocasse filios suos, & dixisse: *Congregamini, & indicabo vobis, quae obtingent vobis in extremitate dierum.* Hoc pensitato facile patet, Spiritus in Iacobo finem in v. 9. hunc fuisse, vt Iudae indicaret, quae euentura in extremitate dierum essent. Et recte sane Vatablus in hunc locum: „Similitudo haec postremam sententiam (*manus tua in ceruice inimicorum tuorum*) confirmat, quod hostibus formidabilis futurus sit Iuda. Tu, inquit, Iuda, velut catulus Leonis vinces inimicos, & reportabis amplissima spolia. Ad posteros autem Iudae referendum est, & debent omnia verti per futurum. Prophetiae enim sunt."[135] Hactenus Vatablus.

Mittimus nunc reliqua, quae ad sensum litteralem eruendum, explicandum & confirmandum faciunt. Iam autem supposito sensu verborum, quaeritur, an non res ipsa verbis significata mysterium ⟨143⟩ aliquod, & quidem ex mente Spirit. S. complectatur? Locus parallelus id sane ostendit, nempe Apoc. 5, 5. vbi dicitur: Ἰδοὺ ἐνίκησεν ὁ λέων ὁ ὢν ἐκ τῆς Φυλῆς Ἰούδα, *Ecce vicit Leo, qui est ex tribu Iuda.* Haec dictio prophetica depromitur ex Gen. 49, 9. & parallelismus iste verbalis pandit simul parallelismum realem quoad mysterium, quod verbis Iacobi vaticinantis subest. Recte in hunc locum Apocalypseos Grotius: „Illud ὁ λέων ὁ ἐκ τῆς Φυλῆς Ἰούδα ostendit sublimiore sensu in Christo, qui ex tribu erat Iudae, vt Genealogiae docent, & scriptor ad Ebraeos c. 7, 13. 14. impletum vaticinium Iacobi, Gen. 49, 9. cui addi potest & illud Num. 24, 17."[136]

Dum animo est, plura huc spectantia exempla in medium proferre, in mentem venit Interpres Scripturae doctissimus, *Campegius Vitringa*, qui non modo in *Typo Doctrinae Propheticae*, subiuncto *Hypotyposi Historiae & Chronologiae Sacrae*;[137] sed etiam in *Anacrisi Apocalypsios Ioannis Apostoli*, in primis ad c. 1, 20. argumentum hoc de sensu litterali & mystico egregie inlustravit. Inter alia vero praeclare ab illo monita etiam hoc est, quod p. 69. sqq. adfirmet, „Spiritum Sanctum, cuius sapien-⟨144⟩tia sacris voluminibus consignata a mundana & carnali longis interuallis dissideat, *Nomina Propria Populorum*, *Vrbium* & *Hominum* triplici modo in verbo suo vsurpare solere; *Primo* quidem sensu *mere Grammatico*, Historico & Litterali, apud omnes vulgato & recepto: *Secundo* sensu *mere* tralatitio, allegorico,

---

135 Biblia lat. ed. Vatablus 1605, 66: Gen 49, 9.
136 Grotius 1679, II, 1177.
137 Vitringa, Hypotyposis 1708.

spirituali, & mystico, qui cum vulgato sensu & significatione illorum Nominum nihil habeat commune: *Tertio sensu mixti generis*, h. e. qui ex Litterali & Mystico sit compositus; vbi *Nomina Personarum* vel *Locorum* in Oratione Spiritus S. primo quidem communem & vulgatam suam retineant significationem, sed deinde propter similitudinem & conuenientiam Attributorum, quae inter easdem illas Res, Loca, Personas & alias eiusdem generis, futuro tempore ex Consilio Dei extituras, (quae Vmbratilis, Typica, vel Hieroglyphica conuenientia, Spiritui S. accurate perspecta sit) simul ex eiusdem Spiritus S. mente alias illas notent Res, Loca, Personas, quarum fata Spiritus Dei sub nominibus illis mysticae significationis depingere & enarrare voluerit.[138] Deinde monet (p. 71.) Allego-⟨145⟩ricum eiusmodi & Mysticum Scripturae sensum non obtinere tantum in oratione de *Subiectis*, quae sua habeant ἀντίτυπα in Oeconomia Gratiae: verum etiam in sermone de rebus aut personis, quae ob *conuenientiam attributorum* simpliciter modo tamquam aliarum *emblemata* & imagines considerari possint."[139] Atque hanc rem declarat [p. 74.] exemplo petito ex notabili vaticinio, „quod apud Iesaiam (c. 22, 15. 16.) extat de *Sebna* & *Eliakimo*: quorum ille ob arrogantiam, superbiam, & ingratum in Deum animum, removendus erat a *Praefectura Palatii Regii*, & seuere a Deo puniendus; hic vero ob pietatem, modestiam, fidem in Deum, & fidele obsequium illi praestitum, illa dignitate ornandus".[140] Hoc exemplum, quum valde commodum sit, vt ostendamus, quantum *Parallelismus*, inprimis Noui Testamenti, conferat ad sensum mysticum Testamenti Veteris indagandum, porro verbis ipsius laudati Auctoris proponemus. „Grauis est", inquit, „illa & seuera Dei oratio, qua Propheta indignationem Dei in Sebnam, eiusque affectum in Eliakimum explicat. Nemo iam dubitat, quod sciam, esse huius vaticinii sensum aliquem historicum: proinde *Sebnam* di-⟨146⟩gnitate Praefecturae Praetorii esse exutum, & locum eius occupasse Eliakimum. Vtique in historia Regis Hiskiae *Eliakim* (2 Reg. 18, 18.) jam notatur vt על הבית *Praefectus Palatio*: & *Sebna* vt ספר *Scriba*, Regi ab Epistolis & Commentariis. Fuit igitur iam tum *Sebna* de gradu hoc honoris Praefecturae deiectus: etsi ex historia non constat, an & quando reliquae minae, quas Propheta in ipsum intorquet, implementum suum nactae sint. Oportebat enim *Sebnam* non tantum ab hoc munere honoris remoueri, verum etiam ex ipsa Cananaea abduci & expelli, & in Assyria misere interire, ibidemque terrae mandari. Quae quo tempore & qua occasione euenerint, non liquet: licet euenisse, nullus ambigam. Prorsus tamen existimo & persuasus sum, in ipsis illis hominibus *Sebna* & *Eliakimo* hic non esse subsistendum. *Sebna* hic in imagine & figura emblematica exhibet *Praefectos rei Iudaeorum*, homines carnales, Epicuraeos, fastu & arrogantia turgidos, quales essent circa tempus Christi Iesu inter illos apparituri: in Eliakimo pingitur & spectari debet *Christus* Iesus, Principibus illis & Praefectis populi Dei, quos Paulus ἀρχὰς ⟨147⟩ & ἐξουσίας vocat, substituendus & ad summam dignitatem Praefecturae totius Domus Dei euehendus: dum reliqui a gradu suo deiiciendi, &, subuersa

---

138 Vitringa 1705, 69 f.
139 Ebd., 71.
140 Ebd., 74.

per Romanos republica & diruto Templo, misere essent interituri & expellendi in turpe & calamitosum exilium. Cuius sententiae nostrae argumenta longe quaerenda non sunt. Etenim α) Verba Prophetae, quae ipse de *Eliakimo* enunciat: v. 22. *Et imponam CLAVEM Domus DAVID humeris ipsius: ipse APERIET ET NEMO CLAVDET, IPSE CLAVDET ET NEMO APERIET:* directe ad Christum Iesum applicantur in hoc ipso *Libro Apocalypsios;* (c. 3, 7.) quod sane non fieret, si non intercederet typica vel emblematica analogia inter Christum & Eliakimum. β) Tam augusta hic praedicantur de Eliakimo, & quidem tanta cum dictionis tum copia tum efficacia; contra interitus & instans calamitas, Sebnae decreta, tam ἐνεργητικῶς describitur, vt, qui in stilo & phrasi Spiritus S. versatus est, absque vllo etiam alio indicio, vndecunque petito, inducatur de aliis hic cogitare subiectis nobilioribus, quorum caussa Spiritus S. hic tam sublimi vti voluerit genere dictionis. γ) Nec patet ⟨148⟩ etiam ratio, quare Propheta tot aliis prophetiis longe maioris momenti & grauioris ac sublimioris argumenti immiscere voluisset vaticinium tam grandia sonans de *Sebna* a Praefectura Palatii Regii removendo, & *Eliakimo* illi substituendo: quae res[,] in se spectata, non tam magna & singularis videtur: si Spiritus S. sub hoc emblemate maiora & sublimiora depingere noluisset. Adeo quidem, vt quae hic dicuntur κατὰ τὸ γράμμα, sensu tenuiore in Sebna & Eliakimo queant demonstrari, sed longe ἐμφατικωτέρῳ & nobiliore sensu secundum summam dictionum vim potestatemque in subiectis aliis ἀναλόγοις, quae sub velo vmbratilium harum imaginum non tam *typicarum* (si *typi* notionem proprio suo significatu sumas) quam *emblematicarum*, latebant."[141] Hactenus Vitringa. Conf. *Eiusd. Typ. Doctr. Proph. Can. 3. 4. & 5. p. 182–186.* [142]

II. Diutius immorati sumus exemplis producendis, quibus & declararemus, quantum ex *Consideratione Parallelismi ad sensum litterae, litteralem & mysticum* cognoscendum peti subsidium possit, & tirones excitaremus ad viam hanc, Scripturam S. ex *Parallelismo* exponendi, in-⟨149⟩grediendam. Iam, vt hi negotio tam vtili ac necessario feliciter accingantur, commendamus ipsis tum *Loca Parallela* a probatis Bibliorum Editoribus textui adnotata, vt in *Joh. Canne Bibl. Angl.*[143] & *Dn. D. Pritii N. T.*[144] aliisque; tum *Concordantias*, quas vocant, *Biblicas*, peculiaribus libris comprehensas. Illa potissimum ad rem ipsam referri solent; hae vero maxime sub vnum conspectum redigunt loca, in quibus eaedem voces occurrunt. Habentur tamen etiam *Concordantiae*, quae dicuntur, *Reales*, & *Indices Bibliorum*, quibus materiae Biblicae in locos suos digestae sunt: quales sunt *Concordantiae Crellii*[145] aliorumque, *Tossani Index*,[146] & paucis abhinc annis editus Index Bibliorum Wurtenbergensium. *Concordantiae Verbales* Bibliorum Germanicae, quae *Lanckischianae*[147] vocantur, tum Maiores, tum Minores, notae satis sunt; nec non Graecae *Stepha-*

---

141 Ebd., 74 f.
142 Vitringa, Hypotyposis 1708, 182–186.
143 Biblia engl. ed. Canne 1682.
144 Pritius 1704.
145 Crellius 1662.
146 Tossanus 1687.
147 Lanckisch 1688.

ni[148] & *Erasmi Schmidii,*[149] & Ebraicae *Buxtorffii.*[150] Quibus non inutiliter adduntur *Noldii Concordantiae Particularum.*[151] Edidit etiam in Versionem LXX. Interpretum Concordantias *Conradus Kircherus,*[152] quarum elogium eximium, vna cum aliquo indicio vsus earum, vid. in *Steph. Gausseni Diss. de Stud. Theol. Ratione* p. 30. sqq.[153] ⟨150⟩ ed. Vltrai &c. Ipse Kircherus etiam librum peculiarem de genuino suarum Concordantiarum vsu postea adiecit; quemadmodum *Glauchius,*[154] Lipsiensis olim ecclesiastes, in genere *de Vsu Concordantiarum* scripsit. *Lexica* quoque praestantiora in vsum Scripturae S. adornata quodammodo sunt loco Concordantiarum e. g. *Lexicon Cocceii,*[155] *Robertsoni,*[156] *Leighii Critica Sacra,*[157] *Suiceri Thesaurus Ecclesiasticus,*[158] qui tamen ad Scripta Patrum & ad res potius, quam ad verba spectat. & c. Dn. D. Maius in Introductione ad Stud. Philolog. &c. p. 46.[159] huc etiam refert *Harmoniarum Auctores* bene multos & satis notos, *Iunii Parallela Sacra*[160] & similia Scripta; immo vult etiam suum locum relinqui illis, qui e profanis Auctoribus contulerunt λέξεις & phrases, prouerbia & res cum sacris litteris, vt fecerunt *Grotius,*[161] *Pricaeus,*[162] *Lightfootus,*[163] *Dilherrus.* Tom. I. Disp. a pag. 100. ad p. 300.[164] *Dietericus* in *Antiqu. Bibl.*[165] & similes.

Id nos etiam atque etiam monemus, optimas esse *Concordantias,* quas sibi quisque ex assiduo Scripturae vsu formauerit; *Verbales* quidem, si per lectionem Scripturae hoc aliquis obtinuerit, vt memoria inter legendum statim ad praecipua loca pa-⟨151⟩rallela recurrat; *Reales* autem, si sedes materiarum ex ipsa bene ordinata, atque toties totiesque repetita Scripturae lectione fuerint satis animo comprehensae. Huc ante omnia contendere oportet cunctos, qui studium Exegeticum serio tractare in animum induxerint. Minime tamen hoc monitum verti velim in contemtum aut neglectum subsidiorum antea nominatorum aliorumque.

III. In Positione ipsa indicauimus supra, *Parallelismo impigre solerterque ac prudenter vtendum esse.* Viuida & interprete sacro digna nobis videtur admonitio *Ruperti Tuicensis,* quam habet *Comment. in Micham* lib. 1. „Sensum Scripturarum", inquit, „eumque verum quaerere & indagare cupientes, siluaticarum venationum

---

148 Stephanus 1624.
149 E. Schmidt 1638.
150 Buxtorf 1632.
151 Noldius 1679.
152 Kircher 1612.
153 Gaussen 1678, 30–32.
154 Glauchius 1682.
155 Cocceius, Lexicon 1689.
156 Robertson 1676.
157 Leigh 1696.
158 Suicer 1682.
159 Majus [1699], 46 f.
160 Junius 1613.
161 Grotius 1679.
162 Pricaeus 1660.
163 Lightfoot 1686.
164 Dilherr 1652, 100–299 (Disputatio VIII).
165 Dietericus 1671.

recordamur, quarum in vsu, quinam canes vere venatici sint, comprobantur. Nam qui eius naturae vel sagacitatis non sunt, vt venationis infatigabili dilectione trahantur, mox, vt spinetis, aut paludibus, aut scopulis, vel rupibus offensi fuerint, fugientem capream aut hinnulum ceruorum segnes obliuiscuntur, & ad domestica cubilia vacui reuertentur. Qui autem canes inge-⟨152⟩nui vel natura sunt ve natici, nullius difficultatis offensione superantur, sed eunt perniciter per aspera, per inuia, quo semel adspectae venationis delectabili odore trahuntur, quasim orituri, nisi capiant; miserabiliter gemebundi, nisi apprehendant. Si canes Domini sumus, sensus veritatis in Sanctarum Scripturarum silua densissima venatio nobis est. Currimus, vt comprehendamus, & tunc laeti sumus, tunc coram illo laetari gestimus, si inter omnes litterae difficultates perseueranter intenti, sensum bonum & vtilem, qui lectorem aedificet, & velut conuiuam oblectet, reportamus."[166]

Hac *Ruperti* pia excitatione calcar additum volumus Exegeseos S. Studiosis, vt nulli parcentes operae Scripturas veluti siluam profundam densamque non semel, sed saepius, atque iterum iterumque emetiantur, in iisque omnes quasi vias ac semitas perscrutentur, & ex ipso assiduo earum vsu veram *Scripturae Analogiam* seu eius Parallelismum genuinum perdiscant. Et vtinam plurimorum hoc in negotio & vtilissimo & pernecessario non accusanda esset desidia! Verum enim vero vtut laudanda sit nauitas & industria ⟨153⟩ eorum, qui in euoluendis & conferendis locis parallelis omnem mouent lapidem; nisi tamen ad diligentiam accesserit solertia quaedam, quae doceat illa & recte seligere, & bene digerere, atque ad scopum dextre accommodare, facile fiet, vt magno conatu magnas agant nugas, saltem imprudentes in varios huius negotii abusus incidant. Hoc igitur teneri volumus: *Sapientiae subactioris esse, Parallelismo recte vti.* Id quod vt melius intelligatur, obseruationes saltem aliquas suppeditabimus, quae viam quodammodo patefaciant ad negotium hocce recte & solerter capessendum.

a. Exegeta interdum mire iuuabitur, si in conquirendo *Parallelismo verbali* locum illum euoluat, in quo vox aliqua vel phrasis primum adhibita fuit. v. g. Ebr. 4. adducitur Psalmus nonagesimus quintus loquens de *Quiete DEi*. Fundamentum vero totius rei quaeritur ibidem in loco Gen. 2, 2. quae videlicet prima sedes est, vbi *Quietis DEi* fit mentio. Atque hinc vera & profunda petitur loci Davidici Ps. 95. interpretatio, & luculenta eiusdem adplicatio.

⟨154⟩ Ita si locus aliquis Scripturae agens *de Vocatione per verbum Dei ad regnum gratiae*, e. g. Ps. 50, 1. Act. *2, 39*. 1 Cor *1, 26*. Ebr. 9, 15. &c. tractandus sit, merito considerabitur vocatio omnium prima, quae nempe statim post lapsum Adamo in ipso Paradiso obtigit: Gen. 3, 9. *Et vocauit Deus Adamum* &c.

In *Parallelismo* hoc *verbali realis* etiam continetur, in quo etiam sine verbali eadem obseruatio locum habebit. v. g. Qui locum aliquem Scripturae S. de *Ecclesia* agentem, vt Eph. *1, 22. 23*. c. *2, 19*. sq. tractare velit, non incommode locum illum, cuius susceperit expositionem, reuocabit ad locum parallelum de *Abrahamo e Patria sua euocato*, Gen. *12, 1*. vt emphasis vocis ἐκκαλεῖν vna cum re ipsa dilucidius exponi possit.

---

166 Rupertus Tuit. 1631, I, 891.

Sic Paulus tractans locum de *Iustificatione per fidem*, vrget maximopere locum Gen. *15, 6. Abraham credidit DEO* &c.

Quanti autem momenti omnibus in rebus sit, eas ad ipsa principia ac primam originem reuocare, tum per se patet, tum auctoritate ipsius Christi confirmatur, qui de diuortio ob leuiores caussas ⟨155⟩ apud Iudaeos permisso agens, ad institutionem coniugii eos respicere iubet Matth. *19, 4.* sq. Quam methodum Christus etiam aliis in rebus, quae ad primae institutionis rationem reformandae fuerunt, obseruauit, & Apostoli imitati sunt.

b. Sicuti in primis hoc obseruandum est in tractandis locis N. T. vt videlicet primum rei fundamentum quaeratur in parallelismo Veteris Testamenti: Ita si loca Veteris Testam. exponenda sint, ante omnia conferendus est Parallelismus Noui Testamenti, & res ipsa loquitur, id praecipue faciendum esse, si ipsa verba Testamenti Veteris in Nouo adducantur. Et eiusmodi quidem locis commodissime vti possumus ad veram ac diuinam Hermeneuticam addiscendam. Neque enim aliunde rectius discitur, qua ratione Scriptura sibi ipsa sit interpres, quam ex illis locis, vbi Scriptura se ipsam exponit: vt proinde recte *Io. Canne,* Anglus, in sua, cuius mentionem fecimus, bibliorum editione in titulo monuerit lectores, ideo parallelismum illum copiosiorem in margine adiectum fuisse, vt ostenderetur, *Scripturam esse sui ipsius interpretem.*[167] Ea certe interpretatio quum ipsius Spiritus S. ⟨156⟩ sit, non potest optimas ac certissimas non suggerere regulas, quibus deinceps in aliis quoque Scripturae locis exponendis feliciter vtamur. e. g. Ebr. capite tertio & quarto adducitur & exponitur cum aliqua adplicatione Psalmus nonagesimus quintus. Qua occasione Apostolus 1. explicat & adplicat locum Gen. *2, 2. 3.* Vnde regula nascitur hermeneutica, quam etiam antea indicauimus: *Explicatio loci alicuius commode quaeritur in prima sede eiusdem materiae, vel phraseos ac vocis.*

Non dissimili ratione 2 Cor. *4, 6.* opus diei primi Creationis, nempe Lucis productio, ad creationem nouam ac speciatim ad illuminationem transfertur. Apparet hinc harmonia, quam Spiritus S. subinnuit animaduertendam inter *Creationem* illam *primam* & inter *creationem novam*, quae, perinde vt illa, fit per Christum. Conf. *Dissert. M. Losii, qua Hebraeos veteres Christum Scripturae scopum quaesiuisse ex Genesi, Coll. Sohar. &c.* ostenditur. Hal. 1709. p. 17. sq.[168]

2. Fundamenta ponit totius doctrinae de sabbato, adeoque non tantum de Ceremoniali eius vmbra & figura, sed etiam de vera eius significatione ac fine; atque sic viam sternit, quam quilibet tuto ingredi possit, qui totam hanc materiam ⟨157⟩ ex omnibus Scripturae locis voluerit pertractare. Suppeditantur enim hic sequentes regulae:

α) *Sabbatum* siue *Quies Dei* Gen. *2, 2.* commemorata fundamentum est omnis quietis & Sabbati in populo DEI, mandati, concessi ac promissi.

β) *Sabbatismus* populo Dei exspectandus finis est, & complementum omnis quietis temporalis per interualla ac inter afflictiones & populo Dei concessae.

---

[167] Biblia engl. ed. Canne 1682.
[168] Losius 1709, 17–21.

γ) *Externa* certisque diebus & annis adstricta *quies* in Veteri Testam. fuit vmbra quaedam & figura; in qua sola proinde acquiescere iis non licuit, tamquam in vltima Dei intentione, ac ipsa rei veritate &c.

3. Docet accurate distinguere tempora Oeconomiae diuinae: quo confirmatur tritum illud: *Distingue tempora, & concordabit* (seu sibi constabit) *Scriptura*.

4. Subministrat etiam regulam hermeneuticam specialiorem: τὸ *Hodie* in sacris litteris si accurate obseruetur, id Oeconomiam Dei ac temporum discrimen Sapientia diuina constitutum dilucide no-⟨158⟩bis ob oculos ponit. Vid. Deut. *26, 16. 17. 18.* Ios. 5, 9. Ps. 95, 7. Luc. 19, 9. Item: τὸ *Hodie*, si Deo tribuatur, in quem non cadit temporis discrimen, sicuti cadit in Creaturas, immutabilem eius aeternitatem; Ps. 2, 7. sed ad homines si referatur, dispensationem oeconomicam, spatiis temporum distinctam, designat, & emphasi sua includit quidquid est intra Oeconomiae illius distinctae spatium; vnde est illud Ebr. 3, 13. *quam diu dicitur hodie.*

5. Exemplum praebet, quomodo itinera Israelitarum in libris Mosis, & eorum inductio in quietem externam in libro Iosuae c. 21, 44. c. 22, 4. ex mente Apostolorum explicari & declarari debeant.

6. Docet, voces Ebraeas interdum in Scripturis Noui Testamenti retineri, ad rem ipsam & mysterium, quod voci subest, eo grauius significandum. Sic vox σαββατισμὸς Ebr. 4, 10. ex Ebraea voce formatur.

Quia multum est Scripturam per Scripturam interpretari, & ex amplitudine sensus diuini, in ipsis Scripturis commonstrati, illius adplicationem instituere, tum etiam quomodo id fieri debeat, id ex ⟨159⟩ ipsa Scriptura & domesticis eius principiis atque exemplis perdiscere; eandem rem alio exemplo aliquantum declarabimus.

Ebr. 13, 5. dictum Domini profertur ex Ios. 1, 5. Hic enim locus quasi parallelus textui vulgo adpositus cernitur. Malumus autem auctorem epistolae potius respexisse ad locum Deut. 31, 6. 8. quippe qui non modo quoad rem ipsam parallelus est, sed etiam in Versione τῶν LXX. ipsius phraseos parallelismum exhibet.

Conferenti iam vtrobique contextum integrum facile patebit,

I. id, quod in Deuteronomio soli Iosuae dictum, ob singularissimas eius circumstantias, legitur, in Epistola ad Ebraeos eum in sensum proferri, quasi a DEO omnibus, saltem foedere secum coniunctis, dictum fuisset. Hinc Exegeseos cultores obseruabunt in iis, quae personis peculiaribus in Scriptura S. dicuntur, licet quaedam sint, quae vtique ad singulares illarum circumstantias ac vocationem specialissimam pertineant, tamen plurima esse sic comparata, vt ad vniuersalem ⟨160⟩ omnium aedificationem aeque pertineant, & ea sibi quisque, nisi ipse sibi defuerit, adplicare possit: vt sunt ea, quae ad poenitentiam ac fidem spectant.

Patebit 2. id, quod in Deuteronomio ideo dictum Iosuae fuerat, quo ei animus adderetur ad subeundum & sustinendum munus grauissimum, in Epistola ad Ebraeos adhiberi ad auaritiam arcendam, & ad αὐτάρκειαν, quae promissis DEi per fidem innitatur, animis conciliandam. Quo docemur, sensum Scripturae non metiendum esse angustia adplicationis, quae forte vno in loco habetur, sed illius amplitudinem in se considerandam ac ponderandam esse, quo deinde adplicationi etiam latior campus aperiatur.

His vestigiis, quae commonstrauimus, si pia mente insistant Exegeseos S. studiosi, & eodem modo loca reliqua Veteris Testamenti in Nouo adducta expendant, futurum spondemus, vt magis atque magis Hermeneuticam ipsius Christi & Apostolorum firmissimis ac diuinis subnixam principiis, omnique humana Hermeneutica certiorem ac firmiorem animo comprehendant. Vid. *Praefatio B. Lu-*⟨161⟩*theri in V. T.*[169] & ex ea suppeditatum *Spicilegium Historico-Ecclesiasticum in Libros Vet. Testamenti* a *Dn. D. Paulo Antonio*, Coll. Dil.[170] vbi plurima ministrantur, quae ad fidelem collationem exegeticam ipsarum Scripturarum pertinent. Item Conf. *Praef. Dn. D. Maii* in *Oeconomiam Veteris Testamenti*:[171] qui liber vna cum *Oeconomia N. Testamenti*[172] is est, quem Exegeseos S. Studiosis semper ad manus esse optauerimus, vt perfruantur dono eximio aetate nostra per DEi gratiam Ecclesiae concesso.

c. Porro ad sapientiam, qua in *Parallelismo* Scripturae S. ad vsum Exegeticum transferendo opus est, pertinet etiam cautio, quae adhibenda est, summa, ne loca tamquam *Parallela* temere amplectamur, quae ab aliis quidem ceu talia venditantur, sed falso; & contra Spiritus S. intentionem vel auctorum priuatis hypothesibus, immo erroribus, inseruire coguntur, vel saltem ob qualemcumque conuenientiam, citra tamen verum fundamentum, ab aliquibus *Parallela* habentur.

E. g. Quando inter nos & Pontificios *in Articulo de Iustificatione* quaestio est, vtrum fides & bona opera *in actu Iustifica-*⟨162⟩*tionis* opponantur ita, vt vni tribuatur iustificatio, alteri vero denegetur;[173] & nos hoc tuemur, innixi testimonio Pauli, qui multis adstruit, nos gratia iustificari, ita vt gratia omni merito ex parte nostri opponatur, & nos *fide iustificari sine operibus*; tum solent Pontificii exceptionem adferre ex epistola Iacobi c. 2, 24. dicentis: *Videte ergo, quod ex operibus iustificetur homo, & non ex fide tantum.* Deinde huic loco Iacobi parallela esse volunt 1 Cor 13, 2. 13. Col. 3, 14. 1 Pet. 3, 8. Dan. 4, 24. Esa. 57, 7. Matth. 6, *14*. Luc. 6, 37. Verum vt in ipsa *Apologia Aug. Conf.* p. 107. sq.[174] ad locum Iacobi a Confessoribus, licet ipsorum sententiae nullus alius magis videretur officere, facilis & plana responsio adfertur, illamque responsionem Theologi postea vberius exposuerunt (vid. *Hulsemannus de auxiliis Gratiae*, edit. Francofurti 1705. p. *410*. sq.[175] Tractatui enim iam nominato adiuncta est *Harmonia Apostolica B. SS. Pauli & Iacobi de Iustificatione ab Hugonis Grotii corruptelis vindicata ab Hulsemanno* p. *335*. sq.[176]): ita *Parallelismum* illum frustra a Pontificiis formari, ex eadem *Apol.* p. 100. sq. vbi

---

169 WA DB VIII, 11–31.
170 Anton 1709.
171 Majus 1706.
172 Majus 1708.
173 Bekenntnisschriften, 158 ff.
174 Ebd., 207, 35–233.
175 Hülsemann 1705, 410 ff.
176 Ebd., 335–526 (enthält Briefkommentare Grotius 1679, II).

ad singula adducta loca responsio habetur, disci potest; idemque quoties *Articulus de* ⟨163⟩ *Iustificatione* a Theologis ex professo tractatur, demonstrari solet.¹⁷⁷

E contrario parallelam explicationem dictorum Habac. *2, 4.* & Luc. *18, 14.* in eadem doctrina de *Iustificatione* egregie exhibet & pertractat *Henr. Hoepfnerus in Disputationibus Theologicis* Disp. *12.* p. *349.* sq.¹⁷⁸ Vnde tamquam e luculento exemplo simul cognoscere licet, quantum in *Theologia* etiam *Dogmatica* intersit *Parallelismum* Scripturae industria solertiaque exegetica rite tractari.

Plura hoc loco moneri possent ad erudiendos Hermeneuticae S. cultores de *Locis Parallelis* & *Concordantiis*, quae vocantur, *Scripturarum* in subsidium interpretationis adhibendis. Posset porro doceri, quomodo tirones *Parallelismum Inadaequatum*, qui non nisi partem aliquam argumenti textus, ad quem referendus est, continet, ab *Adaequato*, qui complectitur id omne, quod loco illo, ad quem refertur, comprehenditur, debeant secernere, & vtroque solerter vti. Ostendi itidem posset, qua ratione *Parallelismus* etiam in illis, quae ῥητῶς quidem in textu non habentur, firma tamen sequela inde eliciantur, inuestigandus & in vsum Exegeti-⟨164⟩cum dextre conuertendus sit. In primis vero pluribus declarari mereretur, quo pacto sermo Graecus N. Testamenti cum locis parallelis τῶν LXX. conferri debeat, & quam insignem ista collatio vtilitatem Exegetae subministret. Vid. sub Praes. *Dn. Prof. Mich.* Coll. Dil. habita Disp. *Dn. Georgii Io. Hencke de Textu Noui Testamenti Graeco.*¹⁷⁹ It. Eod. Praeside. & Auct. respond. ventilata Dissert. *de Vsu LXX. Interpretum in N. Testam.* anno 1709.¹⁸⁰ it. Praeside Dn. Georg. Io. Hencke ventil. Dissert. *de Vsu Librorum Apocryph. V. Test. in Nou. Testam.* anno 1711.¹⁸¹

Verum haec & alia, memores in hisce Praelectionibus habendum esse modum, opportuniori loco reseruare malumus. Cum iis, quae diximus, Auditores forte non inutiliter coniungent lectionem praefationis, quam Nouo Testam. Oxoniensi Lipsiae recuso praemisimus.¹⁸²

Vnicum hoc, pro ratione instituti nostri, non omnino praetereundum ducimus, vt declaremus, quos potissimum censeamus idoneos, qui tractent & ad genuinum vsum exegeticum conferant Parallelismum Scripturae S. Adfirmamus igitur, maiorem sapientiam in hac re trac-⟨165⟩tanda ab iis, in quibus rem suam agit Spiritus Sanctus, quique lumine gratiae in Scripturae meditatione adiuuantur, exspectandam esse, quam ab iis, qui profana mente praeter scientiam in Scripturis nihil venantur. De Maria Lucas ait cap. 2, 19. *Maria vero omnia retinuit* (συνετήρει) *in corde suo.* Pulchre ad eum locum *Franc. Lambertus: „Verba de Christo fidelis virgo in corde seruauit, contulit & meditata est:* Namque serui DEi, sola quae DEI sunt verba, in corde seruant & meditantur, reliqua vero, perinde atque aspidum venena, reiiciunt."¹⁸³

---

177 Bekenntnisschriften, 158–211.
178 Höpffner 1672, 349–402.
179 Hencke 1707.
180 Hencke 1709.
181 Hencke 1711.
182 NT griech. ed. Oxon. Leipzig 1702, Praefatio.
183 Lambert 1526, 60a.

Nimirum Maria solicita non fuit, vt dicta factaque in sola memoria teneret, atque ea iudicio naturali sic digereret, quo scientiam aliquam externam hac sibi ratione compararet, sed rerum, quas audiebat, sanctitas & magnitudo ita animum eius occupauerat, vt sciendi cupiditas quasi absorberetur sensu rerum illarum viuido & affectu sancto, quo non in intellectu duntaxat, sed in ipso quoque corde intimo Spiritus S. pleno illas complectebatur, & dictum dicto, verbum verbo conferens, omnia cum summa & admiratione & veneratione conseruare studebat. Ad Ex-⟨166⟩emplum Mariae accedunt discipuli Emauntici, dicentes Luc. *24, 32*: *Nonne cor nostrum ardens erat in nobis, quum loquutus est nobis in via, & quando aperuit nobis Scripturas? Incipiens* enim *Christus* (vt habetur v. 27.) *a Mose & ab omnibus Prophetis interpretatus erat illis in omnibus Scripturis, quae ad ipsum pertinebant.* Vtinam talia loca Auditores nostri attento considerarent animo, iisque excitarentur singuli ad sanctum DEI verbum sancte tractandum. Ita demum futurum esset, vt, Christo Scripturas iis aperiente, qui earum clauem solus possidet, pie συντηροῦντες καὶ συμβάλλοντες τὰς γραφὰς ἐν τῇ καρδίᾳ, intimo quodam veritatis diuinae sensu exardescerent.

Positio V.

INterpretatio Scripturae tum maxime luculenta erit, ac de veritate sua conuincet animos, vbi interpres illam ὑποτυπώσει ὑγιαινόντων λόγων *conformem & analogam esse euidenter ostenderit. Etenim quum Scriptura omnis sit* Θεόπνευστος, *non potest non esse quasi vnum os omnium Scriptorum Sacrorum, ita, vt eorum doctrina vsque quaque sibi constet, & omni ex* ⟨167⟩ *parte secum ipsa consentiat. Ad illum igitur concentum Scripturae symphonicum oportet interpretem suam expositionem referre, quo ea cum mente Scriptorum Sacrorum prorsus consona deprehendatur; atque isthuc dici solet interpretari Scripturam S. secundum analogiam fidei.*

Expositio.

QVid sit interpretari Scripturam secundum *analogiam fidei*, quam plurimi non satis intelligunt. Quam enim alii paternam & quasi hereditariam religionem, atque ex sola auctoritate humana acceperunt, eam licet ad Lydium Scripturae lapidem numquam probauerint, supponunt tamen esse *fidei analogiam*. Alii, dum prudentiores videri volunt, vel aurem praebent peruersae aliorum doctrinae, vel ipsi falsum doctrinae Systema per ψευδερμηνείαν Scripturae comminiscuntur, quasque sic praeconceptas fouent opiniones, eas credunt *analogiam fidei* recte a se appellari. Ita quibus quisque imbutus est veris falsisue principiis ac fundamentis religionis, iis vt conformem & analogum interpretando effingat, locorum ⟨168⟩ Scripturae Sacrae sensum, operam dare solet.

Vt, quid velimus, intelligatur melius, exemplo luculentissimo id declaratum ibimus, nempe Ecclesiae Pontificiae. Lutherus suo tempore id agebat potissimum, vt doctrinam Ecclesiae de vero Scripturarum sensu in apricum produceret. Adversarii autem illius improbabant hanc scripturas interpretandi libertatem, &

maluissent eum Scripturas interpretari secundum analogiam doctrinae illius corruptae, quae tunc moleuerat, & quam volebant, & forte putabant etiam, tamquam verissimam omni iure ac merito supponi. Hinc *Lutherus* in *Epistola ad Leonem* Anno 1520 scripta, & libello *de Libertate Christiana* praemissa, „leges," inquit, „interpretandi Verbi DEI non patior, quum oporteat Verbum DEI non esse alligatum, quod libertatem docet omnium aliorum."[184] Et alibi nolebat hunc scenae illius exitum esse, *Daß der Pabst Text mache/ und Er (Lutherus) Sie gloßire.* Vid. *Kortholt. Hist. Ecclesiast.* saec. XVI. p. *754. 755.*[185] & alii. Et quod supra commemorauimus, vt iam ante Lutherum[186] *Cardinalis Caietanus* Hussitis in Bohemia persuadere laborauit, „Scri-⟨169⟩pturas esse ad tempus adaptatas, & intellectum currere cum praxi;" ita eadem mens postea etiam sedit Pontificiis, vt ipso vsu reciperetur illud: *Credendum quod Ecclesia credit.* Vnde inter alios *Kortholtus* in Tract. *de Canone Scripturae S.* demonstrauit, in eo ipso circulum a Pontificiis committi. Si enim quaeratur: *vnde probas hunc esse Scripturae sensum?* Responderi: *Quia Ecclesia credit:* si rursus quaeratur: *Cur Ecclesia credit?* Resp. *quia Scriptura affirmat,*[187] vid. etiam *Calixti Diss. de Pontificiorum circulo.*[188]

Quod si nos igitur nolimus imprudentes in crassissimum relabi Papismum; si perspicuitati & perfectioni Scripturae tantum, quantum fas est, & ipsa publica nostra doctrina prae se fert, deferre, auctoritati autem Verbi Dei nihil, ne in ipsum Deum iniurii simus, detrahere velimus; sola Scriptura S. nobis vsque manere debet principium cognoscendi veritatem Theologicam, nec alia humano arbitratu vel tacite admittenda est norma credendorum & agendorum, ad quam, veluti ad analogiam fidei, locorum Scripturae S. interpretationem reducamus.

⟨170⟩ Nec vero statim a Papismo nos plane absolui putemus, si tam crasse non statuamus, credendum esse, quod Ecclesia credit. Nam cauendum id quoque est, ne subtiliori ratione, dum Scripturam interpretari secundum *fidei analogiam* animus est, in eundem impingamus lapidem. Quod ipsum fieri posse sic ostendimus. Quotquot erroneae cuipiam sunt religioni addicti, suam etiam habent, quam credunt, *fidei analogiam,* & suis hypothesibus, quas verissimas esse sibi persuasum habent, dogmata plurima & interpretamenta Scripturae superstruunt, & facile in eorum scriptis animaduerti potest, eos id apprime cauere, ne ipsi sibi, aut religionis, quam profitentur, hypothesibus, dum Scripturam S. interpretantur, contradicant. Si vero contingat, eos incidere in eiusmodi loca Scripturae, quae aduersari praeconceptis hypothesibus videantur, eorum locorum sensum ad illam, quam sibi finxerunt, fidei suae analogiam continuo detorquere satagunt. Ex hac consideratione Doctori *Valentino Alberti,* Lipsiensi, saeculo superiori natus est libellus satis notus, cui titulus: *Interesse Religionum.* Nec possumus, quae mens nostra sit, re-⟨171⟩ctius exponere, quam verbis modo nominati Auctoris, qui in Prooemio ita scribit: „*Fides est vna copulatiua,* (Lutherus *im kurtzen Bekäntniß vom*

---

184 WA 7, 47, 28–30.
185 Kortholt 1697, 753–755 (= Saec. XVI, § IV).
186 WA 7, 49–73.
187 Kortholt 1665, 1–7 etc. (Vorwort und gesamter Traktat).
188 Calixt 1650 u. 1658.

heil. Sacrament/ Tom. 8. Altenb. p. 351.[189]) similis in hoc *catenae*, cuius annuli capiunt se inuicem, adeo vt facta vnius solutione necesse sit ipsam dissolui, & c." Et porro: „Enimuero haereses, scopae illae alias dissolutae, talem passim harmoniam affectant similiter; sed frustra. *Veritatis vna vis, vna facies est. Apud hos falsa sunt, quibus assentiuntur. Numquam autem falsis constantia est, variantur & dissident.* Sic de falsis Doctoribus in genere ex vero *Seneca.*" Hactenus ille. Idem deinde: „Nisi vero in hac ipsa varietate similitudo quaedam admitti possit; eo sensu, quo *posito vno absurdo sequuntur plura.* Dissideant itaque, qui falsa docent, inter se commissi; immo diuersis temporibus ipsi abeant in alia omnia; singuli tamen falsas doctrinas suas principiis suis falsis semper conformare, illasque ex his deducere sciunt; vt sic falsum apud eos falso, non minus quam verum apud nos vero, consonare videatur"[190] &c. Haec ille.

⟨172⟩ Iam plurimi certe, qui falsam credendorum harmoniam comminiscuntur, videri gestiunt ab eo principio, *Credo quod Ecclesia credit*, alienissimi esse, at nihilominus in interpretandis Scripturis doctrinam in coetu suo receptam supponere consueuerunt, nec, si deprehendant loca quaedam Scripturae hypothesibus suis e diametro opposita, propterea ab his recedunt, sed potius talem adferre Scripturae interpretationem laborant, quae *analogiam fidei*, quam animo complexi sunt, non dissoluat. Hoc vocauimus subtiliore ratione Papismum in Scriptura interpretanda fouere, licet, qui eum foueat, rideat forte aut detestetur crassum illum caecorum canonem: *Credendum quod Ecclesia credit.*

Atque ab hac subtiliori non minus quam ab illa crassa Scripturam modo papistico interpretandi ratione cauendum nobis est, sua vt verbo Dei sarta tecta maneat auctoritas, suaque fidei nostrae firmitas vere constet, quae non in Doctorum Ecclesiae, sed in ipsius Scripturae, tamquam verbi DEI, auctoritatem vltimo resoluatur.

⟨173⟩ At enim dicat aliquis, diuersissimam hic & illic rationem esse; illic enim, nempe apud eos, qui ὑποτύπωσιν ὑγιαινόντων λόγων mordicus teneant, veram esse credendorum agendorumque harmoniam; hinc apud illos quidem, si ad falsam illam fidei analogiam, veluti ad normam aliquam, Scripturae expositionem reuocent, perperam id fieri; apud nos autem, vbi ex supposita vera doctrina interpretatio Scripturae instituatur, rem sine periculo esse. Sed respondetur, iam sermonem non esse de veritate & falsitate doctrinae, sed de genuino principio, de via item & ratione cognoscendi, vtrum doctrina vera sit an falsa? Fac, iam interpretis hypotheses omnes esse verissimas, ac dogmata coetus sui, in quo viuit, esse omnino verbo DEI congrua; attamen ille, quando nihil agit aliud, nisi vt ad illam a se aliisque suppositam veritatem sensum Scripturae conformet, neutiquam proprio suo, Interpretis, satisfacit officio, cuius est, Scripturam per Scripturam declaratum ire probatumque, & quid credendum sit, quid non, se aliosque ex scripturis convincere; non nude inculcare veritatem iam cognitam, & huic Scripturam, quasi ⟨174⟩ pedem calceo, aptare. Nam qui hoc facit, suam ipsius, Orthodoxus si sit, hypothesin deserit, verissimam sane, Scripturam S. esse

---

[189] WA 54, 141–167.
[190] Alberti 1681, 25–27.

vnicum & proprium Theologiae principium, e quo omnis veritas Theologica sit cognoscenda, & in cuius auctoritate diuina fides nostra vltimo acquiescere debeat, ita, vt in hanc Propositionem omnia, quae fide complectimur, tandem resoluantur: *Quidquid Scriptura S. dicit, id verum est.*

II. Videant igitur tirones Exegeseos vt recte intelligant, quid sit, *interpretari Scripturam S. secundum analogiam fidei.* Id quod clare satis & expresse a nobis in ipsa Positione indicatum est, nempe quod nihil aliud sit, quam ostendere, interpretationem Scripturae, quam proferimus, ὑποτυπώσει ὑγιαινόντων λόγων conformem atque analogam esse, & ad concentum Scripturae symphonicum, qui in Θεοπνευστία, omnibus Scriptoribus Sacris communi, fundamemtum habet, nostram Scripturae expositionem referre. Atque valere hic quam maxime debet illud Petri 1. Epist. 4, 2. *Si quis loquitur,* ὡς λόγια Θεοῦ, *tamquam oracula Dei, loquatur.* Quod si fiat, satis patet, *analogiam fidei* non ex placitis hominum ⟨175⟩ temere efformari, neque extra Scripturam quaeri, sed Oraculis diuinis inniti, & in ipsa Scriptura conspiciendam praeberi. Et hoc putamus *Lutherum* voluisse, quando in *Commentario ad Genesin* Cap. 41. fol. 557. p. 2. „Id", inquit, „in primis considerare soleo, an congruat expositio aliqua cum analogia & sensu fidei."[191] Hinc non male *Danhauerus* in *Hermeneut. S.* p. 369. ait: „Fundamentum huius analogiae est Symphonia omnium Theopneustorum, os scilicet omnium Prophetarum vnum; atque haec est illa κοινὴ ἐπίλυσις, τῇ ἰδίᾳ ἐπιλύσει opposita."[192] Et *Pfeifferus* in *Hermen. S.* pag. 168. Analogiam fidei ita describit: „Analogia fidei, siue τύπος τῶν ὑγιαινόντων λόγων, est tenor siue summa caelestis doctrinae de credendis, siue articulis fidei, petita e talibus Scripturae locis, vbi Spiritus S. de iisdem ex professo, vel saltem ex omnium confessione, agit, idque verbis rotundis, planis, perspicuis, & omni exceptione maioribus."[193] Et idem p. 170. addit: „Quaeritur: Vnde indubitato constare queat, quae sit analogia in interpretatione Scripturae obseruanda? Respondetur: De analogia fidei iudicandum est ex Scriptura, & cumprimis ex ⟨176⟩ natiua & propria sede Articulorum in Scriptura: cum nullus sit fidei Articulus ad salutem creditu necessarius, qui non alicubi ex instituto & professo verbis perspicuis atque rotundis proponatur."[194] Haec ille.

Et ista quidem sufficiunt, vt in genere cognoscamus, quid sit, interpretari Scripturam secundum analogiam fidei; modo videamus, ne, si ad methodi praescriptae exercitium deuentum sit, genuinae huic rationi analogiae fidei obseruandae in interpretatione Scripturae Sacrae contraveniamus.

III. Ceterum vt Auditoribus nostris de tota re liquidissime constet, expeditissima via erit, ea, quae dicta sunt, exemplis nunc declarare, &, si quae in hoc negotio suppeditandae fuerint regulae, eas ex ipsis exemplis deducere.

Et possemus quidem illos ablegare exempla integris libris ab aliis exhibita, e. g. *Dn. D. Zieroldi Analogiam Fidei per Exegesin Epistolae ad Romanos demonstratam.* Stargard. Anno 1702. Vbi, quod obiter notamus. *Analogia Fidei* definitur, quod

---

191 WA 44, 427, 28 f.
192 Dannhauer 1654, 369.
193 Pfeiffer 1687, 168 f.
194 Ebd., 170 f.

sit *Harmonia, Proportio & concentus omnium* ⟨177⟩ *litterarum diuinarum, in quo vt scopo & fine colligatio Articulorum fidei conspirat, ipso fidei spiritu quoad certam mensuram agnoscenda, vt omnia ad salutem pertinentia diiudicare valeamus, DEo summo & incommutabili bono fruamur, ei amore inhaereamus, atque in eo vitam constituamus beatam, vt in fine omnis laetitiae.*[195]

Verum breuioribus exemplis hic nobis agendum est. Sit itaque primi exempli loco *Ecclesiastes Salomonis*. Continet certe iste liber talia, quae, saltem prima specie, δυσνόητα videntur, quaeque οἱ ἀμαθεῖς καὶ ἀστήρικτοι in proprium ipsorum interitum detorquent. Iam illius libri interpretationem inter Patres adgressi sunt *Gregorius Thaumaturgus*,[196] *Gregorius Nyssenus*,[197] & *Hieronymus*,[198] viri, vt existimamus, prorsus impari facultate interpretandi Scripturas praediti.[199] Ex iis vero diligenter lectis & collatis cum aliis veterum ac recentiorum expositionibus, id se didicisse adfirmant Interpretes Galli, qui dicuntur *Messieurs du Port Royal* in *Praefatione in Ecclesiasten*, hanc esse viam & rationem penetrandi in sensum libri tam sublimis, vt initio statim ingrediamur quasi in Spiritum ipsius Salomonis, idque hoc pacto facere adnitamur, vt ni-⟨178⟩hil nos morentur dicta quaedam obscuriora, quae videantur aliis clarissimis Scripturae dictis opposita, sed vt iudicemus de iis locis, quae diuersam admittunt explicationem, ex connexione & cohaerentia quasi catenata omnium illarum, quae in hoc libro exprimuntur, veritatum.[200] Provocant hi ipsi Auctores ad *Augustinum*, qui ipsis occasionem dederit ad isthanc meditationem animo concipiendam, in primis quando dicta omnia Salomonis voluerit examinari secundum clausulam libri Cap. XII. 13. 14. & addunt illi: „Si modo aliquis, dum legit hunc librum semper in animo habeat finem illum, quem Salomo, quum eum scriberet, se habuisse profitetur, qui hic est, quod omnia, quae dixerit, referri ad hanc vnicam veritatem, tamquam ad summam, debeant: *Deum esse timendum & praecepta eius custodienda: hoc namque omnis hominis esse, & praeparari nos debere, vt in iudicio eius aliquando rationem de omnibus actionibus nostris reddamus*, si, inquam, modo aliquis hunc semper apud animum consideret finem, tum futurum est, vt difficultates maximae, quae forte in hoc libro occurrunt, dissipentur, verba clariora explicent obscuriora, atque sic Salomo sui ipsius interpres euadat." ⟨179⟩ En exemplum luculentum, vbi id in exponendo integro aliquo libro praestitum est, quod se in primis considerasse *Lutherus* dixit, nempe an congruat expositio aliqua cum *analogia & sensu fidei*.[201] E quo Exemplo id quoque elucet, quod apprime notandum, interpretando Scripturam secundum *analogiam fidei* non excludi reliqua adminicula hermeneutica Scripturae S. insita, petenda videlicet a *Scopo*, ab *Antecedentibus* & *Consequentibus*, a *Locis Parallelis* &c. sed quam maxime ea includi, immo externa etiam adiumenta & aliorum Commentationes ordine debito non male adhiberi. Quae autem de Ecclesiaste Salomonis exempli loco diximus, videant Auditores clarius & enuclea-

---

195 Zierold 1702, Vorrede a 2a.
196 Gregorius Thaumaturgus MSG 10, 987–1018.
197 Gregorius Nyssenus MSG 44, 615–754.
198 Hieronymus MSL 23, 1009–1116.
199 Vgl. RGG⁴ 6, 2003, 1579–1583.
200 Biblia franz. ed. de Saci, Praefatio zu Pred. Salom. (Textbezug unklar).
201 WA 44, 427, 29.

tius exposita *im Licht und Recht in der 2. Entdeckung/* [202] quam illo loco meditationem dedit Coll. noster dilectiss. Dn. Prof. Michaelis.

Cum Exemplo nunc suppeditato non inconuenienter exemplum quasi parallelum in libro *Iobi* coniungimus. Nam etiam in hoc libro aliqua duriora inueniri, in confesso est. Illi autem ipsi, quos modo nominauimus, Interpretes Galli ostendunt in Praefatione, quam viam Augusti-⟨180⟩nus,[203] Chrysostomus,[204] Ambrosius,[205] Gregorius M.[206] aliique ingressi sint in Iobo explicando, *quo ea, quae ibi habentur quasi aspera & blasphema, haberent intellectus suos;* quae sunt verba Augustini.[207] Nimirum Patres illi insigne illud, quod pietati Iobi DEus ipse sub initium & finem libri eius perhibuit testimonium, tum illud quoque, quod Ezech. 14, 14. & Iac. 5, 11. de eo legitur, considerarunt, quaeque praeterea in ipso libro Iobi clare ac dilucide satis dicuntur, ea expositioni locorum difficiliorum fundamenti loco supposuerunt, sic deinceps ad illorum, quae certa sunt minimeque dubiam interpretationem habent, *analogiam* cetera duriora reuocantes. Unde, quod *Quintilianus* dixit, *analogiae hanc vim esse, vt id, quod dubium est, ad aliquid simile, de quo non quaeritur, referat, vt incerta certis probet;* [208] id nobis commode transferre licebit ad analogicam illam interpretandi Iobi rationem, quam illi iniuerunt. Ac certum est, id eos hac via esse consequutos, vt licet praesidio linguae authenticae destituti, pertingere ad accuratiorem sensus Grammatici euolutionem non potuerint, eam tamen libri intellectu non parum difficilis expositionem nobis darent, quae nihil ⟨181⟩ haberet *analogiae sensuique fidei* ac symphonico Scripturae concentui aduersum.

Quod si igitur pari modo quis loca Scripturae ad analogiam veritatis aliis in locis clarius reuelatae exponere instituat, id similiter adsequi potuerit, vt si quam maxime insolutos linquere hos, illos nodos cogatur, non improbabilem tamen inueniat interpretationem, quae saltem ab analogia fidei non sit aliena, quaeque viam quodam modo patefaciat ad genuinam & omni ex parte accuratam explicationem, augescente praesertim dono interpretandi, & accedentibus pluribus adminiculis, inueniendam. Aliquando enim sufficit, *quodam prodire tenus, si non datur vltra.* Quod autem ad Iobum attinet, Auditores nostri de eo quoque non sine fructu consulent Libellum, *Licht und Recht in der andern Entdeckung:*[209] quae meditatio eidem, cui antecedens, auctori debetur.

Ea, quae adhuc attulimus, ostendunt, quomodo viri sapientes in libris Scripturae S. integris exponendis sequuti sint *analogiam.* In locis librorum difficilioribus eodem modo explicandis magis obvia sunt exempla. Habuimus supra dictum Iacobi c. 2, 24. *Videte ergo, quod ex* ⟨182⟩ *operibus iustificetur homo, non ex fide tantum.* Non immerito dictum hoc exponitur secundum *analogiam fidei.* Quomodo autem?

---

202 Michaelis, Licht und Recht. Andere Entdeckung 1704, 1–15.
203 Augustinus, adnotationes in Iob: CSEL 28/2, 507–628 = MSL 34, 825–886.
204 Johannes Chrysostomus MSG 64, 503–656 (Fragmente).
205 Ambrosius, de interpellatione Iob et David: CSEL 32/2, 209–296 = MSG 14, 797–850.
206 Gregorius Magnus MSL 75, 509–1162; 76, 9–782; vgl. RGG⁴ 3, 2000, 1777–1781.
207 Augustinus, adnotationes in Iob: CSEL 28/2, 507–628 = MSL 34, 825–886.
208 Quintilianus, Institutio oratoria I, 6, 4.
209 Michaelis, Licht und Recht. Andere Entdeckung 1704.

An hoc modo, vt ex Thesi Aug. Confessionis, quae soli fidei, (& rectissime sane) vult acceptam referri *iustificationem*,[210] explicatio dicti illius petatur? Minime hac via res adgredienda est. Ita enim Paraphrasis quidem dicti illius doctrinae Ecclesiarum nostrarum consona forte daretur, sed nequaquam efficeretur, quo minus dictum illud Thesi nostrae videretur contradicere. Dicturi enim essent Aduersarii, nos, vt in scholis loquuntur, *petere principium*. Alio igitur modo res capessenda est.

Nimirum inquirendum, quo in Scripturae Sacrae loco potissimum ex instituto de *iustificatione* agatur. Vix autem hoc de alio loco liquidius poterit adfirmari, quam de cap. 3. Epist. ad Romanos. In loco vero Iacobi non ex instituto, sed incidenter & applicatiue de hoc Articulo agi, intuenti contextum facillime patebit. Quamobrem locus Iacobi recte secundum *analogiam fidei* sic exponetur, si eius interpretatio conformetur doctrinae illi *de iustificatione*, quae Cap. III. ad Rom. ⟨183⟩ tamquam in sede propria huius Articuli habetur: quemadmodum *Martinus Chemnitius* in *Locis Theologicis*[211] optime integram de *iustificatione* doctrinam e versibus aliquot eiusdem Capitis exposuit. Nec desunt tamen in ipso loco Iacobi fundamenta, si in integro spectetur contextu, vnde genuina eius explicatio, quae doctrinae Paulinae contraria non sit, peti posset. V. gr. dicit Iacobus v. 26. Cap. 2. *Sicut corpus sine Spiritu mortuum est, sic etiam fides sine operibus mortua est.* Haec verba vna cum reliquis si quis recte ponderet, facile animaduertet, Iacobum, quando dixit, *hominem non ex fide tantum iustificari*, per fidem tantum intelligere *fidem*, quae sine operibus, *quae otiosa, fucosa & mortua sit*, per qualem fidem hypocritae, quos redarguebat, se iustificari tunc opinabantur. Manifestum erit porro, non aliam Iacobi sententiam esse, quam Pauli Gal. 5, 6. dicentis: *In Christo Iesu neque circumcisio aliquid valet, neque praeputium, sed fides per dilectionem operans;* conf. Cap. 6, 15. 16. vbi Paulus noluit exprimere, *quatenus fides* iustificet, sed *qualis sit illa fides*, quae DEo accepta sit. Sed nostri hoc loco instituti non est, eam rem pluribus prosequi, praesertim quum supra ⟨184⟩ indicauerimus, vbi loco Iacobi in Apologia Aug. Conf.[212] & alibi plana responsione sit satisfactum.

Aliud exemplum Scripturas secundum *Analogiam fidei* interpretandi suggeremus ex loco de *Sacra Coena*. Romanae Ecclesiae Doctores vt defendant communionem sub vna specie panis Laicis administrandam, prouocare solent ad loca Luc. 24, 30. & Act. 2, 46. vbi recte quidem respondetur, probari non posse, quod in his locis celebratio Sacrae Coenae commemoretur, &, si maxime in vtroque loco intelligatur fractio panis benedicti, probari tamen inde non posse, communionem non nisi sub vna specie panis Laicis concedendam, cum verba sint *absoluta*, non *exclusiua*, aut talia, quae iubeant ex se elici *conclusionem exclusiuam*. Verum praeterea etiam recte haec loca, si concedantur de Sacra Coena agere, exponuntur secundum Analogiam fidei ex loco illo, vbi ex professo agitur de *Sacra Coena*, & vbi eius natiua sedes est, nimirum ex *verbis Institutionis*; Vnde ipsa ratio suadet, sumendam esse quaestionum, quae de Sacra Coena incidant,

---

[210] Bekenntnisschriften, 55, 10–19.
[211] Chemnitz 1610, II, 216–321.
[212] Bekenntnisschriften, 207–210 (Art. VII bis 246).

resolutionem. Verba autem illa ex se dabunt argumentum insuperabile, ⟨185⟩ quo probetur, aduersarios ab instituto Christi recessisse quidem, Christum vero, qui sub specie vtraque communionem instituerit, in locis adductis sibi contrarium esse non posse.

Ceterum rectius addisci non potest qua ratione sapienter tractanda sit *Analogia fidei*, quam ex ipsis scriptis Apostolicis. Paulum videamus *in Epistolis ad Romanos, ad Galatas, ad Ephesios* de salutis toto negotio copiose disserentem, & ad *analogiam fidei* Abrahami, immo Patriarcharum & Prophetarum omnium, animos eorum, qui legem male interpretabantur, reuocantem. Quam in rem bene *D. Ioh. Guil. Baierus in Compendio Theologiae Exegeticae* p. 39. „Sic", inquit, „Paulus ipse Galatas docet, falsam esse illam interpretationem Scripturae, qua necessitas obseruandae circumcisionis Christo iam exhibito imponebatur hominibus; quum Christiana doctrina *de iustificatione* non nisi per fidem in Christum impetranda, ac lege veteri per Christum abrogata, cum interpretatione ista, velut vmbra corpore exhibito, stare nequeat."[213] In eodem libro ipsius Ep. ad Galatas explicatio speciminis Hermeneutici loco addita est. Petrum au-⟨186⟩diamus Act. 2, 21. seqq. prouocantem ad *ea, quae loquutus est Deus per os omnium sanctorum suorum Prophetarum a saeculo;* conf. c. 10, 43. In primis vero *Epistola ad Ebraeos* tota in eo est, vt lapsum minantes Ebraeos ad *analogiam fidei* patrum reducendo rursum erigeret. Praecipue in hac ipsa Epistola animaduertendum est, *Caput vndecimum* praebere illustrissimum exemplum, quo pacto symphonicus Scripturae S. concentus non modo in Exegesi locorum Scripturae obseruandus & vrgendus sit; sed etiam in paraenesibus longe maximam habeat efficacitatem. *Inductionem* non immerito vocauerimus, non argumentatione quidem Philosophica, sed spiritu potius Apostolico, & ἀποδείξει πνεύματος institutam, ac merito imitandam ab omnibus, quotquot salutem animarum curae cordique habent. Nec vero possumus, quin tribus verbis adnotemus, quaerendam maxime esse Analogiam quandam alius generis, nempe practicam & beatissimam illam, quam mox post Inductionem, quam diximus, Apostolicam, expresse vrget Epistola ad Ebraeos c. 12, 3. ΑΝΑΛΟΓΙΣΑΣΘΕ τὸν τοιαύτην ὑπομεμενηκότα ὑπὸ τῶν ἁμαρτωλῶν εἰς αὑτὸν ἀντιλογίαν, ἵνα μὴ κάμητε ταῖς ψυχαῖς ὑμῶν ἐκλυόμενοι. h. e. ⟨187⟩ *reputate, quis ille sit, qui talem sustinuit a peccatoribus aduersus sese contradictionem, ne vestris animabus fracti, fatiscatis.* Quod non nemo sic explicat: Ἀναλογίσασθε, 1) sursum leuatis animis perpendite & altiore mentis examine pensitate, altius recolite &c. 2) *Christo* ἀνάλογοι fieri studete. Est vero ἀνάλογον, quod alteri proportione quadam certa, naturae & similitudinis ratione, ex aequo respondet & congruit, cognatumque est atque coniunctum. Intuentes igitur in Iesum, & reputantes, qualem ille, quum sine labe & a peccatoribus separatus esset, a peccatoribus aduersus sese contradictionem patientia summa sustinuerit, considerate, quae afflictionis vestrae sit leuitas in comparatione ac proportione ad perpessiones Christi, quam tamen afflictionem vos non tamquam iusti & sancti, sed tamquam peccatores coram Deo sustinetis. *Nondum enim ad sanguinem vsque* (veluti Christus sanguinem pro nobis effudit) *restitistis, decertando aduersus peccatum.* &c.

---

[213] Baier 1698, 39.

IV. Viae interpretandi Scripturam S. ex *Parallelismo* in Positione superiori expositae, & huius, quae sensum Scripturae secundum *Analogiam Fidei* examinat, maxima est conuenientia. Differunt tamen (1) *ratione finis proximi*. Illic non ⟨188⟩ est respectus ad *Analogiam Fidei*, sed loca parallela simpliciter inter se conferuntur, ac perpenduntur verba, res ac circumstantiae, primo quidem in textu explicando, deinde etiam in locis illis parallelis, vt ex his sensui illius aliquid luminis inferatur. Hic autem animus interpretis eum sibi finem praestituit, vt loca sibi aut aliis visa obscuriora, aut in alienum sensum detorta, accurate & euidenter secundum Analogiam Fidei explicet. Differunt etiam (2) *vt latius & angustius*. Nam omnis quidem explicatio Scripturae, quae sensum dictorum ad Analogiam Fidei reuocat, procedit ex locis parallelis; Verum non omnis Scripturae expositio, quae ex locis parallelis petitur, respicit analogiam fidei; licet nihil contra hanc admittat. In sensu dictorum secundum Fidei Analogiam examinando conferuntur *loca inter se dependentia & subordinata*, atque ex *effatis generalibus & indubitatis loca specialia & obscura* exponuntur. In Parallelismi autem consideratione generali etiam *loca disparata & inter se independentia* conferuntur. Analogiae Fidei respectus *Parallelismi realis* potissimum rationem habet, non autem, nisi forte indirecte, *Parallelismi ver-*⟨189⟩*balis*, & ad *sensum litterae tantum* pertinentis. Videri potest Danhauerus Hermeneut. S. p. 366. sqq.[214] & Dn. D. Io. Olearius in *Elem. Hermen. S*. c. 6. *de Analogia Scripturae*, & c. 7. *de Analogia Fidei*.[215]

V. Vt tirones mature discant obscuriora Scripturae dicta, aut ea, quorum sensus ab aliis deprauatus est, ad *Analogiam Fidei* examinare, proderit eos huc conniti, vt *Ordinem Salutis* ex ipsis Scripturae dictis clarissimis recte animo comprehendant, eumque in mente sua bene digerant. Qua de re sic optime monuit *D. I. G. Baierus* in lib. sup. cit. p. 38. „Quum Scripturae a DEo profectae haud dubie summa & accuratissima sit harmonia; Certum etiam sit, quod DEUS capita fidei & morum scitu necessaria perspicuis & claris verbis enunciauerit: danda est opera, vt perlustrando totam Scripturam, mox inde discamus summam quandam caelestis doctrinae, atque hac & singulis eius partibus probe cognitis, deinceps in quorumuis aliorum Scripturae dictorum interpretatione sic versemur, ne vllum vlli dicto tribuamus sensum, nisi qui cum istis Scripturae capitibus totaque summa suauiter conueniat."[216]

⟨190⟩ VI. Quod superest, negatum non imus, fieri posse, vt animus hominis ψυχικοῦ habitu quodam aritculorum fidei sic imbuatur, vt eorum, quam inter se habent, analogiam suo modo adsequatur & comprehendat, possitque deinde ex supposita isthac scientia de sua aliorumque Scripturae interpretatione, an & quatenus ea cum *Analogia Fidei* congruat, iudicium ferre. Tales fuerunt, quos Paulus Rom 2, 18. sq. non modo vocat κατηχουμένους ἐκ τοῦ νόμου, sed quos etiam confidere ait, se esse ἔχοντας τὴν μόρφωσιν τῆς γνώσεως καὶ τῆς ἀληθείας ἐν τῷ νόμῳ. Verum enim vero differentia, quam supra ostendimus inter litteralem, qui non renatis, & spiritualem, qui renatis insit, sensum, si alias vmquam, certe

---

214 Dannhauer 1654, 366 ff.
215 J. Olearius 1699, 78–81, 81–83.
216 Baier 1698, 38.

hoc in negotio, quod in se quasi omnia continet, statuenda est. Id volumus, quod in Praefatione N. Test. Oxoniensis his verbis diximus: „*In Scripturae interpretatione neminem satis feliciter versari, nisi qui non tantum de exteriori, sed etiam de interiori DEI Oeconomia, eaque tota, sit solicitus, vt non tantum particularis alicuius dicti sensum cognoscat, sed legis & Euangelii sensum & adplicationem Spiritualem, iuncta lectioni Scriptu-* ⟨191⟩*rarum experientia quotidiana compertam habeat. Hoc quid sibi velit, carnaliter docti ne percipiunt quidem, etiamsi litteram Scripturae (mente profana) nocturna versent manu, versentque diurna.*"[217] Quod iam diximus, id satis probant verba Pauli 1 Cor 2, 9–16. Negat enim Paulus hominem ψυχικὸν (h. e. interprete Chrysostomo, *qui beneficio carnis viuit, & nondum mentem est illuminatus per Spiritum Sanctum, sed solam habet natura insitam & humanam intelligentiam, quam omnium animabus indidit creator*) posse συγκρίνειν πνευματικὰ πνευματικοῖς (siue rebus siue personis) & ἀνακρίνειν πνευματικὰ πνευματικοῖς; contra autem affirmat hominem πνευματικὸν illud praestare posse. Πνευματικὸς vero est, interprete iterum *Chrysostomo, qui beneficio Spiritus viuit, illuminatus mentem per Spiritum, non tantum habens natura insitam & humanam intelligentiam, sed potius Spiritualem ex gratia donatam, quam credentium animabus indidit Spiritus Sanctus.* Quam explicationem Chrysostomi profert *Erasmus Schmidius* in *Adnotationibus ad N. T.*[218] In Analogia praecipue exigi acre iudicium, Quintilianus, qui praeter Grammaticam & Philosophicam analogiam nouerat nullam, adfirmauit. Nos ⟨192⟩ plane ex sensu Pauli ad analogiam transscendentalem fidei non modo acre, sed etiam spirituale & in rebus fidei & ad oeconomiam fidei spectantibus subactum iudicium requiri, non possumus, quin cum fidelibus DEI seruis constantissime adfirmemus.

Positio VI.

LIcet Scopi consideratio, verborum item exponendorum cum antecedentibus & consequentibus, nec non cum parallelis locis collatio, ad indagandum, confirmandum & aliis exponendum Scripturae S. sensum plurimum conferant, illisque adminiculis Hermeneuticis magnum ex symphonico Scriptorum Sacrorum concentu & analogia veritatis caelestis perpetua robur & pondus accedat: attamen his omnibus addenda est Adfectuum, quos sermo Scripturae S. quouis modo continet, accurata & prudens pensitatio; quippe qua id demum saepius impetratur, vt animus loquentis intimusque sensus quasi aperiatur, simulque tractatio Scripturae multo nobis suauior, praestantior & fructuosior, immo animus etiam eorum, quibus Scriptura exponitur, experrectior & alacrior reddatur.

⟨193⟩ *Expositio.*

DEdimus in *Manuductione* nostra *ad Lectionem Scripturae S.* p. 175. sq.[219] Delineationem Doctrinae de *Affectibus*, quatenus ea ad Hermeneuticam S. spectat. Eam ipsam adsumemus hoc loco, &, vt res poscere videbitur, in melius mutabimus augebimusque.

---

217 NT griech. ed. Oxon. Leipzig 1702, Francke, Praefatio Nova, 15.
218 E. Schmidt 1658, 1047
219 Francke, Manuductio 1693; s. TGP II.4, 27–111.

REGVLA GENERALIS:

Cognitio Affectuum est necessarium sanae & accuratae interpretationis adminiculum.

PROBATVR RATIONIBVS.

I.

FRequentissime in Scriptura S. affectus *amoris, odii, desiderii, spei, metus, gaudii, tristitiae* &c. commemorantur. Quodsi iam ignoremus, quae eiusmodi affectuum instituenda sit consideratio ad textus, in quibus illorum expressa fit mentio, accurate interpretandos, hactenus ⟨194⟩ certe Exegesis nostra insigni defectu laborare deprehendetur.

II. Licet affectus minime cunctis in textibus indicentur expressis verbis: nihilo tamen minus certissimum est, sermones tum ipsorummet Scriptorum Sacrorum, tum aliorum, qui ab illis inducuntur, sine affectibus prolatos non esse. Ita Paulus quidem 2 Cor. 2, 4. diserte testatur, se priorem Corinthiis Epistolam ἐκ πολλῆς θλίψεως συνοχῆς καρδίας διὰ, πολλῶν δακρύων, *ex multa adflictione, & anxietate cordis, per lacrimas multas*, scripsisse; & Philipp. 3, 18. ait, se *non sine lacrimis* pseudo-christianorum *facere mentionem*; itemque 1 Thess. 2, 7. sqq. tenerrimum & intensissimum, quo Thessalonicenses complectebatur, affectum verbis ponderosissimis suauissimisque describit: Quod autem his atque aliis in locis expressum aut claris proditum indiciis cernimus, quidni idem alibi ex ipso sermone, similibus in casibus ac circumstantiis prolato, colligamus; licet ibi affectus expresse, vt illic, non nominentur aut describantur? E. gr. quando Paulus ait 1 Cor. 4, 15. 16. *Etsi decem millia Paedagogorum habetis in Christo; at non multos habetis Patres: in Christo enim Iesu per Eu-*⟨195⟩*angelium vos genui. Precor vos igitur, imitatores mei estote.* Quis non inde colligat eundem affectum, quem Paulus 1 Thess. 2, 7. sq. multo clarius expressit? Item quando Apostolus 2 Cor 2, 17. plerosque dicit καπηλεύειν τὸν λόγον τοῦ Θεοῦ, *cauponari sermonem DEi;* quis non id eodem ab illo prolatum affectu sibi persuadeat, quo illud, quod ex Phil. 3, 18. adduximus? Vbi nimirum lacrimarum mentione designauit affectum indignationis, tristitiae, commiserationis, reliqua. Proinde, si quis in his aliisque locis nullam subierit considerationem sacrorum affectuum, eo quod eos nominatim ibi haud legat expressos, non minus manca & quasi mutila erit expositio, quam attulerit, horum locorum, quam si istam considerationem τοῦ πάθους omitteret in locis illis, vbi aut denominatione ipsa, aut signis manifestissimis, affectus iam in apricum sunt protracti. Neque enim hoc a dicentibus vel scribentibus exspectandum, vt adfectus iisdem, & aeque perspicuis semper prae se ferant documentis; sed penes prudentem lectorem est, spirituali aliqua ἀγχινοίᾳ affectum sacrum ex leuioribus etiam signis, & ⟨196⟩ leuiter impressis vestigiis coniectare, atque etiam explorate cognoscere.

III. Scripturam S. legimus, certe legere tenemur, vt emendentur & corrigantur affectus nostri naturales, sanctisque pectora nostra, ab ipso perculsa Spiritu Sancto, impleantur affectibus; iis nimirum ipsis, quibus sanctos DEi homines praeditos fuisse, indicio est illorum in Scripturis oratio, immo Scriptura diserte testatur. Itaque opera nobis danda est, vt affectus eorum, qui imitandi nobis proponuntur, in sermone tamquam in speculo repraesentatos recte cognoscamus, atque sic orando, meditando, contendendo magis atque magis eosdem affectus sanctos induamus, agnita corruptionis nostrae & peruersorum, quibus natura agitamur, adfectuum profundissima abysso.

IV. Omni, quem homines proferunt, sermoni, ex ipsa animi destinatione, vnde is procedit, affectus inest. Hinc Christus Matth. 12, 34. 35. ait: *Ex redundantia cordis os loquitur. Bonus homo ex bono thesauro cordis sui emittit bona, & malus homo ex malo thesauro emittit mala.* Quibus verbis haud obscure indicat, quemadmodum ⟨197⟩ quilibet homo aut sit bonus aut malus, ita animo cuiusque aut bonum aut prauum inhaerere affectum, & ex alterutro sermonem quemuis prouenire. Quod enim quis primum affectu intra animum concepit, id per verba quasi in effectum producit. Et quid illud περίσσευμα τῆς καρδίας aliud est, quam internae illae commotiones in pectore hominis aestuantes & exundantes, quas Affectus dicimus, profanos in profanis, sacros in sanctis? Horum nempe cum sermone externo tam arcta sunt vincula, tam indissolubilis harmonia, vt neruos, immo ipsam animam, quasi e corpore tollat, qui sustulerit ex oratione affectus. Si autem omni sermoni affectus competit, cur eum aliquis a stilo τῶν Θεοπνεύστων alienum existimet? Certe qui negauerit e. g. Dauidem Psalmos suos ex illa redundantia cordis concinnasse, negabit Solem in meridie. Quod si vero in ipsa etiam Scriptura tam arcte sermo & affectus Scriptorum Sacrorum coniuncti sunt, vt diuelli nequeant: quis credat in Scripturae interpretatione illum satis accurate versari, qui externo contentus cortice, nucleum fastidiat, dum labiis potius, ⟨198⟩ quam intimo affectui Scriptorum Sacrorum est intentus?

V. Quum ex diuersis affectibus diuersus nascatur sensus, adeo, vt ex iisdem verbis, diuerso modo secundum diversos affectus pronuntiatis, diuersissimum animo sensum concipiamus: explorandus omnino est & exactius cognoscendus Scriptoris cuiusque omni oratione adfectus, ne contrarium illi forte adfingamus, sicque illi, eliciendo e verbis sensum ab animo eius alienum, faciamus iniuriam. Fieri certe potest, vt quis sinistra accipiat manu, quae Auctor dextra porrexit, nisi probe dispiciatur, ex quo affectu verba promanarint. Pluribus rationibus haud eget res in se liquida & manifesta; & rectius omnia ex pleniori ipsius rei tractatione constabunt.

Confirmatur & inlustratur porro Regula,
quam dedimus, generalis Aucto-
ritatibus

Bernhardi nimirum, *Lutheri, Bugenhagii, Brentii, Flacii, Franzii, Danhaueri,* horum, inquam, septem Virorum firmis sanctisque testimoniis rem istam, quam magni momenti esse arbitramur, communire satagemus.

⟨199⟩ Primum locum dedimus *Bernhardo,* qui edit. Horstianae Anno 1697. Tom. III. p. 107. seq. *in Canticum ad Cap. 2, 16.* ait: „Quid est, quod dicit, *ille mihi,* & *ego illi?* Nescimus, quid loquitur: quia non sentimus, quod sentit. Ita est: affectus locutus est, non intellectus, & ideo non ad intellectum. - - Ex abundantia cordis os loquitur, sed non pro abundantia. Habent suas voces affectus, per quas se etiam, quum nolunt, produnt: timor (verbi causa) meticulosas, dolor gemebundas, amor iucundas. Numquid dolentium planctus, moerentiumue singultus vel gemitus, percussorum itemque pauentium subitas & efferatas clamitationes, sed etiam saturatorum ructus, aut vsus creat, aut ratio excitat, aut deliberatio ordinat, aut praemeditatio format? Eiusmodi certum est non nutu prodire animi, sed erumpere motu. Sic flagrans ac vehemens amor, praesertim diuinus, cum se intra se cohibere non valet, non ostendit, quo ordine, qua lege, quaue serie seu paucitate verborum ebulliat, dummodo ex hoc nullum sui sentiat detrimentum. Interdum nec verba requirit, interdum ⟨200⟩ nec voces omnino vllas, solis ad hoc contentus suspiriis &c."[220]

Idem in sequentibus agnoscit in Gen. 1, 1. *In principio creauit Deus caelum & terram*, affectum Mosis, quo potentiam Dei creantis tam paucis verbis subito declaret; In verbis Ies. 53, 12. *Tradidit in mortem animam suam & cum sceleratis reputatus est, & ipse peccata multorum tulit & pro transgressoribus rogauit*, (vt non perirent) affectum scriptoris S. miratur: „*Quid*", inquit, „*aeque misericordiam redolet?*" Dauidem addit, Ps. 45, 2. ex affectus abundantia, quasi impetu quodam, haec subito protrudentem verba: *Eructauit cor meum verbum bonum* &c. Sic Tom. II. p. 72. in voce *Hosianna* affectuosum orantis motum notandum ait.[221]

Sic in Tractatu de *Modo orandi* (qui quidem Bernhardi non esse agnitus est, eius tamen Tom. V. habetur) p. 174. „O Domine Iesu: si adeo dulces sunt istae lacrimae, quae ex memoria & desiderio tui excitantur; quam dulce erit gaudium, quod ex manifesta tui visione capietur? Si adeo dulce est flere pro te, quam dulce erit gaudere de te? Sed quid eiusmodi secreta colloquia proferimus in publicum? Cur ineffabiles & inenarrabiles affectus ⟨201⟩ verbis communibus conamur exprimere? Inexperti talia non intelligunt: nisi ea expressius legant in libro experientiae, quos ipsa doceat vnctio. Aliter autem littera exterior non prodest quidquam legenti. Modicum sapida est lectio exterioris litterae, nisi glossam & interiorem sensum sumat ex corde."[222]

Sic in Tract. *de vita solitaria* Tom. 5. p. 92. dicitur: „Quo spiritu Scripturae factae sunt, eo spiritu legi desiderant, & ipso etiam intelligendae sunt. Numquam ingredieris in sensum Pauli, donec vsu bonae intentionis in lectione eius, & studio assiduae meditationis spiritum eius imbiberis. Numquam intelliges Dauid, donec ipsa experientia ipsos Psalmorum affectus indueris. Sicque de reliquis."[223] Quae in hoc ipso loco huc spectantia porro leguntur, videri possunt in breui *Institutione* nostra, qua rudioribus ratio traditur Scripturam S. legendi, in calce hic subiungenda.

Ceterum qui legerit ipsum Bernhardum, in primis in Canticum Canticorum, facile plura, immo fere perpetuum huius rei exercitium, deprehendet.

Bernhardum sequatur *Lutherus*, qui illum hoc in genere praecipue commendat. ⟨202⟩

---

220 Bernhard von Clairvaux, sermo LXVII in cantica canticorum = MSL 183, 1103C–1104 A.
221 Ebd., 1104D–1105A (kein wörtliches Zitat außer Bibelstellen).
222 Ps.-Bernhard von Clairvaux, tractatus de modo orandi cap. 6 = MSL 184, 479 D-480 A.
223 Bernhard von Clairvaux, sermones de diversis L 2 = MSL 183, 673 A (Titel eigentlich: tractatus de vita solitaria).

Nam Tom. III. Wittenb. Lat. fol. 127. in Psalmum I. ita scribit. „In fine hoc monendum, quod illustrissimi Patres, praesertim Anastasius & Augustinus, tradiderunt, h. e. vt affectibus Psalmorum affectus nostros accommodemus & attemperemus. Cum enim Psalterium sit non nisi affectuum quaedam palaestra & exercitium, sine spiritu psallit, qui non spiritu psallit, vt, quando legis, *Beatus vir, qui non abiit in consilio impiorum*, oportet simul affectum mouere, & detestari, ac deprecari consilium impietatis, non solum pro te, sed pro tota prorsus Ecclesia, sic viam peccatorum, sic doctrinam pestilentiae. Nam hoc igne (charitatis affectu) comburendi sunt Haeretici, & quicunque impie sapiunt ac docent. Quem ignem quia contemsimus, tradidit nos Deus in reprobum sensum, vt carnifices fieremus, & Haereticos igne naturali combureremus, rursum combureremur & ipsi."[224]

„Ita dum sonas: *sed in lege Domini voluntas eius*; non hic stertas ac tibi secure plaudas, quasi iam sis legis Dei amans, sed quanto potes ardore affectus, suspires ad eum, qui solus venit ignem mitte-⟨203⟩re in terram, nec, quam diu viuis, aliter de te sentias, quam de eo, qui nondum amat legem Dei, & vehementer egeat voluntate ista legis."[225]

„Ita, dum omnia prosperari audis iusto, optandum id tibi est, & gemendum pro omnibus, qui in aduersitatibus quibuscunque sunt constituti; ita ne folium defluat, vt purum Dei verbum, reiectis hominum fabulis & somniis, in Ecclesia Christi floreat. Quod si qua talia fieri videris, gratulandum, gaudendum est, & gratiae agendae benignitati diuinae. Nec te ad impossibilia cogi existimes, fac periculum, & gaudebis ac gratus eris, scio. Primum vno Psalmo, immo vno versiculo Psalmi, exercere. Sat profecicisti, si vnum versiculum per diem vel etiam hebdemadom, didiceris affectibus viuum & spirantem facere. Facto hoc initio, omnia sequentur, & veniet tibi thesaurus cumulatissimus intelligentiarum & affectionum, tantum vide, ne taedio ac desperatione absterrearis inchoare. Nam hoc vere est psallere, seu, vt Scriptura de Dauid dicit, percutere manu citharam. Leues enim articuli illi citharoedorum, qui per fidiculas currunt, & ⟨204⟩ eas vellicant, ipsi affectus sunt in verbis Psalmorum cursitantes, & eadem mouentes, sine quibus vt cordulae non sonant, ita nec Psalmus psallitur, quia non tangitur."[226]

„Haec volui hoc primo Psalmo monere semel, vt non sit necesse per singulos idem repetere. Scio autem futurum, vt, si quis exercitatus in hac re fuerit, plura per se inuenturus sit in Psalterio, quam omnes omnium Commentarii tribuere possint. Video D. Bernhardum hac arte praestitisse, & omnem suae eruditionis copiam hinc hausisse. Idem & in B. Augustino & aliis olfieri puto. Quare & nos ex eodem fonte bibere oportet has aquas vitae."[227] &c.

Idem Tom. III. Ien. Lat. fol. 124. (& Tom. III. Wittenb. fol. 59.) ad Deut. XVIII. 16. *Vt petiisti a Domino Deo tuo in Horeb.* „Nihil legitur de hac petitione

---

[224] WA 5, 46, 13–23.
[225] WA 5, 46, 23–28.
[226] WA 5, 46, 29–47, 9.
[227] WA 5, 47, 10–16.

Ex. 20. Cur ergo sic Mose loquitur? Respondetur: Moses ex ipsis verbis populi colligit, hanc petitionem fuisse in eis, dum dicunt: *Non audiam vltra vocem Domini Dei mei, & ignem hunc maximum amplius non videbo, ne moriar.* Ex his, inquam, verbis, non quid sonent, sed quid velint, concipit: ⟨205⟩ spectat enim intimum affectum & cardinem desiderii eorum. Nam sic erant affecti ex terrore vocis, vt summo cordis aestu optarint mitius & blandius verbum. Ipsa enim mors intenta per vocem legis, coëgit eos suspirare ad vitam, & ad verbum salutis, & in tali angustia magis optant quam audent petere aliud verbum. Deus autem, qui scrutatur profunda cordis, audit & respondet non secundum verba exterius sonantia, sed secundum affectum interius ardentem, sicut in Euangelio Christus Zachaeum suspexit, non secundum quod foris loquebatur, sed secundum affectum cordis. Neque enim ausus fuisset Zachaeus foris petere, vt domum eius Christus intraret, & tamen intus nihil magis optabat, vnde & cum gaudio eum suscepit, impleto desiderio suo, quod ipse vix sentiebat ante."[228] &c.

Paulo post: „sic perterriti & anxii solent petere, quod ignorant, vt Paulus ait: Rom. 8. Nescimus, quid oremus, aut quomodo orare oporteat, sed Spiritus interpellat pro sanctis. &c. Ideo & hic Moses eorum petitionem interpretatur secundum affectum eorum, ac si dicat, ⟨206⟩ stulte petiisti, vt ego tibi loquerer, cum timeres audire vocem illam in monte, cum ea sit vox ministerii mei perpetuo, sed Deus, qui intuetur cor tuum, vidit, quod non me, sed alium, qui blandius quam ego loqueretur, peteres. Et hanc petitionem exaudiens dabit tibi talem Prophetam, qualem vis."[229]

Ibidem ad Deut. 28. fol. 74. „Hoc capitulum, vt longissimum, ita facillimum est, nihil enim nisi cumulum bendictionum & maledictionum facit, quo praecedens caput latius digerit & explicat. Proinde ad historiam nihil habemus, quod hic commentemur, nisi quod affectu rem esse pensandam dicimus, quam horrendum sit esse sub lege, nam has maledictiones, vel eis aequales, fert conscientia serua peccati, quae in nulla re non sentit crucem & ignominiam. Siquidem non est pax impiis, & nullus locus tutus, nulla hora secura, nulla creatura fidelis. Rursus his vel aequalibus benedictionibus fruitur munda & pia conscientia, cui omnia blandiuntur & applaudunt."[230]

Ibid. ad verba: „*Et erit vita tua pendens ante te, timebis nocte & die, & non eris* ⟨207⟩ *certus de vita tua, mane dices, quis mihi det vespere? Et vespere qui mihi det mane?* Non vidi, inquit Lutherus, locum, qui clarius miseriam malae conscientiae disserat, tam aptis & propriis, tum verbis tum sententiis. Sic enim affectus est, qui Deum offensum habet, i. e. qui peccati conscientia vexatur, omnia tuta (vt ille ait) etiam timet. Esaias sane vno verbo omnia complexus, ait: *Impii sicut mare feruent, quod quiescere non potest.* Ita impium agunt procellae cogitationum timoris, diffidentiae, desperationis, vt vere mari feruenti comparari possit."[231]

Idem Tom. III. Ien. Lat. fol. 286. b. in verba Iesaiae: „*Audite caeli & terra*: si quis penitus posset inspicere affectus Prophetae, videret in singulis verbis

---

[228] WA 14, 678, 21–35.
[229] WA 14, 679, 19–24.
[230] WA 14, 724, 21–29.
[231] WA 14, 725, 7–13.

caminos ignis & vehementissimos ardores esse. Quare non est cuiuslibet ob affectuum summam vehementiam interpretari Prophetas, nisi Spiritum S. Doctorem habeat. Vtitur igitur Propheta hac figura, vt attentos faciat auditores, quasi dicat: nemo audit, omnes sunt impii & negligunt verbum Dei, audiant igitur caelum & terra. Cur hoc? quia Dominus loquitur, cuius verbum meretur, vt audiatur."[232]

⟨208⟩ Praecipue accurate legenda & ponderanda est ab Hermeneuticae S. Studiosis Praefatio Lutheri in Psalmos, illa ipsa, quae in Bibliis Germanicis haberi solet; quaeque a *Iusto Iona* in Latinam versa linguam exstat in Tom. III. Wittemb. Lat. & cum aliis Praefationibus edita Anno 1690. Brunsuigae ex Bibliotheca Rudolphina, sub titulo: *Succinctus in Scripturam Commentarius, nempe illust. B. Lutheri praefationes Latinae in Lib. Vet. Test. Psalmos & Epist. ad Romanos; in Octauo.*[233] Nec produci sane cuncta, quae in scriptis Lutheri huc pertinent, hoc loco possunt. Commentarii enim eius vivum huius rei exercitium exhibent, in primis quos in Psalmos & quos in Genesin scripsit; Legant Auditores e.g. quae in Cap. 22. & in Cap. 37. Geneseos commentatus est, eoque animo illa attente relegant, vt obseruent ipsi, quam succulenta sit illa demum Scripturae S. tractatio, quae sapienter habeat rationem affectuum, eosque quasi e visceribus textus erutos in lucem protrahat, immo viuido quodam eorum sensu Auditorum Lectorumue animos informet.

Lutherum excipiat *Iohannes Bugenhagius, Pomeranus,*[234] fidelis illius in negotio ⟨209⟩ Reformationis παραστάτης, & de cuius Commentario in Psalterium Dauidicum ille ipse in praemissa Praefatiuncula ait: „Etsi odiosum est statuere, audeo tamen dicere, a nemine (cuius extent libri) esse Psalterium Dauid explicatum, esseque hunc Pomeranum primum in orbe, qui Psalterii interpres dici mereatur."[235] Is vero in *Commentario illo in Psalterium*, summam Psalmi 91. expositurus, Pathologiam S. praecipue in explicationis suae subsidium adhibet. „Hic", inquit, „Christus describitur sub tegmine alarum Dei Patris in omnibus tutus, vt Diabolus hinc citat Matth. 4. recte quidem, sed maligno ingenio. *Aduerte* iucundam personarum mutationem in hoc Spiritus Dialogo. Primo fit sermo de eo, *qui habitat in adiutorio Altissimi;* deinde ad illum ipsum, vbi dicitur: *Quoniam ipse liberabit te ex laqueo.* &c. Tertio affectus illius, qui habitat in adiutorio Altissimi, interseritur, dicentis: *Quoniam tu es, Domine, spes mea.* Et ita subito mutantur verba, vt, qui paullo ante videbatur de alio, & ad alium dicere, iam de se & ad se dixisse videatur. Non enim qui talia ex animo dicit, est vnus ex illis, qui, ⟨210⟩ cum audiunt gratiam Dei praedicari, credunt quidem sanctis obuenturam, se vero ad eam pertinere confidere non audent, sed quod legit, quod audit ex Dei verbis, ad se pertinere non dubitat, quasi dicat: Omnia praedicta sic habent, *quia tu, Domine, es spes mea.* Atque haec particula, Quoniam tu es Domine spes mea, ita

---

232 WA 25, 90, 11–17.
233 WA DB X 2, 189–192; vgl. LXXXVIII f.
234 Vgl. Luther, Witt. lat. III, 1549, 398b–401a (Luthers Vorrede lat. zu Ps); ders., Witt. lat. III, 1553 u. III, 1583, 356b–359a.
235 Bugenhagen 1524, Vorrede, fol. 1b.

interseritur affectu psallentis, vt, quod ad phrasin orationis attinet, neque cum eo, quod mox praecessit, neque cum eo, quod mox sequitur, cohaerere videatur, cum tamen maxime in sententia secundum spiritum cohaereat, & non cohaerere non possit, quod Spiritus loquitur. Nam quod protinus additur: *Altissimum posuisti refugium tuum*, non ad Deum dicitur, sed ad hominem, *qui habitat in adiutorio Altissimi*. Primum, ad quem diceretur hic: *Refugium tuum*, nisi ad eum, qui supra dixerat, *refugium meum?* Deinde ad quem diceretur: *Non accedet ad te malum*, nisi ad eum, ad quem supra dictum est: *Ad te autem non appropinquabit*. Vt interim non vrgeam, quod etiam ipse contextus hoc requirit in eo, quod subditur, *Quoniam angelis suis* &c. - - In fine autem Psalmi Deus loquitur: *Quo-⟨211⟩niam in me sperauit* &c."[236] Euoluenti ipsum, quem citauimus, Commentarium Bugenhagii in Psalmos, aut, quae facilius haberi potest, germanicam eius versionem, plura sine magno negotio huius rei exempla occurrent, quae nos hic producere supersedemus.

Subiungamus Bugenhagio *Brentium*, de quo *Glassius in Philol. S. Lib. IV. Tract. I. p. 865.* alias *p. 673.* sic sensit: „Dignissima profecto sunt huius insignis Theologi scripta exegetica, praesertim in Vet. Test. Libros, quae diligenter euoluantur ab omnibus, qui Theologiae & Philologiae Sacrae etiam studio addicti sunt: quippe doctrinae caelestis omnigenae & observationum variarum, ex Hebraeo textu plena."[237] Patebit vero diligentibus Scriptorum Brentii Lectoribus, eum cum in aliis, tum in hoc etiam secutum esse Lutheri vestigia, quod interiores affectus in textibus Scripturae considerauit, & luculentissime repraesentauit. In re omnium grauissima, nempe in ponderanda tentatione Christi, Matth. 4. id non neglexit: „Certissimum est", inquit in Commentario ad Matth. p. 111. „quod hae tentationes fuerint in animo Christi ignita iacula ⟨212⟩ Satanae, & penetrauerint ossa, ac, vt dici solet, medullam Christi,"[238] &c. & deinde p. 112. „Non est sentiendum, quod haec tentatio sonuerit Christo in auribus tantum, sicut sibilus anseris, aut latratus caniculae, sed quod penetrauerit ossa & medullas, cor & animum eius. Satan enim conatus est Christo auferre non solum corporalem vitam eius, sed etiam omnem eius caelestem maiestatem. Videmus autem, quam grauiter homines affliguntur & perturbantur, cum intelligunt a proximo suo hoc agi, vt omnibus facultatibus exuantur, & in exilium eiiciantur: multo magis vero concutiuntur, cum insidiis proximi necesse habent etiam de vita periclitari. Quid ergo putas animi fuisse Christo: cum non tam de corporalis vitae, quam de summae suae felicitatis & maiestatis amissione tentaretur? Non huc facit, quod quispiam cogitare & obiicere posset, Christum Deum fuisse, facile igitur potuisse haec Satanae verba contemnere. Hoc, inquam, non habet hic locum, quia Christus proposuit se Satanae, non vt Deum omnipotentem, sed vt infirmum hominem: *Tentatus est*, (inquit) per *omnia iuxta si-⟨213⟩militudinem, absque peccato.*"[239] Quod Scripturae testimonium hactenus etiam bene a Brentio adducitur, quod

---

[236] Bugenhagen 1524, 513 f.
[237] Glassius 1691, 865.
[238] Brenz 1582, 111.
[239] Brenz 1582, 112.

eo simul negentur in Christo affectus peccati labe infecti, quales nobis inesse solent. - - *Christus solus* enim, vt recte Bernhardus ait Tom. II. p. 237. *cum ordinatis affectionibus tamquam sponsus e thalamo processit ex vtero matris.*[240] Ceterum quia breuitati nunc studendum est, nolumus nunc exempla consideratorum affectuum e Brentii Scriptis cumulare, quae passim in iis obuia sunt. Sic ad Luc. 2. eleganter excussit affectum parentum Christi, cum Iesum puerum Hierosolymis reliquissent. Sic in enarranda etiam Passionis & Resurrectionis Christi historia sub finem Commentarii in Lucam passim eandem viam felicissime sequitur.

Audiamus nunc etiam Flacium Illyricum: Is in *Claue Scripturae Sacrae* part. 2. Tract. I. pag. 42. in edit. Ien. p. 43. „Ad verum", inquit, „intellectum & conciliationes Scripturae valde prodesset, probe nosse varios casus, motus & conditiones, qui in animo accidunt, siue a nostra propria malitia, aut etiam fragilitate, vt sunt varii prauique adfectus vel cupiditatum vel timiditatis: siue a prauo spiritu nos ⟨214⟩ varie tentante, cribrante & adfligente: tum & a spiritu consolante. De hisce enim potissimum rebus Scriptura agit. Haec si ignoramus, perinde nobis sermo sacer obscurus est, ac si cum aliquo puero loquaris de rebus longe grauissimis, quas soli viri, iique in rebus summis exercitati, vtcunque norunt. Quare quemadmodum in Scripturis obseruare oportet mutationes temporum & personarum, ita & in eisdem operae pretium est obseruare frequentes mutationes adfectuum & passionum, secundum vicissitudines Spiritus Sancti euntis & redeuntis, hominis animam multifariam visitantis. Est adfectus *Dilectionis* ex commemoratione diuinae charitatis exoriens, dum mens concipit Deum vt bonum & beneficum. Ex hoc affectu canitur: *Diligam te, Domine, fortitudo mea.* Est adfectus *Admirationis*, dum magna quaedam & grandia Dei opera mens contemplata, in stuporem excitatur. Ex hoc adfectu canitur: *Domine, Dominus noster, quam admirabile est nomen tuum.* Est adfectus *Congratulationis*, ex quo canitur Psalmus: *Omnes gentes plaudite manibus.* Est adfectus *Desiderii* esurientis & sitientis beati-⟨215⟩tudinem, ex quo canitur: *Quemadmodum desiderat ceruus ad fontes aquarum.* Est adfectus *Humiliationis*, quo ex consideratione propriae imbecillitatis mens ab elatione comprimitur. Multum conducit ad intellectum Scripturarum, si Lector consideret, in Scripturis Sacris alia dici sciscitantis seu percunctantis animo, alia vero admirantis, alia deprecantis, alia gratias agentis, alia peccata deplorantis adfectu. Scripturam vtiliter legis, si vniuscuiusque Sancti loquentis adfectu induaris. Talis adfectuum muratio frequens est in Psalmis, in Prophetis: & praesertim in praefato Canticorum libro, quam *Origenes* Cantica exponens diligenter notauit Homil. 2.[241]"[242]

Idem pag. 98. 99. „In omnibus", inquit, „bonis Scriptoribus sic cum maximo fructu versabere: si tu ipse veluti indueris personam loquentis: teque, quasi medio illi negotio, de quo agitur, immiscueris. Nam frigide profecto, minimoque cum profectu in alieno versatur Scripto is, qui animi sui sensum ac motus ad scriptoris mentem atque adfectiones, quoad eius fieri poterit, non impulerit at-

---

[240] Bernhard von Clairvaux 1641, 237.
[241] Origenes, in canticum canticorum hom.: MSG 13, 37–216 (Homilia II, 47–58).
[242] Flacius 1695, II, 43.

temperaueritque. Neque sine ⟨216⟩ caussa profecto Psalmi tanta varietate ac vehementia affectuum sunt conscripti; sed vt pii eos in suos animos illabi patiantur, suaque corda veluti transforment ac transfigurent in habitum formamque mentis Psalmistae."

„Quare cum legimus Psalmum agnoscentem & confitentem peccata, ac petentem condonationem, ita eum legamus, sic vel illa verba ad nos nostrasque res, vel nostra negotia ad verba Psalmi attemperemus, ac si nos iam nostra peccata sic deploraremus, & nobis suppliciter condonari flagitaremus."

„Sic cum Eucharisticum Psalmum legimus, simul quoque nos illis ipsis verbis Deo gratias agamus pro eius quotidianis in nos beneficiis. Cum Didacticum aut Consolatorium Psalmum legimus, ita eum accipiamus, ac si nos iam Deus coram ipse illis verbis institueret & consolaretur confirmaretque. Hoc vero etiam tanto magis in Sacris fieri deberet, quam in aliis scriptoribus, quanto magis tota haec doctrina tum in praxi consistit, tum propter nos, non propter illos veteres, conscripta, memoriaeque prodita est."[243]

⟨217⟩ Idem Part. II. Clav. Tract. II. pag. 195. in Ien. edit. p. 198.[244] exponit adfectum in Esa. I. *Audite caeli & auribus percipe terra:* ostendens prophetas irrationales aliquando creaturas adloqui, eo quod rationales irrationales factae sint, & *vt tragicum hoc pathos moueat lapidea corda hominum* (quae postrema verba non apparent in edit. Ien. de Anno 1674.) Id autem conferri potest cum illa expositione τοῦ πάθους, quam in eadem verba, vt supra vidimus, Lutherus perhibet.

Sic quoque Flacius Part. II. Clav. Tract. IV. p. 313. al. p. 316. vbi vid. etiam p. 319.seq.[245] ex instituto agit de nominibus ac verbis cognitionis aut notitiae, non solum otiosam notitiam significantibus, sed etiam affectus aut motus animi complectentibus. Quam rem etiam in *parte prima Clauis* passim data occasione prosequitur. Pertinet vero ea res vtique ad Pathologiam in Hermeneutica S. obseruandam.

Sic Tract. V. p. 466. seq. al. p. 475.[246] ex professo agit de δεινώσει aut vi seu efficacia sermonis Sacrarum litterarum: quae materia omnino huc quoque spectat.

⟨218⟩ Sic de admirabili breuitate seu Laconismo Scripturae plurima huc referenda habentur ibid. p. 484. seq. al. p. 493.[247] cuius breuitatis caussam praeter alias adsignat ipsam naturam hominum meridionalium, quippe qui longe facilius Septentrionalibus moueantur, eoque etiam paucioribus verbis indigeant, vnde Graeci multo fuerint studiosiores breuitatis, quam Latini; sic porro etiam magis Ebraei quam Graeci. p. 490. al. 499.[248]

Sic quae de oratione pendente aut connexa Scripturae S. habet, huic rei lumen aliquod adferunt. p. 493. seq. al. p. 502. seq.[249]

---

243 Flacius 1695, II, 99.
244 Ebd., II, 197.
245 Ebd., II, 319 f.
246 Ebd., II, 475–482.
247 Ebd., II, 493–502.
248 Ebd., II, 499.
249 Ebd., II, 502–508.

Accedimus ad *Franzium*, qui in Tract. de *Interpret. Scripturae S.* Orac. LVI. p. 501. seq. hanc ipsam affectuum in Scriptura Sacra considerationem maxime urget. „Omnino", inquit, „tota Scriptura rem, quam proposita est, non tam eloquitur, quam certis adhibitis gestibus & affectibus agit, & quasi in comoedia viua repraesentat. Esa. 1, 5. verba nuda ita habent: *Super quid percutiemini adhuc, addetis prauitatem.* it. v. 6. *A planta pedis vsque ad verticem non in eo perfectio, vulnus & liuor & plaga recens.* Nostri, vt haec pla-⟨219⟩na & intellectu facilia reddant, supplent particulas in hunc modum: *Quid percutiemini adhuc* (si) *addetis prauitatem;* Et, *a planta pedis vsque ad verticem non* (est) *in eo perfectio* (sed) *vulnus & liuor & plaga recens.*"

„Iam vero, Lector, adsuefacias te ad morem Spiritus Sancti, qui Scripturam suam non scribit, aut nude recitat, sicut tu eandem nude scribes & recitabis; sed ita eam tibi vult propositam, quasi ex ore eius eandem coram audires. Exempli gratia, ista verba: *Super quid percutiemini adhuc?* Ista, inquam, verba profert in forma & adfectu interrogantis, & interrogantis cum vehementi adfectu, & post eam interrogationem prolatam quiescentis & tacentis. Dehinc quasi capite concusso, vt solent irati, & manus ambas proiiciendo vehementibus adfectibus addit: *addetis prauitatem. Ihr werdet doch durch neue Straffe nicht besser werden.*"

„Simili modo cum actione externorum gestuum & organorum recitanda sunt & aestimanda illa verba: *A planta pedis vsque ad verticem non est in eo perfectio:* quam sententiam cum exclamatione & ⟨220⟩ vehementi condolentia protulit, & post eam prolatam quiescit. Inde, cum novo gestu, capite iterum vel inclinato ad singulas particulas incipit: *vulnus est, liuor est, plaga recens est.*"

„Similis locus est, vbi DEus & Propheta plus est intentus in adfectus rerum, quam in Syntaxin verborum. Ezech. 18, 30. *Vnumquemque iuxta vias suas,* (sic enim incipit, quasi vno inspecto ex toto coetu: mox vero faciem quasi circumfert in circulo adstantium, quasi digito monstrat, non vnum amplius, sed omnes, dicens) *iudicabo vos, domus Israel, dixit Dominus Iehouah.* Exempla plus quam infinita occurrent passim, praesertim in Prophetis, immo & in aliis locis, vbi DEus loquens introducitur a sanctis viris Prophetis."

„Qui hanc annotationem non observat, is Biblia nec satis auguste, nec satis attente nec cum fructu leget. Solent Aduocati sese adsuefacere ad conuenientiam stili aulici, & ad istius stili omnes formas. Cur nos idem studium non collocabimus ad stilum diuinum penitius cognoscendum & aestimandum? Omnino diuina augustaque; est maiestas sti-⟨221⟩li diuini, hoc pacto adspecti, considerati & expensi, istaque maiestate nihil exstat in orbe inter omnia Scripta aulica politicaque augustius, nihil magis ferit mentem, nihil magis penetrat mentem, quam ista ipsa stili diuini forma - - In stilo diuino diuina breuitas veritatem planissime ob oculos ponit ad salutem aeternam omnium hominum, & vtitur ornatu omnino diuino, penetrante vsque ad medullam ossium. Studiose autem voluit *agendo, agendo*, inquam, inculcare lectoribus suam mentem, sicut Exod. 29, 38. 41. etiam exstat exemplum. Quin & eodem modo ab aliis, hominibus nimirum, prolato, retinet Exod. 5, 17. *Vacatis, vacatis, idcirco dicitis, eamus sacrificemus Iehouae.* Nimirum Praefecti filiorum Israel vociferantur ad Pharaonem v. 16. *quare non das paleam seruis tuis, & tamen vis a nobis pristinum laterum numerum fieri, & nisi fiat, caedi nos iubes.*

Respondet ipsis Pharao cum tali clamoroso adfectu, & cum gestu iracundo, manibus proiectis, contumelioso habitu corporis, *vacatis* (hic aliquantulum interquiescens, mox continuans) *vacatis* (& iterum post leuem interpositam pausam) *idcirco di-*⟨222⟩*citis: eamus sacrificemus Iehouae*, quasi diceret: Si plus laboris vobis non fuerit impositum, tum non desinetis petere veniam abeundi, sub hoc praetextu, quod velitis sacrificare Deo vestro. - - Sic DEus non leui voce, sed graui auctoritate nos alloquitur in Scripturis; & vere beatus erit iste Lector, qui istum morem DEI obseruarit. Huic enim Lectio Bibliorum sapiet, & placebit supra omnes delicias verborum & phrasium, quae in vllo libro humanitus scripto deprehendi poterunt."[250] Hactenus Franzius. Non pigeret quidem reliqua omnia eius verba transscribere; verum tamen ne nimis longi essemus, ea duntaxat visum fuit excerpere, quibus minime carere posse Hermeneuticae Sacrae Studiosos existimamus.

Superest, vt *Danhaueri* testimonio etiam hac in re vtamur. Ille in *Hermen. S.* p. 347. exiugi & indefatigabili Scripturae S. lectione orituram spondet *viuam repraesentationem* τῆς συνηθείας τοῦ γράφοντος, & addit: „Si quis viuum magistrum audiat eadem recitare, quae litteris consignauit, facilius intelligit, quam si litteras solas legat; cur illud? Quia recitantis ἦθος, πά-⟨223⟩θος, gestum, pronuntiationis indolem, scopum pronuntiantis, aliasue circumstantias oculis quasi legit ac imbibit. Non dubitandum, quin, si D. Paulus hodie ad nos Epistolam ad Romanos olim scriptam viuus declamaret, nos facilius intellecturos, quam nunc viua illius voce destituti intelligimus. Iugi igitur ac assidua lectione Scriptor quasi e mortuis excitandus, adque viuum repraesentandus est, vt quod non possimus reapse, saltem animi conceptu ac ἀγχινοίᾳ consequamur. Atque ideo dum legimus Sacras litteras, simul indaganda sunt 1) Icon animi scribentis, quo animi affectu, quo statu vitae, qua forte fuerit tunc, quum haec talia exararet.[251] - - - Vtinam hanc operam aliquis oraculis diuino afflatu dictatis daret, quam tribus Poetis Satyricis, *Horatio, Iuuenali, Persio* dedit *Casaubonus in prolegomenis in Persium*, & accurato studio nobis repraesentaret singulorum Scriptorum Sacrorum indolem, ingenium, fata, mores, affectus. Nimium librorum hactenus editum est, sed minimum eorum, qui adhuc iuste desiderantur. Conati aliquid sumus cum in Polemosophia Sacra, vbi ⟨224⟩ Christi & Pauli ἦθος disputandi euoluimus p. 114. sq. tum in referendis Dauidis ἤθεσι & πάθεσι in eo collegio, quo Psalmodiam Dauidicam priuatim exposuimus, in lucem publicam fortassis ituram comite vita. Induendus est interpreti animus illius, quem interpretatur, auctoris, vt illius quasi alter idem prodeat: solerti indagine mores consectandi etiam illorum, quorum Scriptor Diuinus mentionem fecit.[252] - - - Sic indagandus est 2) *Gestus* Scribentis, vel etiam eius, de quo scribit. Egregio exemplo hoc documentum illustrat noster Lutherus ad Gen. 37. fol. 22.[253] *Moses nihil dicit de gestibus & vocibus editis a Ioseph in tanto periculo.*"[254] &c. - - - p. 354. „Ecquis negabit, quin Christus,

---

250 Franz 1693, 501–503.
251 Dannhauer 1654, 347 f.
252 Ebd., 348 f.
253 WA 44, 289, 1 f.
254 Dannhauer 1654, 350.

quum dixit: *soluite templum hoc!* gestu iuuerit vocem, & manu ad pectus admota suum ipsius corpus indicarit? - - - Huc pertinet illud D. Franzii monitum ad Esa. I.[255] Assuefacias te lector"[256] &c.

Atque sic perlustrauimus *Bernhardi, Lutheri, Bugenhagii, Brentii, Flacii, Franzii, Danhaueri* testimonia de affectibus in Scripturae S. lectione & expositione animaduertendis & ponderandis; Ansam et-⟨225⟩iam suppeditauimus, plures eiusmodi obseruationes ex allegatis, aliisque Autoribus, adnotandi, eorumque pium in excolenda Pathologia sacra studium fideliter imitandi.

Soluuntur Obiectiones.

EXistimare aliquis posset, iniurium esse in ipsum Spiritum S. qui Scriptoribus Θεοπνεύστοις adfectus tribuere velit; neque enim Scripturam Sacram esse Scriptoribus sacris, sed Spiritui S. per ipsorum os loquenti, acceptam ferendam.

Respondetur (1.) Θεοπνευστία ipsa nos conuincit, dari sanctos ex Spiritu S. in Scriptoribus sacris affectus. Falsissimum enim est, Scriptores sacros in consignandis Scripturis se habuisse vt truncos, & sine sensu ac αἰσθήσει illa conscripsisse, quae non sine diuino sensu a nobis sunt legenda. Sed omnino intellectus eorum a Spiritu S. fuit illuminatus, & piis, sanctis, ardentibusque motibus concitata voluntas, vt cum sensu exactissimo omnia scriberent; & sic lo-⟨226⟩cuti sunt, non extra se rapti, sed φερόμενοι ὑπὸ πνεύματος ἁγίου. 2. Petr. 1. v. 21.

(2.) Potest hoc etiam inde constare, quod Spiritus S. condescendit ad ipsorum indolem rationemque scribendi naturalem, quae proinde in diuersis Scriptoribus sacris est diuersissima. Vnde patere potest, animum Scriptorum sacrorum in consignandis Sacris Literis non sopore quodam quasi obrutum, sed excitatum potius, illuminatum, & in motibus suis sanctificatum fuisse; quamuis hos motus in excellentiori gradu supernaturales fuisse, adeoque non cuiuis regenito & illuminato communes, facile concedamus.

(3.) Adhaec expressi & nominati hinc inde ab ipsis Scriptoribus sacris affectus satis demonstrant, quod eos inter scribendum vere in pectore suo senserint.

Certe quando Paulus v. g. gaudii, amoris, desiderii sui, aut spei suae, in epistolis mentionem facit, quis dixerit, id eum sine vllo affectuum illorum sensu de se scripsisse?

Aliud dubium exinde forte suboriri potest, quod videatur, sensum Scripturae ⟨227⟩ S. semper fore ambiguum, & quemlibet pro lubitu ex alio affectu aliam interpretationem fingere posse, si Scriptura iuxta hoc medium hermeneuticum explicanda sumatur.

Quamuis autem non negetur, rem esse non exigui momenti, sensum genuinum & interiorem profunde satis ex sermone scripto, vbi viua actio ac vocis modulatio tam clare affectum non prodit, eruere, & solide sine relictis dubiis

---

255 Franz 1693, 500–505 (zum Dannhauer Zitat).
256 Dannhauer 1654, 354.

demonstrare; nondum tamen sequitur, negligendum esse affectus scrutinium, ne sensus tam ambiguus appareat. Esset enim hoc tegere ignorantiam potius, ac dissimulare ambiguitatem, quam tollere. Nam sensum ex diuerso affectu diuersissimum nasci, teste quotidiana experientia, in familiari conuersatione, probari potest. An igitur, quod ipsa natura sanciuit, nec Deus per gratiam sustulit, per nostram tolli potest ignorantiam? Minime E. ob hanc difficultatem deserendum est hoc Pathologiae sacrae studium, sed potius haec ipsa causa eo magis nos impellere debet, ad veram affectuum cognitionem eo accuratius indagandam, quod ⟨228⟩ si fiat, adhibitis etiam reliquis Hermeneutices S. adminiculis, sensus Scripturae non ambiguus, sed tanto illustrior & clarior reddetur.

Caeterum & illud scrupulum quibusdam mouere posset, quod plurimi Commentatores doctrinam hanc affectuum negligant, & commentando affectuum nullam curam habeant.

Verum quidem hoc est, sed nequaquam adprobandum, imo hoc ab autoritate petitum argumentum opposita Doctorum supra allegatorum autoritate facile diluitur. Dolendum sane est, paucissimos Commentatores de profundiori verborum sacrorum sensu recte inuestigando esse sollicitos, sed vtplurimum nonnisi critica corticem spectantia sectari, vel in Polemica, aut in Locos communes se diffundere, & illa potissimum loca enarrare, vbi inuenit, quod operose agat, intellectus naturalis.

Sed haec non minima est ratio, (quod scilicet de Doctrina affectuum non sunt solliciti,) cur Commentarii plerumque sint adeo steriles, vt mentem Spiritus profundius rimantibus, & ⟨229⟩ imaginis diuinae notas in propriam aedificationem scrutantibus raro satisfaciant, quod experientia testatur. Ego quidem habeo persuasissimum, quod Commentarius sine hoc adminiculo (pio sacrorum motuum scrutinio) conscriptus, sit vere Commentarius & nomine & omine talis, h. e. commentis cerebri refertus.

REGVLA I. SPECIALIS.

Pathologia S. quatenus medium est Hermeneuticum, ostendit primo loco, quid sint affectus, & quam diuersa sint eorum genera.

AFfectuum quadruplex institui potest consideratio. Sunt enim aliqui homini cum brutis communes, qui ad institutum nostrum non adeo pertinent. Quidam competunt homini secundum naturam corruptam spectato: Alii vero spirituali vel regenito homini proprii sunt. Denique in Scripturis ipsi ⟨230⟩ DEO etiam affectus tribuuntur, per modum qui a Grammaticis ἀνθρωποπάθεια vocatur; qua ipsa voce statim innuitur, proprie de DEO dici affectus non posse, sed ob humanam imbecillitatem Spiritum S. καθ' ἄνθρωπον de DEO loqui. Interea ex dictis simul patescit, quod nobis pro instituto nostro sufficiat, si secundo & tertio modo affectus consideremus. Quae enim de affectibus primo & quarto modo adsignatis, obiter etiam interdum obseruanda videntur, ex dicendis liquido satis constare poterunt.

Prius itaque affectuum genus, quod nostram nunc subit considerationem, illos nobis affectus ob oculos mentis sistit, qui homini naturali competunt, & ex apprehensione, siue sensitiua, siue simul rationali, boni vel mali alicuius, eiusque vel veri vel apparenter talis, oriuntur.

Alterum genus huc pertinens homini regenito proprium est, & denotat commotionem animae a Spiritu DEI sanctificatae, qua illa afficitur ex bono vel malo aliquo, per illuminationem Spiritus S. cognito.

⟨231⟩ *REGVLA II. SPECIALIS.*

Quantum homo naturalis distat a regenito, tantum etiam inter se differunt duo haec affectuum genera. Nimirum plane diuersa sunt, ratione principii, obiecti, finis, subiecti, adiunctorum &c. Quae diuersitas ex certis, qui de iis formari possunt, characteribus, si inter se bene conferantur, luculentissime dignoscitur.

Characteres affectuum spiritualium &
naturalium inter se collati.

(1.) Affectus spirituales principium habent ipsum Spiritum Sanctum, & sunt fructus Spiritus. 2. Cor. VII, 9. 10. 11.

Affectus autem hominis naturales non ex alio principio pronascuntur, ⟨232⟩ quam ex natura, & sunt sine gratia.

(2.) Affectus spirituales tendunt ad finem sacrum. 1. Thess. II.

Naturales vero ad temporalem naturae conseruationem & emendationem, vel ad solam iucunditatem & commodum proprium, respiciunt.

(3.) Affectus spirituales versantur circa obiecta maxime diuina, aeterna, spiritualia, inuisibilia. 2. Cor. V, 16.

Naturales circa corporalia, localia, temporalia, quaeque in sensus cadunt.

(4.) Sicubi autem affectus spirituales circa obiecta etiam corporalia versantur, non alio id contingit modo, quam quatenus aliquam ad spiritualia, adeoque ad ipsum summum bonum, relationem habent. 2. Cor. VIII. & c. IX.

Contrario plane modo affectus naturales, si forte circa obiectum spirituale occupentur, illud non vt tale, iustoue scopo ac modo, amplectuntur, sed quatenus ad propriam aliquam iucunditatem vel vtilitatem referri posse videtur.

(5.) Affectus spirituales in fine & charitate fundantur, quibus si excidant, desinunt esse spirituales. Gal. V, 22.

Affectus autem naturalis initia & ⟨233⟩ incrementa capit a peruerso sui amore.

(6.) Itaque affectu spirituali homo non seipsum quaerit, & proprium commodum, vt tale, sed Deum eiusque gloriam. Act. XIV, 14.

Naturalis vero, illa, quae naturae sunt amabiliora, praefert iis, quae ad summum bonum propius accedunt.

(7.) Si affectus naturales & spirituales in homine regenito concurrant, spiritualis vincit naturalem: e.g. ἡ στοργὴ, vtut suo modo bona, superatur tamen ab amore Christi. Matth. XII, 46. sqq. X. 37.

In homine autem naturali imperium vbique obtinet naturalis affectus.

(8.) Spiritualis semper cum humilitate coniunctus est, & quantum se effert animus, tantum sese exerit affectus naturalis. Rom. XV, 1. Luc. XX, 24.

Naturalis igitur affectus, in homine irregenito, non potest non ad arrogantiam impellere, imo ex illa profluit.

(9.) Affectus spiritualis non exci-⟨234⟩tat in animo perturbationem, nec amaritudinem in corde relinquit, sed animi moderationem iuuat, cum iucunditate incrementa capit, cum gaudio tandem in Deo acquiescit. 1. Cor. XIII.

Naturales autem affectus recte cum Cicerone perturbationes appellantur, quia animum de statu deiiciunt, & ad perspiciendam veritatem, actionesque dextre instituendas ineptum reddunt; hinc etiam amaritudinem aliquam, pro diuersa sui mensura, in corde reliqunt.

(10.) Affectus spiritualis tendit ad emendationem naturae, ad incrementum gratiae, ad aedificationem proximi, neque alium finem, quam Dei voluntatem & gloriam, habet propositum.

Naturalis vero omnis fundatur in amore macrocosmi & microcosmi, per φιλαυτίαν ad seipsum relato, & quam diu hic amor regnat, animumque possidet, tam diu praui affectus intus stabulantur, & suam exercent tyrannidem: vnde etiam notabilem in corpore mutationem inferre solent.

His & pluribus characteribus, ipso exercitio magis magisque obseruandis, ⟨235⟩ Affectus a Spiritu & a natura oriundi a se inuicem satis discerni possunt. Operae autem pretium est, non tantum generales hos characteres, sed etiam speciales singulorum affectuum proprietates, recte habere in explorato. Ita enim faciliori negotio, eis ad textus sacros recte accommodatis, ad promtiorem affectuum in Scriptura S. obuiorum notitiam peruenire poterimus. Et cum hac in re ex libris scriptis parum hauriri queat auxilii, commodissimum erit, ex scrutinio propriorum affectuum, & obseruatione quotidiana eorum, quos vsus offert, singulos characteres ita sibi reddere cognitos, vt sine difficultate suis quosque locis conuenienter applicare queamus.

REGVLA III. SPECIALIS.

Affectus, prout vulgo etiam recenseri solent, sunt vel Simplices vel Compositi.

QVamuis, vti ex praecedentibus paret, affectus spirituales & naturales toto inter se genere differant, rece-⟨236⟩pto tamen loquendi more eadem vtrisque nomina specialia imponuntur, ita, vt cauendum sit, ne ex aequiuoca hac appellatione confusio quaedam in rebus ipsis subnascatur.

Iuxta vulgarem igitur affectuum doctrinam, illi, qui simplices dicuntur, sunt: amor, odium, desiderium, auersatio, gaudium, tristitia, spes, desperatio, metus, audacia, ira. Quibus addunt aliqui admirationem, contemtum, & alias ad intellectum potissimum spectantes animae commotiones.

Compositi sunt, vbi plures affectus concurrunt, vt commiseratio, indignatio, inuidia, aemulatio &c.

Vtrique, tam compositi, quam simplices, (nisi expresso laborent vitio, vt inuidia,) in regenitis aeque ac irregenitis deprehenduntur, sed, prout iam est monitum, diuersissima vtrinque indole. Neque negari potest, quod in natura hominis regeniti affectus etiam naturales supersint, & spiritualibus sese interdum immisceant, aut immiscere tentent; Interim quotidiano interioris pugnae exercitio magis magisque illi deteruntur, vt ad dominium tale, ⟨237⟩ quale in irregenito habent, nunquam peruenire queant.

Contrario plane modo irregenitus nihil habet spiritualium affectuum, sed in ipso soli tumultuantur & dominantur naturales, quorum fluctuante turbine, vt mare inquietum, nunc huc nunc illuc impellitur.

Absit autem, vt idem nobis sit animi sensus, si affectum Scriptorum sacrorum indagemus. Spiritui S. enim tribuere affectuum bonorum malorumque mixturam, qualem in piis etiam suo modo obuenire adfirmauimus, impium foret; interim non negamus, quod affectus sacri in natura sanctificata sese etiam externis & naturalibus signis prodant, atque ita ex illis indagari & dignosci queant.

Regvla IV. Specialis.

Cognitio affectuum, quatenus est adminiculum sanae interpretationis, non haberi ex asse potest ab homine irregenito.

⟨238⟩ QVanto interuallo inter se distent affectus naturales & spirituales, ex hactenus traditis abunde constat. Iam vero homo irrenatus nescit alios affectus, quam naturales, de spiritualibus vero loquitur vt coecus de coloribus; immo ne naturales quidem affectuum motus eo, quo debebat, modo percipit, quamdiu in tenebris deprauatae & peccatis immersae naturae versatur. In interpretanda autem Scriptura S. iudicium ferendum non tantum de affectibus naturalibus, quales in luce Diuinae veritatis apparent, sed etiam praecipue de spiritualibus. Νοῦς Χριστοῦ optime exponit ιοῦν Χριστοῦ. Qui probe expenderit Cap. II, 1. Ep. ad Cor. dubiis facile liberabitur.

Porro cognitio affectuum est practica; irregenitus vero in Scriptura S. legenda speculatiue tantum versatur, sibique sufficere credit, quae per ratiocinationem naturalem adsequi valet. Equidem cognitio affectuum αἴσθησιν & experientiam spiritualem requirit, cuius expers est homo irrenatus, & ad quam, dum talis est, nunquam serio adspirat. Conferantur, quae de notitia irregeni-⟨239⟩torum supra sunt proposita p. 89. seqq. Ex suo certe ingenio & affectu prauo irregenitus iudicat alios, quomodo igitur de affectibus sanctorum & regenitorum sanum & genuinum iudicium ferre poterit?

Regvla V. Specialis.

In affectibus cognoscendis solus recte versatur regenitus, & quidem ita, vt in consideratione Textus Sacri probe secernat affectum ipsius Scriptoris sacri, affectum eius, ad quem scribitur, affectum illius, de quo sermo est, nec non affectum, qui ipsi Deo tribuitur.

PRoinde non confuse dicendum est, hunc vel ilium affectum sese prodere in Textu aliquo, sed simul indicandum, in quonam subiecto eiusmodi affectus sese exserat. Faciet hoc, ad rem ⟨240⟩ ipsam accuratius, distinctius & profundius pensitandam, & ad obseruandam suauissimam inter affectus diuersorum subiectorum harmoniam, in ipsa interdum apparente discrepantia. Perspici etiam poterit, qua ratione pia φρονήσει affectus affectibus attemperentur: quod certe magnum est & sublime christianae prudentiae momentum, a paucis hactenus obseruatum, nedum excultum.

REGVLA VI. SPECIALIS.

In scrutinio affectuum primo sunt perpendendi, si qui expressis indicentur nominibus, affectus; hinc ad reliquos pergendum, quos non aeque claris Scriptor vestigiis prodidit. Hi ipsi ope Characterum Regula II. subministratorum, aliarumque Textus circumstantiarum, detegi poterunt. Sunt autem applicandi in hoc examine ⟨241⟩ characteres tam naturales quam spirituales; naturales ad affectus eorum, de quibus sermo est, aut quibus scribitur, spirituales ad affectus Scriptoris sacri, aut aliorum hominum regenitorum, quos textus respicit.

VBi igitur character aliquis deprehenditur, ibi certissime iudicari potest, subesse affectum. Nam supponendum est, in Scriptoribus sacris nullam simulationem aut dissimulationem locum habere, neque vsquam in suspicionem venire debet eiusmodi hypocrisis, aut peregrini affectus ostentatio, qualis in actoribus ludorum theatralium obseruari solet; Sed iste affectus vere adfuisse credendus est, qui ex ipsis textus verbis & circumstantiis prominet ac elucet.

Itaque in Pathologia hac sacra primo loco illi affectus sunt attendendi, qui expressis verbis in textu sacro indican-⟨242⟩tur; quales sunt illi, qui v. g. de Christo commemorantur, quando flendo de excidio Hierosolymitano locutus, Luc. XIX, 41. 42. aut cum intime commotus & tristis circumspexisse, sicque aridam miseri hominis manum sanasse dicitur. Marc. III, 2. 3. conf. Joh. XI, 33. 38.

Exinde in iis etiam Scripturae textibus affectus est inuestigandus, vbi aperta quidem eius non fit mentio, illius tamen vestigia sese offerunt, ex certis indiciis, ipsisque circumstantiis, nunc facilius nunc operosius diiudicanda.

Ita haud aegre potest perspici, quo affectu Apostoli Barnabas & Paulus dehortationem suam a sacrificio idololatrico ad Lystranos protulerint, cum Euangelista eos nobis describat vt vestimenta scindentes, & in populum prosilientes. Act. XIV, 14. 15.

Pari modo partim ex antecedentibus & consequentibus, partim ex ipso sermone, satis intelligitur, Paulum non sine affectu singulari pronunciasse tum admonitionem, tum denunciationem istam, quam ad Antiochenos Iudaeos publice fecisse legitur Act. XIII, 40–47. Conf. Cap. XXVIII, 25–28.

⟨243⟩ Et haec quidem affectuum consideratio Viros sanctos respicit, qui in S. Scriptura loquuntur, aut loquentes producuntur. At non minus necessaria est cognitio illorum quoque affectuum, quos textus sacer de iis, ad quos, vel de quibus, sermo est, subinde indicat aut innuit, quorum obseruatio toti haud raro orationi lucem afferre potest.

Ita nemo dubitat, quin Christus consolatorio plane affectu verba sua, θάρ-
σει τέκνον, *peccata tua tibi remissa sunt*, ad affectum paralytici per καρδιογνωσίαν
detectum accommodauerit, Matth. IX, 2. quo ipso loco etiam correptio, quam in
Scribas peruersa cogitantes dirigit, prauum ipsorum affectum & intimum simul
dolorem Christi de ipsorum peruicacia & peruersitate, satis perspicue nobis aperit. v. 3–7. Sic peccatrix foemina, actionibus, gestibus & lacrymis suis, animi
dolentis clara quidem prae se tulit indicia, quae tamen interiores animi motus,
Christique; intimiorem affectum, non tam luculenter produnt, quam ipsa verba:
peccata tibi remissa sunt, fides tua saluauit te, vade in pace. Luc. VII, 37–50. Et quando
Dominus ad Paulum ⟨244⟩ per visionem nocturnam dicit: *noli timere, sed loquere,
nec tace &c.* quis dubitet, quin haec ipsa verba nobis significent, quali affectu
Apostolus tunc temporis tentatus fuerit, & qualis Christi fuerit erga seruum
suum animus? Act. XVIII, 6. coll. 1. Cor. II, 3. In cordibus autem Corinthiorum
per litteras Pauli excitata tristitia diuina, quantos, quaeso, & quales affectus ope-
rata est, qui certe non absque causa tam distincte recensentur 2. Cor. VII, 10.
11. ita, vt tristitia & anxietas Pauli, qua epistolam suam priorem exarauit, ex
affectu in affectus transiisse animaduertatur. Vid. 1. Cor. II, 4.

Quae omnia nos satis edocent, quod diuersorum affectuum in sacris scripturis indagatio ad sensum plene percipiendum omnino requiratur, & quod suis
quilibet subiectis debito modo adsignandi veniant. Illud etiam exinde fit perspicuum, quod nunc ex verbis affectus, nunc vero ex affectu verba sint declaranda,
atque ita reciproca vtriusque collatione sensus Scriptoris S. eo rectius inueniri ac
commonstrari queat.

⟨245⟩ Insigne in hoc studio operae compendium subministrat solicita sui
ipsius cognitio. Sic enim ex probe perspectis naturae corruptae affectibus, (quos
partim in nobis residuos, partim in aliis hominibus conspicuos habemus) de
textibus, qui homines naturales respiciunt, tanto accuratius sentire, nec minus,
ex spirituali experientia, & intima αἰσθήσει, de iis, qui regenitos spectant, bene &
spiritualiter iudicare poterimus.

Ita imbuto animo demum sapiet Scriptura, vt cum B. Franzio loquar, supra
omnes delicias: & quicunque, tranquillo iam ac placido affectu in Deum recumbens, tum turbulentas humani pectoris tempestates, tum suaues & a Spiritu diuino excitatas sanctificati cordis commotiones intuebitur, sapientiam diuinam
sapiendo & gustando percipiet. Abyssus sese hic deteget ἀνεξερεύνητος, &, quod
vere Lutherus ait, plura suppeditabit meditatio, crebro innixa exercitio, quam
omnes omnium Commentarii suppeditare possunt. Huc igitur adspirandum erit
omnibus, qui serio Scripturam scrutantur.

⟨246⟩ *REGVLA VII. SPECIALIS.*

In Scriptoribus sacris recte statuitur fundamentum, seu potius initium, omnis affectus, amor.

DOcente enim Paulo Galat. V, 22. primus fructus Spiritus est ἀγάπη. Hic affectus alios ex sese producit, qui pro varietate circumstantiarum aliam aliamque
denominationem subeunt.

Ita ex amore zelus ille deriuandus est, quem contra Corinthios 1. epist. cap. V. & VI. nec non in Galat. cap. III. & IV. testatus est. Qui enim proximum vere diligit, non potest non commoueri damno ipsius animaduerso. Vnde simul apparet ingens illud discrimen inter iram & indignationem, cum de Christo aut Paulo, in Θεοπνευστίᾳ constituto, praedicantur, & inter cognomines affectus, quando de aliis hominibus, praesertim irregenitis, commemorantur: in his enim ira & indignatio vtplurimum ex odio, in Christo & Apostolis autem ex amore, originem ducunt.

⟨247⟩ *REGVLA VIII. SPECIALIS.*

Ad affectus in Textu sacro eruendos non parum confert diligens circumstantiarum consideratio, nec non pronunciatio, seu vocis in pronunciando modulatio, sensui & scopo Scriptoris S. congrua.

NOtae sunt circumstantiae vulgari versiculo inclusae: *Quis, quid, vbi, quibus auxiliis, cur, quomodo, quando?* Quae, licet videantur nimis tritae, multum tamen vtilitatis, tum in meditando, tum etiam in proponendo, afferre solent. Secundum has igitur circumstantias, quantum commode fieri potest, quilibet textus sacer pensitandus, sicque simul affectus in illo obueniens explorandus est. Quae circumstantia notabilior vno loco fuerit, quam in alio, maxime est vrgenda: pleraeque tamen singulis in locis magnum affectui explorando pondus addunt. Interdum iuuat in vnico etiam verbo ⟨248⟩ omnes accurate circumspicere circumstantias: nimirum quo hic quisque oculatior, eo magis in penetralia vsque textus, imo pectoris Scriptoris S. penetrabit.

Pronunciatio, duce & magistra ipsa natura, indolem & vim affectus accuratissime sequitur: vnde, quae dicuntur, siue viua voce pronunciantur, multo facilius percipiuntur, & altius in animo reponuntur, quam quae scribuntur. Quemadmodum quae oculis videntur, multo nobis fiunt certiora, quam quae narrantur. Cum itaque Viros θεοπνεύστους audire hodie non amplius queamus, supplendus est pronunciationis defectus a prudenti Scripturae interprete duplici ratione. (1.) Tentandum variis modis, hac an illa vocis modulatione prolato textu, iuxta obseruatas simul reliquas hermeneutices regulas, verus sensus nobis melius patefiat. (2.) Secundum affectum ita inuentum textus pronunciandus, ne auditori denuo sensus relinquatur vel ambiguus vel alienus. Franzius exempla adducit, ex quibus liquet, frequentissime falli & fallere eos, quos huius operae pigeat: ⟨249⟩ imo diserte affirmat, totam Scripturam sacram ita legendam esse, nec aliter posse recte intelligi.

Quod si commata, puncta, & reliquae distinctiones vsu receptae, & incertis ac variis auctoribus temporibusque diuersis in textum illatae, sensum turbare, & praecipue pronunciationem dubiam reddere videantur, notandum est, quod illae tantam autoritatem habere non debeant, vt, contra genuina hermeneutices praecepta, inuitis textus circumstantiis, illis inhaereamus. Notum enim est, quod nec adeo vetustus, nec debito semper studio enatus sit distinctionum vsus. Vnde haud inconsultum erit, adhibere vetustiora, & versiculis non interstincta exemplaria, ex quibus certius saepe iudicium de textu dubio formari potest.

REGVLA IX. SPECIALIS.

Tandem in scrutinio affectuum potissimum proficimus imitatione, piaque aemulatione eorum, quos in scriptoribus sacris semel perspexerimus, affectuum.

QUo enim magis eundem induemus affectum, eo solertius ac profundius eum in textibus sacris rimari, ⟨250⟩ perpendere, ac demonstrare poterimus. Quoties itaque affectus se sistet nobis Scriptorum sacrorum, toties, posito vel dato eodem casu, eundem in nobis ipsis affectum, imo eundem affectus gradum, quoad eius fieri potest, studiose quaeramus. Quodsi defectum in nobis deprehendamus affectuum piorum, quales in sanctis obseruamus, eum per gratiam Dei auxiliatricem supplere & corrigere studeamus. Quicquid autem similitudinis cum affectibus prauis, occasione exemplorum in sacris litteris exhibitorum, in natura nostra animaduertemus, id, iuuante eadem gratia, magis magisque deponamus, contrariosque; affectus bonos induamus.

Sic Scripturae sensus, corde potius quam cerebro comprehensus, ad medullas vsque ossium penetrabit, nostramque animam transformabit ἀπὸ δόξης εἰς δόξαν, & re vera experiemur, sermonem Dei esse efficacem, & penetrantiorem quouis gladio vtrinque incidente, & pertingente vsque ad diuisionem animae simul ac spiritus, compagumque ac medullarum, & discretorem cogitationum & intentionum
cordis.

AVGVSTI HERMANNI FRANCKII,

S. THEOL. PROF. ORD. PAST. VLRICIANI,
ET GYMNASII SCHOLARCHAE

COMMENTATIO DE SCOPO LIBRORVM VETERIS ET NOVI TESTAMENTI.

Col. III, 11. Τὰ πάντα, καὶ ἐν πᾶσι Χριϛός.

HALAE MAGDEBVRGICAE,

Typis & impensis Orphanotrophei, cIɔIɔccxxiv.

AVGVSTI HERMANNI
FRANCKII,
S. THEOL. PROF. ORD. PAST. VLRICIANI,
ET GYMNASII SCHOLARCHAE
COMMENTATIO
DE
SCOPO LIBRO-
RVM VETERIS ET NOVI
TESTAMENTI.
Col. III,II. Τα πάντα, και ἐν πᾶσι Χριστός.
HALAE MAGDEBVRGICAE.
Typis & impensis Orphanotrophei, MDCCXXIV.

Einleitung zu 3: *De scopo AT + NT*

Die hier abgedruckte Schrift *Scopus Librorum Novi Testamenti* (229–268) ist eine lateinische Fassung der erstmals 1698 von Francke herausgegebenen, dann 1702 in die *WWD* übernommenen deutschen *Einleitung Zur Lesung der Heiligen Schrifft Insonderheit Des Neuen Testaments* von Johann Heinrich Grischovius „excerpta & in latinam linguam translata". In dieser lateinischen Ausgabe hat Francke die in *WWD II* befindlichen einleitenden Abschnitte, die Widmung, 10–12, den Vorbericht, 12–16, und die allgemeine Einführung in „die gantze heilige Schrifft", 16–19, fortgelassen. Die Zählung der Paragraphen wurde dementsprechend geändert. Jedem Paragraphen wurde ferner als Überschrift ein Hinweis auf den Scopus der jeweiligen neutestamentlichen Schrift beigefügt. Die meisten der im laufenden Text der deutschen Ausgabe befindlichen Zahlen der Bibelstellen wurden in die Anmerkungen verlegt. Die abschließenden Seiten der deutschen Ausgabe WWD II, 65–70, § 36 f., sind fortgefallen.

Im Folgenden werden die *Tagebuchnotizen* Franckes über seine hermeneutischen und exegetischen Vorlesungen in den Jahren 1717 bis 1724 zusammengestellt. Sie geben darüber Auskunft, wann Francke seine Studien über den Pentateuch, die historischen und die prophetischen Bücher des Alten Testaments durchgeführt hat, die dann in den zusammenfassenden Werken des Jahres 1724 ihren literarischen Abschluss gefunden haben. Zu seinen Erbauungsreden über den Psalter in den Jahren 1704 bis 1707 in den Singstunden vgl. vorl. Bd., 431–460, 465–492.

Tagebuch 1717: AFSt A 170: 1

26.4.(3); 30.4.(5): Lectio praelim.; 3.5.(3): Gen. 1–3; 4.5.(3): Gen. 4–7; 7.5.(1): Gen. 8–11; 17.5.(1): Lutheri Comm. in Gen.; 18.5.(1): Gen. 11,27–20; 1.6.(2): Historia Isaaci; 4.6.(1): Historia Jacobi: Gen. 28–30; 7.6.(1): Historia Josephi; 8.6. (2): admonit. zu Gen.; 14.6.(2): Exod. 1–11; 15.6.(2): Exod. 12–19; 18.6.(5): Exod. 20–24; 22.6.(2): Lev. 1–7; 25.6.(5): Lev. 8–15; 28.6.(4): Lev. 16–27; 23.7.(2): Num. 5–10; 26.7.(11): Num. 10–21; 30.7.(2): Num 22–36; 2.8.(1): Deut. 1–4; 9.8.(2): Deut. 5–8; 10.8.(1): Deut. 9–11.

Am 29. August 1717 verließ Francke Halle zu seiner „Reise ins Reich". Die Rückkehr nach Halle erfolgte am 2. April 1718 (vgl. Kramer II, 223 ff.).

Tagebuch 1718: AFSt A 171 : 1 / A 172 : 1

16.5.(2): Deut. 33.f.; 17.5.(2): Deut. 31 f.; 20.5.(2): Introductio in 1. Josuae; 23.5.(4): Jos. 1–3; 24.5.(1): Jos. 4–7; 27.5.(3): Jos. 8–12; 13.6.(3); 14.6.(2);

17.6.(12): 1. Jud.; 20.6.(3): Jos. 3,1. Teil; 21.6.(3): Jud. 3–5; 27.6.(5): Jud. 6–8; 28.6.(6): Jud. 6–8; 1.7.(3): Jud. 9–12; 4.7.(2), 5.7.(3): Jud 13–16; 8.7.(2): Jud. 17 f.; 11.7.(2): Jud. 17–21; 15.7.(2): Jud. 20 f.; 18.7.(4), 19.7.(2), 22.7.(4): Ruth; 26.7.(3), 29.7.(4): 1. Sam.; 1.8.(5): 1. Sam. 1–3; 5.8.(5); 8.8.(4); 9.8.(2): 1. Sam. 7; 23.8.(5): 1. Sam. 8–10; 10.10.(3), 11.10.(3): 1. Sam. 11 f.; 14.10.(3): 1. Sam. 13 f.; 17.10.(3), 18.10.(4): 1. Sam. 15; 25.10.(4): 1. Sam. 16; 1.11.(5); 4.11.(2): 1. Sam. 17 f.; 7.11.(3): 1. Sam. 19 f.; 11.11.(5): 1. Sam. 19–22; 14.11.(7), 18.11.(2): 1. Sam. 23; 21.11.(6), 22.11.(6): 1. Sam. 24; 28.11.(2): 1. Sam. 25; 29.11.(3): 1. Sam. 25 f.; 2.12.(3): 1. Sam. 26; 9.12.(6), 12.12.(2); 13.12.(3), 30.12.(3): 1. Sam. 27–31.

Tagebuch 1719: AFSt A 173 : 1

9.1.(6): 2. Sam. angefangen u. general introduction gegeben; 10.1.(3), 13.1.(3), 16.1.(4), 17.1.(8), 22.1.(3): 2. Sam. 1–4; 23.1.(2), 24.1.(4), 27.1.(3), 31.1.(2), 3.2.(4), 7.2.(2), 13.2.(2), 14.2.(3): 2. Sam. 5–11; 17.2.(3), 21.2.(2); 2. Sam. 12–16.
21.5.(6): auf 2. Sam. 11 f. praepariret; 22.5.(1), 23.5.(1): 2. Sam. 11 f.; 16.6.(2): 2. Sam. 13; 19.6.(2): 2. Sam. 14; 20.6.(3), 23.6.(4): 2. Sam. 15; 26.6.(3): 2. Sam. 16; 27.6.(3): 2. Sam. 16 f.; 30.6.(4): 2. Sam 17; 3.7.(3): 2. Sam. 18,1; 10.7.(2), 11.7.(5): 2. Sam. 20; 14.7.(3); 17.7.(2): 2. Sam. 21; 18.7.(2): 2. Sam. 22; 24.7.(4): 2. Sam. 23 f.; 25.7.(3); 1.8.(4), 4.8.(2), 7.8.(1): 2. Sam. 23; 11.8.(2): 2. Sam. 23 f.; 15.8.(3): 2. Sam. 24.
9.10.(2): Habe mein Coll. publ. wieder angefangen u. gelesen, von 8 biß 9 Uhr. Da die monita methodologica semestri verno suppeditata zu repetiren angefangen. 10.10.(3); 13.10.(3); 16.10.(3); 17.10.(2); 20.10.(2); 23.10.(1); 24.10.(1); 30.10.(2); 31.10.(3): 2. Sam. 24; 3.11.(2); 6.11.(4): 2. Sam. beschlossen u. 1. Reg. angefangen; 7.11.(2): lectio introd. in 1. Reg.; 13.11.(1), 14.11.(1): 1. Reg.; 28.11.(7); 1.12.(4): 1. Reg. 3; 4.12.(8); 5.12.(3): 1. Reg. 4 f.; 7.12.(3): Act. 3 f.; 8.12.(4); 11.12.(4); 15.12.(3), 19.12.(3): 1. Reg. 6. u. damit die Collegia vor Weynachten geschloßen.

Tagebuch 1720: AFSt A 174 : 1

8.1.(1), 15.1.(2): 1. Reg. 7; 16.1.(5), 19.1.(3): 1. Reg. 8; 22.1.(2): 1. Reg. 9,1; 23.1.(2): 1. Reg. 9; 6.2.(2): 1. Reg. 9 f.; 9.2.(2): 1. Reg. 10; 8.4.(3).
29.4.(2): 1. Reg. 11; 3.5.(5), 6.5.(3), 10.5.(1): 1. Reg. 12–14; 13.5.(2), 14.5.(3): 1. Reg. 14; 27.5.(2), 28.5.(4): 1. Reg. 15; 8.7.(1), 9.7.(1): 1. Reg. 15 f.; 15.7.(3): 1. Reg. 17 ff.; 16.7.(2), 22.7.(3): 1. Reg. 17; 23.7.(2), 26.7.(2), 30.7.(3): 1. Reg. 18; 6.8.(2), 12.8.(1), 13.8.(4), 16.8.(3): 1. Reg. 20; 20.8.(2), 23.8.(6): 1. Reg. 21; 26.8.(2), 27.8.(2): 1. Reg. 22; 30.8.(3): 1. Reg. 22, hiemit die Lectiones über dieses Buch beschloßen.
13.9.(2): introductionem ad lectionem Prophetarum angefangen.; 20.9.(4): fortgefahren in introductione ad lectionem Prophetarum; *Im folgenden werden vom Hrg. nur die Namen der behandelten Propheten genannt*: 27.9.(1): Jeremias; 30.9.(2): Ezechiel; 21.10.(2), 22.10.(2): Daniel; 25.10.(3): Hosea; 29.10.(2): Joel; 4.11.(3): Obadja; 5.11.(2): Jona; 8.11.(2): Micha; 11.11.(2): Nahum; 12.11.(2): Habakuk; 15.11.(2): Zephania; 18.11.(3): Haggai; 22.11.(3): Malachia, u. die gantze introductionem ad lectionem Prophetarum beschloßen.

25.11.(2): angefangen 2. Reg., 1 f.; 26.11.(2): 2. Reg.; 29.11.(3): 2. Reg. 3 f.; 2.12.(2), 3.12.(2), 6.12.(2): 2. Reg. 5; 9.12.(3), 10.12.(2): 2. Reg. 6; 13.12.(2): 2. Reg. 7; 16.12.(2), 17.12.(2): 2. Reg. 8.

Tagebuch 1721: AFSt : A 175 : 1

13.1.(3): 2. Reg. 9 f.; 14.1.(2): 2. Reg. 9–11; 20.1.(2): 2. Reg. 11 f.; 24.1.(2): 2. Reg. 13; 27.1.(2), 28.1.(5): 2. Reg. 14; 31.1.(3): 2. Reg. 15,23 ad fin.; 3.2.(2), 4.2.(3), 7.2.(3): 2. Reg. 15; 11.2.(2): 2. Reg. 16 f. u. 2. Chron. 28; 17.2.(1), 18.2.(3): 2. Reg. 17; 21.2.(1); 25.2.(2), 28.2.(3): 2. Reg. 18 f.; 4.3.(2): 2. Reg. 19; 24.3.(2); 2. Reg. 21.
Praelectiones hermeneuticae:
23.6.(2): angefangen; 27.6.(2); 30.6.(2); 1.7.(2); 4.7.(2); 7.7.(2); 8.7.(2); 11.7.(2); 14.7.(3); 15.7.(2); 18.7.(2); 21.7.(1); 22.7.(2); 28.7.(2); 29.7.(2); 1.8.(2); 4.8.(4); 5.8.(4); 8.8.(3); 22.8.(2); 25.8.(2); 26.8.(2); 29.8.(2); 1.9.(2); 2.9.(2); 8.9.(3); 9.9.(2); 15.9.(2); 26.9.(3); 30.9.(4).
3.11.(2): 1. Chron., die ersten Capitel; 4.11.(2): 1. Chron.; 7.11.(5): 1. Chron. 1 f.; 10.11.(2): 1. Chron. 3 f.; 11.11.(2): 1. Chron. 4 f.; 17.11.(2): 1. Chron 4–6; 18.11.(2): 1. Chron. 5–7; 21.11.(3): 1. Chron. 7–9; 25.11.(2): 1. Chron. 10 f.; 9.12.(2): 1. Chron. 10–12; 12.12.(2): 1. Chron. 13 f.; 15.12.(2): 1. Chron. 14 f.; 16.12.(2): 1. Chron. 16; 18.12.(2): Collegium Praeparatum aufs Weihnachtsfest.

Tagebuch 1722: AFSt A 176 : 1

19.1.(2), 20.1.(2): 1. Chron. 17; 23.1.(4): 1. Chron. 17 u. 18; 26.1.(2): 1. Chron. 18; 27.1.(2): 1. Chron. 19 u. 20; 6.2.(2): 1. Chron. 20; 9.2.(2): 1. Chron. 22; 10.2.(2), 13.2.(2): 1. Chron. 23; 16.2.(2): 1. Chron. 23,29; 17.2.(2): 1. Chron. 24; 20.2.(3): 1. Chron. 25; 2.3.(2): 1. Chron. 26; 3.3.(1): 1. Chron. 26 u. 27.
4.5.(2): de Studio Exegetico; 5.5.(2): de studio theol. thetico, publice; 7.5.(1): de studio Theol. Thet.; 8.5.(2): de theol. homiletica, publice.
1.6.(2), 2.6.(2): 1. Chron. 28 u. 29; 5.6.(2) : 1. Chron., brevis repetitio der bisherigen Lektionen; 8.6.(2) : 2. Chron. 1.; 9.6.(3): 2. Chron. 1–3; 12.6.(2): 2. Chron. 4–6; 15.6.(2), 16.6.(2): 2. Chron. 6; 19.6.(2): 2. Chron. 7–8; 30.6.(2): 2. Chron. 7–10; 6.7.(2), 7.7.(1): 2. Chron. 11–13; 10.7.(2): 2. Chron. 14–16; 14.7.(2), 20.7.(1): 2. Chron 17–20; 21.7.(2), 24.7.(3): 2. Chron. 20; 28.7.(3): 2. Chron. 21; 31.7.(2): 2. Chron. 2(!); Tagebuch August 1722 fehlt.
26.10.(3): 2. Chron. 28.29; 27.10.(1): 2. Chron. 29–31; 30.10.(2): 2. Chron. 30; 2.11.(2): 2. Chron. 31; 3.11.(3): 2. Chron. 32; 13.11.(2): 2. Chron. 33; 16.11.(2): 2. Chron. 33,34; 17.11.(1): 2. Chron. 34; 20.11.(2): 2. Chron. 35;

Tagebuch 1723: AFSt A 177 : 1

12.1.(2): 2. Chron. 36 u. Esra 1;
Esra: 15.1.(2); 18.1.(4); 19.1.(3); 22.1.(2); 25.1.(4); 26.1.(2).
21.6.(6): Die ersten Bogen vom Tract. de Scopo librorum V. et N.T. revidiret.
30.6.(2): habe suppliret, was noch gefehlet am Exemplar de Scopo Prophetarum;
5.7.(2): lectio publ.;
9.8.(3): collegium;

20.8.(1): Introd. gener. ad lection. Prophetarum vollends revidiret u. H. Grischow gesendet.
20.8.(9): Von d. Introductione ad Lectionem Jonae einen Theil revidiret.
22.8.(4): Hierauf habe mich praepariret auf den morgenden Anfang meiner lectionum über den Tractat de Scopo librorum V. et N.T.
23.8.(2): Collegium [...] angefangen über den tractat de Scopo librorum V. et N.T.
25.8.(2) : 8 Bogen von d. Introduction in Jonam revidiret.
27.8.(3): de Scopo Nehemiae; 30.8.(2): de Scopo libri Esther; 31.8.(2): de Scopo Jobi;
20.9.(6): Die Praefatiunculam vor dem Tractat de scopo librorum V. et N.T. aufgesetzet.
28.9.(3): de Scopo Ezechielis; 12.10.(2): de Scopo V. et N.T. ; de Danielis scopo ; 15.10.(2) : de Scopo Hoseae ; 18.10.(1) : de Scopo Joelis; 19.10.(2): de Scopo Amosi; 22.10.(2): de Scopo Obadiae ; 25.10.(2) : de Scopo Jonae ; 26.10.(3): de Scopo Michae; 1.11.(2): de Scopo Nahum; 2.11.(2): de Scopo Habacuc; 8.11.(2): de Scopo Zephaniae; 9.11.(3): de Scopo Haggai; 15.11.(2): de Scopo Zachariae; 16.11.(2): de Scopo Malachiae.
22.11.(3): de Scopo Geneseos; 23.11.(4): de Scopo Geneseos; 29.11.(2): de Scopo Geneseos; 10.12.(2): de Scopo l. 4 ti Mosis; 13.12.(2): de Scopo 5. Mosis;

Tagebuch 1724: AFSt A 178 : 1
10.1.(2): de Scopo libri Josua; 11.1.(2): de Scopo libri Judicum; 14.1.(3): de Scopo libri Ruth; 21.1.(3): de Scopo libri 1. Samuelis; 24.1.(3): de Scopo 1. u. 2. Samuelis; 25.1.(2): de Scopo librorum regum; 28.1.(3): de Scopo librorum Chronicorum; 8.2.(2): de Scopo libri Esrae; 11.2.(3); de Scopo librorum N.T. in genere; 14.2.(2): de Scopo Evangelistarum, speciatim Matthaei; 21.2.(2): de Scopo Evang. Johannis; 22.2.(3): de Scopo Act. Apost.; 28.2.(1): de Scopo epistolarum Pauli in genere; 6.3.(2): vom Scopo Epistolae ad Romanos; 7.3.(2): de Scopo prioris Epistolae ad Corinthios; 17.4.(1): de Scopo epistolae 2. ad Corinth.; 18.4.(1): de Scopo Epist. ad Galatas et ad Ephesios; 21.4.(1): de Scopo vtriusque Epistolae ad Thessalonicenses; 25.4.(3): de Scopo Epist. ad Timotheum prioris & posterioris; 28.4.(2): de Scopo librorum V. & N. Testamenti; 20.6.(2): Introd. ad lectionem librorum V. & N.T. angefangen.

Die weiteren Aufzeichnungen des Tagebuches 1724 enthalten nur das Datum des *Collegiums* ohne Angabe des Themas:
27.6.(2); 30.6.(2); 3.7.(2); 4.7.(2); 7.7.(2); 17.7.(2); 18.7.(3); 31.7.(1); 1.8.(2); 21.8.(2); 22.8.(2); 25.8.(3).

⟨1*⟩ *LECTORI IN CHRISTO*
PERDILECTO
Vberrimam veritatis caelestis, & eius, qui
est ipsa veritas, agnitionem, atque sa-
lutem e fonte salutis abundantissimam!

QVae ante complures annos de *Scopo librorum Veteris & Noui Testamenti* meditatus sum, quaeque subinde eodem de argumento auditores meos docui, ea nunc Tecum quasi per summam praesenti in tractatu communicantur. Primo enim *Commentatio de scopo librorum Veteris Testamenti* ⟨2*⟩ heic Tibi exhibetur, quam post iteratas saepius eodem in genere meditationes, tandem anno MDCCXII. occasione exponendarum *Praelectionum Hermeneuticarum*,[1] & antea habitarum, & tum quidem ex parte, postea plene editarum, latine conscriptam discipulis tradidi. Deinde cum ista modo dicta commentatione statim heic coniungitur altera *de scopo librorum Noui Testamenti*, quae excerpta & in latinam linguam translata est a Cl. DN. IO. HENRICO GRISCHOVIO, Halberstadiensi, ex *Introductione ad lectionem Scripturae Sacrae*,[2] in primis Noui Testamenti, anno superioris saeculi nonagesimo octauo a me germanice edita, vna cum epitome quaestionibus ac responsionibus comprehensa, quae proinde heic etiam adiecta cernitur. Opusculum istud hoc ipso tempore, quo ⟨3*⟩ haec scribo, inseruit mihi tractandae publice cathedra in academia vberiori expositioni consilii Spiritus S. in singulis vtriusque foederis libris Θεοπνεύστοις, in quo plus plusque & in dies acccuratius inuestigando ingens, immo praecipuum sacrae exegeseos momentum inesse, haud temere adfirmo. Tu, Lector DEi amans, isthaec aequi bonique, quaeso, consulas, atque DEum mecum ores, vt, quamlibet haec sint, aut videantur tenuia, per ipsius gratiam ac benedictionem cedant in verum ac solidum plurimarum animarum, quod specto vnice, emolumentum. Vale. Halae d. XX. Sept. MDCCXXIII.

A.H.F.

⟨4*⟩ Σύνοψις
Scopi Librorum Veteris Te-
stamenti.

§. *I. De consideratione scopi monita quaedam in Praelectionibus Hermeneuticis*
suppeditam heic repetenda esse   *p.1.*
§. *II. Notandam esse differentiam inter Vetus & Nouum Testamentum. Veteris*
Testamenti scopum in Nouo declarari   2

---
1 Francke, Praelectiones 1717, vgl. vorl. Bd., 75–171.
2 Francke, Einleitung 1689, s. TGP II.4, 126–174.

§. III. Scopus librorum Veteris Testamenti in genere 3
§. IV. Scopus libri primi Mosis 4
§. V. Scopus libri secundi Mosis 6
§. VI. Scopus libri tertii Mosis 9
§. VII. Scopus libri quarti Mosis 11
§. VIII. Scopus libri quinti Mosis 13
§. IX. Scopus libri Iosuae 15
§. X. Scopus libri Iudicum 17
§. XI. Scopus libri Ruth 19
§. XII. Scopus libri 1 Samuelis 20
§. XIII. Scopus libri 2 Samuelis 23
§. XIV. Scopus vtriusque libri Regum 25
§. XV. Scopus librorum Chronicorum 28
§. XVI. Scopus lib[r]i Esrae 34
§. XVII. Scopus libri Nehemiae 37
§. XVIII. Scopus libri Estherae 38
§. XIX. Scopus libri Iiobi 39
§. XX. Scopus Psalmorum 42
§. XXI. Scopus libri Prouerbiorum 65
§. XXII. Scopus Ecclesiastae Salomonis 66
§. XXIII. Scopus Cantici Canticorum Salomonis 68
⟨5*⟩ §. XXIV. Scopus Prophetarum, speciatim vaticiniorum Iesaiae 69
§. XXV. Scopus Ieremiae tum vaticiniorum tum Threnorum 76
§. XXVI. Scopus vaticiniorum Ezechielis 79
§. XXVII. Scopus libri Danielis 81
§. XXVIII. Scopus vaticiniorum Hoseae 85
§. XXIX. Scopus prophetiae Ioelis 87
§. XXX. Scopus prophetiae Amosi 89
§. XXXI. Scopus Vaticinii Obadiae 92
§. XXXII. Scopus libri Ionae 93
§. XXXIII. Scopus libri Michae 94
§. XXXIV. Scopus prophetiae Nahumi 95
§. XXXV. Scopus vaticiniorum Habacuci 98
§. XXXVI. Scopus prophetiae Zephaniae 100
§. XXXVII. Scopus prophetarum Haggai, Zachariae & Malachiae 101

Σύνοψις.
Scopi librorum Noui Testamenti.

§. I. Nouum Testamentum triplicis generis libros continere 109
§. II. Scopus historiarum Euangelicarum 112
§. III. Omnium quatuor Euangelistarum vnus idemque scopus 113
§. IV. Scopus Euangelistarum non sine fructu consideratur ibid.

§. V. *Scopus Actorum Apostolorum*	*115*
§. VI. *Scopus Epistoloram Pauli in genere*	*117*
§. VII. *Scopus Epistolae ad Romanos*	*119*
§. VIII. *Scopus Epistolae prioris ad Corinthios ex ipsis Pauli verbis cognoscitur*	*122*
⟨6*⟩ §. IX. *Scopus posterioris ad Corinthios Epistolae*	*127*
§. X. *Scopus Epistolae ad Galatas*	*129*
§. XI. *Scopus Epistolae ad Ephesios*	*132*
§. XII. *Scopus Epistolae ad Philippenses*	*135*
§. XIII. *Scopus Epistolae ad Colossenses*	*138*
§. XIV. *Scopus Epistolae prioris ad Thessalonicenses*	*141*
§. XV. *Scopus Epistolae posterioris ad Thessalonicenses*	*143*
§. XVI. *Scopus primae Epistolae ad Timotheum*	*145*
§. XVII. *Scopus secundae Epistolae ad Timotheum*	*148*
§. XVIII. *Scopus Epistolae ad Titum*	*150*
§. XIX. *Scopus Epistolae ad Philemonem*	*152*
§. XX. *Paulum esse auctorem Epistolae ad Hebraeos*	*153*
§. XXI. *Epistolae reliquorum Apostolorum earumque scopus in genere*	*158*
§. XXII. *Scopus primae Epistolae Petri*	*164*
§. XXIII. *Scopus secundae Epistolae Petri*	*166*
§. XXIV. *Scopus primae Epistolae Ioannis*	*168*
§. XXV. *Scopus secundae Epistolae Ioannis*	*169*
§. XXVI. *Scopus tertiae Epistolae Ioannis*	*170*
§. XXVII. *Scopus Epistolae Iacobi*	*171*
§. XXVIII. *Scopus Epistolae Iudae*	*174*
§. XXIX. *Scopus Apocalypseos Ioannis*	*175*
Epitome scopi librorum Noui Testamenti	*177 seqq.*

⟨1⟩ *DE SCOPO LIBRORVM VETE-*
RIS TESTAMENTI.

§. I.
De consideratione scopi monita quaedam in Prae-
lectionibus Hermeneuticis suppeditam, heic
repetenda esse.

QVando iam cum animo statutum habemus, singulorum Veteris ac Novi Testamenti librorum *scopum*, divina adiuuante gratia, strictim tradere, statim in ingressu huius operis lectores ad *Praelectiones* nostras *Hermeneuticas* remittimus, vtpote in quibus Positione II. a pag. 28. vsque ad pag. 61. de *Consideratione scopi* non nulla monuimus,[1] heic necessario repetenda. Adduximus ibidem locum ex SALOMONIS GLASSII *philologia sacra*, libr. II. part. II. sect. II. pag 356. 357. 358.[2] qui dignus omnino est, vt itidem suo loco integer ante legatur & probe expendatur.

⟨2⟩ §. II.
Notandam esse differentiam inter Vetus & No-
vum Testamentum. Veteris Testamenti
scopum in Nouo declarari.

His suppositis agredimur primo libros Veteris Testamenti. Notandum hic primum est (obseruante D. MARTINO CHEMNITIO part. III. Locc. Theol. in loco de V. & N. Testamento, & vtriusque discrimine)[3] plerumque confundi solere haec tria: *libros Veteris Testamenti, tempus vtriusque foederis, & ipsum Vetus ac Nouum Testamentum.* Deinde e CHEMNITIO loc. cit. obseruanda est differentia, quae inter V. ac N. Testamentum intercedit. Ea enim doctrina, quum in lectionibus dogmaticis tradatur, hic quidem a nobis non immerito supponitur, carere autem ea in proposita nobis tractatione non possumus. Immo solida Scripturae S. interpretatio magnam partem dependet ex accurata cognitione differentiae inter V. & N. Testamentum. Tertio observandum, Paulum in N. Testamento passim, in primis in Epistola ad Romanos, Galatas, Colossenses, priori ad Timotheum, Ebraeos agere de scopo & fine Veteris Testamenti; ea vero loca omnibus accurate esse consideranda, qui serio velint rem hermeneuticam tractare, & speciatim indagare librorum Ve-⟨3⟩teris Testamenti scopum, quandoquidem ex illo

---

1 Vgl. vorl. Bd., 92–104.
2 Glassius 1691, 356–358.
3 Chemnitz 1610, III, 111–119.

fundamento Paulus scripturam V. T. interpretatur, & a Iudaeorum ψευδερμηνεί-
αις vindicat. Atque haec materia tunc temporis, quae tractaretur, maxime erat
necessaria. Iudaei enim, qui nomen Christo dederant, quum legi a teneris essent
adsuefacti, non tantum ipsi Veteris Testamenti erant tenacissimi, sed idem etiam
iugum conabantur ceruici ethnicorum imponere. Horum autem quum Paulus
esset Apostolus, hoc ipsi plurimum negotii facessebat, ac proinde is totis viribus
id agebat, vt explicatissimam omnibus daret legis & euangelii rationem & obiectiones Iudaeorum ex male intellecto scopo legis formatas dilueret.

§. III.
*Scopus librorum Veteris Testamenti in ge-
nere.*

Antequam vero speciatim exponamus *scopum librorum singulorum V. T.* indicabimus
eorum omnium scopum in genere. *Scopus librorum V. T.* ante omnia dicendus est
vniuersalis ille (vt GLASSIVS loco supra adlegato loquitur)[4] totius scripturae
scopus, CHRISTVS. Ipse enim Christus[5] dicit, quod scripturae (vbi aperte de
libris V. T. sermo erat) sint μαρτυροῦσαι περὶ αὐτοῦ. Huc spectant typi, promissiones, vaticinia, & ipsa lex paedago-⟨4⟩gus dicitur εἰς Χριστὸν.[6] Possumus autem
specialius scopum librorum V. T. sic declarare, quod 1) Deus voluerit nobis in
iis aperire cognitionem suae cum essentiae tum voluntatis, eiusque non tantum
legalis sed etiam euangelicae; 2) exponere nobis, vt omni modo nostrae ignorantiae & infirmitati subueniret, historiam sanctissimae suae cum hominibus institutae oeconomiae inde vsque ab orbe condito; 3) praedicere ecclesiae πολυμερῶς
καὶ πολυτρόπως[7] typis vaticiniisque omnia sua fata, vt de sapientia, veritate,
misericordia ac iustitia diuina omnibus hominibus ad finem vsque saeculi liquidissime constaret. 4) his omnibus ita nobis subministratis sapientes nos reddere
voluit ad salutem per fidem, quae est in Christo Iesu.[8] His praemissis sequitur
iam declaratio scopi singulorum librorum Veteris Testamenti in specie.

§. IV.
Scopus libri primi Mosis.

Scopus libri Geneseos vt recte percipiatur, ante omnia perpendendum est, Mosen considerari posse (1) vt historicum (2) vt prophetam (3) vt legislatorem (4)
vt ducem populi Israelitici, qui regis functus esse officio dicitur.[9] Exinde satis

---

4 Glassius 1691, 356–358.
5 *Fußnote im Original:* „Ioh. V, 39."
6 *Fußnote im Original:* „Gal. III, 24."
7 *Fußnote im Original:* „Hebr. I, 1."
8 *Fußnote im Original:* „2 Tim. III, 15."
9 *Fußnote im Original:* „Deut. XXXIII, 5."

elucet pro hac diuersitate officii diuersum etiam libris Mosis ⟨5⟩ inesse scopum. In Genesi Moses vt historicus & propheta potissimum considerandus est; simul tamen vt sapiens legislator & gentis Hebraeae dux viam sibi hoc libro praemuniuit ad cunctas officii sui partes abundanter explendas. His suppositis, dicimus scopum scribendae Geneseos fuisse 1) vt rerum omnium origo ita proderetur memoriae, ne variis traditionibus, fabulisque corrupta ac dubia ad posteros perueniret; & vt certi fierent Israelitae, legem ac doctrinam in reliquis libris comprehensam & nuper acceptam, ab aliarum gentium religione diuersam, non esse nouam, sed antiquam, Adamo ceterisque Patribus olim a numine traditam. 2) vt populo DEi de maioribus suis ac de linea sanctorum, nec non de promissionibus, ad ipsos, tamquam posteros, pertinentibus, constaret. 3) vt genealogia Messiae inde vsque a promissione eius prima protoplastis facta serie sua exponeretur ad luculentum veritari ac fidelitati DEi testimonium olim perhibendum. 4) vt veri Dei, creatoris caeli ac terrae, ab idolis Ethnicorum distinctissimi, cognitio in orbe instauraretur, & renouari semper facilius posset, si gens Iudaica imitatione reliquarum gentium ad idololatriam prolaberetur. 5) vt malorum, quibus genus humanum gravissime adfligitur, vera explicaretur origo & ratio, ac de medela tantis malis adhibenda liquidissime constaret omnibus, adeoque ve-⟨6⟩ra & vnica DEum colendi ratio, quae in fide & caritate consistit, apertissime tot confirmata sanctorum exemplis pateret. vid. LVTHERVS *in praef. V. T.*[10] & D. D. PAVLI ANTONII *in eam praefationem dissertatio*[11]. 6) vt omnis DEi oeconomia in Christo complementum & consummationem habitura sub externae historiae inuolucro & figura quasi compendio quodam profundissima sapientia referto sisteretur. Vnde haud incongrue prisci Hebraeorum Patres Genesin vino in vuis suis recondito compararunt. Hoc itaque vinum absconditum, vt ex vuis exprimatur, etiam atque etiam Hermeneutae videndum est. Exemplo suo praeiuit Paulus in omnibus, quas ab eo habemus, epistolis. De Christo scripsit Moses.[12] Christi itaque Spiritu, qui solus velamen auffert,[13] Genesis legenda est, vt hunc Mosis scopum vltimum in ea intelligamus & attingamus.

§. V.
Scopus libri secundi Mosis.

Quis sit Scopus Exodi, ex parte ipsum docet nomen. Sine dubio enim eam ob caussam Exodus audiuit, quod exitus Israelitarum ex Aegypto princeps eius sit argumentum, immo vnicum, si tam late accipiatur, vt immediate antecedentia & consequentia ad ⟨7⟩ pleniorem eius descriptionem referamus. Qua in eductione populi Israelitici quum id praecipue spectandum sit, quod illum populum sibi DEus in peculium elegerit, suam ei voluntatem gloriamque prae reliquis gentibus

---

10 WA DB VIII, 11–31.
11 Anton 1709.
12 *Fußnote im Original:* „Ioh. V, 46."
13 *Fußnote im Original:* „2 Cor. III, 16. 17."

manifestaturus, optime scopum, quem ipse DEus in libro Exodi habuit, expressit B. LUTHERVS, quando ait in praefat. V. T. *In secundo libro, cum genus humanum multiplicatum impleuisset orbem, & tenebris immersum esset tantis, vt nemo fere sciret amplius, quid esset peccatum, aut vnde mors venisset; DEus Mosen producit cum lege, & adoptat sibi peculiarem populum, vt in eo mundum rursus illustraret, & per legem peccatum arguerit ac patefaceret. Atque ita circumscribit populum omnis generis legibus, vt separet eum ab omnibus aliis gentibus. Iubet exstrui tabernaculum, & instituit certos cultus, ordinat principes ac praefectos, ac ita populum suum munit legibus & hominibus quam commodissime, quorum ministerio tam politice coram mundo, quam spiritualiter coram Deo gubernari queant.*[14] Potest hic, ad quem LVTHERVS potissimum respexit, scopus generalis vocari, vtpote qui ad vniuersam DEi oeconomiam pertinet, quapropter etiam ante omnia obseruatu est necessarius. Caeterum in Exodo Moses praecipue legislatorem agit. Hinc scopus libri specialior is est, vt prima Theocratiae initia, eiusque incrementa non modo historice describantur, sed etiam vt le-⟨8⟩gum plurimarum origo & caussae, (vnde iudicari de sensu earum optime potest) auctoritas, item summa & obligatio iis parendi, exponantur ac posterorum memoriae commendentur. Tandem, quum Propheticus, qui in Mose fuit, Spiritus in hoc libro, vbi ille obuelatam Israelitis faciem sistit cap. XXXIV. agnoscendus sit, indice ac interprete ipsa Noui Testamenti scriptura, palam est, scopum Mosis vltimum non in externa historia, sed ἐν τοῖς ἐπουρανίοις, quae ipsi Deus in monte ostendit, quaerendum esse.[15] Quae omnia vt distinctius & clarius exponamus, dicimus scopum Exodi esse 1) vt exitus Israelitarum ex Aegypto describeretur, 2) vt constaret, quomodo Deus, orbe Idololatria obruto, suae voluntatis sanctissimae & peccati ei repugnantis dederit notitiam, 3) vt Theocraticae reipublicae fundamenta & quasi rudera describerentur, 4) vt Testamentum Vetus, in monte Sinai conditum, libro mandatum perueniret ad posteros, idque populo instar paedagogiae esset ad Christum; vnde Christus τὸ τέλος legis ac Veteris Testamenti vocatur,[16] 5) vt res futurae & suo tempore appariturae interea suis quasi vmbris ac figuris delineatae repraesentarentur, 6) vt τὰ ἐπουράνια nobisque ἀόρατα & ad statum gloriae reseruata τοῖς ἐπιγείοις expressa cernerentur.

⟨9⟩ §. VI.
Scopus libri tertii Mosis.

Quis sit Leuitici Scopus, itidem ipsum subindicat nomen: id quod ita expressit LVTHERVS: *In tertio libro praecipue sacerdotium constituitur cum legibus & caerimoniis, vt iuxta eas sacerdotes munus suum obeant & populum doceant. Heic cernitur, sacerdotale officium tantum propter peccatum institutum esse, vt per illud hoc populo notum fiat, & coram DEo expietur. Ita vt hoc sacerdotis munus sit perpetuum, cum peccatis & peccatoribus occupatum esse. Ideoque sacerdotibus nulli fundi in terra promissa attributi sunt, nec politica*

---

14 WA DB VIII, 13, 34–14, 4.
15 *Fußnote im Original:* „Vid. Ex. XXV, 40. Act. VII, 44. Ebr. VIII, 5."
16 *Fußnote im Original:* „Rom. X, 4. 2 Cor. III, 13."

gubernatio mandata aut promissa, sed tantum eis cura populi inquinati peccatis imposita est. ¹⁷ Itaque si sensum litteralem & proximum huius libri spectemus, scopus eius maxime versatur in ordinatione cultus Leuitici. Quum autem iste cultus externus, promulgato Christi euangelio, sit abrogatus, inutilis nobis foret libri huius tractatio, nisi sub figura & vmbra sacerdotii Leuitici interiora regni DEi comprehende-
rentur. Quemadmodum igitur ad adumbrandum sacrificium, quod Christus pro peccatis nostris DEo obtulit, & ordinatus est cultus Leuiticus, & in hoc libro descriptus: ita verum huius libri scopum & vsum epistola ad ⟨10⟩ Hebraeos in salutari agnitione & applicatione summi sacerdotii spiritualis, Domini ac media-
toris nostri Iesu Christi, situm esse declarat. *Quid nobis vtilius*, ait BRENTIVS in praef. ad Leuiticum, *quidue saluti nostrae magis necessarium contingere potest, quam vera cognitio eius sacrificii, quod Iesus Christus Dominus noster pro peccatis nostris obtulit? Hac enim cognitione sit, vt non solum agnoscamus Deum Patrem nobis propitium, & coram ipso iusti reputemur, adque ad facienda vera sacra, siue illa bona opera vocare libet, inflammemur, sed etiam in omnibus adflictionibus, in omnibus aduersis, in morte denique ipsa, ad perpetuam in caelo salutem seruemur. Ad consequendam autem & conseruandam cognitionem sacrificii Christi & fructus eius, plurimum certe prodest cognoscere ritus Leuiticorum sacrificiorum. Haec enim sacrificia non fuerunt in hoc instituta, vt ex opere ipso, quod aiunt, operato expiarent peccata, sed vt admonerent sacrificantes de eo semine, quod erat Patriarchis promissum, & quod suo ipsius sacrificio contriturum erat caput serpentis, ac benedicturum omnibus gentibus h. e. vt essent tamquam conciones quaedam de vno illo vere salutifero sacrificio Domini nostri Iesu Christi, quo & peccata nostra vere expiata sunt, & DEus nobis perfecte placatus est.*¹⁸ Haec BRENTIVS: qui pie insuper monet veram externorum sacrorum rationem ac legitimum ipsorum vsum, nempe quod instituantur ad do-⟨11⟩cendam, conseruandam & confirmandam veram in animis nostris religionem h. e. veram cognitionem voluntatis DEi erga nos, verum timorem DEi, adeoque fidem in DEum & obedientiam, quam DEo debemus, non vt hypocri-
tae existimant, vt propter haec opera mereamur coram DEo omnem gratiam & felicitatem. Patet hinc etiam, quod multum omnino faciat ad verum Leuitici scopum agnoscendum, si genuinum ipsorum sacrificiorum & omnium externo-
rum sacrorum finem & vsum ab eorum abusu sollicite distinguamus, nempe quod illa Israelitis praescripta non sint, vt perpetuo durarent, neque vt ex opere, quod aiunt, operato iustificarent, sed vt vsque ad tempora Messiae viuae quasi essent conciones de vero sacrificio pro mundi peccatis offerendo. Videatur ipsum Leuitici initium, vbi emphatice dicitur, quod ad Israelitas ea dicta sint; & conf. Ps. XL. & caput IX. ac X. epistolae ad Hebraeos.

§. VII.
Scopus libri quarti Mosis.

Quis sit Scopus Numerorum seu libri quarti Mosis, satis clare expressit LVTHERVS, quando ait: *In quarto libro, postquam leges iam latae, sacerdotes & princi-*

---

17 WA DB VIII, 15, 5–12.
18 Brenz 1542, Praefatio, 1b.

pes constituti sunt, tabernaculum exstructum, & cultus vni-⟨12⟩versus ordinatus est, & omnia parata sunt, quae ad populum DEi pertinent: opus ipsum & vsurpatio rerum hactenus ordinatarum inchoatur & periculum fit, quem successum & obedientiam ordinationes illae sint habiturae. Ideo liber ille multa exempla inobedientiae & secutarum poenarum populi commemorat. Praeterea leges quaedam declarantur & nouae adduntur. Nam ita semper fieri solet, vt leges ferre sit perfacile, sed vbi ad vsum conferri & vim suam exercere incipiunt, ibi plurima se se impedimenta offerunt, & nequaquam id subsequimur, quod lex postulat. Ita liber hic insignibus exemplis monet ac docet, quam irritus prorsus sit conatus eorum, qui legibus homines iustos ac probos efficere cogitant, sicut & sanctus Paulus dicit, legem tantum peccatum & iram operari.[19] [20] Optime haec oeconomiam DEi in paedagogia legis obseruandam exponunt: in qua maximum omnium momentum situm est, vtpote quae ad ipsum Scripturae S. scopum sanctissimum intime cognoscendum & rectius adplicandum haud parum conducit. Attamen vt paullo specialius rem declaremus, dicimus scopum libri huius esse, (praeter generalem illum Scripturae scopum, quem CHRISTVM esse diximus) vt (1) in genere ea, quae Israelitis in deserto euenerunt, memoriae posterorum accurate traderentur, (2) tentationes, quibus Israelitae DEum offenderunt, easque sequentia DEi ⟨13⟩ iudicia sempiterno illis exemplo essent.[21] (3) vt ipsi posteri hac ratione in veri DEi cognitione tanto facilius conseruarentur, & denique (2) vt Theocratiae & Politiae Israeliticae fundamenta, leges ac statuta ipsa praxi confirmarentur ac aetati venturae commendarentur.

§. VIII.
Scopus libri quinti Mosis.

Quis sit Scopus Deuteronomii, indicat appellatio graeca, quae secundam vel secundariam legem notat; Nomen enim hoc libri docet, primum adeoque principalem Mosis scopum hic esse repetitionem legis. Pertinet huc etiam appellatio Rabbinorum, qui משנה vocarunt, propterea, quod non sit aliud, nisi memoria rerum priorum, quae in reliquis habentur libris. In repetitione igitur, declaratione & inculcatione legis, libri huius quasi cardo vertitur. Ratio autem huius a Mose institutae repetitionis facile perspici potest. Illi enim, qui tum temporis viuebant, vel legem non audiuerant, vel quum lex daretur, tam tenera fuerant aetate, vt eam ponderare digne satis non possent. Illi autem, qui auribus suis antea legem perceperant, iusto DEi iudicio desuncti iam erant in deserto. Scopum hunc itaque sic exprimit LVTHERVS: *In quin-⟨14⟩to libro, postquam populus iam propter suam inobedientiam punitus est, & Deus beneficentia etiam sua eos aliquo modo allexerat, cum duo ipsis regna largitus fuisset, vt vel hoc beneficio mouerentur ad legem ipsius cum delectatione quadam & amore seruandam, repetiit Moses totam legem cum omnibus historiis, quae acciderant (exceptis iis, quae ad sacerdotium pertinent) atque ita denuo declara-*

---

19 *Fußnote im Original:* „Rom. IV, 15."
20 WA DB VIII, 15, 13–23.
21 *Fußnote im Original:* „1 Cor. X, 11."

*vit omnia, quae ad corporalem seu politicam & ad spiritualem gubernationem populi requiruntur. Vt hac ratione Moses tamquam perfectus legislator vbique officio suo satisfaceret, & legem non solum ferret, sed vbique praesens vrgeret etiam, vt seruaretur, & si quid desideraretur, id declararet & instauraret. Sed haec repetitio seu declaratio Legis in quinto libro proprie nihil aliud continet, nisi fidem erga DEVM & dilectionem erga proximum, eo enim tendunt, omnes leges DEi. Occurrit ergo Moses declaratione sua omnibus iis, quae fidem in DEum destruere possunt, vsque ad cap. XX. Deinceps vero omnibus iis, quae dilectionem impediunt vsque ad finem libri.*²² Nec secundo praetermittendum est, quod liber quintus Mosis a quibusdam nominetur ספר תוכחות *liber reprehensionum*; propterea quod Moses iam morti vicinus grauius in hoc libro obiurgauerit atque cohortatus sit Israelitas, ne propter mortem eius exemplum Patrum suorum rebellium, qui mortui iam erant in deserto, imitarentur, DEum deserentes ac legem eius ⟨15⟩ sanctissimam contemnentes. Praeterea tertio non tantum ducis ac legislatoris, sed etiam prophetae officio in hoc libro fungitur Moses; & non modo de Christo, sed etiam de futuris populi fatis temporibusque remotissimis, vaticinatur, id quod ad scopum huius libri quam maxime pertinet.

§. IX.
Scopus libri Iosuae.

Quis sit Scopus libri Iosuae, quodammodo ex nomine liquet. Quemadmodum nimirum scopus Exodi fuit, vt describeretur exitus Israelitarum ex Aegypto: ita huius libri scopus est, vt eorumdem ingressus in terram sanctam, duce Iosua factus, commemoretur. Neque enim a Iosua liber nomen accepit, tamquam ab auctore, sed post mortem Iosuae ab alio quodam viro Dei, ex monumentis ab illo relictis posteritati, fuit compositus. Documentorum illorum fit mentio. Cap. X, 3. Cap. XXIV, 26. Praeterea hic nonnulla narrantur, quae haud dubie post Iosuae obitum contigerunt. Huic scopo generali subordinati sunt in eoque includuntur fines, qui sequuntur speciales, nempe (1) vt promissis diuinis Abrahamo, Isaaco & Iacobo, nec non Mosi toties totiesque factis sua constaret veritas: (2) vt ex hac impletione promissorum temporalium colligi etiam posset veritas promissionum ⟨16⟩ caelestium ac spiritualium. (3) vt negotii salutis per Christum acquirendae, certaminisque spiritualis ac victoriae fidei figura ac typus posteris omnibus exhiberetur. (4) vt populo Dei certum ac firmum omni tempore testimonium superesset, quomodo in terram sanctam peruenerint: quo testimonio sequentibus temporibus saepe opus fuit, tum ad populum ipsum in ordinem redigendum, tum ad fines tribuum accurate obseruandos, tum ad publicam rem contra hostes defendendam. Hos enim, vt fieri solet, calumniis ac mendaciis veram de ingressu Israelitarum in terram Canaan historiam corrupisse, vel inde constare potest, quod PROCOPIVS lib. II. c. X. *de bello Vandalico*²³ expositurus

---

22 WA DB VIII, 15, 24–37.
23 Procopius Caesariensis, De Bellis IV 10 = De Bello Vandalico II, 10.

populorum, qui sua aetate *Maurusii* vocentur, originem, adfirmet omnem hanc regionem olim Phaeniciam fuisse appellatam, & a Gergesaeis, Iebusaeis, aliisque populis inhabitatam, qui propter Iosuae aduentum in AEgyptum primum, deinde in Africam penetrantes, condiderint in Numidia vrbem Tingen, ad quam visantur columnae duae ex candido marmore, quibus Phaenicia lingua insculpta legantur verba, quorum haec sit interpretatio: Ἡμεῖς ἐσμὲν οἱ φυγόντες ἀπὸ προσώπου Ἰησοῦ τοῦ λῃστοῦ, υἱοῦ Ναυῆ h. e. *Nos illi sumus, qui fugimus a facie Iosuae praedonis, filii Naue.* Ad hanc historiam itaque tamquam fundamentalem saepius prouocandum ⟨17⟩ fuit. (5) Vt Iosuae ac seniorum fides ac pietas omnibus posteris documento & exemplo esset. (6) Vt seuera ac iustissima Dei iudicia, qui tot gentes, impleta peccatorum mensura deleuerit, non tantum Israelitis, sed etiam omnibus omni tempore gentibus terrorem incuterent, eosque ad Numinis venerationem stimularent. (7) Ne tot tantaque Dei miracula in populi Israelitici introductione atque idololatricarum gentium exstirpatione facta neglectu & obliuione contererentur: quae non minus quam ea, quae in AEgypto patrata sunt, ad imaginem & typum nouissimorum Dei iudiciorum pertinent.

§. X.
Scopus libri Iudicum.

Quis scopus sit libri Iudicum, (1) indicat ipsum hoc libri initium; *Factum est autem post mortem Iosuae &c.* Ad continuandam nimirum historiam sacram, libris Mosis & Iosuae comprehensam, praecipue hic liber concinnatus est, & quidem, vt Hebraei aiunt, a Samuele Propheta, saltem circa eius aetatem a viro θεοπνεύστῳ, quod ipsa scribendi ratio sanctissima edocet. Vnde etiam apparet (2) auctori eius propositum non fuisse, vt externum tantum Israelitarum statum memoriae proderet, sed vt defectionem eorum, interiora rei publicae vulnera, epidemitae corruptionis originem, calamitatum ve-⟨18⟩ras caussas, vicissitudinum a Dei iustitia ac misericordia, illa quidem aduersus apostatas, hac erga poenitentes, dependentiam, verbo: vt τὸ Θεῖον vbique & quolibet in statu observatum, veram Dei cognitionem, verumque eius cultum, & quae de peccato, de poenitentia, de statu gratiae, de vigilantia in statu rerum meliori, de vera pietate, immo etiam de magistratus in corrupto hoc humani generis statu necessitate hominibus cognitu quam maxime neccessaria sunt, ad posteros propagaret. Quod certe sic ab auctore huius libri praestitum est, vt habeamus hic, quam imitemur, diuinam sapientiam, non tantum πρὸς διδασκαλίαν, sed etiam πρὸς ἔλεγχον, hoc est plenissimam animorum conuictionem ipsa exemplorum inductione grauissimaque descriptione comparatam, ideoque πρὸς ἐπανόρθωσιν etiam siue correctionem veram ac solidam, & πρὸς παιδείαν τὴν ἐν δικαιοσύνῃ apprime facientem. (3) Dum *liber Iudicum* vocatur, docentur, scopum eius in specie esse, vt historia duodecim Iudicum Israelis, qui sunt, Othoniel, Ehud, Samgar, Debora & Barak, Gideon, (Abimelech non diuinitus excitatus iudex fuit, sed regis nomen ipse sibi temeratio ausu sumsit) Thola, Iair, Iephta, Ebzan, Elon, Abdon, Simson, horum inquam duodecim Iudicum historia, tria continens secula, describatur, vtpote quod prorsus singulare reipublicae Iudaicae tempus ⟨19⟩ fuit, inprimis post tot ac tanta Dei miracula ac beneficia, quibus hunc populum in toto orbe inlustrem ac conspicuum reddiderat. Singulares sunt, qui in ipsis iudicibus facile aduertuntur, defectus; singularis ratio res maximas conficiendi leuissimis instrumentis; singularis successio. Habent ergo quod in hoc libro aduertant, qui oeconomiam Dei accuratius pernoscere student. Et vt hic liber ad Prophetas priores, pro recepta Hebraeorum diuisione, referri solet, ita (4) eum ex scopo ipsius Dei propheticum dicere non dubitamus. *Singulariter,* ait FR. BVRMANNVS *in oeconomia veterum* part. I. p. 378. *hic observauit* AVGVSTINVS, *in hisce iudicibus vt & subsequentibus regibus, variis modis repraesentatum fuisse statum Christi & ecclesiae, sicut verbi gratia priores fuerunt iudices, quos deinde exceperunt reges: Ita primo iudicium exsequitur Christus, denuo regnum suum fundaturus & consummaturus &c.*[24] SEBASTIANVS SCHMIDIVS vtilitatem huius libri ad quatuor Capita reuocat, quod in eo (1) doceatur virtus fidei. (2) historia conseruationis & satorum ecclesiae continuetur. (3) beneficia Dei erga ecclesiam exponantur. (4) typi quam plurimi exhibeantur.[25]

§. XI.
Scopus libri Ruth.

Venimus ad librum Ruth. Tametsi ⟨20⟩ paucis hic liber capitibus constet, & non nisi vnam historiam, eamqe familiae vnius nobis exhibeat, singularis tamen est momenti, & fine maxime sancto ac diuino a Dei Spiritu concinnatus ac posteritati relictus. Nam ipsum huius libri initium monet, quam fuerit sapientia Dei sollicita, vt historiam sacram, in eaque Dei oeconomiam in conservando vero caetu sanctorum ordine nobis enarratam sisteret. Clausula vero huius libelli, cum Matthaei I, v. 1, & seqq. collata, apertissime indicat, illum ad genealogiam Christi texendam ac custodiendam totum esse compositum, adeoque cum N. Testamento arctissimam habere connexionem. Persona vero, de qua praecipue in hoc libro agitur; e profana gentilitate oriunda, sed coniugii foedere cum viro Iudaeo coniuncta, & in genealogiam Christi relata, non minus quam Rahab signo esse debuit ecclesiae Iudaicae; Christum & Gentium & Iudaeorum fore Servatorem. Denique hic significari iam debuit, Christum Dominum nostrum in Ephrata seu Bethlehem nasci debere; id quod deinde clarius dictante & hanc historiam explicante Spiritu Dei Michas cap. V. vaticinatus est.

§. XII.
Scopus libri I. Samuelis.

Quis sit scopus libri primi Samuelis ⟨21⟩ 1) ex ipsa denominatione, atque ex initio & fine libri facile constat, nimirum externum eius scribendi scopum fuisse,

---

24 Burmann 1699, 738. Hinweis auf Augustin ohne Stellenangabe.
25 Seb. Schmidt, Jud. 1684, 26–28.

vt historia Samuelis memoriae proderetur, tamquam maxime insignis Prophetae, quem Deus populo Israelitico excitauit. Quo ex fine profectum videtur, vt mortem Saulis etiam hic liber comprehenderet, quippe quam ei Samuel paullo ante praedixerat. (2) Quum ab aliis dicatur liber primus Regum, scopus & argumentum ex hac quoque denominatione patet. Mutatio enim regiminis in populo Israelitico describenda fuit. Impio namque Theocratiae taedio, vano praetextu, & contra Dei voluntatem Israelitae ingrata aduersus Samuelem mente Regem sibi ad imitationem vicinarum gentium adsciuerunt. Quae res profecto haud debuit silentio transmitti; vtpote sine cuius cognitione libri omnes subsequentibus temporibus scribendi magna laborassent obscuritate, quum reliqua omnia in historia Iudaica inde dependeant. (3) Vt filum historiae externae, ita etiam filum oeconomiae diuinae continuari hoc libro oportuit, qua nimirum Deus vsus est erga populum ingratum, inconstantem, refractarium, eum tolerando, corripiendo, omnibusque modis ad bonam frugem reuocando, quin ipsa etiam mala ei in bonum conuertendo. Ita Deus posteritati ad resipiscendum Deumque & timendum & amandum, atque ad mala ⟨22⟩ omnia euitanda caussam ansamque voluit suppeditare. Multum igitur hic liber conferre potest, vt quis veram ac solidam sapientiam sibi comparet augeatque. (4) In genere Deus voluit exempla suae misericordiae pariter ac iudiciorum, singularium item virorum Dei, fide, integritate vitae, malorum omnium tolerantia, rebusque gestis maxime conspicuorum omnibus posteris hoc libro commendare. Hinc in hoc libro ideam habemus magni Dei serui in persona Samuelis, qui a teneris vsque ad seram senectutem, omnibus aduersis constantissime superatis, fidelem se Deo & populo praebuit, precibus apud Deum plurimum valuit, nec regi, quum res poposcit, vmquam pepercit. Vnde idemtidem ad Samuelem reliquis in libris prouocari animaduertimus. Sed praeterea etiam Dauidis post vnctionem fata singularia, aduersa, pericula, exilium, & comprobatam tot tantisque documentis erga Deum fidem, pietatem, obedientiam quis non ad ipsum ea omnia tam sollicite & accurate commemorantis scopum & finem referat? Et quam singularia quaeso sunt Dei iudicia, quae aduersus Saulem, Israelitas, Philistaeos, exercuisse Deus in hoc libro legitur? quam singularis prouidentia Dei ex omnibus elucet? Denique Christus, vt totius scripturae, ita huius libri scopus est primus atque vltimus.[26]

⟨23⟩ §. XIII.
Scopus libri II. Samuelis.

Quis sit Scopus libri posterioris Samuelis, magnam partem patere potest ex iis, quae de prioris libri scopo attulimus. Ceterum ex speciliori huius libri argumento de speciliori quoque auctoris scopo iudicium formari facile potest. Versatur autem peculiare huius libri argumentum in descriptione XL annorum: regiminis Dauidici post mortem Saulis, vt patet ex cap. V, 4. Itaque quum auctor

---

26 *Fußnote im Original:* „Vid. Act. III, 24."

θεόπνευστος hunc sibi finem habuerit propositum, vt relinqueret posteritati accuratam rerum Dauidicarum historiam, eamque ita a rebus gestis aliorum iudicum ac regum populi Israelitici seiunxerit, vt, quum initium eius non potuerit narrari, quin facta aliorum immiscerentur, reliquam peculiari comprehenderet libro, liquidissime exinde patet, historiam ipsam tanta cura memoriae proditam finem habere ex singularibus & arcanis oeconomi aediuinae rationibus profectum. Et (1) quidem Dauid, postquam Saul reprobus factus erat, omnibus regibus subsequentibus tamquam exemplar proponi debebat, cuius vestigia laudabilia sequerentur singuli, culpanda autem euitarent: quam ob caussam toties totiesque vita regum sequentium quasi ad regulam vitae Dauidicae examinatur. Necessarium igitur erat, vt ea vita ⟨24⟩ prae reliquis omnibus accuratissime narraretur, quae veluti regulae & normae loco cunctis exsistere debebat. In omnibus enim David erat vir secundum cor Dei, vt loquitur scriptura, excepto casu Vriae. Deinde obseruandum omnino est, quod Deus singularem plane rationem habuerit virorum, quorum aetas notabilem maxime constituit totius ecclesiae periodum, & quibus prae reliquis promissiones de Messia confirmatae fuerunt, vt vel eam ob caussam scriptores sacri operam praecipuam in vita illorum recensenda locauerint: quemadmodum v. g. Moses in vitis Patriarchatum (in primis Abrahami) exponendis operosior fuit. Nouam autem periodum in Dauide inchoat ipse Spiritus Sanctus. Vnde etiam Matthaeus cap. I, 17. ab Abrahamo vsque ad Dauidem numerat quatuordecim generationes. A rebus autem, quae initio nouae periodi contigerunt, dependere solet progressus & finis eiusdem periodi, adeo, vt in ipsis viris in limine quasi periodi viuentibus & istam quasi aperientibus imaginem aliquam totius periodi deprehendas. Initium ergo periodi recte & accurate describere ac repraesentare magnae & diuinae sapientiae, & summae vtilitatis opus censendum est. Denique quum Dauid Christi, vt regnum eius regni Christi, typus exstiterit plane illustris, testante passim scriptura, vtique id etiam referendum est ad finem, quem ⟨25⟩ Spiritus Sanctus in hoc libro sibi praestituit, adeo, vt hunc finem si tollas summam libro dignitatem atque praestantiam aufferas.

§. XIV.
Scopus vtriusque libri Regum.

Quis sit scopus libri vtriusque Regum, ex parte iam intelligi potest ex indicato librorum Samuelis scopo. Specialius tamen illud etiam declaratum imus. Est itaque hic scopus (1) vtriusque libri Regum, vt res gestae Regum Israelis & Iuda, & status istius regni tam in suo flore ante scissionem, quam in defectione & interitu post diuisionem, enarrarentur describerenturque, inde vsque a regno Salomonis ad captiuitatem Babylonicam, atque sic continuatio historiae Ecclesiae & rei publicae sub regibus per quatuor saecula & dimidium propemodum daretur (2) speciatim libro priori regum id agitur, vt historia haec per CXVIII. annos exhiberetur, de quibus XL. ad Salomonem capite I–XI. reliqui LXXVIII ad quatuor eius in Iuda successores, Rehabeam cap. XII–XIV. Abiam, Assam, Iehoschaphatum c. XV–XXII. & octo reges Israelis pertinent. Libro secundo autem continuatur historia XII. Regum Israelis per CLV. annos & XXVIII. regum Iudae per CCCXXX. annos. (3) quomodo Spiritus S. in his libris nostram spectauerit vtilitatem, perspicue his verbis exponit BRENTIVS: *Neque est, quod* ⟨26⟩ *hi libri non cedant in nostram vtilitatem, quoniam Reges in ipsis describantur, nos autem privati* καὶ ἰδιῶται *fimus. Nam & Paulus ait:* Quae ante scripta sunt *(siue de Regibus siue de priuatis hominibus)* ad nostram doctrinam ante scripta sunt.[27] *In regibus enim declarauit DEus iudicia sua, vt vnusquisque discat ex vno exemplo atque altero, hinc DEi misericordiam, hinc DEi iram. Vt cum scribitur, Reges Israelis impie egisse, & propter impietatem punitos, animaduertendum hoc erit vnicuique privato: quoniam si DEus impietati Regis non pepercit, quanto minus parcet impietati priuatorum hominum. Rursus, cum legitur, Hiskiam seu Ezechiam propter pietatem suam fuisse liberatum, quid aliud vnicuique priuato significatur, quam quod debeat piam ducere vitam, vt & ipse ab omnibus aduersis tandem liberetur? Siquidem DEus non respicit personam, siue regis siue priuati: respicit autem pietatem vel impietatem. Sunt & in his duobus libris multa fidei, multa legis vel obseruatae vel non obseruatae exempla: quae omnia in nostri eruditionem & doctrinam cedunt.*[28] (4) Non sufficit igitur ea, quae hic commemorantur, tamquam historica legere; sed id potissimum lumine fidei hic quaerendum est, quod Spiritus S. quando hos libros nobis scribendos curauit, a nobis praecipue voluit in iis obseruari. Ita omnes circumstantiae sacratii Salomonis; con-⟨27⟩structio magnifica templi Hierosolymitani; sapientia supernaturalis, quae primis regni eius annis in ipso animaduersa est; horrendus eius lapsus post initia tam pulcra; divisio regni post eius mortem; idololatria & reliquae transgressiones regum Israeliticorum; vniuersalis verae religionis subuersio in populo, quem DEus extulerat, & tam magnifice contra omnes hostes tutatus erat; frustra datae redargutiones & miracula sanctissimorum Prophetarum Eliae & Elisaei; tandemque dura captiuitas, quae iustissima poena erat eorum extremae & immanis duritiei ac peruersitatis, qui tam diu gloriati erant, se DEum ipsum habere Dominum; haec, inquam, omnia materiam amplissimam nobis praebeant, vt ad nostram aliorumque vtilitatem spiritualem singula transferamus. Haec, quae n. 4. diximus, optime monentur in praefatione libris Regum praemissa a Gallis, qui dicuntur *Messieurs du Port Royal*, qui libros Veteris Testamenti singulos singulis voluminibus in 8uo ediderunt cum adnotationibus ex scriptis Patrum maximam partem depromtis.[29] (5) Manifestum etiam est, in his li-⟨28⟩bris perpetuam esse oppostitionem regni DEi & regni Satanae, ciuitatis DEi & huius mundi; artes item, praxin solitam & mutationes, in quibusuis regnis frequentes & quotidianas, hic quasi in speculo ostendi. (6) Praecipue notandum est, libros historicos V. Testamenti & inter hos potissimum libros Regum inse-

---

27 *Fußnote im Original:* „Rom. XV, 4."
28 Brenz 1576, 838.
29 *Fußnote im Original:* „Anno MDCCXVII. omnes libri V. & Noui Testamenti quatuor Voll. in folio, vt vocant, prodierunt Lutetiae Parisiorum sub nomine *La Bible de Monsieur le Maistre de* SACI. Plerique etiam Noui Testamenti libri cum adnotationibus in linguam Germanicam traducti & partim Hannouerae partim Pragae editi sunt." [Biblia franz. ed. de Saci 1717, I, 409–610 (1 u. 2 Reg., 1 u 2 Chr.)].

ruire ex mente Spiritus Sancti debuisse Prophetarum vaticiniis a posteritate intelligendis; in quibus obscura nobis omnia forent, si historica rerum notitia destitueremur.

§. XV.
Scopus librorum Chronicorum.

Ad libros Chronicorum pergimus, in quorum scopo exponendo licet videatur nos acquiescere posse in iis, quae ad libros Samuelis & libros Regum diximus, suppetunt tamen, quae speciatim de iis dicenda sunt & ad profundiorem eorum considerationem aditum patefaciunt. (1) Hebraeis hi libri audiunt דברי הימים (verba factaque dierum) vt moneamur, numerari a sapientissimo numine annos ac dies, quos oeconomiae diuinae a condito inde mundo praesiniuit,[30] distingui a divina prouidentia tempora in suas periodos, nec casu fortuito quidquam euenire, sed curae esse DEo res hominum, in primis piorum, intueri eum omnia hominum dicta fa-⟨29⟩ctaque, & quasi in omniscientiae libro descriptum habere rerum omnium particularium catalogum, vt in vitam reuocare omnes & vnicuique retribuere secundum opera sua possit. Maioris enim momenti res est, DEum populo suo dedisse Chronica per Spiritum Sanctum, quo afflati loquuti sunt sancti DEi homines, quam si omnes regum principumque historici monumenta antiquitatis conquirerent, perfectissimumque orbi darent opus historicum. (2) Παραλιπομένον nomen tribuerunt his libris graeci, vt intelligeremus, finem in iis conscribendis fuisse, vt, quae omiserunt reliqui scriptores sacri aut fusus tractarunt, hic insererentur, aut summatim ac succincte repeterentur. (3) Temporis etiam habenda est ratio, quo hi libri scripti sunt, vt scopus eorum accuratius cognoscatur. Tempus autem ex clausula horum librorum intelligitur. Qui saepius in libris Regum sub titulo chronicorum Regum Israelis & Iudae citantur, ab his fuerunt diuersi: Hi vero post captiuitatem demum Babylonicam ab Esra, quae est antiquissima & communis sententia, exarati sunt.[31] In tam diuturna nimirum captiuitate genealogiae populi DEi, non accurate satis; vt fas erat, continuatae & adseruate erant. Hinc controuer-⟨30⟩siae ferme infinitae non poterant non oriri (non tantum de ipsis genealogiis, sed etiam de iuribus, priuilegiis ac legibus inde dependentibus) nisi a Propheta per Spiritum S. loquente terminarentur. Habebat autem cura genealogiae populi DEi sanctam ac diuinam originem, quam in Mose & in primis in genesi eius videre licet. Hoc enim adminiculo DEo visum erat confirmare historiam creationis mundi & propagationis generis humani, rem omnibus, quae futura erant, saeculis & vtilissimam & ad euertendum atheismum maxime necessariam; distinguere populum DEi a gentibus reliquis & lineam sanctam ab hominibus profanis a Patrum pietate deficientibus; Seiungere tribum

---

30 *Fußnote im Original:* „Gen. I, 14."
31 *Fußnote im Original:* „Conf. DDN. IO. HEINRICI MICHAELIS Praefatio, quam vberioribus adnotationibus suis in librum primum Chronicorum praemisit. §. XV." [Michaelis III 1720, 266–268, § XV; vgl. Podczeck 1048, 1059 ff.].

vnam ab alia, stabilire haereditatis paternae, primogeniturae, sacerdotii, ministerii sacri, aliaque iura; inprimis vero Messiam quasi digito designare, vt cognosci ab hominibus certissime possit, quo ex vltimo eoque principe genealogiae scopo nectuntur reliqua omnia, quae quin infinita sint, dubium non est, mysteria numerorum ex accurata dierum atque annorum mensuratione ac computatione, eorumque harmonia ac symmetria admirabili euoluenda, & ad summum, quod in Christo est, mysterium vltimo referenda. Et sic quoque ad verum, vt totius scripturae sacrae, ita etiam huius libri Chronicorum, qui in duos libros hodie subdiuiditur, scopum co-⟨31⟩gnoscendum aditus aperitur. Ad Christum enim genealogiae omnes Veteris Testamenti, quamquam dispari plane ratione: spectant; vnde postquam de genealogia Christi inde vsque ab Adamo sciptores N. Testamenti nos redderunt certos, desiit plane studium genealogicum in sacris litteris, cuius antea tantam curam habuit Spiritus Sanctus. Et Apostolus[32] animos plane vult arceri a genealogiis, non quasi sapientiam, prudentiam, iustitiam, misericordiam, veritatem DEi & alia ad nostri aedificationem omnino facientia in genealogiis V. T. spectari nolit, sed quod genealogiae aeque vt leges caerimoniales in Christo terminum suum inuenerint, & ex eo fundamento inutilis porro sollicitudo de iis accurate recensendis exsistat. Immo DEus ipso facto ostendit, non ob aliam rationem, quam ob promissum semen mulieris se tam accurate numerasse generationes hominum. Quum enim antea tanta prouidentia ab orbe condito continuam dederit generationum seriem vsque ad Christum, deinceps a nato Christo inter ipsos Iudaeos, ambitiosissimos alioquin genealogiarum scrutatores, disparuerunt quasi genealogiae, argumento certissimo, quod iam in carne apparuerit Messias, vtpote e genealogia sua dignoscendus. Haec quum ita se habeant, a captiuitate Babylonica emendatione genealo-⟨32⟩giarum, & quidem talis, quae diuina constaret auctoritate, omnino opus fuit, ne dubium de Messiae persona, vbi comparuerit, vllum remaneret: quae etiam ratio est, quamobrem & primo loco & maximo studio[33] tribus Iuda recensetur, e qua nimirum nasci debebat Christus Dominus noster.[34] Et quoniam iura ac priuilegia populi, & ipsa, vti dictum est, ad Christum spectantia, dependebant ex genealogiis, instaurari non poterat res publica & Ecclesia Iudaica, cuius rudera quasi ex captiuitate Babylonica supererant, nisi illae prius in ordinem redigerentur, Esra sapientissime, seu potius diuino iussu praestitit, breuemque, attamen sufficientem, adiecit rerum populi DEi historiam, quae & ipsa in illo collapsae & resurgentis rei publicae statu necessaria quam maxime erat ad instruendos omnium animos de oeconomia DEi eosque praeparandos ad exspectandum Messiam, cuius & in captiuitate & post eam nouas promissiones DEus dederat, adeo, vt in templo, quod tunc exstruebant, eum exspectandum esse significaret. Huc etiam pertinet ordo a Dauide iussu diuino in publico cultu praescriptus, & quod peculiariter in libro 1 Chron. praestitum est, accurate, euidenter & magno satis adparatu capitibus XXIV. XXV. XXVI. XXVII. expositus. Nam ea descri-⟨33⟩ptione accurata tunc

---

32 *Fußnote im Original:* „1 Tim. II, 4."
33 *Fußnote im Original:* „1 Cron. III, 7."
34 *Fußnote im Original:* „Ebr. VII, 14."

maxime opus erat ad instaurandum in populo e captiuitate reduce cultum publicum, eumque ad pristinum statum reformandum, inerantque ordini illi Dauidico quamplurimae regnum Messiae (non tantum gratiae sed etiam gloriae) prae se ferentes figurae, quas eo scopo in scripturam canonicam relatas esse, vt delinearent & adumbrarent τὰ ἅγια ἀληθινὰ καὶ ἐπουράνια (qui etiam finis fuit descriptionis tabernaculi in Mose) docet ea figurarum expositio, quam Apocalypsis suppeditat, si eam cum capitibus cittias conferas. Ex his autem omnibus patet, Chronicorum conscribendorum[35] scopum fuisse primo *externum*, nempe vt respublica & ecclesia Iudaeorum omnisque eorum cultus externus Leuiticus post captiuitatem ad pristinum statum diuinis legibus praescriptum reuocaretur: deinde *internum*, vt animi omnium ad nouam de venturo Messia spem concipiendam erigerentur, in fide, quam in aduentu eius tot vaticiniis promisso collocabant, confirmarentur, & ab idololatria & impietate omni post tam seriam diuinitus immissam castigationem ad pietatem veram reducerentur.

⟨34⟩ §. XVI.
Scopus libri Esrae.

Quis sit scopus libri Esrae, patet (1) ex nomine. Esrae enim ministerio Deus potissimum in iis vsus est, quae in hoc libro narrantur, maxime quidem a capite septimo huius libri. Ibi enim non modo describitur persona Esrae, sed etiam deinceps enarratur, quo pacto is vna cum senioribus Iudaeorum, templo de nouo exstructo, & re diuina ordinata, porro politiam & rem ciuilem Iudaeorum restituerit, atque emolumentum populi Dei studiosissime procurauerit. (2) patet ex connexione cum antecedente libro posteriori Chronicorum. Versus enim duo vltimi illius libri repetuntur iisdem verbis initio libri Esrae, & hinc deinde nectitur sequens narratio. Scopus igitur libri huius fuit, vt continuaretur historia sacra populi Dei. Complectitur itaque restitutionem populi Dei in regionem suam, exantlata captiuitate Babylonica, ita vt prioribus quatuor capitibus narretur exitus populi e Babele; capitibus sequentibus vsque ad nonum templi reaedificatio: capite nono & decimo dimissio mulierum alienigenarum secundum praeceptum diuinum. (3) vt periodus illa noua, & omnibus modis notabilis & admirabilis, rerum Iudaicarum testimonium haberet diuinum ac θεόπνευστον, aeque vt antecedentes periodi ⟨35⟩ omnes populi Dei: cuius rei caussae grauissimae sunt, & facile ex consideratione oeconomiae diuinae erga hunc populum intelliguntur. (4) vt vaticinia Prophetarum accurate impleta esse omnibus Illa aetate & posteris etiam constaret. Per Mosen enim & Prophetas reliquos Deus saepissime praedixerat fore, vt populus rebellis & refractarius tandem regione sua, diuinitus ex mera gratia & ob iuramentum patribus factum concessa, ob peccata & impoenitentiam eiiceretur; praedictum erat, Babelem fore locum captiuitatis; item captiuitatem illam septuaginta annos duraturam; Deum non obliturum populi sui,

---

35 *Fußnote im Original:* „Vid. Dn. D. IO. MICHAELIS loco citato. §. X." [Michaelis III 1720, 262, § 10].

sed illi se denuo misericordem ac benignum praebiturum; regna & monarchias mutari debere, vt populo via patefieret ad redeundum in suam regionem; Cyrum fore illum (raro enim exemplo nomine ipso Spiritus S. eum dudum designauerat³⁶) qui consilium illud Dei de restitutione populi sui sit exsequuturus; reliqua. Haec omnia exacte ac tempore debito implementum nacta sunt. Et quemadmodum Gen. XV, 16. primus ingressus in terram Canaan praedictus, ac suo tempore impletus fuit: ita Ies. XLIV. XLV. Ieremiae item c. XXV. & XXIX. secundus hic ingressus in eam ipsam terram praedictus fuit, & hoc libro iam accurate impletus legitur. Hic scopus Spiritus S. quem in libro ⟨36⟩ hoc sibi praestituit, quamplurima complectitur, quae particulatim a lectore consideranda sunt, & ad eum finem singula referenda, vt Dei iustitia, misericordia, potentia, veritas, fidelitas, sapientia, prouidentia, gubernatio rerum huius mundi, cura ecclesiae, & quae cum his connexa sunt, recte inde intelligantur. (5) Necessarius fuit nouae rei publicae & instaurato nouo in templo cultui a Deo praescripto eiusmodi liber, ad quem posteritas idemtidem recurreret, si origines indagandae essent institutorum, quae in vsu esse cerneret, immo vbi deprehenderet, quae in reformatione ecclesiae redarguta & emendata essent, atque sic a re lapsu in eadem peccata tanto efficacius prohiberetur. (6) In his omnibus ad Christum tamquam finem vltimum respiciendum est. Ideo enim reducendus erat populus Iudaicus in terram benedictam, vt iusto tempore in ea implerentur, quae praedicta in Christum & ibi implenda erant. Propter promissiones de Christo factas non poterat populus in captiuitate permanere, quo etiam Iesaias c. XL, 1. sequ. Ieremias c. XXX, 18–22. Daniel c. IX, 24. seqq. aliique vaticiniis expressis respexerunt. Porro si quaeras, quam ob caussam decem tribus non reductae sint in regionem suam, tribus Iuda autem, cui quidem tribus Beniamin, Leui, & ex reliquis tribubus plurimi adhaeserunt, redierint, haud alia est ⟨37⟩ euidentior caussa ea ipsa, quod prophetiae de Christo, qui ex tribu Iuda prodire debebat secundum carnem, implendae restarent, impleri autem extra Palaestinam, salua veritate diuina, non poterant. Id quod etiam RVPERTVS TVICIENSIS in libro *de Victoria verbi Dei*³⁷ aliique obscuraruerunt. (7) Huc etiam pertinet respectus typicus ad ecclesiam N. Testamenti & ad ipsa tempora Reformationis. In illis enim rebus V. Testamenti reformationem subeuntibus figuram exhiberi rerum nouissimarum haud dubitamus; nec infeliciter IO. COCCEIVS,³⁸ &, qui vestigia eius sequuti sunt, complures insignioris notae interpretes, hanc rem prosequuti sunt; licet in his etiam tenendum sit illud: *Omnia probate, quod bonum fuerit, tenete.*³⁹

§. XVII.
Scopus libri Nehemiae.

Scopus libri Nehemiae (1) intelligitur ex nomine, quod ab auctore suo accepit: qui hic etiam de se ipso sermonem instituens inducitur. Voluit igitur Spiritus

---

36 *Fußnote im Original:* „Ies. XLV. 1 seqq."
37 Rupertus Tuit. 1631, II, 626–749.
38 Cocceius, Diss 1689.
39 *Fußnote im Original:* „1 Thess. V, 21."

Sanctus res ministerio Nehemiae gestas hoc libro nobis commemorari. (2) Quum hic liber soleat quoque liber secundus Esrae vocati, hinc etiam scopus quodammodo percipi potest. Etenim non pauca, quae simul ab Esra & Nehemia gesta sunt, complectitur. ⟨38⟩ Habemus igitur hic ex scopo Spiritus Sancti continuationem historiae Iudaicae, & quidem periodi, vt computari solet, circiter quinquaginta annorum. (3) Duo sunt, quae Nehemias praecipue in hoc libro egisse narratur, primo murorum portarumque vrbis Hierosolymitanae exstructionem, secundo foederis inter Deum populumque renouationem. Vtrumque facile tanti momenti esse intelligitur, vt in eo consistere libri scopus censeri debeat. Atque huc ea, quae de scopo libri Esrae monuimus, referenda sunt. (4) Esrae ac Nehemiae fidem, fortitudinem, pietatem, constantiam, zelum, reliquasque dotes, quas factis egregiis ostenderunt difficillimis illis temporibus, ad posterorum memoriam sollicite transmisit Spiritus S. vtpote in quibus multa, quae discerent atque imitarentur, habituri essent.

§. XVIII.
Scopus libri Estherae.

Scopus Libri Estherae nobis optime describi videtur a D. MICHAELE WALTHERO in officina Biblica, *quod sit, commonstrare exserto quasi digito prouidentiam Dei in liberanda Ecclesia sua & perdendis illius hostibus. Deus enim, vt conseruaret populum suum, in quo nasceretur Messias, & hic mirabiliter propulsauit periculum, quod in omnes Iudaeos, qui in Persia erant reliqui, confluxerat, vt hoc exem*-⟨39⟩*plo eos, qui domum redierant, consolaretur, & excitaret, vt confidenter & alacriter pergerent in restauranda Politia.*[40] Ita nimirum liber, qui nihil videri posset de Christo continere, rectissime ad Christum vnice refertur. Id quod in libro *de Victoria verbi Dei* RVPERTVS TVICIENSIS[41] praeclare ex serie historiae sacrae demonstrauit, & plenius prosequutus est. In his rebus enim non quae homines egerunt ac machinati sunt tantum consideranda sunt, sed potius ipsius Satanae νοήματα, eo tendentia, vt populum & Ecclesiam Dei, adeoque promissionem de semine benedicto, quod ex hac gente exspectabatur, subuerteret, cognoscenda sunt. De iis autem forte non satis conuinceremur, si hunc librum solum haberemus: verum, quum integrae historiae sacrae praecipuum propemodum sit momentum pugna illa Draconis & Agni, cuius nouissima Apocalypsis describit, conferendus iste liber est cum reliquis, atque sic consilium Dei demum recte percipietur, quamobrem Scripturae veteri eum addendum curauerit.

§. XIX.
Scopus libri Iiobi.

Accedimus ad librum Iiobi. (1) Ad scopum, quem Spiritus S. in hoc libro habuerit, cognoscendum in primis pertinet locus Iac. V, II. *Patientiam Iiobi audiuistis,*

---
40 Walther 1668, 962.
41 Rupertus Tuit. 1631, II, 626–749.

⟨40⟩ *& finem Domini vidistis: quoniam multus miseratione est Dominus & misericors.* SEBAST. SCHMIDIVS in Epist. Dedicatoria, quam commentatio in Iiobum praefixit, locum istum Iacobi de professo tractat, & quid primum inde addiscere debeamus, his docet verbis: *Commendat his Apostolus historiam Iiobi, tamquam verissimam rei olim gestae, non autem tamquam comoediam sub nomine historiae, & rei gestae traditam: & Iiobum, vt virum sistit, qui exemplum patientiae factus, & liberationem Domini ex omnibus adflictionibus reuera expertus fuerit. Equidem comoediam quamdam Iiobum, nec, quae in libro ipsi inscripto habentur, in mundo vmquam sic gesta esse, multi tum veterum tum recentiorum existimarunt. Qui sane, quotquot id ipsum non de sermonibus tantum Iiobi & amicorum, quorum sensus post exitum totius rei gestae demum instinctu Spiritus S. in eruditissimo carmen redactus, non autem statim inter colloquendum carmine prolatus fuerit, sed de ipsis personis colloquentibus, quae, excepto Deo Domino, in rerum natum numquam exstiterint, omnibusque de iis quae vel passae sunt, vel egerunt, intellectum voluerunt, ex ipsis nostri Apostoli allegatis verbis refutari satis possunt atque conuinci.*[42] Et hic quidem scopus libri Iiobi, quem Iacobus Apostolus I. c. designat, vt legentis animo primum obiicitur, ita merito praecipue animaduertitur. Attamen (2) vt integram scripturam, ita etiam speciatim ⟨41⟩ librum Iiobi ad Christum, tamquam scopum referre tenemur. Non tantum enim expressa satis in hoc libro est praedicatio de Christo c. XIX. & c. XXXIII. sed etiam ipse Iiobus, si quisquam alius, figuram patientis Christi sustinet. Videantur ac perpendantur, quae consulenda suasimus in Praelectionibus Hermeneuticis p. 181.[43] Inde enim accuratius ea, quae ad hunc libri scopum pertinent, intelligentur. (3) Antiquitas libri & circumstantiae Iiobi & amicorum eius, in primis, quod ille inter gentes profanas habitauerit, docent, scopum Spiritus S. etiam hunc fuisse, vt verus Dei cultus proposito tam illustri exemplo conseruaretur, & opera creationis & prouidentiae, quae praecipue in hoc libro celebrantur, hominibus illius ac posterae aetatis innotescerent & commendarentur. Nec vero praetereundum est (4) quod, vt in singularissimo Iiobi exemplo gradus summus est calamitatum externarum ac tentationum internatum, quibus ille subiectus fuit, ita hic liber prae reliquis ex mente Spiritus S. inseruire debeat ad mysterium crucis docendum, adeoque ad sapientiam illam absconditam & rationi corruptae prorsus ignotam hominibus reuelandam.

⟨42⟩ §. XX.
Scopus Libri Psalmorum.

Psalmorum Scopus (1) fuit, vt haberemus librum sacrum exemplorum aut historiarum. Sic LVTHERVS in Praef. Tom. III. Witteb. fol. 398. b. seqq. *Equidem*

---

42 Seb. Schmidt, Hiob 1690, 2b.
43 *Fußnote im Original:* „Videlicet *Licht und Recht andere Entdeckung p.* 16. *Von dem Buch Hiob und den Reden Eliha*; quae meditatio Auctorum habet Dn. D. I. H. MICHAELIS Th. P quae disquisitio deinceps anno nimirum M D CC XVI. explanationi Libri Iiobi seu scholae tentationum PAVLI EGARDI introductionis loco praemissa est. EGARDI liber germanicus hac occasione non immerito a nobis commendatur. Nec minus commendari meretur dicti D. IO. HEINR. MICHAELIS Praefatio, Notis vberioribus in Iiobum praefixa." [Vgl. Michaelis, Licht und Recht. Andere Entdeckung, 1704, 16; Egardus 1628; Michaelis II 1720, AT II, 3–20].

nullum puto librum exemplorum aut historiarum sub caelo esse, qui Psalterio conferri possit. Proin, si votis adhuc a Deo impetrari deberet, vt omnia, quae in omnibus veris sanctorum historiis essent optima & selectissima, vndique excerpta & collecta, breuissime & aptissime in vnum compingerentur libellum: hoc, quod sic ex optimis, ex ipsa flore rerum in tota Scriptum, a spiritualissimo aliquo & summo artifice fingi & constari posset, hoc haud dubie futurum esset tale Dauidis Psalterium; aut huius Psalterii simillimum. Nam hic inuenies, non vnius tantum sancti vitam, sed quomodo caput omnium sanctorum, Christus (ille enim in Psalmis depictus est) adfectus fuerit: quomodo adhuc omnes credentes, rebus tristibus iuxta ac secundis adfecti sint: quomodo se erga Deum, erga amicos ac inimicos gesserint: Quomodo se in variis pe-⟨43⟩riculis & adflictionibus, in medio tentationum incendio & maximis necessitatibus habuerint.[44] (2) Hic fuit scopus Psalmorum, vt manifestas haberemus prophetias & egregias promissiones de perpessionibus, morte & resurrectione Christi, de regno Christi, de cursu Euangelii, de statu totius Ecclesiae. (3) Scopus Psalterii fuit, vt haberemus librum precum. Ita ibidem LVTHERVS: *Si Deus ipse e caelo porrigeret libellum, quem diuina voce commendaret, quam esses hunc habiturus in deliciis, quam arrepturus auide? Psalterium, ne dubita, ipse Spiritus Sanctus, tamquam filiolis Pater, formam praescripsit precum.*[45] (4) Scopus huius libri fuit, vt haberemus enchiridion Biblicum. *Iure*, inquit iterum LVTHERVS, *parua Biblia dixeris Psalterium, in quo omnia, quae in totis Bibliis explicatius tradita sunt, mira & iucundissima breuitate, in elegantissimum enchiridion coacta sunt.*[46] Et deinde: *Hoc enchiridion ipse suis discipulis concinnauit, collectis exemplis & gemitibus & adfectibus, quasi multorum millium, quorum solus ipse corda videt & nouit. Si tota Biblia igitur legere non posses, en sola lectione Psalterii non modo pietatis summam, sed omnia summa & spiritualissimas experientias habes.*[47] (5) Hic fuit Psalmorum scopus, vt sanctorum mentem & intimos adfectus nobis depingeret Spiritus Sanctus. *Quum*, inquit porro LVTHERVS, *in reliquis scriptis & historiis,* ⟨44⟩ *opera tantum & corporalis exercitatio sanctorum describantur: admodum paucas inuenias historias, quae sic verba, voces & sermonem (qui character animi est) nobis describant in sanctis. Ibi igitur piarum mentium delicium potest esse Psalterium, ibi adeo iucunda lectio sunt Psalmi, vt ex eis non modo opem sanctorum, sed & singula verba & voces, sed & gemitus & colloquia, quibus coram Deo in tentationibus iuxta ac consolationibus vsi sint, cognoscas sic, vt quamuis mortui sint, tibi tamen in Psalmis adhuc viuant & loquantur. Aliae igitur historiolae & exempla sanctorum, quae opera describunt, si Psalterio conferantur, mutos nobis sanctos proponunt, & omnia ibi muta sunt. In Psalmis vero quia voces sunt in fide orantium, omnia viuunt, omnia spirant, & viuos nobis, alacres ac fidei adfectu, in mediis etiam adflictionibus erectos exhibent sanctos. Mutum hominem, potius mortuum truncum quam hominem dicas. Et nulla re homo a reliquis pecudibus atque sermonis vsu discernitur. Figuram hominis, si artificis accedat industria, vel saxum accipit. Et reliqua* ἄλογα *sic edunt, bibunt, sic etiam sensuum vtuntur organis atque nos, ad tolerandos autem labores sunt etiam corpore validiori. Sermo solus hominem discernit a belua. Is autem mentis est character & speculum. Quum igitur sermonem, verba & voces sanctorum describant*

---

44 WA DB X 2, 189, 19–30.
45 WA DB X 2, 190, 5–7.
46 WA DB X 2, 190, 3–5.
47 WA DB X 2, 190, 7–11.

Psalmi: ipsorum mentem nobis depingunt. Non enim familiares illas & vulgatus voces sanctorum descri-⟨45⟩*bunt Psalmi, sed patheticas illas & ardentissimas, vbi magno serio in ipso paroxysmo tentationum, quasi in quadam acerrima lucta Jacob cor suum, non coram amiculo, non coram homine, sed coram DEo suo effuderunt. Psalmi igitur non modo opera & voces*
5 *sanctorum, sed ipsum abditissimum cordis ipsorum thesaurum, intimos animi motus & adfectus cordis exprimunt. Vultus & os Dauidis, quo varias illas aerumnas & pericula, quibus DEus eum exercuit, pertulerit, videre velles? Lege Psalmos, qui tibi non tantum externum, sed & interiorem illum Dauidem expressius reddunt, quam ipse sese coram vllis verbis describere potuisset. Quid igitur prae Psalmis sunt reliquae historiae, quae opuscula tan-*
10 *tum, & nescio quae miracula sanctorum decantant? Nondum cor & adfectus video, etiamsi opera & miracula videam. Quemadmodum autem longe mallem audire Dauidem, aut similem sanctum loquentem, quam videre illius corporalia exercitia: ita adhuc omnium maxime optarim, intimas cogitationes Dauidis & intimum illud certamen fidei cognoscere. Hoc autem praestant Psalmi opulenter, vt ex eis cognoscere possimus, quomodo sancti in tentationibus*
15 *animati fuerint, quo ardore verborum animi sui adfectus expresserint. Cor enim humanum non aliter habet atque nauicula in medio mari, quae ex omni parte periculis & ventorum exposita sit ludibrio. Hinc enim animos nostros sollicitudo & metus futuri* ⟨46⟩ *mali, veluti subita tempestas exarmat; Illinc pusillanimitas & cordis moestitia, veluti altis fluctibus nos opprimit. Mox fiducia rerum secundarum, plenis carbasis in caelum nos tollit. Rursus securitas*
20 *bonorum praesentium, praeter spem nauiculam scopulo illidit. Tot igitur huius vitae discrimina, eiusmodi mille pericula, facile nos acuunt & excitant, facile docent ex intimis suspirare visceribus, totum cor effundere, & toto mentis ardore clamare ad caelum. Longe ardentiores querelae sunt eorum, qui vere dolent, quam qui animi augustiam simulant tantum. Longe alacrior, excitatior, feruentior, & vultu & verbis, & toto oris gestu est is, qui ex corde*
25 *gaudet, quam qui simulate tantum frontem exporrigit. Hinc germanice dicitur: Es gehet nicht von Hertzen, quando tristes rident, aut laeti lacrymas vi exprimunt. Psalmorum voces ex veris & viuis prorumpunt adfectibus. Bona autem pars Psalmorum eiusmodi pathetica sunt & ardentissimorum adfectuum verba, omnis generis tentationum & adflictionum. Nusquam inuenies felicius aut significantius expressum gaudentis & exsultantis animi adfectum,*
30 *quam in Psalmis gratiarum actionis seu Psalmis laudum. Ibi enim in sanctorum corda haud aliter atque in paradisum aut in apertum caelum licet respicere, quanta ibi varietate subinde exoriantur amoeni illi flosculi, & micantissimae stellulae, dulcissimorum erga Deum & illius beneficia adfectuum. E contra nusquam inuenies si-*⟨47⟩*gnificantioribus verbis descriptam mentis angustiam, animi dolorem & moestitiam, quam in Psalmis tentationum seu querela-*
35 *rum, vt Psalmo VI. & similibus. Ibi ipsam mortem, ipsum infernum vides suis depictum coloribus, ibi omnia vides atra, omnia tristia, conspectu irae divinae & desperationis. Sic etiam, vbi de spe, de timore, loquuntur Psalmi, sic suis natiuis vocibus hos adfectus describunt, vt nullus* **DEMOSTHENES**, *nullus* **CICERO** *hoc extressurus fuerit viuidius aut felicius. Nam, vt dixi, hoc prae ceteris scriptis proprium habent Psalmi, vt sancti eos non in ventum*
40 *loquuti sint, non ad amiculum, sed coram Deo suo, & vt coram oculus Dei. Hoc enim inprimis adfectus acuit & attendit, hoc omnia ossa, omnes medullas veluti excitat, cum creatura serio coram Deo suo loquitur. Quando alias amiculo aut homini querimur nostras necessitates, non sic ardent, non sic viuunt, non sic aestuant omnia adfectuum impetu. Psalterium igitur, quia adfectus continet, libellus est omnibus christianis sic accommodabilis, vt*
45 *quilibet vere pius, in quacunque sit tentatione, in Psalmis verba & adfectus inueniat, quae*

ad suas adflictiones non aliter quadrent, quam si hodie de tuis propriis adflictionibus haec carmina scripta & condita essent. Hoc ipsum autem potest magnae esse tibi consolationi, quando Psalmi tibi valde placent. Exstat vox QVINTILIANI:⁴⁸ *is sciat se profecisse, cui* CICERO *valde placet. Hoc forsan non inepte huc* ⟨48⟩ *torsero: Is sciat se profecisse in sacris, quem Dauidica carmina valde consolantur. Quando enim similiter adficeris, quando nerui & fides Psalterii simili adfectu & motu animi tui pulsae retinniunt, certificaris, te esse in congregatione electorum Dei: quum eundem in modum adfligaris, quo ipsi adflicti sunt: quum simili fide & adfectu ores, quo ipsi orarunt. Incredulo & frigido lectori insipidi sunt Psalmi.*⁴⁹ (6) *Hic Psalterii scopus fuit, vt haberemus eam partem in vita sanctorum ob oculos positam, quam omnium tutissime imitaremur. Alia, inquit porro* LVTHERVS, *exempla & historiae, quibus non voces & verba, sed opera tantum sanctorum descripta sunt, multa habent, quae non possumus imitari in sanctis, vt prodigiae & virtutes. Pleraque etiam opera eiusmodi sunt, vt citra periculum graue non possis imitari, vt quae sectas & haereses excitant, & ab vnitate spiritus auocant; vt in monachatu vidimus. Psalmi autem a sectis auocant ad vnitatem spiritus, docentque rebus secundis retinere timorem, aduersis vero spem non abiicere, verum* τὸ αὐτὸ φρονεῖν, *idem sapere, & similiter adfectum esse cum omnibus sanctis.* (7) *In summa, dicente* LVTHERO, *si cernere cupis christianam ecclesiam, veluti in elegantissima tabula depictam viuis & spirantibus coloribus: tum Psalterium accipe in manum. Hoc enim tibi purissimi speculi vice fuerit, quod tibi repraesentet veram Ecclesiam, immo si pius sis, etiam tui ipsius imagi-*⟨49⟩*nem, vt iuxta illud sapientis* γνῶθι σεαυτὸν, *vere te ipsum noscas, immo DEum & creaturas omnes.*⁵⁰

IO. BRENTIVS in Praef. Comm. in Psalmos: *Non potest adolescentibus, ministerio ecclesiae destinatis, quidquam vtilius tradi, quam vt habeant Psalmos non solum commendatissimos, sed etiam maxime omnium familiares. Linguam, fateor, discent e lectione & vsu aliorum scriptorum formare, iuxta humanae carnis sapientiam, elegantius: quae pars studii, ne ipsa quidem in suo gradu, praesertim iis, a quibus exigitur, vt fiant* διδακτικοί, *negligenda est: Sed vt lingua hominum ad docendos homines vtiliter loquaris, linguam prius Spiritus Sancti cognoscas, necesse est, qua & Deus tecum e caelo, & tu vicissim cum Deo e terra, immo ex ipso inferni hiatu, colloqui possis. Hoc tibi liber Psalmorum insigniter praestabit. Continentur enim in eo partim conciones, quas Dominus Deus noster e caelesti diuinae Maiestatis suae throno ad humanum genus, de sua voluntate habet, & nunc, quid a nobis exigat, nunc, quid nobis in vnigenito filio suo praestare velit, dilucide exponit: partim precationes & obsecrationes, quibus nos vicissim exponimus Deo omnes nostros adfectus & pericula, in quibus versamur, & ope eius indigemus: vt liber Psalmorum nihil aliud sit, quam mutuum colloquium, quod Spiritus Sanctus inter Deum & homines instituit. Etsi autem adolescentia, nec aetate, nec rerum vsu eo* ⟨50⟩ *progressa est, vt in animo suo adficiatur maximis illis & atrocissimis tempestatibus, quae ex agnitione peccati, e sensu irae diuinae, ac ex obiectu mortis & dolorum inferni oriri solent, & quarum caelestia omnis generis remedia in Psalmis, tamquam in pharmacopolio proponuntur: tamen quia illi, qui quasi publica ecclesiae electione in his scholis erudiuntur, eo destinati sunt, vt veram pietatem tam ipsi discant, quam ecclesiam suo tempore doceant, necessarium est, vt parent sibi hac tenera sua aetate promtuarium, quale*

---

48 Quintilianus, institutio oratoria X 1, 112; vgl. WA DB X 2, 192 Anm. 1.
49 WA DB X 2, 190, 12–192, 7.
50 WA DB X 2, 192, 8–19.

est Psalmorum liber, e quo, quum res postulat, quae ad sedandas cum suas priuatas tum publicas ecclesiae tempestates conducunt, proferre queant. Ac ante quidem, quam publicus esset Psalmorum vsus, videbatur doctrina pietatis in sacrificiis tantum, & in paucūlis Leuitarum sermonibus, ac in tabernaculo contineri, & quasi condita ac sepulta iacere. Postquam autem ea doctrina collata est, singulari Spiritus S. consilio (NB. sic notanter BRENTIVS scopum Spiritus Sancti exponit) *in Psalmos, h. e. in formulas publicarum & priuatarum cantionum educta est tam e sacrificiis, quam e tabernaculo, & introducta ad vsum hominum, in ciuitates, in fora, in vicos, in domos, in officinas, in cubicula, in agros, in eremos, immo & in carceres, & in penetralia quaeque. Hoc enim illud est, quod Paulus ad Ephesios scribens: Impleamini, inquit, Spiritu. Sed quomodo? aut quo organo? Loquentes, inquit, vobismet ipsis* ⟨51⟩ *per Psalmos, & hymnos & cantiones spirituales: canentes & psallentes in corde vestro Domino, gratias agentes semper de omnibus, in nomine Domini nostri Iesu Christi. Nullum potest encomium de Psalmorum seu recitatione, seu meditatione illustrius dici, quam quod sint organa, quibus impleamur caelesti spiritu, non quia recitentur, aut cogitentur, sed quia recte intelligantur.*[51] Haec ille.

Singulare hoc consilium Dei in canticis & psalmis ecclesiae subministrandis prosequitur DN. IO. ANASTASIVS FREYLINGHVSIVS in Praefatione libri Cantionum germanicarum, cuius verba latine reddita sic habent: *Et sacrarum litterarum Veteris ac Noui Testamenti & historiae ecclesiasticae monumenta vna cum experientia testantur, singularis gratiae, quam populo suo Deus concessit, aut aliquando se concessurum promisit, semper fuisse indicium, vbi os infantium ac lactentium, spiritualiter quidem talium, psalmis ac hymnis & cantionibus spiritualibus ac suauibus redundauit. Cum DOMINVS filios Israelis, ex promisso patribus dato populum foederis & regnum sacerdotale prae omnibus gentibus elegisset, illudque publice declaraturus ex AEgypto eos eductos, mari ante eorum pedes scisso, veluti gregem ouium transuexisset, Pharaone eiusque opibus vniuersis inundatione deletis, illico sapientia os mutorum aperuit, & linguas infantium ita disertas reddidit, vt cantarent sanctum ipsius nomen, & animo vno lau-*⟨52⟩*darent manum eius ipsos propugnantem. Sap. X. 21. 22. Moses videlicet & omnes filii Israelis chorum, & Miriam prophetissa omnesque feminae cum tympanis ac fistulis itidem chorum fecerunt, & cantico magnum illud facinus, quo de Deus Dominus Veteris Testamenti tempore plerumque nomen ac titulum gerebat, celebrarunt. Idem ille Moses paullo ante obitum populo Israelitico cum exsuperantem gratiam diuinitus eis impertitam, tum sanctam & admirandam Dei in futura ecclesiae suae gubernatione oeconomiam semel adhuc ab oculos propositurus testimoniumque de venturo Messia simul relicturus ab ipso Deo Iehoua ad hoc negotium singulari quadam & solenni ratione eiusmodi accepit canticum, in quo cantando caelum & terra ad auscultandum excitabantur, Deut. XXXII, 2. quodque ipse Iehoua Mosi ac Iosuae verbis significantissimis iniungebat, vt filiis Israelis notum redderent & diligentissime inculcarent. Itaque scribite, inquiebat, vobis canticum istud, quod doceatis filios Israelis indendo illud ori ipsorum: vt sit mihi hoc ipsum canticum loco testis contra filios Israelis, c. XXXI, 19. Similiter cum Spiritus Dei Deboram matrem in Israele, & Barakum excitasset, vt Israelem ex Iabinis, Cananaeorum regis manu, post diuturnam oppressionem, mirabili victoria, de Sisserae ducis illius exercitu concessa, liberarent; statim ipsos quoque excitauit ad canendum Iehouae & psallen-*

---

51 Brenz 1578, 193 f.

dum Iehouae Deo Israelis, Iudis. V. Et cum alio tempore Samue⟨53⟩*lis, iudicis ac prophetae, opera ecclesiae suae, in qua tum rarum erat verbum Domini nec visio aperta, (1 Sam. III, 1.) esset opitulaturus, Hanna mater eius filium hunc suum Schilunte sistens hoc ipsum, praeconis instar, cantico publicare debebat. 1 Sam. II, 2. sqq. Dauide ac Salomone regnantibus ecclesia iudaica, cum aliis temporibus comparata, in statu fuit florentissimo. Anne vero Dauid vir fuit amoenus psalmis Israelitarum? 2 Sam. XXIII, 1. quippe qui integrum canticorum seu psalmorum volumen ecclesiae Dei reliquit, quod propter suam dignitatem & praestantiam tamquam pars praecipua tertia scriptorum Veteris testamenti ab ipso Christo allegatur. Luc. XXIV, 44. Nimirum in omni opere suo tribuit celebrationem sancto Altissimo verbis gloriosis. Ex toto corde suo decantauit & amauit opificem suum: instituitque cantores ante altare, vt voce suaues canerentur moduli ipsius, & in dies laudarent Deum odis suis. Tradidit ad dies festos res decoras & tempestates ornauit absolutissime, laudantibus illis sanctum nomen eius, & inde a matutino personante sanctuario eius, quemadmodum Siracides scite ac eleganter de eo scribit c. XLVII, 9. 10. 11. 12. Anne etiam Salomo, filius eius, Canticum Canticorum (seu Canticum sublime, vt Germanis illud vocatur) composuit, in eoque myste-rium, quod Christum inter & ecclesiam eius est, mirifica & suauissima ratione eloquutus est? Nihil prophetis vulgatius est, quam quod, vbi spiritum prophetiae* ⟨54⟩ *& futuram gratiam promittunt, ludendi ac psallendi, tamquam rei, cum gratiae ante nuntiatae impletione coniunctae, mentionem simul faciant. Iesaias c. VI. augustam visionem, qua gloria Christi, vltimis temporibus manifestanda, ei ostendebatur, describens, cantici simul Seraphici meminit, quo quae viderat, verbis etiam, haud dubie cum gloriosa suauissime ouantium harmonia prolatis, ita pronuntiabantur atque explicabantur: Sanctus, Sanctus, Sanctus est Iehoua exerci-tuum: implet totam terram gloria eius coll. v. 3. cum Io. XII, 40. & Apoc. IV, 8. Idem hic vates cap. XXV. magnis ac praeclaris rebus ecclesiae Dei promissis subsequenti cap. XXVI. protinus addit: Tempore illo (quando ante memorata implebuntur) cantabitur canticum hoc in regione Iudae: ciuitas fortis est nobis; salutem disponit muris & praemunitioni. Aperite portas & ingrediatur gens iusta conseruans omnem fidem, caetera. Et Ieremias cap. XXXI, 4. in nomine Domini ita locutus: Adhuc aedificaturus sum te, vt aedificeris, itidem subiungit: Virgo Israelis, adhuc ornabis te tympanis tuis & procedes cum choro ludentium; quo ad ipsum, quod de Miriam ex Exod. XV. supra adduximus, tamquam typum eorum, quae heic dicuntur, forte respicitur; vt alia prophetarum testimonia, inprimis illud HALLELVIAH, quod de gentilibus toties totiesque vaticinatus est in Psalmis suis Dauid, verbis pluribus heic persequi praetermittamus. Immo cum scriptura sa*⟨55⟩*cra ecclesiae triumphantis in caelo & nouae illius Hierusalem statum proponit, itidem canticorum & hymnorum facit mentionem, quibus abundantissimae gratiae ac amoris diuini opes ab consummatis eius membris decantan-tur. Ita Ioannes Euangelista credentes, qui victoriam reportauerant, post eorum consummatio-nem vidit stantes apud mare vitream & habentes citharas Dei, qui etiam cantabant canticum Mosis serui Dei & canticum Agni Apoc. XV, 2. 3. & secundum caput antecedens XIV. audiuit vocem citharoedorum pulsantium citharas suas. Et qui canebant quasi canticum nouum ante thronum & in conspectu quatuor illorum animalium & illorum seniorum: neque quisquam poterat discere illud nisi virgines Agni, quae emtae sunt ex hominibus primitiae Deo & Agno sacrae. Vt autem in militante ecclesia in terris adhuc aliquantum subsistentes ad Noui Testamenti tempus deueniamus, nouimus, quod ab ipso Dei Spiritu* καιρὸς δεκτὸς καὶ ἡμέρα σωτηρίας *appelletur, 2 Cor. VI, 2. quippe quo exorto Vita, quae in principio fuit apud Patrem, in carne adparuit, & morte sua, resurrectione ac adscensione in caelum* *omnem iustitiam impleuit, atque hac ratione amissam gratiam ac veritatem restituit. Quemadmodum iam in Veteri Testamento hac de re dictum fuit: Gratiam Iehouae in seculum canam, in quamque generationem notam faciam veritatem tuam ore meo. Ps. LXXXIX. & iterum Ps. CI, 2. Benignitatem & ius canam;* ⟨56⟩ *Ita tempore adimpleto gratia & veritas vaticiniis praedicta, vt iam praesens, psalmis ac hymnis, tamquam publico praeconio, publicari debebat, quemadmodum Zacharias, sacerdos ille senex, & Maria virgo illud demonstrant. Quid? linguis non hominum tantum sed angelorum etiam ea cantata fuit, quippe qui vna cum hominibus sub* CHRISTO, *tamquam vno capite, sunt, adeoque gratiam ac veritatem per Christum reparatam certo modo cum illis participare debebant: Gloria, canebant illi, in altissimis Deo & in terra pax, hominibus beneuolentia, Luc. II, 14. Neque vero ecclesiae apostolicae, in quibus viuentium aquarum flumina ex Christo largissime omnium exundarunt, psalmis ac hymnis caruere, quibus gratiam ac dona diuinitus accepta ad communem aedificationem sibi inuicem sunt testificati. Nota sunt in hanc rem dicta Apostolorum 1 Cor. XIV, 15. Psallam spiritu & psallam etiam intelligentia v. 26. Quid igitur est, fratres? quoties conuenitis, quisque vestrum canticum habet, doctrinam habet, caetera, Iac. V. 13. AEger est animo aliquis inter vos? oret: bono animo est aliquis? psallat: & Ephes. V, 18. 19. Implemini spiritu: loquentes inter vos mutuo psalmis, & hymnis & cantionibus spiritualibus, canentes ac psallentes in corde vestro Domino: & Coloss. III, 16. Verbum Christi inhabitet in vobis copiose cum omni sapientia, docendo & admonendo vos mutuo psalmis & hymnis & cantionibus spiritualibus cum gratia ca-*⟨57⟩*nendo in corde vestro Domino. Quibus in locis fundamentum simul indicatum est, quomodo ita canere possimus, vt iucundus & dulcis sonus sit in auribus Domini, Dei exercituum: quod fundamentum non in canora externae vocis modulatione, sed in cordis, diuini spiritus vnctionem adepti, harmonia & consonantia cum verbis ac voce oris situm est. Pater enim caelestis non tales quaerit cantores, qui quidem sicut David excogitant sibi instrumenta musica vel etiam cantica & psalmos, & nihilominus sub seruitute carnis & vanitatis huius peruersi mundi manent, (Am. VI, 5.) sed tales, qui canunt spiritu & veritate; qualiter etiam adorantes quaerit Io. IV, 24. Quemadmodum igitur omnia, quae adduximus exempla, firmissimo sacrae scripturae testimonio innituntur: ita ex historia ecclesiastica demonstrari potest, proxime subsecutis seculis, in quibus ecclesiae facies adhuc optima fuit, pias cantiones ac psalmos in crebro vsu fuisse; qua in re lectorem christianum ad* GOTTFRIDI ARNOLDI.[52] *Repraesentationem primorum Christianonorum in fide & vita, breuitatis caussa remitto, quippe cuius in Lib. II. c. 2. de cantionibus & hymnis primorum Christianorum fusius agitur. Quanto magis autem temporibus sequentibus res Christiana sub Antichristo priscam suam imaginem ac indolem amisit, in ipsam profanam commutata gentilitatem; tanto maior etiam nobilissimi huius doni spiritus penuria obseruari coepit: sicut omnes fere reliquae spirituales diuitiae* ⟨58⟩ *his diebus collapsae & perditae fuerunt. Pauci enim veritatis testes similes erant passeri solitario in tecto: ad flumen spiritualis Babyloniae sedentes ad salices suspendebant citharas suas, nec iis licebat nec libebat cantare canticum Iehouae in solo alienigenarum. Ps. CXXXVII, 2. 4. Etiamsi vero vnus & alter in captiuitate ista sua hymnum caneret, ad publicam tamen vtilitatem nihil inde redibat, sed hymni latini in Monachorum conuentu decantati cultum irrationalem in istis tenebris adhuc magis irrationalem reddebant. Quando autem post longam hiemem nouo quasi vere in ecclesia*

---

52 Arnold 1696, 1. Teil, 158–169.

Christi exorto flores Dei numerosiores prodibant, vox turturis rursus audiebatur, & lusciniae vocem suauissime attollebant: siquidem primum tempore Fratrum ita dictorum Bohemorum (de quorum laudabili ordine & disciplina ecclesiastica, notissimi IO. AMOSI COMENII *liber eximius* DE BONO VNITATIS *anno* MDCCII.[53] *Halis nostris sub titulo:* HISTORIA FRATRVM BOHEMORVM, *recusus testatur) multae egregiae ac aedificationis plenae cantiones compositae & in peculiare non adeo paruae molis volumen congestae sunt, ex quibus etiam non nullae in cantionum libris, qui in nostra ecclesia obtinent, insertae reperivntur; deinde autem tempore Reformationis in* B. LVTHERO *aliisque piis viris eius aetatis & postea donum illud efficacissimis cantionibus ecclesiam Dei aedificandi adeo sese exseruit, vt Ecclesiam Euangelicam prae aliis coetibus hac in parte* ⟨59⟩ *largissime diuinitus donatam, ad tanto maiorem autem gratiarum actionem & rationem de earum vsu reddendam Deo hoc nomine obstrictam esse intelligamus. Qua de re nihil amplius heic addo, quod varia occasione ab aliis hoc iam monitum & cuictum esse scio. Quemadmodum autem adlata exempla omnia eorum, quae diximus supra, veritatem demonstrant, ita ad maiorem eorumdem confirmationem experientia nostrorum temporum, in quae diuina nos prouidentia duxit, facere potest. Posteaquam enim Deus per aliquot inde annos poenitentiae ac euangelii concionem in nostra praesertim Germania denuo quam efficacissime promulgari eamque non mediocriter fructuosam esse iussit, (id quod non agnoscere nec velle agnoscere, periculosissimae caecitatis indicium est) multorum etiam liberorum suorum cordi ac ori indidit cantica noua, quibus ipsum laudent & tum praesentem tum futuram gratiam praedisent: quomodo recentiores cantionum libri, speciatim qui Erfordiae, Halae, Darmstadii ac Berolini prodierunt, satis noti sunt, & adhuc multo cum fructu ac aedificatione tam heic quam alibi locorum adhibiti fuere. AEquum proinde est, vt quemadmodum in omni bono ita etiam in huius diuini doni consideratione & vsu non subsistamus in tenuibus ac coram mundo abiectis instrumentis, sed ad Deum, Patrem luminum ipsum spectemus, quippe a quo omnis donatio bona & omne integrum donum superne proficiscitur, & qui per* ⟨60⟩ *vnum illum spiritum varia dona ad emendationem & aedificationem corporis Iesu Christi suppeditat, & vt eius sapientiam, caritatem & fidelem prouidentiam, quam hoc etiam modo in ecclesiam declarat, animo submisso agnoscamus ac celebremus, et simul illud cum ad doctrinam & institutionem tum maxime ad quotidianam excitationem ac incrementum in fide, caritate ac spe, nec non ad consolationem in omnibus certaminibus & adflictione, quae in hac breui peregrinatione nobis obueniunt, animo simplice convertamus & adhibeamus.*[54] Hactenus ille.

IO. BVGENHAGIVS in dedicatione sui in Psalmos commentarii: *Nihil, inquit, in lege, nihil in Prophetis, nihil in Christi & Apostolorum praedicatione est, quod non apertis verbis atque rotundis decantet hic regius Propheta, egregius Psaltes in Israel. Iudicium & Dei misericordiam siue iustitiam, & humanarum virium iniustitiam, atque adeo vanitatem, non alibi copiosius legeris: ita vt hic vel solus liber ad recte instituendum in iustitia Dei hominem sat fuisset, nisi diuina bonitas nostrae fragilitati & ignorantiae pluribus scripturis consultum voluisset, vt interim non dicam, quod per Psalmos longe iucundius fuerit, suscipere quidquid sacrum est. Quis enim ignorat carminibus plus affici nostras mentes, quam simplici oratione, vt maxime eadem dicantur. Hic canuntur omnia Dei opera a conditione mundi & gubernatione siue providentia vsque ad generis humani redemtionem* ⟨61⟩ *per*

---

[53] Comenius 1702.
[54] Freylinghausen 1713, Vorrede, a 4a–a 10b.

Christum, vt videas Deum vt omnipotentem, ita & omnia facientem, & vanam esse salutem, quae sit ab homine, & Deo non esse beneplacitum in fortitudine equi, aut in tibiis viri, id est viribus carnis. Hinc & Christum ipsum (qui ex carne Dauidis natus est, vt confirmaret regnum eius in aeternum in iudicio & iustitia, quemadmodum canit Esaias) in Dauide
5 *suscipis. Spiritus enim Christi in Dauide subinde canit sua de se mysteria, incarnationem, praedicationem, crucem, mortem, gloriam, benedictionem omnium gentium, quae sunt nostrae mysteria salutis, simul & exempla nostrae per crucem, quam Deus nobis imponit, glorificationis. Sic enim Dauid dicit 2 Reg. XXIII. Dixit vir, cui constitutum est de Christo Dei Iacob, egregius Psaltes Israel, Spiritus Domini loquutus est per me, & sermo eius per linguam*
10 *meam. Et Christus dicit Lucae vltimo: Necesse est impleri omnia, quae scripta sunt in lege Mosis, & Prophetis, & Psalmis de me. Atque haec declarat scriptura N. Testamenti, quae subinde citans ex Psalmis, indicat Christum siue Christi Spiritum in Psalmis loqui, qui in scripturis non solum Filius Dauid, sed & Dauid rex adpellatur, vt vides Ps. LXXXVIII. Hos. III. Ezech. IV. Quam vero Christi verba etiam nostra sint, suis locis indicabimus.*
15 *Ipse enim ait: Si me persequuti sunt, & vos persequentur: si sermonem meum seruauerunt, & vestrum seruabunt. &c.*[55] Videatur IO. GERHARDVS in praefat. in ⟨62⟩ commentarium ARNDII in Psalmos;[56] & ipse ARNDIVS in praefatione sua, item eiusdem prima concio in Psalmos. Modo laudatus ARNDIVS prae reliquis accurate prosequitur locis citatis ea, quae ad interiorem scopum Psalmorum pertinent,
20 vt, qui Hermeneuticam sacram, vt sacram, animoque sancto & pio, velint tractare, multum inde adminiculi sibi promittere possint, si probe ponderent ea, quae ad hoc institutum ab ipso adferuntur. Laborauit enim, vt demonstraret, id, quod cor est in homine, esse Psalterium in Bibliis, sic enim ait in Praefatione: *Was das Hertz im Menschen ist, das ist der Psalter in der Bibel; dann in keinem Buch der*
25 *Schrift das Hertz der Glaubigen mit allen innerlichen geistlichen affecten und Bewegungen in Liebe und Leid, in guten und boesen Tagen also abgemahlet und beschrieben ist, als im Psalter.* h. e. *Quod cor in homine, id Psalterium in Bibliis est, in nullo enim S. Scripturae libro cor hominum credentium cum omnibus internis ac spiritualibus adfectibus & motibus in laetitia & tristitia, rebus secundis ac aduersis, ita depictum est & descriptum, quemadmo-*
30 *dum quidem in Psalterio.*[57] Id quod repetit, ac pluribus demonstrat in prima concione. Inter recentissimos Auctores, qui de scopo Psalterii vtiliter quaedam monuerunt, sunt Galli, Messieurs du Port Royal, qui inter reliquos libros V. Testamenti tribus voluminibus in octauo etiam Psalteri-⟨63⟩um notis illustrarunt, & in Praefatione operam dederunt, vt scopum Spiritus S. declararent, docerentque, quo
35 pacto media via incedendum sit,[58] vt nec sensum litteralem negligamus, nec sensum mysticum, quoad is vere ex mente Spiritus S. proficiscitur, obiter tractemus. Est etiam inter recentissimos PETRVS ALLIX Gallus, ex Gallia in Angliam delatus, qui non modo Psalterium lingua Anglicana edidit, sed in Praefatione etiam conatus est viam ostendere, quomodo ex accurata cognitione scopi Spiri-
40 tus S. vera & menti Spiritus S. conformis huius libri interpretatio quaerenda sit:

---

55 Bugenhagen 1524, 5a–5b.
56 Arndt 1644, Vorrede Johann Gerhards.
57 Arndt 1644, Vorrede Arndts, b2 u. 1. Predigt, I, 3 ff.
58 Biblia franz. ed. de Saci 1717, II, 885–887.

quam ad rem etiam lectori viam aperire voluit apposito singulis Psalmis argumento. In quibus tamen non nego plurima esse, quae examinanda sint accuratius, non protinus arripienda.⁵⁹ IO. COCCEIVS,⁶⁰ & qui vestigia eius sequuntur, in Psalterio, in primis quod ad vaticinia de Christo attinet, plurima ad scopum Spiritus Sancti plenius cognoscendum contribuerunt, SALOMONIS TILLII, Prof. Theol. Leidensis, expositiones Psalmorum belgica lingua scriptae, & in germanicam, saltem ex parte, translatae,⁶¹ hic commendationem prae reliquis ⟨64⟩ merentur, exceptis tamen excipiendis; quum nonnullae expositiones eius non firmis probationibus, sed ingenii coniecturis nitantur, vt nobis quidem videtur, quod non dissimulandum credidimus.

    Caeterum ea est scopi huius libri dignitas, profunditas & amplitudo, vt vel eam ob caussam temperare sibi quisque teneatur a temerario de Auctoribus, qui in eum commentati sunt, iudicio. Quo pertinet vtilissima illa LVTHERI admonitio, quam etiam GEIERVS in Praef. Comm. in Psalmos producit,⁶² ex Praef. eius in Psalmos tom. 2. Ien. Lat. ab initio & tom. 3. Wittenb. lat. fol. 119. *Omnia, quae* B. AVGVSTINVS,⁶³ HIERONYMVS,⁶⁴ ATHANASIVS,⁶⁵ HILARIVS,⁶⁶ CASSIODORVS⁶⁷ *& alii super Psalterium contulerunt, verissima sunt, sed a sensu litterae quandoque remotissima. Et mea quoque secunda haec professio* (addit GEIERVS iam semel enim publice praelegerat Psalmos:) *a prima longe lateque diuersa est, nec est liber in Bibliis, qui me diligentius exercitarit, donec in eam sententiam venerim: oportere nullius interpretationem; modo pia sit, reiicere, nisi talionis lege rursum quis optet reiici. Deficit ille in aliquibus; tu in pluribus; nonnulla video; non visa AVGVSTINO; rursum multa visuros scio; quae ipse non video. Quid ergo reliquum est, nisi vt mutuum iuuemus, labentibus, tamquam & ipsi vel lapsi, vel lapsuri, ignoscamus.*⁶⁸

⟨65⟩ §. XXI.
Scopus libri Prouerbiorum.

Scopum libri Prouerbiorum Salomonis, exemplo rariori, ipse titulus insinuat, quando statim in principio dicitur: *Parabolae Salomonis ad sciendum sapientiam &*

---

59 *Fußnote im Original:* „Editae sunt hae ipsae Meditationes vna cum praefatione auctoris anno MDCCXIV. lingua germanica & nouam praefationem germanicam de auctoris scriptis & de necessitate ac vsu studii prophetici praemisit Editor quidem anonymus." [Allix 1702, nicht 1714, wie Francke schreibt].
60 Cocceius 1660.
61 Til I-V, 1697–1709.
62 Geier 1696, I, *2b.
63 Augustinus, ennarationes in psalmos: CCSL 38 ff.
64 Hieronymus, commentarioli in psalmos: CCSL 72, 163–245 = MSL 26, 801–1304.
65 Athanasius, expositio in psalmos: MSG 27, 59–5990.
66 Hilarius, tractatus super psalmos: CSEL 22 = MSL 9, 231–908 (eigentl. nur bis 890, dann Kommentare zu einzelnen Psalmen).
67 Cassiodorus, expositio psalmorum: CCSL 97 f.
68 WA 5, 22, 35–23, 6.

disciplinam, &, vt detur paruulis astutia, adolescenti scientia & intellectus.[69] Specialius autem vt scopum huius libri declaremus, dicimus (1) Spiritum S. hoc libro ecclesiae tradidisse doctrinam moralem, omni philosophia morali, ingenio formata humano, longe superiorem & excellentiorem. Eiusmodi libro peculiari inter reliquos sacri canonis libros opus esse censuit Numen sapientissimum, ne confugere quisquam necesse haberet ad placita sapientum huius mundi, qui inprimis in dirigendis hominum moribus sibi omnes sapere videntur. (2) Spiritum S. sub parabolis voluisse proponere sapientiam DEI absconditam, hoc est doctrinam de Christo, qui factus est nobis a DEO sapientia.[70] Plura videri poterunt in Progr. Pentecost. Anno MDCCIV.[71] quod continet explicationem brevem priorum capitum Prouerb. Sal. VII. VIII. IX. quodque inter impressa est VIImum.[72]

⟨66⟩ §. XXII.
Scopus Ecclesiastae Salomonis.

Scopum Ecclesiastae Salomonis (1) ex primis eius verbis cognoscimus c. 1, 1. 2. *Verba ecclesiastae, filii Dauidis, regis Hierosolymae. Vanitas vanissima, inquit ecclesiastes, vanitas vanissima, ista omnia sunt vanitas.* Totum enim, ait AVGVSTINVS, *istum librum intimandae huius vitae vanitati vir sapientissimus deputauit, non ob aliud, nisi vt eam vitam desideremus, quae vanitatem non habet sub hoc sole, sed veritatem sub illo, qui fecit hunc solem.* Luculentius scopum ostendit SEB. SCHMIDII Paraphrasis, qua v. 2dum illustrauit: *Dixit Ecclesiastes, mundum hunc, & quaecunque in eo sunt, animo complectens & considerans, hominem in primis, inter ea alioqui praestantissimum: o vanitas vanitatum! o vanitas vanitatum! Nam omnia, quae sunt in mundo, & ipse homo, nihil aliud sunt quam ipsissima vanitas; eaque vanissima. Nihil solidae felicitatis est in vlla re, aut vllius rei; in primis non est vere felix aut beatus in hoc mundo vllus homo, nisi qui Deum timet, & praecepta eius servat, in vera promissi Messiae fide, sub certa spe futurae plenae beatitudinis, atque interim in hoc mundo bono, cum Deo, est animo, pieque vtitur fruiturque iis, quae Deus ipsi adiicit, huius saeculi bonis, ita vt iis, quae habet bona conscientia, contentus sit.*[73] Ceterum hic ipse modo ⟨67⟩ laudatus SEB. SCHMIDIVS, cui post MARTINI GEIERI[74] & IO. MERCERI[75] egregiam interpretationi huius libri impensam operam debemus progressus, qui in sensu eius declarando nostra aetate facti sunt, in praefatione commentarii sui[76] eximia MERCERI & LVTHERI verba produxit, quibus multiplicem huius libri abusum, ex obscuro eius, qui quidem visus est, sensu natum, indicarunt: quo auditores remittimus. Hinc vero consta-

---

69 *Fußnote im Original:* „Vid. Praelect. Hermen. p. 37." [Vgl. vorl. Bd., 96].
70 *Fußnote im Original:* „1 Cor. I, 30."
71 Vgl. vorl. Bd., 36–49.
72 *Fußnote im Original:* „Vid. etiam DN. CHRISTIANI BENEDICTI MICHAELIS P. P. praefatio adnotationibus vberioribus in Proverbia praemissa §. XIIX." [Michaelis I. 1720, 1121 f.].
73 Seb. Schmidt, Salomo 1691, 1 f.
74 Geier 1688.
75 Mercier 1573, 140a.
76 Seb. Schmidt, Salomo 1691, Praefatio (besonders fol. 3a u. b).

bit, quantae sic necessitatis genuinum huius libri scopum cognoscere. Eo enim intellecto, facile omnes illi abusus per se corruunt. Notandum autem est (2) in ipsius libri huius fine verba eius prima, quae adduximus, sic declarari, vt verum auctoris scopum nemo liquidius nobis possit exponere, quam ipse iam id praestitit. Quum enim c. XII, 10. repetiisset verba illa sua, quibus librum inchoauerat, mox addit: *Quamobrem potius (quum fuerit ecclesiastes sapiens: praeterea docuerit scientiam populum, & attendens, scrutatusque concinnauerit sententias multas. Quaesiuerit ecclesiastes adsequi verba delectabilia: & singula scripta recte, verba fidelia. Verba sapientum similia aculeis, & similia clauis infixis, lectissima, tradita a pastore eodem) Potius, inquam, ex istis, fili mi, admonitus esto: faciendi libros multos nullus est finis, & lectio multorum fatigationi est carni. Summa rei est* ⟨68⟩ *his omnibus auditis: Deum ipsum reuerere, & praecepta eius obserua, quia hoc est totum hominis. Nam omne opus Deus ipse adducet in iudicium cum omni re occulta, siue bonum, siue malum.*[77] Recte MERCERVS ad vltimos versus. *Conclusio est totius libri, quid ex toto eo sit colligendum, & quo omnia spectarint, simulque quo spectent omnia sapientum verba.*[78] Quomodo (3) ex analogia fidei genuinus huius libri scopus adsequendus sit, paucis indicauimus in praelect. Hermeneut. p. 177. Tandem (4) quum ipsius contextus potissima hic habenda sit ratio, vt nimirum animi nostri sufficienter de vero huius libri scopo conuincantur, conferri potest Meditatio in Praelectionibus Hermeneu. p. 179. citata.[79]

§. XXIII.
Scopus Cantici Canticorum Salomonis.

Canticum Canticorum est scriptum typicum & propheticum, quo adumbratur regnum & coniugium Messiae: qui finis principalis est. Ita recte iudicat WALTHERVS *in officina Biblica,*[80] & addit, veteres omnes rectissime sequutos esse interpretationem HIERONYMI;[81] vere enim hic pangi Epithalamium spirituale & carmen connubiale sacrum de profundo isthoc mysterio. Ceterum vt hoc argumentum ⟨69⟩ Cantici & hic finis eius principalis exacte ac certo cognoscatur, tenendum est, idem argumentum in Mose, Prophetis ac Psalmis, in sermonibus item Christi, in epistolis Apostolorum & in Apocalypsi, adeoque per integrum scripturae Veteris ac Nouae codicem tractari, inlustrari, confirmari & inculcari, vt Paulus Eph. V, 32. inquit: *Mysterium hoc magnum est: loquor autem de Christo & ecclesia.* Pertinet huc, docente Paullo, ipsa institutio coniugii Gen. c. II. Sic typi coniugii Abrahami, Isaaci, Iacobi & aliorum sanctorum data occasione in N. T. huc referuntur. Ita Ps. XLV. c. LXII. Ies. c. III. Ier. V, 1. sqq. c. XVI. Ezech. Hos. c. II. aliaque loca lumen accendunt Cantico Canticorum. In Nouo autem Testamento sua hoc argumentum luce radiat.

---

77 Vgl. WA DB X 2, 104 u. 106.
78 Mercier 1573, 141a.
79 Vgl. vorl. Bd., 146.
80 Walther 1668, 998 (§ 933); 996–998 (§ 929–936).
81 Zu Hieronymus vgl. ebd.

§. XXIV.
Scopus Prophetarum, speciatim vaticiniorum Iesaiae.

Pergimus ad Scopum Prophetarum, eorum nempe, qui κατ' ἐξοχὴν sic in codice Biblico vocantur. Quum autem circumstantiae vaticiniorum optime eorum scopum ostendant, eaeque libris Regum & Chronicorum praecipue contineantur, recte monuit LVTHERVS, hosce libros optimum in Prophetas commentarium praebere.[82] Atque hinc, in primis vbi vaticiniis narratio non ⟨70⟩ adiicitur, scopum, quem Prophetae suis in vaticiniis habuerunt praestitutum, addiscimus. Inseruit huic negotio BALTHASARIS KOEPKENII Introductio ad lectionem Prophetarum, scriptum Germanicum,[83] vbi circumstantiae historicae apte collectae sunt, ipsa breuitate se tironibus commendans. Nec parum hoc institutum iuuabit Chronotaxis LIGHTHFOOTI.[84]

Quod iam speciatim ad Jesaiam attinet, historiam aetatis eius, quae statum rei publicae & ecclesiae Iudaicae complectitur, breuiter enarrauit initio sui in hunc Prophetam commentari AVGVSTVS VARENIVS,[85] quem videant Auditores. Quemadmodum summa haec fuit concionum Christi: *Resipiscite, adpropinquauit enim regnum caelorum:*[86] Ita Prophetarum omnium, adeoque Iesaiae etiam, idem manifestissime cunctis in concionibus scopus fuit, hac sola distinctione, quod Christus regnum caelorum tamquam appropinquans adnuntiaret, quod Prophetae tamquam venturum praedixerunt. Prima concio Jesaiae quod mere poenitentialis sit, res ipsa loquitur. Capite secundo, tertio & quarto Regnum caelorum h. e. Gratia & Gloria Christi, bonumque inde redundans apertius praedicitur. Attamen ibi etiam scopum Prophetae si accuratius examinemus, facile intelligemus, in ipsis illis de Christo vaticiniis istum ipsi finem fuisse propositum, vt ⟨71⟩ populum ad resipiscentiam inuitaret vna cum posteris, ad quorum cognitionem vaticinia illa pertingerent. Vt haec res euadat clarior, exemplo eam inlustrabimus. Cap II, 2. 3. 4. quae vltimis temporibus, h. e. Messiae, futura sint, praenunciantur; sed quo fine? hoc versus quintus indicat: *Domus Jacobi agite, ambulemus in luce Iehouae,* q. d. Siccine omnes aliquando gentes confluent ad montem domus Jehouae, & nos nostrae non pudeat tarditatis in negotio salutis? Absit hoc omni modo. Ita, exemplo Christi, Jesaias & reliqui Prophetae promissionibus Euangelicis vsi sunt tamquam argumento praecipuo, quo ad poenitentiam peccatorum agendam homines permouerent, eosque ad bonam frugem reducerent. Qui scopus, licet generalior videatur, tamen accommodatus quamplurimis vaticiniis, seu potius in iis ex ipso contextu obseruatus, ipsam eorum expositionem, & consilii, quo singula dixerint, apprehensionem haud parum iuuabit. Deinde, quum inuitatos frustra ad resipiscentiam, immo contemtum verbi poenitentiae reliquis pecca-

---

82 WA DB XI 1, 3–25.
83 Köpken 1706.
84 Lightfoot 1686, I, 97–143.
85 Varenius 1673.
86 *Fußnote im Original:* „Matth. IV, 17."

tis adiicientes, ac in deterius in dies ruentes non potuerint non manere grauissima Dei iudicia; quae proinde a Jesaia & reliquis Prophetis iussu Dei denunciabantur: Consolationis loco, in gratiam eorum, qui resipiscerent, vaticinia de Gratia Gloriaque regni Christi suauissima ab iis passim adduntur. ⟨72⟩ Vt haec res iterum exemplo euadat clarior considerentur iudicia, quae c. III. Jes. praedicuntur, & promissa augustissima, quae capite quarto statim illis subiunguntur: *Tempore illo erit germen Iehouae gloriae & honori &c.* Concionum singularium Iesaiae argumentum scite exposuit NICOLAVS GVRTLERVS in Theologia Prophetica c. X. p. 109–113[87] quo subsidio Auditores vti possunt ad finem Prophetae geminum, quem modo indicauimus, nempe vt inuitaret ad resipiscentiam praefractos, & consolaretur resipiscentes, iis, vbi locum alteruter habere potuerit, vaticiniis accommodandum. Alia enim est consideratio scopi in libris historicis, alia in propheticis. Ibi facilius omnia ad vnum eumdemque scopum reuocantur: hic vero singula vaticinia seorsum consideranda, singulorumque scopus seorsum perpendendus est; perinde, vt in Psalterio haud suffecerit scopum generalem totius libri callere, sed singuli psalmi peculiarem poscunt scopi, quo omnia verba collineant, animaduersionem. Interim generalis scopus indicari potest, eiusque dextra applicatio multum confert ad genuinam vaticiniorum etiam singulorum expositionem. Huc diligenter Auditores referant ea, quae LVTHERVS habet in Praefatione in Iesaiam sub rubrica: *Wovon der Prophet Iesaias handelt.*[88] Ibi enim LVTHERVS scopum generalem declarat. Et Christus quidem est ⟨73⟩ scopus vltimus & principalis, vt totius scripturae, ita Iesaiae & reliquorum Prophetarum. Licet enim pro re nata ipsa vaticinia de Christo referantur ad concionem poenitentiae, ideoque videatur concio poenitentiae potius finis principalis & vltimus esse, vtpote propter quem vaticinia illa sint prolata; ipsa tamen concio poenitentiae vltimo ad Christum spectat. Eo magis autem scopus ille generalis Iesaiae & reliquorum Prophetarum animaduertendus est, quod ille passim in Nouo Testamento verbis expressis grauissimisque inculcetur. Vid. Luc. XXIV, 44. Act. III, 18. Rom. I, 2. Luc. IV, 6. Ioh. XII, 40. 1 Petr. I, 10. 2 Petr. I, 19. Tacemus nunc, Apocalypsin subinde se ita referre ad prophetarum, speciatim Iesaiae, vaticinia, vt ex eius collatione cum libris propheticis Veteris Testamenti, sollers lector facile possit argumentis firmissimis colligere, quid spectauerint Prophetae, seu quem scopum sibi habuerint propositum.

Ita, quod prophetis non fuerit duntaxat propositum, vt homines suae aetatis docerent, hortarentur, redarguerent & consolarentur, & vt saeculum, quo ipsi viuebant, praeclaris doctrinis inlustrarent, sed posteris etiam ex mente atque intentione Spiritus S. esse loquutos, & ipsorum vaticinia spectare non modo periodos Veteris Testamenti vltimas, sed etiam Noui Testamenti tempora, inde vs-⟨74⟩que a primis ad nouissima: id discimus ex 1 Petr. I, 10. aliisque locis, in primis vero ex Apocalypsi. Sic quod Jesaias c. I, 9. videtur de sua aetate tantum dixisse, Paullus Rom. IX, 29. explicat de initio temporum N. Testamenti, vt intelligeremus, hoc caput Jesaiae, & in primis verba ab Apostolo citata, non esse

---

[87] Gürtler 1702, 109–113.
[88] WA DB XI 1, 19 u. 21.

restringenda adeo ad tempora Jesaiae, aut mox futura, sed extendenda vsque ad Novi Testamenti tempora, vbi vel maxime eorum complementum sequutum esset: quae sunt verba SEBASTIANI SCHMIDII in Adnotationibus ad hunc locum Jesaiae.[89] Quanti autem momenti sit, accurate & scientia certa ac firma tenere, hunc omnino Prophetarum scopum fuisse, nemo non facile percipit. Neque hic acquiescendum, sed ad generaliorem aliquem scopum in Jesaia & reliquis Prophetis deueniendum est. Nimirum Deus eum etiam in finem excitauit Prophetas, eorumque vaticinia ad posteritatem transmittenda curauit, vt religioni Christianae constantissima firmissimaque olim argumenta praeberent. Sic Jes. XLI, 23. Deus ait: *Indicate, quae euentura sint in posterum, vt cognoscamus vos esse Deos.* Vaticiniis igitur, eorumque implemento euidentissimo cultus idolorum efficacissime redargui debuit. Hunc scopum ex AVGVSTINO egregie explicant Auctores Galli saepius laudati in Praefatione sua, quam praemiserunt Adnotationi-⟨75⟩bus suis in Iesaiam.[90] Si hoc pacto scopus generalis & generalior, quem modo significauimus, probe fuerit obseruatus & ad expositionem vaticiniorum probe accommodatus, tum demum peruiendendum est ad specialioris scopi singularum Prophetiarum considerationem: quae in praesentia non est nostri instituti, vbi de scopo librorum, non singularum pericoparum agere coepimus.

Proderit adiicere, quae habet WALTHERVS in *Officina Biblica* de scopo Prophetarum. *1. ait promissionem de benedicto semine, eiusque aduentu & beneficiis studuerunt illustrare, hominesque in eius exspectatione & fiducia confirmare. 2. instantes poenas tum suis, tum exteris populis Dei nomine praedixerunt. 3. Temporis sui idololatriam seuere redarguerunt, & contra veram de Dei cultu doctrinam egregie confirmarunt. 4. Secundae tabulae vitia magno cum zelo taxarunt. 5. Responsa dederunt, si quando a quibusdam fuerunt consulti. 6. Historias quasdam insperserunt, ὡς ἐν παρόδῳ. 7. Aliquando politica mandata habuerunt, tempore cum primis belli, aut aliarum difficultatum. Itaque Prophetae erant partim doctores Ecclesiae, partim etiam gubernatores Politici, quod exemplo Mosis, Samuelis, Dauidis, Deborae, Huldae, Esaiae, Ieremiae, Danielis & Esdrae manifestissimum est.*[91]

Superest, quum finis, quem diximus, Iesaiae sit communis cum reliquis Prophetis, vt ⟨76⟩ finem Iesaiae proprium, saltem ei cum paucis communem esse dicamus, vt accurate exponerentur & conseruarentur oracula diuina, quae ipse accepit super Iudam & Ierusalem in primis, & hac occasione etiam super reliquas, potissimum vicinas gentes, temporibus Vsiae, Iothami, Achasi & Hiskiae, regum Iuda; quod ipsa inscriptio edocet.

§. XXV.
Scopus Ieremiae tum vaticiniorum tum Threnorum.

Scopus libri vaticiniorum Ieremiae magnam partem iam cognosci potest ex iis, quae ad Iesaiam diximus, in quibus nempe generalis omnium Prophetarum sco-

---

[89] Seb. Schmidt, Jesaja 1695, 3; Seb. Schmidt, Jesaja 1695, 355 (555 ist Druckfehler im Buch).
[90] Verweis in den Bibelausgaben des Marts 1669, AT, 258b, und de Saci 1717, 830 f. nicht erkennbar.
[91] Walther 1668, 1002 (§ 941).

pus consistit. Sunt tamen etiam hic, quae seorsum de Ieremiae vaticiniis notari merentur. (1) Quum multa eaque insignia momenta historiae Iudaicae libro Ieremiae contineantur, non dubitamus etiam hunc illi scopum adsignare, vt illa pars historiae ecclesiasticae Veteris Testamenti, quae tempora captiuitatem Babylonicam proxime antegressa & ex parte ipsam captiuitatem complectitur, vtpote momenti longe maximi, perfectior nobis exhiberetur. (2) Quum Ieremias inter Prophetas ille sit, qui non modo captiuitatem sed etiam eius per LXX. annos durationem clarissime praedixit; ideo Spiritus S. merito censetur librum vaticiniorum eius dedisse, & Ecclesiae in Ca-⟨77⟩none Scripturae S. commendasse, vt non solum illo tempore de consilio iustitiae ac misericordiae diuinae constaret ecclesiae, (vid. c. XXX, 2. seqq. coll. v. 24. c. XXXVI, 2.) & pii in captiuitate haberent, quo animum consolarentur, (quod videre licet, Dan. IX, 2.) sed etiam ne temporibus sequentibus Deus gloria priuaretur, quae ei, ex iustissimo illo aduersus populum rebellem iudicio, & ex immensa misericordia, qua illius castigationi terminum praefixit, pariterque veritati & fidelitati eius, qua accurate & comminationes & promissiones praestitit, debetur. (3) Ipse Deus c. I, 10. indicat scopum, quem in ministerio huius prophetae sibi praestituerit. *Vide*, inquit, *praeficio te hodierno die gentibus ipsis, & regnis ad exstirpandum, & ad demoliendum, & ad perdendum, & ad destruendum; ad aedificandum, & ad plantandum.* Ad quae verba scite sic commentatur SEB. SCHMIDIVS: *Hi scilicet sunt duo fines ministerii, praedicare Legem & Euangelium. Per Legem euellit, destruit, perdit, euertit, h.e. iram & poenam diuinam minatur, vt maledictione terreantur homines, conuerturnturque, aut suo merito intereant. Per Euangelium aedifcat & plantat poenitentes:* (vid. BRENTIVS[92]) *Hoc tamen simul obseruandum, quod de spiritualibus & aeternis non tantum, sed & de temporalibus hic sermo: quod Prophetarum proprium est, quum alias de temporalibus in specie nil habeat* ⟨78⟩ *ministerium.*[93] (4) Tempus vaticinationis Ieremiae est a decimo tertio anno Iosiae, ac tempore Ioiakimi ad vndecimum Zedekiae, adeoque integros XL. annos & quod superest, vaticinatus est. Immo etiam post Zedekiae annum vndecimum officio vatis diuini functus est, in Iudaea & AEgypto, quod patet ex c. XLIII, 8. seqq. Cognoscenda itaque est temporis illius historia ex 2 Reg. XXI–XXV. & 2 Chron. XXXIII–XXXVI. & scopus Ieremiae proprius in eo constituendu, vt ostenderetur negotium, quod Deo intercessit per Ieremiam cum populo suo, antequam praedictam a Iesaia aliisque captiuitatem Babylonicam exsequeretur: qua occasione etiam aliis, in primi vicinis nationibus, instinctu Dei iudicium denunciari debuit, vt in Iesaia etiam factum erat. Et hoc est illud euellere, destruere, perdere, ad quod Deus Ieremiam se misisse dixerat. Nimirum non pertinet tantum ad Iudaeos, sed etiam ad nationes reliquas. (5) Nec praetereundum est, Ieremiam esse inter Prophetas eum, qui de Messia, & de temporibus Noui Testamenti dilucide clarissimeque vaticinatus est, inprimis c. XXIII. XXX. XXXI. XXXIII. ita vt etiam Epistola ad Hebraeos, vbi de professo de V. ac N. T. agitur, lectorem ad hunc Prophetam remittat. Certissime itaque tenendum est, hunc sibi etiam scopum praestituisse in hoc libro Spiritum S.

---

[92] Brenz 1560, 871.
[93] Seb. Schmidt, Jeremia 1685, 15.

⟨79⟩ Libri Threnorum, licet is seorsum inter libros sacri codicis numeretur, tamen, quia eiusdem auctoris, immo etiam argumenti eiusdem est, merito hic scopum adiungimus, qui est, vt recte habet WALTHERVS, *deplorare peccata populi & poenam ob peccatae iusto Dei iudicio immissam, videlicet subuersionem vrbis & templi per Chaldaeos factam, simulque admiscere doctrinam poenitentiae ac fidei, vt in ipsa morte Iudaei adspirare queant ad precandum.*[94] Haec ille. Quis autem dubitet, vt tempora Ieremiae figuram continent collapsi status Ecclesiae Noui Testamenti, ita lamentationibus eius significari etiam querelas Sionis spiritualis, de quibus Iesaias quoque c. XXXIII, 7. & alibi, sicuti etiam reliqui Prophetae passim eas praedixerunt. Nec putandum est, sine consilio Dei singulari factum esse, vt istiusmodi lamentationes peculiari libro etiam comprehenderentur, in quo adeo quoque memoriae caussa ordo alphabeticus obseruaretur.

§. XXVI.
Scopus vaticiniorum Ezechielis.

Scopus vaticiniorum Ezechielis optime percipitur, si animaduertamus (1) Tempus, quo vaticinatus est. Fuit enim tempus ipsius captiuitatis Babylonicae. Sine dubio itaque scopus & finis vaticiniorum eius fuit, vt Deus Iudaeis in ipsa illa miseria testa-⟨80⟩tam faceret suam misericordiam, qui Prophetas excitaret in ipsa captiuitate, qui eos ad resipiscentiam impellerent, & admissorum poenitentes consolarentur, atque instituerent, qua ratione inter gentes idololatricas Deum quaerere, eiusque cultum in Spiritu ac veritate conseruare deberent, licet cerimonialis cultus tantisper iusto Dei iudicio cessaret. Consilium hoc Dei accuratius intelligemus, si considerauerimus Ezechielem cum Rege Ioiachino abductum, sicque in medio turbae captiuae[95] fuisse. Ita nimirum Deus Ecclesiae prospexit, etiam in illo corruptissimo statu, vt salis aliquid in impia illa multitudine captiuitatem subeunte, superesset, quo in officio contineretur, saltem semen sanctum ad reductionem ex captiuitate promissam conseruaretur. Magis admirabimur hoc Dei consilium & sapientissimum & amoris plenissimum, si cogitemus, quo tempore Ezechiel in captiuitate Babylonica prophetauit, eo tempore Ieremiam eodem officio Hierosolymis functum fuisse.[96] Hac enim ratione non modo Deus vtrobique populo misero prospexit, sed etiam ipsa harmonia vaticiniorum a duobus Prophetis locis diuersis editorum diuinitatem eorum atque indubitatam veritatem egregie confirmauit. Ceterum Ezechielem non tantum vaticinatum esse de ⟨81⟩ Christo, ac de gratia Noui Testamenti disertissima eius oracula testantur, sed Apocalypsis insuper cum hoc Propheta collata edocet, Spiritui Sancto in eius vaticiniis scopum fuisse, vt de nouissimis temporibus deque regno Christi glorioso luculentissima maximeque sublimia posteritati testimonia praeberet.

---

[94] Walther 1668, 1016 (§ 968).
[95] *Fußnote im Original:* „c. I, 1. 2. 3."
[96] *Fußnote im Original:* „Legatur c. XXIV. XXV. libri 2. Reg. it. Ier. XXXIX."

§. XXVII.
Scopus libri Danielis.

Vt scopum libri Danielis recte cognoscamus, animaduertendum est ante omnia, quam admirabilia & singularia cuncta in hoc Propheta exsistant. Ipse Daniel quantus vir fuit? Inde vsque a pueritia Deum ex animo coluit, & vsque ad finem vitae in sua pietate perseuerauit, nec secundis rebus mutatus, neque aduersis, licet has illasque abunde fuerit expertus. Tantum pietatis perpetuae constantissimaeque exemplum, quod corrupta ratio sibi facile persuaserit fortem humanae mentis excedere, quis dubitet ex singulari Dei consilio memoriae prodi debuisse? Adfirmamus igitur, hunc primum Spiritui Sancto in libro Danielis canonicis reliquis addendo scopum praestitutum fuisse. Deinde quam eximium speciatim fidei Danielis exemplum fuit? Huc se refert Epistola ad Ebraeos capite XI, 33. quando ait, *fide ora leonum obstructa fuisse.* Ibidem, dum mox additur v. 34. ⟨82⟩ *vim ignis fide exstinctam fuisse,* simul ad illustre fidei exemplum respicitur, quod c. III. Danielis commemoratur. Atque si recte consideremus librum Danielis, quantus quantus est, hoc agit, vt fidei viuae, nihil nisi Deum solum habentis pro magno, & non modo omnem mundi gloriam, sed etiam ipsam vitam prae amore ac veneratione Dei flocci facientis, exempla atque ideam quasi viuam nobis repraesentet. Hoc itaque dicimus secundum scopum in hoc libro exsistere. Porro illa ipsa pietate ac fide Danielis id effectum fuisse, vt veri Dei cognitio ad gentes perueniret, adeo, vt ipsi Monarchae suam de vero Deo confessionem publice testatam facerent, cuiuis in lectione libri Danielis obvium est. Atque in eo merito miramur sapientiam & prouidentiam summi Numinis, castigationem populi sui eo dirigentis, vt ipse Deus populi Iudaici in captiuitatem abducti gentibus profanis innotesceret. En mysterium crucis carni absconditum! Putasset ratio humana, neminem in posterum adoraturum esse Deum Israelis, vtpote qui populum, nomine suo adpellatum, non protegeret; idololatriam vero nunc demum esse vires sumturam, quum populus, in quo vnico hactenus verus Dei cultus conseruatus esset, ab idololatris captiuus teneretur. Verum res longe aliter euenit. Numquam enim magis Deus gloriam nominis sui illustrauit, quam ⟨83⟩ eo ipso tempore, quo illa prorsus pessum datum iri credebatur. Hoc ipsum igitur tertio dicimus scopum libri Danielis conscribendi fuisse. Considerantibus autem nobis, Deum his gradibus accessisse ad negotium salutis in Christo orbi offerendae & ad gentes profanas adsciscendas in communionem gratiae suae in Christo Iesu, dilucidius patebit, quis Spiritui Sancto in rebus, quae in libro Danielis narrantur, scopus exstiterit, hic nempe, vt Verbum Propheticum gentibus innotesceret, & in primis vt vaticinia de Christo ad illarum cognitionem peruenirent, atque sic negotio omnium maximo diuinissimoque via praepararetur. Hic scopus, si vllo in libro, certe in libro Danielis obseruandus est. Profundius autem introspicietur hoc Dei consilium, si sequentes etiam gradus ex historia sacra euoluantur, quibus Deus progressum fecit ad sui Christique notitiam profanae gentilitati praebendam: quo pertinet inter alia etiam versio librorum Veteris Testamenti in linguam Graecam. Iam si cogitemus, Danielem Ieremiae vaticinia esse meditatum c. IX, 2. ipsumque Danielem Ezechieli probe cognitum fuisse Ezech. XIV, 14. 20. inde constare nobis potest, etiam quinto hunc Spiritus S. scopum esse animaduertendum, quod voluerit tot insignium Prophetarum excitatione, qui partim socias in vaticinando iungerent manus, partim alius ⟨84⟩ alium mox sequerentur, in summa temporum illorum calamitate, & quum seuerissima aduersus populum rebellem iudicia exerceret, suam sanctitatem, sapientiam, potentiam, prouidentiam, benignitatem documentis gravissimis testari, &, vt sic dicamus, totis viribus id agere, vt populum collapsum denuo erigeret & ecclesiae res adflictissimas instauraret. Neque id praetereundum est, Danielem a reliquis Prophetis in hoc euidentissime distingui, quod vaticiniis suis quasi historicum agat, qui circumstantias specialissimas futuri temporis, haud aliter quam praeteritas, enumeret. Vnde etiam SAMVEL BOCHARTVS in Epistola quadam peculiari,[97] quam de characteribus insitis diuinitatis Scripturae S. scripsit, caput vndecimum Danielis confert cum historia, vt hoc exemplo demonstret diuinitatem Scripturae sacrae ex accuratissimo implemento circumstantiarum specialissimarum a Daniele praedictarum. Hoc autem merito nos referimus sexto ad ipsum Spiritus S. scopum, quem in libro Danielis habuit. Tandem septimo tenendum est, Danielem non modo, vt reliqui Prophetae, Christum praedicere, sed tempus etiam aduentus eius prae reliquis accurate designare: id quod apprime pertinet ad scopum huius Prophetae.

⟨85⟩ §. XXVIII.
Scopus vaticiniorum Hoseae.

Scopus vaticiniorum Hoseae cognoscitur (1) e temporis, quo vixit, conditione. Discimus enim ex cap I, 1. eum temporibus Vsiae, Jothami, Achasi, Hiskiae, Regum Iuda, & temporibus Ierobeami, filii Ioaschi, regis Israelis prophetasse. Ex libris Regum igitur & Chronicorum eadem repetenda sunt historica, quae inde diximus haurienda esse, vbi scopum vaticiniorum Iesaiae, in eadem tempora incidentium indicauimus. Proinde, quae VARENIVS[98] succincta narratione de statu illorum temporum complexus est, & suo in Iesaiam commentario praemisit, ad Hoseam etiam referenda sunt: quatenus nimirum hic Propheta respectum habuit ad regnum Iuda. Quum autem notanter adiiciatur, ipsum temporibus Ierobeami secundi prophetasse, hinc patet regni Israelitici etiam statum, qui iis temporibus fuit, esse noscendum, vt scopus huius Prophetae plenius cognoscatur. Hoseas enim & Amos potissimum decem tribubus: quemadmodum Iesaias cum Ioele & Micha potissimum Iudaeis illis temporibus Prophetae dati fuerunt. En igitur Dei scopum in Hosea & reliquis Prophetis coaeuis. Vt tempora fuerunt corruptissima, & magis atque magis in deterius ruere coeperunt: ita Deus non vnum, sed ⟨86⟩ plures excitauit Prophetas, neque eos inter Iudaeos tantum, sed etiam inter decem tribus seu in regno Israelitico, qui se zelo divino torrenti illi

---

97 *Fußnote im Original:* „Bis haec epistola excusa est Halis nostris seorsum, cuius editio secunda prodiit anno MDCCXXII. prae prima commendanda." [Bochartus 1716, 17–26].
98 Varenius 1673.

vitiorum ac scelerum & epidemicae corruptioni obiicerent. Quem scopum etiam Deus haud dubie in quam plurimis obtinuit, licet, qui ad Deum serio converterentur, pauci essent in comparatione ad illam multitudinem, qui in peccatis perseuerarunt. Hanc non modo decem tribuum, sed etiam Iudaeorum impoenitentiam praefractam, secundum maximam eorum partem, quum Deus praesciret, ideoque iudicia sua poenalia dudum decreuisset, in mittendo Hosea & reliquis Prophetis eo tempore excitatis hunc habuit scopum, vt homines intelligerent ex plurium vatum testimonio, iudicia illa certissime suo tempore ventura esse, immo vt intelligerent etiam, quae & quanta illa iudicia essent exstitura, vt vel hoc pacto plures ad resipiscentiam commouerentur. Licet autem illis temporibus pauci resipiscerent, vt dictum, in comparatione ad impoenitentes; minime tamen frustra tot Prophetiae tunc editae fuerunt, aut fructus earum tenuior fuit, quam id dignum esset Numinis maiestate. Dei enim in Hosea & reliquis Prophetis scopus pertinet etiam ad tempora sequentia, in quae incideret vaticiniorum illorum implementum, immo etiam ad saecula omnia futura Deus respectum habuit. Quem igitur effe-⟨87⟩ctum conciones Propheticae non habuerunt in hominibus aetate Prophetarum viuentibus, eum sortiti sunt & illo tempore, quo posteri illorum conspexerunt accuratissime omnia impleri, quae Prophetae praedixissent, & etiamnum sortiuntur & habebunt ad finem vsque saeculorum. Quemadmodum Danielis c. XII, 4. praedicitur, tempore finis multiplicatum iri scientiam Propheticarum concionum, antea obsignatarum. Caeterum vt omnium Prophetarum, ita etiam Hoseae duplex praecipue officium fuit, primo vt praedicaret poenitentiam, deinde vt vaticinaretur de Christo & gratia N. Testamenti. Et vltimum hoc quam maxime in Hosea animadvertendum est, cuius illustria testimonia de gratia N. T. etiam ab Apostolis adducuntur, vt videre est 1 Petr. II, 10. Rom. IX, 26.

§. XXIX.
Scopus prophetiae Ioelis.

Scopus Ioelis manifestissime etiam constituitur in duobus illis momentis, in quibus opera reliquorum Prophetarum versatur, nempe in praedicatione poenitentiae ac fidei. De aetate eius disserit CAMPEGIVS VITRINGA *in Typo Doctr. Prophet.* p. 35. seqq.[99] atque argumentis probabilibus euincere nititur, eum vixisse eodem tempore cum Amoso, & paullo ante illum hanc, quam ab eo habemus, prophetiam edidisse. Amosi autem aetas ca-⟨88⟩pite eius primo versu primo exprimitur, quod nempe inciderit in tempora Vsiae, regis Iuda, & Ierobeami, regis Israelis. Horum itaque temporum conditio discenda est, vt speciatim cognoscamus, quomodo scopum illum, quem in praedicatione poenitentiae sibi praestituit, exsequutus sit. Addendum, quod, sicut Hoseas & Amos Israelem seu decem tribus, ita Ioel Iudaeos ad poenitentiam peccatorum agendam, vna cum Iesaia adhortatus sit. Vnde patet, Dei in excitando hoc Propheta scopum fuisse,

---

[99] Vitringa, Hypotoposis, 1708; Typus doctr. Proph., 35 f. (für Typus neue Seitenzählung).

vt Amoso, inprimis inter Israelitas agenti, testem hunc inter Iudaeos adiungeret, atque sic & vtriusque redargutionibus ac vaticiniis & maiorem auctoritatem conciliaret, & de voluntate sua vniversum populum, iam in duo regna diuisum, instrueret. Huc pertinet, quod optime etiam VITRINGA notauit, quod Amos incipiat suam Prophetiam ea sententia c. I, 2. qua suam fere claudit Ioel c. IV, 16. *Iehoua ex Ziione rugiet &c.*[100] Item, quod de eadem plaga locustarum, siccitatis & ignis, quam Amos Israelitis proposuit, hic ad Iudaeos sermonem fecerit: qua plaga tamen ex consilio Dei praedicebant, tamquam signo sensibili, plagam aliam ei similem, nempe hostium immanissimorum multitudinem diuersis vicibus regioni immittendorum. Vid. VITRINGA ad Apoc. IX, 3.[101] Ceterum in Ioele attendendus est quam maxime praecipuus eius ⟨89⟩ & vltimus scopus, qui haud dubie consistit in vaticinio peregregio & liquidissimo de Christo & gratia Noui Testamenti. Sane primum Ioelis erat testimonium, quod in prima illa Petri concione, effuso Spiritu Sancto, vrgebatur. Sic enim Petrus ait Act. II, 16. *Hoc illud est, quod dictum est per Prophetam Ioelem: Et erit vltimis temporibus (dicit Deus) effundam ex Spiritu meo in quamuis carnem. &c.*

§. XXX.
Scopus prophetiae Amosi.

In Amoso facile obseruatur idem Scopus duplex, quem reliqui Prophetae habuerunt, nempe praedicatio poenitentiae ac fidei. Nam comminationes eius grauissimae, eo pertinentes, vt homines ad resipiscentiam commoueret, eaeque tum contra gentes, tum contra bina regna Israelitarum & Iudaeorum (horum tamen fere tantum obiter. c. II, 4. 5.) prolatae, lectoribus statim obuiae sunt. Si vero consideremus tempus, quo vixit hic Propheta, & quis tum status rerum, in regno Israelitico in primis fuerit, consilium Dei, quod in excitando hoc Propheta habuit, facile nobis patescit. Nam vt vix meliori loco res Israelitici regni fuerunt, quam sub regimine Ierobeami secundi, ita dubium non est, ipsum feliciorem rerum successum magis ⟨90⟩ tunc homines impulisse in securitatem carnalem, omniaque inde promanantia scelera, praesertim idolatriae, inhumanitatis & luxuriae. Pari ratione, quum sub Vsiae etiam regimine res Iudaici regni caput maxime erigerent, minor tunc fuit iudicii diuini metus & maior in vitiis progressus. Quae corruptio quum omnia peruasisset, vt dcessent doctores ordinarii, qui officio satisfacerent, & principes, sacerdotes, populumque ad bonam frugem reuocarent, res ipsa poposcit, vt Deus doctores extraordinarios daret, qui de imminentibus iudiciis publice testarentur. Neque negligendum est speciale Dei consilium, quod in Amoso e vilissimo hominum genere (pastor enim pecorum erat) ad Propheticam functionem adsciscendo habuit. Ita nimirum iam tum (perinde vt postea in N. Testamento teste Paulo 1 Cor. I, 27. 28. 29.) *quae stulta*

---

[100] Vitringa, Hypotoposis, 1708; Typus doctr. Proph., 36.
[101] Vitringa 1705, 494 f.

erant mundo, elegit Deus, vt pudefaceret sapientes: & quae erant infirma mundi, elegit Deus, vt pudefaceret valida: & quae ignobilia erant mundo, & pro nihilo habita, elegit Deus, & ea, quae non erant, vt ea, quae erant, aboleret, vt ne gloriaretur vlla caro in eius conspectu. Quam serio porro Deus rem illis temporibus egerit, vt cum Israelitas, tum Iudaeos ad poenitentiam reduceret, vel inde nobis maxime constat, quod non modo eiusdem Ierobeami secundi tempore vixerit et-⟨91⟩iam Ionas Propheta,[102] sed praeterea etiam Ioel, Iesaias, Hoseas coaeui eius exstiterint. Scopum autem Spiritus Sancti euangelicum, quem in Amoso sibi proposuit, quique in primis ex cap. IX, 11–15. elucet, ab Apostolis etiam animaduersum esse, ostendit Act. c. XV, 15–17. vbi Iacobus in ipsa synodo Apostolica ait: *Huic rei consonant verba Prophetarum: sicut scriptum est: Post haec reuertar, & restaurabo tabernaculum Dauidis collapsum, & ruinas eius restaurabo, & rursus erigam illud, vt requirant reliqui homines Dominum, & omnes gentes, super quas inuocatum fuerit nomen meum: dicit Dominus, qui facit haec omnia.* Idem ostendit testimonium, quod Actor. VII, 42 inde Stephanus depromit. Sic LVTHERVS in Praef. in hunc Prophetam ait: *Bis huius prophetae testimonia citantur in Nouo Testamento. Semel Act. VII, 42. 43. vbi S. Stephanus eum adlegat ex cap. V, 25. contra Iudaeos, inde demonstrans, quod legem Dei numquam seruauerint inde vsque ab exitu ex AEgypto. Iterum Act. XV, 15. 16. 17. vbi S. Iacobus in primo synodo Apostolorum adducit eius testimonium ex vltimo capite, ad confirmandam libertatem christianam, quod ethnici in Nouo Testamento non teneantur seruare legem Mosis, cum Iudaei ipsi eam numquam seruauerint, ac ne potuerint quidem opere implere, sicut S. Petrus concionatur Act. XV. Et hinc sunt duo* ⟨92⟩ *praecipua membra concionibus Amos, & quidem maximi momenti.*[103]

§. XXXI.
Scopus vaticinii Obadiae.

In Obadiae breuissimo vaticinio Scopus duplex praedicationis poenitentiae ac fidei, itidem satis patet. LVTHERVS in praefatione in hunc Prophetam consilium Dei, quod hic habuerit, scite ac pie exponit:[104] qui omnino videndus est: Ex quo IOANNES TARNOVIVS scopum huius Prophetae sic expressit: *Obadia hoc fine vaticinatur, ne aut Israelitae Edomaeorum fortem praeferrent suae, aut praua aemulatione accensi, a fide deficerent, sed consolationem acciperent, quum intelligerent, fore vt etiam hi saeuissimi ipsorum hostes despolientur, quando ipsi sibi plusquam miseri viderentur, & ii, qui soli ab aliis affligerentur.*[105] Haec ille. Addimus autem merito, comminationem aduersus Edomaeos etiam ad ipsorum conuersionem vtique spectare, vt omnes reliquae redargutiones diuinae non ad perniciem hominum, sed ad seruandos peccatores directae sunt. Ad tempora Ieremiae probabiliter refertur. vid. v. 12. & 20. conf. Thren. IV, 21. Ceterum collatio reliquorum Prophetarum, & in N.

---

102 *Fußnote im Original:* „2 Reg. XIV, 25."
103 WA DB XI 2, 229, 1–10.
104 WA DB XI 2, 251 u. 253.
105 Tarnow 1688, 722.

Testamento etiam Apocalypseos, edocet, scopum Spiritus Sancti vlterius sub typo Israelis per-⟨93⟩tinere ad Ecclesiam N. Testamenti, sub typo autem Edomi ad regnum Anti-Christi.

§. XXXII.
Scopus libri Ionae.

Scopus Spiritus Sancti in Iona principalis ille est, quem Christus in N. Testamento Matth. XII, 40. seq. c. XVI, 4. Luc. XI, 29. exponit, nimirum, vt in eo haberetur typus & figura mortis, sepulturae & resurrectionis Christi. Licet autem huc merito consilium, quod Deus habuit in iis, quae cum hoc Propheta egit, vltimo referatur: plura tamen sunt, quae sibi Deus tamquam scopum in ipsa missione Ionae praestituit. Voluit enim Deus, postea quam Prophetis complures ad Israelem misisset, neque is tamen peccatorum poenitentiam egisset, tandem etiam ad gentes aliquem Prophetarum suorum ablegare, vt non modo profanos homines ipsos ad poenitentiam vocaret, (qui citra dubium proximus missionis finis fuit) sed etiam, vt, si dicto audientes exsisterent gentes, (quod Deus sane praeuidit) conuinceret populum suum, quod multo sit ipsis gentibus profanis peior. Deinde quum Deus vellet decem tribus punire per Assyrios, vtpote qui illas deinceps in captiuitatem abduxerunt, ostendit prius historia illa conuersionis Nineuitarum, se non immerito illis vti, tamquam organis, in vlciscenda Israelitarum ⟨94⟩ inobedientia, qui se meliores quam Israelitae hactenus praebuissent, quod ad vnius Prophetae vnicam concionem egissent poenitentiam, Israelitae vero tot Prophetas ac tot eorum conciones frustra audiuissent: quae est RVPERTI TVICIENSIS obseruatio.[106] Porro voluit Deus hoc exemplo significare, quid olim futurum esset, si verbum Dei ab Israele secundum carnem repelleretur, & ille se indignum decerneret vita aeterna, nempe vt tunc se conuerteret ad gentes. Act. XIII, 46. Hoc ipsum vero olim post reiectum Messiam, occisum, sepultum, resuscitatum ita euenturum esse, typo Ionae egregie fuit ex consilio Dei sapientissimi significatum.

§. XXXIII.
Scopus libri Michae.

Michae scopus fuit idem, qui Iesaiae, vt iisdem temporibus, nempe sub Iothamo, Achaso & Hiskia vaticinatus est. Ex consilio igitur Dei testimonium addere debuit vaticinio Iesaiae tum contra Israelem seu decem tribus, tum contra Iudam, tum etiam in promissionibus de Christo & gratia N. Testamenti. Harmonia autem Michae & Iesaiae euidentior est, quam reliquorum Prophetarum in eo, quod quae Iesaias de regno Messiae c. II. praedixit, ea iisdem verbis repetat

---

106 Rupertus Tuit. 1631, II, 626–749.

Micha c. IV, 1. seqq. iisque, ex voluntate ⟨95⟩ Dei plura adiungat, quae loco citato in Iesaia non habentur. Deinde capitis quinti v. primi adductio in Matth. c. II, 6. ostendit vaticinium quasi ἰδιαίτερον huius Prophetae. Vt enim Iesaias ex consilio Dei debuit praedicere natiuitatem Messiae ex virgine; ita Micha designare debuit locum & vrbem, vbi nascendus esset. Tantem notandum etiam est, non sine singulari Dei consilio factum esse, vt hic Propheta omnium clarissime vastationem Sionis atque Hierosolymae c. I, 1. c. III, 12. praediceret, ita vt etiam tempore Ieremiae testimonium illud a senioribus populi proferretur Ier. XXVI, 18. 19. e quo loco discimus simul, Deum etiam scopum sibi praefixum in illa comminatione obtinuisse, nempe vt Hiskias rex vna cum populo suo precibus poenitentialibus iisque seriis ad Deum se conuerteret, atque sic suo saltem tempore iudicia illa poenalia auerteret. Interim ex consilio Dei praedicere Propheta debuit futuram Israelitarum per Assyrios, & Iudaeorum per Chaldaeos abductionem.

§. XXXIV.
Scopus prophetiae Nahumi.

Scopus Prophetae Nahumi videtur primum is esse, vt excidium denuntiet imperio Assyriaco atque illius praesertim Metropoli, quae erat Nineue, vrbs omnium amplissima atque potentissima; deinde vt e con-⟨96⟩trario solatium impertiat populo Dei, inprimis promissionem gratiae Noui Testamenti. Ista scopi constitutio supponit explorationem aetatis, qua hic Propheta vaticinatus sit: de qua aetate viri aetatis historicae sacrae profanaeque peritissimi mire inter se contendunt, vt difficile vtique sit, quamcumque amplectamur sententiam, eam ab omnibus obiectionibus penitus liberare. Post *Ionam* eum vixisse, dubio caret. Hinc specialior scopus dici potest, vt Niniuitis, Ionae praedicatione quidem conuersis, at in scelera turpissime relapsis, immo factis multo quam antea peioribus, praedicetur, fore, vt Deus tandem aliquando tarditatem poenae grauitate compenset, in primis vero de tanto gratiae ac μακροθυμίας suae abusu vltionem sumat. Adludere videtur Nahumus Cap. I. versibus prioribus ad Ionae Cap. IV, 2. qui locus igitur, tamquam parallelus, recte apponeretur ad Nahumi c. I, 3. quod tamen non ita observatum fuit ab illis etiam, qui alioquin operam dederunt, vt parallelismum accurate colligerent. Ante omnia autem apponi debebat locus Exodi XXXIV, 6. 7. qui est locus fundamentalis, quo Nahum, & quo ante eum Dauid, aliique prophetae frequentissime respexerunt. Caeterum notari merentur ea, quae in *typo doctrinae propheticae* habet CAMPEGIVS VITRINGA pag. 36. *Naumi*, inquiens, *Elkoschitae (incertum ad genus, an* ⟨97⟩ *natalium locum, referendum sit nomen) proxime post Iesaiam & Micham figenda est aetas, atque adeo sub Iehiskia non tantum post deportationem decem tribuum, sed & post cladem Sancheribi cap. I, 11. 12. vnde argumentum prophetiae desumtum est & captata occasio praedicendi integrum interitum Nini & regni Assyriaci. Consensus eius cum Iesaia non tantum quod ad materiam prophetiae, sed & phrasin, patet ex cap. I, 13. cum Ies. X, 27. cap. I, 15. cum Ies. LII, 7. Quae de oppugnatione Diospolitana habet cap. III, 10. referenda videntur ad tempora Sabaconis,*

aethiopis; non ad Sancheribum, vt vult Vsserius.[107] Hactenus ille. DN. D. IO. HEIN-
RICVS MAIVS in oeconomia V. T. p. 896. inter alia de tempore, quo vixerit
Nahum, sic loquitur: HIERONYMVS *Nahumum Iesaiae* σύγχρονον *facit. Maxime
placet* NICOLAVS GVRTLERVS *in System. Theol. Proph. p. 122. 123. §. LXVII.*[108]
*qui censet, Nahumum vixisse tempore, quod inter decem tribuum deportationem in Assy-
riam & cladem Sennacheribi intercessit; illam enim factam, hanc faciendam, constare ex cap.
I, 12. 13.*[109] Pergit MAIVS: *Differt in eo a Iona, quod Ionas Niniuen profectus, viua
voce exclamauerit, quaecumque ipsi Deus denuntiando iniunxerat; Nahumus autem libro ea
consignauerit, quae visione diuina ipsi oblata ostensaque sunt; vnde prophetiam inscripsit*
LIBRVM VISIONIS, *quod, explican-⟨98⟩te* TARNOVIO,[110] *sit veluti fecialis epistola,
qua* Nahum *nomine Imperatoris sui summi, i. e. Dei, bellum Assyriis indicit, quem propterea
statim describit, consiliumque eius & caussas irae commemorat, bellique modum ac progressum subiicit.*[111]

§. XXXV.
Scopus vaticiniorum Habacuci.

Scopus Prophetae Habacuc facile intelligitur, si argumentum vaticiniorum eius
aliquantulum perlustretur. Argumentum autem hoc optime sane describit laudatus D. MAIVS *in oecon. Vet. Test. p. 986. Argumentum,* inquit, *vt bene & breuiter*
GROTIVS *scribit,*[112] *ei congruit tempori. I. Deplorat fas & ium euersae, quod numquam
magis, quam sub Manasse euenit Cap. I, 1–5. vbi luget nomine piorum sui temporis grassan-
tem vim & oppressionem in regno,* (חמס) *vanitatem in religione seu idololatriam, indeque
oriundam contentionem & litem, aerumnam, vastitatem, legis & iustitiae neglectum. II.
Praedicit excidium gentis per Chaldaeos, Iesaiae premens vestigia, qui rem eamdem Ezechiae
iam ante praedixerat, vt videre est 2 Reg. XX, 17. 18.*[113] Patet nimirum exinde, scopum huius prophetae maxime in eo versari, vt difficillimis his & corruptissimis
temporibus Manassis praedicationem poenitentiae ageret, (qua re quam maxime
opus ⟨99⟩ erat) & praediceret iudicia diuina grauissima, quae vel maxime illo
tempore populum Iudaicum manebant, inprimis captiuitatem Babylonicam.
Praeterea ea ipsa occasione Iesaias etiam & reliqui prophetae eodem modo rem
instituerunt, occasione, inquam, malorum, quae in illa aetate praedicenda erant,
progrediebantur ad vaticinium de gratia Christi, vtpote ex qua, tamquam fonte
praecipuo, solebant prophetae consolationis argumenta proferre. Caeterum nucleus prophetiae integrae est dictum illud cap. II, 4. *Iustus ex fide sua viuet,* quod
facile agnoscet is, qui ex Nouo Testamento didicerit, quanto in pretio dictum

---

107 Vitringa, Hypotoposis, 1708; Typus doctr. Proph., 37 f.
108 Gürtler 1702, 122 f., § 67.
109 Majus 1706, 896; ebd. dieser Hinweis auf Hieronymus.
110 Tarnow 1688, 1051 f.
111 Majus 1706, 896.
112 Grotius 1679 I, 531–535.
113 Majus 1706, 986.

illud fuerit Paulo, quippe qui Rom. I, 17. Gal. III, 11. Hebr. X, 38. adeoque in tribus epistolis illud allegat. Facile animaduerti potest, singulis prophetis esse aliquot dictum proprium, quod eminet & praerogatiuam quasi habet in omnibus eorum dictis, quodque ea radiat luce, vt reliquorum etiam vaticiniis lumen aliquod foeneretur. Qualia dicta inprimis selecta fuerunt ab ipso Christo & ab Apostolis, deinde etiam testimonii loco prae reliquis adducta. Et manifestissimum est, in locis modo adductis epistolae ad Romanos, Galatas & Hebraeos Paulum quasi in oculis gessisse dictum illud huius Prophetae: *Iustus ex fide sua viuet.* Quemadmodum enim in Mose praecipue vr-⟨100⟩get dictum Genes. XV. de fide Abrahami; *Imputatum est ei in iustitiam,* ita in prophetis maxime recurrit ad hoc huius prophetae dictum, & ad dictum Ies. XXVIII, 16. *Qui credit, non erubescet.* De dicto illo Habac. II, 4. conferri possunt, quae *in Praelectionibus Hermeneuticis* p. 82. 83. monuimus, vbi etiam allegatur D. HEINRICI HOEPFNERI disp. XII. p. 376.[114] in qua nimirum dictum illud & pie & docte pertractauit HOEPFNERVS.

§. XXXVI.
Scopus prophetiae Zephaniae.

Zephaniae Scopus idem est, qui antecedentis prophetae Habacuci & inprimis Ieremiae coaeui prophetae. Optime iterum D. IO. HEINR. MAIVS *in oeconomia V. T.* p. 997. cap. XII. dicit: *Ieremias sub Iosia prophetauit, cuius extremis temporibus Zephania etiam surrexit, certus arcanorum Domini speculator & interpres, qui strictim ea praedixit, quae Ieremias prolixe retulit.*[115] Certe non spernenda est illa obseruatio, quod prophetarum in primis & reliquorum virorum Dei, quibus, tamquam organis singularibus, Deus vsus est, nomina non sine Dei prouidentia sint imposita, & haud immerito etiam retulerimus illam ipsam obseruationem ad praesens nostrum institutum. Sic Zephania verus fuit ⟨101⟩ *speculator Domini,* & simul etiam, quae significatio aliis arridet, *occultus Domini.* Recte etiam modo laudatus MAIVS l. c. monet, quod Zephania *cum Ieremia conferendus & ex illo explicandus intelligendusque* sit.[116] Ex qua collatione & inprimis etiam ex accurata 2 Reg. cap. XXII. & XXIII. nec non ex 2 Paralip. c. XXXIII. & XXXV, lectione, Iosiae, pii alioquin regis, tempora corruptissima fuisse videbimus, adeoque verum prophetae scopum penitius cognoscemus, quam si eum hoc pacto, quo iam factum est, in genere consideremus. Scopus igitur, vt rem specialius enucleemus, primo fuit, vt captiuitatem Babylonicam praedicendo eos ad poenitentiam excitaret; secundo, vt etiam de remotioribus Dei iudiciis, quae Iudaeos manerent, excidio vltimo a Romanis inferendo, vaticinaretur; tertio, vt gratiam Noui Testamenti in gentes redundaturam gloriosissimumque & aeternum Christi regnum praedicaret pro more reliquorum prophetarum.

---

114 Höpffner 1672, Disp. XII, 376 (These III von 371–376).
115 Majus 1706, 997.
116 Ebd.

§. XXXVII.
Scopus prophetarum Haggaei, Zachariae & Malachiae.

Supersunt tres prophetae, qui post captivitatem Babylonicam vaticinati sunt, Haggaeus, Zacharias & Malachias. Singularem hi tres prophetae characterem ex ipso modo ⟨102⟩ nominati scopi consideratione habent, nimirum, quod vaticinati sint post captiuitatem Babylonicam. Eam ob caussam & illum ob characterem iuuabit primum indicare, quem hi tres prophetae singularem habeant scopum, quem omnes tres habeant communem, distinctum tamen a scopo prophetarum antecedentium, & tum demum de specialiori ipsorum scopo addere, quae obseruationem mereantur. Notandum igitur primum est, hunc fuisse Dei scopum & hoc illius consilium in excitandis tribus hisce prophetis, vt, quemadmodum per prophetas, immediato Spiritus Sancti instinctu locutos, mala Iudaeis obuentura curauerat praedicenda, cum illa omnia, prout praedicta, euenissent, ita per prophetas etiam Iudaei de veritate Dei iustissimisque eius iudiciis, quae persentiscerent, monerentur, ne & ipsi maiores suos imitati eamdem poenam cogerentur subire. Huc pertinet illud Zachariae I, 4–6. *Ne sitis similes maioribus vestris, quibus proclamauerant prophetae priores dicendo: Sic ait Iehoua exercituum, reuertimini iam a viis vestris pessimis non enim auscultarunt neque attenderunt ad me, dictum Iehouae. Maiores vestri vbinam sunt? & prophetae ipsi, an in seculum viuunt?* Verum tamen *verba mea & statuta mea, quae praeceperam seruis meis prophetis, nonne assequuta sunt maiores vestros? adeo vt reuersi dixerint, quem-*⟨103⟩*admodum cogitauerat Iehoua exercituum facere nobis secundum vias nostras & secundum actiones nostras, ita egit nobiscum.* Haec verba maxime emphatica sunt; emphasin autem eorum & scopum diuinum, quem in illis habuit, tum demum recte intelligimus, si animum aduertamus ad temporis istius periodum, qua Zacharias ea locutus est. Secundo cum iam tempus aduentus Messiae, ab omnibus prophetis promissum, propius instaret, oeconomiae diuinae ratio exposcere videbatur, vt denuo Deus prophetas excitaret, qui adventum Messiae & propinqua Noui Testamenti tempora ita praedicerent, vt periodo isti quam maxime conueniret. Ita Haggaeus cap. II, 6. 7. dicit: *Sic ait Iehoua exercituum, adhuc semel, parum illud est, tum ego commoturus sum coelos et terram, et mare et siccum, et commoturus sum omnes gentes, vt veniant desiderati omnium gentium, et impleturus domum hanc gloria, ait Iehoua exercituum.* Iam alia ratione profert prophetiam de Messia, quam antecedentes prophetae: מעט היא, *parum hoc* seu *exiguo id tempore* ait: v. 9. *Maior est gloria domus huius posterioris, quam illius prioris, ait Iehoua exercituum.* Cur hac phrasi vtitur: *quam illius prioris?* quia nimirum adeo remissi erant in aedificando templo, cogitantes, hoc templum tamen non accessurum ad templi prioris gloriam. Ideo dicit glo-⟨104⟩riosiorem illam domum prae priore futuram, quod non impletum fuisset, nisi de aduentu Messiae id intelligi deberet. Et Zacharias c. III, 1. *Ecce ego missurus sum angelum meum, qui expediat viam ante me, & REPENTE veniet in templum suum Dominus, quem vos quaeritis, & angelus federis, quo vos delectamini, ecce venturus est, ait Iehoua exercituum.* Haec si ita coniunctim sumantur vaticinia, quae habentur in tribus istis prophetis, idem character adparebit, qui diuersus est a charactere praecedentium prophetarum. Tres autem Deus hac periodo ecclesiae prophetas dedit, vt hoc modo ex ore duorum aut trium testium firmum hominibus esset verbum eius.[117] Ceterum vt communis prophetarum scopus est, vt homines ad poenitentiam agendam hortarentur, ita ne post gravissimas illas quidem castigationes populus Iudaicus is fuit, qui eiusmodi extraordinariis comminationibus ad resipiscentiam impellentibus non indigeret, quod partim ex historicis circumstantiis horum prophetarum & grauibus redargutionibus, partim ex libro Esrae & inprimis Nehemiae constat. His suppositis de scopo, quem omnes tres communem habent, notandum est, *Haggaei specialiorem scopum* eum esse, vt populi negligentiam in exstruendo templo ar-⟨105⟩gueret; adeoque declarat, malorum, quae huc vsque etiam perpessi erant, non aliam esse caussam, quam studium illud commodi priuati, prae quo publicam rem neglexerant. Idem *scopus specialior Zachariae fuit.* Quum enim Haggaeus hoc obtinuisset concionibus suis a populo, vt ad restaurandum templum se accingerent, Deus eodem anno mense octauo Zachariam illi adiunxit (Zachar. II, 1. coll. Hagg. I, 11.) vt opus illud divinum & is vrgeret, omniaque, quae in animis essent, obstacula remoueret. Principalis autem ille scopus omnium Prophetarum, nimirum vt de Christo testentur, Act. X, 43. & vt aliquando ex ipsorum vaticiniis omnibus constare posset, Iesum esse illum ipsum, de quo locuti sint, Messiam, eo, quod tempus aduentus eius iam propinquius esset, luculentissime ab vtroque (Haggaeo & Zacharia) ob oculos ponitur. Id quod vt rectius intelligatur, non modo inter se (vt Hagg. II, 8. cum Zach. II, 10. 11. c. III, 8. c. VI, 12. 15. c. VIII, 22.) sed etiam cum scriptis Euangelistarum & Apostolorum diligenter sunt conferendi. Vid. Ebr. XII, 26. Matth. XXI, 5. Ioh. XII, 15. Matth. XXVII, 9. Ioh. XIX, 37. Matth. XXVII, 31. Marc. XIV, 27. *Malachiae* tandem *is est scopus specialior*, vt exstructo iam templo impietate quotidie accrescente, concionibus & vaticiniis ⟨106⟩ suis sese obiiceret torrenti illi corruptelarum, & sacerdotes populumque ad frugem reuocaret, atque sic Messiae, tamquam vltimus prophetarum, viam quasi praepararet. Quod autem de primario hoc scopo, ad Messiam pertinente, in Haggaeo & Zacharia obseruandum esse monuimus, id etiam in Malachia locum habet, vt facile cuique ex collatione cum vtroque illo & Mal. IV, 1. 2. cum Luc. I, 78. & V, 5. 6. cum Matth. XVII, 10. Marc. IX, 11. Luc. I, 17. patere potest.

Habemus scopum librorum Veteris Testamenti; superest, vt eam etiam in singulis
Noui Testamenti libris consideremus.

---

117 *Fußnote im Original:* „2 Cor. XIII, 1."

SCOPVS
LIBRORVM NOVI
TESTAMENTI.

⟨109⟩ §. I.
*Nouum Testamentum triplicis generis
libros continere.*

NOuum Testamentum in triplicis generis libros dispescitur, in Historicos nimirum, Apostolicos & Propheticum. *Historici libri* sunt quatuor Euangelistae & Actus Apostolorum. *Apostolici* sunt epistolae, & quidem Pauli ad Romanos
        2 ad Corinthios
        ad Galatas
        ad Ephesios
        ad Philippenses
        ad Colossenses
        2 ad Thessalonicenses
        2 ad Timotheum
        ad Titum
        ad Philemonem
        ad Hebraeos
        Epistola Iacobi
⟨110⟩ 2 Epistolae Petri
        3 Epistolae Ioannis
        Epistola Iudae.

Epistola ad Hebraeos in nostris Bibliis Germanicis reliquis Pauli epistolis adposita non est, quod nomen eius non habet; & quamquam ex aliis satis euidentibus characteribus a Paulo scripta esse colligitur, initio tamen a quibusdam, an Paulum auctorem habeat, dubitatum fuit. Neque id hoc loco obiter notandum fuerit, Pauli epistolas neutiquam eo temporis ordine scriptas esse, quo nunc quidem in Noui Testamenti volumine alia aliam sequatur. LVDOVICVS CAPELLVS *in Historia sua Apostolica*[1] hoc eas ordine adposite collocauit: Vtraque ad Thessalonicenses, ad Titum, ad Galatas, vtraque ad Corinthios, prior ad Timotheum, ad Romanos, ad Philippenses, ad Colossenses, ad Philemonem, ad Ephesios, ad Ebraeos, posterior ad Timotheum. Hoc qui non obseruat, in multis facile aberrabit, & e. g. naufragium Pauli 2 Cor. XI. ex Act. XXVII. explicabit, cum tamen haec epistola multo ante, quam istud naufragium contigit, scripta sit. E contrario autem haec obseruatio in multis lucem praebere potest. *Liber Propheticu*s est S. Ioannis Apocalypsis.

---

1 Capellus 1683, 63–84.

⟨111⟩ §. II.
Scopus historiarum euangelicarum.

Finis & scopus, quamobrem Euangelistae historias suas Euangelicas consignauerint, omnium optime ex dicto Io. XX, 30. 31. dignoscitur. *Multa etiam alia signa edidit Iesus in discipulorum suorum conspectu, quae non sunt scripta in hoc libro: Haec autem scripta sunt, vt credatis, Iesum esse Christum illum filium Dei, & vt credentes vitam habeatis per nomen eius*, qui & totius de Christo euangelii scopus est. Accuratius adhuc Lucas scopum, cur euangelium suum scribere adgressus sit, designat, (quod de reliquis etiam certo modo dici poterit) ita exorsus: *Quoniam multi adgressi sunt componere narrationem earum rerum, quarum plena fides nobis facta est, prout tradiderunt nobis, qui a principio spectatores ipsi & ministri fuerunt sermonis; visum est etiam mihi, omnia alte repetita penitus adsecuto, ordine illa ad te scribere, praestantissime Theophile: vt cognoscas earum rerum veritatem, quas auditione accepisti.*[2] Quo aliquatenus etiam retuleris, quae in epistola ad Hebraeos leguntur:[3] *Quomodo nos effugiemus, si tantam neglexerimus salutem; quae quum primum enarrari coepit per ipsum Dominum, ab iis, qui ipsum audierant, fuit nobis confirmata &c.* Ex quibus hoc ad ⟨112⟩ minimum patet, Deum etiam hunc scopum habuisse, vt facta a Christo salutis nostrae adnuntiatio per fideles ipsius testes ad posteros propagetur, idque quidem tanto tutius per scriptas relationes, vt eo minus additamenti alicuius humani periculum foret. De qua praefixa sibi scopi instar certitudine non Lucas solum dicto loco testatur, sed Ioannes etiam[4] *Hic est*, inquiens, *discipulus ille, quae de his testatur & haec scripsit, & scimus, firmum esse testimonium eius.* Quo loco caussam etiam, quamobrem multa alia, a Iesu patrata, litteris haud consignata sint, indicat, dicens v. 25. *Sunt & alia multa, quae fecit Iesus, quae si scribantur sigillatim, ne mundum quidem ipsum opinor capturum eos, qui scriberentur, libros:* vt adeo propter humanam imbecillitatem reliqua litteris non mandata, & sancto Dei consilio ea duntaxat selecta fuerint, quae ad Iesum Christum & verbum gratiae adnuntiandum sufficere credita sunt. CYRILLVS *Non omnia*, inquit, *quae Dominus fecit, conscripta sunt, sed quae scribentes (Apostoli) tam ad mores quam ad dogmata putarunt sufficere.*[5] vid. CHEMNITII Examen Cont. Trid. p. m. 39.[6]

⟨113⟩ §. III.
Omnium quatuor Euangelistarum vnus idemque scopus.

Eatenus igitur vnus idemque omnium quatuor Euangelistarum scopus est, vt videlicet scriptione complectantur omnia, *quae coepit Iesus & facere & docere ad*

---

2 *Fußnote im Original:* „Luc. I, 1. 2. 3. 4."
3 *Fußnote im Original:* „c. II, 3."
4 *Fußnote im Original:* „c. XXI, 24."
5 Cyrillus v. Alexandrien, comm. in Joannem 1. XII (zu Joh 21, 25 = MSG 74, 756 BC).
6 Chemnitz 1574, I, 39.

eum *vsque diem, quo sursum receptus est*,⁷ *vt per haec ipsa in Christum credentes aeternam salutem consequeremur*; Nisi forte in huius illiusue Euangelistae libro peculiarem adhuc scopum considerare velimus, quod exempli causta Lucas, quemadmodum ipse in principio testificatur, id praecipue egerit, vt omnia iusto ordine, quo alia alia insequuta fuerint, conscriberet, adeoque haec illaue fusius commemoret; Ioannes autem ex Veterum testimonio euangelium suum praecipue ad demonstrandam diuinam Christi naturam conscripserit, & propter hunc scopum multos Christi sermones & facta enarret, ex quibus diuinam Christi maiestatem multo luculentius cognoscere possimus, contra autem haec illa silentio pratereat, quorum mentionem reliqui fecerunt.

§. IV.
Scopus Euangelistarum non sine fructu consideratur.

Hic Euangelistarum scopus recte obseruatus ⟨114⟩ magno nobis vsui est, quotiescunque in Euangelistarum lectione vel in peculiari alicuius pericopes meditatione versamur (1) vt *vitam Iesu Christi Domini nostri eo penitius pernoscere adnitamur*; quoniam sapientissimum Numen ad eam iuste exponendam quatuor ex fidis seruis suis Spiritu Sancto instructos esse voluit, vt perfectissimum illud exemplar viuis coloribus ob oculos nobis depictum animis nostris alte imprimeretur: (2) vt non satis habeamus, nudas historias memoria comprehendere, sed vt ex Euangelistarum scriptis *fidem nostram in Iesum, Dominum, vere fundemus atque stabiliamus*, adeoque per eamdem fidem aeternae salutis spem firmam teneamus. *vt hanc nostram fidem tanto studiosius in imitatione Christi demonstremus*; quemadmodum non tantum ipsi Euangelistae hunc enarrationis suae scopum esse verbis Iesu declarant,⁸ sed Apostoli etiam diligentissime hoc ipsum inculcant.⁹ (4) *vt harmoniam* etiam *& concentum Euangelistarum* tam in re ipsa quam in ordine historiae non contemnamus. (5) vt in primis ⟨115⟩ *in doctrina de Persona & officio Iesu Christi, Domini nostri, nos, quantum satis est, fundemus & roboremus*, id quod eo melius obtinetur, si in omnibus historiis & sermonibus hunc scopum esse, obseruemus, vt Iesu Christi gloria manifestetur.

§. V.
Scopus Actorum Apostolorum.

Scopus & intentio Lucae in enarrandis Apostolorum Actibus ex initio ipsius euangelii, collati cum Act. I, 1. 2. ex parte cognoscitur, nimirum vt enarrationem Euangeli-

---

7 *Fußnote im Original*: „Act. I, 1. 2."
8 *Fußnote im Original*: „vid. Io. XIII, 15. c. XV, 17. 18. 19. 20. &c."
9 *Fußnote im Original*: „e. g. Rom. XV, 3. 2 Cor. VIII, 9. Phil. II, 5. Coll. III, 13. 1 Pet. II, 21. 22. 23. c. IV, 1. 2. 1 Ioh. II, 6."

cam persequatur & iam porro ordinatim exponat, *quae post adscensionem Iesu Christi contigerint, & quomodo ecclesia Christiana per Apostolos Domini plantata sit, testimonium eorum doctrinae praebente Deo & signis & prodigiis, variisque virtutibus & Spiritus sancti distributionibus pro sua voluntate.* [10] Probe tamen heic obseruandum est, quod Lucae scopus non is fuerit, vt omnium ac singulorum Apostolorum res gestas exponeret, quippe cui alioquin nullo modo fecisset satis: sed quod Christianae quidem doctrinae initia, per vocem Apostolorum ab effusi Spiritus Sancti tempore tam inter Iudae-⟨116⟩os quam inter gentiles facta, enarret; deinde autem tamquam Pauli comes (quomodo hinc praecipue obseruatur, quod ipse innuat, quo tempore Paulo adsociatus sit, dum alias de Paulo eiusque sociis in tertia semper persona, at c. XXI, 10. 11. in prima persona loquitur, adeoque sese ipsum includit) ad huius Apostoli historiam sese conuertat. Vt adeo hic liber a maiore parte *Acta Pauli Apostoli* dici posset. Hanc autem enarrationem ita instituit, vt vndique adpareat, non nudam historiarum commemorationem pro scopo habuisse, sed vt per hanc ipsam *confirmet fidem in Iesum, Dominum, & vt sapientiam, pietatem, deuotionem, caritatem ac patientiam tam ipsorum Apostolorum, quam eorum, qui Christo fidem dederant, proponat, atque mirandas Dei vias in verbi sui propagatione, inque defensione ac liberatione suorum depraedicet.* Quisquis igitur ad hunc sanctissimum scopum attendit, in omnibus sermonibus ac narrationibus digitum Spiritus Sancti multo melius cognoscet & tanto facilius in omnibus aedificationem sui reperiet, istumque librum pro praecipuo habebit, vnde vera prisci Christianismi sinceritas in doctrina & vita dignosci debeat. Immo vero, diligenter notandum est, quod, ⟨117⟩ *quemadmodum libri Mosis primum in vniuerso sacro codice locum tenent, vtpote ex quibus, veluti fonte, reliqui hausti sunt omnes; & sicut hi cum caeteris libris historicis ante Prophetas & Psalmos reperiuntur; ita Euangelistae & Acta Apostolorum, & cum primis haec posteriora, ante epistolas Apostolorum facis instar sint, quae viam lectoribus commonstrent, vt tam scopum & intentionem in vna quaque epistola, quam argumentum & circumstantias recte possint percipere.*

§. VI.
Scopus epistolarum Pauli in genere.

De Pauli Apostoli epistolis in genere obseruandum est, quod illarum scopus cum ipsius officio optime congruat: nimirum vt mysterium Christi notum faciat, quemadmodum ipse hoc innuit Eph. III. Et quoniam iis praesertim temporibus Iudaeos inter & Ethnicos controuersia agitabatur *de Iustificatione, de operibus Legis, de populi Iudaici praerogatiuis prae gentibus, & quae eo spectant: hinc scopus & ⟨118⟩ intentio Apostoli* in plerisque ipsius epistolis *est, vt his de rebus suos, quantum satis est, erudiat*: Et certe lectori epistolarum Paulinarum multum prodesse potest *crebra Actorum, in primis autem capitis XV. euolutio,* quippe in quo vera huius controuersiae origo habetur. Praeterea ad obseruandum verum Apostoli in omnibus suis epistolis scopum non

---

10 *Fußnote im Original:* „Ebr. II, 4."

parum facit trium momentorum in Apostolo consideratio. Primum quidem, *quod veram & saluificam fidem atque Iustificationem hominis peccatoris coram Deo magno studio inculcet,* & quam planissime exponat; adeo vt hoc donum in ipso prae reliquis Apostolis vniuersis excellat. Deinde, *quod flagrantissimo & vero materno amore ecclesias prosequutus sit,* atque inde ex ista amoris abundantia erga illas sese gerat, etsi non sine sancto zelo & seueritate, si quid animaduersione dignum in illis obseruauit. Denique *quod magna vbique sapientia prouidentia ac circumspectione vsus sit, si vel boni aliquid tuendum, vel pax & concordia sancienda, vel abusus in ecclesiis vituperandi fuerunt.* Vt hinc fide olitori, omnem quidem laboris sui fructum a caeli benignitate ⟨119⟩ exspectanti, alacri tamen & promto animo hortum colenti, nec vllo vnquam labori in plantando, rigando, lolium tribulosque euellendo parcenti, atque teneras plantas ab noxiis casibus circumspecte tuenti, similis esse censeatur. Ex his Apostoli proprietatibus multi fluunt sermones, quos si digne perspicere diuinitus nobis datum est, verborum ipsius scopum saepe multo facilius maiorique cum emolumento cognoscere possumus. Quod ipsum eo etiam valet, vt sanctis Apostoli vestigiis eo melius insistere, & fidem ipsius in Iesum, Dominum, ardentissimum amorem, quo *vexatus vsque ad vincula, vt facinorosus, omnia tolerauit propter electos, vt & hi ipsi salutem consequerentur, quae est in Christo Iesu cum gloria aeterna,*[11] nec non coniunctam eum magna animi submissione sapientiam in timore Domini imitari possimus.

§. VII.
Scopus epistolae ad Romanos.

In epistola ad Romanos Scopus Apostoli est, vt iis, qui ex Iudaeis & Ethnicis Christo sese addixerant, demonstret vniuersos tam Iudaeos quam Ethnicos ante Christum cognitum peccato iraeque diuinae subiacere & sine operibus legis sola fide ⟨120⟩ *iustificari.* Quod vbi potissimum ad Iudaeos, legis iustitiam consectantes, attinebat, argumenta probantia & obiectiones, quibus respondet, plerumque eius generis sunt, vt iis ipsis Iudaeorum, iustitiam operum propugnantium, errorem conuellat. Neque vero, cum Iudaeos inter & Ethnicos haec controuersia exsisteret, Ethnicos, ne Iudaeos contemnerent, nec firmiores infirmos parui facerent, monere, adeoque veram fidei vnitatem & sinceri amoris fraterni vinculum, ab vtraque parte tuendum, commendare praetermittit. Ex hac Pauli intentione non initium tantum epistolae ad caput vsque IX. sed hoc ipsum etiam caput cum X. & IX. diiudicari debet: quo modo facilius multo intelligitur, quam vbi Apostoli proprius & primarius scopus in capite IX, vt de Praedestinatione agat, esse creditur. Immo ob ipsum modo dictum scopum tot graues adhortationes in capitibus XII. XIII. XIV. XV. Apostolus subiungit. Haec autem epistola cum vere fundamentalem doctrinae Christianae Articulum tractet, ideo tam distinctum atque planum totius doctrinae Christianae compendium sistit. Quisquis igitur hunc Apostoli scopum in lectione

---

11 *Fußnote im Original:* „2 Tim. II, 9. 10."

epistolae ad Romanos diligenter obseruauerit, ille (1) eam ipsam in deliciis habebit ex eaque in fundamento salutis suae sese probe fundare adnitetur. Et sane vnumquemque egregie sibi consulturum, existimo, ⟨121⟩ cui epistolam ad Romanos, veluti quotidianum enchiridion semper legere ac in timore Dei & sub adsiduis precibus tractare, volupe fuerit. Hoc certe efficacissimum foret remedium, cuius beneficio contra varios doctrinae humanae ventos & tentationes firmiter consistere possemus. (2) Controuersiam tunc temporis Iudaeos inter & Gentiles agitatam ab ea, quae hodie inter Protestantes & Pontificios, vel Protestantes inter & Socinianos viget, eo liquidius distinguet, aut qua in re hodiernae priscis illis controuersiis conueniant, perspiciet: (3) Inde etiam melius intelliget, quomodo Apostoli argumentis ad se in veritate confirmandum aduersarios autem confutandos, sine vlla veri scopi Apostoli inuersione, recte vti possit. (4) Admirandam totius epistolae connexionem eo liquidius cognoscet, adeoque egregiam vniuersae doctrinae Christianae harmoniam & consensionem percipiet: Denique (5) totum fundamentum & verum salutis ordinem, & ex quanam scaturigine omnis Christiana pietas promanare debeat, & quod vera & saluifica fides resipiscentiam vitaeque sanctimoniam secum ferat, felicius adsequetur. Incipientibus LVTHERI[12] praefatio in hanc epistolam non satis commendari potest, quippe in qua haec momenta vniuersa egregie obseruata sunt & consignata.

⟨122⟩ §. VIII.
Scopus epistolae prioris ad Corinthios ex ipsis Pauli verbis cognoscitur.

In priore ad Corinthios epistola Scopus Apostoli ex ipsis eius verbis ac narrationibus patet. Ita loquitur cap. I, 10. 11. 12. Precor vos, fratres, per nomen Domini nostri Iesu Christi, vt idem loquamini omnes, & non sint inter vos dissidia, sed sitis eadem mente & eadem sententia. Declamtum enim est mihi de vobis, fratres mei, a domesticis Chloes, quod lites sint inter vos. Hoc autem dico, singulos vestrum dicere, ego quidem sum Pauli, ego autem Apollo, ego vero Cephae, & ego Christi. *& cap. IV, 17. 18. 19.* Propterea misi vobis Timotheum, qui est filius meus dilectus, & fidelis in Domino, qui vobis in memoriam reuocabit, quae sunt viae meae in Christo, sicut vbique in omnibus ecclesiis doceo. Ceterum perinde quasi ego non sim venturus ad vos, inflati sunt quidam. Sed veniam sito ad vos, si Dominus voluerit, & cognoscam non verba istorum inflatorum, sed potentiam. *Et Cap. V, 1. 2.* Omnino auditur inter vos scortatio & eiusmodi scortatio, quae ne inter gentes quidem nominatur, adeo vt quis vxorem patris habeat. Et vos inflati estis, ac non potius luxistis, vt tolleretur e medio vestri, qui facinus hoc patrauit. *Et Cap. VI, 1.* Sustinet aliquis vestrum, negotium habens aduersus alterum, iudicio expe-⟨123⟩riri sub iniustis ac non sub sanctis. *Et Cap. VII, 1.* Caeterum de quibus mihi scripsistis, bonum fuerit viro mulierem non attingere. *Et Cap. VIII, 1.* Caeterum de iis, quae idolis immolantur scimus, nos omnes cognitione esse praeditos. Cognitio inflat, caritas autem aedificat. *Et Cap. XI, 2.* Laudo vos, fratres, quod

---

12 WA DB VII, 3–27.

omnia mea meministis, & sicuti tradidi vobis, traditiones retinetis. Et comm. 17. 18. *Hoc vero mando, vt vos non laudem, quod* videlicet *non cum emolumento, sed cum detrimento conuenitis. Primum enim, quum conuenitis in ecclesia, audio dissidia inter vos esse.* Et comm. 21. *Vnus quisque propriam coenam praeoccupat in edendo, & hic quidem esurit, ille vero ebrius est.* Et Cap. XII, 1. *De spiritualibus donis, fratres, nolim vos in* eorum *ignoratione versari.* Et comm. 31. *Adfectate dona potiora. Et porro iter ad excellentiam vobis indicabo.* Et Cap. XIV, 1. *Adfectate caritatem, ambite spiritualia, magis tamen, vt prophetetis.* Et Cap. XV, 1. *Notum facio vobis, fratres, euangelium, quod euangelizaui vobis quod & accepistis in quo etiam statis.* Et comm. 12. *Quod si Christus praedicatur ex mortuis suscitatus esse, quomodo dicunt quidam inter vos, non esse resurrectionem mortuorum.* Et Cap. XVI, 1. *De collecta in sanctos, quemadmodum ordinaui ecclesiis Galatiae, ita & vos facite.* Ne pigremur, oportet, haec loca diligenter considerare, si genuinum Apostoli in hac epistola ⟨124⟩ scopum & intentionem recte intelligere velimus. Duplicis enim generis epistolae Pauli sunt. In quibusdam vnum tantum argumentum tractat, ibique res in pauca conferri potest; veluti in epistola ad Galatas, ad Ephesios & ad Romanos: In quibusdam autem varia habet, de quibus agat, ibique singula separatim ponderanda sunt; quo haec ipsa prior ad Corinthios spectat. Ex his igitur locis, quae in medium produximus, liquet, quam exquisitam sanctus Apostolus ecclesiae Corinthiae status omniumque eius naevorum ac vitiorum habuerit notitiam, & quod ipsi Corinthii ad eumdem scripserint, sententiam ipsius Apostolicam in quibusdam rebus arduis expetentes. Vnde ille occasionem arripuit non tantum epistolae eorum respondendi verum etiam, quantum ipsi praeterea de corruptione, qua iam tum varie infecti erant, innotuerat, illos admonendi, reprehendendi melioremque iis viam commonstrandi, (& hoc quidem non in diuersis tantum morum corruptelis & flagitiis crassioribus, sed in haeresi etiam & erroribus, e.g. de mortuorum resurrectione) immo Timotheum quoque ad ipsos ablegandi, qui ipsius vice paci, tranquillitati & iusto ordini omnia restitueret. Ad summam: *Pauli scopus in hac epistola est, vt ecclesiam initio quidem ad Christum conuersam* ⟨125⟩ *postea vero valde disturbatam in ordinem denuo redigat, & ad mutuum vere christiani amoris exercitium puramque & limpidam diuinarum veritatum cognitionem perducat.* Qui Apostoli scopus rite obseruatus hunc vsum habet, vt primum quidem vnumquodque momentum peculiare, ab Apostolo tractatum, eo diligentius consideremus, nec alia aliis misceamus. Quomodo ad melius intelligendam hanc epistolam facit, vbi capita VIII. IX. X. vna serie perleguntur, vtpote in quibus Apostolus vnam duntaxat rem tractat, quemadmodum videlicet Corinthii circa ea, quae deastris sacrificata sint, christianis hominibus digne sese gerere debeant. Adeoque in hac & huiusce modi epistolis aliis digna est, quae bene obseruetur, monitio B. WOLFGANGI FRANZII,[13] quam *in tractatu* suo *de Interpretione Scripturae Sacrae* suppeditat, lectorem videlicet Scripturae Sacrae non in vnius aut duorum tantum capitum lectione semper subsistere, sed potius tot simul capita attente perlegere debere, quot de vna materia congruere conspexerit. Deinde haec scopi cognitio eo etiam facit, vt magnum Apostoli amorem

---

13 Franz 1693, Praefatio, 8–20.

eo melius perspiciamus, quo ductus ecclesiae Corinthiacae naeuos & defectus patientissime tulit, bonum rectumque inter eos laudauit, vitia autem sapienter ad-⟨126⟩modum & circumspecte, nec minus tamen seuere, reprehendit: quid? quod omnia egit, vt res Corinthiorum non mediocriter collapsos in integrum restitueret. Vnde porro haec ipsa epistola, bene obseruato Apostoli scopo, his praesertim perditis nimium quantum temporibus, non parum nobis proderit, vt Apostoli patientiam, caritatem ac sapientiam imitemur & tempori ita seruiamus, quo conscientiam intemeratam conseruemus, quoniam hi dies mali sunt. Denique haec scopi obseruatio mirificam nobis lucem hunc vel illum huius epistolae textum explicantibus adfundet. In interpretando, exempli caussa, capite nono occupati ex Apostoli scopo facile cognoscimus, nihil eum in toto hoc capite agere, nisi vt suum ipsius exemplum Corinthiis ob oculos ponat, quod libertate sua aliter non viatur, quam vbi in aliorum commodum ac aedificationem cedere videat: vt hoc ipso Corinthiis persuadeat, vt ne ipsi etiam creditae suae libertati idolothyta edendi insistant, sed de ea in infirmiorum gratiam lubentes decedant. Similiter verbis Apostoli in cap. X. comm. 15. 16. (*Vt intelligentibus loquor: iudicate vos quod aio. Poculum benedictionis, cui benedicimus, nonne communio sanguinis Christi est? panis quem frangimus, nonne communio corporis Christi est?*) non parum lucis adfunditur, si obseruemus; proprium & praecipuum Apostoli scopum hoc ⟨127⟩ loco esse, vt euidenti exemplo Corinthios conuincat, quod in daemoniorum consortium transeant, vbi de eorum mensa tam confidenter atque arroganter, & quidem non sine magno infirmiorum offendiculo, participent.

§. IX.
Scopus posterioris ad Corinthios epistolae.

In posteriore Pauli ad Corinthios epistola scopus Apostoli iterum manifestus est; quem LVTHERVS commodis verbis exprimit in praefatione huius epistolae ita scribens: *Superiori epistola S. Paulus Corinthios duriter reprehendit, multis in rebus, atque acre vulneribus vinum infudit ipsosque terruit. Cum vero Apostolus consolando docendoque debeat consternatas ac pauidas conscientias erigere magis, quam terrere, propter ea rursus ipsos in hac Epistola laudat, atque ita quoque oleum vulneribus infundit & valde humaniter cum ipsis agit ac peccatorem incestum cum dilectione suscipere iubet.*[14] Iste scopus inprimis ex principio huius epistolae solatii pleno adparet;[15] ex longiore Apostoli excusatione, quod ad ipsos, quemadmodum superiore tempore promiserat, non venerit;[16] Ex amantissima peccatoris receptione[17] Neque tamen Apostoli scopus omnis in hoc absoluitur, etiamsi epistolam ⟨128⟩ eo inchoet; verum cum Ecclesia Corinthiaca nondum ex omnibus partibus in meliorem statum reducta esset, laudanda quidem laudat, eosque veluti oues errantes insigni lenitate atque man-

---

14 WA DB VII, 139, 3–10.
15 *Fußnote im Original*: „Cap. I, 3. seqq."
16 *Fußnote im Original*: „Cap. I, 15. seqq."
17 *Fußnote im Original*: „Cap. II, 5. sq."

suetudine, nec alia quam paterna seueritate tractat; sed nec simul munus suum Apostolicum ipsis praedicare, a falsis Apostolis omnique eorum deceptione vt sibi caueant, eos commonere, & ad liberaliorem in pauperiora Christi membra amoris ostensionem, magna licet propter ipsorum inbecillitatem vsus circumspectione, cohortari praetermittit. Hinc scopus Apostoli & ad eos consolandum & ad se se defendendum, & ad redarguendum, & ad cohortandum ac emendandum spectat. *Huius scopi obseruatio* iterum ad genuinum epistolae sensum recte percipiendum & ad piam separatorum textuum meditationem non parum conseret. Cum primis autem vbique efficax de profunda Apostoli caritate, sapientia, mansuetudine, patientia, atque diuino zelo testimonium mentibus nostris insinuabit, adeo vt hanc epistolam in praestantissimis ponere nulli simus dubitaturi, si in omnibus verbis sanctam & diuinam intentionem & viuidos solatii ac caritatis fluuios ex ipso profluentes, recte perceperimus.

⟨129⟩ §. X.
Scopus Epistolae ad Galatas.

Epistola ad Galatas, quod ad primarium eius scopum attinet, cum epistola ad Romanos congruit: siquidem in ea de Iustificatione hominis peccatoris coram Deo, quod non operibus legis sed fide contingat, agitur. Alia tamen ratione & methodo propter peculiares circumstantias Galatarum, quippe qui *deserto eo, qui vocauerat eos in gratiam Christi, translati erant in aliud Euangelium;* [18] *fascinati erant, ne obsequerentur veritati;* [19] *quum cognouissent Deum conuerterant se retrorsum ad infirma & egena elementa, quibus ad superiora regressi seruire volebant. Dies obseruabant & menses, praestituta tempora & annos,* adeo vt Paulus *metueret de ipsis, ne frustra fatigatus sit apud eos.* [20] *Paulus, quem vt Angelum Dei, vt Christum Iesum exceperant, nunc inimicus* quasi *ipsis factus erat, dum illis vera loqueretur.* [21] *Falsi Apostoli eos ambierant, immo Paulum excludere volebant, vt se ambirent.* [22] *Paulus eos iterum parturiebat, vsque quo formaretur Christus in ipsis.* [23] *Inanes facti erant* separati *a Christo, quicunque per legem iustificari volebant, & ea gratia exciderant: circumcidi cu*-⟨130⟩*piebant & rursus implicabantur seruitutis iugo.* [24] *Interrupti erant, vt non obsequerentur veritati, haec persuasio non erat ex eo, qui vocauerat eos.* [25] Dissidiis ita distrahebantur, vt *alii alios morderent & exederent.* [26] Et nunc demum *manifesta erant opera* eorum *carnis.* [27] *Inanis gloriae cupidi alii alios prouocabant, alii*

---

18 *Fußnote im Original:* „Cap. I, 6."
19 *Fußnote im Original:* „Cap. III, 6."
20 *Fußnote im Original:* „Cap. IV, 9. 10."
21 *Fußnote im Original:* „Cap. IV, 14. 15. 16."
22 *Fußnote im Original:* „Comm. 17."
23 *Fußnote im Original:* „Comm. 19."
24 *Fußnote im Original:* „Cap. V, 4. 1."
25 *Fußnote im Original:* „comm. 7. 8."
26 *Fußnote im Original:* „comm. 15."
27 *Fußnote im Original:* „comm. 19."

aliis inuidebant. ²⁸ *Alii aliorum naeuos indicabant.*²⁹ Quibus circumstantiis diligenter consideratis genuinum *Apostoli scopum ac intentionem in hac epistola* facile perspicimus: quod nimirum id agat, *vt Galatas in errorum ac vitiorum auia abreptos ad meliorem frugem reducat, eosque cum primis tum in fundamento doctrinae caelestis ad veram fidei sinceritatem tum ad genuinam caritatem & voluntatum consensionem formet.* Vnde in hac epistola degeneres Galatas reprehendit, errores eorum confutat, de iustitia fidei eos erudit & ad fraternum amorem aliosque genuinos Spiritus fructus cohortatur. Hic igitur epistolae scopus recte obseruatus eo valet (1) vt videamus, quantopere praecauere Apostolus studeat, ne euangelii puritas fermento iudaico misceatur, vt hanc ipsam ob caussam ⟨131⟩ non solum *longis litteris Galatis scripserit manu sua,*³⁰ sed *anathema* etiam, hoc est execrationem, in eos pronuntiarit, qui ipsis *euangelizauerint praeter id, quod acceperint.*³¹ (2) Vt eo liquidius nobis constet, *fundamentum salutis nostrae statui in solo Christo & fide in hunc ipsum*, in eoque fundamento scripturae sacrae testimoniis nos roboremur. Quare potissimum B. etiam LVTHERVS,³² de fundamento salutis adversus Pontificios scripturus, hanc ipsam epistolam interpretandam sumsit; quae ipsius interpretatio in argumento de Iustificatione in exquisitissimis eius libris merito ponitur. (3) Vt ab Apostolo *verum cum seductis agendi modum discamus*, nimirum vt ante omnia dispiciamus, an & quibus in partibus quis erret. Deinde vero vbi de errore nobis constat, vt eum castigemus, solidis & perspicuis sacrae scripturae argumentis confutemus & ante omnia eo in Domino connitamur, vt seducti in viam reuocentur, infirmi erigantur & contra nouas corruptelas praemuniantur. Vndique certe adparet, praecipuum Apostoli certamen eo spectare, *vt formetur Christus in ipsis,*³³ *vt fide per caritatem efficace*³⁴ *nouae creaturae in Christo Iesu reperiantur.*³⁵ Quem scopum non tantum ⟨132⟩ erroneae doctrinae confutatione sed multa etiam tenerrimi amoris & mansuetudinis testificatione & veri ac puri veritatis fundamenti demonstratione contingere nititur, epistola ne quidem ad impostores sed ad ecclesiam abalienatam directa. Ex quibus omnibus de genuina scriptorum Polemicorum indole multa addisci possent. (4) Ex huius scopi obseruatione percipere possumus, *doctrinam de Iustificatione eum in modum esse tractandam, vt neque Pharisaicae operum iustitiae, neque Epicureae securitati ansa praebeatur*: siue, vt homines tum sola se fide iustificari ac saluos fieri, tum fidem istam bonos fructus parere iisque efficacem & actuosam se ostendere oportere, intelligant. caetera.

---

28 *Fußnote im Original:* „comm. 26."
29 *Fußnote im Original:* „c. IV, 1. 2. 3."
30 *Fußnote im Original:* „c. VI, 11."
31 *Fußnote im Original:* „Cap. I, 8. 9."
32 WA 57, 2, 1–108.
33 *Fußnote im Original:* „c. IV, 19."
34 *Fußnote im Original:* „c. V, 6."
35 *Fußnote im Original:* „c. V, 15."

§. XI.
Scopus Epistolae ad Ephesios.

Epistola ad Ephesios itidem praecipuam istorum temporum controuersiam attingit, quemadmodum in consideratione scopi epistolarum ad Romanos & Galatas ex parte indicauimus: quando videlicet ex Gentibus ad Christum conuersi ab rixosis Iudaeis, nationis suae praerogatiua numquam non superbientibus, pro fratribus non habebantur, si iugo legis se submittere ex eaque iustitiam & salutem sperare, recusarent. *Scopus* igi-⟨133⟩tur *Apostoli pro singularium circumstantiarum ratione est, vt demonstret ac euincat, etiamsi Iudaeos inter & Gentiles, Christi disciplinam amplexos, hoc discriminis intercedat, quod illi respectu temporis praerogatiua spei ac cognitionis Christi gaudeant; (quandoquidem Deo eos prius quam Gentes in populum suum adoptare placuisset) nihilo tamen secius conuersos Gentiles eamdem gratiam consecutos esse, & nunc tam Iudaeis quam Gentibus in gratiae diuinae communionem translatis, omne discrimen sublatum, & ethnicos cum Iudaeis sub vno capite Christo, veluti vnum corpus coaluisse.* Admodum scite eximius & magni nominis Theologus D. MARTINVS CHEMNITIVS in Loc. Theol. edit Wittemb. MDCX. pag. 10. *Paulus*, inquit, *triplici ratione complexus est summam doctrinae caelestis. 1. Modo Catechetico, tamquam in nudis articulis breuissime, sine prolixis probationibus & refutationibus, in Epistola ad Ephesios.*[36] *2. Paulo longiori explicatione, additis explicationis gratia descriptionibus, argumentis, refutationibus &c. in Epistola ad Galatas. 3. Iusta tractatione* ⟨134⟩ *& explicatione singularum partium doctrinae, in Epistola ad Romanos. Haec*, pergit, *notanda sunt propterea, quia & POST APOSTOLORVM TEMPORA nunc breuiores summae, tamquam articuli, nunc longiores, pro ratione turbulentorum temporum, editae sunt & cotidie eduntur.*[37] Ex quibus CHEMNITII verbis & hoc condiscimus, in peculiari tractationis modo peculiarem etiam Apostoli intentionem diligenter notandam. Scopus autem huius Epistolae, supra memoratus, praecipue ex primaria Apostoli conclusione adparet c. II, 11. *Propterea mementote, vos quemdam Gentes in carne, qui dicebamini praeputium ab ea, quae vocatur Circumcisio manibus in carne facta, vos, inquam, illo tempore fuisse absque Christo,* caetera. Quibus verbis recte perpensis facile ad intelligendum est, Apostolum in antecedentibus de Iudaeis loquentem dicere ἡμεῖς, ἡμᾶς, *Nos*, de Gentibus autem ὑμεῖς, ὑμᾶς *Vos* & sic porro. Hoc enim nisi omni studio obseruetur, fieri non potest, vt Epistolam, siue scopum atque argumentum illius, recte intelligamus, cum e contrario, his bene obseruatis, omnia sua sponte procedant. Ex hoc scopo tria etiam posteriora capita facile intelliguntur: quod nimirum Apostolus fundamento isto primario iacto ad mutuam caritatem & vnitatem spiritus omnesque bonos iustitiae fructus conuersos e Iudaeis & Gentibus cohortetur, & proposita fidei dogmata ⟨135⟩ ipsa ad pietatis exercitium adplicare more suo doceat. *Hic igitur Epistolae ad Ephesios scopus recte obseruatus hunc habet vsum,* (1) vt videamus, *quomodo res eadem & diuina veritas pro diuersis circumstantiis diuersa ratione ab Apostolo tractetur;* vnde ipsius sapientia in proponendo & secando verbo veritatis elucet. (2) vt *amorem Dei vniuersalem in Iudaeos & Ethnicos* & vtrisque destinatum Iesu

---
36 *Fußnote im Original*: „Vid. Cap. III, 1."
37 Chemnitz 1610, I, 10.

Christi meritum recte intelligere discamus. (3) vt *vnicum & verum omnis sincerae caritatis & concordiae fundamentum, quod in gratiae Iesu Christi communione* ab Apostolo ponitur, digne agnoscamus. (4) vt Apostoli exemplo ad pacem in Ecclesia Dei, quantum in nostra situm est potestate, quaerendam sine diuinae tamen veritatis detrimento, excitemur.

§. XII.
Scopus Epistolae ad Philippenses.

Scopus & intentio Apostoli in Epistola ad Philippenses ex occasione hanc epistolam exarandi Apostolo data, facilis ad intelligendum est, quam ipse indicat.[38] *Confido autem,* inquiens, *in Domino, me quoque cito venturum ad vos, sed necessarium* ⟨136⟩ *duxi, Epaphroditum fratrem & adiutorem ac commilitonem meum, vestrum autem legatum, quique mihi subministrauit, quibus mihi opus erat, ad vos mittere. Quoniam expetebat omnes vos & grauissime angebatur, propterea quod audissetis eum infirmum fuisse. Et certe infirmus fuit proxime mortem: sed Deus misertus est eius, nec eius solum sed & mei, ne tristitiam haberem super tristitiam. Eo studiosius itaque ipsum misi, vt eo rursus viso gaudeatis, & ego eo minus doleam,* caetera. Ex quibus verbis intelligitur, Epaphroditi desiderium ad Philippenses remigrandi, praestitis illorum vice Paulo officiis, huic epistolae scribendae occasionem dedisse: vnde Apostolus necessarium duxit, ad Philippenses simul scribere *ipsisque Epaphroditum fidelissime commendare.* Neque vero hic scopus Epistolae vnicus est, sed Apostolus hac occasione ita quoque vtitur, vt ea Philippensibus scribat, quae pro rerum suarum statu quam maxime necessaria erant: nimirum (1) *vt de sua eorum recordatione & precibus certiores eos reddat;* (2) vt, *quomodo suae ipsius res in praesenti se habeant, iis narret;* (3) *vt tam de mox mittendo Timotheo quam sua ad eos profectione spem faciat;* (4) *vt ad certamen pro fide euangelii & ad veram caritatem, concordiam,* ⟨137⟩ *& humilitatem ipsos excitet;* (5) *vt aduersus falsos Apostolos praemuniat & simul in puro salutaris doctrinae fundamento corroboret;* (6) *vt cum in vniuersum omnes tum praecipue eos, qui maximi in ecclesia momenti erant, de peculiari ipsorum officio moneat & ad sanctam Deoque gratam vitam inflammet;* (7) *vt Philippensibus pro acceptis beneficiis gratias agat.* Ex his videre est, Epistolam ad Philippenses inter eas esse referendam, in quibus non de vna duntaxat re agere Apostolus animum induxerit, adeoque illius scopum ex diuersis iisque singularibus partibus cognosci debere: quemadmodum doctrinae, redargutiones, praemonitiones, & consolationes in ea reperiuntur. Totius tamen scopi summa his paucis comprehendi posset: *vt Apostolus post eius, qui epistolam exhibeat, nimirum Epaphroditi, commendationem Philippenses suae ipsius fortis caussa soletur; & facta aduentus sui spe aliisque argumentis mouentibus ad constantiam, ad pacem mutuam, ad gaudium in DOMINO & in genere ad veram pietatem ex-*⟨138⟩*citet, ab omni periculo tum in doctrina tum vitae ratione dehortetur, & ipsorum beneficentiam grato se animo recolere, profiteatur.* Hic igitur scopus si recte obseruetur, eo valet: vt *totum Apostoli sensum,* inprimis autem *flagrantissimum*

---

[38] *Fußnote im Original:* „Cap. II, 24. 25. 26. 27. 28."

eius in Philippenses amorem & ingentem de ipsorum statu *sollicitudinem* multo accuratius propiusque inspiciamus; (2) vt multo facilius *totius epistolae* & diuersorum momentorum, de quibus agit Apostolus, *connexionem* videamus. Ita, exempli gratia, facile cognoscemus, capitis I. comma 25. & 26. connecti debere cum capitis II. commate 17. & sic totius orationis sensum sibi optime constare; reliqua autem a commate 27. capitis I. ad capitis II. comma 16. ab Apostolo, tamquam adhortationem ad certamen pro fide euangelii in humilitate & caritate certandum, esse interiecta.

§. XIII.
Scopus Epistolae ad Colossenses.

In Epistola ad Colossenses hunc sibi scopum praefixum habet Apostolus, vt pro muneris sui Apostolici ratione[39] *Colossenses,* fido Epaphrae ministerio ad ⟨139⟩ Christum perductos, *tam in puriore fidei doctrina, quam religiosa, ex fide oriunda, viuendi ratione roboret, atque confirmet.*[40] *Deinde vt* subrepentibus & forte iam magis magisque invalescentibus *erroribus* eorum, qui a falsis Apostolis seruili legis iugo se subiici patiebantur, *in tempore occurrat,* & tum impendens tum praesens deceptionis periculum omne ab ipsis diligentissime depellat, nec minus *carnali securitati,* qua fidei naufragium facere poterant, quoad fieri possit, *anteuertat.* Nam ex totius Epistolae cohaerentia liquido constat, quod nullam aliam ob caussam tanto studio Colossenses in pura fidei doctrina confirmare adlaboret Apostolus, quam quod Colossenses ipsum de facie non viderant, adeoque tanto facilius a falsis Apostolis induci poterant, vt noxiis eorum opinionibus temere adsentirent: quippe quem scopum Apostolus ipse verbis clarissimis indicat,[41] *Hoc autem,* inquiens, ideo *dico, vt ne quis vos falso ratiocinando fallat, sermonis probabilitate.* Vnde facile intelligimus, Apostolum in hac Epistola eamdem ipsam denuo attingere controuersiam, quae istis temporibus praecipua fuit, cuius in explicatione scopi epistolae ad Romanos, Ga-⟨140⟩latas & Ephesios mentio a nobis iniecta est. Et quidem non sine singulari Dei prouidentia factum est, vt Gentium Apostolus de hac quaestione, ad Iustificationem hominis peccatoris coram Deo verumque legis & euangelii vsum attinente, tot egregias Epistolas reliquerit: quandoquidem haec quaestio ita ad salutis fundamentum spectat, vt reliquae quaestiones omnes in eam quasi influant, ex eaque debeant diiudicari. *Digna* igitur *huius scopi modo memorati observatio hunc vsum nobis praestat; (1) vt hanc epistolam ad Colossenses tanto pluris faciamus,* quod verum Christianismi fundamentum, immo totum illius ordinem & arctissimam omnium praecipuarum eius partium connexionem tam bene tamqe concinne complectatur, vt non tantum recens conuersi haud meliorem in accepta doctrina confirmationem sibi optare possint; sed vt bene etiam exercitati & varii generis tentationibus eruditi christiani cum magna voluptate & animi delectatione hanc

---

39 *Fußnote im Original:* „Cap. I, 23–29."
40 *Fußnote im Original:* „confer fis cap. II, 1. 2. 5. 6. 7. cum cap. I, 7.–12."
41 *Fußnote im Original:* „Cap. II, 4."

christianae doctrinae ichnographiam sint investigaturi, in eaque tamquam expresso doctrinae Apostolicae typo acquieturi: praesertim cum Apostoli in hac Epistola praecipua sit intentio, vt recens conuersis genuinum doctrinae suae Apostolicae fundamentum insinuet, quo sciant, hanc esse veram gratiam ⟨141⟩ Dei, in qua stent; (2) vt in Epistola ipsa *discrimen* videamus ac internoscamus, *cum de Iudaeis loquatur* (vt c. I, 13. &c.) quemadmodum id in Epistola ad Ephesios adnotauimus, qua cum huius Epistolae maxima est conuenientia, & altera ex altera commodissime explicari potest.

§. XIV.
Scopus Epistolae prioris ad Thessalonicenses.

In priore ad Thessalonicenses Epistola Apostoli scopus clare patet ex cap. II, 17. 18. cap. III, 1. 2. 3. 5. 6. 8. Hisce enim Paulus indicat, studuisse se videre Thessalonicensium faciem cum multo desiderio & voluisse ad eos venire; impeditum autem misisse Timotheum ad ipsos stabiliendos, ne ob impendentes adflictiones de fide & amore in Deum se deiici paterentur; a quo postea de ipsorum constantia laetum nuntium accepisset. Has igitur circumstantias historicas si cum reliquis Epistolae verbis contulerimus, *totius Epistolae scopum* facile perspiciemus *haud esse alium, quam vt Thessalonicensibus tenerrimum, quo ipsos prosequatur, amorem maximamque de ipsorum fide, caritate ac patientia laetitiam declaret;* ad ⟨142⟩ *animi firmitudinem amplius tuendam ipsos excitet ac inflammet; in adflictionibus soletur; & simul de necessariis partibus, inprimis vero de aduentu DOMINI, de fraterna caritate atque humilitate cum inter se mutuo tum vero maxime erga doctores excolenda, pro eo ac par est, erudiat.* Ex hoc igitur scopo ac intentione Apostoli propius inspecta (1) hunc fructum percipiemus, *vt* (quemadmodum ex aliis huius Apostoli epistolis & cum primis ex hac ipsa intelligitur) *scopum & intentionem Apostoli non externe tantum contueamur, sed potius ex intima animi Apostoli adfectione metiamur.* vt in hoc ipso *sanctos divini Spiritus motus, ardentissimam ipsius caritatem, gaudium vel tristitiam, desiderium, magnam in muneris sui Apostolici administratione dexteritatem & purioris cognitionis Iesu Christi amorem conspiciamus,* vtpote quibus ad scribendum inductus atque impulsus fuit. In Corinthiis, ad hoc ipsum in Pauli epistola animos recte attendentibus, egregius effectus a Paulo obseruabatur, vt scriberet.[42] *Ecce istud ipsum,* ⟨143⟩ *quod secundum Deum contristati fuistis, quantum in vobis effecit studium? immo defensionem, immo indignationem, immo timorem, immo vehemens desiderium, immo zelum, immo vindicationem?* Adeoque dubium non est, si in omnibus epistolis sancti Apostoli scopum non externe tantum sed potius veluti in animo Apostoli intueremur, fore, vt ex omnibus eius verbis fructum caperemus multo vberiorem atque copiosiorem. (2) Non invtile est cognoscere, *Apostolum ad diversam eorum, ad quos scripsit, rationem scopum ac intentionem suam formasse*: vnde non obscure ipsius sapientia elucet. Et quemadmodum Thessalonicenses

---

42 *Fußnote im Original:* „2 Cor. VII, 11."

cum primis pulcerrimum fidei & veritatis in Iesu exemplum fuerunt, ita tenerrimos amoris adfectus in Apostolo, nec non sanctissimum gaudium de gratia Dei in Thessalonicensibus conspicitur.

§. XV.
Scopus Epistolae posterioris ad Thessalonicenses.

In posteriore ad Thessalonicenses epistola primarius Apostoli scopus sine dubio est, vt de aduentu Domini nostri Iesu Christi ampliorem explicationem subministret, nonnullis priorem epistolam aliter, ac ipsi-⟨144⟩*us Apostoli sententia ferebat, interpretatis;* quomodo ex Cap. II, liquido constat, alienam hanc verborum Apostoli acceptionem potiorem huic epistolae conscribendae occasionem dedisse; quamquam Apostolus simul necessarium duxit, *Thessalonicenses in durantibus vexationibus solari, se suasque res precibus ipsorum commendare, eosque, qui inter ipsos inordinate viuere & otiari coeperant, reprehendere. Huius scopi obseruatio* nos docet (1) *diuinam veritatem,* vtvt clarissime propositam, *facile in peregrinum sensum rapi posse*; tali autem in casu doctoris esse, *perspicua verborum suorum explicatione infirmioribus succurrere,* alienam autem interpretationem, quantum fieri possit, tollere. (2) *In optimo* etiam *ecclesiae statu* & medias inter adflictiones facile rerum *confusionem* suboriri posse; doctorem autem circa haec omni debere vti sapientia, vt *prouidenter praecaueat,* ne istiusmodi res inordinatae inualescant, & vt malos a bonis probe distinguat, hosque ab illorum consortio se cauere, doceat, istos autem emendare, non exacerbare, adlaboret.

⟨145⟩ §. XVI.
Scopus primae Epistolae ad Timotheum.

In prima Pauli ad Timotheum Epistola scopus & intentio quam clarissime indicatur, quando Apostolus c. III, 14. 15. *Haec tibi,* inquit, *scribo, sperans fore, vt mox ad te veniam: quod si tardauero, vt noris, quomodo oporteat in domo Dei versari, quae est ecclesia Dei viui.* Hic scopus etiam ex collatione commatum 3. 4. 5. 6. 7. cap. I. cum comm. 18. & 19. eiusdem capitis, cognoscitur, quae secundum textum Graecum clarissime ita cohaerent: *Sicut te sum precatus, vt maneres Ephesi, quum proficiscerer in Macedoniam, vt denunties quibusdam, ne diuersam doctrinam doceant, nec attendant* animum *fabulis, & genealogiis numquam siniendis, quae potius quaestiones praebent, quam aedificationem Dei, quae est per fidem. Finis autem mandati* (abs te aliis inculcandi) *est caritas ex mundo corde, & conscientia bona & fide minime simulata: a quibus nonnulli vt a scopo aberrantes diuerterunt ad vaniloquentiam. Hoc mandatum* (aliis abs te inculcandum) *commendo tibi, fili Timothee,* nempe *vt, secundum praegressas de te prophetias, milites per eas bonam illam militiam, retinens fidem & bonam conscientiam: qua expulsa nonnulli naufragium fidei fecerunt.* Reliqua verba a commate 8. ad comm. 17. a Paulo tamquam sententiae suae Apostolicae ad-⟨146⟩versus legis doctores declarationem summatim exhibentia, inseruntur, & parenthesi commode includi possunt. *Scopus igitur Apostoli non est alius, nisi quem LVTHERVS in praefatione huius epistolae exprimit,* ita scribens: *Hanc epistolam scribit S. Paulus, vt omnibus episcopis proponat exemplum, qualis doctrina eorum, & quis gubernandi diuersos ecclesiae ordines modus esse debeat, ne sit opus, humano arbitrio ecclesiae ciues gubernare.*[43] Nimirum haec epistola vere diuina ordinatio ecclesiastica est, quam sancto Deus consilio inter Noui Testamenti libros referri iussit, vt ad eam, tamquam regulam, omnes humanae constitutiones ecclesiasticae concinnarentur, & vtrum bonae vel mulae sint, examinarentur atque diiudicarentur. *Ex diligenti huius scopi notatione (1) haec magna & singularis redundat vtilitas, vt tam doctores & ministri ecclesiae ipsi, quam Deo in isthoc munere olim seruire gestientes, eo diligentius hanc epistolam ob oculos sibi propositam habituri, in eaque tamquam speculo sese contemplaturi sint, an ex omnibus partibus ad illam diuinam ordinationem officio suo fungantur, vel aliquando fungi cogitent?* Et sane ⟨147⟩ haec epistola verum sapientiae thesaurum continet, cum in tanta verborum simplicitate, vt quidem humanae rationi initio videtur, tam alta rerum opulentia recondita sit, vt verbi diuini minister ex cotidiana & multa experientia magnitudinem spiritus & intelligentiae sublimitatem recte demum animaduersurus, & nihilo fecius semper ibi deprehensurus sit, quod addiscat. (2) Eo etiam scopus recte obseruatus valet, vt *sapientiam singulare Dei donum esse* cognoscamus: quo submisse de nobis sentiamus, & quamlibet fide & caritate imbuti Deo & aliis hominibus probos & ingenuos nos praestemus, nihilo tamen minus ab aliis, praesertim nobis exercitatioribus, discere cupiamus, vt maiore semper sapientia negotium *DOMINI* administremus. (3) Omnes etiam & singuli, ministerio ecclesiastico non destinati, ex huius scopi notatione hunc vsum percipiant, necesse est, vt *ministerii ecclesiastici grauitatem agnoscere, veros Dei seruos a mercenariis & gulae ventrique seruientibus, nec non purum limpidumque Dei verbum a doctrinis humanis variique generis fabulis distinguere, & vti membra ecclesiae ad voluntatem Dei ordinate sese gerere condiscant*: si quidem in hac epistola veras tabulas oeconomicas, ⟨148⟩ omnibus ecclesiae ordinibus adcommodatas, deprehendimus.

§. XVII.
Scopus secundae Epistolae ad Timotheum.

In secunda epistola ad Timotheum sancti Apostoli scopus praecipue manifestus est ex cap. IV, 5. 6. 7. 8. vbi, *At tu,* inquit, *vigila in omnibus, tolerans esto adflictionum, opus perage Euangelistae, ministerii tui plenam fidem facito. Nam ego iam libor, & praestitutum tempus meae dimissionis instat. Certamen illud praeclarum certaui, cursum peregi, fidem seruaui. Quod reliquum est, reposita est mihi iustitae corona,* caetera. Vnde haec omnium Pauli epistolarum vltima eiusque quasi testamentum esse facile intelligitur, quippe quam in vltimis vinculis suis (quorum Cap. I, 8. & Cap. II, 19. meminit) paullo ante acceptam martyrii palmam exarauit, quo satis manifeste in locis adductis respicit. Vnde Timotheum quoque Cap. IV, 9. hortatur, vt *studeat mox ad se venire,*

---

[43] WA DB VII, 259, 3–6.

nec comm. 18. alium liberationis modum ab omni malo exspectat, quam quod *Dominus ipsum ereptum seruaturus sit regno suo caelesti*, qua de re Deum ex animo celebrat. Ita quoque in tota hac epistola *scopus* ipsius est, *vt Timotheo addat animum, ipsumque in omnibus corroboret, vt munere* ⟨149⟩ *suo fideliter perfungatur, expressam formam sanae doctrinae firmiter ac incorrupte teneat, omnes adflictiones huius temporis praesenti animo toleret, & post ipsius discessum fidum doctoris atque antecessoris sui successorem se se praebeat*. Quicumque haec recte obseruauerit, is *hanc epistolam, veluti cygneam Apostoli cantionem, in tanto maiore habebit pretio*. Perpendet enim secum, hanc epistolam a Paulo iam sene & tam multis tamque variis experimentis erudito scriptam esse, & quidem non ad tenellum in Christo infantem, sed ad valde fidum & exercitatum Dei seruum, eo tempore, vbi Paulus cursu peracto animum paratum habuit ad coronam vitae ex Saluatoris sui manu accipiendam, simul autem Spiritu Dei collustratus praeuidit, se mortuo tempora pessima instare, contra quae iam ipsi Timotheo ex parte militandum foret. Quapropter in hac epistola Apostoli animus, ad mortem pro confessione Christi subeundam promtissimus, fides heroica & profunda sapientia conspicua est, idque exercitatissimos ac confirmatissimos in disciplina Christi excitare potest, vt in maxima simplicitate diuinam efficaciam & sinceritatem cognoscant, super ea Deum laudent, ⟨150⟩ qui talem hominibus gratiam dederit, eamque ad mortem vsque sectentur.

§. XVIII.
Scopus Epistolae ad Titum.

In epistola ad Titum scopus Apostoli ex primo statim capite manifestus est, quando comm. 5. *Huius rei gratia*, inquit, *dereliqui te in Creta, vt quae desunt corrigas & constituas oppidatim presbyteros, sicut ego tibi ordinaui*. Quae verba si cum reliquis huius epistolae contulerimus, facile videmus, *scopum huius epistolae scopo supra in prima ad Timotheum indicato accurrate conuenire*. Nam & *haec epistola breuis aliqua constitutio ecclesiastica est*, quam Tito iisdem fere, quibus illam Timotheo, verbis subministrauit, vt eo melius omnia sciret corrigere aut bene constituere, quae a Paulo relicta fuerant. Cum primis autem notandum, quod istam ordinationem ecclesiasticam ad peculiares Cretensium circumstantias adcommodet, mandando exempli gratia, vt in constituendis senioribus seu ecclesiae ministris de eo maxime sit sollicitus, vt tales coetibus praeficiat, qui non tantum doctrina & vita inculpati sint, sed etiam contradicentes refellere valeant; *Sunt enim*, addit, *multi subiici nescii & vaniloqui & mentium seducto*-⟨151⟩*res, maxime qui sunt ex circumcisione, quibus oportet os obturare, qui totas domos subuertunt, docentes quae non oportet, turpis lucri gratia*. Cap. I, 10. 11. LVTHERVS in praefatione *Breuis*, inquit, *est haec epistola, sed selectissima verae religionis epitome, qua artificiosissime comprehenduntur pleraque, quae Christianum hominem, ad vitam recte instituendam, scire necesse est*. Quisquis igitur *ad huius etiam epistolae scopum recte attenderit, is inde (1) hanc percipiet vtilitatem*, vt hanc epistolam eo diligentius *cum priore ad Timotheum* conferat adeoque alteram ex altera magis magisque intelligere discat. (2) Vt hinc cognoscat, quod *christiana* quidem *disciplina & rectus ordo in ecclesia vbique & omni tempore custodiri*, pro singularibus autem coetus cuiusdam oppidi *vel totius etiam regionis circumstantiis saepius rei alicuius maior ratio heic quam illic haberi debeat.* (3) Ex huius etiam scopi accurata notatione quilibet eo magis incitabitur, vt in hac epistola *verum compendium & nucleum quasi doctrinae Apostolicae* quaerat, quem & certissime inibi deprehendet.[44]

⟨152⟩ §. XIX.
Scopus Epistolae ad Philemonem.

In Epistola ad Philemonem scopus cognoscitur ex comm. 10. 11. 12. vbi Apostolus: *Precor autem,* inquit, *pro filio meo, quem genui in vinculis meis, Onesimo; quondam tibi inutili nunc vero tibi & mihi perutili. Quem remisi: tu autem eum, id est viscera mea, excipe.* Egregie hanc epistolam perspexit LVTHERVS in praefatione, quae digna est, quam totam huc transcribamus. *Haec epistola proponit iucundissimum & expressissimum dilectionis Christianae exemplum. Videre enim est in ea, quomodo S. Paulus Onesimi calamitatibus adficiatur, eumque apud dominum omni studio ac conatu defendat, seseque non gerat aliter, ac si ipse sit Onesimus, qui deliquerit. Nec tamen hoc facit per vim aut coactionem, quemadmodum quidem iure poterat: Sed cedit aliquantulum de suo iure, vt ita Philemonem quoque ius suum relinquere cogat. Perinde enim vt Christus apud aeternum patrem intercessit pro nobis: ita S. Paulus pro Onesimo intercedit apud Philemonem. Nam Christus de suo quoque cedens iure sua dilectione & sui humiliatione vicit et permouit patrem, vt iram ac omne ius suum deponeret, & nos in gratiam reciperet propter Christum, qui adeo serio pro nobis intercedit, & nostri curam agit fidelissimam. Omnes enim sumus ipsi Onesimi loco, modo fir-*⟨153⟩*miter illud credamus. Scopus igitur in hac epistola non est alius, quam vt Apostolus Onesimum domino suo, cui antea minus bene & fideliter seruierat, suo iam ministerio ad bonam frugem reuocatum, de nouo commendet:*[45] quam epistolam & ipse Onesimus ad Philemonem, dominum suum, Colossas pertulit. Hunc igitur scopum recte obseruantibus & simul considerantibus, qua spiritus & amoris plenitudine Apostolus in hoc, ad speciem minus arduo, negotio Philemoni scripserit, multum certe prodesse potest, non tantum ad meditationem, e LVTHERO supra adlatam, instituendam, sed vt in genere ex istiusmodi exemplo discant, res etiam externas, ab hominibus christianis peragi solitas, de fide, caritate, humilitate aliisque sanctis virtutibus, quibus interne ornati sunt, testari debere, neque existimandum, quod res eiusmodi externae nihil cum fide & christianismo commercii habeant: vti certe facile ad intelligendum est, quantum hae Pauli litterae commendatitiae ab eiusdem generis epistolis, apud CICERONEM aliosque obuiis, distent.

§. XX.
Paulum esse auctorem Epistolae ad Hebraeos.

Epistolam ad Hebraeos reliquis Pau-⟨154⟩li epistolis merito adiungimus, quod eam, etsi ab aliis *Barnabae,* ab aliis *Clementi Romano,* ab aliis alii cuidam adsignari, noui-

---

44 WA DB VII, 285, 3–5.
45 WA DB VII, 293, 3–16.

mus, a Paulo scriptam esse, maxime probabile sit: qua de re D. SEBASTIANVS SCHMIDIVS in dedicatione Commentario in hanc epistolam suo praemissa, & deinde in Prolegomenis adhuc fusius agit, p. 4. *argumenta, quibus Epistolam hanc ad Hebraeos a Paulo exaratam esse,* euincit, breuiter ita constringens. (1) *Paulum ad Hebraeos scripsisse testantur clare verba Petri* 2 Epist. c. III, 15. 16. *Quemadmodum & dilectus noster frater Paulus, iuxta ipsi datam sapientiam, scripsit vobis, quemadmodum & in omnibus epistolis, loquens in iis de his, inter quae sunt quaedam intellectu difficilia, quae indocti & instabiles detorquent. Ex quibus Petri verbis* D. GERHARDVS *Proleg.*[46] *post* PISCATOREM, *quatuor sumit argumenta* (1) *Aut Pauli epistola ad Hebraeos interiit, aut haec est, quam sub manibus habemus. Atqui non est probabile, Epistolam, quae ab alio Apostolo, quam a quo scripta & cum reliquis Canonicis citata est, interiisse.* (2) *Inter Petrinas & Paulinam ad Hebraeos egregia harmonia est. Atqui illa in hac, quam in manibus habemus, perspicue adparet.* (*Vid. Harmonia a* PISCATORE *maxime instituta Proleg. in h. Ep.*[47]) (3) *Petrus ait, Paulum pro sua sapientia h. e. sapienter, si vspiam, scripsisse. Atqui Spiritus sapientiae per totam hanc epistolam elucescit.* ⟨155⟩ (4) *In Paulina ad Hebraeos fuerunt quaedam difficilia intellectu. Atqui de nostra id est verissimum. Addere poterimus* (5) *quod Petrus Apostolus significet, in Paulina ad Hebraeos ab indoctis & instabilibus quaedam detorta fuisse & propterea epistolam in dubium vocatam. Id quod reuera huic Epistolae primis temporibus contigit.* 2. *Auctor huius Epistolae fuit Timotheo coniunctissimus cap. XIII, 23. Addo non coniunctissimus tantum, sed etiam auctoritatem quodammodo praecipiendi erga eum habens. Hinc scribit; Cum quo, si citius venerit, videbo vos; nec addit, si placuerit illi, tamquam qui ex auctoritate iubeat eum vna ire.* 3. *Idem meminit vinculorum suorum: quod Paulo solemne, immo peculiare est. Neque enim de vllo Canonico Auctore simile quid legimus.* 4. *Doctrina huius epistolae est alias etiam Pauli.* (*Conf.* D. GERHARDI & PISCATORIS *Prolegomena.*[48]) 5. *Habet haec Epistola clausulam Paulo solemnem,* (*Conf.* 2 Thess. III, 17. *cum cap. XIII, 25.*) 6. *Habet & methodum Paulinam a mysterio salutis ad exhortationes de studio pietatis.* 7. *Maxima pars Veterum Doctorum Epistolam hanc Paulo tribuit,* (*vt supra vidimus*) *& testatur* BEZA *in adnotationibus, in omnibus inscriptionibus, excepta vna, inuentum a se fuisse nomen Pauli.*[49] *Et notatu sane digna sunt verba* ATHANASII *dialog. I. de S. Trinit.*[50] *Ex quo adnuntiatum est Euangelium Christi, hanc epistolam Pauli esse, creditum est.*[51] Hactenus SCHMIDIVS. *Quod igitur ad* ⟨156⟩ *scopum huius Epistolae attinet,* ex historicis circumstantiis, in hac Epistola passim indicatis, facile is cognosci potest. Ex his enim intelligimus, ex Hebraeis seu Iudaeis multos quidem ad Christum conuersos & in doctrina Apostolica studiose institutos, veritati autem, partim propter Iudaicam educationem, partim propter adflictiones & vexationes, euangelii caussa obortas, & consanguineorum suorum, Iudaeorum videlicet adhuc ἀπίστων, repugnantiam non fideliter obsecutos fuisse, sed vel in verbo iustitiae rudes mansisse, vel adeo etiam ad Iudaismum relap-

---

46 Gerhard 1641, Prolegomena, 5–11.
47 Piscatorbibel 1604–1606, NT II, 295–298.
48 Gerhard 1641, Prolegomena, 5–11, Piscatorbibel, ebd.
49 NT griech. ed. Beza 1598, II, 386–440.
50 Athanasius, de sancta trinitate dialogus I = MSG 28, 1124 f.
51 Seb. Schmidt, Hebräer 1680, Epistola Dedicatoria, fol. 2–3; Gerhard 1641, Prolegomena, 4 f.

sos abiecta bona conscientia fidei naufragium fecisse. Vnde adparet, *non esse in hac epistola scopum, vt prima doctrinae Christianae fundamenta iaciantur, sed vt Hebraei inconstantes corroborentur & excitentur, indociles autem vberius clariusque instituantur, infirmi & ad defectionem proni sapientia & auctoritate Apostolica in viam reuocati seruentur.* Hunc genuinum Epistolae ad Hebraeos scopum esse, perspicue intelliges, si recte consideraueris Cap. I, 1. Cap. II, 1. 3. 4. Cap. III, 1. 6. 14. Cap. V, 12. sqq. Cap. VI, 9. sqq. Cap. X, 24. 25. 32. sqq. item comm. 35. Cap. XII, 4. 5. 12. 13. *Hic scopus rite obseruatus eo facit,* (1) vt eo melius co-⟨157⟩gnoscamus, *huius Epistolae argumentum per vniuersam doctrinam Christianam sese quasi diffundere,* in eaque Hebraeos argumentis maxime stringentibus optime stabiliri; quapropter haec ipsa Epistola ad solidam praecipuorum doctrinae Christianae Capitum probationem eo felicius adhiberi poterit. (2) Ex hoc potissimum scopo discimus, hanc epistolam nos optime instruere posse, *quemadmodum ex Veteri Testamento doctrinae Christianae probationem contra Iudaeos depromere debeamus:* quomodo sane *haec Epistola omnium optima Leuitici interpretatio est, quid? quod facillimam tutissimamque ad libros Veteris Testamenti recte explicandas viam nobis commonstrat.* In illa enim quam plurima nobis exempla ob oculos posita sunt, quanto cum studio Veteris Testamenti dicta, ad demonstrandum praecipue Domini nostri Iesu Christi officium & Personam, adlegentur, exponantur, adplicentur, aliisque cum Sacrae Scripturae dictis conferantur. (3) Hunc scopum necesse etiam est cognoscamus, *si admirabilem huius Epistolae ordinem seriemque recte intelligere voluerimus.* Ex hoc ipso, exempli caussa, facile colligimus, a commate 11, cap. V. ⟨158⟩ ad finem vsque cap. VI. parenthesin faciendam, quod Apostolus illud, quod comm. 10. Cap. V. coeperat, Christum videlicet esse Pontificem secundum ordinem Melchisedeci, comm. 1. cap. VII. demonstrare demum pergat. Hoc enim non obseruato, totus Epistolae ordo turbetur, necesse est: id quod non a paucis interpretibus huius Epistolae, ad scopum minus recte attendentibus, factum est.

§. XXI.
Epistolae reliquorum Apostolorum earumque Scopus in genere.

Antequam Scopum in reliquis etiam Epistolis Petri, Ioannis, Iacobi & Iudae, & cuiuslibet quidem separatim, indicemus, digna sunt, quae prius notentur, venerandi D. MARTINI CHEMNITII monita, quae in L. L. Theol. hac de re passim occurrunt. Exempli caussa p. 238. edit. Witteberg. MDCX. *Notandum est,* inquit, *quod primo tempore praedicationis Apostolorum opponebantur disputationes de disciplina Legis, sed cum hac ratione non posset praepediri cursus Euangelii, Diabolus Epicureismum excitauit in Ecclesia. Et hinc reperitur talis differentia in scriptis Apostolorum: quod priores Epistolae contra persuasionem de iustitia Legis pugnant; posteriores vero vrgent fructus poenitentiae & refutant Epicuraeas opiniones de licentia vitae.* [52] Notanter etiam de hac ⟨159⟩

---

[52] Chemnitz 1610, II, 238.

obseruatione & quibusdam antegressis subiungit: *Hae obseruationes continent imaginem & similitudinem certaminum omnium temporum.*⁵³ Et pag. 253. haec habet: *Dignum est obseruatione, Petrum & Ioannem in suis scriptis, etiam quando tractant hanc doctrinam,* (Iustificationis;) *tamen non vsurpare vocabulum Iustificationis. Et fecerunt hoc sine dubio non ideo, quod improbent formam verborum Pauli; sed quia videbant, quosdam, non adsuetos Hebraismis, perturbari vocabulo Iustificationis, quosdam etiam callide illud deprauare. Eamdem igitur doctrinam per alia synonyma magis nota repetiuerunt, vt ipsa collatione monstrarent veram significationem in disputatione Pauli. Et Deus sine dubio Ioanni ideo concessit vitam longiorem, vt, si quid animaduerteret minus recte intelligi, ipse Ecclesiae relinqueret certam explicationem.*⁵⁴ Hanc obseruationem aliasque similes B. CHEMNITIVS alibi etiam subministrat. Vt autem mentem ipsius eo melius perspiciamus, eo, vt summatim dicam, illa redit, primo tempore praedicationis Euangelii plerasque disceptationes inde subortas esse, quod qui ex Iudaeis in Christi disciplinam concesserant, iustitiam ex operibus sectabantur, gratiam Domini nostri Iesu Christi pro vnico & vero salutis fundamento non fideliter ponentes; Paulum igitur contra hanc corruptelam fortiter militasse, & epistolis huic scopo adcommodatis potenter demon-⟨160⟩strasse, hominem fide iustificari sine operibus Legis: Satanam autem, hac nocendi via ipsi obstructa, mox alia prorsus ratione tentando effecisse, vt homines Christi gratiam ad lasciuiam transferre & mere humanam persuasionem pro vera & saluifica fide venditare inceperint; hinc reliquos Apostolos, Petrum, Ioannem, Iacobum & Iudam epistolas suas ita concinnasse, vt horribilem istam corruptionem latius serpentem, qua homines, proteruitatem & libidines suas nihil morati, de fide Christiana gloriabantur, reprimerent: cuius discriminis gratia tam diuersas phrases vsurpari ab Apostolis, in fundamento doctrinae nihilo fecius inter se consentientibus, & diuersae tantum hominum conditioni & tempori sese accommodantibus. Ex his igitur obseruationibus reliquarum epistolarum scopus & intentio in genere cognosci potest. Talis autem scopi notatio, obseruante ipso CHEMNITIO,⁵⁵ hanc insignem vtilitatem parit, vt in iis tamquam imagine quadam & similitudine omnium certaminum, quae secutis temporibus exstitere, rationem & indolem possimus conspicari. Vt alia nunc taceam, certe LVTHERI tempore doctrina de meritis bonorum operum in Papatu summopere vrgebatur, adeoque in reformanda Ecclesia eo maxime contendendum erat, vt, quemadmodum olim doctrina Pauli erroneae Iudaeorum opiniones, ita nunc metho-⟨161⟩do Paulina variae aberrationes in Papatu sufflaminarentur & supprimerentur. Idcirco homines a mere externa operum iustitia semper auocandi & de iustitia fidei erudiendi erant. Adeoque non erat inepta & absurda ratio, qua istius temporis doctores in concionibus suis id ante omnia vrgebant, non esse operibus suis confidendum, bona opera per se nihil ad iustitiam & salutem conferre, caetera; tametsi negari nequeat, eo iam tempore hanc doctrinam a multis admodum imprudenter tractatam fuisse, vt inde non nisi vacua, inefficax & imaginaria fides in auditorum animis produci protuerit. Id quod

---

53 Ebd.
54 Ebd., II, 253.
55 Ebd. (kein Zitat, sondern Bezug auf die Stelle).

non tantum ex *Antinomorum* exemplo, sed e publica etiam VRBANI REGII[56] querimonia, quam de hac incauta docendi ratione in *libro suo de formulis caute loquendi* habet, manifestum est. Vnde cordati Theologi isto iam tempore peruersae huic docendi methodo eadem fere ratione occurrere necessum habuerunt, qua Iacobus, Iudas & reliqui Apostoli errorem coarguerunt eorum, qui doctrina de Iustificatione per fidem abusi sunt eamque ad libidinem transtulere; sicut & ipse LVTHERVS istum doctrinae suae abusum in scriptis suis passim satis duriter reprehendit.[57] Attamen fatendum est, postea praesertim hunc errorem foedae pestis instar in Ecclesiam Euangelicam longe lateque irrepsisse, vt multi non solum auditores verum etiam doctores LVTHERI ⟨162⟩ doctrina ita sint abusi, vt poenitentiam & verae saluificaeque fidei fructus, castam videlicet, iustam ac sanctam vitam non, quantum satis erat, inculcarint. Quae corruptio etsi nunc quidem adeo inualuit, vt homines proh dolor! de bonorum operum exercitio minus iusto solliciti, & pristini Pontificii erroris loco, quod salus aeterna operibus obtineri debeat, ad alterum extremum prolapsi sint, vt oblatam gratiam ad lasciuiam transferentes & vana spe salutis per Christi meritum consequendae delusi in vita Epicurea sese obfirment; tantum tamen abest, vt permulti diuersam temporum & auditorum rationem internoscere didicerint, vt de suggestu potius vehementer vociferentur, non esse salutem aeternam bonis operibus acquirendam, nemine quamuis ex praesentibus auditoribus bona opera facere, multo minus iisdem aliquid mereri discupiente. Quod si autem ad supra memoratam D. CHEMNITII obseruationem de Epistolarum Pauli & reliquorum Apostolorum scopo[58] animum recte attenderemus, atque ita exemplum a Deo ipso nobis in verbo suo propositum imitari studeremus, certe veram inde sapientiam acquisituri essemus ad hominum statum nosmet accommodandi iisque luculenter demonstrandi, non esse veram fidem, quae bonis fructibus destituatur, nec sine poenitentia fidem exsistere posse; similiter, bona opera ne-⟨163⟩quaquam improbari, sed tantum Iustificationem hominis peccatoris coram Deo iis abiudicari, caeterum neminem hominis Christiani nomine dignum esse, qui in studio Dominum nostrum Iesum Christum imitandi non diligenter versetur: similiter, inter nostrae aetatis homines subtilem quemdam Papatum regnare, vt multi, licet fateantur atque etiam profiteantur & prae se ferant, minime sese ex operibus salutem sperare, verbo tamen diuino petiti externa sua opera & probitatem adlegent, (quod videlicet non scortentur, nec furentur, nec latrocinentur, sed cultum Dei in templis frequentent, statis temporibus peccata sua sacerdoti confiteantur & sacra coena vtantur) adeoque externam operum iustitiam Deo offerant & obtrudant, cordis sui increduli & irregeniti nullam prorsus rationem habentes. LVTHERVS ipse in scriptis suis haec omnia diligentissime inculcare haud praetermisit; quemadmodum nec Paulus mortuam & infructuosam fidem, sed quae per caritatem efficax sit, fideliter docuit. His autem temporibus eo praecipue

---

56 Rhegius 1658.
57 WA 6, 213 f., 227; WA DB VII, 2 ff.; vgl. WWD II, 54; Studien I, 88 ff., 98 ff., 124 ff., 142 ff.; de Boor, ThLZ 1982, 573 ff.; vgl. AGP 15, 137 f.
58 Chemnitz 1610, II, 253 (kein Zitat, sondern Bezug auf diese Stelle).

nobis incumbendum est, vt sinistram doctrinae LVTHERI interpretationem & abusum animis nostrorum demamus, eosque ad veram resipiscentiam & sanctitatem informemus, quemadmodum Petrus, Ioannes, Iacobus & Iudas nouam Satanae fraudem, purissimae alioquin & sanctissimae doctrinae ⟨164⟩ Pauli abusu factam, animaduertentes de hac ipsa re maxime laborarunt. Neque haec docendi methodus de doctrina LVTHERI magis derogat, quam quidem iis temporibus de Pauli doctrina reliquorum Apostolorum docendi modus derogauit; quandoquidem persuasi sumus, LVTHERVM ipsum, si reuiuisceret, non alium doctrinae modum adhibiturum esse. Vnusquisque igitur hoc Epistolarum Noui Testamenti scopo probe cognito litteras Apostolorum eo diligentius inter se conferet, ex iisque tanto melius pro nostrorum temporum ratione proficiet: quamquam & hoc facile animaduertet, scopum, de quo CHEMNITIVS meminit, in hac epistola clarius quam illa cognosci, omnium autem maxime in secunda Petri; prima Ioannis, Iacobi & Iudae esse conspicuam.

§. XXII.
Scopus primae Epistolae Petri.

De Scopo & intentione cuiuslibet Epistolae in specie aliquid addituri ex *primae Petri Epistolae* Cap. I, 1. videmus, eam *electis aduenis dispersionis* inscriptam, adeoque tamquam *consolatoriam & adhortatoriam* missam esse. In hac ipsa igitur Apostolus fideles in adflictionibus ac persecutionibus, quibus vexabantur, conso-⟨165⟩latus est & erexit, eosque tum generatim, tum etiam, prout vniuscuiusque conditio, genus ac prouincia postulabat, de officio commonefecit. Et sane haec Epistola consolationis ac amoris testificationis plenissima est, in qua cum primis notanda est efficax diuini spiritus operatio, qua cor Apostoli tanta lenitate, mansuetudine, comitate, commiseratione atque misericordia repleuit, vt vel hoc satis testimonium esse possit, quantopere hominum natura ac indoles sanctificationis beneficio immutetur atque emendetur. *Scopi huius obseruatio* hunc singularem praebet vsum, vt hac Epistola recte vti discamus: & quidem ante omnia eo, *vt praestantissimam & firmissimam consolationem in omnibus vexationibus inde petamus*; deinde vero, vt ex eadem *efficacissime admoneamur & excitemur, ne in vllis adflictionibus Christiano nostro officio desimus.* Praeterea ex hac Epistola cognoscimus, *quo pacto Apostoli suorum mentes diuino solatio erigere soliti sint, ita nimirum, vt easdem ad coeptum boni rectique studium impigre ac pertinaciter persequendum simul cohortari haud praetermiserint:* ne ab altera parte iterum destruerentur, ⟨166⟩ quae ab altera aedificauerant; praesertim cum ea sit hominum corrupta indoles, vt consolatione minus circumspecte adhibita, in securitatem & acediam facile sese abripi patiantur.

§. XXIII.
Scopus secundae epistolae Petri.

In secunda Petri epistola Scopus Apostoli ex Cap. I, 12. 13. 14. 15. conspicuus est. *Quapropter non negligam vos de istis semper commonefacere, quamuis peritos & stabilitos in praesente veritate. Iustum autem duco, quamdiu sum in hoc tabernaculo, expergefacere vos per submonitionem. Quum sciam scito futurum, vt deponam tabernaculum meum: sicut Dominus noster Iesus Christus declarauit mihi. Sed & studebo, vt subinde vos possitis post exitum meum horum mentionem facere.* Et Cap. III, 1. 2. *Hasce iam alteras vobis litteras scribo, dilecti, quibus sinceram mentem vestram per submonitionem expergefacio; vt memores sitis verborum, quae praedicta sunt a sanctis Prophetis, & praecepti illius nostri, qui sumus Apostoli Domini & Seruatoris.* Et com. 17. *Vos igitur, dilecti, istorum praescii quum sitis, cauere, ne illorum nefariorum errore cum illis abducti excidatis a propria stabilitate.* His ergo verbis cum reliquis epistolae collatis adparebit, *Apostoli scopum esse il-*⟨167⟩*lum, vt omnes in vniuersum fideles ante discessum suum quam clarissime instruat, tum quo pacto ipsimet in gratia Dei magis magisque proficere, tum quemadmodum a dolosis spiritibus & deceptoribus, praesertim autem ab derisoribus & secundum carnem adfectis hominibus sibi cauere debeant.* Ex huius scopi obseruatione videmus (1) hanc epistolam quodammodo *conuenire cum secunda Pauli ad Timotheum*, quandoquidem perinde ac ista Apostoli, discessum e vita suum praestolantis, adeoque vltimam voluntatem eo clarioribus grauioribusque verbis declarantis, tabulas testamentarias complectitur. Vnde etiam (2) *duo primaria huius Epistolae momenta eo melius inter se distinguemus*, hortationem videlicet ad veri rectique in Christo studium, & admonitionem de vitando omnis seductionis periculo; vti certe Caput primum praecipue prius momentum continet, & *Nucleus ac Epitome totius doctrinae Christianae iure dici potest*, quippe in quo Apostolus vniuersam vitae Deo probatae rationem ac ordinem tam perspicue depingit, vt ad tutam & certam animae aedi-⟨168⟩ficationem vix quidquam clarius atque vtilius omnibus ac singulis commendari possit.

§. XXIV.
Scopus Epistolae primae Ioannis.

In prima S. Ioannis Epistola scopus Apostoli perspicuis verbis exprimitur Cap. I, 3. 4. *Quod vidimus & audivimus, id adnuntiamus vobis, vt & vos communionem habeatis nobiscum, & communio nostra sit cum Patre & cum Filio eius Iesu Christo. Et haec scribimus vobis, vt gaudium vestrum sit plenum.* Similiter Cap. II, 26. *Haec*, inquit, *scripsi vobis de iis, qui vos seducunt.* Quae verba mirisicam toti epistolae lucem praebent, nosque tum ad antecedentia tum consequentia remissos docent, quae sit Apostoli sententia, cum dicit: *Si dixerimus*, caetera Cap. I, 6. 8. 10. *Qui dicit*, caetera, Cap. II, 4. 6. 9. *Si quis diligit mundum*, caetera, ibid. com. 15. Nimirum, reuera tales impostores exstitisse, ita dicentes & *gratiam Dei nostri ad libidinem transferentes*, quos Antichristos adpellat, *qui e Christianis egressi sint, sed non fuerint ex illis* Cap. II, 18. 19. eosque fugiendos esse monet Cap. IV, 1. eodemque in Capite certissimos characteres suppeditat, quibus spiritus probari debeant. In summa, ex his omnibus, immo ex singulis epistolae verbis clarum est & perspicuum, verum & proprium Ioannis scopum non esse alium, ⟨169⟩ quam qui supra B. CHEMNITII verbis a nobis fuit indicatus, nimirum, *vt non solum purissimum de gratia Domini nostri IEsu Christi Euangelium adnuntiet, sed etiam quam efficacissime doceat, in IEsu esse veritatem, & fidem per caritatem efficacem esse oportere, si Christi illiusque gloriae participes fieri velimus.*[59] Quamuis igitur peculiaris huius epistolae scopus a scopo euangelii aliqua ex parte discrepet, facile tamen ad intelligendum est, epistolam euangelio & euangelium epistolae multis in locis plurimum lucis suppeditare. Caeterum *huius scopi notatio hunc singularem vsum praebet, vt hanc epistolam tamquam veram veri Christianismi delineationem consideremus: & in summa simplicitate summam Dei potentiam ac sapientiam agnoscentes lucem a tenebris eo melius distinguamus.*

§. XXV.
Scopus secundae Epistolae S. Ioannis.

In secunda Ioannis Epistola idem scopus deprehenditur, vt ad mutuam caritatem & veritatem, quae in Iesu est, cohortetur & omne sedu-⟨170⟩*ctionis periculum deuitare doceat. Illustri nobis exemplo esse potest, quemadmodum per litteras alios verbis paucis & simplicibus aedificare debeamus*: Id quod tanto diligentius notandum est, quod hodie insolens fere ac mirum mundanis hominibus videtur, si quem in epistola stilo, ad mundi vanitatem formato, non vti conspexerint; cum tamen in hac etiam parte Scriptura Sacra exemplar nobis imitandum commonstret, quemadmodum supra quoque in epistola ad Philemonem indicatum est.

§. XXVI.
Scopus tertiae epistolae S. Ioannis.

In tertia S. Ioannis epistola tres potissimum partes tractantur. Primum enim Gaius nomine hospitalitatis laudatur, deinde de Diotrephe fiunt querimoniae, tandem Demetrius commendatur. Ex quo argumento strictim indicato *scopus Apostoli* facile conspicitur, quod hanc epistolam Demetrio, vti non leuis coniectura est, ad Gaium dederit, *vt de eo testimonium perhibeat, quod ab ipso tamquam sincerus Christianus suscipi debeat.* Vnde occasionem etiam arripuit caritatem & hospitalitatem Gaii laudandi, de Diotrephe autem, qui nulla in fratres hospitalitate ⟨171⟩ vtebatur, conquerendi. Et idcirco verus ac genuinus Apostoli in hac epistola scopus est, *vt Demetrio firmum sinceritatis testimonium tribuat:* reliqua enim vsque ad aduentum suum differt. *Ex huius* igitur *scopi digna consideratione* hoc vtilitatis redundat (1) vt cognoscamus, *Apostolorum aetate litteras systaticas seu commendatitias in vsu fuisse,* quibus eos instruxerunt, qui in Christianae pietatis studio ita sinceros sese praestiterant, vt sine vllo seductionis periculo ab aliis Christianis potuerint suscipi; quo ipso Apostoli & primi Christiani in genere multa pericula ac confusiones prouidentes anteuerterunt, quandoquidem tam studiose sibi cauere, ne cui testimonium darent, cui non ab ipsa veritate testimonium esset redditum. (2) *Singularis inde primorum Christianorum virtus discenda est,* quae insecutis temporibus cum de-

---

59 Chemnitz 1610, II, 253.

fessa ac refrigerata caritate simul exoluit atque exspirauit, nimirum *hospitalitas*, quam quidem admodum caute & circumspecte, erga sinceros autem atque probatos amantissime ac liberalissime, exercuerunt.

§. XXVII.
Scopus Epistolae Iacobi.

In Epistola S. Iacobi scopus B. CHEM-⟨172⟩NITII verbis supra indicatus, vbique conspicuus est. Vere enim obiurgatoria & hortatoria est haec epistola, in qua Apostoli *scopus* est, *vt tepidos frigidosque Christianos, fidem verbis quidem iactantes, & gratia Domini nostri Iesu Christi se se oblectantes, veros autem fructus spiritus non edentes reprehendat, & ad sincerae pietatis studium in caritate, humilitate, abdicatione sui, patientia, oratione aliisque Christianis virtutibus serio & alacriter collocandum hortetur atque expergefaciat.* Hic scopus digne obseruatus, eo facit (1) *vt Paulum & Iacobum eo facilius inuicem conciliare & alterum cum altero conferre possimus.* Paulo enim res fuit cum iis, qui ex legis operibus iustitiam ac salutem quaeritabant; Iacobo autem cum illis, qui fide imaginaria saluari cupiebant, siue, qui fidem mere historicam pro vera & saluifica fide venditabant. Haec caussa est, quam ob rem hi Apostoli adeo diuersis locutionibus vtantur, & primo intuitu sibi inuicem adversari videantur, cum in fundamento tamen optime concordent, si vtriusque verba & locutiones pro diuerso scopo diiudicentur. Ita vera sunt, quae Paulus dicit[60] *fide iustificari* ⟨173⟩ *hominem absque operibus Legis*, h. e. vti ipse sua verba interpretatur,[61] *fide per caritatem efficace*, quamuis iustitia non operibus sed fidei tribuatur; Nec minus vera sunt, quae Iacobus dicit, *ex operibus iustificari hominem & non ex fide tantum*, h. e. non ea fide, quae sit sine caritate, qualem multi quidem comminiscuntur, sed tali, quae efficacitatem suam per bona opera declaret, hominem iustificari. Iacobus non tollit scripturam, quae dicit: *Credidit Abrahamus Deo & imputatum est ei ad Iustitiam:* admonet autem homines epicureos, quod scriptura simul testetur, *Abrahamum Dei amicum vocatum fuisse*,[62] atque hinc concludit, non esse saluificam fidem in iis, qui se Dei inimicos gerant. (2) Ex hoc scopo discimus, *hanc epistolam adprime aptam esse & conuenientem ad Lutheranorum nostratium statum*, qui plerumque de fide & gratia Iesu Christi gloriantur, & nihilominus in falsa ista fidei persuasione impie scelerateque alia super alia committunt. Vnde etiam ex hac epistola ipsis demonstrari potest, non LVTHERI doctrinam de fide, sed doctrinae Lutheranae abusum eos sublatum ire, qui sincerum Christianae pietatis studium vrgent.

⟨174⟩ §. XXVIII.
Scopus epistolae Iudae.

In epistola S. Iudae scopus Apostoli praecipue ex com. 3. 4. liquet, vbi dicit: *Dilecti, quum omne studium adhibeam, vt scribam ad vos de communi salute, necesse habui vobis*

---

60 *Fußnote im Original:* „Rom. III, 28."
61 *Fußnote im Original:* „Galat. V, 6."
62 *Fußnote im Original:* „Cap. II, 23."

scribere, ad vos hortandos, vt decertetis pro fide, quae semel tradita est sanctis. Nam subrepserunt quidam homines, iam olim praescripti ad hanc damnationem, impii, qui Dei nostri gratiam transferunt ad lasciuiam, & solum illum horum Deum ac Dominum nostrum Iesum Christum negant. Itaque nihil manifestius est, nihil clarius, quam *Apostoli* in hac epistola *scopum* non esse alium, nisi illum, quem supra D. CHEMNITII,[63] viri de ecclesia Christi meritissimi, verbis inditauimus. Neque mirandum est, hanc epistolam secundae Petri ita accurate consonare, quia ipse Apostolus innuit, hanc aliasque epistolas eo iam tempore scriptas fuisse & notas, ad easque dedita opera alludit com. 17. 18. *Vos autem*, inquiens, *delecti, memores estote verborum illorum, quae praedicta fuerunt ab Apostolis Domini nostri Iesu Christi, quod videlicet dixerunt vobis, in extremo tempore futuros irrisores, qui in impiis suis cupiditatibus incederent.* De his autem cum Paulus in vtraque ad Timotheum, tum maxime Petrus in secunda epistola perspicue locuti erant. Vnde ipsis genuinam ⟨175⟩ Apostolorum Domini sententiam exponit, ipsorumque verborum adimpletionem, suo iam tempore inchoatam aperte indicat. *Hi sunt*, inquit com. 19. *qui se ipsos segregant, animales, spiritum non habentes.* Hic scopus Apostoli digne consideratus praeter eam vtilitatem, quam supra in epistola Iacobi, ex parte etiam in epistolis Ioannis & Petri indicauimus, hanc etiam nobis exhibet, *vt harmoniam & vere diuinam doctrinae Apostolicae consonantiam eo melius perspiciamus,* & intelligamus, quod Deus ad fidem nostram tanto magis corroborandam a diuersis Apostolis diuinae veritatis suae testimonium, quod tam egregie sibi constat, nobis reliquerit.

§. XXIX.
Scopus Apocalypseos S. Ioannis.

Restat adhuc tertium librorum Noui Testamenti genus, *liber* videlicet *Propheticus*, quo nomine *Apocalypsis S. Ioanni facta* venit. *Huius ergo scopus* ex Cap. I, 1. patet: *Apocalypsis Iesu Christi, quam dedit ipsi Deus, vt indicaret seruis suis, quae oporteat fieri cito.* Et ex Cap. XXII, 6. 7. *Haec verba fida sunt & vera: & Dominus Deus ille sanctorum Prophetarum misit Angelum suum, vt indicet seruis, suis, quae oportet fieri cito. Ecce* ⟨176⟩ *venio cito, beatus, qui obseruat verba Prophetiae libri huius.* Et com. 16. *Ego Iesus misi Angelum meum, vt haec vobis testificaretur in ecclesiis.* Scopus igitur huius libri Prophetici est, quod Deus Dominus ecclesiae in his terris militanti indicare voluerit, quae fieri oporteat, & quae eius conditio ac sors esse debeat ad aduentum vsque Domini sui ac Saluatoris Iesu Christi, & quaenam, Domino adueniente, exspectanda ei sint gaudia & solatia. Quantum igitur ex hoc magni omnino faciendo libro per Dei gratiam & misericordiam intelligimus, *tantum vtilitatis & solatii in omnibus certaminibus contra Satanam, mundum & nostram ipsorum carnem ac sanguinem habemus.* Det Deus nobis omnibus *Spiritum sapientiae & reuelationis per agnitionem ipsius: & oculos illuminatos mentis nostrae, in omnes diuitias certitudinis intelligentiae in cognitionem mysterii Christi: Amen!*

---

[63] Chemnitz 1610, II, 253.

⟨177⟩ EPITOME
SCOPI LIBRORVM NOVI TE-
STAMENTI, QVAESTIONIBVS AC RE-
SPONSIONIBVS COMPREHENSA IN
VSVM EORVM, QVI IVVENTVTEM AD LE-
CTIONEM NOVI TESTAMENTI INSTITVE-
RE DEBENT.

In Nomine IESV! Amen.
Quaestiones Praeliminares.

1. *Scripturam sacram cum fructu & ad sui aedificationem lecturus ad quid attendere debet?*
   Responsio,
   Ad scopum & finem, in quem praecipue singula dicta & scripta sunt.
2. *Vnde Spiritus Sancti scopus & intentio in singulis peculiaribus textibus cognoscitur?*
   Ex consideratione scopi & intentionis vniuscuiusque libri.
3. *Quis est scopus totius scripturae sacrae? siue, quem in finem scripturam S. nobis Deus dedit?*
   Id Paulus nos docet Rom. XV, 4. & 2 Tim. III, 15. 16. 17.
4. *Quomodo S. scriptura commode dispesci potest?*
   (1) Ratione argumenti & (2) ratione librorum, quos continet.
5. ⟨178⟩ *Quomodo ergo S. scriptura ratione argumenti diuiditur?*
   In Legem & Euangelium.
6. *Anne Lex tantummodo in V. Testamento exstat?*
   Non, sed tam in Veteri quam Nouo Testamento habetur.
7. *Anne forte Euangelium in solo Nouo Testamento?*
   Non, sed itidem in Nouo & Vetere Testamento habetur.
8. *Lex quaenam doctrina?*
   Doctrina diuina est, de omnibus, quae Deus a nobis fieri & omitti vult, nos erudiens.
9. *Euangelium quaenam doctrina?*
   Doctrina est de summa Dei gratia in Christo IEsu, cuius per fidem participes reddimur.
10. *Cur vero ista doctrina Lex dicitur?*
    Quia Deus hac ipsa nobis ea praecipit, quae nostri sunt officii erga ipsum & proximum.
11. *Cur haec doctrina dicitur Euangelium?*
    Quia laetum est nuntium seu laetificans adnuntiatio.

12. *De qua re agitur summatim in Euangelio?*
   De amore Dei erga nos.
13. *De qua autem in Lege?*
   De amore nostro erga Deum & proximum.
⟨179⟩ 14. *Habetne vtraque S. sacrae pars, Lex videlicet & Euangelium, itidem peculiarem quemdam scopum?*
   Ita est. Alium scopum Lex, alium habet Euangelium.
15. *Ob quem finem Deus nobis dedit Legem?*
   (1) Ad externam morum disciplinam in vita communi 1 Tim. I, 9. 10.
   (2) Vt speculi instar nobis esset, ex quo peccatum & iram diuinam in peccatum agnosceremus.
   (3) Vt esset paedagogus ad Christum Gal. III, 24.
   (4) Vt esset regula & cynosura totius vitae nostrae Ps. CXIX, 105.
16. *Habemusne epitomen aliquam Legis?*
   Habemus. Decalogus est epitome Legis.
17. *Habetne vnumquodque praeceptum peculiarem scopum, ex quo intelligi & explicari debeat?*
   Vtique. Vide D. SPENERI quaestiones catecheticas ex primo catechismi capite de decem praeceptis.
18. *Quis scopus est Euangelii?*
   Vt credamus, Iesum esse Christum illum filium Dei, & vt credentes vitam habeamus per nomen eius Io. XX, 13.
19. *Quomodo S. scriptura diuiditur ratione librorum, quos continet?*
   In libros Veteris & Noui Testamenti.
⟨180⟩ 20. *Quinam sunt ex vtrisque clarissimi atque maxime perspicui?*
   Libri Noui Testamenti.
21. *Quid hinc colligis?*
   Consultum esse, vt Nouum Testamentum prius cognitum atque perspectum habeamus, quippe quod clauis Veteris Testamenti est.
22. *Anne vero & Vetus Testamentum legi debet?*
   Omnino, suo quoduis ordine.
23. *Cur Vetus Testamentum commode negligi nequit?*
   (1) Quia in illo aeque ac in Nouo verbum Dei exstat.
   (2) Quia Vetus in Nouo creberrime adlegatur, & hoc ad illud respicit.

Qaestiones, speciatim ad scopum
librorum Noui Testamenti at-
tinentes.

§. I.

1. *Quotuplices sunt libri Noui Testamenti?*
   Triplices (1) historici (2) epistolae Apostolorum & (3) liber Propheticus.

2. *Quinam sunt libri Historici?*
Quatuor Euangelistae & acta Apostolorum.
3. *Epistolae Apostolorum quaenam?*
Epistolae Pauli
ad Romanos.
⟨181⟩ 2 ad Corinthios
ad Galatas
ad Ephesios
ad Philippenses
ad Colossenses
2 ad Thessalonicenses
2 ad Timotheum
ad Titum
ad Philemonem
ad Hebraeos
Epistola Iacobi
2 Epistolae Petri
3 Epistolae Ioannis
Epistola Iudae.
4. *Num Epistolae Pauli eo ordine temporis scriptae sunt, quo inter libros Noui Testamenti alia aliam sequitur?*
Neutiquam.
5. *Quam epistolam a Paulo primam scriptam esse putas?*
Vtramque ad Thessalonicenses.
6. *Quaenam epistola fuit vltima?*
Secunda ad Timotheum.
7. *Quisnam liber est Propheticus?*
Apocalypsis S. Ioannis.

§. II. III.

8. *Quis scopus est & quae intentio omnium Euangelistarum?*
Vt enarrent, quae coepit Iesus & facere & docere ad eum vsque diem, quo sursum re-⟨182⟩ceptus est, vt per haec in ipsum credentes vitam aeternam consequamur Act. I, 1. 2.
9. *Quem scopum Lucas prae reliquis in concinnando euangelio habuit?*
Vt omnia iusto ordine persequeretur, vti alia alia fuerant insecuta: adeoque non nulla fusius enarraret.
10. *Quam intentionem Ioannes habuit in euangelio?*
Vt diuinam Iesu Domini Nostri naturam demonstraret, quam non nulli eo tempore ipsi abiudicabant, cap. XX, 31.

§. IV.

11. *Quid ex hoc generali ac speciali quatuor euangelistarum scopo, quem sic indicauimus, consequitur?*

(1) Vitae Domini nostri Iesu Christi cognitionem ex illis esse petendam; quandoquidem Deus haud frustra per quatuor fidos servos suos eam consignauit:
(2) Fidem in Iesum, Dominum nostrum, vitaeque aeternae spem ex iis recte fundandam esse & stabiliendam.
(3) Fidem istam nostram in imitatione Iesu eo studiosius esse demonstrandam.
(4) Harmoniam euangelistarum magni esse faciendam.
5. In primis in doctrina de persona & officio Domini nostri Iesu Christi fundamen-⟨183⟩tum rite a nobis iaciendum & magis magisque firmandum esse.

§. V.

12. Quis liber praeterea ad historicos Noui Testamenti libros spectat?
Acta Apostolorum.
13. Quis ea litterarum monumentis consignauit?
S. Lucas, Euangelista.
14. Anne omnium ac singulorum Apostolorum res gestae in hoc libro enarrantur?
Non, sed Petri tantum, maxime autem Pauli.
15. Quo sine hic liber scriptus est?
Vt primorum Christianorum sinceritatem in doctrina iuxta ac vita inde cognoscamus eamque imitemur.
16. Qui libri historicos sequuntur?
Epistolae Pauli Apostoli, & proxime quidem Epistola ad Romanos.

§. VI.

17. Quid generatim ex Pauli epistolis discere debemus?
(1) Magnum eius doctrinam de vera & saluifica fide inculcandi studium.
(2) Flagrantissimum eius & vere maternum in ecclesias amorem.
(3) Magnam illius sapientiam, prouidentiam ac circumspectionem, qua in bono tuendo & vituperandis abusibus vsus est.

⟨184⟩ *18. Quodnam caput ex Noui Testamenti libris prae reliquis nobis prodesse potest ad argumentum epistolarum Paulinarum recte capiendum?*
Caput XV. Actorum Apostolicorum.

§. VII.

19. Dic quaeso, quis scopus est & quae intentio Apostoli in epistola ad Romanos?
Vt ex ea discamus, tam Iudaeos quam Ethnicos ante Christum agnitum, omnes sub peccato & ira Dei iacere & iustificari sine operibus legis sola fide.

20. *Vbi hic Apostoli scopus summatim sistitur?*
　　Capite III, commatibus 23. 24. 25. 26.
21. *Anne vero Paulus hunc scopum adhuc cap. IX. X. XI. habet?*
　　Est omnio & ibi hic ipsius proprius & praecipuus scopus.
22. *Agitne Paulus in hac epistola tantum de fide?*
　　Non, sed de fidei etiam fructibus, quemadmodum in reliquis etiam epistolis.
23. *Quid vero ex diligenti huius scopi obseruatione consequitur?*
　　(1) Quod ex ea in salutis nostrae fundamento probe nos fundare possimus & stabilire.
　　(2) Quod ad confutandos vitandosque pontificiorum aliorumque errores illa vti possimus.
　　⟨185⟩ (3) Quod inde ordinem, quo homines ad Deum reducendi sint, & veram omnis verae pietatis scaturiginem discere possimus.

§. VIII.

24. *Quaenam epistola hanc ad Romanos sequitur?*
　　Prior ad Corinthios.
25. *Cuius ministerio Corinthii primum ad Deum conuersi fuerunt?*
　　Ministerio Pauli, vti videre est Actor XVIII, 9. 10. 11.
26. *Num vero in tam egregio statu, in quem ab Apostolo per Dei gratiam collocabantur, manserunt?*
　　Non manserunt, sed in varios errores ac peccata prolapsi sunt.
27. *Quisnam, quaeso, error praecipuus fuit?*
　　Quod quidam inter ipsos dixerunt, non esse resurrectionem mortuorum, Cap. XV.
28. *Quaenam flagitia inter ipsos obtinuere?*
　　Superbia, iurgia, scortatio, lites, christianae libertatis & sacrae coenae abusus, & id genus alia.
29. *Quem igitur huius Epistolae scopum esse existimas?*
　　Vt hanc ecclesiam, initio quidem ad Christum conuersam, postea vero valde disturbatam in ordinem denuo redigat, & ad mutuum vere Christiani amoris exercitium pu-⟨186⟩ramque & limpidam diuinarum veritatum cognitionem perducat.
30. *Quidnam ex hoc Epistolae scopo potissimum considerare debemus?*
　　(1) Magnum Apostoli amorem, quo ductus huius ecclesiae naeuos & defectus patientissime tulit & emendauit:
　　(2) Quo amore, patientia & sapientia in errantes & seductos nostra etiam aetate vti debeamus.

§. IX.

31. *Quaenam Epistola priorem ad Corinthios excipit?*
　　Posterior ad Corinthios.

32. *Quem scopum in hac Epistola habet Paulus?*
    (1) Vt eos, qui priore Epistola ad veram poenitentiam excitati erant, rursus erigat atque soletur:
    (2) Vt aduersus falsos Apostolos se defendat:
    (3) Vt malos & refractarios in Ecclesia Corinthiaca porro redarguat:
    (4) Vt omnes ac singulos admoneat atque emendet.
33. *Quid ex hoc Epistolae scopo discimus?*
    Profundam Apostoli caritatem, sapientiam, mansuetudinem, patientiam & diui-⟨187⟩num zelum, in quibus omnibus ipsum imitari debemus.

§. X.

34. *Quaenam Epistola hanc sequitur?*
    Epistola ad Galatas.
35. *Qua cum Epistola haec ipsa, quod ad primarium illius scopum attinet, proxime congruit?*
    Cum Epistola ad Romanos.
36. *Dic, quaeso, quis Apostoli in hac Epistola scopus primarius?*
    Vt Galatas in errorum ac vitiorum auia abreptos ad meliorem frugem reducat, eosque tum in fundamento doctrinae caelestis ad veram fidei sinceritatem tum ad genuinam caritatem & voluntatum consensionem formet.
37. *Quid prodest huius scopi obseruatio?*
    (1) Vt discamus, quantum momenti in puritate ac sinceritate doctrinae positum sit; Cap. I, 8. 9.
    (2) Vt sciamus, fundamentum salutis nostrae in solo Christo & fide in hunc ipsum statui:
    (3) Vt cognoscamus, qua caritate, mansuetudine & studio in seductos vti nos oporteat:
    (4) Vt percipiamus, doctrinam de iustificatione eum in modum esse tractandam, ⟨188⟩ vt neque Pharisaicae operum iustitiae neque Epicureae securitati ansa praebeatur.

§. XI.

38. *Iam sequitur Epistola ad Ephesios: quaenam occasio Paulo data fuit hanc epistolam mittendi?*
    Quod conuersos Iudaeos inter & Gentiles non bene conueniebat.
39. *Vnde isthaec discordia & animorum dissensio?*
    Quod Iudaei Gentiles pro fratribus habere nolebant, nisi legi sese submitterent.
40. *Quis proinde Apostoli in hac Epistola scopus?*
    Apostolus demonstrare satagit, discrimen illud, quod Veteris Testamenti temporibus Iudaeos inter & Gentiles fuerit, per Christum iam

esse sublatum, & vtrosque in vnum corpus spirituale, cuius caput Christus sit, coaluisse, Cap. II, 11. seqq.
41. *Quid ex hac scopi adnotatione discimus?*
   (1) Amorem Dei vniuersalem in Iudaeos & Ethnicos.
   (2) Vnicum & verum omnis sincerae caritatis & concordiae fundamentum, communionem videlicet gratiae Iesu Christi.
   (3) officium nostrum, vt pacem in ecclesia Dei, quantum in nostra situm est potesta-⟨189⟩te, sine diuino tamen veritatis detrimento, quaeramus & promoueamus.

§. XII.

42. *Quae nunc Epistola sequitur?*
   Epistola ad Philippenses.
43. *Vbinam Paulus hanc Epistolam exarauit?*
   Romae in vinculis.
44. *Cui hanc Epistolam Paulus ad Philippenses dedit?*
   Epaphrodito, doctori & ministro Philippensium, a quibus Romam missus fuerat, vt Paulum inuiseret eique collectam adferret.
45. *Quaenam vero hic Epaphroditus de Philippensium statu Paulo retulerat?*
   In fide ipsos fuisse constantes, quantumvis falsis quibusdam Apostolis eos conturbare adlaborantibus.
46. *Quis igitur Apostoli in hac Epistola scopus?*
   Vt Philippenses (a) in fide corroboret (b) ad caritatem, concordiam & humilitatem cohortetur (c) de vitandis falsis Apostolis commonefaciat (d) ad gaudium in DOMINO excitet, & (e) pro acceptis per Epaphroditum beneficiis gratias agat, quem (f) ipsis fidelissime commendat.
47. *Quid hinc in vsum nostrum obseruamus?*
   Flagrantissimum Apostoli in Philippenses ⟨190⟩ amorem & ingentem sollicitudinem, quam ad eos in veri & recti studio conservandos & aduersus omnes deceptiones praemuniendos adhibet.

§. XIII.

48. *Ad Epistolam ad Colossenses vt perueniamus, dic, quaeso, quis Colossenses primum ad Christum perduxit?*
   Epaphras, vid. cap. I, 7.
49. *Eratne Paulus Colossensibus de facie iam notus?*
   Non erat; non viderant faciem illius in carne. cap, II, 1.
50. *Quid ergo illum ad scribendum ipsis impulit?*
   Munus eius Apostolicum ita tulit, cap. I, 27. 29.
51. *Quis vero eius in hac Epistola scopus?*
   Apostolus hac ipsa Colossenses tum in puriore fidei doctrina tum religiosa vita eos confirmare, & ab erroribus falsorum Apostolorum omnique carnali securitate tutos praestare adnititur.

52. *Quem vsum huius scopi obseruatio nobis praebere potest?*
(1) Vt hanc Epistolam magni faciamus, vt pote in qua verum Christianismi fundamentum, immo totus eius ordo egregie continetur;
(2) Vt discrimen eo melius pernoscamus, cum de Iudaeis (vt cap. I, 13. & c.) & cum de gentilibus (cap. I, 21.) loquatur Apostolus.
53. *Cum quanam Epistola haec ad Colossenses maxime congruit?*
Cum Epistola ad Ephesios.

§. XIV.

54. *Quaenam Epistola hanc ad Colossenses sequitur?*
Prior ad Thessalonicenses.
55. *Quis scopus Apostoli in priore ad Thessalonicenses Epistola?*
Apostolus eos hac ipsa ad perseuerantiam in fide, caritate ac patientia excitare, in adflictionibus consolari, deque necessariis quibusdam Christianae doctrinae partibus commonefacere voluit.
56. *Quaenam fuerunt istae partes?*
Doctrina de aduentu Christi: de ordine resurrectionis mortuorum: de fraterna caritate & humilitate cum inter se mutuo tum vero maxime erga doctores excolenda.
57. *Vbinam praeterea in Nouo Testamento de Thessalonicensibus legimus?*
In Capite XVII. Actorum.
58. *Quem fructum ex hoc scopo obseruato percipimus?*
Sanctos diuini spiritus motus in animo Apostoli, inprimis amorem ac fidem erga hanc Ecclesiam prae reliquis inde possumus perspicere.

§. XV.

59. *Quis scopus Pauli in posteriore ad Thessalonicenses Epistola, quae primam sequitur?*
(1) Vt doctrinam de aduentu Christi luculentius ipsis explicet & proponat.
(2) vt ipsos in durantibus adflictionibus soletur, &
(3) eos, qui inordinate viuere & otiari coeperant, reprehenderet.
60. *Quid ex hoc Pauli scopo discimus?*
(1) Diuinam veritatem facile in peregrinum sensum rapi posse, & quo pacto infirmioribus in tali casu succurrere debeamus.
(2) In optimo etiam ecclesiae statu confusionem suboriri posse; & quomodo ei sollicite anteuertere debeamus.

§. XVI.

61. *Sequitur iam prima ad Timotheum Epistola: dic autem prius, quis sit iste Timotheus?*
Episcopus Ephesi.

62. *Quem in finem Paulus hanc ad Timotheum epistolam scripsit?*
   Vt nosset, quomodo oporteret in domo Dei versari: quae est ecclesia Dei viui c. III, 14. 15.
63. *Qua ratione spectanda est haec epistola?*
   Vt pulcherrima & optima Ordinatio ecclesiastica: ad quam reliquas omnes examinari oporteat.
⟨193⟩ 64. *Quid vtilitatis ex diligenti huius scopi notatione redundat?*
   (1) Omnes doctores in ea, tamquam speculo sese contemplari possunt, vtrum officio suo ex diuina ordinatione fungantur, an minus?
   (2) Ex ea etiam sapientiam singulare Dei donum esse cognoscimus.
   (3) Ex hac Epistola veros Dei seruos a mercenariis & ventri seruientibus distinguere discimus.

§. XVII.

65. *Quid de secunda ad Timotheum Epistola in primis notandum est?*
   Hanc omnium Pauli Epistolarum vltimam esse, quomodo patet ex cap. IV, 6. 7. 8.
66. *Vbi locorum haec epistola scripta est?*
   Romae in vinculis.
67. *Quomodo haec Epistola consideranda est?*
   Veluti suauissima Cygnea cantio, siue Testamentum Pauli Apostoli.
68. *Quis vero ipsius in hac Epistola scopus?*
   Timotheum adhortatur, vt post ipsius etiam e vita discessum salutari doctrinae adhaereat, nec vlla adflictione ab ea se dimoueri patiatur.
69. *Quo valet istius scopi in hac Epistola obseruatio.*
   Eo, vt tanto maiore in pretio illam habeamus, quippe quae a Paulo iam sene, & tam multis experimentis erudito seruo Dei ex spiritu ad supplicium pro confessione Christi ⟨194⟩ subeundum promtissimo paullo ante vitae ipsius finem scripta est.

§. XVIII.

70. *Quaenam nunc sequitur Epistola?*
   Epistola ad Titum.
71. *Quis ille Titus?*
   Fuit episcopus in Creta Insula.
72. *Quem haec Epistola habet scopum?*
   Eumdem, quem supra in prima ad Timotheum Epistola indicauimus; quapropter eam itidem veluti breuem quamdam Ordinationem Ecclesiasticam considerare possumus.
73. *Quanam vero in re ab illa potissimum dissert?*
   Quod in hac ad peculiares Cretensium circumstantias non nulla adcommodet Cap. I, 10. 11.

74. *Quid inde discimus?*
   (1) Quod ex vtriusque Epistolae collatione vtramque eo melius intelligere possimus.
   (2) Quod pro singularibus coetus cuiusdam, oppidi vel totius etiam regionis circumstantiis saepius rei alicuius maior ratio heic quam illic haberi debeat.

§. XIX.

75. *Dic iam, quaeso, quem scopum in Epistola ad Philemonem Paulus habeat?*
   Paulus hac Epistola Philemonem eo adducere studet, vt Onesimum seruum suum, qui ab ipso aliquid furatus aufugerat, amanter recipiat, vtpote ad Deum sincera resipiscentia reductum.

76. *Quid nos huius epistolae scopus docet?*
   Quod res etiam externae ab hominibus Christianis peragi solitae de fide, caritate, humilitate aliisque sanctis virtutibus testari debeant.

§. XX.

77. *Anne adhuc vna superest Epistola a Paulo Apostolo conscripta?*
   Superest, & quidem Epistola ad Hebraeos.

78. *Vnde probabis, Paulum huius epistolae esse auctorem?*
   (1) Ex comm. 15. 16. Cap. III. posterioris Petri Epistolae; vbi Petrus Paulum ad Hebraeos scripsisse adfirmat:
   (2) Ex huius ipsius Epistolae cap. XIII, 23.
   (3) Ex collatione 2 Thess. III, 17. cum huius Epistolae cap. XIII, 25.

79. *Iacitne Paulus in hac Epistola prima Christianae doctrinae fundamenta?*
   Neutiquam, cap. VI, 1.

80. *Quo fine igitur hanc Epistolam Paulus exarauit.*
   Vt inconstantes Hebraei corroborarentur & melius instituerentur, aduersus defectionem a fide autem praemunirentur.

81. *Quomodo alias haec Epistola spectanda & consideranda est?*
   Tamquam optima Leuitici Interpretatio, & selectissima ad verum Veteris Testamenti sensum percipiendum institutio.

82. *Quo igitur facit haec epistola ob scopum iam indicatum?*
   (1) Vt eo melius intelligamus, huius Epistolae argumentum per vniuersam doctrinam Christianam sese diffundere.
   (2) Vt videamus, quomodo doctrinae Christianae probationem aduersus Iudaeos ex Veteri Testamento depromere possimus.

§. XXI. XXII.

83. *Quaenam Epistolae sequuntur Paulinas?*
   Duae Petri Epistolae.

84. *Ad quos illae scriptae sunt?*
   Ad fideles Iudaeos inter Gentes dispersos.
85. *Quis Petri scopus in prima Epistola?*
   (1) Vt Iudaeos conuersos in adflictionibus & vexationibus, quibus premebantur, consoletur & erigat:
   (2) Vt eos ad fidei perseuerantiam & vitae sanctitatem adhortetur.
86. *Quem vsum huius scopi obseruatio praebet?*
   (1) Vt hanc epistolam ad praestantissimam in omnibus adflictionibus consolationem,
   (2) Ad efficacissimam excitationem, ne in vllis adflictionibus officio nostro christiano desimus, adhibeamus.

§. XXIII.

87. *Quis scopus Petri in secunda Epistola?*
   (1) Vt fideles ante discessum suum ad veri & recti studium in Christo adhuc semel cohortetur cap. I, 12. 13. 14. 15.
   (2) Vt eos doceat, quemadmodum a dolosis spiritibus & derisoribus sibi cauere debeant, cap. III, 1. sqq.
⟨197⟩ 88. *Quomodo praeterea hanc Epistolam considerare possumus?*
   Tamquam cygneam cantionem & testamentum Petri Apostoli.
89. *Qvid vtilitatis ex huius scopi adnotatione redundat?*
   (1) Vt hanc Epistolam tanto magis commendatam nobis habeamus, vtpote in qua Petrus vltimam voluntatem suam tanto luculentius & manifestius declarauit;
   (2) Vt duo primaria huius Epistolae momenta, nimirum adhortationem ad veri rectique studium & admonitionem de vitando omnis seductionis periculo eo melius discernere & ad nostri aedificationem adplicare discamus.

§. XXIV.

90. *Cuiusnam Apostoli Epistolae vtramque Petri sequuntur?*
   Tres S. Ioannis Epistolae.
91. *Quis scopus primae Ioannis Epistolae?*
   Vt doceat, in Iesu esse veritatem, & fidem per caritatem efficacem esse oportere, si Christi ipsiusque gloriae participes fieri velimus.
92. *Quem huius scopi notatio vsum praebet?*
   Vt hanc Epistolam tamquam veram veri Christianismi delineationem consideremus, & in summa simplicitate summam Dei potentiam ac sapientiam agnoscentes lucem a tenebris eo melius distinguamus.

§. XXV.

93. *Ad quem secundam Ioannes epistolam misit?*
   Ad piam quamdam matronam illiusque liberos.

⟨198⟩ 94. *Quis huius Epistolae scopus?*
(1) Vt ad mutuam caritatem & veritatem, quae in Iesu est, cohortetur.
(2) Vt omne seductionis periculum deuitare doceat.
95. *Quo valet istius scopi obseruatio?*
Illustri nobis exemplo esse potest, quemadmodum per litteras alios verbis paucis & simplicibus aedificare debeamus.

§. XXVI.
96. *Adquem tertia Ioannis Epistola scripta est?*
Ad Gaium presbyterum.
97. *Quis scopus huius Epistolae?*
Vt Gaio de Demetrii fide bonum perhibeat testimonium.
98. *Quem in finem de Demetrio bonum testimonium perhibet?*
Vt a Gaio suscipiatur.
99. *Quibus argumentis Gaium ad hoc ipsum adducere nititur?*
(1) Quod caritatem & hospitalitatem Gaii laudat:
(2) Quod de Diotrephe, qui nulla in fratres hospitalitate vtebatur, conqueritur.
100. *Quid huius scopi obseruatio docet?*
(1) Verum litterarum systaticarum seu commendatitiarum vsum:
(2) Vt primorum Christianorum hospitalitatem carae iuuentuti ob oculos proponamus.

§. XXVII.
101. *Quaenam porro sequitur Epistola?*
Epistola Iacobi.
⟨199⟩ 102. *Quis huius Epistolae scopus?*
(1) Vt fideles sub adflictionibus soletur:
(2) Vt tepidos frigidosque Christianos, fidem verbis quidem iactantes veros autem fructus spiritus non edentes, reprehendat.
(3) Vt eos ad sincerae pietatis studium hortetur atque expergefaciat.
103. *Quid hic scopus recte obseruatus docet?*
(1) Paulum & Iacobum facile inuicem posse conciliari, vbi hic illi contradicere videtur.
(2) Hanc Epistolam adprime aptam esse & conuenientem ad Lutheranorum nostratium statum, qui plerumque de fide & gratia Christi gloriantur, & nihilominus omnibus peccatis & flagitiis sese contaminant.

§. XXVIII.
104. *Quaenam est vltima in Nouo Testamento Epistola?*
Epistola Iudae Apostoli.

105. *An ne hic Iudas Iscariotes est, qui Christum prodidit?*
Non est, sed Iudas Iacobi, cuius sit mentio Io. XIV, 22. Act. I, 13.
106. *Cui Epistolae haec ipsa maxime conuenit?*
Secundae Petri Epistolae.
107. *Quis scopus Apostoli in hac Epistola?*
Vt hortetur ad constantiam in fide & ad vitae sanctitatem, contra eos, qui gratiam Dei ad lasciuiam transferebant.
⟨200⟩ 108. *Quid ex indicato scopo inprimis perspicimus?*
Harmoniam & vere diuinam doctrinae Apostolicae consonantiam.

§. XXIX.

109. *Ad tertium librorum Noui Testamenti genus librum propheticum pertinere dixisti: quinam iste?*
Apocalypsis S. Ioannis: vel potius Apocalypsis Iesu Christi Ioanni facta.
110. *Quis huius libri scopus?*
Deus ecclesiae in his terris militanti indicare voluit, quae eius conditio & sors esse debeat ad aduentum vsque Domini sui ac Saluatoris Iesu Christi: & quaenam, ipso adueniente, exspectanda ei sint gaudia atque solatia.
111. *Quorsum spectat huius scopi obseruatio?*
(1) Vt in omnibus certaminibus contra Satanam, Mundum & nostram ipsorum Carnem ac sanguinem hoc libro salutariter vti discamus:
(2) Vt a Deo Spiritum sapientiae ac reuelationis diligenter expetamus, quo mysteria in hoc libro comprehensa oculis mentis illuminatis perspiciamus.

AVGVSTI HERMANNI FRANCKII,

S. THEOL. PROF. ORD. PAST. VLRICIANI,
ET GYMNASII SCHOLARCHAE

INTRODVCTIO
AD
LECTIONEM
PROPHETARVM
I. GENERALIS,
II. SPECIALIS
AD LECTIONEM IONAE,

QVAE IN RELIQVIS EXEMPLO ESSE
POSSIT.
VTRAQVE DIRECTA
AD COMPARANDAM E PROPHETIS
AGNITIONEM IESV CHRISTI.

ILLO SPLENDENTE LEVABOR

Actor. X, 43. Τύτω (Ἰησῦ) πάντες οἱ προφῆται μαρτυρῦσιν.

HALAE MAGDEBVRGICAE,
Typis & impensis Orphanotrophei, cIɔ Iɔcc XXIV.

AVGVSTI HERMANNI
FRANCKII,
S. THEOL. PROF. ORD. PAST. VLRICIANI,
ET GYMNASII SCHOLARCHAE

INTRODVCTIO
AD
LECTIONEM
PROPHETARVM
I. GENERALIS,
II. SPECIALIS

AD LECTIONEM IONAE,

QVAE IN RELIQVIS EXEMPLO ESSE
POSSIT.
VTRAQVE DIRECTA

AD COMPARANDAM E PROPHETIS
AGNITIONEM IESV CHRISTI.

Actor, X, 43. Τούτῳ (Ἰησοῦ) πάντες οἱ προφῆται μαρτυροῦσιν.

HALAE MAGDEBVRGICAE,
Typis & impensis Orphanotrophei, MDCCXXIV.

Einleitung zu 4: *Introductio ad lectionem Prophetarum*

Zur folgenden Schrift Franckes vgl. die Einleitung zur *Commentatio de scopo veteris et novi testamenti*, in der auch die Tagebuchnotizen zu seinen Vorlesungen über die Propheten in den Jahren 1720 und 1723 aufgeführt werden, vgl. vorl. Bd., 177–180.

Während Francke in der *Commentatio* den *scopus* aller biblischen Schriften aufzeigt, kommt es ihm in der *Introductio ad lectionem Prophetarum* vornehmlich darauf an, seinen Hörern die rechte Folge der Schriftauslegung, ausgehend vom Neuen Testament bis hin zum Alten Testament, nahezubringen.

An Hand der Tagebücher lässt sich auch der Verlauf der Edition der *Introductio* verfolgen.

⟨1*⟩ LECTOR IN DOMINO IESV PERDILECTE!

ACcipe quaeso aequa & beneuola mente a me *Introductionem Generalem ad lectionem Prophetarum*, & vna cum hac coniunctam eodem volumine *Introductionem specialem*, non ad singulos quidem Prophetas, qui hoc nomine κατ' ἐξοχὴν in ⟨2*⟩ codice biblico insigniri solent, sed *ad Ionam* duntaxat, natu caeteris maiorem, quae in reliquis pari ratione per scripturas collustrandis non modo exempli, sed etiam manuductionis loco esse possit. Vtramque ita, vt in praesentia Tibi offero, auditoribus olim meis tradidi praelectionibus, quae ex officio habendae mihi fuerunt. Et *generalem* quidem illam, *anno* MDCCVII *die* XVII *Ianuarii* coeptam finiui *die* XX *Iulii eiusdem anni*, insuperque, vt eo altius iuuenum animis imprimeretur, mense Augusto & Septembri repetendo inculcaui. Hanc autem *specialem d.* XVII *Octob. A.* MDCCVII inchoatam, per ⟨3*⟩ Dei gratiam *d.* IV *Iunii anno* MDCCVIII absolui.

Scopum, quem mihi tunc hisce in laboribus academicis praestitutum habui, vt probe teneas, antequam lectionem huius libelli ingrediaris, non otiose, vt opinor, heic repeto verba, quae p. 4. §. II. *Introd. gener.* habentur: *Hac nostra introductione animum non eo intendimus, vt omnem Dei oeconomiam in scriptis Prophetarum cognoscendam, et ad intelligenda quaevis particularia eorum cum vaticinia, tum reliqua effata, aditum aperiamus. Eiusmodi enim institutum, quod laudabilissimum in se est, amplius est eo, quod nobis in animo est, & diffusiorem, quam nobis in praesentia proposuimus, tractationem postularet. Id autem nos acturos esse recipimus, vt introductionem ad cognitionem Christi e Prophetarum nominatorum* (p. 3.) *scriptis hauriendam suppeditemus, qua in re haud dubie cardo illorum scriptorum vertitur. Reliqua vix attingemus, nisi & ipsa aliquam euidentem* σχέσιν *ad Christum habe*-⟨4*⟩*ant, quae sicco pede ea praeteriri vetet.* Vides, Lector, quid tunc, quum haec publice docerem, in animo constituerim; pariter autem facile animaduertes, me isthaec minime quasi eruditionis rarioris specimina orbi, qui vocatur, erudito scripsisse, sed discipulis erudiendis, quibus nil magis necessarium est, quam vt fundamenta solida caelestis sapientiae animo comprehendant, pro ea, quam iis semper debeo, fidelitate tradidisse.

Monentibus vero amicis, vt ea e scrinio extracta in lucem tandem proferrem, reuidi equidem illa, facileque deprehendi occurrere in iis, quae curis posterioribus haud difficulter in melius mutari possent; verum tamen, quum eorum, quae abhinc sedecim & pluribus annis sub gratiae diuinae ductu in hoc genere meditatus sum, me ⟨5*⟩ haud poeniteat, nec limae studiosius iis adhibendae multum temporis relinquant occupationes aliae, satius esse duxi, praesentium auditorum studia, adde & aliorum, quibus haec legere volupe esset, commodum spirituale opera illa mea qualicunque adiuuare, quam incerto euentu diutius illa sine vllius hominis vtilitate seposita habere.

Caeterum opusculi huius publicationem proxime antecessit editio alius manuscripti meletematis, nempe *de scopo librorum Veteris & Noui Testamenti:* Id si conferatur cum hoc, nec non cum illo libro, cui titulus: *Christus S. Scripturae nuc-*

leus, nuper e germanica, qua editus a me olim fuerat, in latinam linguam translatus et hoc ipso mense euulgatus, ex iis forte huic etiam aliquid luminis accedet. Nihil e-⟨6*⟩nim libri illi re ipsa sunt, nisi introductiones quaedam generales specialesque in libros Sacrae Scripturae. Ego vero me vel ista DOMINI gratia indignum reor, inter minimos vt sim, qui huc operam suam conferunt, vt magnificetur nomen Christi: qua in re maxime omnium ardua, ea licet, cuius mundus exiguam habere curam solet, etiam voluisse sat est. Vale Lector in Christo dilectissime, et ex iis, quae legis, beatissimas amoris Christi flammas concipe. Scripsi Halae d. XXII. Sept. MDCCXXIII.

A. H. F.

⟨7*⟩ Σύνοψις
Introductionis Generalis ad lectionem Prophetarum.

§. I. *Quinam per prophetas hoc loco intelligantur, quorum ad lectionem Introductio promittitur*	p. 1
§. II. *Quid per hanc Introductionem intelligi debeat*	2
§. III. *Duplicem hanc fore Introductionem, Generalem & Specialem. Istam heic praemissumiri*	5
§. IV. *Christum esse finem & scopum Prophetarum, immo magnum illum Prophetam adeoque audiendum & sequendum*	5
§. V. *Tria huc spectantia monita*	7
§. VI. *Prophetarum explicationi scripta maxime Apostolorum, deinde Euangelistarum historias nec non Apocalypsin inseruire. Apostolos prae Prophetis & ipsiis Euangelistis habere praerogatiuam*	9
§. VII. *Itaque Noui Testamenti scripta in studio prophetico instar cynosurae & fili Ariadnei esse debere*	13
§. VIII. *Hinc obseruandum I) Quae ab Apostolis dicta scriptaue sunt, eadem in Prophetis quoque deprehendi*	14
§. IX. *II) Quatuor potissimum modis Vetus Testamentum in Nouo reperiri, qui ostenduntur*	15
§. X. *III) Ea loca initio in Nouo Testamento esse notanda, in quibus impletum esse adfir-*⟨8*⟩*matur, quod a Prophetis praedictum fuit*	17
§. XI. *IV) Ad testimonia attendendum, quae ab Apostolis & Euangelistis ad confirmanda vel illustranda dogmata adducuntur*	20
§. XII. *V) Ea loca consideranda, vbi scriptores Noui Testamenti phraseologia prophetarum & allusionibus ad Vetus Testamentum animi sui sensu declarant*	21
§. XIII. *Post Noui Testamenti scripta Mosis etiam libros esse consulendos*	25
§. XIV. *Quodnam axioma e dictis sponte sua fluat*	28
§. XV. *Res proposita aliquot exemplis declaratur*	30
§. XVI. *Libros historicos V. T. prophetarum libris etiam facem praeferre*	35
§. XVII. *Ad quatuor historiae momenta rem omnem, in hoc negotio spectandam, referri posse, quae enarrantur*	37

§. XVIII. Ista quatuor historiae momenta exemplo declarantur	42
§. XIX. Librum Psalmorum multum ad intelligendos Prophetas conferre	44
§. XX. Quadruplex ostenditur via ineunda iis, qui Psalterium ad interpretanda prophetarum vaticinia de Christo adhibere volunt	48
§. XXI. Quae omnia exemplo Psalmi XLV. illustrantur	54
§. XXII. Modo dicti Psalmi XLV. collatio cum Prophetis instituitur	58
§. XXIII. Collationem ipsorum Prophetarum in-⟨9*⟩ter se, & vaticiniorum breuiorum cum longioribus, obscuriorum cum clarioribus effatis fieri debere	64
§. XXIV. Ex ista prophetarura inter se collatione alia plura solidae interpretationis adminicula nasci, quorum non nulla recensentur	67
§. XXV. Hoc ipsum dicto Petrino Act. X, 43. exempli loco demonstratur. Conclusio	77

Σύνοψις
Introductionis ad Lectionem Ionae Prophetae.

CAP. I.
De ratione comparandi e Iona Propheta cognitionem CHRISTI.

§. I. Ipsius Christi, hunc Prophetam allegantis, verba ante omnia esse expendenda	91
§. II. Eadem verba in interpretando hoc Propheta clauis instar adhibenda esse	92
§. III. Quae vt recte intelligantur, eorum vim e contextu & tota Christi historia erui & in lucem sisti debere	93
§. IV. Quem respectum verba Christi ad Ionam Prophetam habeant	99
§. V. Quo animi adfectu Christus haec verba protulerit	103
§. VI. Non vnum, sed plura in sermone Christi vaticinia comprehendi. Tabula octo argumenta typi Ionae & Antitypi Christi exhibens	109
§. VII. Mysterium crucis, vtpote praecipuum ⟨10*⟩ sacrae Scripturae argumentum, his verbis a Christo explicari	112
§. VIII. Summam hactenus dictorum esse, vt consilium Dei in iis, quae cum Iona acta sunt, cognoscamus	115
§. IX. Quo pacto tractationi Ionae se se quis accingere debeat	116

CAP. II.
De iis, quae Apostoli Domini nostri Iesu Christi ad doctrinam de Christo eiusque testimonio Ionae, re quidem magis quam verbis praestito, confirmandam scriptis suis conferant.

| §. I. Multa a Christo dicta, quae Euangelistae concise & generatim commemorent ab Apostolis fusius & magis speciatim tractari | 119 |
| §. II. Huius rei exemplum esse posse verba Christi supra adlata, vtpote quae Apostoli non quidem ex instituto exponant, sed tamen singula rerum capita a Christo proposita accurate persequantur | 120 |

§. *III. Loca non nulla Noui Testamenti euoluuntur, in quibus octo illa argumenta, quae Antitypus cap. I, §. VI. indicatus exhibet, tractantur*   123

§. *IV. Primum argumentum typi de tempestate, existente in naui Iona, suborta, & antitypi, de turbis aduersus praesentem in gente Iudaciea Christum excitatis, fusius explicatur*   131

§. *V. Ad hunc modum reliqua etiam argumenta* ⟨11*⟩ *pertractari posse, quod non sit huius instituti*   144

§. *VI. De sensu mystico rite tractando quaedam monentur generatim*   146

§. *VII. Speciatim ostenditur, in quolibet Christiano, tamquam* χριστοφόρῳ, *cotidianam huius typi haberi impletionem*   148

CAP. III.
De subsidio, quod e Pentateucho Mosis ad genuinam Ionae expositionem accedit, quo in illo CHRISTVS in primis intelligatur.

§. *I. E Mose prophetarum doctrinam promanasse*   152

§. *II. Primas origines rerum, quas Ionae liber complectitur, in libris Mosis contineri, & eamdem vtrobique phraseologiam deprehendi*   153

§. *III. Ad cognitionem Christi, e Iona petendam, praecipue spectare ipsius verba cap. IV. 2. eaque e secundi Mosis libri capite XXXIV, 6. tamquam fonte, hausta esse*   155

§. *IV. In loco isto, quem e Mose profert Ionas, illustre Patris de Filio testimonium perhiberi*   157

§. *V. Iste locus Mosis ex collatione antecedentis Capitis XXXIII, 12. 13. 14. illustratur*   161

§. *VI. Quid per faciem DOMINI v. 14. cap. XXXIII. Exodi intelligatur*   164

§. *VII. Christum a Mose in illo loco peti & a DOMINO ei promitti*   165

§. *VIII. Per gloriam & totam bonitatem Iehouae CHRISTVM intelligi*   170

⟨12*⟩ §. *IX. Quod ex Psalmo CXLV. et Hoseae III. confirmatur*   172

§. *X. Idem probatur ex Exodi c. XXXIII, 19–23. vbi notandum, contextum Mosis de duobus loqui, ita quidem, vt isti duo vnum sint*   174

§. *XI. Promissio DOMINI:* Et inclamabo nominatim Iehoua ante faciem tuam; *expenditur*   177

§. *XII. Illa Verba:* Gratiosus ero, cui fuero gratiosus &c. *considerantur*   182

§. *XIII. Verba:* Non posses videre faciem meam, *caetera, ponderantur*   185

§. *XIV. Ex hactenus dictis liquido constare, commata 6. 7. cap. XXXIV. Exodi Patris esse de Filio testimonium*   188

§. *XV. Recitantur quorumdam aliorum interpretum, idem sentientium, testimonia*   189

§. *XVI. Nonnullos interpretes dicere, Filium heic loqui de Patre, quod falsum sit*   193

§. *XVII. Ad considerandas singulas huius praeconii voces* Brentius & Cocceius *commendantur*   195

§. *XIIX. Praeconium illud Patris de Filio ex aliis Veteris Testamenti locis corroboratur, vbi vel Pater Filium, vel Filius Patrem adlocutus dicitur*   198

§. *XIX. Quae S. Ioannes 1 epistola c. V, 7. 8. 9. habet, ea huc quoque spectare*   199

§. XX. Data ex Antecedentibus in historia Mosaica demonstratio nunc e Consequentibus, nimi-⟨13*⟩rum Exod. XXXIV, 8. 9. vbi noua Mosis petitio, confirmatur   *202*

§. XXI. Nec non e comm. 10. eiusdem capitis, vbi nouum promissum Iehouae de pangendo foedere habetur   *206*

§. XXII. Ad ipsa Ionae verba ponderandae fit regressio   *209*

§. XXIII. Quaenam fuerit scientia, quam in colloquio cum DOMINO adlegat Ionas   *211*

§. XXIV. Quas materias illa scientia complexa sit   *215*

§. XXV. Iudaeos veteres mysterium Trinitatis, Messiae diuinitatem, incarnationem caetera agnouisse   *218*

§. XXVI. Reliquis verbis Ionae praetermissis ad alia progrediendum esse   *222*

CAP. IV.
De vsu, quem in Iona exponendo eoque ad agnitionem Christi in primis referendo libri Veteris Testamenti historici porrigant.

§. I. Ad ipsa historica, huc facientia, auctores quidam vtiles commendantur   *223*

§. II. Ad quid in historia temporum, in quibus Prophetae vixerunt, praecipue attendendum sit. Ruperti Tuitiensis *huc spectans monitum*   *224*

§. III. Duplex locus alius Ruperti, hanc considerationem vrgens   *226*

§. IV. Ex omnium saeculorum historia pugnam Agni aduersus Draconem & uictoriam, quam is de hoc numquam non reportat, perdisci oportere   *228*

⟨14*⟩ CAP. V.
De vsu, quem Psalmi ac reliqui V. T. libri, inter Hagiographa relati, quique κατ' ἐξοχὴν dicuntur prophetici, in Iona explicando, praesertim quod ad Christi cognitionem attinet, praebeant.

§. I. Quae restant, in pauca conferri debere   *231*

§. II. De Psalmorum vsu hac in re repetenda esse ea, quae supra iam dicta sint.   *232*

§. III. Ionam Psalmos Dauidis meditatum esse, id quod ex oratione ipsius cap. II. exposita, constet   *ibid.*

§. IV. Huius orationis collatio cum aliquot Psalmis Dauidis instituitur   *234*

§. V. Epiphonema orationis Ionae etiam esse Dauidicum   *235*

§. VI. Cum Hagiographa singula iam non possint attingi, ex tribus tantum experimentum captum iri   *237*

§. VII. Librum Iobi, Ieremiae Threnos, & prophetiam Danielis mysterium crucis tradere, adeoque cum libro Ionae prae reliquis egregie conspirare   *238*

§. VIII. Quomodo libri prophetici, κατ' ἐξοχὴν ita dicti, etiam huc spectent, strictim indicatur   *243*

§. IX. Conclusio   *246*

⟨1⟩ INTRODVCTIO
GENERALIS
AD
LECTIONEM PRO-
PHETARVM. ⟨2⟩

⟨3⟩ *INTRODVCTIO GENERALIS*
AD
LECTIONEM PROPHETARVM.

§. I.
Quinam per Prophetas hoc loco intelligantur, quorum ad lectionem
Introductio promittitur.

PEr Prophetas, ad quorum lectionem introductio per Dei gratiam dabitur, haud intelligimus eos omnes, qui a Spiritu S. in sacris litteris Prophetarum nomine insigniuntur; sed eos duntaxat, qui partem librorum Veteris Testamenti peculiarem constituunt, suntque sequentes *Iesaia, Ieremias, Ezechiel, Daniel, Hosea, Ioel, Amos, Obadia, Iona, Micha, Nahum, Habacuc, Zephania, Haggai, Zacharia, Malachia,* quorum priores quatuor maiores, posteriores autem duodecim minores prophetae adpellari solent.

⟨4⟩ §. II.
Quid per hanc Introductionem intelligi debeat.

Per introductionem, quam ad horum Prophetarum lectionem in praesentia molimur, minime talem volumus intellectam, quae in externis atque historicis circumstantiis scriptorum propheticorum euoluendis, & quidem non inutiliter occupari solet. Eiusmodi enim Introductio hic supponitur, & remittuntur auditores harum praelectionum ad succinctam BALTHASARIS KOEPKENII, fidelis Dei serui, libellum, qui sub titulo, *Breuis introductio in Prophetas,* typis orphanotrophei anno MDCCVI.[1] in hunc vsum subiectus est, vt praeparatos eius lectione animos ad hanc introductionem studiosi Theologiae adferant, neque nobis externa illa operose recoquenda essent. Neque hac nostra introductione animum eo intendimus, vt ad omnem Dei oeconomiam in scriptis Prophetarum cognoscendam, & ad intelligenda quaeuis particularia eorum, cum vaticinia, tum reliqua effata, aditum aperiamus. Eiusmodi enim institutum, quod laudabilissimum in se est, amplius

---

1 Köpken 1706.

est eo, quod nobis in animo est, & diffusiorem, quam nobis in praesentia proposuimus, tractationem postularet. Id autem nos acturos esse recipimus ac profitemur, vt introductionem ad cognitionem ⟨5⟩ Christi e Prophetarum nominatorum scriptis hauriendam suppeditemus, qua in re haud dubie cardo illorum scriptorum vertitur. Reliqua vix attingemus, nisi & ipsa aliquam satis euidentem σχέσιν ad *CHRISTVM* habeant, quae sicco pede ea praeteriri vetet.

§. III.
Duplicem hanc fore Introductionem, Generalem & specialem.
Istam heic praemissum iri.

Quandoquidem vero ea, quae ad huiusmodi introductionem pertinent, ita sunt comparata, vt alia cunctis Prophetarum scriptis facem aeque praeferant, alia particularem iis singulis exponendis vtilitatem subministrent: quae illius sunt generis, *Generalem*, quae huius, *Specialem* constituunt introductionem; proindeque in duas hasce partes tota isthaec nobis proposita tractatio diuidetur: quam priorem Introductionem generalem proxime sequentes iam sistent paragraphi.

§. IV.
CHRISTVM esse finem & scopum prophetarum, immo magnum illum prophetam
adeoque audiendum & sequendum.

CHRISTVS est finis ac scopus, idemque praecipuum argumentum omnium prophetarum, in quo declarando & exornando omnis Spiritus prophetici opera consumitur. Sed hic ipse etiam est Propheta ille Magnus, ⟨6⟩ cui primas in interpretandis prophetis a nobis deferri oportet. Hunc enim pater caelestis, & quum promitteret[2] & quum misisset,[3] audiri iussit. Filius hic est vnigenitus, qui exsistens εἰς τὸν κόλπον τοῦ πατρός adsumta carne ἐξηγήσατο[4] h. e. interpretatus est & enarrauit nobis scripturas, testimonium de ipso perhibentes,[5] atque in iis omnibus τὰ περὶ αὐτοῦ διηρμήνευεν (dilucide & accurate exposuit) idque a virtutis & Spiritus divini demonstratione, vt pariter ipsam mentem & cor audientium aperiret, quo scripturas intelligerent[6] & ipsa quasi admoto igne succenderet pectora.[7] In hoc Deus vltimis diebus locutus est, posteaquam multis vicibus multisque modis locutus patribus in prophetis esset.[8] Hic ipse est fons Israelis[9]

---

2 *Fußnote im Original:* „Deut. XVIII, 18. 19."
3 *Fußnote im Original:* „Matth. XVII, 5."
4 *Fußnote im Original:* „Io. I, 18."
5 *Fußnote im Original:* „Io. V, 39."
6 *Fußnote im Original:* „Luc. XXIV, 27. 45. Act. XVI, 14."
7 *Fußnote im Original:* „Luc. XXIV, 32."
8 *Fußnote im Original:* „Ebr. I, 1."
9 *Fußnote im Original:* „Psalm LXVII, 27."

ac fons omnis prophetiae, vtpote per quem prophetae locuti sunt,[10] & ex cuius plenitudine omnes charismata sua acceperunt.[11] Dominus hic est, in quem cunctorum ab initio prophetarum, tanquam seruorum eius, etiam Mosis oculi fuerant intenti.[12] Hic cum venisset, adnuntiare omnia debebat,[13] clavem quippe possidens, vt Dauidis[14] ita omnium prophetarum, & praeter eum nemo, neque in caelo, neque in terra neque sub ter-⟨7⟩ra praeditus ea dignitate ac facultate inuenitur vt aperiat τὸ βιβλίον & sigilla eius soluat.[15] Quamobrem in omni vera vaticiniorum interpretatione, quae vnquam exstitit, aut exstitura est, Christus sibi summo iure meritoque vindicat id, quod Simson Philistaeis de aenigmate suo dixit, *nisi arassetis vitulo meo, non inuenissetis aenigma meum.*[16] Verbo: Solus Christus est via, veritas & vita.[17] Isthunc igitur doctorem audiamus, atque hunc ducem vitae sequamur, oportet. Si quidem vere ac fideliter introduci quasi manu ad intelligentiam Prophetarum gestiamus, & sicuti solem sine auxilio solis cernere nequaquam possumus, ita nec Christum sine Christo sole iustitiae[18] in scriptis propheticis agnoscere nobis licebit, quum sine eo neque aliud quidquam, quod vere bonum sit ac Deo placeat, peragere possimus.[19]

§. V.
Tria huc spectantia Monita.

Vsus huius rei, qua nulla est in introductione ad lectionem prophetarum capitalior, sequentibus potissimum continetur.

1. Scripta Euangelistarum, quibus facta Christi, effataque memoriae prodita sunt, prae aliis scriptis adsidua manu nobis sunt ⟨8⟩ versanda, vt hoc pacto quasi ex ore summi huius magistri perpetuo pendentes verbis & quasi manu ipsius ad genuinam prophetarum interpretationem introducamur.

2. Tanti doctoris, qui non modo caput & dominus omnium prophetarum, sed vnica etiam salus nostra est, animo comprehendisse placido, minime nobis sufficiat, sed omnem potius curam nostram in eo desigamus, vt diuinae etiam sapientiae per eum reddamur compotes atque veri adeo ac genuini eius discipuli euadamus, in quibus characteres deprehendantur, quos in suis ille requirit, immo id enixissime quaeramus, vt in nobis ipsa eius imago, quam fieri potest, maxime expressa reluceat. Ita demum declarabimus, nos serio rem agere, non instar Pharisaeorum testimonia scripturarum de Christo conquirere, nec tamen ad eum

---

10 *Fußnote im Original:* „Hos. XII, 1."
11 *Fußnote im Original:* „Io. I, 16."
12 *Fußnote im Original:* „Act. X, 43."
13 *Fußnote im Original:* „Io. IV, 25."
14 *Fußnote im Original:* „Apoc. III, 7."
15 *Fußnote im Original:* „Apoc. V, 1–9."
16 *Fußnote im Original:* „Iudic. XIV, 29."
17 *Fußnote im Original:* „Io. XIV, 6."
18 *Fußnote im Original:* „Mal. IV, 2. Luc. I, 78. 79."
19 *Fußnote im Original:* „Ioh. XV, 5."

venire, quo vitae spiritualis & aeternae ab eo reddamur participes.²⁰ Ita confidere demum poterimus, fore, vt in lectione prophetarum Christus nobis manifestetur. *Qui tenet,* ait ipse, *praecepta mea, & obseruat illa, is est, qui me diligit: qui autem diligit me, diligetur a patre meo, & ego diligam eum, & ei me manifestabo.* ²¹

3. Christum intensissime oremus, vt in lectione scripturarum & in primis prophetarum Spiritum ὁδηγὸν a se promissum nobis²² praesto semper esse iubeat. Scriptura enim ⟨9⟩ neutiquam est propriae ἐπιλύσεως.²³ At Spiritus Sancti hoc praecipuum est munus, vt Christum aperiendo, verum scripturarum sensum, suoque lumine corda perfundendo, δοξάσῃ,²⁴ & in omnem nos gradatim ducat veritatem.²⁵ Summa consilii nostri huc redit, tum maximos progressus nos in lectione prophetarum habituros, maximeque Christum in eis agnituros, si maxime amemus Christum. Qui secus agit, non Christiano sed Pharisaico spiritu & in exitium suum scripturas tractat, neque lucem explicationibus suis prophetis adfert, sed tenebras potius, aeque vt Pharisaei, illis offundit.

§. VI.
Prophetarum explicationi scripta maxime Apostolorum, deinde Euangelistarum historas nec non Apocalypsin inseruire. Apostolos prae prophetis & ipsis euangelistis habere praerogatiuam.

Post CHRISTVM Dominum Apostoli, ii certe, qui Noui foederis scriptores exstiterunt, etiam explicationi Prophetarum praecipue subueniunt & opitulantur. In horum vero censum hic Euangelistas quoque, inseriores alioquin Apostolis, referimus. Etenim Matthaeus & Ioannes ipsi de numero sunt Apostolorum; Marcum vero & Lucam, qui ⟨10⟩ Apostoli non fuerunt, recte quidem os Apostolorum dixeris. Iidem certe hi duo in Euangelica & Apostolica historia institutum, quod in dogmaticis scriptis Apostoli, perinde vt Matthaeus & Ioannes, quatenus ad manifestationem Christi hi omnia referant, exsequuntur. Euangelistae proinde Deutero-Apostoli THEODORETO non immerito audiunt.²⁶ Apocalypsis vero Iesu Christi, quo maiorem & luculentiorem cum scriptis Prophetarum cognationem (vtpote quae ipsa sit liber propheticus) habet, eo apta est magis, cuius riuulis omnes prophetarum horti irrigentur, vt horum lectio nobis succulentior & ad salutarem ac vberiorem Christi agnitionem magis frugifera euadat. Et habent sane suam prae reliquis omnibus scriptoribus sacris praerogatiuam Apostoli: de quibus peculiari ratione Christus ipse ait: *Qui vos audit, me audit,*²⁷ & eos ille

---

20 *Fußnote im Original:* „Io. V, 39. 40."
21 *Fußnote im Original:* „Io. XIV, 21."
22 *Fußnote im Original:* „Io. XIV, 13."
23 *Fußnote im Original:* „2 Petr. I, 20."
24 *Fußnote im Original:* „Io. XVI, 14."
25 *Fußnote im Original:* „com. 13."
26 Vgl. Theodoret von Cyrus, Historia religiosa praef. = MSG 82, 1292 CD. 1293 A und Graecarum affectionem curatio IX = MSG 83, 1045 C.
27 *Fußnote im Original:* „Luc. X, 16."

donorum Spiritus Sancti tanta mensura impleuit, vt in opere ministerii ad corporis Christi aedificationem ordinati, primo illi loco nominandi fuerint.[28] Hinc etiam ethnici ad Christum conuersi notanter superstructi dicuntur super *fundamentum Apostolorum & Prophetarum, exsistente imo angulari lapide Iesu Christo.*[29] Etenim doctrinam salutis tradiderunt vtrique Prophetae & Apostoli, cuius doctrinae scopus, ac veluti mate-⟨11⟩ria & substantia Christus est. Verum Apostoli prophetis praeferuntur, non tantum quia a principio spectatores ipsi & ministri fuerunt τοῦ λόγου,[30] & quia primi salutem, quae per ipsum Dominum enarrari coepit, praedicatione euangelii confirmarunt,[31] sed duas potissimum ob caussas, quarum sic alia ex alia nectitur, vt instar vnius caussae sint.

Primum enim ipsis Spiritus Sancti donis, vt modo dictum est, Apostoli non solum reliquos fideles, sed etiam pastores, doctores, Euangelistas, ipsosque adeo prophetas superarunt. Luculenter isthanc eorum praerogatiuam exposuit MOSES AMYRALDVS in praefatione, quam paraphrasi in Psalmos editae Salmurii in 4to MDCLXII. praemisit, & in qua de variis effatis Spiritus Sancti in mentibus humanis fuse disputauit. *Prophetas*, inquit, *ipsos Apostoli eo supergrediebantur, quod cum adflatus prophetis accederent & recederent, prout Deo lubitum fuit, lux illa caelestis, quae diuinitus in mentes Apostolorum infusa est, eos perpetua comitabatur, vt quemadmodum figura multorum angulorum, quo longius a triangulo recedit, & propius accedit ad circulum, eo perfectior est, sic etiam ea donorum Spiritus S. veluti complexio, quae in Apostolis fuit, quanto magis supra simplicium fidelium cognitionem eminebat, & ad eam sapientiam, quae in Christo sine mensura fuit, propius euehebatur, tanto esset plenior* ⟨12⟩ *& admirabilior. Quamquam vt figura, quae habet angulos, numquam ad circulum deduci potest; sic in, iis qui mere sunt homines, donorum Spiritus vbertas, quanta quanta est, nequit vmquam peruenire ad eam sapientiae abundantiam, quae fuit in Christo, in quo omnes illius thesauri habitasse dicuntur.*[32] Secundo postulauit etiam ipsius oeconomiae diuinae ratio, vt eorum, qui non de futura gratia vaticinari, vt prophetae,[33] sed praesentem adnuntiare[34] & quasi solis iam exorti testes esse debebant, quorum nomina ipsius ciuitatis Dei fundamenta inscripta habent,[35] vt eorum, inquam, in cordibus is, qui dixit, vt e tenebris lux splendesceret, ita exsplendesceret ipse, vt praebere possint *lucem notitiae gloriae Dei in facie Iesu Christi,*[36] & vt omnium dilucidissime prophetas omnes explicarent, quorum esset reuelare mysterium, quod absconditum fuerat a saeculis & ab aetatibus.[37] Enimuero, quod ad intelligentiam prophetarum plus lucis ex Apostolorum quam ex ipsius Christi sermonibus ad nos perueniat, id haud tribuendum est mensurae Spiritus Sancti, quam longe abundantissimam

---

28 *Fußnote im Original*: „Eph. IV, 11. 1 Cor XII, 28. 29."
29 *Fußnote im Original*: „Eph. II, 20."
30 *Fußnote im Original*: „Luc. I, 2."
31 *Fußnote im Original*: „Ebr. II, 3."
32 Amyraldus 1662, Praefatio, c 2a.
33 *Fußnote im Original*: „1 Petr. I, 10."
34 *Fußnote im Original*: „v. 11."
35 *Fußnote im Original*: „Apoc. XXI, 14."
36 *Fußnote im Original*: „2 Cor. IV, 6."
37 *Fußnote im Original*: „Col. I, 26. 27. Eph. III, 5."

Christus omnino habuit, sed vnice debetur huius oeconomiae diuinae rationi, vtpote quae vberiorem clarioremque veritatis diui-⟨13⟩nae manifestationem ab Apostolis requisuit: id quod ipse Christus passim significauit.[38]

§. VII.
Itaque Noui Testamenti scripta in studio prophetico instar cynosurae & fili Ariadnei esse debere.

De scriptis Noui Testamenti igitur ex sensu Spiritus Sancti ita existimandum est, praecipuum adiumentum ex iis ad genuinam prophetarum explicationem petendum esse, cum magistros in iis audiamus & Christum Dominum, &, quod ille ipse sibi testes elegit, Apostolos. De Filio Patris vocem habemus:[39] *Hunc audite*, de Apostolis Christi:[40] *Qui vos audit, me audit*. Bina isthaec monita, quae in re atque effectu vnum sunt, qui in animum ita demiserit penitus, vt inter pias preces ac suspiria eo intendat, quo mandatum illud Patris atque Filii fidelissime exsequatur, is fine suo potietur certe, quantum satis est, licet adminiculis monitisque aliis destituatur. Haec itaque ingredientibus studium propheticum, tamquam nauigationem, cynosura esto, quo cursum ad metam propositam recte dirigant; instar claui esto, quem haud vnquam ferant excuti nauigio, nec huc illuc cum periculo animae impellan-⟨14⟩tur, & modo ad hunc modo ad alium errorem, tamquam ad scopulum ferantur; immo iis instar fili Ariadnei esto, quo per innumeros interpretationum humanarum quasi sinus ac labyrinthos circumducantur, & sospites tandem incolumesque euadant. Pluribus verbis haec monemus, quia humani ingenii ea est corruptio ac peruersitas, vt viam quamlibet salebrosam asperamque capessere malit, quam principalem illam optimamque digito ipsius Dei commonstratam, aut si hac omnino iter instituerit, ab ea tamen celerrime fastidio quodam & satietate abalienetur. Quid? quod haudquaquam sufficit rectam illam planamque a docente quouis modo communiri viam, nisi eadem a discentibus quoque sincero ac constanti ipsius Christi, & hinc demum verbi eius ac Apostolicae doctrinae amore, quin etiam certamine aduersus omne verbi diuini fastidium, custodiatur.

§. VIII.
Hinc obseruandum I) Quae ab Apostolis dicta scriptaue sunt, eadem in Prophetis quoque deprehendi.

His ita praestructis, e re erit sequentia probe obseruari.

I) Quod adseueratione grauissima de se testatus est Paulus,[41] se minime dixisse quidquam extra ea, quae Prophetae ac Moses futura praedixerint; idem

---

38 *Fußnote im Original:* „Matth. X, 27. Luc. XII, 3. Matth. XVII, 9. 10. XIV, 25. 26. c. XVI, 8. 14."
39 *Fußnote im Original:* „Matth. XVII, 5."
40 *Fußnote im Original:* „Luc. X, 16."
41 *Fußnote im Original:* „Act. XXVI, 22."

de omnibus Noui ⟨15⟩ Testamenti scriptoribus tenendum est. Hoc autem non tantum eo tendit, vt habeamus certissime persuasum, Mosen cum Christo, Prophetas cum Euangelistis atque Apostolis amice conspirare, nec in doctrina sibi vlla ratione esse contrarios; sed etiam, vt ad omnia ea solerter animum aduertamus, quae dicta scriptaue ab Apostolis ad nos transmissa sunt, nec dubitemus, eadem nos in Prophetarum scriptis inuenturos esse, si piam diligentiam adhibuerimus, ipsisque Apostolorum verbis & phrasibus, tamquam introductione ad lectionem Mosis, ita etiam Prophetarum vsi fuerimus. Quantopere hanc obseruationem commendarit LVTHERVS, quodque optimam studii Hermeneutici rationem ex accurata inuestigatione caelestis huius, quae inter Veteris & Noui Testamenti scripta intercedit, harmoniae ineundam putarit, verbis eius declarauimus in *obseruationibus Biblicis p. 245. seq. Mense Martio.*[42]

§. IX.
II) Quatuor potissimum modis Vetus Testamentum in Nouo reperiri, qui ostenduntur.

II) Quatuor potissimum modis Vetus Testamentum (etiam quod ad Prophetarum scripta attinet,) in Nouo inuenitur. Nam (1) solemne est, vt loquentes in Nouo Te-⟨16⟩stamento formulis loquendi ex Veteri vtantur. (2) In Nouo Testamento interdum ad facta (quo etiam typi pertinent) & sermones Veteris Testamenti alluditur. (3) In Nouo Testamento saepius historiae Veteris Testamenti repetuntur. (4) In Nouo Testamento vsitatissima est dictorum Veteris Testamenti allegatio. Habentur haec in Dissertatione Theologica *de dictorum V. T. in N. allegatione,* quam sub praesidio D. IOANNIS MAIORIS olim habuit ANDREAS KESLERVS Ienae MDCXXVII. vbi etiam exemplis declarantur.[43] In praesentia vsum haec obseruatio porrigit ad antecedentem obseruationem generaliorem rite ad praesentem scopum adplicandam. Quo autem plane intelligatur, qua ratione obseruatio isthaec secundum singula membra introductioni ad intelligentiam Prophetarum, in primis in testimoniis de Christo inseruiat, conferantur inter se, quantum ad primum membrum attinet, Luc. I, 31–33. cum Iesa. VII, 14. IX, 6. 7. Dan. II, 44. IV, 31. VII, 14. 27. Ierem. XXIII, 5. XXXIII, 14. 15. Mich. IV, 7. item Luc. II, 32. cum Iesa. XLII, 6. XLIX, 6. item Ioh. I, 29, cum Iesa. LIII, 3. 7. 11.

Quantum ad secundum membrum Apoc. III, 7. cum Iesa. XXII, 22, item Apoc. VI, 16. cum Iesa. II, 10. Hos. X, 8.

Quantum ad tertium membrum Matth. XII, 39. 40. 41. cum Iona c. II. & III.

⟨17⟩ Quantum ad quartum membrum Gal. IV, 27. cum Esa. LIV, 1. &c.

---

42 *Fußnote im Original:* „Vid. infra §. XII. in fine, vbi ipsa LVTHERI verba transscripta exstant."
43 Keßler 1663, 563 ff.

§. X.
III) Ea loca initio in Nouo Testamento esse notanda, in quibus id impletum esse adfirmatur, quod a prophetis praedictum fuit.

III) Quo tirones ad praesentem scopum expeditius referre omnia discant, ea initio obseruent loca, vbi scriptores Noui Testamenti verbis aiunt expressis, aut clarissime saltem significant, impletum esse id, quod a Prophetis antea dictum fuit. Hac enim aperta impletionis significatione illi lectorem quasi manu ad genuinam cum explicationem tum adplicationem propheticorum librorum introducunt. In eiusmodi vero locorum consideratione tenendum est ante omnia ac supponendum, diuersissimas esse impletionis Veteris Testamenti in Nouo rationes. Dicitur enim impletio 1) praedictionum, 2) analogiae, 3) typorum, 4) exemplorum, 5) explicationis, 6) adplicationis. Ad sex hosce modos succincte omnia reuocat dissertatio modo citata de allegatione dictorum Veteris Testamenti in Nouo.

Exemplis autem ad nostrum negotium accomodatis singula reddentur liquidiora.

(1) Impletio praedictionum habetur Matth. ⟨18⟩ I, 22. 23. coll. cum Iesa. VII, 14. & cap. II. Matth. 4. 5. 6. collat. Mich V, 2. &c.

(2) Impletio analogiae h. e. vbi similia eorum, quae in Veteri Testamento contigerunt, etiam in Nouo Testamento inueniuntur, habetur Matth. II, 17. coll. Ier. XXXI, 15. Addi potest ad declarandam istam Analogiae impletionem collatio Matth. XXIV, 37. 38. 39. & Luc. XVII, 27. cum Gen. VII, 7. seq.

(3) Impletio typorum potissimum quidem libros Mosis & reliqua scripta historica respicit. Manifestum tamen exemplum, quod ad prophetica scripta pertinet, habetur Matth. XII, 29. & Luc. XI, 29. 30. collat. cum Ionae c. II. & III.

(4) Impletio exemplorum, vbi, quae in Veteri Testamento generatim docentur, eorum exempla in Nouo Testamento suppeditantur (quae ipsa etiam impletionis ratio ad scripta historica praecipue pertinet) videri potest. 1 Cor. XV, 1–12. & Hebr. III. IV. XI. & XII.

(5) Impletio explicationis, vbi, quae in Veteri Testamento dicuntur obscurius, in Nouo explicantur, habetur ad Rom. XI, 25. 26. coll. Iesa. LIX, 20.

(6) Impletio adplicationis, vbi, quae in Veteri Testamento proponuntur, in Nouo ad vsum salutarem adplicantur, ab ipso Apostolo commonstratur Rom. XV, 4. seq.

⟨19⟩ Haec quidem ad declarandos, quos indicavimus, modos impletionis Veteris Testamenti in Nouo exemplorum loco adduximus; ad quos impletionis modos etiam ea loca referri possunt, quorum impletio aut plane, aut ex parte adhuc futura esse ab Apostolis significatur. Quo circa etiam loco exempli dedimus collationem loci Rom. XI, 26. cum Iesa. LIX, 20. At vero ad quem impletionis modum singula loca reuocanda sint, in eo nolumus tironum animos anxia inquisitione cruciari. Sufficiat iis, dum Hermeneuticae S. cultura potiantur vberiori, haecce regula: *Vbicunque scriptores Noui Testamenti aut expresse aiunt, aut clare satis significant, id, quod a Prophetis fuit praedictum, impletum iam esse, aut tamquam certissime implendum adhuc exspectari, ibi clauem scriptorum Propheticorum illi nobis submi-*

nistrant; immo sua quasi manu nos ad eorum veram intelligentiam introducunt. Hac regula ita vtantur ac perfruantur tirones, vt, dum in scriptis Noui Testamenti legendis versantur, loca eiusmodi quadam impletionis nota, ipso Spiritus Sancti digito insignita, sedulo cum ipso prophetarum textu conferant, eorumque praedictionem cum Apostolico impletionis testimonio animis probe in-⟨20⟩figant, licet nondum satis dilucide impletionis modum alium ab alio internoscere queant. Etenim ipse adsiduus Scripturae S. vsus & iugis illa Prophetarum cum scriptis Noui Testamenti collatio robur ac vim testimoniorum, quae in Nouo Testamento ex Veteri repetuntur, rectius ostendet, & efficacius menti ingeret, quam nuda illa de diuersa impletionis ratione obseruatio.

§. XI.
IV) Ad testimonia attendendum, quae ab Apostolis & Euangelistis ad confirmanda vel illustranda dogmata adducuntur.

IV) Quandoquidem autem praeter vaticinia ac praefigurationem typicam doctrina quaeque caelestis scriptis Prophetarum continetur, progrediendum est porro ad testimonia ab Euangelistis & Apostolis ad dogmatum siue declarationem siue corroborationem e Prophetis sat copiose adducta. Doctrina enim non minus in Nouo Testamento e Veteri confirmanda quam praedictorum impletio ostendenda fuit. Videatur Matth. IX, 13. coll. Hos. VI, 6. Maxime inlustre vero exemplum hoc in negotio praebere possunt epistolae, in primis Paulinae, doctrinam de Iustificatione per fidem testimoniis Prophetarum abundantissime communientes. Obseruandum tamen est, saepiuscule in iisdem ⟨21⟩ dictis impletionem vaticiniorum & doctrinae confirmationem concurrere. Ita v. g. Ethnicos euangelii Christi futuros esse participes, Apostolus satis clare euincit, praedictum fuisse a Mose, a Prophetis & in Psalmis;[44] idemque e Prophetis, & expresse quidem ex Amos c. IX, 11. 12. Iacobus probat:[45] At ea ipsa res, a prophetis praedicta, erat tum temporis pro conditione Ecclesiae, ex Iudaeis & Ethnicis colligendae, dogma maxime omnium, quod exponeretur & firmis Prophetarum effatis muniretur, necessarium, nempe εἶναι τὰ ἔθνη συγκληρονόμα καὶ σύσσωμα καὶ συμμέτοχα τῆς ἐπαγγελίας τοῦ Θεοῦ ἐν τῷ χριστῷ διὰ τοῦ εὐαγγελίου.[46] In eiusmodi dictis igitur, vbi non minus dogmatis alicuius habetur confirmatio, quam vaticinii impletio, vtraque consideratio instituenda est iis, quorum industria eo tendit, vt subsidio testimoniorum propheticorum per Noui Testamenti scripta ad veram prophetarum intelligentiam perueniant.

---

44 *Fußnote im Original:* „Rom. XV, 9. 11."
45 *Fußnote im Original:* „Act. XV, 13. seqq."
46 *Fußnote im Original:* „Eph. III, 6. Gal. III, 14. 28. 29. Col. I, 26. 27. &c."

§. XII.
V) Ea loca consideranda, vbi scriptores Noui Testamenti phraseologia prophetarum & allusionibus ad Vetus Testamentum animi sui sensa declarant.

V) Tandem illis Prophetarum dictis, quae ⟨22⟩ tum ad ostendendam impletionem vaticiniorum, tum ad doctrinam suffulciendam expresse in Nouo Testamento adducuntur, probe excussis, & cum contextu prophetico collatis, accedendum etiam est ad illorum locorum considerationem, vbi scriptores Noui Testamenti verbis Prophetarum & quasi tacitis ad facta aut typos Veteris Testamenti allusionibus, sensa sua expresserunt. Et difficilis quidem isthaec consideratio haud erit, si instituatur ipsa exsertorum testimoniorum cum fontibus, vnde hausta sunt, accurata collatio, accedente inprimis quotidiana prophetarum & librorum Noui Testamenti lectione. Plurima enim loca tam aperte sonant phraseologiam propheticam, adeoque ipsa per se parallelismum suggerunt, vt isthunc in plerisque Bibliorum editionibus iam adnotatum deprehendamus. Hac igitur ab aliis impensa opera, quisquis serio exegesin sacram colet, ita perfruatur, vt citata in margine loca Prophetarum euoluat ipse, eaque cum contextu Noui Testamenti vicissim conferat, atque experiatur, quomodo scriptura sibi ipsa sit interpres. Id vt euidentissime demonstratum iret IOANNES CANNE Anglus in sua Bibliorum Anglicanorum editione anno MDCLXXXII. euulgata,[47] tamquam finem peculiarem & vnicum in ipso titulo expressum, in praefatione autem vberius declaratum, sibi laudabili sane exemplo praestituit. Ne-⟨23⟩que ideo Bibliorum Germanicorum desunt editiones, quae parallelismum, etsi non perinde copiosum, prudenter tamen, quod multum refert, digestum lectoribus subministrant. Certe aliquot ab hinc annis eo in genere potissimum editores Bibliorum aliquam inter se aemulationem videntur exercuisse, vt difficile sit indicare, cui palma deferenda sit. Inprimis vero eiusmodi Noui Testamenti Graeci editione studiosi Exegeseos vtantur, quae largius adnotato in margine parallelismo instructa sit, siue ea sit CVRCELLAEI,[48] siue Oxoniensis,[49] nostra cum praefatione Lipsiae recusa, siue ea, quae cum praefatione ADAMI RECHENBERGII prodiit,[50] siue nouissima illa IO. GEORGII PRITII Lipsiae impressa;[51] quae vltimo loco citata editio Noui Testamenti in titulo dicitur locis parallelis, quam vnquam antea, locupletioribus adornata.[52] Si etiam in editione, qua vtimur, loca parallela desint, (fieri enim nec debet nec potest, vt omnia congerantur) suppleri ea facile e concordantiis tum verbalibus tum realibus possunt, vtpote quae & ipsae ⟨24⟩ optimi commentarii vicem praestant. Ad Hermeneuticam sacram autem non

---

47 Biblia engl. ed. Canne 1682.
48 NT griech. ed. Curcaelaeus 1699.
49 NT griech. ed. Oxon. 1675.
50 NT griech. Rechenberg, Praefatio 1702.
51 Pritius 1704.
52 *Fußnote im Original:* „Spectat huc quoque in primis editio illa, quae anno MDCCXI. Amstelaedami ex officina Wetsteniana prodiit a G. D. T. M. D. i. e. MASTRICHTO Syndico olim Bremensi, adornata, quae cum propter locorum parallelorum copiam, tum propter lectionum variantium selectiorem adparatum, & nitidissimos typos in primis commendari meretur."

tantum Germanicae sed etiam Hebraicae IO. BVXTORFFII,⁵³ & Graecae
ERASMI SCHMIDII⁵⁴ Concordantiae textui authentico inseruientes pertinent.
Immo etiam CONRADI KIRCHERI Concordantiae Graecae versioni LXX.⁵⁵
Interpretum accommodatae, vsui plane insigni forent, nisi eorum vtilitatem iam
pridem exemplarium raritas ferme submouisset. Iuuabit tamen obiter exteri cuiusdam de iis testimonium audire, nimirum STEPHANI GAVSSENI, Theologi
Galli, & Professoris olim Salmuriensis, qui in dissertatione de studii Theologici
ratione, *ex omnibus*, ait, *Concordantiis Veteris Testamenti eae* IO. CAMERONI,⁵⁶ *excel-
lentissimo Theologo, maxime, neque id sane immerito, probabantur, quas* CONRADVS
KIRCHERVS *ad versionem LXX. Interpretum concinnauit.*⁵⁷ *Nam quia Hebraeis vocibus
aptissime respondent, potest lector versionem LXX. Interpretum cum textu Hebraico facile
comparare. Vnde porro magnum compendium etiam in Novi Testamenti lectione ad studiosos
redibit &c.*⁵⁸ Neque sane istas duntaxat Concordantias, sed potissimum ipsam
LXX. Virorum versionem in hoc negotio adhiberi plurimum interest; de cuius
versionis cum contextu Novi Testamenti authentici collatione maxime necessaria, multa hic vtiliter moneri possent, nisi iam tum longiores in huius materiae
trac-⟨25⟩tatione fuissemus, quam pro instituti nostri ratione propositum nobis
fuit. Caeterum his, quae indicauimus, adminiculis suffulti Theologiae studiosi,
eos sibi magis ac magis indies comparabunt progressus, vt vere locutum esse
LVTHERVM, omnino agnitum sint, quando ait: *Paulus redet ein Wort, das siehet
durch den gantzen Esaiam, oder Ieremiam.* (h. e. *Paulus verbum loquitur, quod per totum
Iesaiam vel Ieremiam transpicit,*) item: *Paulus hat viel Dinges aus dem Hebraeischen griechisch vertiret, das keiner sonst thun konte, Er redet in einem Capitel, das oft vier oder fünf
Propheten ausleget. O Er hat den Esaiam und Mosen lieb gehabt, die Worte und Materie,
davon Paulus handelt, die seynd in den Propheten, in Mose.* (h. e. *Paulus multa ex hebraeo
sermone graece vertit, quod nemo alius facere posset. In vno capite loquitur, quod saepe quatuor
vel quinque prophetas interpretatur. O! quantopere amauit Iesaiam ac Mosen! Verba & res,
de quibus agit Paulus in Prophetis ac Mose inueniuntur.*)⁵⁹

§. XIII.
Post Noui Testamenti scripta Mosis etiam libros esse consulendos.

Hactenus in isthac nostra generali ad lectionem prophetarum introductione
Christum, vti fas est, primo ac principe loco ⟨26⟩ secundo autem Apostolos,
N. Testamenti scriptores θεοπνεύστους nominauimus, per quos ad veram prophe-
tarum intelligentiam pertingere liceat, quaque via ac ratione fieri id debeat, aut

---

53 Buxtorf 1632.
54 NT griech. ed. E. Schmidt 1638.
55 C. Kircher 1607.
56 Cameron 1577, 30.
57 C. Kircher 1607.
58 Gaussen 1678, 30.
59 *Fußnote im Original:* „Vid. HIERONYMI BESOLDI praefatio quartae parti Comm. LVTHERI in Genesin praefixa." [Besold 1560, IV, Praefatio, A 4a; s. WA 44, XXXIII; vgl. TGP II.4, 428 f.].

possit, breuiter pro instituti ratione ostendimus. Post Noui foederis scriptores ante omnia in subsidium interpretationis prophetarum vocanda sunt scripta Mosis. Multum enim omnino interest doctrinarum, vaticiniorum, ipsarumque historiarum, quae in libris prophetarum habentur, primas origines, & quasi incunabula nosse. Iis quippe cognitis, solida demum certisque subnixa fundamentis interpretatio exspectanda est. Non aliunde autem rectius, quam e Pentateucho Mosis isthaec repetuntur. Namque per ministerium Mosis Deus remp. Iudaicam fundauit, ordinauit, legibus muniuit; immo eam etiam per vaticinia a Mose edicta relataque de satis populi nouissimis erudiuit. Haec omnia cum scriptis Mosis accurate comprehensa sint, res ipsa loquitur, ab isto prophetarum omnium, qui sub illa oeconomia vixerunt, facile principe suppeditari ea, quae ad intelligenda sequentium prophetarum scripta, ad Mosen subinde, immo ferme, semper tamquam ad primum fontem necessario recurrendum esse. Accedit, quod id praesenti tractatione agamus, vt ad Christi cognitionem e scriptis prophetarum recte imbibendam aditum common-⟨27⟩stremus. Christus vero diserte ait:[60] *Moses de me scripsit.* Consideranda igitur prophetarum de Christo vaticinia, tamquam continuatio vaticiniorum, quae libri Mosis de Christo perhibent. Vnde manifestum est, cum his conferri illa vtique debere. Et ipse quidem Christus scripturas de sua passione & resurrectione agentes, discipulis exponens,[61] a Mose orditur, atque sic eos postea in prophetarum & Psalmorum de se testimonia, horumque verum sensum deducit. Insistendum itaque viae, quam ipsa veritas suo nobis exemplo commendauit. Neque hic praetereundum est, quod Moses ipsum Christum doctorem & prophetiarum suarum auctorem habuerit.

Eleganter hanc rem declarat HERMANNVS WITSIVS in tractatu de prophetis & prophetia libr. I. c. 17. p. 184. *Id nunc solum animaduertere lubet, quem Moses doctorem & prophetiarum suarum auctorem habuerit. Is fuit ANGELVS IEHOVAE, qui adparuit ei in flamma ignis e medio alicuius rubi Exodi III, 2. At Angelus caeteris omnibus angelis maior, quod in progressu historiae aliquoties Iehoua vocatur, & de se ipse dicit: Ego sum Deus Patris tui, Deus Abrahami, Deus Isaaci, & Deus Iacobi v. 6. quis ille nisi Filius Dei? qui* οὐχ ἁρπαγμὸν ἡγήσατο τό εἶναι ἴσα Θεῷ. *Qui ita Angelus Dei est per oeconomiam voluntariam, vt si-*⟨28⟩*mul Deus sit: ita nuntius, vt simul sit DOMINVS.*[62] Hactenus ille. Quod igitur de Apostolatu suo Paulus,[63] idem de ministerio ac vaticiniis suis Moses adfirmare potuit, quod neque ab hominibus, neque per hominem, sed per Iesum Christum ac Deum Patrem ea acceperit; Christo quidem, vt seruus Domino, longe inferior, fidus tamen in tota Domini sui domo[64] & dignus habitus, qui vna cum Elia exitum Christi nuntiaret, quo futurum erat vt defungeretur in Ierusalem.[65]

---

60 *Fußnote im Original:* „Io. V, 46."
61 *Fußnote im Original:* „Luc. XXIV, 44."
62 Witsius 1695, I, 184.
63 *Fußnote im Original:* „Gal. I, 1."
64 *Fußnote im Original:* „Ebr. III, 5."
65 *Fußnote im Original:* „Luc. IX, 31."

§. XIV.
Quodnam axioma e dictis sponte sua fluat.

E dictis sponte fluit hoc axioma: *Quisquis ea, quae prophetae dixerunt, intelligere gestit, serio operam det, vt ea recte intelligat, quae dixit Moses.* Hoc autem qui consequi velit (scilicet Mosen intelligere) *ei dux viae Christus exsistat oportet.* Hic enim tum sermonibus suis, qui spiritus sunt, & vita,[66] tum per Euangelistas atque Apostolos, quos ipse dedit,[67] quam perfectissime & luculentissime Mosen interpretatus est, quin etiam spiritum sapientiae & reuelationis ad sui agnitionem verbum sincera mente tractan-⟨29⟩tibus largitur. Et quatuor quidem illa, quae vocantur euangelia, hoc agunt vnice, vt ostendant ac digito quasi monstrent eum, de quo scripsit Moses in lege & prophetae, nempe Iesum filium Iosephi ex vrbe Nazareth,[68] probentque eum *esse Christum filium Dei, quo credentes vitam habeant per nomen eius.*[69] Epistolae Pauli, Iacobi, Petri, Ioannis, Iudae Apostolorum eo potissimum spectant, vt doctrina euangelii testimoniis Mosis & Prophetarum confirmetur, imo ex iis etiam declaretur & illustretur. Quae ad Hebraeos scripta est epistola, Exodo & Leuitico recte & ex mente Spiritus Sancti interpretandis, maxime inseruit, & fundamentum est omnium Commentariorum, qui binos illos Mosis libros recte exposuere. Apocalypsis vero vaticinia Mosis & Prophetarum prae reliquis Noui Testamenti libris it explicatum. *In hunc vnum librum,* ait CAMPEGIVS VITRINGA in Apocal. cap. XIV, 9. p. m. 885. *fere coaceruatur, quicquid in omnibus prophetis V. T.* (adeoque etiam Mosis) *se singulari quadam emphasi & elegantia commendat, non quaesite & affectate, sed concinne & naturali quodam ordine, vt quis a perfecta Spiritus Sancti sapientia exspectet.*[70] Caeterum haec omnia, quae ad cunctos V. Testamenti libros auxilio librorum N. Testamenti exponendos pertinent, speciatim ad libros Mo-⟨30⟩sis hic accommodanda sunt. Quandoquidem vero externa etiam adminicula pio Mosis lectori haud parum prosunt, commendamus IO. BRENTII in libros Mosis, inprimis vero in Exodum adque Leuiticum commentarios, vtpote breues & luculentos.[71] THOMAE GODWINI librum, qui inscribitur *Moses & Aaron.*[72] FRANCISCI BVRMANNI *Gesetz und Zeugniß,* siue *Expositionem Pentateuchi,* e Belgico in Germanicum sermonem transfusam. LVNDII *Jüdische Heiligthümer &c.*[73] Tironibus BRENTIVS in Exodum & Leuiticum, aut GODWINI MOSES & AARON suffecerint.

---

66 *Fußnote im Original:* „Io. VI, 63."
67 *Fußnote im Original:* „Eph. IV, 11."
68 *Fußnote im Original:* „Io. I, 46."
69 *Fußnote im Original:* „Io. XX, 31."
70 Vitringa 1705, 885.
71 Brenz 1544; 1542.
72 Goodwin 1694.
73 Burmann 1693; Lundius 1704.

§. XV.
Res proposita aliquot exemplis declaratur.

Rem propositam exemplis aliquot dilucidius exponemus, vt eorum vestigio viam, quae in eunda est, tironibus aperiamus. Sit in Euangelistis Genealogia Christi exemplo a Matthaeo[74] & Luca[75] descripta. Discrepantias, quae inter hos scriptores sacros intercedunt, & rationes reliquasque difficultates expedire, haud nostrarum hic est partium. Rem enim ipsam in praesentia spectamus, in qua, ne longiores simus, pro nostro scopo sequentia volumus pensitari:

1) Per genealogiam Christi finis patescit, quem sibi Moses in genealogiis per viginti ⟨31⟩ quatuor saecula, inde vsque a condito mundo pertexendis praestituit.

2) Per eamdem constat de fine Dei ipsius, quem habuit in Politia Iudaica ita ordinanda, vt ordo genealogiarum ad posteros integer & inuiolatus venire posset.

3) Docet Christi genealogia, quae sint in historia Veteris Testamenti, adeoque etiam Mosaica, notabiliores periodi, vbi nimirum promissio Messiae circumstantiis insignita & confirmata fuit singularibus & notatu dignioribus.

4) Ostendit genealogia Christi, quamobrem non nullorum hominum, etiam sexus sequioris, mentionem prae aliis fecerit.

5) Liquet inde, cur facta quaedam, quae in se haud magni videntur momenti, Moses tamen studiose narrauerit.

6) Immo cur aliqua Iudaicae genti dedecori futura Moses haud reticuerit, e Christi genealogia dispalescit.

7) Abrahami, Isaaci, & Iacobi historia quare fusius narretur, hinc demum manifesto tenetur.

8) Vaticinia de benedictione non in plures, sed in vnum, teste Paulo,[76] conferenda, quo respectu, immo etiam quo sensu, modo ad hos, modo ad illos referantur, e Christi genealogia discitur.

9) Hinc intelligimus etiam rationem, qua-⟨32⟩re integri libri V. Testamenti hunc aut vnicum, aut certe luculentum satis inter alios fines habuerint scopum, vt Mosaica generationum series pertexeretur, aut e tenebris suis post insigniores rei p. Israeliticae mutationes extraheretur.

10) Quare Christo in carne manifestato exspirauerit studium genealogiarum non modo inter Christianos,[77] sed in ipsa quoque gente Iudaica, iudiciis Dei ad irritum omne illud studium reddendum nihil non disponentibus, data Christi genealogia, obscurum esse nequit. Haec & alia plura dum attenta genealogiae Christi consideratio subministrat, certe quam plurima, quae Moses memoriae prodidit, hactenus intelliguntur melius, vt consilium Dei in iis animaduertamus, in eo consistens, vt linea ab Abrahamo, immo ab Adamo ad Christum perducta, ab initio quasi digito monstraretur SALVTARE DEI. Ita vero consilio Dei in Mose primum recte cognito fundamentum iactum est, vt prophetarum quoque

---

74 *Fußnote im Original:* „c. I, 17. sq."
75 *Fußnote im Original:* „c. III, 23–28."
76 *Fußnote im Original:* „Gal. III, 16."
77 *Fußnote im Original:* „1 Tim. I, 4."

de Christo effata, vtpote cum rebus a Mose traditis connexa, profundius introspiciamus, & lumen cognitionis Christi per omnes Veteris Testamenti libros se diffundat. Iam si ad acta Apostolorum accedamus, quot in iis de Christo habiti leguntur sermones, tot nobis genuinae suppeditantur expositiones scripto-
⟨33⟩rum Mosis. Sit autem exempli loco sermo Petri, quem ad populum habuit Act. III. vbi ille clarum & ferme capitale de Christo testimonium Mosis ex Deuter. XVIII, 15. adducens, eo connectit omnium sequentium Prophetarum vaticinia filo perpetuo nihil aliud agentia, quam vt Israelitas suspenso animo promissum a Mose prophetam exspectantes testimoniis suis confirmarent, ac Mosis de eo vaticinium effatis indies clarioribus illustrarent. De scriptis vero Apostolorum & in specie de Epistola ad Hebraeos notentur ad praesentem scopum verba MARTINI CHEMNITII in loco de Iustificatione LL Theologiorum p. 320 edit. Viteberg. MDCX. *Quia Moses maxime putabatur pugnare cum gratuita acceptatione, singulari diligentia conquisita sunt testimonia ex Mose, vt de Abrahamo Rom. IV. Gal. III. & tota historia Genesis Act. VII. Ebr. XI. Et ne existimetur, Abrahae tempore primam coepisse illam doctrinam Rom. V, 12. sqq. oriditur ab Abel, Enoch, Noe &c. Et Apoc. XIII, 8. Agnus occisus est ab initio mundi. Epistola ad Hebraeos expresse omnes figuras Leuitici sacerdotii accommodat ad officium filii Dei Mediatoris. Sed quia lex Moralis videtur plane contraria esse doctrinae euangelii de Iustificatione, Paulus etiam ex lege Morali petit testimonia Rom. III, 21. sine lege reuelatur iustitia euangelii, testificata a lege &c. Gal. III, 22. Scriptura omnia conclusit sub peccatum,* ⟨34⟩ *vt promissio ex fide detur credentibus. Ibid. v. 8. Si ex lege iustitia, non opus fuisset promissione euangelii. Item v. 17. Promissio benedictionis fuit ante promulgationem legis. Et diserte citat testimonia ex illis libris Mosis Rom. IX, 15. Miserebor cuius miserebor Act. III, 22. alium prophetam suscitabit &c. Rom. X, 6. Ne dixeris in corde tuo &c. Ex singulis igitur libris Mosis citantur testimonia.*[78] Hactenus CHEMNITIVS, qui in sequentibus etiam docet, quibus prophetarum dictis eamdem euangelii doctrinam Apostoli communiant. Patet autem inde, quo pacto scripta Apostolorum nos ad lectionem & interpretationem Mosis, & hac via deinceps libri Mosis ad veram intelligentiam Prophetarum nos introducant, id quod erat demonstrandum. Apocalypsis tandem in praesentia duo illustra nobis exempla suppeditat. Primo enim clarissime interpretatur vaticinium Iacobi Gen. XLIX, 9. de Christo c. V, 5. eoque ipso loco Mosen cum Prophetis de benedictione tribus Iudae in familiam Dauidis conferenda vaticinantibus connectit. Deinde Proteuangelium Gen. III, 15. sat dilucide exponit c. XII, 9. 10. conf. c. XX, 2. quae si recte attendatur explicatio, luce sua omnia Prophetarum scripta complebit.

⟨35⟩ §. XVI.
Libros historicos Veteris Testamenti Prophetarum libris etiam facem praeferre.

A Mose si discesseris, nihil est, quod scriptis prophetarum magis in V. T. facem praeferat, quam libri reliqui, quotquot in eo sunt, historici. Id simplicissime

---

[78] Chemnitz 1610, II, 320.

iuxta & luculentissime iam inculcauit LVTHERVS suis in plurimos prophetas praefationibus, inprimis in Iesaiam, vbi ait: *Titulus huius prophetae* (nempe Iesaiae & pari ratione etiam aliorum prophetarum) *est quasi commentarius, qui lucem praebet ad totum prophetam rectius intelligendum. Et Iesaias ideo eum in conspectu positum, quasi digito lectori ostendere voluit, vt esset ceu index quidam, quem ad prophetam hunc rectius intelligendum sequeretur. Quare si qui vel contemnunt titulum, vel non recte intelligunt, illi aut omittant Iesaiae lectionem, aut saltem fateantur, se eum non recte intelligere. Impossibile enim est, orationem & mentem prophetae eos adsequi, qui non perfecte titulum habent cognitum. Titulum autem cognoscere est, non solum nomina illa Vsias, Iotham, Achas, Ezechias, rex Iudae &c. intelligere; sed secundum librum Regum, item secundum paralipomenon bene habere cognitum. Praecipue vero omnia tum facta tum dicta, tum euentus omnes, qui sub iis regibus contigerunt, quorum nomina titulus habet, vsque ad finem librorum tenere.* ⟨36⟩ *Nam hoc ad prophetas intelligendos maxime necessarium est, nosse, quae tum negotia apud Iudaeos agitata sint, qui reip. tum status fuerit. Quales item hominum tum animi, quae consilia fuerint cum finitimis populis cum amicis & contra inimicos. Inprimis autem quae tum religionis fuerit forma, quomodo se populus erga Deum & prophetas, vel in verbo & cultu Dei, vel idololatria gesserit.*[79] Hoc consilio praestantissimi etiam interpretes commentariis suis typum al quem illius temporis, in quod prophetae inciderunt, praemittere solent. e. g. AVGVSTVS VARENIVS[80] in Iesaiam, SEB. SCHMIDIVS[81] in Ieremiam, & quidem in adductionibus ad cap. I. IOAN. TARNOVIVS[82] in prophetas minores aliique. Et in singulos prophetas id sufficienter praestitum est in supra commendata introductione germanica ad lectionem prophetarum BALTH. KOEPKENII.[83] Eiusmodi vero subsidiis minime abutendum est ita, vt deinceps haud opus esse iudicetur, ex ipsis haurire fontibus, h. e. ipsos V. T. libros historicos consulere, sed hic potius genuinus demum est illorum adminiculorum vsus, si eorum indicio perdiscamus, quod inprimis, & quae circumstantiae sint in libris historicis observandae, quo felicius in propheticis versemur, id enim si factum fuerit, deinde lectio librorum historicorum diligens, vt meliori ⟨37⟩ instituetur iudicio, ita ad scopum praefixum minori nos negotio deducet.

§. XVII.
Ad quatuor historiae momenta rem omnem, in hoc negotio spectandam, referri posse, quae enarrantur.

Caeterum ad quatuor momenta reuocari possunt ea, quorum in hoc negotio accuratissima habenda est ratio.

(1) Notentur origines & fundamenta rerum, quas prophetae aut expresse attingunt, aut aliqua ratione respiciunt.

---

[79] WA DB XI 1, 16 f.
[80] Varenius 1673.
[81] Seb. Schmidt, Jeremia 1685.
[82] Tarnow 1688.
[83] Köpken 1706.

(2) Obseruetur filum historiae, quam vaticinia proxime supponunt, in antecedentibus temporibus quaerendum.

(3) Perdiscatur historia eius temporis, quo prophetae fuerunt superstites.

(4) Conferatur historia temporis sequentis.

Origenes rerum ac fundamenta plurima post pentateuchum, qui ab ouo repetit omnia, liber Iosuae commonstrat. Huius enim libri is est finis principalis, vt describat ingressum filiorum Israel in terras, quas deinceps incoluerunt, ac fundationem politiae Iudaicae secundum promissionem Abrahamo, Isaaco, Iacobo diuinitus factam, & secundum praescriptum ipsius Dei in libris Mosis expressum. Ea proinde est libri huiusce dignitas, vt & totius politiae Iudaicae, quatenus fixam in Palaestina sedem nacta est, di-⟨38⟩vinaeque circa eam oeconomiae rationem ac fundamenta exhibeat. Quamobrem, quod ad historica attinet, plus ex hoc in reliquos Veteris Testamenti libros adminiculi Hermeneutici, quam ex illis omnibus in isthunc redundat: quo etiam geographiae sacrae cognitio praecipue pertinet. Habent autem nonnulla, quae prophetae tangunt, originem magis vicinam, quae in libris Iudicum, Samuelis, Regum, Chronicorum inuestiganda est. Filum eius historiae, quam proxime innuunt prophetae, idque, vt diximus, in libris remotiorem historiam narrantibus quaerendum facile patet, tum negligendum neutiquam esse, cum effatorum propheticorum perspicuitas ex accurate cognito integrae historiae contextu dependet. Potissimum autem, vt modo verbis LVTHERI diximus,[84] periodus illa mente comprehendenda est, in quam prophetae explicandi aetas incidit. Proderit hic multum, tirones sibi omnia prophetarum vaticinia in certos temporum periodos digesta, & in tabula quadam exhibita ob oculos ponere. Eiusmodi tabulam in introductione sua ad scripta prophetica dedit SALOMO VAN TILL,[85] qui periodos prophetis adsignat quatuor, primam iis, qui durante politia Israelitica, secundam iis, qui post abductionem Israelis, tertiam iis, qui durante captiuitate Babylonica, quartam iis, qui post isthanc captiuitatem vaticinati sunt. ⟨39⟩ Posset etiam istiusmodi omnium inde vsque ab Adamo prophetarum distributio in suas, quibus vixere aetates, ac periodos desumi ex *systemate Theologiae Propheticae* NICOLAI GVRTLERI ipsoque eius indice capitum & articulorum,[86] quibus facta orbis & ecclesiae repraesentantur; aut ex HERMANNI WITSII Tractatu *de Prophetis & Prophetia*, qui libro I. eius *Miscellaneorum sacrorum* continetur.[87] Quod denique ad historiam temporum sequentium attinet, ideo conferenda quoque illa est, quoniam dicta Vatum quam plurima clarioribus sequentium seruorum Dei vaticiniis illustrantur, ac multarum praedictionum impletionem simulque sensum illarum genuinum libri fata temporum sequentium exponentes nobis tradunt.

---

84 Vgl. WA DB XI 1, 17, 8–26.
85 Til 1699, 149.
86 Gürtler 1702; s. Index capitum et articulorum, 779 ff.
87 Witsius 1695, I, 1 ff.

TABVLA PROPHETICA
Omnes Prophetias suo quamque ordine & tempore repraesentans.

I. Durante Politia Israelitica vaticinati sunt

IN IVDA ET ISRAEL,

Sub Vsia
- Hoseas
- Amos
- Iesaias c. I–VI.

⟨40⟩ Sub Iothamo & Achaso
- Hoseas
- Micha
- Iesaia c. VII–XII.

-"- Hiskia
- Hoseas
- Micha
- Iesaia c. XVIII–XXII.

Contra Niniuen sub Pul Ionas
-"- Babelem sub Achazo — Iesaias c. XIII. XIV.
-"- Palaestinam sub initium Hiskiae — Iesaias c. XIV. v. 28. XXXII.
-"- Moabum — Iesaias c. XV. XVI.
-"- Damascum — Iesaias c. XVII.
-"- Aegyptum — Iesaias c. XIX. XX.

II. Post abductionem Assyriacam vsque ad primam Nebucadnezaris expeditionem, prophetarunt

IN IVDA.

Sub Hiskia
- Hoseas
- Iesaias c. XXIV. LXVI.

-"- Manasse
- Ioel
- Habacuc

-"- Iosia
- Zephania
- Ieremias.

⟨41⟩ Contra Ninuen sub Hiskia — Nahum
-"- Edom — Obadia
-"- Arabiam — Iesaias c. XXI.
-"- Tyrum — Iesaias c. XXIII.

III. Durante captiuitate Babylonica vaticinati sunt

1. Quod ad res populi Dei attinet

In Iudaea	Ieremias
In Babylonia	Daniel
In Chaldaea	Ezechiel
In AEgypto	Ieremias

2. Contra hostes populi Dei, nimirum

Contra Babyloniam	Ieremias c. L. LI.
-"- AEgyptum & AEthiopiam	{ Ieremias c. XLVI. { Ezechiel c. XXVI–XXVIII.
-"- Palaestinam	Ieremias c. XLVII.
-"- Moabum	Ieremias c. XLVIII.
-"- Ammonem	Ieremias c. XLIX.
-"- Moabum, Ammonem, Edomum, ac Philistaeam	Ezechiel c. XXV.

⟨42⟩ *IV. Post Iudaeorum dimissionem ex captiuitate Babylonica, iussu Cyri factam,* in ipsorum terra vaticinati sunt

Sub Dario	{ Zacharias { Haggai
-"- Deinde	Malachias.

§. XVIII.
Ista quatuor historiae momenta exemplo declarantur.

Exemplo ad scopum nostrum accommodato haec omnium euadent clariora. Magna immo maxima praecipuaque vaticiniorum pars in duplici genere versatur.
5 Prophetae enim aut *comminationes* aut *promissiones* proferre solent. *Comminationes* huc ferme tendunt vniuersae, fore tandem, vt Israel & Iuda e terris suis exterminetur & in captiuitatem abducatur ob peccatorum grauitatem, omnemque emendationis viam frustra a Deo per prophetas tentatam. *Promissiones* autem pleraeque ad Christum venturum directe collineant. Vtrasque (comminationes
10 puta & promissiones) qui recte & accurate intelligere velit, eum quatuor illa historiae momenta, ad quae modo omnia reuoca-⟨43⟩vimus, animo probe complecti oportet. Etenim vt vnam alteramque attingamus, comminationum caussas libri historici tradunt, quarum compendium videri potest, 2 Reg. XVII. Exterminatio vero e terris, quas tota gens Iudaeorum incoluit, intelligi nequit, nec quan-
15 tum eo rendentes Prophetarum comminationes pondus habeant, vllus morta-

lium capiet, nisi promissionis Abrahamo, Isaaco & Iacobo factae ac iuramento obsignatae impletionem in libris Iosuae, Iudicum, Samuelis, Regum & Chronicorum, immo & promissionis & impletionis caussam ad fundamentum, Christum videlicet, & gentis & patriae suae charactere accurate signandum animaduerterit, & perdidicerit. Iam cur promissiones tot tantaeque prophetarum de reductione ex capituitate Babylonica loquantur, immo tempus illius liberationis determinent, & cur hanc liberationem sequentes tres Prophetae Haggai, Zacharias & Malachias euidentissimis de Christo mox apparituro vaticiniis exceperint, non aliunde rectius intelligetur, quam ex *historiae sacrae filo* accuratissime perspecto. Id quod recte cognitum & cum vaticiniis collatum ansam dedit eleganti obseruationi RVPERTI TVITIENSIS *libro de victoria verbi Dei V, c. 23.* Disquirit enim ibi, quare domus Iuda seruata sit Israele in captiuitatem ducto, cum vtrobique iusti aliquot fuerint. *Domus Iuda,* ⟨44⟩ ait, *non solum hoc patrocinium apud misericordem habuit, quod illinc inuenti sint iusti, sed quod certo sciendum & memoria tenendum est, veritatem verbi Dei vel promissionis necessario adimplendam natiuitate vel incarnatione Christi de tribu Iuda, de semine Dauid. Caussam istam Israel in Assyrios ductus capituus non habuit, quia, sicut iam superius memoratum est, non de alia tribu Israel, sed de tribu Iuda promissum erat, quod CHRISTVS nasciturus esset. Caussa ista, non meritum, iuuit tribum Iuda, veritas Dei necessario implenda, non propria iustitia, seruauit domum Dauid.*[88] Hactenus ille. Isthaec vero nobis eo carior debet esse obseruatio, quo magis non tantum vaticiniorum quam plurimorum rationem ac fundamentum ostendit, sed etiam pro doctrinae euangelicae, gratiae Christi omnia tribuentis, puritate militat.

§. XIX.
Librum Psalmorum multum ad intelligendos Prophetas conferre.

Porro Psalmorum liber ad Prophetas, inprimis quantum ad vaticinia de Christo attinet, recte intelligendos & explicandos multum confert. Ad illum enim librum ipse se retulit Christus, quum discipulis psalmos de se scriptos, non minus quam reliquas scripturas, ipse, (ceu clauem Dauidis possidens Apoc. III, 7.) aperiret Luc. XXIV, 44. 47. ⟨45⟩ Nec obstat, quod hoc in loco Christus, ad vulgarem & notissimam bibliorum diuisionem allusisse, & sub titulo Psalmorum cuncta, quae Hagiographa dicimus, comprehendisse existimetur, ut LIGHTFOOTI *Horae Hebraicae,* in Lucam satis luculente docent. Relinquitur vero nihilominus, inter omnes libros, quo aliquid de Christo loquuntur, primum locum merito obtinere librum Psalmorum, vt, hoc nominato, reliqui etiam subintelligantur, quae ipsius LIGHTFOOTI l. c. verba sunt.[89] Adde, quod ex eo libro testimonia de Christo & doctrina Euangelii longe copiosius in Nouo Testamento depromantur, quam ex reliquis omnibus Veteris Testamenti scriptis. Tertia enim propemodum Psalmorum pars, h. e. quinquaginta ferme Psalmi expresse in Nouo Testamento

---

[88] Rupertus Tuit., 1631, II, 677, col. 2.
[89] Lightfoot 1675 ff.; vgl. 831, 865, 870 u. a.

adducuntur, vt taceamus, etiam ipsa phraseos harmonia digitum a Christo & Apostolis passim ad Psalmos intendi. Id quod satis dare ostendit, quantum Christus & Apostoli huic libro tribuerint. Etsi autem hoc ad commendationem Psalterii in negotio Exegetico praecipue pertinet: id tamen, nisi vberior accesserit
⁵ meditatio, per se haud satis declarat, quae prophetiae de Christo Psalterio contineantur, nec quae earum perspicuitas sit & euidentia, quamque minutim & accurata idem liber persequatur ea, quae in Christo fuerunt implenda, inde sufficienter addisci-⟨46⟩tur. Neque enim ille Christi & Apostolorum finis fuit, vt omnia in medium proferrent, quae Christum in Psalmis sonarent, sed vt non nulla
¹⁰ proferendo & sufficienti testimonio doctrinam suam munirent, & ad reliqua eadem ratione intelligenda viam commonstrarent. Quod si quis vero Psalmos ipsos accurate ac deuote legat, relegat, in iis meditetur, ac facultatem eos intelligendi, Deo Spiritum Sanctum largiente, in dies maiorem consequatur, deprehendet certissime, posse suo iure Psalterium nominari euangelium de Iesu Christo.
¹⁵ Adeo enim clare de Christo vaticinatur, vt in eo plurima, ad perpessiones Christi, inprimis vero ad animae luctam spectantia, magis ad viuum, quam in ipsa Euangelistarum historia, repraesententur. Nec male quis Psalmis accommodet in specie illud, quod ROBERTVS BOYLVS Anglus, *in dissertatione de Stilo Scripturae Sacrae* scite admodum in plurima Veteris ac Noui Testamenti loca dixit conuenire.
²⁰ *Quemadmodum,* ait, *Apostoli primum Mosen & Eliam cum DOMINO colloquentem conspexerunt, mox autem (postquam nubes euanuisset, & ipse eos allocutus esse) Iesum solum viderunt; ita quoque locos eiusmodi legis, Prophetarum & Euangelii* (Psalterii etiam) *qui prima facie diuersissimi sensus videntur, secundo si inspicias, atque etiam plus luminis ex attenta rerum collatione accedat, omnes in vnum Christum veluti* ⟨47⟩ *euanescunt, de quo (vt*
²⁵ *Apostoli verbis vtar) & Moses in lege, ac Prophetae* (etiam in Psalmis) *scripserunt, & ad quem typi illi, & praedictiones veluti digitum intenderunt.*⁹⁰ Hoc qui aliqua modo ratione perspectum habuerit, is haud fastidiose aspernabitur ADAMI REVSNERI operam,⁹¹ quam impendit suo ante annos non ita multos recuso Psalterio ex Hebraica lingua ad verbum, vt titulus habet, in Germanicam translato. In eo vero
³⁰ non modo argumentum singulorum Psalmorum ad Christum refertur, sed etiam harmonia materiarum e scripturis ad marginem adnotata legitur. Non negauerimus tamen, isthunc libellum vltimam manum, aut vberiorem aliquam expositionem desiderare, ideoque lectorem requirere, qui iudicio spirituali satis limato polleat, vt recte seligat, quae fundamento non destituantur, & sapienter hinc
³⁵ inde solidarum ac salutarium cogitationum ansam quocumque modo sibi datam arripiat. Commendandus autem omnibus hoc in genere SEB. SCHMIDII labor. Is enim Argentorati anno MDCLXXXVIII. edidit *Resolutionem breuem, cum paraphrasi verborum, ac notis Psalmorum Propheticorum de Christo disputationibus quatuordecim ventilatam.*⁹² Accessit etiam appendix psalmorum propheticorum in disputationi-
⁴⁰ bus omissorum. MARTINI LVTHERI,⁹³ etiam IO. BVGENHAGII,⁹⁴ IO.

---

90 Boyle 1680.
91 Reußner 1683.
92 Seb. Schmidt, Psalmen 1688.
93 WA DB X 2, 189 ff.
94 Bugenhagen 1524.

BRENTII[95], IO. DRACONITIS,[96] IO. ⟨48⟩ ARNDII,[97] MARTINI GEIERI,[98] aliorumque siue commentarii integri, seu peculiarium psalmorum expositiones cognitionem Christi in psalmis quaerenti haud parum opitulari possunt. Haec omnia, vt prae aliis rebus, quae vtiliter de Psalterio dici potuissent, in praesentia adferrentur, instituti nostri postulauit ratio, vtpote quae introductio ad prophetarum lectionem eo potissimum ac speciatim dirigenda est, vt Christi e Prophetis cognitio hauriatur; ad quem finem perinde etiam Psalterii commendatio hoc loco referenda fuit.

§. XX.
Quadruplex ostenditur via ineunda iis, qui Psalterium ad interpretanda prophetarum vaticinia de Christo adhibere volunt.

Via autem nunc quoque & ratio ostendenda, quam eos inire prodest, qui libro Psalmorum in prophetis, quoad de Christo vaticinati sunt, intelligendis atque interpretandis adiuuari velint. Poterit, qui isthunc sibi finem praestituerit, quatuor modis, quos fontes potius dixerimus, Psalterii meditationem capessere. *Primo* vero hic liber prae reliquis Veteris Testamenti scriptis, vt modo dictum est, in Nouo Testamento passim explicatur & illustratur verbis Psalmorum pluribus, quam ex vllo Veteris Testamenti libro ⟨49⟩ factum est, in veritatis testimonio productis. Ita sane Nouum Testamentum clauis est Psalterii. Hanc autem diuinitus suppeditatam clauem contemnere, nefas fuerit; quin potius grata mente ea amplectenda, nec sine veneratione adhibenda est. In lucris ponamus Psalmos omnes, quos Christus & Apostoli exposuere. Certe non possumus non laudare mascula & Theologo digna IO. BRENTII in Psalmum XVIII. verba, *quando Paulus*, ait, *scribens ad Romanos cap. XV. recitat ex hoc Psalmo testimonium de vocatione Gentium ad agnitionem Christi, Gentes, inquit, pro misericordia glorificent Deum, sicut scriptum est, propterea confitebor tibi in gentibus, & nomini tuo Psalmum dicam, haec non sunt proprie Davidis, sed Christi verba, quae & testificantur, vniuersum Psalmum, recitatore quidem Dauide, dictatore autem Spiritu Dei, de Christo esse intelligendum, quare, cum Paulus exponit eum de Christo, non est alia, ne angeli quidem, interpretatio agnoscenda.*[99]

Hinc idem BRENTIVS iam in antecedentibus recte dixerat: *Non est mirum igitur* (ob inscriptionem Psalmi scilicet) *quod interpretes exposuerint hunc Psalmum iuxta* τὸ ῥητὸν *de Dauide, non autem de Christo Domino nostro, nisi allegorice, & vt ipsi loquuntur, spiritualiter. Sed si intueamur eum pressius, & considerauerimus eum, iuxta Apostolicam interpretationem* τὸ ῥητὸν *seu littera eius non nisi in Christum Dominum no-*⟨50⟩*strum competit. Etsi enim dubium non est, quin Dauid multa & magna sit passus, e quibus Dominus eum clementissime liberauerit, nec est negandum, quin Dauid iuxta inscriptionem,*

---

[95] Brenz 1578.
[96] Draconites 1543.
[97] Arndt 1644.
[98] Geier 1696, I.
[99] Brenz 1578, 268.

quam commemorauimus, acceperit occasionem ex illis miraculis, quibus omnia sua pericula euasit, & excitatus sit a Spiritu Sancto, vt hunc Psalmum recitaret, tamen τὸ ῥητὸν *seu littera Psalmi non respicit, nisi in Dominum nostrum Iesum, & tum demum ad Dauidem, & omnes alios pios in Christo renatos accommodari suo modo potest, quum fundamentum de Christo positum fuerit.*[100] Hac cordati Theologi illius parrhesia vtamur in omnibus reliquis psalmis, quos Christus & Apostoli explicuerunt. Auctoritas enim haecce omni exceptione maior nobis sit, oportet, nec sunt audiendi interpretes, qui, nescio qua specie, commenta sua expositioni Spiritus Sancti, vt tenebras luci offundere, non erubescunt. Cogitemus, discipulum non esse supra magistrum. Enimuero vna haec obseruatio fideliter & dextre adplicata erit pro mille regulis hermeneuticis, & facili negotio nobis plurimorum psalmorum simplicem, certam ac planissimam exponendi viam patefaciet. *Experientur, quae hanc viam ingressae fuerint, piae mentes, nihil dulcius* (vt RVPERTI TVITIENSIS verbis, quae in commentario in Zachariam habet, hac de re vtar) *amatori, seu inquisitori veritatis, veritatem, quae ipse Chri-*⟨51⟩*stus est, diligenti, nihil inquam dulcius, nihil iucundius in hac peregrinatione esse, quam claro intuitu Scripturas Veteris & Noui Testamenti facie se mutuo respicientes dignoscere, quae testimonium, inquit, perhibent de me.*[101] Hic enim primus & principalis modus instituendi meditationem in tractando psalterio, immo meditationis fons est. *Secunda ratio* Psalmos exponendi occupabitur in eorum collatione cum libris θεοπνεύστοις Veteris Testamenti partim ante Dauidis aetatem scriptis, partim Dauidis historiam complectentibus. Ex iis enim libris quam plurima in Psalmis & explicantur, & ad genuinum transferuntur vsum, & a vario abusu vindicantur. Isthaec si in psalmis studiose obseruentur, & cum integro librorum, quos respiciunt, contextu rite conferantur, sicque fiant piae meditationis materiae, duplex illico fructus inde percipietur. Proderit enim haec collatio ad Mosis reliquaque Dauidis aetatem aut antegressa aut comitantia scripta accuratius intelligenda, & ad prophetarum effata quasi e primis incunabulis solerter euoluenda. Inseruire huic negotio poterit tractatus LIGHTFOOTI, qui inscribitur: *Harmonia Chronica & ordo Veteris Testamenti, annorum obseruatio & digestio Chronologica librorum, item capitum, historiarum, prophetarum &c. ordinata dispositio, prout naturalis & genuina chronologiae & historiae series requirit.*[102] Qui tractatus tomo priori ⟨52⟩ Operum eius continetur. Assidua vero Codicis sacri tractatio plura, & saepe certiora suggerit, quam externa eiusmodi, vt vt splendida adminicula, quod solari illos potest, qui subsidiis illis carent. *Tertia via* expendendi psalmos consistit in collatione psalmorum inter se. Etenim materiarum harmonia, phrasiumque concentu quam plurimi se mutuo explicant & illustrant psalmi, vt vere dici possit, ipsum Dauidem suorum verborum esse interpretem. Ita suggerit non numquam Nouum Testamentum veram vnius psalmi expositionem, eumque de Christo accipi iubet; adminiculo illo collationis accuratae & materiarum & ipsius dictionis mox dilucide constabit, complures psalmos eadem ratione exponi, nec de alio quam de *CHRISTO* accipi debere. Et haec ipsa via, cum auctoritate nitatur

---

[100] Ebd., 267 f.
[101] Rupertus Tuit. 1631, I, 1023, col. 2.
[102] Lightfoot 1686, Titelblatt u. 1 ff.

diuina Nouum Testamentum, dummodo ea quis recte vtatur, humanis omnibus interpretandi artibus haud dubie anteponenda est. Quod autem in omni studio Biblico, & in primis prophetico multum sit, psalterium & eius praesertim textum originalem sibi meditando reddidisse quam familiarissimum, vnumquemque malumus experiri, quam nobis accredere. Superest *quartus modus* tractandorum psalmorum. Conferri enim etiam illa debent cum Scripturis Veteris Testamenti, quae post Dauidem Ecclesia accepit. Interea autem pro-⟨53⟩phetarum, ad quorum lectionem κατ' ἐξοχὴν haec introductio datur, monumenta, praecipue consideranda sunt. Manifestum enim est, psalmos non paucos dari, qui ita cum textibus quibusdam illorum scriptorum, inprimis prophetarum conueniant, vt dubitari nequeat, quemadmodum Dauid instinctu Spiritus Sancti de professo textus quosdam Mosaicos aliosque illustrandos sibi sumsit, ita prophetas etiam Dauide posteriores dedita opera & dictante Spiritu S. Dauidica verba integrosque eius psalmos clariori lumine perfudisse. Etsi autem hoc pacto prophetae Psalmos potius, quam psalmi prophetas explicant, psalmi tamen fundamentum textibus propheticis praebent, sine quo exegesin firmam esse non posse, res ipsa loquitur, vt taceamus, esse in psalmis etiam tum res, tum phrases, quae tam aperte & perspicue vix in prophetis inueniuntur.

Hi sunt quatuor meditationis in libro psalmorum instituendi modi seu fontes, quibus obseruatis fiat, vt meditantis animus intra limites verbi diuini contineatur, nec vagis ac temerariis speculationibus ac corruptae rationis interpretamentis periculose exponatur. Nemo autem existimet, sibi legem imponi, vtro, quo hosce modos recensuimus, ordine, iis necessario vtatur, & vt omnibus simul in tractatione psalterii vti haud liceat. Liberam, etsi minime vagam, oportet esse ⟨54⟩ meditationem, & vt se modo hoc modo illud offert, ita tranquilla mente considerandum est, donec inter preces ac suspiria agnitio veritatis certa bonae frugis ac solatii plena ac interiorem hominem nutriens nobis impertiatur.

§. XXI.
Quae omnia exemplo Psalmi XLV. illustrantur.

Quae diximus, magis in aprico erunt, si exemplo aliquo fuerint collustrata. Sit autem exempli loco Psalmus XLV. Hunc ante omnia quaeramus in Nouo Testamento testimonii loco adhibitum. Deprehendimus autem eius versum 7. in Epistola ad Hebraeos c. I, 8. adductum. Spiritus S. enim ibi ostensurus, ac probaturus, Christum angelis longe maiorem esse, illum Deum, hos creaturas; illum regem, hos subditos; illum Dominum, hosce seruos, producit de angelis versum 4tum Psalmi CIV, de Christo vero versum 7. vt diximus, Psalmi XLV. Vis probandi id, quod in quaestione est, nulla foret, nisi psalmi hi in versiculis citatis κατὰ τὸ ῥητόν, ille de angelis, hic de Christo agerent. Si enim Psalmus XLV. (de hoc enim praecipue nobis hic sermo est) de Davide aut Salomone κατὰ τὸ ῥητόν loqueretur, quilibet sanae mentis videt, inde neque directe probari, neque adcommodatione vlla ⟨55⟩ confici posse & inferri, Christum esse angelis maiorem. Alio tunc argumento opus esset, quod legentis animum conuinceret, ac veritatem iret demonstratum. Carmen, quo nuptiae Dauidis, Salomonis, aut alius hominis celebratae fuissent, probationis loco, in vindicanda Christi maiestate adferre, aperta esset in orationis sacrae contextu ἀλογία sermone Apostolico plane indigna. Quomodo legitur autem in cap. I. ad Hebraeos? Expresse ibi scriptum exstat: *de Filio ait*, ergone, postquam Spiritus Sanctus dixit, psalmum loqui de filio, dicere nos sustineamus, eum loqui, nescio de quo homine? Conquiescamus potius in effato Spiritus Sancti, nec sapiamus supra id, quod scriptam est. BRENTIVM imitemur dicentes: *Cum scriptum* θεόπνευστος *psalmum de Christo, Filio Dei, exponit, non est alia, ne angeli quidem, interpretatio agnoscenda.*[103] Ita in lucro de putemus, nos ex Nouo Testamento didicisse, hunc psalmum de Christo agere. Haec autem expositio Apostolica liquido confirmabitur, si psalmum XLV. conferamus cum psalmis II. XCVII. CII. CX. Hos enim psalmos l. c. Epistola ad Hebraeos ad eiusdem thematis probationem adfert, haud dubie igitur idem argumentum continent, quod psalmus XLV. Et inter hos iterum deprehendimus Psalmum II. & CX. qui tamquam conspicia & irrefragabilia de Christo testi-⟨56⟩monia, etiam alibi passim in Nouo Testamento, citantur. His facile accedent complures alii Psalmi, qui quod ad materiam & dictionem ita conueniunt cum Psalmo XLV. vt dubium non sit, cum hoc eos esse parallelos, vt Ps. VIII. XXIV. LXXII. & qui XCVIImum ab Epistola ad Hebraeos adductum proxime antecedunt & sequuntur, aliique. Hic aut aliqui duntaxat horum psalmorum si pie ponderentur, sensum propositi Psalmi XLV. multo reddent planiorem, & meditationis materiam mirum quantum augebunt. Parallelismo huic satis amplo si quis adiecerit tertium fontem meditationis, nempe Psalmi collationem cum historiae Davidicae momento praecipuo, h. e. cum fundamentali promissione, quae Dauidi de Messia e familia sua nascendo obtigit 2 Sam. VII. & 1 Chron. XVII. & praeterea considerauerit, quibus illa promissio verbis Psalmo LXXXIX. & CXXXII. alibique ab ipso Spiritu S. declaretur, postea eius impletio in Nouo Testamento exhibeatur, symphonicus ille Scripturae concentus insigniter coroborabit veritatem sensus illius, quem Epistola ad Hebraeos Psalmo XLV. tribuit, immo vero scrupulum de illo sensu omnem, si quis superfuerit, animo poterit eximere. Verum enim vero longe vberior restit huius Psalmi collatio, quae pari modo cum Veteri & Nouo Testamento institui potest. In Can-⟨57⟩tico enim Canticorum ea, quae in hoc Psalmo quasi delibantur, diffusius exponuntur. Apocalypseos vero caput XIX. regem illum, quem psalmus canit, pariterque sponsum, nuptias regis, iudicia, & reliqua viuis quasi depingit coloribus, & quae versibus 4. 5. 6. Psalmi paucis verbis describuntur, ea quasi in clariorem lucem protracta, in visione aliqua ac veluti historica seu potius prophetica narratione ponuntur ob obulos & diferte de *VERBO DEI*, aeterno Dei filio, explicantur. His suffragatur c. XXI. Apocal. sistens sanctam illam ciuitatem, Hierosolymam novam, descendentem e caelo, paratam vt sponsam ornatam viro suo v. 2. *Is vero*, ait, Ioannes Baptista Ioh. III, 29. *cui est sponsa sponsus est*, nempe Iesus Christus. Et Paulus adstipulatur, quando *hoc*, inquit, *mysterium magnum est*,

---

103 Brenz 1578, 552 ff.

ego autem dico de Christo & Ecclesia eius Eph. V, 32. id quod in antecedentibus exposuerat pluribus, & ad ipsam coniugii institutionem Gen. II, 15. 24. mysterium hoc adumbrantis, Ephesiorum animos remiserat. Campus hic aperitur in Vetere & Nouo Testamento, quem nemo facile meditando emetietur. Haec autem introductionis loco subministrasse sufficiat. Nunc accedat porro quartus modus considerandi psalmos, seu fons instituendae in iis meditationis, quo Psalmus XLV. cum Iesaiae, Ieremiae & reliquorum prophetarum vaticiniis con-⟨58⟩ferendus erit. Haec vero collatio non tam ad meliorem psalmi, quam ad prophetarum potius interpretationem pro ratione praesentis instituti referri debet. Id enim agimus h. l. vt ostendamus, quid psalterii genuina tractatio ad prophetas de Christo vaticinantes recte intelligendos dextreque enarrandos conferat; Atque, hoc ipsum iam sequenti paragrapho imus declaratum.

§. XXII.
Modo dicti Psalmi XLV. collatio cum Prophetis instituitur.

Collatio psalmi XLVti instituenda cum psalmis parallelis, cum historiis aliisque Veteris Testamenti scriptis, & cum libris Novi Testamenti, quam adiuuare §. antecedenti conati sumus, si pari ratione etiam in specie cum prophetis ineatur, plurimum lucis tum ipsi psalmo, tum compluribus prophetarum effatis adferet. Posterius hoc, nempe quod illa collatione permulta vatum sacrorum dicta illustrentur, nunc demonstrandum erit. Instituti autem nostri non immemores introductionem duntaxat, quae verae interpretationis fontes indicet, suppeditabimus, nec operose in loca prophetarum, quae attingenda erant, commentabimur, id quod h. l. alienum foret. Et quia parum refert, quo illi fontes ordine ob oculos ponantur, prout se quisque nobis offerent, ita eos indicabimus. Rectae ⟨59⟩ interpretationis prophetarum fons insignis est adcurata obseruatio & consideratio singularis illius periodi Ecclesiae Veteris Testamenti, quam aetas Dauidica constituit. Ante illam periodum promissio seminis benedicti Abrahamo, inter Abrahami filios Isaaco, inter Isaaci filios Iacobo, inter Iacobi posteros tribui Iudae obtigerat, verum ex qua familia prodire debebat Christus, nondum constabat. Quia autem illa promissionis ad certam primo gentem, deinde ad tribum etiam restrictio eo spectabat, vt his aliisque, quas Spiritus Sanctus dederat, & porro daturus erat, notis aliquando Christus agnosceretur, collibitum erat benignissimo Numini, nunc etiam significare & praedicere, quod e Dauidis familia Messias sit exspectandus, quo nota hac illustriori facilius ille, cum nasceretur, secerni ab aliis posset. Atque hoc est fundamentalis illa, quam diximus, promissio, quae c. VII. lib. I. Samuelis & parallelo capite XVII. lib. I. Chronic. continetur. Huic promissioni celebrandae, exponendae, illustrandae quam plurimi psalmi, inter quos est XLVtus, inseruiunt. Iam, quia prophetae omnes, ad quorum lectionem introductio a nobis promittitur, sua post Dauidis aetatem protulerunt vaticinia, mirum non est, eos frequenter promissionis tam insignis ab ipso Dauide tot psalmis decantarae mentionem instaurare, eaque se & alios effi-⟨60⟩cacissime consolari. Ita enim in scripturis fieri consueuit, vaticinia priora vt posterioribus dilucidius exponantur. Ex fonte hoc igitur fundamentalis sc. illius Dauidi factae promissionis intelligenda erunt, quae Iesaias vaticinatus est c. VII, 13. 14. (coll. VIII, 10. 13. 14. sq.) cap. IX, 6. 7. (collat. c. X, 20. 21.) cap. XIV, 32. (coll. Psalm. LXXXVII, 2.) VIII, 16. c. LV, 3. quae Ieremias c. XXIII, 5. 6. c. XXIX, 10. 11. c. XXX, 21. c. XXXIII, 15. sq. quae Ezechiel c. XXXIV, 23. 24. c. XXXVII, 24. 25. quae Hoseas c. I, 7. c. III, 4. 5. quae Amos c. IX, 2. quae Micha c. V, 1. quae Zacharias c. VI, 12. 13. c. XII, 8. 10. Plura eiusmodi loca producere possemus, at pro instituti ratione intra modum id faciendum, & exstantiora reliquis praeferenda esse credidimus. Quid autem magis perspicuum esse potest, quam haec loca omnia, vt expresse aut Dauidis, aut domus ac familiae Dauidicae, aut bonorum Dauidi promissorum mentionem faciunt, ex ipsius Dauidis psalmis, quibus eandem rem tractauit, inter quos est Psalmus XLVtus, plurimum lucis accipere?

Alius fons expositionis prophetarum aperitur in mentione regis, regiminis ac regni, quae, vt in aliis psalmis quam plurimis, ita etiam in XLVto non obiter iniicitur. Malumus hoc IO. BRENTII, quam nostris verbis declarare. Is enim Psalmi XCIII vsum ita ex-⟨61⟩ponit: *Hic psalmus est vaticinium de regno Christi. Etsi autem Christus non diserte & nominatim in eo praedicatur, tamen certissimum est argumentum, quod loquitur de regno Christi. Apostolica enim scripta & Apocalypsis sunt commentarius veterum propheticorum scriptorum. Postquam autem Christus intrauit in gloriam suam, & consedit ad dextram Dei Patris sui, scripta Apostolica nesciunt alium Dominum Deum nostrum, praeterquam Christum. Norunt quidem duas alias in diuinitate personas, Patrem & Spiritum S. sed nesciunt alium Dominum Deum nostrum Zebaoth praeter Christum. Huic enim subiiciunt caelum & terram & vniuersum orbem, hunc exaltant super omnes creaturas, hunc collocant ad dextram Dei: huic dant nomen super omne nomen, vt in nomine eius omne genu se flectat, caelestium, terrestrium & inferorum. Huic soli deferunt illum honorem, vt non sit aliud nomen sub caelo inter homines datum, in quo oporteat nos saluos fieri. Quare, vbicunque scripta prophetica Deo deferunt honorem regni, omnipotentiae & salutis, sentiamus eum deferri Domino nostro IESV CHRISTO, qui est cum Patre & Spiritu Sancto Deus laudandus in saecula.*[104] Huc vsque BRENTII verba. En! quanta ille πληροφορία scripta Noui Testamenti ad psalmorum expositionem, & dehinc verum psalmorum sensum ad prophetarum interpretationem traducit! Plura eius generis testimonia de Maiestate ⟨62⟩ *IESV CHRISTI* e prophetis agnoscenda ex BRENTIO & BVGENHAGIO[105] aliaque ad idem argumentum pertinentia protulimus in *Programmate*, quod feriis Natalitiis anni MDCCIV. publico Academiae nomine scripsimus.[106] In praesentia autem ex fonte iam indicato, quo mentione regis, regiminis, regni aperiuntur vaticinia de Christo, sequentia potissimum considerentur loca Esa. VI, 5. c. IX, 6. 7. c. XXXII, 1. c. XXXIII, 17. 22. c. XLIII, 15. c. LII, 7. Ier. XXIII, 5. c. XXXIII, 15. c. XXX, 21. Ezech. XXXVII, 22. 24. Dan. II, 44. c. IV, 31. 34. c. VI, 26. 27. c. VII, 13. 14. 18. 22. 27. Hos. III, 5. Obad. v. 21. Mich. II, 13. c. IV, 7. 8. Zeph. III, 15. Zach. IX, 9.

---

[104] Brenz 1578, 995 f.
[105] Bugenhagen 1524, 526 ff.
[106] Francke, Programmata 1714; vgl. vorl. Bd., 1–74, hier 74.

c. XIV, 9. 16. 17. Mal. I, 14. In his dictis perpendendis si supponatur auctoritas non modo Psalmi XLVti, sed etiam reliquorum, qui de rege Messia, regno eius & regiminis ratione sat aperte agunt & symphonica Spiritus Prophetarum harmonia probe animaduertatur, vltro deinceps, & quasi sua sponte ex hoc fonte genuina prophetarum expositio in locis aliis quam plurimis, vbi de Christo agunt, promanabit. Caeterum Psalmum XLV. modo designato pensitanti alius interpretationis fons Prophetarum suboritur, si mystici, quod in eo Psalmo celebratur, coniugii adcuratior dehinc in Prophetis etiam ratio habeatur. Quemadmodum enim coniugium, quo mas & foe-⟨63⟩mina ex instituto Dei copulantur, hominibus tantam, vt nullo sit arctior, coniunctionem tribuit; ita vbi in sacris coniugii notio ad Dei cum hominibus commercium transfertur, ea significatur coniunctio, qua collibitum fuit Deo cum hominibus vinciri. Proinde hac ipsa notione modo Dei cum Ecclesia Iudaica foedus, modo humanae naturae in Christo cum diuina copulatio, modo Christi tenerrimus erga Ecclesiam sanguine suo pretiosissimo partam amor, modo eiusdem Christi cum qualibet anima fideli connubium spirituale in aduentu eius secundo gloriose consummandum, conprehendi.

Ad quatuor istas classes reuocari, meo iudicio, omnia possunt loca, quae in sacris litteris, & inprimis in prophetis coniugii mystici quocunque modo mentionem faciunt. In iis omnibus vere fundamentum aliud non est, nisi Christus. Hic enim, quandoquidem e gente sua erat agnoscendus, cum ea ipsa gente, e qua prodire debebat, arctiori, quam cum reliquis, foedere iungi Deus voluit. In caeteris obuiam cuius est cernere, nostram cum Deo communionem in Christo solo fundari. Et vt totum illud tempus a condito mundo vsque ad aduentum Messiae fuit tempus vmbrarum, signorum, paedagogiae &c. etiam ante legem Mosis, vt recte adfirmat MART. CHEMNITIVS in loco ⟨64⟩ de Lege Dei, vbi de praecepto III. agit: ita typos coniugii illius spiritualis quam plurimos libri Veteris Testamenti historici exhibent, id quod liquido satis docet Paulus Gal. IV. Abrahami duplex, cum libera nempe atque ferua, matrimonium ad duplex testamentum Vetus & Nouum referens, adducto insuper in testimonium capite LIV. Iesaiae.[107] Haec Apostoli si sequamur vestigia, facile versantibus nobis & inter se conferentibus scripturas, plura id genus sub manu nascentur. Nos in hoc argumento longiores hic esse nolumus; ad alia enim nobis procedendum est.

§. XXIII.
Collationem ipsorum Prophetarum inter se & vaticiniorum breuiorum cum longioribus, obscuriorum tum clarioribus effatis fieri debere.

Vt expeditior reddatur ratio genuina, & facultas exponendi vates sacros, ad illa, quae commemorauimus adhuc, e sinu scripturae petenda auxilia, accedat necesse est ipsorum prophetarum inter se, breuiorum vaticiniorum cum longiusculis, obscuriorum cum luculentioribus effatis accurata & indefessa collatio. Viuida &

---

[107] Chemnitz 1610, II, 54 ff.

interprete digna est admonitio RVPERTI TVITIENSIS, quam habet in Commentario in Micham lib. I. quam vero ille de perscrutatione scripturarum in ge- ⟨65⟩nere protulit, nos collatione prophetarum inter se quam maxime accommodandam ducimus, *Sensum scripturarum,* ait, *verum quaerere & indagare cupientes, siluaticarum venationum recordamur, quarum in vsu, qui canes veraciter venatici sunt, comprobantur. Nam qui eius naturae vel sagacitatis non sunt, vt venationis insatiabili dilectione trahantur, mox aut spinetis aut paludibus, aut scopulis vel rupibus offensi fuerint, fugientem capream aut hinnulum ceruorum segnes obliuiscuntur, & ad domestica cubilia vacui reuertuntur. Qui autem canes ingenui, vel naturaliter sunt venatici, nullius difficultatis offensione superantur, sed eunt perniciter per aspera, per inuia, quo semel adspectae venationis delectabili odore trahuntur, quasi morituri, nisi capiant, miserabiliter gemebundi, nisi adprehendant. Si canes Domini sumus, sensus veritatis in scripturarum sacramur silua densissima venatio nobis est. Currimus, vt comprehendamus, & tunc laeti sumus, si inter omnes litterae difficultates perseuerantes intenti sensum bonum & vtilem, qui lectorem aedificat, & velut conuiuam oblectet, reportamus.*[108] Hac RVPERTI pia excitatione volumus calcar addi legentibus prophetas, & solidam scientiam Theologicam, tendentem ad agnitionem Christi e puro illorum fonte haurire cupientibus. Alii enim nihil aut parum in scriptis prophetarum se intelligere animaduertentes, omnem protinus spem adsequendi ⟨66⟩ vmquam veri sensus, & vna cum spe proficiendi ipsum studium prophetarum abiiciunt; alii, vbi haeret aqua, illico commentarios adeunt, quo sine vlla sua molestia opera perfruantur aliena, vt fucus ignauus in aluerario. Nec vero hi certam firmamque scientiam Exegeticam vmquam consequentur. Quod si enim secum habitare coeperint, facile deprehendent quam in alienis diuitiis manserint egeni. Soli vero illi, qui precibus, quibus πνεῦμα σοφίας καὶ ἀποκαλύψεως a Deo expetant, neutiquam neglectis, & adiumentis reliquis, opportune & debito modo adhibitis, scripta prophetica ipsa, veluti siluam profundam densamque, nulli parcentes operae, non semel, sed iterum iterumque emetiuntur, in iis omnes quasi vias ac semitas perscrutantur, immo vias sibi patefacere fatagunt, omnique studio ac potissimum adsidua effatorum propheticorum inter se collatione id agunt, quod eleganti sapidaque translatione agendum TVITIENSIS suasit;[109] illi, inquam, soli tandem Exegetae euadunt, qui non alienis, sed suis videntes oculis, digni sint atque idonei, qui aliis quoque in ipsis prophetarum scriptis viam veritatis commonstrent.

⟨67⟩ §. XXIV.
Ex ista Prophetarum inter se collatione alia plura solidae interpretationis adminicula nasci, quorum non nulla recensentur.

Ex hac adsidua & indefessa ipsorum Prophetarum lectione, relectione, & verborum propheticorum inter se collatione quam plurima sub manu quasi nascuntur

---

108 Rupertus Tuit. 1631, I, 891, col. 2.
109 Ebd., I, 885 ff.

interpretationis solidae adiumenta. Ea omnia sigillatim prosequi, longum foret. Ponderationem Antecedentium & Consequentium in omni hermeneutica praecipuum esse, nemo nescit. Quam late autem pareat haec interpretandi via, luculente & captui tironum adcommodate explicatum dedit WOLFFGANGVS FRANZIVS in tractatu *de Interpretatione Scripturae sacrae.* In praefatione enim non dubitauit ad peritiam linguarum sacrarum, & ad accuratam antecedentium & consequentium considerationem nihil non toto in negotio Exegetico referre. Et ne quis existimet, eum ad rationem isthanc scripturae sensum indagandi nihil requirere, nisi adspectionem otiosam eorum, quae ad contextum scripturae quoque modo pertinent, mentem suam egregie verbis sequentibus declarat, quae a nobis hic transcribi, e re auditorum esse putamus, licet integram illam praefationem etiam atque etiam exegeseos studiosis commendemus. *Videt,* ait, *lector beneuolus, regulam* ⟨68⟩ *illam de collatione Antecedentium & Consequentium esse normam, qua res difficillimae visae, tum quoad linguam, & etiam quoad ipsam materiam penitissime certissimeque ita inuestigantur, vt grammaticarum regularum certitudo exploretur, lexicorum perfectio vel imperfectio inueniatur, rerum ipsarum circumstantiae omnes patefiant, sicque sufficienter conscientiae firmissime tranquillentur, adeo, vt ne minimum dubium ipsis relinquatur. Opus autem est ardentibus precibus, opus est pace & tranquillitate mentis, opus est tempore non angusto, opus est sudoribus & laboribus indefessis ac sanctis. Opus est colloquiis familiaribus & candidis; opus est experientia, sano & maturo iudicio; abesse debet omnis pigritia, voluptatum illecebrae, festinationes noxiae, aemulationes morosae, praeposterae iudiciorum & affectuum omnium perturbationes. Atque si hunc modum omnium religionum homines docti omnes obseruarent cum veritatis sincero & conscientioso ardore, vtique expositiones scripturae futurae essent vbiuis locorum felicissimae, & veritatis inuentiones planiores. An vero omnium locorum & religionum homines illis lucubrationum indesinentibus & indefessis sollicitudinibus oracula sacra difficiliora de Articulis Christianae Confessionis grauissimis expediant, & suos libros de sua Religione perscribant, tuo, quisquis es, lector, iudicio & arbitrio ipsique experientiae aestimandum committo & concredo.*[110] Huc vsque FRANZIVS. Demit-⟨69⟩tant haec in animum, qui serio exegesin sacram tractare gestiunt, eaque in specie accommodent ad studium propheticum, vbi ob difficultatem sensus maxime omnium illis admonitionibus indigebunt. Obtinebunt sane hoc pacto id, quod FRANZIVS pollicetur, vt nec oculis videre alienis, nec alienis audire auribus, nec in alterius habitare cerebro, intellectu & iudicio cogantur, immo plurimos de grege interpretes caecos duci a caecis facile animaduertent. Quae a parallelismo *rerum* pariter ac verborum peti solent interpretationis adminicula, plane huic, quam FRANZIVS vrget,[111] Antecedentium & Consequentium considerationi, quam nos pro re nata perpetuam diximus scriptorum propheticorum collationem inter se, innexa sunt, & ponderantibus superius dicta facile patebunt. Lingua prophetarum, h. e. loquendi ratio & genuina significatio vocabulorum, quibus prophetae vti consueuerunt, quaeque illis sunt ἰδιώτερα, nulla felicius addiscetur ratione quam illa ipsa prophetarum continua lectione rerumque ac verborum inter se collatione. Valere enim hic quoque debet illud MAR-

---

[110] Franz 1693, Praefatio, 14.
[111] Ebd., Praefatio, 6 ff.

TINI CHEMNITII monitum: *Ecclesiam tantum esse debere Grammaticam*,[112] h. e. non debere fingere res nouas, aut noua dogmata gignere, sed ea, quae a Spiritu Sancto tradita sunt, debere discere ex genuina significatione vocabulo-⟨70⟩rum, quibus in tradenda doctrina caelesti vtitur. Ita sane propheticorum oraculorum sensum diuinum ac sublimem neutiquam consequentur, qui non eorum quasi grammaticam h. e. veram vocum propheticorum significationem didicerint. Quam ob rem operae pretium fecit NICOLAVS GVRTLERVS, quum vocum typico propheticarum breuem explicationem peculiari tractatu, & ordine quidem Alphabetico complexus est. Editus est ille tractatus Bremae MDCXCVIII. in 4to, vbi in praefatione auctor memorat,[113] se incidisse in HENRICI MORI Alphabetum propheticum Iconismorum,[114] hoc autem ob breuitatem nimiam sibi isto in argumento non satisfecisse. Prodesse haec & alia id genus subsidia (quo etiam pertinet *Clauis Scripturae Sacrae* FLACII[115]) vtique possunt. Verum enim vero vt linguae humanae vsu quotidiano, iugique praestantissimorum auctorum lectione optime discuntur; ita linguam Spiritus Sancti propheticam, quamlibet egregia illa, quae indicauimus, adminicula fuerint, rectissime discent illi, qui lectione prophetarum ita delectantur, ita dies noctesque in iis versantur, vt eorum linguam ipso vsu familiarem sibi & vernaculam quasi reddant. Nec tamen humanae industriae sibi soli relictae plus aequo tributum velimus. Tenendum enim etiam atque etiam est illud BERNHARDI: *Scripturam eo legendam esse* ⟨71⟩ *Spiritu, quo scripta est. Etenim ea, quae sunt Dei, nemo nouit, nisi Spiritus Dei, animalis autem homo non est capax eorum, quae sunt Spiritus Dei &c.*[116] 1 Cor. II, 11. Idem de pathologia sacra esto iudicium. Nam in propheticis scriptis eius quam maxime habenda est ratio. Nusquam enim τὸ πάθος est euidentius magisque obuium, quam in sermone prophetarum, qui character etiam in psalmis locum habet. Sacram autem hanc pathologiam nullis praeceptionibus (quas quidem dedimus in additamento ad *Manuductionem nostram ad lectionem Scripturae Sacrae*[117]) aeque feliciter addiscemus, atque illa, quam hic vrgemus, ipsorum Prophetarum lectione, & adcurata rerum & verborum inter se collatione. Id quod vel vnicum illud edocebit exemplum, si specimen diuinae pathologiae, quo FRANZIVS in libro paullo ante citato de interpretatione Sacrae Scripturae, oraculo libr. VI. ex Iesa. c. I. exhibet.[118] Huic exemplo genuinum plane est illud, quod in Psalm. XCI. habet in Commentario suo POMERANVS (IO. BVGENHAGIVS): *Attende*, ait, *iucundam personarum mutationem in hoc spiritus dialogo. Primo sit sermo de eo, qui habitat in adiutorio altissimi, deinde ad illum ipsum, vbi dicitur: quoniam ipse liberabit te ex laqueo &c. tertio affectus illius, qui habitat in adiu*-⟨72⟩*torio illius, interseritur, dicentis:*

---

112 Chemnitz 1610, III, 115 ff.; vgl. De ecclesia.
113 Gürtler 1698, Praefatio.
114 Morus 1675, 595 ff.
115 Flacius 1580; 1695; s. Indices.
116 Ps.-Bernhard v. Clairvaux, epist. seu tractatus ad fratres de monte Dei cap. IX 31 = MSL 184, 327 D.
117 *Fußnote im Original:* „Conf. editas postea Praelectiones Hermeneuticas Posit. VI, p. 192. sqq." [Francke, Manuductio 1693; vgl. TGP II.4, 27–111; Francke, Praelectiones 1717; vgl. vorl. Bd.].
118 Franz 1693, 500 ff.

quoniam tu es, Domine, spes mea &c. & ita subito mutantur verba, vt qui paullo ante videbatur de alio, & ad alium dicere, iam de se & ad se dixisse videatur. Non autem qui talia ex animo dicit, est vnus ex illis, qui cum audiant gratiam Dei praedicari, credunt quidem sanctis obuenturam, se autem ad eam pertinere confidere non audent, sed quod legit, quod audit ex Dei verbis, ad se pertinere non dubitat, quasi dicat: Omnia praedicta sic habent, quia tu Domine es spes mea. Atque haec particula: quoniam tu es spes mea Domine, ita interseritur adfectu psallentis, vt quod ad phrasin orationis attinet, neque eum eo, quod mox sequitur, cohaerere videatur, cum tamen maxime in sententiam secundum spiritum cohaereat, & non cohaerere non possit, quod spiritus loquitur.[119] Haec POMERANVS: quae is in sequentibus etiam pluribus declarat, plane ex mente LVTHERI, & aliorum praestantissimorum interpretum, qui sine obseruatione τοῦ πάθους scripturas, inprimis propheticas, explicari neutiquam posse adfirmant. Et vt ab hac ipsa pathologia quamplurima dependent v. g. subitanea Numeri, Temporis, Personarum, ipsorumque adfectuum mutatio, & colloquia quaedam modo inter duos, modo inter plures instituta. Ita nullo subsidio externo certius ac facilius ad eorum omnium cognitionem deuenitur, quam si series & conne-⟨73⟩xio sequentium cum praecedentibus crebra lectione ipsius contextus, eiusque cum parallelis contextibus Prophetarum collatione, sedulo euoluatur, animoque generi scribendi prophetico magis atque magis ipsa perenni prophetarum lectione adsuescenti, pateat tandem ac dispalescat. Quae cum ita se habeant, haud mediocris opera tribuenda certe huic negotio est. Verum tamen maximopere fallitur, quisquis aestimat, τὸ πάθος, quod prophetarum sermo continet, suo se labore vel operosissimo se adsecuturum esse. Vt sacrum illud est & spirituale e diuino adflatu & vnctionis dono profectum, non arte ingenioque humano, vt in oratoribus profanis, effectum; ita adnitendum & quidem quam maxime est, vt legentis animus indies plus plusque reddatur conformis sacrato scribentis animo, eodemque spiritu, quo ille praeditus fuit, regatur & gubernetur. *Oportet meditatorem* (verba sunt CAROLI REGII in oratore Christiano lib. III. c. 3.) *eundem eius Spiritum, cuius sunt verba, induere, v. g. in psalmis cum Dauide, modo spiritum laudandi Deum, modo grati animi, cum psaltes diuina beneficia recolit; modo contritionis ac doloris, cum veniam peccatorum exposcit; modo fiduciae in Deum, cum in tribulatione positi, ad opem Dei efflagitandam confugimus; & hic est modus tenendus, vt iugi scripturarum pascuo vegetatus animus, omnes quoque psalmorum affe-⟨74⟩ctus in se recipiens, ita incipiat permoueri, vt eos non tamquam a propheta compositos, sed velut a se editos quasi oratione propria profunda cordis compunctione depromat. Quare pro ratione temporis ac status & occasionum non est dubium, aptiores nos esse magis ad veram scripturae sententiam.*[120]

Et idem Auctor in antecedentibus inquit: *Primo considerandus, quis sit, qui loquitur, & ad quem sermo habetur, rursus finis, ob quem ea dicuntur, & modus dicendi. Praeterea, quidnam sit, quod dicitur, sit ne praeceptum, vel consilium, sint minae, an promissiones, an aliquid a sua creatura exigat creator Deus. In his debet intellectus singulas circumstantias & capita discurrendo versari, voluntas autem eos affectus intermiscere, qui rei, quam ante se habet, proprii sunt, & conuenientes. Secundo singulae voces attenta pensandae sunt*

---

119 Bugenhagen 1524.
120 Reggio 1613, III, cap. 3.

meditatione, vt fiat in nobis, quod BERNHARDVS *in Canticis monet*: *Intellectus,* ait, *non remanet extra, non haeret in superficie, non instar caeci palpat forinseca, sed profunda rimatur, pretiosissimas inde solitus veritatis exuuias tota auiditate diripere ac tollere sibi.*[121] Et porro: *Scriptura tota perinde ac ornatissima mensa est pretiosis ac caelestibus referta cibariis, Spiritus Sancti artificio & manu paratis, vt eis pascatur, innutriaturque spiritus noster, & pinguescat affectus ita, vt cum regio vate canat: Sicut adipe &* ⟨75⟩ *pinguedine repleatur anima mea,*[122] *praesertim Christi Domini nostri verba id habent, cuius labia destillant myrrham primam,*[123] *& vt Petrus testatus est: Verba eius vitam aeternam habent,*[124] *& ipse Christus verba, ait, quae ego loquor, spiritus & vita sunt.*[125] Haec in gratiam auditorum, qui ad praesens institutum ea solerter accommodabunt, diligenter adnotanda duximus, vt quantum tribuamus industriae in lectione & collatione adsidua ipsorum prophetarum ponendae, intelligant, nec tamen huic nimium tribuentes in profana mente perseuerent, atque sic viuidam illam Christi e prophetis cognitionem, ad quam nostra haec spectat introductio, viribus humanis se consequuturos esse, temere confidant. Caeterum antequam materiae huic finem imponamus, & exemplo aliquo ea, quae hoc & antecedente paragrapho dicta sunt, collustremus, non possumus, quin ex MOSIS AMYRALDI praefatione paraphraseos in psalmos adiiciamus non nulla, quae ad τὸ πάθος in scriptis propheticis obseruandum adprime pertinent. *Est*, ait, *in scriptis propheticis obseruanda grandiloquentia quaedam, quae, quemadmodum multum abhorret a simplici illo & leni ac temperato dicendi genere, quo Apostoli vtuntur, sic etiam obscuritatem aliquam parere solet. Granditas enim illa praecipue na-*⟨76⟩*scitur ex verbis priscis & obsoletis, aut raro vsitatis; & figuris audacibus, & procul arcessitis; ex locutionibus concisis, & in quibus vel verba aliqua vel particulae supprimantur, & ex dictionum constructione implexa, in qua iuncturae non sunt simplices & naturales: Quae res, quemadmodum maiestatem aliquam orationi conciliant, sic etiam eam efficiunt intellectu multo difficiliorem. Argumento sunt tragoediae &c. Et porro ad* μεγαλορρημοσύνην *illam, quae plerisque prophetis communis, accessit in quibusdam* ὕψος *Poeticum, quod dici non potest, quantum distet a charactere Apostolorum, quantumque difficultatis adiiciat ad corum scripta, qui inter auctores Veteris Testamenti sibi aliquid in eo genere indulserunt &c.*[126] Proderit etiam obseruatio, quam idem AMYRALDVS in antecedentibus habet: *In interpretatione scriptorum Apostolicorum videndum est, quid sequatur, quid antecedat, quibus verbis sententia vel historia concepta sit, quae materia subiecta, quae figura locutionis; at nihil praeterea requirendum est? In libris propheticis, praeterquam quod saepenumero antecedentium & consequentium ratio aeque habenda non est, praeter rem, quae se primo offert, quaeque lectoribus oscitantibus sola videri potest in sententia vel in narratione contineri, est aliquid abstrusum, quod alio pertinet, & quod non nisi profundiore meditatione indagatur.*[127] Hactenus ille. Plura operae pretium esset ex illa praefatione transcribere, ⟨77⟩ vbi quippe de professo agitur de discrimine, quod inter-

---

121 Bernhard v. Clairvaux, sermones in cantica canticorum 1641, 118.
122 *Fußnote im Original:* „Psalm LXIII, 6."
123 *Fußnote im Original:* „Cant. V, 13."
124 *Fußnote im Original:* „Ioh. VI, 68."
125 *Fußnote im Original:* „ibidem v. 63."
126 Amyraldus 1662, Praefatio f 3a f.
127 Ebd., Praefatio e 3b.

cedit inter scribendi rationem Propheticam & Apostolicam, adeoque non potuerunt non plurima attingi, quae ad legendos prophetas aditum patefacerent, verum quia breuitati studemus, ea hic transmittimus.

§. XXV.
Hoc ipsum dicto Petrino Act. X, 43. exempli loco demonstratur. Conclusio.

Diximus §. XXIII. ad exponendos recte prophetas praeter alia subsidia requiri ipsorum prophetarum inter se breuiorum vaticiniorum cum luculentioribus accuratam & indefessam collationem. Quae autem interpretationis solidae adiumenta, si quis viam illam accuratae collationis effatorum propheticorum capessat, sub manu quasi nascentur de antecedentibus & consequentibus, de parallelismo, de lingua prophetarum seu eorum loquendi ratione, de pathologia, iisque quae hinc dependent, ac de charactere stili prophetici, quantum breuitas nobis proposita permisit, §. XXIV. declaratum iuimus. Isthaec exemplo in clariorem lucem quasi proferre, difficile quidem non esset, nisi introductionem duntaxat, non vberiorem aliquam in ipsa prophetarum vaticinia commentationem, moliremur. Verum tamen, vt nobis pro instituti ratione haud liceat amplitudini ⟨78⟩ rei exemplo aliquo satisfacere, saltem tale adiungemus exemplum, quod introductionis loco esse possit ad illam prophetarum inter se collationem rite instituendam. Substernamus fundamenti loco dictum Petri Act. X, 43. *Huic omnes prophetae testimonium dant, remissionem peccatorum accepturum per nomen eius quemuis, qui crediderit in eum.* Effatum hoc Petrinum inter palmaria Apostolorum dicta censendum esse, grauiter & vere pronuntiauit B. LVTHERVS in Postilla ecclesiastica edit.[128] Berol. part. II. p. 25. a nobis vero hic fundamenti loco ponitur, quia *quam clarissime in eo prouocatur ad testimonium vniversale omnium prophetarum, qui sentiant, & vno ore confiteantur, non per opera sed per fidem; non propter merita hominum sed propter nomen Iesu contingere remissionem peccatorum, quae est iustitia nostra,* vt BRENTII in h. l. verbis breuiter rem exprimamus.[129] Iam si volumus cum Beroensibus Act. XVII, v. 11. qui reliquis Iudaeis Thessalonicensibus ideo generosiores dicuntur, hunc Apostoli Petri sermonem, vt illi sermonem Pauli, non modo cum omni alacritate recipere, sed perinde vt illi examinare etiam scripturas, an haec ita se habeant, collatio vtique accurata ipsorum inter se prophetarum instituenda est, quo & firmius credamus, & certissime ex ipsis prophetis sciamus quoque & conuincamur, verum esse id, quod Petrus adfirmauit, nem-⟨79⟩pe prophetas omnes illud testimonium Iesu perhibere de remissione peccatorum per nomen eius impetranda. Supponimus sane, Apostolum prophetarum nomine non insignire duntaxat eos, ad quorum lectionem haec nostra spectat introductio, sed reliquos etiam, quos praeuios Messiae testes exstitisse ex iudicio Scripturae constat. Id enim docet parallelus Petri sermo Actor. III, 22. 23. 24. verum hic nobis sufficere

---

[128] WA 21, 218, 5–12.
[129] Brenz 1588, 212 ff., 214.

potest, si certiores reddamur, eos qui κατ' ἐξοχὴν prophetarum nomen, vbi de libris biblicis sermo est, obtinuerunt, id, quod Petrus ait de Iesu, testari. Iam aliquid certe est, adnotasse loca nonnulla Prophetarum, manifesto satis illud testantia v. g. Iesa. LIII, 5. 6. Ierem. III, 34. Ezech. XXXIV, 16. Dan. IX, 24. Hos. I, 7. c. XIII, 14. Mich. 7. 18. quae fere loca sunt, quae vt parallela in bibliis adponi e prophetis solent: Verum enim vero ita non satis fieri dicto Petrino, intuenti parallela ista non potest non in mentem venire, quia haec testimonia non ex omnibus, sed tantummodo ex nonnullis vatibus excerpta sunt, cum omnes sint adducendi, si quidem sermoni Petrino sua constare debeat veritas. Tametsi etiam plures in testimonium adducuntur, vt adduci certe possunt, nihilominus tamen, quam diu de numero prophetarum vel vnus deest, e quo idem, quod Petrus dixit, non corroboretur, residet dubium ⟨80⟩ in mente lectoris, an ea, quae Petrus dixit, ita se habeant. Vltra igitur progrediendum vtique est, & ad accuratiorem prophetarum inter se collationem & eiusmodi sane peruestigationem, qualem in siluaticis venationibus canibus generosis tribui RVPERTO TVITIENSI[130] supra audiuimus, confugiendum est. Hanc si alacriter ingrediamur, nec defugiamus laborem omnia profundius perscrutandi, deprehendemus tandem rem omnino ita se habere, vt Petrus testatus est. Expressa quidem de futuro Messia testimonia, quae iustitiam Dei per eam reuelandam praedicant, atque in Dominum Iesum conueniant, e prophetis studiose colligere & congerere, labor minime inutilis foret. Talia autem in singulis prophetis haud exstare, res ipsa ostendit. Vnde recte infertur, Petrum non ad verba duntaxat, sed ad vim verborum, sensumque eorum profundiorem, ad modum item testimonii perhibendi, non vnum sed varium, atque ad finem, quo omnium sacrorum Vatum oracula collineant, animum intendisse. Qua de re perspicue pro more suo BRENTIVS loquitur in cap. XXIV. Lucae, *Lex Mosis,* inquiens, *Prophetae & psalmi maxime omnium in Christum respiciunt, de Christo vaticinantur, Christum commendant, & ad solum Christum Saluatorem nos remittunt. Ac tametsi interdum aliud agere videantur, tamen Spiritus semper dirigit oculos* ⟨81⟩ *suos in Christum.* Et ob hanc caussam in sequentibus addit, *nihil maiori studio nobis agendum esse, quam vt scripturam audiamus, atque in scripturis noctes atque dies meditemur.*[131] Videlicet, qui excerpunt pro arbitrio suo e prophetis testimonia de Christo exstantiora, & forte ab aliis iam adnotata, reliqua autem dimittunt intacta, quasi ad Christum minime pertineant, censendi sunt inter tardos corde ad credendum omnibus, quae locuti sunt prophetae.[132] Qui vero adsiduae lectionis & collationis studium, quod a piis precibus seiungendum nunquam est, in prophetas contulerint, illis demum sapientiam, vt ea ipsa loquitur,[133] *emanare faciet Spiritum suum, & nota iis verba sua reddet,* vt quam plurima in prophetis clare satis cernant, quae obscura sunt aliis, nec vllo modo de Christo agere videntur. Ab illis enim nunc typi & symbola animaduertentur, nunc excusso & accurate cognito litterae sensu, res de qua agitur, collatione Apostolico-

---

130 Rupertus Tuit. 1631, I.
131 Vgl. Brenz 1582, V, 1397 ff.
132 *Fußnote im Original:* „Luc. XXIV, 25."
133 *Fußnote im Original:* „Prou. I, 23."

rum scriptorum & in primis Apocalypseos, deprehendetur ad Christum, & ad ea, quae Christi sunt, ex mente Spiritus Sancti omnino referenda esse. Non inepte HVGO GROTIVS in Luc. XXIV. *Credibile est*, ait, *altorum quoque oraculorum similem explicationem mysticam* (nempe ei, quam de serpente aeneo, de sacrificio piaculari, de rebus Dauidis Christus ⟨82⟩ & Apostoli nobis tradiderunt) *a Christo, aut eius Spiritu traditam, & per manus quasi conseruatam in Ecclesia, neque enim omnia scribi potuerunt. Quale illud est de oblatione Isaaci, in quo arcanum ingens latere, veteres etiam Iudaei crediderunt, sed & nunc per id sacrificium Deum obtestantur, vt ipsis velit esse propitius. Quin & Isaacus illis dicitur crucem suam baiulasse, & ex mortuis recuperatus.*[134] Haec GROTIVS.

Absit autem, vt iactura eiusmodi traditionum, aut inani earum corruptione Ecclesia in vero scripturae sensu sit defraudata. Vivit etiam nunc Spiritus Dei, & scripturas dies noctesque versantibus, meditantibus, conferentibus, veramque mentis illuminationem serio, atque ad solius Dei gloriam efflagitantibus, tandemque omnia, quae a benigna Dei manu accipiunt, ad suam arctiorem cum Deo communionem aliorumque aedificationem pie ac sobrie referentibus, praesto est, vt, quomodo Spiritus Christi, qui in prophetis fuit, ad Christum vsque quaque intendat digitum, iis obscurum amplius non sit. Etsi vero experientiae cuiuslibet relinquendum hoc potissimum videtur, paucis tamen probatum dedimus, prophetas eos, qui dicto Petrino Act. X, 43. tamquam testes adponi non solent, e testium numero excludendos non esse. Et primo quidem adfirmatiuum oraculum Spiritus Sancti, recte cum illo negatiuo c. IV, 12. ⟨83⟩ coniungitur. *Non est aliud nomen sub caelo datum, per quod oporteat saluari homines.* Videatur de eo FLACIVS in Glossa N. T. ad Act. X, 43.[135] Enimuero ad catholicum consensum scriptorum sacrorum demonstrandum satis est, doctrinam aliquam ab eorum compluribus per exserta & dilucida stabiliri testimonia, ab ea autem doctrina reliquos minime abire, nec suum ab illo dissensum vllo modo testari. Neganti enim doctrinam illam esse catholicam, incumberet saltem vnicum e scriptoribus sacris producere, qui ei contradiceret, aut alienam ab illa proferret. Verum licet hoc ita se se habeat, praestat tamen haud dubie, si ostendatur, eamdem doctrinam a reliquis non modo non negati sed etiam confirmari. Prophetas igitur ipsos supra nondum ad confirmationem verborum Petri adductos, videamus. Sunt illi Ioel, Amos, Obadia, Iona, Nahum, Habacuc, Zephania, Haggai, Zacharias, Malachias. In Ioele manifestum satis testimonium illud est, quod ipse Petrus in maxime solemni concione pentecostali profert Act. II, 17–21. adeoque si res ita tulisset, haud dubie etiam in primo illo suo ad homines ethnices sermone Act. X. in testimonium produxisset. A paulo quoque idem Ioelis dictum, quantum ex eo ad probationem remissionis peccatorum per Messiam impetrandae praecipue pertinet, Rom. X, 12. 13. adhibetur. Amos ⟨84⟩ autem a Iacobo, tamquam eiusdem veritatis, nempe de gentibus per fidem in Christum seruandis, testis adfertur Act. XV, 16. 17. Vbi obseruandum est in rem praesentem, Iacobum indirecte Apologiam Petro, quod gentibus euangelium de gratuita remissione peccatorum

---

134 Grotius 1679, II, 1, 466, col. 1.
135 NT lat. ed. Flacius 1659, 530.

sine legis impositione adnuntiauerit, illa ipsa adductione testimonii ex Amos fecisse. Neque Obadia, etsi breuissimus omnium & argumento, quo Edomaeis excidium denuntiauit, a praedicanda remissione peccatorum prima facie alienior, suo nos testimonio priuare voluit. Huc enim pertinet illud v. 17. *In monte Sionis erit euasio, eritque sanctitas*, quae verba optime sic exponit IOANNES TARNOVIVS: *In monte Sionis, i. e. in Ecclesia Psalm II, 6. Ebr. XII, 22. erit euasio i. e. vnusquisque erit eius ciuitatis incolae, qui euadat Psalm XV, 1. sanctus, sanctitate tum Christi imputata ac perfecta, tum sua inhaerente ac imperfecta Ioel III, 17. &c.*[136] Deinde spectat huc quoque v. 21.[137] *Cum adscenderint in monte Sionis ad diiudicandum montem Esaui, erit Iehouae regnum*, id quod IVNIVS ita παραφράζει: *cum praedicatione euangelii fideliumque seruorum opera adhibita Christus Ecclesiam seruauerit ex minimis ipsius, & e manu omnium eorum, qui oderunt eam* (vt dicitur Luc. I, 71.) *tum regnabit Christus super Ecclesiam in aeternum & regni eius non erit finis, vt Luc. I, 33.*[138] In Iona typo tam perspicuo, vt prae reliquis ⟨85⟩ omnibus ipse Christus ad eum prouocet,[139] id omne, quod reliqui vaticiniis de Christo & regno gratiae praedixerunt, adumbratur. Qua de re in *Christo reuelato* p. 108. THOMAS TAILORIVS succincte ita loquitur: *In vtroque tum typo tum veritate patescit gratiae diuinae libertas circa gentium vocationem. Iona gratiae praeco fuit apud gentiles: Christus gratiae praeco non inter Iudaeos tantum sed & inter gentes, quibus in lucem datus, Iesaiae XLII, 6. ad salutem gentium ad extremos vsque terrae terminos. Deus enim non Iudaeorum modo, verum & gentium Deus est, Rom. III, 29. Christus promissum est illud semen, in quo omnes terrae gentes erant benedicendae, Gen. XXII, 18.*[140] Hactenus ille. Et quae obsecro, summa est negotii Dei, quod Ionae ministerio cum Nineuitis peregit, quam quae summa quoque est sermonum omnium Christi, nempe ad resipiscentiam exhortatio, & remissionis peccatorum adnuntiatio? nisi quod pro ratione oeconomiae temporis tam clara nondum esset Christi praedicatio. Ne quid de eo dicamus, quod dictum in hoc negotio maxime classicum Exod. XXXIV, 6. ore Dauidis Prophetarumque aliorum satis celebratum in Ionae c. IV, 2. repetatur. Nahum non modo eadem de re intelligendus est, quando c. I, 15. ait: *Ecce super his montibus pedes euangelizantis, promulgantis pacem &c.* quibus verbis cum Iesaia LII, 7. plane conci-⟨86⟩nit, eamdemque proinde cum Iesaiae verbis interpretationem sortitur, Rom. X, 15. sed etiam illo ipso cap. I, 2. 3. 6. 7. Christo praedicat dicto, quod classicum modo vocauimus Exod. XXXIV, 6. fidei inprimis vexillum, perinde vt reliqui prophetae consueuerunt, verbis illis erigens: *Bonus est Iehoua, robori est tempore angustiae, & agnoscit recipientes se ad ipsum v. 7.*[141] Habacuc oraculum excellens ac ponderosum, *Iustus ex fide sua viuet* Paulo suppeditauit.[142] Tam manifestum hoc est testimonium, vt addere plura opus non sit, & tantum sane apud nos vtique Pauli valere debet auctoritas, vt in hoc testimonio conquiescamus. E Zephania huc referenda est

---

136 Tarnow 1688, 741.
137 Ebd., 743.
138 Biblia lat. ed. Tremellius 1596, IV, 277, col. 4. (Obad. 2, 21).
139 *Fußnote im Original:* „Matth. XIII, 40. & seq. XVI, 4. Luc. II, 29."
140 Tailor 1665, 96.
141 *Fußnote im Original:* „Vide Psal. II, 2. 12. Rom. IX, 33."
142 *Fußnote im Original:* „Rom. I, 17. Gal. III, 11. adde Ebraeos X, 38."

pericope integra c. III, 8–20. qua propheta, iudicio quidem IVNII in notis,[143] primum vocationem gentium ad cultum Dei & ministerium ecclesiae tribus versibus; deinde ecclesiae ipsius constitutionem exponit, tribus alteris; postremo hortationem propheticam ad ecclesiam Dei adhibet, reliquo capite. Petro autem testimonii loco praecipue inseruire potuisset verbum Domini v. g. *Tunc mutabo in populos labium, vt purum sit, quo inuocent omnes nomen Iehouae, colendo eum humero vno.* Haggai, Zacharia & Malachia, vt post captiuitatem Babylonicam vaticinati sunt, ita non obscuriora sed clariora potius de Christo & regno eius, quod per fidem erecturus erat ⟨87⟩ in cordibus hominum, testimonia ecclesiae ministrarunt. Haggai c. II, 4. 9. item 21. 22. 23. Zacharias plane testimoniis abundat, quamobrem in ipsa passionis Christi historia testis reliquis frequentior adhibetur. Quid? quod ipse Christus loquens & gratiam Noui Testamenti in peccatorum remissionem exundaturam praedicens, a Zacharia inducitur v. g. c. II, 9. sq. Prae aliis vero Zachariae oraculis a Petro adferri potuisset c. III, 8. 9. c VI, 12. 13. & c. XIII, 1. Malachiae illustre vaticinium est c. I, 11. & illud c. III, 1. sq. tandemque c. IV, 2. Quae omnia longius prosequi otiosum & praeter nostrum institutum foret. Patrum memoria pro virili id exsequutus est VRBANVS REGIVS in eximio & satis noto dialogo de sermonibus Christi in itinere Emauntico habitis,[144] qui videri potest. Nos vero ne id quidem sufficere existimamus, hoc pacto addiscere, immo percallere prophetarum testimonia, sed non nisi introductionis loco haec attulimus. Nunc demum vero, qui consilium a nobis datum fideliter fuerit sequutus, ipsamque adsiduam, curatamque prophetarum relectionem, meditationem, collationem instituerit, non neglectis, nec oscitanter adhibitis reliquis interpretandi adiumentis, quae ex integra scriptura repetenda esse, in praelectionibus hisce docuimus, inprimis vero precibus ardentibus constantibusque spiritum illuminationis a Deo expetiuerit, nae is breui nobis dicet idem, quod mulieri Samaritanae reliqui Sa-⟨88⟩mariae incolae dicebant. Io. IV, 42. *Nequaquam propter sermonem tuum credimus in Iesum Christum, nos enim audiuimus* (ex ore omnium prophetarum & scriptorum sacrorum) *& scimus, quod hic est vere Messias seruator mundi.* Si deinceps externa quoque adminicula accesserint ad ea, quae ipsa largissime omnium subministrat scriptura, iuuabunt ea omnia plurimum pios & industrios verbi diuini scrutatores. Nobis iam ad illa descendere non allubescit. Iis potius immorari consultum duximus, in quibus & plus inest roboris, atque emolumenti, & minus alii plerumque immorari consueuerunt. Quae autem in genere de studio exegetico monuimus, quantum ad illa externa adminicula attinet, in Manuductione nostra ad lectionem Scripturae Sacrae, ea ad isthanc Introductionem ad lectionem prophetarum trahenda quoque sunt. Praeterea ad luculentam & doctam praefationem DN D. IO. H. MAII,[145] POLI Synopsi Criticorum,[146] in editione, quae in quarto Francofurti prodiit, praemissam, auditores ablegamus. Introductioni vero nostrae generali ad lectionem prophetarum,

---

[143] Biblia lat. ed. Tremellius 1596, II, 284b f.
[144] Rhegius 1558.
[145] Majus 1694, Synopsis, Praefatio 2 b⁺ ff.
[146] Poole 1678, Praefatio 2⁺ ff.

quoad ea pertinet ad Christi e prophetis cognitionem, finem heic imponimus, Deo, quas possumus, maximas per gratiam & Spiritum eius, grates animo submisso ac venerabundo persoluentes, quod suo nobis in omni isto labore auxilio praesto esse benignissime voluerit.

⟨89⟩ INTRODUCTIO
AD
LECTIONEM IONAE
PROPHETAE ⟨90⟩

⟨91⟩ *INTRODVCTIO AD COM-*
PARANDAM E IONA PRO-
PHETA AGNITIONEM IE-
SV CHRISTI.

CAP. I.
DE RATIONE COMPARANDI E IO-
NA PROPHETA COGNITIO-
NEM CHRISTI.

§. I.
Ipsius Christi hanc Prophetam allegantis, verba ante omnia esse expendenda.

ANte omnia audiendus est ipse Christus, quum de hoc Propheta fecisse mentionem in historia Euangelistarum memoratur. Matthaei emin capite XII, 38. 39. 40. 41. Scribis ac Pharisaeis dicentibus, *Praeceptor, velimus ex te signum videre;* respondit Dominus: *Gens mala & adulterina signum requirit, sed signum non dabitur ei, nisi signum illud Ionae Prophetae.* ⟨92⟩ *Sicut enim fuit Ionas in ventre ceti tres dies & tres noctes, ita erit filius nominis in corde terrae tres dies & tres noctes. Nineuitae resurgent in iudicio cum gente ista & condemnabunt eam, quod ipsi resipuerint ad praeconium Ionae: & ecce plus quam Ionas est in hoc loco.* In simili casu, nempe Pharisaeis & Sadducaeis signum poscentibus, Dominus idem responsum, paucioribus licet verbis, dedit[1] & Lucas[2] verba Christi ita enarrat: *Gens ista improba est: signum requirit, sed signum non dabitur ei, nisi signum illud Ionae Prophetae, nam prout fuit Ionas signum Nineuitis, ita etiam erit filius hominis isti genti. Viri Nineuitae exsurgent &c.*

§. II.
Eadem verba in interpretando hoc Propheta clavis instar adhibenda esse.

Haec verba Christi tamquam certissimum ac firmissimum fundamentum substernenda sunt verae omni ac solidae Prophetae huius Interpretationi. In iis enim

---

1 *Fußnote im Original:* „Matth. XVI, 4."
2 *Fußnote im Original:* „c. XI, 29. 30. 32."

consilium Dei, seu finis, quem ipse Deus in illis omnibus, quae cum Iona peracta sunt, habuit, remotis figurarum ac typorum inuolucris & integumentis, perspicue ob oculos ponitur. Primum vero in omni interpretatione est, consilium agentis aut loquentis cognitum exploratumque habere; quemadmodum legem aliquam is demum rite exponet, qui, quod ⟨93⟩ subest consilium legislatoris, ipse pernoscit, aliisque idem sat firmis comprobare documentis potest. Vnde CELSVS l. 17. ff. de L. L. dixit, *scire leges non hoc esse, verba earum tenere, sed vim atque potestatem* (id est, rationem ex qua haec vis & potestas prouenit:) in diuinis autem, quum tam procliue non sit ipsius Dei, quam in humanis hominum, cognoscere consilium, clauem isthanc interpretationis ab ipso Christo, Propheta illo magno, nobis ministratam eo gratiori mente complecti debemus.[3] Non male IAC. BROCARDVS in libro de Prophetia, si, inquit, *Christus non aperuisset mysterium de Iona, qui fuit in ventre ceti tribus diebus, & tribus noctibus, esset illud adhuc occultum.*[4]

§. III.

Quae vt recte intelligantur, eorum vim e contextu & tota Christi historia erui & in lucem sisti debere.

Attamen haud sufficit verba Christi auribus percepisse, sed vis eorum probe ponderanda, & e contextu totaque Christi historia quasi eruenda & in apricum ponenda est. Exposcunt signum a Christo Scribae, Pharisaei, Sadducaei; quamobrem? quia nouerant, Deum signa atque miracula Prophetis ac servis suis extra ordinem missis perpetranda dare solitum, quibus probare omnibus possent, vere se a Deo missos, doctrinamque suam ve-⟨94⟩ram ac diuinam, adeoque fide & obedientia ab omnibus complectendam esse. Tantumne? Neutiquam. Nouerant enim praeterea, Iesum Nazarenum eum esse, quem non modo discipuli, qui eum sequebantur, sed etiam ex populo quam plurimi, admirantes doctrinam eius & opera, dicant esse Prophetam illum magnum a Deo promissum, hoc est ipsum Messiam testimonio Ioannis baptistae iam antea ornatum, quod maximi apud omnes ponderis erat. Immo haud ignorabant, ipsum Iesum non negare se Christum esse, quemadmodum Ioannes de se hoc negauerat. Nec forte eos latebat, eum titulos Filii Dei & Regis Israelis, similesque, quibus eum discipuli compellabant,[5] omnino admittere. Quid? quod Iesum palam docere, se esse veritatem, resurrectionem & vitam, nec morituros, qui in eum credidissent, sed vitam aeternam habituros[6] & quae sunt alia huiusmodi, fama iis facile constare poterant. In primis vero Matth. XII. vbi signum Pharisaei postulant, illa populi vers. 23. per Christi miraculum obstupefacti vox, *nonne iste est filius ille Dauidis?* quam maxime notanda est. Hac enim voce animorum suorum fatebantur conuictio-

---

3 Celsus libro XXVI digestorum = Corpus iuris Civilis I, re. Th. Mommsen, Berlin 1898, Justiniandi Digesta liber I cp. 3, § 17.
4 Brocardus 1581, 69.
5 *Fußnote im Original:* „Vide Ioh. I, 45. 59."
6 *Fußnote im Original:* „Ioh. XI, 25. 26."

nem, quod Iesus sit Christus, ille a Prophetis promissus filius Dauidis.⁷ Isthaec caussa erat, quam-⟨95⟩obrem Pharisaei statim horrendam effutirent blasphemiam, suoque proinde merito peccati aduersus Spiritum Sanctum commissi a Domino arguerentur. Elabendi igitur rimam quaerentes, signum ab eo postulabant, quo nimirum luculenter satis & irrefragabiliter probaret euinceretque, se reuera esse, non modo Prophetam a Deo missum, sed etiam Filium illum Dauidis, quem venturum Prophetae omnes praedixerint. Quid itaque ad haec Dominus? Signum denegat? Denegat certe, quatenus ii postulatione signi Deum grauissime tentabant. Propterea respondet: *Gens mala & adulterina signum requirit: sed signum non dabitur ei.* Dederat alioquin eo ipso momento signum, immo tanto iam numero signa dederat ac dare ea pergebat, vt populus palam diceret: *Christus quum venerit, num plura quam haec signa, quae facit hic, facturus est?* Io. VII, 31. Populo igitur data erant signa sufficientia abundantissimaque; Pharisaeis autem non dabantur signa, quae nimirum iis credere plane nolentibus, suaeque conscientiae atque *ipsi* Spiritus Sancti operationi malitiose resistentibus, immo manifestissima & maxima Dei opera principi Daemoniorum adscribentibus, quae talibus, inquam, ad conuictionem sufficere viderentur. Nequaquam autem Dominus Pharisaeis absolute signum negat. Ait enim: *Non dabitur signum ei, nisi signum illud Ionae Prophetae*, articulo, vt recte ⟨96⟩ FRANZISCVS IVNIVS obseruat, celebritatem facti indicante.⁸ Pollicetur igitur signum & quidem tale, quod omni futurum sit exceptione maius, nempe resurrectionem, quae tertio die mortem & sepulturam eius sit sequutura. Et hoc quidem, tanquam Propheta, de futuris tam clare vaticinatur, vt etiamsi alia non suppetiuissent argumenta, e sola praedictorum impletione satis agnosci, Propheta saltem, potuisset: quemadmodum ad hoc argumentum prouocat Iesaias.⁹ Quid autem? Num ad probandum id etiam, quod Iesus vere sit CHRISTVS, maius afferre signum ille potuit, quam quod mortem & subsequentem tertio die resurrectionem non ambigue sed claris verbis praediceret? Aut nullis plane signis, quantumlibet diuinis & supra creaturae vires, pariterque extra illusionis periculum positis, credendum erit (id quod absurdum foret adfirmare) aut prae reliquis omnibus, quae vmquam in viris Dei conspicua fuerunt, signis hoc admittendum est, quippe quo nullum ab orbe condito visum fuit augustius, euidentius ac certius. Num vero opinabimur, Deum, qui odit mendacium, eiusmodi signum ab aliquo promissum, & quidem in re, quae ad omnium hominum salutem pertinet aeternam, effectui daturum, aut si Dei permissio in facto alie-⟨97⟩no hic locum haberet, eum eiusmodi quid permissurum esse, fraus & impostura subesset. Dedit, teste MAIMONIDE, Pseudo-Messias Dauid Eldauid eiusmodi signum negi Persarum, fore scilicet, vt, amputato sibi capite, rediret ac reuiuisceret; sed addit MAIMONIDES: *Quidam stolidi exspectarunt, an rediturus esset & reuicturus; sed adhuc vesanus ille non reuertit.* Et exspectarunt sane suo etiam tempore primarii sacerdotum & Pharisaei, vt signum hoc a Iesu Nazareno datum, licet falso illud datum supponerent, impleretur, seu potius

---

7 *Fußnote im Original:* „Ies. IX, 6. 7. Ier. XXIII, 5. 6. c. XXXIII, 14. 15. &c."
8 NT lat. ed. Junius 1694, 166, col. 2.
9 *Fußnote im Original:* „Cap. XLIII, 7–12. c. XLIV, 24. & seq. c. XLV, 19. & seq."

solliciti erant, vt non impletum certo scirent, quo sectatores eius, si ei porro adhaererent, ad mortui sepulcrum possent adducere iisque digito ostendere iam foetentem, iam putrescentem, iam in cinenes, communi mortalium forte, abeuntem eum, qui tamen coram ipsis testibus, & palam coram omni populo iactauerit, se tertio post mortem die reuicturum esse. Hinc enim, ipsis discipulis Iesu ne memoria quidem spem resurrectionis, a Magistro suo sibi toties totiesque factam, tenentibus, illi (Pharisaei puta) post mortem Iesu ad Pilatum accedebant, dicentes, *Domine, meminimus, planum illum dixisse, quum adhuc viueret, tertio post die suscitabor. Iube ergo muniri sepulcrum vsque in diem tertium: ne quando veniant discipuli eius nocte, & furentur eum, dicantque populo, suscitatus est e mortuis, & erit vltimus er-*⟨98⟩*ror peior priore.* Impetrata igitur a Pilato custodia, cum ea sepulcrum, quam fieri optime poterat, obsignato etiam lapide, muniebant.[10] Ita autem illi obstructa sibi quasi omni rima elabendi negandique impletionem vaticinii, mox non ex suspectis testibus, quod discipulos Iesu habuissent, sed ex iis ipsis, quos ad necem tradere Pilato potuissent, si defuissent officio, vtpote quos ad auertendam omnem fraudem publica praecipuaque Pilati muniuerant auctoritate, ex iis, inquam, minime suspectis testibus certi reddebantur de signo e coelo, quod postulauerant,[11] & de impletione ipsissimi illius signi a Iesu praedicti, nempe de resurrectione eius, angelo Domini e coelo descendente, peracta[12] jam, quum huic rei nihilo minus fidem habere nollent, saltem id confiteri renuerant, nec Iesum vellent agnoscere, quod Christus & Dei filius sit, sed elata quasi manu, negantes ac pernegantes cognitam exploratamque, & inuicto testimonio munitam veritatem, opus Dei dissoluere atque cum Deo ipso pugnare pertinacissime pergerent, sane peccati aduersus Spiritum Sanctum commissi, quod[13] de iis Christus adfirmauerat, rei manifesto deprehendebantur. Quid enim? si tanto & tam incomparabili, creaturae facultatem omnem ⟨99⟩ longissime transcendenti, euidentissimoque signo, & completo & indubiis testimoniis firmato, nihilo minus ab errore & illusione metus & periculum superest, quis mortalium superare huiuscemodi tentationem valeat, quo minus ipse in errorem inducatur? Enim vero ne ipse quidem Deus, omnipotens licet, amplius habiturus esset signum, quo fidem sibi apud homines faceret, si isthaec minus sufficiens putanda est lucucenta adeo & omni exceptione maior probatio.

§. IV.
Quem respectum verba Christi ad Ionam Prophetam habeant.

Qui ea omnia, quae adhuc diximus, aequa lance perpenderit, sobrieque cum animo suo considerauerit, facile, quod insigne verbis Christi pondus insit, agnoscet. Nec tamen omnia diximus, quae ad pernoscendam vim verborum Christi

---

[10] *Fußnote im Original:* „Matth. XXVII, 62–66."
[11] *Fußnote im Original:* „Matth. XVI, 1."
[12] *Fußnote im Original:* „Matth. XXVIII, 2. & sq."
[13] *Fußnote im Original:* „Matth. XII."

spectant. Illa enim praemittenda duntaxat fuerunt; nunc propius accedendum erit ad scopum praesentem, ad quem potissimum respectus ille pertinet, quem verba Christi ad Ionam Prophetam habent. Christus enim non nude suam ex mortuis resurrectionem futuram pollicetur, sed aliud negat Pharisaeis signum datum iri, nisi signum illud Ionae Prophetae. Hoc autem statim explicat de resurrectione sua tertio post mortem die exspectanda. Qua in re ⟨100⟩ duo potissimum obseruanda sunt. Primo inter Christi & Prophetarum aliorumque servorum Dei signa atque miracula hoc intercedit discriminis, quod Christi signa & opera sint in Scripturis antea in Christum praedicta ac promissa, ita vt ex iis, quod vere Christus sit, agnosceretur, reliquorum vero seruorum Dei signa & raro ab aliis, &, si omnino, ob alias caussas praedicta fuerunt. Itaque verbis Christi cum in loco praesenti Matth. XII tum alibi, duplex pondus inesse solet; alterum, quod res ipsa, alterum, quod impletio Scripturarum, ad quam provocat, suggerit; pariterque in operibus Christi gemina vis est conuincendi animos, altera, quae ex operum ipsorum magnitudine, altera quae ex impletione Scripturae in operibus promanat. Secundo ex hoc ipso, quod est inter signa Christi & Prophetarum, discrimine diuersus etiam crebro prouenit loquendi modus, quando de signis Christi, & quando de signis Prophetarum sermo est. Aut enim in ipsa eloquutione typus ac vaticinium inuoluitur, vt Io. II, 9. quando Christus ait: *Destruite templum hoc, & intra triduum excitabo illud*: aut diserte additur impletionis vaticiniorum mentio vt Matth. XII, 17. & seq. aut facta Veteris T. adducuntur, & quae iis similia Christo sunt euentura, dicuntur, vt Luc. IV, 25. & seq. & nostro hoc loco. Et quia hic scopus fuit Euangelistarum, vt pro-⟨101⟩barent, quod Iesus sit Christus filius Dei,[14] respectus hic ad Vetus Testamentum vsque quaque obseruandus, & ex aliis locis supponendus est, vbi simpliciter facta & signa Christi narrantur, aut ipse Christus futuros euentus citra mentionem impletionis Scripturae exponit, aut in verbis illis respectus ad Testamentum Vetus ita latet, vt nisi accurata collatione vix obseruetur.[15] Quum Christus sit finis totius Scripturae, ad quem vnicum cuncta collineant, illa quidem aliter se habere nequeunt. Vbi autem de rebus Prophetarum & Apostolorum agitur, quia hi non sunt Scripturae finis, nec Domini, sed serui propter Iesum,[16] respectus ille ad Scripturas Veteris T. per se locum habere nequit. Itaque vis verborum Christi de se ipso & Euangelistarum etiam atque Apostolorum, vbi de Christo verba faciunt, ex gemina illa consideratione demum percipitur, nempe ex consideratione ipsius rei, & ex consideratione respectus, quem res illa & verba ipsa habent ad impletionem eorum, quae in Veteri Testamento scripta sunt. Qui haec duo semper in meditatione verborum Noui Testamenti pie coniunxerit, ei plus plusque Ve-⟨102⟩tus Testamentum in Nouo patescet. Iam vt haec adplicemus ad locum praesentem Matth. XII. verborum Christi neruus & vis in eo consistit, quod non modo signum polliceatur, quo maius ab eo ne postulari quidem pote-

---

14 *Fußnote im Original:* „Ioh. XX, 31."
15 *Fußnote im Original:* „vt Io. I, 29. collato Gen. XXII, 8. Ies. LIII, 4. seq. item Io. VIII, 36. collato Gen. XXI, 10. Gal. IV, 30. 31."
16 *Fußnote im Original:* „2 Cor. IV, 5. Hebr. III, 3. 4. 5. 6."

rat, sed quod etiam hoc ipso signo se verbis expressis referat ad illustre ac celeberrimum illud factum, quod de Iona Vetus Testamentum tradidit, & illud omne ἐν τύπῳ contigisse adfirmet, a se ἐν ἀληθείᾳ nunc adimplendum miraculo longe maiori & eminentiori, quam in Iona contigerit, in resurrectione sua ex mortuis. Ita nimirum Christus in apricum producit arcanum & ad illud vsque tempus valde incognitum Dei consilium, quamobrem modo tam mirabili & inusitato cum Iona Propheta egerit, & historiam eius in litteras referri, Sacris Scripturis comprehendi voluerit. Ita certe Christo doctore discimus, quis sit scopus & finis Spiritus Sancti in historia Ionae quaerendus, quod sit obiectum primarium, quo in eius lectione animus semper intendendus sit, quod filum in eius interpretatione, quae cortice fracto nucleum appetat, tenendum & prosequendum sit, ne a sine Spiritus Sancti deerremus, vtque latens in Veteri Testamento Nouum recte nobis patescat, ac verus inde ac salutaris, qui vitam det animae, fructus ad nos redundet: quae sunt ea, quae quis in solida introductione ad Ionae lectionem me-⟨103⟩rito exspectet. In historia Ionae enim, docente paucis licet verbis Christo, historia Christi continetur, ac diuinitus fuit praefigurata. Et explicatio quidem haec nulla foret, nisi euentus eum compleuisset. Sed quia ita omnino euenit, quemadmodum Christus praedixerat, hanc explicationem a Domino suppeditatam non possumus, quin admittamus & complectamur, atque isthanc clavem interpretationis Ionae soli Christo acceptam referamus, gaudentes de fundamentali in Ionam introductione, quae non ab hominibus, sed ab ipso Christo, profecta est.

§. V.
Quo animi adfectu CHRISTVS haec verba protulerit.

Caeterum, quum in eo sermone Christi τὸ πάθος praecipue & manifestissime eluceat atque ex hoc verborum vis, atque emphasis magnam partem soleat dependere, de Christi, hic loquentis, adfectu ea, quae necessaria videntur, adiiciemus. Iustam sanctamque indignationem illa Christi verba prae se ferunt, dum ait: *Gens mala & adulterina signum quaerit, & non dabitur signum ei.* Triplex hic animaduertenda indignationis significatio. Reprehenditur enim factum ipsum; quia signum quaerebant, quum nubes signorum praesto esset. Negatur signum; quia tentandi caussa id postulabant. Impietas & mali-⟨104⟩tia animi Pharisaeorum detegitur, quum eos gentem malam & adulterinam Christus vocat: quibus titulis ideo digni censebantur, quoniam peruicacia eorum nullis signis, quantumlibet eximiis stupendisque, superabilis erat. Quando autem Christo seriam hanc & grauem tribuimus indignationem, obiter monendum est, hoc neutiquam ita accipiendum esse, vt praeiudicium creet eminentissimae perfectissimaeque Christi sanctitati. Nihil omnino isthaec indignatio adfectus carnalis & vitiosi admistum habuit, neque putandum est, Agnum Dei longe omnibus hominibus, sanctissimis etiam, mitiorem ea verba accentu protulisse aspero & clamoso, ira percitis & stomachabundis consueto. Aliud sane condocent Scripturae oracula.[17] Et, quo-

---

17 *Fußnote im Original:* „Iesa. XLII, 2. 3. 4. Matth. XII, 17. c. XI, 29."

ties vsu venit, reipsa Iesus comprobauit, se a statu animi placido tranquilloque, seu, vt Scriptura loquitur, a pace Dei, non contumelia ac iniuria vlla potuisse dimoueri. Eumdem enim assidue seruauit humilis mansuetique animi tenorem, grauissime licet ab impia turba laesus & lacessitus, quod observes inter alia Ioh. VIII, 48. seq. In nouissimis vero perpessionibus non modo inuictam ostendit patientiam, sed, quod plus est, & iam antea de eo vaticinatus fuerat, Iesais[18] *ipse peccatum multorum perferens, pro defectoribus* ⟨105⟩ *intercessit*. Nec parui refert, hoc studiose animaduertere. Cauebitur ita, ne Dominum Iesum, *Pontificem nostrum sanctum, ab omni malo alienum, labe carentem, separatum a peccatoribus,*[19] nobis animo concipiamus ad instar hominis peccato contaminati. Prohibebitur sic quoque, quo minus fallax caro, si in caussa Dei ad indignationem commota excandescat, ignem hunc alienum coram Domino offerens (vt in typo factum Leuit. X, 1.) sanctum & impollutum Christi adfectum temere & in nostram perniciem mentiatur. Ideo hanc obseruationem iniecimus. Nunc ad rem reuertimur, quid adfectus ad percipiendam vim verborum Christi faciat, paucis cognituri. Conuitiis, immo blasphemia pharisaei Christum adfecerant. Quid ad haec Christus? Vocat eos gentem malam & adulterinam. Siccine vicissim eos conuitiatur? Absit. Negant, & merito quidem, istud a Christo factum esse, Apostoli, vt videre est, 1 Petr. II, 21. & seq. Erat hoc sane a perfectissima eius sanctitate alienissimum. Nec vero ad blasphemias eorum, si recte aduertas, hoc reposuit. Ad illas enim iam placide satis, grauiter tamen, ab ipso responsum erat. Sed quum signum pharisaei deposcerent, conuerso ad populum sermone Iesus, *Gens mala*, ait, *& adulterina signum poscit*. Itaque non conuitia conuitiis retundebat, sed ⟨106⟩ quia *sciebat, quid esset in homine* [20] & quia *ad hoc natus erat, & ad hoc venerat in mundum, vt veritati testimonium daret*,[21] verissima isthaec, licet pharisaeis amarissima, verba perversitatem horum hominum ac malitiam summam, amplius alibi descriptam,[22] de voluntate Dei exprimere, aliisque patefacere debebant. Quod igitur postea verissimum esse euentus docuit, id in recessus animorum intimos introspiciens Dominus tanquam rem praesentem hic exposuit, tantam videlicet pravitatem pharisaeis inesse, vt spes non sit, eos, signis in posterum a se edendis de ea deductum iri; fore potius, vt quo plura & maiora patrauerit miracula, eo illi in malitia se obfirment magis, tandemque sibi, quasi omnium malorum auctori violentas inferant manus, rati, sic demum cuncta tranquilla fore, si, vt Ionam nautae dederunt in mare praecipitem, ita ipsi Iesum Nazarenum Ethnicis traditum mortis faucibus obiecissent; At vero, vbi hac ratione praui & truculenti animi expleuerint desiderium, & quasi, re optime gesta, sibi mutuo fuerint gratulati, quod homine, rebus suis molestissimo, tandem liberati sint, tunc futurum esse, vt, quemadmodum Ionas ex ventre ceti, ita ipse ex sepulcro die tertio viuus prodiret, firmiore ⟨107⟩ quibuscunque signis & miraculis argumento, quod non modo Propheta sit, sed

---

18 *Fußnote im Original:* „c. LIII,12."
19 *Fußnote im Original:* „Ebr. VII, 26."
20 *Fußnote im Original:* „Ioh. II, 25."
21 *Fußnote im Original:* „c. XVIII, 37."
22 *Fußnote im Original:* „Matth. XXIII. Psalm. LVIII. &c."

filius etiam ille Dauidis, quem praescius ipse Dauid dixerit, non derelictum iri in sepulcro, neque carnem eius sensuram esse corruptionem,²³ & de quo omnes quidem Prophetae verbis perhibuerint testimonium, Ionas vero tota historia sua praesignificarit, quod mori, sepeliri, reuiuiscere ac tertio die resurgere ex mortuis eum oporteat. Non difficile erit, hunc verborum Christi sensum, hanc vim cognoscere vestigiis a nobis designatis insistenti, & vna cum rei ipsius, quae dicitur, consideratione adfectum, quo dicitur, curate ponderanti. Pergit autem Dominus eodem adfectu ac Spiritu Prophetico, & versu 41. indignabundus de illa gente, quam malam & adulterinam dixerat, quid in posterum expectandum sit, vaticinatur. *Nineuitae*, ait, *surgent in iudicio cum gente ista & condemnabunt eam: quod ipsi resipuerint ad praeconium Ionae, & ecce plus quam Ionas est in hoc loco.* Sensus est: Dabitur quidem signum illud Ionae huic genti, ita vt id, quod Ionae historia ex mente Spiritus Sancti significauit, resurrectione mea compleatur, ac de veritate huiusce signi genti huic liquidissime constet. Quid autem? Tum ne credent, me fuisse a Deo missum ac promissum illum per Prophetas Dauidis filium? minime gentium. At ⟨108⟩ enim resipuerunt ad Ionae praeconium Ninevitae. Idemne sperandum de primoribus populi Dei? Nequaquam. Verum est, quod Nineuitae, Ethnici sane, a vero Dei cultu adhuc alieni & coeno peccatorum immersi, Ionae, serui licet, praeconio, & quidem absque signis, fidem non negarint. Ast longe ista gens Nineuitis deterior est. Censentur quidem primores populi Dei, ego vero eos gentem malam & adulterinam dico, vsque adeo degenerem a fide maiorum, vt Ethnicis longe peiores euaserint. Illi enim seruo crediderunt, hi ne Domino quidem; Illi soli verbo, hi ne accedentibus quidem verbo signis numerosissimis. Et illi quidem vix audito Ionae praeconio resipuerunt: hi doctrinae multo excellentiori, testimoniis firmis sanctisque munitae, toties totiesque tantoque tempore inculcatae, ac tandem ipsa e mortuis resurrectione corroboratae minime auscultabunt, sed in blasphemia potius sua, contumacia praefracta perseuerabunt. Itaque in peccato morientibus supererit horrenda iudicii exspectatio, in quo coram omnibus creaturis dispalescet, eos suo merito gentem malam & adulterinam mihi audiuisse.

⟨109⟩ §. VI.
Non vnum, sed plura in sermone Christi vaticinia comprehendi.
Tabula octo argumenta typi Ionae & antitypi Christi exhibens.

Omnia, quae verbis Christi insunt, & quae ponderato adfectu, quem verba sonant, elucent, nobis propositum non est excutere. Nec diffitemur, quae a nobis prolata sunt, longe infra ipsius sermonis Christi maiestatem subsidere, vtpote ad quam humana nulla paraphrasis vmquam adsurget. Praeterea instituti ratio hic exposcit, vt, quae introductioni inseruire debent, in pauca conferamus. Verum tamen duo sunt, quae, quum ad rem praesentem, adprime pertineant, etsi nobis

---

23 *Fußnote im Original:* „Psalmi XVI, 10. Act. II, 31."

non datur prosequi, praeteriri tamen plane, nefas ducimus. Primum est, quod in succincto isthoc Christi sermone non vnum sed plura comprehendantur vaticinia. Praedicit, enim non modo mortem, sepulturam, resurrectionem suam & pharisaeorum indies occallescentem planeque insanabilem malitium ac secuturam hinc eorum condemnationem, vt iam ostensum est, sed subingerit etiam vaticinium de vocatione Ethnicorum, de regni Dei ad eos a Iudaeis translatione, de illorum resipiscentia ac fide; item de futura omnium hominum, bonorum malorumque, ⟨110⟩ resurrectione, ac de iudicio nouissimo, quae duo vltima quidem ab introductione hac remotiora sunt. Etsi autem haec singula non aeque clare expressa hic sunt, nec pari ad singula ratione Christus mentem intendit: ab attento tamen lectore, & alios Christi sermones, vbi apertius de iis rebus agit, cum hoc, qui pressior est, conferente, haud difficultet animaduertentur, & obseruabitur, hic plus adfectum dicere, sanctum sane iustumque, quam ipsa verba. Relinquimus auditoribus industriis, vt in his eruendis meditationem suam exerceant, & suopte labore inter pias preces ad medullam & cor Scripturae peruadere nitantur. Caeterum in eorum gratiam nos delineabimus filum, quod, viam monstrantibus his ipsis verbis, in Ionae interpretatione sequendum iis sit: id quod partim e dictis liquidum iam est, partim firmabitur illis, quae dicenda in hac Introductione ad Lectionem huiusce Prophetae supersunt. Ita vero typus cum antitypo, quasi in Tabula quadam sub vno adspectu a nobis positus, filum interpretationis ostendit:

⟨111⟩ TYPVS IONA.	ANTITYPVS CHRISTVS, Iona maior.
1 Tempestas, exsistente in naui Iona.	1 Turbae, quum Christus adesset, a peruersis hominibus, instigante Diabolo, excitatae.
2 Iona offerens se, vt naui eiiceretur.	2 Christus non coacte, sed vltro patiens ac moriens.
3 Iona in mare proiectus.	3 Christus traditus ac neci datus.
4 Iona in ventre ceti ad tertium diem inclusus.	4 Christus tandiu conclusus in sepulcro.
5 Iona die tertio terrae a pisce redditus.	5 Christus die tertio sepulcrum linquens.
6 Iona mortis faucibus erepto Nineuitis adnuntiatum verbum Dei.	6 Resuscitato Christo ethnicis praedicatum Euangelium.
7 Resipiscentes ad praeconium Ionae Ninevitae. In historia sacra historiam Ionae non multo post sequitur.	7 Conuersi per praedicationem Euangelii Ethnici. In historia Iudaica, quam Iosephus ipse Iudaeus dedit, annis plus minus quadraginta sequitur resurrectionem Christi.

8 Israelitici regni e versio.	8 Iudaici populi, eo non resipiscente, excidium.

⟨112⟩ Filum illud expositionis nil refert extendi aut contrahi. Satis enim est summa quasi capita eius tenere, quae aperte in verbis Christi indicantur. Ad eorum ductum deinde pie ac sobrie meditatio atque historiae Ionae cum historia Christi & cum reliquis Scripturis collatio est prosequenda. Hac via pertingi poterit ad solidam vberrimamque commentationem, firmumque inde iudicium de interpretatione huius Prophetae, vtrum ex mente Spiritus Sancti instituatur, nec ne? demum exsistet. Et multum sane est in omni Scripturae exposititone, hoc certo scire & liquido demonstrari posse, quod Christum magistrum ac ducem, non lusus ingenii humani, sequamur.

§. VII.
Mysterium crucis, vtpote praecipuum Sacrae Scripturae argumentum, his verbis a Christo explicari.

Indicauimus primum, quod sicco pede haud praetereundum esse duximus. Secundum haud leuioris momenti est, itidemque ex consideratione adfectus, quo Christus hoc loco verba sua protulit, patescit. Etenim e verbis Christi hic licet experimentum capere de eo, quod in introductione Generali §. XII. pag. 25. LVTHERVM diximus de Pauli verbis adfirmasse. *Paulus verbum loquitur, quod per totum Iesaiam vel Ieremiam transpicit:* ⟨113⟩ & porro: *Loquitur in vno capite, quod saepe quatuor vel quinque prophetas interpretatur.* Vere vtique nos similiter de responsione illa breuiuscula, quam Christus Pharisaeis signum postulantibus dedit, adfirmamus: *Christus hoc loco verbum loquutus est, quod per omnes prophetas transpicit, immo per totam Scripturam Sacram.*[24] Princeps enim Scripturae sacrae argumentum est *mysterium crucis*, id quod sane illa Christi verba & continent, & diuino quodam modo explicant. Nam ea recte inspecta & accuratius pensitata hunc reddunt sensum, cum iis, quae supra diximus, minime pugnantem. O genus hominum occaecatum, suasque & aures obturans & animum. Optimi sibi videntur, sed sunt reuera omnium pessimi, amorem erga Deum prae se ferunt, vt vxor erga maritum, sed perfide desciuerunt a Deo, quemadmodum mulier adultera fidem marito datam turpissime violat. Quum signorum satis superque habeant, quae iis praesentibus spectantibusque edo quotidie, non erubescunt tamen, quo videantur cognoscendae veritatis cupidi scilicet, signum a me, quem supponunt, & clamitant esse praestigiatorem, postulare. Quid autem? si obsecundarem iis, &, quod facile a Patre meo obtinere possem, ignem e coelo deferrem, vti Elias fecit: Num, eo viso, vel tandem illi resipiscent, dabuntque Deo gloriam, vt me Messiam esse agnoscant? Mi-⟨114⟩nime vero. Nulla, quamlibet luculenta, veritatis demonstratio, nec vlla, quamlibet euidens, miraculorum diuinorum perpetratio ad agnitio-

---

[24] Besold 1560, III, Praefatio; vgl. vorl. Bd., 289.

nem veritatis eos adigere potis est, quum praefracte nolint credere, & aperte sint
Θεομάχοι. Addam ego certe signa signis, sed illi e contrario blasphemias blasphe-
miis cumulabunt, &, vt Caini soboles, finem me persequendi non facient, vsque
dum, me trucidato, putent se victores euasisse. Ita enim inde vsque a Caino
fratricida omnes, quoquot huius gentis exstiterunt similes, reiecerunt veros Dei
seruos, & sanctae eorum doctrinae refragati sunt, opinantes pro sua peruersitate,
Deo se gratum praestare cultum, si illos interimerent, & sibi temere persuaden-
tes, iis sublatis, omnia in mundo demum prospera fore. Eadem igitur mihi mea-
eque doctrinae subeunda erunt fata, immo nullius non serui Dei perpessiones
inde vsque a condito mundo mea, agni Dei, παθήματα praesignificarunt. Atque
sic tandem, in me omnis implebitur Scriptura. Nihil autem hoc pacto gens ista
Deo inimica lucrifaciet. Tum enim, quum putabunt se oppressisse veritatem,
maxime illa emerget, & e cruce ad lucem gloriosissimam diuina virtute erumpet.
Factum ita semper, semperque fiet, vt per mysterium crucis vincat atque trium-
phet & veritas & tum maxime Regnum Dei efflorescat, quum id persequutores
ve-⟨115⟩ritatis in herba supprimere gestiunt. Hanc, non aliam, viam omnis Scriptura designat. Hoc, hoc est signum illud Ionae, in amplissimo Scripturae campo
vexilli instar a Spiritu Sancto erectum, quod datum fuit veritatis hostibus omni
tempore, dabiturque perpetuo, vt per mortem eatur ad vitam, per ignominiam &
crucem ad gloriam aeternam. Lapso enim in peccatum homine, consilium salutis
non nisi per mysterium crucis Deus exsequitur. Itaque mihi ad regnum Dei non
nisi per crucem & mortem aditus est patefaciendus.

§. VIII.
Summam hactenus dictorum esse, vt consilium Dei in iis,
quae cum Iona acta sunt, cognoscamus.

Atque sic quidem verba Christi de Iona tum secundum rem, quam continent,
tum secundum insitum adfectum, quo animari quasi omnis sermo solet, considerauimus. Id vero plane nolimus ita ab Auditoribus accipi, ac si temere arbitremur,
omnia nos dixisse, quaecunque ad vim, quae verbis Christi subest, ostendendam
pertineant. Hoc duntaxat certo adfirmamus, fore, vi illa, quae a nobis prolata
sunt, si tranquilla mente, vt par est in Sacris, expendantur, quasi manu prehensos
eos introducant in cognitionem veri & amplissimi sensus verborum Christi,
⟨116⟩ & per Christi verba, recte intellecta, in genuinam Ionae interpretationem,
quasi ad praescriptum ipsius Christi demum rite instituendam. Summa autem &
finis eorum, quae protulimus, huc redit, vt liquescat in illis Christi de Iona verbis,
quae ponderauimus, consilium Dei seu finem eius, quem in illis omnibus, quae
cum Iona peracta sunt, sibi praestituit, remotis figurarum ac typorum integumentis, aperiri, Id quod vt, quantum satis est, ostenderemus, praecipue nobis
curae fuit, & merito quidem, quum in consilio Dei pernoscendo cardinem negotii exegetici verti, & eo perspecto, expeditiores in reliquis omnibus rationes esse,
nemo prudens diffiteatur. In rem ipsam igitur citra ambages auditores immisi-
mus, ita vero vt, nauata iis vel tantilla introducendi opera, eorum industriae

relinquamus, vt a lacriter introeant ipsi, & rem, quae in propatulo nunc & qua fi digito iis monstrata est, accurate & per partes Christum Magistrum sequuti, considerent ac pertractent.

§. IX.
Quo pacto tractationi Ionae se se quis accingere debeat.

Caeterum quod in Introductione Generali §. V. Auditores accurate admonuimus, eos tum in lectione Prophetarum maximos esse progressus facturos ac tum in Prophetarum Scriptis Christum maxime agnitu-⟨117⟩ros, si maxime Christum ament, id denuo & studiosissime inculcamus. Quid velimus, paucis dilucidius explicatum dabimus. Quod si auditores hac nostra quantulacunque introducendi opera, qua videlicet adhuc ostensum, quemadmodum verba ipsius Christi libello Ionae sigilla quasi soluant, ex voto velint perfrui, caueant, ne sola sciendi cupiditate adducti tractationi Ionae accingantur, vt ad alios libros, qui humanas tradunt scientias, accedi solet, quin potius precibus adlaboret vnusquisque, vt abnegata impietate & mundanis cupiditatibus teneat mysteria fidei in munda conscientia, Iesum Christum non fucoso sed sincero tenerrimoque & in dies flagrantiori adfectu complectatur, atque sic Spiritum Sanctum in Scripturis loquentem induat, quo Scripturas, optime monente BERNHARDO, eo, quo scriptae sunt, Spiritu legat ac perscrutetur.[25] Qui secus agere in animum induxerint, sciant, planissime in ipsos conuenire, quae Christus Pharisaeis dixit,[26] & se ipsos quidem defraudaturos, Deo autem verba daturos non esse. In ruborem vero eos dare poterit RVPERTVS TVITIENSIS, seculi duodecimi scriptor, cuius pietatis plena est praefatiuncula, quam commentario in Ionam praemisit. Requirit enim a Prophetae huius lectore, vt non alio eum animo tractet, quam quo sponsa erga ⟨118⟩ Christum praedita in Cantico canticorum introducitur. Verba eius, etsi pro ratione aetatis, qua scripsit, incomtiori oratione vtitur, digna sunt, quae hic adiiciantur. *Anima,* inquit, *quae Christum quaerit, intentionem suam, cur illum quaerat, hac voce depromit: Quis mihi det te fratrem meum sugentem vbera matris meae, vt inueniam te foris & deosculer, & iam me nemo despiciet? Magnae enim sibi despectionis conscia, suoque iudicio multum despicabilis ac despecta, per hoc solum se nobilem & inclytam fieri confidit, si talem dilectum inuenire, adprehendere & deosculari meruerit, non tantum intus in secreto conscientiae cubiculo, verum etiam foris, id est ita, vt ad amicorum quoque dilecti illius notitiam perueniat, quod illum viderit, quod agnouerit, quod in eum crediderit, quod eum dilexerit. Denique iam tunc despicabilis esse non potest in oculis Dei Patris, in conspectu amicorum, videlicet angelorum & hominum sanctorum. Vbi autem vel illa quaerit aut quaerere debet, vel ille inuenitur, aut inueniri potest, nisi in Sancta Scriptura maximeque Prophetica, quae vtique verbum Domini est? Ibi quaeritur & inuenitur, quia profecto, qualis sit ille dilectus, Prophetae testantur. Et in aliis quidem citius, in aliis difficilius inuenitur. In Iona vero,*

---

25 Ps.-Bernhard v. Clairvaux, epist. seu tractatus ad fratres de monte Dei cap. IX 31 = MSL 184, 327 D.
26 *Fußnote im Original:* „Ioh. V, 39. 40."

quem nunc ingredi cupimus, manifestissime claret, quod miraculum in illo celebratum fuerit praeconio eius. Ipse enim ore proprio dixit, & totus orbis audiuit. Sicut fuit Ionas &c.[27]

---

[27] Rupertus Tuit. 1631, I, 868.

⟨119⟩ CAP. II.
DE IIS, QVAE APOSTOLI DOMINI NOSTRI IESV CHRISTI AD DOCTRINAM DE CHRISTO EIVSQVE AGNITIONEM TESTIMONIO IONAE, RE QVIDEM MAGIS QVAM VERBIS PRAESTITO, CONFIRMANDAM SCRIPTIS SVIS CONFERANT.

§. I.
Multa a Christo dicta, quae Euangelistae concise & generatim commemorant, ab Apostolis fusius & magis speciatim tractari.

APte sane & sapienter MACARIVS AEgyptius homilia XVII. §. XI. p. 269. ait: Εἶπε τὸ εὐαγγέλιον γενέσθαι ἀπὸ ἐρέας στιχάριον· ὁ δὲ ἀπόστολος ἐμήνυσε τὴν λεπτότητα, πῶς κατασκευάζεται. h. e. *Euangelium dixit, ex lana fieri vestimentum: Apostolus vero significauit, per minuta quomodo consuatur.* Conf. Eius Opusc. de Eleuatione mentis c. XIX. p. 132. & 133.[28] AEnigma isthuc videri posset, sed quod facile soluas, collatis iis, quae in Macario proxime antecedunt & consequuntur. Sensus huc redit: Res ipsa, quae salutem nostram continet, a Christo in medium prolata, neque eius ge-⟨120⟩neris quidquam ille reticuit: Verum concise & generatim multa a Christo dicta Euangelistae commemorant, quae Paulus pariterque reliqui Apostoli fusius, vberius, magisque speciatim, petitis insuper e scriptura pluribus argumentis, & cum Iudaeorum tum Ethnicorum captui, prout res tulit, accommodatius, proque diuersa temporis oeconomia explicatius in scriptis suis tractarunt. Hanc obseruationem in studio Exegetico & vtilem & necessariam esse rati, quae ad eam recte intelligendam spectant, liquido satis in generali introductione §. VI. exposuimus, quae iuuabit hic relegere. Nos ne citra necessitatem longi simus, ea ex Introductione Generali ad lectionem Prophetarum heic supponimus.

§. II.
Huius rei exemplum esse posse verba Christi supra adlata, vt pote quae Apostoli non quidem ex instituto exponant, sed tamen singula rerum capita a Christo proposita accurate persequantur.

Verum enim vero quemadmodum generalia, quod dici solet, nihil probant, ita nec dilucida illa sunt satis, nisi eorumdem in exemplis perspicua accesserit adplicatio. Proinde id operam dabimus, vt qua ratione in rem praesentem conferenda

---

28 Macarius, hom. 17,11 = MSG 34, 632 A (PTS 4, 173, 154–156) und opusculum de elevatione mentis 19 = MSG 34, 905 B.

sint ea, quae MACARII nunc, antea vero nostris in Generali ⟨121⟩ Introductione verbis monuimus, liquido constet.²⁹ Nimirum res ita se se habet. Verba Christi Matth. XII, 39. 40. 41. quae pro nostro quidem instituto abunde satis expendimus, quaeque, vt dictum est, clauem interpretationis Ionae nobis subministrant, minime quidem ab Apostolis dedita opera enarrantur & exponuntur: Attamen si quis luculentissimam Apostolorum doctrinam, praetereaque primam illam ecclesiae Noui Testamenti historiam, scriptis eorum comprehensam, recte sufficienterque cognitam habuerit, certe omnem obscuritatem, quam in audientium animis, re nondum impleta, verba Christi reliquerunt, quamque etiam nunc in animis legentium forte habent, si nempe citra adiumenta scriptorum Apostolicorum considerentur, disparuisse oportet. Ea enim, quae Christus paucis illis verbis sat concise protulit, secundum singula rerum capita a Christo proposita Apostoli prosequuntur, enarrant, probant, explicant, adplicant vsque adeo, vt nihil reliqui esse sinant, quod ad plenissime intelligenda Christi verba merito possit desiderari. Isthuc si quis apud animum probe considerauerit, pariter nulloque negotio intelliget, quantum ex Apostolicis scriptis subsidii explicationi Ionae accedat. Nam vt hoc intelligat & pernoscat, nihil requiritur aliud, nisi vt filum illud interpretationis, quod e verbis Christi supra deduximus ac delineauimus, ⟨122⟩ sollicite consectetur. Relegat igitur, quae ad Cap. I. §. VI. in Typo & Antitypo a nobis designata sunt, rerum capita, & ante omnia quidem eorum, quae Antitypus exhibet, vnum quodque singillatim suo, vbi in Scriptis Apostolorum tractatur, loco inuestiget; tum deinde singula cum iis conferre pertentet, quae obseruat in Typo iis perspicua harmonia respondere.³⁰ Hac via negotium exegeticum animo veritatis auido quasi sua sponte eo euadet, vt Ionam genuino modo accurateque interpretetur. Ita enim primum ipsiusmet Christi expositionem, prout fas est, vice legis obseruabit & sequetur; Eius vero vberiorem declarationem & probationem non ex suo depromet ingenio, sed iis acceptam referet, quos Christus perinde atque se se audiri iussit,³¹ & orbi vniuerso doctores delegauit.³² Denique hoc pacto in historiam Ionae lumen Apostolicum transferendo, Scripturam Veteris Testamenti per Scripturam Noui Testamenti rite ibit explicatum, quo fiet, vt, dispulsis per huiusce claritatem illius tenebris & vmbris Christum solem iustitiae oculis fidei, verbo Apostolico & Prophetico innixae, suauiter ac salutariter possit contueri.

⟨123⟩ §. III.
Loca non nulla Noui Testamenti euoluuntur, in quibus octo illa argumenta, quae Antitypus cap. I, §. VI. indicatus exhibet, tractantur.

Ita quidem via satis late patet, vt, Apostolicis scriptis quid ad Ionam explicandum insit subsidii, sua quilibet industria experiatur, neque necesse sit, ea quae

---

29 Ebd.
30 Vgl. vorl. Bd., 325–327.
31 *Fußnote im Original:* „Luc. X, 16."
32 *Fußnote im Original:* „Matth. XXVIII, 19. 20."

dicta sunt, nunc minute magis enucleare. Verum tamen ne quid auditores desiderent, insuper loca indicabimus nonnulla, in quibus argumenta illa, quae Antitypus supra designatus exhibet, ab Apostolis tractantur; deinde etiam, quemadmodum ea sint ad Ionae interpretationem conferenda, documenti aliquid suppeditabimus. Ad loca illa quod attinet, in genere quidem Iona cum omni sua historia *vmbram*, Christus vero, quem vnice in ore & corde habuerunt Apostoli, cum dictis & factis suis *veritatem* complectitur. In specialibus autem rerum momentis, quae demum veritatem vmbrae oppositam clare ostendunt, primo loco indicauimus *turbas praesente Christo in gente Iudaica exortas.* Has veluti nascentes cum nato Christo Matthaeus,[33] quasi cum Christo synagogam visente suborientes Lucas,[34] & singuli passim describunt Euangelistae. Atque huc referenda vtique sunt certamina, quae ⟨124⟩ numquam non Pharisaei Christo obloquentes ferebant, & hinc enatae subinde Christi cum iis disputationes; metus item vanissimus, qui primores populi angebat, ne, nisi Christum trucidarent, res Iudaeorum sacrae & ciuiles pessum irent; qualia prae reliquis, vt enarraret, Ioannes curae habuit. Denique maxima illius in Ionae historia adumbratae tempestatis vis haud dubie ingruit in nouissimis Christi perpessionibus, quae operose a singulis Euangelistis percensentur. Iam addenda sunt acta Apostolorum, quae abunde satis edocent, necdum, Christo ex oculis submoto, destitisse Iudaeos easdem ciere turbas, & Christum in membris suis persequi. Quicquid vero vmquam eiusmodi motuum ac turbarum aduersus Christum & genuinos eius sectatores fuit excitatum, pulcre non modum illa tempestate, quam historia Ionae describit, adumbratum, sed recentioribus etiam in ipsa Christi historia, tantoque magis viuidis imaginibus repraesentatum est. Referenda enim huc ea sunt, quae narrantur Matth. VIII, v. 23. & seq. Marci IV, 35. seq. Luc. VIII, 22. & seq. nec non Matth. XIV, 24. & seq. Et hic quidem obiter notamus, quum argumentum, in Antitypo supra primo loco designatum, historicum sit, rem ipsam exposcere, vt potissimum in Euangeliis & actis Apostolorum sedes illius inuestigentur. Ex epistolis autem huc spectant loca, vbi Apostoli ad historiam ⟨125⟩ Christi suamque respiciunt, turbasque ob Euangelium passim, a Iudaeis inprimis, concitatas queruntur, verbi gratia 1 Cor. I, 22. seq. c. II, 8. seq. 2 Cor. IV, 3. seq. Gal. IV, 17. seq. c. V, 11. c. VI, 12. Philip. I, 16. c. III, 2. seq. 1 Thess. II, 14. 15. 16. Hebr. X, 32. seq. Apocalypsis denique singulis ferme capitibus tempestates, nauiculam Christi vsque vexaturas, & interuenturam nonnumquam tranquillitatem praedicit, ac portum ostendit eminus, in quem illa, per tot saecula innumeris atque immensis iactata fluctibus, tandem recipienda sit. Quo ipso iste Noui Testamenti liber Propheticus signum illud Ionae, & ingens crucis mysterium, longe omnium vberrime & ad vltimam vsque catastrophen it explicatum. Largiatur nobis DOMINVS σύνεσιν ἐν πᾶσι. Hactenus loca indicauimus, quae ad primum illud Antitypi delineati argumentum praecipue nobis visa sunt pertinere. Secundum erat, *Christum non coactum, sed vltro ac sua sponte perpessiones suas mortemque subiisse.* De hoc vide sis Matth. XVI, 21. c. XVII, 22. c. XX, 17. & 28. Marci X, 32. seq. & v. 45. Luc. IX, 15. c. XII, 50.

---

[33] *Fußnote im Original:* „Capite II."
[34] *Fußnote im Original:* „cap. IV, 17–28. 29."

c. XVIII, 31. c. XXII, 15. Ioh. X, 12. 17. 18. c. XIV, 30. 31. c. XV, 13. c. XVII, 19. c. XVIII, 4. 5. 7. 8. 11. 2 Cor. V, 14. 15. Gal. I, 4. c. II, 20. Eph. V, 1. 2. & 22. seq. Philip. II, 6. 7. 8. Hebr. IX, 14. c. X, 5. 1 Ioh. III, 16. Apocal. I, v. 5. Tertium erat, *Christum esse traditum ac neci datum.* Com-⟨126⟩plectitur isthuc ipsam passionis Christi historiam, a quatuor Euangelistis concinnatam, & quae in proxime antecedenti adducta sunt loca, maximam partem huc pertinent. Immo quum ipsissimum illud sit, quod Apostoli suo in totum extulerunt orbem praeconio, vt patet 1 Cor. I, 23. c. II, 2. c. XV, 1. 2. 3. &c adeoque se per omnia eorum dicta scriptaque diffundat, necesse non est, loca, quae eam materiam tractent, sollicite conquirere. Forte prae caeteris hoc argumentum sequentia illustrabunt loca 1 Petr. I, 18. 19. 20. Apoc. I, 5. 18. c. V, 9. c. XIII, 8. Rom. V, 6. 7. 8. 9. 10. Quartum erat, *Christum ad tertium diem in sepulcro mansisse*: de quo idem, quod de proxime antecedente, notandum. Quintum, *Christum die tertio resurrexisse.* Resurrectio vero Christi, perinde vt eius passio, ipsissimum illud est, quod Apostoli vsquequaque palam enuntiare, μετὰ παρρησίας confiteri, fundamenti loco in plantandis a se ecclesiis substernere, & maxime omnium vrgere atque inculcare debebant. Huc igitur pertinent non modo loca fundamentalia singulis in Euangelistis, vbi nimirum resurrectio Christi ab iis narratur, & confessiones de eadem post pentecosten magna virtute ab Apostolis editae, quas Acta Apostolorum perhibent, sed nulla ferme epistola ab iis scripta est, quin resurrectionis Christi memoriam celebret, illamque suo suffulciat testimonio, & ad salu-⟨127⟩tarem vsum traducat. Vide Rom. I, 1–4. c. IV, 24. 25. c. V, 10. c. VI, 4–11. c. VII, 4. c. VIII, 11. 34. c. X, 9. c. XIV, 9. c. XV, 12. 1 Cor. XV, & reliqua. Quod autem tertio die contingere debuerit, & re ipsa contigerit resurrectio Christi, praeter ipsam eius narrationem, inter alia loca testantur sequentia Matth. XVI, 21. c. XVII, 23. c. XX, 19. Marci IX, 31. c. X, 34. Luc. IX, 22. c. XIII, 32. c. XVIII, 33. c. XXIV, 7. 21. 46. Ioh. II, 19. Act. X, 40. 1 Cor. XV, 4. &c. Sextum *resuscitato Christo Ethnicis adlatum esse Euangelium*. Isthuc ita futurum esse, primum clare satis post natum Christum vaticinatus erat Simeon,[35] post etiam Ioannes Baptista[36] Iudaeis significauerat. Ipse Christus autem modo exemplis typicis Veteris Testamenti adductis,[37] modo parabolis,[38] modo scripturae auctoritate,[39] modo liquidis perspicuisque verbis[40] & tandem praecepto, quo Apostolos instruxerat,[41] adeoque & saepius & multis modis, cum ante tum post resurrectionem, idem grauissime testatus erat. Tum deinde impletio horum omnium, quae ita praedicta fuerant, in actis Apostolorum sistitur. Etenim capite IX, electum illud vas praeparatur ⟨128⟩ ac designatur, in quo ad Gentes nomen Christi erat proferendum, aucto Apostolorum numero, non sublato nec imminuto singulorum officio; mox capite X, primus Petrus Ethnicis Euangelii praeco exsistebat, qui facti sui ratio-

---

[35] *Fußnote im Original:* „Luc. II, 32."
[36] *Fußnote im Original:* „Matth. III, 9."
[37] *Fußnote im Original:* „Luc. IV, 25. 26. 27."
[38] *Fußnote im Original:* „Matth. XXI, 33. seqq. c. XXII, 1. seq."
[39] *Fußnote im Original:* „Matth. XXI, 42."
[40] *Fußnote im Original:* „Matth. VIII, 11. 12. c. XXI, 43. c. XXIV, 14."
[41] *Fußnote im Original:* „Matth. XXVIII, 19. Luc. XXIV, 49."

nem reddere cogebatur cap. XI. hinc cap. XIII, 46. 47. consilium seu potius iudicium Dei iustum de transferendo a Iudaeis ad Ethnicos regno Dei claris verbis libereque Paulus & Barnabas exponunt. Quam rem quanto studio exequuti sint, & sequentia in Actis, & nullae non, de Paulo praesertim, Epistolae Paulinae condocefaciunt. Ita vero omnino secundum Scripturas fieri debuisse, passim ex Mose, Prophetis & Psalmis probatum iuit Paulus, vt ad Romanos capite IX, X, XI, XV, &c. Septimum, *Ethnicos praeconio Apostolorum ad resipiscentiam & fidem esse adductos.* Id inprimis Acta edocent Apostolica, &, vt fructus est euangelii ad Gentes prolati, ita in iisdem, quibus argumentum proxime antecedens, sedibus inuenitur. Actis autem Apostolorum omnes in vniuersum Epistolae, ab iis nobis relictae, luculentissimum veritatis perhibent testimonium. In illis quippe omnibus Apostoli Christum tamquam lapidem illum proponunt, qui ab aedificantibus reprobatus, factus sit caput anguli, totius aedificii spiritualis, e Iudaeis atque Ethnicis construendi iuncturas sustinens; deinde hoc ⟨129⟩ ipsum, quod de se adfirmat Paulus,[42] agunt cuncti, vt *oblatio gentium fiat accepta, sanctificata per Spiritum Sanctum.* Sola quidem, quae ad Ebraeos scripta est, epistola, de facta Gentium conuersione, nihil, nisi forte oblique ingerit; attamen de ratione noui foederis, discrimen nationale penitus aufferente & gratiam Euangelii exuberantem deriuante in omnes, qui crediderint, dilucide satis abundeque disserit, adeo, vt si *de iure*, non *de facto* quaestio sit, eam vix alia epistola magis expediat. Nec praetereundum, quod Apocal. XXI, 14. nomina Apostolorum, veluti lapidum fundamentalium, nouae Hierusalem inscripta legantur. Eo enim significatur, gentium conuersionem, per omnia saecula continuandam e prima illa, quae praeconio ipsorummet Apostolorum debeatur, necti serie quadem ac dependere.[43] Octauum, quod iam in Antitypo, supra delineato, adhuc autem e scriptis Apostolicis illustrato, sequitur, est *excidium populi Iudaici*, audito gratiae praeconio neutiquam redeuntis ad sanam mentem, sed in peius magis atque magis in dies tuentis. Ita nimirum id euentus tandem comprobauit, quod Ioannes Baptista[44] & ⟨130⟩ Christus[45] vaticinati, immo quod ipsi sibi Iudaei imprecati fuerant,[46] datumque in illo populo refractario ἀποτομίας Θεοῦ seu praecisae seueritatis Dei[47], magnum & publicum documentum. Calamitatum atque horrendi exitii populi sui testis est IOSEPHVS a libro IV. cap. 5. & seq. in primis vero libro VI. & VII, de Bello Iudaico, qui sane ad faciendam fidem idoneus satis est, cum alias ob caussas, tum quod impietatem suae gentis omnem modum tunc transgressam, & nihil aliud, nisi eiusmodi excidium commeritam, haud quaquam dissimulet.[48] *Puto*, ait interalia libro VI. cap. 16. *si Romani contra noxios venire tardassent, aut hiatu*

---

42 *Fußnote im Original:* „Rom. XV, 16."
43 *Fußnote im Original:* „Vide etiam Apoc. I, 4–7. c. V, 9. seq. c. VII, 9. seq. c. XI, 15. &c."
44 *Fußnote im Original:* „Matth. III, 8. 9. 10."
45 *Fußnote im Original:* „Matth. XXI, 41. seq. c. XXII, 7. c. XXIII, 35. seq. c. XXIV, 2. seq. Luc. XVII, 19. seq. c. XIX, 41. seq. c. XXI, 6. seq. c. XXIII, 28. 29."
46 *Fußnote im Original:* „Matth. XXVII, 25."
47 *Fußnote im Original:* „Rom. XI, 22."
48 Josephus, De Bello Judaico 1. IV, 5 ff. und libri VI und VIII; ed. B. Niese. Berlin 1894.

terrae devorandam fuisse ciuitatem, aut diluuio perituram, aut fulminum ac Sodomae incendia passuram. Multo enim magis impiam progeniem tulit, quam quae illa pertulerat. Ita videlicet Deus *iustificatur in sermonibus suis & purus est, quando iudicat.*[49]

⟨131⟩ §. IV.
Primum argumentum typi de tempestate, exsistente in naui Iona, suborta, & Antitypi de turbis aduersus praesentem in gente Iudaica Christum excitatis, fusius explicatur.

Ita nos singulis rerum momentis, in Antitypo indicatis, in gratiam tironum e scriptis Apostolicis lumen inferre consultum duximus. Viam autem tantum ostendimus, & in ipsam rem aliquo vsque auditores introduximus. Quodsi iam isthanc impigre ingrediantur viam, breui deprehendent, materiam omnem, Antitypo illo comprehensam, per omnia Noui Testamenti scripta longe lateque se diffundere. Etenim, quum vniuersa scriptura ad Christum tamquam metam collinet, fieri sane nequit, vt in doctrina Apostolica quicquam inueniatur, quod ab illo Antitypi designati argumento penitus sit seiunctum atque alienum. Id quod si perinde, vt hoc loco, in omnibus reliquis Prophetis interpretandis animaduertatur, insigni Christi & regni eius scientia, e Scriptis Apostolicis deriuata, quicquid est oraculorum Propheticorum, *velut aquis alueum maris opertentibus*, vt ait Iesaias,[50] *implebitur*. Enim vero istae sunt quasi perennes aquae; tantaque earum est adfluentia, vt parum sapiat, qui iis ⟨132⟩ relictis, praepostere ad has illas hominum commentationes confugiens, fallaces sibi magno negotio cisternas effodiat. Nos iam, vt supra recepimus, specimine aliquo ostendemus, quo pacto ea, quae ex foederis noui libris protulimus, dextre sint ad Ionae expositionem accommodanda. Supponimus heic, Christi verba solidae Interpretationi historiae Ionae fundamentum iecisse; item, filum istud Interpretationis, quod subministrauimus, non aliunde, quam ex ipsis Christi verbis esse deductum; proindeque de Typi & Antitypi delineati firmo fundamento, saltem non repudiando ob auctoritatem Noui Testamenti ab homine Christiano, ex iis iam, quae ad CAP. I. a nobis dicta sunt, ad liquidum Auditoribus constare. His vero probe perceptis, & in animum demissis, nihil agendum est prius, quam vt singulae materiae, in Antitypo designatae, alia post aliam, e sedibus suis, quas indicauimus, deprontae cum iis rerum momentis studiose conferantur, quae Typus exhibet, atque hac ratione ex mente Christi & Apostolorum meditatio Ionae accurate instituatur. Dedimus in Antitypo primum locum *Turbis instinctu Diaboli a perversis hominibus adversus Christum concitatis:* quibus in Typo respondet *Tempestas in mari coorta, exsistente Iona in nauigio*. Ante omnia nunc in ipsa Ionae historia consideranda sunt verba, quibus tempestas illa commemora-⟨133⟩tur. In primis, & expresse quidem, illius mentionem faciunt versus 4. 11. 12. 13. Capitis primi. At, quoniam ab

---

49 *Fußnote im Original:* „Psalm. LI, 6."
50 *Fußnote im Original:* „cap. XI, 9."

integra illius enarratione, quae praecessere & comitatae sunt eam circumstantiae & euentus, saluo sensu, auelli nequeunt, praestat in solidum huc referre caput primum, licet in eo sint vtique nonnulla, quae Typi peculiaris rationem sustinent. Qui sic historiam procellae in capite legerit integro, relegeritque, obseruabit, narrationem isthanc omnem non propter alium nisi propter Ionam esse susceptum, propter hunc eundem motus maris & initium cepisse & incrementa, solum hunc, ipso rem omnem exponente, culpae condemnatum, & tamquam vnicam tempestatis caussam e nauigio in mare datum praecipitem. In his enim fere praecipuum historiae momentum inesse videtur. Atque isthaec tam clara & perspicua ibi sunt omnia, vt in verborum explicatione vix interpretis opera requiratur, nec in ipsa re, quae narratur, ille opus sit, nisi forte in externis quibusdam, rei nucleum minime tangentibus, circumstantiis exponendis. Quo circa, quum omnia hic plana sint, nec quicquam valde interpretem moretur, quin corticem subito frangat, superest ei, vt dispiciat, quo consilio haec contigerint diuino? Quid ex mente Spiritus Sancti sibi velit tempestas in hoc capite descripta? quomodo ea pertineat ac referenda sit ad Scripturae Sacrae, in qua ea tam studio- ⟨134⟩se narratur, finem? Hic iam, vt Auditoribus satis faciamus, rei declarationi praemittimus verba SALOMONIS GLASSII Philologiae Sacrae lib. 2. parte. 2. de Scripturae sensu eruendo Sectione 2. p. 356. 357. 358.[51] *Considerari potest*, ait, *Scripturae scopus tripliciter (1) Vniuersaliter, quatenus libri Sacri ad vnicum eundemque scopum omnes collineant, qui est Christus Seruator. Omnia, quae scripta sunt in sacris litteris, ad Christum referuntur, ait Augustinus in Psalmum LXXI, vide Io. V, 39. Luc. XXIV, 44. Act. X, 43. 1 Cor. II, 2. Apoc. XIX, 10, Id quod ita accipiendum est, (α) quod multa in Vetere Testamento prima fronte aliud prae se ferant, quae expensa accuratius de Christo vel expresse vel* τυπικῶς *loquuntur (β) quod quaecunque in Scripturis proferuntur, tandem ad Christi amorem & beneficia generi humano praestita, nos exserto quasi digito deducant, vt ad summum finem, a quo vt principio & fonte etiam omnia, quae in Scripturis promittuntur, ad nos promanant. (2) Communiter, quatenus quilibet Scripturae Sacrae liber habet proprium scopum, ad quem explicandum omnia & singula capita faciunt. (3) Singulariter: quatenus est scopus proprius huic vel illi Scripturae loco & contextui.* Haec ita ex vberiori sermone GLASSII in pauca contulimus. Mittimus nunc posteriores duas scopi considerationes, forte suo loco ac tempore magis commode instituendas. Primam vero illam, quam ⟨135⟩ *Vniuersalem* GLASSIVS vocauit, prosequemur, & potiorem quippe, & rei praesenti conuenientiorem. Etenim pari ratione Christus & Apostoli frequenter in producendis Scripturae testimoniis nonnisi ad vltimum, quo vniuersa scriptura collineat, scopum animum intendunt, posthabita *singulari* & *communi* scopi consideratione, tum forte non aeque necessaria. Dispiciendum igitur hoc loco nobis relinquitur, quomodo tempestatis in historia Ionae descriptio ad vniuersalem scopi scripturae considerationem, adeoque ad cognitionem Christi referenda sit. Enimuero a re alienum non est dictum AVGVSTINI: *Non sapit vetus scriptura, si non Christus in ea intelligatur.*[52] Neque isthaec tempestatis descriptio, si in ea Christus non intelligetur, vere suauis, suc-

---

51 Glassius 1691, 356–358.
52 Augustinus, tractatus in Johannis Evangelium IX 5 = CCSL 36, 93, 23–25.

culenta & sapida interiori homini erit. Qua via autem & ratione eo pertingemus, vt Christum in ea intelligamus? Num argutis ingenii lusibus indulgentes, mysticas nescio quas ipsi comminiscemur interpretationes, & hasce pro spirituali venditabimus sensu? Absit vero. Quisquis enim verbum Dei Sacro-Sanctum ad lubricum & incertum humani ingenii contorquere non veretur, cineri doloso per ignes suppositos incedit, & Scripturam deturpat potius, quam declarat. Tutior vtique & sanctior illa via est, qua scriptura per scripturam exponitur. Hoc ipsum vero, nem-⟨136⟩pe vt scripturae e scriptura petamus interpretationem, qui adgrediemur recta magis via, quam si in ipsis Christi verbis primum interpretationis fundamentum quaeramus, hoc fundamento autem inuento, deinceps lumen Apostolicum, quo effata Christi omnia magis in apricum producuntur, in Scripturae veteris vmbras studiosissime transferamus? Agite dum missis ambagibus, quod primum in typo Ionae supra indicauimus argumentum, ea, qua nunc diximus, ratione tractemus. Ita vero, quid velimus, elucebit clarissime, si, quasi praelecto concioni primo capite Ionae, interpretis personam differendo hoc similiue induerimus modo.

Docet haec pericope, Auditores, tempestatem, Iona in nauem recepto, subito in mari esse coortam, saeuientem protinus, & magis atque magis ingrauescentem, ipsumque, quod Ionam vehebat, nauigium propemodum expugnantem; huius vero procellae opinatos nautas caussam exsistere singularem, re sorti commissa, in Iona culpam, ipso nihil dissimulante, inuenisse; eum igitur tamquam vnicam mali caussam proiecisse in mare; tum hoc a suo aestu illico destitisse. Isthaec sunt ἀλληγορούμενα. Etenim Ionas figurauit Christum, si quidem ipsi Christo fidem habemus, id adfirmanti.[53] Tempestas vero ob Ionam exorta, nec, nisi illo eie-⟨137⟩cto, sedata designauit turbas ob Christum aliquando, vbi venisset, exorituras, quibus sopiendis remedium in eius nece forent improbi homines quaesituri. Quemadmodum enim, quum in nauem descendisset Ionas, subito mare coepit horrescere, & Propheta quasi piacularis victima in mare coniectus est: ita, Christo in nauiculam Ecclesiae Iudaicae recepto, turbis ac tumultibus subito cuncta perstrepuere, & nauarchi, primores populi, Christum trucidare necesse crediderunt, ne, vt ominabantur, pernicies toti subeunda esset genti. Namque ita sane res ipsa & euentus comprobauit, isthanc partem historiae Ionae perinde ad Christum τυπικῶς pertinere, atque illam ab ipso Christo nobis explicatam: quam videlicet pro re nata Christus exposuit, expositurus pari ratione etiam reliqua historiae, si res ita tulisset. Argumento sint testimonia veteris Scripturae: quae cum initio historiae Ionae, non minus quam cum eiusdem medio ac fine, planissime concinunt, & quae Typus adumbrat, claris adfirmant verbis. Scriptum est enim: *Quare tumultuati sunt populi, & gentes meditatae sunt inania? Adstiterunt* (hostili animo) *reges terrae & principes congregati sunt simul aduersus Dominum & Christum eius.* Quod testimonium e Psalmo secundo in rem adducunt praesentem Apostoli.[54] Non desunt plura; ⟨138⟩ verum rebus Christi iam lumen praecipuum historiae Veteris Testamenti typicae inferentibus, facilius & procliuius omnia e

---

53 *Fußnote im Original:* „Matth. XII, 38–41. c. XVI, 4. Luc. XI, 29. 30. 32."
54 *Fußnote im Original:* „Act. IV, 25. 26."

scriptis Apostolicis explicabuntur. Huc igitur animum aduertamus. Vix dum Bethlehemi Christus erat prognatus, quum, eum natum nuntiantibus Magis, turbaretur Herodes & tota Hierosolyma cum eo.[55] Definebant turbae istae in crudelissimam caedem prolis Bethlehemiticae; quae tragoedia non ad alium spectabat, nisi ad Christum. In huiusce deinceps anno tricesimo (tam diu enim delituerat) turbae recrudescebant. Eo enim tunc Nazarenorum Synagogam visente[56] vrbes deinde omnes ac vicos obeunte, passim vero in Synagogis docente, & euangelium regni praedicante[57] quum de omnibus optime mereretur, a coecis populi ducibus turbarum & seditionis auctor censebatur, atque eo res redibat, vt, qui gubernatorem nauis officio suo referebat, palam enuntiaret, conducere, vt vnus homo moriatur pro populo, & tota gens non pereat.[58] Quid typum Ionae clarius exponat? Iam, monente Epistola ad Hebraeos,[59] *assiduam illam, quam a peccatoribus aduersus se se Christus sustinuit, contradictionem* reputemus. Quid magis omni studio Pharisaei, scribae & sacerdotes agebant, ⟨139⟩ quam vt ex ore Christi venarentur aliquid, vt eum aliqua specie noxae damnarent? Coelum terrae miscebant, vt omnium aduersus eum animos, mera inducti inuidia ac mentis peruersitate, concitarent; id quod omnis euangelistarum historia liquidissime testatur. Ita sane docebat euentus, quam vere de eo vaticinatus fuerit Simeon:[60] *Ecce positus est iste casui & resurrectioni multorum in Israel, & in signum, cui contradicatur,* hoc est, vt nonnemo παραφράζει, in scopum, quem omnes certatim figere contendant. Nec vero contenti Iudaei se constituisse, vti, si quis eum profiteretur esse Christum, Synagoga moueretur,[61] eo procedebant insaniae ac furoris, vt, quum Lazarum iam quartum diem mortuum resuscitasset, consultarent non modo, vt Christum, sed etiam vt Lazarum interimerent.[62] Atque sic tandem turbulenta maxime & tetra tempestas innouissimis Christi, quas vltro & sua sponte nostra caussa subibat, perpessionibus in eum ingruebat: quas proinde singuli studiosissime, vt fas erat, descripserunt Euangelistae. Neque in ipso ministerii Christi curriculo desideratur viua tempestatis contra eum saeuientis repraesentatio, quam vide sis Matth. VIII, 23. & seqq. Marc. IV, 35. & seqq. At enim typo haud omni ex parte Antitypus videtur respondisse. ⟨140⟩ Quippe Ionae eiecto, placidum quidem ventis illico stetit mare; at, Christo neci dato, tranquillae & pacatae redditae non sunt res Iudaeorum. Nunc discruciabat animos titulus cruci impositus, nunc recordatio, vaticinii de Christi resurrectione eos habebat sollicitos, vt Pilatum etiam obtunderent. Tantumne? neutiquam. Turbabantur enim mox multo magis nuntio de suscitato Christo ab ipsis sepulcri custodibus ad se perlato. Fama dehinc in publicum emanans, haud dubie animorum perturbationem mire auxit. Quantas autem procellas subsequuta multorum millium ad Christum conuersio

---

55 *Fußnote im Original:* „Matth. II, 1. 2. 3."
56 *Fußnote im Original:* „Luc. IV, 17–28. 29."
57 *Fußnote im Original:* „Matth. IX, 35."
58 *Fußnote im Original:* „Io. XI, 50."
59 *Fußnote im Original:* „cap. XII, 3."
60 *Fußnote im Original:* „Luc. II, 24."
61 *Fußnote im Original:* „Io. IX, 22."
62 *Fußnote im Original:* „Io. XI, 53. c. XII, 10."

exciuerit, Acta Apostolorum narrant. Tum deinde quod, Christum si tolerarent, metuerant maxime,[63] id, sublato Christo, iis accidit, Romanis tum ipsum eorum locum, tum gentem delentibus. Ita quidem impletum in iis, quod Iesaias dixit[64] *Improbi sunt, vt mare propulsum: nam quiescere non potest, & aquae eius expellunt coenum & lutum: ita nulla est pax, inquit Deus meus, improbis.* Numini sic quoque poenas dederunt, quas maxime fuerant commeriti. At qui dicemus tempestatem Ionae caussa exortam typum turbarum ob Christum enatarum, euentu vsque adeo diuerso atque contrario?

Haec difficultas, Auditores, nulla est, si quidem non ex sensu carnis, sed ex mente Spiritus ⟨141⟩ Sancti typum Ionae interpretemur. Constar vtique verbo diuino sua veritas, nec fieri potest, vt exciderit sermo Dei, sicut Paulus ait.[65] Vt enim taceamus, nulli non typo inesse quaedam ab Antitypo plane discrepantia, nec tamen ea in circumstatiis nonnullis diuersitate typi rationem tolli: id quod tam clarum est, vt opus non sit, exemplis Simsonis, Davidis aliorumque dare probatum: in typo Ionae etiam aque etiam animaduertendum est, eum ad Christum pertinere, non modo vt tamquam princeps salutis ipse per suas perpessiones consummatus est,[66] sed etiam vt deinceps ad dextram Dei sedit, eoque ipso, quemadmodum promisit,[67] *est cum suis manevitque omnibus diebus vsque ad consummationem seculi*,[68] immo in iis viuit,[68] & in cordibus eorum inhabitat per fidem,[69] quo sit, vt hi & infirmi sint cum eo, & viui sint cum eo[70] *secundum vim illam efficacem ipsius, agentem in iis potenter.*[71] Abunde satis isthuc ipse Christus condocefecit, eamque Typi Ionae de integro crucis mysterio interpretationem stabilitum iuit, quum Typum illum ad se transferret,[72] vt suo loco vidimus. Tam late igitur patet tempestatis etiam illius aduersus Ionam excitatae typus, vt quicquid ⟨142⟩ motuum ac turbarum aduersus fideles ortum fuit vmquam, & porro orietur, id omne complectatur, sequead id, ingenti piorum solatio, impletione sua porrigat atque explicet. Hinc persecutiones fidelium Christus tamquam suas agnoscit planissime. Saulo enim ecclesiam persequente, dicebat ei Dominus: *Saul, Saul, quid me persequeris?* & deinde: *ego sum Iesus, quem tu persequeris.*[73] Loquitur hoc omnis Apostolorum historia, testantur Epistolae, quas scripserunt, omnes, luculentissime confirmat Apocalypsis, tempestates praenuntians ecclesiae vsque obuenturas, res ipsa tandem & euentus idem illud prorsus omnino comprobat & euincit. Hinc adeo coetus fidelium sortitus est nomen ecclesiae militantis. Neque enim alio ita dicitur sensu, quam quod numquam non mundus vna cum principe

---

63 *Fußnote im Original:* „Io. XI, 48."
64 *Fußnote im Original:* „c. LVII, 54. 55."
65 *Fußnote im Original:* „Rom. IX, 6."
66 *Fußnote im Original:* „Ebr. II, 10."
67 *Fußnote im Original:* „Matth. XXVIII, 20."
68 *Fußnote im Original:* „Gal. II, 20."
69 *Fußnote im Original:* „Eph. III, 17."
70 *Fußnote im Original:* „2 Cor. XIII, 4."
71 *Fußnote im Original:* „Coloss. I, 29. Eph. III, 20."
72 *Fußnote im Original:* „Matth. XII, 38. & seqq."
73 *Fußnote im Original:* „Act. IX, 4. 5."

suo infestus ei sit, quodque perpetuo quasi cum fluctibus atque procellis ei sit colluctandum, ita vt conqueri necesse habeat: *Abyssus abyssum inclamat ad sonum cataractarum tuarum: omnes irrumpentes fluctus tui & vndae super me transeunt.*[74] Ad tempus interim quidem pax ei conceditur, vt factum legitur,[75] verum haud constans nec diutina ea pax esse consueuit. Noui enim mox veniunt & exaestuant fluctus, ac fere, vti mare etiam atque etiam vndabundum est, ⟨143⟩ ita mundus a motibus aduersus nauiculam Christi insurgentibus tranquillus omnino vis vmquam deprehenditur. Illi autem ab vndis ventisque afflictatae ipse quoque Christus solatio est, suos iubens confidere, & timorem ex animis omnem verbo suo eximens: quemadmodum hanc ecclesiae sortem suamque ei praesto futuram consolationem viuida voluit imagine repraesentari.[76] Quam imaginem vna cum illa, cuius antea[77] meminus, proderit sedulo ad illam, quam historia Ionae commemorat, tempestatem comparare. Constans itaque haec Scripturae doctrina est, & typis adumbrata, & vaticiniis fundata, & comprobata exemplis, tumultuari mundum atque diabolum aduersus Christum, ipsumque non modo olim imbecilla carne inter homines versantem, verum etiam vsquequaque, vbi ille cum verbo suo ac Spiritu vere exsistit, viuit, operatur, loquitur, voluntatem Patris sui exsequitur. Caput an membra sint, princeps mundi, eique militans mundus haudquaquam curat. Intumescunt fluctus, mouetur orcus, porta aperiuntur inferorum ac procellas effundunt quam ob caussam? Ionas in naue est, immo maior Iona Christus. Hoc, hoc signum ac symbolum tempestas illa Ionae insultans perhibuit. Ita Spiritus Sanctus aptissima imagine pinxit mysterium crucis, inde vs-⟨144⟩que a lapsu hominis verbi diuini celebratum suffragio, & in ecclesia perdurans, vsque dum illa militans esse desinat, vitamque aeternam tamquam portum teneat. Vis tibi ostendi quotidianam atque perennem eiusdem typi impletionem? Quemlibet intuere Christianum tamquam χριστοφόρον. Nam vbi Spiritus Christi est, ibi turbae ac tempestates, non modo a Diabolo & mundo sed etiam ab ipsa carne. Fateor respirandi copiam nonnunquam concedi. Quid? quod fieri potest diuina virtute, medios inter fluctus vt placide, ad instar Ionae, quiescat Spiritus. Verum serenitas & malacia perfecta atque constans, dum in mundo ceu mari iactamur, speranda non est. Reliquus omnino est sabbatismus populo Dei.[78] At subeunda mors est, quae nos veluti Ionam videatur absorbere, vt resurrectio nostra vi ac merito resurrectionis Christi ab omni nos anxietate, turba ac tempestate, & ab omni metu ac periculo immunes reddat & tutos; sicque tandem secundum corpus & animam, beato illo sabbatismo cum perfectis aeternisque gaudiis perfruamur.

---

[74] *Fußnote im Original:* „Psalm XLII, 8."
[75] *Fußnote im Original:* „Act. IX, 31."
[76] *Fußnote im Original:* „Matth. XIV, 24. seq."
[77] *Fußnote im Original:* „Matth. VIII, 23. seq."
[78] *Fußnote im Original:* „Ebr. IV, 9."

§. V.
Ad hunc modum reliqua etiam argumenta pertractari posse,
quod vero non sit huius instituti.

Id, quod supra recepimus, nos in gratiam ⟨145⟩ tironum esse subministraturos, diffusius hactenus, quam fuerat in animo, exsequuti sumus. Exemplo enim aliquo sic satis ample declarauimus, quomodo liber Ionae radiis doctrinae Apostolicae illustrandus, & typica, quam ille suggerit, prophetia, ad Christum spectans, collatione scriptorum Noui Testamenti explicanda sit. Ipsa quippe Ionae historia, si in se consideretur, tam clara est, vt, quisquis eam legerit, facile ad eam intelligendam hermeneutae operam non sit desideraturus; relata vero ad Veteris Testamenti oeconomiam, temporisque, quo contigit, circumstantias, in recessu quidem multa habet, sed quae ad praesentem non pertinent considerationem, vt deinde videbimus. In eo autem interpreti historiae Ionae repositum est princeps negotium, vt interiora velaminis & τὸ τέλος historiae, hoc est, Christum & ea, quae Christi sunt, historiae illius lectori solidae aedificationis auido conspicanda praebeat, & lampada quasi tradentibus Apostolis, in Typo Antitypum explicate sistat, atque vmbram ad veritatem Iesu Christi, quae beet animam, rite traducat. Id quod dum praestare in vnico exemplo animum induximus, ea se nobis protinus obtulit materiae copia & vbertas, vt nisi plurima summatim dixissemus, multo futuri fuissemus longiores. Inde iam licebit existimare, quae frugiferarum meditationum adfluentia maneat eum, qui velit singula ⟨146⟩ in Antitypo designata rerum momenta eodem, quo in vnico id argumento tentatum est, modo, & quidem quam fieri potuerit, fusissime prosequi. Id vero, vt antea dictum, nostri modo non est instituti, non Commentarios sed Introductionem nobis molientibus.

§. VI.
De sensu Mystico rite tractando quaedam monentur generatim.

Caeterum praetereundum hoc loco non est, ad sensum, quem vocant, mysticum rite tractandum, tum demum patere aditum, quum in littera Scripturae aut nulla fuit aut certe sublata est difficultas, quumque testimonium de Christo, ad quod primario Spiritus Sanctus digitum intendit, liquido satis ostensum est. Etenim iste quidem etiam Mysticus haud perperam vocatur sensus, qui ex mente Spiritus Sancti ad Christum Scripturam refert, licet verba immediate ad eum non pertineant, vti id ipsum Apostolus vocat μυστήριον.[79] Attamen, si vsum spectemus, vulgo Mysticum sensum dicunt, quando res externae ad res internas, spirituales, & intra hominis in regnum Dei adserendi animum peragendas referuntur. Verum enim vero in Scriptura hoc pacto Mystice explicanda ad abusus vituperandos immane quantum procliue est ingenium huma-⟨147⟩num. Quum enim

---

79 *Fußnote im Original:* „Eph. V, 32."

analogia rerum perpetua sit, haud difficile est, eam vtcunque in Scripturae explicatione vocare in subsidium: quo fieri potest, vt, si quis harmoniam illam inter res externas & Spirituales citra fundamentum verbi diuini quaerat, Scripturam ad sterilia & inepta infirmae mentis phantasmata imprudens inflectat. Ad hunc abusum igitur euitandum, ignominiosum certe sacro sancto Dei verbo, enixe opera danda est, vt ante omnia sensus litteralis, quem verba inferunt, accurate cognitus nobis sit & exploratus, deinde vt res verbis significatae proxime ad Christum methodo referantur Apostolica, & hoc facto demum e litterali illo & isthoc Prophetico sensu, Mysticus, quem diximus, ceu riuus ex fonte deriuetur. Hac enim ratione Mysticus hic sensus, rerum internarum in externis adumbratam demonstrans imaginem, litterali & Prophetico sensui subordinatur, ac debito suo fundamento innititur. Et ne tum quidem ingenio suo fas est interpretem obsequi, suoque sensui Scripturam accommodare, sed praeterea per legitimos canales, hoc est, per ipsa Scripta Θεόπνευστα in primis Apostolica Noui Testamenti (Mystici enim, quam Apostoli fuerunt, meliores non exsistunt) mystica illa expositio debet promanare. Atque sic tandem pleno pronoque alueo fluet interpretatio Scipturae, &, siue litteralis siue Propheticus siue ⟨148⟩ Mysticus eius tractetur sensus, firmo ac stabili cuncta superstruentur fundamento, & vt Propheticus litterali, ita Mysticus vtrique innexus & indissolubili vinculo cum vtroque coniunctus esse, Scriptura vero per Scripturam rectissime & tutissime exponi deprehendetur. Qui secus agit, si caeteroquin vir sapiens fuerit, bona & salubria forte e bono cordis thesauro proferet, at interpretis officio non satisfaciet. Eius enim est, Scripturam per Scripturam declarare, ac veritatem Dei ex fontibus Israelis dulcissimis deriuare, atque sic eam ad plenissimam animorum conuictionem ostendere. Isthaec, quae modo dicta sunt, iuuabit nunc ad rem praesentem paucis transferre.

§. VII.
Speciatim ostenditur, in quolibet Christiano tamquam χριστοφόρω,
cotidianam huius typi haberi impletionem.

Dedimus §. IV. ὑποτύπωσιν quandam capitis primi Ionae de Christo, subsidio Apostolicorum scriptorum, exponendi. Ibi igitur indicato paucissimis, vti in contextu adeo perspicuo par erat, litterali ipsius historiae sensu, plurimum operae insumsimus enarrando ac declarando testimonio de Iesu, quod rei narratae subesse noui foederis nos edocet auctoritas. Et isthunc quidem non immerito Propheticum dixerimus sensum ⟨149⟩ Testimonium enim Iesu est Spiritus Prophetiae,[80] hoc est, THEODORO BEZA interprete, *ad eum tamquam ad certissimum scopum omnes feruntur Prophetae.*[81] At, ne illa repraesentatio sensus pericopes illius aliqua ex parte esset mutila, litterali & Prophetico sensui subiunximus tandem

---

80 *Fußnote im Original:* „Apoc. XIX, 10."
81 NT griech. ed. Beza 1598, II, 557.

etiam Mysticum illum, quem modo diximus res externas traducere ad internas & spirituales, illis quippe a Spiritu Dei pulcherrime adumbratas. Relegi potest isthaec sensus Mystici expositio sub finem paragraphi IV. antecedentibus subnexa hisce verbis: *Vis tibi ostendi quotidianam atque perennem eiusdem typi impletionem? Quemlibet intuere Christianum tamquam χριστοφόρον*, & reliqua. Ibi in exemplo videre licet id, quod modo, nempe paragrapho VI, diximus, post tractationem sensus litteralis ac Prophetici demum perueniendum esse ad Mystici sensus expositionem, ita vt huiusce tractatio litterali ac Prophetico ceu fundamento innitatur, & intime cum vtroque cohaereat. Licet id quoque inibi observare, eum nos in explicando Scripturae sensu consectari ordinem, quem ipsissima methodi naturalis ratio exposcit. A facilioribus enim, & iis, quae primo loco cognoscenda nobis sacra pagina exhibet, progredimur ad difficiliora atque a nostra cognitione remotiora: Eaque, quae quasi solum ac fun-⟨150⟩damentum sunt, prius substernimus, ac studiosissime firmamus, quam procedamus ad reliqua, quae, quamlibet speciosa, sine fundamento illo firma esse neutiquam possent. Fundamentum autem illud Christus est. Quomodo igitur de hoc Ionas in primo capite testetur, cognito sensu litterae, primo ostendendum & auctoritate Scriptorum Apostolicorum demonstrandum erat, tum deinde quomodo, iacto isthoc fundamento, Scripturae impletio non minus consequatur in interiori quam in exteriori, in procliui est commonstrare. Propterea ibi diximus: *nam vbi Spiritus Christi est, ibi turbae ac tempestates, non modo a Diabolo & mundo, sed etiam ab ipsa carne*. Reliqua, quae ibi sequuntur, ne iusto essemus longiores, summatim complexi sumus. Potuissemus alioquin facili negotio descendere ad doctrinam Apostolicam de lucta interna ac spirituali, quae protinus subeunda est cuique, qui vere animum Christo addixerit, vsque adeo, vt externae tribulationis fluctus saepius ac facilius sedentur, quam lucta illa interna, vbi ne induciae quidem vmquam tutae sunt. Potuissemus e Scriptis Apostolicis ostendere, non nisi Christo ac Spiritu eius per fidem εἰς τὴν καρδίαν quasi in nauiculam recepto, dari luctae illius internae exordia. Etsi enim in animo Spritus Christi adhuc experte, notitia legis naturalis, & multo magis accedente institutione cognitio ⟨151⟩ verbi diuini, & conscientia crebrioribus impulsa stimulis, videntur enormibus carnis cupiditatibus obluctari: Attamen Apostoli aliam grauiorem & sanctiorem adsignant luctam iis, qui vere credunt in Iesum Christum, vbi, aduersus Spiritum insurgente carne, Spiritus vicissim carni & reluctetur & superior euadat. Huius luctae ignari sunt & expertes, quotquot Spiritum Christi haud acceperunt. Qui enim dici posset Spiritus luctam hanc aduersus carnem capessere in iis, qui sunt animales πνεῦμα μὴ ἔχοντες?[82] At, qui ex fide per auditum percepta Spiritum acceperunt,[83] & in quorum proinde cordibus inhabitat per fidem Christus,[84] hi illi sunt, in quibus *caro concupiscit aduersus Spiritum, Spiritus autem aduersus carnem*, & in iis demum haec inter se opposita sunt, vt non, quaecunque voluerint (secundum carnem) eadem faciant, sed Spiritu Christi potius ducantur & in eo ambulent Gal. V, 16. 17. 18. confer cap.

---

82 *Fußnote im Original:* „In epistola Iudae v. 19."
83 *Fußnote im Original:* „Gal. III, 2. c. IV, 6."
84 *Fußnote im Original:* „Eph. III, 17."

VI. VII. & VIII. Epistolae ad Romanos. In hac interna ac Spirituali lucta, in hisce carnis, immo principis tenebrarum aduersus Spiritum tumultibus fidelis Deo anima, fiducia filiali in Christum tota recumbens, Noae ac Ionae similis exsistit, vtrique fluctibus atque procellis iactato, discrimen autem omne victoriose tan-⟨152⟩dem per Dei gratiam euadenti. Sed nos instituti Introductorii memores, secundo numine pergimus ad ea, quae nobis restant.

CAP. III.
DE SVBSIDIO, QVOD E PENTATEVCHO AD GENVINAM IONAE EXPOSITIONEM ACCEDIT, QVO IN ILLA CHRISTVS INPRIMIS INTELLIGATVR.

§. I.
E Mose Prophetarum doctrinam promanasse.

QVod Siracides seu Ecclesiasticus capite XXIV non sine luminibus orationis ac ponderibus verborum adseuerauit, e Mose tamquam ex oceano Vatum sacrorum doctrinam omnem ac vaticinia promanasse, idem nos in generali ad Prophetas Introductione §. XIII. XIV. XV. professi, quo pacto, post noui foederis scriptores, ante omnia in subsidium interpretationis Prophetarum vocanda sint scripta Mosis, ostendimus. Quae ita generatim ibi dicta, nunc in vsu & adplicatione ad rem praesentem spectanda erunt.

⟨153⟩ §. II.
Primas origines rerum, quas Ionae liber complectitur, in libris Mosis contineri, & eandem vtrobique phraseologiam deprehendi.

Ad ductum illorum igitur primo loco demonstrandum, primas origines & quasi incunabula rerum, quas historia Ionae complectitur, scriptis Mosis contineri. Vbi quaeso Domini illius ac Iehouae, cuius mandato Ionas ablegatur ad Nineuitas, notitia primum datur, nisi in libris Mosis? Vbi origo gentium omnium, vt de Nineuitis, quantum res postulat, constet, primum describitur, nisi in Mose, in primis Gen. X? Vnde prima ipsius Nineues notitia, nisi ex eodem capite & versu eius vndecimo hausta? Quantum in eo momentum situm sit, quod Deus Prophetam a populo Israelitico ad Gentes miserit idololatriae addictas, e superioribus sane constat hactenus, vt absque ea obseruatione typi amplitudinem explicari haud satis posse liquido pateat. At, ne sensum quidem litteralem in historia Ionae sufficienter posse declarari, nisi ea, quae ad discrimen populi Dei & gentium in Veteri Testamento pertinent, antea probe fuerint expedita, in procliui esset ostendere. Vnde autem haec omnia demum supponuntur, nisi es Pentateucho Mosis, cuius ministerio Deus politi-⟨154⟩am Israeliticam instituit, & legibus pariter ac priuilegiis communiuit? Nec vero sacrarum litterarum non penitus imperito difficilia intellectu sunt ea, quae in Ionae historia narrantur de ingenti Nineuitarum malitia ac peruersitate, de succensa aduersus eam ira Numinis, de illorum per ipsam excidii interminationem ad resipiscentiam excitatione, pariterque ad gratiam per praeconium Ionae vocatione, de subsequuta illorum ad

Deum conuersione seria, de impetrata statim a peccatis absolutione, & ab ipsa poena liberatione, & quae sunt id genus alia ad ipsam ὑπόστασιν veritatis coelestis pertinentia. Quod si autem cogitemus, vbi doctrinae de peccato, de ita Dei aduersus peccatum, de iustitia Dei punitiua, de reatu ac poena peccatorum, & reliqua primum tradita sint, & vnde fundamentalis harum rerum repetenda sit cognitio, deprehendemus, ad Mosen necessario recurrendum nobis esse. Ita, quum dicitur Ionae I, 2. in conspectum Dei adscendisse malitiam Nineuitarum, vnde eam loquendi rationem rectius exponemus, quam ex Mose, describente eum in modum grauitatem peccati tum Caini Gen. IV, 10. tum Sodomitarum cap. XVIII, 20. 21? de Sacrificio gratiarum actionis deque votis, quae rependere velit, Ionas mentionem facit c. II, vnde autem isthaec nisi ex Mose intelligentur? Paucula haec sunt, quae de concentu harmo-⟨155⟩nico Phraseologiae Ionae & Mosis documenti loco subindicauimus; At plura eiusmodi & ex ipso Mose dilucide satis deriuata, offerent se facile cuique, phrasin Ebraeam accuratius ponderanti & cum Mosaica dictione conferenti. Neque existimandum est, quum nunc omnia in historia Ionae explicatu videantur facilia, talia etiam nobis futura fuisse, si Mosis scriptis destituti eius quasi vitulo arare haud possemus. Quae quia ab Introductione seiungi minime debere censuimus, licet prosequi nobis ob breuitatis studium non liceat, indicare saltem duximus consultum.

§. III.
Ad cognitionem Christi e Iona petendam, praecipue spectare ipsius verba cap. IV, 2. eaque e secundi Mosis libri cap. XXXIV, 6. tamquam fonte, hausta esse.

Ex iis, quae modo prolata sunt, facile quidem patet, primam rerum, quas Ionae historia complectitur, notitiam, ipsasque earum origines, initia ac fundamenta in scriptis Mosis esse inuestiganda. Verum nunc propius accedendum est ad principem nostrae Introductionis finem, quem in subministranda, vt e singulis Prophetis, ita e Iona etiam Christi cognitione praestitutum a nobis esse iterum iterumque profitemur. Itaque hic repetendum est id, quod §. XIII. Intro-⟨156⟩ductionis Generalis[85] diximus. *Prophetarum de Christo vaticinia consideranda esse tamquam continuationem illorum vaticiniorum, quae libri Mosis de Christo nobis suppeditant.* Etenim ad id liquidissime confirmandum ipsius Ionae verba exemplum nobis haud incommodum suggerunt. Ait quippe capite IV, 2. *Sciebam te Deum fortem, gratiosum & misericordem, longanimem, & amplum benignitate, ac poenitentem mali esse.* Praeclarae sane haec erat scientia, qua gloriari non immerito Ionas poterat. Nam sic ipse Dominus ait Ierem. IX, 24. *De hoc glorietur, qui gloriatur, se intelligere & cognoscere me; me esse Iehouam exercentem benignitatem,* & reliqua. Verum quo ex fonte Ionas isthanc suam hauserat scientiam? certe non aliunde nisi e libris Mosis, Mosi enim dictum est Exod. XXXIV, 6. *Iehoua, Iehoua, Deus fortis, misericors, & gratiosus: longanimis, & multus benignitate ac fide,* caetera. Hoc augustissimum illud est oracu-

---

[85] Vgl. vorl. Bd., 290.

lum, quo, ceu diuino Scientiae salutaris fundamento, non Ionas tantum, sed etiam Ieremias loco modo adducto, Ioel cap. II, 13. Dauid aliquoties nempe Psalmo LXXXVI, 15. Psalmo CIII, 8. Ps. CXLV, 8. vsi sunt, vt reliquos nunc taceamus Prophetas, qui aeque ac Ionas manum satis exserte ad eiusdem oraculi verba intendunt, ac sensum eorum aeui sui hominibus inculcant. Vnde simul elucet, Viros Dei meditatione ⟨157⟩ multa & attentissima diuinos Mosis commentarios ponderasse, atque in iis praecipue singularia eiusmodi ipsius Dei dicta pulchre calluisse, & ad vsum semper parata atque expedita habuisse.

§. IV.

In loco isto, quem e Mose profert Ionas, illustre Patris de Filio testimonium perhiberi.

Quod iam attinet ad vocem illam diuinam (Exod. XXXIV, 6. seq.) vnde Ionas suam, quam profitebatur, de Deo scientiam acceperat, ea nihil est aliud, nisi luculentum ipsius Patris praeconium de Filio, futuro Messia, generis humani Seruatore. Hunc ipsum enim isthic in Veteri perinde ac posthac in Nouo Testamento (Matth. III, 17. c. XVII, 5. collato 2 Petr. I, 17. Io. I, 14) honorem ac gloriam a Deo Patre accepisse, & vocem illam pari ratione Patris fuisse, eamque non ad alium nisi ad Filium esse referendam, paucis, quoad in re tanti momenti fieri poterit, demonstratum imus. Exodi nimirum capite XXXIII, 12. ne altius rem repetamus, Moses conqueritur sibi a Domino, quem ille sit *missurus*, in posterum sibi ac populo futurum in itinere ducem, haud indicari. Intelligimus ex isthac Mosis querela primam ac principem hic de eo quaestionem institutam, quem visum sit Domino mittere, ⟨158⟩ cuius sub auspiciis & tutela Moses, genti praepositus rebellatrici, omnis possit esse periculi ac infortunii securus. Nec vero dubium est, Mosen mente sua ad id respexisse, quod in antecedentibus, nempe cap. XXIII, 20–23. dicitur a Domino: *Ecce ego mitto Angelum ante te, ad seruandum te in hac via, & ad introducendum te in locum illum, quem praeparaui. Caue tibi ob praesentiam eius, & ausculta voci eius, ne exacerbes eum: quia non seret defectionem vestram, quia nomen meum est in eo. Nam si sedulo auscultaueris voci eius, & feceris omnia, quae edicam: plane inimicabor inimicos tuos, & hostiliter agam cum hostibus tuis. Quum iuerit Angelus meus ante te & introduxerit te*, & reliqua.[86] Vbi optime IVNIVS in notis Angelum interpretatur *non creatum, sed aeternum sermonem Christum, quem supra c. XIII, 21. nominauit Iehouam.* Qui locus omnino cum capite XXIII, 20. & seq. conferendus est, nec non cum capite XIV, 19. 1 Cor. X, 9. Num. XXI, 5. 6. Quemadmodum ibidem IVNIVS bene vrget Christum, Angelum illum, cui Israelitae iubeantur auscultare, veteri etiam populo magistrum datum, illustrius aliquando posteris patefaciendum. Pertinet huc collatio Deut. XVIII, 15. 19. cum Matth. XVII, 5. *Hunc audite.* Quodque Iehoua Exod. XXIII, 21. de Angelo adfirmet *nomen suum esse in eo*, id apte consert IVNIVS cum Io. X, 30. & ⟨159⟩ 38. adde capite XIV, 10. quasi dixerit Pater: *Ego sum in illo & ille in me, denique*

---

[86] Biblia lat. ed. Tremellius 1596, I, 77, col. 1. (Ex 23, 20–23 u. Anm. 27).

ego & ille vnum sumus. Inde sane liquet, hoc maximopere Mosen habuisse sollicitum, quod Dominus promiserit quidem (cap. XXIII, 2.) Angelum quendam itineris comitem, sed quod expresse (v. 3.) adiecerit, *se non adscensurum esse in medio populi:* vnde non poterat non Moses colligere, Angelum nunc sibi a Deo promissum, non esse illum Angelum, Iehouam, quem adhuc nouerat populi Israelitici Seruatorem ac Sospitatorem exstitisse. Hinc protinus, querela in precationem commutata, pergit versu 13. *Indica mihi quaeso viam tuam, vt agnoscam te.* Obserua isthuc obsecro. Moses conquestus, non indicatum sibi esse, quem *missurus* sit Dominus, hoc videlicet parum conuenire ratus cum gratia illa sibi singulariter a Domino promissa, nunc rogat sibi indicari *viam Domini ad eum agnoscendum*. Num fas fuerit dicere, Mosen aliud sibi nunc expetere, quam id ipsum, cuius priuatione se cruciari modo significauerat, aut sermonem subito ad aliam rem transire ab ea, quae Mosi in ore tum erat, alienam? Et quae illa via tandem nisi Christus? Sane ipsemet Dei Filius *Ego*, inquit, *sum Via illa, & illa Veritas, & Vita illa: nemo venit ad Patrem, nisi per me* Io. XIV, 6. Ergo Christus non modo *Via*, sed etiam *vnica Via* ad agnoscendum ⟨160⟩ Deum est; ex vno quippe Christo vera Dei agnitio promanat: *Nemo* enim *nouit Filium nisi Pater, neque Patrem quispiam nouit nisi Filius, & cuicunque voluerit filius retegere* Matth. XI, 27. conf. Io. I, 18. Septuaginta ita reddunt Mosis verba: ἐμφάνισόν μοι σεαυτόν γνωστῶς ἵνα ἴδω σε. Quocum confer Io. XIV, 7–11. & inprimis versum 21. 22. 23. Onkelos & Ionathan: *Indica nunc mihi viam bonitatis tuae, vt agnoscam misericordiam*, quae & cum sequentibus nempe cap. XXXIII, 19. c. XXXIV, 6. pulchre conueniunt, & ad illustrandum ac declarandum id, quod nunc demonstratum imus, adprime faciunt. Hoc enim sensu quid expetiuit Moses, nisi viuidam cognitionem Christi, seu compendiosam ac facilem demonstrationem Naturae Patris in Christo? Neque praetereundum est, quod Psaltes isthanc Mosis precationem prae aliis eius verbis sibi selegerit frequenter ingeminandam, quin exponendam, & in rem suam piorumque omnium vsum vertendam. In primis quidem Ps. CIII. vocem illam Dei Exodi XXXIV, 6. repetiturus, ex illis ipsis Mosis verbis quasi fundamentum desumit verborum Dei, dicens v. 7. *Notas fecit vias suas Mosi, posteris Israelis actiones suas. Misericors & gratiosus Iehoua*, caetera. Psalmo vero XXV. petitionem Mosis plane suam facit. Ait enim v. 4. *Vias tuas, Iehoua, notas fac mihi* ⟨161⟩ *Semitas tuas doce me* & reliqua. Et hic sane integer Psalmus est egregius in verba illa Mosis Commentarius, docens pariter, quo pacto in caeteris quoque Psalmis quam plurima, quae Mosen hac in parte illustrent, & Christum τὸ τέλος Mosis retegant, intentantur. Verum id, quam sit animo Christum amanti & eum in Scripturis ceu nucleum quaerenti, sapidum ac dulce, vix degustandum praebere nostrum nunc est, nedum id per omnia excutere. Quin in ipso Mosis contextu cuncta nunc haud licet prosequi. Hoc duntaxat in praesentia spectamus & agimus, vt euincamus in loco, quem Ionas e Mose profert, illustre Patris de Filio testimonium perhiberi. Quamobrem vt responsio & vox illa Dei Exodi XXXIV, 6. e quaestione Mosis, ad quam refertur, intelligatur, qua de re sollicitus fuerit Moses, quidque rogauerit Deum ex Cap. XXXIII, 12. 13. repetendum nobis ante omnia fuit. Nunc subsequentia consideremus.

§. V.
Iste locus Mosis ex collatione antecedentis capitis XXXIII, 12. 13. 14. illustratur.

Mosi, in querelas ac preces, vt modo indicauimus, effuso, regerit versu decimo quarto Dominus: *Facies mea ibit, vt quietem dem tibi.* Verba isthaec, si extra contex-⟨162⟩tum occurrant, expressam vtique Domini promissionem prae se ferunt, in qua non est caussa, quare non acquiescere Moses potuisset. Verum in proxime sequentibus decimo quinto & decimo sexto versiculis Moses deprehenditur etiamnum querulus instare, vrgere atque obtundere Dominum omni modo, vt id ipsum, quod hic promissum videri posset, vel tandem consequatur. Quo facto demum versu decimo septimo intelligimus precibus eius Dominum annuisse. His pensitatis IVNIVS haud perperam videtur versiculum decimum quartum per interrogationem ita reddidisse: *Facies mea praecederet, vt quietem darem tibi?*[87] Piscator: *Sol dann mein Angesicht gehen, daß ich dir Ruhe schaffe?*[88] Ita etiam SAVBERTVS, nisi quod pro *gehen* ponat *mitgehen*.[89] Enim vero paterno, hoc est, amantissimo & plus quam familiam adfectu Dominus Mosen, fidelissimum adflictissimumque seruum, complexus, hoc est, dicere voluit, quod angit ac mordet animum tuum, quod ipsum me negauerim in medio populi esse adscensurum. Hoc cum illo fauore singulari, quo te adhuc prosequutus sum, conciliare nequis; & hoc pacto populum hunc non posse amplius *meum* adpellari arbitraris. Hae illae tuae tam anxiae preces, his mihi verbis modo abs te expositae: *Nunc ergo si modo inueni gratiam in oculis tuis, indica mihi quaeso vias tuas, &* ⟨163⟩ *agnoscam te, vt inueniam gratiam in oculis tuis: considera etiam gentem hanc, populum tuum esse.* Quid vis igitur, vt tibi ac populo tuo faciam? Nimirum hoc me vis oratum, vt submota, quam audiuisti ex me, interminatione, & mutata in diuersum sententia, ipsa facies mea in posterum, perinde atque in hunc diem factum est, vos comitetur, & ad locum quieti vestrae destinatum vos deducat. Hoccine autem fieri debere iudicas, vt praesentia mea gratiosissima intersim populo contumacissimo, in foedissimam nunc prolapso idololatriam? Si tibi quam maxime praesto adesse, tibique dare quietem velim, quum inueneris gratiam in oculis meis; at populus hic etiamne habebitur tam eximia gratia in posterum a me impertiendus? Tu vero tibi neutiquam satisfactum a me putas, nisi hoc etiam tuis a me precibus impetrauetis. Quodsi haec adfectus diuini ἔμφασις in versiculo decimo quarto supponatur, apte instare Moses intelligetur versu decimo quinto & decimo sexto. *Si facies tua non praecedet, ne iubeto nos hinc discedere. Nam quanam re cognoscetur, iam inuenisse gratiam in oculis tuis me & populum tuum? nonne quum ibis nobiscum? inta separabimur ego & populus tuus ab omni populo, qui est in superficie terrae.* Atque sic demum finitis Mosis precibus, commode subiuncta cernetur harundem ex-⟨164⟩auditio versu decimo septimo *etiam hanc rem quam dixisti faciam,* & reliqua.

---

[87] Biblia lat. ed. Tremellius 1596, I, 86, col. 2.
[88] Piscatorbibel 1604, AT I, 269, col. 1.
[89] In Saubert 1694 nicht nachweisbar.

§. VI.
Quid per Faciem DOMINI v. 14. cap. XXXIII. Exodi intelligatur.

Caeterum, vt ea quae de versu quarto decimo diximus, ad praesentem scopum conferamus, quid inibi per *Faciem Iehouae* intelligatur, etiam atque etiam animaduertendum est. Septuaginta vt pulcerrime, quemadmodum antea notauimus, reddiderunt antecedentia: ita illis plane congruenter expresserunt versum decimum quartum: αὐτός προπορεύσομαί σου, καὶ καταπαύσω σε. Et parili ratione quoque sequentia: εἰ μὴ αὐτός σὺ συμπορεύῃ &c. Sic etiam versum decimum sextum. Onkelos vero reddidit versum 14tum: *Schechina mea ibit* &c. & sic v. 15. & 16. *Schechinam* autem in specie die *de praesentia, gloria & maiestate diuina aut diuinitate, quando dicitur hominibus esse praesens aut cum eis conuersari, auxilio suo, gratia & salutari praesentia adesse*; & explicari solet: *Gloriam vel Maiestatem diuinam, diuinitatem gloriosam*, vide sis in BVXTORFFII Lexico Talmudico in radice שכן.⁹⁰ Qui etiam in rem nostram commode abseruat, *quando actiones, passiones, qualitates corporales, aut partes & membra corporis Deo tribuuntur, tunc periphrastice per* שכינא *illa transferri, vt o-* ⟨165⟩*mnis corporeitas a Deo remoueatur*; & hac de re in primis *Onkelosum a Maimonide* commendari; tandemque post plurima ad hoc confirmandum adducta loca addit: *Hoc sensu vsurpat Ioannes Graecum* σκηνή *in Apocalypseos cap. XXI, 3.* Nos non immerito addimus etiam Io. I, 14. καὶ ἐσκήνωσεν ἐν ἡμῖν. Atque sic rectissime *Faciem Iehouae* a Septuaginta per *ipsummet Iehouam* ab *Onkeloso* autem per *Schechinam* explicatam esse, facile nunc etiam ipse contextus Mosis edocebit. Nam quum versu decimo quarto de *Facie sua* dixisset Dominus; & de eadem Moses versu 15. Sermonem continuasset, mox versu 16. quod *de Facie* dictum erat ad *ipsummet Dominum* transfert, dicens: nonne quum *ibis nobiscum?* & porro ipse Dominus id, quod de *Facie sua* dixerat, statim *de se ipso* exponit versu 20. Liquidissimum igitur est, Mosen expetentem, vt *Facies Iehouae* praecedat, expetere, vt *ipse* praecedat *Iehoua*, suaque praesentia Gloria, & Maiestate diuina salutariter ac gratiosissime sibi ac populo adsit; quam emphasin hactenus Septuaginta & Onkelos bene expresserunt.

§. VII.
Christum a Mose in illo loco peti & a DOMINO ei promitti.

Verum enim vero in hoc non consistendum, sed id nunc etiam expendendum est, ⟨166⟩ Christum & a Mose peti & a Iehoua ei promitti ducem itineris. Supponimus e superioribus, primam ac principem quaestionem de eo, quem mittere Dominus velit, fuisse. Supponimus item e collatione cum capite XXIII. & XIII. Exodi supra instituta, Angelum foederis, qui missus a Iehoua, at ipse etiam Iehoua dicatur, antea duxisse populum, nunc vero, post horrendum illum populi lapsum a Deo promissum quidem Angelum aliquem, sed suam Iehouae gratio-

---

90 Buxtorf 1689, 2394 f.

sam praesentiam, ac faciei suae praecessionem populo illum denegasse: ideoque immensam isthanc & nulla vnquam re satis resarciendam iacturam Mosen enixissime deprecari. Nec non supponimus, Mosen vnicam ad cognoscendum Deum viam modo expetiuisse, quae, secundum Scripturas, alia quam Christus esse nequeat. His ita suppositis, quemadmodum abunde iam in antecedentibus ea declarata & confirmata sunt, quid posset esse liquidius, quam non de alio quam de ipso Christo, Ductore populi tantopere a Mose exoptato versiculis 14. 15. 16. & 17. inter Mosen ac Deum agi? Haec est illa *Iehouae Facies*, quam praecesturam Iehoua primo amanter subindicat, deinde, precibus serui fidelissimi ardentissimis quasi superatus, effuse spondet ac pollicetur. Quamlibet insignem hic mereantur laudem Septuaginta & Onkelos in exprimenda sacri sermo-⟨167⟩nis emphasi; certe significantior est in Ebraeo vox *Faciei*, plusque continet, quam illi sua seu Versione seu Periphrasi dederunt expressum. Nam quod de *Faciei* suae praecessione Iehoua promittit, id illi ad ipsum quidem Iehouam, & ad Maiestatem eius praesentiamque gloriosam & gratiosam, nec perperam sane, referunt. At *Faciei* vox in sermone Ebraeo propterea est adhibita, quia propior est & accommodatior ad Christum, de quo hic agitur, designandum. Veluti enim homo ex facie noscitur: ita se Deus in Christo praebet agnoscendum. Referenda huc est illa Philippi precatio: *Ostende nobis Patrem; & sufficit nobis*; & responsio Domini: *Qui vidit me, vidit Patrem*, hoc est, qui me recte agnouerit, iam pernoscit etiam, qualis sit Pater Io. XIV, 8. 9. Bonitas enim Dei, Veritas, Sanctitas, Amor, isumque, vt verbo dicam, cor Patris in Christo reuelatur, & in ipso tamquam in *Facie Dei* relucet & exsplendescit. Et quemadmodum homo ad hominem facie sua conuertitur, quae est emphasis radicis פנה ita in Christo se Deus ad homines conuertit atque inclinat. In humanis quidem vt alius erga alium voluntate est propensissima, ita id maxime oculis, fronte, totoque vultu, ceu imagine animi, indicat & ostendit. Non absimili certe, etsi longe eminentiori ratione, quae Dei sit φιλανθρωπία & χρηστότης, ⟨168⟩ in Christo, qui est εἰκὼν τοῦ θεοῦ ἀοράτου (Col. I, 15. collato Ebr. I, 3.) cernitur atque intelligitur. Nec vero Scripturae Veteri inusitatum est illa notione Christi cognitionem insinuare. Iacobus Gen. XXXII, 31. colluctatus cum Christo, Angelo foederis, quippe qui Iehoua expresse dicitur Hoseae XII, 5. nomen loci illius *Penielem* vocauit, id est, vt recte IVNIVS παραφράζει, *locum adspectus Dei fortis vel adspectae & visae Faciei eius*, eo quod Deum ibi viderit *Facie ad Faciem*, scilicet pro ratione temporum illorum oeconomiae.[91] Quem locum egregie explicat Psalmus LXXX. & ad Christum *Pastorem & Ducem Israelis* aperte transfert. Ita quum in alio, nisi in solo Christo, benedictio non sit, isthanc Dominus per Sacerdotem hoc pacto iussit populo suo impertiri, vt suum Iehouae nomen populo imponatur, & a Facie illa sua, non aliunde, benedictio omnis exspectetur, ipseque rogetur, vt *faciat lucere Faciem suam*, eamque *attollat erga Israelem*, quo *Gratiam* ei & *Pacem* largiatur Num. VI, 24. 25. 26. Quam solemnem populi benedictionem Psalmus LXVII. praeclare illustrat & ad Christum ac Noui Testamenti tempora planissime traducit. Mitti-

---

91 Biblia lat. ed. Tremellius 1596, I, 37, col. 2. (Gen 32, 31 u. Anm. 32)

mus nunc alia e Pentateucho & reliqua Scriptura huc spectantia loca: ad quorum tamen sensum recte percipiendum, his obseruatis, facile patebit aditus. Adstipulatur huic inter-⟨169⟩pretationi ROBERTVS GELLIVS in libro quem inscripsit An Essay toward the Amendment of the last English translation of the Bible, h. e. Specimen Emendationis nouissimae versionis Anglicae Bibliorum ed. Lond. 1659.[92] Verba eius p. 226. in latinam linguam translata sic habent. *Quid est Facies Dei nisi Christus? Ex. XXXIII, 14. 15. Moses cupiebat videre Faciem Dei, vt videam aut agnoscam te, veluti homo ex facie sua noscitur. Et Dominus ait:* פני *facies meate praecedet; id quod Paraphrasis Chaldaica transfert* שכנתי *schechinah mea, Inhabitans Deitas, quae est Christus Dei praecedet te. Ita quod Mal. III, 1. habetur ante me, exprimur ante faciem tuam Matth. XI, 10.* Neque existimandum est, nostro in loco Mosen isthanc in Christo Benedictionem diuinam, quod nimirum Iehoua iam non amplius quendam e multis *Angelum*, sed ipsam *Faciem suam*, quae adhuc praeiuerat, vsque praecessuram polliceatur, non, quantum satis fuerit, intellexisse. Obserua, obsecro, vt nunc Mosi subito omnis erepta est querela, vt placide acquiescit, posteaquam Dominum sic plane ex animi sententia exorauit, vt propinqua nunc spes Viae ad agnoscendum Iehouam, quam poposcerat sibi reuelari, solatur atque erigit eius mentem lapsu populi paulo ante concussam, Dei vero comminatione penitus deie-⟨170⟩ctam. Haec omnia, si modo probe considerentur atque inter se conferantur, euincunt abunde, ducem itineris Christum & a Mose flagranter expetitum, & ei a Domino paterne promissum esse. Id quod hactenus ostendendum nobis fuit.

§. VIII.
Per gloriam & totam Bonitatem Iehouae CHRISTVM intelligi.

Quid autem porro Moses, adeo benignum atque exorabilem Iehouam expertus? *Fac quaeso*, inquit v. 18. *videam gloriam tuam.* Nova isthaec petitio. Precanti quippe auxerat confidentiam atque animos addiderat illa Domini longe maior, quam potuerat forte animo concipere, facilitas. Neque tamen isthaec a priori posterior dissona est precatio, nec illam haec plane auffert. Hactenus enim quidem Christum sibi populoque piis precibus ducem Moses rogauerat; nunc vero eiusdem clariorem vberioremque reuelationem sibi deposcit, Promissionem quidem obtinuerat, huiusce vero confirmationem, qui agendi cum Deo modus amicis Dei insolens non est, nunc desiderat. Faciem suam praeituram spoponderat Dominus. Haec tam larga pollicitatio ita iam accendit Mosis animum, vt, quam prodit facies, gloriam Domini conspicari gestiat. Quam putas gloriam? Audias Dominum Mosi pro-⟨171⟩tinus v. 19. respondentem: *Ego faciam vt transeat tota Bonitas mea (meine gantze Gutheit) ante faciem tuam.* Haud dubie vero *is, qui scrutatur corda, optime nouit* τί τὸ φρόνημα τοῦ πνεύματος Rom. VIII, 27. Est igitur, interprete ipso Domino, hic *Gloria Domini* nihil aliud, nisi *Tota Bonitas Domini*. Ne autem

---

[92] Gellius 1659.

de hoc sensu vllum supersit dubium, id quod de *Bonitate* sua Dominus hic promittit, idem ipse *de Gloria* sua se velle intellectum testatur v. 22. Ait enim: *Erit autem quum transibit Gloria mea.* Firmum igitur est, *eius Gloriae* luculentam reuelationem sibi Mosen hic expetere, *quae sit tota Bonitas Domini.* Hoc prorsus omnino obseruandum ac studiosissime animaduertendum est. Cave enim existimes, Mosen fuisse otiosum & curiosulum Maiestatis Dei infinitae & magnitudinis ac sublimitatis eius imperscrutabilis scrutatorem, ita vt in illum coneueniat illud Salomonis, Prou. XXV, 27. a vulgata sic expressum: *Sicut qui mel multum comedit non est ei bonum: Sic qui seruator est Maiestatis, opprimetur a Gloria.* Hoc tribuere Mosi nefas fuerit, vtpote cui aeque ac Dauidi constabat satis, quod לגדלתו אין חקר. *Maiestas eius peruestigari nequeat* Ps. CXLV, 3. quam proinde sanctius ac homini praestabilius sit adorare ac laudibus prosequi, quam scrutari. *Bonitatem* vero *Dei totam* hoc est *Christum* sibi reuelari concupiuit. Hoc illud ⟨172⟩ desiderium est, quod Moses cum sanctis Veteris Testamenti, Deique intimis habuit commune, plane vti Christus in carne iam reuelatus ad discipulos ait: *Dico vobis, multos Prophetas & Reges cupiuisse videre quae vos videtis, nec vidisse: & audire quae auditis, nec audisse* Luc. X, 24. & ad Iudaeos: *Abrahamus pater ille vester gestiuit videre diem istum meum* (diem salutis, solis iustitiae typo Isaaci significatum) *& vidit* (diem illum luculentum in animo suo ac Spiritu iam fulgentem) *& gavisus est* (sibi in me Isaaci Antitypo vnigenito Dei, pro peccatis mundi offerendo, omnem Dei Bonitatem reuelari) Io. VIII, 56. Enimuero vidit etiam (τὸ σωτήριον τοῦ Θεοῦ) Moses & gauisus est, vt deinde dicetur.

§. IX.
Quod ex Psalmo CXLV. & Hoseae cap. III. confirmatur.

Cum hac Interpretatione non modo integer contextus, sed etiam reliqua Scriptura cum Vetus tum Noua concinit. Audiamus hac de re iterum Dauidem, eximium Mosis Interpretem. Is enim Psalmo, modo adducto, CXLV eloquuturus *decorem Gloriamque Maiestatis diuinae* v. 5. & ad hunc ipsum, quem tractamus, locum Mosis sancta meditatione deueniens. *Bonitatem* Dei praecipue celebrat, &, *Memoriam,* inquit, *BONITATIS TVAE eructent, & Iustitiam tuam cantent:* ⟨173⟩ *Gratiosum & misericordem Iehouam esse, longanimem & Magnum benignitate; BONVM esse Iehouam omnibus, & misericordiam eius in omnibus operibus tuis,* seu potius על *super* immo *supra* omnia opera eius v. 7. 8. & 9. Vbi liceat iniicere verba AVGVSTINI Meditat. cap. II, 1. *Tu factor omnium Deus, licet in cunctis operibus tuis sis mirabilis, mirabilior tamen crederis esse in operibus pietatis. Vnde de temet ipso per quemdam tuum seruum dixisti: Miserationes eius super omnia opera eius. Et quasi de singulo loquentem de vniuerso populo tuo te dixisse confidimus; Misericordiam autem meam non dispergam ab eo. Nullum enim spernis, neminem abiicis, neminem perhorrescis, nisi forte qui amens te exhorruerit.*[93] Sed redimus ad Dauidem: in quo maximopere perpendendum esse mone-

---

[93] Ps.-Augustinus, Meditationes cap. 2 = MSL 40, 902 f.

mus, quod Psalmus CXLV, vaticinium de Christo perhibiturus, tum adducat illustre testimonium Mosis Exod. XXXIV, 6. tum vero maxime *Gloriam illam & Bonitatem totam*, cuius Cap. XXXIII. fit mentio, dilucide nobis exponat. Accedat Dauidi testis Hoseas cap. III, 5. *Postea*, inquiens, *reuersi Israelitae quaerent Iehouam Deum suum, & Dauidem* (Dauidis progeniem, secundum carnem, Regem Messiam) *& pauidi accedent ad Iehouam &* NB. *ad Bonitatem eius* (Gloriam Iehouae in Messia reuelandam) *vltimis temporibus*. Confer. Zach. IX, 17. Psalm XXV, 8. In Nouo Te-⟨174⟩stamento prae aliis locis, quae huc referri possent, consideretur, Hebr. I, 3. Christum vocari ἀπαύγασμα τῆς δόξης τοῦ Θεοῦ & Io. I, 14. dici ἐθεασάμεθα τὴν δόξαν αὐτοῦ δόξαν ὡς μορογενοῦς παρὰ πατρός: quo ipso loco Christus etiam dicitur πλήρης χάριτος καὶ ἀληθείας, quod & cum *Bonitate illa tota Dei* Exodi XXXIII & cum Exodi XXXIV, 6. adprime conuenit. Confer. 2 Petr. I, 17. Accurate nobis cuncta haec ponderantibus dubium superesse nequit, Mosen loco illo nostro, *reuelationem Christi luculentiorem* a Deo expetere, quae est σοφία Θεοῦ ἐν μυστηρίῳ ἡ ἀποκεκρυμμένη ἣν προώρισεν ὁ Θεὸς πρὸ τῶν αἰώνων εἰς δόξαν ἡμῶν 1 Cor II, 7. confer. v. 9. 10. & 11. Et isthuc nos oportuit de, versu 18. dare probatum.

§. X.
Idem probatur ex Exodi c. XXXIII, 19–23. vbi notandum, contextum Mosis de duobus loqui, ita quidem, vt isti duo vnum sit.

Porro iam Mosi, videndi Gloriam Iehovae auido, respondit Dominus v. 19. 20. 21. 22. 23. *Ego faciam vt transeat tota Bonitas mea ante faciem tuam, & inclamabo nominatim Iehoua ante faciem tuam; sed gratiosus ero, cui fuero gratiosus, & miserebor, cuius misertus fuero; At non posses,* inquit, *videre faciem meam;* ⟨175⟩ *quia non potest me homo videre & viuere. Postea dixit Iehoua, ecce locum apud me: consistes igitur super istam rupem. Erit autem quum transibit Gloria mea, vt ponam te in cauitate ipsa rupis; & obtegam te manu mea donec transiuero. Sed quum amouero manum meam, videbis posteriora mea, facies autem mea videri non potest.* Quae verba quidem non potuerunt nostram non hactenus subire considerationem, vt precationis Mosaicae v. 18. cui ea respondent, sensus ob oculos poneretur. At plurima in iis supersunt, ad prastitutam demonstrationem nobis profutura, si ordine expendantur. Primo igitur diligentissime notetur, contextum Mosis aperte satis de *duobus* loqui, sed ita, vt illi duo sint *vnum*. Alius est qui *facit transire*, alius qui *transit*. Hi duo enim expresse in contextu distinguuntur. Iehoua quippe spondet *se facturum, vt transeat* tota sua Bonitas, mox Gloria, quae est tota Iehouae Bonitas, dicitur *transitura* v. 22. At dum sermo versu eodem de transeunte Iehouae Gloria continuatur, statim inibi ipse dicitur Iehoua transiturus. Inde non potest non concludi: *Ergo is qui transire facit, est Iehoua; & is quoque, qui transit, Iehoua est.* Et indidem porro accurate infertur: *Ergo hi do faciens transire & transiens, distinguuntur, vt alius & alius.* Caeterum quum in contextu nonnisi Vnus commemoretur Iehova, & reliqua etiam Scriptura, nisi vnum ⟨176⟩ ignoret Iehouam, recte tandem inde quoque colligitur vnitas Essentiae, qua fiat, vt hi duo non nisi in singulari Iehoua dici queant, vt conclusio sit:

Ergo hi duo, faciens transire & transiens, Vnum sunt. Succedat alia eodem e contextu argumentatio, Distinguuntur in eo expresse *Iehoua*, cuius Gloriam Moses videre gestit, & *Gloria*, quam videre gestit v. 18. Vidimus enim in antecedenti argumentatione, distinguai Iehouam & Iehouae, Gloriam vt alium, qui transire aliquem facit, & alium, qui ipse transit. Qui contextus non permittit, vt Gloria Iehouae hic intelligatur nihil esse nisi attributum Iehouae. Repugnant etiam reliqua omnia in integro Dei ad Mosen sermone, quo minus pro mero attributo hic Gloria Iehouae, quae est tota eius Bonitas, haberi possit. Praeterea etiam antecedentia omni modo repugnant, vbi de *Mittendo* agitur. Attributum autem non mittitur nisi forte improprie mitti dicatur: quae impropria acceptio nullo pacto in antecedentibus locum habere potest, quia de missione Angeli sermo erat, quem alium nisi Angelum foederis noluisse Mosen, edocuit collatio Ex. XXIII, 20. seqq. Porro vero Mosi Gloriam Iehouae videre cupienti v. 18. mox v. 23. promittitur a Iehoua ipsius Iehouae visio, qualis nempe illi oeconomiae congrua erat. Inde non possumus quin inseramus. *Ergo his, cuius Gloriam Moses vide-⟨177⟩re expetit, est Iehoua; & etiam ipsa Gloria, quae Mosi ex voto reuelatur, est Iehoua.* Et porro: *Ergo Iehoua & Iehouae Gloria distinguuntur vt alius & alius;* & tamen, quia non sunt plures Iehouae, sed vnus Iehoua, non plures Dii sed vnus Deus, *ergo Iehoua & Gloria Iehouae Vnum sunt Vnitate Essentiae.*

§. XI.
Promissio DOMINI: Et inclamabo nominatim Iehoua ante faciem tuam, *expenditur.*

Secundo accurate adnotetur promissio illa Dei: *Et inclamabo nominatim Iehoua ante faciem tuam.* Versio nostra Germanica habet: *Vnd will lassen predigen des Herren Namen vor dir.* Verum τό *lassen* Hebraeo non respondet, vbi est וקראתי בשם יהוה לפניך. Eatenus itaque praeferenda fuerit illa, quam adduximus, IM. TREMELLII versio:[94] quam sequi videtur IO. PISCATOR: *Vnd will mit Namen ruffen, Iehouah, vor deinem Angesicht.*[95] IO. SAVBERTVS, aut quisquis auctor est versionis Bibliorum Germanicae, cuius pars aliqua typis mandata latet in Bibliotheca Guelferbytana,[96] reddidit: *Ich will mit dem Namen Herr ruffen vor dir.*[97] SEBASTIANVS SCHMIDIVS: *& praedicabo nomen Iehouae coram te.*[98] Deinde id, quod versio Germanica habet *des Herren Name*, non congruit accentibus. Per Tbhir enim τό שם distinguitur a sequenti יהוה vnde illi non sta-⟨178⟩tus constructus, sed potius absolutus tribuendus est, vti etiam ab aliquibus factum est Interpretibus. Et emphasis distinctionis eiusmodi, immo maioris, nempe per Atnach & Tiphcha, in eadem phrasi, (*vocare nominatim*) videri potest Exodi XXXI, 2. c. XXXIV, 5.

---

94 Biblia lat. ed. Tremellius 1596, I, 86, col. 2.
95 Piscatorbibel 1604, AT I, 269.
96 Guelferbytum = Wolfenbüttel.
97 In Saubert 1694 nicht nachweisbar.
98 Biblia lat. ed. Seb. Schmidt 1697, 104, col. 1.

Quo vltimo loco insuper sequens impletio factae promissionis ostendit optime ipsius antecedentis promissionis sensum. Eadem autem verba (בשם יהוה) in statu constructo ponuntur, ideoque coniunctiuum accentum habent Gen. IV, 26. c. XII, 8. Ps. CXVIII, 10. 11. 12. 26. Firmum est itaque primo, quod, Iehoua ipse
se inclamaturum, vocaturum vel praedicaturum promittat, non uatem *curare* duntaxat *velit*, vt praedicetur, *daß er wolle lassen predigen*; deinde quod *Iehoua* velit *Iehouam praedicare* seu *nominatim* vel *in nomine inclamare* κηρύσσειν *Iehoua.* Interest vero magnopere, vt isthuc recte teneatur. Eo enim obseruato id, quod res est, facilius intelligetur, nempe quod hoc loco promittatur, proximo vero capite XXXIV, 5. 6. re ipsa praestetur *Patris de Filio praeconium.* Id autem, nimirum quod c. XXXIV, 6. neutiquam Moses, sed ipse Iehoua de Iehoua verba faciat, egregie confirmat ipse Moses Num. XIV, 17. 18. *Magnificetur*, inquit, *virtus Domini, quemadmodum pronuntiasti, dicendo, Iehoua est longanimus &c.* En, expresse non sibi, sed Domino sermonem illum Moses ad-⟨179⟩scribit, in quo cardo rei vertitur. Caeterum ne dubium forte remaneat de eo, quod *Iehouae de Iehoua*, hic promissum & deinde perhibitum *praeconium* sit *Patris testimonium de Filio*, in memoriam reuocanda sunt ea, quae antea explicationis & probationis caussa protulimus, quae & in sequentibus pluribus probabuntur. Clamantibus enim cunctis & antecedentibus, & proxime sequentibus, querelas, preces, obsecrationes Mosis coram Domino effusas vnice ad Christum spectare, ab re foret prorsus alienum, isthaec Domini verba, *Inclamabo nominatim Iehoua* in alium pertrahere sensum, quem contextus ignorat. Nec audiamus hic forte responsantem, *Iehouam praedicare Iehouam esse idem, ac si diceretur, Iehouam praedicare seipsum, adeoque non innui necessario Patris de Filio praeconium.* Neque enim negatum imus, Iehouam praedicare seipsum, sed seipsum omnino praedicat & reuelat in Filio & per Filium, qui est alius, & Pater est alius, sed hi duo vnum sunt, vt qui Filium videat, videat Patrem: vti paulo ante pluribus iam declarauimus, simulque probauimus, non posse non contextum de duobus, qui vnum sint, accipi. De significatione phraseos קרא בשם non nihil addendum videtur. Et vocem quidem קרא per καλεῖν (*vocare*) Septuaginta, per *inclamare* (κράζειν) TREMELLIVS,[99] per *praedicare* ⟨180⟩ SEBASTIANVS SCHMIDIVS,[100] *Predigen* LVTHERVS[101] reddiderunt. Si contextum, promissionem nimirum & eius subsequentem impletionem spectamus, caussam deprehendemus, quamobrem hos non male iungamus significatus, &, si emphasis vnica voce exprimenda sit, vocem graecam κηρύσσειν, germanicam *predigen* reliquis commodiorem ducamus. Datur enim hoc loco, Vox Patris, eaque sonora, vocatur suo nomine Iehoua a Iehoua, solemni modo Christus reuelatur a Patre & praedicatur, eo fine, vt isthuc Patris de Filio testimonium eminentissimum in futura omnia valeat saecula, & instar lucernae Prophetis, in primis sub Legis foedere exsistat. Τα βάθη τοῦ Θεοῦ (1 Cor. II, 10.) hac sancta & solemni proclamatione Dei quasi in apricum & publicum proferuntur, vt humana mens deinceps oculis fidei, verbo Patris innixae, quasi coram contueatur cor Dei, latens antea, sed nunc in reuelato

---

99 Biblia lat. ed. Tremellius 1596.
100 Biblia lat. ed. Seb. Schmidt 1697.
101 WA DB VIII, 306 f.

Filio patens. Integram phrasin autem קרא בשם non sufficit hic eo accipere significatu, quo alias ea generatim notare solet nomen alicuius nuncupare siue pronuntiare *mit Namen nennen*, vt Exod. XXXV, 30. & c. XXXI, 2. neque alia aliis locis conueniens significatio, quam Lexica suppeditare possunt, huius loci exhaurire emphasin potis est. Referimus huc non immerito verba COCCEII in Lexico ad vocem שם.¹⁰² ⟨181⟩ *Iudicum XIII, 18. Quare quaeris de nomine meo? quum id mirabile sit? hoc est incomprehensibile. Nemo nouit Filium, nisi Pater, & nemo nouit Patrem nisi Filius, & cui Filius voluerit reuelare Matth. XI, 27. Ergo & nomen Dei nemo cognoscit, nisi per Filium & eo reuelante: quemadmodum nemo cognoscit Filium, nisi docente Patre. Nomen Dei igitur inter creaturas est id, quod de Deo vel cognoscitur, vel Deo docente ac reuelante, creditur, Deus non cognoscitur a peccatore, neque nomine suo honoratur, nisi cognoscatur iustificans in Christo.* Haec COCCEII verba nostro etiam loco lumen inferre possunt: quibus iam addenda est Antecedentium & Consequentium consideratio. In Antecedentibus Moses *videre voluisse Gloriam Dei* dicitur. Si simpliciter annuisset Dominus, dixisset forte: *Faciam vt videas Gloriam meam*; verum ita Deus neutiquam respondet; respondet autem: *Ego faciam, vt transeat tota Bonitas mea ante faciem tuam, & inclamabo, vocabo, praedicabo nominatim Iehoua ante faciem tuam*. Rem pollicetur, in modo est differentia. Non negat reuelationem Gloriae, modum reuelationis seruat suae sapientiae. Faciei visionem denegat, τὸ קרא בשם concedit; & ipsa re praestat c. XXXIV, 5. seq. Ita vero praestat, vt ipsa promissionis impletio pariter euincat, τὸ קרא בשם non fuisse promittenti nudam nun-⟨182⟩cupationem nominis alicuius, sed Gloriae Domini, sed Bonitatis totius in Christo revelationem, vt quis & qualis sit Christus, quomodo se in eo & per eum Deus reuelet, & ipsum cor ac pectus intimum hominibus aperiat, eosque sibi in Filio, in quo solo sit σωτηρία, reddat acceptos, ac per eum etiam illos iudicaturus sit, vtpote Filio omne traditurus iudicium, disceret Moses, & cum eo discerent omnes, ad quos huius tam luculenti testimonii Patris de Filio peruentura esset auctoritas.

§. XII.

Illa Verba: Gratiosus ero, cui fuero gratiosus caetera, *ponderantur.*

Tertio notanda sunt verba: *Gratiosus ero, cui fuero gratiosus, & miserebor, cuius misertus fuero:* quorum verborum sensum hac complectimur paraphrasi. Vt, quomodo Christum Gloriam & Bonitatem meam totam, postea pluribus Tibi sim reuelaturus, animo nunc summatim percipias ac degustes, & non in cassum missas esse preces tuas intelligas, declarabo tibi etiam nunc paucis omnem animi mei in Christo adfectum. Gratia mea & Misericordia erga homines in Christo exseritur, immo quod aliud non sim nisi ipse Amor, ipsa Gratia, Misericordia & Clementia, in eo reuelatur & patesit: qua proinde gratia sola seruantur, citra suum meri-⟨183⟩tum, quotquot seruantur. Qui vero perduntur, non aliam perduntur ob

---

102 Cocceius 1689, 909.

caussam, quam quod suam agnoscere miseriam, & ad illam meam Gratiam & Misericordiam ex animo confugere recusent, oblatamque salutem, amore peccati, respuant. Quamobrem, licet interminatus sim, Angelum foederis, Christum, Israelitas non amplius esse praecessurum, attamen, quum animaduertam, eos nunc
5 idololatriae suae poenitentiam agere, lugentes ac deplorantes lapsum miserrimum, tuque insuper pro iis intercedens gratiam illam meam imploraueris, eorum iam, qui satis alioquin commeruerant, vt minas illas meas exsequerer, ex mera gratia misereor, eorumque in posterum etiam commiferebor, meamque illis gratiam ipsa re sic declarabo, vt reddam illis columnam nubis, quam nunc deside-
10 rant, adeoque eundem comitem ac ducem itineris illis restituam, quem adhuc habuerunt, nempe Christum, Angelum faciei meae (Es. LXIII, 9.) Si qui deinceps nihilominus pereant in deserto, suae id acceptum referant pertinaci malitiae, qua ipsi sibi erunt exitio (vid. Num. c. XXV) quum mea gratia & misericordia, qua eos nunc denuo in Christo complector, iis saluti esse potuisset. Ad te autem
15 quod attinet, in his omnibus de deficiente mea erga te misericordia conquerendi locum minime habebis. Omnino enim ita se habet, prout dixisti, quod nominatim ⟨184⟩ te adpellatim, quodque gratiam in oculis meis inueneris, nec vero alium me tibi in posterum praebiturus sum, quam eum, quem adhuc me tibi praebui. Quum antea mihi diceres, *dele me e libro tuo* (c. XXXII, 32. 33.) responsum fere-
20 bas: *eum qui peccauerit mihi, delebo e libro meo.* At nunc scias etiam gaudeasque, quod quemadmodum tibi gratiosus fui, tuique misertus sum hactenus, ita me de caetero etiam sis experturus. In posterum enim misericordiam misericordia cumulabo, & tu χάριν ἀντὶ χάριτος (Ioh. I, 16.) accipies. Certus proinde sis, maiora & illustriora meae erga te gratiae & misericordiae documenta in posterum exstitura
25 esse. Cuius rei specimen mox tibi exhibebo in ea ipsa, quam tibi modo pollicitus sum, Christi reuelatione, & posthac etiam, vsque adeo, vt Gloria mea, quam tibi nunc reuelari cupis, deinceps tua in facie sit refulsura. (c. XXXIV, 29. seq.) Hanc in verbis ipsis & integro contextu fundatam paraphrasin qui intelligere & adsequi abundantius velit, in subsidium vocare poterit WOLFFG. FRANZIVM in Trac-
30 tatu de Interpretatione Scripturae Sacrae oraculo 29. quod ille in solidum expositioni huius loci impendit. Nobis sufficit, nexum hoc modo monstrasse, quem proposita nobis demonstratio requirit. Caeterum si quis priora verba *Gratiosus ero, cui fuero gratiosus*, de Mose, posteriora autem, *& miserebor cuius misertus* ⟨185⟩ *fuero*, de populo accipienda esse existimet, eo quod *Gratia Mosi Commiseratio populo*
35 pro circumstantiis, quae in antecedentibus narrantur, magis congruat, neque isthuc ab illa, quam subministrauimus, Paraphrasi alienum erit, neque nexus, quem potissimum hic spectamus, ea ratione turbaretur.

§. XIII.
Verba: Non posses videre faciem meam, caetera, *ponderantur.*

40 Quarto ponderentur subsequentia Dei verba: *Non posses videre faciem meam, quia non potest me homo videre & viuere.* Sensum horum verborum antecedentia quodammodo pandunt. Dixerat enim Moses: *Fac videam Gloriam tuam.* Dominus vero

responderat: *Inclamabo nominatim Iehoua ante Faciem tuam.* Iam itaque Dominus caussam addit, quamobrem Mosi haud indulgeat illud ipsum, quod expetiuerat, vel quare in sua Mosi reuelanda Gloria aliter, quam verba Mosis exposcere vtique prae se ferunt, se acturum dixerit, quum, *non posses,* inquit, (vel non poteris) *videre faciem meam; quia non potest me homo videre & viuere.* Quasi dicat: In animum induxisti tuum id me rogare, quod & illius, in qua aetatem agis, oeconomiae, & hominis cuiusque, etiamnum mortalis, conditione sublimius est. Ostendi enim tibi, tuisque oculis meam obiici Gloriam gestis. ⟨186⟩ At, dico tibi, in hac Messiae aduentum praecedente oeconomia *multi Reges & Prophetae* idem illud, quod tu modo expetis, *videre concupiscent, non videbunt autem,*[103] antequam praestitutum aduentarit tempus, quo *Deus in carne reueletur,*[104] ὁ λόγος *caro fiat & inter homines* ipsa שכנא *habitet.*[105] Haec Gloriam meam cernendi beatitas oeconomiae futurae reseruatur, quae Gratiae erit oeconomia: sub cuius beata auspicia tu quoque, licet non in carne mortali, Gloriam meam in Filio vnigenito conspicuam, ceu testis eius praecipuus, contemplaberis.[106] Quotquot vero in illa futura Gratiae oeconomia *sese conuerterint ad Dominum,* illis omnibus *tolletur velamen, & retecta facie Gloriam meam intuentes, ex Gloria in Gloriam in eandem transformabuntur imaginem.*[107] Attamen habebit illa quoque oeconomia suos limites. Etenim intuebuntur quidem, sed *quasi in speculo*[108] & *tamquam per speculum in aenigmate cernent, non facie contra faciem,*[109] *per fidem ambulabunt, non per adspectum.*[110] *In spe erit salus eorum; Spes autem si cernatur, non est spes; quod enim quis cernit, cur speret?*[111] *Neminem* me in purissima illa & splendidissima luce mea *vidisse vmquam,*[112] intelligent, gau-⟨187⟩debunt autem, *vnigenitum illum Filium, qui est in sinu meo, sibi exposuisse & quasi* spectandum me exhibuisse, antea legis vmbra occultatum, vt, *quae oculus non vidit,* ea *per Spiritum meum,* illis tunc *sint retecta.*[113] Restabit vero iis oeconomia Gloriae, cui perfecta visio conuenit. Tunc, tunc *mortali exuti aut caelesti superinduti tabernaculo,*[114] non per speculum amplius sed *facie contra faciem* Gloriam meam intuebuntur,[115] *manifestato Christo & ipsi cum eo patefient gloriosi*[116] & *similes ei* (Christo) *exsistentes, videbunt eum* (Gloriam meam) *sicuti est,*[117] quasi post tergum relicta oeconomia legis, ceu atrio, & oeconomia gratiae, ceu Sancto, ipsisque in

---

103 *Fußnote im Original:* „Luc. X, 24."
104 *Fußnote im Original:* „1 Tim. III, 16."
105 *Fußnote im Original:* „Ioh. I, 14."
106 *Fußnote im Original:* „Matth. XVII, 3."
107 *Fußnote im Original:* „2 Cor. III, 16. 18."
108 *Fußnote im Original:* „2 Cor. III, 18."
109 *Fußnote im Original:* „1 Cor. XIII, 12."
110 *Fußnote im Original:* „2 Cor. V, 7."
111 *Fußnote im Original:* „Rom. VIII, 24."
112 *Fußnote im Original:* „Ioh. I, 18. 1 Ioh. IV, 12. 1 Tim. VI, 16."
113 *Fußnote im Original:* „1 Cor. II, 9. 10."
114 *Fußnote im Original:* „2 Cor. V, 1. seq."
115 *Fußnote im Original:* „1 Cor. XIII, 12."
116 *Fußnote im Original:* „Col. III, 4."
117 *Fußnote im Original:* „1 Ioh. III, 2."

oeconomiam Gloriae ceu Sanctum Sanctorum receptis, euectisque in montem, vbi Dominus videtur.

Hactenus verborum illorum paraphrasis: in qua iuuabit studiose animaduerti, quemadmodum antea nonnisi de Christo inter Iehovam & Mosen intercessit sermo, ita nec isthic sermonem ab eo digredi. *Bonitas tota* quippe Iehouae, Christus est. Vmbram *Bonorum* futurorum lex, τὴν εἰκόνα, siue expressam formam τῶν πραγμάτων, Euangelium quidem perhibet,[118] sed nonnisi fide complectenda; visio ac fruitio Bonorum & Gloriae, ⟨188⟩ quam habuit Christus apud Patrem priusquam esset mundus, alteri vitae seruata est.[119] Itaque diuerso licet modo & gradu, tamen nisi in Christo, Luce Mundi ac Sole Iustitiae, nullam sui cognitionem Deus praebuit nec vmquam praebebit. Huc omne Patris de Filio testimonium collineat.[120]

§. XIV.
Ex hactenus dictis liquido constare, commata 6. 7. cap. XXXIV.
Exodi Patris esse de Filio testimonium.

Quinto. Ea quae restant in Cap. XXXIII. Exodi, eiusdem quidem argumenti & ex antecedentibus nexa plane sunt, at, quum eorum consideratio ad propositam nobis demonstrationem non necessario requiratur, nec iusto longioribus nobis in hoc argumento esse liceat, eorum ponderationem loco ac tempori commodiori reseruamus. Fundamentum indicauimus, cui recte pensitato facile etiam reliquorum explicatio superstruetur. Idem habendum de initio Capitis XXXIV. Nam priorum eius quatuor versiculorum considerationem studio hic omittimus, eo quod inde praestituta nobis demonstratio, quod nimirum v. 5. 6. 7. contineatur Patris de Filio testimonium, minime dependeat. Caeterum ea, quae ponderauimus, antecedentia ⟨189⟩ complectuntur momenta seu capita duo, in quibus cardo vertitur demonstrationis, & quae proinde diligenter recolenda & accurate comprehendenda sunt animo. Primum est, quod omnis quaestio ac sermo in capite XXXIII. ab initio non sit de alio nisi de Christo, quod probauimus; Secundum, quod promissio a Iehoua Mosi impertita c. XXXIII, 19. nihil aliud velit, nisi quod Pater Filium, vel quem & qualem se in Filio agnoscendum praebeat, Mosi praedicaturus sit, quod itidem probauimus. Haec si dubio careant, (carebunt autem, si modo aequa lance cuncta ponderentur) tum vltro ac sua sponte pronoque ac pleno, vt sic dicam, alueo inde id quoque fluit, quod volumus, nempe versus quintum, sextum & septimum Capitis XXXIV. Exodi non posse non accipi de eo, quod stabilitum imus, nempe de testimonio Patris, quod ipse de Filio suo perhibuerit.

---

118 *Fußnote im Original:* „Hebr. X, 1."
119 *Fußnote im Original:* „Ioh. XVII, 5. 24."
120 *Fußnote im Original:* „Conf. Eph. I, 3–23. c. III, 8–11. & 18. 19. Col. I, 13–20."

§. XV.
Recitantur quorumdam aliorum Interpretum, idem sentientium, testimonia.

Iam igitur locum ipsum videamus. *Tum descendens Iehoua in ipsa nube, constitit cum eo ibi; inclamauitque nominatim Iehoua; transiens enim Iehoua ante faciem eius inclamauit; Iehoua, Iehoua, Deus fortis, misericors & gratiosus: Longanimis & multus benignitate ac fi-*⟨190⟩*de: Custodiens benignitatem millibus: condonans iniquitatem, defectionem & peccatum, & qui vllo pacto non absoluit fontem, visitans iniquitatem patrum in filios, & in filios filiorum, in nepotes & in abnepotes.*

Quid nobis in verbis modo adductis, hoc quidem loco, ad liquidum cognoscendum sit, id, quia praecipue ac perpetuo, ceu finis, obuersari animo debuit, saepiuscule inculcavimus. Demonstratum enim iuimus, vt denuo id repetamus, in his ipsis verbis contineri Patris de Filio testimonium: quale autem contineatur, aliquoties etiam satis dilucide expressimus. Etsi igitur, vt paulo ante diximus, ex antecedentibus res iam liquido patet: attamen verba quoque ipsa, de quibus quaestio est, si recte inspiciantur, idem confirmant. Malumus autem IOANNIS BRENTII verbis sat luculentis, quam nostris mentem nostram exprimere: qui in Commentario in hoc loco ait: *Vbi vulgata translatio habet (quum descendisset Dominus per nubem, stetit Moses coram eo inuocans nomen Domini, qui transeunte coram eo ait) ibi iuxta hebraeam veritatem, & collationem aliorum locorum Scripturae, sic legendum & intelligendum est: Et descendens Dominus per nubem stetit (videlicet Dominus) ibi coram eo (hoc est coram Mose) & commemorauit (nimirum Dominus) nomen Domini & transiens Dominus coram recitauit (videlicet Dominus ea quae se-*⟨191⟩*quuntur) nam quod hoc loco dicitur: Inuocans nomen Domini, illud idem plane est, quod supra Dominus dixit: Ego ostendam omne bonum tibi &c. Quae enim hoc loco sequuntur: Dominator, Dominus, Deus misericors &c. non sunt verba Mosis inuocantis Deum, sed sunt verba Dei commemorantis coram Mose epitheta & cognomina sua, quibus omne bonum suum, hoc est omnis bona sua voluntas, & quae nobis de Deo ad salutem nostram cognitu necessaria sunt, cognosci queant. Vnde & Moses in Num. c. XIV. allegat hanc reuelationem, & admonet Deum suorum epithetorum, vt iram eius mitiget. Ait enim: Magnificetur fortitudo Domini; & reliqua. Huc etiam respicit Psalmus CIII dicens: Notas fecit vias suas Mosi &c. Vbi autem hoc factum est? In monte Sinai, quum Dominus commemoraret Mosi epitheta sua dicens: Miserator, & misericors Dominus &c. Ex his perspicuum est, non Mosen coram Deo sed Deum coram Mose recitare in hoc loco verba ista: Dominator, Dominus, Deus Misericors; &c. & ea non esse nisi Epitheta Dei, quibus ad cognitionem voluntatis Dei perueniri potest.*[121] Hactenus BRENTIVS. Addimus MVNSTERVM, qui in Commentario ad hunc locum iam ante BRENTIVM ita scripserat: *Sunt verba Dei & non Mosis, vt Latini hactenus intellexerunt. Vt enim supra dixerat: Quum transiero, clamabo, miserebor, cuius miserebor, sic hic idem dicit, Deus misericors, quasi dicat: Ego sum* ⟨192⟩ *Dominus ille & Deus misericors, quem tu Moses rogasti pro populo &c.*[122] Haec MVNSTERVS. Non possumus quin adiiciamus etiam VATABLVM ad Exodi c. XXXIII, 19. ad verba: *Et miserebor: Exponit, quodnam sit illud bonum suum omne, ac si dicat: reuelabo tibi omnem*

---

[121] Brenz 1544, 161af.
[122] Biblia hebr. ed. Münster 1534, 85b Anm. a.

bonam voluntatem meam, qua erga homines afficior: quae est (vt summatim dicam) Miserebor &c. hoc est ita affectus sum, vt non sim nisi ipsa misericordia & clementia, qua etiam complector, quemcunque visum mihi fuerit: Salus hominis ex sola mea misericordia pendet: nemini mortalium sum debitor, gratuitae beneficentiae est, quicquid illis benefacio.[123] Et hactenus VATABLVS. Qui sensum loci illius ita expressit, vt illud nihil sit nisi ipsissimum evangelii praeconium, vberius declarandum c. XXXIV, 6. 7. Ita recte etiam PISCATOR in Versione & adnotationibus: *Da stieg der Herr hernieder in der Wolcke, vnd stellet sich daselbst zu ihm: vnd rief (wie er verheissen hatte droben c. XXXIII, 19.) mit Namen, Iehouah. Denn als der Herr furuber gieng vor seinem Angesicht, rieff er (nemlich der Herr, nicht Moses, wie es gemeiniglich verstanden wird)*[124] Et translatio Guelferbytana supra iam adducta: *Da kam der Herr hernieder in einer Wolken, vnd trat daselbst bey ihn, vnd rief mit dem Namen, Herr. Vnd da der Herr vor seinem Angesicht vbergieng, da rief er (Gott selber, welcher in dem vorhergehenden Capitel* ⟨193⟩ *dem Mosi dis Zeichen gegeben hatte. v. 19.)*[125] Concinit etiam versio SEBASTIANI SCHMIDII, quae videri potest. Inter Rabbinos genuinae huic Interpretationi suffragantur RABBI MENACHEM & RABBI BECHAI, in eo diversia *Targum Hierosolymitano*, verba illa perperam Mosi adscribente.[126] Non quidem opus his testimoniis in re adeo perspicua fuit; ea tamen protulimus, quia simul praecipua illorum rem ipsam, alioquin nostris declarandam verbis, dilucide perhibent.

§. XVI.
Nonnullos interpretes dicere, Filium heic loqui de Patre, quod falsum sit.

Caeterum, dum Interpretes plerique solertiores hoc agunt, vt verba illa non a Mose, sed ab ipso Iehoua prolata esse condocefaciant, ex parte quidem id quod volumus, minime vero in solidum, ostendunt. Supposito enim iam, & abunde etiam comprobato, non Mosen, sed Iehouam illa omnia pronuntiasse, remanet quaestio, saltem inter eos, qui Filii diuinitatem agnoscunt, vtrum Pater an Filius ea pronuntiarit. Adfirmavimus nos toties totiesque, Patris eam vocem esse, aeque hic in Veteri Testamento ac deinde in Nouo Testamento Filio testimonium perhibentis: cuius rei veritas liquidissime constabit demonstrationem a nobis praemissam ⟨194⟩ sobrie ponderantibus. Nec vero hic noua probatione opus est, quum nihil hic detur nisi impletio promissionis supra factae: quae impletio se ad antecedentia, nempe promissionem Dei & preces Mosis, fere habet vt conclusio ad medium, quem vocant, terminum, qui conclusionem infert. Obseruetur itaque duntaxat accurata Promissorum impletio. Nunc quippe Iehoua transire facit Gloriam suam, vel totam suam Bonitatem, vti promiserat, ante faciem Mosis. At, quia Gloria Iehouae vel tota Bonitas eius est Iehoua, vt supra vidimus, ideo hic dicitur ipse Iehoua transiuisse ante faciem Mosis. Transeunte autem

---

123 Biblia lat. ed. Vatablus 1605: Ex 33, 19.
124 Piscatorbibel 1604, AT I, 270, col. 2 u. 272, col. 2 (Anm. zu Ex 34, 5 f.).
125 Zu *translatio* Guelferbytana vgl. vorl. Bd., 356, 363.
126 Zu den Targumen vgl. RGG⁴ 8, 2005, 39 f.

Iehoua ante faciem Mosis, *inclamauit*. Quis inclamauit? Ille haud dubie, qui se id facturum esse ad se receperat, nempe is, qui *transire faciebat* Gloriam vel totam Bonitatem suam ante faciem Mosis. Non transeuntis, sed transire facientis fuerat promissio; huiusce igitur hic etiam est, promissionem implere. Pater reuelaturus erat Gloriam suam vel totam Bonitatem suam, hoc est Christum. Patris igitur reuelantis hic auditur vox, qua Christum reuelat ac de Filio testatur. Optime rem expressit CLARIVS, qui alias ferme non alio quam MVNSTERI[127] vitulo arare solet, ad Exodi XXXIII, 19. *Ego transire faciam omne Bonum meum in conspectu tuo: Quid est aliud omne Bonum, quam ipse Deus ac Dei Filius? quem Pater non stare sed* ⟨195⟩ *transire fecit per mysterium incarnationis, qui & ipse Mosi in monte* (Matth. XVII.) *transfiguratus adparuit.*[128] Quod CLARIVS de promissione rectissime obseruauit, idem non possumus non de Impletione promissionis pari ratione adfirmare.

§. XVII.
Ad considerandas singulas huius praeconii voces Brentius & Cocceius *commendantur.*

Possemus iam ad accuratam considerationem singularum vocum, quas praeconium Patris complectitur, descendere, & enucleatius ostendere; quem & qualem nobis quaeque vox Christum perhibeat. Verum, licet isthuc ab re praesenti alienum non foret, tamen, quum hanc operam nulli non occuparint Commentatores & Lexicographi doctiores, nolumus hic actum agere, & remittimus nunc duntaxat Auditores ad BRENTIVM in Commentario in Exodum,[129] & ad COCCEIVM in Lexico.[130] Ille enim (BRENTIVS) explicatis singulis vocibus, tandem cuncta, vt par erat, ad Christum transfert, dicens: *Quod haec cognomina Deo competant, confirmauit ipse Deus variis promissionibus, miraculis, exemplis & operibus. Maxime autem omnium confirmauit ea in Christo Iesu Domino nostro. Quod enim Deus sit clemens, misericors & liberalis erga homines, non fit pro-*⟨196⟩*pter dignitatem aut merita hominum, sed tantum propter Iesum Christum, qui solus placauit iram Dei, & impetrauit, vt Deus paternum gerat adfectum erga homines, ac conseruet eos, qui in Christum credunt ad perpetuam salutem.*[131] Hic vero (COCCEIVS) ad vocem יהוה plane eximiam subministrat introductionem ad genuinam & succulentam loci praesentis interpretationem. Nos aliqua eius hic transscribemus verba, etsi profuturum sit magis, locum ipsum in COCCEIO ab Auditoribus euolui, integrumque expendi. *Putamus*, inquit, *praeter rationem aeternitatis, aliam nominis* יהוה *rationem esse, quae aeternum illud ens faciat amabile etiam peccatori & reuerendum maxime. Ea est GRATIA & VERITAS, quibus maxime triumphat. Ideo dicit Exodi XXXIV, 6. 7. IEHOVA IEHOVA DEVS (potens) MISERICORS &c. Id dicit Mosi, volens ei declarare nomen suum, vt est*

---

127 Biblia hebr. ed. Münster 1534, 84b.
128 Clarius 1566.
129 Brenz 1544.
130 Cocceius, Lexicon 1689.
131 Brenz 1544, 164a.

cap. XXXIII, 19. Esai XLV, 21. NONNE EGO SVM IEHOVA, ET NON EST PRAETER ME ELOHIM DEVS, EL DEVS IVSTVS ET SALVANS. *Esai XLIII, 11.* solo SALVANS *contentus est. Iam inde patet, quomodo in Christo sit* NOMEN IEHOVAE, *vt est Exodi XXIII, 21. quippe qui* PLENVS GRATIAE ET VERITATIS *Io. I, 14. per quem* GRATIA ET VERITAS *facta est v. 17. Haec est* GLORIA *vnigeniti a Patre v. 14. quam Deus monstrauit Mosi Exod. XXXIII, 19. quam*-⟨197⟩*que* ALTERI NON DABIT, *Esai XLII, 5. 6. 7. 8. Porro huc* COCCEIVS *transfert locum Exodi III, 14.* אהיה אשר אהיה *Quem locum explicat* FIAM QVOD SVM. *Qualem me ostendi ab initio, talem tandem etiam me demonstrabo pleno facto. Misericordem se Deus demonstrauit, propagando genus humanum ex peccatore, & mundum vanitati subiiciendo, & Satanam damnando, & promissionem edendo, & filios sanctificando, atque in Gloriam introducendo. Quia igitur ab initio se talem gessit, necesse erat, vt tandem rebus ipsis se iustum & iustificantem, sanctum & sanctificantem demonstraret. Quod fecit, quando* FILIVS DEI ἐγένετο FACTVS EST FIDELIS SACERDOS ET MISERICORS *Hebr. II, 17. & ita* IN IPSO OMNIA PROMISSA DEI γέγονε FACTA SVNT NAE ET AMEN *2 Cor. I, 19. sive, quando per eum* GRATIA ET VERITAS ἐγένετο, FACTA *est Io. I, 17. &c.*¹³² Haec omnia, quae proferenda e COCCEIO duximus, ita sunt comparata, vt ex iis etiam, quae iam in superioribus diximus, sua sponte deriuentur, adeoque nostris hic dicenda verbis fuissent; maluimus autem alienis ea exprimere, vt hoc pacto testimonio simul hocce Auditores perfruerentur. Quodsi autem isthaec recte expendantur, & eodem filo Veteris ac Novae Scripturae collatio pertexatur, quo coepta est in verbis BRENTII & COCCEII adductis, tria haec plane ad liqui-⟨198⟩dum patefient; primo, non Mosis sed Dei illa verba esse, deinde, Patrem hic Mosi revelare Filium; tandem testimonium hoc Patris de Filio complecti declarationem omnis Gloriae, seu omnis Boni, quod est nobis in Christo Iesu¹³³, hoc est, vt BRENTIVS aiebat, *omnis bonae Voluntatis Dei omniumque eorum, quae nobis de Deo ad salutem nostram* (quae nulla est nisi in Christo¹³⁴) *cognitu necessaria sunt.*¹³⁵

§. XVIII.
Praeconium illud Patris de Filio ex aliis V. T. locis corroboratur, vbi vel Pater Filium vel Filius Patrem adlocutus dicitur.

Maximopere iam haec omnia corroborari possunt illorum Veteris Testamenti locorum collatione, vbi pari ratione aut Pater Filium, aut Filius Patrem inducitur adloquutus. Etenim eiusmodi sanctum & venerabile inter Patrem ac Filium intercedens colloquium, adeo, in Psalmis in primis & Prophetis, infrequens non est, vt ignorari ab industriis Scripturae lectoribus nequeat. Eximius locus est Psalmo II, 7. 8. 9. vbi Filius Patris, non modo de se sed etiam sibi dictum testimonium

---
132 Cocceius, Lexicon 1689, 176 f.
133 *Fußnote im Original:* „Philem. v. 6."
134 *Fußnote im Original:* „Act. IV, 11."
135 Brenz 1544, 161a.

ita ipse enarrat. *Iehoua dixit mihi* (אֵלִי ad me) *Filius meus es, ego hodie genui te, pete a me* &c. Conformis huic loco est ⟨199⟩ Psalmi CX versiculus 1. *Dixit Iehouah Domino meo, sede ad dexteram meam*; confer Hebr. I, 13. Et Psalmo CX, 4. *Iurauit Iehouah, & non poenitebit eum; tu es sacerdos in seculum secundum ordinem Melchisedeki.* Quis hic nisi Pater iurans introducitur? Quem nisi Filium ille compellat? Psalmo autem CII, 25. seq. primum Filius, in adsumta carne eiusque perpessionibus constitutus, ita legitur Patrem compellare: *Dico: mi Deus fortis, ne aufferas me mediis diebus meis! Pater* vero protinus legitur Filio respondere: *Per generationem aeternam sunt anni tui: antequam terram FVNDASSES* &c. confer Ebr. I, 10. seq. Sic Esaia *XLIX, 5. 6. nunc autem dicit Iehouah &. Dicit inquam, leuior videris, quam vt sis mihi seruus ad erigendum tribus Iacobi, & custoditos Israelitas reducendum? Ergo constituo te in lucem Gentium, vt sis salus mea vsque ad extremitatem terrae.* En Patrem non modo de Filio κηρύσσοντα, sed etiam Filium ipsum paterne compellantem, &, quantum sit nomen eius futurum, suis praedicentem verbis.[136]

§. XIX.
Quae S. Ioannes in prima Epistola cap. V, 7. 8. 9. habet, ea huc quoque spectare.

Iam, his rite ponderatis, considerentur ea, quae Ioannes luculentissime prima Epistola ⟨200⟩ capite V, de hoc testimonio docet, quod Pater Filio perhibuit. *Tres sunt*, inquit v. 7. *qui testificantur in coelo, Pater, Verbum, & Spiritus Sanctus, & hi tres vnum sunt.* & v. 9. seq. *Si testimonium hominum accipimus, testimonium Dei maius est. Nam hoc est testimonium Dei, quod testificatus est de Filio suo. Qui credit in Filium Dei, habet hoc testimonium in se ipso: Qui non credit Deo, mendacem cum fecit, quia non credidit testimonio, quod testificatus est Deus de Filio suo. Est autem hoc testimonium, nempe quod vitam aeternam dedit nobis Deus: & haec vita in Filio eius est. Qui habet Filium, habet vitam: qui non habet Filium Dei, vitam non habet. Haec scripsi vobis, qui creditis in NOMEN Filii Dei: vt sciatis, vos vitam aeternam habere, & vt credatis in NOMEN Filii Dei.*[137] Aurea haec, seu potius diuina & sacrosancta Ioannis verba, eo nobis haud immerito sunt cariora, quo euidentius illa ipsum Trinitatis mysterium pandunt. Quo pertinent verba MARTINI CHEMNITII in Locis Theologicis,[138] vbi de tribus personis Diuinitatis agens, MARTINVS LVTHERVS, inquit, *de vltimis verbis Dauidis hanc ponit regulam.*[139] *Vbicunque in Scriptura legis Deum loqui de Deo, tamquam personam de persona: ibi tuto adfirmes significari tres personas Diuinitatis. Duabus enim nominatis, simul significatur persona Spiritus Sancti loquentis in Scriptura, iuxta illud 2 Petr. I, 21. Non* ⟨201⟩ *voluntate hominis allata est olim Prophetia, sed a Spiritu Sancto impulsi loquuti sunt Sancti Dei homines.*[140] *Et 2 Samuelis XXIII, 1. Dauid ait: Spiritus Domini per me loquutus est, & sermo eius sonat per linguam meam.*[141] *Et in Symbolo*

---

136 *Fußnote im Original:* „Confer Iesaiae XLII, 6. Luc. II, 32."
137 1Joh 5, 7. 9–13.
138 Chemnitz 1610, I, 34.
139 Vgl. WA 54, 28–100.
140 WA 54, 34, 36 f. (2Petr 1, 21).
141 WA 54, 31, 24 f.; 34,30 ff. (2Sam 23, 1).

Nicaeno: Qui loquutus est per Prophetas. Nunc igitur sequentia dicta ad regulam accommodentur Hoseae I, 7. Saluabo eos in Domino Deo suo Gen. XIX, 24. Dominus pluit a Domino ignem & sulphur, id est, Filius a Patre, teste Spiritu Sancto.[142] *Iesai LX, 19. Dominus erit tibi in lucem sempiternam & Deus tuus in gloriam tuam.*[143] *Hic Spiritus Sanctus introducit Patris personam loquentem de Filio. Vt & Iesaiae XLII, & infinitis aliis in locis fieri solet.*

Obseruatio isthaec Exgetica, vt in Theologia Dogmatica vsum porrigit eximium, ita quam maxime praesenti inseruit loco, & ostendit, qua via in hoc Patris testimonio de Filio simul testimonium Spiritus Sancti intelligere debeamus. Praeterea si primum Filii euicta sit diuinitas, adeoque firmum de duabus personis deprehendatur Scripturae testimonium, deinceps eorum error, qui deitatem Spiritus Sancti sicque *Trinitatis plenitudinem,* vt VINCENTIVS LERINENSIS[144] loquitur, impugnant, per Scripturas superari minori negotio potest. Nos quidem hoc de professo in praesentia non agimus, intactum tamen noluimus dimittere, ad Veteris ⟨202⟩ Scripturae sensus profundiores, vel hac ratione, viam Auditoribus patefacturi.

§. XX.
Data ex Antecedentibus in historia Mosaica demonstratio nunc e Consequentibus, nimirum Exod. XXXIV, 8. 9. vbi noua Mosis petitio, confirmatur.

Restant vero in historia Mosaica *Consequentia,* vt vocantur, seu ea, quae in narratione Mosis proxime Testimonium Patris de Filio, quod modo vidimus, sequuntur. *Festinans autem Moses, inclinato vertice in terram, incuruauit se honorem habiturus, & dixit, si nunc inueni gratiam in oculis tuis, Domine, eat quaeso Dominus in medio nostri: quia populus durus ceruice est, ideo condones iniquitatem nostram & peccatum nostrum, & compares nos in haereditatem. Qui dixit, Ecce ego pango foedus &c.* Haec propositam hoc loco, & abunde iam ex antecedentibus datam demonstrationem egregie confirmatum eunt. Quemadmodum enim inter Mosen ac Deum agi intelleximus de eo, quem Deus mittere in posterum velit, Mosi ac populo ducem ac sospitatorem in itinere futurum: Ita in verbis modo adductis liquidissime patet, Mosen, Christo sibi iam ex ipso Patre tam insigni ratione reuelato, omni animi intentione reuolui ad primam illam animi sui solicitudinem, eandemque petitionem hic instaurare. Nem-⟨203⟩pe Christum, quem adhuc habuerat, porro sibi ac populo Ducem exoptauerat & petierat antea; Eum igitur ipsum, luculentius sibi a Deo quam vmquam antea reuelatum, multo nunc feruidius quam antea expetit. Quamobrem adfectus etiam Mosis in hac sua repetita petitione dilucide exprimitur. Dicitur enim, festinasse, auditis Dei verbis, &, inclinato in terram vertice, se incuruasse, vt in ardentissimo eius desiderio gaudioque sacratissimo intelligamus pariter venerationem summam, qua prosequutus ille est & benignissimam illam

---

[142] WA 54, 39, 11 f. (Gen 19, 24).
[143] WA 54, 46, 33–47, 9 (Jes 60, 19).
[144] Vincentius Lerinensis, commonitorium: MSL 50 zur Stelle.

Patris reuelationem, & Christum ipsum, Dominum illum, sibi modo reuelatum. Conferendus hic Mosis adfectus est cum illo Ioannis Baptistae,[145] *Venit pone me, qui validior me est, cuius non sum dignus qui incuruatus soluam corrigiam solearum*; Et:[146] *Qui habet sponsam, sponsus est; amicus autem sponsi, qui stat & audit eum, gaudio gaudet propter vocem sponsi; Hoc ergo gaudium meum impletum est.* Etsi enim Moses vocem Sponsi hic non audiuit, & sua Ioanni, docente Christo,[147] debetur praerogatiua: adloquutus tamen Iehoua Mosen est, quemadmodum adloqui solet quis amicum suum,[148] & hic de eo, qui Sponsus est, ad Mosen verba fecit. Nec vero dubium est, quin praesto hic Mosi fuerit tanti praeconis Spiritus, ⟨204⟩ & mentem eius, ad intelligenda verba a Domino prolata aperuerit, tamquam amico Dei & Prophetae. Quum autem animo Mosis nondum penitus exemta solicitudo esset, ne ablato pristino populi Duce, Angelo foederis, iratum, ob idololatriam admissam, numen Angelum alium, vt Deus minatus erat cap. XXXIII, 2. substitueret, adripit subito ansam ex audito Patris testimonio de Filio, preces suas, antea ad Deum fusas, iterandi. Et antea quidem ille, sibi a Domino, quem missurus esset, non indicari conquestus cap. XXXIII, 12. eum rogauerat, vt suas sibi vias declararet versu 13. suaque facie praecederet v. 15. 16. insuper, vt Gloria Domini sibi ostendatur, peroptans versu 18. Nunc vero, Christo Domino sibi reuelato, voce ὑπὸ τῆς μεγαλοπρεποῦς δόξης vt Petrus loquitur,[149] ad se delata, quanta potest maxima festinatione, veneratione ac submissione repetit factam antea precationem, rogatque, vt idem ipse Dominus, & *Gloria Domini* dictus in Antecedentibus, nunc vero tot diuinis elogiis sibi a Domino commendatus, adeoque non Angelus nudus, sed Dominus Angelorum, in medio populi peruicacissimi incederet. Plane enim res ipsa arguit, non obstantibus promissis[150] Mosi iam factis, eandem rem etiamnum ipsum habuisse solicitum, quae antea eum discruciarat, idque ideo, quod ⟨205⟩ populus tam foede lapsus, nondum reconciliatus Deo esset. Quum igitur huius Domini a Domino sibi praedicata esset misericordia, gratia, longanimitas & in condonanda poenitentibus iniquitate facilitas, in rem suam haec vertens Moses, illum ipsum, quem sibi Dominus praedicauerat, Dominum sibi ac populo Ducem itineris erogat, quasi in praesenti tristissimo casu experimentum eorum, quae ex ore Domini iam audiuerat, protinus facturus, nempe vt populo, male admissorum poenitentiam nunc agenti, propitius sit ille Dominus, suamque huncce populum faciat haereditatem; quasi diceret: Vnum hunc, si me amas, Domine, Ducem mihi ac populo tuo porro quaeso concede. Confido enim ac certissime scio, tum bene ituras res nostras, si ille nobis in via dux exsistat, de quo Tu Pater ipse Testimonium nunc perhibuisti, quod sit misericors & gratiosus & longanimis, & multus benignitate ac fide, quodque condonet iniquitatem & defectionem, & peccatum. Et quaeso nunc propter nomen tuum Ie-

---

[145] *Fußnote im Original:* „Marc. I, 7."
[146] *Fußnote im Original:* „Io. III, 29."
[147] *Fußnote im Original:* „Matth. XI, 9. 10. 11."
[148] *Fußnote im Original:* „Exodi XXXIII, 11."
[149] *Fußnote im Original:* „2 Epistolae capite I, 17."
[150] *Fußnote im Original:* „cap. XXXIII."

houa, condonabis populo iniquitatem suam, nam magna est.¹⁵¹ Instaura, obsecro, foedus, turpissime a populo ruptum, vt, quod iuramento promisisti, impleri possit, nimirum, vt compares nos in haereditatem. In primis versus 9. capitis huius XXXIV Exodi conferendus est ⟨206⟩ cum Numerorum XIV, 19. 20. vt eo magis liqueat, quo consilio isthic Moses tanta animi contentione roget, vt ille ipse Dominus, sibi modo a Domino praedicatus, in medio populi sui, licet eum non agnoscentis (confer Io. I, 26. Esa. I, 3.) incedat, nempe quia ille Dominus est הסלח והרפא והגואל condonans ille sanans & redimens,¹⁵² id quod illa ei a Domino tributa hic elogia Mosen edocuerunt.

§. XXI.
Nec non e versu 10, eiusdem Capitis, vbi nouum promissum Iehouae de pangendo foedere habetur.

Quae porro in Capite XXXIV. Exodi sequuntur, eum, quem indicauimus, verborum Mosis sensum confirmant. Respondet enim Deus: *Ecce ego pango foedus*, hoc est: *Acquiesco petitioni tuae, & foedus redintegro ea lege, quam mox exprimam*, vti bene explicat IVNIVS. Hic vero diligenter obserua accuratam Scripturae harmoniam. Supra quippe adnotauimus, in integra hac pericope Mosaica respici ad illustrem locum Exodi cap. XXIII, 20. seqq. vbi Deus populo suo magistrum ac ducem Angelum, non creatum, sed Verbum aeternum, Christum, adsignat, quem cap. XIII, 21. Iehouam nominauerat. Iam autem vide quaeso, quod in illo ipso loco, ⟨207⟩ nempe Exodi XXIII a versu 22. ad versum 33. foedus cum Israelitis pangat Deus, quid iis polliceatur, & quid rursus ab iis postulet; deinde confer cum eo loco capitis XXXIV, v. 10–17. vt animaduertas, idem, quod illic, etiam hic promitti & postulari, & prorsus omnino instaurari pristinum illud foedus, reddique Mosi ac populo Angelum illum foederis increatum, Iehouam, eum ipsum, quem Iehoua Mosi nunc praedicarat, quemque sibi ac populo ducem restitui tam anxie Moses expetiuerat. Accedit, quod praeceptum Dei de non pangendo foedere cum Cananeis, & de idololatria, atque ipsa eius occasione, vitanda, hoc loco grauius inculcetur, quam tunc temporis factum fuerat. Quia enim tam perfidiose a foedere illo recesserant, nunc eo magis cauendum erat, ne in eandem perfidiam denuo relaberentur. Quamobrem hic additur versu 14. *Iehouae enim nomen est zelotes, Deus fortis zelotes est*; quasi dicatur: Dominus ille, qui vobis iam dux redditur, est quidem misericors & longanimis, & condonat iniquitatem, & defectionem, & peccatum, poenitentibus scilicet, quod ipsa re nunc vobis probatur: At est etiam zelotes, qui malum non sinit impunitum, vt olim id iam indicaui, interminatus fore, vt vindicet transgressionem vestram.¹⁵³ Idem igitur ille, qui Seruator est ac Redemtor vobis, erit et-⟨208⟩iam Iudex iustissimus & Vindex seuerissimus. Atque sic ex illis ipsis epithetis, quae Pater de

---

151 *Fußnote im Original:* „vide Psalmo XXV, 11."
152 *Fußnote im Original:* „Ps. CIII, 3."
153 *Fußnote im Original:* „Exodi XXIII, 21."

Filio Mosi recitauerat, argumentum depromitur, quo Israelitae inducti sibi in posterum magis enixe caueant a praesentia tanti, sibi nunc redditi, Ducis, & voci eius, quae ipsius Domini est, magis quam antea sollicite auscultent, ne exacerbent eum; quemadmodum ante hac moniti expresse fuerant Exodi XXIII, 21. Quod si iam ponderetur, Deum in Christo iniisse cum populo suo foedus,[154] & ruptum foedus in eo ipso instaurasse,[155] clariori luce fulgebit locus Malachiae,[156] vbi Christus vocatur Angelus foederis, quem quaerant & quo delectantur, vt vel inde capere experimentum liceat, quantum accurata capitum illorum Mosis, quae expendimus, consideratio lumen Prophetarum oraculis inferat. Caeterum Deum hunc Zelotem esse Christum, id concinit etiam cum aliis Scripturae locis,[157] ac multa continet, quae vtiliter hic obseruari possent: Verum nobis longius progredi necesse non est. Id enim, quod demonstrandum nobis erat, iam satis in propatulo esse arbitramur, nempe loco illo Mosaico Exodi XXXIV, 6. 7. contineri Patris ipsius caelestis illustre de Christo Filio testimonium, quod classicum quasi & fundamentale merito habitum sit non ⟨209⟩ modo ab ipso Mose, qui primus eo fuit impertitus, sed etiam a Prophetis sequentibus, vtpote qui, data quauis occasione, ad illud ipsum testimonium, quod Pater de Filio suo perhibuit, apertis verbis sese referre consueuerunt.

§. XXII.
Ad ipsa Ionae verba ponderanda fit regressio.

In loci huius Mosaici considerationem, tamquam in campum longe lateque patentem, verba Ionae nos deduxerunt, dicentis[158] *Quaeso, Iehoua, annon erat hoc verbum meum, dum essem adhuc in terra mea? idcirco anteverteram fugiendo Tarsum: Sciebam enim Te Deum fortem, gratiosum & misericordem, longanimem & amplum benignitate ac poenitentem mali esse.* Non negatum ibo, me diffusius, quam Introductionis ferre ratio videtur, quamque etiam initio in animo mihi fuit, locum illum, ad quem ista Ionae verba digitum exserte intendunt, tractauisse. At enimuero, quum ea sit oraculi illius diuini dignitas, vt, si in eo Mosi retectum semel velamen, ac testimonium de Christo perspectum cognitumque fuerit, non Ionae modo, sed reliquorum etiam Prophetarum de Christo sensus, de quo in primis testatur Petrus,[159] eadem opera in lucem quasi protrahatur, pariterque quamplurima in ipso Pentateucho loca collustren-⟨210⟩tur, telam me isthanc operosius pertexuisse, nec me nec Auditores meos poenitebit. Quin ego doleo potius, ob finem hic propositum non licuisse mihi contextum omnem Mosis ac singula eius ponderare verba, sicque meam & Auditorum mentem dulcissima saluberrimaque

---

[154] *Fußnote im Original:* „Exodi XXIII, 20. seqq."
[155] *Fußnote im Original:* „cap. XXXIV, 10. seqq."
[156] *Fußnote im Original:* „cap. III, 1."
[157] *Fußnote im Original:* „Psalm LXIX, 10. Io. II, 17."
[158] *Fußnote im Original:* „cap. IV, 2."
[159] *Fußnote im Original:* „1 Ep. c. I, 10–12. Act. III, 24. c. X, 43."

meditatione quasi epulis pascere & exsaturare. Nunc vero ad Ionam ipsum & verba eius animum propius aduertamus. Testatur Spiritus Sanctus, id male Ionam habuisse, quod, Nineuitis a pessima illa sua, qua iuerant adhuc, via ex animo reuersis, Deum mali, quo se dixerat eos affecturum, protinus poenituerit. Quum-
que supra¹⁶⁰ ipsum Ionae factum nude sit commemoratum, quod *surrexerit* nempe *fugeritque Tarsum*, nunc etiam huius occasione indignationis, quae animum Ionae ob mutatum Dei consilium subierat, lucta illa, satis haud dubie grauis, ipsis Ionae verbis exponitur, quae, antequam fugam capesseret, ei sustinenda fuit. Nam, *quaeso*, inquit, *annon erat hoc verbum meum, dum essem adhuc in terra mea?*
Hinc sane patet, Ionae ad Nineuitas abite iusso idem serme contigisse, quod Mosi ad Israelitas ablegato.¹⁶¹ Vterque enim graue, vt videbatur, onus subterfugere, & caussas speciosas, licet plane dispares, suae refragationi praetendere in animum induxit. Et quemadmodum illic Moses aliquamdiu obluctatus Domino, pri-⟨211⟩usquam dicto audientem se exhiberet: ita etiam Ionas, accepto mandato diuino, cum Domino verbis suis quasi in certamen aliquod descendit, & omnia pertentauit, vt Dominum a proposito illo Nineuitis subuersionem & exidium denuntiandi optimis rationibus deduceret. Vnde vero rationes suas expromit? Non aliunde, quam ex illo, quem considerauimus, loco Mosaico. *Sciebam enim*, inquit, *Te Deum fortem, gratiosum &c.* hoc est, *argumentum prophetiae, quam imperabas mihi, cum natura tua comparans statuebam fore, vt aliud per me diceres, & aliud praestares opere: hac vero ratione omnino exponor ludibrio ego cum prophetia mea*: quae est IVNII¹⁶² paraphrasis: ea dilucide satis complectens, quae sentiri ac dici vulgo de istis Ionae verbis solent. At vero nobis iam incumbit ad plura & profundiora e verbis Ionae eruenda loci Mosaici, quam ministrauimus, considerationem transferre: id quod quam fieri poterit paucissimis enitemur praestare.

§. XXIII.
Quaenam fuerit scientia, quam in colloquio cum Deo adlegat Ionas.

Ante omnia nobis animaduertenda est illa *scientiae* commemoratio (το ידעתי) ad quam Ionas in suo hoc cum Deo διαλόγῳ indignabundus prouocat.¹⁶³ Scientiam illam seu co-⟨212⟩gnitionem Dei certissimam, amplissimam, viuidam item atque experimentalem exstitisse in animo Ionae, adfirmamus, ita vt per eam, quoad per Oeconomiae Veteris rationem licuit, naturam Dei habuerit agnitam atque introspectam. Illam ei certissimam fuisse, abunde docet recitatione ipsorummet verborum Dei, quibus se Deus Mosi reuelauerat. Firmiori certe inniti fundamento haud poterat. Nec dubium est, huius cognitionis insignem in animo illius fuisse amplitudinem. Vias enim Dei benignitate plenas non potuit e sacris annalibus non habere diu cognitas, multo praesertim rerum vsu, qui illam viarum Dei

---

160 *Fußnote im Original:* „cap. I, 3."
161 *Fußnote im Original:* „Exodi III."
162 Biblia lat. ed. Tremellius 1596, IV, 278, col. 4 (Jona 4, 2 u. Anm. 2).
163 *Fußnote im Original:* „cap. IV, 2."

peritiam in dies auxit, accedente. Viuidam autem atque experimentalem eandem fuisse, res ipsa arguit. Vnde enim, quaeso, prognata illa Ionae confidentissima, &, si fas est dicere, familiaris quaedam sermonis cum Deo communicatio, qualis inter coniunctissimos amicos intercedere solet,[164] nisi ex illa ipsa viuida & filiali Dei agnitione? Et in amico Dei tanto ac Propheta quid adfirmari certius possit, quam σύνεσις πνευματική[165] καὶ αἴσθησις[166] siue experimentalis & παιδεία Spiritus Sancti probe firmata & corroborata Naturae Dei cognitio? Adeo sane ea in animo Ionae, quum adhuc inter Gentiles suos versaretur, efficax fuit, vt eum haud ⟨213⟩ sineret dubitare, quin Deus Nineuitis, licet extra communionem foederis Israelitici constitutis & populo suo insensis, propitius foret, si modo seriam male admissorum poenitentiam agerent: quam ipsa obnuntiatione interitus quasi extorsurus esset. Hactenus quidem haud parum de via Ionas deflexit, quod diuini praecepti exsecutioni se subducere conatus sit; quae inobedientia existimari posset aduersa fronte pugnare cum viuida illa Dei agnitione, quam Ionae tribuimus. At vero Ionam etiam in fugam se coniicientem & ad Nineuitas abire recusantem nihil aliud nisi Domini sui spectasse gloriam, non autem suo, vt vulgo putatur, consultum honori ad exemplum Bileami voluisse, certo certius est. Nisi enim animus eius in sua erga Deum fidelitate perstitissit, neutiquam eum Deus tanta complexus & adsidue prosequutus fuisset beneuolentia, nec inusitato exemplo in ventre piscis seruatum, repetitione mandati perpulisset, vt Nineuen abiret. Enimuero naevos in seruo suo tolerauit Dominus, eumque intempestiue de gloria Domini sui solicium, correxit atque in viam redegit. Quae autem, quamque graues Ionae exstiterint caussae, quare noluerit legatione illa defungi, id deinde videbimus. Nunc sufficit indicasse insignem Ionae cum Deo communionem, & viuidam, quam illi adseruimus, Dei agnitionem fuga eius & recusatione haud quaquam penius fu-⟨214⟩isse sublatam: vtpote qui in ipsa fuga sua certe non hypocritice sed vere potuit adfirmare: *Iehouam Deum coelorum ego reuereor, qui fecit mare & aridam,*[167] & inter ipsas procellas, quod merito mireris, reliquis omnibus animum despondentibus, adeo fuit animo tranquillus, vt etiam somno sopitus deprehenderetur.[168] Caeterum ad illam Ionae, quam[169] profitetur, *scientiam* recte intelligendam omnino adhibenda est regula: *Verba cognitionis, scire vel cognoscere, non solam & nudam* γνῶσιν, *sed, aliquos etiam motus, affectus & effectus crebro notant, qui notitiae coniuncti esse solent; vel, quod idem est, significant notitiam viuam & efficacem*, vt SALOMON GLASSIVS exprimit Rhet: Sacrae pag. 12. aut,[170] vt MATTHIAS FLACIVS in Claui Scripturae Sacrae ad vocem *cognoscere* parte I. pag. 141. *Verba Hebraea notitiae non solam speculationem aut otiosam notitiam significant, sed & practicam ac vivam scientiam, ac sequentes motus animi, quin & externa opera ac*

---

164 *Fußnote im Original:* „Exodi XXXIII, 11."
165 *Fußnote im Original:* „Col. I, 9."
166 *Fußnote im Original:* „Phil. I, 9."
167 *Fußnote im Original:* „cap. I, 9."
168 *Fußnote im Original:* „cap. I, 5."
169 *Fußnote im Original:* „cap. IV, 2."
170 Glassius 1691, 1053.

conatus inde necessario sequentes.[171] Apud vtrumque (GLASSIVM & FLACIVM) exempla huc spectantia videri possunt. Conferatur etiam MARTINVS GEIERVS ad Psalmum I, 6. &c.[172]

⟨215⟩ §. XXIV.
Quas materias illa scientia complexa sit.

Nunc paullo accuratius expendamus, quas res, seu materias, illa Ionae scientia tam certa, ampla, viuida & experimentalis continuisse & complexa esse merito censenda sit. Eam e Mose, tamquam ex Oceano, haustam a Iona fuisse, id quidem in ipsos incurrit oculos. Ad oraculum enim, ipsius Iehouae pronuntiatum ore, a Mose vero memoriae proditum, illico Ionas, enata sibi occasione, recurrit. At enim vero iam cogitandum est, probabile haud quaquam esse, eum, qui tam pulchre isthaec percalluerit verba, ignorasse reliqua a Mose Scripta, aut antecedentia & consequentia verborum a se recitatorum non ponderasse. Cogitandum, haud dubie prae reliquis omnibus Prophetas, ceu intimos Dei amicos, *in lege Iehouae,* (vti ipse populum suum iusserat)[173] *oblectatos & de lege illius dies noctesque meditatos fuisse.*[174] Cogitandum id quoque, eos humanorum librorum copia neutiquam tum temporis a verbo Dei, tamquam scaturigine aquarum perennium, fuisse abstractos, ideoque eos tanto impensius verbo Dei perscrutando omnem operam dedisse. Tantumne? Immo vero Prophetas Spiritus Sancti donis extraordinariis vberrimaque gratiae mensura impertitos, ⟨216⟩ & in arcanos etiam sermones & quasi intimam Dei consuetudinem admissos, credendum est interiora velaminis in Scripturis Mosis, doctore Spiritu Sancto, introspexisse. Haec sedulo cogitanda & perpendenda esse ducimus, ne ieiune & exiliter loquamur ac sentiamus de cognitione rerum diuinarum, qua praediti Prophetae fuerunt. Nos ea considerantes Ionam haud ignorasse censemus, verba quae[175] oggessit Domino, non Mosis sed ipsius Domini, audiente Mose, fuisse; In iis verbis Iehouam de Iehoua singularem Mosi reuelationem indulsisse; Iehouam illum, de quo inibi verba fecerit Iehoua, eum ipum esse, quem antea Iehoua *totam Bonitatem suam, Gloriam suam, Faciem suam* nominarit; eundem vero iam antea missum a Iehoua, qui AEgyptum linquentes Israelitas praecederet, tum quoque *Iehouam* appelatum,[176] & diuino cultu ab Israelitis honoratum,[177] sed & *Angelum Dei* nominantum[178] at epithetis eiusmodi ornatum, quae in Angelum creatum cadere non potuerint; hoc Duce priuari Mosen noluisse, & quum, ne eo privaretur, ob idolatriam populi & expressam Dei interminationem metus esset, id vnice Mosen

---

171 Flacius 1580, 141 f.; 1695, I, 143 f.
172 Geier 1696, I, 10 f.
173 *Fußnote im Original:* „Deut. VI, 6–9."
174 *Fußnote im Original:* „Ps. I, 2."
175 *Fußnote im Original:* „cap. IV, 2."
176 *Fußnote im Original:* „Exod. XIII, 2. c. XIV, 24."
177 *Fußnote im Original:* „Exod. XXXIII, 10."
178 *Fußnote im Original:* „Exod. XIV, 19. c. XXIII, 20."

rogasse Dominum, vt, condonatis populi peccatis, hunc praecedere porro ⟨217⟩ iubeat Ducem ac Dominum, quem sibi tamquam Deum fortem, misericordem, gratiosum, longanimem modo reuelarit; obtinuisse quoque hoc ipsum Mosen, & mox instaurasse Dominum idem cum Israelitis foedus, quod pepigerat cum iis antea[179], quum hunc ipsum Ducem itineris solemniter ipsis polliceretur, & reliqua. Si Dauid[180] Messiae vberrimam cognitionem ex hoc ipso Mosis loco hausit; Si Iesaias[181] ad eandem Mosis pericopen respiciens, de Messia vaticinaturus eum *Angelum Faciei Domini, qui seruarit Israelitas, dilectione & clementia sua ipse vindicarit eos, &, imponens eos sibi, baiularit eos omnibus diebus saeculi* &c. nominavit; Si Malachias contextu hoc Mosaico suffultus Messiam agnouit, eumque *Angelum foederis* adpellauit;[182] adeoque lumen tantum indidem omnibus adfulsit Prophetis; qui eandem Christi e Mose agnitionem satis distinctam Ionae, oraculum illud Dei recitanti, abiudicabimus? Longum quidem foret, eximiam illam, quo Ionam fuisse instructum censemus, agnitionem Dei & Christi totiusque negotii salutis enarrare aut cogitatione comprehendere; immo temerarium credo, quid agnouerint Prophetae, quid minus, quasi certis limitibus circumscribere ac definire velle, quum haud dubie in ipsis Prophetis ⟨218⟩ diuersa, etsi in cunctis excellens cognitionis mensura extiterit. Haec vero mihi sedet animo sententia, dictum eiusmodi, quale est illud Ionae, quod e Mose repetiuit, instar guttulae excidisse e mari quodam cognitionis, qua Prophetae animus exundauit; Hanc autem guttulam, si quis per collationem reliquarum Scripturarum sensu spirituali degustauerit & quasi expertus fuerit, facile etiam pertingi ad aquarum viuarum copiam, quam possederunt tanti Dei amici, pernoscendam. Cui rei, quantum ad Ionam attinet, illa, quam ministrauimus, contextus Mosaici consideratio subseruire debet, attentos quippe Auditores facile introductura ad sensum Ionae de Christo omnique eo spectante doctrina, non coniectatoriis sed firmis argumentis, peruestigandum.

§. XXV.
Iudaeos veteres mysterium Trinitatis, Messiae diuinitatem, incarnationem, caetera, agnouisse.

Caeterum non possum, quin hac occasione commendem egregium PETRI ALLIXII, Galli, tractatum, quem, lingua Anglicana conscriptum, Londini anno MDCIC. edidit, quique anno MDCCVII. in Germanicam translatus linquam Berolini prodiit sub titulo: PETRI ALLIX *Ausspruch der alten Iüdischen Kirchen wieder die Vnitarios in der Streit-*⟨219⟩*sache wegen der heiligen Dreyeinigkeit und der Gottheit unsers hochgelobten Heylandes.*[183] Scriptor enim iste recentissimus erudite inter alia probat, Synagogam veterem Iudaeorum mysterium Trinitatis agnouisse cap. X,

---

179 *Fußnote im Original:* „c. XXIII, 20. seqq."
180 *Fußnote im Original:* „Ps. CIII, 7. seqq."
181 *Fußnote im Original:* „Ies. LXIII, 9. seqq."
182 *Fußnote im Original:* „Mal. III, 1."
183 Allix 1707, 110 ff., 211 ff., 221 ff., 232 ff., 248 ff.

eosque, Messiam Filium Dei esse debere, credidisse cap. XVII, Messiam venturum in Veteri Testamento Iehouam adpellatum, illumque a Synagoga Iehouam creditum fuisse cap. XVIII; in Nouo Testamento & ab Apostolis easdem de Trinitate ac de diuinitate Messiae notiones retineri, quibus vsi sint Iudaei antiqui cap. XIX, XX, &c. Sane haud parum intererit, accurata rerum, quae memoratis hisce capitibus continentur, demonstratione animum rite instrui. Ita enim de γνώσει, qua genuina Abrahami in fide soboles gauisa est, e fundamentis solidis poterit existimari. Quibus addi possunt, quae habet DN. D. IO. FRANC. BVDDEVS in Introductione ad Historiam Philosophicam Ebraeorum, praesertim §. X,[184] vbi praecipua antiquae illius sapientiae capita de humani generis corruptione, eiusque per Messiam restitutione fuisse, eaque & alia eiusmodi Iobum, demonstrante id FRIDERICO SPANHEMIO in Historia Iobi,[185] agnouisse docet; & §. XVI.[186] vbi IOANNEM PICVM[187] de Mirandula producit testem, qui, libris Ebraeorum Cabbalisticis indefesso labore perlectis, ibi Trinitatis mysterium, Verbi incarnationem, Mes-⟨220⟩siae diuinitatem, doctrinam de peccato originali, de illius per Christum expiatione &c. deprehenderit; item §. XL.[188] vbi Sephiroticam Ebraeorum doctrinam, praeeunte HENRICO MORO,[189] ad christianae religionis potiora capita traducit, etsi hic remotiora quaedam sint, a tironibus praetermittenda, vtpote qui ipsius Scripturae ductum, designato a nobis modo, tutissime sequentur, vt certo ac salubriter cognoscant, quae fides ac religio veterum Ebraeorum, in primis vero Prophetarum ceu doctorum publicorum diuinitus excitatorum, fuerit. Sequior vero aetas per aliquot saecula Prophetis orbata, multum castae puraeque veritatis, maioribus non ignoratae, iam perdiderat, aut certe humanis traditionibus inquinarat, nisi quod λείψανα quaedam Theologiae Propheticae in Zacharia, Simeone, Hanna reliquisque aeui illius sanctis hominibus[190] emicarent, donec ipse Sol Iustitiae effulgens tenebras dispelleret. Quare Pharisaeorum ac scribarum de rebus diuinis sensu, placitisque Rabbinorum, qui a nato Christo vixere, illa Veterum sapientia metienda non est. Nec vero audiendi sunt illi, qui nostra aetate Scripturis, quas prisci illi sancti homines adsidua inter pias preces meditatione quasi deuorarunt, vix degustatis, & Spiritus Sancti, quem illi doctorem habuere, expertes, in animum nihilominus ⟨221⟩ inducunt, de mensura cognitionis, quae iis obtigerit, aliquid definire, quin ipsam cognitionem iis ferme negare, ita scilicet captui suo satis exili & corrupto sublimem illam ac limpidam veterum sapientiam accommodantes. Apostolos sane multo praeclarius de illa sensisse, omnia Noui Testamenti Scripta loquuntur, expresse vero Petrus testatur, dicens:[191] *De qua salute (animarum) exquisiuerunt, & quam scrutati sunt Prophetae, qui de ventura in vos gratia prophetarunt, scrutantes in quem*

---

184 Buddeus 1720, 33 (§ X).
185 Spanhem 1672.
186 Buddeus 1720, 62 ff. (§ XVI).
187 Pico Mirandola 1507.
188 Buddeus 1720, 335 ff. (§ XL).
189 Morus 1679, I, 423 ff.
190 *Fußnote im Original:* „Luc. I. & II."
191 *Fußnote im Original:* „1 Epist. cap. I, 10."

aut qualem temporis articulum praenuntius ille, qui in ipsis erat, Spiritus Christi, declararet euenturas Christo perpessiones, & gloriam illas consecuturam, quibus reuelatum est, eos non sibi, sed nobis ea administrare, quae nunc adnuntiata sunt vobis &c.[192] Quod hic de prophetis in genere dixit Petrus, id nos testimonio eius adacti speciatim de Iona quoque nobis persuademus, eique exquisitionem ac perscrutationem veritatis in Pentateucho & reliquis tam exstantibus Scripturis reuelatae, ac venturae in posteros gratiae talem ac tantam, quae digna fuerit praenuntio illo, quae in Iona etiam fuit, Spiritu Christi, adserimus.

⟨222⟩ §. XXVI.
Reliquis verbis Ionae praetermissis ad alia progrediendum esse.

Possemus nunc facili negotio ad reliqua, quae in recessu habuit Ionae animus, tantopere Dei mandato primum, deinde commiserationi eius & condonationi refragatus, declaranda descendere. Possemus item vltimos duos capitis quarti versus aliquantum expendere, eosque cum verbis Ionae, quae recusationi suae & indignationi veluti iustae obtendit, conferre, & ex illis, quam illustre Deus in Nineuitis dederit documentum suae in Christo misericordiae, gratiae, longanimitatis ac benignitatis, ostendere. Tandem etiam typi rationem, qua Nineuitarum conversionem ad venturam in Ethnicos gratiam referendam esse censemus, excutere liceret. Verum enim vero haec, & si quae sunt alia, partim e prolatis facile poterunt ab Auditoribus ipsis deriuari, partim in sequentibus expediendi aptior locus erit; in quibus tamen breuioribus nobis esse licebit. Sequitur igitur.

---

192 *Fußnote im Original:* „conf. Act. X, 43. c. III, 24. c. XXVI, 22. 23."

⟨223⟩ CAP. IV.
DE VSV, QVEM IN IONA EXPONENDO, EOQVE AD AGNITIONEM CHRISTI INPRIMIS REFERENDO, LIBRI VETERIS TESTAMENTI HISTORICI PORRIGANT.

§. I.
Ad ipsa historica, huc facientia, auctores quidam vtiles commendantur.

QVod ad ipsa attinet historica, quorum notitia tractationi Ionae opitulatur, iis alicunde transcribendis nos hoc loco immorari minime opus fuerit. Etenim ea, quae maxime ex illis cognitu necessaria censemus, sat dilucide, licet breuibus, iam recens proposuit DN. BALTHASAR KOEPKENIVS[193] in Germanica sua ad Prophetarum Lectionem Introductione: quae relegi ab Auditoribus velimus, ne iis fraudi sit, a nobis talia, quae alibi facile habebunt obuia, studio hic transmitti. TARNOVIVM[194] insuper in commentario in Prophetis minores in Prolegomenis ad Ionam, & alios, qui ad manus forte iis sunt, Interpretes, de eiusmodi externis consulere poterunt. Praecipue vero iuuabuntur lectione capitis XIV. in GVRTLERI Theologia Prophetica,[195] quo ⟨224⟩ egit de factis duodecim tribuum a scissione regni vsque ad principium captiuitatis Babyloniae sub Ioiakimo. Ibi enim ob oculos postium deprehendent ex ipsis in medium prolatis Scripturae verbis, integrum, quod huc spectat, Historiae Israeliticae filum idque in praecipua rerum momenta apte satis distributum: cuius accurata comprehensio multum faciet ad consilium Dei intime pernoscendum.

§. II.
Ad quid in historia temporum, in quibus Prophetae vixerunt, praecipue attendendum sit. Ruperti Tuitiensis *huc spectans monitum.*

Quandoquidem vero historiae temporum, in quae Vates Sacri inciderunt, exegeticus vsus in eo maxime consistit, vt caussae, fines ac respectus diuinarum humanarumque actionum, quarum in Scriptis Prophetarum fit mentio, ipsorumque verborum profundiores recessus sapienter, considerato illo rerum nexu, examinentur, plane eximia & Introductioni nostrae adprime conuenientia ducimus ea, quae habet RVPERTVS TVITIENSIS in Tractatu de Victoria verbi Dei Libr. V. cap. XXI. & XXII. *Manifeste,* inquit, *iustum est iudicium dicentis in Hosea cap. I. Quia*

---

193 Köpken 1706.
194 Tarnow 1688, 771 ff.
195 Gürtler 1702, 170 ff.

non addam vltra misereri domui Israel, sed obliuione obliuiscar eorum, & domui Iuda ⟨225⟩ *miserebor. De regibus namque Israel nullus, vt iam dictum est, recessit a peccatis Ieroboam, cum nullius eorum tempore cessaret Dei verbum reuocare eos ad poenitentiam. De regibus vero Iuda nonnulli iusti fuerunt, & ex eis, qui peccauerunt, nonnulli poenitentiam egerunt. Iustum ergo iudicium est, quod, non addam, ait, vltra misereri domui Israel, & non iniusta misericordia in eo, quod domui Iuda, inquit, miserebor.*[196] Haec RVPERTVS cap. XXI. quibus iam addit cap. XXII. cuius summam seu argumentum hoc praeponit: *Assyrios iustiores fuisse quam Israel, ideoque eis in captiuitatem traditum esse.* Deinde caput hocce ita cum superioribus connectit: *nesciremus nos appendere iustiam hanc, nisi verbum ipsum fecisset nobis experimentum, gentem quamlibet proniorem esse, magisque flexibilem ad poenitentiam, atque idcirco iustiorem, & venia magis dignam quam Israelem. Vnde laudanda vere Prouidentia Dei, qui antequam iudicium proferret super Israel, sententiamque daret, quam praedixerat: Quia non addam vltra misereri domui Israel, sed obliuione obliuiscar eorum, misit verbum suum ad gentem, quae tunc temporis erat asperior atque fortior gentibus caeteris. Ac si diceret cuilibet ex Prophetis suis: Et si ad populos multos & profundi sermonis, & ignotae linguae, quorum non possis audire sermones, mitterem te, ipsi audirent te, domus autem Israel nolunt audire te, quia nolunt audire me. Vni* ⟨226⟩ *namque ex Prophetis hoc dixi, scilicet Ezechieli (cap. III.) sed antequam hoc illi diceret, per alium Prophetam, magno firmata est experimento veritas, dicentis: Factum quippe fuerat verbum Domini ad Ionam, surge, inquiens, & vade in ciuitatem magnam Nineuen, & praedica in ea, quia clamor malitiae eius ascendit coram me. Factumque est, & praedicante illo crediderunt viri Nineuitae in Dominum, & praedicauerunt ieiunium, & vestiti sunt sacco, a maiore vsque ad minorem. Num quid solus Ionas praedicauit in Israel futuram captiuitatem? immo multum est, quod declamauit Hoseas, quod personuit Amos eodem tempore, vt de Helia & Helisaeo nunc taceam, quorum supra memini, qui signa praeclara atque magnalia multa fecerunt, & Israel non egit poenitentiam, & nullus regum recessit a peccatis Ieroboam. Quis igitur reprehendere possit vel audeat iudicium verbi Domini, quod Israelem sibi incredulum credentibus ac per hoc iustioribus Assyriis tradidit? immo laudandum, quia rationabile est, & perpulchrum, quod illam potissimum gentem, per tale voluit experimentum demonstrare iustiorem, cui tradere docreuerat populum praeuaricatorem.*

§. III.
Duplex locus alius Ruperti, *hanc considerationem vrgens.*

Eadem RVPERTI sapiens consideratio ab eo ⟨227⟩ vrgetur etiam, vt quae maxime, in Commentario in sex Prophetas minores & in primis in Ionam; vbi Libr. II. folio 23. inquit: *Quod si quaeritur adhuc, cur eiusmodi experimentum contra impoenitentem Israel de Nineuitis potius quam de caeteris gentibus dare complacitum est Deo, & ostendere, quod in comparatione Israelis iustificati essent, quippe qui neque pro temporalium neque pro aeternorum metu malorum poenitentiam ageret, vitulosque aureos desereret, breuiter dicendum est. Niniue ciuitas magna metropolis Assyriorum erat. Intendebat autem Dei iusti-*

---

[196] Rupertus Tuit. 1631, II, 677.

tia tradere Hierusalem in manus Assyriorum, quod & factum est anno nono Hoseae. Cepit enim Salmanasser rex Assyriorum Samariam & transtulit Israel in Assyrios. Translatusque est Israel, ait Scriptura, de terra sua in Assyrios, vsque in diem hanc. Praemonstratum ergo erat, comparatione Israelis iustificatos esse Assyrios, ne videretur Deus supplantare iudicium, tradendo in manus illorum Hierusalem, qui se profitebatur peculiarem esse Dei populum: Iniustum namque calumniatoribus videretur, vt, Assyriis in terra sua potenter consistentibus, Israel Dei populus de terra sua transferretur, & in ciuitatibus Assyriorum perpetua captiuitate detineretur. Caussa igitur rationabilis data est, quod scilicet Assyrii, saltem pro amore terrae ad poenitentiam conuerti possent, quod de Israele diu frustra tentatum fuerat, & huius caussae experimentum per ministerium Ionae quaesitum & inuentum est.[197] Eo-⟨228⟩dem Libro Secundo in Ionam fol. 25. ita pergit TVITIENSIS: *Hoc semper memoriter tenendum est, quia in condemnationem Israelis hoc prouenit, quod Nineuitae poenitentiam tam cito tamque studiose egerunt pro metu malorum temporalium, Israel autem toties correptus, per Prophetas commonitus, neque pro temporalium, neque pro aeternorum timore malorum poenitentiam egit, vt recederet a peccatis Hieroboam & aureorum cultum desereret vitulorum. Porro in mysterio multo delectabilius est, quod crediderunt viri Nineuitae in Dominum, id est, quod Iudaeis contradicentibus & blasphemantibus, gentes Christi receperunt Euangelium, & gauisae sunt, & glorificauerunt Deum. Nam praedicauerunt quidem ieiunium & saccis vestiti sunt, id est, omnimoda humilitatis compositione ad tantam gratiam se comparauerunt, sed hoc cum gaudio fecerunt, prae oculis habentes iucundum praesentis tristitiae fructum, scilicet remissionem & apertum sibi regnum coelorum.*[198]

§. IV.
Ex omnium saeculorum historia pugnam Agni adversus Draconem & victoriam, quam is de hoc numquam non reportat, perdisci oportere.

Quae vltimo loco adducta fuerunt verba, egregiam illam RVPERTI TVITIENSIS considerationem simul apte ad Antitypum transferunt. Quod si quis iam huic meditationi ⟨229⟩ eiusque adplicationi ad Christum Antitypum institerit, facile animaduertet, quam late pateat vsus historiae Veteris Testamenti in explicando Iona, & ad res Noui Testamenti, quae in illo latuerunt, sic in eo peruestigandas quo ex mente Spiritus S. ad Christi cognitionem referantur. Caeterum licet plurima sic in Iona carptim considerata & historia veteris collatione illustrata ad Christi cognitionem traducantur, hoc pacto tamen negotium omne haud quaquam conficitur. Sequendum RVPERTI TVITIENSIS exemplum ipsum nobis est, quod is in luculento tractatu (quamlibet tenebricoso vixerit saeculo) *de victoria Verbi Dei*[199] posteris omnibus praebuit. Videlicet omnem Agni aduersus Draconem pugnam, quamque ille huic nunquam non eripuit & eripiet deinceps victoriam, e sacris litteris & omnium saeculorum historia perdiscere accurate satagamus, Deumque, vt in illa Christianis maxime digna historiae consideratione ad

---
[197] Ebd., I, 880, col. 1.
[198] Ebd., I, 881, col. 1 f.
[199] Ebd., II, Praefatio, 626 ff.

methodum ipsius scripturae, quae ad Christum cuncta refert, comparata, oculos mentis nobis aperiat, pie imploremus. Tum demum fiet, vt plenior ac solidior de Christo sensus, quod ipse nimirum vsque quaque, adeoque in scripto etiam eiusmodi, quale est liber Ionae, τό Α καί τό Ω sit, in animis nostris exsistat: quae res tantae est amplitudinis, vt particulari ad librum aliquem Scripturae Introductione expediri sufficienter ⟨230⟩ nequeat. Pulcherrime dixit LVTHERVS in Epistola quadam ad SPALATINVM: *Verbo victus est mundus, Verbo servata est Ecclesia, etiam Verbo reparabitur; sed & Anti-Christus, vt sine manu coepit, ita & sine manu conteretur per Verbum.* [200] Id quod etsi maxime de verbo προφορικῷ LVTHERVS, de ὑποστατικῷ autem RVPERTVS[201] in suo de Victoria Verbi libro accepit, ita tamen de vtroque verbo valet, vt neque hoc LVTHERVM, neque illud RVPERTVM exclusisse, merito censeamus. Hoc ipsum vero sapientissimum LVTHERI dictum, nec intelligi, nec ad induendum aut corroborandum diuinae sapientiae habitum rite transferri potest, nisi mundi historia, inprimis autem ea, quae a viris Θεοπνεύστοις memoriae prodita est, sub vnum quasi intuitum & in vnum corpus redacta menti obuersetur illuminatae, saluberrimaque mysterii crucis cognitione per verbum ac Spiritum sanctum donatae atque imbutae. Quam auditoribus viam commonstrasse & aperuisse, prosequendam ab iis per omnem deinceps vitam, nobis introductionem ministrantibus in praesentia satis est. Sequitur

---

200 WA Br. 2, 249, 13–15.
201 Rupertus Tuic. 1631, II, 626 ff.

⟨231⟩ CAP. V.
DE VSV, QVEM PSALMI AC RELIQVI LIBRI VETERIS TESTAMENTI INTER HAGIOGRAPHA, QVAE VOCANTVR, RELATI, QVIQVE κατ' ἐξοχὴν DICVNTVR PROPHETICI, IN IONA EXPLICANDO, PRAESERTIM QVOD AD COGNITIONEM CHRISTI ATTINET, PRAEBEANT.

§. I.
Quae restant in pauca conferri debere.

PLura hic breuitatis studio complectimur, quae alioquin distinctis non immerito capitibus comprehenderemus. Nam Psalterium quidem vt Hermeneutica quaedam Testamenti Veteris & Scripturae Propheticae Clauis est, ita seorsum Introductionem ad lectionem cuiuslibet Prophetae, adeoque Ionae etiam, mire iuuare posset. Prophetarum autem voces, vt vt varietate multum temperatae, ea inter se diuina consonant harmonia, vt tum demum, quum omnes audiuntur, symphonico suo concentu Christo testimonium perhibentes, non modo cum suauitate maxima illabantur animis Deo deditis, sed his fere accidat id, quod discipulis Emaunticis Luc. XXIV. Ii enim dixerunt (v. 23.) quum hanc ex Christi ore symphoniam Pro-⟨232⟩phetarum intellexissent: *Nonne cor nostrum ardebat in nobis, dum loqueretur nobis in via, & dum adaperiret nobis Scripturas?* Verum nobis iam non licet ad omnia descendere, inprimis cum in superioribus iam, in gratiam Auditorum horumque commodum, fuerimus longiores. Quae restant igitur in pauca conferemus.

§. II.
De Psalmorum hac in re vsu repetenda esse ea, quae supra iam dicta sunt.

Et ad Psalmos quidem quod attinet, in memoriam sibi reuocent Auditores ea, quae ad Exodi capitis XXXIV versum 6. disseruimus. Tum enim id quoque notauimus, oraculo illo Dauidem perinde, ac postea Ionam, aliquoties, nempe Psalmo LXXXVI, 15. Ps. CIII, 8. Ps. CXLV, 8. vsum fuisse; qua occasione non potuimus modo nominatos aliosque Psalmos non transferre ad verborum a Iona cap. IV, 2. prolatorum intimiorem considerationem. Vide cap. III. §. III. VIII. IX. etc.

§. III.
*Ionam Psalmos Dauidis meditatum esse, id quod ex oratione ipsius
c. II. exposita, constet.*

Deinde cum Psalmis Dauidis conferenda est accurate oratio Ionae capite secundo expo-⟨233⟩sita. Quis enim adeo in Psalmis hospes est, vt, si recitetur illa Ionae oratio, non vltro quasi ac sua sponte verba Psalmorum animum eius subeant? Harmonia quippe tam luculenta est inter hunc Ionae & Dauidis Psalmos vt, illo audito, facile quis in animum inducat, horum aliquem se audiuisse. Nec vero dubium est, Ionam Psalmos Dauidis meditatione assidua pioque & quotidiano vsu sibi reddidisse familiarissimos, indeque vna cum rebus a Dauide prolatis ipsam tanti Vatis dictionem imbibisse: id quod de reliquis etiam Prophetis tuto affirmari potest. Quis enim diffiteatur, cuncta Spiritus monumenta, quae Dauid Rex reliquerat, peruulgata in gente Israelitica, sanctis autem Dei hominibus in pretio etiam, instar thesauri incomparabile diuinitus donati, fuisse? Attamen haud quaquam existimandum est, Ionam aut reliquos Prophetas verba Psalmorum, eo quod iis domestica quasi multoque vsu trita essent, temere & sine ductu ac sensu diuino vsurpasse. Et forsitan tam ineptus aut temerarius nemo fuerit, vt, si animaduertat, Apostolos non alia quam Mosis ac reliquorum Prophetarum phrasi in scriptis suis vsos esse, sibi aliisque persuadere conetur, eos id fortuito ac temere, non diuino Spiritus Sancti eos inhabitantis & gubernantis instinctu, fecisse. In Prophetis autem, vbi alii aliorum adhibent dictionem, par est ratio. Idem Spiritus Chri-⟨234⟩sti, qui in iis exstitit, eadem saepe numero verba, inprimis vbi de iisdem rebus loquendum esset, iis suppeditauit, vt eundem cunctos afflasse Spiritum hinc eluceret, & singulorum de iisdem rebus testimonia dictio consona facilius & efficacius coniungeret.

§. IV.
Huius orationis collatio cum aliquot Psalmis instituitur.

Agite, dum Psalmum Ionae, vt non immerito vocamus orationem eius cap. II. comprehensam, cum Dauidicis aliquantulum conferamus. Euidens vtique & nullis non seu interpretibus, seu harmoniae scrutatoribus spectata est illius cum Psalmo Dauidis LXIX. conuenientia. Eadem nonnunquam, in plerisque vero conformis sibi admodum dictio, eundem vtrobique sensum, si Christum τὸ τέλος scripturae spectemus, aperte satis indicat. Hic & illic Spiritus S. viuis quasi coloribus depingit ac repraesentat statum, in quo Filius Dei haesit, cum morti se tamquam victima pro peccatis mundi obiecisset. De Psalmo quidem LXIX ob auctoritatem Noui T. eum de morte Christi producentis, non est dubium. Ionam vero, cum Nouum Testamentum nobis typum resurrectionis Christi perhibeat, pariter necesse est, eum etiam mortis, sine qua locum resurrectio non habuisset, figuram exstitisse. Ty-⟨235⟩pi igitur plenitudinem illa ipsa oratio Ionae e ventre piscis liberati, cum stetisset.

Ante oculos tristissima mortis imago, arguit & comprobat. Conferantur in primis in Psalmo LXIX versus 2. 3. 4. 15. sqq. cum Ionae cap. II, 3. 4. sqq. Facile iam descenditur ad collationem reliquorum Psalmorum, vbi mors Christi praedicitur, atque infernales, qui eum circumstetere, terrores praenuntio Spiritu describuntur, vt Psalmo XVIII, 5. sqq. Psalmo XXXI, 2–6. 13. 22. Ps. XL, 2. 3. Ps. LXXXVIII, 2. sqq. &c.

§. V.
Epiphonema orationis Ionae etiam esse Davidicum.

Epiphonema orationis Ionae ישועתה ליהוה *omnimoda salus est Iehouae*, Dauidicum etiam dici potest: vtpote in quod aperte definit Psalmus III. Materiam vero si conferamus, hic ipse quoque Psalmus III. de morte & resurrectione Christi, quam Ionas typo suo praesignificauit, agere censendus est. Bene IO. DRACONITES, qui inter maiores nostros eximiam operam in Christo e scripturis ostendendo posuit, in peculiari sermone in hunc Psalmum ait: *Mit diesen Worten (da Dauid flohe fur Absolom) will er nicht alleine so viel lehren, daß dieser Psalm nach der Absalonischen Aufruhr gesungen sey, nemlich da Gott der H. Geist Dauid betrachten ließ, wie es ihm* ⟨236⟩ *gegangen ware mit Absalom, daß es dem Messia mit Absaloms Kindern auch gehen wurde; sondern auch anzeigen, daß Dauid Christum, vnd Absalom das Iudenthum furbilde, nach dieser Regel 1 Cor. X. Es wiederfuhr ihnen alles zum Furbilde.* (h. e. *His verbis: cum fugeret Dauid metu Abschalomi, non tantum hoc vult docere, hunc psalmum post seditionem Abschalomi fuisse cantatum, vbi nimirum Deus Spiritus S. Dauidis in animum reuocauit, quem in locum res eius ab rebelle Abschalomo deducta fuerit, eumdem in locum rem Messiae ab Abschalomis filiis deductum iri, sed etiam indicare, Dauidem Christum, Abschalomum Iudaeos typice denotare secundum hanc regulam. 1 Cor. X. Omnia typice euenerunt eis.*) Et deinde: *Ich verstehe diese Worte (Ich liege und schlaffe) sonderlich von Christi Begraebnis und Todt: nach diesem Spruch. Ies. XI. seine Ruhe wird Ehre seyn, nemlich weil Todt und Begraebnis seiner Schande Ende und Ehre Anfang gewest ist.* (h. e. *Ego haec verba* (ego cubui & dormiui) *praecipue de morte & sepultura Christi intelligo, secundum illud dictum Ies. XI, 10. Requies eius gloriosa erit, quia nimirum mors & sepultura ignominiae eius finis & gloriae initium fuit.*) Et postea. *Hie verstehen wir durch erwachen, von todten auferstehen: welches von dem Erstgebohrnen von den Todten, Iesu Christo, alleine verstanden werden muß: als Petrus anzeiget da er spricht Act. II. Dauid ist gestorben vnd begraben* ⟨237⟩ *&c.* h. e. (*Heic per* τὸ *euigilare intelligimus* τὸ *resurgere a mortuis: quod de primogenito Iesu Christo tantummodo intelligi debet, quemadmodum Petrus indicat Act. II, 29. quando dicit: Dauid obiit & sepultus est.*[202] Ita etiam alii pii interpretes Psalmum illum exponunt; Verba autem *Draconitis* ideo transscribenda duximus, quod non modo mentem Spiritus S. plane & perspicue aperiant, sed etiam auditoribus documento sint, qua via Psalmi, quorum tituli non nisi res Dauidis prae se ferunt, non qualicunque accommodatione, sed vere ex mente Spiritus

---

202 Draconites 1543.

S. de Christo interpretandi sint. Plura nos de Iona cum Psalmis, accuratae exegeseos gratia conferendo, non addimus. Satis enim est commonstrasse viam, quam si studiose auditores sequantur, paulatim stilo Spiritus S. ita eorum animus adfuescet, vt percipere, quae in scripturis ad Christum pertinent, iis pronum magis futurum sit, & quasi in aprico positum.

§. VI.
Cum Hagiographa singula iam non possint attingi, ex tribus tantum experimentum captum iri.

In capite hoc V. in quo versamur, secundo loco librorum, qui sub Hagiographorum titulo in Codice Hebraeo comprehenduntur, mentionem facimus. Sunt autem praeter ⟨238⟩ Psalmos Prouerbia, Iob, Canticum Canticorum, Ruth, Threni, Ecclesiastes, Esther, Daniel, Esra, Nehemia, libri Chronicorum. Qui inter libros hosce historici sunt, eorum consideratio non ad praesentem sed ad superiorem, quartam, pertinet quaestionem. Iob & Daniel vero, immo etiam Threni, etsi ipsi quoque nonnulla continent historica, & hactenus ad quaestionem proxime antecedentem referendi esse videntur: praeterea tamen, quod maximam partem Iob & Threni querelas, consolationes plurimaque sapienter dicta, Daniel vero vaticinia sua fundant, & ipsa illa, quae in iis aut produntur, aut supponuntur historica, typica sane sunt, & ad Christum spectant. Quumque breuitatis studio singula Hagiographa in praesentia non attingere animus sit, ex tribus hisce experimentum capiemus, quo pacto ad Ionam dextre explicandum, &, quod praecipuum est, ad Christum in Iona intelligendum aliquid conferant.

§. VII.
Librum Iobi, Ieremiae Threnos & prophetiam Danielis mysterium crucis tradere adeoque cum libro Ionae prae reliquis egregie conspirare.

Iobum vtique excellentissimum Christi typum dicere non dubitamus. In aprico est, vix cuiusquam mortalium tot tantisque malis ⟨239⟩ pertentatam vnquam fuisse pietatem ac patientiam. In eo prae aliis antiquitus Christi subituri miseriam nostram quasi viua imago fuit repraesentata; & praenuntius ille non in ipso minus quam in reliquis Prophetis fuit Spiritus Christi, qui declararet euenturas Christo perpessiones, & gloriam illas consequuturam (1 Petr. I, 11.) Vt autem declaratio, quae ipso perhibetur facto, longissime eam supergreditur, quae modo ordinario, id est, verbis subministratur: Ita Iobi e perpessionibus Christo euenturis Prophetia eo est illustrior, quod vna cum vaticiniis de Christo, ore suo prolatis, se totum quasi sistat venturi Christi, in summa innocentia summam in se calamitatem suscepturi, imaginem ac figuram. Intueamur nunc etiam Ieremiam, plangentem quidem in Threnis peccata, & hinc profecta populi Dei mala omnia, at ipsum quoque in sua persona maximopere adflictum ac malis onustum. Vtraque ratione non verbis potius quam ipsa re de futuris Christi perpessionibus

testatus est. Lacrymae enim eius fuerunt praenuntiae lacrymarum Christi, peccata populi sui & ob impoenitentiam imminens illi excidium deflentis, adflictione vero propria ille Domini sui, Filii Dauidis, quem venturum praedixit, adflictiones tamquam in speculo repraesentauit. Iungamus Iobo ac Ieremiae Da-⟨240⟩nielem.
Nam hic quoque exemplo an verbis clarius de Christo vaticinatus sit, dici vix potest. Etsi vero mysterium crucis, vt supra id declarauimus, in vniuersa scriptura, inque omnibus sanctorum exemplis proditum est: attamen, quemadmodum in Iona tam clare illud elucet, vt Christus ad eum solum tamquam plane eximium mortis ac resurrectionis suae typum prouocet; ita in Iobo etiam, in Ieremia item ac Daniele in primis perspicua sunt mysterii crucis documenta, afflictiones, quae in Christum, caput Prophetarum, immo fidelium omnium redundaturae essent, praesagientia. Neque obstat, quod neque in Iobo, neque in Ieremia, neque in Daniele expresse adfirmetur, quod malis suis mala Christo obuentura designaverint. Id enim nec in Iona exprimitur; dum autem id a Christo in Iona animaduertendum esse docetur, id ipsum nos admonere debet, vt non minus in reliquis Dei servis, quorum parallela sunt exempla cum Iona, idem animaduertamus. Nimirum verbis haud opus est, vbi rerum testimonia adsunt. Comparemus, obsecro, Ionam in ventre ceti, cum Iobo cruciatibus excarnificato grauissimis ac vitae spem omnem, inter tentationum tormina abiiciente, cum Ieremia in foueam, & cum Daniele in speluncam leonum demisso, quid in singulis ex ⟨241⟩ mente Spiritus Sancti contemplabimur aliud, nisi eandem Christi morituri & in sepulcro condendi imaginem? Eosdem vero, Ionam, Iobum, Ieremiam, Danielem, cum non absorptos aduersis, sed iis valida Dei manu liberatos legamus, quid in iis nisi eandem resurrectionis Christi figuram obseruabimus? Et merito sane parallelismum rerum hic potius quam verborum consectamur. Docuit enim nos Christus exemplo suo exegeseos, dum non e verbis sed ex satis Ionae mortis, sepulturae ac resurrectionis suae petiit testimonium, pari quoque ratione in reliquis scripturae monumentis aliorum seruorum Dei fata obseruanda nec in verbis duntaxat, sed in rebus etiam scripturae harmoniam, quae ad Christum collineet, inuestigandam esse. Cuius generis haec quoque consideratio est, quod iidem triumuiri sanctissimi, Iobus, Ieremias, Daniel, lumen veritatis gentium profanarum terris intulerint. Nam Iobus ex iis ipsis tamquam fulgidum sidus prodiit: qua de re vide libellum *Licht und Recht in der andern Entdeckung*,[203] vbi nempe luculenta *ad librum Iobi Introductio*[204] habetur. Ieremias vltimo vitae tempore in AEgyptum concessit. Daniel autem adhuc adolescens Bayloniam abductus ad seram vsque senectutem inter Ethnicos & cum eorum regibus versatus ⟨242⟩ est. Quae singulorum fata licet ex caussis plane diuersis prouenerint, in eundem tamen finem, si consilium Dei spectemus, tendunt. Nimirum ita Deus antiquitus noluit inter gentes sine testimonio esse; quin immo non contentus beneficiis ordinariis, quibus se agnoscendum illis praebuit, Prophetas suos ad eas subinde & variis occasionibus ablegauit, idque, vt in Daniele in primis manifestum est; non sine egregio & illustri effectu. Hoc ipso vero ceu praenuntio quodam

---

[203] Michaelis, Licht und Recht. Andere Entdeckung, 16 ff.
[204] *Fußnote im Original:* „Ea debetus D. D. IO. HENR. MICHAELIS." [Michaelis 1720, Praefatio].

testimonio se quasi communiuit ac comprobauit non tantum Iudaeorum sed reliquarum quoque gentium existere Deum, quibus etiam omnibus donandus & praedicandus aliquando Christus sit, Iudaeis sermonem Dei repellentibus, seque ipsos indignos statuentibus vita aeterna.[205] Quae omnia ad historiam Ionae, &, quod in ea animaduertimus, consilium Dei relata parallelismo euidentissimo genuinam Ionae expositionem illustrant & confirmant. Mysterium crucis, in Christo capite inque membris eius reuelandum, & Benedictio per Christum in omnes terrae gentes redundatura, duo praecipua scripturae momenta sunt, in quibus maxime iuuat & ad percipiendum totius scripturae sensum prodest concinentes intelligere Scriptores Sacros. Mittimus nunc, ne longiores simus, parallelismum verborum, ⟨243⟩ indeque promanantem etiam Ionae vberiorem expositionem.

§. VIII.
Quomodo libri Prophetici etiam huc spectent, strictim indicatur.

Superest vt de Propheticis libris, qui quidem κατ' ἐξοχήν ita vocantur, vnum alterumque capiamus documentum, quo vsum illorum in exponendo Iona ostendamus. De Ieremia, quia is ex parte, & de Daniele, quia is totus est inter Hagiographa relatus, iam vidimus. Praeterea hoc loco etiam Auditores memoria recolere debent ea, quae supra satis fuse ad versum sextum, capitis XXXIV Exodi protulimus. Vt enim oraculo illo Ionas vsus est, ita Prophetae reliqui fere, quoties ad declarandam Dei voluntatem os aperiunt, eiusdem dicit diuini verba quaedam recitant. Quem si sequamur parallelismum, sicque cum Iona Prophetas reliquos vno loqui ore animaduertamus, aperta nobis via est, etiam mentem Ionae ex iis, quae similibus verbis, diuersis vero casibus, Prophetae dixerunt, exponendi. Mysterium vero crucis & Benedictio in Christo orbi impertienda, quum duo illa capita sint, quae vt Prophetas praecipue occuparunt, ita scripta eorum maxime implent, hisce duobus capitibus in collatione hac vsquequaque in-⟨244⟩haerendum est, vt Prophetae alii aliis lumen addant. Porro ex numero Prophetarum illi maxime hic conferendi sunt, qui aetatem Ionae proxime attingunt, Hoseas, Amos, Iesaias, quibus nonnulli etiam Ioelem adnumerant. In hisce quippe, ceu coaeuis aut aetati Ionae proximis, status populi Israelitici, quis tempore illo fuerit, luculentius exponitur. Eius vero status consideratio prudens & accurata praecipue viam aperit ad consilium Dei in iis pernoscendum, quae vates singuli iussu diuino egerunt atque loquuti sunt. Speciatim nunc possemus conferre orationem Ionae, quae cap. II. habetur, cum scripto, quod vocatur, Hiskiae, postquam graui ex morbo conualuisset Iesai. XXXVIII, 9. seqq. Posset illa fiduciae ac spei significatio, quam produnt Nineuitae cap. III Ionae, v. 9. (fore nempe, vt poenitentiam admissorum agentes veniam & immunitatem a Deo consequantur) comparari cum verbis plane parallelis Ioelis cap. II, 14. aliisque Prophetarum locis re

---

205 *Fußnote im Original:* „Act. XIII, 46."

idem sonantibus. Posset cum historia Ionae, quoad illa pertinet ad Nineuitas, contendi Nachumi aduersus Nineuitas temporibus subsequentibus prolatum vaticinium, illis excidium atque internecionem aperte comminans. Haud dubie enim Nineuitae non modo in pristina relabi scelera, sed etiam in deterius quotidie proruere, acceptae semel veniae obli-⟨245⟩ti, praefracta contumacia ausi sunt: quamobrem eos tandem Deus omni oppletos iniquitate & a resipiscentia remotissimos, vt exemplum in iis iustitiae suae orbi praeberet, penitus euertit. Verum haec & alia eiusmodi, quantum conferant ad Ionam ὁλοτελῶς exponendum & ad oeconomiae diuinae rationes reconditas quasi in apricum protrahendas, a tironibus minime intelligitur, nisi fusius, &, prout captus discentium poscit, enuncleatius & magis ἀποδεικτικῶς ea tractentur. Id autem in praesentia nobis praestare non licet, si euitare velimus Auditorum properantium ad noua fastidium. Attamen exemplum e superioribus capere singuli poterunt, qua ratione ad luculentam Ionae expositionem etiam nonnulla, in quibus nil adiumenti exegetici inesse prima specie videatur, deductione longiuscula referri possint ac debeant. Quibus ipsis tamdiu immorati haud fuissemus, nisi in subministranda hac nostra ad Ionam Introductione maxime id spectassemus, vt expeditiores exegeseos rationes Auditoribus nostris redderemus, non id duntaxat, vt in vnius Prophetae tractationem fundamentalem ipsius Scripturae praesidiis subnixam, immitteretur. Id quod etiam atque etiam velimus ab Auditoribus animaduerti, ne si praestituti nobis finis expertes fuerint, longiorem ad paucissima, eaque ⟨246⟩ intellectu facilia, vnius sacri vatis capita, Introductionem relegendi ac repetendi taedium animos eorum subeat.

§. IX.
Conclusio.

Finem nunc Introductioni huic imponam, si clausulae loco adiecero locum quendam eximium e LIGHTFOOTI[206] horis Hebraicis. Quum enim verba ipsius Christi, quibus ad typum Ionae prouocat, substrata initio a nobis sint fundamenti loco omni genuinae expositioni Ionae, Christus autem in verbis illis praecipue circumstantiam diei tertii vrgeat, iucundum pariter & vtile fuerit, ipsam Iudaeorum obseruationem de die tertio in Scripturis adprime illustri, percipere, quam productam LIGHTFOOTVS ad diem tertium resurrectionis Christi pulchre traducit.[207] Nam tomo secundo operum p. 566. horis hebraicis & quidem ad Lucae caput XXIV, 21. ad verba Τρίτην ταύτην ἡμέραν ἄγει σήμερον ita commentatur.
Notentur ea, quae notant Magistri de die tertio. Bereschith Rabba, folio 62. p. 2. Abraham leuauit oculos suos die tertio Gen. XXII, 4. Scribitur, viuificabit nos post dies duos, tertio die resuscitabit nos, & viuemus in conspectu eius Hoseae VI, 2. Et de die tertio Tribuum scribitur, Dixit iis Iosephus die tertio, Gen. XLII, 18. De die et-⟨247⟩*iam tertia explorato-*

---

206 Lightfoot 1675.
207 Ebd., 896 f.

rum, abscondimini illic dies tres Iosuae II, 16. Et de die tertia promulgationis Legis dicitur, & fuit die tertia Exodi XIX, 16. De die etiam tertia Ionae scribitur, fuit Ionas in ventre piscis tribus diebus & tribus noctibus Ionae I, 17. De die etiam tertia adscendentium e capitiuitate scribitur, & castra metati sunt illic dies tres Esrae VIII, 15. De die etiam tertia reuiuificationis mortuorum scribitur, post dies duos reuiuificauit nos & tertio die resuscitabit. De die etiam tertia Esterae scribitur. & die tertia induit Esther regalia Esth. V, 1. Targumista addit, Induit Esther regalia die tertia Paschatis (huc vsque verba ex Bereschith Rabba) *Erat & dies iste, de quo iam sermo, dies tertius paschatis. Si haec notarentur de die tertia tunc temporis in scholis & Synagogis (quod nescio quare negetur) eo nutare possunt haec verba Cleophae, vt loquentis secundum vulgarem gentis conceptum. Nam quum planum satis fuisset dixisse* τρίτην τὴν ἡμέραν ἄγει σήμερον *ille autem addat* σὺν πᾶσι τούτοις *& vocem* ταύτην *videtur vis aliqua esse in isto additamento, atque emphasis aliqua in isto vocabulo: ac si hoc vellet, Iesus ille fuit magnus opere & verbo, & talem se praebuit, vt de eo conciperemus, quod Messias esset, redempturus Israelem. Et praeter haec omnia, quae ei tali attestantur, attestatur etiam ipse hic dies: nam quum de die tertio celeberrima sit apud nos obser-*⟨247a⟩*vatio, hic est dies tertius ex quo ille est crucifixus atque hodie dicunt quaedam foeminae apud nos, quod ab Angelis iis dictum est, quod resurrexit.*

 Nos iam manum de tabula. Deo autem, quas debemus, ex animo agimus gratias, quod suo nobis auxilio in omni isthoc negotio benignissime praesto esse voluerit, eumque id vnice & enixe rogamus atque obtestamur, vt in salutarem ac luculentissimam Iesu Christi agnitionem in dies plus plusque omnia nostra efflorescere iubeat studia, quo ex his sibi Ecclesia debitos exoptatos, nec perituros vmquam fructus, demetat.

August Hermann Franckens,

Weyl. Prof. Theol. Past. Ulr. und Schol.

Erklärung
Der
Psalmen
Davids;

Erster Theil,

Mit einer Vorrede herausgegeben
Von
Gotthilf August Francken,
S. Theol. Prof. Ord. und Pred. zur L. Fr.

HALLE, in Verlegung des Waysen-Hauses. MDCCXXX.

August Hermann Franckens /
Weyl. Prof. Theol. Past. Ulr. und Schol.
Erklärung
Der
Psalmen
Davids;
Erster Theil,

Mit einer Vorrede herausgegeben
Von
Gotthilf August Francken,
S. Theol. Prof. Ord. und Pred. Zur L. Fr.

HALLE, in Verlegung des Wäysen-Hauses. M DCC XXX.

Einleitung zu 5: Psalmen (deutsch)

In seinem Vorbericht zur *Erklärung der Psalmen Davids* 1730 geht Gotthilf August Francke im § 2 auf die hermeneutische Einleitung in den Psalter ein. „Es bestehet aber diese Einleitung aus fünf *Academi*schen *Lection*en, die von dem seligen Auctore fast um gleiche Zeit mit den übrigen Reden gehalten, und wie dieselben aus seinem Munde von Wort zu Wort nachgeschrieben, und also abgedruckt sind; nur daß das hin und wieder darin vorkommende Lateinische nach dem Zweck dieses Buches ins Teutsche übersetzt worden".

Im § 3 berichtet G. A. Francke eingehend über Zeit und Ort der Reden. „Was aber die folgende Erklärung der Psalmen anlanget, muß ich zuvörderst melden, daß die in diesem Werck befindliche öffentliche Reden insgesamt in der so genannten Sing-Stunde, die noch ietzo auf dem Wäysenhause des Mittwochs und Sonnabends, und zwar im Sommer von 5 bis 6, im Winter aber bey abnehmenden Tagen von 4 bis 5 und von 3 bis 4 Uhr angestellet wird, gehalten, und wie sonst gemeldet, von mehreren, die sich darin mit einander conjungiren, von Wort zu Wort nachgeschrieben worden; so, daß bey der Edirung dieselben MSta nur revidiret, und ohne etwas fremdes hinzuzuthun, in die zum Druck nöthige Ordnung gebracht werden dürfen".

Im § 4 schildert G. A. Francke in allen Einzelheiten Verlauf und Art der Singstunden. Anfangs seien in ihnen nur Lieder zur Erbauung gesungen worden, zunächst im kleinen Kreis, der sich dann aber bald erweitert habe. Die Singstunden hätten sich zu Erbauungsstunden entwickelt, in denen ein biblischer Text erklärt worden sei, so daß sich August Hermann Francke mehrmals geäußert habe, „er lieber wolle daß sie Erbauungs- oder Ermahnungs-Stunden heissen, oder mit einem andern beqvemen Wort benennet werden möchten, wenns ja ein Name seyn solle". Behandelt worden seien zumeist neutestamentliche Texte, in den Jahren 1704 bis 1707 der Psalter. Falls Francke abwesend oder anderweitig verhindert war, hätten seine Mitarbeiter, z. B. Herrnschmidt und Freylinghausen, die Sing-Stunden abgehalten.

Dabei sei es das Anliegen Franckes gewesen, immer deutlicher zu erkennen, dass alle Psalmen von Christo zeugen. So habe er denn insbesondere sein Gebet dahin gerichtet, „daß ihm doch GOTT das Geheimniß von CHristo in den Psalmen mehr aufschliessen wolle" (§ 6). Er habe schon damals gewünscht, „diese Betrachtungen über den Psalter durch den Druck zu publiciren", habe auch die erste Rede über den ersten Psalm bereits 1706 herausgegeben (§ 8). Sein frühzeitiger Tod habe aber dieses Vorhaben verhindert (§ 9). Die Behandlung der Psalmen erfolge nun „nicht allemal" als „eine vollständige Erklärung eines ieden Psalms, von Wort zu Wort", auch „nicht nach einerley Methode", vielmehr werde „auf die Haupt-Absicht" des Autors gesehen, „welche vornemlich auf die Erbauung der Zuhörer gegangen ist" (§ 11). „Hiernächst ist wol der Haupt-Zweck des sel. Auctoris gewesen, das Zeugniß von CHristo in den Psalmen hervorzusuchen und ans Licht zu stellen" (§ 12). „Alles dieses ist bald weitläuftiger, bald kürtzer ausgeführet" (§ 14).

G. A. Francke macht dann aber in seinem Vorbericht (§ 14) doch darauf aufmerksam, dass die meisten Psalmen „von Wort zu Wort durchgegangen" wurden. Die erbauliche Betrachtung der Psalmen setzt also ein sorgfältiges exegetisches Studium voraus. G. A. Francke verweist insbesondere auf den 2. Psalm: „Sonderlich ist der *andere Psalm* so weitläuftig erkläret, daß mir aus verschiedenen Umständen fast vorgekommen ist, als sey derselbe von dem sel. Auctore besonders vorgenommen, und weiter ausgeführt worden, obwol davon nichts gewisses zu sagen vermag. Es sind aber auch sonst viele, ja die meisten, von Wort zu Wort durchgegangen, und ziemlich umständlich erläutert worden. In gar vielen, da es die Sache also mit sich gebracht, findet sich, daß durchgehends gezeiget worden, wie sie theils nach dem historischen Verstande auf *David*, als ein Vorbild CHristi, sehen, theils aber und vornemlich auf *CHristum* selbst deuten, und endlich auch *die Glieder Christi* in ihrer Ordnung und Maaß angehen. In andern hingegen, z. E. dem 16ten Ps. ist gezeiget, wie sie nicht auf David, sondern allein *auf CHristum*, den Sohn Davids gedeutet werden können. Auch ist in einigen nur vornemlich aus der übrigen Schrift erwiesen, daß CHristus derjenige sey, von dem sie zeugen, da denn das übrige soviel leichter zu verstehen ist, wie im 89ten Psalm zu sehen. Uberhaupt aber ist mehrentheils, obgleich nicht eine vollständige Erklärung aller Worte und Redens-Arten, iedennoch eine solche hinlängliche *Einleitung zum rechten Verstande*, nach dem eigentlichen Endzweck des Heiligen Geistes, anzutreffen, und gleichsam aus Mose, den Propheten, wie auch den Evangelisten und Aposteln, einem ieden selbst der Leitfaden dargereichet, dadurch er immer weiter zum rechten Verstande der Psalmen kommen kan."

Besondere Aufmerksamkeit verdient Franckes Erklärung des 139. Psalms, dem er 11 Reden gewidmet hat. Auf ausdrücklichen Wunsch christlicher Personen hat G. A. Francke diese Abhandlungen im Jahre 1738, versehen mit einer Vorrede vom 21. März 1738, gesondert herausgegeben. Martin Schmidt hat die theologische Bedeutung dieser Auslegung in einem wertvollen Aufsatz (*August Hermann Franckes Erklärung des 139. Psalms.* In: Ders.: Der Pietismus als theologische Erscheinung. Gesammelte Studien zur Geschichte des Pietismus. Bd. 2, 257–269) gewürdigt. Im vorliegenden Band beschränken wir uns auf die Wiedergabe der beiden ersten Reden.

In seiner *Vorrede* zur gesonderten Edition der Erklärung des 139. Psalms hebt G. A. Francke den Eigenwert der lateinischen *Introductio in Psalterium 1738* gegenüber der deutschen Einleitung in den Psalter 1730 hervor. „Bey dieser Gelegenheit kann auch unerinnert nicht lassen, wie ich hin und wieder vernommen, daß mehrere in den Gedancken stehen, als ob des seligen Auctoris lateinische Introductio in Psalterium eine Ubersetzung oder doch Extract von der teutschen Erklärung des Psalters sey. Es findet sich aber solches gantz anders, inmassen in jenem lateinischen Werck eine gar unterschiedene Art der Abhandlung gebrauchet worden; davon in der Vorrede desselben mehrere Nachricht zu finden ist." Auch „erfahrene Theologi" hätten ein „besonderes Vergnügen" an dem lateinischen Werk bekundet. Es sei nicht so, „als sey die teutsche Erklärung nur um auswärtiger Nationen willen lateinisch vertiret und ediret worden".

⟨3⟩ *Die erste Lection zur Einleitung in den Psalter.*
(Gehalten den 12. Febr. 1706.)

DA eine kurtze Einleitung zu besserm Verstande des Psalters Davids gegeben werden soll, so ist erstlich von dem Namen dieses Buchs etwas zu gedencken. Es pflegt dasselbige in der Hebräischen Sprache ספר תהלים *ein Buch der Lob-Lieder*, genennet zu werden. Das Wort תהלים, wie gedacht, bedeutet zwar nur eigentlich *Lob-Psalmen*. Es ist aber diese Benennung ohne Zweifel von dem grössesten Theil derselben genommen; weil die Psalmen vornehmlich auf das Lob GOttes gehen, und auch die übrigen, welche nicht eben eigentlich Lob-Psalmen heissen, dennoch diesen Hauptzweck haben, daß GOtt in seinen Wegen und Gerichten verherrlichet werde. Die teutsche Benennung, *der Psalter*, hat ihren Ursprung eigentlich aus der Griechischen, und zugleich aus der Lateinischen Ubersetzung. Zuerst, sage ich, aus der Griechischen, alwo das Wort ψαλτήριον zu finden ist. Es wird damit sonderlich darauf gesehen, daß diese geistlichen Lieder auf Instrumenten, sonderlich auf dem, welches im Griechischen eben diesen Namen führet, gespielet worden. Eben dieses ist auch die Bedeutung des Hebräischen Wortes מזמר *Mismor*, wie solches von den Auslegern des Psalters, z. E. dem sel. D. *Geyer*,[1] gar weitläuftig pfleget gezeiget zu werden, daß nicht nöthig ist, sich hierbey aufzuhalten.

Was *zum andern* den *Verfasser* dieses Buchs betrifft, so wird abermals nur von dem grössesten Theil desselben geredet, wenn es *David* zugeschrieben wird. Es finden sich zwar einige, insonderheit unter den Alten, die diese Benennung auch dahin deuten wollen, als ob dadurch alle und iede Psalmen dem David, als ihrem gewissen Auctori und Verfasser, zugeschrieben würden. Es ist aber gar offenbar, daß dieses nicht statt haben könne; da z. E. der 90ste Psalm Mosi zugeschrieben wird, auch keine Ursach ist, warum man sagen ⟨4⟩ wolte, er sey nicht Mosis; da der Inhalt so wol mit der Red- und Schreib-Art Mosis, als auch den Sachen, die zu seiner Zeit vorgegangen, gar wohl übereintrifft. Hingegen gehen andere gar zu weit ab, wenn sie z. E. nicht allein den 90sten Psalm, sondern auch die folgenden, vom 91. bis auf den 106. inclusive, Mosi zuschreiben wollen; welches aber unmöglich statt haben kan. Und der Grund, worauf diese Meynung beruhet, ist eine recht Jüdische Ursach, und bestehet darin, daß alle folgende Psalmen, die keinem Autori zugeschrieben werden, demselben zugehören, dem der vorhergehende zugeschrieben worden. Daß aber dieser Satz ungegründet sey, und hier keine statt haben könne, ist sonderlich aus dem 99. Psalm offenbar. Denn da wird v. 6. des Mosis und Aarons, ingleichen des Samuels gedacht. Wie? Wenn nun Moses denselben Psalm gemacht hätte, würde er wol von sich selbst und von seinem Bruder Aaron also gesungen haben? Oder,

---

1 Geier 1696, I. z. B. 31.

würde er wol dergestalt den Samuel mit Namen genennet haben, der erst so lange nach ihm gelebet? Daß hingegen derselbige Psalm dem David mit Recht zugeschrieben werde, ob gleich sein Name nicht ausdrücklich darüber stehet, ist desto eher zu behaupten, weil derselbe nicht allein von Mose und Aaron, son-
5 dern auch von Samuel, der ihn zum Könige gesalbet, und nächst vor ihm gelebet, am besten reden konte. Ja daß auch solche Psalmen, die gar keine Uberschrift haben, dem David billig zugeschrieben werden, schliesset man mit Recht aus dem Zeugniß und Anführung des Neuen Testaments. Zum Exempel, der 2. Psalm wird im Neuen Testament dem David zugeschrieben Apost. Gesch. 4,
10 25. ohnerachtet es im Hebräischen nicht darüber stehet. Ingleichen Hebr. 4, 7. wird der 95. Psalm dem David beygelegt, da es ebenfalls nicht darüber stehet.

Man hält demnach, was den Verfasser der Psalmen, oder die Mittels-Person, betrifft, durch welche der Heil. Geist dieselben aufzeichnen lassen, nicht unbillig dafür, daß allerdings *die meisten dem David zuzuschreiben* seyn, nicht allein
15 wo es ausdrücklich darüber stehet, sondern auch, da es nicht eigentlich gemeldet wird. Hingegen können einige Psalmen auch gar bequem andern zugeschrieben werden. Doch hat man bey diesem letztern Fall allerdings vorsichtig zu gehen.

Man möchte zwar sagen: Es sey ja in der Heil. Schrift wenig daran gelegen, ob man den Verfasser, aus dessen Feder etwas geflossen, wisse oder nicht; wenn
20 doch überhaupt ausgemacht ist, daß alles vom Heil. Geist und dessen Eingeben herkommen; und also werde auch wol in den Psalmen wenig oder nichts daran liegen, ob man wisse, David sey der Verfasser, oder ein anderer. Und es ist allerdings an dem. Was die rechte Hauptsache betrifft, ist uns wenig dran gelegen, zumal wo es GOtt nicht hat lassen darzu setzen; da es eine Anzeige ist,
25 daß uns an demselben Umstande nichts sonderlich müsse gelegen seyn, als ⟨5⟩ welchen der Geist GOttes nicht vergeblich unangezeiget gelassen hat. Hingegen aber, wo es auch ausdrücklich drüber stehet, und ein Psalm einem gewissen Verfasser zugeeignet wird, haben wir billig eben also daraus zu schliessen, daß ihn der Heilige Geist nicht ohne Ursach benennet habe. In der Sache selbst aber
30 hat es doch so viel auf sich, daß, wenn man zum Exempel den 99sten Psalm Mosi zuschreiben wolte, so folgte daraus, daß, gleichwie Josias einige hundert Jahr vorher mit Namen genennet worden, ehe er noch geboren war, da der Prophet aus Juda weissagete, 1 Kön. 13, 2. *es solle dem Hause David ein Sohn geboren werden, mit Namen Josia*; also auch auf eben diese Weise im 99sten Psalm mit
35 dem Samuel geschehen sey, und Moses denselben vorher mit Namen genannt hätte. Dergleichen aber zu behaupten, oder zu ersinnen, ohne hinlänglichen Grund in der Schrift zu haben, ist allerdings unrecht. Dergleichen muß in der Schrift offenbar angezeiget seyn, gleichwie vom Josia. Sonst muß man, wie keine Wunder, also auch keine Weissagung, ohne die Schrift erfinden, damit man we-
40 der selbst auf einen schlüpfrigen Grund treten, noch auch andere darauf führen möge.

Hingegen, wenn man den 90sten Psalm als ein Lied Mosis ansiehet, wie auch drüber stehet; so giebt das eine Anleitung, wie der Psalm recht müsse verstanden werden. Denn wenn er v. 7. von dem grossen Zorn GOttes redet,
45 der sie druckte, und darzu setzet, daß *ihre Tage so dahin gingen*, und in dem Zorn

GOttes verzehret würden, und *doch niemand merckte*, daß es daher käme: so kan diß so gründlich nicht verstanden werden, wenn man nicht die Umstände ansiehet, in welchen Moses gewesen. Weil nemlich dem Volck eine Zeit von 40. Jahren gesetzet worden, darinnen alle ihre Leiber verfallen solten in der Wüsten, daher kams, daß die Leute damals das Alter nicht erreichten, daß sie wol etwa natürlicher Weise würden erreichet haben, wie wir z. E. an Caleb sehen, welcher, da er achtzig Jahr alt war, noch so frisch und starck war, als er vor vierzig Jahren gewesen war. Auch Josua erreichte das Alter von hundert und zehn Jahren. Es war also zu der Zeit noch nicht an dem, daß die Menschen nur siebenzig, und wenns hoch kommen wäre, achtzig Jahr gelebet hätten. Denn Moses selbst wurde hundert und zwantzig Jahr alt, und viel andere, die uns noch nachher in der Schrift benennet werden, sind sehr alt worden. Aber in der Wüsten traff das gar wohl ein. Da fielen sie also vor der Zeit dahin. Und darüber hatte Moses insonderheit zu klagen, daß dessen unerachtet das Volck dennoch so blind wäre, und nicht mercken wolte, daß GOtt so sehr zürnete. So wird einem der gantze Psalm leicht. Man siehet also an diesem Exempel, daß nicht wenig daran gelegen sey, auf den Verfasser zu sehen, um in dem Wort-Verstande nicht auf etwas unrechtes zu fallen.

⟨6⟩ Ja es hat so viel mehr auf sich, den *Auctorem* recht zu erkennen, weil man denn auch zugleich daraus *die Zeit* erkennen muß, worauf sich ein Psalm beziehet. Wenn man sich nun in Untersuchung des Wort-Verstandes eine gantz andere Zeit vorstellet, als dieselbe, worauf der Psalm eigentlich zielet: so kanns nicht anders seyn, man muß aus den Umständen derselben Zeit auch eine gantz unterschiedene Erklärung herleiten.

So gehöret denn das alles, was anietzo erinnert ist, dahin, daß man diejenigen Dinge nicht allzugering achten soll, die auch nur als äusserliche Nebenumstände möchten angesehen werden, sondern vielmehr eine iegliche Müntze so hoch schätze, als sie gepräget ist. Ich würde eine Thorheit begehen, wenn ich eine Müntze, so zu einem Pfenning geschlagen ist, wolte für einen Thaler ausgeben, oder wenn ich einen Thaler für einen Pfenning halten wolte. Also ists auch in solchen äusserlichen Nebendingen. Man muß sie in ihrem Werth ansehen, und nicht zu weit herunter schlagen, ihnen aber auch nicht einen solchen Werth setzen, den sie nicht haben.

Es ist aber eigentlich πνεῦμα προφητείας, *der Geist der Weissagung, das Zeugniß von JESU,* Offenb. Joh. 19, 10. oder daß wir CHristum in der Schrift finden mögen, ist das allervornehmste. Wenn nun einer die bloß äusserlichen Umstände von der Wichtigkeit halten wolte, als diß ist, daß er Christum aus der Schrift, und insonderheit aus den Psalmen erkennen lerne, der würde freylich nicht mit rechtem Unterscheid handeln. Jedoch kan man dieses gewiß glauben: Wer die äussern Hülfs-Mittel verachtet, oder an dem Wort-Verstande gleich einen Eckel hat, der gelanget zu keiner recht gründlichen Erklärung der Schrift, sondern verläuft sich hie und da, und bringt diß und jenes hervor, das nicht den geringsten Grund hat. Wenn nun das andern offenbar wird, oder ein solcher es selbst einsiehet, so hats diese schädliche Wirckung, daß hernach auch das übrige, was doch guten Grund hat, leicht in Zweifel gezogen wird, und also die Schrift um so viel weniger zur Uberzeugung anderer recht angewendet werden kan.

Weil aber noch von dem *Verfasser* des Psalters geredet wird, bleibet dieses gewiß, daß uns weit mehr daran gelegen sey, den Heiligen Geist als den *Haupt-Verfasser* recht zu erkennen. Das ist die Sache, warum auch der Geist GOttes in so vielen Psalmen keinen *Auctorem* oder Mittels-Person voran gesetzet hat, weil uns nemlich daran nicht hauptsächlich gelegen war, und gnug seyn kan, daß wir den Haupt-*Auctorem* wissen. Hierauf weiset uns Christus Matth. 22, 43. gar schön, da er den 110. Psalm Davids also anführet: *Wie nennet ihn denn David im Geist einen HERRN?* ⟨7⟩ Er weiset uns also nicht auf David allein, sondern zugleich auf den Haupt-Verfasser, als wenn er sagen wolte: Wenns David hätte geredt als David, so möchtet ihr euch wenig dran kehren. Da es aber David geredet hat durch den *Heiligen Geist*, so habt ihr dagegen keine Einwendung zu machen, sondern den Meßiam nicht allein *als einen Sohn*, sondern auch als einen *HErrn Davids* anzunehmen.

Ja was noch mehr ist, da sonst zwar von der Heil. Schrift insgemein gesagt wird: πᾶσα γραφὴ Θεόπνευστος, *alle*, oder *die gantze Schrift ist von GOtt eingegeben*, 2 Timoth. 3, 16. und, *die heiligen Menschen GOttes haben geredet, getrieben von dem Heiligen Geist*: 2 Petr. 1, 21. so wird insonderheit der Heilige Geist als der Haupt-Verfasser des Psalm-Buchs angezeigt; welches sonst eben nicht von einem ieglichen Buche ausdrücklich pflegt gemeldet zu werden. Denn von dem Psalm-Buch heißts in den letzen Worten Davids: 2 Sam. 23, 1. *Es sprach David, der Sohn Isai, es sprach der Mann, der versichert ist von dem Meßia des GOttes Jacobs, lieblich mit Psalmen Israel:* v. 2. *Der Geist des HErrn hat durch mich geredt, und seine Rede ist durch meine Zunge geschehen.* Und in dem 45sten Psalm v. 2. nennet er *seine Zunge einen Griffel eines fertigen Schreibers.* Womit zu erkennen gegeben wird, daß ihm der Heil. Geist die Feder geführt, ja die Zunge also regieret habe, daß man nicht auf ihn, sondern auf einen höhern sehen müsse.

Dieses, was ietzo von dem Haupt-Verfasser gesagt ist, muß man mit Fleiß beobachten. Denn es ist überaus viel dran gelegen, daß es recht gemercket werde. Denn, wenn dieses recht erwogen wird, so wird man David in diesen seinen Psalmen, nebst den andern heiligen Männern GOttes, von welchen uns einige Psalmen hinterlassen sind, nicht nach ihrem natürlichen Zustande, als andere Menschen ansehen; sondern wir werden uns dabey erinnern, wie uns sonst die Θεοπνευστία, oder unmittelbare Eingebung des Heiligen Geistes, beschrieben und klärer vor die Augen gemahlet wird. Zum Exempel, Luc. 1, 41. wird uns erstlich vorgestellet, wie *Elisabeth, da sie den Gruß Mariä gehöret, des Heiligen Geistes voll worden sey,* und gesagt habe: v. 43. *Woher kommt mir das, daß die Mutter meines HErrn zu mir kommt? Siehe, da ich die Stimme deines Grusses hörete, hüpfete mit Freuden das Kind in meinem Leibe. Und o selig bist du, die du gläubet hast!* Woher wusste sie denn, daß diß die Mutter des Meßiä wäre, welches doch niemand wußte, als Maria, der es der Engel verkündiget hatte? Da aber dieselbe hier zu ihr trat, und nur einen Gruß an sie that: so legte GOtt demselben Gruß eine solche Kraft und Segen bey, daß sie es durch und durch fühlete, voll Heiliges Geistes ward, ⟨8⟩ und sprach: *Du bist die Mutter des Meßiä.* Da siehet man wohl, daß Elisabeth in einen gantz andern Zustand durch den Heiligen Geist gesetzet worden, als in welchem sie gewöhnlich und natürlich gewesen. Und eben also finden wir Mariam in demselbigen Capitel. Denn da sie eben darauf ihren Lobgesang ausspricht, ist es gewißlich keine Rede, wie man natürlicher und gewöhnlicher Weise zu führen pflegt; sondern sie ward auch *voll des Heiligen Geistes,* ob gleich solches daselbst nicht mit so ausdrücklichen Worten gesaget wird, weissagete, und sprach: v. 46. *Meine Seele erhebet den HERRN, und mein Geist freuet sich GOttes, meines Heylandes,* u. s. f. Das war gantz ein anderer Zustand, als in welchem man gewöhnlich ist, oder in welchem Maria auch darnach wird gewesen seyn, da sie die drey Monden mit Elisabeth umgegangen ist. So heißts nachmals auch in eben demselben Capitel vom Zacharia: v. 67. *Er ward des Heiligen Geistes voll.* Da redete Zacharias nicht auf die Weise, wie er vorhin dem Engel geantwortet hatte, v. 18. da er in seiner Rede einen Unglauben blicken ließ; wie er auch deßwegen gezüchtiget ward, daß er stumm blieb: sondern es hatte nun eine gantz andere Art. Erstlich geschach diß grosse Wunder, daß er in einem Augenblick seinen Mund aufthat, und von seinem Sohne sprach: v. 63. *Er soll Johannes heissen.* Und zugleich ward sein Hertz mit dem Heiligen Geist erfüllet. Da fließt denn die Rede gantz anders, als sonst eine gewöhnliche und natürliche Rede; ja die Sprache, die er da führet, ist gantz wie in den Psalmen und Propheten, daß er so gar die Worte derselben nimmt, und deren Erfüllung zugleich darlegt. Z. E. v. 76. weissaget er: *Und du, Kindlein, wirst ein Prophet des Höchsten heissen, du wirst vor dem HErrn hergehen, daß du seinen Weg bereitest.* Wie Malachias Cap. 3. und Esaias Cap. 40. davon geweissaget hatten, also weissaget auch hier Zacharias. Man siehet hieraus, daß die Θεοπνευστία, oder das Eingeben des Heiligen Geistes, keine solche Sache, oder nur so davon zu halten sey, als wenn sonst ein frommer Mensch redet, und seinen Begriff von göttlichen Dingen, nach seinem Vermögen, aufs beste an den Tag leget. Nein! sondern wir sehen aus diesen klaren Exempeln, daß es viel etwas höheres sey. Und so müssen wir denn auch die Psalmen ansehen, oder man misset sie nach dem Maaß seines schwachen menschlichen Verstandes, und siehet sie nicht an als λόγια τοῦ Θεοῦ, als *oracula* und Aussprüche GOttes selbst. Darum muß man hiebey auf den Urheber und eigentlichen Verfasser, den Heiligen Geist, allezeit recht sehen: so wird man auch, was den Verstand selbst betrifft, in den Psalmen oft einen nähern Weg haben, und leichter erkennen, wie dieselben zu ihrer Haupt-Absicht und Endzweck das Zeugniß von JEsu haben. Denn weil nicht David in seinen eigenen Umständen, darin-⟨9⟩nen er war, als ein anderer Mensch, diß und das so ausschüttet; sondern, weil er ergriffen ward von dem Heiligen Geist, und derselbe seine Zunge regierte, wenn er einen Psalm verfertigte: so ist da das πνεῦμα τῆς προφητείας, der *Geist* und die Kraft der *Weissagung,* diß ist, sage ich, das Zeugniß von JEsu.

Wir wollen zum Exempel den 27sten Psalm setzen, wenn er da v. 4. sagt: *Eins bitte ich vom HErrn, das hätte ich gern, daß ich im Hause des HErrn bleiben möge mein Lebenlang, zu schauen die schönen Gottesdienste des HERRN, und seinen Tempel zu besuchen.* Wie könte hier David bitten, daß er sein Lebenlang im Hause des HErrn bleiben möge? Es war ja kein Tempel gebauet. Und ob man sagen wolte, er hätte die Hütte des Stifts dadurch verstanden: so war er ja kein Priester, noch vom Geschlechte Aarons, sondern zum Könige gesalbet. Sein Beruf war es auch nicht, daß er immerdar in der Hütten seyn solte; sondern er muste auf dem königlichen Thron sitzen, und gantz Israel richten und regieren. Wenn wir aber diese Worte ansehen, wie er im Geist der Weissagung geredet: so hats keine Schwierigkeit mehr, sondern alsdenn siehet man auch, was für ein Nachdruck in dem Hebräischen ist, wenn es heißt: *Zu schauen die Lieblichkeit des HErrn*. Denn da siehet er in die Zeiten des neuen Bundes, ja gleichsam mit einem Blick in die Ewigkeit hinein, und freuet sich darauf im Geist. Also erkennet man hier bald etwas höhers, als die Worte zuerst anzuzeigen scheinen. Hingegen aber wenn man David zum vornehmsten Verfasser der Psalmen macht, als sey da kein höherer, sondern er habe nur, wie ein andrer Mensch, alhier gebetet; und siehet nicht dabey auf die Θεοπνευστίαν und göttliche Eingebung: so macht man sich vergebliche Zweifel und Schwierigkeiten.

Was *zum dritten* die *Zeit* betrifft, da dieses Buch geschrieben ist: so erhellet aus dem, was von dem Verfasser desselben gesagt worden, zur Gnüge, daß man hier keine so gewisse Zeit setzen könne, als bey einem andern Buch. Denn was den 90sten Psalm, das Lied Mosis, betrifft, so gehöret derselbe in die Zeit Mosis, und also in einen gantz andern Zeit-Lauf. Von den meisten Psalmen aber ist es hingegen wol offenbar, daß sie in die Zeiten Davids fallen. Denn, obgleich *Assaph* und andere, deren Namen darüber stehen, welche iedoch auch Propheten gewesen sind, einige Psalmen gemachet haben: so lebten doch auch dieselben zu Davids Zeit; und also gehören die meisten ohnstreitig in denselben *periodum*. Das ist sonderlich um deßwillen zu mercken, daß man allezeit bey Erklärung der Psalmen die Historie derselbigen Zeit recht vor Augen habe. Denn, wie Lutherus in der Vorrede über die Propheten gar schön saget, *daß die historischen Bücher des Alten Testaments*, als die Bücher der Könige, der Chronica, etc. *die besten Ausleger der Propheten wären*,[2] was die äusserlichen Umstände und den Wort-⟨10⟩Verstand betrifft: also ists auch mit den Psalmen bewandt. Da muß man Mosen, das Buch Josua, das Buch der Richter und die Bücher Samuelis, nach ihren historischen Umständen und Erzehlungen, wohl inne haben, wenn man anders den rechten Verstand des Psalters haben will.

Die andere Lection zur Einleitung in den Psalter.
(Gehalten den 15. Febr. 1706.)

ZUr Einleitung in den Psalter ist in voriger Stunde zuerst *von dem Namen*, hernach *von den Verfassern* desselben, wie auch *von dem Haupt-Urheber*, und endlich *von der Zeit, da es geschrieben*, gehandelt worden. Nun folgt *viertens der Ort, da diß Buch in der Ordnung der Biblischen Bücher stehet*. Davon ist sonst schon angezeiget worden, daß in der Teutschen und andern Uebersetzungen die historischen Bü-

---

2 WA DB XI 1, 2–15.

cher des Alten Testaments gar bequem zusammen gesetzet sind, auf daß man die Biblischen Historien in der Ordnung unzertrennet beysammen finde. Nachdem dann die Biblischen Historien in dem Buche Nehemiä zwar beschlossen worden, das Buch Esther aber, wegen der in dieselbige Zeit gehörige Historie, dem vorigen noch müssen beygefüget werden: so folget darauf das Buch Hiob, welches nach der Zeit, darin es geschrieben worden, noch vor den historischen Büchern hätte stehen müssen. Und eben das ist nun auch die Ursach, warum nunmehr auf das Buch Hiob der Psalter folget, dieweil man das Buch Hiob eigentlich nicht zu den historischen Büchern, darinnen die Geschicht des Israelitischen Volcks beschrieben wird, rechnen können, und doch dem Alterthum nach dem Psalter billig müssen vorgezogen werden; ausser dem aber kein ander Buch, auch in Absicht der Zeit, füglicher können dazwischen gesetzet werden.

Was sonst aber noch genauer *die Zeit-Ordnung der Psalmen unter einander* angehet, und wohin ein ieglicher derselben in der Biblischen Historie zu rechnen: davon kan *Lightfootus* nachgesehen werden, in dem Buch *de locatione siue chronotaxi textuum sacrorum*, welches in seinen zusammen gedruckten Wercken mit befindlich ist.³ Es ist in demselben Buch eine gute und nützliche Arbeit geschehen, da der gantze Zweck ist, zu zeigen, wo ein ieglicher ⟨11⟩ Text in der Schrift, der Zeit-Ordnung nach, hingehöre. Da hat er also auch von den Psalmen gehandelt, und gezeiget, wo etwa einige derselben in die Bücher Mosis, Samuelis, der Könige oder der Chronicken füglich hinzurechnen seyn, und zu welchen historischen Umständen und Begebenheiten dieselben gehören. Man muß aber dabey nicht alles als hinlänglich bewiesen annehmen, so, daß gar nicht mehr daran zu zweifeln sey, daß ein Psalm eben da, und nicht anderswo hin gehöre. Denn, weil die meisten Psalmen selbst keine Anzeige thun, in was für Umständen sie gemachet sind; so folgen dergleichen Männer, als *Lightfoot* und andere, die über die Psalmen geschrieben haben, nur einigen Merckmaalen, die sie in den Psalmen selbst gefunden zu haben vermeynen, da es aber öfters nur auf Muthmassungen ankommet. Daher denn einem fleißigen Forscher der Heil. Schrift frey stehet, daß er weiter untersuche, ob er nicht einen bessern Grund finden könne.

Doch kan das Buch zuweilen gar ein grosses Licht geben, den historischen und buchstäblichen Verstand eines Psalms recht zu finden. Zum Exempel kan der 30ste Psalm dienen. Da stehet in der Uberschrift: *Von der Einweihung des Hauses Davids.*⁴ Wenn man aber den Psalm selbst lieset, so solte man sich wol verwundern, wie sich derselbe zur Einweihung des Hauses schickete. Wenn er aber von dem *Lightfoot* dahin gerechnet wird, da David wieder nach Hause kommen, nachdem er vor seinem Sohn Absalon flüchtig worden, und Absalon, währender solcher Zeit, dasselbe sein Haus auf das schändlichste entweihet und verunheiliget hatte: so wird einem der gantze Psalm deutlich und leicht, und man erkennet also, daß der gantze Inhalt sich gar wohl auf die Umstände derselben Begebenheit schicke. Und eben so gehts auch in andern Psalmen mehr.

---

3 Lightfoot 1686, I, 1–143.
4 Lightfoot 1686, I, 71 f.

Zum fünften ist auch von der *Anzahl der Psalmen* etwas zu gedencken. Es sind nur eigentlich 150. Psalmen: in der Griechischen Ubersetzung aber der 70. Dolmetscher wird noch einer hinzugethan, der im Hebräischen oder im Grund-Text nicht stehet, und also auch im Teutschen nicht gefunden, noch auch für Canonisch oder von gleichem Ansehen mit den übrigen gehalten wird. So ist auch eben nichts sonderbares darin, daß man es eben für keinen Verlust achten darf, daß wir denselben im Teutschen nicht haben. Es wird GOtt darin von David gepriesen, daß er ihm den Sieg wider den Goliath verliehen, ihn unter seinen Brüdern erwählet, und sonst seine Gnade und Barmhertzigkeit so sonderbar an ihm bezeiget. Das ist etwa der Inhalt. Man hat sich aber dabey nicht aufzuhalten. Sonst ist wol kein Zweifel, daß nicht noch viel andere Dinge von den heiligen Männern GOttes mögen geschrieben seyn, wie von Salomo die Schrift selbst anzeiget, daß er viel mehr Sprüche und Gleichnisse geschrieben habe, als noch übrig sind. In diesem ⟨12⟩ und dergleichen Fällen aber ist nur die Frage: ob ein solcher Text iemals von der Kirchen in den *canonem*, oder Anzahl der von GOtt der Kirche zur beständigen Regel übergebenen Bücher, sey gerechnet worden. Wenn denn dasselbige nicht kan erwiesen werden, so hat man sich weiter daran nicht zu kehren, als daß man die Erbauung, so man etwa darin finden möchte, darausnehme, sofern sie mit der Wahrheit, die sich anderswo in der Schrift findet und daraus gewiß ist, übereintrifft.

Auch findet sich, was die Ordnung der Psalmen unter einander betrifft, und wenn sie citiret und angeführet werden, eine grosse Ungleichheit, indem sie in den Zahlen nicht alle übereinkommen. Wenn man nemlich Römisch-Catholische Ausleger lieset, findet man, daß sie die Zahl der Psalmen immer anders anführen, als sie bey uns und in unsern Büchern pflegen gesetzet zu werden. Wenn sie, zum Exempel, den 18ten Psalm nennen wollen, heissen sie ihn den 17ten, u. s. w. Man hat aber nur ein für alle mal zu mercken, daß diejenige Benennung der Zahlen, die wir im Teutschen haben, dem Hebräischen gemäß ist, so wir als den eigentlichen Grund-Text mit Recht ansehen. In der Griechischen Ubersetzung aber der 70. Dometscher, und nachmals auch in der Lateinischen, die man *vulgatam* nennt, ist aus dem 9ten und 10ten Psalm einer gemacht worden; und daher hats nicht anders seyn können, als daß sie hernach in den folgenden Psalmen immer um eine Zahl zu kurtz kommen. Denn, wo sie den 11ten Psalm anführen sollen, allegiren sie den 10ten, weil sie den 10ten mit zum 9ten nehmen. Man pflegt die beyden Ursachen von dieser Zusammenziehung des 9ten und 10ten Psalms zu geben: erstlich, weil der 10te Psalm mit dem Buchstaben ' *Jod*, welcher 10. bedeutet, gezeichnet gewesen, sey er etwa, als der kleineste Buchstabe, übersehen, und der 10te Psalm zum 9ten aus Versehen gezogen worden; zum andern können auch wegen der Gleichheit des Inhalts diese Psalmen in einen seyn zusammen gezogen worden. In dieser Ordnung gehts denn fort bis auf den 113ten und 114ten Psalm, oder, nach unserer Zahl, bis auf den 114ten und 115ten. Dieselben haben sie wieder in eins zusammen gezogen, aber nachmals theilen sie den folgenden 116ten wieder in zwey Psalmen. Doch bleibt noch einer zu wenig bis auf den 147sten Psalm: da sie wieder aus dem einen Psalm zwey gemacht haben. Da wird die Zahl endlich wieder voll. Sie gehen also an vier Orten von uns ab, nemlich *erstlich* im 9ten und 10ten *Psalm*, die sie zusammen ziehen, darnach im 113ten und 114ten Psalm, die gleichfalls zusammen gezogen werden, deßgleichen in dem 116ten Psalm, der in zwey Psalmen getheilet ist, und endlich im 147sten Psalm, den sie auch theilen, und so wieder mit uns zusammen kommen. Das ist der Unterschied, den man sich bekant machen muß, damit, wenn man etwa einmal was angezogen findet, das mit dem Teutschen ⟨13⟩ nicht übereintrifft, man wisse, aus was für einem Ursprung solche Ungleichheit herkomme, und nicht irre werde.

Wolte man auch *sechstens* etwas hinzu thun von der *Sammlung der eintzelen Psalmen in diß Buch*: so hat man freylich nicht zu gedencken, daß dieselbe von David selbst herrühre. Es ist offenbar, daß sie zur Zeit Davids noch nicht also gesammlet gewesen. Wie es aber in andern Büchern der Schrift hergegangen, daß, was vorher etwa Stückweise als *monumenta sacra* aufbehalten worden, darnach von einem Propheten oder Manne GOTTES gesammlet, und in eine gewisse Ordnung gebracht worden, wie vom Buch der Richter und andern Büchern sonst bemercket worden: eben also ists auch mit dem Psalter-Buch geschehen. Es wird solche Arbeit insgemein dem *Esra* zugeschrieben, und auch wol nicht unbillig. Denn es ist wohl zu glauben, daß, da nach der Babylonischen Gefangenschaft desselben vornehmster Fleiß dahin gegangen, daß GOTTES Wort wieder möchte recht bekant und unverfälscht allen mit aller Treue in die Hände gebracht werden, er also auch bey dem Psalter allen Fleiß wird angewendet haben. Es liegt uns aber nicht viel daran, dieses so genau zu wissen. Wir mögen GOTT dancken, daß wir die gesammlete Psalmen haben. An der Ordnung selbst aber, und von wem dieselbe herkommen, ist uns wenig gelegen. Die Ursache, warum ich diß ietzt anführe, ist diese: Es halten einige die Ordnung der Psalmen so hoch, daß sie sie gleichsam mit zur Θεοπνευτία, oder göttlichen Eingebung, rechnen, und oft Beweis-Gründe einiger Erkärungen draus nehmen, weil sie so oder so auf einander folgen. Wenn man nun aber weiß, daß von dieser Sammlung und Einrichtung der Psalmen nicht kan bewiesen werden, daß sie göttlichen Ursprungs und Ansehens sey; man auch nicht weiß, ob sie Esra so genommen und behalten hat, wie sie ihm vor die Hand kommen sind, oder ob er eine andere Absicht darunter gehabt, warum er sie so, und nicht anders, geordnet: so würde man auf den Sand bauen, wenn man daraus etwas beweisen wolte, davon man doch das Fundament und den eigentlichen Grund selbst nicht beweisen kan. Nichts destoweniger erinnere ich mich, daß es von einigen geschehen ist, die nicht allein eine allgemeine Eintheilung des gantzen Psalters gemacht haben, sondern auch darnach in einem ieglichen der fünf Bücher des Psalters insonderheit die Ordnung, in welcher die Psalmen folgen, zum Fundament gebrauchet, den Psalm so, und nicht anders, zu erklären, weil etwa der vorhergehende von solchem und solchem Inhalt gewesen. Da muß man sich gar wohl in acht nehmen, daß man nicht alles, was einem artig vorkommt, als göttliche Wahrheiten annehme, welches leicht geschehen kan, sondern den Grund davon recht untersuche. Es ist ein anders, wenn man die Materien selbst mit einander verknüpfet, welches nichts ungewöhnliches ist, auch gar wohl geschehen kan; ingleichen, ⟨14⟩ daß ein und anderer Psalm gantz offenbarlich dem folgenden gleichsam die Hand bietet, und mit demselben verknüpfet ist, welches auch wol mit gutem Grund angeführet werden kan. Ein anders aber ist, aus der beständigen Ordnung und Folge der Psalmen, wie sie da lieget, einen Grund der Erklärung nehmen wollen; dabey man sich dann leicht verlaufen kan, daß man seine eigene Erfindungen so angiebt, als wenn alles einen unwidersprechlichen Grund hätte.

Ubrigens ist zum *siebenten* von der *Eintheilung des Psalter-Buchs* überhaupt noch dieses zu mercken, wie man dieselbe in den Hebräischen Bibeln mehrentheils ausgedrucket findet. Denn, wie die Juden die fünf Bücher Mosis in grossem Werth haben, also pflegen sie auch den Psalter in fünf Bücher zu theilen. Daher es denn in dem Hebräischen Psalter ausdrücklich dabey stehet, wo ein Buch zu Ende gehet. Es stehet z. E. über dem 42sten Psalm ספר שני *das andere Buch*, über den 73sten Psalm ספר שלישי, *das dritte Buch*, über den 90sten Psalm ספר רביעי, *das vierte Buch*, über den 106ten Psalm ספר חמישי *das fünfte Buch*. Nach dieser Ordnung und Eintheilung handeln zuweilen die Ausleger den Psalter ab; wie anietzo *Salomo van Till, Professor* zu Leiden, thut, welcher von der Ubersetzung und Auslegung des Psalters ein Buch nach dem andern heraus giebt.[5] Sonst liegt an dieser Eintheilung nichts grosses, kan auch nicht bewiesen werden, daß dieselbige gleich anfangs gewesen sey; sondern es ist eine iegliche Eintheilung, sie mag beschaffen seyn, wie sie will, hinlänglich, eine Ordnung zu machen. Mit den Büchern Mosis ist es ein anders, da offenbarlich ein iegliches besonders geschrieben ist, und der Inhalt selbst zeiget zur Gnüge, daß sie von Mose gleich anfänglich dergestalt getheilet worden sind.

Wenn wir ferner *zum achten das Canonische und göttliche Ansehen*, oder die Autorität dieses Buchs, betrachten, so ist wol kein Buch in der gantzen heiligen Schrift, dessen Autorität im Neuen Testament klärer bestärcket sey, als eben der Psalter. Es werden zwar auch Zeugnisse aus den Propheten angeführet, aber kein Buch wird namentlich und ausdrücklich so viel angezogen als der Psalter, so, daß man wol funfzig und mehr solche Psalmen zählen kan. Wenn man aber die Stellen dazu rechnen wolte, da die Worte und Redens-Arten nur in die Psalmen weisen, ohne dieselben ausdrücklich anzuführen, so würde man es noch vielmehrmal finden. Daraus man siehet, es sey von den Aposteln dieses Buch vor andern viel gebraucht, und als ihr rechtes Hand-Buch angesehen worden. Ja unser Heyland zeiget Luc. 24, 44. an, daß das gantze Alte Testament füglich in diese drey Theile getheilet werde, nemlich *in Mosen, die Propheten und Psalmen*; da diß eintzele Buch als ein besonderer Theil der Schriften Altes Testaments von ihm angesehen wird, als er nun seinen Jüngern die Schrift öffnen wolte, daß sie erkennen möchten, wie sie von ihm zeuge.

⟨15⟩ Hiermit wird *zum neunten* billig verbunden *der hohe Werth*, den dieses Buch hat, auch *in Absicht auf den Inhalt*. Da mag man denn wol sagen, daß der Werth desselben so groß sey, daß alle Lobsprüche und Erhebungen, die man davon geben möchte, viel zu gering sind, denselben hinlänglich vorzustellen; wie

---

5 Til 1697–1709.

man aus den herrlichen Lobsprüchen der alten Kirchen-Väter sehen kan, die gleichsam ihre Beredtsamkeit darin gezeiget haben, wenn sie den Psalter haben loben wollen, wie unter andern *Basilius Magnus* gethan, der auch einige Psalmen gar schön ausgeleget hat.[6] Gleiches findet man beym *Chrysostomo*[7] und *Hilario.*[8] Ja sie reden fast alle so davon, daß es das Ansehen haben solte, als hätten sie einander ausgeschrieben, in Erhebung und Herausstreichung des Psalters; welches aber nicht zu gedencken ist, sondern die Sache selbst ist ihnen allen so gar offenbar gewesen, daß sie solche einerley lautende gar herrliche Aussprüche davon haben. Diesen hohen Werth ferner recht einzusehen, mag man wol nachlesen die teutsche Vorrede *Lutheri* über den Psalter; welcher auch über einige Psalmen geschrieben hat. In dieser seiner Vorrede, die auch in einigen teutschen Bibeln stehet, zeiget er insonderheit, wie man in den Psalmen recht auf den *Affect*, der darin ist, sehen soll, und wie uns in denselben recht, als mit lebendigen Farben, vorgestellet werde die Erfahrung der Kinder GOttes[9]. Auch gehöret hieher das Lob des *Philippi Melanchthons*, der von dem Psalter gesagt hat: *est elegantissimus liber in toto mundo*, es ist das allerschönste Buch von der Welt;[10] welches man um so vielmehr mercken mag, weil manchmal *Studiosi*, wenn sie noch keinen rechten Geschmack am Worte GOttes haben, sich in Heydnische Bücher so vergaffen, daß es ihnen viel angenehmer und lieber ist, wenn sie den *Virgilium*, oder andere heydnische Poeten, lesen, als wenn sie einen Psalm vor sich haben. Philippus Melanchthon war auch in den weltlichen Wissenschaften und Sprachen, oder *studiis humanioribus*, so bewandert, als ein solcher nimmer seyn mag, wenn er sich auch am besten drinnen geübet hat: denn er hatte seine meiste Zeit darauf gewandt. Aber er bekennet doch: *Hic est elegantissimus liber in toto mundo*. Ein Psalm hat mehr in sich, auch von dem, was rechte Poesie heissen mag, und zur Zierlichkeit gehöret, eine Sache recht lebhaft und nachdrücklich darzustellen, als der gantze *Virgilius*, *Homerus* und alle Poeten. Es ist alles gleichsam Stroh dagegen, und liegt nur allein an dem Menschen, daß sein Geschmack so verderbt, und sein Hertz so heydnisch, ja mit so vielen Greueln angefüllet ist, daß er an GOttes Wort keinen Geschmack hat. Noch vor gar wenig Jahren ist eine Holländische Übersetzung des Psalters, ingleichen der Sprüche, des Predigers und Hohenliedes Salomons, wie auch Sirachs und des Buchs der Weisheit, in einem *Volumine* heraus kommen, da ebenfalls eine gar schöne Vorrede vorgesetzet ist, darinnen das Lob des Psalters nicht allein aus andern zusammen getragen, sondern ihm ⟨16⟩ von dem Verfasser selbst ein solch Lob gegeben worden, das sehr nützlich zu lesen ist.[11] Auch hat schon ehemals *D. Michael Waltherus*, der die *Officinam Biblicam* geschrieben hat, ein Buch verfertiget, *Introitus ad Sacrarium Psalterii* genannt. In seiner *Officina*

---

6 Basilius v. Caesarea, hom. in psalmos: MSG 29, 209–494 u. MSG 30, 71–118.
7 Johannes Chrysostomus, expositio in psalmos: MSG 55, 35–528.
8 Hilarius, tractatus super psalmos: CSEL 22 = MSL 9, 231–507.
9 WA DB X 1, 98–105.
10 Melanchthon, Psalmenvorlesung 1528.
11 Til 1693, 1696, 1698, 1708.

Biblica führet er den Inhalt desselben an; da sich unter andern auch ein Capitel findet *de Elogiis* oder von den Lobsprüchen des Psalters.[12]

Doch kan der recht hohe Werth des Psalters durch alle solche Erhebungen nicht gnug ausgedruckt werden. Sie laufen aber meist dahin aus, daß derselbe billig als eine kleine Bibel angesehen werde, oder als ein Zusammenbegriff der gantzen Heil. Schrift, und zwar nicht allein des Alten, sondern auch des Neuen Testaments, darin die Wahrheit GOttes also zusammen gefasset sey, daß man diß Buch den Kern der Schrift nennen möge. Es wird daher dann auch billig *Studiosis Theologiae* bey dieser Gelegenheit der Rath gegeben, daß sie sich beyzeiten an einen Hebräischen Psalter gewöhnen, und gleichsam ihr beständiges *Manuale* oder Hand-Buch in ihrem gantzen Leben seyn lassen. Was ihnen das vor Nutzen geben werde, werden sie gar bald erfahren. Ingleichen, wenn ein *Studiosus Theologiae* die Hebräische Bibel ein- oder mehrmal durchtractiret hat, so soll es mit dem Psalter noch vielmal mehr geschehen, so, daß man denselben nach und nach so vielmal durchlese, und ihn sich so bekant mache, daß man endlich selbst nicht mehr wisse, wie oft man ihn gelesen habe. Und das wird sonderlich einen grossen Nutzen geben im *studio exegetico*, oder zur Erklärung der Heil. Schrift. Denn das gehört vornehmlich mit zu dem Werth des Psalters, daß er eine rechte *Hermeneutica sacra* oder Anleitung ist, die Heil. Schrift recht zu verstehen; indem Moses und die Propheten uns am klärlichsten darinnen ausgeleget sind. Ja nicht nur die Bücher, so vorher gehen, sondern auch die drauf folgen, werden dadurch deutlich gemacht; wie man gar deutlich in der Epistel an die Hebräer siehet. Denn als daselbst die Streit-Frage von Christo mit den Jüden solte gehandelt werden, so wird sonderlich der Psalter sehr häufig angezogen: als gleich im ersten Capitel v. 5. 6. 7. 8. 9. 10. u. f. wie auch im andern Capitel v. 6–8. 12. 13. ingleichen im dritten Capitel v. 7. seqq. v. 15. weiter im vierten und folgenden Capiteln, sonderlich aber im siebenten Capitel, alwo der 110te Psalm vielmal angeführet wird. Und dergleichen Exempel sind noch mehr, so, daß man wol siehet, der Psalter könne mit Recht *Hermeneutica sacra* genannt werden. Ich glaube wol, daß mancher gleich anfänglich es nicht so einsehe und begreiffe, was es auf sich habe. Wenn man nur einen einigen Psalm recht erklären höret, und denn nur suchet, denselben in sein Hertz zu schreiben, so wird man nachgehends wol den Nutzen davon finden, und erkennen, was es für eine Wohlthat sey, nur einen einigen Psalm recht zu verstehen, indem derselbe durch den gantzen Zusammenhang der Schrift Alten und Neuen Testaments gehet, und vieles deutlich machet.

⟨17⟩ *Die dritte Lection zur Einleitung in den Psalter.*
(Gehalten den 16. Febr. 1706.)

ZUr Einleitung in den Psalter folget nunmehr *zum zehnten* dasjenige, woran das meiste gelegen ist, denselben recht zu verstehen, nemlich, welches der Scopus

---

12 Walther 1668, 980–988 (Arcula 2: § 901–910).

oder der *Endzweck und die Haupt-Absicht* desselben sey? Es ist aber gleich anfänglich zu mercken, daß, da man in andern Büchern den Endzweck alsbald bey Erzehlung des Inhalts anzeigen kan, hier dergleichen genaue Beschreibung des Inhalts, und also zugleich des Endzwecks unterlassen werden müsse; weil man sonst einen ieglichen Psalm besonders vornehmen müste: welches zwar seinen grossen Nutzen haben würde, aber zur Einleitung zu weitläuftig fallen möchte. Uberhaupt aber davon zu reden, ist der Endzweck des gantzen Psalters derjenige, den Christus selbst Luc. 24, 44. seinen Jüngern anweiset. Aufs einfältigste zu sagen, so ist Christus τέλος, das Ende und der Endzweck, wie Mosis, und aller andern Propheten, also auch des Psalters. Wer diese Absicht der Psalmen nicht erkennet, der kan unmöglich zu einem wahrhaftigen und gründlichen Verstande dessen, was der Geist GOTTES hat anzeigen wollen, gelangen. Wenn wir aber sagen, daß Christus *finis, scopus, obiectum primarium, nucleus* und *nervus*, der Endzweck, Kern und die Hauptsache in dem gantzen Psalter ist: so wird damit nicht allein *die Person* Christi gemeynet, sondern auch zugleich sein *Amt*, seine erste und andere *Zukunft*, sein *Reich*, sowol der Gnaden, als auch der Herrlichkeit, ja sein gantzer *Leib* mit allen seinen *Gliedern*. Daher, wenn gesagt wird, es handele der Psalter von Christo, und weise auf denselben: so wird solches im allerweitesten Verstande genommen, so, daß der Leib Christi, oder seine Kirche, in Gemeinschaft seiner Leiden und der Herrlichkeit darnach, mit darunter begriffen wird, wie in der Heil. Schrift auch sonstwol zu geschehen pfleget. 1 Petr. 1, 10. 11. 12.

Was aber *zum eilften rationem explicandi, die Art und Weise, den Psalter recht zu erklären*, betrifft; als welches vornehmlich zur Einleitung gehöret: so ist 1) *der Ort Offenb. Joh. 3, 7. wohl zu mercken*. Denn wenn da stehet, *Christus habe den Schlüssel Davids*, so wird damit auch zu erkennen gegeben, daß, wer da gedencke ins *Sacrarium Psalterii*, in das inwendigste Heiligthum des Psalters eingelassen zu werden, der müsse von JEsu Christo dazu begnadiget werden. Denn *Er* hat den Schlüssel. Ich will ⟨18⟩ nicht sagen, daß dieser Spruch nicht noch mehr in sich fasse: doch kan dieses keinesweges ausgeschlossen werden, daß er auch in der Absicht den Schlüssel Davids hat, daß er geben könne, David in seinen Psalmen recht zu verstehen; wie er solches in der That bezeugete, als er mit seinen Jüngern nach seiner Auferstehung redete. Denn da heißts: Luc. 24, 45. *Er öffnete ihnen* nicht allein *die Schrift*, sondern auch *das Verständiß*, daß sie die göttlichen Zeugnisse, die von ihm handelten, verstehen konten. Da brauchte er diesen *Schlüssel Davids*, der ihm am gemeldeten Ort zugeschrieben wird.

So sollen uns denn diese beyde Schrift-Stellen auch darauf führen, daß wir als die Hauptsache ansehen, den Psalter recht zu verstehen, nicht allein zu wissen, Christus sey der vornehmste Endzweck und Inhalt, der darin zu suchen sey, sondern auch zu glauben, *er sey es allein, durch dessen Gnade man Ihn darinnen finden könne*, wenn er uns sowol die Schrift, als auch das Verständniß öffnet. Das thut er aber beydes durchs Wort und durch seinen Geist, welche beyde nicht von einander zu trennen sind. Denn, wer zum rechten Verstande der Heil. Schrift, und insonderheit des Psalters kommen will, muß sowol die Betrachtung der übrigen Prophetischen und Apostolischen Schriften damit verknüpfen, als auch dem Heiligen Geist Raum geben, daß derselbe ihn in alle Wahrheit leite. Sonst wird es ihm gehen als den Pharisäern, von welchen Christus saget, Joh. 5, 39. *daß sie zwar in der Schrift forscheten, aber nicht zu ihm kommen wolten, daß sie das Leben hätten.* Dieselben irreten darin nicht, daß sie meyneten, die Schrift zeuge von CHristo; sondern darin versahen sie es gröblich, daß sie nicht zu ihm kamen, da sie doch bekannten, die Schrift zeuge von Christo. So blieben sie denn todt bey allem ihrem Forschen der Schrift. Damit es uns nun nicht auch so gehe, so müssen wir das eine thun, und das andere nicht lassen, nemlich in der Schrift zwar forschen, aber auch zu Christo kommen, daß wir seines Lebens und Geistes theilhaftig werden.

2) Ferner ist dann auch nöthig, wenn uns die Thür zur rechten Erklärung des Psalters soll aufgethan werden, *daß man sich die Schriften des Neuen Testaments, der Evangelisten und Apostel, dabey recht zu Nutze mache.* Was man daraus für einen grossen Nutzen zu hoffen habe, kan leicht erkannt werden, wenn man bedencket, daß kein Buch, wie in voriger Lection gedacht worden, im Neuen Testament mehr und häufiger angeführt werde, als eben der Psalter, so, daß es bey die funfzig mal ausdrücklich geschiehet, der andern Stellen zu geschweigen, da die Reden der Evangelisten und Apostel nur ihr Absehen auf diesen und jenen Psalm haben. Zum Exempel, in dem Lobgesang Zachariä Luc. 1, 68–79. wird offenbarlich gleich im Anfange v. 69. auf den 132. Psalm gewiesen, indem Zacharias GOtt darüber preiset, *daß er ein Horn des Heyls in dem Hause Davids aufgerichtet habe*; womit er auf ⟨19⟩ Christum siehet. Da ziehet er nun den 132. Psalm nicht namentlich an, die Vergleichung aber machets gar klar. Und so gehts an vielen andern Orten mehr, da es eben so deutlich ist, daß auf die Psalmen gesehen wird, als wenn ausdrücklich dabey stünde: wie in dem und dem Psalm gesaget wird. Da nun also das gantze Neue Testament von solchen aus dem Psalter angezogenen Stellen voll ist, auch die Redens-Arten der Evangelisten und Apostel selbst so beschaffen sind, daß sie uns sonst vielfältig da hinein weisen: so kan ein ieder sonnenklar erkennen, daß es ihm eine grosse Hülfe seyn werde, den Psalter recht zu verstehen, wenn er dieselbigen Stellen, darin der Psalter mit ausdrücklichen Worten angezogen worden, zuerst genau überlegen, diejenige Erklärungen, die sie an die Hand geben, erwählen, und anderer Meynungen vorziehen wird. Da muß es heissen, wie *Brentius* über den 18. Psalm schreibet: „Nachdem uns Paulus diesen Psalm von Christo erkläret hat, so müssen wir keine andere Erklärung desselben annehmen, wenn gleich ein Engel vom Himmel käme, und ihn anders erklären wolte."[13] So, sage ich, muß es von allen dergleichen Orten heissen. Wenn man erst gefunden, ein oder der andere Ort werde im Neuen Testament also erkläret, so muß man keine Erklärung zulassen, die damit streitet, oder davon nicht zum wenigsten kan gezeigt werden, daß sie *subordinirt* und unter der erstern mit begriffen sey. So wir das nicht thäten, was wäre das anders, als verleugneten wir Θεοπνευτίαν *Scriptorum Novi Testamenti*, und sprächen den heiligen Männern GOttes im Neuen Testament

---

13 Brenz 1578, 268.

die göttliche Eingebung ab; indem man vorgäbe, sie hätten zwar diß und jenes so angeführet, aber es habe dennoch einen gantz andern Verstand.

Und hier muß man sich vor einem gefährlichen Vorurtheil hüten, oder, wenn mans schon angenommen hat, wieder ablegen, nemlich, daß man nicht gedencke, es haben zwar Christus selbst und seine Apostel die Psalmen manchmal angeführet, es sey aber nur geschehen, per accommodationem aliquam, als eine erbauliche und nützliche Anwendung, nicht aber als wenn das eben der eigentliche Verstand eines Orts sey. Das ist ein verkehrtes und schädliches Vorurtheil, welches nichts anders nach sich ziehen kan, als daß man darnach die Schrift nach seinem Sinn drehet und wendet, und seine eigene Erklärung, die man meynt gefunden zu haben, für die rechte hält, aber das, was Christus und seine Apostel anführen, für eine blosse Anwendung ausgiebt. Das kan einen in mancherley Confusion, Zerrüttung und Mißverstand stürtzen. Denn, wenn ich erst sage: es ist nur eine Accommodation; so sage ich so viel damit, daß es eigentlich kein argumentum probans oder kein richtiger Beweis-Grund ist. Denn eine Accommodation kan nicht bündig beweisen. Wie solte denn aber Christus selbst und seine Jünger mit den boshaften und hartnäckigen Feinden der Wahrheit auf solche Weise seyn zurecht gekommen? Wie sol-⟨20⟩ten sie ihnen denn die Worte der Psalmen per accommodationem aliquam, nach eigener Deutungs- und Anwendungs-Weise haben vorhalten können, da von ihnen gefordert und erwartet ward, daß sie argumenta probantia, convincentia, stringentia, recht gültige und bündige Beweisthümer vorbringen solten? Es ist gar offenbar, daß, wenn man in diesem Vorurtheil beharret, man die Gründe und Beweisthümer, die Christus und seine Apostel gebraucht haben, recht enervire und schwäche; wie man davon bald durch ein oder ander Exempel kan überzeuget werden. Als wenn Christus Matth. 22, 42. die Feinde fragte: *Wie düncket euch um Christo? weß Sohn ist er?* und sie drauf sprachen: *Davids Sohn*; so sagt er ferner: v. 43. Wenn er sein Sohn ist, *wie nennet ihn denn David Ps. 110, 1. im Geist einen HErrn?* Hat nun einer die Meynung, daß es eine blosse Anwendung oder Accommodation sey; so ist das Argument und der Schluß auf einmal gantz enkräftet. Deßwegen man nothwendig voraus setzen muß: Da Christus diesen Schluß gegen die halsstarrigen Feinde braucht, die, wenn sie auch keinen Fug gehabt hätten ihm zu widersprechen, dennoch, aus widrigem Gemüthe, Haß und Feindschaft gegen ihn, gern alles würden hervorgesucht haben, sie aber dennoch nichts dagegen eingewandt: so bezeugen sie damit, daß es bey ihnen ausgemacht gewesen, der 110te Psalm handele von Christo; daher sie es auch zu leugnen sich nicht unterstehen dürfen.

Wenn man nun dieses Hülfs-Mittel erstlich gebrauchet, und die Stellen, darin der Psalter im Neuen Testament angeführet ist, conferiret hat: so geben einem dieselbigen hernach eine rechte Hermeneuticam Psalterii, oder zeigen solche Regeln an, wie man in derselben Art der Erklärung verbleiben soll, die die Apostel in ihren Anführungen uns angewiesen haben, um auch in andern Psalmen den rechten Verstand zu treffen. Also findet man z. E. daß der 22ste Psalm im Neuen Testament zu unterschiedlichen malen angeführet, und von Christi Leiden erkläret wird. Kommt man denn hierauf zum 35sten Psalm, und siehet, wie *parallel* derselbe ist, wie er mit jenem übereinstimmet, wie da aus Einem Munde gesprochen, und eben dieselben Sachen vorgestellet werden: so fährt man gar sicher, da der *parallelismus* dieser beyden Psalmen so herrlich in das Hertz und in die Augen leuchtet, wenn man auch den letzten von keinem andern, als von dem Meßia, verstehet, davon der erste im Neuen Testament erkläret ist; und freuet sich, daß einem von den Aposteln der Schlüssel auch zu demselben 35sten Psalm zugleich in die Hand gegeben worden.

Noch ein Exempel zu geben, wird Ebr. 1, 6. der 97ste Psalm von Christo angezogen: *Es sollen ihn alle Engel GOttes anbeten.* Daraus man siehet, daß der 97ste Psalm von JEsu Christo und desselben göttlichen Herrlichkeit handelt. Und da hat man denn nicht die allergeringste Ursach zu zweifeln, daß ⟨21⟩ die nächst vorhergehenden und nächstfolgenden Psalmen, vom 91sten bis 100ten, nicht eben auch lauter Zeugnisse von JESU Christo seyn solten; wiewol auch die weiter folgenden nicht dürfen ausgeschlossen werden. Wie denn z. E. der 101ste Psalm seine Kraft und Majestät gantz verlieret, wenn er nicht von Christo erkläret wird, von dem er doch gantz handelt. Indessen ist in den ietzt angeführten der *Parallelismus* und Ubereinstimmung gar zu offenbar, auch in den Worten und Redens-Arten, so, daß ich entweder leugnen muß, der 97ste Psalm handle von Christo, (damit man aber der Epistel an die Ebräer widersprechen, folglich dieselbe nicht als *librum* Θεόπνευστον, oder von GOtt eingegeben, erkennen würde,) oder, wenn ich das zugebe, der 97ste Psalm handle von Christo, ich auch von den andern nothwendig bekennen muß, daß auch dieselben von keinem andern reden.

Auf eben die Weise muß man es denn auch mit andern Orten der Heil. Schrift anfangen. Wenn man dieselbige recht angesehen und erwogen hat, wie sie den Psalter erklären, darf man nur darnach fleißig mit den Psalmen selbst umgehen, und sie oft und viel lesen, auf daß man dieselben sich recht bekant mache, und deutlich mercke, wo dieselben einerley Sprache führen, und wo sie auf Eine Sache hinweisen. Und so schliesset sich alles immer weiter und weiter von selbst auf.

Hat man dann dieses Mittel gebraucht, so wird man nachmals auch um so viel besser und leichter fortkommen, wenn man auch auf dieselbigen Orte mercken will, in welchen zwar nicht namentlich und ausdrücklich ein Psalm angeführet ist, aber da gleichwol die Worte so beschaffen sind, daß man sonnenklar sehen kan, es werde auf einen oder wol auf mehrere Psalmen hin gewiesen. Alsdann hat man, nach erlangter Uberzeugung, daß der Geist GOttes in den Evangelisten und Aposteln auf diese und jene Worte aus den Psalmen gesehen habe, dieselben eben also anzunehmen und zu gebrauchen, als diejenigen, die ausdrücklich *alleg*i*ret* sind; wie ietzo von der Stelle aus dem Lob-Gesang Zachariä Luc. 1, 69. angeführet ist. Denn da habe ich nun eben so wenig zu zweifeln, welches die rechte Erklärung des 132sten Psalms sey, darauf diese Worte zielen, als wenn er wircklich angeführet wäre. Daraus kan man nun leicht den Schluß überhaupt machen, was einem die beständige und fleißige Vergleichung des Neuen Testaments mit dem Psalter für Licht geben könne.

Ich setze aber hiebey allemal voraus, daß der Mensch diß nicht auf seine Hörner nehme, und gedencke, er wolle es durch sein Grübeln und Nachsinnen selbst ausrichten; sondern daß er sich demüthigen und erkennen müsse, er sey untüchtig, auch nur einen Buchstaben in der Heil. Schrift recht heylsamlich und so zu verstehen, daß seine Seele davon einen rechten Nutzen haben möge, bis er sich zu Christo JEsu wende, der den Schlüssel Davids hat, und durch desselben ⟨22⟩ Geist sich in alle Wahrheit leiten lasse. Da es David selbst auf solche Art angefangen, Mosen recht zu verstehen, und deswegen gebetet: Ps. 119, 18. *Oeffne mir die Augen, daß ich sehe die Wunder an deinem Gesetz:* wie wolten wirs denn verantworten, wenn wir mit Mose und den Propheten, ja mit den Schriften der Apostel und Evangelisten umgehen wolten, ohne ihn darum zu bitten, daß er uns die Augen öffne, zu sehen und zu erkennen, was τὸ τέλος, *der Endzweck* und Inhalt des allen sey? Deßwegen man denn, wie bereits gesagt ist, das eine thun soll, und das andere nicht lassen.

Es ist keine schönere und herrlichere Arbeit oder besseres Bemühen, sonderlich für einen *Studiosum Theologiae,* als daß er in der Bibel Christum suche. Aber das muß mit hertzlichem Gebet geschehen, und so, daß er sein Hertz JEsu CHristo gebe, damit derselbe Gefallen habe, sich ihm zu offenbaren; gleichwie er sagt: Matth. 11, 27. *Alle Dinge sind mir übergeben von meinem Vater, und niemand kennet den Sohn, denn nur der Vater, und niemand kennet den Vater, denn nur der Sohn, und wem es der Sohn will offenbaren.* Dabey muß man bleiben. Niemand darf dencken, daß er mit seinem guten Kopf, mit seinem fertigen *ingenio*, mit seinem schönen *iudicio*, und mit seiner Gelehrsamkeit durchbrechen wolle; sondern er wird darüber, mit aller seiner eingebildeten Klugheit, zum grösten Thoren und Narren werden; wie es also allen und ieden gegangen ist, die sich an GOttes Wort vergriffen haben. Wenn CHristus hier sagt: *Niemand kennet den Vater, ohne wem es der Sohn will offenbaren;* so wird da das Wort und dessen Gebrauch keinesweges ausgeschlossen, sondern nur erfodert, daß man bey Tractirung des Worts den Geist GOttes nicht bey Seite setze; demselben sich vielmehr im Gebet dahin gebe, und GOtt darum anrufe, daß er uns beydes die Schrift und auch das Hertz eröffnen wolle, auf daß man also Augen bekommen möge zu sehen, was man im Wort GOttes sehen soll.

Weiter gehöret auch 3) zu den Mitteln, den rechten Verstand des Psalters zu erreichen, *perpetua collatio Mosis, die beständige Vergleichung und Gegeneinanderhaltung desselben mit den Schriften Mosis.* Denn, gleichwie Christus anzeigt, Luc. 24, 44. *Moses habe von ihm geschrieben;* so hat David solches wohl erkannt, als der in Mose τὸ τέλος, den rechten Haupt-Inhalt gesucht, und eben deswegen gebetet: Ps. 119, 18. *Oeffne mir die Augen, daß ich sehe die Wunder an deinem Gesetz,* die verborgenen Dinge, die der natürliche Mensch nicht erkennet, und die man ohne deinen Geist nicht heylsamlich erkennen kan. Also muß man denn auch Mosen mit dem Psalter vergleichen, dieweil David beständig in dem Gesetz *meditiret,* und damit umgegangen; wie davon insonderheit der schon angezogene 119te Psalm zeuget, in welchem so viel Lobsprüche des Wortes GOttes anzutref-⟨23⟩fen sind, daß nur zu wünschen wäre, daß er fleißiger möchte gelesen werden, bey der ietzigen grossen *Vilipendenz* und Geringschätzung gegen

GOttes Wort, die auch unter *Studiosis Theologiae* so sehr überhand nimmt. Wenn nun aber David seinen Fleiß in dem Gesetz also bezeuget, so versteht er dadurch nichts anders, denn die Schriften Mosis. Die Propheten, Jesaias, Jeremias und andere, lebten erst hernach. Also konte er sich auf kein anderes berufen, als auf das Gesetz-Buch, welches auch sonderlich den Königen anbefohlen war, daß sie darinnen fleißig lesen und forschen solten. 5 B. Mos. 17, 18. 19. Und dieser Fleiß Davids in den Schriften Mosis ist denn auch die Ursach, daß in den Psalmen fast durchgehends Spuren und Merckmaale der Schriften Mosis zu finden sind, ja daß vielmals die gantze Historie, die in Mose beschrieben ist, aus demselben als im *Compendio* und kurtzen Begriff wiederholet, oder bald diese, bald jene besondere Geschicht daraus genommen wird. Ja nicht allein das, sondern David nimmt oft, so zu reden, einen Text aus Mose, den er denn durch einen gantzen Psalm durchführet und erkläret. Z. E. 2 B. Mos. 19, 5. stehet: *Die gantze Erde ist mein.* Denselben Text nimmt David, und erkläret ihn im 24sten Psalm von CHristo JEsu, nach der tiefen Einsicht, die er darein hat; da er zeiget, was diese Worte auf sich haben, und wie damit gesagt werde, daß CHristus ein Heyland aller Welt seyn müsse, wenn er am Ende also schliesset: v. 9. *Machet die Thore weit, und die Thüren in der Welt hoch, daß der König der Ehren einziehe.* Desgleichen im 68sten Psalm nimmt er den Text aus 4 B. Mos. 10, 35. da es heißt: *HERR, stehe auf, laß deine Feinde zerstreuet, und die dich hassen, flüchtig werden vor dir.* Denselben Text setzt er hier v. 1. voran, und machet daraus den gantzen 68sten Psalm, darin er ihn von der Auferstehung JEsu CHristi von den Todten erkläret; wie hernach auch Paulus auf eben diese Weise ihn anführet von der auf die Auferstehung erfolgten Himmelfahrt. Eph. 4, 8. 9. Also hat David recht gezeiget, wie wir da Mosen verstehen sollen nach der rechten *Hermeneutica sacra,* da er in diesem einigen Spruch so viel zeiget, daß, wenn einer darüber gleich noch so viel Ausleger nachläse, und noch so viel Erklärungen machte, er wol nimmermehr das in Mose würde gesuchet haben, was David darin gefunden hat. Also geht auch David in das erste Buch Mosis hinein, und nimmt aus dem 14ten Cap. die drey Verse, den 18. 19. und 20. die alda von dem Melchisedeck handeln. Daraus macht er den 110ten Psalm, und zeiget in demselben, wie es auf den Meßiam gezielet, und angedeutet, daß es keinesweges bey der Ordnung Aarons und dem Aaronischen Priesterthum bleiben solte, sondern wie dasselbe müste abgethan werden, und Christus ein Priester seyn nach der Ordnung Melchisedeck ewiglich; welches nachgehends die Epistel an die Ebräer cap. 7. noch weiter ausführet. Da siehet man ⟨24⟩ also, daß die beständige Zusammenhaltung der Psalmen mit Mose einen unbeschreiblichen Nutzen geben wird, dieselben recht zu verstehen. Ja wenn man so die Spur findet, selbst aus der Schrift das Geheimniß, so darin liegt, zu erkennen, so bekommt man mehr Licht, als wenn man sich alle alte und neuere *Commentatores* anschaffte, und dieselben gebrauchte. Denn, was man auch hier oder da so lieset, ist doch dagegen nichts, daß man selbst duch die Schrift in die Schrift gewiesen wird, und nicht die Worte nachsprechen lernt, sondern zugleich das rechte *Fundament* und den wahren Grund davon erkennet.

Eben also hat David z. E. in dem 2 B. Mos. c. 34. v. 6. 7. den Spruch gefunden: *HErr, HErr GOtt, barmhertzig, und gnädig, und geduldig, und von grosser Gnade und Treue.* Den führt er zu unterschiedlichen malen an, als im 86. Psalm v. 5. 15. im 103. Ps. v. 8. im 145. Ps. v. 8. und erkläret uns also, was da die Sache eigentlich sey, wovon Moses, oder vielmehr GOTT selbst, geredet habe. Wenn diese Vergleichung fleißig angestellet wird, so lernet man Mosen durch die Psalmen, und die Psalmen durch Mosen verstehen, eins erkläret also das andere, und giebt ein mehreres Licht und rechte Gewißheit.

Ferner muß auch noch 4) dazu kommen *eine fleißige Gegeneinanderhaltung der Psalmen mit den historischen Büchern des Alten Testaments.* Denn das siehet man gar deutlich, daß, obgleich unter den historischen Schriften die wenigsten von den Zeiten handeln, die vor David hergegangen sind, als nur das Buch Josuä und das Buch der Richter, dennoch auf die Geschichte, die darinnen aufgezeichnet sind, ja auch auf die Historien, die wol kurtz vor seiner Zeit geschehen waren, und in den Büchern Samuelis beschrieben sind, gar öfters gezielet werde. Daher müssen nothwendig die historischen Bücher mit Fleiß dazu genommen und nachgesehen werden.

Sonderlich ist eine fleißige *Vergleichung mit der Historie Davids* anzustellen. Denn, weil es der *Psalter Davids* ist, wenigstens die allermeisten Psalmen von ihm sind: so ist daraus gar offenbar, daß, den Wort-Verstand in den äusserlichen Umständen recht zu treffen, nichts nöthiger sey, als die Historie Davids recht zu *conferiren*. Die meisten Uberschriften der Psalmen, welche auf besondere Umstände Davids gerichtet sind, können gar nicht verstanden werden, wenn man nicht die Historie Davids weiß. Bey dieser Historie aber ist wiederum vornehmlich das 7. Cap. des 2 B. Samuelis, und das damit überein kommende 18. Cap. des 1 B. der Chron. zu bemercken, weil da ein neuer *periodus* der Weissagungen angehet. Denn, da bishero die Verheissung vom Meßia nur beym Stamm Juda gewesen war, aber noch nicht genauer offenbaret worden, aus welchem Geschlecht in Juda er ⟨25⟩ kommen solte: so ward dem David verheissen, er solte aus seinem Geschlecht herkommen. Und also sind diese Capitel als eine neue Einleitung in die folgende Prophezeyungen anzusehen. Ja die meisten Psalmen, die von Christi Zukunft ins Fleisch handeln, sind aus denselben Capiteln gemacht, als z. E. der 2. Psalm hat offenbar sein Absehen darauf, ingleichen der 89ste, der 132ste, ja auch der 16te Psalm, wie ihn Petrus selbst Apost. Gesch. 2, 25. erkläret.

Noch weiter gehöret 5) zur Erklärung des Psalters *die Vergleichung aller nachfolgenden Propheten,* so, daß kein einiger davon auszunehmen ist. Denn, wie mit David ein neuer *periodus* der Weissagungen anging, daß CHristus von seinem Geschlecht herkommen solte: so prophezeyeten darnach die Propheten alle, wie *aus der Wurtzel Jesse eine Ruthe aufgehen werde,* Es. 11. wie *GOtt der HERR dem David ein gerecht Gewächs erwecken wolle,* Jer. 33. u. s. w. Daher auch dißfalls eine fleißige Vergleichung der Propheten nöthig ist, um in dem Psalter recht fortzukommen. Aber nicht allein das, sondern die Propheten, und unter denselben vornehmlich Esaias, erklären manchmal gleichsam *ex professo* und mit Fleiß einen gantzen Psalm; als wenn man nur z. E. das 60ste Capitel Esaiä ansiehet, und vergleicht damit den 72sten Psalm, so kan mans mit Händen greiffen, daß derselbe 72ste Psalm gar ausführlich im 60sten Cap. Esaiä erkläret ist. So sehe man auch das 12te Capitel Esaiä an, wie dasselbe so manche Psalmen erläutert, und ihren eigentlichen Verstand anzeiget. Ingleichen halte man das 5te Cap. Jesaiä gegen den 80sten Psalm, so wird daselbst gar weitläuftig vorgestellet, was in dem Psalm kürtzer ausgesprochen war.

Weiter dienet 6) zur rechten Erklärung des Psalters *die Vergleichung desselben mit sich selbst.* Ein Psalm muß den andern erklären, so, daß der Sinn desselben oft aus keinem andern Buch, als aus dem Psalter selbst, zu nehmen ist. Z. E. das Geheimniß des Bräutigams und der Braut wird im 19ten Psalm nur kurtz angezeiget, im 45sten Psalm aber als in einem Gesicht weiter vorgestellet, so, daß man die gantze *Connexion* des 19ten Psalms im 45sten zeigen kan.

Zu dieser besonderen Vergleichung aber, und Hervorsuchung der Dinge, die man nur allein im Psalter selbst findet, gehören noch unterschiedliche besondere *observationes*, die im *studio exegetico* zur Erklärung der Heil. Schrift grossen Nutzen geben können. Davon soll in der nächsten Lection mehr hinzu gethan werden.

⟨26⟩ *Die vierte Lection zur Einleitung in den Psalter.*
(Gehalten den 19. Febr. 1706.)

ES sind in der letzten Stunde einige Hülfs-Mittel, den Psalter recht zu erklären, an die Hand gegeben worden, davon das letzte, nemlich das *sechste,* war *die Vergleichung des Psalters mit dem Psalter selbst,* oder eines Psalms mit dem andern. Davon sind nun ietzo, wie jüngst gedacht, noch einige besondere *observationes* hinzu zu thun. Da ist denn a) zuvörderst *die hohe Poetische Schreibart* wohl zu bemerken, die alle *Profan*-Poesie weit übersteiget. Die Art aber dieser heiligen Poesie muß man nicht setzen in den Nebendingen der Lateinischen, Griechischen und Teutschen Poesie, als z. E. in der *quantitate syllabarum*, in der Abmessung der Syllben, in den Reimen der Verse, oder dergleichen. Denn in allen dergleichen Dingen bestehet nicht das *essentiale* und Haupt-Stück der Poesie. Man muß es aber vielmehr in der Realität, nemlich in der recht lebhaften Vorstellung und Abbildung der Materie und Sachen selbst suchen. Denn, an statt daß sonst in heydnischen oder weltlichen Poeten *fictiones* und Erdichtungen Statt finden, so ist dergleichen in dieser heiligen Poesie gar nicht anzutreffen: weil es dem göttlichen Ansehen derselben und der allerhöchsten Wahrheit GOttes nachtheilig wäre, wenn in der Heil. Schrift erdichtete Dinge Statt haben solten. An dessen Statt aber, daß heydnische und *Profan*-Poeten ihren Zierath in solchen *fictionen* suchen, und die Sachen so und so vorstellen, ob sie gleich wissen, daß sie gantz anders gewesen, ist vielmehr in der göttlichen Poesie viel etwas herrlichers und wichtigers, daß die Abbildung der Sachen mit recht lebendigen Farben geschiehet, und alles also dargestellet und *repraesentiret* wird, daß die wahrhafteste Vorstellung davon vor Augen geleget werde. Wie aber sonst bey Poetischen Erdichtungen viele so genannte *figurae rhetoricae* vorkommen, und die *Pathologie* häufig Statt hat: also findet sich das noch vielmehr bey derselben wahrhaften und gleichsam lebendigen Abbildung der Dinge in dieser heiligen Poesie. Man hat diese Anmerckung insonderheit bey dem Psalter nöthig. Denn, ob zwar sonst hin und wieder in der Heil. Schrift Gesänge und Lieder vorkommen; als 2 B. Mos. 15. 5 B. Mos. 32. Buch der Richt. 5. ingleichen 2 Sam. 22. und an andern Orten mehr: so ist doch kein solch Buch, als dieses, in der Bibel, welches uns der Geist ⟨27⟩ GOttes selbst als ein recht *Gesang-Buch* in der Schrift gegeben hat. Dabey man wol mit Bedacht nachlesen mag, was von dem Rath GOttes darunter in der Vorrede des Gesangbuchs Herrn Past. Freylinghausens gemeldet wird.[14] Denn darinnen liegt gar eine weise Absicht GOttes, wie man z. E. aus 2 B. Mos. 14. sehen kan. Als GOtt daselbst durch Mosen hatte beschreiben lassen, wie er die Kinder Israel durchs rothe Meer hindurch geführt, und Pharao mit seinem gantzen Heer hinein gestürtzet; ja alles, was vorgegangen war an Seiten der Egypter und an Seiten der Kinder Israel: so wird diese Erzehlung mit einem solchen Liede beschlossen, welches im 15ten Cap. folget, damit derselbe Gesang bey aller ihrer Nachkommenschaft bleiben solte. Und weil ihnen GOtt zugleich ihre zukünftige Begebenheiten darinnen verkündigen lassen, so siehet man, daß recht die Absicht GOttes dabey gewesen, der menschlichen Schwachheit zu Hülfe zu kommen. Denn, was man als eine Historie einmal lieset, das vergißt man leicht wieder; aber ein Gesang, den man nicht nur einmal lieset, sondern entweder selbst öfter zu singen pflegt, oder doch von andern singen höret, bleibt länger im Andencken. Ja es kan nur einer auf einmal lesen, aber singen können wol etliche tausend. Wolten ihrer so viele zugleich reden, so würde es einen wunderlichen Ton geben: aber im Singen kan zugleich eine grosse Menge reden, und wenn ihrer auch noch so viele wären. Denn das Singen bringt eine Harmonie, *Symphonie* und Wohlklang mit sich, und kan gar füglich von vielen zugleich geschehen. Da also mit der blossen Rede nur einer auf einmal GOttes Wunderthaten erzehlen könte, so können nun viele tausend ein Lied davon singen. Ja auch in der Kirche Neuen Testaments hat GOtt der HERR solche seine Absicht darin gezeiget. Paulus befiehlt als eine besondere Pflicht, Col. 3, 16. daß die Gläubigen mit *hymnis* und *odis*, Gesängen, Liedern und Psalmen GOtt loben sollen. Daß man also nicht meynen darf, es komme nicht überein mit der Zeit des Neuen Testaments, sondern schicke sich nur fürs Alte Testament: indem Paulus, der Heyden Apostel, diese Pflicht insonderheit mit einschärfet, mit Psalmen, *hymnis* und *odis* fleißig umzugehen, und damit dem HErrn zu singen und zu spielen. Desgleichen siehet man hernach in der Kirchen-Historie der folgenden Zeiten, da die Verfolgungen vorbey waren, wurden viele von GOtt erwecket, dessen Erweckung man es ja billig zuschreibet, der Märtyrer Geschichte in Lieder zu verfassen, welche heilige Gedichte gar löblich von einigen Gelehrten sind hervor gesuchet worden, die man auch der Jugend, an statt der heydnischen Dinge, in die Hände geben kan, dieweil sie aus diesen in der That mehr Nutzen haben. Ja sehen wir auch die Zeit der *Reformation* an, so haben

---

14 Freylinghausen 1713, Vorrede a 4a–b 5b.

die Feinde selbst erkannt und gestanden, daß durch die Gesänge fast mehr geschehen, als durch alles Predigen. Denn, wenn ein Gesang gemacht war, darein man die ⟨28⟩ Evangelische Lehre gefasset hatte, so wurde er durch das gantze Land gesungen. Ein solch Lied lerneten die Leute auswendig, hatten ihre Lust und Freude daran, und fasseten daraus mehr, als sie sonst aus vielen Büchern und Predigten hätten fassen mögen. Auch die sonst nicht lesen konten, höreten dennoch dergleichen Lieder singen, die ihnen dadurch bekannt wurden. Dabey ich mich eines Exempels erinnere, wie ein gewisser Prediger, da er die grosse Unwissenheit seiner Gemeine eingesehen, und ihnen durch *Catechisationes* aufzuhelfen gesucht, auf keine bessere Art zu seinem Zweck gelangen können, als da er die teutschen Gesänge zu Hülfe genommen; indem die Leute, so in der Jugend höchst versäumt worden, und sich in nichts recht finden können, was ihnen von den Grund-Wahrheiten der christlichen Religion vorgetragen worden, sich doch alsbald gleichsam besinnen können, wann er ihnen nur gesaget, in dem und dem Gesange habt ihr das, was itzt vorgetragen worden ist; da sie erst dem nachgedacht, was sie vorhin mit Unverstand gesungen, und ihnen das ein gesegnetes Hülfsmittel gewesen, dadurch sie zu besserer Erkäntniß gebracht worden.

Ferner hat man in dem Psalter b) auf die *pathologiam sacram*, oder *auf die heilige Affecten und Gemüths-Bewegungen* wohl acht zu geben. Denn, wenn man in einem Buche die Lehre von denselben Affecten in lebendigen Exempeln vor Augen gelegt findet, so ist es gewiß in den Psalmen. Man kan davon insonderheit Lutheri Vorrede über die Psalmen nachlesen, als darinnen er vornehmlich auf dieses Stück gewiesen hat, wie man in den Psalmen die recht lebendig ausgedruckten Affecten der Heiligen sehen könne, und was in einem gläubigen Kinde GOttes vorgehe, ja wie das, was einer bey sich selbst erfahre, ihm da mit recht lebendigen Farben vorgemahlet sey, daß er sich darinnen gleichsam spiegeln könne.[15] Auch gehöret hieher, was in *Wolfgangi Franzii Tractat de interpretatione Scripturae Sacrae*, oder von Auslegung der Heiligen Schrift, oraculo 56. stehet.[16] Denn da hat er aus dem 1. Capitel des Propheten Esaiä Gelegenheit genommen, diese Sache, *de affectibus sacris*, von den heiligen Affecten in der Schrift, deutlich vor Augen zu legen. Von welcher Sache gewiß ist, daß keiner mit Nutzen in *studio exegetico* und in Erklärung der Bibel fortkommen, und bis auf den Grund gelangen könne, der diese Lehre von den Affecten nicht recht beobachtet. Es hat aber daselbst Franzius durch eine genaue Untersuchung des 1. Cap. Esaiä gezeiget, wie es scheine, als sey gar keine *Connexion* darin zu finden, und wie die gantze Rede ihren Nachdruck und ihre Kraft verliere, wenn man die *pathologiam* oder Betrachtung des Affects davon nehme, und nicht darauf sehe, wie alles auf eine so lebendige Art, vermittelst eines heiligen Affects, von dem Propheten ausgesprochen sey. Auch hat Lutherus in seiner Auslegung des 1. Buchs Mosis hiezu eine gar schöne und ⟨29⟩ herrliche Anleitung

---
15 WA DB XX 1, 98–105; vgl. WA 5, 19–23 (Operationes in Psalmos).
16 Franz 1693, 500–505.

gegeben, und durch dasselbe gantze Buch gezeiget, wie man in Erklärung der Schrift, wenn man den inwendigen Kern, der im Text lieget, recht hervorsuchen, und den Rath und die Absicht GOttes recht entdecken wolle, vor allen Dingen den *affectum* recht untersuchen müsse.[17] In meiner *Manuductione ad lectionem Scripturae Sacrae* ist nicht allein in dem *capite de lectione exegetica*, sondern auch in einem besondern Anhang von dieser Sache mit mehrern gehandelt;[18] dahin ich denn die Auditores verweisen kan.[19] Das ist gewiß, daß, wenn man sich in dem Psalter mit der blossen Untersuchung der Worte und Redensarten behilft, man nimmermehr zurechte kommen wird, wo man nicht die Gemüths-Bewegung der Männer GOttes zugleich wohl bemercket. Zur Zeit der Reformation sind die Ausleger mehrentheils in die Fußstapfen Lutheri getreten, was diesen Punct betrifft. So findet sich z. E. in *Bugenhagii* Erklärung des Psalters, daß er sonderlich darauf acht gehabt hat; wie man in der Auslegung des 91sten Psalms wahrnehmen kan, da er gar schöne und nachdrückliche Worte gebrauchet, wie nöthig es sey, auf den Affect zu sehen, und wie der Zusammenhang des gantzen 91sten Psalms daraus herzunehmen sey, da eine so vielfältige Abwechselung der redenden Personen darin vorfalle, welche man aus diesem Grunde beurtheilen müsse.[20]

Weiter hat man in der Erklärung des Psalters c) beständig darauf zu sehen und acht zu geben, *ob nicht ein Gespräch in dem vorhabenden Psalm anzutreffen sey*. In einem einigen Psalm reden öfters viel Personen. Bald wird GOTT, bald ein Mensch, bald auch viele zugleich redend eingeführt; welches vornehmlich aus dem Affect entstehet, weil nemlich die Sachen nicht todt und leblos erzehlet werden, sondern alles recht lebendig soll vorgestellet werden.

Der 12te Psalm kan uns davon zum Exempel dienen. Denn in demselben findet sich erstlich ein Gebet, da David in der Person der Gläubigen also redet: v. 1–5. *Hilf, HERR, die Heiligen haben abgenommen, und der Gläubigen ist wenig unter den Menschen-Kindern. Einer redet mit dem andern unnütze Dinge, und heucheln, und lehren aus uneinigem Hertzen. Der HERR wolle ausrotten alle Heucheley, und die Zunge, die da stoltz redet, die da sagen: Unsere Zunge soll überhand haben, uns gebühret zu reden, wer ist unser HErr?* Darauf kommt die göttliche Antwort: v. 6. *Weil denn die Elenden verstöret werden, und die Armen seufzen, will ich auf, spricht der HERR;* (wie im 1. v. gebeten war: Hilf, HERR!) *ich will eine Hülfe schaffen, (...) daß man getrost lehren soll.* Nun folgt weiter: v. 7. *Die Rede des HErrn ⟨30⟩ ist lauter, wie durchläutert Silber im erdenen Tiegel, bewähret siebenmal.* Das sind nicht Worte, die noch zu der vorhergehenden Antwort GOttes gehören; sondern dieselbe Antwort nimmt David mit gläubigem Hertzen an, preiset GOTT über sein Wort und über seine Wahrheit, und spricht: v. 7. *Die Rede des HERRN ist lauter, wie durchläutert Silber im erdenen Tiegel, die Reden des HERRN sind lauter, bewähret siebenmal. Du, HERR, woltest sie*

---

17 WA 42–44.
18 Francke, Manductio 1693; vgl. TGP II.4, 27–111; hier 61–71 u. 87–111.
19 *Fußnote im Original:* „Siehe auch davon des sel. Auctoris Praelationes Hermeneuticas Post. VI." [Francke, Praelectiones 1717; vgl. vorl. Bd., 151–171 u. ö.].
20 Bugenhagen 1524, 520–524.

bewahren, und uns behüten vor diesem Geschlechte ewiglich. Denn es wird allenthalben voll Gottlosen, wo solche lose Leute unter den Menschen herrschen. Da siehet man gar offenbar, daß es unterschiedene Personen seyn, die in dem Psalm reden.

Noch ein Exempel kan der 132ste Psalm geben. Da redet erstlich David: v. 1–10. *Gedencke, HErr, an David, und an alle sein Leiden. Der dem HErrn schwur, und gelobete dem Mächtigen Jacobs: Ich will nicht in die Hütte meines Hauses gehen, noch mich aufs Lager meines Bettes legen; ich wil meine Augen nicht schlafen lassen, noch meine Augenlieder schlummern, bis ich eine Stätte finde für den HErrn, zur Wohnung dem Mächtigen Jacobs. Siehe, wir hören von ihr in Ephrata; wir haben sie funden auf dem Felde des Waldes. Wir wollen in seine Wohnung gehen, und anbeten vor seinem Fußschemel. HErr, mache dich auf zu deiner Ruhe, du und die Lade deiner Macht. Deine Priester laß sich kleiden mit Gerechtigkeit, und deine Heiligen sich freuen. Nimm nicht weg das Regiment deines Gesalbten; um deines Knechts Davids willen.* Nun kommt die Antwort: v. 11. *Der HErr hat David einen wahren Eid geschworen; davon wird er sich nicht wenden: Ich will dir auf deinen Stuhl setzen die Frucht deines Leibes.* Was also im vorhergehenden gebeten war, davon wird im Schluß die Erhörung zugesaget. Hierauf muß man in den Psalmen wohl acht haben; oder man wird oft eine wunderliche *Confusion* machen, und eins durchs andere werfen, wenn diese Abwechselung der redenden Personen nicht wohl gemercket wird.

Ja es ist hiebey noch ferner d) zu mercken, *daß in den Psalmen auch wol öfters dergleichen Veränderungen der Personen vorkommen, da bald eine Person redet, bald eine andere, ob es wol nicht eben ein ordentliches Gespräch ist.* Bald redet iemand in der ersten Person von sich selbst, bald in der andern zu iemand anders, bald wieder in der dritten von iemand anders. Da darf man nicht dencken, es sey gnug, zu sagen, daß da eine *enallage personarum*, eine Verwechselung der Personen sey; sondern man muß wissen, es habe solches seine Ursach, und sey nicht vergeblich geschehen. ⟨31⟩ Man muß also gar wohl darauf acht haben, daß man recht in solchen Text hinein schaue, und sehe, was darinnen liege, und aus welchem Grunde dergleichen Veränderung geschehen sey.

Auch hat man, e) wie überhaupt in der Schrift, also sonderlich in den Psalmen auf die *pronomina demonstratiua und possessiua*, oder *auf die häufig vorkommende Worte, ich/ du/ er/ wir/ ihr/ sie/ mein/ dein/ sein/ und dergleichen mehr, wohl zu mercken.* Denn, es geschiehet nicht vergeblich, wenn mit Nachdruck das *pronomen demonstratiuum* darzu gesetzet wird, da es sonst mit der Hebräischen Sprache nicht eben die Beschaffenheit hat, wie mit der Teutschen und andern Sprachen, da ich nothwendig ein *demonstratiuum* darzu setzen muß: *Ich/ du/ er hat das gethan*; sondern es ist da wie im Lateinischen, da nicht nöthig ist, dergleichen hinzu zu setzen, es sey denn, daß es wegen eines besondern Nachdrucks geschehen muß. Als z. E. im 2. Psalm heißts v. 7. nachdrücklich: *Du bist mein Sohn.* Daß hier das אתה *du* stehet, geschiehet nicht vergebens, sondern mit Nachdruck; aber noch deutlicher ist dieser Nachdruck, wenn es weiter heißt: *Heute habe ich dich gezeuget.* Im Teutschen höret man diesen Nachdruck nicht; im Hebräischen aber liegt vieles darin: *Ich/ ich* habe dich heute gezeuget; da also die Zeugung vom Vater mit grossem Nachdruck bezeuget wird, darin dieser Sohn von allen Söhnen des Vaters unterschieden sey.

So auch bey den *pronominibus possessiuis* kan der 74ste Psalm zum Exempel dienen. Wo man in demselben das *pronomen possessiuum, dein, dir,* etc. nicht in acht nimmt, so verlieret der gantze Psalm seinen vornehmsten Nachdruck. Denn, so heißt es: v. 1. GOTT, *warum verstössest du uns so gar, und bist so grimmig zornig über die Schaafe deiner Weide? Gedencke an deine Gemeine, die du von Alters her erworben, und dir zum Erbtheil erlöset hast; an den Berg Zion, da du auf wohnest. Tritt auf sie mit Füssen, und stoß sie gar zu Boden; der Feind hat alles verderbet im Heiligthum. Deine Widerwärtigen brüllen in deinen Häusern, und setzen ihre Götzen drein. Man siehet die Aexte oben her blicken, wie man in einen Wald hauet; und zerhauen alle seine Tafelwercke mit Beil und Barten. Sie verbrennen dein Heiligthum; sie entweihen die Wohnung deines Namens zu Boden. Sie sprechen in ihrem Hertzen: Lasset uns sie plündern; sie verbrennen alle Häuser GOttes im Lande. Unsere Zeichen sehen wir nicht; und kein Prophet prediget mehr, und kein Lehrer lehret uns mehr.* Und ferner: v. 10. *Ach! GOtt, wie lange soll der Widerwärtige schmähen, und der Feind deinen Namen so gar verlästern? Warum wendest du* ⟨32⟩ *deine Hand ab, und deine Rechte von deinem Schooß so gar?* Und so gehts durch den gantzen Psalm; welches auch *Brentius* in seiner Auslegung über die Psalmen wohl angemercket, und deßwegen dieses *possessiuum dein* mit grossen Buchstaben hingesetzet, damit man ja recht darauf sehen soll.[21] Denn die Bewegungs-Gründe sind vornehmlich davon genommen, daß es David so gar nicht *seine eigene* Sache seyn lässet, sondern daß er es GOtt als *GOttes Sache* vorträget. Und also ist daran viel gelegen, recht auf diese *Emphasin* oder Nachdruck zu sehen. Die bündige Gültigkeit aller Bewegungs-Gründe lieget darinnen. Wenn man nun drüber hin fähret, und nicht darauf acht hat, so ist es unmöglich, die Schlüsse recht einzusehen.

Das gebe ich nur zu einem Exempel, wie man aufgeweckten Gemüthes seyn müsse bey Lesung und Erklärung des Psalters, so, daß man auf alle Dinge gar wohl mercke und acht gebe. Denn wenn man ihn sonst hundertmal durchlieset, und nur auf die blosse Bedeutung der Worte und Redens-Arten dabey fällt, aber nicht theils auf den *Affect* siehet, der darinnen ist, theils auf andere dergleichen kleinscheinende Dinge: so verlieret man die Hauptsache, die darinnen ist.

Also hat man ferner f) auf die *idiotisticas locutiones*, wie auch auf die *idiotisticas significationes ipsarum vocum Hebraicarum*, oder *auf die eigene und sonst ungewöhnliche Bedeutungen der Hebräischen Worte und Redens-Arten in den Psalmen* zu sehen. Es gehöret dahin *Gürtleri vocum typico-propheticarum breuis explicatio*, welches vor wenig Jahren zu Bremen in 4to gedruckt ist.[22] Darin ist eben dieses sein Zweck, daß, weil in der Heil. Schrift, sonderlich in den Propheten und Psalmen, mit Einem Worte oft gar vieles angezeiget wird, und derjenige, so der Prophetischen Schreib-Art oder der Psalmen nicht gewohnt ist, nicht alles darin einsiehet, bis er durch vieles Lesen endlich gewahr wird, worin ihre besondere Schreib-Art bestehe, daß, sage ich, er davon in der Kürtze einige Anmerckungen geben möge. Aber das allerbeste und sicherste ist, selbst in die Psalmen zu gehen, sich darin wohl umzusehen, und durch fleißige Lesung und

---

21 Brenz 1578, 852–859.
22 Gürtler 1698.

Betrachtung derselben besondere Schreibart sich so bekant zu machen, daß man alsbald verstehe, was sie mit ihren Reden haben wollen. Ein Exempel davon anzuführen, so stehet Ps. 132. *von dem Horn, das im Hause Davids aufgehen solte.* Wer nun diese Redens-Art aus der Schrift nicht inne hat, verstehet nicht, was der Heilige Geist damit haben will. Es muß also aus der Vergleichung mit andern Stellen bemercket werden, daß damit ein Reich, eine Herrschaft angedeutet werde; wie es also sonderlich im Daniel häufig gefunden wird, alwo c. 7. 8. etc. die Reiche durch Hörner vorgestellet sind: welche Redens-Art auch hernach in der Offenb. Joh. 17. wieder vorkommt. Eben also wird sie auch ⟨33⟩ wie schon gedacht, in dem Lobgesang Zachariä gebrauchet, da er GOtt preiset, daß er das verheissene *Horn in dem Hause David* habe aufgehen lassen, das ist, daß der verheissene Christus nun kommen werde mit seinem Reiche.

Auf diese Weise kan man auch verstehen, was es sey, wenn im 78sten Psalm v. 61. gesagt wird: *Er gab ihre Macht ins Gefängniß.* Da ist wol bekannt, was sonst *robur*, die Macht, gewöhnlicher Weise heisset; aber daß hier durch die Macht Israels die Lade des Bundes verstanden werde, kan einer, der im *stylo typico-prophetico* und den Prophetischen Redens-Arten nicht geübt ist, nicht gleich errathen. Denn, wenn man in die Historie siehet, was damit soll gesaget werden: *Er gab ihre Macht ins Gefängniß*; so ists nichts anders, als was 1 B. Sam. 4. beschrieben wird, wie die Lade des Bundes in die Hände der Philister gekommen. Und eben darauf gehen die folgenden Worte des 78sten Psalm v. 61. *Er gab ihre Herrlichkeit in die Hand des Feindes;* wie sie auch damals sagten: 1 B. Sam. 4. v. 21. 22. *Die Herrlichkeit ist dahin von Israel.* Warum aber? Antwort: v. 62. *GOtt der HERR entbrannte über sein Erbe, und übergab sein Volck ins Schwerdt.* Wie das damals geschahe, da Israel von den Philistern überwunden ward. v. 63. *Ihre junge Mannschaft fraß das Feuer, und ihre Jungfrauen musten ungefreyet bleiben.* v. 64. *Ihre Priester fielen durchs Schwerdt*, Hophni und Pinehas, die Söhne Eli, *und waren keine Wittwen, die da weinen solten,* u. s. f. Und diese Redens-Art findet sich nun noch öfters auch in andern Psalmen, davon der Macht geredet, und eben das verstanden wird. Also muß man auf dieselbige *idiotisticam rationem loquendi*, auf diese gantz besondere Art zu reden, sehen, nicht allein die der Sprache eigen ist, wie man sonsten etwa *idiotismum Latinae* und *Graecae linguae*, Lateinische und Griechische besondere Redens-Arten hat, sondern nach der Sprache des Geistes GOttes. *Der idiotismus* gehet tiefer, und erstrecket sich weiter, als auf die blosse Hebräische Sprache.

So findet man auch g) *gantze phrases, die aus der Historie genommen werden, also, daß man die Redens-Arten nicht verstehen kan, weder nach der Bedeutung der Worte selbst, noch auch nach dem idiotismo oder besondern Gebrauch der Sprache, sondern die Historie wissen muß, worauf gesehen wird.* So heißt es z. E. Ps. 80, 3. *Erwecke deine Gewalt, der du vor Ephraim, Benjamin und Manasse bist.* Das ist eine seltene und ausserordentliche Redens-Art. Es heißt nicht etwa: *der du für Israel, oder für alle seine zwölf Stämme bist*; sondern es heißt: *der du vor Ephraim, Benjamin und Manasse bist.* Dieselbe nun recht zu verstehen, muß man die Historie aus dem 4ten Buch Mosis am 10. Capitel zu Hülfe nehmen. Denn in demselben wird gar deutlich angezei-⟨34⟩get v. 21–24. daß das Heiligthum mit der Lade des Bundes vor diesen drey Stämmen, Ephraim, Benjamin und Manasse, unmittelbar vorher zog. Also ist das eine Beschreibung CHristi, wie er in diesem 80sten Psalm v. 1. der Hirte genennet war. *Du Hirte Israel*, heißt es, *höre, der du Joseph hütest wie der Schaafe; erscheine, der du sitzest über Cherubim.* Welches ebenfalls eine solche Redens-Art ist, die man aus der Historie verstehen muß. Denn von dem Gnaden-Stuhl, darauf die Cherubim waren, wurde die göttliche Antwort gegeben. Welches uns Paulus nachmals also neutestamentisch erkläret hat: Röm. 3, 25. *Welchen*, nemlich Christum, *GOtt hat vorgestellet zu einem Gnaden-Stuhl, durch den Glauben in seinem Blute.* Christus wird demnach in dem Psalm angedeutet. Und eben derselbe wird nun ferner v. 2. beschrieben: *der du vor Ephraim, Benjamin und Manasse bist.* Denn, wie gesagt, wenn das Lager fortzog, so zog das Heiligthum mit der Lade des Bundes unmittelbar vor diesen dreyen Stämmen her.

Ferner ist auch h) nöthig, daß man *den Parallelismum in den Psalmen selbst wohl anmercke, oder sie recht lerne unter einander zu vergleichen.* Es ist schon voriges mal von dem *Parallelismo* der Psalmen mit den Propheten und andern Büchern heiliger Schrift gehandelt worden. Aber gantz ins besondere muß man die Psalmen mit den Psalmen selbst vergleichen, und auf diesen *Parallelismum* acht geben. Denn es sind oft viel Psalmen von einerley Inhalt. Die muß man denn zusammen halten, so erkläret immer einer den andern. Nimmt man z. E. den 101sten Psalm, und vergleichet damit den 15ten und 24sten Psalm, so ists einerley Sache, die darin beschrieben wird. Denn sowol im 15ten als 24sten Psalm wird die Beschaffenheit derjenigen beschrieben, die rechte Genossen des N. Testaments seyn, und Christo angehören solten. Und eben das wird auch in dem 101sten Psalm gezeiget, wer nemlich Christo angehören, und in dem Hause GOttes, da Christus der HErr ist, bleiben solle. Wolte man diesen 101sten Psalm nicht nach solcher Einleitung erklären, oder ihn bloß auf David deuten; so würde man die wahre Erfüllung davon nirgendswo finden. David hat sich niemalen alles anmassen können, was in dem 101sten Psalm stehet: Aber auf Christum schicket sich alles gar wohl. Eben also verhält sichs auch mit dem 22sten und 35sten Psalm, ingleichen mit dem 18ten, 116ten und 118ten Psalm, dem 16ten, 68sten und 110ten Psalm, welche alle gar füglich mit einander können verglichen werden.

Auch muß man in dem Psalter i) auf *den Unterscheid zwischen der ersten und zweyten Zukunft Christi* sehen; wie denn auch durch die gantze Heil. Schrift, diesen Unterscheid zu bemercken, nöthig ist. Insonderheit entstehet sonst in den Psalmen die allergrösseste Confusion, wenn man mit Juden ⟨35⟩ zu thun hat, aus Mangel dieses zu bemerckenden Unterscheides. Welches so offenbar ist, daß bereits vor der Reformation einer, Namens *Paulus Burgensis*, so insgemein nur Burgensis citiret wird, solches bemercket hat, indem er ein Buch geschrieben, darin ein *dialogus inter Saulum & Paulum*, oder ein Gespräch enthalten ist zwischen einem Juden, den er *Saulum* nennet, und einem Christen, der aus dem Judenthum bekehret wäre, und den er *Paulum* nennet, welcher jenen, den Juden, zu überzeugen suchet.[23] Er selbst, *Paulus Burgensis*, war ein Jüde gewesen, und

---

23 Paulus Burgensis, pars 1, distinctio 3.

in den Rabbinischen Schriften sehr erfahren, hat aber in seinem Alter das Judenthum verlassen, und in diesem Buch dasselbe zu widerlegen gesucht. Lutherus hat zu seiner Zeit das Buch sehr hoch *aestimiret*.[24] Nach der Zeit sind zwar dieselben Streitigkeiten weiter untersuchet worden; doch behält er den Ruhm, daß er darinnen viel gethan, und den folgenden gar sehr das Eis gebrochen hat. Derselbige *Burgensis* hat nun insonderheit diese Anmerckung mit Fleiß eingeschärfet, daß die Juden die erste und andere Zukunft des Meßiä wohl von einander unterscheiden müsten. Und wo wir das nicht observiren, so muß ein beständiger Anstoß bey den Juden bleiben. Denn es ist offenbar, daß alles, was in den Psalmen und Propheten von der Zukunft des Meßiä geweissaget worden, bey der ersten Zukunft desselben nicht eingetroffen, auch von uns davon nicht kan bewiesen werden. Wenn wir aber dergleichen Stellen dennoch dahin ziehen wollen, dencken sie, wir drehen die Schrift nach unserm Gefallen, und ärgern sich also an diesen Deutungen. Wenn aber nur dieses wohl in acht genommen wird, und die Stellen, die von der andern Zukunft Christi handeln, von den andern wohl unterschieden werden, so kan den Jüden deutlicher und klärer begegnet werden.

Es ist ferner in Erklärung des Psalters k) auf *die letzten fata und Begebenheiten des Jüdischen Volcks* zu sehen; wie dieselben auch in den übrigen Propheten vorher gesaget worden. Und weil das 32ste Capitel des 5ten Buchs Mosis *vaticinium vaticiniorum ist de nouissimis gentis Judaicae fatis*, oder den Haupt-Inhalt dieser dem Jüdischen Volck vorher verkündigten Begebenheiten in den letzten Zeiten in sich fasset: so muß dasselbige billig mit dem Psalter fleißig verglichen werden, nebst andern dergleichen Prophezeyungen mehr. Denn es ist offenbar, daß auch in dem Psalter die künftigen Umstände des Jüdischen Volcks dergestalt klar beschrieben werden, daß eben daher manche Ausleger auf die Gedancken kommen, es seyn manche Psalmen nach der Babylonischen Gefangenschaft oder in derselbigen gemachet; weil nemlich die Weissagungen so klar und hell sind, daß man offenbarlich siehet, daß sie auf diese Umstände gesehen haben. Aber um deßwillen ist nicht zu schliessen, daß sie in der Babylonischen Gefangen-⟨36⟩schaft, oder nachhero geschrieben worden; sondern diese Meynung ist nur entstanden aus der grossen Deutlichkeit der Prophezeyungen, dafür man GOtt so vielmehr zu dancken hat, daß er diese zukünftige Dinge so klar und hell hat vorher sagen lassen. So betete David z. E. Ps. 51, 20. *Baue die Mauren zu Jerusalem*; da sie doch nicht eingefallen waren, auch diese Zeit noch nicht da war. Aber er sahe wohl, nachdem er ein Prophet war, wie ihn Petrus Apost. Gesch. 2, 30. nennet, im Geist der Weissagung, daß, wie *Er* GOTT untreu worden war, und in Ehebruch verfallen, also inskünftige es mit seinem Volck auf gleiche Weise gehen würde, daß dieselbigen in einen solchen geistlichen Ehebruch verfallen, und von GOTT dem HERRN so würden gestrafet werden, daß derselbe Jerusalem und ihre Mauren niederreissen und zerstören lassen würde.

Weiter hat man l) in dem Psalter immer auf die *opposita* oder *einander entgegen gesetzte Dinge* zu sehen; wie gleich im ersten Psalm zu finden ist. Da

---

24 WA 53, 480, 2; 498, 30.

heißts: v. 1–3. *Wohl dem, der nicht wandelt im Rath der Gottlosen, noch tritt auf den Weg der Sünder, noch sitzet, da die Spötter sitzen; sondern hat Lust zum Gesetz des HERRN, und redet von seinem Gesetze Tag und Nacht. Der ist wie ein Baum gepflantzet an den Wasserbächen, der seine Frucht bringet zu seiner Zeit, und seine Blätter verwelcken nicht, und was er machet, das geräth wohl.* Nachher v. 4. folgt der Gegensatz: *Aber so sind die Gottlosen nicht, etc.* Dieselbige Gegeneinanderhaltung gehet durch die gantze H. Schrift. Wie es heisset: *Opposita iuxta se posita magis elucescunt,* zwey widrige Dinge, wenn sie einander entgegen gehalten werden, erklären sich gar schön: so gehts insonderheit im Psalter. Da steht immer *regnum agni & draconis, Christi & Antichristi,* das Reich Christi und des Satans, das Reich des Lichts und der Finsterniß gegen einander. Die stehen immer in einem beständigen Gegensatz, und erkläret eins das andere. Gleichwie es schon im Anfang 1 B. Mos. 3, 15. heisset: *Ich will Feindschaft setzen zwischen dir und dem Weibe, und zwischen deinem Saamen und ihrem Saamen*; und dieselbe Feindschaft auch schon in Cain und Abel offenbar ward: so gehet es durch den gantzen Strich der Heil. Schrift hindurch, also, daß man hierauf sonderlich mercken muß.

Endlich muß man auch m) wohl zusehen, daß man die *imprecationes* oder *vorkommende Verfluchungen der Bösen recht verstehen lerne.* Es hat aber an sich keine grosse Schwierigkeit, wenn man nur mercket, daß es eigentlich *praedictiones* oder Vorherverkündigungen sind dessen, was aus gerechtem Gerichte GOttes erfolgen würde; eben so wie Noah, bey Verfluchung des Chams, 1 B. Mos. 9, 25. nur vorher saget, wie es den Nachkommen Chams ⟨37⟩ ergehen, und wie sie würden den Fluch tragen müssen. Auf eben solche Weise wird in den Psalmen vorher verkündiget, wie es denjenigen ergehen werde, die von GOtt abweichen. Insonderheit wird dem Reich des Antichrists und der Finsterniß der Untergang angekündiget. Welches einem keinen Anstoß geben kan, wenn man es nur recht verstehet.

Und das sind die vornehmsten Stücke, die man insonderheit zur Erklärung der Psalmen in den Psalmen selbst zu mercken hat.

Die fünfte Lection zur Einleitung in den Psalter.
(Gehalten den 22. Febr. 1706.)

ES könte an dem genug seyn, was zur Einleitung in den Psalter in vorigen Stunden beygebracht worden; bevorab da nicht nöthig ist, etwas von der *Application* oder Anwendung desselben hinzuzuthun, welches in derjenigen weitläuftigen Abhandlung, darin die Psalmen nach der Ordnung durchgenommen und genau erkläret werden, gnugsam ersetzet wird. Doch soll noch zuletzt etwas *von den Auslegern des Psalters* hinzugethan werden. Nemlich, wie bishero von den Hülfs-Mitteln, die Psalmen zu erklären, gehandelt worden, sowol wie dieselbigen in der Vergleichung mit den übrigen Schriften Altes und Neues Testaments bestehen, als auch wie sie im Psalter selbst zu finden, oder aus dessen fleißiger Lesung und Gebrauch können bemercket werden: so kan man sich dazu gar wohl auch dessen bedienen, was andere bereits für Arbeit darauf gewendet haben.

Doch ist allezeit bey Erklärung der Heil. Schrift wohl in acht zu nehmen, daß man nicht so gleich auf die Ausleger und derselben Bücher falle; ⟨38⟩ als welches gewiß die allergrösseste Hinderniß ist an einer recht gründlichen Erkäntniß des wahren Sinnes der Schrift. Denn, wenn einer darauf zuerst fällt, so behilft er sich gern damit, und gewöhnt sich nimmer, in die *viscera textus*, in das innerste der Schrift, recht hinein zu schauen, oder den Nachdruck der Worte und besondern Redens-Arten der Schrift recht zu untersuchen, und die Vergleichung mit dem, was vorhergegangen oder darauf folgt, oder mit andern Orten, recht anzustellen; lernet also nie mit eigenen Augen sehen. Wenn man aber im Gegentheil fein selbst die Heil. Schrift lieset, und nicht begehret, auf einmal alles zu verstehen, sondern vielmehr erst, was man verstanden, recht anzuwenden trachtet; dann aber eben dasselbige Buch mehrmals und öfter durchlieset, dabey auf den Zusammenhang und die Ordnung fein acht hat, einen ieden Text mit dem vorhergehenden und folgenden fleißig vergleicht, auf den Nachdruck der Grund-Sprachen genau mercket, die übereinstimmenden Stellen selbst nachschlägt, und also die Schrift aus der Schrift verstehen zu lernen bemühet ist: so wird, ob es wol anfangs schwer hergehen und einem ungeübten unmöglich scheinen möchte, die Erfahrung dennoch lehren, daß das eine recht gründliche Einsicht und Erklärung zuwege bringe, und daß man dann nicht allezeit nöthig habe mit andern Augen zu sehen, sondern daß GOTT einem ieglichen die Gnade thue, ihm so viel aus seinem Wort zu erkennen zu geben, als ihm nicht allein zu seiner, sondern auch zu seines Nächsten Erbauung nöthig ist.

Wenn man sich aber also in den Hülfs-Mitteln, die in der Schrift selbst liegen, geübet, und dieselben treulich angewendet hat: so ist es denn auch billig, daß man anderer Arbeit ansehe, um sich in dem, was man schon aus der Schrift selbst erkannt hat, durch anderer Zeugniß zu stärcken. Denn, wenn man gute Anmerckungen gemacht hat, so erfreuet es einen, wenn man siehet, daß andere das ebenfalls eingesehen haben, und mit uns auf einerley Wege gewesen sind; ja man findet auch wol bey andern mehrere Beweis-Gründe, die das, was man gefunden hat, noch besser bekräftigen. Es dient aber solches auch dazu, daß man, was man noch nicht hat fassen und einsehen können, um so viel besser, durch anderer Beyhülfe, verstehen lerne. Niemalen aber muß man es dabey lassen, daß man sich bloß auf die *Auctorität* und das Ansehen anderer Ausleger verlasse, oder, wenn man einen berühmten Ausleger auf seiner Seite hat, sich gleich darauf berufe. Denn das wäre nichts anders, als was im Pabstthum geschiehet; da man sich nur darauf berufet: Die *Patres* oder alten Kirchen-Lehrer habens so erklärt. ⟨39⟩ Vielmehr muß alles, was man in anderer Auslegungen findet, dennoch nach den rechten und eigentlichen Regeln der Auslegung Heil. Schrift wohl untersuchet werden, so, daß man zusehe, ob sie das, was sie für den rechten Verstand der Schrift ausgeben, in die Schrift hinein getragen, oder ob sie es da heraus genommen. Und da muß denn auch untersuchet werden, ob der Verstand recht herausgeführet sey, ob alles mit den klaren Worten der Schrift überein treffe, oder ob denselben Gewalt geschehe, und was sonst dazu gehöret, einen Text recht zu untersuchen.

Von dem Psalter nun insonderheit zu reden, und einige der besten Ausleger desselben anzuführen: so können (1) hier genennet werden die *Patres* oder *alte Kirchen-Lehrer*, welche sich vornehmlich an den Psalter gemacht haben. Unter denselben mag man dann vornehmlich hieher rechnen *Chrysostomum*, der über einige und 60. Psalmen, doch nicht in der Ordnung, geschrieben hat,[25] *Hilarium*,[26] *Ambrosium*, welcher 13 Psalmen ausser der Ordnung ausgelegt,[27] *Augustinum*[28] und *Theodoretum*,[29] welche den gantzen Psalter erkläret haben. Ingleichen kan man hinzuthun *Arnobium iuniorem*[30], aus dem fünften *saeculo*, der sonst nicht eben so bekandt ist, und wohl zu unterscheiden von dem ältern *Arnobio* aus Africa, welcher *contra Gentes* geschrieben hat, und sonst bekandter ist. Dieser *Arnobius iunior* hat sich bemühet, die Psalmen auf Christum zu deuten. Es ist aber von diesen *Patribus* überhaupt zu mercken, daß sie der Hebräischen Sprache nicht kundig gewesen, wenn man *Hieronymum*[31] (und etwa *Origenem*[32]) ausnimmt, der auch noch zu den Auslegern des Psalters gehöret. Daher es denn kommen ist, daß sie mehr auf die Sachen, wie sie dieselben in der Griechischen Bibel vor sich gefunden, gesehen haben, ohne dabey den Wort-Verstand genau zu untersuchen. Welches man doch aber nicht dazu mißbrauchen muß, daß man von der Arbeit und den Schriften der *Patrum* übel, oder auch nur zu gering urtheile. Denn eben dadurch, daß sie sich nur auf die Sache selbst *appliciret*, ists oft geschehen, daß sie mehr kräftiges und nachdrückliches angemercket haben, als die neuern Ausleger, die alle ihre Kräfte des Gemüths mehr auf die Sprache und *Philologie* gerichtet haben, als auf die Sache selbst, die drinnen enthalten ist. Vornehmlich mag man als ein Exempel *Augustinum* hieher rechnen, der insonderheit bemühet gewesen, die Psalmen auf Christum zu führen, und darin gewiß seinen Fleiß nicht uneben angewendet hat, sondern es manchmal so schön, herrlich und nachdrücklich gethan, daß nichts dabey auszusetzen ist. Daher zu wünschen wäre, daß seine *Enarrationes* in *Psalmos* möchten besonders heraus gegeben werden; wie sie denn die Frantzo-⟨40⟩sen in ihre Sprache übersetzet, und besonders heraus gegeben haben, welches wol von den Teutschen möchte nachgethan werden.

Hiernächst kan man (2) unter den Auslegern des Psalters mercken *die Lutherischen Theologos, so zur Zeit der Reformation und hernach, über denselben geschrieben haben*. Dahin gehört denn erstlich a) *Lutherus* selbst, der zwar nicht über alle, doch aber über zimlich viele Psalmen geschrieben hat.[33] Man mag von ihm wohl mit Recht

---

[25] Johannes Chrysostomus, expositio in psalmos: MSG 55, 35–528.
[26] Hilarius, tractatus super psalmos: CSEL 22 = MSL 9, 231–907.
[27] Ambrosius, explanatio psalmorum XII: CSEL 64.
[28] Augustinus, ennarationes in psalmos: CCSL 38 ff.
[29] Theodoret v. Cyrus, interpretatio in psalmos: MSG 80, 857–1998.
[30] Arnobius iun., comm. in psalmos: MSL 53, 327–570.
[31] Hieronymus, breviarum in psalmos: CCSL 72, 163–245 = MSL 26, 821–1304.
[32] Origines, Exegetica in psalmos: MSG 12, 1053–1686.
[33] WA 5, 19–673 (Operationes in psalmos).

sagen, daß es ihm in Erklärung einiger Psalmen gar vortrefflich gelungen ist, als z. E. bey dem 118ten Psalm, von welchem er saget: *Das ist mein Psalm.*[34] Wodurch er zu erkennen geben wollen, daß ihn derselbige Psalm sonderlich im Glauben aufgemuntert und gestärcket habe. Und diese Frucht des aufgeweckten Glaubens kan man gar wohl in seiner Erklärung desselben Psalms wahrnehmen. So gehöret auch dahin, was er über den 68sten Psalm geschrieben hat,[35] welches auch anzeigt, daß er selbst erstlich eine gute Frucht davon in seinem Hertzen geschmecket, und alsodann, was bey ihm kräftig gewesen, auch andern mitgetheilet. Denn das giebt eben die besten Erklärungen der Psalmen, wenn man sie erst selbst recht kräftig an seiner Seele erfahren hat.

Nächst *Luthero* gehöret b) hieher D. *Bugenhagen*, der sonst insgemein *Pomeranus* genannt wird, weil er aus Pommern gebürtig war. Desselben *Commentarius* ist vor wenig Jahren wieder teutsch nachgedruckt. Als er diese seine Auslegung zuerst heraus gab, machte *Lutherus* eine Vorrede dazu, darin er bezeuget, daß er diese Schrift für den ersten rechten *Commentarium* über den Psalter halte; weil *Lutherus* befunden, daß alles, was bishero darüber geschrieben worden, demjenigen nicht das Wasser reiche, was *Bugenhagen* darüber angemercket.[36]

Nach diesem machte sich c) *Brentius* über den Psalter, und legte denselben meist gantz aus.[37] Von welcher Arbeit man mit Wahrheit sagen kan, daß sie *Bugenhagens* Auslegung weit übertreffe; weil er die Sache nachhero gründlicher untersucht, und auch weitläuftiger abgehandelt hat, sich auch insonderheit gar sehr bemühet, die Zeugnisse von Christo recht deutlich und klar, zur Überzeugung des Lesers, darzulegen.

Gleichfalls ist d) aus derselben Zeit zu mercken *Iohannes Draconites*.[38] Dessen Gabe ist auch insonderheit dahin gegangen, wohin vornehmlich die Arbeit der Theologen damaliger Zeit gerichtet war, nemlich CHristum recht ⟨41⟩ in der Schrift zu suchen; wie er z. Exempel den 18ten Psalm, aus Vergleichung des Neuen Testaments, gar schön von CHristo erkläret: welches er auch in vielen andern Psalmen auf gleiche Weise gethan hat, da er die Zeugnisse von CHristo hell und deutlich ans Licht gebracht.

Auch gehöret e) hieher *Adam Reusnerus*, welcher eine neue Übersetzung des Psalters verfertiget hat;[39] wiewol dieselbe nicht allezeit mit dem Hebräischen genau übereinkommt, indem er etwa anderer Auslegungen darin zu viel gefolget. Auch darnebst, was die teutsche Sprache betrifft, hat sie keine solche Art, wie die Übersetzung *Lutheri*. Doch ist das eben nicht sein Zweck gewesen, daß er alles in der teutschen Sprache reinlich ausdrucken, sondern es vielmehr nach dem Grund-Text übersetzen wollen. Er hat übrigens Randglossen dazu gesetzt,

---

34 WA 31 1, 65–182; 66, 1–8: Ps. 118.
35 WA 8, 4–35: Ps. 68.
36 Bugenhagen 1524, Praefatio Lutheri: WA 15, 8.
37 Brenz 1578.
38 Draconites 1543, 16 f.
39 Reußner 1683.

welche nur meist *loca parallela* in sich fassen; es sind aber dieselbige so beschaffen, daß sie einen verständigen Leser erfodern, der darüber die rechten Anmerckungen zu machen wisse. Und wenn es einem solchen geübten Leser in die Hände fällt, so kan dasselbige kleine Buch mannichmal zu sehr guten Gedancken Gelegenheit geben, die auch ihren Grund haben, sonderlich durch die dabey gesetzte Schrift-Stellen. Es ist dieser Mann eben derselbe, dem man auch das Lied zuschreibt: *In dich hab ich gehoffet, HErr, etc.*[40]

Hierauf mag ich f) billig anführen *Iohannem Arndtium*, dessen *Psalter-Postill* allerdings eins der vornehmsten Bücher über die Psalmen ist, darinnen er nicht allein vielfältig den Wort-Verstand sehr deutlich erkläret, sondern auch die *practische* Anwendungen so gar herrlich hinzugethan hat, als mans in andern Auslegern nicht eben findet.[41] Denn, wie er überhaupt das Christenthum gar tief eingeschauet, so hat er insonderheit in dem Psalter ein solch Feld vor sich gefunden, darin er die Erkäntniß, die GOTT in ihn gelegt, durch fleißiges Forschen der Schrift an den Tag legen können.

Nach demselben ist sonderlich g) zu *recommendiren Martinus Geierus*, als dessen *Commentarius* über die Psalmen für den vornehmsten gehalten wird, wenn man nemlich von denen redet, die den Wort-Verstand der Psalmen untersuchet haben.[42] Es hat derselbe auch treulich nicht allein die alten, sondern auch die neuen bis auf seine Zeiten nachgesehen, und derselben Anmerckungen sich zu Nutze gemacht, also, daß derselbe *Commentarius instar multorum* ist, und man vieler anderen entbehren kan, was die Untersuchung des Nachdrucks, der in den Worten und Redens-Arten liegt, und den eigentlichen Wort-Verstand betrifft.

⟨42⟩ Noch neuer ist h) *Sebastianus Schmidius*, der doch nicht über den gantzen Psalter geschrieben, sondern nur über diejenigen Psalmen, in welchen er die Zeugnisse von JEsu Christo am deutlichsten gesehen.[43] Welches auch eine schöne Arbeit ist, die allerdings wohl zu *recommendiren*.

Man könte noch mehrere hieher rechnen, weil sich gar viele an diese Arbeit gemacht haben. Es ist aber mein Zweck nicht, dieselben alle nach einander zu erzehlen, sondern nur die vornehmsten anzuzeigen, und zu bemercken, was man etwa von ihnen zu halten habe, wenn man sich ihrer künftig bedienen möchte.

(3) Unter den *Päbstischen* könte sonst noch gemercket werden einer, Namens *Iustinianus*, dessen Anmerckungen über die Psalmen in den *Tomis criticis*, die erstlich in Engelland herausgegeben, und darnach in Franckfurt nachgedruckt worden, mit zu finden sind. In dem letzen Theil desselben Buchs, alwo *supplementa* hinzu gethan sind, stehet auch diese angeführte Schrift.[44] Ich erinnere mich aber desselben vornehmlich darum, weil dieser *Iustinianus* seine Arbeit sonderlich darauf gerichtet, aus den auch ältesten Schriften der Juden und Rabbi-

---

40 Wackernagel III, 133, Nr. 170; EGB Nr. 179.
41 Arndt 1644.
42 Geier 1696, I.
43 Seb. Schmidt, Psalmen 1688.
44 Justinian (d. i. Agostino Giustiniani) 1516.

nen die besten Orte, die ihm vorgekommen sind, mit anzuführen, wenn dieselben die Sache also erklären, wie es mit dem Neuen Testament am genauesten überein kommt. Insonderheit hat er in der Materie von Christo gewiß manche gar schöne Zeugnisse der Juden gesammlet.

Sonst werden von *Martino Geiero*[45] unter den Päbstischen Auslegern am häuffigsten mit angezogen und gebraucht *Genebrardus*,[46] *Muisius*[47] und *Bellarminus*,[48] welche von ihm als die vornehmsten sind angesehen worden.

Noch neuer aber sind die Frantzösischen *Messieurs du Port Roial*, welche die gantze Bibel in 27. kleinen *voluminibus* in *octav* in Frantzösischer Sprache ausgeleget haben, davon denn drey Bände über die Psalmen allein sind. Wer von dieser Leute Arbeit einige Nachricht, so viel einem etwa nöthig, haben möchte, der kan die Vorrede nachlesen, welche in der teutschen Ubersetzung ihrer Arbeit über die vier Evangelisten, die ohnlängst in *quarto* heraus gekommen, zu finden ist.[49]

Desgleichen ist noch eine neuere Arbeit herauskommen, nemlich eine *Holländische Ubersetzung der Psalmen*; dabey eine sehr schöne Vorrede ⟨43⟩ voran gesetzet worden, welche gewiß werth ist gelesen zu werden, um deren willen ich auch vornehmlich dieses Buchs gedencke.[50] Denn die Ubersetzung selbst ist nach der lateinischen *vulgata* gemacht, und hat man sich also davon eben nicht sonderbaren Nutzen zu versprechen. Die Vorrede aber handelt insonderheit von dem *Nutzen des Psalters* gar nachdrücklich, gibt auch ein und die andere schöne Anleitung an die Hand, wie die Psalmen zu erklären seyen. Ich rechne aber diese Ubersetzung mit unter die Päbstischen Ausleger, weil die Jansenisten, die noch in der Römisch-Catholischen Kirche sind, sie heraus gegeben haben.

(4) *Unter den Reformirten* kan man sonderlich hieher rechnen *Grotium*[51] und *Pricaeum*:[52] derer beyden Anmerckungen in den *Tomis criticis*, die ietzt angezogen worden, mit zu finden sind. Sie haben beyde viel gutes, und sind deßwegen wol werth, daß sie *recommendiret* werden. Doch ist insgemein von *Grotii* Anmerckungen über die Heil. Schrift zu erinnern, daß man dieselbigen mit Vorsichtigkeit lesen muß, sonderlich wenn er auf Stellen kommt, die von Christo solten erkläret werden. Da hat man ihm keinesweges blindhin Beyfall zu geben, indem er gar oft dergleichen Stellen ohne allen Grund so auslegt, daß man es bey gründlicher Untersuchung der Stellen selbst in der That gar anders findet. Ubrigens aber ist in seinen Erklärungen vieles, das zum Wort-Verstand gehöret, und das man wohl gebrauchen kan.

Ingleichen gehöret hieher *Sixtinus ab Amama*, dessen Arbeit über die Psalmen sehr zu *aestimiren* ist. Seine Schriften insgesamt, als sein *Antibarbarus*

---

45 Geier 1696, I.
46 Genebrardus 1615.
47 Muisius 1650, I, 1 ff.
48 Bellarmin 1611.
49 Biblia franz. ed. de Saci 1717; de Saci 1706.
50 Til 1696.
51 Grotius 1679, I, 221–246 (nach Peschke: III, 3603 ff.).
52 Pricaeus 1660, 1226–1358 (nach Peschke: V, 9501 f.).

biblicus, Biblische *Conferentien*, und auch diese seine Arbeit,⁵³ sind mit gebraucht worden, als darnach die grosse Holländische Staaten-Bibel in *folio* verfertiget worden; darauf auch seine Arbeiten ihr Absehen gehabt haben. Insonderheit hat derselbe über den Psalter gar schöne Sachen erinnert, die zum Wort-Verstande gehören.

Auch gehöret dahin *Coccei* Arbeit über den gantzen Psalter, welcher auch viele gute Anmerckungen gemacht hat.⁵⁴ Dabey aber wohl acht zu haben ist, daß man seine *hypotheses exegeticas*, oder Regeln, nach welchen er die Schrift erkläret, nicht so blindhin annehmen, sondern erst genau untersuchen muß. Indessen, was den Wort-Verstand betrifft, kan man ihn wohl unter die herrlichsten Ausleger rechnen, die denselben mit grossem Fleiß untersuchet haben. Dazu kommt, daß er der Hebräischen Sprache sonderlich kundig gewesen ist, wie man das unter andern aus seinem *Lexico Hebraico*,⁵⁵ auch überall aus seinen Schriften, wohl sehen kan.

⟨44⟩ Noch ein neuerer ist *Salomon van Till*, der über den Psalter in Holländischer Sprache geschrieben, welche Arbeit nachher auch Teutsch heraus kommen ist.⁵⁶

Unter *den Engländern* mag man sonderlich mercken *Petrum Allix*, welcher zwar eigentlich ein Frantzos ist, aber unter den *Refugiés* in England lebet, auch der Englischen Sprache dergestalt mächtig worden, daß er den Psalter in Englischer Sprache heraus gegeben, auch eine Vorrede in eben derselben Sprache dazu gemacht hat, darinnen er sonderlich die Regeln und Grund-Sätze, darnach man den Psalter recht erklären soll, anzeiget.⁵⁷ Es ist bey diesen seinen Regeln zwar manches noch weiter zu untersuchen; hingegen aber auch nicht zu leugnen, daß er manche schöne und nützliche Anmerckung gibt, die gar wohl zu gebrauchen ist. Es sind also sonderlich diese drey Vorreden zu mercken, die zur Einleitung in die Psalmen, als davon wir hie vornehmlich handeln, gehören: nemlich die *Vorrede der Frantzosen de Port Royal*, die sie vor ihre Auslegung des Psalters in drey Bänden gesetzt haben; weiter die *Vorrede vor der neuen Holländischen Ubersetzung*, die von den Jansenisten heraus gegeben worden; und endlich *die Vorrede vor dieser Englischen Ubersetzung des Allix*. Doch können Anfänger daran genug haben, was bishero zur Einleitung ist angeführet worden, und dienet die Anführung dieser Bücher nur dazu, daß, wenn man künftig dergleichen brauchen will, oder angeführet findet, man wisse, was man darinnen suchen soll, und wie man dieselbigen sich zu Nutze machen könne.

---

53 Ab Amana 1656 u. a.
54 Cocceius, Psalmen 1660.
55 Cocceius, Lexicon 1689.
56 Til 1696–1709.
57 Allix 1701.

⟨45⟩ *Das Erste Buch des Psalters/ vom I–XLI Psalm.* ⟨46⟩

⟨47⟩ *Die erste Rede über den ersten Psalm.*
(Gehalten den 14. Jun. 1704.)

HERR! öffne uns die Augen, daß wir sehen mögen die Wunder an deinem Gesetz. Laß dein Wort offenbar werden, damit es erfreue und klug mache die Einfältigen. Laß unsern Gang gewiß seyn in deinem Wort, und laß kein Unrecht über uns herrschen. Heilige uns, o HERR, in deiner Wahrheit. Dein Wort ist die Wahrheit. Amen!

Der I. Psalm.

WOhl dem/ der nicht wandelt im Rath der Gottlosen/ noch trit auf den Weg der Sünder/ noch sitzet/ da die Spötter sitzen.
2. Sondern hat Lust zum Gesetz des HErrn/ und redet von seinem Gesetze Tag und Nacht.
3. Der ist wie ein Baum gepflantzet an den Wasserbächen/ der seine Frucht bringet zu seiner Zeit/ und seine Blätter verwelcken nicht/ und was er machet/ das geräth wohl.
4. Aber so sind die Gottlosen nicht/ sondern wie Spreu/ die der Wind verstreuet.
5. Darum bleiben die Gottlosen nicht im Gerichte/ noch die Sünder in der Gemeine der Gerechten.
6. Denn der HERR kennet den Weg der Gerechten/ aber der Gottlosen Weg vergehet.

⟨48⟩ DEr *Psalter* ist ein kurtzer Begriff der gantzen heiligen Schrift. Wie nun *Christus der Kern* ist der heiligen Schrift, so ist Ers insonderheit in dem Psalter; worauf auch Christus nach seiner Auferstehung Luc. 24, 44. seine Jünger sonderlich wies, als Er *ihnen das Verständniß öffnete, daß sie die Schrift verstunden*, wie dieselbe nemlich von ihm zeuge. Denn *das Zeugniß JESU ist der Geist*, Saft und Kern *der Weissagung*, Offenb. Joh. 19, 10. und wie aller übrigen durch den Heil. Geist hervorgebrachten Schriften, also auch des Psalters, der am meisten unter allen Büchern des Alten Testaments im Neuen angezogen wird.

In einem ieglichen Psalm hat man also *das Zeugniß von JESU* zu suchen, wo man anders *den Geist der Weissagung* darinnen erkennen will. Zwar handelt ein Psalm viel offenbarer und klärer von Christo, als der andere, und bleibt ein grosser Unterschied zwischen ausdrücklichen Weissagungen, und solchen Schrift-Oertern, die nicht mit ausdrücklichen Worten von Christo weissagen. Jedennoch kan kein Psalm nach dem Sinn des Geistes verstanden werden, es sey denn, daß man das Zeugniß von JEsu, und Christum als den Haupt-Grund, allenthalben erkenne. Es ist aber ein geringes, daß man wisse, daß ein Psalm von Christo zeuge, so man nicht auch *zu Ihm* selbst *kommet*, damit man *das Leben in Ihm haben* möge. Joh. 5, 39. 40. Es muß demnach dieses der Zweck eines ieglichen seyn, der den Psalter lieset, daß er nicht allein Christum, als den Kern, darinnen finden, sondern daß er auch diesen Kern geistlicher Weise essen, und ihn zur beständigen Nahrung, Erhaltung, Stärckung und Erquickung seiner Seele anwenden möge.

Hiedurch wird nicht gesagt, daß nicht auch von den Gläubigen, als Gliedern Christi, in den Psalmen gehandelt werde, sondern nur daß auf Christum, als auf den *Grund* der Seligkeit, 1 Cor. 3, 11. als auf *den Eckstein des Grundes der Apostel und Propheten*, Eph. 2, 20. als auf *das Haupt der Gemeine*, Eph. 1, 22. und als auf *das Ziel und Ende der gantzen Schrift*, Röm. 10, 4. 2 Cor. 3, 13. und eines ieglichen Psalms vornemlich zu sehen sey. *Welcher aber nicht glaubt, daß er eins mit Christo ist, mag die Psalmen nicht verstehen*, wie fern sie auf Christum, als das Haupt, auf die Gläubigen aber, als seine Glieder gehen; wie einer unserer Vorfahren[1] recht gesaget hat.

Auch wird immmer in der Schrift eins gegen das andere gesetzet, *Christus und Belial, Licht und Finsterniß, der Gerechte und Ungerech-⟨49⟩te, der Gläubige und der Ungläubige.* 2 Cor. 6, 14. 15. Da ist kein drittes, zu einem unter beyden muß der Mensch nothwendig gehören.

Was nun ietzt vom gantzen Psalter gesagt ist, läßt sich leicht auf den *ersten Psalm* führen. Denn dieser ist in Wahrheit *ein kurtzer Begriff der gantzen Schrift*. Auch hier ist der Kern *CHRISTUS*, den man darinnen vornehmlich suchen, und zum Leben seiner Seele anwenden muß. Hier werden die rechten Gliedmassen CHristi vom Heiligen Geist beschrieben; und hier findet sich auch der Gegensatz zweyer streitenden Partheyen. So führet uns dieser Psalm ins 1. Buch Mos. im 3. v. 15. *Ich will Feindschaft setzen zwischen dir und dem Weibe, und zwischen deinem Saamen und ihrem Saamen, derselbe soll dir den Kopf zertreten, und du wirst ihn in die Fersen stechen.* Auf diesem Grunde ruhet der gantze Psalm, und muß daraus erkläret werden, oder man verstehet ihn weder halb noch gar, fasset etwa einige Worte vom Buchstaben, und läßt den Geist der Weissagung, das Zeugniß von JESU, zurück. Wo aber diß zum Grunde geleget wird, da wird auch leichtlich erkannt, daß das gantze Werck der Bekehrung des Menschen, der Wiedergeburt, Rechtfertigung und Erneuerung, die Lehre vom alten und neuen Menschen, von Fleisch und Geist, von CHristo und dem Widerchrist, vom Gesetz und Evangelio, vom Fluch und Segen, von Zorn und Gnade, von Tod und Leben, von Seligkeit und Verdammniß, hier als in einem kurtzen Begriff vor Augen geleget wird. Wem dann dieser Psalm also offen vor Augen lieget, dem ist auch die gantze Schrift offen, so viel die göttliche Lehre betrifft, die ihm zu seiner Seelen Heyl nöthig ist.

In den beyden ersten Versiculn wird CHristus, und mit Ihm ein ieglicher Gläubiger und Gerechter, nach seiner rechten Art und nach seiner äusserlichen und innerlichen Beschaffenheit beschrieben. Der erste Vers, darinnen der Unter-

---

1 *Fußnote im Original:* „Bugenhagen in der Auslegung dieses 1. Psalms." [Bugenhagen 1524, 1–9].

lassung des Bösen gedacht wird, macht die Beschreibung nicht aus. Denn es ist nicht genug, das Böse unterlassen; sondern das Gute und Göttliche muß im Hertzen, und dann auch in Worten und Wercken zugleich dabey erfunden werden. Ps. 34, 15. Jes. 1, 16. 17. Röm. 12, 9. Wenn nun dem Menschen gesagt wird, daß es nicht recht um ihn stehe, so ists nicht gnug, daß er antworte: Ich thue ja nichts *Böses.* Denn der Geist GOttes muß auch in ihm wohnen, der etwas *Gutes,* geistliches und himmlisches in ihm wircke.

Wenn aber der Psalm spricht: *Wohl dem Mann, der nicht wandelt im Rath der Gottlosen,* u. s. f. so weisen diese Worte, gleichwie die gantze Schrift, auf *einen* Mann, der hierinnen als das Haupt allen andern vorgegangen, und dem die andern alle nachzufolgen schuldig sind, ja ohne wel-⟨50⟩chen die andern nichts thun können. Dieser Mann nun ist Christus. Denn der wandelte nicht im Rath der Gottlosen, trat nicht auf den Weg der Sünder, und saß nicht, wo die Spötter sassen; sondern Er rief die Gottlosen zur Busse, bekehrete die Sünder von ihrem bösen Wege, und strafte die Spötter, wie die Evangelisten allenthalben von ihm zeugen. Er war *heilig, unschuldig, unbefleckt, von den Sündern abgesondert.* Ebr. 7, 26. *Den Willen GOttes that er gerne, und hatte sein Gesetz in seinem Hertzen.* Ps. 40, 9. Ebr. 10, 9. *Dieser Mann,* spricht hiervon D. Bugenhagen im angezogenen Ort, *dem hier die Wohlfahrt und Seligkeit zugeeignet wird, ist fürnehmlich Christus der HERR, der um unsert willen unser einer, das ist, Mensch worden; darnach auch ein ieder, der in Christo ist durch einen wahren Glauben.* Es ist kein Wohl, kein Heyl und keine Seligkeit, ohne in Christo. Apost. Gesch. 4, 12.

Wer nun in diesem Anfang des Psalms seine Augen nicht erst auf CHristum richtet, der siehet vielleicht, daß ihm in diesen Worten eine schöne Lehre gegeben wird, aber er weiß noch niemanden, der ihm helfe, wenn er bey sich gerade das Gegentheil von dieser Beschreibung des Gerechten befindet; auch weiß er noch niemanden, der ihm inwendig die Kraft darreichen könne und wolle, daß er auch in seiner Maaß ein solcher Mann werde; so findet er auch unter allen Adams-Kindern kein vollkommen Muster und Vorbild, dem er hierinnen nachfolgen könne. CHristus aber ist nicht allein der, von welchem diese Beschreibung in der höchsten Wahrheit und Vollkommenheit gebrauchet werden kan, sondern, weil kein einiger Mensch von Natur ein solcher ist: (sintemal alle von Natur Gottlose und Sünder sind, die zu nichts weniger Lust haben, als zum Gesetze des HERRN) so ist Er auch dazu in die Welt kommen, daß Er sie von solchem elenden Zustande errette, und neue Creaturen aus ihnen mache.

Welchen Menschen nun CHristus also verändert hat, von dem mag denn diese Seligkeit in seiner Maaß auch gesaget werden, als einem solchen, der nun nicht mehr wandelt im Rath der Gottlosen, noch trit auf den Weg der Sünder, noch sitzet, da die Spötter sitzen; sondern hat nunmehr Lust zum Gesetz des HERRN, und redet von seinem Gesetze Tag und Nacht. Ein solcher gehöret dann zur Gemeine JESU CHristi, und ist ein wahrhaftiger Sohn Abrahams im Glauben, der nicht allein *herausgerufen* ist, wie das Wort Ecclesia mit sich bringet, aus dem Rath der Gottlosen, sondern auch diesem Ruf gehorsam geleistet, von ihnen *ausgegangen ist,* und sich *abgesondert hat,* also, daß er *kein unreines anrühret.* 2 Cor. 6, 16. 17. 18. Darum hat ihn auch der HERR *angenommen,* als ein *Vater* sein

Kind, wohnet in ihm, und *wandelt* in ihm, und will *sein GOtt* seyn, und er soll *sein Sohn* seyn.

⟨51⟩ Daher ist auch nun eine solche Veränderung in ihm, daß nunmehro sein *Wille* und seine *Lust* und *Wohlgefallen* ist *in dem Gesetze des HErrn*, und daß er *Tag und Nacht in seinem Hertzen damit umgehet,* darinnen *meditiret,* und davon *redet,* daran er doch vorhin nur lauter Verdruß gehabt. Erst saß er gern in Gesellschaft bey den *Spöttern,* und konte alles Guten so wohl spotten, als jene. Nun ist das sein erstes, daß er die böse Gesellschaft fahren läßt, weil er wohl siehet, daß man nicht fromm seyn könne, so lange man dabey bleibet. Ja sein Hertz ist nun so weit davon entfernet, daß er nicht einmal auf den *Weg der Sünder* treten will, ob sie auch gleich GOTT und sein Wort äusserlich nicht verspotten; ja er fliehet alle *Gottlose,* oder alle diejenigen, bey welchen er keine wahre Furcht GOttes mercket, und hütet sich auch vor ihrem *Rath, Anschlag* und *Vornehmen,* geschweige vor der bösen That selbst. Vorhin war es seine einige Lust, daß er seine Zeit auf sündliche Weise zubringen, und mit der Welt aufs beste mitmachen möchte; nun aber hat er *das ungöttliche Wesen und die weltlichen Lüste verleugnet,* Tit. 2, 12. und *sein Fleisch samt den Lüsten und Begierden gecreutziget.* Gal. 5, 24. Hingegen hat ihm GOtt eine andere Lust und Freude in sein Hertz gegeben, Röm. 14, 17. davon er vorhin nichts wuste. Denn nun ist ihm *das Gesetz des Mundes des HErrn lieber denn viel tausend Stück Goldes und Silbers.* Ps. 119, 72. *Er liebet sein Gebot über Gold und über fein Gold.* v. 127. *Er hat Lust an seinen Geboten, und sie sind ihm lieb.* v. 47. *Er freuet sich des Weges seiner Zeugnisse, als über allerley Reichthum.* v. 14. Wenn man ihm von andern äusserlichen Dingen vorsaget, so hat er keinen Geschmack darinnen, sondern das ist ihm alles todt. Aber *die Rechte des HErrn sind sein Lied in seinem Hause,* v. 54. und davon redet er gern Tag und Nacht.

Warum aber demjenigen, der der Sünde nicht dienet, sondern seinen Willen GOtt ergeben hat, demselbigen zu dienen, das *Wohl* und die *Seligkeit* im Anfange des Psalms zugeschrieben werden, und worinnen dieses Wohlseyn bestehe, solches wird im 3ten Vers erkläret, wenn es heisset: *Der ist wie ein Baum, gepflantzet* u. s. f. Wie nun Christus vornehmlich der Mann ist vor allen andern, der nicht gewandelt im Rath der Gottlosen: so ist er auch vornehmlich der Baum vor allen guten Bäumen, welcher gepflantzet ist an den Wasser-Bächen. Denn er ist der rechte *Baum des Lebens mitten im Garten,* wer von ihm *isset, der lebet ewiglich.* 1 B. Mos. 2, 9. c. 3, 22. Seine Frucht ist der Menschen Seligkeit. Dieselbe Frucht zu bringen ist er *aufgeschossen vor dem HErrn wie ein Reis, und wie eine Wurtzel aus dürrem Erdreich.* Es. 53, 2. Er ist *aufgegangen als eine Ruthe von dem Stamm Isai, und hat als ein Zweig aus seiner Wurtzel Frucht getragen. Auf ihm ruhete der Geist des HErrn, der Geist der Weisheit und des Verstandes, der Geist des Raths* ⟨52⟩ *und der Stärcke, der Geist der Erkäntniß und der Furcht des HErrn.* Es. 11, 1. 2. *Er hat gemacht die Reinigung unserer Sünde durch sich selbst.* Hebr. 1, 3. Und *was er gemacht hat,* darinnen ists ihm gelungen, und *das ist ihm wohl gerathen.* Darum ist er vor allen andern *der Mann, der gesegnet ist, dieweil er sich auf den HErrn verließ, und der HErr seine Zuversicht war; wie ein Baum, am Wasser gepflantzet, und am Bach gewurtzelt, der ohne Aufhören Früchte bringet;* Jerem. 17, 8. als der *immerdar selig machen kan, die durch ihn zu GOtt kommen.* Hebr. 7, 25. Von ihm spricht die Braut im Hohenl. 2, 3. *Wie ein Apfelbaum unter den wilden Bäumen, so ist mein Freund unter den Söhnen. Ich sitze unter dem Schatten, deß ich begehre, und seine Frucht ist meiner Kehlen süsse.*

Wenn man also den rechten Baum, den Baum des Lebens, Christum, hier erst erkannt hat, so hat man in demselben auch den rechten Grund gefunden, warum das *Wohl* und die *Seligkeit* auch den Menschen zugeschrieben werden möge, die Christo darinnen nachfolgen, daß sie nicht wandeln im Rath der Gottlosen, u. s. f. Denn sie sind in Christum *versetzet*, und gleichsam *übergepflantzet*, und *aus seiner Fülle nehmen sie alle Gnade um Gnade.* Joh. 1, 16. Durch den *Glauben* geschiehet solche Pflantzung in der *Wiedergeburt*, und da empfangen sie *Leben und Seligkeit.* Durch Christum wird ihnen mitgetheilet *das lebendige Wasser des Heiligen Geistes. Wen da dürstet*, rufet er selber aus, Joh. 7, 37. 38. *der komme zu mir, und trincke. Wer an mich gläubet, wie die Schrift saget, von deß Leibe werden Ströme des lebendigen Wassers fliessen. Das saget er aber*, setzet Johannes im 39. v. hinzu, *von dem Geist, welchen empfahen sollen, die an ihn gläuben.* Wie solches auch in der Offenb. Joh. c. 22, 12. zu erkennen gegeben wird.

Denn da ward Johanni gezeiget *ein lauterer Strom des lebendigen Wassers, klar wie ein Crystall, der ging von dem Stuhl GOttes und des Lammes / mitten auf ihrer Gassen, und auf beyden Seiten des Stroms stund Holtz des Lebens, das trug zwölferley Früchte alle Monden, und die Blätter des Holtzes dieneten zu der Gesundheit der Heyde*n. Dergleichen Vorstellung sich auch findet Ez. 47, 1. 12. Und im Jes. 41, 18. 19. wird also von Christo geweissaget: *Ich will Wasserflüsse auf den Höhen öffnen, und Brunnen mitten auf den Feldern. Ich will die Wüsten zu Wasser-Seen machen, und das dürre Land zu Wasser-Quellen. Ich will in der Wüsten geben Ceder, Föhren, Myrten und Kiefern. Ich will auf dem Gefilde geben Tennen, Büchen und Buxbaum mit einander.* Siehe auch cap. 51, 3. cap. 55, 12. 13. cap. 60, 13. und mercke an diesen und dergleichen Oertern, daß, wie es ein groß Wunder wäre, wenn aus wilden Bäumen, gute, fruchtbare Bäume würden, also dieses göttliche Werck dem HErrn Chri-⟨53⟩sto zugeschrieben werde, daß er die wüsten, wilden Menschen in ihrem Hertzen so verändern werde, daß sie voll Glaubens und Heiliges Geistes und mit Früchten der Gerechtigkeit erfüllet werden. Wie denn auch unser Heyland die Gläubigen *gute Bäume*, die Ungläubigen und Gottlosen aber *faule Bäume* zu nennen pfleget. Matth. 7, 17. 18. cap. 12, 33. Luc. 6, 43. 44.

Selig ist nun *der*, der in den Baum des Lebens, CHristum, *eingepflantzet* ist an *den Wasser-Bächen* des Heiligen Geistes, *der seine Frucht* der Gerechtigkeit durch Christi Kraft *bringet zu seiner Zeit*, wann sie GOtt in ihme zeitig gemachet, und zur Reife gebracht hat, *und dessen Blätter*, oder was er äusserlich durch die in ihm wohnende Gabe des Heiligen Geistes hervor bringet, ob er gleich selbst nicht weiß, wie gut es ist, noch darauf achtet, andere es aber als unnützlich verlachen, *nicht verwelcken*; dergestalt, daß ihm solches alles, was hier im Glauben und aus CHristi Geist von ihm geschehen und hervor gebracht worden, bleibet, und ers in der Auferstehung der Gerechten wieder findet, wenn ihm das *unvergängliche, unbefleckte und unverwelckliche Erbe* 1 Petr. 1, 4. im Himmel mitgetheilet werden wird; *und was er* hier *machet* und wircket im Glauben, *wohl geräth.* CHristus hat ihn *gesetzet, daß er Frucht bringe, und seine Frucht bleibe.* Joh. 15, 16. Matth. 25, 34. 35. u. f.

Durch CHristum ist *er feste, unbeweglich, und nimmet immer zu in dem Werck des HErrn, sintemal er weiß, daß seine Arbeit nicht vergeblich ist in dem HErrn.* 1 Cor. 15, 58.

Denn dieweil er damit nichts anders suchet und meynet, als *daß nur CHristus hoch gepreiset werde*, Phil. 1, 20. so erreichet er auch seinen Zweck damit, obgleich nicht allezeit auf die Weise, wie die verkehrte Vernunft und ungläubige Menschen davon urtheilen, noch als er es selbst vorher in menschlicher Schwachheit gedacht und gewünschet hatte. Denn GOttes Wort und Wahrheit urtheilet gantz anders, als die Welt und menschliche Vernunft. Denn die würde nicht sagen: *Wohl dem*, der nicht wandelt im Rath der Gottlosen; sondern sie würde vielmehr sagen: *Wehe dem*! Denn die Welt *hält* Christum *für den, der geplaget und von GOTT geschlagen und gemartert* werde; sie findet da *nichts, das ihr gefallen könte*. Darum ist CHristus bey ihr *der allerverachteste und unwertheste, und wird von ihr nichts geachtet*. Es. 53, 3. Eben also hält sie auch von denen, die CHristum angehören. Denn die fleischliche Vernunft kan nicht *ins Heiligthum GOttes gehen*, noch *aufs Ende*, auf die Herrlichkeit, so dem Leiden nachfolget, *mercken*. Ps. 73, 17.

Und wie sie von CHristo und seinen Gläubigen unrecht urtheilet, eben also urtheilet sie auch unrecht von den Gottlosen. Denn sie siehet nur die zeitliche Glückseligkeit an, und hälts zum wenigsten für eine Klugheit, daß ⟨54⟩ man sich *dieses guten Lebens tröste, und nach guten Tagen trachte*: Ps. 49, 9. Aber sie erkennet nicht, bedencket auch nicht, was für eine finstere Nacht des Todes und der Verdammniß drauf erfolgen wird. Hingegen wie der Geist GOttes von CHristo und seinen Gläubigen in diesem Psalm recht geurtheilet, so macht er auch den rechtmäßigen Gegensatz von den Gottlosen, und spricht ferner im vierten und fünften Vers: *Aber so sind die Gottlosen nicht, sondern wie Spreu, die der Wind verstreuet. Darum bleiben die Gottlosen nicht im Gerichte, noch die Sünder in der Gemeine der Gerechten.*

Indem er spricht: *So sind die Gottlosen nicht*, ist offenbar, daß dadurch alles Wohl und alle Seligkeit, so CHristo und seinen Gläubigen im vorhergehenden zugeschrieben ist, den Gottlosen abgesprochen wird. Hieß es dort: *Wohl dem*; so heißt es hier: *Wehe denen Gottlosen*; wie Christus auch solchen Gegensatz machet Matth. 5, 3–12. und Luc. 6, 20. 21. 22. 25. 26. Nicht weniger ist offenbar, daß alle Eigenschaften, die im vorhergehenden CHristo und seinen Gläubigen zugeschrieben sind, hier von den Gottlosen verneinet werden. Jene *wandeln nicht im Rath der Gottlosen*; diese hingegen wissen von keinem andern Rath, noch von einer andern Gesellschaft, können auch nicht wohl ruhen, und wird ihnen die Zeit lang, wenn sie nicht ihre sündlichen Wege mit ihres gleichen Welt-Kindern betreten können. Und zwar werden hier nur *Gottlose* genennet, im vorhergehenden aber *Gottlose, Sünder und Spötter*. Daher leicht zu erkennen, daß man einen solchen Schluß zu machen habe: Wenn die *Gottlosen* nicht also beschaffen sind, das ist, solche, die nur den ersten Grad herrschender Bosheit haben, so werden noch weniger die *Sünder*, so aus dem ruchlosen Wesen und bösen Thaten ein Handwerck machen, und die *Spötter*, die noch dazu mit GOTT und seinem Wort ihren Spott treiben, so beschaffen seyn, wie Christus und seine Gläubigen beschrieben werden. Darum werden auch im folgenden fünften Vers die *Sünder* den *Gottlosen* zugesellet, wenn es heißt: *Darum bleiben die Gottlosen nicht im Gerichte, noch die Sünder in der Gemeine der Gerechten.* Da man denn abermal zu schliessen hat: wie viel weniger werden *die Spötter,* so den äussersten Grad der Bosheit erreichet haben, im Gerichte und in der Gemeine der Gerechten bleiben?

Der Heilige Geist nimmt aber hier sonderlich den dritten Vers des Psalms, und macht daraus den Gegensatz. Denn wie er von Christo vornehmlich, und dann auch von einem ieglichen Gläubigen, gesaget, *daß sie gleich seyn einem Baum, gepflantzet an den Wasser-Bächen,* u. s. f. so sagt er hingegen von den Gottlosen, Sündern und Spöttern, die so ferne davon sind, daß sie solten *Lust haben zum Gesetz des HErrn, und von seinem Gesetz* ⟨55⟩ *Tag und Nacht reden,* daß sie vielmehr los seyn wollen von GOTT und seinem Gesetze, freventlich wider den HErrn sündigen, und seines Worts nur spotten; von denen, sage ich, spricht er, daß sie keinesweges gleich sind einem Baum, an den Wasser-Bächen gepflantzet, sondern *wie Spreu, die der Wind verstreuet.* Die Erklärung hiervon mag man nehmen aus Ps. 37, 35. u. f. *Ich habe gesehen einen Gottlosen, der war trotzig, und breitete sich aus, und grünete wie ein Lorbeer-Baum. Da man vorüber ging, siehe, da war er dahin. Ich fragte nach ihm, da ward er nirgend funden. Bleibe fromm, und halte dich recht, denn solchen wirds zuletzt wohl gehen. Die Ubertreter aber werden vertilget mit einander, und die Gottlosen werden zuletzt ausgerottet.*

Eine Zeitlang scheinen die Frommen zu seyn, sonderlich in den Augen der Gottlosen, wie Spreu, die der Wind verstreuet, und hingegen die Gottlosen wie Bäume, gepflantzet an den Wasser-Bächen. Aber vor den Augen GOttes siehts anders aus, und zuletzt muß sich beydes finden, nemlich wenn das Gericht gehalten wird, es sey ein zeitliches Gericht, oder es sey, und zwar vornehmlich, das letzte allgemeine Gericht. Daß dann werde der Ausschlag geschehen, und dann erkannt werden, was fruchtbare Bäume sind, und welches die Spreu sey, wird im Psalm angezeiget, wenn es heißt: *Darum bleiben die Gottlosen nicht im Gerichte, noch die Sünder in der Gemeine der Gerechten.* Johannes der Täufer redet fast auf gleiche Weise: Matth. 3, 12. *Er,* Christus, *hat seine Wurfschaufel in seiner Hand, er wird seine Tenne fegen, und den Weitzen in seine Scheune sammlen, aber die Spreu wird er verbrennen mit ewigem Feuer.* So verstreuet sie denn der Wind nicht so gar, daß sie der HErr am Gerichts-Tage nicht wieder finden solte, denn sie werden behalten, in *unauslöschlichem Feuer* Pein zu leiden. Hier werden sie verstreuet, wenn sie eine Zeitlang gegrünet haben wie ein Lorbeer-Baum; aber es ist noch ein Tag übrig, da müssen sie wieder vor dem Gericht erscheinen. Denn eben demselbigen Mann, in welchem allein das Heyl und die Seligkeit ist, ist auch *alles Gericht übergeben von seinem Vater.* Joh. 5, 22. Darum wird er wiederkommen, das Gericht zu halten. Und dann werden vor ihm alle Völker versammlet werden. Matth. 25, 31. 32. *Wir müssen alle offenbar werden vor seinem Richtstuhl, auf daß ein ieglicher empfahe, nach dem er gehandelt hat bey Leibes-Leben, es sey gut oder böse.* 2 Cor. 5, 10. Da werden dann die Gottlosen *nicht bleiben,* ja *sich nicht einmal* vor Angst, Furcht und Schrecken *aufrichten können* im Gerichte; davon man nachlesen mag das 5. Capitel im Buch der Weisheit, und in der Offenb. Joh. am 6, 15. 16. 17.

⟨56⟩ Nachdrücklich aber heißt es: *Noch die Sünder in der Gemeine der Gerechten.* Denn die Gerechten sind hier die lebendige und wahrhaftige Gemeine des HERRN, sein geistlicher Leib, und dort werden sie zu seiner Rechten gestellet, und ewig seine triumphirende Gemeine seyn. Hier haben sie auf den Weg der Sünder nicht treten wollen, sondern sind von ihnen ausgegangen. Dessen werden sie sich nun ewiglich zu erfreuen haben, da der HERR durch das letzte Urtheil die Sünder von der Gemeine der Gerechten absondern wird. Die Sünder werden an demselbigen Tage ihre Augen nicht aufschlagen dürfen vor Scham und Schande gegen die Gerechten, die sie hier nur verspottet haben.

Ob nun wol dieses also vornehmlich von dem jüngsten Gericht und von der Verwerfung *aller* Gottlosen verstanden wird: so redet doch auch die Heil. Schrift insonderheit von einem, den sie den *Gottlosen* nennet, und von dem besondern Gericht, so über denselben ergehen wird. Denn Es. 11, 4. wird also von Christo geweissaget: *Er wird mit dem Stabe seines Mundes die Erde schlagen, und mit dem Odem seiner Lippen den Gottlosen tödten.* Welches Paulus 2 Thessal. 2. vom Antichrist ausleget, und davon im 8. Vers sagt: *Alsdenn wird der Boshaftige offenbaret werden, welchen der HERR umbringen wird mit dem Geist seines Mundes, und wird sein ein Ende machen durch die Erscheinung seiner Zukunft.* Mercklich ist es, daß Jesaias am besagten Ort hinzu setzet: *Gerechtigkeit wird die Gurt seiner Lenden seyn, und der Glaube die Gurt seiner Nieren*; das ist, wie es der Chaldäische Ausleger angesehen: *Er*, CHristus, *wird dann die Gerechten und Gläubigen um sich haben, wie ein Mann seinen Gurt um seine Lenden und Nieren hat.* Siehe da die Gemeine der Gerechten, in welcher die Gottlosen, nemlich der Antichrist und alle sein Anhang, nicht werden bleiben können, und da die Spötter werden zu Schanden werden. 2 Petr. 3, 4.

Es lehret uns auch dieser Psalm, dem Traum des Nebucad Nezars, den ihm Daniel cap. 2. ausgeleget hat, nachzudencken. *Solches sahest du*, spricht daselbst Daniel zum Nebucad Nezar, v. 34. 35. *bis daß ein Stein herab gerissen ward ohne Hände, der schlug das Bild an seine Füsse, die Eisen und Thon waren, und zumalmete sie. Da wurden mit einander zumalmet das Eisen, Thon, Ertz, Silber und Gold, und wurden wie Spreu auf der Sommer-Tennen, und der Wind verwebte sie, daß man sie nirgend mehr finden konte. Der Stein aber, der das Bild schlug, ward ein grosser Berg, daß er die gantze Welt füllete.*

⟨57⟩ Darum hat auch ein bereits angezogener Lehrer[2] die Worte des Psalms gar fein vom Antichrist ausgeleget. *Es werden*, spricht er, *die Gottlosen im Gericht nicht stehen bleiben, d. i. im Richter-Amt und Stande, andere zu lehren und zu regieren. Ob sie gleich eine Zeitlang erhöhet werden, daß sie Richter, Lehrer und Prediger des Volcks sind, so werden sie es doch nicht bleiben, sondern wie nichtige Spreuer hingeworfen, daß sie auch nimmer hoffen dürfen, wieder zu Ehren zu kommen, als denn die Widerchristen noch täglich hoffen.* Und eben dieser Lehrer hat auch die Gerechtigkeit GOttes hiebey angemercket, daß eben diejenigen, die andere am meisten in den Bann gethan, alsdenn aus der Gemeine der Gerechten werden ausgebannet werden.

Denn der HERR, beschliesset endlich der Psalm, *kennet den Weg der Gerechten, aber der Gottlosen Weg vergehet.* Ist eben das, was Paulus saget: 2 Tim. 2, 19. *Der Feste Grund GOttes bestehet, und hat dieses Siegel: Der HErr kennet die Seinen, und es*

---

2 *Fußnote im Original*: „Bugenhagen in der Auslegung des 1. Psalms." [Bugenhagen 1524, 1–9].

trete ab von der Ungerechtigkeit, wer den Namen Christi nennet. Diß ist denn der Grund GOttes, warum das Wohl den Gerechten, das Wehe aber den Gottlosen angekündiget wird. Denn der HErr *kennet,* das ist, nach Redensart der Schrift, erkennet für gut und recht, billiget, liebet, und läßt ihm hertzlich wohl gefallen, *den Weg der Gerechten;* darum auch der Gerechte nicht vergehet, sondern vielmehr ewiglich bleibet, und *gläntzet wie ein Licht, das da fortgehet, und leuchtet bis auf den vollen Tag.* Spr. Sal. 4, 18. Aber der Gottlosen Weg kennet der HErr nicht, sondern hasset denselben vielmehr. Darum kan auch *der Gottlosen Weg* nicht bestehen, denn er ist *wie Dunckel, und wissen nicht, wo sie fallen werden.* Spr. Sal. 4, 19. Ihr *Weg* vergehet, und sie müssen vergehen und verderben ewiglich. CHristus ist selbst der Weg der Gerechten, wie er spricht: Joh. 14, 6. *Ich bin der Weg, die Wahrheit und das Leben. Niemand kömmt zum Vater denn durch mich.* Er ist selbst zum Vater hingegangen, und die Gerechten folgen ihm als dem rechten Wege, und kommen durch ihn zum Vater, nachdem sie durch seine Kraft auf dem schmalen Wege, der zum Leben führt, behalten sind. Aber der Gottlosen Weg ist der breite Weg, darauf viele wandeln, und welcher zur Verdammniß abführet. Matth. 7, 13. 14.

Höret und mercket doch dieses, o ihr Menschen-Kinder! Wo wandelt ihr, und auf welchen Weg tretet ihr? Zu welcher Parthey und Gattung der Menschen zehlet ihr euch denn? Zu den Gottlosen, oder zu den Gerechten? Die Eigenliebe soll euch leicht bereden, daß ihr zu den Gerechten gehöret. Denn ⟨58⟩ ihr gedencket bey euch selbst, es seyn doch andere gleichwol noch schlimmer, als ihr seyd. Aber o ein schändlicher Selbstbetrug!

Es sind zwar viele Stuffen der Bosheit, aber wer auch nur in der geringsten Stuffe bestehen bleibet, der wird nicht den geringsten Vortheil davon haben, ob er schon Vergleichungs-Weise unter viel tausenden der beste wäre; wie dieses aus dem 1. Psalm hat erkannt werden mögen. Doch wendet die Eigenliebe noch eine Ursach ein, und lehret den Menschen also sprechen: Ich habe gleichwol diese oder jene Sünde nicht oft begangen, und mache kein Handwerck daraus; so vergiebt uns ja GOtt auch die Sünden um CHristi willen. Das ist wahr, daß GOTT um CHristi willen die Sünden vergiebet. Aber wem? Keinem andern, als der sich von Hertzen von Sünden bekehret. Das ist aber keine Bekehrung, daß man die Sünde nicht oft thut, und eben kein Handwerck draus machet. Der Wolf bleibt ein Wolf, ob er gleich nicht allezeit ein Schaf frisset. Denn er behält doch seine Wolfs-Art, welche er auch wieder ausübet, wenn ihm wieder ein Hunger ankömmt, und er Gelegenheit dazu hat. Also glaube nur gewiß, so lange du nicht den Rath der Gottlosen, den Weg der Sünder, und den Sitz der Spötter von Hertzen und mit gantzem Ernst hassest, und so lange du nicht hingegen deinen Willen also geändert findest, daß derselbige seine Lust, Freude und Vergnügen im Gesetz des HErrn und in Vollbringung seines Willens hat und suchet: so lange bist du auch nicht als ein Baum durch die Wiedergeburt in Christum versetzet und gepflantzet; der Saft und die Fettigkeit ist aus Christo, als der Wurtzel, nicht in dich gedrungen; die lebendigen Bächlein des Heiligen Geistes sind noch nicht in dein Hertz geleitet; du wirst nicht *grünen wie ein Palmbaum, noch wachsen wie eine Ceder auf Libanon.* Du bist nicht *gepflantzet in dem Hause des*

HErrn. Darum wirst du auch nicht *grünen in den Vorhöfen unsers GOttes, noch blühen, fruchtbar und frisch seyn, wenn du alt wirst.* Psal. 92, 13. 14.

Was willst du dich doch selbst betriegen, und mancherley Feigen-Blätter suchen? Spiegle dein Hertz, deine Worte, dein Thun und Lassen in dem unbetrüglichen Worte GOttes, und wenn du merckest, daß es dir noch keine Lust und Freude sey, GOtt zu dienen, so bitte GOtt um ein bußfertiges Hertz, und laß dirs hinfort einen rechtschaffenen Ernst seyn, dich zu GOtt zu bekehren: so wirst du in Christo ein anderer Mensch und eine neue Creatur werden. So lange du aber so fortgehest, und nicht ein ander Mensch und neue Creatur aus dir wird, ist ja doch alle dein Thun verlohren. Und ob du noch so viel in der Welt gearbeitet hast, so must du doch endlich, wie Spreu vom Winde, verstreuet werden. Und ob du gleich eine Zeitlang grünest, so wirst du doch am Tage der Heimsuchung und des Gerichts dem Zorne GOttes nicht entfliehen können. ⟨59⟩ Wenn du dich aber von gantzem Hertzen zum HErrn bekehren wirst, so wirst du als eine Pflantze des himmlischen Vaters wachsen, und zu seiner Zeit Frucht bringen, und deine Blätter werden nicht verwelken, und was du machst, das wird wohl gerathen. Auch wenn der Gottlose im Gerichte verdammet wird, so wirst du ins ewige Leben eingehen, und in der Gemeine der Gerechten ewiglich bleiben.

Ist das nicht ein grosser Vorzug des Gerechten vor dem Gottlosen? Denn *der Gottlose hat viel Plage*, und muß noch dazu zur Höllen verdammet werden. *Wer aber auf den HErrn hoffet*, an Christum gläubet, und ihm, wie ein Schäflein seinem guten Hirten, treulich nachfolget, *den wird die Güte umfahen.* Psal. 32, 10. Denn er wird da seyn, wo sein Hirte ist. Denn *der erkennet die Seinen, und ist bekant den Seinen, wie ihn sein Vater, und er den Vater kennet.* Joh. 10, 14. 15. Und *er will, daß, wo er ist, auch die bey ihm seyn, die ihm sein Vater gegeben hat, daß sie seine Herrlichkeit sehen, die er ihm gegeben hat.* Joh. 17, 24. Darum *freuet euch des HErrn, und seyd frölich, ihr Gerechten, und rühmet alle ihr Frommen.* Ps. 32, 11.

O Ewiger GOtt, wie einfältiglich hast du uns in diesem Psalm vor Augen geleget, worinnen das rechte Wohl und das höchste Gut zu suchen sey! Brich in uns und hindere allen bösen Rath und Willen, der uns zu dieser Seligkeit nicht will gelangen lassen. Gib uns durch deinen Geist, daß wir alle falsche Wege hassen, und mit denen, welche dir nicht von Hertzen nachwandeln, sondern nur deines Worts spotten, und es nach ihrem fleischlichen Sinn verdrehen, keine Gemeinschaft haben mögen, damit wir nicht ihrer Sünden und Strafen theilhaftig werden. Laß uns aber Christum als den Weg, die Wahrheit und das Leben recht erkennen. Gib uns eine hertzliche Lust zu deinem Wort, welches von ihm zeuget, und ziehe uns selbst zu deinem Sohn, damit wir das Leben haben mögen. Versetze uns in ihn, als den rechten grünen Baum, und laß uns aus seiner Kraft Frucht bringen, und unsere Frucht ewiglich bleiben. Befestige in ihm unsere Hertzen, damit wir Freudigkeit haben am Tage des Gerichts, stehen mögen vor des Menschen Sohn, und bleiben in der Gemeine der Gerechten. HErr, lehre uns thun nach deinem Wohlgefallen; denn du bist unser GOTT, dein guter Geist führe uns auf ebener Bahn. Amen!

⟨60⟩ *Die andere Rede über den andern Psalm.*
(Gehalten den 18. Jun. 1704.)

GEtreuer, ewiger GOtt und Vater, stehe uns anietzo bey mit deiner Gnade und mit deinem Geiste, daß wir aus deinem Wort deine Wahrheit erkennen, und in derselben geheiliget werden mögen. Verleihe uns deine göttliche Kraft nicht allein zur Erkäntniß, sondern auch zur Vollbringung deines Willens in CHristo JESU. Bewahre uns, o HErr, daß uns dein Wort, so du uns gegeben hast, nicht etwa aus unserer eigenen Schuld zu desto grösserem und schwererem Gericht gereiche, sondern daß wir dadurch zubereitet werden mögen, dermaleins mit Freudigkeit vor deinem Angesicht zu stehen. Amen!

Der II. Psalm.

WArum toben die Heyden/ und die Leute reden so vergeblich?

2. Die Könige im Lande lehnen sich auf/ und die Herren rathschlagen mit einander/ wider den HErrn und seinen Gesalbten.

3. Lasset uns zerreissen ihre Bande/ und von uns werfen ihre Seile.

4. Aber der im Himmel wohnet/ lachet ihrer/ und der HERR spottet ihrer.

5. Er wird einst mit ihnen reden in seinem Zorn/ und mit seinem Grimm wird er sie schrecken.

6. Aber Ich habe meinen König eingesetzt/ auf meinen heiligen Berg Zion.

7. Ich will von einer solchen Weise predigen/ daß der HERR zu mir gesaget hat: Du bist mein Sohn/ heute hab Ich dich gezeuget.

8. Heische von mir/ so will ich dir die Heyden zum Erbe geben/ und der Welt Ende zum Eigenthum.

⟨61⟩ 9. Du solt sie mit einem eisernen Scepter zerschlagen/ wie Töpfen solt du sie zerschmeissen.

10. So lasset euch nun weisen/ ihr Könige/ und lasset euch züchtigen/ ihr Richter auf Erden.

11. Dienet dem HERRN mit Furcht/ und freuet euch mit Zittern.

12. Küsset den Sohn/ daß er nicht zürne/ und ihr umkommet auf dem Wege/ denn sein Zorn wird bald anbrennen; aber wohl allen/ die auf ihn trauen.

GLeichwie bey der Betrachtung des ersten Psalms gemeldet, und mit mehrerm ausgeführet worden ist, daß CHristus der Kern sey, nicht nur überhaupt der gantzen heiligen Schrift und des Psalters, sondern auch selbst des ersten Psalms: also kan man von diesem andern Psalm nicht anders sagen, als daß CHristus auch in demselben der Kern sey, den man vornehmlich darin zu suchen, und zur Speise, Stärckung und Erquickung seiner Seele anzuwenden hat. Wie denn CHristus als der rechte Kern, in diesem noch viel deutlicher, als in dem ersten, erkannt werden mag; inmassen dieser andere Psalm eine gantz offenbare und klare Weissagung von CHristo ist, so, daß auch die alten Ebräer ihn fast einmüthig von dem verheissenen Meßia erklären, und die heutigen Juden selbst nicht wohl leugnen können, daß er von CHristo zu verstehen sey, weil sie finden, daß er in ihrem Talmud grossen Theils von dem Meßia ausgeleget worden. Uns Christen aber gebühret um so viel desto weniger zu zweifeln, daß dieser Psalm von CHristo handele, nachdem wir denselben in dem Neuen Testament an unterschiedenen Orten angezogen, und von Christo erkläret finden; wie unter andern die Worte des 7. v. *Du bist mein Sohn, heute hab ich dich gezeuget*, von Paulo in der Apostel Geschichte am 13, 33. ferner Ebr. 1, 5. und c. 5, 5. angeführt, und auf Christum gedeutet werden.

Besonders aber ist merckwürdig, wie in dem 4ten Cap. der Apostel Geschicht die beyden ersten Verse dieses Psalms angezogen und erkläret werden. Denn, nachdem die Apostel des HERRN wegen ihres freymüthigen Zeugnisses von JEsu, daß er der Christ sey, und wegen der Wunder, die sie in seinem Namen thaten, vor den grossen Rath zu Jerusalem zur Verantwortung gestellet, und bey ihrer Entlassung ernstlich bedrohet wurden, nicht mehr in dem Namen JESU zu lehren: so heißt es daselbst vom 23==30. Vers. also: *Und als man sie hatte lassen gehen, kamen sie zu den Ihren, und ver-*⟨62⟩*kündigten ihnen, was die Hohenpriester und Aeltesten zu ihnen gesagt hatten. Da sie das höreten, huben sie ihre Stimme auf einmüthiglich zu GOtt, und sprachen: HERR, der du bist der GOtt, der Himmel und Erde, und das Meer, und alles, was drinnen ist, gemacht hat; der du durch den Mund Davids, deines Knechtes, gesaget hast: Warum empören sich die Heyden, und die Völcker nehmen vor, das umsonst ist. Die Könige der Erden treten zusammen, und die Fürsten versammlen sich zu Hauffe wider den HErrn, und wider seinen Christ. Wahrlich ja, sie haben sich versammlet über dein heiliges Kind JEsum, welchen du gesalbet hast, Herodes und Pontius Pilatus, mit den Heyden, und dem Volcke Israel, zu thun, was deine Hand und dein Rath zuvor bedacht hat, das geschehen solte. Und nun, HErr, siehe an ihr Dräuen, und gib deinen Knechten mit aller Freudigkeit zu reden dein Wort. Und strecke deine Hand aus, daß Gesundheit, und Zeichen, und Wunder geschehen durch den Namen deines heiligen Kindes JESU.*

Dieses Gebet der ersten Apostolischen Kirche kan füglich eine Erklärung, nicht nur der beyden ersten Verse, sondern durchgehends dieses gantzen Psalms heissen, was nemlich seinen Hauptzweck, oder die Absicht, warum eigentlich der Geist GOttes diesen Psalm durch den Dienst Davids aufzeichnen lassen, betrifft.

Man mag zwar von diesem Psalm nicht unbillig sagen, daß desselben Zweck überhaupt dahin gehe, die Beschaffenheit des Reiches CHristi gleichsam mit lebendigen Farben vor Augen zu stellen; wie denn darin ins besondere geweissaget wird von dem Widerspruch, Gegenstand, feindlichen Anschlägen und Unternehmungen, so CHristo und seinem Reich begegnen solten, v. 1. 2. 3. von der vergeblichen Mühe, so sich die Feinde CHristi und seines Reichs darin machen würden, v. 4. 5. von dem wunderbaren Rathe GOttes, das Reich seines Sohnes zu bevestigen, und wider aller Feinde Danck zu erhalten und auszubreiten, v. 6. von der ewigen Geburt und göttlichen Natur des Königes Christi, v. 7. von der Grösse und Macht seines Reiches, v. 8. von der zwiefachen

Zukunft Christi in die Welt, nemlich von seiner Zukunft in der Niedrigkeit, v. 2. und von seiner Zukunft in der Herrlichkeit zum Gerichte, v. 9. von den Eigenschaften derer, die sich dieses Königes und seines Reiches zu erfreuen haben. v. 10. 11. 12. u. s. w.

Wir müssen aber, über dieses alles, noch einen etwas nähern Zweck dieses Psalms suchen, nemlich in der Absicht auf die Menschen, denen eigentlich derselbe geschrieben, und auf die Zeiten, wenn er gegeben worden; als worauf ohne Zweifel auch der Geist GOttes bey Eingebung eines ieden Psalms ⟨63⟩ hauptsächlich mit gesehen haben wird. Und solcher Gestalt hat einer von den neuesten Auslegern gar wohl angemercket, der nächste Zweck des Geistes GOttes bey diesem Psalm sey gewesen, insgemein dem Volcke des alten Bundes, und ins besondere dem Hause und Geschlechte Davids eine Stärckung des Glaubens wegen des Meßiä zu geben. Denn es war dem David von GOtt die herrliche Verheissung durch den Propheten Nathan geschehen, daß aus seinem Geschlecht und von seinem Saamen der Meßias nach dem Fleisch Röm. 1, 3. solte gebohren werden; wie diese Verheissung am deutlichsten stehet 2. B. Sam. 7, 12. 13. 14. da es heisset: *Wenn nun deine Zeit hin ist, daß du mit deinen Vätern schlafen liegest, will ich deinen Saamen nach dir erwecken, der von deinem Leibe kommen soll, dem will ich sein Reich bestätigen. Der soll meinem Namen ein Haus bauen: und ich will den Stuhl seines Königreichs bestätigen ewiglich. Ich will sein Vater seyn, und er soll mein Sohn seyn. etc.*

Ob nun schon diese Worte zugleich mit auf Salomo, den Sohn Davids, zieleten; inmassen nicht allein David, bey Ubergebung des Reichs an diesen seinen Sohn, sich darauf bezogen, 1 Chron. 29, 5. 6. 7. sondern auch Salomo selbst, bey Einweihung des Tempels, solche auf sich gedeutet hat: 2 Chron. 6, 10. so ist doch gewiß, daß David, als ein Prophet, in dieser Verheissung denjenigen, der mehr ist als Salomo, Matth. 12, 42. der da erst nach seinem Tode erwecket worden, und das rechte Haus, darinnen Moses nur ein Knecht heisset, Ebr. 3, 3. 5. bauen und bereiten solte, nemlich Christum, wahrhaftig erblicket; wie deutlich zu ersehen aus dem vorhin angeführten 7. Cap. des 2 Buchs Sam. alwo es im 18. v. u. f. heisset: *Da kam David, der König, und blieb vor dem HErrn, und sprach: Wer bin ich, HERR, HErr, und was ist mein Haus, daß du mich bis hieher gebracht hast? Dazu hast du das zu wenig geachtet, HErr, HErr, sondern hast dem Hause deines Knechts noch von fernem zukünftigem geredet: das ist eine Weise eines Menschen, der GOtt der HErr ist. Und was soll David mehr reden mit dir? Du erkennest deinen Knecht, HErr, HErr; um deines Wortes willen,* (welches hernach Fleisch worden, Joh. 1, 14.) *und nach deinem Hertzen hast du solche grosse Dinge alle gethan, daß du sie deinem Knecht kund thätest. Darum bist du auch groß geachtet, HErr GOtt; denn es ist keiner wie du, und ist kein GOtt, denn du, nach allem, das wir mit unsern Ohren gehöret haben.* Un ferner im 25. v. *So bekräftige nun, HERR GOtt, das Wort in Ewigkeit, das du über deinen Knecht und über sein Haus geredet hast, und thue, wie du geredet hast.*

Hieraus ist nun offenbar, daß zwar David für seine Person in seinem Hertzen vest genug versichert war, daß die Verheissung von dem Meßia, der aus sei- ⟨64⟩nem Geschlechte solte gebohren werden, gantz gewiß in ihre Erfüllung gehen würde; wie unter andern mit zu ersehen aus 2 Sam. 23, 1. da er seine letzten

Worte also anfängt: *Es sprach David, der Sohn Isai, es sprach der Mann, der versichert ist von dem Meßia, des GOttes Jacobs, lieblich mit Psalmen Israel.* Aber nach seinem Tode, und in den folgenden Zeiten, mag es wol mannichmal vor den Augen der Menschen gantz mißlich um diese Verheissung ausgesehen haben. Denn der Feind des menschlichen Geschlechts ließ es sich gar sonderlich angelegen seyn, diejenige Familie, auf welche nunmehr durch die göttliche Verheissung der Segen geleget war, daß der Meßias, welcher der Welt das Heyl wiederbringen würde, aus derselben solte gebohren werden, gäntzlich auszurotten und zu vertilgen. Wie denn derselbigen zuweilen das Messer gleichsam schon an die Kehle gesetzt, und es einmal bereits so weit kommen war, daß kaum noch ein eintziger von dem königlichen Saamen, nemlich Joas, übrig war, welcher heimlich verstecket wurde, damit er von dem Mord-Schwerdt errettet werden möchte. 2 Chron. 22, 11.

Nun bey diesen und andern bedencklichen Umständen mehr, insonderheit aber, da endlich gantz Juda, mit dem Rest des von David herstammenden königlichen Hauses, in die Babylonische Gefängniß geführet wurde, brauchte es ja wol, daß die Gläubigen im alten Bunde, und ins besondere die Nachkommen Davids, durch kräftige Zeugnisse des Geistes GOttes, von der unwandelbaren Wahrheit dessen, was und wie es GOTT einmal verheissen, gestärcket und im Glauben bevestiget würden. Unter welche Zeugnisse denn dieser andere Psalm hauptsächlich mit gehöret. Womit wir nicht unbillig vergleichen möchten das 7. Cap. Esaiä, alwo wir sehen, wie das Haus David nicht allein von seinen Feinden geängstiget, sondern auch wiederum von dem HERRN durch den Propheten gestärcket worden, sonderlich durch eine neue Versicherung wegen des verheissenen Meßiä.

Wir dürfen aber nicht meynen, als ob dieser Psalm nur allein zum Zweck gehabt habe, die Kinder des alten Bundes im Glauben an den damals noch zukünftigen Meßiam zu stärcken; sondern sein Zweck geht auch allerdings in das Neue Testament hinein, die Kinder des neuen Bundes im Glauben an den bereits geoffenbarten Meßiam zu bevestigen, und sie wider das Aergerniß des Creutzes CHristi zu bewahren und zu stärcken. Welchen Zweck wir insonderheit angezeiget finden in dem bereits oben angeführten Gebet der ersten Apostolischen Kirche, aus dem 4. Cap. der Apostel Geschicht, als worin wir sehen, wie die Apostel und Gläubigen selbiger Zeit, bey Gelegenheit der gegen sie entstandenen Verfolgung, da ihnen von dem grossen Rath zu Jerusalem, als abgesagten Feinden CHristi, unter harten Bedrohungen, in dem Namen JEsu ferner zu lehren, verboten und verweh-⟨65⟩ret wurde, indem sie, so viel in ihrem Vermögen stund, das Gedächtniß dieses JESU gäntzlich zu dämpfen, und von der Erden zu vertilgen suchten; wie, sage ich, die Apostel und Gläubigen sich damals sonderlich mit dem andern Psalm gestärcket und aufgerichtet haben. Denn sie erkannten aus demselben, daß das Aergerniß an CHristo und seinem Reiche, welches lange zuvor verkündiget war, nunmehr gar eigentlich in seine Erfüllung ginge, nicht allein darin, daß der König Herodes und der Landpfleger Pontius Pilatus mit den Heyden und dem Volck Israel nicht eher geruhet, bis sie den JEsum, der sich durch seine Lehren, Zeichen und Wunder, als der wahre

Meßias, genugsam legitimiret und bewiesen hatte, ans Creutz gehänget, und zum Tode gebracht; sondern auch darinnen, daß nach seiner Auferstehung die Feinde fortgefahren, auch die Jünger JESU zu verfolgen, zu zerstreuen, und sein nunmehr aufgerichtetes Reich über den Hauffen zu werfen. Also wurden sie auch überzeuget, daß, was dieser Psalm von dem unwandelbaren Rathe GOttes weissage, theils bereits erfüllet worden, in dem, daß GOtt denjenigen, den die Feinde getödtet und an ein Holtz gehangen, wider ihr Vermuthen, von den Todten auferwecket, theils noch fernerhin immer weiter in seine Erfüllung gehen, und GOTT der HERR gewiß wissen werde, das Reich seines Sohnes unter allen listigen Räncken und gewaltigem Toben der Feinde zu erhalten, zu bevestigen und auszubreiten. Dieses alles erweckte und stärckete sie dergestalt im Glauben, daß sie, ohngeachtet aller feindlichen Drohungen, einmüthiglich ihre Stimme zu GOTT erhuben, ihn zu loben und zu preisen, sowol wegen seiner Allmacht, als auch wegen seiner Wahrheit, daß er durch seinen Knecht David vorher verkündigen lassen, wie es CHristo und seinem Reich in der Welt ergehen werde; daher das Leiden, welches ihnen, als Genossen dieses Reichs, nunmehr begegne, sie nicht befremden noch ärgern könne. Dabey sie ihn aber auch kindlich baten, daß er sie noch weiter hin mit seiner göttlichen Kraft und mit aller Freudigkeit zur Verkündigung seines Worts und seiner Wahrheit ausrüsten, und dadurch zeigen wolle, wie er wisse, auch durch schwache Werckzeuge das Reich seines Sohnes unüberwindlich zu machen.

Dieses ist also der eigentliche Inhalt des gedachten Apostolischen Gebets, aus welchem wir nicht allein, wie oben gemeldet, den andern Psalm ziemlich verstehen, sondern auch zu diesen unsern Zeiten nützlich anzuwenden lernen können. Denn es hat mit den göttlichen Weissagungen im Alten Testament grossen Theils diese Bewandtniß, daß die Erfüllung derselben im Neuen Testament oftmals gar einen weiten Begriff in sich fasset, so daß, wenn man gleich sagen kann: diese oder jene Weissagung ist in dem Neuen Testament hier oder da erfüllet worden, solches nicht selten nur von dem blossen Anfang der Erfüllung genommen werden muß. Und also kan man ⟨66⟩ auch von diesem unserm Psalm anmercken, daß, obgleich damals der ersten Apostolischen Kirche der Anfang von desselben Erfüllung gleichsam in die Hände gegeben worden, doch damit die fernere Erfüllung nicht aufgehöret habe; sondern daß in diesem andern Psalm der gantze Zustand der streitenden Kirche vom Anfang bis ans Ende vorgestellet werde, davon die damals angefangene Erfüllung noch immer fortgehe, so daß, wie zur selbigen Zeit der König Herodes, der Landpfleger Pontius Pilatus, die Heyden und das Volck Israel getobet, und wider CHristum gerathschlaget, und sich aufgelehnet, also nachher die heydnischen Käyser und andere Tyrannen, ferner die Heyden und Völcker fast allenthalben sich wider CHristum empöret, Ihn in seinen Gliedern aufs äusserste verfolget, und sein Reich zu zerstören sich haben angelegen seyn lassen; ja auch noch bis auf diese Stunde nicht nur unter Juden, Türcken und Heyden, sondern selbst mitten unter denen, die sich Christen nennen, sich solche antichristische und heydnisch gesinnete Hertzen finden, die dem Reich Christi allen ersinnlichen Abbruch zu thun, und die wahren Genossen desselben zu schmähen, zu lästern, zu verfolgen, und, so viel an ihnen ist, gar zu vertilgen, ihr Werck seyn lassen; welches auch noch so immer fortgehen wird bis an das Ende der Welt.

Es wird aber nicht allein von der streitenden Kirche in diesem Psalm gehandelt, sondern auch von der triumphirenden; indem nicht nur angezeiget wird, wie CHristus und sein Reich angefochten und bestritten werde, sondern auch wie er zum andern mal in Herrlichkeit wiederkommen werde, diejenige, die sich wider ihn aufgelehnet haben, *mit einem eisernen Scepter zu zerschlagen,* und, die ihn nicht haben annehmen wollen, *wie Töpfe zu zerschmeissen.* Welche Macht auch denen, die mit CHristo einmal werden überwunden haben, ins besondere mit verheissen wird. Offenb. Joh. 2, 27. Daher dieser Psalm eine gar gewaltige Weissagung ist, die, so zu sagen, fast alles in sich fasset, was sowol in der Schrift Altes Testaments von CHristo geweissaget worden, als was auch im Neuen Testament von ihm in die Erfüllung gegangen ist, in der Erfüllung fortgehet, und noch in dem Reich der Herrlichkeit erfüllet werden soll. Welches uns um desto mehr erwecken mag, diesen Psalm, als ein edles Kleinod, nicht allein recht theuer und werth zu achten, sondern auch zu unserm seligen und ewigen Nutzen gehörig anzuwenden und zu gebrauchen.

Zu dem Ende lasset uns denselben nach der Ordnung in möglichster Kürtze durchgehen; da wir denn, um ihn desto besser verstehen zu lernen, wohl zu mercken haben, daß hier mehr als eine Person redend eingeführt, und gleichsam ein Gespräch gehalten wird, da bald diese, bald eine andere Person redet. Welche Anmerckung uns noch in vielen andern Psalmen, und ⟨67⟩ überhaupt bey Lesung der Prophetischen Schriften, wenn wir sie einiger massen verstehen wollen, zu statten kommen kan.

Ob nun gleich David insgemein seine Psalmen, und also auch diesen, durch den Heiligen Geist ausgesprochen hat: so wird doch ins besondere in diesem Psalm durch den Mund Davids anfänglich der Geist GOttes selbst v. 1. 2. also redend eingeführt: *Warum toben die Heyden, und die Leute reden so vergeblich? Die Könige im Lande lehnen sich auf, und die Herren rathschlagen mit einander, wider den HERRN und seinen Gesalbten.* Da stellet der Geist GOttes das gantze Gnaden-Reich unsers HErrn JEsu Christi schon damals als gegenwärtig vor, und wie die armen blinden Menschen, von dem höchsten an bis zu dem geringsten, sich dagegen setzen und streuben werden.

Er bricht also mit einem heiligen Affect gleichsam in Verwunderung aus, und spricht: *Warum toben die Heyden* und alle heydnisch gesinnte Hertzen? Sie haben es ja nicht Ursach. Denn mit dem Reiche CHristi ist es ja auf ihr Wohl und ewiges Heyl angesehen. *Und die Leute reden so vergeblich?* Nicht allein Israel nach dem Fleisch, sondern auch diejenigen, welche für Israel nach dem Geist angesehen seyn wollen, reden und *nehmen vor, das umsonst ist*: Apost. Gesch. 4, 25. indem sie sich entweder GOttes Volck zu seyn rühmen, ob sie schon den von GOTT gesandten CHristum verwerfen; oder sich nach CHristo nennen, ob sie schon seinem Reich sich nicht unterwerfen wollen, und also sich selbst *mit vergeblichen Worten verführen.* Eph. 5, 6. *Die Könige im Lande lehnen sich auf,* oder, nach Apost. Gesch. 4, 26. *treten zusammen.* Ob sie gleich sonsten gantz verschiedene Maximen führen, auch zum öftern wider einander streiten und kriegen: so

vereinigen sie sich doch wider das Reich CHristi, weil sie dafür halten, daß dasselbe der Aufnahme ihrer Reiche, und der Erhaltung allgemeiner Ruhe und Wohlstandes mehr hinderlich, als förderlich wäre. *Und die Herren*, oder die Gewaltigen auf Erden, stimmen nicht nur bey, sondern *rathschlagen* gar *mit* und unter
5 *einander wider den HErrn und seinen Gesalbten*, oder, wie es der Nachdruck des Hebräischen Wörtleins giebet, *über den HERRN und seinen Gesalbten*, d. i. sie fahren hoch her, begehren sich nicht unter die gewaltige Hand GOttes zu demüthigen, meistern den Heiligen in Israel, und vermeynen durch ihre eigene Klugheit und vernünftige Rathschläge es auszurichten, daß es, wider allen Rath GOttes,
10 immer so fein bey den alten sündlichen Gewohnheiten und fleischlichen Freyheiten bleibe, und ja nicht etwa so genannte Neuerungen einreissen und überhand nehmen, die ihrem eigenen Nuzen, Gemächlichkeit und Ansehen Abbruch thun möchten.

Nun aber lassen es diese Feinde Christi nicht bey dem *Toben* und Mur-
15 ⟨68⟩ren, bey dem *vergeblich reden*, bey dem *Auflehnen* und *Rathschlagen* bewenden; sondern fassen endlich auch den ernstlichen Entschluß, lieber alles dran zu setzen, als sich mit einem so ungewohnten, und, ihrer Meynung nach, unerträglichen Joche, belegen zu lassen. Daher sie im 3. V. also redend eingeführet werden: *Lasset uns zerreissen ihre Bande, und von uns werfen ihre Seile*. Als wolten sie
20 sagen: Ey, wer kan sich auch so binden und zum Sclaven machen lassen, daß man nicht solte Freyheit haben, nach aller Lust seines Hertzens, und wie es der Welt Lauf mit sich bringet, zu leben? Wer wolte sich Gesetze vorschreiben lassen, und von dem Eigensinn einiger Sonderlinge dependiren, und seine gantze Lebens-Zeit so miserable und betrübt zubringen; da wir doch unsern freyen
25 Willen, und dabey auch wol die Macht haben, daß sich andere ehe nach uns, als wir uns nach ihnen richten müssen? *Lasset uns* also, es koste auch, was es wolle, *zerreissen ihre Bande*, womit sie unter einander verknüpft sind, und worein sie auch uns gerne mit hineinziehen wollen; und, so ferne wir bereits uns durch ihren Schein auch in dem geringsten bestricket finden solten, so lasset uns ohne
30 Verzug *von uns werfen ihre Seile*.

Was sind denn aber diß vor *Bande* und *Seile*, die sie zerreissen und von sich werfen wollen? Antwort: Alles dasjenige, wodurch GOtt der HErr, nach seiner überschwenglichen Barmhertzigkeit, die arme verlohrne Menschen zu seinem Sohn und zu sich selbst ziehen, und mit sich wieder vereinigen und verbinden
35 will; wie also von *Seilen der Liebe* stehet Hos. 11, 4. und wie der HErr JEsus selbst von einem *sanften Joch* und von einer *leichten Last* redet, wenn er Matth. 11, 28–30. die Mühseligen und Beladenen zu sich ruft. Dieses alles aber kommt den verderbten Menschen, nach ihrem verkehrten Sinn, als unerträglich vor, wie es Sirach c. 21, 22. ausdrucket: *Wenn man den Narren ziehen will, so stellet er sich, als*
40 *wolte man ihm Fessel an Hände und Füsse legen*. Darum sprechen sie hier: *Lasset uns zerreissen ihre Bande, und von uns werfen ihre Seile*.

Wobey sonderlich merckwürdig ist, daß sie es nicht Wort haben wollen, als ob sie Feinde des HERRN und seines Gesalbten wären, sondern dencken, ihr Unwille, Feindschaft und Widersetzung gehe nur bloß gegen Menschen, ja mey-
45 nen wol gar GOtt einen Dienst daran zu thun; Joh. 16, 2. weil sie sich einbilden,

daß etwa nur eigensinnige Lehrer selbst solche Bande und Seile erdächten und machten, ohne daß GOTT der HERR es eben so haben wolte. Daher sprechen sie: *Lasset uns zerreissen,* nicht GOttes, sondern *ihre Bande; und von uns werfen* nicht des Meßiä, sondern *ihre Seile.* Da aber diese Bande und Seile eigentlich GOttes sind, und er selbst dadurch die Menschen zu sich ziehen, und mit sich verbinden will; ⟨69⟩ hierzu aber sich nur des Dienstes einiger von ihm ausgerüsteten Werckzeuge gebrauchet: so gehet ihre Bosheit nicht sowol wider die Menschen, als in der That wider den HErrn selbst und seinen Gesalbten; wie sichs denn auch der HErr selbst anzunehmen pfleget, als unter andern zu ersehen aus Ap. Gesch. 9, 4. da der HErr zu Saul, welcher die Gemeine GOttes verfolgte, sprach: *Saul, Saul, was verfolgest du mich?*

Es erhellet solches aber auch aus unserm Psalm selbst, und zwar aus dem gleich folgenden 4. und 5. V. da der Geist GOttes also spricht: *Aber der im Himmel wohnet, lachet ihr, und der HErr spottet ihr. Er wird einst mit ihnen reden in seinem Zorn, und mit seinem Grimm wird er sie erschrecken.* Die beste Erklärung giebet uns hievon Salomo im 1. Cap. seiner Sprüchwörter, oder vielmehr derjenige, der mehr ist denn Salomo, als welcher eigentlich selbst in diesem Capitel redet. Die Worte lauten vom 24. V. u. f. also: *Weil ich denn rufe, und ihr wegert euch; ich recke meine Hand aus, und niemand achtet darauf, und lasset fahren allen meinen Rath, und wollet meiner Strafe nicht: So will ich auch lachen in eurem Unfall, und eurer spotten, wenn da kömmt, das ihr fürchtet. Wenn über euch kommt, wie ein Sturm, das ihr fürchtet, und euer Unfall als ein Wetter; wenn über euch Angst und Noth kommt. Denn werden sie mir rufen, aber ich werde nicht antworten; sie werden mich frühe suchen, und nicht finden. Darum, daß sie hassen die Lehre,* NB. nicht die Lehrer, *und wolten des HErrn Furcht nicht haben; wolten meines,* nicht blosser Menschen, *Raths nicht, und lästerten alle meine,* nicht meiner Knechte, *Strafe: so sollen sie essen von den Früchten ihres Wesens, und ihres Raths satt werden.*

Da sehen wir, wie den Feinden GOttes und seines Gesalbten das ius talionis, das Wiedervergeltungs-Recht, wiederfahren wird, und daß sie mit dem, womit sie gesündiget, bestrafet werden sollen. Denn, weil sie die *Bande* GOttes und seine *Liebes-Seile* als nichtswürdige Dinge ansehen, verlachen, verspotten und für nichts achten, *so lachet und spottet ihrer, der im Himmel wohnet,* wiederum, nicht nur währender ihrer nichtigen und vergeblichen Unternehmungen, welche er gleichsam ansiehet, wie etwa ein grosser starcker Riese ein kleines Kind von zwey oder drey Jahren, welches sich an ihn zu machen, und ihn über den Hauffen zu werfen versuchte, ansehen möchte; indem der HErr schon weiß, ohngeachtet alles ihres Widersetzens, ja unter allen ihren feindseligen Anschlägen selbst, sein Werck fortzuführen, und das Reich CHristi auszubreiten; sondern auch wenn, nach erfülltem Maaß ihrer Sünden, ihnen das Gewissen erwachen, und ihre begangene Thorheiten vor Augen stellen wird, sollen sie erfahren, daß die selbständige Weisheit *in ihrem Unfall ihrer lachen* ⟨70⟩ *und spotten werde,* theils noch in dieser Zeit, wenn sie etwa, aus blosser Furcht vor dem Tode und der Verdamniß, gleichwol nach *dem HErrn rufen werden, er aber ihnen nicht antworten wird, wenn sie ihn frühe suchen, aber nun nicht finden werden;* theils aber auch an jenem grossen Gerichts-Tage, wenn sie nun *werden zu essen bekommen von den Früchten ihres Wesens, und ihres Raths satt werden sollen.* Denn nach unserm Text *wird der HErr einst,* an statt ihres ehmaligen vergeblichen Redens, *mit ihnen reden in seinem Zorn, und,* an statt ihres weiland ausgelassenen Grimmes, *wird er sie mit seinem Grimm erschrecken.*

Und obgleich hier die besonderen Straf-Gerichte, so noch in dieser Zeit theils über gantze Völcker, theils auch über einzele Personen bereits ergangen sind, oder noch ergehen möchten, keinesweges auszuschliessen sind: so wird doch wol in diesen Worten vornehmlich auf das jüngste Gericht, welches besonders dem Sohn gegeben ist, gesehen, und zwar so, daß, indem der Geist GOttes gleichsam mit seinem Finger auf die grossen Gerichte GOttes, so z. E. durch das Wasser der Sündfluth über die erste Welt, durch einen feurigen Schwefel-Regen über Sodom und Gomorra, durch die Zerstörung Jerusalems über das Jüdische Volck ergangen sind, und welche etwa noch über das Reich des Antichrists ergehen sollen, zeiget; Er doch seine Weissagung durch dieses alles hindurch auf die letzten Zeiten hinführt, und auf denjenigen grossen Tag weiset, da *die Könige auf Erden, und die Obersten, und die Reichen, und die Hauptleute, und die Gewaltigen, und alle Knechte, und alle Freyen sich in den Klüften und Felsen an den Bergen* werden *verbergen* wollen, *und zu den Bergen und Felsen sprechen: Fallet auf uns, und verberget uns vor dem Angesicht deß, der auf dem Stuhl sitzet, und vor dem Zorn des Lammes.* Offenb. Joh. 6, 15. 16. Das heisset recht: *Er wird einst mit ihnen reden in seinem Zorn, und mit seinem Grimm wird er sie erschrecken.*

Ob es nun schon dem lieben GOtt, wenn er seine Straf-Gerechtigkeit verkündigen läßt, ein grosser Ernst ist: so ist dennoch, weil er die Liebe selbst ist, seine Absicht dabey iederzeit diese mit, daß die Menschen-Kinder seine Drohungen lieber zu ihrer heylsamen Warnung anwenden, als dieselbe an sich erfüllen lassen sollen. Daher auch alhier sogleich, nach Anzeigung des gerechten Zorns und Grimms des HErrn, nicht ohne Ursach der himmlische Vater selbst in dem 6. V. also redend eingeführt wird: *Aber ich habe meinen König eingesetzt auf meinem heiligen Berge Zion.* Er redet hier von dem Meßia, und spricht mit grossem Nachdruck: *Aber ich,* nicht etwa ein Mensch, wie dort Samuel den Saul, und nach ihm den David zum Könige salbte, sondern ich selbst *habe meinen König eingesetzt,* oder eigentlich, *gesalbet,* nicht mit natürlichem ⟨71⟩ Salb-Oel, oder auf menschliche Weise, sondern *mit dem Heiligen Geist und Kraft.* Apost. Gesch. 10, 38. Er nennet ihn *seinen* König, um seinen Vorzug vor allen weltlichen Königen zu bemercken, darum er auch heisset *der König aller Könige.* Offenb. Joh. 17, 14. cap. 19, 16. Es heisset: er habe ihn eingesetzet, oder gesalbet, *auf seinem heiligen Berge Zion.* Da nun, nach Redensart der Heiligen Schrift, durch den Berg Zion, das Neue Testament, im Gegensatz des Berges Sinai, durch welchen das Alte Testament vorgebildet worden, bedeutet wird: so sieht man klar, daß GOtt der HERR hier von den Zeiten des Neuen Testaments rede, da nemlich CHristus JESUS den alten Bund aufheben, und einen neuen Bund aufrichten werde, der nicht nur Ein Volck, sondern die gantze Welt und alle Völcker und Sprachen angehen solle.

Mit einem Worte, es beschreibet hier der himmlische Vater die Herrlichkeit des Meßiä und seines Reichs, ohne Zweifel in der Absicht, auf daß, so viel an ihm ist, alle Menschen nicht nur erkennen mögen, wie gut er es mit ihnen meyne, da er selbst ihnen einen solchen König gesalbet, der sie aus der schändlichen Sclaverey und verdammlichen Dienstbarkeit der Sünden und des Todes, darunter sie von Natur liegen, und ausser seiner Erbarmung ewiglich liegen bleiben müsten, befreyen könne und wolle; sondern daß sie auch nun ihrer Seits diesen König wahrhaftig annehmen, sich von ihm helfen, ihn in ihrem Hertzen lediglich regieren, und sich dadurch in einen solchen Stand setzen lassen sollen, daß, wenn er auch dermaleinst wiederkommen wird, den Welt-Kreis zu richten, sie vor ihm nicht erschrecken, sondern sich seiner erfreuen dürften.

Darauf wird im 7. V. der Meßias selbst redend eingeführt. Denn da heisset es: *Ich will von einer solchen Weise predigen, daß der HErr zu mir gesagt hat: Du bist mein Sohn, heute habe ich dich gezeuget.* Oder: *Ich will erzehlen von dem* Statuto, *dem unwandelbaren Rathschluß GOttes, daß der HErr zu mir gesaget hat,* nicht durch einen blossen Ausdruck in Worten, sondern in unaussprechlicher und unbegreifflicher Beweisung seiner göttlichen Zeugungs-Kraft: *Du bist mein Sohn, heute,* das ist, von Ewigkeit her, *habe ich dich gezeuget.* Hatte in dem vorhergehenden 6. V. der himmlische Vater von dem Meßia gezeuget, so zeuget nun auch in diesem 7. V. der Meßias, als der Sohn des Vaters, selbst von sich; um uns durch ein doppeltes Zeugniß der unwandelbaren Gewißheit des Raths GOttes von unserer Seligkeit desto mehr zu versichern.

Also, da dorten die Pharisäer nicht vertragen konten, daß der HErr JEsus sich selbst das Licht der Welt nennete, sprach er unter andern zu ihnen: *Auch stehet in eurem Gesetz geschrieben, daß zweyer Menschen Zeugniß* ⟨72⟩ *wahr sey. Ich bins, der ich von mir selbst zeuge, und der Vater, der mich gesandt hat, zeuget auch von mir.* Joh. 8, 17. 18. Demnach finden wir in den Evangelischen Historien nicht allein, daß unser Heyland mehr als einmal von sich selbst bekennet habe, er sey der verheissene Christ und der Sohn GOttes; sondern auch der himmlische Vater öffentlich von ihm gezeuget, und durch eine Stimme vom Himmel so wol bey seiner Taufe, Matth. 3, 17. als auch bey seiner Verklärung auf dem Berge, Matth. 17, 5. gesprochen: *Diß ist mein lieber Sohn, an welchem ich Wohlgefallen habe.* Welches fast eben die Worte sind, die hier in unserm 7. V. stehen, und in welchen uns der Meßias den heylsamen, aber recht wunderbaren Rath-Schluß GOttes darleget, kraft dessen GOtt der HERR, da er sahe, daß unter den gefallenen Menschen *kein Bruder den andern erlösen, noch iemand GOtt versöhnen können,* sondern daß solches zu bewerckstelligen es *gar sehr vieles kosten, oder ewiglich anstehen müste,* Ps. 49, 8. 9. seinen eigenen und einigen Sohn, *den Glantz seiner Herrlichkeit, und das Ebenbild seines Wesens,* Ebr. 1, 3. den Sohn, den er heute, d. i. von Ewigkeit her (denn wie GOtt ewig ist, so ist auch sein Wort ewig,) gezeuget, und der also mit ihm gleiches Wesens, gleicher Ehre und Herrlichkeit ist, uns zu einem Meßia, Mittler, Heylande und Könige verordnet, und ihn zu dem Ende in der Fülle der Zeit unser Fleisch und Blut an sich nehmen lassen. Sehet, ein solcher ist der Meßias, ein solcher ist der König, den der himmlische Vater auf seinem heiligen Berge Zion eingesetzet hat.

Damit aber nicht iemand meyne, als ob dieser hochgelobte Sohn GOttes durch Annehmung unsers Fleisches und Blutes nun geringer worden sey: so fährt er selbst fort in dem 8. V. zu predigen, oder zu erzehlen, was der himmlische Vater noch ferner zu ihm gesprochen, insonderheit in Absicht auf die von ihm angenommene menschliche Natur. Die Worte des himmlischen Vaters lauten also: *Heische von mir, so will ich dir die Heyden zum Erbe geben, und der Welt Ende zum Eigenthum.* Sehet! nach seiner göttlichen Natur, nach welcher er mit dem Vater gleiches Wesens, gleicher Macht und Herrschaft war, hatte er nicht nöthig, von ihm etwas zu heischen oder zu bitten, noch der Vater, ihm etwas zu verheissen, weil er ja ohne diß, gleichwie der Vater selbst, ein HErr über alles war, aber nach seiner menschlichen Natur, nach welcher er uns armen und schwachen Menschen in allem, doch ohne Sünde, gleich worden war, da war es nöthig, nicht so wol um seinet, als um unsert willen, daß ihn der himmlische Vater seiner Kindschaft versicherte, wie im vorhergehenden 7. V. zu sehen, da es geheissen: *Du bist mein Sohn, heute hab ich dich gezeuget,* (verglichen mit 2 Sam. 7, 14. Matth. 3, 17.) daß er ihn *setzte zum Erben über alles,* Ebr. 1, 2. und ihm das Eigenthum der ⟨73⟩ gantzen Welt bestätigte, nach diesem unsern 8. Vers; ja daß er ihn erhöhete nicht nur über alle Menschen, sondern so gar *über alle Engel GOttes,* Ebr. 1, 4. also, daß es von ihm nun, Kraft der genauen Vereinigung und Gemeinschaft beyder Naturen in ihm, heisset, *daß ihn alle Engel GOttes anbeten sollen, daß sein Stuhl währe von Ewigkeit zu Ewigkeit, daß er von Anfang die Erde gegründet habe, und die Himmel seiner Hände Werck seyn,* u.s.f. wie solches nachzulesen ist in dem angezogenen 1. Cap. der Epistel an die Ebräer. Demnach spricht der himmlische Vater zu dem Meßia: *Heische,* oder fordere getrost *von mir, so will ich dir die Heyden zum Erbe geben, und der Welt Ende zum Eigenthum,* daß du ein HErr und König seyn solt nicht nur über das Jüdische Volck, welches sonst, wegen der Verwandtschaft nach dem Fleisch, dein Eigenthum heisset, Joh. 1, 11. sondern über alle Heyden, Geschlechte, Völcker und Zungen, an allen Enden der Welt.

Nun fragt sich aber: Wo oder wenn ist denn ein solches Heischen, Fordern oder Bitten von CHristo an den himmlischen Vater geschehen? Antwort: Es ist solches bereits geschehen in den Tagen seiner Erniedrigung, durch seinen heiligen, unschuldigen, gehorsamen Wandel, wodurch er das gantze Gesetz an unser statt erfüllet, und durch sein vollgültiges verdienstliches Leiden, wodurch er der Gerechtigkeit GOttes vollkommene Genüge geleistet, und für uns bezahlet hat, sonderlich aber in seinem kräftigen hohenpriesterlichen Gebet, Joh. 17, 24. davon es heisset: *Er hat in den Tagen seines Fleisches Gebet und Flehen mit starckem Geschrey und Thränen geopfert zu dem, der ihm von dem Tode konte aushelfen, und ist auch erhöret, darum, daß er GOTT in Ehren hatte.* Ebr. 5, 7. Ferner ist solches geschehen in seinem harten *Kampf* am Oelberge und am Creutze, den er für uns ausgestanden, und darin er überwunden hat; nicht weniger in Vergiessung seines unbefleckten Versöhn-Blutes, welches heisset *das Blut der Besprengung, das da besser redet denn Abels.* Ebr. 12, 24. Sehet, dieses alles mag ja wol ein recht ernstliches Heischen genennet werden, welches noch dazu mit den Tagen der Erniedrigung CHristi nicht aufgehöret hat, sondern auch im Stande seiner nunmehrigen Erhöhung noch immerdar fortgehet. Denn CHristus ist nach seiner siegreichen Auferstehung, bey seiner glorwürdigen Himmelfahrt, *nicht eingegangen in das Heilige, so mit Händen gemacht ist, (welches ist ein Gegenbild der Rechtschaffenen,) sondern in den Himmel selbst, nun zu erscheinen vor dem Angesicht GOttes für uns.* Ebr. 9, 24.

Gleichwie aber von Seiten des Meßiä das *Heischen*, also ist auch von Seiten des himmlischen Vaters das *Geben* ein immer fortwährendes Werck, so, daß er ihm nicht nur, sonderlich zu der Apostel und in den nachfolgenden Zeiten, *viele Heyden* durch ihre Bekehrung *zum Erbe, und der Welt Ende* ⟨74⟩ *zum Eigenthum zu geben* angefangen hat, sondern auch damit immer fortfähret durch die Kräftigmachung seiner Wahrheit an vielen Hertzen, und noch ferner damit fortfahren wird, *bis daß alle seine Feinde zum Schemel seiner Füsse werden geleget seyn.* Ebr. 10, 13. Woraus also erhellet, daß unser Meßias auch in seiner angenommenen Menschheit allerdings ein grosser, herrlicher und mächtiger König ist und bleibet.

Es wird aber solches, sonderlich was die Grösse seiner Macht betrifft, auch weiter in dem folgenden 9. V. unsers Psalms angezeiget, da der himmlische Vater noch ferner zu seinem Sohn also redet: *Du solt sie mit einem eisernen Scepter zerschlagen, wie Töpfe solt du sie zerschmeissen.* Denn, weil der Vater wohl sahe, daß, ob er gleich dem Sohne die Heyden zum Erbe, und der Welt Ende zum Eigenthum gebe, dennoch nicht alle ihn für ihren König annehmen, oder an ihn wahrhaftig gläuben, sondern viele, ja die meisten von der Art seyn würden, wie sie unser Heyland Luc. 19, 14. beschreibet, da sie sagen: *Wir wollen nicht, daß dieser über uns herrsche*: so übergiebet er ihm auch zugleich das Gericht, oder die freye Macht, alle diejenigen, die sich ihm feindselig widersetzen, nach Gebühr zu bestrafen; wie der HErr JESUS auch selbst davon Joh. 5, 22. redet, wenn er spricht: *Der Vater richtet niemand, sondern alles Gerichte hat er dem Sohne gegeben.* Und ferner v. 27. *Er hat ihm Macht gegeben, auch das Gericht zu halten, darum, daß er des Menschen Sohn ist.* Und also spricht hier der himmlische Vater: *Du solt sie mit einem eisernen Scepter zerschlagen, wie Töpfe solt du sie zerschmeissen.* Welche Worte auch Offenb. Joh. 12, 5. und cap. 19, 15. wiederholet werden, und recht ausnehmend die grosse Macht und Gewalt, die unserm Meßia gegeben worden, anzeigen. Es haben zwar die Könige auf Erden freylich auch eine grosse Macht und Gewalt, sonderlich in Ansehung derer, die ihnen unterworfen seyn müssen. Hält man aber solche gegen die Macht und Gewalt, die der auf dem heiligen Berge Zion eingesetzte König hat, so ist dieselbige wie für nichts zu rechnen, und kan so wenig gegen ihm bestehen, als etwa ein Hauffen irdener Töpfe gegen einen eisernen Stab oder Scepter, der in der Hand eines starcken Mannes ist, und dem es wol gar wenig Mühe machen würde, diese zerbrechliche Waare in kurtzer Zeit völlig zu zernichten. Nun diese Macht und Gewalt unsers Meßiä, ob sie sich gleich bereits je und je geäussert und gezeiget hat in den zuweilen erschrecklichen Gerichten, so entweder über einzele Personen, oder auch wol gar über gantze Völcker ausgebrochen sind, davon auch wol unsere Zeiten, darinnen wir leben, mancherley bezeugen könten; so wird doch dieselbige in ihrer gantzen Kraft sich sonderlich sehen lassen an jenem grossen Tage, *wenn nemlich der HErr JEsus wird offenbaret werden vom Himmel, sammt den Engeln sei-*⟨75⟩*ner Kraft, und mit Feuer-Flammen, Rache zu geben über die, so GOtt nicht erkennen, und über die, so nicht gehorsam sind dem Evangelio unsers HErrn JEsu CHristi, welche werden Pein leiden, das ewige Verderben, von dem Angesicht des HErrn, und von seiner herrlichen Macht.* 2 Thess. 1, 7–9.

Zu was Ende aber wird diese richterliche Macht Christi dergestalt alhier angezeiget? Soll dieses den Menschen-Kindern etwa nur bloß zu einer solchen Nachricht dienen, dadurch sie in ihrem gantzen Leben zagend und gleichsam verschmachtend gemacht werden mögen, vor Furcht und vor Erwarten dieses strengen Gerichts? O nein, keinesweges! sondern, wie bereits oben nach dem 5ten Vers angemercket worden, so ist es von dem lieben GOTT, bey Kundmachung seiner Straf-Gerechtigkeit, hauptsächlich auf eine treue Warnung angesehen, daß alle diejenigen, so noch zu retten sind, sich wahrhaftig erretten, und bey Zeiten in einen solchen Stand setzen lassen mögen, daß *sie würdig werden zu entfliehen dem allen*, was über die Gottlosen ergehen soll, *und* mit Freudigkeit *zu stehen vor des Menschen Sohn*. Luc. 21, 36.

Solches mögen wir auch gar deutlich erkennen aus den annoch übrigen Worten unsers Psalms, da nun wieder der Geist GOttes redend eingeführet wird, und in dem 10. V. also spricht: *So lasset euch nun weisen, ihr Könige, und lasset euch züchtigen, ihr Richter auf Erden.* Er machet hier einen gar sonderlichen Schluß, den er aus den vorhergehenden Worten herleitet; als wolte er sagen: Höret doch, ihr Könige und Richter auf Erden, die ihr euch auflehnet, und mit einander rathschlaget wider den HErrn und seinen Gesalbten, mit wem meynet ihr wol, daß ihr es aufgenommen habet? Ist es nicht der, den GOtt selbst zu einem Könige auf dem heiligen Berge Zion eingesetzet, dem er alle Macht und Gewalt übergeben, und zu dem er gesagt: *Du solt sie mit einem eisernen Scepter zerschlagen, wie Töpfe solt du sie zerschmeissen.* Wollet ihr denn, die ihr mit aller eurer vermeynten Macht, gegen ihn und seine Gewalt, nur wie zerbrechliche Töpfe zu rechnen seyd, es darauf ankommen lassen, bis er mit seinem eisernen Scepter zur Rache über euch kommt? O! handelt doch nicht so thöricht an euch selbst, *lasset euch* viel lieber *weisen*, oder, wie es in seiner Sprache lautet, *werdet klug*, daß ihr bedencket, was zu eurem ewigen Frieden dienet, *und lasset euch züchtigen*, sperret euch nicht wider die heylsamen Bande der Weisheit, untergebet euch lieber der Zucht des Wortes GOttes und seines Geistes, als daß ihr es auf den letzten Zorn des grossen Richters so hin wagen wollet.

Was unser Heyland Joh. 16, 8. von dem Heiligen Geist saget, daß derselbe *werde die Welt strafen*, oder überzeugen, *wegen der Sünde, wegen der ⟨76⟩ Gerechtigkeit, und wegen des Gerichts*, das zeiget sich unter andern auch alhier, da er die Könige und Richter auf Erden mit solchem Nachdruck anredet, und sie dadurch nicht undeutlich zu überzeugen sucht *von ihrer Sünde des Unglaubens*, die sich in ihrem Auflehnen und Rathschlagen wider den HErrn und seinen Gesalbten äussert; *von der Gerechtigkeit GOttes*, nach welcher GOtt nicht anders kan, als das Reich des von ihm eingesetzten Königes auf alle Weise auch wider der Höllen Pforten zu befestigen und zu bestätigen; *und von dem Gerichte*, welches er dem Sohne über den Fürsten dieser Welt und alle, die seines Theils sind, übergeben hat.

Aber der Heilige Geist läßt es dabey nicht bewenden, sondern da gleichwol einige sein heylsames Straf-Amt an sich kräftig seyn lassen möchten, zeiget er ihnen nun auch den rechten Mann, in welchem allein das wahre Heyl zu finden. Diesen nennet er im 11ten Vers den *HErrn*, und im 12ten Vers den *Sohn*. Thut also noch ferner, was seines Amtes ist, nach dem vorhin angezogenen 16. Cap.

Joh. v. 14. daß er nemlich *Christum zu verklären* suchet, sonderlich in Anweisung der Ordnung, in welcher man sich seiner wahrhaftig getrösten und erfreuen könne. Denn so spricht er im 11. Vers: *Dienet dem HErrn mit Furcht, und freuet euch mit Zittern.* Die Könige auf Erden und die Grossen in der Welt meynen wol nicht leichtlich, daß sie die Ursache haben zu dienen, sondern vielmehr sich dienen zu lassen. Allein der Geist GOttes suchet sie hier von ihren eingebildeten Höhen herunter, und dahin zu bringen, daß sie sich lernen *demüthigen unter die gewaltige Hand GOttes.* 1 Petr. 5, 6. Sie sollen demnach *dienen*, aber wem? *dem HErrn.* Was für einem HErrn? Demjenigen, wider den sie sich bisher aufgelehnet, der aber gleichwol ist *ein HErr über alles,* Apost. Gesch. 10, 36. und also auch über sie, ja *ein HErr aller Herren,* Offenb. Joh. 19, 16. und also auch ihr HErr. O! da muß ja wol eine gar grosse und gewaltige Aenderung und Umkehrung des Hertzens vorgehen, wenn man sich entschliessen soll, demjenigen zu dienen, und den wahrhaftig für seinen HErrn zu halten, den man ehemals verachtet und gar angefeindet hat. Und gleichwol gehöret diese gründliche Hertzens-Aenderung hauptsächlich zu derjenigen Ordnung, ausser welcher aller vermeynte Ruhm von GOtt und Religion, alle gefaßte Einbildung vom Christenthum und Gottesdienst vergeblich bleibt. Daher auch der Geist GOttes zu den Königen und Richtern auf Erden mit besonderem Nachdruck spricht: *Dienet dem HErrn mit Furcht;* anzuzeigen, daß es mit äusserlicher Annehmung eines gute Scheins nicht gethan sey, und die äusserliche Beobachtung dessen, was man sonst Gottesdienst nennet, oder, daß man sich von GOttes Gnaden schreibet, ohne einmal recht zu erwägen, was solches auf sich habe, allein nirgends hinlange, wenn dieses alles nicht aus einem innerlich gelegten wahrem Grunde herfliesset. Diesen Grund nennet hier der Geist GOttes *Furcht,* ⟨77⟩ da er spricht: *Dienet dem HERRN mit Furcht;* nicht mit einer knechtischen, als welche der Geist der Kindschaft nie anpreisen könte, sondern mit einer kindlichen Furcht, Kraft welcher man ohne Unterlaß auf sein Hertz acht giebet, und sich sorgfältig hütet, daß man den so gar gütigen und frommen Vater im Himmel mit keiner Sünde wissentlich beleidige, und daher in heiliger Ehrerbietung, als vor seinem allerheiligsten und allgegenwärtigen Angesicht, seinen gantzen Wandel auf das behutsamste führet. Wie auch der Apostel Petrus 1 Ep. 1, 17. ermahnet, *daß wir unsern Wandel, so lange wir hie wallen, mit Furchten führen sollen. Denn diese Furcht ist der Anfang der wahren Weisheit.* Spr. Sal. 9, 10.

Es heißt aber auch ferner: *Und freuet euch mit Zittern.* Man solte fast meynen, dieses wäre ja einander entgegen, nemlich *Furcht* und *Freude,* oder daß man sich *freuen soll,* aber *mit Zittern.* Und in der That bey der knechtischen Furcht könte auch eine wahrhaftige Freude nicht statt finden. Allein die kindliche Furcht schliesset keinesweges die wahre Freude aus, ja es kan keine Freude eine wahre Freude heissen, die nicht von der Furcht GOttes begleitet wird. Und also weiset hier der Geist GOttes den Königen und Richtern auf Erden auch eine wahre Freude an, zu welcher sie allerdings gelangen können, wenn sie nemlich in der Ordnung einer gründlichen Hertzens-Aenderung dem HERRN mit einer kindlichen Furcht zu dienen anfangen, und zwar eine viel edlere Freude, als die sie etwa, nach dem Fleisch zu ihrem so genannten *Divertissement* sich sonsten zu

machen pflegen. Sie sollen sich *freuen*, aber in GOtt, *sie sollen sich freuen in dem HERRN allewege*, Phil. 4, 4. sie sollen sich freuen in den von CHristo so theuer erworbenen Gnaden- und Heyls-Gütern, Gaben und Schätzen, ja sie mögen sich auch freuen über die leibliche Gaben und Wohlthaten GOTTES, jedoch
5 also, daß sie nicht so wol die Gaben, als vielmehr den Geber lieben. Daher sollen sie sich mit Zittern freuen, das ist, in heiliger Ehrfurcht, damit sie weder die Gnade GOttes vergeblich, oder zu ihrem Schaden, mögen empfangen haben, noch auch aus Unbedachtsamkeit diese Freude ins Fleisch führen, und also GOtt mit ihrer Freude nur betrüben.
10 Endlich heißt es im 12. Vers: *Küsset den Sohn, daß er nicht zürne, und ihr umkommet auf dem Wege; denn sein Zorn wird bald anbrennen: aber wohl allen, die auf ihn trauen.* Was der Geist GOttes in beyden vorhergehenden Versen erinnert hat, nemlich, daß die Könige und Richter auf Erden sich solten *weisen und züchtigen lassen*, daß sie *dem HERRN mit Furcht dienen, und sich mit Zittern freuen* solten, das
15 wiederholet er hier nur in den Anfangs-Worten, wenn er spricht: *Küsset den Sohn.* Denn wer in dieser angeführten Ordnung dem Sohn, den der ⟨78⟩ himmlische Vater von Ewigkeit her gezeuget, und zu einem Könige auf dem heiligen Berge eingesetzet hat, von Hertzen im Gehorsam des Glaubens und aufrichtiger Liebe huldiget, und ihn für seinen wahren König und HERRN erkennet, der ist es,
20 der den Sohn recht küsset, oder recht innig mit ihm, als ein Freund mit dem andern, bekant und vertraut wird, ja mit ihm umgehen kan so, wie es die Braut anzeiget im Hohenlied Cap. 8, 1.

Die Nothwendigkeit aber, in diese Heyls-Ordnung sich zu bequemen, zeiget er damit an, wenn er spricht: *Küsset den Sohn, daß er nicht zürne.* Womit er so
25 viel sagen will, daß, wer dieser seiner heylwärtigen Anleitung nicht Platz geben, sich nicht weisen noch züchtigen lassen, dem HErrn nicht mit Furcht dienen, und mit Zittern sich freuen wolle, der habe nichts anders, als den Zorn des Lammes, Offenb. Joh. 6, 16. zu gewarten; oder, wie es Johannes der Täufer ausdruckt: *Wer dem Sohn nicht glaubet, der wird das Leben nicht sehen, sondern der Zorn*
30 *GOttes bleibet über ihm*; Joh. 3, 36. und da dürfe sich ja keiner, der auf dem breiten Sünden-Wege einhergeht, schmeicheln, als ob er auf demselben zum Himmel gelangen werde, weil nicht allein *der Weg der Gottlosen vergehet*, wie auch der erste Psalm v. 6. lehrt, sondern auch die Gottlosen selbst vergehen und *umkommen auf diesem Wege*, oder, wie es Sirach ausspricht: Cap. 21, 11. *Die Gottlosen gehen*
35 *zwar auf einem feinen Pflaster, des Ende der Höllen Abgrund ist.* Demnach sey es hohe Zeit, diesen so verderblichen Weg zu verlassen, und den schmalen, der zum Leben führt, zu betreten. Die Ursache ist: *Denn sein Zorn wird bald anbrennen.* Der Zorn des HErrn ruhet zwar bereits auf den Gottlosen, ob sie schon denselben in diesem Leben auch gar nicht empfinden solten. Denn in dieser Gnaden-
40 Zeit pfleget GOtt der HErr auch *die Gefässe des Zorns, die da zugerichtet sind zur Verdammniß, mit grosser Geduld zu tragen*; Röm. 9, 22. wenn aber die Zeit der Gnaden vorbey ist, so dringet ihn gleichsam seine heilige Gerechtigkeit, seine beleidigte Ehre zu retten, und seinen gantzen Zorn ergehen zu lassen über die, so *den Reichthum seiner Güte, Geduld und Langmüthigkeit verachtet*, und sich nicht
45 dadurch *zur Busse haben leiten lassen*. Röm. 2, 4. Davon heißt es denn: *Sein Zorn*

wird bald anbrennen; oder, nach Jer. 17, 4. *Ihr habt ein Feuer meines Zorns angezündet, das ewiglich brennen wird.*

Hievor warnet so nachdrücklich der Geist GOttes; daher er nicht allein den Tod vorleget, sondern auch das Leben, damit man jenen vermeide, und dieses erwähle. Darum schliesset er auch den Psalm mit diesen Worten: *Aber wohl allen, die auf ihn trauen.* In dem Wörtlein *Wohl* fasset er alle Seligkeit zusammen, so die Gläubigen in Zeit und Ewigkeit zu geniessen haben sollen, als Vergebung der Sünden, die Kindschaft GOttes, Gerechtig-⟨79⟩keit, Friede und Freude in dem Heil. Geist, ein seliges Ende und das ewige Leben. Er spricht aber diese Seligkeit nicht jederman ohne Unterscheid zu, sondern nur denen, *die auf Ihn,* auf den HERRN und Meßiam, *trauen,* oder ihre Zuflucht zu ihm nehmen. Welches im Neuen Testament also pfleget ausgesprochen zu werden: *daß alle, die an ihn gläuben, nicht verlohren werden, sondern das ewige Leben haben.* Joh. 3, 16. Daß demnach, auf den HErrn trauen, und an den HErrn glauben, einerley ist, und auch einerley Gnaden-Lohn aus der Hand des HErrn zu erwarten hat.

Dieses möchte also zur Erklärung des Psalms für dißmal genug seyn. Wenn wir uns aber denselben nun auch zu Nutze machen wollen, so mögen wir anfangs es nicht obenhin ansehen, daß GOtt der HErr schon damals, zu Davids Zeiten, voraus gesehen, was so viel hundert Jahre hernach geschehen würde, und also gantz klar und deutlich durch seinen Knecht aufzeichnen lassen, wie es Christo und seinem Reiche einmal ergehen werde, wie sich die Menschen dabey bezeigen, was sie dagegen unternehmen, ja so gar, was sie vor Gedancken dabey hegen würden. Woraus wir also gewiß schliessen können, daß auch wir insgesamt, und ein ieder unter uns insbesondere, dem lieben GOtt längst bekant gewesen sind, und er nicht allein, ehe wir noch gebohren gewesen, zum voraus gesehen, wie wir würden beschaffen seyn, so, daß alles, was wir etwa bis auf diese Stunde gethan, geredet, oder auch nur gedacht haben, vor seinen Augen schon längst offenbar gewesen; sondern auch um so vielmehr, daß all unser ietziges Thun und Lassen, alles, was in unserm Hertzen täglich vorgeht, ja auch das, was wir ietzt gegenwärtig in unsern Gedancken haben, vor ihm klar und entdeckt ist. Welches uns ja billig vor dem lieben GOtt demüthigen und beschämen soll; zumal wenn wir ein wenig in uns gehen, und uns aufrichtig untersuchen wollen, ob der liebe GOtt in uns wol etwas habe finden oder sehen können, das ihm an uns hätte gefallen mögen? O! es schmeichele sich ja hierin keiner selbst, aus Betrug der verderbten Eigenliebe, daß er etwa besser von sich halten wolte, als er es in der That Ursach hat. Was würde ihm das helfen? Er würde sich ja nur selbst betriegen, wie der Apostel sagt: *So sich jemand lässet düncken, er sey etwas, so er doch nichts ist, der betreuget sich selbst.* Gal. 6, 3. Aber das allsehende Auge GOttes, das ihn längst von innen und von aussen gekannt hat, und das ihn auch noch viel besser, als er sich selbst, kennet, wird er nimmermehr betriegen können.

Darum wer seiner Sache nicht durch das Zeugniß des Heil. Geistes gewiß ist, der richte lieber bey zeiten sich selbst, als wodurch er sich weder Unrecht thun, noch schaden kan. Denn bey aufrichtiger Prüfung wird er gar vieles in sich gewahr werden, das er richtens werth zu seyn erkennen wird. *Richtet er sich aber selbst, so darf er sich nicht fürchten, gerichtet zu werden; ja wird* ⟨80⟩ *er also von sich selbst gerichtet, so wird er dabey von dem HErrn gezüchtiget,* oder zu rechte gewiesen, *auf daß er nicht samt der Welt verdammet werde.* 1 Cor. 11, 31. 32.

Wohlan denn! so prüfet euch, als vor den Augen des allsehenden Gottes, mit aller Redlichkeit, damit auch euch selbst zu eurem Besten kund und offenbar werde, was der HERR, der Hertzen und Nieren prüfet, bis hieher in euch gesehen hat. Sehet, der Geist GOTTES erwehnet in unserm Psalm unterschiedene Arten böser Menschen: als 1) *tobende* oder murrende *Heyden*; 2) solche *Leute, die vergeblich reden*; 3) *Könige im Lande, die sich auflehnen*; 4) *Herren, die mit einander rathschlagen wider den HERRN und seinen Gesalbten.* Fahret hier ja nicht zu geschwinde zu, etwa zu gedencken, dieses könne euch nicht treffen, weil ihr nicht im Heydenthum oder Judenthum gebohren und erzogen, weil ihr etwa keine Könige, Fürsten und grosse Herren seyd, weil ihr gleich in eurer Jugend durch die Taufe der Christlichen Kirche einverleibet worden, und euch nach dem HERRN und seinem Gesalbten Christen nennet. Denn, anietzo nicht weitläuftig anzuführen, auf wie manche Weise dieses vom Geiste GOttes hier angeführte heydnische Beginnen, Toben, vergeblich reden, Auflehnen, Rathschlagen wider CHristum, sich auch unter denen, die sich zu der Christlichen und Evangelischen Religion bekennen, zu äussern pflege; und daß, was hier an Königen und grossen Herren ausgesetzet wird, um so viel weniger an geringern Personen entschuldiget werden könne: so fasset der Geist GOttes alle Arten der Gottlosen und der Feinde CHristi und seines Reichs in eins zusammen, wenn er sie also redend einführet: *Lasset uns zerreissen ihre Bande, und von uns werfen ihre Seile.* Ihr habt oben angehöret, was hier für Bande und Seile gemeynet werden. Hiernach prüfet euch nun, gehet in euer Hertz, und forschet, ob ihr nicht auch ehemals also bey euch selbst gesprochen, oder wol noch gar anietzo also sprechet und gedencket. Es kommt hier nicht sowol auf die Worte an, als auf die Sache, die durch solche Worte vorgestellet wird. Daher nicht allein alles das Böse, was ihr bis hieher gethan, da ihr lieber nach dem Fleische, als nach dem Geiste leben wollen, da ihr die Gnade GOttes auf Muthwillen gezogen, seinem heiligen Worte euch widersetzet, und euer Gewissen mit vorsetzlichen Sünden beflecket habt, nichts anders ist, als ob ihr in der That gesprochen hättet: *Lasset uns zerreissen ihre Bande, und von uns werfen ihre Seile*; sondern auch, da ihr etwa gemeynet habt, es nicht eben so gar arg zu machen, euch aber gleichwol gewegert, euch zu dem HERRN JESU zu bekehren, euer Hertz von der Liebe der Welt loszureissen, oder die göttliche Wahrheit recht zur Kraft und Ubung kommen zu ⟨81⟩ lassen; ja so ofte euch noch das als eine Last vorkommt, von Hertzens Grund fromm zu werden; so oft es euch beschwerlich scheinet, euer Christenthum nicht mehr so obenhin, wie bisher, sondern mit rechtem Ernst und Kraft, mit aller benöthigten Sorgfalt, Wachsamkeit und Vorsichtigkeit zu führen; so oft es euch verdrießlich fällt, wenn von euren Lehrern, oder auch andern Kindern GOttes, euch das rechtschaffene Wesen, das in JESU ist, mit Nachdruck an eure Hertzen geleget, und ihr zu der Nachfolge eures Heylandes kräftig angemahnet werdet: sehet, so oft seyd ihr dieselbigen, die da sprechen: *Lasset uns zerreissen ihre Bande, und von uns werfen ihre Seile*; ja so oft seyd ihr auch diejenigen, die durch diese Worte im Psalm angezeiget werden.

Nun, was meynet ihr hiebey? Was sagt euer Gewissen dazu? Findet es sich nun hierin getroffen, oder nicht? O daß sich doch kein eintziger unter uns für unschuldig achten oder weiß brennen wolte! Sintemal ja auch so gar diejenigen, die bereits wahre Genossen des Gnaden-Reichs JESU CHristi sind, wenigstens, in Erinnerung ihres ehemaligen elenden Zustandes, hierbey Anlaß nehmen werden, sich kindlich vor GOTT zu demüthigen. Aber, o! daß doch auch kein eintziger, so sich nur einiger massen überzeuget fühlt, sein Hertz noch weiter verstocken, und in der Feindschaft und Widersetzlichkeit gegen CHristum und sein Reich fortfahren möchte! Höret doch, ihr arme, unverständige Menschen, was werdet ihr damit ausrichten? *Der im Himmel wohnet, lachet euer, und der HERR spottet euer.* O! das hat gar vieles auf sich, wie bereits oben bey der Erklärung dieser Worte, mit Zuziehung dessen, was in den Sprüchen Salomonis Cap. 1, 24–31. stehet, gezeiget worden; zumal da sogleich darauf folget: *Er wird einst mit ihnen reden in seinem Zorn, und mit seinem Grimm wird er sie erschrecken.* Und noch weiter hin: *Du solt sie mit einem eisernen Scepter zerschlagen, wie Töpfe solt du sie zerschmeissen.* Sehet, so viel werdet ihr mit eurer Widersetzlichkeit ausrichten, ein solch schweres und unerträgliches Gericht werdet ihr euch auf den Hals ziehen, so ihr der überzeugenden Wahrheit noch ferner widerstrebet.

Ach! lasset euch doch dieses, was ihr hie höret, nach der treuen Absicht GOttes, lieber zu eurer seligen Warnung dienen, daß ihr es ja nicht mehr so auf *ein gerathe wohl* hinwaget, sondern vielmehr in gehöriger Ordnung suchet, diesem allen zu entfliehen, und um deßwillen wacker zu seyn, und zu beten, damit ihr würdig werden möget, einmal mit Freudigkeit zu stehen vor des Menschen Sohn. Gebet demnach dem heiligen und majestätischen, demselbige gnädigen, treuen und barmhertzigen Gott die Ehre, der, weil er von Anbeginn der Welt her gesehen, wie verderbt, ⟨82⟩ böse und verkehrt ihr seyn, und, euch selbst gelassen, gar verlohren gehen würdet, sogleich nicht nur auf ein kräftiges Mittel eurer Wiederbringung bedacht gewesen, sondern auch dasselbe in der That hergestellet, und zu dem Ende den Sohn seiner Liebe, der mit ihm gleiches Wesens und Herrlichkeit war, in der Fülle der Zeit in unser Fleisch gesendet, und denselben auf seinem heiligen Berge Zion zum König eingesetzet hat. Diesem wahrhaftigen, ewigen GOTT und Vater, sage ich, gebet die Ehre, daß ihr nemlich das Zeugniß, das er selbst von seinem Sohn gezeuget hat, in Demuth annehmet, und euch wahrhaftig von ihm zu dem Sohne, den er zu eurem Heyl verordnet hat, ziehen und bringen lasset. Denn so spricht ja selbst dieser Sohn des hochgelobten GOttes: *Es kan niemand zu mir kommen, es sey denn, daß ihn ziehe der Vater, der mich gesandt hat.* Joh. 6, 44. Gebet die Ehre auch diesem von GOTT eingesetzten heiligen und mächtigen Könige JEsu Christo, daß ihr ihn nicht bloß äusserlich als den ewigen Sohn GOttes, als euren Meßiam, Heyland, Mittler, König und Erbherrn bekennet, und euch nach ihm nennet; sondern daß ihr euch auch bußfertig zu ihm nahet, ihn und sein Verdienst im wahren Glauben fasset, ihm in aufrichtiger Liebe und kindlichem Gehorsam huldiget, ihn recht groß und herrlich in euren Seelen seyn lasset, und als sein Eigenthum ihm und seinem

Namen würdiglich wandelt. Ja gebet die Ehre dem Heiligen Geist, daß ihr euch gern von ihm weisen und züchtigen lasset, wie er sich in unserm Psalm selbst dazu erbietet.

Ihr müsset nicht meynen, dieses Anerbieten gehe nur allein die Könige und Richter auf Erden an, weil diese allein im 10. V. genennet werden. Denn wie diese es nicht allein sind, die in ihrem Hertzen sprechen: *Lasset uns zerreissen ihre Bande, und von uns werfen ihre Seile:* also haben auch nicht sie allein nöthig, *sich weisen und züchtigen zu lassen*; sondern wir alle, die wir nur selig werden wollen, können der Weisung und Zucht des Heil. Geistes nicht entbehren. Also widerstrebet ihm nur nicht mehr, lasset ihm die freye Hand über eure Hertzen, daß er euch könne in alle Wahrheit leiten, Christum in euren Hertzen verklären, und euch lehren alles, was euch nöthig ist, insonderheit, wie ihr dem HErrn dienen möget mit Furcht, oder im Geist und in der Wahrheit, wie ihr euch freuen könnet mit Zittern, oder schaffen, daß ihr selig werdet mit Furcht und Zittern; wie ihr den Sohn küssen, oder mit ihm Gemeinschaft haben, mit ihm kindlich, oder wie ein Freund mit dem andern, ja wie eine Braut mit ihrem Bräutigam, umgehen möget, ohne euch knechtisch zu fürchten vor seinem Zorn, als welcher nur über die, so gottlos bleiben, wie ein Feuer anbrennen wird. *Aber wohl allen*, heissets, *die auf ihn trauen*. Höret ihrs, wie gut ihr es haben könnet, wenn ihr dem euch gegebenen guten Rath folget! Denn in diesem *Wohl* ist, wie bereits gesagt, alle Seligkeit in Zeit und Ewigkeit ⟨83⟩ begriffen. Dessen allen könnet ihr theilhaftig werden, wenn ihr das gute Theil erwählet.

Ihr aber, die ihr bereits das gute Theil erwählet habt, lasset euch diesen Psalm zu einer kräftigen und neuen Erweckung im Glauben dienen. Er dienet zwar sonst allerdings zum grossen Schrecken, aber nur den Gottlosen, die keiner Warnung Raum geben wollen; so, daß, wenn sie ein wenig nachdencken wolten, was ihnen in diesem Psalm gesagt wird, ihnen das Lachen wol vergehen würde. Allein er dienet auch nicht weniger zu einer gewaltigen Stärckung denen, die sich CHristo einmal von Hertzen ergeben haben. Solches zeigen sonderlich die Schluß-Worte an: *Wohl allen, die auf ihn trauen*. Zum Anfang des ersten Psalms hieß es: *Wohl dem*, oder selig ist, *der nicht wandelt im Rath der Gottlosen*; und zum Beschluß des andern Psalms heißt es: *Wohl allen*, oder selig sind alle, *die auf ihn trauen*. Daher man billig diese beyde Psalmen allezeit zusammen lesen solte, indem der eine mit der Seligkeit anfängt, und der andere mit derselben Seligkeit beschliesset. Demnach heißt es alhier: *Wohl allen, die auf ihn trauen*. Dieses ist eine starcke Mauer und die rechte Vestung eines wahren und gläubigen Christen, der sein Hertz in rechter Aufrichtigkeit und in gründlicher Hertzens-Busse zu CHristo JESU, dem Heyland der Welt, geneiget, der von Hertzens Grund dem Teufel, und allen seinen Wercken, und allem seinem Wesen, entsaget, der von gantzer Seele die Welt, und was in der Welt ist, nemlich Augen-Lust, Fleisches-Lust und hoffärtiges Leben verleugnet, und der also wahrhaftig zu der Fahne JESU CHristi aufs neue geschworen hat, dergestalt, daß nunmehr sein gantzer Sinn, sein Tichten und Trachten lediglich dieser ist, wie er möge JESU CHristo, seinem Könige, mit rechtschaffenem Ernst bis ans Ende dienen, und daher keinen grössern Feind weiß, als die in ihm wohnende Sünde, die ihn von diesem seligen Dienst immer abhalten will.

Wo nun das Hertz also wahrhaftig in JESU CHristo ist, da kan und soll man getrost und freudig seyn, da gilt einen eigentlich das, was in den Psalmen so vielmal stehet: *Freuet euch des HERRN, ihr Gerechten*; und wozu Paulus aufmuntert: Philip. 4, 4. *Freuet euch in dem HERRN allewege, und abermal sage ich, freuet euch.* Denn, hat man den ewigen Sohn GOttes, den von GOtt verordneten Meßiam, den von ihm eingesetzten König, den uns geschenckten Heyland der Welt, als sein wahres Oberhaupt erkannt, ihn gläubig gefasset, und in Liebe sich mit ihm vereiniget: so darf man sich nun vor nichts mehr fürchten, nicht vor dem Teufel, als der nun unser gar schwacher Gegenpart ist, auch nicht vor der Welt und ihrem Anhange. Denn die gantze Welt ist unsers HErrn und Heylandes JEsu CHristi worden, dessen Glieder wir sind. Wo er bleibet, sollen wir auch bleiben. Wie es ihm gehet, soll es ⟨84⟩ uns auch gehen. Leiden wir mit ihm, so sollen wir auch mit ihm seiner Herrlichkeit theilhaftig werden. Darum was uns auch begegnet, kan uns nichts schaden, wenn wir uns nur beständig im Glauben an ihn halten. Da mag uns die Sünde von innen, und die Welt von aussen anfechten; da mag auf uns zustürmen, was da will; da mag das Leiden und die Noth noch so groß seyn: unser Hertz kan sich unter dem allen ermuntern, dennoch frisch und frölich in ihm zu seyn, und nicht zu ermüden.

Ja solten wir denn auch zuweilen ermüden, und in unserm Christenthum träge oder schläfrig werden wollen, so lasset dieses unsere Ermunterung seyn, daß wir uns so bald erinnern, was uns hier der Geist GOTTES zugerufen: *Wohl allen, die auf ihn trauen*; damit wir uns hierbey wieder in die Höhe schwingen, und bedencken: Ist nicht CHristus, unser Heyland, als der rechte Sieges-Fürst voran gegangen? Hat er nicht der Schlange den Kopf zertreten, und die Welt überwunden? Warum woltest du denn nun dahinten bleiben, da das Feld bereits erhalten ist? Ey! richte dich auf in ihm. Es muß dir doch alle Anfechtung und alles Leiden, das dir begegnet, zu deinem Heyl und Seligkeit gereichen. Woltest du nun faul werden. Woltest du nun in dem angefangenen Kampf nachlassen, und den Muth sincken lassen, da du es doch mit bereits besiegten Feinden zu thun hast? Das sey ferne! Diese Unehre must du deinem Oberhaupt und Heer-Fürsten nicht anthun, und dein auf ihn einmal gefaßtes Vertrauen nicht wegwerfen. Denn siehe, es hat eine grosse Belohnung, da es heisset: *Wohl allen*, oder selig sind in Zeit und Ewigkeit alle, *die auf ihn trauen*.

Nun dieses lasset unser Panier seyn, darunter wir uns fleißig sammlen, und darunter beständig aushalten bis an unser Ende.

O du treuer und hochgebenedeyter Heyland, deinem Namen sey Preis, Lob, Ehre und Danck gesagt für deine Gnade, die du uns ietzo erzeiget hast. Wir bitten dich hertzlich, du wollest nach deiner ewigen Liebe dieses, was anietzo geredet ist, in unsern Seelen versiegeln, und uns auch die Gnade verleihen, daß wir dir von Grund der Seelen unsere Hertzen zum Eigenthum ergeben. Und wie wir durch dein Blut theuer erkauft seyn, und demnach nicht mehr uns selbst leben dürfen: so gib, daß wir auch freywillig dir zu deinem Dienst uns darstellen, aufopfern und gerne gehorsam seyn, ja uns deiner von Hertzen freuen und trösten, durch deine Kraft wider die Sünde kämpfen, und in allem Leiden durch deine Gnade alles weit überwinden mögen. Das verleihe um deiner ewigen und unergründlichen Liebe willen. Amen!

August Hermann Franckens,

Weyl. Prof. Theol. Past. Ulr. und Schol.

Erklärung der Psalmen Davids;

Anderer Theil,

Mit einer Vorrede herausgegeben

Von

Gotthilf August Francken,

S. Theol. Prof. Ord. Insp. u. Pred. z. L. Fr.

ILLO SPLENDENTE LEVABOR

HALLE, in Verlegung des Wäysen-Hauses. M DCC XXXI.

August Hermann Franckens /
Weyl. Prof. Theol. Past. Ulr. und Schol.
Erklärung
Der
Psalmen
Davids;
Anderer Theil,

Mit einer Vorrede herausgegeben
Von
Gotthilf August Francken,
S. Theol. Prof. Ord. Insp. u. Pred. z. L. Fr.

HALLE, in Verlegung des Wäysen-Hauses. M DCC XXXI.

⟨1039⟩ *Die hundert und vier und sechzigste Rede über den hundert und neun und dreyßigsten Psalm / vom 1.–3. Vers.* (Gehalten den 9. Octobr. 1706.)

Lebendiger und allgegenwärtiger GOTT, vor dessen Augen nichts verborgen ist, sey mit deiner Gnade und mit der Kraft deines Heiligen Geistes mit uns und mit deinem heiligen Worte, auf daß dasselbe mit grossem Segen in unsere Hertzen eindringe, und seine Frucht in unsern Seelen schaffe, deren wir uns vor dir erfreuen, und darüber wir dich in Ewigkeit loben und preisen mögen. Amen!

Der CXXXIX. Psalm.

Ein Psalm Davids, vorzusingen.

HERR, du erforschest mich, und kennest mich.
2. Ich sitze oder stehe auf, so weissest du es; du verstehest meine Gedancken von ferne.
3. Ich gehe oder liege, so bist du um mich, und siehest alle meine Wege.
4. Denn siehe, es ist kein Wort auf meiner Zunge, das du, HERR, nicht alles wissest.
5. Du schaffest es, was ich vor oder hernach thue, und hältest deine Hand über mir.
6. Solches Erkäntniß ist mir zu wunderlich und zu hoch, ich kans nicht begreifen.
⟨1040⟩ *7. Wo soll ich hin gehen vor deinem Geist? und wo soll ich hin fliehen vor deinem Angesicht?*
8. Führe ich gen Himmel; so bist du da. Bettete ich mir in die Hölle; siehe, so bist du auch da.
9. Nähme ich Flügel der Morgenröthe, und bliebe am äussersten Meer;
10. So würde mich doch deine Hand daselbst führen, und deine Rechte mich halten.
11. Spräche ich: Finsterniß mögen mich decken; so muß die Nacht auch licht um mich seyn.
12. Denn auch Finsterniß nicht finster ist bey dir, und die Nacht leuchtet wie der Tag; Finsterniß ist wie das Licht.
13. Denn du hast meine Nieren in deiner Gewalt; du warest über mir in Mutter-Leibe.
14. Ich dancke dir darüber, daß ich wunderbarlich gemacht bin; wunderbarlich sind deine Wercke, und das erkennet meine Seele wohl.
15. Es war dir mein Gebeine nicht verholen, da ich im verborgenen gemacht ward, da ich gebildet ward unten in der Erde.
16. Deine Augen sahen mich, da ich noch unbereitet war; und waren alle Tage auf dein Buch geschrieben, die noch werden solten, und derselben keiner da war.
17. Aber wie köstlich sind vor mir, GOtt, deine Gedancken? Wie ist ihr so eine grosse Summa?
18. Solt ich sie zehlen, so würde ihrer mehr seyn denn des Sandes. Wenn ich aufwache, bin ich noch bey dir.

19. Ach! GOtt, daß du tödtest die Gottlosen, und die Blutgierigen von mir weichen müßten.

20. Denn sie reden von dir lästerlich; und deine Feinde erheben sich ohne Ursach.

21. Ich hasse ja, HERR, die dich hassen, und verdreußt mich auf sie, daß sie sich wider dich setzen.

22. Ich hasse sie in rechtem Ernst; darum sind sie mir feind.

⟨1041⟩ *23. Erforsche mich, GOTT, und erfahre mein Hertz; prüfe mich, und erfahre, wie ichs meyne.*

24. Und siehe, ob ich auf bösem Wege bin, und leite mich auf ewigem Wege.

DIeser 139ste Psalm ist unstreitig einer der allerschönsten und erbaulichsten; welches so offenbar ist, daß auch ein Jude, dem die Decke Mosis noch vor den Augen gehangen, dennoch von demselben ausgerufen, es sey dieses der allerschönste Psalm in dem gantzen Psalm Buch.

Es stimmet aber der Anfang und das Ende desselben gar genau mit einander überein. Denn wie es im Anfang heisset: *HErr, du erforschest mich, und kennest mich*; so lautet es auch am Ende: *Erforsche mich, GOtt, und erfahre mein Hertz; prüfe mich, und erfahre, wie ichs meyne, und siehe, ob ich auf bösem Wege bin, und leite mich auf ewigem Wege*. Woraus offenbar ist, daß sich David in diesem Psalm gar nicht vergessen hat, indem er den Psalm eben damit geendiget, womit er ihn angehoben. Weil aber eben dieser Psalm von gar zu grosser Wichtigkeit ist; so wollen wir denselben Stückweise vornehmen, und ietzo nur die drey ersten Versicul betrachten, damit wir den Nachdruck aller Worte so viel besser fassen, und so viel gründlichern Unterricht und kräftigere Erbauung für unsere Seele daraus schöpfen mögen.

HErr, heissets v. 1. *du erforschest mich, und kennest mich*. Der Anfang wird hier von dem grossen und majestätischen Namen GOttes, Jehovah, gemachet; welcher Name insonderheit das unveränderliche, unergründliche, unendliche und alles erfüllende Wesen GOttes ausdrucket. So hebet sich demnach dieser Psalm also an: O Jehovah, du lebendiger, du majestätischer, du ewiger und unveränderlicher GOtt, du unergründliches und alles erfüllendes, allen Dingen gegenwärtiges und allen Lebendigen das Leben darreichendes Wesen; *du erforschest mich, du kennest mich*.

Es hat ein gewisser Heyde,[1] da er in dem 1. Cap. des ersten Buchs Mosis die Worte gefunden: *GOTT sprach: Es werde Licht; und es ward Licht*; sich darüber nicht nur höchlich verwundert, sondern auch in seinen Schriften bezeuget, wie er gewiß dafür halte, Moses habe hierin so geschrieben, wie es der grossen und unaussprechlichen Majestät GOttes würdig und anständig sey. Denn so gezieme sichs, von GOtt zu reden, um seine Macht und Autorität ⟨1042⟩ auszudrucken: *GOTT sprach: Es werde Licht. Und es ward Licht*. So ist das einem Heyden ins Hertz gedrungen, daß er ein solch Bekäntniß gethan: dieser Mann, Moses, habe recht von der göttlichen Majestät gesprochen; da hingegen der vornehmste unter ihren Poeten gar nicht so von GOtt geredet, wie sichs gebühre.

---

[1] *Fußnote im Original:* „Dionysius Longinus de Sublimitate cap. IX."

Ein gleiches mögen wir auch von dem Anfang dieses Psalms sagen, wenn es heißt: *Jehovah, du erforschest mich, und kennest mich.* Wenn der allerklügste Mensch eine Sache erforschen will, so erfordert solches Zeit; wie denn ein gewisser anderer Heyde von einem Tage zum andern Aufschub genommen, als er gefraget worden, *was GOtt sey?* und endlich geantwortet: *ie länger er der Sache nachdencke, und ie mehr ers erforschen wolle, ie weniger könne ers finden.* Und wenn auch gleich einer mit solchen Dingen umgehet, die ihm nicht zu hoch sind; so braucht er doch viel Zeit, wenn er auf den Grund einer Sache kommen, und alle Umstände so erforschen soll, daß er geschickt sey, einem andern zu antworten, der den rechten Grund davon wissen will. Aber da hier von dem grossen und lebendigen GOtt gesprochen wird, so heißts: *HERR, du erforschest mich, und kennest mich.* Es geschiehet beydes zugleich. Er erforschet alles durch und durch, so bald er nur anfängt; wiewol in GOTT kein Anfang gesetzet werden kan, dieweil in der unendlichen Ewigkeit kein Anfang in GOTT, sondern aller Anfang nur in der Zeit und der Creatur ist. Aber auf menschliche Weise zu reden, so bald GOtt anfähet zu forschen, so ist ihm schon die volle und gründliche Erkäntniß aller Dinge gegenwärtig. Das bedeutets, wenn es heißt: *HERR, du erforschest mich, und kennest mich.*

Darum ist dieses recht würdig von GOtt und von seiner Majestät gesprochen. Und so jene Worte Mosis: *Und GOTT sprach: Es werde Licht; und es ward Licht;* einen Heyden bewogen haben, daß er alles, was er in seinen heydnischen Poeten gelesen, dagegen verachtet, und bekennet hat, daß es dem, was Moses in so wenig Worten gesaget, nicht das Wasser reiche: so sollen vielmehr, da wir uns der Erkäntniß GOttes rühmen, unsere Hertzen kräftig durchdrungen werden, wenn wir sehen, wie der Heilige Geist so nachdrücklich und der göttlichen Majestät würdiglich redet.

HERR, sagt David, *du erforschest mich, und kennest mich*, oder, *und weißt es*, wie es eigentlich heissen möchte. Als wenn er sagen wolte: Was rede ich viel vom Forschen? GOTT bedarf keines Forschens. Auch das scheinet schon, in Ansehung seiner Majestät, zu schlecht geredet zu seyn. Ich sage vielmehr: Du weißt den Zustand eines ieden deiner gläubigen und wahrhaftigen Kinder.

⟨1043⟩ Denn, welches wir alhier weiter zu mercken haben, David redet nicht von der Allwissenheit GOttes insgemein, sondern spricht mit einer Zueignung auf sich selbst: *HErr, du erforschest MICH, und kennest MICH.* Er spricht nicht: HErr, du bist ein allwissender GOtt, du weißt alle Dinge, und ist nichts so verborgen, daß du nicht alles wissest; sondern er nennet sich gleich mit, und spricht: *HErr, du erforschest MICH, und kennest MICH.*

So sollen wir denn hieraus lernen, wie das göttliche Wesen, die göttliche Majestät, und die göttliche Eigenschaften, auf gar unterschiedene Weise betrachtet werden können. Wenn ein Mensch in seiner Kindheit von göttlichen Dingen unterrichtet worden; so weiß er wol, etwa eine Beschreibung von GOtt zu geben, z. E. daß GOtt ein Geist sey, daß er ewig, unendlich, allmächtig, allgegenwärtig sey, u.s.w. Aber mancher pflegt es wol dabey zu lassen, und wenn er etwa mit andern Menschen von GOtt redet, so spricht er alles so aus, wie er davon unterrichtet ist; welches auch an sich selbst nicht getadelt wird. Wenn aber ein

Mensch nicht selbst in seinem Hertzen zu einem lebendigen Erkäntniß dessen, davon er unterrichtet worden, gelanget: so läßt er diese seine Wissenschaft als ausser sich stehen. Im Gegentheil, wenn iemand wahrhaftig zu dem lebendigen GOtt bekehret ist: so hat er zugleich von dem Unterricht, den er von GOtt und seinen Eigenschaften erlanget hat, ja von der Herrlichkeit und Majestät GOttes selbst, gleichsam die Kraft in sein Hertz gesogen, da er sich das alles im Glauben zu Nutz gemacht hat. Wenn er hernach seinen Mund von unserm HErrn GOtt aufthut, so redet er von allem so, wie es in ihm Geist und Leben, Licht und Kraft worden ist, wie er den Segen davon erfahren hat, und immerdar empfindet, wenn er in der täglichen Ubung seines Christenthums in seinem Hertzen mit GOtt umgehet.

Und so machts alhier David. Er spricht nicht allein: HErr, du erforschest alle Dinge, du weißt alle Dinge; sondern: *HErr, du erforschest mich, und kennest mich.* Es sind also gleichsam nur zwey hier gegenwärtig, GOtt und David. Sich stellet David in der Gegenwart GOttes dar, und zwar so allein, als ob es GOtt mit keiner andern Creatur, als mit ihm, zu thun hätte, und hinwiederum, als wenn er keine Creatur, sondern GOtt allein gegenwärtig vor sich, und es gantz allein mit GOTT zu thun hätte. So müssen wir David ansehen, wenn er saget: *HErr, du erforschest mich, und kennest mich.*

Und das ist auch die Sache, welche billig bey einem ieden gläubigen Kinde GOttes auf gleiche Weise in die Ubung gebracht werden soll, daß es nemlich ie mehr und mehr im Glauben an den lebendigen GOtt also geheiliget werde, daß ihm alle Dinge in seinen Augen gering sind, ja, so zu reden, in seinem Gemüth zunichte, hingegen aber GOttes Majestät, GOttes Herrlichkeit, GOttes Allgegenwart, GOttes alles erfüllendes Wesen, GOttes heilige und herrliche Ei-⟨1044⟩genschaften so groß in seiner Seele werden, daß es gegen seiner Herrlichkeit alles andere, und allermeist sich selbst, für nichts halte, und in demselbigen Erkäntniß seines Elendes, als einer geringen und sündigen Made, sich so viel tiefer erniedrige, wenn es an die grosse, unumschränckte und unbeschreibliche Majestät und Herrlichkeit GOttes gedencket.

Ich sitze, heissets hierauf v. 2. *oder stehe auf, so weissest du es; du verstehest meine Gedancken von ferne.* Es ist manchmal im Teutschen ein Wort, da man nicht gedencken solte, daß ein so grosser Nachdruck darinnen sey: daher man über ein solch Wörtlein hinläuft, und nicht darauf mercket. So gehts auch in diesem Vers. Darinnen ist ein Wörtchen, darin keiner einen Nachdruck suchen würde, es sey denn, daß er dessen erinnert werde. Welches ist aber dasselbe? Das ist das Wörtlein *DU: Ich sitze, oder stehe auf, so weissest DU es;* welches in seiner Sprache hier mit besonderm Affect stehet. Ja eben dieses Wörtchen ist im Hebräischen, mehrern Nachdrucks wegen, vor den gantzen Vers voran gesetzet: *DU weißt es, wenn ich mich setze, oder aufstehe.* Und also führt uns David mit dem Worte, *DU,* wieder auf den grossen Jehovah, mit dem er den Psalm angefangen hatte. Womit er denn abermal zu erkennen giebt, daß sein Hertz mit der Gegenwart GOttes dergestalt erfüllet gewesen, daß ihm alle andere Dinge aus den Augen und Gesichte kommen, und er nur die grosse Herrlichkeit, Majestät und das alles erfüllende Wesen des Jehovah in seinem Sinn und Gemüthe habe, demselben ietzo alle Ehre zu geben gedencke, und sich vor ihm in der grösten und tieffsten Erniedrigung, die ihm immer möglich sey, darstellen wolle.

Er hatte schon vorher gesaget: *HERR, du erforschest mich, und kennest mich.* Aber er saget noch einmal: *Du kennest,* oder *weissest.* Denn im Teutschen sinds zwar zwey unterschiedene Wörter, wenn es heißt: *du kennest mich,* und hernach, *du weißt es.* Aber in seiner Sprache wird Ein Wort wiederholet. Denn so pflegt im Worte GOttes Eine Sache, daran viel gelegen ist, mehrmal wiederholet zu werden, auf daß unsere Härtigkeit des Hertzens und unser Unverstand in geistlichen Dingen dadurch überwunden werde, und wir uns die Augen mögen aufthun lassen, zu erkennen, daß etwas da sey, welches man wohl betrachten und erwegen müsse. Da also David schon gesaget hatte: *HERR, du erforschest mich, du weißt es;* so spricht er noch einmal: *Du weißt es;* auf daß wir ja recht darauf mercken mögen, was GOttes Allwissenheit für eine grosse Sache sey, und was GOttes allsehendes Auge für eine genaue Betrachtung von uns erfordere, ja wie wir uns das tief, tief, in unsere Hertzen sollen eindrucken lassen, daß GOtt ein allsehender und allwissender GOtt sey.

⟨1045⟩ *Du weißt es,* sagt er, und fängt damit an, das, was er vorher mit einem Worte so majestätisch ausgesprochen, *HERR, du erforschest mich, und weißt es,* nach einander und Stück-weise zu beschreiben; nicht als könte die Allwissenheit GOttes genugsam ermessen und beschrieben werden, sondern dieweil wir von Natur so blind sind, und, da uns nichts gegenwärtiger ist als GOtt, vor dessen allsehenden Augen man sich keinen Augenblick verbergen kan, dennoch uns vor ihm verstecken wollen; wie dort von Adam I B. Mos. 3, 8. gesaget wird: *Er versteckte sich mit seinem Weibe, vor dem Angesichte GOttes, des HERRN, unter die Bäume im Garten.* Um deswillen war es so viel nöthiger, daß der Mensch recht vorgenommen, und nach allem seinem Thun und Vornehmen, nach allen seinen Bewegungen, nach all seinem Tichten und Trachten, nach seinem Auswendigen und Inwendigen, beschrieben, und ihm dabey der allgegenwärtige GOtt, das allsehende Auge des HErrn, der alles erfüllende Jehovah, das unendliche Wesen, *in welchem wir leben, weben und sind,* Ap. Gesch. 17, 28. immer vorgestellet würde.

Ich sitze oder stehe auf, heißt es, *so weissest du es.* Das sind geringe Bewegungen, die keines Anmerckens werth zu seyn scheinen. Denn wer giebt eben acht, und mercket nur selbst darauf, wenn er aufstehet, oder wenn er sich niedersetzet? Oder, wer hat einen Freund in der Welt, der sich so genau um alle seine Verrichtungen bekümmere, daß er auch darauf acht habe, ob er sich niedersetze, oder ob er aufstehe? Aber von GOtt dem HErrn wird hier gesaget: *Ich sitze oder stehe auf, so weissest du es.* Daraus wir ja mercken mögen, wie GOttes Allwissenheit, GOttes allsehende Kraft, GOttes Providentz, GOttes Aufsicht sich weiter erstrecke, als alles das, was wir von irgend einer Creatur können gewärtig seyn. Darum wirds aber aufs allergenaueste beschrieben, daß ein ieder so viel mehr auf die Aufsicht des allsehenden GOttes geführet werde, und sich dessen erinnere, wenn er sich niedersetzet, oder wenn er aufstehet, und gedencke: Siehe, du hast aus GOttes Wort gelernet, daß ietzo unser HErr GOtt weiß, daß du dich niedersetzest! Siehe, du bist aus GOttes Wort unterrichtet, daß GOtt ietzo bey dir gegenwärtig ist, und siehet, daß du aufstehest!

Es ist aber noch mehr in diesen Worten enthalten, ob zwar dis auch nicht auszuschliessen ist. Denn ob es gleich geringe Bewegungen des Leibes sind, wenn man sich niedersetzet oder aufstehet: so pflegt man doch nichts ohne Ursach zu thun. Man hat seine Ursach, wenn man sich niedersetzet, auszuruhen, einer Sache nachzudencken, u.s.w. Man hat auch seine Ursachen, wenn man aufstehet, dis und jenes Geschäfft vor die Hand zu nehmen, das und das, was man in seinem Gemüth ausgedacht hat, zu exequiren und auszurichten. Denn kein vernünftiger Mensch thut etwas ohne Ursach, sondern er hat bey allem seinen ⟨1046⟩ Zweck. Auch sein Niedersitzen und sein Aufstehen hat seine Ursachen, ob er auch nicht allemal daran dencket, weil es oft Dinge sind, die man zu thun gewohnt ist, und dabey man eben keine sonderliche Betrachtung anstellet. So heißt es nun hier: *Ich sitze oder stehe auf, so weissest du es.* GOtt weiß nicht allein das Niedersetzen und das Aufstehen, sondern er weiß auch allemal die Ursache, warum beydes geschehe. Es setzet sich mancher nieder zum Fressen und Saufen, zum Spielen, unnütz Geschwätz zu treiben, eiteln Dingen zuzuhören, u. s. w. Unser HErr GOtt aber weiß das alles vorher, warum er sich niedersetzet. Desgleichen stehet mancher nicht allemal um der besten Ursach willen auf. Er stehet auf, z. E. in böse Gesellschaft zu gehen, daraus er nicht anders, als an seiner Seele beflecket und vergiftet, wiederkommt; er stehet auf, sein sündliches Vornehmen, das er in seinem Gemüth ausgedacht hat, zu vollstrecken, u. s. f. Hat er etwas Gutes vor, unser HErr GOtt weiß es. Hat er Böses vor, unser HErr GOtt weiß es auch. Und wer will das alles beschreiben? Also ist die Allwissenheit GOttes auf unser Sitzen und Aufstehen gerichtet, und siehet nicht auf diese blosse Handlungen allein, sondern auch auf das, was dabey vorgehet.

Es wird aber noch mehr damit gesaget, wenn es heißt: *Du kennest mich, du weissest es.* Denn in diesem Wort ist in seiner Sprache ein viel grösserer Nachdruck, als im Teutschen. Insgemein nehmen wir die Worte, *wissen, kennen*, von der blossen Wissenschaft oder Erkäntniß, die man von einer Sache in seinem Verstande fasset; man mag nun dieselbe wohl oder übel, oder gar nicht zu einem gewissen Zweck gebrauchen. GOttes Wissenschaft und Erkäntniß aber ist viel eine andere Sache. Denn wenn die Heil. Schrift von GOttes Wissenschaft redet, so redet sie zugleich davon, wie GOttes Hertz dabey beschaffen ist.

Im ersten Psalm wird v. 6. gesagt: *Der HErr kennet den Weg der Gerechten, aber der Gottlosen Weg vergehet.* Eigentlich solte es wol heissen: *Der HERR kennet den Weg der Gerechten, aber den Weg der Gottlosen kennet er nicht.* Denn so wäre ein Wort dem andern entgegen gesetzet. Aber so spricht der Psalm nicht, sondern also: *Der HERR kennet den Weg der Gerechten, aber der Gottlosen Weg vergehet.* Damit will David so viel sagen: Der HErr kennet den Weg der Gerechten, mit Beystimmung seines väterlichen Hertzens, als einen Weg, der ihm gefällig ist, darin er ihnen beystehet, darauf er sie väterlich behütet, ihnen keinen Schaden widerfahren läßt, ja alles zu seiner Ehre, und zu ihrem Heyl und Wohlfahrt richtet, daß sie darauf ewig behalten werden. *Aber*, sagt er weiter, *der Gottlosen Weg vergehet*; womit zugleich verneinet wird, daß ihn GOtt kenne. Denn da GOtt der HErr den Weg der Gottlosen nicht kennet, und davon nichts ⟨1047⟩ wissen will; so kans auch kein gut Ende damit nehmen, obs gleich eine Zeitlang noch so ein gut Ansehen hätte.

Eben also heißt es denn auch hier: *HERR, du erforschest mich, und kennest mich. Ich sitze oder stehe auf, so weissest du es.* Das müssen wir auch nicht so nehmen, wie etwa ein Mensch von dem andern, oder von seinem Sitzen und Aufstehen etwas wissen möchte; sondern wir müssen es nach dem väterlichen Hertzen GOttes verstehen. Wenn ein Mensch im Glauben und in der Liebe GOttes stehet: so kennet und weiß GOtt sein Sitzen und Stehen, eben auf die Weise, als eine Mutter weiß, wo ihr zartes Kind ist, das noch nicht allein gelassen werden kan. Denn auf ein solch Kind hat die Mutter allezeit acht. Sie läßt es nicht im Hause auf den Treppen herum laufen, weil sie wohl weiß, daß es leicht könte ums Leben kommen; ja sie läßt es nicht aus ihren Augen kommen, und wo sie eine Besorgung hat, daß es einen unsichern Tritt thun möchte, so greift sie zu, und kan niemals ruhen, wenn sie nicht ihr Kind in Sicherheit weiß. Eben also heißt es nun auch von GOtt dem HErrn: *Ich sitze oder stehe auf, so weissest du es.* Das ist ein grosser Glaubens-Trost! Wenn ein Mensch die göttliche Allwissenheit, *Providenz* und Vorsorge recht erkennet, so hat er in seinem Hertzen davon eine unaussprechliche Kraft. Wenn er aufstehet, so weiß er, sein lieber Vater habe ein Mutter-Hertz gegen ihm. Wenn er sich niedersetzet, so tröstet er sich eben desselbigen. Er freuet sich, daß GOtt weiß, was er für einen Zweck in dem Niedersetzen, oder in seinem Aufstehen habe. Alles, was er thut, das thut er in GOtt und vor GOttes Angesicht, in der Hoffnung auf seine Grosse Gnade, Güte, Treue und Barmhertzigkeit. Und also hat er darin einen unaussprechlichen Trost, daß er sagen kan: Ach! HErr, o du grosser Jehovah, du alles erfüllendes Wesen, ich sitze, oder stehe auf, so weissest du es.

Du verstehest meine Gedancken von ferne, heissets weiter. Darinnen ist nun abermal ein sonderlich schöner und lieblicher Nachdruck. Es scheinet, als werde hiemit auf das erste Wort gesehen. *Du erforschest mich*, hieß es; und nun folgt: *Du verstehest meine Gedancken von ferne.*

Einer, der eine Sache aus dem Grunde erforschet hat, der verstehet darnach dieselbige recht. Wenn z. E. ein Jurist die Acten gantz durchgelesen, und alle Umstände wohl erwogen hat; so kan er hernach sagen, daß er die Sache verstehe. Also wird denn hier von unserm HErrn GOtt gesaget: *Du verstehest meine Gedancken.* Er kennet sie nicht allein, er weiß sie nicht allein, sondern er durchschauet sie aufs allergenaueste, und verstehet, aus welchem Grunde sie herkommen; welches der Mensch selbst nicht allezeit verstehet. Denn dazu gehöret gar vieles, daß der Mensch sich selbst kenne: weil die Tücke des menschlichen Hertzens gar tief stecken, daß man selbst nicht allezeit wissen kan, ⟨1048⟩ aus was für einem Grunde unsere Gedancken herkommen. Es kan mannigmal eine heimliche Absicht darunter seyn, und der Mensch ist noch zu blind, und sein Verderben noch zu groß, daß er sich so tief noch nicht erkennet. Ja mannigmal erkennen ihn andere besser, als er sich selbst erkennet, wenn nemlich dieselben mehr Erfahrung von dem Verderben des menschlichen Hertzens haben, als er. Aber GOtt der HErr weiß gleich, aus welchem Grunde alle unsere Gedancken herkommen, ob sie gut oder böse sind. Und wie nach dem Hebräischen in den

Sprüchwörtern Cap. 24, 12. von ihm stehet, *er wiege die Hertzen*; so ists gleichsam, als wenn GOtt der HErr alle unsere Gedancken, und was in dem Gemüthe vorgehet, auf eine Waagschale legete, daher er wohl wissen kan, von welchem Werth und Gewicht sie seyn.

Ja es ist in diesem Worte so viel begriffen, daß es nicht gnugsam ausgesprochen werden kan; und es mags auch niemand genug verstehen, wie GOtt alles verstehet. Denn GOTT verstehet nicht, wie wir Menschen etwas verstehen. Wenn wir etwas verstehen, so haben wir uns mit Mühe einen gewissen Begriff gemacht, den wir mit Worten wiederum ausdrucken. Aber wir müssen nicht meynen, daß GOtt nicht auf eine höhere Art alles verstehe, vor welchem, ohne einige mühsame Erforschung, alles gegenwärtig ist, und der alles auf einmal durchschauet. Gleichwol wird es also ausgesprochen, wie wirs einiger massen begreifen können.

Du verstehest meine Gedancken, heißt es. Da David vorher von dem äusserlichen geredet, so redet er nun von dem inwendigen. Vorhin hieß es: *Ich sitze oder stehe auf, so weissest du es*; und nun: *Du verstehest meine Gedancken von ferne*. Der Mensch mag also äusserliche Geschäffte haben, oder nur in seinen Gedancken und Gemüth beschäfftiget seyn: so soll er allezeit das allsehende Auge GOttes vor sich haben. Er mag in seiner Arbeit stehen, so soll er vor GOttes Angesicht stehen und arbeiten; oder er mag in seiner Ruhe seyn, so soll die Gegenwart GOTTes ihm immer vor Augen seyn. Also wird das äusserliche und inwendige zusammen geführt: *Ich sitze oder stehe auf, so weissest du es, du verstehest meine Gedancken von ferne*.

Meine Gedancken, sagt David. Es ist gar ein sonderbares Wort in seiner Sprache, das zwar mit gutem Grunde so gegeben wird, welches aber auch sonst einen guten Freund bedeutet, mit welchem man Gemeinschaft hat. Man möchte aber wol beydes zusammen fügen, daß es so viel hiesse: *Du verstehest die Gedancken*, die gleichsam meine guten Freunde sind. Wenn sich also iemand in seinen Gedancken belustiget, und die Gedancken gleichsam seine guten Freunde sind, mit denen er gern umgehet; so kennet unser HErr GOtt dieselben.

⟨1049⟩ Ein Geitziger z. E. hat einen Anschlag, wie er einen zeitlichen Gewinn erlangen will. Der Gedancke ist ihm so angenehm, als ein guter Freund. Den Gedancken heget er, und mit dem Gedancken überleget er, wie die Sache anzugreifen sey, daß er dazu gelangen möge. Unser HErr GOtt aber weiß diesen guten Freund, den er im Hertzen hat, auch. Er kennet dieselbigen Begierden, die in seinem Hertzen vorgehen.

Ein anderer, der seine äusserliche Sinne nicht bewahret, sondern Augen und Ohren auf das, was andere reden, thun und vornehmen, herum fliegen läßt, wird etwa zu sündlichen Lüsten in seinem Hertzen gereitzet. Denselbigen Gedancken der fleischlichen Lust heget er als einen guten Freund in seinem Hertzen, ob er wol sein ärgster Feind ist, *der wider seine Seele streitet*, 1 Petr. 2, 11. und ihn zu einem Greuel vor GOtt und allen heiligen Engeln machet. Er geht nun zwar mit solchen Gedancken gern um, und heget dieselben in seinem Gemüth. Unser HErr GOtt aber siehet solches auch, und weiß, was er für einen

Freund in seinem Hertzen hat, der doch sein ärgster Feind ist, und wie er sein Hertz von demselben bestricken lässet.

Eine stoltze Person dencket etwa, daß ihr der Kleider-Pracht recht artig anstehe. Da nimmt sie denn solchen Gedancken als einen guten Freund an, und sinnet immer mehr nach, wie sie ihre Sachen so einrichten wolle, daß sie ihrer Eitelkeit ein Genügen thue. Unser HErr GOtt aber siehet solchen Gedancken auch in einem solchen Hertzen, und hat einen Eckel und Greuel daran.

Noch ein anderer wird etwa beleidiget, und fasset darüber Gedancken in seinem Hertzen, wie er sich rächen, oder dem andern, wie manche das Sprüchwort zu mißbrauchen pflegen, die Wahrheit sagen wolle. Dabey läßt er den Zorn in seinem Gemüth herrschen, und heget solchen Gedancken als einen guten Freund in seinem Hertzen. Aber unser HErr GOtt siehet denselben guten Freund, den er in seinem Hertzen beherberget, und erkennet wohl, was in ihm vorgehet.

Es ist aber noch viel mehr in diesen Worten enthalten. Denn es heißt: *Du verstehest meine Gedancken von ferne.* Was ietzo gesaget worden ist, das gehet nur auf die gegenwärtigen Gedancken. Da möchte mancher meynen, unser HErr GOtt sehe es nur, wenn ietzt ein Gedancke in des Menschen Hertzen aufsteige. Aber hier stehet: *Du verstehest meine Gedancken von ferne.* Von aller unendlichen Ewigkeit her hat GOtt schon gegenwärtig gehabt, was wir ie für Gedancken geführt, und was wir noch künftig für Gedancken haben werden. Das alles ist ihm schon offenbar gewesen, da es noch nicht in unsern Hertzen und Nieren gewesen ist, als gleichsam in der Werckstatt ⟨1050⟩ der Gedancken und Begierden, wie es v. 13. heisset: *Du hast meine Nieren in deiner Gewalt.* Das heißt: *Du verstehest meine Gedancken von ferne.*

Es führet die heilige Schrift dieses an mehrern Orten, als Ps. 7, 10. Ps. 94, 11. Jer. 17, 10. und Cap. II, 20. als eine der herrlichsten Eigenschaften GOttes an, daß er ein Hertzens-kündiger sey, Nieren und Hertzen prüfe, und die Gedancken und Sinne der Menschen wisse. Und da dieses eine solche Eigenschaft GOttes ist, die keine Creatur mit ihm gemein hat; so wird, welches wir bey dieser Gelegenheit wohl zu mercken haben, eben dieselbe herrliche und göttliche Eigenschaft auch JEsu CHristo, unserm Heylande, zugeschrieben. Denn so heisset Offenb. Joh. 2, 18. *Das saget der Sohn GOttes, der Augen hat wie Feuer-Flammen.* Das deutet auf das Gesicht, welches Johanni Cap. 1. gezeiget worden war. Die Augen aber, die da sind wie Feuer-Flammen, bedeuten seine Allwissenheit, damit er alles durchschauet. Im folgenden v. 23. wird es noch deutlicher also erkläret: *Es sollen erkennen alle Gemeinen, daß ich bin, der die Nieren und Hertzen erforschet, und werde geben einem ieglichen unter euch nach euren Wercken.* Wie nun an den angeführten Orten der heiligen Schrift dieses GOtt dem HErrn als seine sonderbare Eigenschaft zugeschrieben wird, die keine Creatur mit ihm gemein hat: so ist es ein kräftiger Beweis der göttlichen Herrlichkeit unsers HErrn JEsu CHristi, daß er das thun könne, was keine Creatur thun kan; indem er derjenige ist, der Nieren und Hertzen erforschet.

Wenn es demnach auch in diesem Psalm heisset: *HErr, du erforschest mich, und kennest mich; ich sitze oder stehe auf, so weissest du es, du verstehest meine Gedancken von ferne*; so wird das alles auch von unserm Heylande JEsu CHristo gesaget. Denn es wird von dem einigen wahren GOtt, dem Vater, Sohn und Heiligem Geist gesagt; wie es auch v. 7. heisset: *Wo soll ich hin gehen vor deinem Geist?* (Da wird auf den Heiligen Geist gewiesen.) *Und wo soll ich hin fliehen vor deinem Angesicht?* welches ist der Sohn GOttes; von dem auch Moses sagte, er wolte nicht weiter gehen, es sey denn, daß das Angesicht GOttes, das ist, CHristus, mit ihm gehe. 2 B. Mos. 33, 15.

Es wird aber, wenn es heißt: *Du verstehest* alle *meine Gedancken von ferne*, damit auch zugleich aufs Ende gesehen, oder wie es mit den Gedancken zuletzt abläuft. Menschen sehen noch wol gegenwärtig auf ihre eigene Gedancken, und dencken wol, wie klug sie ihre Dinge ausgedacht haben; wie jener *reiche Mensch*, Luc. 12, 16–19 *deß Feld wohl getragen hatte*, welcher *bey ihm selbst gedachte, und sprach: Was soll ich thun? Ich ha*-⟨1051⟩*be nicht, da ich meine Früchte hin sammle. Und sprach: Das will ich thun: Ich will meine Scheunen abbrechen, und grössere bauen, und will darein sammlen alles, was mir gewachsen ist, und meine Güter. Und will sagen zu meiner Seele: Liebe Seele, du hast einen grossen Vorrath auf viele Jahre; habe nun Ruhe, iß, trinck, und habe guten Muth.* Das waren seine gegenwärtige Gedancken, aber GOttes Gedancken gingen gar anders. Denn der sagte zu ihm: v. 20. *Du Narr, diese Nacht wird man deine Seele von dir fordern; und weß wirds seyn, das du bereitet hast?* Also sind oft viel Gedancken im Hertzen des Menschen gegenwärtig, die er für sehr klug hält. Aber *GOtt verstehet die Gedancken von ferne*, und *kennet sie, daß sie eitel sind.* Ps. 94, II. I Cor. 3, 20. Er siehet ihm mit aller Geduld und Langmuth, mit aller Güte und Barmhertzigkeit zu. Er siehet aber auch, wie es endlich abläuft, wenn er sich nicht zu ihm bekehren, und von seinen sündlichen Gedancken abstehen will. Hingegen siehet er auch die Gedancken des Gerechten von ferne. Obgleich derselbe in manchem Kummer ist, wie er gegen die Sünde streiten und sie überwinden will; oder wenn er GOttes Ehre und seines Nächsten Nutz befördern will, und dabey vieles Leiden hat: so siehet GOtt auch diese seine Gedancken von ferne. Und er weiß auch schon, wie er ihm beystehen und aushelfen will. Das weiß er schon alles vorher mit lauter hertzlicher und väterlicher Liebe. Also sind diese Worte beydes voller Nachdruck gegen die Gottlosen, und voller Trostes gegen die Gläubigen.

Es heißt aber v. 3. ferner: *Ich gehe oder liege, so bist du um mich, und siehest alle meine Wege.* Im vorhergehenden ward gesagt: *Ich sitze oder stehe auf*; nun heißt es: *Ich gehe oder liege.* Denn das sind die vier Haupt-Bewegungen, die bey dem Menschen vorgehen. Entweder er sitzet, oder stehet; oder er gehet, oder lieget. Damit ihm also das Andencken der Allgegenwart, der Allwissenheit und Aufsicht GOttes niemals entgehen möge; so wird er nach allen seinen Bewegungen beschrieben. Wenn er zu Hause hin und wieder gehet, oder wenn er auf der Strasse einhergehet, wenn er allein oder mit andern gehet, oder wenn er auf der Reise begriffen ist: so soll er sich allewege erinnern, GOtt sey um ihn. Wenn er auf seinem Lager lieget, und ihm allerhand böse Gedancken einfallen; wenn Bekümmerniß in sein Hertz kommt, oder was auch in seinem Gemüth auf seinem Lager vorgeht; so soll er sich erinnern: Siehe, du bist aus GOttes Wort unterrichtet, auch wenn du liegest, so sey GOtt um dich. Denn so heißt es: *Ich gehe oder liege, so bist du um mich.*

⟨1052⟩ Vorhin hieß es: *Ich sitze oder stehe auf, so weissest du es.* Nun aber heißt es nicht: Ich gehe oder liege, so weißt du es; wiewol auch das gewiß und die Wahrheit ist; sondern es stehet da: *so bist du um mich.* Es ist gar ein sonderbares Wort, so hier gebraucht wird, welches eigentlich so viel bedeutet: Du hast mich umgeben, gleichsam wie ein Krantz das Haupt umgiebt, oder wie man mit dem Gürtel umgeben wird, oder wie man mit einer Spanne etwas umfasset. Also heißt es: *Ich gehe oder liege, so bist du um mich.* Wie nun im vorhergehenden sonderlich die Allwissenheit und Aufsicht GOttes beschrieben ward; so wird hierinnen vornehmlich die Allgegenwart GOttes angedeutet.

Vorher ward gesagt: *Du kennest mich, du weißt mich.* Nun heißt es: *Du bist um mich*; und wird abermal hinzu gesetzt: *und siehest alle meine Wege.* Du bist nicht allein um mich, sondern du kennest, weißt und verstehest mich und alle meine Wege. Die Wege bedeuten nicht allein, wenn einer äusserlich einen Weg vor sich hat, auf welchem er wandelt; sondern es ist eben so viel, wie man auch im Teutschen zu reden pflegt, wenn man sagt: *Der Mensch hat seine sonderliche Gänge*; da man von seinem Thun und Vornehmen redet. Also heißt es auch hier: *Du siehest alle meine Wege,* das ist: was mein Vornehmen und mein Zweck in diesem Leben sey, wohin alles mein Tichten und Trachten gehe, und womit ich stets umgehe, das ist dir gantz offenbar.

Du siehest, heissets, *alle meine Wege.* Da müssen wir abermal nicht dencken, als ob es ein solch Sehen wäre, wie wir Menschen mit leiblichen Augen etwas sehen; sondern GOttes Sehen ist seine Allwissenheit, und ist viel etwas herrlichers und grössers, als menschliches Sehen. In Summa, wir müssen von göttlichen Dingen göttlich urtheilen lernen. Daß aber mit uns so geredet wird, das geschiehet darum, damit wir in unserm schwachen Verstande nur einigen Begriff davon bekommen mögen.

Es ist aber auch ein grosser Nachdruck darinnen, wenn es heisset: *Ich gehe oder liege, so bist du um mich, und siehest ALLE meine Wege*; nicht allein, was ich äusserlich vorhabe, sondern auch, was ich für Gänge und Wege in meinem Hertzen habe, oder wie ich *hin und her gehe im Wege meines Hertzens.* Jes. 57, 17. *Alle meine Wege* sind dir offenbar, nicht einer ist verborgen.

Desgleichen muß man auch das, wenn es heißt: *so bist du um mich,* nicht bloß äusserlich nehmen, als wenn GOtt nur um unsern Leib wäre; sondern eben das gehet auch aufs inwendige. Es zeiget das an den Schutz, die Be-⟨1053⟩schirmung, die väterliche Hülfe und die Treue GOttes, die er an den Menschen beweiset, da er mit seiner Gegenwart innigst bey ihnen ist.

Und hierin stehet nun die rechte Hauptsache im gantzen Christenthum, (wie GOtt der HErr zu Abraham sagte: I B. Mos. 17, 1. *Ich bin der allmächtige GOtt, wandele vor mir,* oder eigentlich, *vor meinem Angesicht, und sey fromm;*) daß nemlich ein ieder GOtt gantz innig gegenwärtig in seiner Seele habe, und, wo er gehet und stehet, gedencke, daß GOtt bey und um ihn ist, auf daß, wenn er etwas gedencket, wenn er etwas begehret, wenn er etwas thun will, die Gegenwart GOttes ihn bewahre, und einen kräftigen Eindruck in seine Seele gebe.

Das ist denn eine recht heylsame und kräftige Artzeney gegen alle Sünden. Wohl dem, der dieses recht erweget und bedencket!

O Jehovah! du ewiger, lebendiger und majestätischer GOTT, du alles erfüllendes, allgegenwärtiges, allsehendes und allwissendes Wesen, siehe, wir sind hier vor deinem heiligen Angesicht, und preisen dich, daß du uns ietzt deine Gegenwart, deine Allwissenheit und dein allsehendes Auge, durch dein Wort, geoffenbaret hast. Ach! laß dasselbe tief in unsere Hertzen dringen, und wie wir dadurch wohl überzeuget worden sind, daß wir dich manchmal aus den Augen gesetzet haben, und deine Allgegenwart nicht beobachtet, ja gegen dich äusserlich und innerlich gesündiget, gleich als ob du nicht alles sähest und wüßtest: ach! so bitten wir dich, du wollest uns darüber bußfertige Hertzen geben, und eine Reue, die uns nimmer gereue. Ja du wollest uns aus Gnaden vergeben, o GOtt, so wir dich iemals aus den Augen gesetzet haben, welches, leider! so vielmal geschehen ist. Ach! wir bitten dich demüthiglich, gib uns deinen Heiligen Geist, der unsere Hertzen mit deinem Licht und Glantz erfülle, damit wir nicht ferner als ohne dich in der Welt leben, noch dich ins künftige wiederum aus den Augen setzen. O! du ewiger und lebendiger GOtt, es ist uns ja auch dieses, was uns ietzo vorgehalten worden ist, zu diesen gegenwärtigen Zeiten, da deine Gerichte auf dem Erdboden mit vielen Plagen, und sonderlich in so gefährlichen Kriegesläufen, offenbar sind, sehr nöthig. Wir preisen demnach deinen Namen, daß du uns solches zu unserm Trost hast verkündigen lassen. O! GOtt, glaubten wir deine Allgegenwart, wie dürften wir uns fürchten vor denen, die den Leib tödten, und die Seele nicht mögen ⟨1054⟩ tödten? Oder, wie mögen wir uns vor einer andern äusserlichen Gefahr fürchten, da Du uns umgiebest und um uns bist, wir mögen liegen oder gehen, sitzen oder stehen? Ach! HErr, stärcke uns doch den Glauben, daß wir auf deine unsichtbare Kraft ein solch Vertrauen setzen mögen, daß wir uns vor aller Welt nicht fürchten. Ach! gib uns doch auch, daß wir ein geruhiges, friedsames und stilles Hertz bewahren mögen, ob wir auch gleich noch mancherley Trübsal in diesem Leben unterworfen seyn, und ja nimmer diesen Trost aus unserm Hertzen verlieren, daß wir an dir alle Fülle haben. O! du ewiger und lebendiger GOtt, erhöre auch in Gnaden zu diesen Zeiten unser Gebet. Denn du forderst ja von uns, daß wir mit unserm armen Gebet sollen in den Riß treten, und dich um Gnade und Barmhertzigkeit anrufen, Ach! du lieber GOtt, Krieg ist eine grosse Plage, damit du den Erdboden strafest, wenn die Völcker gesündiget haben, und damit du auch dein Volck ie und ie gezüchtigest hast, wenn sie des sündigens kein Ende machen wolten. Nun das erkennen wir, o GOtt, und wir, die wir hie gegenwärtig sind, demüthigen uns vor deinem heiligen Angesicht, bekennen unsere Schuld, bitten dir unsere Sünden demüthig ab, und rufen dich an um bußfertige Hertzen und um einen zerknirschten und zerschlagenen Geist. Vergib uns unsere Sünden, o GOtt, damit wir solche deine Strafen und Plagen wohl verdienet haben. Und wie du bisher diese Lande mit vielem Verschonen hast angesehen, so wollest du auch ferner solche deine Erbarmung an uns groß werden lassen. O! GOtt, erhöre uns, nicht allein für uns, sondern erhöre uns auch für unsere Nachbarn und für alle, die in Noth, Trübsal und Gefahr sind, ja für alle, die mit ihrem Gebet vor dir erscheinen, und dich um Hülfe anrufen, um deines heiligen Namens willen. Amen, Amen!

⟨1055⟩ *Die hundert und fünf und sechzigste Rede über den*
hundert und neun und dreyßigsten Psalm / V. 4. 5.
(Gehalten den 13. Octobr. 1706.)

EWiger, lebendiger und allgegenwärtiger GOTT, vor dessen heiligen und allsehenden Augen wir auch hier gegenwärtig sind, laß deine Gnade über uns walten. Gib Geist und Kraft zu deinem Wort, daß wir deine Wahrheit recht erkennen, und folgsame Hertzen, derselben zu gehorchen, auf daß wir in deiner Wahrheit geheiliget werden: Denn dein Wort ist Wahrheit. Amen!

Der CXXXIX. Psalm.

Siehe denselben unter der vorhergehenden CLXIV. Rede.

VOn diesem 139sten Psalm sind allbereits die drey ersten Versicul erkläret, und ist zugleich angezeiget worden, wie dieselben zu eines ieglichen Erbauung nützlich angewendet werden mögen. Jetzo thun wir den 4ten und 5ten V. hinzu, welche also lauten: *Denn siehe, es ist kein Wort auf meiner Zunge, das du, HErr, nicht alles wissest. Du schaffest es, was ich vor oder hernach thue, und hältest deine Hand über mir.*
  Damit aber das folgende so viel besser verstanden, auch desto leichter von einem ieglichen zu seiner Erbauung ferner angewendet werden möge, ist der gantze Psalm noch einmal verlesen worden; woraus denn so viel leichter zu erkennen seyn wird, was der eigentliche Zweck und Inhalt desselben sey. Es ist nemlich ein Creutz-Psalm. Denn da sich David mitten unter seinen Fein-⟨1056⟩den und Widerwärtigen befunden, von ihnen unschuldig gelitten, und sich solcher Dinge beschuldigen lassen müssen, woran er nach seinem Gewissen vor dem Angesicht GOttes unschuldig war: so blieb ihm nichts übrig als dieses, daß er sich zu GOtt wendete, der sein Hertz kenne, vor demselbigen sich prüfete, und sich gern von ihm prüfen lassen wolte, daß, so derselbige an ihm finden solte, dessen er sich auch nicht schuldig zu seyn erkennete, ers ihm aus Gnaden zu erkennen geben wolle, und so er sich auf bösen Wegen befünde, ihn alsdenn auf den rechten Weg leiten. Derohalben, als auch jüngst gedacht worden, wie sich dieser Psalm anfängt: *HErr, du erforschest mich, und kennest mich*; so endiget er sich also: *Erforsche mich, GOtt, und erfahre mein Hertz; prüfe mich, und erfahre, wie ichs meyne, und siehe, ob ich auf bösem Wege bin, und leite mich auf ewigem Wege.* Wie es aber ein Creutz-Psalm ist, so ist es auch ein Psalm voll überschwänglichen Trostes, welcher hergenommen ist von der Allgegenwart GOttes, von der göttlichen Providenz oder Vorsorge, von dem wunderbaren Werck der Schöpfung, von der Wunder-vollen Regirung unsers GOttes, von seinen Wegen und Gedancken, die über aller Menschen Wege und Gedancken gehen, und von seiner allein guten

Führung, darinnen der Mensch nicht irren mag, so er dabey bleibet, und sich von GOtt leiten lässet. Dahin ist denn alles, was in diesem Psalm stehet, zu deuten, daß dieser Zweck, nemlich im Creutz kräftigen, gründlichen und durchdringenden Trost zu erlangen, möge erhalten werden. Wie nun jüngst die drey ersten Versicul erkläret sind, so sollen ietzt, wie gedacht, die beyden folgenden, nemlich der 4te und 5te, hinzugethan werden.

Es hieß: *HErr, du erforschest mich, und kennest mich. Ich sitze oder stehe auf, so weissest du es; du verstehest meine Gedancken von ferne.* Und die letzten Worte waren: *Ich gehe oder liege, so bist du um mich, und siehest alle meine Wege.* Hier ist der Nachdruck noch wohl zu bedencken, der in den Worten lieget: *Du siehest alle meine Wege.* Denn in seiner Sprache wird ein Wort gebraucht, welches nicht eigentlich *sehen* heisset, sondern vielmehr, *einer Sache gewohnt*, oder mit derselben familiair und bekant *seyn*. Wie man einen guten Freund hat, mit dem man täglich umgehet, seiner gewohnt ist, und ihn daher wohl kennet, wenn man ihn auch noch von ferne siehet, und seine eigentliche Lineamenten noch nicht erkennen kan; also heißt es auch hier: *Du siehest alle meine Wege.* Und will David damit so viel sagen: Alle meine Wege und Gänge, mein Thun und Lassen, mein Vornehmen, Leben und Wandel, meine Anschläge und Beginnen, das ist dir alles vorhin bekant, du weißt wohl, wie ichs zu machen pflege, du weißt, wo ich mein Hertz hin richte, wohin mein Gebet gehet, du bist mir, ⟨1057⟩ und ich bin dir besser bekant, als ein Freund dem andern seyn mag. Das heißt: *Du siehest alle meine Wege.*

Darauf aber spricht er: v. 4. *Denn siehe, es ist kein Wort auf meiner Zunge, das du, HErr, nicht alles wissest. Du, HErr, weißt sie alle,* möchte es eigentlich gegeben werden; und liegt der Nachdruck darin, daß er erstlich von dem Verneinungs-Worte anfängt: *Kein Wort ist auf meiner Zunge*; damit man um so viel mehr mercken möge, aus welchem Affect und mit welchem Ernst er rede, wenn er von der Allwissenheit GOttes zeuget. Denn er will mit diesen Worten anzeigen, es sey kein einziges Wörtchen in seinem Munde, wenns auch noch so gering wäre, kein *Ja* oder *Nein*, welches GOtt dem HErrn nicht schon bekant sey.

Und wenn er saget: *Kein Wort*; so braucht er einen gar besondern Ausdruck, der insgemein die Rede des Menschen bedeutet, also, daß er hiemit allen Gebrauch der Zunge verstanden haben will, wie er auch saget: *Kein Wort ist auf meiner Zunge.*

Ja es bedeutet dis nicht allein die wirckliche Rede, dazu man die Zunge, die Worte vor Menschen auszusprechen, gebrauchet; sondern David will zugleich sagen, GOtt wisse schon alles, ehe es noch auf seine Zunge komme, und wenn das Wort auf seiner Zunge sey, so habe es GOtt schon lange erkannt. Es gehen vorher viele Dinge in dem Menschen vor, darin er sich selbst nicht so genau kennet, bis er erst einen Concept in seinem Gemüth formiret, bis sich ein Gedancke in seinem Hertzen bildet, und er denselben auf seine Zunge fasset, um ihn mit Worten auszusprechen. Alsdenn weiß er wohl, was er ietzt im Sinne hat und aussprechen will. Aber von der Allwissenheit GOttes sagt David, daß dieselbe noch viel weiter sehe, also, daß kein Wort auf der Zunge sey, das GOtt der HErr nicht schon zuvor gewußt habe. Deswegen spricht er es mit so grossem Nachdruck aus: *Denn SIEHE, es ist kein Wort auf meiner Zunge, das du, HErr, nicht alles wissest*; als wenn er wolte darzwischen sagen: Wie ein grosses ist doch das! Denn das Wörtchen, *siehe*, ist hier für kein Flick-Wort anzusehen, welches nur die Stelle erfülle; sondern man muß dabey auf den heiligen Affect des Mannes GOttes mercken, aus welchem er in diesem Psalm geredet hat.

Denn, spricht er, *kein Wort ist auf meiner Zunge, siehe, du, HErr, weissest alles.* Wir haben im vorhergehenden angemercket, daß der Psalm sich mit diesem Namen GOttes, *HErr*, anfängt: *Jehovah, HErr, du erforschest mich, und kennest mich.* Darnach hieß es mit grossem Nachdruck: v. 2. *Ich sitze oder stehe auf, so weissest DU es; du verstehest meine Gedancken von ferne.* Nun aber wird der Name *JEHOVAHS* mit besonderem Nachdruck wiederholet. Da er erst mit dem Wörtchen, ⟨1058⟩ *siehe*, anzeiget, wie ihm die Allwissenheit GOttes so wunderbar in seinem Hertzen sey: so nennet er abermal den grossen HErrn, den Jehovah, und will sagen: Du wesentlicher, wahrhaftiger, unveränderlicher GOtt, du alles erfüllendes, allgegenwärtiges und ewiges Wesen, du weißt es alles, oder eigentlich, *du hast es alles gewußt*. Denn im Teutschen wird es zwar nur in der gegenwärtigen Zeit ausgedrucket, in seiner Sprache aber bedeutet das Wort zweyerley Zeit, nemlich die gegenwärtige und auch die vergangene. Und da hier von GOtt die Rede ist, so ist wohl zu mercken, daß es in seiner Allwissenheit nicht sey, wie bey uns Menschen, die wir die Dinge ansehen theils als vergangen, theils als gegenwärtig, theils auch als zukünftig; sondern daß vor ihm alle Dinge gegenwärtig sind. Denn vor ihm ist kein Unterscheid der Zeit. Es werden aber die Worte hier am beqvemsten also ausgeleget: Wenn ein Wort auf meine Zunge kommt, so hast du, o Jehovah, dasselbe schon, mit allem, was dazu gehöret, gewußt. Es ist von allen unendlichen Ewigkeiten her vor deinen allsehenden Augen offenbar gewesen, und du hast nicht darauf warten dürfen, daß ich erst in meinen Gedancken Worte formiret, und hernach dieselbige auf meine Zunge gebracht hätte; sondern du hast schon von Ewigkeit her gesehen, was ich ietzo für ein Wort aussprechen würde.

Ja es wird endlich mit Nachdruck gesagt: *Du, HErr, weißt alles dasselbige.* Vorhin hatte er mit einem Verneinungs-Wort angefangen: *Kein Wort ist auf meiner Zunge*; und nun heißt es: *Du, HErr, weißt alles dasselbige*. Worinnen zugleich begriffen wird, daß GOtt nicht allein ein iegliches Wort wisse, sondern daß er auch gar tief einsehe, aus was für einem Grunde des Hertzens es herkomme, was es in dem Gemüth für einen Ursprung habe, und zu was für einem Endzweck es abziele. Ob es treu und wahrhaftig, oder ob es Falschheit und Unwahrheit sey, ob es zu seiner Ehre und zum Nutz des Nächsten abziele, das alles ist vor GOtt dem HErrn offenbar.

Also ist denn ein iegliches Wort in diesem Vers insonderheit zu erwegen, wenn man sich denselben recht zu Nutze machen will. Man muß denn vor allen Dingen wohl erwegen, wie David die Allwissenheit GOttes ihm selbst appliciret. Denn er spricht nicht insgemein: Was die Menschen für Worte auf der Zunge haben, das hat GOtt der HErr schon längst vorher gewußt; sondern er saget von sich selbst: *Es ist kein Wort auf meiner Zunge, das du, HErr, nicht alles wissest*; und machet also die Application und Zueignung auf sich selbst. Welches denn ein ieder unter uns sich also zu Nutz machen soll, daß auch wir die Eigenschaften GOttes auf uns selbst appliciren, uns zueignen, und sie im Gebet und Gespräch des Hertzens mit GOtt recht anwenden.

Wenn z. E. einer bedencket, das Auge GOttes sey ein allsehendes Auge, und erkenne das vergangene, gegenwärtige und zukünftige aufs genaueste, und ⟨1059⟩ er sey ein allgegenwärtiger GOtt, der alles in allem erfülle; so muß er sich dieses also zu Nutze machen, daß er gedencke: Wohlan, ist GOtt ein allwissender GOtt, so siehet er auch alle meine Gedancken, so weiß er auch alle meine Worte. Weiß denn GOtt alle meine Worte, und CHristus spricht: Matth. 12, 36. *Die Menschen müssen Rechenschaft geben am jüngsten Gerichte von einem ieglichen unnützen Worte, das sie geredet haben*; ach! wie will ich denn vor GOtt bestehen, wenn ich fortfahre, unnütze Worte zu reden, und die unnützen Worte, die ich von Jugend auf geredet, nicht mit rechtschaffenem Ernst bußfertiglich erkenne, bereue, GOtt um Vergebung derselben bitte, und mich von Hertzens Grunde bessere?

Ja es soll sich ein ieder die Allwissenheit GOttes ferner also zu Nutze machen, daß er GOtt anrede, und spreche: O! GOtt, siehe, du weißt alle meine Worte, und ehe sie noch auf meine Zunge kommen sind, hast du sie schon von Ewigkeit her gewußt. Nun habe ich in meinem Leben so viel unnütze Worte geredet, (welcher unter uns kan sich wol davon ausnehmen, der nicht das bekennen müsse!) die weder zu deiner Ehre, noch zum Nutz und Dienst meines Nächsten gereichet haben, sondern vielmehr aus Eitelkeit des Sinnes, und aus einem ungeheiligten und bösen Hertzen, hervorgekommen sind. O! GOtt, ehe ich noch solche Worte geredet, und mich damit wider dich versündiget habe, da ist schon alles vor deinen Augen offenbar gewesen. Ach! HErr, gehe nicht mit mir ins Gericht um solcher meiner unnützen Worte willen, sondern vergib mir dieselbigen aus Gnade und Barmhertzigkeit.

Man muß sich noch ferner die Allwissenheit GOttes so zu Nutze machen, daß man in sich gehe, und von der Zeit an, da man dessen erinnert worden ist, wie GOtt alle unsere Worte, die wir auf unsere Zunge nehmen, von Ewigkeit her vorher gesehen habe, und für dieselbigen auch Rechenschaft von uns fordern werde, alle seine Worte als vor dem allsehenden und allwissenden GOtt rede.

So lange die Allwissenheit GOttes einem Menschen nicht recht in sein Hertz eingedruckt ist, so wird er solches gar bald in allen seinen Wercken, Worten, Gebehrden, Thun und Vornehmen von sich spüren lassen. Sonderlich wird er auch seine Augen und Ohren herum fliegen lassen, wie ihn sein fleischliches, irdisches und böses Hertz dazu treibet. Warum? Weil er den allgegenwärtigen, allwissenden, allsehenden GOtt nicht vor Augen hat. Denn wenn er dessen Allgegenwart bedächte, so würde er seine Augen, Ohren und übrigen Sinne im Zaum halten, und sich durch die Furcht GOttes regieren und lencken lassen. Wenn er aber die Allwissenheit und Allgegenwart GOttes nicht bedencket, so hat er auch auf seine Worte nicht acht, sondern denckt, sie gehen in die Luft, ein Wort sey kein Pfeil, das habe nicht viel auf sich, u. s. w. gleich als ob kein GOtt sey, der alles sehe, und ihn vors Gericht führen werde auch *um alle* ⟨1060⟩ *das harte, das er* in diesem Leben *geredet hat*. Ep. Judä v. 15. Er bedenckets nicht, daß GOtt alles auf sein Buch schreibe, da sichs am jüngsten Tage wieder finden werde.

Im Gegentheil, wenn ein Mensch die Allwissenheit und Allgegenwart GOttes durch GOttes Wort in sein Hertz eindrucken läßt: so wird er in allen Dingen vorsichtig. Wenn er alsdenn etwas reden soll, so dencket er: Siehe, GOtt siehet es, GOtt höret es, GOtt weiß, was du reden wilt! Und wenn das Wort noch auf seiner Zunge ist, so dencket er: Siehe, halt ein! Jetzt ist das Wort noch auf deiner Zunge, du fühlest in deinem Hertzen, daß du damit deinen GOtt verunehrest, oder dich sonst versündigest. Denn ein Mensch kan ja wol, wenn er die zehen Gebote gelernet hat, seine Worte prüfen, und finden, ob er aus einem guten Zweck und aus einer reinen und redlichen Intention rede, ob er damit GOttes Ehre und seines Nächsten Nutzen suche, ob es die Nothdurft erfordere, daß er dis und jenes rede, oder ob es nur ein unnützes Geschwätz ist, welches einem Christen nicht geziemet. Wenn er nun die Allwissenheit und Allgegenwart GOttes durch das Wort GOttes kräftig durch sein Hertz dringen lassen, so denckt er: Ach! nein, ich habe das Wort ietzt noch auf der Zunge, ich will es nicht aussprechen! Da läßt er sich durch die Allwissenheit GOttes zurück halten. Genug, daß es so weit kommen, und ihm schon auf der Zunge gewesen, daß er es ietzt aussprechen wollen. Da bittet ers denn GOtt ab, und spricht: Ach! GOtt, siehe, ein solch böses Hertz habe ich. Wäre mein Hertz nicht so böse, so würde das Wort nicht auf meine Zunge gekommen seyn. Vergib mir, daß ich ein so böses Hertz habe; vergib mir den sündlichen Gedancken, aus welchem dieses Wort ietzo auf meine Zunge kommen ist. So ruft er GOtt den HErrn gleich an, daß er es ihm aus Gnaden vergeben wolle, und hält es sobald zurück.

Denn das muß sich keiner für eine Schande rechnen, wenn er auch ein Wort halb ausgesprochen hätte, und er würde in seinem Gewissen bestraft, daß er sich damit versündigen werde, dasselbe zurück zu nehmen, sondern sich vielmehr lassen lieb seyn, daß ihn GOtt mitten in der Rede in seinem Gewissen erinnert, daß er sich nicht an ihm versündigen solle. Er muß nicht dencken: Ey! das wäre dir eine Schande, da du mitten in der Rede bist, wenn du abbrechen, und das Wort nicht vollends aussagen soltest. Nein, das ist einem keine Schande, sondern es ist viel besser, man giebt GOtt die Ehre, und spricht ein solch Wort nicht aus.

Wenn man auch mercket, man habe iemand mit einem Wort geärgert; so ist es viel besser, daß man es getrost und mit Freudigkeit bekennet: Es ist nicht recht, daß ich das Wort geredet habe, ich habe mich darin übereilet. Das steht ⟨1061⟩ einem ieden viel besser an, als daß er, weil es einmal geredet ist, die Ehre haben will, daß es nicht unrecht geredet sey.

Ja es ist eine grosse Gnade von GOtt, wenn seine Allgegenwart und Allwissenheit sich so kräftig in dem Hertzen eindrucket, daß man, wo man gehet und stehet, GOtt den HErrn vor Augen hat, als ein allgegenwärtiges und allsehendes Wesen, und, wenn man etwas thun und reden soll, alles thut und *redet, als aus GOtt* und *vor GOtt in Christo.* 2 Cor. 2, 17. Das kommt uns nun freylich anfangs etwas schwer an, wenn man sich von Jugend auf gewöhnet hat, allerley unnütz

Zeug zu schwatzen, und andern sündlicher Weise zu Gefallen zu reden. Wenn man alsdenn seine Zunge im Zaum halten soll, so wird das allerdings schwer.

Es wird dieses auch Jac. 3, 2–13. angezeiget, welchen Ort wir bey dieser Gelegenheit wohl zu mercken haben. *Wir fehlen*, heissets daselbst, *alle mannigfaltiglich. Wer aber auch in keinem Worte fehlet, der ist ein vollkommener Mann, und kan auch den gantzen Leib im Zaum halten. Siehe, die Pferde halten wir in Zäumen, daß sie uns gehorchen, und lencken den gantzen Leib. Siehe, die Schiffe, ob sie wol so groß sind, und von starcken Winden getrieben werden, werden sie doch gelencket mit einem kleinen Ruder, wo der hin will, der es regieret. Also ist auch die Zunge ein klein Glied, und richtet grosse Dinge an. Siehe, ein klein Feuer, welch einen Wald zündets an? Und die Zunge ist auch ein Feuer, eine Welt voll Ungerechtigkeit. Also ist die Zunge unter unsern Gliedern, und beflecket den gantzen Leib, und zündet an all unsern Wandel, wenn sie, die Zunge, von der Hölle entzündet ist. Denn alle Natur der Thiere, und der Vögel, und der Schlangen, und der Meer-Wunder werden gezähmt, und sind gezähmet von der menschlichen Natur; aber die Zunge kan kein Mensch zähmen, das unruhige Ubel, voll tödtlicher Gift. Durch sie loben wir GOtt den Vater, und durch sie fluchen wir den Menschen, nach dem Bilde GOttes gemacht. Aus einem Munde gehet Loben und Fluchen. Es soll nicht, lieben Brüder, also seyn. Qvillet auch ein Brunn aus Einem Loch süß und bitter? Kan auch, lieben Brüder, ein Feigenbaum Oel, oder ein Weinstock Feigen tragen? Also kan auch ein Brunn nicht saltzig und süsse Wasser geben. Wer ist weise und klug unter euch? der erzeige mit seinem guten Wandel seine Wercke in der Sanftmuth und Weisheit.*

So nehme man denn dieses anietzo wohl zu Hertzen, daß man seine Sünden, die man mit seiner Zunge begangen hat, deren wol viel hundert tausend seyn werden, recht erkenne und bereue. Wenn ein ieglicher in sich gehen, und be-⟨1062⟩dencken will, wozu er seine Zunge im Leben gebrauchet, der wird hohe Ursach finden, GOtt hertzlich zu bitten, daß er ihm alles aus Gnaden vergeben wolle, worin er sich dergestalt in seinem gantzen Leben an ihm versündiget hat, und ihn demüthig anzurufen, daß er ihm Gnade und die Kraft seines Heiligen Geistes verleihen wolle, damit er künftig seine Zunge besser im Zaum halten, und mit derselben nicht bald GOtt loben, und darnach wieder den Menschen fluchen möge, sondern daß er vielmehr gedencke, wie er seine Zunge zum Lobe seines GOttes, und zum Nutz und Dienst seines Nächsten, gebrauchen wolle.

Lasset uns davon auch den Spruch Pauli Eph. 4, 29. 30. ansehen. Denn so heißt es daselbst: *Lasset kein faul Geschwätz aus eurem Munde gehen, sondern was nützlich zur Besserung ist, da es noth thut, daß es holdselig sey zu hören; und betrübet nicht den Heiligen Geist GOttes, damit ihr versiegelt seyd auf den Tag der Erlösung.* So lerne man denn, daß kein faul Geschwätz beym Christenthum bestehen kan, und daß der Heilige Geist GOttes durch unnütze Reden betrübet wird. Wer noch so viel Ehrerbietung vor GOtt hat, daß er nicht gern derjenige seyn will, der den Geist GOttes betrübe, der nehme dieses zur Warnung, habe hinfort Acht auf seine Zunge, und bitte GOtt darum, daß er ihm Gnade geben wolle, dieselbe mit allem Fleiß zu bewahren.

Es ist aber ein gar kräftiges Mittel dazu, das uns dieser 139ste Psalm an die Hand giebt, nemlich, daß man sich gewöhne, die Allgegenwart GOttes stets vor Augen zu haben, und sich, wo man gehet und stehet, vorzustellen, daß man GOtt bey sich habe, *in dem wir leben, weben und sind.* Apost. Gesch. 17, 28. Je mehr ein Mensch mit GOtt umgehet, ie leichter wird ihm auch werden, seine Zunge im Zaum zu halten, und selbst auf die bösen Gedancken, die in seinem Hertzen entstehen, zu mercken. Wenn er nun zuerst den bösen Gedancken widerstehet; so kan er denn auch desto leichter den bösen Worten wehren. Es ist damit eben so beschaffen, als mit einem kleinen Füncklein, welches vom Licht auf die Erde fällt. So lange es ein solch Füncklein ist, so ists leicht, dasselbe mit dem Fuß auszutreten. Wenn mans aber liegen läßt, bis es dürres Holtz oder Stroh ergreift; so kan es wol das gantze Haus anzünden, ja eine solche Feuers-Brunst daher entstehen, daß, wenn gleich die gantze Stadt zusammen läuft, doch unmöglich ist, dieselbe auszulöschen. Also ist es auch mit bösen Gedancken beschaffen. Wenn einem Menschen zuerst ein böser Gedancke einkommt, und er hat alsbald das allsehende Auge GOttes vor sich; so wird er denselben in seinem Hertzen, als einen bösen Funcken, den ihm Satanas eingegeben, gar bald mercken. Widerstehet er aber alsobald, und bittet GOtt, daß er ihm solchen bösen Gedancken aus Gnaden vergeben, und die sündliche Lust in ihm dämpfen, ihm auch Kraft geben wolle, solchen sündlichen Gedancken zu unterdrü- ⟨1063⟩cken: so wirds ihm leicht. Läßt er aber die sündliche Gedancken so weit überhand nehmen, daß es erst Worte werden, die er auf seine Zunge bringt, und daß er das Böse, welches in seinem Hertzen angeglimmet ist, auszusprechen anfängt: so kan solches ein grosses Feuer verursachen, und all unsern Wandel anzünden; wie Jacobus sagt: Cap. 3, 5. *Siehe, ein klein Feuer, welch einen Wald zündets an?*

Woher kommen doch eine solche Menge Injurien-Processe unter die Leute, als aus dem einigen, daß sie ihre Zunge nicht in Acht nehmen? Das kommt alles daher, weil die Leute ihr Maul nicht halten, noch ihre Zunge bezähmen, sondern reden, was ihnen ins Gemüth kommt. Wenn sie aber nur diese Regel in Acht nähmen, und, da z. E. ein Gedancke der Rachgier und des Widerwillens in ihren Hertzen gegen ihren Nächsten aufstiege, GOtt bäten, er wolle ihnen diesen zornigen und rachgierigen Gedancken vergeben, und ihnen Kraft geben, dem Zorn zu widerstehen; wenn sie bedächten, daß der allgegenwärtige und allsehende GOtt solche böse Gedancken in ihren Hertzen sehe, und den Zorn, der ietzt in ihnen anglimme, erkenne, und ihn anfleheten, daß er sie davon befreyen und erretten wolle: so würden die Worte auch nicht auf ihre Zunge kommen, daß sie gleich heraus führen, andere zu schelten und zu schmähen, und hernach in Injurien-Processe mannigmal auf viele Jahre verfielen, welche öfters einen solchen Haß unter einer gantzen Freundschaft erwecken, dem nicht wieder zu rathen ist; indem sich dabey solche Bitterkeit und Grimm findet, daß wol gar einer dem andern das Leben nehmen will.

Das entstehet aber alles daher, daß man im Anfang dem Bösen nicht widerstehet. Denn die Sünde gehet Stufen-Weise. Das *erste* ist, daß man einen sündlichen Gedancken, welcher mit einer sündlichen Lust verknüpfet ist, ohne Widerstand aufsteigen läßt. Das *andere* ist, daß man denselben Gedancken, gleichsam wie ein klein Füncklein, bey sich liegen läßt, und ihm Beyfall giebt. Das ist schon etwas grössers. Denn wenn man dem sündlichen Gedancken erst einen Beyfall in seinem Hertzen gegeben hat, so bricht er, *drittens,* in Worte aus. Von Worten kömmt es darnach, *viertens,* zur That. Und also schreitet man immer weiter. Je länger nun ein Mensch aufschiebet, der Sünde zu widerstehen, ie schwerer wirds ihm hernach. Wenn er aber suchet, mit dem lieben GOtt recht bekant zu werden, daß seine Allgegenwart und Allwissenheit stets vor seinen Augen sey: so wirds ihm nicht so schwer. Manchem wird es sehr schwer, seinen Lüsten und Begierden zu widerstehen, und er wird gleichsam *wie ein Ochse zur Fleischbanck hingeführt, und wie zum Fessel, da man die Narren mit züchtiget, bis ihm mit dem Pfeil die Leber gespalten worden.* Sprüchw. 7, 22. 23. Wenn aber ein solcher nur den ersten Gedancken widerstünde, und keine sündlichen Lüste in seinem Hertzen ⟨1064⟩ hegete: so würde es ihm leicht seyn, die Sünde zu überwinden. Darum lerne man doch fein, wie uns dieser Psalm auf die Allgegenwart und Allwissenheit GOttes führt, die man sich auch so zu Nutze machen soll, wie David alhier thut, da er sich derselben erinnert, und spricht: *Siehe, es ist kein Wort auf meiner Zunge, das du, HErr, nicht alles wissest.*

Wir gehen aber weiter auch zum 5ten Versicul, der also lautet: *Du schaffest es, was ich vor oder hernach thue, und hältest deine Hand über mir.* Eigentlich möchten diese Worte gegeben werden: *Das hintere und vördere belagerst du?* Wie eine Stadt von hinten und vornen belagert und umgeben ist: also saget hier David von der Allgegenwart GOttes, daß der Mensch von GOtt dem HErrn so umgeben sey, daß, wo er sich auch nur hinwende, und entweder vor sich oder hinter sich gehen wolle, da erfülle GOtt alles in allen, und sey ihm allezeit gegenwärtig. Ist er nun böse, so mag er sich wol fürchten: ist er aber fromm, und hat einen wahrhaftigen Glauben an den lebendigen GOtt, hat er ein redliches und treues Hertz gegen ihn, und begehret, nur allein mit ihm sein Hertz aufrichtig zu vereinigen: so hat er nichts zu befürchten, sondern es ist ihm vielmehr ein grosser Trost und eine solche Belagerung, davon Ps. 34, 8. stehet: *Der Engel des HErrn lagert sich um die her, so ihn fürchten, und hilft ihnen aus.* Das ist denn keine Belagerung zum Schaden, sondern vielmehr zum Besten, dieweil sie aus der Liebe und Providenz GOttes herkommt. Wie sich nun David im vorhergehenden sehr angelegen seyn ließ, die Allwissenheit GOttes nachdrücklich zu beschreiben, da er v. 2. 3. sagte: *Ich sitze oder stehe auf, so weißt du es, du verstehest meine Gedancken von ferne. Ich gehe oder liege, so bist du um mich, und siehest alle meine Wege*; so sehen wir in diesen Worten, daß er sich noch immer angelegen seyn lässet, auch die Allgegenwart GOttes recht auszudrucken, und zu zeigen, daß GOtt der HErr dem Menschen so gegenwärtig sey, daß er sich an keinen Ort hinwenden könne, den nicht GOtt mit seiner Allgegenwart erfülle.

Dieses beschreibet er denn so, damit man es einiger massen fassen möge, ob er gleich selbst v. 6. bekennet, *er könne es nicht begreifen.* Denn er nimmt *erstlich* alle *äusserliche Handlungen* des Menschen vor, und spricht: er möge *sitzen* oder *aufstehen,* er möge *gehen* oder *liegen,* so wisse ihn GOtt. Hernach nimmt er auch das *inwendige,* da er sagt: *GOtt verstehe* alle seine *Gedancken von ferne. Darauf* nimmt er *die Worte,* und sagt: *es sey kein Wort auf seiner Zunge, das der HErr nicht alles wisse. Endlich* nimmt er auch die *Wercke* des Menschen, und spricht: *Du siehest alle meine*

Wege, mein Vornehmen und Verrichtungen. Er will aber nichts zurück lassen, sondern setzet noch hinzu, daß GOtt der HErr ihn gantz und gar umlagere und umgebe, daß, wenn ihm die Allgegenwart GOttes offenbar werde, ⟨1065⟩ so sey GOtt um und um, ja dieselbe Allgegenwart GOttes sey eine solche Sache, die er nicht genug ausdrucken könne, ob er sie gleich auf alle Art und Weise beschreiben wolle; denn es gehe die Allgegenwart GOttes über alle Gegenwart der Creaturen. Darauf setzet er hinzu: *Und hältest deine Hand über mir.* Zuvor hatte er gesagt: Ich mag mich vorwärts oder rückwärts kehren, so ist GOtt allenthalben, und erfüllet alles. Und nun spricht er: Solte ich auch in die Höhe sehen, so hält er seine Hand über mir. In Summa, er will mit recht grossem Nachruck die Allgegenwart GOttes vorstellen, und dieselbe den Nachkommen so ins Hertz drucken, daß sie den grossen und theuren Schatz, der in der Allgegenwart und Allwissenheit, in der Providenz und Vorsorge GOttes, und in seinem allgewaltigen Schutz lieget, recht erkennen sollen.

Du hältest, spricht er, *deine Hand über mir.* Da will er so viel sagen: Wie etwa ein Mensch mit seiner Hand eine Fliege bedecken könne, daß man sie nicht sähe; also, und noch viel mehr, bedecke der lebendige GOtt den Menschen mit seiner Gegenwart, daß er als ein nichts vor ihm werde.

Aber auch das ists noch nicht alles, sondern diese Worte, *du hältest deine Hand über mir*, bedeuten hier eigentlich den Schutz GOttes; wie dergleichen Redensart Ps. 80, 18. gebrauchet ist, da es eigentlich heißt: *Deine Hand wird seyn ob dem Mann deiner Rechten*, das ist, über Christo. Wenn es also heisset: *Du hältest deine Hand über mir*; so muß man den Psalm nach seinem rechten Zweck ansehen, wie es ein Creutz-Psalm ist, darin es David mit seinen Feinden und Widerwärtigen zu thun hat, von welchen es im folgenden 19. v. heißt: *Ach! GOtt, daß du tödtest die Gottlosen, und die Blutgierigen von mir weichen müßten! Denn sie reden von dir lästerlich, und deine Feinde erheben sich ohne Ursach,* u. s. f. So will er denn hier so viel sagen: Ob er gleich gantz und gar von seinen Feinden umringet und umzäunet sey, wie dort Saul ihn umringete, da er ihn ietzt in seinen Händen zu haben vermeynte; so sey doch GOtt der HErr mit seiner Allgegenwart ihm noch viel näher, also, daß, wenn sie ihm ietzo zu schaden gedächten, so könten sie ihm doch nichts thun, wenn es GOtt nicht haben wolle, der seine Hand über ihm halte.

Daß man aber auch diesen Vers zum rechten Nutzen anwenden möge, so hat man abermal daraus zu erkennen, wie man die Allgegenwart und Allwissenheit GOttes nicht als eine solche Sache anzusehen habe, davon es genug sey, daß man in der Jugend etwas davon gehöret oder gelernet, und solches hersagen könne. Denn wir sehen, wie sichs David hierinnen angelegen seyn lassen, dieselbe recht kräftig und nach dem Gefühl seines Hertzens auszudrucken. Er spricht nicht allein: HErr, du bist ein allwissender GOtt; sondern er brauchet viel wichtigere Worte darzu. *HErr*, spricht er, *du erforschest mich, und* ⟨1066⟩ *kennest mich. Ich sitze oder stehe auf, so weissest du es; du verstehest meine Gedancken von ferne. Ich gehe oder liege, so bist du um mich, und siehest alle meine Wege. Denn siehe, es ist kein Wort auf meiner Zunge, das du, HErr, nicht alles wissest. Du schaffest es, was ich vor oder hernach thue, und hältest deine Hand über mir.* Mit so vielen Worten spricht er Eine Sache aus, nemlich daß GOtt ein alles erfüllendes Wesen sey, und alles mit seiner Allgegenwart bedecke. Daraus muß man weiter lernen, daß man mit der Allgegenwart GOttes in seinem Hertzen viel umgehen, und viele Betrachtungen darüber anstellen müsse. Wenn man sich niedersetzet, soll man bedencken: Siehe, du bist aus GOttes Wort unterrichtet, daß, wenn du dich setzest, so sehe es der HErr. Wenn man aufstehet, soll man sich die Allgegenwart GOttes vorstellen. Wenn man in seinem Hause gehet, soll man dencken: Siehe, du hast den allgegenwärtigen GOtt bey dir. Wenn man aus dem Hause gehet, seine Geschäffte zu verrichten, soll man wiederum an die Allgegenwart GOttes gedencken. Wenn man sich niederleget und zur Ruhe begiebt, soll man sich gewöhnen, über die Allgegenwart GOttes zu meditiren, und seine Gedancken fleißig darauf zu richten. So wird uns dieselbe ie mehr und mehr in unsern Hertzen so kräftig werden, daß man sich eben dadurch von einem Welt-Kinde unterscheiden wird.

Denn ein Welt-Kind ist insgemein hochtrabend und stoltz in seinen Gebehrden. Warum? Es hat GOtt nicht vor Augen. Es ist frech in seinen Gedancken, Begierden und Vornehmen. Es ist frech in seinen Worten, und stösset mit seiner Zunge heraus, was ihm nur einkommt. Daher höret man so viel frevelhafte Worte: Wer kan sich immer an dem Himmel halten? Wer kan immer beten? Wer kan so heilig seyn? und was dergleichen mehr ist. Das ist aber eine greuliche Sünde, ja es ist recht, als ob man GOtt ins Angesicht speyete, und den allgegenwärtigen GOtt mit seiner Zunge lästerte, der das alles siehet und höret. Solte eine Creatur sich nicht fürchten, so zu reden? Solte eine Creatur sich nicht schämen, ihren Schöpfer also mit ihrer Zunge zu schmähen? Aber das alles kommt daher, weil solcher Menschen Hertz so weit von GOtt abgewendet ist.

Hingegen ist das Hertz eines wahrhaftigen Kindes GOttes gantz anders. Das hat eine wahre Furcht GOttes in seiner Seele. Daher giebt es auf seine Gedancken, Worte und Wercke Acht, und wenn es mercket, daß etwa was untergelaufen, darin es entweder in Worten zu frey gewesen, oder einen sündlichen Gedancken geheget, oder in seinen Gebehrden andere geärgert, oder sich sonst an GOtt versündiget: so bereuet es solches von Hertzen. Es schlägt das nicht so von der Hand weg, und spricht: Wer kan so heilig seyn? u. d. g. sondern es betrübet sich vielmehr darüber, und bittet es GOtt hertzlich ab. Je ⟨1067⟩ mehr es nun in seinem Gebet mit GOtt umgehet, ie mehr erlanget es den Segen, daß die Allgegenwart GOttes sein Hertz recht durchdringet und erfüllet. Dahingegen, ie weniger iemand betet, ie frecher wird er. Es betet zwar wol mancher den Morgen- und Abend-Segen, aber ohne Andacht. Er nimmt etwa ein Buch, lieset den Morgen-Segen, den er von öfterm Lesen schon auswendig kan; und weiß selbst nicht, was er lieset, sondern ist zufrieden, daß nur das äusserliche Werck geschicht. Er lieset sein Gebet gleichsam auf einem Fusse stehend, läuft darnach fort, und redet andere weltliche Dinge. Da hilft ihm freylich ein solch Gebet nichts. Wenn aber ein Mensch recht als vor dem allsehenden Auge des grossen GOttes betet, so durchdringet die Allgegenwart GOttes sein Hertz mehr und mehr.

Und so solte billig ein ieder sein Gebet verrichten, daß er so lange darin anhielte, bis ihm unser HErr GOtt in seiner Seele recht gegenwärtig würde.

GOtt ist zwar dem Menschen allezeit gegenwärtig, und kan ihm nicht gegenwärtiger werden, als er schon ist. Es hat aber einer gar wohl davon gesaget, mit dem Gebet sey es eben so beschaffen, als wenn ein Seil wo herunter gelassen würde, und einer fassete daran, als wolte er das Seil herunter ziehen, und würde selbst darüber hinauf gezogen; oder, als wenn iemanden, der auf einem Kahn stehe, eine Stange dargeboten würde, damit er an das Ufer kommen möge, da er wol dieselbige Stange anfasse, und es scheine, als wolte er die Stange zu sich ziehen, aber er doch in der That durch dieselbe ans Land gebracht werde. Und also ist es auch gewiß mit dem Gebet. Es scheinet erstlich, wenn der Mensch betet: *Neige deine Ohren zu mir!* Ps. 31, 3. *Sey mir doch gegenwärtig! Sey nicht ferne von mir!* Ps. 38, 22. als wolle der Mensch GOtt den HErrn zu sich ziehen. Aber GOtt ist uns so nahe, wie dieser 139ste Psalm lehret, daß er uns nicht näher seyn kan, und wir sind nur durch die natürliche Bosheit unsers Hertzens und durch unsern Welt-Sinn von GOtt abgegangen. Wenn aber iemand im Gebet anhält, so wird ihm GOtt näher; nicht als ob GOtt der HErr ihm näher kommen könte, der ja alles in allen erfüllet, sondern weil der Mensch GOtt näher wird. GOtt ziehet ihn durch seine Gnade, daran er sich im Gebet hält, näher zu sich, obs gleich scheinet, als wenn der Mensch GOtt den HErrn zu sich ziehen wolte. Wenn nun also ein Mensch viel mit GOtt dem HErrn im Gebet umgeht, und hält darin an, *um sein Hertz recht zu finden*, wie David 2 B. Sam. 7, 27. redet: so wird er GOtt mehr und mehr recht kräftig in seinem Hertzen erfahren.

Wer demnach gern will, daß sein Hertz mit der Allgegenwart GOttes recht erfüllet werde, derselbe gebe sich nur in ein recht ernstliches Gebet, und rufe den lieben GOtt ernstlich an, daß er ihm die Gnade und Barmhertzigkeit verleihen wolle, seine Gegenwart beständig in seinem Hertzen zu haben. Spricht nicht ⟨1068⟩ CHristus, unser Heyland, *man solle allezeit beten, und nicht laß werden?* Luc. 18, 1. Man folge doch unserm Heylande darinnen, und bete fleißig. Es kömmt nicht darauf an, daß man allemal ein Buch habe, und etwas daraus herlese, oder sonst mit dem Munde bete. Denn das kan man freylich nicht allezeit thun. Man muß auch seine Geschäffte verrichten. Das ist aber das beständige Gebet, welches CHristus von uns fordert, daß wir unsere Hertzen immerdar zu ihm richten sollen. Die Hände können wol arbeiten, die Füsse können gehen, u. s. f. aber das Hertz kan doch wol bey dem HErrn JEsu seyn. Wenn wir nur eine wahrhaftige Liebe zu ihm haben, so kan unser Hertz wol unter der Arbeit bey ihm seyn. Und das fordert der HErr JEsus von uns, daß wir *GOtt* also *im Geist und in der Wahrheit anbeten* sollen. Joh. 4, 24.

So soll sich denn billig ein ieder gewöhnen, daß er, wenn er früh aufstehet, GOtt gleich vor seinen Augen und in seinem Hertzen habe; wie es Ps. 63, 7. heißt: *Wenn ich erwache, so rede ich von dir.* Wenn er sich anziehet, soll er solches als in GOttes Gegenwart thun. Wenn er betet, soll er anhalten, bis er sein Hertz recht vor GOtt gefunden, und dasselbe mit ihm vereiniget habe. Wenn er an seine Arbeit gehet, soll er solches als vor den Augen GOttes thun. Wenn er mit andern Menschen umgehet, soll er die Allgegenwart GOttes nicht aus den Augen setzen. Das wird ihn denn vor Sünden bewahren, und in aller Noth freudig machen. Wenn er GOtt so nahe um sich hat, und wenn ihm die Allgegenwart

GOttes so kräftig in sein Hertz eingedrucket ist; so wird er dadurch im Glauben gestärcket, daß er sich auf den allgegenwärtigen GOtt verlassen kan, und weiß, daß kein Haar von seinem Haupte ohne den Willen seines Vaters fallen werde.

So muß man auf den Grund kommen, und nicht dencken, daß dieses nur eine äusserliche Lehre sey, die man auf einmal fassen könne, sondern vielmehr bedencken, wie man wol von Jugend auf sein Leben so geführet habe, daß man keine wahre Furcht vor dem allgegenwärtigen GOtt gehabt, daß man seine Sinnen und Gedancken herum flattern lassen, und keinen Scheu gehabt, vor dem alles erfüllenden Wesen zu sündigen. Und wenn man das in seinem Gewissen mercket, so muß man in sich gehen, und sich vor GOtt demüthigen, solch sein Unrecht erkennen, und bekennen, daß man in einem verdammlichen Zustande gelebet, da man dergestalt ohne Furcht GOttes gewandelt, als ob GOtt ferne von uns wäre, und uns nicht sehen könte. Da soll man, in wahrer Beugung seines Hertzens, also zu ihm sprechen: Du lieber GOTT, siehe, ich habe dich in meinem bisherigen Leben nicht vor Augen gehabt, noch dich gefürchtet und gescheuet. Daher bin ich in so manche Sünde gefallen, habe dich mit Gedancken, Begierden, Worten und Wercken beleidiget, und damit mein Gewissen sehr verwundet. Ach! GOtt, erbarme dich über mich, und bringe ⟨1069⟩ mich in einen andern Zustand. Schaffe du in mir ein reines Hertz, und gib mir einen neuen gewissen Geist, u. s. w.

Mit solchem Gebet muß man anhalten, und sich zu dem HErrn JEsu mit einem Hertzen, das mit Reu und Leid zerknirschet und zerschlagen ist, hinwenden, und ihn bitten, daß er, um seines theuren für uns vergossenen Blutes willen, uns vor seinem himmlischen Vater vertreten, und von allen Sünden in seinem Blut abwaschen wolle. Dabey aber muß es dem Menschen auch ein grosser Ernst seyn, GOtt den HErrn um die wahre Veränderung des Hertzens zu bitten. Du lieber GOTT, soll er sagen, mache mich doch zu deinem Kinde. Gib mir deine Furcht ins Hertz, und erzeige mir Gnade, daß ich ein anderer Mensch werden möge. Ich sehe, daß ich bisher auf dem Wege des Fleisches gegangen bin, und dich nicht vor Augen gehabt habe. Erbarme dich über mich, und mache einen andern Menschen aus mir von Hertzen, Muth, Sinnen, und von allen Kräften, u. s. f.

Wenn er denn also zu GOtt gebetet hat, so muß er nicht dencken, nun sey es auf einmal gut; sondern er hat darin fortzufahren, und, wenn er gleich vielmal gebetet hat, muß er dennoch immer wieder kommen, und wo er gehet und stehet, daran gedencken, wie ihm GOtt zu erkennen gegeben, daß er bisher nicht auf dem rechten Wege gewesen sey, wie er GOtt angerufen, daß er ihm seine Sünden um des Blutes CHristi willen vergeben wolle, wie er GOtt Besserung zugesaget, und wie er ihn um die Kraft seines Heiligen Geistes angeflehet, damit er seine Zusage halten möge. Er muß aber hernach ja nicht wieder in die Welt hinein gehen, sonst wird das letzte mit ihm ärger, als das erste; sondern da heißt es, wie CHristus saget: *Wachet und betet.* Matth. 26, 41. Wenn er gebetet hat, so muß er darnach auch über seine Seele wachen. Es geht nicht an, daß er sich erst mit CHristi Blut tröstet, und darnach dasselbige mit Füssen treten will. Vielmehr, wenn er sich mit CHristi Blut getröstet hat, so muß er auch aus dem

Blute CHristi, daraus er die Vergebung seiner Sünden geschöpfet, die Kraft nehmen, wider die Sünde zu streiten, und sie zu überwinden. Und wenn er darnach gereitzet wird, in seinen vorigen Sünden fortzufahren, so muß er gedencken: Ey! Was habe ich GOtt zugesaget? Wie habe ich ihm gelobet, anders zu werden? Wie habe ich ihn um seine Kraft gebeten? Ach! GOTT, bewahre mich, daß ich nicht wieder auf meine vorigen Wege gehe. Sonst wird es ihm hernach wieder eben so gehen, als es ihm vorher ergangen ist. Denn wenn er unter weltliche Gesellschaft kömmt, so wird sein Fleisch und Blut den vorigen Weg wieder gehen wollen. Da muß er aber GOtt die Ehre geben, und sich nicht schämen, ihn zu bekennen, wenn ihn gleich seine alten Gesellen und Freunde darüber verspotten wolten, sondern dencken, er müsse einmal für seine arme Seele Rechenschaft geben, und da werden ihm solche Freunde nicht hel- ⟨1070⟩fen können. Wenn auch andere unnütze Worte führen, übel von andern reden, und den Nächsten verleumden; und er hat es zuvor auch so mitgemacht, wie der Welt Art ist, daß, wo nur zwey sind, sie den dritten gern zum Besten haben: so muß er dencken: Ach! das habe ich vorhin auch wol gethan, aber ich erkenne nun, daß ich mich damit versündiget habe. Er muß also in sich gehen, und seufzen: Ach! GOtt, bewahre mich, daß ich nicht wieder meine vorige sündliche Wege gehe! u. s. w.

Wenn er also beständig fortfähret, so wird GOtt immer mehr Gnade geben, und sein Hertz durch den Heiligen Geist regieren, daß er alles sündliche Wesen überwinden und ablegen wird. Wird er sich alsdenn als ein rechtes Kind GOttes verhalten, so wird er auch Friede, Trost und Freude des Heiligen Geistes in seinem Hertzen haben. Das ist ja besser, als ein böses Gewissen in sich tragen, oder so frech hingehen. Denn wie will es doch endlich in der Todes-Stunde ablaufen, wenn einer so frech in der Welt hingelebet, und es hernach heißt: Nun must du sterben, und vor das Gericht dargestellet werden, um von allen deinen Gedancken, Begierden, Worten und Wercken GOtt Rechenschaft zu geben? Wie will es doch da ablaufen? Darum bereite man sich lieber vorher dazu!

Und gewiß, wer recht bedencket, was die Allgegenwart GOttes für einen Segen mit sich führet, und was in dieser Erkäntniß für ein unaussprechlicher Schatz und Reichthum sey, der kan es mit Worten nicht genug aussprechen. Derselbige wird auch mit allem Ernst darnach streben, daß er diesen Schatz immer mehr erlangen möge, daß, wo er gehe und stehe, er gleichsam als gedemüthigt und niedergeworfen sey vor dem Angesicht des grossen Jehovah, des lebendigen Schöpfers Himmels und der Erden, und sich in aller seiner Arbeit vor dem Angesicht GOTTes befinde. Wenn man sich so gewöhnet, so wird es gleichsam zur andern Natur werden. Denn was man täglich übet, das wird endlich gleichsam, wie man im Sprüchwort zu sagen pflegt, die andere Natur, daß man darnach, wenn man schon viel Mühe daran wendet, es dennoch nicht gleich wieder abthun kan.

Ach! es bete doch ein ieder vornehmlich darum, daß ihm GOtt ein Hertz voll Liebe zu CHristo geben wolle. Denn wo erst eine rechte Liebe zu CHristo JEsu im Hertzen ist, da wird sich das alles finden. Wo aber iemand keine wahrhaftige Liebe zu dem HErrn JEsu hat, da bekümmert er sich auch um alles das nicht, sondern es sind ihm nur äusserliche Lehren und Gebote, die er als einen gesetzlichen Zwang ansiehet. Wo aber die Liebe CHristi ist, da thut man alles mit Lust und Freuden, und da wird der Mensch seines Lebens in der Wahrheit recht froh werden.

⟨1071⟩ Ich will aber zum Beschluß alle und iede hertzlich gebeten haben, dergleichen Ermahnungen doch nicht obenhin anzuhören. Ich weiß, daß mannigmal solche Leute gegenwärtig sind, welche, da sie GOttes Wort mit Fleiß anhören solten, lieber ihre sündliche Lüste bey sich herrschen lassen, und, zu nicht geringem Aergerniß anderer, ja zu ihrer eigenen Seelen grossem Schaden, umher gaffen. Es darf aber keiner gedencken, wenn er das Wort GOttes höret, daß ihm das bey GOtt nicht angeschrieben werde. Am jüngsten Gericht soll ein ieder, wie er hie gegenwärtig ist, stehen, und gefraget werden: Was hast du gehöret, und wie hast du es ausgeübet? Da wird ihm denn das alles wieder vorkommen. Soll ein Mensch von einem ieden unnützen Wort, das er selbst redet, Rechenschaft geben, nach dem Ausspruch CHristi; Matth. 12, 36. wie wird er denn nicht davon schwere Rechenschaft geben müssen, daß er so manches heylsames Wort GOttes, das ihm zum Besten seiner Seele verkündiget ist, so unnützlich hat vorbey gehen lassen? Darum gehe ein ieglicher in sich.

Man muß sich aber gewiß wundern, daß oft Leute hier gegenwärtig sind, die ihre Bibel bey sich haben, und darinnen nachschlagen, und dennoch wol, da sie GOttes Wort hören wollen, vorher solche Gespräche führen, dadurch ihr Nächster in der Andacht gehindert, und deswegen betrübet und geärgert wird. Ist es nicht genug, daß man zu Hause unnütze Gespräche führet? Muß man es denn auch noch an solchem Orte thun, wo andere sich zu erbauen gedencken? Das gebühret sich gar nicht. Man solte fein sein Hertz zubereiten, wenn man GOTTes Wort hören will. Denn man hat es da nicht mit dem Menschen zu thun, der das Wort verkündiget; sondern GOtt achtet es als sein Wort. Und weil es seine Wahrheit ist, so wird er auch Rechenschaft davon fordern.

Ich weiß andere, die auch da gewesen sind, aber, wenn sich etwa nachher iemand mit ihnen in ein Gespräch begeben, sich als solche erwiesen, die der Wahrheit gantz abgeneigt gewesen, und, wenn sie ihren Mund aufgethan, mit ihrer Zunge gelästert haben. Wem schaden doch solche? Oder, was für Vortheil haben sie davon, daß sie das Wort hören? Wäre es ihnen nicht besser, daß sie es lieber nicht höreten, als daß sie mit einem solchen Hertzen kommen? Da sie es aber hören, und lästern, so sollen sie wissen, daß GOtt der HErr ihre Sünde nicht ungestraft lassen wird.

Es gehe doch ein ieglicher recht in sich, und bedencke, daß er es mit GOtt zu thun habe, und meyne nicht, daß er Menschen zu Gefallen etwas thun wolle, wenn er hieher kommt. Denn manche dencken wol, es geschehe mir ich weiß nicht was zu Gefallen, wenn der Saal voll Leute sey. Aber daran ist mir wenig gelegen. Und wenn die gantze Stadt da wäre, so würde mir wenig daran gelegen seyn, wenn man sich nicht zu dem lieben GOtt bekehren wolte. Es ist ⟨1072⟩ mir nur darum zu thun, daß ich diejenigen, die das Wort GOttes hören, am jüngsten Tage vor CHristi Thron zur Rechten stehend wieder finden möge. Das ist mein Zweck, darum verkündige ich das Wort. Wer um deswillen nicht da ist, der kommt aus gar unrechter Absicht; und wer sein Hertz nicht darzu anschicket, demselben wird es zum grossen Schaden gereichen, und am jüngsten Tage ein so viel grösseres Gericht über ihn bringen.

Es ist hie kein Ort, da man das Maul aufsperren, herum gaffen, und in der Thür, oder auf der Strasse, die Leute beschauen mag, die aus und ein gehen. Wer dergleichen im Sinn hat, der bleibe lieber weg, und lasse dergleichen Ort, da man mit aller Einfältigkeit nichts als das Wort GOttes treibet, mit seinem sündlichen Wesen ungeärgert. Es ist nöthig, diese Erinnerung zu geben, dieweil ich sonst sorgen muß, da noch viel Fremde da sind, und sich manche zimlicher Freyheit gebrauchen, (wie denn auch Einheimische eben dergleichen zu thun pflegen, daß ich sie darinnen nicht entschuldigen kan,) daß nicht die Unordnung überhand nehme, und die Erbauung gehindert werde.

Es wird dieses keinem zuwider seyn, der ein christlich Hertz hat; sondern solche werden sichs vielmehr lieb seyn lassen, wenn sie hinfort nicht geärgert werden, da sie ihre Seelen zu erbauen suchen. Wer es aber übel aufnehmen will, wird damit zeigen, daß er ein böses Hertz habe, und daß er diese Bestrafung vonnöthen habe. Er soll aber auch wissen, daß man ihn wenig achten werde, und daß man wenig darnach fraget, es verdriesse ihn, oder gefalle ihm. Wiewol ich alle hertzlich liebe, und wünsche, daß sie sich bekehren. Ich habe es aber ietzo erinnern müssen, damit der Frechheit begegnet werde, die manche gebrauchen, und mit ihrem unchristlichen Wesen andere ärgern. Darum habe ich mit denselben für dieses mal so ernstlich reden müssen. Laßt uns aber hierauf vor dem Angesicht des lebendigen GOttes uns demüthigen, und mit einander also beten:

DU ewiger und lebendiger GOtt, deinem Namen sey Lob, Preis und Danck für die Offenbarung deiner Majestät, Ehre und Herrlichkeit. Auch für dis Zeugniß von deiner Allgegenwart und Allwissenheit sey dein Name hoch gelobet. O! du ewiger und lebendiger GOtt, wir bitten dich demüthiglich, du wollest deine heilige Gegenwart auch in unsere Hertzen so eindrucken, daß wir sie kräftig in uns empfinden mögen, damit dein allsehendes Auge uns vor Sünden bewahre. Welche unter uns in ihrem Gewissen überzeuget worden sind, daß sie dich von ihrer Kindheit auf nicht gefürchtet, noch deine Gegenwart gescheuet, und sich daher mit Frechheit in Gedancken, in Begierden, im Ausschweifen ihrer Sinnen, in Worten und Wercken sehr versündiget ⟨1073⟩ *haben; ach! HErr, denenselben wollest du deine Gnade verleihen, daß sie mit zerknirschten und zerschlagenen Hertzen Reu und Leid über ihren bisherigen elenden Zustand tragen mögen. Du wollest ihnen Gnade zur Busse geben, und sie nüchtern werden lassen aus den Stricken des Satans, darinnen sie bishero gefangen gewesen. Ach! HErr JEsu, reiche du ihnen dar deine Hand, und richte sie auf. Wecke du sie auf aus dem Todes-Schlaf, in welchem sie bisher gelegen, und richte sie auf in der Kraft deiner Auferstehung, auf daß sie sich zu dir, dem lebendigen Heyland, der du sitzest zur Rechten der Majestät in der Höhe, und alles in allen erfüllest, bekehren, und hinfort deine Allgegenwart und deine Augen, so da leuchten wie Feuer-Flammen, scheuen und fürchten, und dich, der du Nieren und Hertzen prüfest, also verehren, daß sie ihre Gedancken, Worte und Wercke als in deinem Anschauen und vor deiner Gegenwart führen mögen. Und da sie vorhin durch die Frechheit ihres Sinnes* betrogen, und in mancherley Sünden von dem Satan gestürtzet worden: so gib ihnen, daß sie hinfort in deiner Furcht wandeln, und mit vielen Früchten der Gerechtigkeit geschmücket werden mögen. Erbarme dich auch derer, welche bisher dein Wort nicht aus dem rechten Zweck gehöret haben, und laß das Ende besser seyn, als den Anfang. Laß ihnen deine Wahrheit so starck in ihr Hertz leuchten, daß sie dadurch überzeuget werden, in sich gehen, dir die Ehre geben, vor dir niederfallen, und sich hinfort zu dir ernstlich bekehren. Ach! du ewiger GOtt, du wollest auch alle diejenigen, welche einen Anfang gemacht haben, sich zu dir zu wenden, kräftiglich durch deine Gegenwart trösten. Du siehest ihre Gedancken, du siehest ihren guten Vorsatz, den sie gefasset, sich zu dir zu bekehren. Ach! HErr, solchen Vorsatz wollest du stärcken und zur rechten Kraft kommen lassen. Ach! HErr, du ewiger GOtt, erbarme dich über diejenigen, welche unter dem Creutz und unter der Trübsal sind. Tröste sie durch deine Allgegenwart, und zeige ihnen, daß du ihnen noch viel näher seyst, als die Noth, die ihnen auf dem Halse lieget, auf daß sie unter der Noth mit deiner Allgegenwart überschwänglich erquicket werden. Erbarme dich gnädiglich zu diesen weit aussehenden Zeiten über unsere Lande, ja über gantz Teutschland und Europa, welche bis hieher zu einem Blut-Theatro worden ist. Erbarme dich gnädiglich, nimm die eiserne Ruthe wieder weg, und gib uns den Frieden wieder. HErr, unser GOtt, gib den Königen und Fürsten Gedancken des Friedes, und zeige ihnen, daß dirs viel wohlgefälliger sey, wenn sie ihre Unterthanen ⟨1074⟩ im Frieden regieren, und zu deiner Furcht und zur Gerechtigkeit anleiten, als wenn sie, als Werckzeuge deines Zorns, deine Gerichte ausüben. Gib ihnen solche Hertzen, daß sie zu dir andächtig beten, und dich anrufen, daß ihre Lande und Unterthanen hinfüro im Friede blühen, daß das Reich deines Gesalbten, JEsu CHristi, unsers Heylandes, in ihren Reichen an der wahrhaftigen Frucht der Gottseligkeit erkannt werde, und wir also unter ihnen ein stilles und geruhiges Leben führen mögen in aller Gottseligkeit und Ehrbarkeit. Denn darum hast du uns auch geboten, für alle Obrigkeit und für alle Könige zu beten, damit wir solche Gnade von dir erhalten mögen. Ach! Herr, unser GOtt, gib uns wahrhaftige und rechtschaffene Busse. Denn wir haben mit unsern Sünden nicht allein Krieges-Noth, sondern auch Theurung, Pestilentz und alle andere Plagen verdienet, also, daß du mit den übrigen Plagen, die du auf schwere Sünden zu schicken pflegest, wol fortfahren köntest. Aber es ist deine Barmhertzigkeit so groß, o HErr, daß, wenn man dir mit bußfertigem Gebet in die Arme fällt, du alsdenn deine Ruthe zurück nehmen wilst. So erhöre uns denn aus Gnaden, um deiner grossen Barmhertzigkeit willen, und da ja deine Gerichte so fortgehen sollen, so wollest du uns an diesem deinem Tage des Gerichts zu erkennen geben, was für ein Unterscheid sey zwischen dem, der dir nicht dienet, und zwischen dem, der dir dienet, also, daß du an diesem Tage der Heimsuchung deiner Kinder, die durchs Blut deines einigen allerliebsten Kindes gerecht worden sind, verschonest, wie ein Vater seines Sohnes schonet. Ach! HErr, du wollest auch diese unsere Zusammenkunft ferner gnädiglich segnen, vor aller Unordnung, so böse Menschen anrichten wollen, uns in Gnaden bewahren, und denjenigen, welche dein Wort hören, andächtige und bußfertige Hertzen verleihen, auf daß ihnen das Wort nicht zum ewigen Schaden, zum Anstoß und Aergerniß gereichen möge, sondern daß sie vielmehr durch dasselbe errettet werden, und sich deß am jüngsten Tage freuen, daß sie dadurch zur Seligkeit in CHristo JEsu erbauet worden sind. Das verleihe um deiner unergründlichen Liebe, Treue und Barmhertzigkeit willen. AMEN!

Anhang

Zur Jesajavorlesung August Hermann Franckes 1709

Zur Jesajavorlesung A. H. Franckes

In seiner *Introdvctio generalis ad lectionem Prophetarum* 1724 lehrt Francke, dass *Christus finis ac scopus der Propheten* sei. Anschließend, in der *Introductio specialis ad lectionem Jonae*, zeigt er exemplarisch am Propheten Jona, nach welchen Grundsätzen die Exegese der einzelnen Propheten erfolgen muss.

Besondere Aufmerksamkeit verdienen seine mehrjährigen *Vorlesungen über Jesaja*, die im *Codex lectionum annuarum* angezeigt wurden: SoSe 1709: „AUGUSTUS HERMANNUS FRANCKIUS, tractatione Paraphrastico – Exegeticae JOELIS adhuc *Institutiones Hermeneuticas* subjunxit. His V.D. breui absolutis, JESAIAM interpretabitur."; WS 1709: AHF „interpretationem Jesaiae continuabit"; SoSe 1710: AHF „in *Jesaia* publice interpretando, [...] perget."; WS 1710: AHF „perget *in Jesaiam* interpretando,"; SoSe 1711 (18. April): AHF „publice in JESAIA praelectiones V.D. continuabit,"; WS 1711 (10. Oktober): AHF „publicas lectiones *Exegeticas in Jesaiam*, [...] continuabit."; SoSe 1712: AHF „*publice* primum *Hermeneuticam S.* docebit, deinde perget in *Jesaiae* interpretatione."; dann abschließend WS 1712 (11. Oktober): „AUGUSTUS HERMANNUS FRANCKIUS, absolutis praelectionibus hermeneuticis, V.D. se, ex promisso referet ad *Iesaiam*, ejusque textum authenticum a capite quadragesimo vsque ad finem ordine exponet, ea methodo, ut, vna *cum sensus litteralis succincta euolutione, hermeneuticae sacrae vsum & adplicationem exemplis sat copiosis ostendat atque inculcet*."

Die hermeneutischen Grundsätze Franckes für die Interpretation des Buches Jesaja wurden 1709 und 1712 im *Prodromos lectionum* der Theologischen Fakultät vermerkt. Am 20. August 1709 wird dabei vornehmlich auf die christozentrische Zielsetzung eines Textes hingewiesen. Der Blick sei nicht nur auf den *sensus genuinus* zu richten, sondern auch *ad usum Dogmaticum, Polemicum, Homileticum*: „AUGUSTUS HERMANNUS FRANCKIUS, nunc in *Jesaiae* interpretatione versatur, eandem operam in posterum V.D. in reliquis etiam V. Testamenti libris continuaturus. Quibus Exegeticis Praelectionibus hoc agit, ut Auditoribus non modo *sensum* cujuslibet pericopae *genuinum* proponat, sed etiam ostendat fontes, e quibus ille hauriendus sit; qou typum hoc pacto habeant, quem in tractatione librorum Biblicorum per omnem vitam imitentur. Quum autem finis & scopus Scripturae S. *Christus* sit, huc praecipue contendit ut per Scripturas inter se collatas ἀκριβέστερον evincat, Jesum esse Christum, Filium Dei, in quem si quis credat, vitam consequatur aeternam; subinde, quomodo non tantum ad seria poenitentiae ac fidei exercitia, sed etiam ad *usum Dogmaticum, Polemicum, Homileticum* haec illa solerter ac pie transferenda sit, ostendens & porro ostensurus. Ab Auditoribus vero exposcit, ut praeparati tum piis precibus, tum attenta contextus tractandi lectione, ad audiendum accedant, postea audita repetant, monstratamque meditandi Scipturas S. via ipsi ingrediantur, ac fructum agnitae veritatis in animo suo vitaeque instituto ac tenore perpetuo experiri studeant."

Am 27. Februar 1712 wird die Aufmerksamkeit vornehmlich auf den *sensus litteralis* gelenkt, dann aber auch „ad *vsum Dogmaticum, Exegeticum, Elenchticum, Moralem, Homileticum*": „AUGUSTUS HERMANNUS FRANCKE / mensibus hibernis praeteritis *Jesaiam* publice interpretaturus est, data simul opera, vt *Hermeneuticae S. praecepta*, qualibet inculcata occasione, commodis subinde exemplis illustrarentur. Praeterea & in *Paraenesibus* publicis consuetis, & in tractatione *Euangelii Matthaei* perrexit. In posterum autem V.D. *Praelectiones* suas *Hermeneuticas*, aliquot abhinc annis habitas, nunc autem prelo subjiciendas, ejusdem generis Lectionibus, in gratiam praecipue nouitiorum, primo trimestri spatio substernet; ratus, Exegeseos S. Studiosos supposita hoc pacto fundamentorum hermeneuticorum majori peritia, deinceps Lectiones quaslibet in V. ac N. Testamenti libros fructu esse frequentaturos vberiore. Opera vero ista ad finem perducta, illico se referet ad interpretationem *Jesaiae*, in eaque, quae tum vltra caput *quadragesimum* pertractata fuerint, paucis primum retractabit, quo habeant Auditores, qui de nouo accesserint, in capite illo *quadragesimo* illustre Praelectionum residuarum initium; deinde absoluere Prophetam ea methodo studebit, vt singulis in vaticiniis ante omnia *sensum litteralem*, tum vero etiam *praeceptorum Hermeneuticorum applicationem & praxin* demonstret, ipsaque vaticinia explicata ad *vsum Dogmaticum, Exegeticum, Elenchticum, Moralem, Homileticum* transferenda doceat."

Die Vorlesungen, die Francke vom SoSe 1709 bis zum SoSe 1713 über Jesaja gehalten hat, sind von den Studenten nach hallescher Methode nachgeschrieben worden. Die meisten dieser *Nachschriften* sind nach ihrer Zusammenfassung in den Manuskriptbänden AFSt H 25 a/b überliefert.

Diese Nachschriften sind nach Lektionen gegliedert. Der Band H 25 a umfasst mit den Lektionen 1–10 die unkorrigierten *Praeliminaria in Jesajam* und mit den Lektionen 11–137 Franckes stark überarbeitete Erklärungen der Kapitel Jesaja 1–22. Der Band D 25 b enthält mit den Lektionen 195–348 Franckes korrigierte Erklärungen der Kapitel Jesaja 42–61. Es fehlen mit den Lektionen 138–194 die Erklärungen der Kapitel Jesaja 23–41, mit den Lektionen 340 und 341 die Erklärungen der Kapitel Jesaja 52–54, ferner die Erklärungen der Kapitel Jesaja 62–66.

Die Nachschriften der *Introductio specialis in Jesaiam* sind von einem Redaktor überarbeitet worden. Dabei ist es zu einer erheblichen Neugestaltung des Textes gekommen. Der Redaktor hat sowohl die zehn Lektionen umfassenden, lateinische und deutsche Texte enthaltenden *Praeliminaria* als auch sämtliche lateinischen und deutschen Erläuterungen gestrichen, ihren Inhalt aber in der Regel, von den *Praeliminaria* abgesehen, am Rand der Nachschrift oder auf beigefügten Zetteln in lateinischer Kurzfassung notiert und ihn dann in dieser reduzierten Fassung an passender Stelle der Reinschrift integriert. Gelegentlich hat er Umstellungen im Text vorgenommen, am Rand auf den ursprünglichen Standort einer Einfügung verwiesen und Streichungen begründet bzw. durch Marginalien verdeutlicht.

Die vom Redaktor revidierten Nachschriften H 25 a/b sind auf Grund seiner Anweisung abgeschrieben worden. Die nochmals geringfügig korrigierte Reinschrift liegt in den Manuskriptbänden AFSt M 32 a/b vor. An die Stelle der Gliederung nach Lektionen trat die Einteilung nach den Kapiteln des Jesajabuches, die in Paragraphen untergliedert wurden. M 32 a umfasst die Kapitel 1–22, M 32 b die Kapitel 32–66. In M 32 a fehlt § 4 zu Kapitel 17, in M 32 b fehlen die Kapitel 52–54. Die vom Redaktor in H 25 a/b eingetragenen Marginalien wurden vollständig abgeschrieben und in M 32 a/b durch weitere Marginalien ergänzt. Es ist wahrscheinlich, dass der vom Redaktor wesentlich mitgestaltete Text der Bände M 32 a/b als revidierte Endfassung und Druckvorlage für eine Edition zu verstehen ist, die von Francke autorisiert war.

Der Redaktor der in den Bänden H 25 a/b und M 32 a/b vorliegenden Handschriften ist ein und dieselbe Person. Er ist nicht mit A.H. Francke identisch, besitzt aber offenbar sein volles Vertrauen. In Frage kommen Johann Anasthasius Freylinghausen, Johann Hieronymus Wiegleb, Heinrich Julius Elers, Georg Heinrich Neubauer und Johann Daniel Herrnschmidt. Ein Vergleich der Handschriften legt die Vermutung nahe, dass Herrnschmidt der Redaktor war. Dafür sprechen Belege im Tagebuch Franckes und die Tatsache, dass Francke ihn wiederholt mit der Revision seiner Arbeiten beauftragt hat. Er war 1716 an der Vorbereitung der Edition der *Praelectiones Hermeneuticae* beteiligt und hat 1717 die *Idea studiosi Theologiae* revidiert.

In den *Praeliminaria in Jesaiam* und in der 11. Lektion der *Introductio in Jesaiam* hat sich Francke eingehend zu den lateinischen Diktaten und den deutschen Diskursen in seinen exegetischen Vorlesungen geäußert. Danach hat er gewöhnlich zu Beginn einer Vorlesungsstunde einige richtungsweisende Grundgedanken in lateinischer Sprache diktiert und dann in freier Rede das Diktat zur Vertiefung des Verständnisses durch deutsche Erläuterungen ergänzt. Dabei hat er im deutschen Diskurs auch wiederholt auf die Paragraphen der vorher gehenden Vorlesung Bezug genommen.

Diese deutliche Unterscheidung zwischen dem lateinischen Diktat und dem deutschen Diskurs ist aber von Francke selbst häufig durchbrochen worden, insofern er wiederholt beim Übergang vom Diktat zum deutschen Diskurs lateinische Bemerkungen eingeschaltet und manchmal auch im Verlauf seines weiteren Vortrags längere, möglicherweise von ihm vorher schriftlich fixierte lateinische Erläuterungen geboten hat.

Auf Anregung von Friedrich de Boor hat Dipl. Theol. Helmut Güntzler die Vorlesungen Franckes über die ersten fünf Kapitel der *Introductio specialis in Jesaiam* in ihrer lateinischen Endfassung (M 32 a) zur Edition vorbereitet und den komplizierten Redaktionsprozess, ausgehend von den ersten Nachschriften (H 25 a), im textkritischen Apparat aufgezeigt. Das Manuskript der Arbeit Güntzlers befindet sich in Maschinenschrift im Archiv der Franckeschen Stiftungen.

Güntzler unterscheidet zwischen der *Vorlesungsnachschrift in H 25 a in consensu (A)*, verschiedenen studentischen Verbesserungen und den Korrekturen des Redaktors, ferner wiederum zwischen der *Reinschrift M 32 a in consensu (B)*, verschiedenen studentischen Verbesserungen und den Korrekturen des Redaktors. Daneben werden die einzelnen Bemerkungen Franckes sowie Eintragungen und Umstellungen des Redaktors notiert.

In Übereinstimmung mit dem Arbeitsziel des Redaktors ist Güntzler bei seiner Textausgabe der Reinschrift M 32 a gefolgt und hat sowohl die *Praelimina-*

ria als auch die weiteren lateinischen Erläuterungen und deutschen Diskurse, die vom Redaktor gestrichen waren, nicht in seine Edition einbezogen. Die lateinischen Kurzfassungen des Redaktors hat er am vorgesehenen Ort übernommen und, sofern es zu einer Umstellung des Textes gekommen war, diesen Tatbestand im textkritischen Apparat dokumentiert.

In Anbetracht des vielgestaltigen Textes und des komplizierten Redaktionsprozesses sind bei der kritischen Bearbeitung zu unterscheiden 1. Diktate, 2. Erläuterungen und 3. Überleitungen Franckes in lateinischer Sprache, 4. Erläuterungen Franckes in deutscher Sprache, 5. lateinische Kurzfassungen des Redaktors von lateinischen und 6. von deutschen Erläuterungen Franckes.

Da die in erster Nachschrift überlieferten *Praeliminaria in Jesaiam* mit ihrem Wechsel von lateinischen Diktaten und deutschen Erläuterungen den realen Verlauf einer Vorlesung Franckes in ihrer ursprünglichen Gestalt wiedergeben, habe ich sie im Anhang des vorliegenden Bandes zum Abdruck gebracht. Von der Übernahme weiterer deutscher Diskurse habe ich Abstand genommen, da sie mehrfach auf den vorangehenden lateinischen Text Bezug nehmen und in isolierter Gestalt manche Frage offen lassen würden.

Praeliminaria in Jesaiam
Lect: I. II.

Lect. 1. d. 6to May
1709

Aeterne ac benignissime Deus à te laborum nostrorum primordium capimus, & ante omnia rogamus et obtestamur, benedicas studijs nostris eaq́ue omnia per gratiam tuam dirigas in verum nobilissimumq́ue Ecclesiæ tuæ emolumentum nostrarumq́ue animarum ædificationem, velis per infinitam tuam gratiam nobis concedere, ut nunquam sine te adgrediamur auditorium et aggrediamur labores hosce ne incassum laboremus, quod fieret utiq́ue, si sine te capesseremus, hoc quicquid est negotij, si vero Tu nobiscum fueris et sanctificaveris animos nostros tum certè veritas tua cedet in tui Nominis gloriam, cedet etiam in nostram æternam salutem. O Domine noli concedere, ut verbum tuum sanctissimum

mente

Praeliminaria in Jesaiam

(Die Zahlenangaben beziehen sich auf die Seiten der Nachschriftensammlung H 25 a)

Die *Praeliminaria in Jesaiam* umfassen die ersten zehn Lektionen der Jesajavorlesung Franckes. Er hat sie in der Zeit vom 6. Mai bis zum 4. Juni 1709 gehalten. Er setzt seine früheren Vorlesungen über die Propheten voraus und verweist mehrfach auf sie, auf die *Introductio generalis ad lectionem Prophetarum* (17. Januar bis 20. Juli 1707) und auf die *Introductio specialis ad lectionem Jonae Prophetae* (17. Oktober 1707 bis 4. Juni 1708). In der *Introductio generalis* hat er seine allgemeinen Grundsätze über den Verlauf des Bibelstudiums dargelegt und sie in der *Introductio specialis* in der Exegese des Propheten Jona zur Anwendung gebracht. Ferner nimmt er auf seine *Praelectiones hermeneuticae* Bezug, die er im Frühjahr 1709, vor Beginn der Jesajavorlesung gehalten hat. In ihnen hat er seine Grundsätze über den *sensus* der Schrift und die hermeneutischen Hilfsmittel behandelt.

In der 1. Lektion skizziert Francke in einem lateinischen Diktat nach einem einleitenden Gebet und unter Hinweis auf seine früheren Vorlesungen (1–5) die vom Neuen zum Alten Testament fortschreitende Folge der rechten Schriftlesung: 1. Christus, 2. Apostel, 3. Mose, 4. Historische Bücher des AT, 5. Psalmen und Hagiographa, 6. Propheten untereinander (5–10). In einem sich daran anschließenden deutschen Diskurs wird die genannte Folge der Schriftlesung noch einmal erläutert (10–22).

Auch die 2., 3. und 4. Lektion hat Francke in deutscher Sprache gehalten. Im ersten Teil der 2. Lektion behandelt er das Verhältnis zwischen dem lateinischen Diktat und den deutschen Erläuterungen (22–33). Im zweiten Teil der 2., in der 3. und 4. Lektion legt er den Hörern noch einmal nahe, die rechte Folge der Schriftlesung unbedingt einzuhalten (33–37), und wendet dann seine Grundsätze mit Bibelstellen und Beispielen auf die Exegese Jesajas an: Christus (37–40), Apostel (40–44), Mose (45–52), – die historischen Bücher des AT werden hier nicht genannt, – Psalmen (53–55) und Propheten untereinander (55–56). Darauf folgt ein chronologischer Diskurs, in dem der Prophet Jesaja historisch eingeordnet wird (56–67). Die Erläuterung schließt mit einer Zusammenfassung (67–71).

In der 5. Lektion folgt ebenfalls in deutscher Sprache, gelegentlich von lateinischen Absätzen eingeleitet (72–74, 75–77), die spezielle Anwendung der in den *Praelectiones hermeneuticae* behandelten *adminicula* auf die Exegese Jesajas: 1. *scopus* (72–75), 2. *antecedentia et consequentia* (75–80), 3. *loca parallela* (80–83), 4. *analogia fidei* (83–85) und *affectus* (85–87).

In den Lektionen 6 bis 10 gibt Francke dann in einem lateinischen Diktat, das mehrfach durch kurze deutsche Erläuterungen unterbrochen bzw. ergänzt wird, eine abschließende Zusammenfassung aller zuvor behandelten hermeneutisch-exegetischen Erkenntnisse in spezieller Anwendung auf Jesaja:

Die Lektionen 6–8 enthalten nach einer Vorbemerkung (89–93) nochmals eine Übersicht über die Folge der rechten Schriftlesung: Christus (93–98), Apostel (99–100), Mose (100–102), Historische Bücher des AT (102–104), Matth. 4, 14–16 / Jes. 8, 22 (104 f.), Psalmen (105–107) und Propheten (107–110). In den Lektionen 9 und 10 gibt Francke dann eine Zusammenfassung der *Praecepta hermeneuticae* (110 f.): 1. *scopus* (111–113), 2. *antecedentia et consequentia* (113–115), 3. *loca parallela* (115–117), 4. *analogia fidei* (117–122) und *affectus* (122). Den Abschluss bildet ein Zitat von Osorius (122–126).

Die *Praeliminaria* zeigen in eindrucksvoller Weise, wie beharrlich und eindringlich Francke darum bemüht ist, den Studenten seine hermeneutisch-exegetischen Grundsätze in ihrer allgemeinen Gestalt und in der speziellen konkreten Exegese, durch lateinische Diktate und deutsche Erläuterungen, durch Wiederholung und Akzentuierung nahe zu bringen.

Übersichten zu den Gliederungsmerkmalen des Manuskriptes
Praeliminaria in Jesaiam

Zeitspanne und Taktung der Lectiones

Lectio	Datum	Umfang – in Seiten
1	6. Mai 1709	21,5 (1–21)
2	7. Mai	22,5 (22–44)
3	10. Mai (1710!)	7,5 (45–52)
4	13. Mai 1709	19,5 (52–71)
5	14. Mai 1709	15,5 (72–88)
6	27. Mai 1709 (nach Pfingsten)	9 (89–97)
7	28. Mai	6,5 (98–104)
8	31. Mai	6,5 (104–110)
9	3. Juni	6,5 (110–117)
10	4. Juni	8,5 (117–126)
11	7. Juni	(126 ff.) nicht mehr *Praeliminaria*

Ø: 12,35 Seiten/Lectio

Gliederung der Praeliminaria in Jesaiam

Lectiones I–V

Lectiones	Seiten
I. II	1–44
III. IV. V	45–88

Die Lectiones I. II und III. IV. V sind jeweils als Fließtext verfasst. Sie enthalten keine weiter untergliedernde Paragrapheneinteilung. Als Überschrift werden die im Fließtext enthaltenen Lectiones genannt. Anhand von Marginalien, die jeweils die Lectio-Nummer und das Datum des Haltens der Lectio nennen, sind die Lectiones im fortlaufenden Text voneinander genau abgrenzbar.

Lectiones VI–X

Lectio	Paragraph	Seiten
VI	I	91–93
	II	93–97
VII	III	98–100
	IV	100–102
VII // IIX	V	102–105
IIX	VI	105–107
	VII	107–110
IX	VIII	110–113
	IX	113–115
	X	115–117
X	XI	117–122
	XII	122
	XIII	122–126

Die Lectiones VI–X sind durchgängig in Paragraphen unterteilt, so dass sich teilweise zwei Lectiones in einem Paragraphen überschneiden (vgl. § V). Die Lectio-Nummer und das Halte-Datum sind zur Abgrenzung wiederum durch Marginalien gekennzeichnet.

Auffällig ist, dass die Paragrapheneinteilung im vorliegenden Ms erst ab einer Stelle einsetzt, ab der eindeutig eine andere Hand zu erkennen ist. So war die (evtl. Übernahme dieser) Einteilung vermutlich eine Eigenheit des Schreibers ab 89.

Händescheidung

Hand	Seiten
1 (Namensnennung 44: „Flindner")	1–44
2	45–88
3	89–126 (mit Ausnahme von 104 ab Duplikat bis Seitenende)

Lectio III. IV. et V in Esaiam
1709.

Lect. III. d. 10 Maj 1710.

His prælectionibus præliminaribus qv. p. ἕνεκα φαλαίνων aliquam suppeditavimus ὑποτύπωσιν introductionis ad lectionem prophetarum, imprimis vero in ultima lectione commonstravimus m. ex parte usum legitimum illius introductionis, iq in negotio hac in nostra præliminari lectione agendum nobis erit. Quemadmodum itaque superioribus lectionibus dictum e, ad introductionem ad lectionem prophetarum imprimis requiri collationem accuratam sacræ scripturæ cum scripl, & primo quidem, fundamentum interpretationis omnis Prophetarum petendum esse ex scriptis Euangelistarum, quatenus in iis nobis propheta summus & doctor omnium Prophetarum sistitur, nempe ipse Deus f. Xstus: Deinde pergendum esse ad scripta Apostolorum, utpote qui clavem nobis suppeditant ad recte et ex mente Christi intelligendos prophetas. Tertio pergendum esse ad Mosen. Quarto ad libros historicos V. T. q dici solent Prophetæ priores. Quinto pergendum esse ad Psalmos & reliq scripta q dicuntur ἁγιόγραφα. — Tandem pergendum esse ad ipsos Prophetas, ipsamque eorum inter se collationem.

Quemadmodum hæc in superioribus lectionibus dicta & repetita sunt, & qd N. T. usus m. ostensus e horum monitorum, ita nunc ad reliqua pergendum, &

studio biblico, urumb ed wird recht allezeit dabon gehalten. Wird in studio biblico, eingetheilet in tres ætates generales; die Hebræer haben daher nennen יהוה זרע ut. wie es andere nennen ætas promissionis, da d. schreiber darinnen vorschrieben worden ist, v. nachdem die verheißung gegeben worden, also sind auch nachdem die folgenden bestätiget.

Ætas secunda (tertia) vocatur ab Hebræis, urumb von d. Zeit an, da das gesetz gegeben worden, usque ad ultimam ætatem, quæ ætas vocatur ab Hebræis ימי המשיח dies Messiæ. Das sind die 3 ætates, worinnen die gantze historia biblica eingefaßet wird, d. dienet einem, daß man post beyde stadio biblico v. exegetico eine große Eintheilung wiste, und von den andern beßer zu unterscheiden, siegele ætates worden darauf in sich bestehende periodos geordnet. Nun ist u. ausmachen, daß die propheten, die κατ' εξοχήν also genennet worden, von denen sind nun die reden, von Esaiá an, ob werden sie nicht mögen ad ætatem primam, sondern daß sie nothwendig müßen gerechnet werden ad ætatem secundam, sie können auch ot ad ætatem tertiam gerechnet werden, weil sie alle von dem

Messia

tempus vacuitatis,
vacui diebs dicit
die anfang d. welt
bis zu d. zeit
da d. gesetz d.
Moyse kündig geb.
word. Das ander
ist 1750 v.
die regier. v. gesetz
Christi d. Messiani
ist lectione
introd. i pophe
tar. præmiss.
lectioni introd.
in Ionam
p. 34

10.

Lect: VII. d. 28 May.

§ III.

Post Christum natum in explicandis Prophetis, audiendos esse Apostolos, in quorum censum eatenus et Evangelista veniunt, in introductione generali ostendimus, ad Jesaiam hoc praeceptum etiam applicari debet; at non sine manifestissima uberrimaque utilitate applicabitur, etenim dictum Jesaiæ, quæ in Scriptis novi testamenti adducuntur, et alia quæ saltem ratione opponuntur insignis est copia. Vid: Math: 1. v. 22. C. 3. v. 3. C. 4. v. 14. C. 13. 14. C. 15. v. 7. Marc: 7. 6. Luc: 3. v. 4. Joh: 1. v. 23. C. 12. v. 38. 39. seq. Act: 8. 4. 28. seqq. C. 28. v. 25. Rom: 9. v. 27. 28. 29. C. 10. 16. et 20. C. 15. v. 12. 1. Cor. 1. v. 19. C. 2. 9. seqq etc: nec vero putandum est ea duntaxat loca huc pertinere, quæ expresse ab Evangelistis et Apostolis ex Esaia proferuntur; sed illi ipsi saepenumero in tractandis doctrinæ Christianæ capitibus cum Jesaia loquuntur, ubi non aperte ad illius imo nec quidem ad Scripturæ in genere auctoritatem provocant, quod in primis fieri solet in Apocalipsi Vid C. I. 17. II. 8. Coll: Jes: XLI. 4. XLIV. 6. Apoc II: 16. Coll: Jes: XI. 4. Apoc III. 7. coll: Jes: XXII. 22. Apoc IV. 8. coll: Jes: VI. 2. Apoc V. 5. coll: Jes: XI. 1. Apoc: V. 10. coll: Jes: Apoc V. 5. coll: Jes: XI. LXI. 6. Apoc VI. 14. coll: Jes: XXXIV. 4. Apoc VI. 15. 16. Jes: II. v. 19 etc: quod si

16.

erhalter oder einen Textum, daß B mann der solten
durch die gantze Schrifft hindurch führen, denn
durch alt und neu Testament, die Wort
Christi und der Apostel, Mosis und der librorum historicorum et Propheticorum und Zeiget
also wie dieß zusammen hanget. das
gibt eine rechte divinam convictionem
denn daß mann nicht über einen Text ein
wenig nur grübelt oder critisiret, sondern
daß man recht in grunde es darleget, aber
es erfordert also daß mann ernst practi-

Lect. IIX d. 30 Maij — ea rem mag mir zu dictum d' einen Text vor sich hat, daß man
denselben durch die gantze Schrifft hindurch führen kann, durch
alt u. neu Testament, die Worte Christi u. der Apostel, Mosis,
et. d. librorum historicorum, et propheticorum mit einander conferiret, u. zeiget also wie dieses gantz zu sam̄en hanget, das gibt eine
rechte divinam convictionem davon, das man v. über einen Text
ein wenig nur grübelt, od. critisiret, sondern daß man recht im
grunde es darlege.

Lect. IIX d. 31 Maij — Legimus e Matth. IV, 14.15.16. efatu Esaiæ, qd habetur Cap. IIX, 22. secundu Hebræu
Codicem alias cap. IX, 1. impletum tunc temporis esse. Eamsi locorum
si in Esaia ipso eustam̄ s et antecedentia et consequentia considera
mus, nihil non obscurum nobis videbitur. ast vero si historia et fata regionis
illius, de qua Esaias sermo E. adiosq cū illo vaticinio conferamus, huic
qd regiones lumen suum affundit". Quando n. ap. Esaiā in priori tempore
dicitur reddidisse deum Israelitam

Praeliminaria in Jesaiam

Lect. 1. d.
6ᵗᵒ Maij.
1709.

Lect: I. II.

Eterne ac benignissime Deus à te laborum nostrorum primordium capimus, teqve ante omnia rogamus et obtestamur, [b]enedicas studijs nostris eaqve omnia per gratiam tuam dirigas in verum [c]ertissimumqve Ecclesiae tuae emolumentum nostrarumqve animarum aedificationem, velis per infinitam tuam gratiam nobis concedere, ut nunqvam sine te [ingr]ediamur auditorium et aggredia[m]ur labores hosce ne incassum labo[r]emus, qvod fieret utiqve, si sine te capes[c]eremus, hoc qvicqvid est negotij, si vero Tu nobiscum fueris et sanctificaveris animos nostros tum certe veritas tua cedet in tui Nominis gloriam, cedet etiam in nostram ae[te]rnam salutem. O Domine noli conce[d]ere, ut verbum tuum sanctissimum ⟨2⟩ mente profana ab ullo Auditorum inposter[um] tractetur, sed si vel maxime id hacten[us] ab uno alterove factum sit, eam velis [in]dere mentem omnibus et singulis in[poste]rum, ut id corrigant, et ea ratione [Scri]pturam Sacram tractare inposteru[m] incipiant, ne aliqvando poenitere impe[n]sae operae ullum eorum posset, velis a[u]dire hasce preces nostras, ut, sicut nunc in nomine tuo hosce labores nostros auspicamur, ita per auxiliu[m] tuum eos inposterum continuemus, et tandem etiam in nominis tui gloriam feliciter finiamus, Amen.

Auditores et Amici perdilecti! Catalogo lectionum aestivarum, et her[i] etiam schedula aliqva significatum est, inposterum nos Jesaiam esse pro gratia, qvam Deus concessus est, interpretaturos. hac hebdomate, praemittendae erunt lectiones qvaedam ⟨3⟩ praeliminares, id qvod eam ob causam faciendum esse iudico, qvod qvam plurima sint, qvorum praecognitio qvaedam omnino reqviritur;[1] si legitimum et exoptatum fructum Auditores velint ex hisce praelectionibus in Jesaiam percipere, et hac qvidem praelectione repetendum erit id, qvod jam inde ab aliqvot annis in studio Exegetico egimus, ut pateat [scopus] laborum nostrorum Auditoribus et ea ratione in hisce etiam praelectionibus in Jesaiam animos suos possint commode et cum aliqvo fructu remittere ad praecedentes Lectiones.[2] Dedimus introductionem generalem aliqvam ad Lectionem Prophetarum, ea finita, dedimus praelectionem in Prophetam Jonae, ijs etiam praelectionibus adjecimus succinctam et paraphrasticam explicationem Hoseae, qvibus praelectionibus itidem finitis addidimus Paraphrasin una cum ali-⟨4⟩qva interpretatione Prophetae Joelis: nu[nc] possemus accedere ad Amosum, ad Micham, sed eadem ratione nunc accedimus ad Jesaiam. Hi enim Prophetae maxim[e] in idem tempus incidunt; non aliam autem ob causam elegimus Jesaiam, qvam

---

1 Vgl. Introd. Pr.; vorl. Bd., 269 ff.; Studien II, 43 f.
2 Vgl. Introd. Pr., 91 ff.; vorl. Bd., 318 ff.

qvod ejus tractationem et interpretationem utilissimam judicaverimus Auditoribus nostris.

Suppono autem in hisce praelectionibus ea omnia, qvae hactenus cum praelectionibus generalioribus ad lectionem Prophetarum, tum in nonnullis particularibus tractationibus qvorunda[m] Prophetarum diximus, inprimis vero supponimus ea, qvae in introductione generali dicta sunt una cum ijs, qvae dicta sunt post tractationem Joelis de adminiculis Hermeneuticis. Qvandoqvidem igitur haec praecipue in hisce praelectionibus praesupponentur, nunc qvasi ea per ἀνακεφαλαίωσιν illa repetam, simulqve commonstrabo usum, ⟨5⟩ tum introductionis illius generalis, cujus dabo aliqvam ὑποτύπωσιν, in gratiam etiam eorum Auditorum, qvi non audiverunt illam introductionem generalem, tum etiam usum genuinum Hermeneuticae illius, qvam superioribus mensibus suppeditavimus, Qvod attinet ad introductionem illam generalem ad lectionem Prophetarum, [-] Hic observari à praesentibus Auditoribus poterit ejus qvasi hypotyposis qvaedam, [-] institutum nostrum fuit in illa introductione generali Prophetarum, ut Auditores nostros non per viam illam salebrosam longissimamqve duceremus, qvae in ejusmodi introductionibus ut plurimum solet ostendi, sed ut ostenderemus potius viam planissimam et qvasi domesticam Hermeneuticae Sacrae, qvae consistit in eo, ut Prophetas discamus interpretari ex ipsis Scripturis Sacris Scripturam per Scripturas interpretari.

Hoc vero institutum nostrum ita prosecuti sumus, nos tenderemus ante omnia in introductione ad Lectionem Prophetarum recurrendum esse ad Prophetam Summum nempe ⟨6⟩ ad Christum, et in omni interpretatione Prophetarum inqvirendum esse in loca illa Evangelistarum, ubi ipse Christus nobis Prophetas est interpretatus:[3]

Secundo loco diximus recurrendum esse ad subsidium illud Hermeneuticum, qvod ex Scriptis Apostolorum petendum est, et in omni Prophetarum interpretatione recurrendum esse post Christum ad Apostolos, et inqvirendum esse in Scriptis Apostolorum ubi illi sint Prophetae interpretati.[4]

Tertio loco diximus, recurrendum esse ad Mosen, de cujus Scriptis nempe è Pentateucho tanqvam ex Oceano qvodam omnes Prophetae hauserunt, ideoqve in omni Prophetarum interpretatione sedulo inqvirendum esse in fundamentum, qvod Prophetae ex Scriptis Mosis petant in fundamentum Vaticiniorum, qvod existat in ipso Mose, ut hac ratione recurrendo ad Mosen simul etiam recurratur ad primum omnium vaticiniorum fundamentum ac principium, et ad primas origines ⟨7⟩ rerum omnium.[5]

Qvarto diximus in interpretatione Prophetarum recurrendum esse ad Libros Historicos, Veteris Testamenti, imprimis vero ad illos Libros Historicos in qvibus constitutio Politiae judaicae habeatur, post Mosen, post Scripta Mosis.[6] Cum enim Prophetae in Politia judaica vixerint, non potest non interpretationem Prophetarum remorari ignoratio constitutionis Politiae judaicae, deinde vero recurrendum esse diximus, ad illos etiam Libros Historicos, qvi contineant illorum

---

3 Vgl. Introd. Pr., 5 ff., 91 ff.; vorl Bd., 280 ff., 318 ff.
4 Vgl. Introd. Pr., 9 ff., 119 ff.; vorl. Bd., 282 ff., 331 ff.
5 Vgl. Introd. Pr., 25 ff.; 152 ff.; vorl. Bd., 289 ff., 346 ff.
6 Vgl. Introd. Pr., 35 ff.; 223 ff.; vorl. Bd., 293 ff., 377 ff.

temporum seu illius aetatis historiam, qvo tempore, qva aetate illi Prophetae vixerint, qvos interpretandos forte susceperimus, qvod consilium imprimis suppeditavit Lutherus in Praefatione in Prophetas adeo ut hunc vocaret praecipuum Prophetarum Commentarium, qvi nobis perhibeatur in Libris illis historicis, in qvibus tempora Prophetarum nobis describantur.[7]

Qvinto diximus recurrendum esse ad Psalterium. Cum enim ⟨8⟩ [b]liber Psalmorum tempore antecedat libros omnium Prophetarum, qvi κατ' ἐξοχὴν Prophetae dicuntur, et qvi ab Hebraeis posteriores dici solent omnes Prophetae, si non aperte, si non explicite satis, certe tacite et implicite provocant ad librum Psalmorum id qvod inprimis verum esse deprehendetur in Propheta Jesaia, utpote in qvo interdum integra capita continent expositionem integrorum Psalmorum, qvamobrem explicatione ejusmodi Psalmorum cum ejusmodi capitibus Jesaiae, non potest non interpreti lumen aliqvot accendi, qvo perfruatur in Jesaiae interpretationem, et sic se res habet etiam in reliqvis Prophetis, adeo, ut Psalterium possit dici Hermeneutica qvaedam Sacra non modo veteris testamenti, sed etiam ipsius novi testamenti, unde etiam nullus plane liber inter libros veteris testamenti crebrius adducitur in novo testamento qvam liber Psalmorum,[8] Cum tertia fere pars Psalmorum expresse adducatur, seu testimonia ex ijs adducantur in Scriptis[b] ⟨9⟩ [c]novi testamenti. Jam si qvis conferat dicta illa[d] cum Psalterio ipso, cum alijs Psalmis, qvi paralleli fuerint argumenti, facile vel inde qvisqve conjicere potest, qvantum ex accurata tractatione Psalterij lumen existat in studio Exegetico, ad Psalterium vero pertinent reliqva hagiographa, sicuti antiqvi sub nomine Psalmorum intellexerunt etiam reliqvos libros, qvos hodie etiam in Libris Psalmorum invenimus post librum Psalmorum collocatos qviqve Hagiographa solent uno nomine appellari, nam ex illis etiam libris recte consideratis, magnum certe lumen accedet[e] interpretationi Prophetarum.[9]

Tandem [e]diximus etiam recurrendum est[f] in omni interpretatione Prophetarum ad Parallelismum, qvi habetur[g] in ipsis Prophetis, et perpetuo Prophetae[h] inter se esse conferendi sunt[i], non modo ii[j], qvi eadem aetate vixerunt, sed etiam ii[k], qvi diversa vixerunt aetate, qvae collatio inter praecipua subsidia interpretationis Prophetarum merito numeratur.[1][10] Haec fere sunt[e] ⟨10⟩ ea, qvae in introductione generali suppeditavimus, et qvae in Collegio illo, qvod nominavimus introductionem generalem ad Lectionem Prophetarum; pluribus tum verbis tum etiam rebus declaravimus.

---

7 WA DB XI, I, 3–15.
8 Vgl. Introd. Pr., 44 ff., 231 ff.; vgl. vorl. Bd., 298 ff., 381 ff.
9 Vgl. Introd. Pr., 237 ff.; vorl. Bd., 383 ff.
10 Vgl. Introd. Pr., 64 ff.; vorl. Bd., 304 ff.

---

b-b Klammer links am Text.   c-c Klammer rechts vom Text.   d Gestrichen: post librum Psalmorum.   e Klammer rechts vom Text.   f Geändert aus: recurrendum esse.   g Geändert aus: habeatur.   h Geändert aus: Prophetas.   i Geändert aus: conferendos.   j Geändert aus: eos.   k Geändert aus: eos.   l Zwei senkrechte Striche.

Dieses desto deütlicher zumachen, so will ich kürtzlich und aufs allereinfältigste gegenwärtigen Auditoribus anzeigen, wie sie dieses so anzusehen haben. Es ist die Haupt-Sache, daß mann lernet in denen Collegijs Exegeticis Scripturam per Scripturam interpretiren, wenn einer gleich sonst seinem Bedüncken nach die allerschönsten Sachen beybrächte, und er kommt auf das Fundament nicht, wie er Scripturam per Scripturam interpretiren soll, so ist er einmahl kein Exegeta, sondern das ist die eigentliche Sache, die von einem Exegeta erfordert wird, daß er Scripturam per Scripturam interpretire.

Nun ist das leicht gesagt, mann solle Scripturam per Scripturam interpretiren, aber die wenigsten verstehen es, wie ⟨11⟩ sie es verstehen sollen. Innsgemein verstehet mann das nur so, daß, wenn mann ein dictum etwa hat, mann denn ein dictum Parallelum anzuführen weiß, welches demselbigen dicto einiges Licht giebet. Das ist wohl etwas, aber es ist minima pars des studij Exegetici und laboris Exegetici, es gehöret viel ein mehrers darzu, sondern das ist eigentlich die Sache, wenn es heist Scripturam per Scripturam interpretiren, das heist adimpliren officium boni interpretis, daß mann ein jegliches Buch wiße durch die gantze heilige Schrifft hindurch zuführen, und die Harmoniam, die συμμετρίαν veritatis coelestis in der gantzen Schrifft zu zeigen, daß, wenn auch ein einiger locus Scripturae aus einem Buch soll tractiret werden, mann die rechte Art und Weiße wiße, wie mann denselbigen locum solle durch die gantze heilige Schrifft durchführen, und also zeigen, daß una eademqve ⟨12⟩ veritas in dem gantzen Systemate Scripturae Sacrae sey, und also eine rechte inductionem Apostolicam könne geben, wie es Paulus in der Epistel an die Hebraeer Cap: XI[11] gemacht hat, da er die Lehre vom Glauben durchs gantze alte Testament geführet hat, und zeiget, waß das auff sich habe.

Wie soll mann denn nun dieses angreiffen? Das ist in der introductione generali gezeiget, dieß sey die Ordnung: vor allen dingen müße mann ja auf denselbigen sehen, der uns zum großen Propheten gegeben sey, von welchem es heist:[12] Hunc audite, den Gott der gantzen Welt zum Lehrer, und nicht allein zum Lehrer, sondern auch zum Erlöser und Heyland gegeben hat.[13] Also ist das ein rechtes Haupt-Stück, daß mann Christum erst höre, darzu in der introductione generali der Weg gewiesen, wie mann das angreiffen ⟨13⟩ solle, und hernach in der introductione speciali, da in dem Jonam gelesen ist, ist gezeiget worden in der application, da er nur seinen Mund aufgethan hat, und hat von Jona gedacht an einen oder andern orte unser Heyland,[14] wie da der Schlüßel einem gegeben wird der rechten interpretation vom Jona,[15] und wie das Wort, das er geredt hat, so viel auf sich habe, daß es von allen interpretationen heiße, wie dort Simson saget: Hättet ihr nicht mit meinem Kalbe gepflüget, soltet ihr mein Rätzel nicht gelöset haben p.[16] Also wenn nicht alle hätten das Wort Christi

---

11 Hebr 11, 1–40.
12 Vgl. Introd. Pr., 5 ff., 91 ff.; vorl. Bd., 280 ff., 318 ff.
13 Mt 17, 5.
14 Vgl. Mt 12, 39–42.
15 Vgl. Introd. Pr., 91 ff.; vorl. Bd., 318 ff.
16 Jdc 14, 18.

so genommen, wie Er Jonam interpretiret, so were immer die interpretation zweiffelhafftig gewesen, so were das Licht nicht aufgegangen, daß er daselbst demonstriret. So gehets in den allen übrigen auch, wenn uns nur unsere Augen recht aufgethan werden, daß wir sehen, waß uns Christus, obsgleich wenig Worte scheinen, die er geredt hat, vor ein Licht gelaßen habe, und wie darnach die Apostel des Herren die Reden ⟨14⟩ Christi nehmen, wie sie es von dem seinen nehmen, und daßelbige darnach vortragen, weiter auslegen und erklären, also ists gezeiget worden in introductione generali.[17]

Das andere sey das, daß mann recht auf die Apostel gehe, und sehe, wie sie in ihren Schrifften die Propheten erkläret haben,[18] so kommt mann auf den gewißen Grund, da es ja heist: discipulus non supra Magistrum, da nun Christus selbst das Haupt ist, da die Apostel des Lammes sind gegeben zu universal Lehrern in der gantzen Welt und wir das Wort von ihnen empfangen haben,[19] und so lehrts uns ja auch die Sache selbst, daß wir da müßen den Anfang machen, wann wir eine solidam introductionem ad lectionem Prophetarum haben wollen, darnach ist erst Zeit, daß mann in Mosen hineingehet, denn das neüe Testament ist erst ein Schlüßel von Mose, und also müßen wir den ⟨15⟩ Schlüßel mitbringen, wenn wir in Mosen gehen wollen, und wollen aus dem seinen schöpffen, und wollen die Propheten recht interpretiren, in der ordnung müßen wir hernach fortfahren und also in Mosen hinein führen, waß wir in einen jeglichen Propheten finden, da denn kein Prophet kan interpretiret werden sine Mose, sondern mann muß immer Mosen conferiren, und ist dieses ein rechtes Hauptstück, ja mann möchte es wohl nennen ein gewißes Geheimnis in studio Exegetico, daß mann Mosen fleißig tractire, wer das nicht thut, wer Mosen nicht fleißig tractiret, der wird sein Lebelang kein rechter Exegeta werden, aber nur muß es in der gehörigen ordnung geschehen, daß manns nicht wie die juden machet, welche Christum und die Apostel zurücke laßen, von welchen sie die wahrhafftige Weißheit lernen könten, ⟨16⟩ sondern daß wir als Christen den rechten clavem nehmen, der uns gegeben ist von der heil. Schrifft,[20] von welchem es heist: Wer den nicht höret, deßen Seele soll ausgerottet werden.[21] Mann soll den erst hören nehmlich den großen Propheten, und sich laßen in die Schrifft hineinweißen, secundo loco soll mann auch diejenigen hören, von welchen Er saget: Wer eüch höret, der höret mich,[22] und damit hineingehen in die Schrifften Mosis, und die mit den Propheten fleißig conferiren, darauff ist nun das nechste, daß mann die Libros Historicos vornehme, und lerne die gantze constitution Politiae judaicae, worinnen die bestehe, worinnen die liegt, ohne welche mann auch unmöglich kan die Propheten interpretiren, denn sie lebten in derselben Politia, und wenn einer nun nicht den statum derselben Zeit inne hat und statum reipublicae judaicae, wenn einer das nicht inne hat, so kan er

---

17 Vgl. Introd. Pr. 9 ff., 119 ff.; vorl. Bd., 282 ff., 331 ff.
18 Mt 10, 24; Lk 6, 40.
19 Apk 21, 14.
20 Introd. Pr. 25 ff., 152 ff.; vorl. Bd., 289 ff., 346 ff.
21 Act 3, 23.
22 Lk 10, 16.

sich wohl nicht drinnen finden,[23] daher kommen ⟨17⟩ einem Exegeten wohl zustatten die Schrifften, als Cunaeus de republica Hebraeorum,[24] und andere, die de republica Hebraeorum geschrieben haben, Bertramus[25] etc: Aber der vornehmste unter ihnen, und der es in der Kürtze so gefaßet hat ist der ietzt gedachte Cunaeus, der auch ob elegantiam styli, und weil er gar artig seine dinge tractiret, und in solcher Kürtze von Studiosis gar leicht kan gelesen werden, sonsten sind noch viel größere dinge als Lundij[26] seine Sachen und dergleichen, Goodwïns Moses und Aaron,[27] ist auch ein solch Compendium.

Das ist alles nur bloß ümb deßwillen gesagt, weil mann sonst in so vielen dingen hospe[s] ist, und kan sich in die Propheten nicht schicken, verstehet ihre Redens-Arten nicht, wenn einem die Gebräuche und die Arten nicht bekandt sind, die in Politia bekandt sind, die haben aber dieselbige. Darauff aber ist nun einem sonderlich nötig, daß ⟨18⟩ mann dieselbe Libros Historicos recht lerne, da die Propheten eigentlich gelebet haben, dießelbe historiam regiam, unter deren Regierung die Propheten gelebet haben. Darauff weist sonderlich Lutherus, und saget, das sey der Haupt Commentarius, wie nun voran stehet, und von den Propheten insgem[ein] zu der und der Zeit, an dem und dem Tage geweißaget worden.[28] Wohlan so soll mann da erst hinein sehen, soll erst dieselbe historiam sich zu nutze machen, wenn mann anders mit Nutzen einen Propheten tractiren will, Darnach ist es erst noch Zeit, daß mann in den Psalmen hineingehet, denn die Psalmen praesupponiren alle die libros historicos in dem alten Testament, so weit biß auf die tempora Davidis hin, da schon viel libri historici waren, in welchen die Verheißung war, daß aus dem Saamen Davids solte der Messias kommen, und dies[e] ⟨19⟩ stehen vor alle den Prophetis, die wir κατ' ἐξοχὴν Propheten heißen in dem corpore oder Systemate Biblico, und geben also alle denenselben ein Licht, und die Propheten haben so zureden mit dem Kalbe selbst gepflüget, wenn ich so reden soll, sie haben geredt, getrieben durch den heil. Geist,[29]

Aber es ist der Rath Gottes gewesen, daß die folgenden Propheten durch die vorhergehende erkläret würden, weiter herausgesetzet, klärer und heller gemacht würden, also muß mann immer die vorgehenden mit den folgenden conferiren, und da ist sonderlich das Psalterium und die übrigen Bücher, so damit verknüpfet sind, dann aber weil die Propheten ihre eigene Art haben zuschreiben und ihre Harmoniam, auch in ihrer Redens-Art, und in ihren vaticinijs, so muß ein perpetuum studium collationis Prophetarum seyn,[30] Durch den Weg muß ⟨20⟩ einer gehen, wer durch den Weg nicht gehet, sondern der Weg düncket ihn zu weitläufftig zu seyn und zu operös, der wird in einen viel operösern Weg hineinfallen, der ihn viel schwerer fallen wird, und wird den Nutzen nicht davon

---

23 Vgl. Introd. Pr. 35 ff., 223 ff.; vorl. Bd., 293 ff., 377 ff.
24 Cunäus 1696.
25 Bertram 1641.
26 Lundius 1704.
27 Goodwin 1694.
28 WA DB XI, 1, 17.
29 Vgl. Introd. Pr. 44 ff., 231 ff.; vorl. Bd., 298 ff., 381 ff.
30 Vgl. Introd. Pr. 64 ff.; vorl. Bd., 306.

haben, wer aber in diesen Weg hineingehen wird, der wird selber ins rechte studium Exegeticum kommen, selber auf ein genuinum principium Exegeticum, es wird ihm mit der Zeit läuffig werden, daß er endlich diesen Nutzen erlanget, endlich diesen finem erreichet, daß, wenn er einen textum Biblicum vor sich
5 nimmt, er denselbigen könne aus Christi seiner Lehre, aus der Apostel ihrer Lehre, aus Mose, aus denen libris historicis, aus denen Psalmen, aus denen Propheten deduciren, wie unser Heyland mit seinen jüngern ümbging, daß er ihnen sagte, Was in ⟨21⟩ Mose, was in denen Psalmen, was in denen Propheten von ihm geschrieben stehet, und öffnet ihnen die Schrifft,[31] da wir denn das
10 neüe Testament zu Hülffe haben, werden wir in diesen modum kommen, wie Christus mit seinen jüngern ümbgegangen, das ist denn gar was anders, wenn die Schrifft so interpretiret wird, und sonderlich, wenn ein Prophet so interpretiret wird pro convictione animorum nostrorum, als wenn mann gleich noch so viel dinge herbeyziehet, und noch so viel darüber meditiret, denn es giebt keine
15 rechte conviction, aber wenns so gezeiget wird, nach der methode, wie Christus und seine Apostel gegangen, daß mann es durch das gantze corpus Scripturae durchführet, daß man überzeiget seyn kan, das ist die rechte interpretation, oder ob mann das zugleich in allen so bald findet, so ist doch das, was ⟨22⟩ mann darinnen findet so viel gewißer und fester und zeiget einem so viel deütlicher
20 den Weg dasjenige zu verstehen, waß mann noch nicht verstehet. Dieses ist nötig gewesen, daß es praeliminariter errinnert werde.

Lect: II. d.
[7. oder 9.?]
Maij.

Hesterna lectione via proposita est ad praeparationem Jesaiae, imo etiam sane sequentes proxima hebdomate impendendae erunt praeliminares, ut, peracto demum festo Pentecostes, accedere animus sit ad ipsam Prophetae interpretatio-
25 nem, nec poenitebit Auditores praeliminaria qvaedam ad studium Propheticum, inprimis vero ad interpretationem Jesaiae spectantia audivisse, Multum enim momenti est in manuductione aliqva ad studium Exegeticum. Anteqvam autem in ijs, quae hesterna lectione inchoata sunt, pergam, de ratione tractandi praemittam quaedam, qvae nobis in his praelectionibus Exegeticis proposita sunt.

30 Ich finde, daß es mit denen Collegijs insgemein so gehet, dictiret mann es al-⟨23⟩lein, so gefället es denen Studiosis nicht wohl, wenn sie nicht genung etwa verstehen, waß dictiret wird, und zum theil nehmen sie denn auch daher Gelegenheit aus denen Collegijs wegzubleiben, dieweilen sie dencken, sie können schon solche abschreiben, dann erfahren sie den Schaden davon, daß sie es nicht
35 genugsam capiren, oder daß sie die Sache halb gefaßet haben, und meinen doch, sie hätten sie recht gefaßet, und entstehen daraus undeütliche Meinungen, gar Verkehrungen desjenigen, waß mann proponiret hat, redet mann teütsch, so sind einige so Superstitiös (kans nicht anders deüten, ich weiß es nicht anders zu nennen) daß sie dencken, es sey der Sache kein genüge geschehen, weil
40 nicht lateinisch proponiret werde, da doch Studiosi Theologiae einmahl in ihrer Muttersprache es andern wieder vortragen sollen, waß sie auf Vniversitäten gefaßet haben, und also ihnen viel leichter ⟨24⟩ ist, wenn sie es hören, es andern wieder vorzusagen, aber wie magna vis in superstitione ist, so gehets auch darinn, daß mann endlich in superstitionem degenerirt, mann meinet daß es darin-

---

31 Lk 24, 25 ff., 32.

nen bestehet, jedennoch ist auch einige ration, warüm mann gern lateinisch redet, dieweil von andern nationen auch wohl einige da sind, zum Exempel Ungarn, Frantzosen, Engelländer, welchen ein dienst damit geschiehet, daß lateinisch geredet werde, damit sie es auch verstehen können, da sonderlich etwan im Anfange einige die teütsche Sprache noch nicht verstehen. Ich meine also in diesen allem ein temperament zutreffen, und zwar lateinisch zu discurriren, aber dennoch das teütsche hinzuzuthun, damit es beßer inculciret werde, und ich mich beßer versichern könne von den Auditoribus, die teütsche sind, daß sie das, waß gesagt ist, recht faßen. Ich muß es ja frey be-⟨25⟩kennen, daß die Schulen an den wenigsten orten so beschaffen sind, so schlecht bestellet sind, die discipuli von den meisten Schulen so schlechte progressus in latinitate mitbringen, daß mancher zuthun hat, ein lateinisch Buch recht zu lesen, wenn sie ein lateinisch Buch lesen, daß sie den sensum faßen, geschweige denn etwas lateinisch zu discuriren. In Summa, mann hats vielfältig hier erfahren, daß wann mann angefangen hat, und hat allein lateinisch geredet, so sind gleich viel qverelen entstanden, sie könten keinen Nutzen draus faßen, weils denn uns nicht darüm zuthun ist, daß man nur pro forma lectiones halte, oder daß mann sein Ammt eüßerlich verrichte und demselben ein Genügen thue, sondern es uns darüm zuthun ist, daß unsere Auditores auch den rechten Nutzen haben, so dringet uns die Liebe, die wir zu unsern Auditoribus haben, darzu, daß mann ihnen zuhülffe komme, daß sie es ⟨26⟩ auf alle weiß und weg recht faßen mögen, und den rechten Nutzen draus nehmen, gleichfals ist meine intention zwar fürnehmlich zu discurriren, also so viel mehr zu proponiren, dieweil da mehr geredet werden kan, als wenn mann etwas dictiret, damit aber gleich wohl auch die Auditores etw[as] in den Händen behalten, und Gelegenheit haben sich deßen wieder zuerrinnern, waß im Collegio vorgetragen ist, so werde ich denn auch etwas dictiren, so viel sich immer will thun laßen, ich muß aber nothwendig die reflexion dabey machen, daß ich den Propheten Jesaiam vor mich habe, der so weitläufftig ist, und auch in seiner materien selbst so copiosus, daß ich ja wohl meine Lebenszeit könte damit hinbringen, solchen Propheten von Wort zu Wort zu tractiren, sonderlich wenn noch viel darüber solte dictiret werden, so könte endlich nichts anders draus ⟨27⟩ kommen, als ein großer, langer und weitläufftiger Commentarius, damit würde ich aber meinen Auditoribus nicht allerdings rathen, denn sie würden bey einem und dem andern hangen bleiben, ob sie auch gleich ihren Nutzen draus nehmen können, es ist aber ein besonderer vortheil denen Studiosis, wenn sie ein Buch, ein librum Biblicum können nach einander durch tractiren, wie nun auch bißher in der Kürtze tractiret worden der Prophet Jonas, Hoseas, Joel, so solle es auch mit dem Propheten Jesaia gehalten werden, dennoch aber, weil sie kurtz gewesen, mich weitläufftiger können aufhalten, ümb so viel eher zum Ende zu kommen, kan ich es also nicht so anfangen, so weitläufftig zu tractiren, sondern ich muß mehr praesupponiren, daß so viele über den Propheten Jesaiam bereits geschrieben haben, und studiosi Theologiae sich da können erhohlen, und will also nur dasjenige dictiren, waß ich etwa insonderheit ⟨28⟩ nötig halte, daß sie dabey sich wieder können errinnern deßen, waß discurriret, und welches sie etwan anders wo so nicht finden, soltens gleich auch nur observationes seyn oder als meditationes, die bald über einen bald über den andern Text gegeben würden, kan ihn doch daßelbige in ihrem gantzen Leben dienen, sonderlich wenn ihnen die Structur des gantzen Propheten gezeiget wird, die cohaerenz, was zusammen gehöret, und was nicht zusammen gehöret, daß sie also selbst hineingeführet werden auf eine rechte Art und Weise, wie sie sollen den Propheten tractiren, so können ihnen auch dergleichen promiscuae meditationes dienlich seyn, künfftig sich derselben zubedienen, wenn sie selbst Propheten tractiren nach der anleitung, die ihnen ietzo gegeben ist, üm deßwillen wird uns allerdings nötig seyn, daß die Auditores keine lectiones versäumen, damit thun sie ihnen gar großen Schaden, ⟨29⟩ denn mann kommet zu nichts rechtes, der, der die lectiones halten soll, der dencket, er hat ein perpetuum Auditorium vor sich, oder Auditores assiduos, und bleibt also bey seiner connexion, wenn nun andere zwischen kommen, so haben sie nicht gehöret das vorhergehende, so haben sie kein filum der lectionum, wißen nicht, wo sie anfangen sollen, verstehen das nicht recht, bleiben darnach wieder einmahl aus, so nutzen ihnen gewiß solche lectiones sehr wenig, sie haben auch wohl dabey zu consideriren, daß der Prophet Jesaias ja von der Wichtigkeit ist, daß mann der Gelegenheit wahrnehme, wie mann den Propheten Jesaiam recht im Grunde verstehen solle und daß ja wohl wehrt sey, daß mann bey einem solchen Propheten keine lectiones versäume, da in der connexion das andere mit angehänget, so, daß manchesmahl von einem Wort, das Jesaias zuvor^m gesaget, eine connexion dependiret in vielen folgenden Capiteln, ⟨30⟩ denn der das erste nicht recht hat in acht genommen, und waß vor eine observati[on] dabey gegeben ist, der hat im folgenden allen kein recht licht, und kan es nicht so faßen, wie er es recht faßen soll, auch üm deswillen werden die Auditores keine lectiones versäumen, dieweil ich mich daran nicht binden kan, wenn dictiret werden wird, oder wenn discurriret wird, und also sie vielleicht sich könten erhohlen, daß sie das abschrieben, waß andere nachgeschrieben haben, aber mitlerweile versäumen sie den discurs, denn darinnen können sie sich nicht so erhohlen, und daran ist offt am meisten gelegen, daß mann das, waß dictiret wird, weiter extendiret, und erkläre, helle mache, da nicht eine jegliche Sache einem jeden sogleich deütl. ist, sondern mancher gibt denn ein Wort einen sonderlichen Nachdruck, daß ers beßer faßet, einem andern wieder ein anders, und also reqvirire ⟨31⟩ ich billig assiduos Auditores oder assiduitatem, daß mann nicht einmahl die lection besuchet, und hernach wieder etliche intermittire, und dann wieder komme, und verlaße sich darauf, daß mann das etwa nachschreibe, waß gesaget würde, oder daß mann auch den discurs etwa von jemanden bekomme, oder daß mann den discurs gedencket einmahl nachzuschreiben, und waß sonst ist, damit hindert mann sich gar sehr, ich kan an meinem Theile das von Grunde des Hertzens versichern, wenn mir es auf Vniversitäten so gut worden were, daß nur der Jesaias einfältig were erkläret worden in einer Kürtze der Zeit, und were mir gezeiget worden, wie der gantze Prophet connectire, wie der gantze Prophet eingetheilet werde, wie mann die vaticinia anzusehen hätte,

---

m Wort eingefügt.

wie eins aus dem andern flöße, wie die rechte Haupt-Stücke darinn weren, und wie ich in meinem gantzen Leben könne recht ⟨32⟩ in Jesaia versiren, ich würde das vor ein solch beneficium gehalten haben, das mit keinem Gelde zu bezahlen were, aber ich kan nicht sagen, daß mirs so gu[t] worden ist, ich muß dieses sagen, weil die wenigsten Studiosi wißen, wie es etwa sonst gehet in dergleichen dingen, und also es so viel weniger achten[,] daß sie der Zeit wahrnehmen, wenn sie aber hernach zujahren kommen, so sehen sie, woran es ihnen gefehlet, und errinnern sich, waß sie für gute Gelegenheit gehabt haben, darnach bereüen sies, es were hernach nicht mehr Zeit, daß ich ihnen die Errinnerungen gebe, wenn ich gleich noch das Leben hätte, weil das tempus praeteritum ist, ietzt aber vorher, ehe die lectiones angehen, kan ich ihnen solche Errinn[e]rungen geben, nehmen sie es denn nicht inacht, nun so werden sie doch einmahl an meine Errinn[e]rung gedencken, und hernach vielmehr bereüen. Dieses habe ich praeliminariter auch üm deßwillen ⟨33⟩ wollen errinnern, auf daß etwa die Auditores, so hier gegenwärtig sind, hieraus konnen abnehmen, waß so im Collegio wird tractiret werden, und wozu sie sich zuschicken haben, daß nemlich Feder, Dinten und Papier, damit waß dictiret werden soll, wird müßen mit zur hand seyn damit, waß dictiret wird, könne aufgeschrieben werden, dabey denn auch ihnen nützl. seyn möchte, daß sie auch aus dem discurs, wenn etwas merckliches vorkömmt, dasjenige mit annotiren, obsgleich nicht so ordentlich gefaßet wird, so dienet es doch darnach, wenn mann es repetirt u. meditiret darüber, welches allerdings dabey erfordert wird, so dienets doch einem darzu, daß mann sich [an] ein wörtchen errinnern kan, waß gesaget worden ist, und also so viel mehr Nutzen kan darausnehmen. His Suppositis, jam pauca addenda erunt ijs, qvae hesterna lectione inchoata sunt. Suppeditavi hypothesin aliqvam seu re-⟨34⟩praesentationem introductionis generalis Lectionum Propheticarum, in qua introductione generali videlicet diximus, ante omnia Christum audiendum esse tanqvam Prophetam magnum, à Deo nobis datum, Caput omnium Prophetarum, et interpr[e]tem optimum Prophetarum omnium:[32] Deinde audiendos esse Apostolos ex ore ipsius Christi Prophetas interpretantes[.] Tertio audiendum esse Mosen, è qvo tanqvam ex Oceano Prophetae omnes hauserunt. Qvarto audiendos seu conferendos esse Libros Historicos V. T., cum historiam illam veteris testamenti omnes Prophetae supponant, et qvi ignoret historiam veteris testamenti, minime possit rite versari in legendis et interpretandis Prophetis, imprimis vero historiam temporis illius esse conferendam, qvo Prophetae illi, qvorum interpretationem suscepimus, vixerint. Porro conferendum esse Psalterium, tanqvam hermeneuticam aliqvam non modo veteris, sed ipsius etiam novi testamen-⟨35⟩ti, ad qvod Psalterium provocent omnes et singuli Prophetae, licet non expressis verbis, tam clare tamen, ut vestigia Psalterij attento Lectori non difficile sit deprehendere. Sic conferenda etiam esse reliqva Hagiographa, ut dicuntur. Tandem conferendos esse inter se Prophetas, cum Prophetae suo qvodam modo, sua qvadam ratione loqvendi, et proponendi utantur, qvi modus Prophetarum loqvendi, qvo nobis fuerit familiarior, eo minori labore etiam versamur, eo minori negotio

---

32 Vgl. vorl. Bd., 271–317.

etiam versabimur in Prophetis interpretandis. Diß habe ich mit Fleiß am gestrigen Tage ein wenig teütsch erläutert, weil sonst nicht genung möchte penetriret werden, waß an dieser introductione generali gelegen sey, indem sonsten Studiosi wohl dencken, das sind so generalia adminicula, das weiß mann schon, und sehen das pondus nicht, das darinn ist, wozu mann sie anweisen wolle, nehmlich, daß sie selbst zu einer solchen Hermeneutic mögen gelangen, daß sie zu einer solchen Art und gründlichen ⟨36⟩ methode, die heil. Schrifft zu interpretiren, gelangen mögen, da sie in gehöriger ordnung Scripturam per Scripturam lernen interpretiren, und wenn sie einen Text vor sich kriegen, daß sie den können durch Mosen, durch die Propheten, durch die Psalmen und durch die Schrif[f]ten der Apostel durchführen, und zeigen, wie eine Warheit sey, die durch die gantze heil. Schrifft hindurch gehe, daß, wann sie eine Warheit haben, sie dieselbe können in der gantzen harmonie vorlegen, wie unser Heyland mit seinen jüngern, wie ich das angeführet habe aus Luc: XXIV. da er ihnen die Schrifft öffnete, und führet sie durch Mosen, die Propheten und Psalmen,[33] also da wir nun das neüe Testament haben, daß, wenn mann einen die Schrifft öffnen will, mann daßelbe von Anfang biß hinten aus führe. Das giebt dann eine rechte Warheit, das gibt eine rechte conviction, eine rechte ἀπόδειξιν τοῦ πνεύ-⟨37⟩ματος ἁγίου, daß sich der andere recht überzeiget findet, und siehet, es sey nicht nur so herbeygesuchet, sondern es sey eine rechte interpretatio der Schrifft, drüm ist viel daran gelegen, daß dieselbe introductio generalis erst recht zum Grunde gesetzet werde, auch bey dem Propheten Jesaia. Nun wie ich dis habe mit deütschen Worten inculciret, so will ich nun noch deütlichere Erläuterung in Exempeln dazu thun mit dem Propheten Jesaia, damit sie mich beßer verstehen können, e. g. will nun ein Studiosus Theologiae nach der introductione generali verfahren, und eine kurtze Anweisung haben, wie ers machen solle, daß er sein Lebenlang recht mit dem Propheten Jesaia ümbgehe, so fange er es also an, er sehe, waß ihm im neüen Testament, und zwar zuerst im Worte Christi selbst, oder doch in den Worten der Evangelisten, da sie Christi seine Geburt, Christi seinen Lebens Lauff, sein Leiden und Sterben, und seine Auferstehung beschreiben, waß sind darinnen für ⟨38⟩ Worte angeführet aus dem Propheten Jes[a]ia, mann wird gleich finden bald im Anfange in dem 1 Cap: u.[n] das dictum aus dem 7 Cap: Jesaiae angeführet finden in dem VIII Cap: Matth: Siehe eine Jungfrau p[34] das muß nun einer nicht oben hin ansehen, das weist ihn ja gleich hinein, wo er die interpretation suchen soll, aber er wird noch mehr örter finden, die im folgenden selbst von Christo angeführet werden, oder die doch die Evangelisten so deütlich auf Christum führen, daß sie gleich die Erfüllung zeigen, da hat es Christus gethan, da hat Jesaias von ihm geweißaget, wie wir unter andern das LIII Cap: 4. angeführet finden in dem VIII 17.[o] Cap: Matth: Fürwahr er trug unsere Kranckheit, und lud auf sich unsere Schmertzen p[35] und also an

---

33 Lk 24, 25 ff., 32.
34 Mt 1, 23; vgl. Jes 7, 14.
35 Mt 8, 17; vgl. Jes 53, 4.

n Eingefügt.   o Zahl 17 eingefügt.

andern orten mehr, da werden wir ja deütlich ᵖhinᵖein gewiesen, ⟨39⟩ [i]n die interpretationem des Propheten Jesaiae, darnach im XII Cap: wird das XXXII. Cap: angeführet,³⁶ und so ferner, sonderlich saget davon der Johannes, da er seines Christi Herrlichkeit sahe, und führet das VI Cap. an.³⁷ Also finden wir schöne und vortreffliche loca, die theils von unserm Heylande selbst, theils den Evangelisten angeführet, und auf Christum appliciret werden, oder von ihm interpretiret werden. Das nehme mann erst vor sich, und notire sich dieselben loca sonderlich in dem Propheten Jesaia, ja mann wird wohl thun, wenn mann dieselben dicta auch im Hebraeischen auswendig lernet, die im neüen Testament, die in denen Evangelisten insonderheit angeführet sind, im Griegischen [!], damit mann sie üm so viel mehr gleich in promtu und parat habe, weil dieselben Sprüche so angeführet worden sind gleich wie die astra. Wenn mann die Astronomie lernen will, werden einem nur einige ⟨40⟩ Haupt-Sterne gezeiget, darnach wird mann noch mehr angewiesen, waß zu diesem und zu jenem Stern noch mehr gehöre, und ist dieses der Weg, daß mann zur Astronomiam gelange.³⁸ Also weiset uns das in den Jesaiam hinein, wenn einer nu[r] den Weg inachtnimmt, da hat er den nec[h]sten Weg, da er ja Christum erkennet vor denjenigen, der uns von dem himmlischen Vater geschencket ist, daß wir ihn hören sollen, so muß er ja den zuerst hören, da[ß] mann sehe, wie der Jesaiam interpretiret, und wie es nun an ihm erfüllet ist, darnach wird mann noch mehr angewiesen, daß mann siehet, wie Christus τὸ τέλος Scripturae ist, und wie es auch an ihm erfüllet sey worden,³⁹ hernach gehe mann weiter fort in die Schrifften der Apostel, und sehe, wo die den Propheten Jesaiam angeführet haben, e. g. da Matth: VIII. es von den leiblichen Kranckheiten angeführet wird, waß Jes: LIII stehet, so wird es von Petro im vornehmsten sensu, worauff ⟨41⟩ [J]esaias gewiesen hat, auch angeführet, nehmlich, daß wir durch seine Wunden sind heil worden an unser Seelen.⁴⁰ Das gibt ihm ja die rechte interpretation davon, wie unius positio nicht alterius negatio ist, weil das nicht üm deßwillen, da es auf die leibl. Kranckheiten geführet wird, verneinet werde, als daß es nicht auf die Sünden gehe, oder auf die geistl. Kranckheiten, sondern da wirds uns recht aufgewickelt, und so wird manns an andern orten mehr sehen. Wenn also einer nur erst die dicta nehmen wird, die ihm in der Apostolischen Schrifften angeführet sind, und wird die in dem Jesaia suchen, wird sich die recht bekandt machen, wird sie conferiren, da hat er schon einen Clavem des Propheten Jesaiae, u. zwar optimam clavem, kan keinen beßern sich finden als den, daß er das erst nehme, und das ist via plana, via rectissima, da mann gleich zugehet, und lernet von seinen Praeceptoribus, von denen mann lernen soll, von Christo und seinen

---

36 Mt 12, 17–21; vgl. Jes 42, 1–4.
37 Joh 1, 14; vgl. Jes 6, 3.
38 Vgl. vorl. Bd., 35.
39 Vgl. Rom 10, 4.
40 Mt 8, 17; vgl. Jes 53, 4 f.; 1Petr 2, 24 f.

---

p-p Eingefügt.

Aposteln, wie uns die haben den Jesaiam erkläret, das ist er erste und einfältigste Weg, und da können sich ⟨42⟩ die Auditores einen großen Nutzen schaffe[n,] wenn sie sich bey Zeiten gefast machen und bereiten sich auf die künfftigen lectiones a[uf] die weise, daß sie ja dieselben dicta fein au[s]suchen, conferirens miteinander, nehml. die dicta, wie sie im neüen Testament stehen, mi[t] denen, wie sie im alten Testament gezeige[t] worden, und wo etwa sind die Worte aus der LXX virali Version angeführet, conferiren sie auch damit, alß im Luc: IV heist es ᵠv. 17ᵠ: es ward ihm das Buch der Propheten ʳ dargereichet, und da er das Buch herümbwarff, das volumen, fand er gleich den Propheten Jesaiam, und nahm das LXI. Cap: vor, und sagt: diese Schrifft ist heüte erfüllet, da er sie aber zum theil nur aus der LXX virali versione, wie sie wenigstens Lucas anführet, nimmet.⁴¹ Also wird dieses eine herrliche Zubereitung seyn, wenn mann das fleißig mit dem Jesaia conferiret, waß im neüen Testament von ihm angeführet wird, ja auch die Hebraeische dicta, wie ich schon gesaget habe, sich in dem Hebraeischen recht bekandt machet, und ⟨43⟩ [a]uswendig lernet, es hat mir je und je gehofffen in meinen studijs, daß ich im studio Theologico das gethan habe, daß ich die dicta classica fein aus dem griegischen und Hebraeischen aus dem alten und neüen Testament auswendig gelernet, daß ich sie ad ungvem konte, es hilfft mich noch biß auf diese Stunde, daß ich mich nicht lange besinnen darff oder nachschlagen, waß vor ein Wort da gebrauchet wird, wenn ein dictum vorkömmt, sondern daß mirs noch in memoria haeriret, sonderlich in den Jahren. Wenn sie das erstl. haben, so haben sie in so weit schon ein Licht in den Propheten Jes: Daß sie gleichsam die Haupt-Sterne kennen, darinne recht erkennen die dicta und zwar die Haupt dicta, welche Christus und die Apostel selbst vor die Haupt-dicta erkandt haben,⁴² und das kan sich darnach leicht faßen laßen. Nun so sag ich tertio, ich will das noch hinzusetzen, die Apocal: hat sonderl. viel aus dem Propheten Jesaia, da aus dem VI Cap: heilig, heilig, heilig, einigemahl wiederhohlet ⟨44⟩ wird, und sonst andere dinge mehr, da Jesaias treffl. in Apocalypsi erkläret wird,⁴³ also muß auch die collation: nicht versäumet werden, Nun darauff, wenn [sie] Mosen ein wenig damit conferiren, so w[ird] mann sehen, daß eben dieselben Phrases[,] die frequentissime im Mose vorkommen, auch in dem Jesaia zufinden: wo man[n] am wenigsten dencket, daß Jesaias mit Mosen redet, da redet er mit ihm, und schöpffet immer aus derselben qvelle. Dieses will ich künfftig mit einigen Exempeln erläutern, will also ietzo mic[h] dabey nicht aufhalten, weil auch was anders im Ammte zu thun ist, will auch künfftig daselbst proseqviren, und etwas hinzuthun aus der Historie, daraus offenbahr ist, wenn mann nur der Introductioni generali folget, und hätte sonst nichts empfangen, so würde mann dennoch nicht ohne Fruch[t] den Propheten Jesaiam lesen, welches aber einem so viel nützlicher ist, wenn er specialiter angeführet werden kan.ˢ

---

41 Lk 4, 17–21; vgl. Jes 61, 1 f.
42 Apk 1, 8; 3, 7, 9, 18; 4, 2, 4 u. a.
43 Apk 4, 8; vgl. Jes 6, 3.

q-q Versangabe eingefügt.   **r** Gestrichen: Jesaia.   **s** Am Seitenende rechts: H. Flindner [?].

⟨45⟩ Lectio III. IV. et V. in Esaiam 1709.

His praelectionibus praeliminaribus quibus per ἀνακεφαλαίωσιν aliquam suppeditauimus ὑποτύπωσιν introductionis ad lectionem Prophetarum, inprimis vero in ultima Lectione commonstrauimus enim ex parte vsum legitimum illius introductionis, qui in negotio hac in nostra praeliminari lectione pergendum nobis erit.⁴⁴ Quemadmodum itaque superioribus lectionibus dictum est, ad introductionem ad lectionem Prophetarum inprimis requiri collationem accuratam Sacrae Scripturae cum Script[ura], & primo quidem, fundamentum interpretationis omnis Prophetarum petendum esse ex scriptis Euangelistarum, quatenus in iis nobis Propheta summus & Doctor omnium Prophetarum sistitur, nempe ipse Deus s. Christus: Deinde pergendum esse ad scripta Apostolorum, vtpote qvam clauem nobis suppeditent ad recte et ex mente Christi intelligendos Prophetas. Tertio pergendum esse ad Mosen. Quarto ad libros Historicos V. T. quos dici solent Prophetae priores. Quinto pergendum esse ad Psalmos & reliqua scripta, quae dicuntur ἁγιόγραφα. Tandem pergendum esse ad ipsos Prophetas, ipsamque eorum inter se collationem.

Lect. III. d. 10. Maÿ. 1710.

Quemadmodum haec in superioribus lectionibus dicta & repetita sunt, & quoad N. T. vsus enim ostensus est horum monitorum, ita nunc ad reliqua pergendum, & ⟨46⟩ in iis etiam duntaxat per exempla aliquot vsus legitimus & applicatio ostendenda est. Multum enim omnino situ[m] est in eo momenti, vt Auditores recte intelligant, qvae sit genuina ratio interpretandi, & vt veram in animo sibi forment ideam, quam per omnem vitam obseruare possint, non modo in Prophetis, sed in omnibus Scripturae libris interpretandis. Diximus itaque tertio loco Prophetas conferendos esse cum scriptis Mosis, cum Pentateucho, si genuinum ejus sensum s. adplicationem ejus aliquam in Esaia voluerimus ostendere: ᵗnec dubiumᵗ est: certe quinᵘ si in vllo alio Propheta, certeᵛ omnino in Esaia idem facile ostendi possit, utpoteʷ cujus ipsum initium refertur manifestissime ad scripta Mosis.

Quando e. g. Esaias c. I. 1, 2. ait: Audite coel[i] & auribus percipe terra p Manifestissimum est, quod se referat ad c. IV. Deut. v. 16. c. XXXII. 1.⁴⁵ et eodem versiculo quando porro dicit: educaui filios p refert se manifestissime ad Exod. c. IV. 22.⁴⁶ idem quod si recte expendatur & collatio haec sedulo & solerter institua[tur] facile aliquis percipiet vel ex hac sola collation[e] versiculum hunc s. initium Prophetae ˣproˣfundius intelligi quam ex qualibet alia expositione aliunde accersita sic in sequentibus enim cap. eod. I. 23. vbi reprehendit Propheta vitia, quae regnabant in populo Jsraelitico,⁴⁷ manifest[is]sime referendus est ille versi-

---

44 Vgl. vorl. Bd., 271–317.
45 Jes 1, 2; vgl. Dtn 4, 10; 32, 1.
46 Jes 1, 2; vgl. Ex 4, 22.
47 Jes 1, 23.

---

t-t Eingefügt.   u Eingefügt.   v Gestrichen: in omnibus.   w Geändert aus: potest.
x-x Eingefügt.

culus ad Exod. XXII. 22. qvem enim Deus ibi de pauperibus, inprimis v. de viduis praecep[te]-⟨47⟩ʸrat & inculcauerat populo suo, idem quam maxime contemtui habebant Israelitae, qui illud praeceptum diuinum peccauerant, sed exempla alia quaedam sumemus, quae maioris omnino sunt momenti, & quae ad rem ipsam pertinent.⁴⁸ Nimirum in Mose dictum palmarium dici potest proteuangelium, quod notum est c. III. Gen. v. 15.⁴⁹ idem v. dictum nemo certe solidius explicare potest, quam dictum illud, quod potest inter palmaria referri & recenseri n[em]p[e]. c. VII. Es. v. 14. quod dictum etiam adducitur a Matth. c. 1. 23⁵⁰ quod enim ibi Moses c. III. Gen. dicit de semine mulieris, cum emphasi, non semine viri, sed semine mulieris, quod conterere debeat caput serpentis antiqui, idem hic enucleatius explicat & sistit inᶻ vaticinio suo.⁵¹ Esaias virginem illam cum Emphasi quadam cum ה demontratiuo הָעַלְמָה haec illa ipsa virgo, pridem praedicta, ad idem diuinitus destinata fuit, vt mater sit Messiae, illa concepit pp quod vaticinium vt egregie explicat Prot-Euang. praeeunte ea in re nobis ipso nouo T. ita in sequentibus. Deinceps Esaia prosequitur c. IIX. IX, X, XI. Cap. XII. triumphat quasi accepto hoc oraculo diuino, idque extollit, & mire gaudet, vt adfectus Esaiae nempe adfectus gaudii in illis capitibus maximoque eluceant & vel ex hac consideratione necessario deprehendantur ineptissimi illi, qui dictum illud de Christo aliter quam ad sensum literalem interpretari conantur quam idem ipse Spiritus S. Matth. I. interpretatus est!ʸ⁵²

⟨48⟩ Ich führe dieses exempel mit Fleiß an, da heutiges tages zwar das studium exegeticum excoliret wird, aber es ist auch nicht zu leugnen, daß auch manche sehr audaces sind in explicanda Scriptura v. gehen von der Schnur sehr ab, weßwegen Studiosi insonderh. zu befestigen sind, daß sie Christum nicht verliehren in explicatione Prophetarum v. von der explication abkommen, die uns Christus v. die Apost. selbst gegeben haben, quocunque praetextum idem fiat, v. so geschieht es auch mit diesem exempel insonderheit, wie wir etwa ins künfftige mit mehrern sehen werden. Wenn nun einer zu erst dergl. interpretation so lieset, v. ist nicht versiret in Esaia, so kans ihm sein Gemüth occupiren, daß Er dencket, was Er sonderl. darinnen kriege, wenn ihm gesaget wird, es werde nur per accomodationes animus darnach auf den Messiam geführet, welches alienissimum ist à sensu Prophetae.

Damit ietzt nur in der Kürtze v. bey dieser Gelegenheit ein wenig angezeiget werde, wenn mann die Einsicht krieget, wie Moses habe müßen expliciret werden, wie in der Sache es haben müßen geschehen, wie sonst der scriptorum sacrorum ihre Art v. weise ist, daß neml. die vaticinia, die erst dunckel gegeben sind, immer heller v. klärer succedente tempore ac praecedente tempore mögen

---

48 Ex 22, 22 (= v. 23 alten Stils).
49 Gen 3, 15.
50 Jes 7, 14; vgl. Mt 1, 23.
51 Ex 3, 15.
52 Jes 8–12, vgl. Mt 1, 23.

---

y-y Geschweifte Klammer am rechten Rand.   **z** Eingefügt.

gegeben, ausgewickelt v. heller dargeleget werden, ⟨49⟩ daß es so darinnen gehe, daß wie schon im Prot-Euang. cum Emphasi gesprochen worden, des weibes Saamen solte der Schlangen den Kopf zertreten,[53] darinnen ja was seyn müße, denn wer pfleget sonst zu reden, warum war nicht dem Adam diese Verheißung gegeben, v. warum allegirte das der Adam so hoch, daß Er darnach seinem weibe einen Nahmen deßwegen gab, v. nennete sie חוה oder die lebendige, weil, da sie den tod verwircket, das müße was uf sich haben, v.[a] daß Er ihr den Nahmen gab, v. also die Emphasin arripirte, daß es semen mulieris solte seyn.[54] Nun das war bißdahin so deutl. nicht, aber da Esaias dazu kam, v. sagte, Siehe, eine Jungfrau ist schwanger, v. wird einen Sohn gebähren, des Nahmen wirstu heißen Immanuel![55] da war die Sache deutlicher, v. war also gezeiget, daß Er nicht aus Mannes Saamen, nicht nach dem gewöhnl. Lauff der Natur kommen solte, sondern von der Jungfr. Maria. Das sey die Emphasis im Mose, daß Er des Weibes Saamen heißen soll,[56] damit mann aber sehe, er habe von der Sache sonderbahr geredet, so siehet mann in allen folgenden, wie er recht triumphiret, wie Er den Immanu El! allezeit hervorziehet, v. wie Er das gantze land nennet das Land Immanuelis, denjenigen, der noch nicht gebohren war nach dem Fleisch nennet Er einen Herrn deßelben Landes v. da es ja eine Abgötterey wäre, wenn Er die Jüden hätte ⟨50⟩ auf einen blosen Menschen gewiesen,[57] es möchte auch der Hiskia oder ein anderer gewesen seyn,[58] v. hätte also Fleisch zu ihren Arm gesetzet, welches eine Abgötterey Sünde gewesen wäre,[59] so sehen wir da, daß Er zu ihnen mit allen Ernst gesaget: rüstet Euch ihr Völcker, denn hier ist Jmmanu-El, der solt gebohren werden, den hielt Er allen Menschen allem Fleischl. Arm entgegen, der dargegen nicht bestehen könte,[60] welches gewiß nichts anders wäre gewesen, als eine Fleischl. Zuversicht, darauf Er sie gewiesen. Wenn Er secundum sensum da nichts anders hätte verstanden, als einen Königl. Printzen, der solte gebohren werden, oder einen gewißen König, der hervor kommen solte,[61] so stritte es wieder die gantze Regul, aber nun Er sie darauff weiset, siehet mann, daß Er sie auf was höhers weiset, als auf einen blosen Menschen, denn hie ist Immanuel, v. der ist so groß, daß kein menschl. rath gegen Jhn könne aufkommen, denn Er sey etwas[b] höhers, v. heist sie ihn vertrauen auf Jhn setzen, v. saget: das Volck sagt nichts als vom Bund, v. wirfft also alles hin, weil es ein Fleischl. Arm war. Heiliget den Herrn Zebaoth v. laßet den Eure Furcht v. Schrecken seyn, ⟨51⟩ so wird Er Eure Heiligung seyn, aber

---

53 Gen 3, 15.
54 Gen 3, 20.
55 Jes 7, 14.
56 Gen 3, 15.
57 Jes 8, 8; vgl. 9, 5 (neuen Stils).
58 2Chron 32, 8; vgl. Jes 9, 19 (neuen Stils).
59 Jes 8, 9 f.
60 Jes 8, 10.
61 Jes 8, 12.

a Eingefügt.   b Eingefügt, schwer lesbar.

ein Stein des Anstoßes v. ein Felß des Ärgerniß den zweyen haüsern Israel zum Strick v. Fall den Bürgern zu Ierusalem.⁶² Diß ist die Weißagung von Messia nach dem sensu litterali; v. sehen wir also, wie Er von dem Messiae v. keinem andern redet. Jm 9ten cap. da siehet Er wieder darauf v. spricht: denn uns ist ein Kind gebohren, uns ist ein Sohn gegeben pp⁶³ worauf konte Er sehen? er redet in einer connexion von dem, davon Er geweisaget hatte.

Adjiciam tamen vnum alterumque exemplum, vt eo res fiat dilucidior c. LIIX dicitur v. 14 als denn wirstu lust haben an dem Herrn, v. ich will dich über die Höhen auf Erden schweben laßen, v. will dich speisen mit dem Erbe deines Vaters Jacob, denn des Herrn Mund saget:⁶⁴ Hoc dicto⁽ᶜ⁾ eximio Esaiae LIIX Hoc est conclusio promissionum egregiarum, quae in illo capite habentur. Jam si hac ratione in Germanica Versione aut latina aliqua legamus textum, tum non facile deprehendemus, hic Esaiam respicere Mosen.⁽ᵈ⁾ Si vero accurate hic conferamus Phrasin Hebraeam cum Phrasi Mosis, qua Moses vtitur⁽ᵉ⁾ Deut. XXXII⁶⁵ tum deprehendamus, inde sumsisse phrasin illam Esaiam⁽ᶠ⁾, et quemadmodum Deus dederat Israelitis Canticum illud Deut. XXXII quod canendum⁽ᵍ⁾ ab⁽ʰ⁾ omnibus posteris Jsraelitarum, ita illis notissimum erat⁽ⁱ⁾ illud, quod in ore omnes Israelitae habebant.⁶⁶ Adfirmabat itaque Esaias ⟨52⟩ si hac ratione ad Deum conuerterent Israelitae, futurum esse, vt Deus tum impleat illud ipsum, quod canant in Cantico illo ipsis divinitus mandato, & vt illae ipsae promissiones, quae habeantur in illo Cantico in lucem quasi prodeant, vt impletionem illarum promissionum possint experiri, & quemadmodum in illo Cantico Deus etiam ipse exposuerit, quo amore complexus sit majores ipsorum, ita futurum esse, vt posteros eodem amore complectatur, modo ad ipsum sese serio conuertant. Exemplum addam ex c. LIV. 1. rühme du unfruchtbahre, die du nicht gebierest; Freue dich mit ruhm und jauchzen die du nicht schwanger bist. Denn die Einsame hat mehr Kinder weder die den Mann hat, spricht der Herr.⁶⁷ Haec referenda sunt ad Mosen, ad Genesin, ad Historiam Abrahami.⁶⁸ Sara enim erat sterilis, foecunda autem erat Hagar serua, nun aber heißets: rühme du unfruchtbahre, die du nicht gebierest, freue dich mit Ruhm v. jauchtze p.⁶⁹

Superiori hebdomate dedimus Lectiones tres praeliminares in Esaiam, quibus hac hebdomate B. c. S. duas itidem praeliminares lectiones audituri sumus, & vltima quidem praelectione ostendimus vsum legitimum introductionis generalis ad lectionem prophetarum, quae introductio quaedam capita & momenta continet!

---

62 Jes 8, 13 f.
63 Jes 9, 5 (neuen Stils).
64 Jes 58, 14.
65 Dtn 32, 9.13.
66 Dtn 32.
67 Jes 54, 1.
68 Gen 16, 1–16.
69 Jes 54, 1.

c Geändert aus: in cap.   **d** Gestrichen: hic torentem despicere Mosen. [?]   **e** Gestrichen: c. XXXII.   **f** Geändert aus: Esaiae.   **g** Geändert aus: canerent.   **h** Ergänzt.   **i** Gestrichen: Israelis illud ipsum Canticum.

Superioribus lectionibus ostensum fuerat ex illa col-⟨53⟩latione accurata, quae habetur in introductione generali, instituendam esse collationem Psalterii & prophetae, id quod, vt eo rectius nunc etiam percipiatur vno alteroque exemplo, antequam ad reliqua progrediamur, ostendemus. Cap. V. prophetae Esaiae con-
5 tinetur comparatio de vinea domini, cum qua comparatur domus Israel.[70] Caput illud si referatur ad Ps. LXXX.[71] facile ex illa ipsa comparatione patebit, quantum luminis accedat Esaiae, ex illa collatione accurata, inprimis si ʲab illa accedatʲ interpretatio saluatoris nostri Iesu Christi Matth. XXI.[72] qui apte satis parabola sua ludit ad illud caput V. Es. vbi Christus se comparat viti, & discipulos suos
10 genuinos, fideles credentes palmites vocat.[73] Hac ratione si comparatio instituatur inter c. LX Esaiae[74] & Psalmum LXXII.[75] Res ipsa itidem docebit, multum luminis Esaiae ex illa collatione accedere, Esaiam explicare Psalmum illum, et Psalmum illum fundamentum sternere Esaiae,ᵏ ipsumque Esaiam luculenter satis explicare.

15 §. V.

Qvod nuper vero tribus verbis ˡostensum fuitˡ,ᵐ autem inprimis animadvertendum est in hac collatione Iesaiae & Psalterii, fundamentum esse vaticinium illud, quod Deus Dauidi dedit,ⁿ ex semine ipsius nasciturum esse Messiam, quod vaticinium in Psalmis quamplurimis celebratur. Adsummunt illudᵒ omnes Pro-
20 phetae, & inter eos praecipue Esaias, vnde ipsum illud vaticinium c. VII. ⟨54⟩ Esaiae de Messia oriundo ex virgine[76] & c. IX. Esaiae & c. 8. 9. 10. 11. Esaiae.ᵖ prosequitur, et supponitᵠ illudʳ fundamentale vaticinium.[77] Hoc, si recte animaduertatur, viam omnino aperire poterit ad Esaiam rectius intelligendum, si non in omnibus, certe in plurimis vaticiniis. Studiosi Theologiae werden im studio
25 hermeneutico einen großen Nutzen davon haben, wenn sie bey Zeiten, so bald sie so viel peritiam linguae Hebraeae erlanget haben, ein Psalterium sich sonders zulegen v. den hebraeischen Psalter recht familiaer machen. Es hat vor allen seinen Nutzen in praxi Christianismi aber im studio hermeneutico hats nicht weniger einen sehr großen v. Herrl. Nutzen, so familiaerer sich einer den Psalte-
30 rium Hebraicum machen wird, ie leichter wird es ihme hernach seyn, in allen scriptis prophetarum fortzukommen, v. läst sich das nicht so bald in einem v. andern Exempel zeigen, mann wird multo vberiorem vsum, & multo majorem

---

70 Jes 5, 1–7.
71 Ps 80, 9–20.
72 Mt 21, 33–46.
73 Jes 5, 1–7.
74 Jes 60, 13.21.
75 Ps 72, 16.
76 Jes 7, 17.
77 Jes 9, 8–11.

---

j-j Schwer lesbar.   **k** Gestrichen: ita in.   **l-l** Geändert aus: monuimus.   **m** Gestrichen: id […] prime &.   **n** Gestrichen: vbi nempe Dauidi dedit.   **o** Geändert aus: deinde.   **p** Gestrichen: ubi Vaticinium suum de Messia Esaia.   **q** Geändert aus: supponunt.   **r** Gestrichen: ipsum.

vtilitatem in der collatione assidua & perpetua Psalterii & prophetarum finden, wo manns erst auch manchmal nicht dencken wird, daß die Propheten aus dem Psalter zurücksehen, dann wird mann mit der Zeit es gewahr werden, also daß mann auch nicht dran zweiffeln darf, wie sie ja schon dazumahl Psalterium gehabt haben, v. Rex Dauid in dem aller-⟨55⟩größesten Ansehen war in Politia Iudaica, daß dieses das erste manuale der propheten gewesen, womit sie stets umgegangen sind, daß stylus Psalmorum einfließet, v. daß sie immer mit den Psalmen reden, das ist also eine Hermeneutica quasi domestica in studio Hermeneutico. Wenn mann nun nicht will per salebrosam viam gehen, nur durch criticos die Hermeneutic studiren, sondern per viam planam & rectam, welches uns Gottes Wort selber anweiset, so mus mann ihm das laßen gesaget seyn in studio Hermeneutico inprimis Prophetarum, daß mann Psalterium ihm gantz familiaer mache, daß Er einem recht läuffig sey, so wird mann denn sehen, daß einem das mehr an die Hand gibt als alles andere, was mann von äußerl. adminiculis zu Hülffe nehmen möchte. Porro in Jntroductione generali ad lectionem Prophetarum sequitur collatio Prophetarum inter se, quod monitum pertinet omnino ad omnes Prophetas, qui κατ' ἐξοχὴν nobis Prophetae s. majores s. minores dicuntur, in specie autem referendum est ad Prophetas Synchronos seu coaeuos[s], qui in idem tempus incidunt. Quod [e. g.][t] attinet Prophetam Iesaiam, pertinet hoc monitum inprimis ad collationem assiduam & constantem Iesaiae Prophetae cum vaticiniis Amosi[u] & Michae.[78] Zu der-⟨56⟩selben Zeit haben Esaias v. Micha in Iuda, Amos v. Hoseas in Jßrael unter den 10 Stämmen geweißaget, und sind so zu reden in dem Stamm Benjamin v. Iuda[v], Esaias v. Micha[w] gleichsam collegen gewesen,[x] unter den Stämmen aber Israel Hoseas v. Amos. Es referiren auch einige den Ioel dahin, daß Er zur selben Zeit gelebet habe, welches ich suo loco will gestellet seyn laßen, und mus gestehen, daß ich darinn anderer Meynung bin, v. mir[y] nicht getraue ihn[z] als σύνχρονον des Esaiae, des Michae, Amos v. Hoseae zu setzen, sondern, daß Er zu näheren Zeiten gehöre. Die fundamenta Ioelis sind angezeigt, in dem besondern collegio, so darüber gehalten ist, inzwischen dienet monitum nun denen Auditoribus, daß mann sie im collegio in Esaiam mit rechtem Nutzen das, wie ihnen nun der Rath gegeben ist, thun, neml. sie sollen die libros Historicos ihnen recht bekand machen, v. in specie diejenigen capitel, in welchen die historie der Könige enthalten ist, zu deren Zeit Esaias gelebet hat, v. welche capitel jüngst angezeigt sind, daß sie ⟨57⟩ dieselben quoad omnes circumstantias, die darinnen nur erzehlet werden, recht inne kriegen, v. sie sollen ferner das Psalterium sich recht bekand machen, sie müßen auch dieses als ein monitum annehmen, diese propheten mit einander zu lesen, den Esaiam v. Micham, den Amos v. Hoseam;[79] jene erste beyde, welche in Juda

cf. Joel 3, 10. [?]

---

78 Vgl. Introd. Pr. 64 ff.; vgl. vorl. Bd., 306 ff.
79 Vgl. Introd. Pr. 35 ff., 223 ff.; vgl. vorl. Bd., 293 ff., 377 ff.

---

s Geändert aus: Conchronos. **t** Geändert aus: exempli gratia. **u** Geändert aus: Mosis. **v** Geändert aus: Ephraim. **w** Gestrichen: sind. **x** Gestrichen: im Stamm Juda. **y** Geändert aus: man ihn. **z** Ergänzt.

geweißaget haben, und diese beyden, die in Jßrael geweißaget haben, v. ob sie gleich zu erst nicht sehen können die harmoniam.[80] Was ihnen zu erst dunckel scheinet, wie einer den andern erkläret, so wird sichs doch mit der Zeit finden, sonderlich wenn mann nun das collegium hören wird, so wirds hernach solchen Auditoribus, die diesen Rath folgen, v. diese Propheten selbst gelesen haben, viel deutlicher v. klärer alles seyn, daß ihnen die collatio schon darnach nutzen wird, das kan mann nun alles priuato studio thun, v. wenn mann auch noch nicht die Capacitét im Hebraeischen hätte, es darinnen zu lesen, wie wohl es viel nützlicher v. beßer wäre, so wäre es doch gut, daß mann im teutschen, oder in probata aliqua versione latina dieses fleißig lese, neml. die angezeig-⟨58⟩ten Capitel in libris historicis, daß mann sich den Psalter wohl bekand mache, v. denn insonderheit diese Propheten, die angezeiget sind, da mann auch den Joel nehmen kan, weils wenig capitel sind, da ohne dem alle v. jede Propheten einander die Hand bieten, v. immer einer den andern erkläret.[81] Ad hanc vero obseruationem maxime pertinet accurata obseruatio temporis, quo omnes Prophetae κατ' ἐξοχὴν ita dicti vixerunt, certe periodus quaedam non ita est, in qua concluduntur, quaque comprehenduntur vaticinia omnium Prophetarum. Es ist eine Zeit von etwa 400 Jahren, in welche alle diese Propheten gehören, die mann κατ' ἐξοχὴν in Codice biblico majori nennet majores v. minores. Damit mann aber dieses so viel beßer verstehen möge, weil das insonderheit darzu gehöret, daß inoffenso pede die Auditores können fort kommen in dem collegio in Esaiam, daß ihnen leicht sey, worauff mann ziehle, v. mann diese supposita nicht immer repetiren müße, so sind diese generalia in acht zu nehmen, von dem gantz[en] ⟨59⟩ studio Biblico, neml. es wird erstl. allezeit, davon gehalten. Wird im studio Biblico, eingetheilet in tres aetates generales, die Hebraeer habens ᵃdas ersteᵃ genennet יְמֵי תֹהוּ ᵇtempus vacuitatis, vacui. Diese Zeit sey von anfang der welt bis auf die Zeit da das gesetz ist zu dem Berge Sinai gegeben worden. Das andere heist יְמֵי תֹרָה dies tage u. gehet bis zu dem messianᵇ oder wie es andere nennen aetas promissionis, da des Weibes Saamen verheißen worden ist, v. nachdem die erste Verheißung gegeben worden, so sind auch nachdem die folgenden bestätiget. ᶜcf. Lectiones introd. in prophetas. praemiss. lection: introd. in Ionam p. 3. 4ᶜ Aetas tertiaᵈ vocatur ab Hebraeis, neml. von der Zeit an, da das gesetz gegeben worden, vsque ad vltimam aetatem, quae aetas vocatur ab Hebraeis יְמֵי הַמָּשִׁיחַ dies Messiae, das sind die 3 aetates, worinnen die gantze historia biblica eigefaßet wird, v. dienet einem, daß mann erst beym studio biblico v. exegetico eine große Eintheilung wiße, eins von dem andern beßer zu unterscheiden, singulae aetates werden darnach in ihre besondern periodos gerechnet: Nun ist 1. offenbahr, daß die propheten, die κατ' ἐξοχὴν also genennet werden, von denen sind nun die reden, von Esaia an, nicht werden zu rechnen seyn ad aetatem primam, sondern daß sie nothwendig müßen gerechnet werden

---

80 Vgl. Introd. Pr. 44 ff., 231 ff.; vgl. vorl. Bd., 298 ff., 381 ff.
81 Vgl. Introd. Pr. 64 ff.; vorl. Bd., 306 ff.

---

a-a Ergänzt.   b-b Ergänzt.   c-c Ergänzt.   d Geändert aus secunda.

ad aetatem secundam, sie können auch nicht ad aetatem tertiam gerechnet werden, weil sie alle von dem ⟨60⟩ Messia, der zukünfftig wäre, weißagen v. also ad dies Messiae nicht können referiret werden, Nun [ist] wiederum dann zu mercken, weil singulae aetates wiederum eingetheilet werden in ihre pe[ri]odos, daß mann denn propter studium Prophet[a]rum sonderl. nöthig habe aetatem secundam in [sei]ne periodos recht zu erkennen, damit mann wi[s]se, in was vor periodos die Propheten hingehören, v. dieselben auf das accuratest[e] eintheile, v. wiße, wo iegl. Prophet hingehöre, daß einem das erst läuffig sey, damit mann keine confusion mache in interpretation[e] prophetarum, v. den ὕστερον πρότερον gehet. So sind nun dieses die periodi aetatis secundae, der erste gehet an von der Ausgehung der Kinder Israel vsque ad occupationem terrae promissae, das ist der erste periodus, da neml. das gesetz gegeben ist, da vorhergehet, daß sie sind ausgeführet worden, da Israel erst ein Volck wurde, v. also Gott d. H. ihnen als seinem Volck nun s. Gesetz gab, v. sie einführete in das land, welches sie als ein besonderes Volck bewohneten, das war prima periodus. III. periodos gehet nun an, da sie einen König kriegten, wie sie ⟨61⟩ denselben begehret hatten, wiewohl aus einem bösen Grunde ihres Hertzens, wie Gott darüber selbst klaget, v. Samuel biß auf die scissionem Regni, welche unter dem Rehabeam geschahe, v. insonderheit von Ieroboam veranlasset war. Diß ist wieder ein notabler periodus, da das Volck, das bißhero ein Volck gewesen, sich in 2 Völcker theilete, v. zwar, da es nun darzu erst kommen war, daß es nur quoad externam formam regiret v. in 2 Völcker getheilet wurde, so kams auch bald weiter, daß auch ipse cultus geändert ward, weil die besondern Könige in Israel meyneten, das wäre ihrem statui entgegen, sie solten ihr Volck in des Königes von Juda land pp. cultum diuinum gehen laßen, dadurch würden sie bald wieder zu ihnen fallen, v. konnte ihr Reich nicht bestehen: also liesen sie auch diese ihre[e] vermeynte Staatsklugheit so viel bey sich gelten, daß nicht ein einiger von ihnen abliese, von den Sünden Ieroboams, von dem besondern cultu idolatrico vitulorum, welchen Jeroboam aufgerichtet hatte, bloos weil dieses ihnen im Kopf steckete, ja wenn sie denn nicht abließen v. liesen dem Volcke nicht wieder cultum diuinum zu, den cultum diuinum, den gott geordnet hätte, ⟨62⟩ so könnte ihr Reich nicht bestehen, also war das nichts anderes, als ein Apostatisches reich, daß nicht ein einiger König von Jsrael, daß nicht ein einige[r] König von ihnen was dauchte, daß auch d[ie] besten unter ihnen, die unter ihnen die besten genennet wurden als z. Ex. Jehu, de[r] noch bey den Sünden Ieroboams blieb, daß we[nn] sie gleich den Baals Dienst verstöhreten, doch den Kälber Dienst stehen ließen, also daß nicht ein einiger König von allen Königen Israelis war, der ein gutes lob von Gott erlangete, sie thäten alles, was Gott übel gefiel, v. ko[n]te keines sein Reich bestehen, weil Gott sie gewißer Maas ihn zum Werckzeug gebrauchte, biß es ufs 4te Glied kam, so konnte es doch nicht bestehen, v. ermordete immer einer den andern. Diese obseruation mus mann nothwendig wohl mercken, damit mann die periodos unterscheide, v. die fundamenta mercke, das wäre also 3. periodus, da scissio illa anging. IV. periodus ist nun a scissione

---

e Wort getilgt, unleserlich.

regni vsque ad captiuitatem Babylonicam, v. wird wieder eingetheilet in 2 membra, das erste vsque ad abductionem primam, das andere vsque ad reliquam tribuum in captiuitatem Babylonicam abductionem, also, daß erst Jßrael war weg geführet, ⟨63⟩ und hernach muste Juda in seine Gefangenschafft [f]olgen, das ist nun biß dahin eigentl. periodus IV. periodus V. gehet nun vsque ad finem captiuitatis Babi[lo]nicae. Sexta vsque ad tempora maccabaeorum. Septima peri[o]dus vsque ad Christum.

Das sind die VII. periodi, und das müßen stu[di]osi Exegeseos wohl notiren, damit sie diese Zeiten erst inne haben, v. also die Historie recht wißen, welches ihnen darzu dienen kan, daß sie leicht wißen, welches connectiret, v. es also nicht confundiren.

Nun aber fragt sichs, in welchen periodum fallen die propheten allesamt, von dem Esaia an, biß auf den Malachiam. Dieselben gehören gewißl. nicht erst in periodum primam, quae ad occupationem terrae Canaan; auch nicht in secundam, denn das gehet biß auf Saul, auch nicht in tertiam periodum, keiner von ihnen hat damals schon gelebet; sondern in 4 periodo, da gieng es erstl. an, v. zwar nicht einmahl bald im Anfange, sondern da der Verfall immer größer ward unter dem Volcke und in derselbigen Theilung da giengs erstl. an, daher wird mann dieses beym Esaia gleich finden, daß derselbe hat in Juda geweissaget, da schon ein a part Königreich war in Jßrael, v. das zu gleicher Zeit Amos in Jßrael ⟨64⟩ geweißaget habe, da es ein a part Reich war von Juda. Also fängt [es] sich [erst] da an, v. da die Maccabaei kamen, also daß IV v. V periodus v. VI. diejenigen sind, wohin alle Propheten müßen referiret werden.

Nun mus mann denn die Propheten wied[er] recht eintheilen, v. kan mann sich eine Tabell davon machen,[82] oder wenigstens in seinem gemüth es in diese ordnung faßen, welche neml. gewe[i]saget haben, von der Wegführung der 10 Stämme, welche geweißaget haben von den Stämmen nach der gefängniß vor der Hinnführung der Jüden nach Babylon; welche unter der der Babylonischen gefängniß geweißaget haben: v. welche nach derselben geweißaget haben, also werden sie wieder als in IV classes eingetheilet. Wenn mann nun dieses fein ordentl. erst faßet, so kommt einem dieses hernach in collatione Prophetarum wohl zu statten, daß wenn mann sie so miteinander lieset v. fleißig conferiret, mann wiße, in welche Zeit ein ieglicher gehöre, es kommt einem auch wohl zu statten, daß mann desto accurater dieselbe Zeit von ohngefehr 400 Jahren, in welchen sie alle gelebet haben, sich bekand mache, v. wird folglich in dem studio ⟨65⟩ [P]rophetico einen großen Nutzen geben, wenn mann diesel[b]e Historiam Ecclesiasticam V.T. dieser 400 Jahr der 4. seculorum, sich fein wohl bekand machet; ie beßer mann dieselbe innen hat, ie accurater dieselben einem bekand worden sind, iemehr hat mann subsidii externi in dem studio prophetarum, daß, weil sie doch ihre vaticinia auf ihre Zeit zuerst gerichtet haben, und nach ihrem statu ecclesiae v. politiae sich haben richten müßen, wie sies vor gut befunden haben. Daß mann denn darinnen kein ignorant sey, sondern dieselbe Zeit erst

---

82 Vgl. die Tabula Prophetica, Introd. Pr. 39 ff.; vgl. vorl. Bd., 296 ff.

wohl inne habe, die circumstantias exacte wiße, und leicht also sehen könne, was sich auf die Zeit schicke oder nicht. Dieses hat mann wohl in acht zu nehmen, damit mann eine rechte Ordnung drinnen habe, v. also die Introductionem generalem ihnen wiße zu Nutze zu machen. Es können hierzu einige Anleitungen gegeben werden, wie wohl die Sache eines studiosi eigentl. nicht ist, daß sie sich in weitlaüfftige Schrifften auf Vniuersitaeten hinein begeben, v. auf Vniuersitaeten lesen, dennoch kan ihnen etwas zum fundament gegeben werden, welches sie künfftig einmahl so viel mehr Nutzen können. Es hat Gürtlerus Theologiam Propheticam geschrieben,[83] darinne Er insonderh. diese Eintheilung in die aetates generales in Historia Biblica & ⟨66⟩ Ecclesiastica fein klar angezeiget, wiederum wie au[ch] singulae aetates in ihre periodos wieder eingetheilet werden, dieselben capita können denn einem wohl zustatten kommen, wie überall au[ch] der Gurtlerus selbst gar ein nützl. werck darinnen gethan hat, in der Theologia Prophetica, daß Er auch zugl. Tempus illorum prophetarum, dar-[in]nen die Propheten gelebet haben, die fata illorum temporum so wohl ex historia sacra als ex historia profana beschrieben, v. welche allbereit[s] aus dem Holländischen ins teutsche versetzet, v. hats fein nach demselben periodo eingetheilet, in welchen ein iegl. gehöret, daß mann also da einen großen Vortheil darinnen haben ka[n,] v. es ist nicht erst darf so weitlaüffig zusammen suchen, wenn nur einer ein wenig fundamenta hat in dem studio hermeneutico, wie in den vorigen collegiis v. auch in diesem Anleitung gegeben wird, so bedarf Er nicht operose alles durchzulesen, neml. wie sie haben geweißaget von der wegführung, sondern Er kan auch in einer judiciösen perlustration solches scripti etwa einen deutl. concept kriegen von denen fatis singulorum Prophetarum, von denen fatis singulorum temporum, damit Er hernach desto leichter fort ⟨67⟩ kommen kan, in dem studio Exegetico, inprimis exegetico prophetarum, desgleichen kan auch denen Studiosis Theologiae dienen die Einleitung zu lesung der Propheten, die vom Salomon Thiel Professore Leidensi geschrieben, die können ihnen Studiosi Theologiae bekand machen, und welche auch bereits aus dem holländischen ins teutsche übersetzet, da hat Er unter andern eine solche Tabulam gesetzet, da die Propheten in ihre IV periodos wieder eingetheilet sind, wie etl. haben gelebet vor der wegführung der 10. Stämme, etl. vor der wegführung gen Babel, wie etl. unter der Babylonischen gefangenschafft, v. wie andere nach derselben gelebet haben, wie auch einige haben geweißaget vor der wegführung der 10. Stämme, v. auch nach der wegführung der 10. Stämme.[84] Sie haben geweisaget von der Babylonischen gefangenschafft selbst, da hat Er denn auch an beyden Orten beide periodos mit hin gesetzet. Eine solche Tabell können ihnen studiosi Theologiae bekand machen, v. also irgend einigen Nutzen daraus nehmen, daß sie darnach in collatione prophetarum so viel beßer können zu recht kommen.

Diese Dinge sind allerdings höchst nöthig studiosis Theol. daß sie nicht so zufahren im studio Prophetico, sondern daß sie erst eine rechte Anleitung darzu

---

[83] Gürtler 1702.
[84] Til 1699; vgl. die Tabelle ebd., 149.

haben, wie sie sollen zu einer ordinirten v. regulirten consideration der Propheten kommen, also bestehet denn in die- ⟨68⟩ sen Hauptstücken die Jntroductio generalis, daß mann d[as] Haupt Fundament allezeit müße aus den Reden Christ[i] nehmen, aus denselben die in den 4 Evangelist. un[s] aufgezeichnet worden, v. daß mann also die interpretationem legis & prophetarum zu erst von dem capit[e] prophetarum, von Christo ipso müße hernehmen,⁸⁵ wie daßelbe insonderheit ist gezeiget worden, in fei[nen] Exempel in dem Jona, wie unser Heyland ein[e] solche Einleitung giebet,⁸⁶ daß mann sicher sagen m[ö]ge von allen, die Jonam interpretiret haben, was d[or]ten Simson saget: hättet ihr nicht mit meinem Kalbe g[e]pflüget, so würdet ihr mein Ratzel nicht errathen h[a]ben,⁸⁷ v. also haben alle, die interpretationes, die Chr[i]stus selbst gegeben, müßen zum grunde nehmen, und darauf fundiret sich die gantze interpretation, so fern alß sie prophetisch ist, neml. die Hauptsache ist was Er allein saget von den Niniuiten, so fer[n] alle propheten gezeiget haben, von Jesu, daß Er der Christ sey, und was mit ihme geschehen soll, so fern sie eigentl. haben auf das τέλος gesehen, auf das Ziel der gantzen Schrifft, neml. CHRISTVM.⁸⁸ Zum andern müße mann in die Schrifften der Apostel v. Propheten hineingehen, wie dieselbigen die Rede[n] Christi weiter ausgeleget haben, wie dieselben ⟨69⟩ [d]ie Reden Christi uns auseinander gewickelt haben, v. also uns noch einen klaren Clauem haben dargeleget; [d]enn der periodus erforderts, daß es desto deutl. v. klärer [g]ezeiget würde, was vorhinn von Christo so deutl. noch nicht gezeiget ward um ihrer Schwachheit willen, weil sie solches noch nicht tragen konten, nach der oeconomie der [Z]eit; in den Schrifften aber der Apost. wie Christus selbst vor[h]er verkündiget hatte, nun alles viel klärer dargele[g]et werde,⁸⁹ da findet mann nun interpretationem Mosis psalmorum, & prophetarum, unser Heyland hat es nach sei[n]er Auferstehung seinen Jüngern offenbahret v. ihnen ausgeleget, was in Mose, den Propheten v. Psalmen von ihm geschrieben war, aber wie es ihnen gegeben war, worinnen es bestanden, das war da nicht mit [a]ufgezeichnet, es aber kein Zweiffel, daß vorneml. darnach in der Apostelgeschicht v. in den Briefen der Apostel sie das werden gebraucht haben, was sie selbst auch aus dem Munde Christi werden gehöret haben, v. da ist ipsissima clauis, da mus [man] denn zunechst erst hinein nechst den Worten Christi. Dann ist das 3. angezeiget worden, v. da sehen wir, wie da der grund liege von den Propheten, v. also die Propheten mit Mose recht zu vergleichen sind. Ferner müße mann in die libros Historicos se[h]en, wie die den grund dazu legen, wie sie die [g]antze politiam Iudaicarumᶠ et Ecclesiasticarum uns ⟨70⟩ vorlegen, worauf sich die Propheten alle beziehen, oh[ne] deren Erkäntniß und Wißenschafft,

---

85 Praeliminaria in Jesaiam 67–72: Zusammenfassung über den rechten Verlauf des Bibelstudiums.
86 Mt 12, 39.
87 Jdc 14, 18.
88 Lk 11, 30.
89 Lk 24, 27, 44.

---

f Korrektur durch Verfasser: Iudaicum zu Iudaicarum.

mann ohnm[ög]lich kan die propheten verstehen; insonderheit abe[r,] wie mann die Historien von den Königen lesen müße, da die Propheten selber gelebet haben. Ferner, daß mann das Psalterium müße recht gebrauchen, v. das mit den Propheten conferir[en.] Vnd weiter denn die Propheten selbst untereinander conferiren. Zum Psalterio sind die übr[i]gen Hagiographa gerechnet, zu den Propheten gehöret sonderl. der Daniel. Wenn nun studiosi Theolog. doch möchten in Händen haben dieselbe Jntroductionem generale[m,] wie sie damals ad calamum dictiret worden ist, v. diese praelectiones praeliminares im frischen gedächtniß seyn, so werden sie diesen Nutzen davon haben in dem Nachlesen, daß sie die rechte Application machen können auf den Propheten Esaiam, v. also beßer sehen, wie eine solche Lection uns führe auf das gantze systhema Biblicum, daß mann nicht nur ein dictum aus dem Propheten vornehme, und darüber irgend einige Criticen mache, sondern, daß mann es durch die gantze symmetriam veritatis coelestis, durch die gantze harmoniam Mosis, Psalmi, Prophetarum, ⟨71⟩ & N. T. hindurch führe, v. also eine rechte conuiction davon erlange, wenn diese Introductio generalis nur zum Grunde gesetzet ist, so dienet hernach dieselbe specialissima Introductio, welche in dem collegio hermeneutico zuletzt ist angezeiget worden. Denn mann kan Hermeneuticam sacram consideriren, wie sie ietzt angezeiget sind, oder mann kan sie consideriren in specialissimis adminiculis, insitis tu. Scripturae Sacrae, d. i. wie mann die fontes interpretationis genuinae anzusehen hat, da mann Scopum mus ansehen, da mann mus antecedentia & consequentia wohl in acht nehmen, da mann mus analogiam totius Scripturae S. conferiren, da mann weiter auch mus die Adminicula Hermeneutica recht ponderiren, v. wie die adminicula Hermeneutica ausgeführet sind.

Da ists nun freyl. also nicht genug, daß einer die Haupt adminicula habe, daß Er weis, wie Er soll eine Sache in scripta Christi, in scripta Apostolorum, Mosis, Prophetarum, v. so weiter, hinein führen; sondern Er mus auch wißen, wie Er diese adminicula specialissima recht gebrauchen solle. de his autem crastina luce agendum.

Lectio V 14. 5. 1709.

Vltima haec erit Praelectio praeliminaris, nec non addi potest hac hebdomate praelectio die Veneris, ⟨72⟩ sed propter festum Pentecost. intermittitur. Peractis autem diebus festis accedetur ad ipsam Esaiae interpretationem. Quae igitur praeliminariter dicenda restant, in pauca erunt conferenda, & hesterno quod die jam innui, quod dicendum, his inprimis lectionibus restant, qua ratione videlicet lectiones hermeneuticae, quas superioribus lectionibus suppeditauimus, transferendae sint ad praesens nostrum institutum, nempe interpretationem Esaiae.

Quemadmodum igitur introductio generalis ante omnia supponitur in cujuslibet libri Prophetici inprimis interpretationem, ita praeceptorum illorum Hermeneuticorum applicatio deprehendetur etiam in Esaiae interpretatione, & primo quidem positione prima egimus de diuerso sensu scripturae sacrae, quae si recte animo fuerint comprehensa, certe singulis in lectionibus, & in ipsis etiam meditationibus priuatis, quas Auditores addent, vsum felicissimum inuenient, quoad praecepta autem specialia, quae ad sensum literalem inprimis inueniendum suppeditatae sunt singulis in versiculis non possunt non suum porrigere vsum Auditoribus⁹⁰ e.g. Diximus, ante omnia scopum esse indagandum, si quis velit sensum scripturae sacrae indagare, exemplo aliquo ex Esaia I.⁹¹ vnico rem ⟨73⟩ illustrabimus, vt, si Auditores hoc exemplum intueantur, in posterum de reliquis judicium facere minori negotio possint, idem praeceptum svopte studio applicare ad reliqua, exempli loco autem esse potest c. II. Esaiae. Postquam Esaias c. I. inuectus fuerat in gentem peccatricem, statim c. II. vaticinium effundit, dulcissimum & suauissimum nempe de conuersione gentium, quod vaticinium proinde minime videtur vaticinari vaticinio c. I. respondere.⁹² Verum enim vero, licet necessarium non sit, vt vaticinium nouum, quod a Propheta effunditur, concinnat quoad ma[teri]am cum vaticinio antecedente, ab eo diuerso nihil ominus tamen quoad haec vaticinia, quae inprimis Esaiae c. II. Si scopum consideremus, deprehendemus minime abludere c. II. ad vaticinia c. I. consuli potest c. II. 6. 15. 16. בֵּית יַעֲקֹב כִּי מָלְאוּ Domus Jacob ite, eamus in luce Domini, incedamus in luce Domini, quia deseruisti, dereliquisti tuum populum, qs. diceret, quoniam vos o Judaei recusastis admittere gratiam diuinam vobis oblatam & operationi Spiritus S. obicem ponitis, vosque ipsos censetis indignos gratia diuina, vitaque aeterna. Deus se ad gentes convertet, eandemque gratiam gentibus offerret, quam vos respuistis, gentes autem summa cum laetitia gratiam Noui Testamenti admittent, deque ea exultabunt maximopere.⁹³ ⟨74⟩

Hoc itaque nunc quoniam intelligitis ita vltimis temporibus futurum esse, accendat vestros etiam animos o Judaei, ne continuetis aspernari gratiam diuinam a vobis oblatam, & Spiritui S. in cordibus vestris obicem poni, d. potius ad zelum quendam diuinum vos gentium exemplum accedat, quae vltimis temporibus summo studio ad vos properabunt, vt gratiae Dei, quae nunc vobis offertur, participes fiamus.

Certe si quis recte consideret connexionem contextus integri in Propheta, manifestissime deprehendet, hunc esse scopum vaticinii illius laetissimi, quod de conuersione gentium Propheta effundit.

Es fänget der Esaias von freyen Stücken an, der Berg, oder das Haus des Herrn stehet, wie wirds alsdenn recht feste stehen כראש ההרים als das Haupt aller berge. ונשה והזות Sie werden wie ein Strohm darzufließen, es werden viel Völcker kommen v. werden sagen: last vns gehen last uns hinauf gehen zum berg des herrn, zum Hause des Gottes Iacobs, daß Er uns lehre seine wege, daß wir wandeln in seinen Stegen, denn aus Zion wird das gesetz ausgehen,⁹⁴ und das wort des herrn, aus Ierusalem, ist eben die Weißagung, die darnach iis- ⟨75⟩dem verbis vom Micha im 4. cap. repetiret wird,⁹⁵ der zu gleicher Zeit gelebet, darauf kommt es hernach, Bethlehem, du Hauß Jacob, wie wilstu denn bleiben Jßrael, hörestu, daß die Heyden so kommen werden; gehe doch! laß uns

---

90 Zur Lehre vom *scopus* vgl. PH 28 ff.; vorl. Bd., 92 ff.
91 Jes 1, 4.
92 Jes 2, 2–4.
93 Jes 2, 6, 15 f.
94 Jes 2, 3.
95 Mi 4, 2.

doch wandeln in seinem licht, Ach Herr! du hast ja dein Volck verlaßen,[96] das ist das, was Francius saget,[97] wie mann den Esaiam[98] lesen soll. wenn mann ihn nicht in seinem reiffen adfect anschauet, v. wie Lutherus von ihm redet, eine rechte Gluth v. Feuer an ihm nicht erkennet seiner adfecten, vehementissimos adfectus Esaiae nicht erkennet, so ist mann blind in Esaia. Mann siehet, wie das an dem Orte zusammen fließet, wenn mann aber nur die Connexion lieset, da mann auf den scopum sonderlich sehen muß, worauff daß einer ziehlet[99], hoc exempli loco esse potest, fiant diligentes in lectione ipsius Esaiae, hoc exemplo moniti in reliquis etiam oculum animumque intendent ad considerationem & indagationem scopi, quia hac ratione penetrent genuinum Esaiae sensum.

Diximus in praeceptis Hermeneuticis porro, ⟨76⟩ antecedentia & consequentia cum verbis S. dictis explicandis sedulo esse conferenda, si quis velit sensum genuinum inuestigare, id omnino in Esaiae interpretatione quam maxime requiritur, vt animadvertatur, vere enim dixerim de Esaia, quod de scriptis Pauli sentiendum est.[100] Paulus enim in epistolis suis pro amplitudine animi ingeniique s. potius pro magnitudine spiritus, quia eruditus fuit Paulus, vbi semel orsus es sermonem, philon ejus continuat diutissime alioquin, nisi lectorem habeat, qui semper animum aduertit ad filum orationis Paulinae, facile quis ignorabit genuinum Pauli sensum, interdum etiam Saulus digressiones quasdam infert sermoni suo, & post digressionem vnius alteriue capitis continuat sermonem inchoatum, eadem etiam ratione Esaias fususque est & diffusus in sermone suo, & lectorem requirit, qui studiosissime animum aduertat ad continuationem fili sermonis Esaiani, & hanc ob causam semper animus ad antecedentia & consequentia est studiosissime conuertendus, exemplum quod superioribus lectionibus adfuit, tunc in fi-⟨77⟩nem dedimus: Huc merito etiam transfertur; nempe vaticinium illud Classicum Esaiae c. VII. 14. de Messia ex virgine olim expectando.[101] Jllud ipsum dictum certe cum consequentibus maxime conferendum est: cap. IIX. vbi de Jmmanuele loquitur, non tanquam de homine, sed tanquam de Deo, in quo fiduciam suam firmissime collocare debeant[102] c. IX. vbi gaudet, & gaudio triumphat plane Esaia de puero illo, diuinitus promisso, nempe de Messia, eaque ipsi attribuit nomina, quae alii, nisi Messiae, nulla ratione tribui possunt.[103] Caput autem X. plane dicit fore, vt Jsraelitae conuertantur ad illum ipsum, quem dixerit ein starcker Gott.[104] Quod si conferatur inter se, certe non potest esse non animus conuinci de sensu literali Esaiae, de intentione primaria, quam spectauerit, quam habuerit in vaticinio,[105] wenn nur fons antecedentium & consequen-

---

96 Mi 5, 1.
97 Franz 1693.
98 Jes 2, 5.
99 WA DB zu Jesaja.
100 Zur Lehre von den *antecedentia* und *consequentia* vgl. PH 61 ff.; vorl. Bd., 104 ff.
101 Jes 7, 14.
102 Jes 8, 8. 10.
103 Jes 9, 5 f.
104 Jes 10, 21.
105 Vgl. Jes 40, 3–5.

tium recht in acht genommen wird bey demselben dicto classico, so kan mann aus allen den Zweiffeln kommen, welche sinistre & praepostere einem interpretationes illius dicti einstreuen wollen, da kan mann es nicht vom Hiskia oder von einem andern Königl. Kinde, das damahls gebohren wäre, verstehen, sondern mann siehet offenbahr, daß Esaias oder der Geist Gottes in ihm viel was ⟨78⟩ Höhers gesagt: Exemplum addam. c. XXXIX. comminatio grauissima habetur de captiuitate Babylonica,[106] jam si textus aliquis c. XL. fuerit explicandus, vbi dulcissima de venturo Messiae habentur vaticinia, oportet omnino antecedentia, inprimis vero antecedens c. XXXIX. conferre.[107] Jnde enim omnino arripere visum est Spiritui S. allusionem & occasionem vaticinia Christi praeferendi, denn damit schien nun das gar ausgemacht zu seyn, wo solte nun die Verheißung bleiben, die dem Abraham gegeben war auf das land, in welches nun die Jüden waren hineingeführet. Also war der Eydschwur erfüllet, aber der Saame, in welchem alle Völcker solten gesegnet werden, war noch nicht da, und sie musten aus dem lande hinaus, was war nun weiter von dem lande zu hoffen, wo solle dann die Verheißung bleiben, die dem Iuda Stamme geschehen war, da insonderheit der Stamm Juda aus dem lande muste, wo solte die Verheißung bleiben, die dem Geschlechte David gegeben war, da das Geschlecht David hinaus war, da der Tempel verstöhret wurde, der Gottes dienst aufgehoben, und das land ver-⟨79⟩heeret wurde, als ein land, das Gott verworffen hatte, damit schiene die gantze Hoffnung Jßraelis, der gantze Trost Jßraelis weg zu seyn, da trat er auf, v. sagte, wenn ihr eben ietzo erfahren würdet, was ich euch[g] thun müste, da ich sagen soll, tröstet, mein Volck.[108] und fänget an die Verheißung, das vaticinium vom Messia so herrl. darzulegen, als es noch iemals möchte geschehen seyn. Conferendum v. est, cum consequentibus omnibus capitibus vsque ad finem, gehet demnach gleichsam in einem Striche fort, v. werden die Weißagungen, die von Christo gegeben worden, immer herrlicher.

Sunt haec duo exempla omnino illustra, quibus constare Auditoribus potest, qua ratione collegium vltimum Hermeneuticum possint ac debeant transferre ad genuinam interpretationem Esaiae. Wenn sich demnach die Auditores solches fein recht v. wohl zu Nutze machen werden, so werden sie keinen geringen Nutzen daraus nehmen, und werden darnach in denen lectionibus so viel beßer fort kommen, indeßen will ich durch gottes gnade einem die versicherung geben, daß, wer dieses collegium in Esaiam fleis-⟨80⟩sig halten wird, der wird sein Lebenlang einen grosen Nutzen davon haben, v. wird daran gedencken, daß es nicht temere gerathen sey, aber ich requirire auch solche Auditores, die denen Ermahnungen Gehör geben, die in diesen praelectionibus praeliminaribus gegeben sind, damit sie es nicht darauf laßen ankommen, daß sie nur die Stunde da sind, sondern, daß sie sich auch recht darzu schicken, als zu einer Sache, die

---

[106] Jes 39, 6.
[107] Jes 40.
[108] Jes 40, 1–5.

g Vom Verfasser eingefügt.

von solcher wichtigk. ist. Denn wenn sie ein solch collegium würden recht gehalten haben, als wie das über den Esaiam ist, so wird es ihm in allen andern Biblischen Büchern einen unvergleichl. Nutzen geben. Porro in praelectionibus vltimis Hermeneuticis etiam diximus, conferenda esse loca parallela, si quis velit indagare genuinum sensum scripturae S.[109] id moniti, quicquid est, maxime applicandum etiam est ad genuinam interpretationem Prophetae Esaiae, dedimus non ita pridem Parallelismum Hoseae, ex Hosea, si quis eadem ratione velit instituere s. indagare Parallelismum Esaiae ex Esaia, forte non majore negotio; sed majori vtilitate id fieri potuerit (ich habs aufs reine schreiben laßen, und auf die bibliothec ⟨81⟩ hingelegt, damit die Auditores es kriegen können, neml. parallelismum Hoseae ex Hosea, v. sich etwa solches können nach gefallen in loco Bibliothecae abschreiben, es kan darzu ihnen Gelegenheit gegeben werden, denn es eben so viel nicht ist, es sind die b[l]osen loca, wie Hoseas mit sich selbst conferiret ist, daraus können sie nun ein Exempel nehmen. Wenn ich das durch alle propheten hindurch perlustriren wolte, so müste ich sonst nichts thun als daßelbe, sie können aber aus dem einigen Exempel [erkennen,] wie dieses adminiculum Hermeneuticum neml. der parallelismus [von Nutzen ist], wenn mann ihn auch nur in einem buche suchet, v. wie sie es mit dem Esaia selbst machen können, ich sage aber, alsbald und durante hoc collegio, daß sie den Esaiam selbst, nicht einmahl, sondern wenn es ihnen mögl. ist, wohl 100 v. mehrmal lesen, v. immer fein die feder bey der Hand haben, v. wenn sie selbst obseruiren, daß der locus mit jenem parallel ist, sich daßelbe bezeichnet, so werden sie unter der Hand selbst finden können, Parallelismum Esaiae ex Esaia. Jch habe jenen parallelismum nicht anders gemacht, als daß ich in crebra lectione Hoseae parallelismum obseruiret, ⟨82⟩ und ihnen an die hand gegeben habe, wie manns mit einem Exempel mache, so müße mann es mit den andern auch machen, so müße mann darnach nachfolgen, denn es ist unmöglich daß mann alles denen Studiosis vor sagen kann, mann mus Anleitung v. Handleitung geben, aber da müßen sie denn auch der Spuhr weiter nachfolgen, um deßwillen habe ich auch das selbe hinnlegen laßen, damit sie es um so viel mehr finden können, sie werdens nun selbs[t] ex Esaia können wahrnehmen, weil die antecedentia & consequentia so treffl. darinn fließen, weil er ein flumen sermonis hat (der Esaias) so erkläret sich immer ein locus mit dem andern, sonderlich weil er so viel parallela vaticinia hat, da Er sie bald auf eine, bald auf eine andere Art ausspricht, so kommt einem in solchen langen Propheten das trefflich zustatten, wenn mann den parallelismum recht obseruiret v. genau drauf acht hat, v. kan also aus dem Esaia selbst ad interpretationem Esaiae viel ein herrlicher subsidium erlangen, als mann aus alle[n] Commentariis erlangen möchte, denn das suppeditirt einem kein commentarius, es sey welcher er wolle, ⟨83⟩ was mann selbst in priuata meditatione & lectione vi illius Parallelismi erlangen kan, aber das will nun animum attentum haben, daß mann den Esaiam in dem Hebreischen fleißig lese, nicht einmahl, nicht 10 mahl; sondern immer fortfahre, v. was mann einmahl obseruiret hat,

---

109 Zur Lehre von den *parallela* vgl. PH 94 ff.; vgl. vorl. Bd., 116 ff.

das parallel sey, daß daß mann es das andere mahl obseruire, da aber denn zugleich ein judicium Hermeneuticum darzu erfordert wird, daß mann nicht vor parallel halte, was doch nicht sey, was prima specie parallel scheinet. Wenn gleich Auditores darinn zu erst irren, mann kan nicht alles auf einmahl recht machen qui nunquam male, nunquam bene, dürffen sich daran nicht kehren; sondern können sich dieses darnach corrigiren, wenn sie es hernach beßer lernen, mercken v. sehen, was sie unrecht annotiret haben, daß es doch recht parallel gewesen, denn können sie sich darüber freuen, daß sie eben daraus erlangen können, daß sie nur einige progressus in dem studio Hermeneutico [erlangen können], daß es ihnen so viel läuffiger wird, v. daß er alles ins künfftige desto beßer obseruiret. Jndeßen gibt nun diß collegium Anleitung darzu, wie mann recht darzu kommen soll. Diximus porro in institutione illa Hermeneutica etiam rationem habendam esse Analogiae ⟨84⟩ fidei & Analogiae ipsius Scripturae & qua ratione Analogi[a] fidei ad genuinam Scripturae interpretationem sit conferenda, ne circulus commitatur vitiosissimus, id declaravimus in praeceptis hermeneuticis;¹¹⁰ hoc vero maxime locu[m] habet in Esaia. Es können Studiosi sich dabey bedienen Theologiae Esaianae, welche der He. D. Majus in gie[sen] vor nicht gar langer Zeit in publica quadam dispu[ta]tione mit ventiliret hat, darinnen sonderl. darauf gesehen wird, daß die Theologia Esaiana so möge hervor gesetzet werden,¹¹¹ es steckt i[n] dem Esaia eine gantze Theologia, v. wenn eine[r] den Esaiam fleißig lieset, so wird er selbst ein[e] Analogiam darinnen finden, mann hat al[so] wohl darauf zu sehen, daß mann auch in dem E[saia] diß adminiculum nicht negligire, sonderlich aber [die] Analogiam Scripturae recht inacht nehme, das ist [d]ivinum concentum oraculorum diuinorum, wie die Heil. Schrifft vom Anfang biß zu Ende auf ei[ne] Warheit ziehle, wie dieselbe also alles dah[in] richtet, daß Christus möge verkündiget werden, v. fließet nun wieder in die introductione[m] generalem hinein, wie mann neml. cum N. T. mit M[ose,] mit denen libris Historicis, mit den Psalmen, mit allen Propheten es zu vergleichen habe, das l[aufft] in dieselbe harmoniam, wie denn darzu ein sonder[bahr] judicium hermeneuticum spirituale gehöret, daß ⟨85⟩ mann Analogiam Scripturae recht zeige in interpretatione^h vnius loci Scripturae.

Tandem etiam diximus, affectum esse animadvertendum in Scripturis ad inueniendum genuinum sensum,¹¹² hierinnen hat Lutherus sonderl. den weg gezeiget in seinen weitläufftigen interpretationibus in Esaiam Tom. III. Jen. darinnen Er sonderl. weiset, auf den Esaiam,¹¹³ wie ich denn auch in dem collegio Hermeneutico aus dem Luthero einen locum habe angeführet, wie Er die doctrinam de adfectibus da zeiget, v. dabey saget, es könne einer, der den heiligen Geist nicht habe, den Esaiam nicht recht interpretiren ob vehementiam adfec-

---

110 Zur Lehre von der *analogia fidei* vgl. PH 166 ff.; vorl. Bd., 142 ff.
111 Majus 1690.
112 Zur Lehre von den *affectus* vgl. PH 192 ff.; vorl. Bd., 151 ff.
113 WA 25, 87–401.

---

h Wort unleserlich.

tuum, er werde sanctissimum illum adfectum nicht gnugsam erkennen, was dazu gehöre,[114] das kan ein ieglicher gewiß seyn, wenn bey einem Menschen ein rechter v. wahrhafftiger Grund ist, wenn Er in der Warheit, die in Jesu Christo ist, stehet, und hat den geist Christi empfangen, wenn der den Esaiam lieset, so ist bald nicht anders mögl. Hertz v. Seele wird in ihm erreget, v. wird beweget, v. kriegt Krafft des Glaubens, also, daß Ambrosius nicht vergebl. dem Augustino gerathen nach seiner Bekehrung, Er solte den Esaiam fleißig lesen, damit Er recht gestärcket werden möge, ⟨86⟩ hingegen aber wenn einer kömmt, der nichts als e[i]nen Criticum dabey agiren will, v. selbst ein weltl. v. irrdisch gesinnet Hertz dabey hat[,] derselbe gehet über das beste hinn, v. spühret di[e]selbe krafft nicht aus dem Esaia, hat denselben rechten Seelen Nutzen nicht daran, den ein ander davon hat.[115] Es hat einer eine Paraphrasin drüber gemacht über den Esaiam, wovon zu andr[er] Zeit gedacht ist, Nahmens Osorius,[116] deßen auch gedencket Glassius in s. praefation vor der Rhetoric[a] Sacra, da Ers ea occasione anführet, daß wen[n] gleich eloquentissime eine paraphrasis aus dem Esaia gezogen wird, so sey doch Esaias kräfftiger in s. Ausspruch, v. da führet Er diesen an, weil dieser lucidissimo stylo & summa eloquentia ha[t] eine paraphrasin vom Esaia gegeben, aber eben dieser Mann setzet in seiner praefation gar schöne Worte, welche ich auch künfftig Audit[o]ribus gedencke zu dictiren.[117] Und es wird dann nichts anders dictiret werden, als was ich etwa gedencke, das ihnen nich obuium ist, den[n] einen Commentarium zu dictiren wäre zu weitläufftig, wenn wolte ich mit dem Esaia fertig werden, so wird aber dieser Ort mit angeführt, ⟨87⟩ weil Er gar schön ist, Er hat erstl. in praefatione angeführet, was dazu von subsidiis externis erfordert werde Esaiam recht zu verstehen etc:

[zwei gestrichene Worte]

⟨89⟩ Lectio VI. in Proph. Esaiam it. IIX–XIV. pag: [ein getilgtes Wort] d. 27. Maij 1709.

Dedimus ante dies Festos Pentecostales praelectiones aliqvas praeliminares in interpretationem Esaiae, anteqvam nunc accedamus ad ipsius Jesaiae interpretationem credimus qvaedam esse notanda in subsidium memoriae ex ijs, qvae in praelectionibus modo dictis praeliminaribus adduximus, inprimis eam ob causam qvod multum omnino in eo situm sit ut studiosi Exegeseos [p]lanam ac certam viam calleant interpretandi Prophetas, qvam tuto seqvi per omnem vitam possit in praesentia igitur qvaedam dictabuntur qvae Calamo ab auditoribus praesentibus accipi[i] possunt. Qvod DEus bene ac prospere evenire jubeat, ipsam nunc

---

114 WA 25, 90, 11–17.
115 Augustinus, Conf. IX, 5 = CCSL 27, 140 (V, 13) (besonders Zeilen 4–10).
116 Osorius 1584.
117 Glassius 1691, c 3a–e 4b (Vorrede), Osorius erwähnt auf d1a.

---

i Wort unleserlich.

Esaiae interpretationem, praemissis lectionibus aliqvot praeliminaribus adgredimur. Rei magnitudo et difficultas ab hoc proposito nos absterrere posset si contextum Prophetae κατα ποδα proseqvi versusqve omnes [h]ic voces singulas acroasibus exegeticis nobis animus esset excutere, verum nos constituimus [opi]tulante gratia divina viam duntaxat et ⟨90⟩ rationem auditoribus nostris commonstrare indagandi aeqve solidis fundamentis confirmandi sensum Prophetae genuinum eumqve recte apprehensum ad verum ac spiritualem usum conferendi, qvare nec omnia, qvae ad interpretationem vaticiniorum conducere videbuntur nos prolaturos recipimus nec quodquod in medium proferemus diffuse exeqvemur, in id autem qvicqvid industriae huc conferemus totum intendemus, ut in tanta rerum copia et ubertate qva[s] lectioni praestantissimorum interpretum juncta meditatio nobis suggesserit optima seligamus operam dabimus ut qvae ad agnitionem auditores planissime perducant ijs suppeditemus, hoc pacto et universis ea qvae dicentur profutura et pensum nostrum justo temporis spatio volente DEo fieri absolutum confidimus. Viva voce plurima qvidem proferemus; qvare et attentos et assiduos nobis auditores peroptamus; attamen in subsidium memoriae nonnulla dictabimus non qvae Comenta-⟨91⟩rium in Jesaiam conficiant sed qvae ut ut nullo inter se nexu cohaereant ad notata tamen uberiori auditorum meditationi nunc et in posterum inserviant. Hac de ratione praesentis instituti. Invocet mecum qvillibet auditorum DEum optimum maximum verbis Divi Augustini: Circumcide Domine DEus meus ab omni temeritate omniqve mendacio interiora et exteriora labia mea sint castae deliciae meae scripturae tuae ne fallar in ijs nec fallam ex eis Confess: Lib: XI. C. II. § 2.

§. I.

De qvinque lectionibus qvae datae sunt praeliminaribus, velim, anteqvam ad ipsius interpretationem Jesaiae pergamus seqventia praecipue apud animum cujusqve custodiri. Subministravi antehac introductionem generalem ad lectionem Prophetarum qvae in qvorundam auditorum manibus etiam nunc versatur eas ut in hisce praelectionibus in Jesaiam usqve ⟨92⟩ qvaqve supponam, ita in praeliminaribus per aliqvam ανακαιφαλαιοσιν praecipua ejus momenta auditores docui ad Jesaiae interpretationem conferre cum autem copiam ejus introductionis Generalis facile nancisci qvillibet possit non male sibi consulet qvisqvis illam ipsam introductionem Generalem suopte studio diligenter relegerit cujus sub initium statim animadvertet nos ibi comendasse Tyronibus brevem introductionem ad Prophetas Germanica lingva scriptam a D. Balthasare Kophio Inspectore Halensi et editam in Orphanotropheo Anno 1706.[118] Hujusce igitur commendationem hic repeto ut qvoad praesens institutum inprimis illa qvae ad pag: 15. 29 de Esaia habentur sibi auditores familiaria lectione attenta et crebriore reddant Es muß bey den studio exegetico in libros historiae eine kurtze historische anleitung seyn weil mann sie nun da so fein kurtz zu ⟨93⟩ [sa]mmen findet, so wird

---

[118] Kophius 1706.

§ II.

dis insonderheit [de]nen auditoribus dienen, daß sie das ad [un]gvem inne krigen, und damit es nicht [im]mer auffs neue darff inculciret werden [in] Collegio selbst, waß von solchen comu[ni]bus principijs [gelehrt]; wird § II (in Medio.) exem[pl]a qvaedam notanda sunt qvibus docuimus [no]stram qvam diximus introductionem conferen[da]m esse ad expositionem Jesaiae ante omnia [si] qvis de genuino Prophetae alicujus sensu [cer]tus esse velit eum recurrere oportet ad in[te]rpretationem Prophetarum ex ore ipsius Chri[st]i profectam qvippe qvi clavem possidet Da[vi]dis Apoc. III. 7.[119] ita omnium prophetarum [so]lusqve dignus est qvi apperiat τὸ βιβλι[ο]ν et sigilla ejus solvat Apo V. 1. 9.[120] id vero in In[tr]oductione speciali qvam liqvidissime [de]monstravimus, qvam ad Ionam dedimus, idem [v]ero praeceptum Hermenevticum si ad Jesaiam ad[co]mmodare velimus praecipue observandus est [lo]cus Luc: 4 ψ. 17. seqq:[121] licet enim ibi nihil adfir[m]atur amplius, nisi qvod tum in Christo comple[t]um sit Esaiae vaticinium C. 41. ψ. 1.[122] qvia tamen [in] explicandis vaticinijs caput et summa inter-⟨94⟩pretationis recte in eo ponitur, ut qvis intelligat de qvo loqvatur Propheta, de se ipso an de alio qvopiam, et de qvonam praecise (:Conf: Act: VIII. 34.:)[123] gratulamur nobis merito, qvotqvot Christum agnoscimus Prophetam illum a DEo promissum datumqve illustrem illum Jesaiae locum nobis ipsum Christum de se ipso diserte exposuisse. Qvo supposito qvantus nobis apperiatur in connexis et parallelis Jesaiae vaticinijs campus, ad genuinum eorum sensum qvoad objectum vaticiniorum adstruendum suo loco videbimus. Coeterum neqve id, dum ad Christum in Jesaiae interpretationem primo recurendum esse monemus, praetereundum est, nostro hac in re non satisfieri officio, si loca qvibus Jesus Christus Jesaiam exposuit consideraverimus; sed alia qvae majoris sunt momenti hae[j] a nobis reqvirunt,[k] ut tanto Magistro rite perfruamur et in ejus schola felice profectus faciamus[l] [m]et ita gemini[m] discipuli evadamus[n].[124] Wenn mann so den Ort Luc: 4[125] betrachtet, so komts einem vor ⟨95⟩ Es wird ja da gar nicht der Profet Jesaia sonderlich erkläret, es stehet nichts mehr als das unser Heiland nur saget, diese Schrifft ist heüt in euren Ohren erfüllet.[126] Wenn mann aber die Sache genau consideriret und umständiglich erweget so ist uns mit dem einigen Worte das Christus da geredet hat gedienet zu Vieler vaticiniorum, zu Vieler Prophezeüung Erklärung in dem Propheten Esaiam denn die Hauptsache stehet darinnen daß mann wiße Vonn wem der Prophet eigendlich rede und Von wem

---

119 Apk 3, 7.
120 Apk 5, 1–9.
121 Lk 4, 17.
122 Jes 61, 1; Ms.: Jes 41, 1.
123 Act 8, 34.
124 Jes 53, 7 f.
125 Lk 4, 17–30.
126 Lk 4, 21.

---

j Wort unleserlich. k Geändert aus: reqviri. l Ergänzt. m-m Eingefügt aus der Marginalspalte. n Gestrichen: videatur aphorismus septimus nostrae institutionis generalis.

praecise, ob er Von einem andern redet oder ob er Von dem redet praecise, worinnen die Erfullung eigentlich lieget wenn mann das in einem vaticinio hält so hat mann caput et Summam interpretationis ob nun gleich da unser Heiland von dem loco redet Jes: LXI ψ.¹²⁷ und saget diese Schrifft ist erfullet so ist doch
5 der locus so bekant daß es einer Von dem Vornehmsten stellen der locorum ⟨96⟩ Jesaiae ist mit welchem viele andere vaticinia im Vorhergehenden und nachfolgendem accuratissime connectiret, und mit welchem vaticinio viele andere parallel stehen° so offenbarlich, daß wenn erst darinnen gewiß ist der Ort handele von Christo, so ist er darnach Von vielen andern vaticinijs gewiß daß die
10 mußen von Christo und von keinem andern auch literaliter verstanden werden also daß einem das gleich ein gar großes licht giebt wie es in gemein ist wenn Christus ein Wort geredet hat, daß wenn das recht angesehen wird, daß einen großen Strahl in die gantze Schrifft hinein giebt sie recht zu erklären, also ist auch damit gethan, darumb habe ich dieses zu einem exempel angefehret, daß
15 mann sehen möge wie mann zu einer rechten gewißheit durch dieses mitel gelangen moge, Es ist aber hinzu gesetzt worden, es gehöre mehr darzu als das mann nur die ⟨97⟩ loca nachschlage, und dieselbe conferire mit dem Esaia, Christus ist uns nicht allein gegeben als interpres Scripturae sondern er ist unser Herr und Meister zu welchem wir auch fliehen müßen mit unserm Gebeth, und
20 mißen ihn bitten daß er uns den Geist geben wolle den er darzu Verheißen hat, daß er uns in alle Weisheit leite, also mißen wir dem worte gehör geben, da er saget wer mich liebet der ist den mein Vater wieder lieben wird zu dem werden wir kommen und wohnung bey ihm machen,¹²⁸ da wird das rächte erkentniß sein dem wil ich mich offenbahren als in lectione prophetarum, daß er da das
25 Hertz recht auffschließet, und das Hertz recht einem brennet wenn mann erkännet wie Christus darinnen geweisaget ist, wie er sich denen Jungern nach Emaus erwieß¹²⁹, also müßen wirs nicht bey einer solchen bloßen auffschlage der Orter bewenden laßen sondern wir mißen Christum als doctorem et caput prophetarum ansehen und zu gleich als denjenigen der unser Heiland ist von welchem
30 wir alles gutes [empfangen], und den tost den wir in studio exegetico erst erlangen müßen.¹³⁰ Nun ich will es dabey bewenden laßen. ⟨98⟩

§. III.

ᵖPost Christum natum in explicandis Prophetis, audiendi omnino Apostoli, in qvorum censum eatenus Evangelistae veniunt et nemo facile inficiabitur, qvi, [L]ect: VII. d. 28. Maij.

---

127 Jes 61, 1.
128 Joh 14, 23.
129 Vgl. Lk 24, 32.
130 Vgl. Lk 24, 13–35.

---

o Gestrichen: es ist aber hinzugesetzt worden.   **p-p** Text erster Hand: Post Christum natum in explicandis Prophetis, audiendos esse Apostolos, in qvorum censum eatenus Evangelistae veniunt, in introductione generali ostendimus, ad Jesaiam sive praeceptum etiam applicari debet; at non sine manifestissima uberrimaqve utilitate applicabitur, etenim dictum Jesaiae, qvae in scriptis novi testamenti adducuntur, et aliqva saltem ratione exponuntur insignis est copia.

etenim dictum Jesaiae, in scriptis novi testamenti addutorum, et aliqva saltem ratione expositorum insignes copiam, rationem habuit^p. Vid: Math: 1. ψ. 22. C. 3. ψ. 3. C. 4. ψ. 14. C. 13. 14. C. 15. ψ. 7. Marc: 7. 6. Luc: 3. ψ. 4. Joh: 1. ψ. 23. C. 12. ψ. 38. 39. seqq. Act: 8. ψ. 28. seqq: C. 28. ψ. 25. Rom: 9. ψ. 27. 28. 29. C. 10. 16. et. 20. C. 15. ψ. 12. 1. Cor. 1. ψ. 19. C. 2. 9. seqq. etc: nec vero putandum est ea duntaxat loca huc pertinere, qvae expresse ab Evangelistis et Apostolis ex Esaia proferuntur; sed illi ipsi saepenumero in tractandis doctrinae Christianae Capitibus cum Jesaia loqvuntur, ubi non aperte ad illius imo nec qvidem ad scripturae in genere auctoritatem provocant, qvod in primis fieri solet in Apocalipsi Vid. C. I. 17. II. 8. Coll: Jes: XLI. 4. XLIV. 6. Apoc. II: 16. Coll: Jes: XI. 4. Apoc. III. 7. coll: Jes: XXII. 22. Apoc. IV. 8. coll: Jes: VI. 2. Apoc V. 5. coll: Jes: XI. 1. Apoc: V. 10. coll:^q Jes: LXI. 6. Apoc VI. 14. coll: Jes: XXXIV. 4. Apoc VI. 15. 16. Jes: II. ψ. 19. etc:^131 qvod si ⟨99⟩ igitur exegeseos sacrae studiosi ^rad genuinam^r Jesaiae interpretationem via planissima certissimaqve^s pervenire velint conjugant cum Jesaiae lectione scriptores Novi T. ea ratione ut diligentissime animadvertant loca, in qvibus Evangelistae et Apostoli vel expresse ut untur Jesaiae testimonijs, vel tacite verba ejus assumendo explicationem ejus nobis suggerunt; certissime sibi majus inde polliceri praesidium verae interpraetationis possunt, qvam ex ullo commentario, sed attentione animi, meditatione, Oratione, assiduitate opus est, si qvis regia hac via in studio exegetico incedere voluerit.

Coeterum in conferendis Apostolorum scriptis cum Jesaia Auditores exempli loco considerent illustrem illam Cap: 53. Esaiae^132 explicationem de passione ac resurectione Christi, qvae habetur Act IIX ψ. 30 seqq^133 multum enim omnino apud nos dissertissima illa prophetici contextus explicatio valere debet contra eorum detorsiones qvi non verentur caput illud LIII. secundum literalem sensum de alio qvam de Messia explicare nos eum ad Capitis illius considerationem testimonijs nostris pertingemus, qvanti nobis usus in capite illo enarando sit Apostolica authoritas ⟨100⟩ liqvido demonstratum ibimus.

§. IV.

^tProphetas interpretaturo ad Mosen subinde tanqvam ad primum fontem, imo tanqvam ad Oceanum e qvo sua illi transerunt recurrendum esse, in Jesaia id exemplis fere innumeris ostendi posset e qvibus nunc unum modo alterumqve seligemus, qvae praeceptum hoc hermenevticum declarent, animosqve auditorum ^uaddiciant^u ad observanda accuratius reliqva, qvae in ipsa Jesaiae tractatione occurrent Esa: VII. 14. habetur illustre Ecce virgo concipi[et] et pariet filium et

---

131 S. Bibelstellen.
132 Jes 53, 1–12.
133 Act 8, 30–39.

---

q Gestrichen: VI. 20. Apoc. V. 5 coll: Jes: XII.   r-r Eingefügt.   s Gestrichen: ad genuinam.
t Gestrichen: Monuimus porro.   u Geändert aus: [nicht lesbar].

vocabis nomen ejus Immanuel.¹³⁴ fundamentum hujus vaticinij habetur in Mose nempe in Protevangelio Gen. III. 15. semen mulieris conteret tibi (o serpens) caput,¹³⁵ facta hic mentio seminis mulieris, neutiqvam vero seminis viri, ut indicaretur fore certam aliqvam mulierem, unde immediate nasci debeat promissum illud semen neqve solum protevangelium id in Mose subindicavit; sed leges Mosaicae, qvae de Virginibus et statu virginitatis passim agunt ad eandem miraculosam futuri Messiae nativi-⟨101⟩tatem respiciunt, id qvod pie et eleganter deduxit et ostendit Petrus Allox [!] reflexionibus in Exodum et seqq libros Mosis Cap: 20¹³⁶ et reflexionibus in libro scripturae Tom II. Cap: 14.¹³⁷ aliud exemplum collationis utilissimae Jesaiae cum Mose praebet initium Capitis 4ti Canta sterilis qva non parit etc: respicit in his verbis Esaiae ad historiam familiae Abrahami ubi erat Sarai, qvae non pariebat liberos Abrahamo Gen: XVI. 1.¹³⁸ et Hagar qvae concipiebat, ideoqve contemnebat heram suam ᵛibid:ᵛ 4. qvae res figuram eorum qvae futura aliqvando essent in Oeconomia DEi continebat, qvam ob causam spiritus DEi in Jesaia vaticinium daturus de temporibus N. T. dictionem ex Historia Mosaica adsumit, ut ipsis verbis subindicaretur, idem, qvod nunc ille praedicat jam dudum sapientiam divinam in terris qvasi praelusisse in familia nempe Abrahami tanqvam Patris credentium. Discimus autem hunc respectum Jesaiae ad Mosen a Paulo, qvippe qvi ad Galat: IV. 21. usqve ad 31.¹³⁹ ostendit qvid per historiam ⟨102⟩ familiae Abrahami figuratum sit, idqve confirmans testimonio Jesaiae qvo exposito pergit ad historiaeʷ illius applicationem, et in eventu inprimis notat parallelismum seu figurae impletionem.¹⁴⁰

§. V.

Commendavimus porro collationem librorumˣ historicorum V. T. ut pote qvi proxime scriptis Prophetarum facem praeferunt. Gleichwie in V. T. bey den Propheten die Acta Apostolorum, so stehen in N. T. die Acta Prophetarum sonderlich Regum hic iterum monemus tyrones ut attento animo legant praefationem Lutheri in Jesaiam, ubi graviter isthuc urget, nempe Prophetas intelligi non posse sine illa cum libris historicis collatione,¹⁴¹ licet per hos maxime intellectos velit librum II. Reg: et II Chron: Hist: Regum Prophetis coevorum continentes.¹⁴² diximus autem in Jntroductione nostra generali Aphorismo XIV.¹⁴³ ea

---

134 Jes 7, 14.
135 Gen 3, 15.
136 Allix 1687, 199–205.
137 Allix 1702.
138 Gen 16, 1, 4.
139 Gal 4, 21–31.
140 Vgl. Jes 54, 1.
141 WA DB XI, 1, 17.
142 2Reg und 2Chro.
143 Vgl. vorl. Bd., 271–317.

---

v-v Geändert aus: XVI.   w Geändert aus: historiam.   x Gestrichen: simbolicorum.

qvorum in hoc negotio potissimum habenda sit ratio ad 4. momenta revocari posse I. enim notandas esse origines et fundamenta rerum qvas prophetae haud expresse tractant aut aliqva attingunt ⟨103⟩ [r]atione, secundo observandum esse filum historiae [q]vam vaticinia proxime supponunt, qvod filum qvae[r]endum est in temporibus Prophetas antecedentibus, [t]ertio perdiscendum esse historiam temporis, qvo Pro[p]hetae fuerunt supperstites, 4to conferendam esse historiam temporis seqqventis. Qvatuor haec momenta non ad libros Regum et Chronicorum tantum sed ad omnes libros historicos V. T. spectant. Ac nosse decet Exegeseos sacrae studiosos ad qvam temporis periodum singuli Prophetae pertineant ut pariter et Antecedentia et Conseqventia, periodi cujusqve, tanti adcuratius conferant qva de re in introductione generali loco citato egimus. Coeterum ut illa nunc ad Jesaiam Auditores accommodare discant et in eo usum legitimum monitorum illorum animadvertant, exemplo ea illustrabimus unico, plura deinde passim in Jesaiae interpretatione notaturi

In der Meditatione wenn dieses was jetzt dictiret ist nachgelesen wird da haben die Autitores sonderlich darauff zu sehen, daß sie den modum genuinum interpretandi Scripturam [beachten,] der modus genuinus bestehet darinnen daß mann Scripturam per Scripturam ⟨104⟩ erkläre oder einen Textum, daß mann der selben durch die gantze Schrift hindurch führen könne durchs alte und neüe Testament, die Worte Christi und der Apostel Mosis und der libr[o]rum historicorum et Propheticorum und zeige[t] also wie dieses zusammen hanget. das giebt eine rechte divinam convictionem ⟨denen⟩ [davon] daß mann nicht über einen Text ein wenig nur grübelt oder critisiret, sondern daß mann recht im grunde es dargelegt, aber es gehoret dazu daß mann recht practici^yre, wenn mann nun ein dictum oder einen Text vor sich hat, daß man denselben durch die gantze Schrifft hindurch führen könne, durchs alte und neue Testament, die Worte Christi und der Apostel, Mosis und der librorum historicorum, et propheticorum mit einander conferiret, und zeiget also wie dieses gantz zu sammen hanget, das gibt eine rechte divinam convictionem davon, daß man nicht über einen Text ein wenig nur grübelt, oder critisiret, sondern daß man recht im Grunde es darlege^y.

Lect. IIX, d. 31 Maij.

Legimus Matth. IV, 14. 15. 16.[144] effatum Esaiae, qvod habetur Cap IIX, 22 secundum Hebraeum Codicem alias cap. IX, 1. impletum tunc temporis esse.[145] Eum locum si in Esaia ipso euoluamus et Antecedentia et consequentia consideramus, nihil non obscurum nobis videbitur. At vero si historiam et fata regionis illius, de qua Esaia sermo est, studiose cum illo vaticinico conferamus, huic qvod requirimus lumen illinc effunditum. Qvando [...]^z apud Esaiam in priori tempore dicitur reddidisse deum Israelitorum ⟨105⟩ elitarum gentem vilem usqve

---

144 Mt 4, 14–16.
145 Jes 8, 3 u. 9, 1 (= 9, 1 f. alten Stils).

---

y-y Der vorhergehende Tetxabschnitt wird hier auf einer Überklebung leicht verändert wiederholt. Die Überklebung ist von derselben Hand und korrigiert offenbar den vorhergehenden Text. **z** Unleserlich.

ad terram Zebulon et Naphtalim, respicitur ad 2. Reg. 25. 29. ubi calamitas qvae priori ut Propheta ait tempore regioni illi accidit describitur.[146] Cum ea vero calamitate deinde confertur posterioris temporis felicitas et gloria eidem regioni obventura. Ut enim illa prior coacta est subire captivitatem ita eadem omnium prima praedicationibus et miraculis Christi a contemtu et calamitate liberari reddi subito gloriosissima et qvasi e tenebris in summam lucem transferri debuit verum hoc qvoqve suo loco clarius exponetur, nunc praegustus qvalis cunqve sufficiat conf: verba Kophij in brevi introductione ad Proph: p: 19.[147] die so arme Galileer waren die ersten so gefangen weggeführt wurden, waren hernach auch die ersten, denen das Licht des Hl. Meßiae in der finsternüß erschien Es: 9. 1. Math. 4. 16. Luc: 1. 69.[148]

§. VI.

Porro Psalterium non immerito hermenevticam qvandam sacram ab ipso spiritu s. nobis suppeditatam ⟨106⟩ vocari et inprimis ad Prophetas recte intelligendos multum conferre diximus. Ejus rei in Jesaia facile experimentum capitur. Ψal: LXXX. et Caput V. nostri Prophetae idem continent argumentum.[149] Sic Psal: LXXII. coll: cum Jes: LX. idem complecti vaticinium deprehendetur.[150] C. 12. Jes plurimorum Psalmorum verba una cum re in ijs decantata repetit E. g. Ψ. CXVIII. 14. Psalm:[151] C. V. 1. 43. Psalm:[152] LX. 3. seqq.[153] etc: et qvum in Psalmis hoc praecipuum sit qvod promissio Davidi facta. 2. Sam: VII.[154] et I. Chron XVII.[155] illustretur passim ac celebretur, Jesaias autem inter Prophetas is sit qvi vaticinium illud de Messia ex semine Davidis proditure gravissime inculcet et fundamenta solatij inde potissimum petat vel ex hoc unico indicari facile potest, qvantum legitimae et fundamentalis interpretationis praesidium adcurata Jes: cum Psalterio collatio suppeditet ita Psalterium Messiam sistit Redemptorem, Regem, Judicem, Sponsum etc: qvae omnia in Jesaia etiam inveniuntur suntqve observata ad reciprocam utriusqve libri expositionem apprime necessaria. Reliqvi libri qvi tertiam Ebraei codicis partem generali Psalmorum titulo antiqvitus insignitam pertinent, collat: cum Jesaia ⟨107⟩ hujus expositionem et ipsi qvidem aducant; verum ijs omnibus Psalterium hoc in negotio exegetico palmam facile praecipit. Itaqve hoc agant Exegeseos s. studiosi, si Jesaiam cum exoptato fructu legere ejusqve sensum jenuinum recte adseqvi gestiant, jungant reliqvis qvae a legitima interpretatione abesse non debent adjumentis qvam fieri potest maxime assidue psalterij cum illo Propheta collationem.

---

146 2Reg 15, 29 (nicht 25, 29).
147 Kophius 1706.
148 Jes 9, 1; Mt 4, 16; Lk 1, 69.
149 Ps 80, 9; vgl. Jes 5, 1–7.
150 Ps 72, 10; vgl. Jes 60, 6.
151 Ps 118, 14; vgl. Jes 12, 2.
152 Ps 105, 1, 43; vgl. Jes 12, 4.
153 Ps 60, 3–6; vgl. Jes 12.
154 2Sam 7, 6; vgl. Jes 66, 1; 2Sam 7, 12; vgl. Jes 9, 6; 2Sam 7, 16; vgl. Jes 55, 3.
155 1Chro 17, 7–14; vgl. Jes 12.

§. VII.

Tandem et[a] Prophetas expositurо necessaria est[b] ipsorum Prophetarum inter se, breviorum vaticiniorum cum longioribus, obscuriorum cum luculentioribus adcurata[c] et indefessa[d] collatio[e], Et[f] in Hosea qvidem[g] exemplum dedimus, parallelismi[h] verborum ac rerum qvae in eodem Propheta habentur; Ministravimus enim parallelismum Hoseae in Hosea, qvo ex illo specimine auditoribus nostris pateret, sicut qvillibet dici solet optimus suorum interpres ⟨108⟩ verborum, ita in studio qvoqve exegetico domesticam qvasi cujusqve scripturae s. interpretationem suae mentis anteferendam esse. Interpretationibu[s] extrinsecus petitis, saltem illam haud qvaqvam ess[e] negligendam. Jdem qvis immitari in Jesaia et adornare parallelismum Jesaiae in Jesaia tanto posset facilius, qvanto saepius hic Propheta Vaticinium a spiritu s. sibi suggestum et a se prolatum semel, repetere deinceps in plurimis Capitibus illustrare er inculcare solet. Hoc ipsum nos diligentiae et assiduitati auditorum relinqvimus, qvibus toties qvoties fieri potest. Jesaiam legendum ac repetendum svademus cum animi attentione debita, ac tum semper calamum habeant in manibu[s] et qvae sedula ac solerti observatione animadve[r]terint in Propheta esse parallela, sive qvoad rem sive qvoad dictionem adnotare ne cunctentur.

Ne exemplum hujus rei ijs desit videant Cap: II, 2. seqq: coll: C. IV, 2, 3, seqq C. V. 17. C. VIII, 14. 18. C. IX, 3. CX, 20. 23. C. XI. 1. 10. XII.[i] C. XIV. 1. 32. C. XVIII, 7. C. XIX, 21. seqq C. XXIV, 14. 15. 16. 23. C. XXV. 1. 2. 3. 4. seqq. ⟨109⟩ C. XXVI. 1. seqq: C. XXVII, 2. seqq. C. XXVIII. 16. C. XXIX. 22 seqq C. XXXII. 1. seqq 15 C. XXXIII, 14 seqq C. XXXV. 1. seqq C. XL, 5. seqq: C. XLII, 1. 2. 3. seqq C. XLIII. 6. 7. C. XLIV, 4. 5. C. XLV.1. seqq 8. 22. 23. 25. C. XLIX,6. seqq: 18. seqq C.LI. 4.5. seqq: C. LII.7. seqq. 15. C. LIII, 10. 11. 12. C. LIV. 1. seqq C. LIII. 1. C. LVI, 3. seqq: C. LVII, 19. C. LVIII. 12. 14. C. LIX, 19. seqq: C. LX, 1. seqq C. LXI. 1. seqq: C. LXII. 10, 11, C. LXIV. 1, 2. 3. 4. C. LXV. seqq C. LXVI. 1. 2. seqq jam autem adqvi essendum non est in parallelismo qvi ex ipso Jesaiae libro petitur d. adjunjendus huic est reliqvorum Prophetarum parall: cujus qvanta sit amplitudo hoc ipsum qvod modo in Jesaia dedimus exemplum edocere potest. Coeterum cum hujus rei in ipsa Jesaiae interpretatione ubiqve obvia sumus habituri exempla ei pluribus exemplis hoc l. declarandae haut immorabimur. Ich thue dieses billig hinzu, wer das studium exegeticum, dergestalt zu tractiren suchet, daß er zu einer rechten soliditet darin gelange der muß kein ⟨110⟩ Fladder Geist seyn; sondern er muß eines sedaten Gemüths seyn, eines wohl gefaßete[n] Geistes der nicht wolle herum flattern in der Consideration und Meditation der Schrifft selbst fein feste seyn, da muß es seine rechte assiduitat haben, und mag ich die Sache nicht beßer erklären; als sie der Rupertus Th[ui]censis erkläret hat in einem schönen gleichnis[j] er sagt wie diejenigen Jachthunde gar nicht ta[u]geten, die auff einmahl mude würden; hingegen diejenigen dem Jäger recht lieb wären, die den Wald

---

a Gestrichen: quoqve ex introductione nostra generali repetivimus. **b** Geändert aus: esse. **c** Geändert aus: adcuratam. **d** Geändert aus: indefessam. **e** Geändert aus: collationem. **f** Geändert aus: et. **g** Gestrichen: Anno Superiori. **h** Geändert aus parallelismum. **i** Zahl ergänzt. **j** Gestrichen: [unleserlich].

durch und durch durchspuhret haben biß sie das Wild erjaget hätten,[156] also mus auch einer studiosus exeget: sein, in der Schrifft gehen so unermüdet müße er darinnen sein, wenn er zu einer rechten soliditat kommen wolle, wie wir denselben locum auch in der introductione generali aufgeführet haben.

§. VIII.

Posteaqvam in lectionibus praeliminaribus ανακαιφαλεοσιν aliqvam introductionis nostrae generalis ad Prophetas dedissemus, eamqve qvoad ⟨111⟩ praecipua momenta ad Jesaiam adcomodassemus, monuimus porro auditores, supponi pariter in isthac qvam nobis proposuimus Jesaiae tractatione cognitionem aliqvam praeceptorum hermenevticorum, qvorum in contextu qvolibet Scripturae exponendo usus sit, qvum autem superioribus hujusce[k] Anni mensibus talia praecepta pauca qvidem sed exemplis sat luculentis declarata subministraverimus putavimus eorumqve exempla qvoqve in Jesaia praeliminari opera ostendenda esse ut hoc etiam pacto ad Prophetae hujus genuinam tractationem evidentior auditoribus via esset, agite dum igitur ex ijs qvae in hanc rem protulimus, nonnulla brevissimis adnotemus 1.) qvod ad adcuratam cujuslibet contextus considerationem reqviritur est scopi seu finis in qvem sermo dirigitur observatio.[157] Exemplum dedimus ex Jes: 2. cujus 4. priores versus[158] continent vaticinium de gentium copiosissima qvae expectanda sit conversione ad DEum et populorum ad audiendum verbum DEi futuro diebus novissimis confluxu: qvae Prophetia ⟨112⟩ repetitur a Micha. IV. 1. seqq[159] qvod si vero animus in relegendo contextu integro intendatur in considerationem scopi s. finis propter qvem hoc loco et tempore vaticinium hoc a Jesaia in medium prolatum fuerit Conseq: ψ. 5 et reliqvi facile docebunt prolatum illud esse εις το παραληλωσαι τους ιουδαιους Rom II, 2.[160] seu ut Judaei exemplo gentium qvae ad montem sionis olim concursurae sint ad piam aemulationem permoventur; eum autem illi e contrario non modo aspernarentur legem DEi et omnia Prophetarum monita sed insuper ad abominandum idolorum cultum deficerent, proposuit ijs Propheta exemplum gentium ut hac oppositione illorum perfidia gravius accusaretur, ac plane dispallesceret, illos qvam maxime commeruisse poenas, qvas in seqventi fuse satis exponit, eos DEo daturos esse. Haec qvi recte perpenderit, simul etiam animadvertet, ex ipso Prophetae scopo rationem qvam ob rem editurus vaticinium de adventu Messiae id non alio potius qvam hoc modo nempe προσοπο⟨113⟩[π]αια et υποτυπωσι qvadam vivida pulcheri[m]aqve sit elocutus haec n. elocutio Prophetae scopi qvem diximus maxime est congrua.

Lect. IX. d: 3 Jun:

---

156 Rup. Tuit. 1631; Gleichnis nicht nachgewiesen.
157 Zur Lehre vom *scopus* vgl. PH 28 ff.; vorl. Bd., 92 ff.
158 Jes 2, 1–4.
159 Mi 4, 1–3.
160 Rom 11, 11.

---

k Gestrichen: animi.

§. IX.

Secundum qvod ad legitimam pericopen cujuslibet interpretationem reqviritur est Antecedentium et Consequentium Consideratio.[161] Exemplum hujus praecepti hermenevtici dedimus ex C. LIV. Jes: ψ. 1. Canta. sterilis qvae non pepererat etc: qvomodo nos Paulus Cap: IV. Gal: ad historiam Mosaicam de familia Abrahami remittat,[162] et hoc pacto genuinam hujus loci interpretationem eamqve maxime fundamentalem nobis suggerat supra vidimus, at nunc si hunc ipsum locum ad proxime Anteced: referamus mire ijs collustrabitur Cap: enim LIII. 10, 11, 12.[163] Propheta de Messia erat vaticinatus, futurum esse ut is posita in reatum anima sua videret semen, ut agnitione sui justificaret multos, ut cum fortibus divideret spolium ex hisce igitur praemissis veluti conclusionem e suis suis praemissis vel tanqvam porisma aliqvod elicit ea qvae sub initium Cap: LIV.[164] habentur haec cum ita sint merito tu qvae sterilis adhuc fuisti illo tempore qvo tam copiosum ⟨114⟩ existet illud Messiae ceu Mariti tui semen spirituale cantabis prae gaudio eo qvod sterilitas tua in sumam mutabitur foecunditatem. Suo loco hanc rem pluribus ostendemus et declarabimu[s] Conseqventia vero Cap: LV. qvatenus ex ijsdem Cap: LIII. promissio et ex hoc Cap: LIV. deriventur facile nunc qvilibet judicare poterit.[165] Zum exempl. ist das sonderlich zu mercken daß mann in teuschen nicht observiren kan wie starck Jesaias auch in stilo selbst seine connexion aufzeiget. Es ist gar ein schönes exempl Cap: LIV, 5. da heists der dein Mann ist der ist auch dein Schöpfer der Herr Zebaoth ist sein Nahme,[166] der Heilige in Jsrael wie er nehmlich solte einen Geistlichen Saamen krigen, die an ihn gläuben werden durch ihn zum ewigen Leben, das wird zusammen gefüget in eins und darzu eine so schöne paronomasie die mann in teüschen nicht kan vernehmen er spielt recht mit den worten das der wird der Gott der gantzen Erden genant werden sein Nahme wird auff den gantzen Erdboden geprediget werden in seinem Namen wer[den] ⟨115⟩ [s]ich alle knie beügen müßen und so ferner.

§. X.

Tertium adjumentum interpretationis locorum scripturae est parall. locorum collatio, qvae res cum in introductione nostra generali non [p]otuerit non praecipue inculcari qvibus denuo illustraretur exemplis opus non habuisset.[167] Dedimus tamen etiam parallel: Jes. in Jesaia exemplum qvod suam eamqve satis insignem

---

161 Zur Lehre von den *antecedentia* und *consequentia* vgl. PH 61 ff.; vorl. Bd., 104.
162 Jes 54, 1; vgl. Gal 4, 27.
163 Jes 53, 10–12.
164 Jes 54.
165 Jes 55; 53; 54.
166 Jes 54, 5.
167 Zur Lehre von den *parallela* vgl. PH 94 ff.; vgl. vorl Bd., 116.

ad certo intelligendum qvod Jesaias de Christo vatici[n]atus sit etiam ubi vaticinio ejus a Judaeis et Judaizantibus pervertuntur porrigit utilitatem. Adfirmamus praeeunte Math: 1. 23. Jesaiam C. VII. 14. vaticinari de Jesu Christo Mariae Filio qvem eo ipso DEi filium credimus.[168] Si hujus vaticinij parallelismus in ipso Jesaia adnotandus sit, continuo occurret Cap: VIII. 8. ubi vox Immanuel rep. et statim ψ. 9. seqq[169] emphasis hujus nominis ad usum genuinum transfertur nempe ad fiduciam in hoc Jmmanuele unice collocandam, qvi mox ψ. 13. Jehova Zebaoth vocatur qvi solus timendus sit etc:[170] jam sive de filio Prophetae sive de ⟨116⟩ Hiskia qvis interpretari ψ 14. C. VII.[171] voluerit r[e]pugnabit manifestus hic parallel: filius n. Propheta nulla ratione dici potuit Dominus te[r]rae, qvi tamen Jmmanuel dicitur C. VIII. 8.[172] Hisk[i]as autem fuit homo et ut Scriptura[l] loqvitur Caro fiduciam autem in homine collocare nusqvam Scr[i]ptura jubet. sed gravissime potius utqve qvaqve prohibet in Jmmanuele vero eam collocare in unice jubet eumqve omnium populorum potentiae opponit et ut liqvido intelligant illum promissum Virginis filium qvi Jmmanuel appellari debeat, non esse hominem tantum sed Θεανθρωπον eamqve vim illius appellationis esse illico eum adpellat Jehovam Zebaoth, sed simul etiam edit vaticinium de scandalo qvod in persona ejus accepturi sint Jsraelitae, Porro locus manifesto est, C. IX. 6. 7. puer natus est nobis etc:[173] qvis non videt nomini Jmmanuel ibi plura nomina addi qvae vim primum illius nominis abundantius exponunt eo melius intelligetur qvis et qvantus futurus sit promissus is Mariae filius qvi autem hic inter alia nomina ⟨117⟩ [e]tiam inveniatur גִּבֹּר אֵל [m] deprehendetur C. X: [21.][174] locus qvoad hoc promissi filij nomen parallelus. jam si perpendamus ultimo hoc loco dici reliqvias Jsraelis isi conversum ad illum אֵל גִּבֹּר hic parallel Jes: in Jes: ex se dabit hunc sensum vaticinia superiora C. VII. 14. et C. [I]X. 6. non agere de filio qvodam Regio aut Pro[p]hetae etiam[n] de ipso Messia eoqve Θεανθροπο.[175] Atqve sic janua adperta est ad parallel: vaticinij illius C. VII. 14. in Prophetae reliqvo Capite etiam solerter investigandum et observandum qvod suo loco videbitur[176].

§. XI.

Qvartum qvod ab interpreto in expositione scripturae s. spectari debet est hypotiposis υγιαινωτον λογον concentus scriptorum sacrorum symphonicus,[177]

Lect. X: d: 4. Jun.

---

168 Mt 1, 23; vgl. Jes 7, 14.
169 Jes 8, 8, 9–23.
170 Jes 8, 13.
171 Jes 7, 14.
172 Jes 8, 8.
173 Jes 9, 5, 6. (v 7, 8 alten Stils).
174 Jes 10, 21.
175 Jes 7, 14; 9, 6.
176 Jes 7, 14.
177 Zur Lehre von der *analogia fidei* vgl. PH 166 ff.; vorl. Bd., 142.

l Geändert aus: Hiskias.   m Muss heißen: אֵל גִּבֹּר.   n Kürzel schwer lesbar.

cui consona sit oportet cujuslibet loci interpretatio praeceptum hoc hermenevticum dum paucis ad Jesaiam accomodavimus mentionem fecimus Disput: sub praesidio D. D. Maji[178] licet non eo Auctore, habita de Theologia Jesaiana, qva data est opera ut omnis divina V. et N. T. cum ⟨118⟩ hominibus oeconomia delineatur. Attamen non nisi certo respectu hujusmodi tractatio Jesaiae huc pe[r]tinet. Qvid autem omnino illo nostro monito de expositione scripturae menti Uniformis scriptorum sacrorum conformanda velimus clarius auditoribus patere potuit ex introductione generali ad Prophetas utpote qva eos docuimus Prophetas ita interpretari posse ut ex ore Christi Apostolorum Mosis Davidis Prophetarum scriptorum omnium Θεοπνευστόν videatur profeta, saltem eorum testimonio communita interpretatio.[179] cujus rei etiam in ipsam introductione generali Aph: 22: exemplum dedimus occasione dicti Petrini Act: III: 43.[180] Huic Jesu omnes Prophetae et: id vero. etiam atqve etiam tenendum est, opus non esse ut in singulis locis qvae exponenda fuerint concentus ille scriptorum sacrorum symphonicus ostendi possit aut ipsa re ostendetur qvod certe in particularibus vaticiniis qvae Prophetae alicui propria cum paucis ⟨119⟩ [C]omunia sunt, fieri neqvit, d. sufficit si aliqvi [d]e scriptoribus s. producantur qvi in eundem sen[s]um qvem in loco aliqvo adhibitis reliqvis admi[n]iculis exegeticis demonstraverimus locuti sint, [R]eliqva scriptura non contradicente, aut saltem [e]xpositio nostra in se sit analoga et conformis [v]eritati in reliqvis scripturis traditae sic Apostoli [u]t plurimum uno alteroqve testimonio V. T. in [ad]struenda veritate contenti fuerunt, ubi autem [a]nimi eorum ad qvos scripserunt, visi ipsis sunt [l]argius et abundantius commendandi esse e Mose Prophetis et Psalmis testimonia produxerunt Rom: XV. 8. 12. ad consensum Prophetarum omnium provo[c]ant[181] ut ait loco Act: X. 43.[182] et Act. III. 21–24.[183] item C. XXVI. 22[184] 1: Pet: I. 10. 11. 12.[185] 2. Pet: I. 19[186]. imo nubem testium proposuerunt ut Ebr: XI. Coll: C. XII. 1.[187] [qv]os in ipsa Jesaiae interpretatione ut se res dede[ri]nt pluribus exemplis isthaec illustrabimus hanc eo [p]otissimum nomine navaturi operam ut auditores ⟨120⟩ nostri discant solide h. e. scripturam per scr[i]pturam et ex Scriptura interpretari, atqve hoc [mo]do de interpretationis suae veritate suos alio[rum]qve animos plenissime convincere. Coeterum q[vem]admodum Paulus jubet Timotheum habere for[mam] sanorum verborum qvae ab ipso audiverent in f[ide] et dilectione in Christo Jesu 2 Tim I. 13:[188] ita opo[r]tet studiosos exegeseos sacrae habere υποτυποσι[ν] aliqvam doctrinae illorum qvasi cardo

---

178 Majus 1690.
179 Introd. Pr.; vgl. vorl. Bd., 271–317.
180 Act 10, 43.
181 Rom. 15, 8, 12; vgl. Jes 11, 10.
182 Act 10, 43.
183 Act 3, 21–24.
184 Act 26, 23.
185 1Petr 1, 10–12; vgl. Jes 53, 4 f.
186 2Petr 1, 19.
187 Hebr 11; vgl. Jes 12, 1.
188 2Tim 1, 13.

versatur isthuc optime expressit B. Luth: praefat: in J[es:] ubi tandem concludit: also thun alle Propheten[,] daß sie das gegen wärtige recht lehren und str[aff]en, darunter Christi Zukunft und Reich verkü[n]digen, v. das Volck︦ᵒ darauff richten und weisen als auf den gemeinen Heiland beyde der vorigen und der zukünffti-
gen, doch einer mehr denn der andere, und reichlicher als der andere, Esaias aber über sie alle am meisten u. am reichesten, sed velim auditore[s] legere ipsam modo citatam Luth: praefat:[189] Sic deprehendetur doctrina Prophetarum analoga esse doctrinae qvam Christus Apostolis injunxit, hujus qvippe hanc esse svmmam voluit praedicarent in nomine ipsius poenitentiam et re-⟨121⟩missio-
nem peccatorum Luc: XXIV. 47.[190] in studio exegetico wird eben damit der Grund gelegt zum studio Apostolico denn wie man buße und Vergebung predigen müße das kan man aus keinem Collegio homiletico zur geniege lernen am allerbesten aber lernet mansᵖ wie es Christus und seine Apostel gelernet haben und wie es Moses und die Propheten tractiret haben. Ob nun gleich in studio Exegetico noch nicht ex professo darauff gesehen wird in den Schrifften altes und neües Testaments diesem modum docendi zu lehren und anzu weisen, so ist doch viel daran gelegen daß studiosi Exegeseos selbst die ὑποτύπωσιν Doctrinae Apostolicae et Propheticae recht inne haben auch zugleich in ihrer meditation die reflexion machen, daß sie sehen wie es die Männer Gottes angriffen
haben wann sie das volck gestraffet haben, wenn sie sie gelehret und unterrichtet haben damit nach und nach sie instruiret werden mit derselben Art und einen solchen Sinn und solch Gemüth und einen solchen affect kriegen, daß sie selbsten nicht wißen wie ⟨122⟩ daß darnach wann sie künfftig hervortreten u[nd] das Volck lehren an Gottes statt ihre art genuin und conform sey die die Apostel
und Pr[o]pheten gebraucht haben.

§. XII.

Qvintum adiumentum bonae interpretationis est affectuum[191] qvos sermo scripturae sacr[ae] qvovis modo continet accurata et prudens pensitatio Exempla considerationis Exegeticae affectuum in ipso Jesaia et Luthero[192] inprimis et Frantzio[193] protulimus in proximo habitis praelectionibus hermenevticis, qvae propterea nunc attentius ab auditoribus relegenda erunt et ea ratione qvam exempla illa perhibent integrum Jesaiam legere et tractare discant et opitulante spiritu sancto satagant, qva in re per gratiam Divinam ijs praeire studuimus.

---

189 WA XI, 1, 19,34–38.
190 Lk 24, 47.
191 Zur Lehre von den *affectus* vgl. PH 192 ff.; vorl. Bd., 151 ff.
192 WA.
193 Franz 1693.

---

o Geändert aus: Werck.   **p** Gestrichen: [unleserlich] die studiosi in ihren stillsitzen.

§. XIII.

Addidimus his omnibus in praelectionibus praeliminaribus verba Hieronimi Osorij qvae habet in praefatione sua paraphraseos in Jesaiam, ea hic etiam adnotabimus.[194] Sed ⟨123⟩ haec inqvit omnia quae retulimus (:retulerat autem extrema qvaedam adminicula ad intelligendum et recte exponendum Jesaiam conducentia:) Ejusmodi sunt, qvae possint humano studio et industria comparari ad illud autem qvod est praecipue curandum, nullum humanum ingenium qvamvis excellens exstiterit omniumqve bonarum artium disciplinis ex cultum adspirare nunqvam potuit, sunt enim resecandae libidines, repetenda cuncta flagitia, totus deinde animus a Contagio Corporis avocandus, illi qvi divinas opes in sanctis literis abditas atqve reconditas velit inspicere. Ut enim qvi multos annos tenebris inclusi jacuerunt nullo modo possunt solis adversi splendorem sustinere ita qvi terrenis opibus addicti sunt atqve densa flagitiorum caligine circumfusi [n]unqvam divinae disciplinae lucem intueri po[ter]unt: imo qvo acrius voluerint mentis aci[em] in tam solita claritate defigere, eo [mis]erabilius aspectum mentis ipsius amit-⟨124⟩tent. Est igitur necesse omnibus qvi cupiunt in sacrarum literarum studio proficere divinaqve luce frui ut e vitiorum tenebris emergant et se se qvoad fieri poterit e flagitiosa. consvetudine corporis abducant: ut ita liberi atqve sancti valeant in coelestem splendorem aciem mentis intendere arcana coelestia contemplari. Qvod qvoniam humanis viribus fieri neqvit arctius enim vinculum est, qvo est animus adstrictus Corpori qva[m] ut ex eo nostris opibus laxari aliqva ex parte qveamus. Est inprimis nobis Christ[i] Optimi Maximi Numen pijs votis et precibus implorandum ut mentes nostras a Corporis Consvetudine divellat, ut ex omnium vitiorum laqveis exutas suae sapientiae Compotes tandem efficiat. Utrum[qve] egitur opus est ijs qvi studium suum ad sacras literas adjungunt, ut et literis [e]ruditi sint, et Christi numen propitium habeant sic enim est apud Jesaiam: E[t] erit vobis vitio omnium, sicut verba libri signati, qvem cum dederit scienti lite[rae] ⟨125⟩ dicet lege istum librum et respondebit non possum signatus est enim, Et dabitur liber nescienti literas diceturqve ei lege et respondebit nescio literas Ex qvo loco planissime liqvet, nec sine literis, nec sine pietatis studio aditum patere ad sanctarum literarum intelligentiam. Qvamvis tamen utrumqve necessarium sit: Magnum est inter utrumqve discrimen, ut enim aliqvis sine varia literarum disciplina singulari qvodam divini spiritus afflatu scripturae Divinae intelligentiam conseqvatur ut illi fuere qvemadmodum et apud Lucam qvibus dedit Christus mentem ut intelligerent scripturas id tamen accidere nulla ratione potest ut sine spiritu Christi qvisqvam eas intelligat, qvamvis his omnibus disciplinis inprimis eruditus, nisi enim is qvilibrum obsignavit eundem aperiat nemo illum unqvam explicare poterit ⟨126⟩ atqve sapienter evolvere Hactenus Osorius.

---

194 Osorius 1699, 1b–2b (Praefatio).

Verzeichnis der von Francke genannten oder zitierten Schriften

Die von Francke genannten oder zitierten Schriften sind über das Personenregister und die Apparate zu erschließen.
In den Apparaten werden dem Kurztitel der Name des Verfassers und in der Regel das Erscheinungsjahr beigefügt. In wenigen Fällen musste auf jüngere Ausgaben zurückgegriffen werden.

Alberti, Valentin: INTERESSE Praecipuarum Religionum Christianarum, In OMNIBUS ARTICULIS ita deductum, Ut non tantum de causa, propter qvam sic aliterve doceatur, sed & de Thesi Nostra Adversariorumqve Antithesi e Libris Symbolicis utriusqve Partis [...] certo constet [...]. Leipzig und Frankfurt 1681.
    Ders.: [mutmaßl. Verf.]; Johann Fischer [angebl. Verf.]: CHRISTIANI CONSCIENTIOSI Sende-Schreiben/ Darinnen er fraget: Ob Er in der Lutherischen Religion koenne selig werden? [...] Beantwortet von Christiano Alethophilo [...]. Jena ³1713.
Allix, Pierre: REFLEXIONS SVR LES CINQ LIVRES DE MOYSE, pour etablir la verité de la Religion Chretienne [...]. Enthält auch: REFLEXIONS SUR LES QUATRE DERNIERS LIVRES DE MOYSE [...]. Amsterdam 1687.
    Ders.: The book of Psalms, with the argument of each Psalm, and a Preface giving some general rules fort he Interpretation of this sacred Book. [...]. London 1701.
    Ders.: Vernuenfftige Betrachtungen/ ueber die Buecher der H. Schrifft [...]. Aus dem Frantzoesischen uebersetzet [...] von Andreas Christian Eschenbach. Enthält auch: Vernuenfftige Betrachtungen/ Ueber die Vier letzten Buecher Mosis. Nürnberg 1702.
Ausspruch der alten Iüdischen Kirchen wieder die Unitarios in der Streitsache wegen der heiligen Dreyeinigkeit und der Gottheit unsers hochgelobten Heylandes; [...]. Berlin 1707.
Amana, Sixtinus: ANTI-BARBARUS BIBLICVS Libro quarto auctus [...]. Franeker 1656.
Amyraut, Moïse [Moses Amyraldus]: PARAPHRASIS IN PSALMOS DAVIDIS VNA CVM ANNOTATIONIBVS ET ARGVMENTIS [...]. Saumur 1662.
Anton, Paul: ELEMENTA HOMILETICA, in materiam ac usum cum praelectionum, tum exercitiorum & censurarum in hoc genere, [...] consignata a PAULO ANTONIO [...]. Halle 1700.
    Ders.: SPICILEGIUM HISTORICO-ECCLESIASTICUM ex PRAEFATIONE MART. LVTHERI in Libros VET.TESTAMENTI, [...] PRAESIDE PAVLO ANTONIO [...]. Halle 1709.
    Ders.: DE PATHMO LVTHERI IN ARCE WARTEBVRG PROPE ISENACUM, ANIMADVERSIONES HISTORICO-THEOLOGICAE aduersus Card. Pallauicinum aliosque historiographos Romanenses. Halle ⁵1710.
Arndt, Johann: Auslegung des gantzen Psalters Davids des Koeniglichen Propheten [...], Item: Der Catechismus [...] nebenst der Haustaffel [...] in [...] Predigten [...] begrieffen. Lüneburg 1643/1644.
    Ders.: DE VERO CHRISTIANISMO LIBRI IV. [...]. Frankfurt 1658.
Arnobius Gallus [eigentl. Verf.]; Arnobius Africanus [angebl. Verf.]: Commentarij, pij iuxta ac eruditi in omnes Psalmos, per DES. Erasmvm Roterodamum proditi & emendati [...]. Basel 1560.
Arnold, Gottfried: Die Erste Liebe Der Gemeinen JESU Christi/ Das ist/ Wahre Abbildung Der Ersten Christen/ Nach Ihren lebendigen Glauben Und Heiligen Leben [...]. Frankfurt/Main 1696.

Baynes, Ralph: IN PROVERBIA SALOMONIS TRES LIBRI COMMENTARORVM EX IPSIS HEBRAEORVM FONTIBVS MANANTIVM. Authore Rodolpho Bayno [...]. Paris 1555.
Baier, Johann Wilhelm: COMPENDIUM THEOLOGIAE EXEGETICAE In usum Auditorum quondam conscriptum [...]. Frankfurt/Main, Leipzig 1698.
Balduin, Friederich: COMMENTARIUS IN OMNES EPISTOLAS BEATI APOSTOLI PAVLI [...]. Frankfurt/Main 1691.
Bellarmin, Robert: Explanatio in Psalmos. Köln 1611.

Bernhard von Clairvaux: Operum Tomus 2: Sermones In Domenicas Et Festa Per Annum [...]. Köln 1641.

Ders.: Operum Tomus 3: Sermones in Cantica Canticorum Salomonis complectens [...]. Köln 1641.

Bertram, Bonaventura Corneille: De republica Ebraeorum [...]. Leiden 1641.

Besold, Hieronymus: In Primum librum Mose [...] T. 4 In Genesin Eunorationvm [...] Martini Lutheri [...]. Nürnberg 1560.

Biblia
- I. Biblia deutsch
  - Stadische Bibel: BIBLIA, Das ist: Die ganze Heil. SCHRIFT Altes und Neues Testaments/ Verdeutscht durch Doct. Martin Luther/ [...] Nebst einer [...] Vorrede H. JOHANNIS Dieckmanns [...]. Stade 1703.
    (Abk.: Stad. Bibel 1703)
  - Weimarer Ausgabe: Deutsche Bibel I–XII. In: D. Martin Luthers WERKE. Kritische Gesamtausgabe. Weimar 1906 ff.
    (Abk.: WA DB)
  - Piscatorbibel: BIBLIA, Das ist: Alle buecher der H. Schrift des alten vnd newen Testaments [...]. Durch Johann Picator [...] verfertiget. Herborn 1604–1606² (1604 AT I u. II; 1605 AT III u. IV; 1606 NT I u. II).
    (Abk.: Piscatorbibel 1604–1606)
- II. Biblia englisch
  - Canne, John (Hg.): The Holy Bible [...] With marginal notes/by John Canne shewing Scripture to be the best interpreter of Scripture. Amsterdam 1682.
    (Abk.: Biblia engl. ed. Canne 1682)
  - Oxforder Bibel: THE Holy Bible, CONTAINING The Old and NEW TESTAMENTS. [...] Oxford 1709.
    (Abk.: Biblia engl. 1709)
- III. Biblia französisch
  - des Marets, Henry u. Samuel (Hgg.): La SAINTE BIBLE, QUI CONTINENT LE VIEUX ET LE NOUVEAU TESTAMENT. Edition nouvelle, faite sur la Version de Genêve, reveuë & corrigée [...]. Amsterdam 1669.
    (Abk.: Biblia franz. ed. des Marets 1669)
  - de Saci, Louis Isaac Le Maistre (Hg.): LA SAINTE BIBLE EN LATIN ET EN FRANCOIS, AVEC DES NOTES LITTERALES pour l'intelligence des endroits les plus difficiles: ET LA CONCORDE DES QUATRE EVANGELISTES [...]. Paris 1717.
    (Abk.: Biblia franz. ed. de Saci 1717)
- IV. Biblia hebräisch
  - Bomberg, Daniel (Hg.): Biblia hebraica, cum quibus variantibus lectt., quae in Pentateucho paucissimae sunt, in coeteris libris frequentiores [...]. Venedig 1518.
    (Abk.: Biblia hebr. ed. Bomberg 1518)
  - Buxtorf, Johannes (Hg.): BIBLIA SACRA HEBRAICA & CALDAICA Cum MASORA, quae Critica Hebraeorum sacra est, Magna & Parva, ac selectissimis Hebraeorum interpretum Commentariis, [...] collectis, quibus textus Grammatice & historice illustratur. [...]. Basel 1620.
    (Abk.: Biblia hebr. ed. Buxtorf 1620)
  - Michaelis, Johann Heinrich (Hg.): BIBLIA HEBRAICA, [...]. Halle 1720.
    (Abk.: Biblia hebr. ed. Michaelis 1720)
  - Montanus, Benedictus Arias (Hg.): Biblia Hebraica [...]. Antwerpen 1584.
    (Abk.: Biblia hebr. ed. Montanus 1584)
  - Münster, Sebastian (Hg.): Hebraica biblia cum latina translatione adjectis insuper e Rabbinorum commentariis adnotationibus [...]. Basel 1534 (1535).
    (Abk.: Biblia hebr. ed. Münster 1534)
- V. Biblia lateinisch
  - Schmidt, Sebastian (Hg.): BIBLIA SACRA SIVE TESTAMENTUM VETUS ET NOVUM EX LINGUIS ORIGINALIBUS IN LINGUAM LATINAM TRANSLATUM [...]. Straßburg 1697.
    (Abk.: Biblia lat. ed. Seb. Schmidt 1697)

- Tremellius, Immanuel u. Franciscus Junius (Hgg.): TESTAMENTI VETERIS BIBLIA SACRA, SIVE LIBRI CANONICI PRISCAE JUDAEORUM ECCLESIAE ADEO TRADITI [...]. Hannover 1596 (1602).
  (Abk.: Biblia lat. ed. Tremellius 1596)
- Vatablus, Franciscus (Hg.): TESTAMENTI VETERIS ET NOVI BIBLIA SACRA, EX HEBRAEO ET GRAECO LATINA facta, Altera translatio Vetus est [...]. Hannover 1605.
  (Abk.: Biblia lat. ed. Vatablus 1605)

Bochart, Samuel: EPISTULAM AD TAPINVM, QUA SCRIPTURAE SACRAE DIVINITAS ARGVMENTIS INSITIS DEMONSTRATVR. Iamiam ex Opp. Tom. II p. 927–942. SEORSIM EXCVSA. Halle 1716.

Bohl, Samuel: DISPUTATIO PRIMA PRO FORMALI significationis eruendo primum in explicatione SCRIPTURAE SACRAE. Rostock 1637.

Boyle, Robert: COGITATIONES DE S. SCRIPTURAE STYLO [...]. In: Rhoberti Boyle [...] OPERA VARIA [...]. Genf 1680.

Ders.: DE AMORE SERAPHICO SEU DE QVIBVSDAM AD DEI AMOREM STIMVLIS. Genf 1693.

Ders.: EXELLENTIA THEOLOGIAE CVM NATVRALI PHILOSOPHIA [...] COMPARATAE. Genf 1696.

Ders.: AMOR SERAPHICUS. Die Seraphische Liebe, Oder Einige Anreitzungen zur Liebe gegen GOtt [...]. Halle 1708.

Ders.: Gedancken Vom STILO Und Schreib-Art der Heiligen Schrifft. In: Ders.: Auserlesene Theologische Schriften [...] ins Teutsche uebersetzet [...]. Halle 1709.

Ders.: SUMMA VENERATIO DEO AB INTELLECTU HUMANO DEBITA OB SAPIENTIAM PRAESERTIM & POTENTIAM. Die/ Hoechste Verehrung Gottes/So ein menschlicher Verstand demselben schuldig ist [...]. In Ders.: Auserlesene Theologische Schriften [...]. Halle 1709.

Braun, Johannes: COMMENTARIUS In Epistulam ad HEBRAEOS Cum INDICIBUS locupletissimis, & quibusdam TABULIS AENEIS elegantissimis. Amsterdam 1705.

Brenz, Johannes: IN LEVITICVM LIBRVM MOSI COMMENTARIVS. Frankfurt/Main 1542.

Ders.: IN EXODVM MOSI COMMENTARII. Schwäbisch Hall 1544.

Ders.: IN EVANGELII, quod inscribitur, secundum Lucam, duodecim priora capita, Homiliae centum & decem [...]. Frankfurt/Main 1552.

Ders.: ESAIAS PROPHETA, Commentarijs explicatus [...]. Frankfurt/Main 1555.

Ders.: COMMENTARIVS IN LIBRVM IVDICVM [...]. In: OPERVM [...] JOANNIS BRENTII [...] Tomus Secundus: 87–186. Tübingen 1576:

Ders.: In Librum Psalmorum EXPLICATIONES [...]. In: OPERVM [...] JOANNIS BRENTII [...] Tomus Tertius: 192–1515. Tübingen 1578.

Ders.: Breues, sed neruosae Annotationes [...] IN IEREMIAM PROPHEtam, [...]. In: OPERVM [...] JOANNIS BRENTII [...] Tomus Quartus: 869–948. Tübingen 1580.

Ders.: Commentarij in tres Euangelistas. IN Matthaeum. Marcum. Lucam. In: OPERVM [...] JOANNIS BRENTII [...] Tomus Quintus: 1–430. Tübingen 1582.

Ders.: Historia Resurrectionis Christi, e quatuor Euangelistis conscripta & explicata, [...]. In: OPERVM [...] JOANNIS BRENTII [...] Tomus Quintus: 1562–1646. Tübingen 1582.

Ders.: Homiliae in Euangelistam & Apostolum Joannem. In: OPERVM [...] JOANNIS BRENTII [...] Tomus Sextus: 4–776. Tübingen 1584.

Ders.: IN ACTA APOSTOLICA HOMILIAE CENTVM VIGINTI DVAE. In: OPERVM [...] IOANNIS BRENTII [...] Tomus Septimus: 1–476. Tübingen 1588.

Brocardus, Jacobus: LIBRI DVO: ALTER AD CHRISTIANOS DE PROPHETIA, QVAE NVNC COMpleatur in his, quae sunt secundi aduentus Domini: alter ad Hebraeos de primo, & secundo eiusdem aduentu. Leiden 1581.

Buddeus, Johannes Franciscus: INTRODVCTIO AD HISTORIAM PHILOSOPHIAE EBRAEORVM [...]. Halle 1720.

Bugenhagen, Johannes: IN LIBRVM PSALMORVM INTERPRETATIO. VVITTEMBERGAE publice lecta. Basel 1524.

Burman, Frans: Gesetz und Zeugnueß Oder Außlegung Und Betrachtungen Der Geheimnueße wie auch fuernehmsten Sachen des Gesetzes oder der V Buecher Mosis zu gruendlicher Erklaerung so wohl des Juden- alß Christenthums [...]. Frankfurt/Main 1693.

Ders.: SYNOPSIS THEOLOGIAE & speciatim Oeconomiae FOEDERUM DEI, ab initio saeculorum usque ad consummationem eorum, TOMUS PRIOR Praecipue complectitur Oeconomiam VETERIS TESTAMENTI [...]. Amsterdam 1699.

Buxtorf, Johannes: CONCORDANTIAE BIBLIORUM HEBRAICAE [...]. Basel 1632.

Ders.: LEXICON CHALDAICUM, TALMUDICUM ET RABBINICUM, In quo OMNES VOCES CHALDAICAE, TALMUDICAE ET RABBINICAE, quotquot in universis Vet. Test. Paraphrasibus Chaldaicis [...]. Basel 1639.

Calixt, Georg: DISPVTATIO THEOLOGICA DE PRIMATV ROMANI PONTIFICIS [...]. Helmstedt 1650.

Ders.: DE PONTIFICE ROMANO ORATIONES TRES [...]. Helmstedt 1658.

Cameron, Johannes: MYROTHECIVM EVANGELICVM [...]. Saumur 1577.

Capellus, Ludwig: HISTORIA APOSTOLICA ILLUSTRATA [...]. Saumur 1683.

Cellarius, Christoph: DISSERTATIO XIII. De LXX. INTERPRETIBVS habita Ann. 1696. Leipzig 1712.

Chemnitz, Martin: EXAMINIS CONCILII TRIDENTINI [...] OPVS INTEGRVM [...]. Frankfurt/Main 1574.

Ders.: LOCI THEOLOGICI [...]. Wittenberg 1610.

Clarius, Isidor: In sermonem Domini in monte habitum Secundum Matthaeum Orationes sexagintanouem ad Populum. Venedig 1566.

Claromuntius, Scipio: DE CONIECTANDIS CVIVIQVE MORIBVS ET LATITANDIBVS ANIMI AFFECTIBVS LIBRI DECEM. Helmstedt 1665.

Cocceius, Johannes: CENTUM QUINQUAGINTA PSALMI ET EXTREMA VERBA DAVIDIS, CUM COMMENTARIO JOHANNIS COCCEJI [...]. Leiden 1660.
(Abk.: Cocceius, Psalmen 1660)

Ders.: SCHOLIA IN EVANGELIUM SECUNDUM MATTHAEUM. In: OPERUM JOHANNIS COCCEI [...] TOMUS QUARTUS, 3–43. Frankfurt/Main 1689.
(Abk.: Cocceius, Matthäus 1689)

Ders.: EPISTOLA SANCTI PAULI APOSTOLI AD EPHESIOS. In: OPERUM JOHANNIS COCCEI [...] TOMUS QUARTUS, 1012–1119. Frankfurt/Main 1689.
(Abk.: Cocceius, Epheser 1689)

Ders.: EPISTOLA SANCTI PAULI APOSTOLI AD COLOSSENSES. In: COMMENTARIUS IN EPISTOLAS PAULI AD COLOSSENSES, THESSALONIcenses [...]. In: OPERUM JOHANNIS COCCEI [...] TOMUS SEXTUS, 7–70. Frankfurt/Main 1689.
(Abk.: Cocceius, Colosser 1689)

Ders.: LEXICON ET COMMENTARIUS SERMONIS HEBRAICI ET CHALDAICI [...]. Frankfurt/Main ²1689.
(Abk.: Cocceius, Lexikon 1689)

Comenius, Johann Amos: HISTORIA FRATRVM BOHEMORVM, EORVM ORDO ET DISCIPLINA ECCLESIASTICA [...]. Halle 1702.

Crell, Paul: Novum Promptuarium Biblicum, Oder Newe Biblische Concordantien [...]. Frankfurt/Main 1662.

Cunaeus, Petrus: De Republica Hebraeorum, Libri III. Leipzig ²1696.

Dannhauer, Johann Conrad: IDEA BONI INTERPRETIS ET MALITIOSI CALUMNIATORIS QUAE OBSCURITATE DISPULSA, VERUM SENSUM A falso Discernere in omnibus auctorum scriptis ac orationibus docet & plenè respondet [...]. Straßburg 1630.

Ders.: HERMENEVTICA SACRA SIVE METHODUS exponendarum S. Literarum proposita & vindicata [...]. Straßburg 1654.

Danz, Johann Andreas: DAVIDIS in Ammonitas devictos MITIGATA CRVDELITAS, ceu specimen SINCERITATIS SCRIPTVRAE Masorâ throno motâ [...]. Jena 1710.

de Saci, Isaac Louis Le Maistre: Exegetische und moralische Auslegungen Der vier Evangelisten. [...]. Hg. v. Antoine Arnauld, übers. v. Johann Andreas Schmidt. Frankfurt/Main, Leipzig 1706.

Dickinson, Edmund: PHYSICA Vetus & Vera: SIVE TRACTATUS DE Naturali veritate hexaëmeri MOSAICI. London 1702.

Dieckmann, Johann: Teutsche Schriften [...]. Hamburg 1735.
Dieterich, Johann Conrad: ANTIQUITATES BIBLICAE, IN QUIBUS Decreta, Prophetiae, Sermones, Consuetudines, Ritusq[ue] ac Dicta VETERIS TESTAMENTI, DE REBUS JUDAEORUM ET GENTILIUM, Qua sacris, qua profanis expenduntur. [...] Gießen, Frankfurt/Main 1671.
Dilherr, Johann Michael: Disputationum Academicarum, praecipue Philologicarum, TOMUS PRIMUS [...]. Nürnberg 1652. Enthält auch: VIII.D.D.DISPUTATIO PHILOLOGICA, DE USU LECTIONIS SCRIPTORUM SECULARIUM ET Antiquitatis, qvem in altiori etiam litteratura praestant, S. 100–299; XVII: DISSERTATIO DE QVIBUSDAM, IN HISTORIA PASSIONIS, SEPULTUrae & Resurrectionis Dominicae, ex PHILOLOGIA potissimum eruendis, 488–532.
Dionysius Carthusianus: IN OMNES BEATI PAVLI EPISTOLAS COMMENTARIA [...]. Köln 1533.
Dorsche, Johann Georg: DETECTIO MALAE FIDEI PAPALIS Circa PROBATIONES S.S. TRINITATIS, [ET] SIGILLATIM DEITATIS FILII DEI: Pro calumnis WOLFGANGI HERMANNI [...] sistendis. Straßburg 1646.
Draconites, Johannes: COMMENTARIVS. IN PSALTERIVM: & Psalmorum usus. [...] Marburg 1543.

Egard, Paul: Informatorium Christianum, Das ist/ Kurtze vnd nuetzliche Erinnerung/ von der dreyfachen Schule/ als Der Goettlichen/ Der Menschlichen/ Der Teufflischen [...]. Lüneburg 1628.
Ders.: Geistreiche Schrifften. Dritter Theil. [...]. Gießen 1683.
Erasmus Desiderius (von Rotterdam): Opera Omnia. Tom. VI: Complectens Novum Testamentum, cui, in hac ed., subjectae sunt singulis paginis adnotationes. Leiden 1705.
Ders.: IN NOVVM TESTAMENTVM Annotationes, ab ipso autore iam quartum recognitae, & ex Graecis codicibus quos postea nactus est auctario neutiq[uam] poenitendo locupletatae. Basel 1527.
Espagne, Jean d': ESSAY DES MERVEILLES DE DIEV EN L'HARMONIE DES TEMPS. [...]. Genf 1671.
Ders.: SHIBBOLETH OV REFORMATION DE quelques PASSAGES dans les Versions Francoise & Angloise de la Bible. [...]. Genf 1671.
Estienne, Henri: CONCORDANTIAE Graecolatinae TESTAMENTI NOVI [...]. Genf ²1624.
Eucherius (von Lyon): FORMVLARVM INTELLIGENTIAE SPIRITALIS LIBER EIVSDEM [...]. Enthält auch: Epistola paraenetica ad Valerianum cognatu suum. Basel 1530.
Evenius, Sigismundus: Drey Tausend Klagen ueber das verdorbene Christenthum/ Darinnen fuergestellet/ wie nemlich so wol von Predigern und Schul-Lehrern/ als Regenten und Haus-Vaetern allenthalben verstossen wird: Sampt einem Anhange aus [...] Philipp Jacob Speners Schrifften [...]. Quedlinburg 1691.

Flacius, Matthias: CLAVIS SCRIPTURAE S. PARS PRIMA. Basel 1580.
Ders.: CLAVIS SCRIPTURAE SACRAE [...] IN DUAS PARTES DIVISAE [...]. Leipzig 1695.
Flesche, Otto: DISSERTATIO PHILOLOGICA DE VSV LIBRORVM APOCRYPHORVM V.T. IN N. TESTAMENTO [Disputatio. Präses: Georg Johann Hencke]. Halle 1711.
Francke, August Hermann: Commentatio De Scopo Librorum Veteris Et Novi Testamenti. Halle 1724.
Franz, Wolfgang: TRACTATUS THEOLOGICUS PERSPICUUS, De INTERPRETATIONE SACRARUM SCRIPTURARUM MAXIME LEGITIMA [...]. Wittenberg 1693.
Freylinghausen, Johann Anasthasius: Geist-reiches Gesang-Buch/ den Kern Alter und Neuer Lieder/ Wie auch die Noten der unbekannten Melodeyen [...]. Halle ⁷1713

Gaussen, Stephan: DISSERTATIONES [...]. Utrecht ²1678.
Geier, Martin: PROVERBIA REGUM SAPIENTISSIMI SALOMONIS [...]. Leipzig 1688.
Ders.: OPERA OMNIA. QUORUM VOL.I. CONTINET COMMENTARIUM IN PSALMOS DAVIDIS. ALTERUM COMMENTARIA IN PROVERBIA & ECCLESIASTEN SALOMONIS. Amsterdam 1696.

Gell, Robert: An Essay towards the Amendment of the last English translation of the Bible. The first part, on the Pentateuch. London 1659.

Génébrard, Gilbert: PSALMI DAVIDIS VARIIS CALENDARIIS ET COMMENTARIIS GENVINVM SENSVM & Hebraismos aperientibus [...]. Köln 1615.

Gerhard, Johann: COMMENTARIUS SUPER EPISTOLAM AD HEBRAEOS [...]. Jena 1641.

Ders.: COMMENTARIUS SUPER PRIOREM D. PETRI EPISTOLAM [...]. Hamburg, Leipzig 1692.

Ders.: COMMENTARIUS Super Posteriorem D. PETRI EPISTOLAM [...]. Hamburg, Leipzig 1691.

Giustiniani, Agostino: Psalterium Hebraeum, Graecum, Arabicum, Chaldaicum. [...]. Genua 1516.

Glaß, Salomon: PHILOLOGIAE SACRAE [...] LIBRI QUINQUE [...]. Frankfurt/Main, Leipzig 1691.

Glauch, Andreas: DE CONCORDANTIARUM BIBLICARUM USU, Schediasma. Leipzig ^{2}1682.

Goodwin, Thomas: OPUSCULA QUAEDAM Viri Doctißimi (iuxta) & Pientißimi [...]. Heidelberg 1658.

Ders.: MOSES & AARON, SEU CIVILES & ECCLESIASTICI RITUS, ANTIQUORUM HEBRAEORUM [...]. Bremen ^{3}1694.

Gousset, Jacobus: Vesperae Groninganae [...]. Amsterdam 1698.

Grotius, Hugo: OPERA OMNIA THEOLOGICA, IN TRES TOMOS DIVISA [...]. Amsterdam 1679.

Ders.: OPERVM THEOLOGICORVM T. I.: continens ANNOTATIONES AD Vetus Testamentum. Amsterdam 1679.

(Abk.: Grotius I)

Ders.: OPERVM THEOLOGICORVM T. II. VOL. I. continens ANNOTATIONES IN quatuor Euangelia & Acta Apostolorum. Amsterdam 1679.

(Abk.: Grotius II)

Ders.: OPERVM THEOLOGICORVM T. II. VOL. II. continens ANNOTATIONES IN Epistolas Apostolicas & Apocalypsin. Amsterdam 1697.

(Abk.: Grotius III)

Gürtler, Nicolaus: VOCUM TYPICO PROPHETICARUM brevis explicatio. Bremen 1698.

Ders.: SYSTEMA THEOLOGIAE PROPHETICAE. Amsterdam 1702.

Hainlin, Johann Jacob; Jeremias Rebstock; Johann Conrad Zeller: Summarien Oder gründliche Auslegung Uber die gantze Heil. Schrifft Alten und Neuen Testamentes, Wie auch Uber die so genannten Apocrypha [...]. Leipzig ^{2}1709.

Hencke, Georg Johann: DE TEXTU N. TESTAMENTI GRAECO [Disputatio. Präses: Johann Heinrich Michaelis]. Halle 1707.

Ders.: DISSERTATIO PHILOLOGICA DE VSV LXX. INTERPRETVM IN N. TESTAMENTO [Disputatio. Präses: Johann Heinrich Michaelis]. Halle 1709.

Hoffmann, Gottfried: Außerlesene Kern-Sprüche Heiliger Schrift [...] nebst einer ausführlichen Einleitung zum Bibel-Lesen. Leipzig 1705.

Höpfner, Heinrich [Hg.]: De JUSTIFICATIONE HOMINIS PECCATORIS CORAM DEO, DISPUTATIONES DUODECIM, IN UNUM TOMUM COLLECTAE ET EX MULTORUM DESIDERIO, PUBLICO BONO DATAE [...]. Leipzig 1653.

Ders.: DISPUTATIONES THEOLOGICAE ANTEHAC SEORSIM EDITAE NUNC IN UNUM FASCICULUM REVOCATAE. Leipzig 1672.

Hosius, Stanislaus: OPERA OMNIA IN DVOS DIVISA Tomos [...]. Köln 1584.

Huet, Pierre Daniel: DEMONSTRATIO EVANGELICA, AD SERENISSIMUM DELPHINUM [...]. Leipzig ^{4}1694.

Hülsemann, Johann: DE AUXILIIS GRATIAE, Quae vocant, Contra PONTIFICIOS, CALVINIANOS, ET cumprimis ARMINIANOS [...]. Frankfurt/Main 1705.

Hunnius, Aegidius: TRACTATVS DE SACROSANCTA MAIESTATE, AVTORITATE, FIDE AC CERTITVDINE SACRAE SCRIpturae Propheticae & Apostolicae, Veteris & Noui Testamenti. Frankfurt/Main 1591.

Hunnius, Nicolaus: Christliche Betrachtung der Newen Paracelsischen und Weigelianischen Theology [...]. Wittenberg 1622.

Junivs, Franciscvs: Opera Theologica [...]. Tomus Primus [...]. Genf 1613. Enthält: SACRORVM PARALLELORVM LIBRI TRES, 1367–1654.
Kesler, Andreas: Disputatio Inauguralis, Anno 1627. Ienae habita, Sub Praesidio [...] Johannis Maioris [...]. 563 ff. In: Hackspan, Theodor: Disputationum Theologicarum & Philologicarum SYLLOGE, Cui praemissa est eiusdem AUSPICALIS ORATIO DE NECESSITATE PHILOLOGIAE IN THEOLOGIA. Nürnberg 1663.
Kimhi, David: The Commentary of David Kimhi in Isaiah. Edited, with his unpublished allegorical Commentary on Genesis, on the basis of manuscripts and early editions by Louis Finkelstein. New York 1926.
Kircher, Athanasius: Prodomus Coptus sive Aegyptiacus [...]. Rom 1636.
Kircher, Conrad: CONCORDANTIAE VETERIS TESTAMENTI GRAECAE, EBRAEIS VOCIBVS RESPONDENTES [...]. Frankfurt 1607.
Ders.: De CONCORDANTIARUM BIBLICARUM maxime VETERIS TESTAMENTI GRAECARUM, EBRAEIS VOCIBUS RESPONDENTIUM, vario ac multiplici, in sacrosancta Theologia [...]. Wittenberg 1622.
Knatchbull, Norton: ANIMADVERSIONES IN LIBROS NOVI TESTAMENTI Paradoxae Orthodoxae. London 1659.
Köpken, Balthasar: BREVIS INTRODVCTIO AD PROPHETAS = Eine kurtze Einleitung Zu den PROPHETEN: Worinn gezeiget wird/ Zu welcher Zeit ein jeglicher Prophet gelebet/ Was damal fuer ein Zustand im Lande gewesen [...]. Halle 1706.
Kortholt, Christian: DE CANONE SCRIPTURAE SACRAE TRACTATUS [...]. Rostock 1665.
Ders.: HISTORIA ECCLESIASTICA NOVI TESTAMENTI [...] a Christo nato usqve ad seculum decimum septimum [...]. Leipzig 1697.

Lambertus, Franciscus: In Diui Lucae Euangelium Commentarij [...]. Straßburg ³1526.
Ders.: TRACTATUS DE PROPHETIA, LITERA ET SPIRITU [...]. Quedlinburg ²1666.
Lanckisch, Friedrich: CONCORDANTIAE BIBLIORUM HEBRAICO & GRAECO-GERMANICAE [...]. Frankfurt/Main, Leipzig 1680.
Ders.: CONCORDANTIAE BIBLIORUM Germanico–Hebraico–Graecae. [...]. Leipzig u. Frankfurt/Main 1688 sowie Frankfurt/Main, Leipzig ⁴1705.
Lange, Joachim: ANTIBARBARUS ORTHODOXIAE Dogmatico-Hermeneuticus, Sive SYSTEMA DOGMATUM EVANGELICORUM [...]. Berlin 1709 (Bd. 1) u. Halle 1711 (Bd. 2).
Leigh, Edward: CRITICA SACRA, Id est, OBSERVATIONES Philologico-Theologicae [...]. Frankfurt/Main, Leipzig 1696.
Lightfoot, John: HORAE HEBRAICAE et TALMUDICAE in omnes EVANGELISTAS [...]. Leipzig 1675.
Ders.: OPERA OMNIA: Duobus Voluminibus comprehensa [...]. Rotterdam 1686.
[Losius, Johannes Justus, Präses:] Salzmann, Johann Gothofredus: DISSERTATIO PHILOLOGICAM, Qua, HEBRAEOS VETERES CHRISTUM SCRIPTURAE SCOPUM STUDIOSE OLIM QUAESIVISSE [...]. Halle 1709.
Lund, Johann: Die alten Juedischen Heiligthuemer/ Gottesdienste und Gewohnheiten/ fuer Augen gestellet/ In einer ausfuehrlichen Beschreibung des gantzen Levitischen Priesterthums [...]. Hamburg 1704.
Luther, Martin: IN GENESIN ENARATIONVM [...] MARTINI LVTHERI [...] collectarum [...] per Hieronymum Besoldum [...] TOMVS QVARTVS. Nürnberg 1560.
Ders.: Wittenberger Ausgabe lat. Tom. III, 1549 (Hans Lufft), 1553 (Johann Krafft), 1583 (Zacharias Werner).

Majus, Johann Heinrich: SELECTIORES DISSERTATIONES IV. De SCRIPTURA SACRA [...]. Frankfurt/Main, Wetzlar 1690.
Ders.: SYNOPSIS THEOLOGICAE SYMBOLICAE ECCLESIARVM LUTHERANARVM [...]. Gießen 1694.
(Abk.: Majus, Synopsis 1694)

Ders.: EXAMEN HISTORIAE CRITICAE TEXTUS NOVI TESTAMENTI, A P. RICHARDO SIMONIO [...]. Gießen 1694.
(Abk.: Majus, Examen 1694)
Ders.: INTRODUCTIO AD STUDIUM PHILOLOGICUM, CRITICUM ET EXEGETICUM Brevis ac perspicua [...]. Gießen [1699].
Ders.: EPISTOLAE AD HEBRAEOS PARAPHRASIS, SIC ADORNATA, UT IUSTI COMMENTARII LOCUM EXPLERE QUEAT [...]. Gießen 1700.
Ders.: OECONOMIA TEMPORUM VETERIS TESTAMENTI [...]. Frankfurt/Main 1706.
Ders.: OECONOMIA TEMPORUM NOVI TESTAMENTI, Exhibens GUBERNATIONEM DEI IN ECCLESIA AB Adventu Messiae usque ad Finem mundi [...]. Frankfurt/Main 1708.
Melchior, Johannes: OPERA OMNIA THEOLOGICA, EXEGETICA, DIDACTICA, POLEMICA, DUOBUS TOMIS ABSOLUTA, Quibus VETERIS AC NOVI TESTAMENTI LIBRI CONFERUNTUR, EXPLICANTUR, ILLUSTRANTUR [...]. Herborn 1693.
Mercier, Jean: Commentarij In Salomonis Prouerbia, Ecclesiasten, & Canticum canticorum. Genf 1573.
Michaelis, Johann Heinrich: [Verf. ermittelt]: Licht und Recht. O. O. 1704.
Ders.: VBERIORVM ADNOTATIONVM PHILOLOGICO-EXEGETICARUM IN HAGIOGRAPHOS VET. TESTAMENTI LIBROS VOLVMEN PRIMVM, ADNOTATIONES D. IO. HENRICI MICHAELIS, [...] IN PSALMOS, ET CHRISTIANI BEN. MICHAELIS, [...] IN PROVERBIS SALOM. [...]. Halle 1720.
(Abk.: Michaelis I 1720)
Ders.: VBERIORVM ADNOTATIONVM [...] VOLVMEN SECVNDVM, CONTINENS ADNOTATIONES IN LIBRVM IOBI, ET IN V.MEGILLOTH [...]. Halle 1720.
(Abk.: Michaelis II 1720)
Ders.: VBERORVM ADNOTATIONVM [...] VOLVMEN TERTIVM, CONTINENS ADNOTATIONES IN VATICINIVM DANIELIS, ET IN LIBROS ESRAE, NEHEMIAE ET CHRONICORVM. Halle 1720.
(Abk.: Michaelis III 1720)
Mornay, Philippe de: De Veritate Religionis Christianae liber [...]. Herborn 1609.
More, Henry: OPERA THEOLOGICA, ANGLICE quidem primitus scripta, Nunc vero Per Autorem LATINE reddita. London 1675. Enthält auch SYNOPSIS PROPHETICA: SIVE INQUISITIONIS IN Mysterium Iniquitatis PARS POSTERIOR [...].
Ders.: TRIUM TABULARUM CABBALISTICARUM DECEM SEPHIROTAS sive NUMERATIONES EXHIBENTIUM DESCRIPTIO [...]. In: OPERA OMNIA [...]. Tomus prior, 423–443. London 1679.
Muis, Siméon de: OPERA OMNIA, IN DVOS TOMOS DISTRIBVTA, Quorum PRIMVS continet Commentarium Literalem & Historicum in omnes PSALMOS DAVIDIS, & selecta Veteris Testamenti CANTICA. Paris 1650.

Noldius, Christian: CONCORDANTIAE PARTICULARUM EBRAEO CHALDAICARUM [...]. Kopenhagen 1679
NOVUM Testamentum
   I. Neues Testament griechisch
     – Beza, Theodor (Hg.): JESV CHRISTI DOMINI NOSTRI Novum Testamentum [...]. Genf 1598.
      (Abk.: NT griech. ed. Beza 1598)
     – Courcelles, Etienne de (Hg.): Hē Kainē Diathēkē = NOVUM TESTAMENTUM, Editio nova, denuo recusa. Amsterdam 1699.
      (Abk.: NT griech. ed. Curcaellaeus 1699)
     – Erasmus, Desiderius (Hg.): NOVUM TESTAMENTUM JESU CHRISTI FILII DEI. [...]. Frankfurt/Main 1659.
      (Abk.: NT griech. ed. Erasmus 1659)
     – NOVI TESTAMENTI libri Omnes [...]. Oxford 1675.
      (Abk.: NT griech. ed. Oxon. 1675)

- Tēs Kainēs Diathēkēs Hapanta = Novi Testamenti Libri Omnes [...] Nunc denuo ad Exemplar Oxonii impressum revisae [...] Cum Praefatione Nova Augusti Hermanni Franckii [...]. Leipzig 1702.
  (Abk.: NT griech. ed. Oxon. Leipzig 1702, Praefatio u. NT griech. ed. Oxon. Leipzig 1702, Francke, Praefatio Nova)
- Schmidt, Erasmus (Hg.): Novi Testamenti Jesu Christi Graeci [...]. Wittenberg 1638.
  (Abk.: NT griech. ed. E. Schmidt 1638)
- Hē Kainē Diathēkē sive Novum Domini ac Salvatoris nostri Jesu Christi Testamentum [...]. Cum praefatio A. Rechenbergii, P.P. Leipzig (1697) 1702.
  (Abk.: NT griech. Rechenberg, Praefatio 1702)
II. Neues Testament lateinisch
- Flacius, Matthias (Hg.): Tēs Tu Yiu Thev Kainēs Diathēkēs Apanta. Novum Testamentum Jesu Christi Filii Dei [...]. Frankfurt/Main 1659.
  (Abk.: NT lat. ed. Flacius 1659)
- Tremellius, Immanuel u. Franciscus Junius (Hg.): JESV CHRISTI TESTAMENTVM NOVVM, SIVE FEDVS NOVVM. In: TESTAMENTI VETERIS BIBLIA SACRA. Hannover 1596.
  (Abk.: NT lat. ed. Tremellius 1596)

Oecolampad, Johannes: Commentarij omnes in libros Prophetarum [...]. Genf 1558.
Olearius, Gottfried: OBSERVATIONES SACRAE AD EVANGELIVM MATTHAEI. Leipzig 1713.
Olearius, Johannes: ELEMENTA HERMENEVTICAE SACRAE. Leipzig 1699.
Osorius, Hieronymus: PARAPHRASIS, IN ISAIAM: LIBRI V. Köln [1579] 1584.

Paulus Burgensis: Scrutinium Scripturarum contra perfidiam Iudaeorum. Strassburg 1475.
Pfeiffer, August: INTRODUCTIO IN ORIENTEM [...]. Wittenberg 1685.
  Ders.: HERMENEVTICA SACRA [...]. Dresden 1687.
  Ders.: MANUDUCTIO NOVA ET FACILIS AD ACCENTUATIONEM V.T. PROSAICAM ET METRICAM.Dresden 1688.
Pfochenius, Sebastian: DIATRIBE DE LINGVAE GRAECAE N.TEST. PURITATE [...]. Frankfurt/Oder 1689.
Pico della Mirandula, Giovanni: OPera Joannis Pici: Mirandule Comitis Concordie: littera[rum] principis: nouissime accurate reuisa [...]. Straßburg 1504.
  Ders.: Heptaplus de opere sex dierum Geneseos: Apologia tredecim quaestionum. [...] Bonn 1496. Enthält auch QVESTIO QVINTA DE MAGIA NATVRALI ET CABALA HEBREORVM.
Piscator, Johannes COMMENTARII IN OMNES LIBROS NOVI TESTAMENTI: Antehac separatim editi: nunc vero in unum volumen collecti [...]. Herborn 1621.
Poiret, Pierre: DE ERUDITIONE SOLIDA, SUPERFICIARIA, ET FALSA, LIBRI TRES. Frankfurt/Main, Leipzig [Halle/Saale] 1694.
Pollux, Julius: Onomastikon En Bibliois Deka [= ONOMASTICUM Graece & Latine]. Amsterdam 1706.
Poole, Matthew: SYNOPSIS CRITICORUM ALIORUMQUE SACRE SCRIPTURAE INTERPRETUM ET COMMENTATORUM [...]. Vol. 1: Complectens Libros omnes a Genesi ad Jobum. Frankfurt/Main 1678.
Price, John: COMMENTARII IN VARIOS Novi Testamenti Libros [...]. London 1660.
Pritius, Johann Georg: INTRODVCTIO IN LECTIONEM NOVI TESTAMENTI, IN QUA, QUAE AD REM CRITICAM, HISTORIAM, CHRONOLOGIAM ET GEOGRAPHIAM PERTINENT, BREVITER ET PERSPICVE EXPONVNTVR. Leipzig 1704.
[Prophetes] LES DOUZE PETITS PROPHETES: TRADUITS EN FRANCOIS Avec l'explication du sens litteral & du sens spirituel. Tirée des SS. Peres & des Auteurs Ecclesiastiques. Paris 1681.

Reggio, Carlo: ORATOR CHRISTIANVS [...]. Köln 1613.
Reußner, Adam: Psalm-Buch/ Darinn hundert und fuenffzig Psalmen Davids/ Auß dem Hebraeischen [...]. Frankfurt 1683.

Rhegius, Urban: Dialogus Von der herrlichen/ trostreichen Predigt/ die Christus Luce XXIIII. von Jerusalem bis gen Emaus/ den zweien Juengern am Ostertage/ aus Mose vnd allen Propheten gethan hat. Wittenberg 1558.

Ders.: FORMVLAE QVAEDAM CAVTE ET citra scandalum loquendi de praecipuis Christianae locis [...]. Helmstedt 1658.

Rupertus (Tuitiensis): OPERA quotquot hactenus haberi potuerunt, auctiora quam antea. Köln, Mainz 1631.

Ders.: IN MICHEAM PROPHETAM, COMMENTARIORVM LIBER PRIMVS. In: OPERA I, 885 ff.

Ders.: DE GLORIA ET HONORE FILII HOMINIS SVPER MATTHAEVM. In: OPERA II, 1 ff.

Ders.: DE VICTORIA VERBI DEI LIB. XIII. In: OPERA II, 626 ff.

Saubert, Johann: OPERA POSTHVMA [...] edita a JOANNE FABRICIO [...]. Altdorf 1694.

Schmidt, Erasmus: OPUS SACRUM POSTHUMUM [...]. Nürnberg 1658.

Schmidt, Johann: MEMORIALIA VISITATIONIS ECCLESIATICAE. A.C. 1638 [...]. Leipzig 1692.

Schmidt, Sebastian: IN EPISTOLAM D. PAVLI AD HEBRAEOS COMMENTARIVS [...]. Straßburg 1680.
(Abk.: Seb. Schmidt, Hebräer 1680)

Ders.: Commentarius super librum Prophetiarum Jeremiae. 2 Bde. Frankfurt/Main 1685.
(Abk.: Seb. Schmidt, Jeremia 1685)

Ders.: IN LIBRUM JUDICUM COMMENTARIUS [...]. Straßburg 1684.
(Abk.: Seb. Schmidt, Jud. 1684)

Ders.: RESOLUTIO BREVIS Cum PARAPHRASI VERBORUM AC NOTIS PSALMORUM PROPHETICORUM DE CHRISTO [...]. Straßburg 1688.
(Abk.: Seb. Schmidt, Psalmen 1688)

Ders.: IN LIBRVM IJOBI, COMMENTARIVS [...]. Straßburg 1690.
(Abk.: Seb. Schmidt, Hiob 1690)

Ders.: In D. Pauli ad GALATAS EPISTOLAM Commentatio [...]. Kiel 1690.
(Abk.: Seb. Schmidt, Galater 1690)

Ders.: In D. PAULI ad COLOSSENSES EPISTOLAM COMMENTATIO [...]. Hamburg 1691.
(Abk.: Seb. Schmidt, Colosser 1691)

Ders.: IN LIBRUM SALOMONIS REGIS, HEBR. KOHELETH, GRAEC. & LATIN. ECCLESIASTES DICTUM; COMMENTARIUS, in quo Cum TEXTU HEBRAEO, VERSIO EJUS, ANALYSIS, PARAPHRASIS, ANNOTATIONES ET LOCI COMMUNES exhibentur [...]. Straßburg 1691.
(Abk.: Seb. Schmidt, Salomo 1691)

COMMENTARIUS Super ILLUSTRES PROPHETIAS JESAIAE In quo SINGULA CAPITA RESOLVUNTUR ET ANNOTATIONIBUS AD SINGULOS VERSUS ILLUSTRANTUR [...]. Hamburg u. Frankfurt/Main ^{2}1695.
(Abk.: Seb. Schmidt, Jesaia 1695)

Schrevel, Cornelis: THESAURUS, Graecae Linguae. In EPITOMEN, sive COMPENDIUM, REDACTUS [...]. Cambridge 1676.

Spanheim, Friedrich: HISTORIA IOBI. SIVE DE OBSCVRIS HISTORIAE COMMENTATIO [...]. Leiden 1672.

Spener, Philipp Jacob: Einfaeltige Erklaerung Der Christlichen Lehr, Nach der Ordnung deß kleinen Catechismi deß theuren Manns Gottes Lutheri. Frankfurt/Main 1677.

Ders.: Die allgemeine Gottesgelehrtheit aller glaeubigen Christen und rechtschaffenen Theologen.[...]. Frankfurt/Main 1680.

Ders.: Die Evangelische Glaubens-Lehre [...]. Frankfurt/Main 1688.

Ders.: Sprueche Heiliger Schrifft/ welche von weltleuten [...] mißbraucht zu werden pflegen [...]. Frankfurt/Main 1693.

Ders.: Christ-Lutherische Vorstellung/In deutlichen Auffrichtigen Lehr-Sätzen/ Nach GOttes Wort/ und den Symbolischen Kirchen-Büchern/ Sonderlich der Augspurgischen Confession,

Und Unrichtigen Gegen-Sätzen [...]. Wittenberg 1695.
Ders.: Vertheidigung des Zeugnusses von der Ewigen Gottheit Unsers HErrn JESU CHRISTI, als des Eingebohrnen Sohns vom Vater [...]. Frankfurt/Main 1706.
Ders.: CONSILIA ET JUDICIA THEOLOGICA LATINA; OPUS POSTHUMUM [...]. PARS TERTIA. Frankfurt/Main 1709.
Stolberg, Balthasar: EXERCITATIO PHILOLOGICA De Distinctione, cumprimis Novi Testamenti Graeci [...]. Wittenberg 1672.
Suicer, Johann Caspar: THESAURUS ECCLESIASTICUS, E PATRIBUS GRAECIS ORDINE ALPHABETICO exhibens: Quaecunque Phrases, Ritus, Dogmata, Haereses, & hujusmodi alia spectant [...]. OPUS NOVUM [...]. Amsterdam 1682.

Tarnow, Johann: EXERCITATIONUM BIBLICARUM LIBRI QVATUOR, Quorum III. MISCELLANEORUM, ET IV. DISSERTATIONUM [...]. Leipzig 1640.
Ders.: IN PROPHETAS MINORES COMMENTARIUS [...]. Cum Praefatione JO. BENEDICTI CARPZOVII [...]. Frankfurt/Main u. Leipzig 1688.
Taylor, Thomas: Christus Revelatus [...] Sive Tractatus De Typis Insignioribus V. T. [...]. Genf ²1665.
Ders.: Christus Relevatus [...] Sive Tractatus De Typis Ac Figuris [...]. 5., verb. Ausgabe Franeker 1700.
Thomas a Kempis: DE IMITANDO CHRISTO, CONTEMNENDISQVE mundi vanitatibus [...]. Frankfurt/Main 1696.
Til, Salomon van: Einleitung Zu den Prophetischen Schrifften [...]. Frankfurt/Main, Hanau 1699.
Ders.: HET EERSTE BOEK Der PSALMEN [...] (1–41). Dortrecht (1693) ²1696.
Ders.: HET TWEEDE BOEK Der PSALMEN [...] (42–72). Dortrecht 1696.
Ders.: HET DERDE BOEK Der PSALMEN [...] (73–89). Dortrecht (1698) ²1699.
Ders.: HET VIERDE EN VYFDE BOEK DER PSALMEN [...] (90–150). Leiden 1708.
Ders.: Das erste Buch Der Psalmen [...]. (1–41). Frankfurt/Main 1697.
Ders.: Das zweyte Buch Der Psalmen [...] (42–72). Leipzig 1706.
Ders.: Das dritte Buch Der Psalmen [...] (73–89). Leipzig 1707.
Ders.: Das Vierdte und Fuenffte Buch Der Psalmen [...] (90–150). Leipzig 1709.
Ders.: Das Evangelium Des heiligen Apostels Matthei Nach gehoeriger Erklaerung/ durch kurtzbuendige Anmerckungen eroeffnet/ auch durch kraefftige Beweißgruende gegen alle Unchristen und Zweiffeler festgestelt [...]. Leipzig 1705.
Tossanus, Paul: LEXICON CONCORDANTIALE BIBLICUM, Ex VETERI NOVO[que] TESTAMENTO [...]. Frankfurt/Main 1687.

Varenius, August COMMENTARIORUM IN ISAIAM, Pars I. Rostock 1673.
[Gousset, Jacques]: VESPERAE GRONINGANAE SIVE Amica de rebus Sacris COLLOQUIA [...]. Amsterdam 1698.
Vitringa, Campegius: ANAKRISIS APOCALYPSIOS JOANNIS APOSTOLI [...]. Franeker 1705.
Ders.: HYPOTYPOSIS HISTORIAE ET CHRONOLOGIAE SACRAE [...]. Franeker 1708.
(Abk.: Vitringa, Hypotyposis 1708)
Ders.: OBSERVATIONUM SACRARUM LIBRI QUINTUS & SEXTUS [...]. Franeker 1708.
(Abk.: Vitringa, Observ. 1708)

Wagenseil, Johann Christoph: TELA IGNEA SATANAE. Hoc est: Arcani, & horribiles Judaeorum adversus CHRISTVM DEVM, & Christianam Religionem Libri ANEKDOTOI [...]. Nürnberg, Frankfurt/Main 1681
Walther, Michael: EXERCITATIONES BIBLICAE [...]. Rostock 1638.
Ders.: OFFICINA BIBLICA noviter adaperta [...]. Wittenberg ²1668.
Witsius, Herman: MISCELLANEORUM SACRORUM LIBRI IV. QUIBUS De Prophetis & Prophetia [...] Diligenter & prolixe disseritur [...]. Utrecht ²1695.
Ders.: MISCELLANEORUM SACRORUM TOMUS ALTER [...]. Amsterdam, Utrecht 1700.

Zierold, Johann Wilhelm: ANALOGIA FIDEI, PER EXEGESIN EPISTOLAE AD ROMANOS demonstrata, Cum PRAEFATIONE APOLOGETICA, [...] De Fanatissimo, Enthusiasmo [...], contra duos Fanaticos Carnalistas SCHELWIGIUM ET [...] BÜCHERUM, eorumqve horrendos errores [...]. Stargard/Szczeciński 1702.

Bibelstellenregister

1. Buch Mose (Genesis)

1,1	26. 154	9,25	424
1,2 f.	27	9,26	30
1,4	27	9,27	30
1,5	27	10	346
1,7	87	10,21 f.	30
1,11	18. 27	11,1 f.	30
1,14	196	11,26 f.	31
1,16	27	12,1	137
1,26 f.	27. 39	12,1 f.	31
2	212	12,3	33
2,2	28. 137. 138	12,4	387
2,2 f.	138	12,8	357
2,9	434	12,9. 10	293
2,15. 24	304	14	19
2,16 f.	39. 41	14,18–20	89. 413
2,17	29	15	226
2,22 f.	18	15,5	35
2,23 f.	28	15,6	138
2,25	28	15,16	199
3,1	46	16,1. 4	543
3,3	29	16,1–16	524
3,8	469	17,1	475
3,8 f.	43	17,17	33
3,9	137	18,3	87
3,15	18. 20. 28. 46. 57. 63. 293. 424. 432. 522. 523. 543	18,12 f.	33
		18,18	33
		18,20. 21	347
3,20	523	19,24	367
3,21	28	20,2	293
3,22	434	21,10	322
3,24	18	21,10–12	114
4,1	29	22	157
4,2–8	29	22,7	126
4,10	347	22,8	322
4,25	29	22,9	19
4,26	357	22,18	129. 315
5,1	25	23,4	118
5,5	293	24,43	120
5,24	124	25,5	114
5,29	18. 29	25,33	19
7,7 f.	286	26,4	33
7,11	87	32,28	19
8,1. 2. 16	18	32,31	352
8,8	30	37	157. 162
8,9	30	37,24	22
8,21	18	41,14	19
9,20 f.	18	42,18	387

45,26	19	33,13	368
48,16	27	33,14	350. 351
49,9	133. 293	33,14 f.	353
49,9 f.	19	33,14–17	352
		33,15	351. 474
		33,15 f.	350. 351. 368

2. Buch Mose (Exodus)

2,3. 5	28	33,16	351
2,8	120	33,17	350
2,10	19	33,18	353. 355. 356. 368
3	371	33,19	349. 353. 361. 362. 363. 364. 365
3,1	370		
3,2	19. 290	33,19–23	355
3,5	20. 28. 34	33,20	351
3,6	290	33,20–23	348
3,14	365	33,22	354. 355
3,15	522	33,23	356
4,22	521	34	187. 361. 369. 386
5,17	161	34,5	356. 358
12,3 ff.	19	34,5 f.	357
13	351	34,5–7	361
13,2	373	34,6	129. 130. 315. 347. 349. 355. 357. 381
13,21	117. 348. 369		
13 f.	19	34,6 f.	224. 348. 361. 363. 364. 370. 414
14	416		
14,19	117. 348. 373	34,7	315. 349
14,24	373	34,8 f.	367
15	118. 206. 416	34,9	369
15,25	19	34,10	369
19	55	34,10–17	369
19,5	413	34,10 ff.	370
19,16	388	34,14	369
20	156	34,15	41
20,3	123	34,29 f.	359
22,23	522	35,30	358
23	351		

3. Buch Mose (Levitikus)

23,2 (33,2)	349	10,1	324
23,3 (33,3)	349	23,10 ff.	19
23,13 (33,13)	349	25,23	118. 119
23,20	373	25,47	119
23,20 f.	348	26,11	48
23,20 ff.	356. 369. 370. 374		

4. Buch Mose (Numeri)

23,21	348. 365. 369. 370	6,24–26	352
23,22–33	369	10	421
25,40	187	10,21–24	421
29,38. 41	161	10,35	413
31,2	356. 358	14	362
32,32 f.	359	14,17 f.	357
33	355. 361. 368	14,19 f.	369
33,2	368	17,8	19. 22
33,10	373	21,5 f.	348
33,11	368. 372	21,8	47
33,12	348. 368	24,17	133
33,12 f.	349	25	359
33,12–14	350		

5. Buch Mose (Deuteronomium)

4,16	521
6,6–9	373
11,11 f.	34
17,18 f.	413
18,15	293
18,15. 19	348
18,16	155
18,18 f.	280
20	190
23,17	38
25,9	28
26,16–18	139
28	156
31,2 f.	20
31,6–8	139
31,16	41
31,19	205
32	416. 423. 524
32,1	521
32,2	205
32,9. 13	524
32,12–14	118
33,5	185

Josua

1,5	139
2,16	388
3,1 ff.	20
5,9	139
5,13	55
5,15	28
10,3	190
10,24 f.	20
13 f.	20
20,2–6	20
21,44	139
22,4	139
24,26	190

Richter

4,21	20
5	206. 416
5,31	20
6,24	20
7,9 f.	20
13,18	358
14,5 f.	20
14,14	20
14,18	511. 531
14,29	281
16,2 f.	20

Ruth

4,8	28
4,8 f.	20

1. Buch Samuel

2,2 ff.	206
3,1	206
4	421
4,21 f.	421
7	304
13,14	20
17,49	20
17,56	120
20,22	120

2. Buch Samuel

5,4	193
7	303. 414
7,6. 12. 16	545
7,12–14	443
7,14	20. 53. 451
7,18 ff.	443
7,27	487
12,13	86
12,25	29
22	416
22,1 ff.	20
22,47	20
23,1	206. 366. 399. 443
23,2	399

1. Buch Könige

1	20
4,34	37
1–11	194
12–14	194
13,2	397
15–22	195

2. Buch Könige

13,21	21
14,25	222
15,29	545
17	297
18,18	134
20,17 f.	225
21–25	216
22	226
23	209. 226
24	217
25	217

1. Buch Chronik

3,7	197
6,1 f.	21
17	303. 304
17,7–14	545
18	414

24	197
25	197
26	197
27	197
29,5–7	443
29,15	119

2. Buch Chronik

6,10	443
7,1. 11	21
22,11	444
32,8	523
33–36	216

Esra

Esr 8,15	388

Nehemia

Esther

Est 5,1	388

Hiob

3,2	121
19	201
19,25	21
33	201
34,21	42
42,10	21

Psalmen

1	423
1,1–3	424
1,2	373
1,3	424. 434
1,6	373. 455
2	303. 414
2,2. 12	315
2,4	63
2,6	129. 315
2,6 f.	20
2,7	139. 419
2,7–9	365
2,11 f.	35
2,12	130
3	383
6	203
7,10	473
8	303
8,6	21
9	403. 404
10	403. 404
11	403
11,7	21
12	418
12,1–5	418
12,6	418
12,7	418
14,1–3	42
15	422
15,1	315
16	414. 422
16,10	21. 325
17	403
18	20. 300. 403. 409. 422. 427
18,5 ff.	383
18,16 f.	30
18,17	19
19	415
19,2	27
19,5	31
19,6	27
19	53
22	410. 422
23	53
23,5 f.	47
24	53. 303. 413. 422
24,8. 10	117
24,9	413
25	349
25,4	349
25,8	355
25,14	91
27,4	400
29	53
30	54. 402
31,2–6. 13. 22	383
31,3	487
32,10	440
32,11	440
33,6	27
34,8	484
34,15	433
35	410. 411. 422
36,7	62
36,8–10	74
36,9	19
36,10	104
37,35	437
38,22	487
39,13	118
39,13	119
40	188
40,2 f.	383
40,9	433
42	212. 405
42,8	341
45	53. 212. 302. 303. 304. 305. 306. 415

45,2	154. 399	86,15	348. 381
45,7	302	87,1 f.	33
45,7 f.	45	87,2	305
45,8	56	88	209
45,9 f.	27	88,2 ff.	383
45,47	117	89	53. 207. 303. 414
46	53	89,16	27
47	53	89,27 f.	53
48	53	90	397. 401. 405
49,8 f.	450	90,7	397
49,9	436	91	157. 309. 418
49,18	57	91–100	411
50,1	137	92,6	62
50,2	27	92,13 f.	440
51,6	336	93	53. 305
51,20	423	93,3 f.	27
58	324	94,2	474
60,3–6	545	94,11	473
63,6	311	95	53. 137. 397
63,7	487	95,3 ff.	52
67	53. 54. 352	95,7	139
67,7 f.	27	96	53
67,27	280	97	53. 303. 411
68	53. 413. 422. 427	97,7	53
68,18	46	98	53
68,26	120	99	53. 397
69	382	100	53
69,2–4. 15 ff.	383	101	411
69,2 f.	19	101,2	207
69,10	370	102	303
71	337	102,25 f.	366
72	303. 415	103	349. 362
72,10	545	103,3	369
72,16 f.	27. 525	103,7 ff.	374
73	405	103,8	348. 381. 414
73,17	436	104,3	87
74	420	104,4	302
74,1	420	105,1. 43	545
74,10	420	106	405
78,1	37	110	19. 53. 303. 399. 407. 413. 422
78,61	421		
78,62	421	110,1	53. 366. 410
78,63	421	110,2	99
78,64	421	110,4	366
80	352. 415	111,10	48
80,1	422	113	403. 404
80,3	421	114	403. 404
80,6	117	115	403
80,9	545	116	403. 404. 422
80,9–20	525	118	422. 427
80,18	485	118,10–12. 26	357
80,19	485	118,14	545
82,8	64	118,15–17. 22 f.	21
83,19	64	119	412
86,5. 15	414	119,14	434

119,18	84. 91. 412	9,10	454
119,47	434	9,13–18	46
119,54	434	9,13 ff.	40
119,72	434	10	37
119,105	257	24,12	472
119,127	434	24,16	113
130	53	25,27	354
132	303. 409. 411. 414. 419. 421	27,23	89
132,1–10	419	30,19	120
132,11	419		
136,5	27	Prediger	
137,2. 4	207	1,1 f.	211
139,3	474	7,13	21
145	354. 355	12,10	212
145,1–3	52		
145,3	354	Hoheslied	
145,5	354	1,3	120
145,7–9	354	2,3	435
145,8	348. 381. 414	2,4	19
147	403. 404	5,1	19
		5,9	21
Sprüche Salomos		5,13	311
1,1–7. 28–33	37	6,8	120
1,6	37	8,1	455
1,7	48		
1,20	39	Jesaja	
1,23	127. 313	1	163. 309. 417
1,24–31	458	1,2	521
2,16–19	39	1,3	369
2,18 f.	39. 40	1,4	533
3	39	1,5	161
3,32	91	1,6	161
4,18	439	1,9	67. 214
4,19	439	1,16 f.	433
5,5	40	1–6	296
5,16–19	41	1,23	521
6	40	2	213
6,24	40	2,1–4	547
7	211	2,2–4	213. 533
7,6 f.	41	2,3	533
7,7 ff.	40	2,5	534
7,21–23	41	2,6. 15 f.	533
7,22 f.	484	2,10	285
7,27	40	3	212. 213. 214
7 f.	43	4	213
8	40. 42. 211	5	415
8,1	43	5,1–7	525. 545
8,14–16	61	6	206
8,30 f.	26	6,3	206. 519. 520
8,31	21	6,5	305
9	40. 48. 211	7	444
9,1. 3	44	7,7	67
9,4. 12	46	7,13	67
9,7 f.	46	7,13 f.	305

7,14	28. 63. 66. 70. 119. 285. 286. 518. 522. 523. 534. 543. 549	26	206
		28,11. 21	54
7,17	67. 525	28,16	33. 226
7–12	296	29,18	123
8,3	544	32	296
8,6 f.	68	32,1	305
8,8	69. 523. 534. 549	33,7	217
8,9 f.	69	33,17. 22	305
8,9–23	549	38,9 ff.	386
8,10. 13. 14 f.	305	39,6	535
8,11	68	40	400. 535
8,12 f.	69. 523	40,1 f.	199
8,13 f.	524. 549	40,1 ff.	199
8,14	69. 70	40,1–5	535
8,16	37. 305	40,3–5	534
8,7–10	63	40,12	117
8–12	522	41,18 f.	435
9,1	544. 545	41,23	215
9,2	27	42	367
9,3	70	42,1–4	519
9,5 f.	117. 523. 524. 534. 549	42,2–4	323
9,6	70. 545. 549	42,5–8	365
9,6 f.	285. 305. 320	42,6	129. 285. 315. 366
9,8–11	525	43,7. 12	320
9,19	523	43,11	365
10,1. 2. 5. 6	68	43,15	305
10,20 f.	305	44	199
10,21	70. 117. 534. 549	44,3	34
10,27	224	44,5	33
11	383. 414	44,24 f.	320
11,1 f.	434	45	199
11,2	45	45,19 f.	320
11,4	438	45,21	365
11,9	336	45,23	22
11,10	29. 58. 383. 550	49,5 f.	366
12	545	49,6	27. 285
12,1	550	50,4	91
12,2. 4	545	51,3	435
13	296	52,7	129. 224. 305. 315
14	296	52,11	48
14,32	305	53	17. 21. 548
15	296	53,1	22. 23
15,5	123	53,1–12	542
15,28	296	53,2	434
16	296	53,3	436
17	296	53,3. 7. 11	285
18–22	296	53,4 f.	322. 518. 519. 550
19	296	53,5 f.	127. 313
20	296	53,7 f.	540
21	296	53,9	21
22,15 f.	134	53,10 ff.	548
22,22	285	53,11 f.	27
23	117. 296	53,12	154. 324
24	296	54	306. 548
25	206	54,1	285. 524. 543. 548

54,1 f.	27	29,10 f.	305
54,5	548	30	216
55	27. 548	30,2 ff.	216
55,1	19	30,18–22	199
55,1–3	46	30,21	305
55,3	305. 545	30,24	216
55,8 f.	62	31	216
55,12 f.	435	31,4	206
57,7	140	31,15	286
57,17	475	31,22	85. 121
57,20	35	31,34	127
57,54 f.	340	32,19	42
58,8	57. 117	33	216. 414
58,13	28. 35. 48	33,14 f.	285. 320
58,14	524	33,15	22
59,2	118. 123	33,15 f.	305
59,11. 14	118	34,2	216
59,20	286	38,6	22
60	414 f.	39	217
60,3	27	43,8 ff.	216
60,6	545	46	297
60,13	435	47	297
60,13. 21	525	48	297
60,19	367	49	297
61,1	123. 520. 540 f.	50	297
61,10	28	51	297
62,3–5	21		
63,9	359	Klagelieder	
63,9 ff.	374	3,53–56	22
65,17	26	4,21	222
66	296		
66,1	545	Ezechiel	
66,23	28	1,1–3	217
		3	378
Jeremia		4	209
1,10	216	14,14	147
2,20	41. 473	14,14. 20	218
3,1–9	41	16	41. 212
3,34	313	16,8	28
5,1 ff.	212	17,22	22
9,24	347	17,24	22
14,8	33	18,30	161
16,16	27	23	41
16,17	42	25	297
17,4	456	26–28	297
17,8	434	34,16	127. 313
17,10	473	34,23 f.	305
23	216	36,26 f.	48
23,5	285. 305	37,22. 24	305
23,5 f.	22. 305. 320	37,24 f.	305
23,15	305	47,1. 12	435
25	199	47,10	27
26,18 f.	224	48,35	49
29	199		

Bibelstellenregister

Daniel
2,34 f.	438
2,44	285. 305
3	218
4,24	140
4,31	285
4,31. 34	305
6,22 f.	22
6,26 f.	305
7,13. 14. 18. 22. 27	305
7,14. 27	285
9,2	216. 218
9,24	127. 313
9,24 ff.	199
12,4	220

Hosea
1	377
1,1	219
1,7	127. 305. 313. 367
2	212
2,19 f.	47
3	209. 354
3,4 f.	305
3,5	305. 355
6,2	22. 387
6,6	287
10,8	285
11,4	447
12,1	281
12,5	352
13,14	57. 127. 313

Joel
1,2	221
2,13	348
2,14	386
2,28	131. 132
2,28. 29. 32	22
3,17	129. 315
4,16	221

Amos
2,4 f.	221
5,25	222
6,5	207
9,2	305
9,11	22. 132
9,11–15	222
9,11 f.	287

Obadja
7	22
12	222
17	129. 315
20	222
21	129. 305. 315

Jona
1	344
1,2	347
1,3	371
1,4. 11. 12. 13	336
1,5	372
1,9	372
1,17	388
2	285 f. 347. 382. 386
2,1 ff.	22
2,3 ff.	383
2,11	131
3	285 f.
3,9	386
3,10	132
4,2	129. 224. 315. 347. 370–373. 381

Micha
1,1	224
2	223
2,12 f.	132
2,13	22. 305
3,12	224
4,1 ff.	224. 547
4,2	533
4,7	285
4,7 f.	305
5	192
5,1	224. 305. 534
5,2	131. 286
5,4	22
7,18	127. 313

Nahum
1,1	224
1,3	224
1,11 f.	224
1,12 f.	225
1,13	224
1,15	22. 129. 224. 315
3,10	224

Habakuk
1,1–5	225
1,14	27
2,2 f.	26
2,4	22. 112. 130. 141. 225 f.
3	131
3,6	132

Zefanja
3,15	305
3,15. 17	74
3,16 f.	22
3,8–20	130. 316

Haggai
1,11	228
2,4. 9. 21. 22. 23	316
2,4–9	130
2,6 f.	227
2,8	132. 228
2,9	227
2,10	23
2,21–23	130

Sacharja
1,4–6	227
2,1	228
2,9	130
2,9 f.	316
2,10 f.	228
3,1	227
3,4	34
3,8	132. 228
3,8 f.	130. 316
6,12. 15	228
6,12 f.	23. 130. 305. 316
8,22	228
9,9	131. 305
9,11	22
9,17	355
11,13	131
12,8. 10	305
13,1	316
13,7	131
14,9. 16. 17	306

Maleachi
1,10 f.	131
1,11	130–132. 316
1,14	306
3	400
3,1	123. 131. 353. 374
3,1 f.	316
3,1 ff.	130
3,3	23
4,1 f.	228
4,2	27. 35. 130. 281
4,2 (3,20)	316

Weisheit Salomos
1,3–5	47
1,4	91
5	437
10,21 f.	205

Jesus Sirach
1,1	47
21,11	455
21,22	447
24	346
44,16	124
47,9–12	206
48,14	21

Baruch
3,38	45

1. Buch der Makkabäer
2,51–61	132

2. Buch der Makkabäer
1,3	120
1,25	120
3,19	120

Matthäus
1,1	25
1,1–17	25
1,1 ff.	192
1,17	194
1,17 f.	292
1,22	73
1,22 f.	286
1,23	119. 518. 522. 549
2	110. 333
2,1–3	339
2,4–6	286
2,6	224
2,17	286
3,9	334
3,11	28
3,12	437
3,13 f.	56
3,17	29. 348. 450 f.
3,8–10	335
4	157 f.
4,14–16	544
4,16	27. 545
4,17	213
4,19	27
5,3–12	436
5,21 f.	88
6,14	140
7,13	39
7,13 f.	439
7,17 f.	435

7,21–23	39	16,4	129. 223. 315. 318. 338
8,2	111	16,8. 14	284
8,11 f.	334	16,18	47. 86
8,13	111	16,21	333. 334
8,17	518 f.	17	364
8,23 f.	333. 341	17,3	360
8,23 ff.	339	17,5	18. 280. 284. 348. 450. 511
9,2	169	17,9 f.	284
9,3–7	169	17,10	228
9,13	287	17,14	111
9,29	111	17,22	333
9,35	339	17,23	334
10,5	122	17,5. 8	32
10,24	512	19,4 f.	138
10,27	284	20,17. 28	333
10,37	165	20,19	334
11,5	121 f.	21,5	228
11,10	123. 131. 353	21,19 f.	22
11,11	65	21,27	349
11,19	44	21,33. 39	44
11,19. 25	32	21,33 ff.	334
11,25	26. 69	21,33–46	525
11,27	52. 358. 412	21,40 ff.	45
11,28	29	21,41 f.	335
11,28–30	447	21,42	334. 410
11,28 ff.	47	21,43	334
11,29	323	22,1 f.	334
11,9–11	368	22,2 ff.	45
12	321 f.	22,6	46
12,17	323	22,7	45. 335
12,17 f.	322	22,12	34
12,17–21	519	22,29	88
12,23	319	22,31	88
12,29	286	22,43	399
12,33	435	23	324
12,34 f.	153	23,34	44–46
12,36	480. 490	23,35 f.	335
12,38–41	318. 338	24,2 f.	335
12,38 ff.	340	24,14	334
12,39	531	24,37–39	286
12,39–41	285. 332	25,4	46
12,39–42	511	25,31 f.	437
12,40	22. 131	25,34 f.	435
12,40 f.	129. 223	26,31	131
12,41	325	26,41	488
12,42	443	27,9	228
12,46 ff.	165	27,25	335
13,11	32	27,31	228
13,24 ff.	37	27,45. 51. 52. 53	58
13,35	37	27,52	18
13,36	37	27,62–66	321
13,40 f.	315	28,2 f.	321
14,24 f.	333. 341	28,19	334
14,25 f.	284		
16,1	321		

28,19 f.	332	3,18	122
28,20	340	3,23–28	25. 292
		4,6	214
Markus		4,17	540
1,1	26	4,17–21	520
1,7	65. 368	4,17–28. 29	333. 339
3,2 f.	168	4,17–30	540
3,14	122	4,18	122 f.
4,35 f.	333	4,21	540
4,35 ff.	339	4,25–27	334
9,11	228	4,25 f.	322
9,22–24	111	5,6. 10	27
9,31	334	5,5 f.	228
10,32. 33. 45	333	6,20–22. 25 f.	436
10,34	334	6,37	140
14,27	228	6,40	512
14,36	125	6,43 f.	435
16,14	23	7,22	123
		7,35	44
Lukas		7,37–50	169
1	375	8,22 f.	333
1,1–4	230	9,15	333
1,2	283	9,22	334
1,17	228	9,31	290
1,18	400	9,58	30
1,28	73	10,16	282. 284. 332. 512
1,31–33	285	10,21	126
1,32	51. 53	10,24	354. 360
1,33	129. 315	11,22	20
1,41	399	11,29	22. 129. 223
1,43	399	11,29. 30. 32	318. 338
1,44	400	11,29 f.	286
1,63	400	11,30	531
1,67	400	11,31	45
1,68–79	409	11,35	104
1,69	409. 411. 545	11,49	44
1,71	20. 129. 315	12,3	284
1,76	400	12,16–19	474
1,78	27. 228	12,20	474
1,78 f.	281	12,50	333
1 f.	33	13,32	334
2	375	14,16 ff.	45
2,7	30	17,19 f.	335
2,10–14	29	17,27	286
2,14	27. 207	18,1	487
2,16	153	18,14	141
2,19	141	18,31	334
2,23	334	18,33	334
2,24	339	19,9	139
2,26	124	19,14	452
2,29	315	19,41 f.	168. 335
2,30	69	20,24	166
2,32	27. 285. 366	21,6 f.	335
2,51	56	21,36	453
		22,15	334

23,28 f.	335	4,24	207. 487
23,42	86	4,25	281
23,43	87	4,42	316
23,47 f.	58	5,18	53
24	313 f. 381	5,22	437. 452
24,5	24	5,23	53
24,5. 23. 34	20	5,27	452
24,7. 21. 46	334	5,39	185. 280. 337. 409
24,13–35	541	5,39 f.	92. 282. 329. 432
24,21	387	5,40	47
24,23	381	5,44	50
24,25	23. 127. 313	5,46	186. 290
24,25 ff. 32	514. 518	6,15 f.	449
24,27	128. 531	6,44	458
24,27. 45	280	6,51	29. 45
24,30	148	6,53. 58	45
24,32	142. 280. 541	6,54	91
24,44	132. 206. 214. 290. 337. 405. 408. 412. 431. 531	6,63	291. 311
		6,68	46. 311
24,44. 47	298	6,68 f.	91
24,45	91. 408	7,27	125
24,46 f.	23. 46	7,31	320
24,47	551	7,37 f.	435
24,49	334	7,37–39	34
		7,38 f.	46
Johannes		7,39	435
1	473	8,12	27
1,1	26. 52	8,17 f.	450
1,1–3	25. 53	8,25	26
1,4 ff.	27	8,31	114
1,9	27	8,31 f.	115
1,10	25	8,36	322
1,11	451	8,40. 41. 43. 44. 59	46
1,14	25. 45. 47. 64. 348. 351. 355. 360. 365. 519	8,48 f.	324
1,16	281. 359. 435	8,51	124
1,17	365	8,53	124
1,18	25. 280. 349. 360	8,56	31. 354
1,26	369	9,5	27
1,29	21. 285. 322	9,22	339
1,45. 59	319	9,41	45
1,46	291	10,11. 15	57
2,17	370	10,12. 17. 18	334
2,19	45. 334	10,14 f.	440
2,21	45	10,17 f.	57
2,25	324	10,18	21
3,9	322	10,28 f.	47
3,14 f.	47	10,30. 38	348
3,16	45. 74. 125. 456	10,33	53
3,29	28. 303. 368	11,25 f.	319
3,31	28	11,33. 38	168
3,34	45. 56	11,48	340
3,36	455	11,50	339
4,10. 14	34	11,52	31
		11,53	339

12,10	339
12,15	228
12,34	125
12,40	206. 214
13,15	231
13–17	17
14,6	29. 40. 281. 349. 439
14,7–11. 21–23	349
14,8 f.	352
14,10	348
14,13	282
14,17	47
14,21	282
14,22	268
14,23	47. 541
14,30	47
14,30 f.	334
15,5	281
15,13	21. 54. 334
15,16	435
15,17–20	231
15,22	45
16,2	447
16,8	453
16,13	282
16,14	282. 453
16,28	30
16,33	47
17,5. 24	361
17,19	334
17,20–23	31
17,24	440. 451
18,4. 5. 7. 8. 11	334
18,37	324
19,30	21
19,34 f.	58
19,37	228
20,13	257
20,30 f.	230
20,31	95. 258. 291. 322
21,6. 11	27
21,24	230
21,25	230
22,12	435

Apostelgeschichte

1,1 f.	231. 258
1,5	19
1,13	268
1,15	31
2	46. 383
2,1 ff.	31
2,3	55
2,13	19
2,16	221
2,17–21	128. 314
2,21 ff.	149
2,24	18
2,25	414
2,27. 31	21
2,29	383
2,30	423
2,31	325
2,39	137
2,46	148
3	293
3,18	214
3,19	125
3,21–24	550
3,22	293
3,22–24	127. 312
3,23	512
3,24	193. 370. 376
4	444
4,5–23	117
4,11	365
4,12	52. 128. 314. 433
4,23–30	442
4,25	397. 446
4,25 f.	338
4,26	446
4,32	31
5,42	122
7	293
7,42	222
7,42 f.	222
7,44	187
8,30–39	542
8,34	540
9	334
9,4	448
9,4 f.	340
9,31	341
10	128. 314. 334
10,36	454
10,38	449
10,40	334
10,43	52. 126. 128. 228. 271. 281. 312. 314. 337. 370. 376. 550
11	335
12,35	21
13,33	442
13,40–47	168
13,46	223. 386
13,46 f.	335
14,14	165
14,14 f.	168
14,17	43
15	222. 232. 259

15,13 ff.	287	8,9	91
15,15–17	222	8,11. 34	334
15,16	22	8,15	125
15,16 f.	129. 132. 314	8,17	45
16,14	91. 280	8,24	360
17	263	8,27	353
17,11	126. 312	8,31 f.	72
17,23	33	8,32	19
17,28	469. 483	9	233. 260. 335
18,6	169	9,5	52
18,9–11	260	9,6	340
20,34 f.	110	9,15	293
21,10 f.	232	9,22	455
26,22	284	9,26	220
26,22 f.	376	9,29	68. 214
26,23	550	9,33	130. 315
27	229	10	233. 260. 335
28,25–28	168	10,2	115
		10,4	187. 432. 519
Römerbrief		10,9	334
1,1–4	334	10,12 f.	129. 314
1,2	214	10,15	129. 315
1,2. 3. 6. 7	315	10,18	27. 31
1,3	443	11	260. 335
1,4	54	11,11	547
1,16	43	11,22	335
1,17	22. 130. 226. 315	11,25 f.	286
1,19 f.	44	11,26	286
1,20	103	12	233
2	148	12,9	433
2,4	455	13	233
2,18 f.	150	13,11–14	34
3,2	43	13,12	27. 73
3,2–4	68	13,12–14	73
3,21	293	14	233
3,23–26	260	14,9	19. 334
3,25	422	14,17	24. 34. 434
3,28	254	15	233. 300. 335
3,29	129. 315	15,1	166
4	293	15,3	231
4,15	189	15,4	96. 195. 256
4,24 f.	22. 334	15,4 f.	286
4,25	22	15,8. 12	550
5,6–10	334	15,9. 11	287
5,10	57. 334	15,9–12	132
5,12	39. 41	15,12	334
5,12 ff.	293	15,16	335
5,18–20	39	16,20	20
6	345		
6,4–11	334	1. Korintherbrief	
6,11	57	1,10–12	234
7	345	1,15	103
7,4	334	1,22 f.	333
8	345	1,23	334

1,24. 30	44
1,26	137
1,27–29	221
1,30	33. 65. 211
2,1	167
2,2	334. 337
2,3	169
2,4	169
2,6	90
2,7	355
2,8 f.	333
2,9–11	355
2,9–16	151
2,9 f.	360
2,10	52. 357
2,11	309
2,12	115
2,14	26
3,11	29. 432
3,16	34. 47 f.
3,20	474
4,15 f.	152
4,17–19	234
4,20	24
5,1 f.	234
5,7	19. 45
5,8	24
5 f.	170
6,1	234
6,9	38
6,17	56
6,19	48
7,1	234
8	235
8,1	234
9	97. 102. 235
9,6	110
9,9 f.	102
9,16	122
10	235. 383
10,9	348
10,11	189
10,15 f.	236
10,16	105
10,26. 28	98
11,2	234
11,17 f.	235
11,21	235
11,31 f.	457
12,1	235
12,28 f.	283
12,31	235
13	166
13,2. 13	140
13,12	360
14,1	235
14,15	207
14,26	207
15	260. 334
15,1	235
15,1–12	286
15,1–3	334
15,4	18. 334
15,12	235
15,13	57
15,23	18. 19
15,42 f.	100
15,47–49	28
15,55	57
15,58	436
16,1	235

2. Korintherbrief

1,3 ff.	236
1,15 ff.	236
1,19	365
2,4	152
2,5 f.	236
2,17	152. 481
3,13	187. 432
3,13 ff.	103
3,16. 18	360
3,16–18	91
3,16 f.	186
3,18	360
4,3 f.	333
4,5	322
4,6	27. 34. 138. 283
4,17	73
5,1 f.	360
5,7	360
5,9	65
5,10	437
5,14 f.	334
5,15	45
5,16	165
5,17	34
5,18	57
6,2	73. 206
6,14 f.	432
6,16	47. 48
6,16–18	433
7,1	48
7,9–11	165
7,11	242
7,11 f.	169
8,9	231
8 f.	165
8–10	105

9,8	102	5,22	165. 169
9,14	102	5,24	24. 434
10,2. 7. 8. 12–18	101	5,26	238
10–12	101	6,3	456
11	229	6,11	238
11,3–5. 13–15.		6,12	333
18. 21 ff.	101	6,15 f.	34. 148
12,2–19	101		
12,9	100	**Epheserbrief**	
12,11 ff.	101	1,3–23	361
13,1	228	1,6	29
13,4	340	1,17	103
		1,17 f.	91
Galaterbrief		1,19 f.	24
1,1	290	1,20–23	58
1,4	334	1,22	432
1,6	237	1,22 f.	137
1,8 f.	122. 238. 261	2,3	44
2,20	334. 340	2,5 f.	24
3	293	2,10	34
3,2	344	2,11	239
3,6	237	2,11 ff.	262
3,8	293	2,14 f.	31
3,11	130. 226. 315	2,19	118
3,14. 28. 29	287	2,19 f.	137
3,16	292	2,20	32. 283. 432
3,17	293	2,20–22	45
3,22	293	2,20 f.	47
3,24	185. 257	2,22	30. 34
3 f.	170	3	232
4	114. 306	3,1	239
4,1	26	3,2 ff.	131
4,1–3	238	3,5	283
4,4	29	3,6	287
4,6	125. 344	3,8–11. 18 f.	361
4,9 f.	237	3,17	340. 344
4,14–16	237	3,17–19	45
4,17	237	3,20	340
4,17 f.	333	4,8	46
4,19	237 f.	4,8 f.	413
4,21	114	4,11	283. 291
4,21–31	543	4,18	27. 47
4,24	90	4,21 f.	34
4,27	285. 548	4,23 f.	35
4,30 f.	322	4,29 f.	482
5	103	5,1. 2. 22 f.	334
5,1. 4	237	5,6	446
5,6	148. 238. 254	5,8	73
5,7 f.	237	5,14	24. 73
5,11	333	5,18	28
5,15	237. 238	5,18 f.	207
5,16–18	344	5,29 f.	28
5,19	237	5,31	18
5,19. 21	38	5,32	41. 212. 304. 342

Philipperbrief
1,9	372
1,11	47
1,16	333
1,20	436
1,27	241
2,5	231
2,6–8	334
2,15	35
2,16	241
2,17	241
2,24–28	240
2,9–11	59
3,2 f.	333
3,18	152
3,20	34. 118
4,4	455. 460

Kolosserbrief
1,3–8	97
1,5	25
1,7	262
1,7–12	241
1,9	372
1,13	29. 242. 263
1,13–20	361
1,15	27. 352
1,15–20	64
1,21	263
1,23–29	241
1,26 f.	283. 287
1,27. 29	262
1,29	340
2,1	97. 262
2,1. 2. 5. 6. 7	241
2,4	241
2,11	112
2,12	92
2,14 f.	101
2,15	20
3,1 f.	24. 35
3,2	175
3,4	360
3,11	71
3,13	231
3,14	140
3,16	207. 416

1. Thessalonicherbrief
2	165
2,7 f.	152
2,7 ff.	152
2,14–16	333
2,17 f.	242
3,1. 2. 3. 5. 6. 8	242
4,9	91
5,21	199

2. Thessalonicherbrief
1,7–9	452
2	243
2,3 ff.	46
2,8	438
3,17	247. 265

1. Timotheusbrief
1,3–7	243
1,4	25. 292
1,8–17	243
1,9 f.	257
1,18 f.	243
2,4	197
2,14 f.	29
3,14 f.	243. 264
3,16	28. 45. 46. 56. 58. 360
4,5	71
4,7	14
5,18	113
6,16	360

2. Timotheusbrief
1,8	244
1,10	57
1,13	550
2,9 f.	233
2,19	244. 438
3,9	15
3,1. 5	71
3,15	16. 185
3,15–17	256
3,16	399
3,16 f.	96
4,5–8	244
4,6–8	264
4,9	244
4,18	245

Titusbrief
1,5	245
1,10 f.	245. 264
1,14	14
2,11	73
2,12	434
2,12 f.	73
2,13	52
3,6	46
3,10	86

Philemonbrief

6	365
10–12	246

1. Petrusbrief

1,1	251
1,4	435
1,10	214. 283. 375
1,10–12	370. 408. 550
1,10 f.	73
1,11	283. 384
1,17	454
1,18–20	334
1,19 f.	45
1,22	46
2,9 f.	132
2,10	220
2,11	472
2,21–23	231
2,21 f.	324
2,24 f.	519
3,8	140
3,20 f.	18
4,1 f.	231
4,2	145
5,6	454

2. Petrusbrief

1	252
1,12–15	251. 266
1,17	348. 355. 368
1,19	27. 34. 214. 550
1,20	282
1,21	163. 366. 399
3,1	96
3,1 f.	252
3,1 ff.	266
3,4	26. 438
3,13	34
3,15 f.	247. 265
3,17	252

1. Johannesbrief

1,1	26
1,1–3	46
1,3 f.	252
1,6. 8. 10	252
2,4. 6. 9	252
2,6	231
2,15	47. 252
2,18. 22	46
2,18 f.	252
2,26	252
3,2	360
3,16	334
4,1	252
4,12	360
4,16	54
4,17	74
5	366
5,6	58
5,7	366
5,7–9	366
5,9 f.	366
5,19	46
5,20	91
5,20 f.	124
8,35	114

2. Johannesbrief

3. Johannesbrief

Hebräerbrief

1	303. 451
1 f.	99
1,1	43. 185. 248. 280
1,2	23. 451
1,2 f.	25
1,3	27. 45. 54. 124. 352. 355. 434. 450
1,4	451
1,5	20
1,5–10	407
1,5. 6. 8. 10. 11. 12	54
1,6	53. 411
1,8	302
1,9	45
1,10 f.	366
1,13	366
2,1	96
2,1. 3. 4	248
2,2–4	23
2,3	230. 283
2,4	46. 232
2,6–8. 12 f.	407
2,7	21
2,9	57
2,10	340
2,14	20. 28. 30
2,14 f.	57
2,17	365
3	99. 286
3,1. 14	96
3,1. 6. 14	248
3,3	97
3,3. 5	443

3,3–6	322
3,3. 5. 6	45
3,5	290
3,5 f.	57
3,7 ff.	407
3,13	139
3,15	407
4	99. 286
4,2	123
4,7	397
4,8	28
4,9	28. 341
4,10	35. 100. 139
4,12 f.	42
5,7	451
5,10	248
5,11	248
5,12 ff.	248
5. 7–10	99
6	248
6,1	265
6,1	96
6,5	91
6,7	35
6,9 ff.	248
7	19. 89. 413
7,1	248
7,13 f.	133
7,14	197
7,22 ff.	57
7,25	435
7,26	324. 433
7,27	45
8,1	96
8,2	45
8,5	187
9	188
9,11. 12. 14	57
9,14	334
9,14. 26	45
9,15	57. 137
9,24	452
10	188
10,1	361
10,5	334
10,5 f.	30
10,9	433
10,10. 12	45
10,11–13	98
10,13	452
10,19. 25	96
10,24 f. 32–35	248
10,32 f.	333
10,38	130. 226. 315
10,43	149
11	99. 286. 293. 550
11,1–40	511
11,5	18. 124
11,19	19
11,32	32
11,33	218
11,34	218
12	286
12,1–3	99
12,3	149. 339
12,4. 5. 12. 13	248
12,16	19
12,21	55
12,22	129. 315
12,24	451
12,26	228
13,4	38
13,5	139
13,14	118
13,20	57
13,23	247. 265
13,25	247. 265

Jakobusbrief

1	201
1,13–15	42
1,17	37
2,23	254
2,24	140. 147
2,26	34. 148
3,2–13	482
3,5	483
5,2	200
5,11	147
5,13	207

Judasbrief

3 f.	254
15	480
17 f.	255
19	91. 255. 344

Offenbarung

1,1	255
1,4–6	109
1,4–7	335
1,5	19. 334
1,5. 18	334
1,6	16
1,8	21. 520
1,20	133
2,8	19
2,17	91
2,18	473

2,27	446	14,9	291
3,7	135. 281. 285. 298. 408. 540	15,2 f.	206
3,7. 9. 18	520	17,4 f.	46
3,14	26	17,5 f.	46
3,18	28	17,7	41
4,2. 4	520	17,8	111
4,8	206. 520	17,14	449
5,1–9	281. 540	17 f.	41
5,5	19. 133	18,3	46
5,6. 14	65	19	303
5,9	334	19,4–6	303
5,9 f.	335	19,8	27
6,15–17	437	19,10	337. 343. 398. 431
6,16	285. 455	19,12	52
7,9 f.	335	19,15	452
9,3	221	19,16	449. 454
11,15	335	21	303
12,1	27	21,2	303
12,5	452	21,3	351
12,9	46	21,14	283. 335. 512
12,17	46	21,24	27
13	46	22,6 f.	255
13,8	110. 293. 334	22,14	29
13,17	46	22,16	255
14	206		

Personenregister

Amana, Sixtinus   111, 113, 429 f.
Alberti, Valentin   93, 143 f.
Aletophilus, Christian   s. Valentin Alberti
Allix, Pierre   29, 209 f., 374, 430, 543
Ambrosius   147, 426, 538
Amyraut, Moïse (d. i. Amyraldus, Moses)   XIX, 283, 311
Anastasius   155
Anton, Paul   92, 140, 186
Arias Montanus, Benedictus   123
Arndt, Johann   89, 119, 209, 300, 428
Arnold, Gottfried   207
Arnobius d.J.   426
Athanasius   XVIII, 210, 247
Augustinus   XVIII, 52 f., 84, 100, 104, 130, 136, 146 f., 155, 192, 210 f., 215, 337, 354, 426, 538 f.

Baier, Johann Wilhelm   149 f.
Basilius v. CaesareaI   XVII, 36 f., 107, 406
Bellarmin, Robert   XIX, 429
Bernhard von Clairvaux   XVIII, 26, 56, 116, 153 ff., 159, 163, 309, 311, 329
Bertram, Bonaventura Corneille   513
Besold, Hieronymus   289
Beza, Theodor   343
Bochart, Samuel   126, 219
Boyle, Robert   XVIII, 32, 84, 107, 299
Braun, Johannes   XIX, 91, 96
Breithaupt, Joachim Justus   6
Brenz, Johannes   50, 54, 59–63, 67, 69, 72, 110, 115, 126 f., 153, 158 f., 163, 188, 195, 204 f., 216, 277, 291, 300, 303, 305, 312 f., 362, 364 f., 409, 420, 427
Brocardus, Jacobus   319
Buddeus, Johannes   375
Bugenhagen, Johannes   XVIII, 62, 153, 157 f., 163, 208 f., 299, 305, 309 f., 418, 427, 432 f., 438
Burman, Frans   XIX, 31, 126, 192, 291
Buxtorf, Johannes   112, 136, 289, 351

Caietanus, Tommaso de Vio   143
Calixt, Georg   143
Cameron, Johannes   289
Canne, Johannes   XIX, 135, 138, 288
Capellus, Ludwig   XIX, 229

Cassiodorus   210
Causabonus, Isaac   162
Chemnitz, Martin   XVIII, 88, 148, 184, 230, 239, 248–255, 255, 293, 306, 308 f., 366
Cellarius, Christoph   87
Cicero   38, 107, 109, 166, 202 ff., 246
Clarius, Isidor   364
Cocceius, Johannes   XIX, 101, 117, 123, 136, 199, 210, 277, 358, 364 f., 430
Coeppelius, Leonhard   121
Comenius, Johann Amos   208
Courcelles, Etienne de   288
Crell, Paul   135
Cunaeus, Petrus   513
Cyrillus   230

Dannhauer, Johann Conrad   96, 124 f., 145, 150, 153 f., 162 f.
Danz, Johann Andreas   86
Demosthenes   203
Dickinson, Edmund   87
Dieckmann, Johann   110 f.
Dieterich, Johann Conrad   136
Dilherr, Johann Michael   136
Dionysius Carthusianus   113
Dorsche, Johann Georg   117
Draconites, Johannes   300, 383, 427

Egard, Paul   201
Erasmus von Rotterdam   XIX, 86, 128
Ezardus, Sebastian   11
Eucherius von Lyon   57

Flacius, Matthias   36, 108, 128, 153, 159 f., 163, 309, 314, 372 f.
Flavius Josephus   335
Franz, Wolfgang   XVIII, 9 f., 14, 95, 105 f., 113, 121 ff., 153, 161 ff., 169 f., 235, 308 f., 359, 417, 534, 551
Freylinghausen, Johann Anastasius   205, 208, 393, 416, 497
Friedrich III., Kurfürst von Brandenburg   15

Gaussen, Stephan   136, 289
Geier, Martin   38, 40, 118 f., 210 f., 300, 373, 396, 428 f.
Gell, Robert   123, 353

Gerhard, Johann   XVIII, 209, 247
Génébrard, Gilbert   429
Giustiniani, Agostino   428
Glaß, Salomon (Glassius)   XVIII, 36, 62, 88 f., 94 f., 97, 158, 184 f., 337, 372 f., 538
Glauch, Andreas   136
Goodwin, Thomas   XIX, 29, 64, 99, 291, 513
Gregorius Magnus   147
Gregorius Nyssenius   107, 146
Gregorius Thaumaturgus   146
Grischow, Johann Heinrich   177, 180 f.
Grotius, Hugo   XIX, 100, 113, 120, 128, 133, 136, 140, 225, 314, 429
Gürtler, Nikolaus   XVIIIf., 214, 225, 295, 309, 377, 420, 530

Hencke, Georg Johann   141
Hieronymus   123, 132, 146, 210, 212, 225, 426
Hoffmann, Gottfried   95
Höpfner, Heinrich   112, 141, 226
Hosius, Stanislaus   XIX, 93
Horaz   162
Huet, Pierre Daniel   XIX, 120
Hülsemann, Joachim   XVIII, 140
Hunnius d.Ä., Aegidius   88
Hilarius von Poitiers   210, 406, 420

Johannes Chrysostomus   XVIII, 99, 107 f., 147, 151, 406, 426
Jonas, Justus   157
Junius, Franziskus   112, 136, 315 f., 320, 348, 350, 352, 369, 371
Juvenal   162

Kesler, Andreas   285
Kircher, Conrad   136, 289
Knatchbull, Nortonus   XIX, 111
Kophius, Balthasar   XVIII, 539, 545
Koepken, Balthasar   213, 279, 294, 377
Kortholt, Christian   XIX, 91, 93, 143

Lambertus, Franciscus   92, 141
Lanckisch, Friedrich   135
Lange, Joachim   89
Leigh, Edward   XIX, 136
Lerin, Vincent   367
Lightfoot, John   136, 213, 298, 301, 387, 402
Losius, Johannes Justus   138
Lund, Johann   291, 513
Luther, Martin   XVIII, 9 ff., 14, 62, 91 f., 101 ff., 117, 122 f., 126, 142 f., 145 f., 153–158, 160, 162 f., 169, 177, 186–189, 201 f., 204, 208, 210 f., 213, 222, 234, 236, 238, 243–246, 249 ff., 254, 285, 289, 294 f., 299, 310, 312, 327, 357, 366, 380, 386, 401, 406, 417 f., 423, 426 f., 510, 513, 534, 537, 543, 551

Macarius von Ägypten   331 f.
Maimonides   320, 351
Majus, Johann Heinrich   99, 108 f., 136, 140, 225 f., 285, 316, 537, 550
Melchior, Johannes   120
Mercier, Jean   211 f.
Michaelis, Christian Benedikt   211
Michaelis, Johann Heinrich   108, 141, 147, 196–198, 201, 385
Montanus, Benedictus Arias   112, 123
Morus, Henricus   XIX, 309, 375
Münster, Sebastian   362, 364
Muis, Siméon de   429

Noldius, Christian   136
Oekolampadius, Johannes   113
Olearius, Gottfried   88
Olearius, Johannes   101, 109, 150
Origines   426
Osorius, Hieronymus   66, 501, 538, 552

Paulus Burgensis   113, 422 f.
Persius (d. i. Aulus Persius Flaccus)   162
Peschuta, Merca   112
Pfeiffer, August   145
Picun, Johannes   375
Piscator, Johannes   XIX, 117, 123, 247, 350, 356, 363
Podczeck, Otto   196
Poiret, Pierre   48
Pomeranus (s. Bugenhagen, Johannes)
Poole, Matthew (Polus)   316
Pratens, Felix   112
Price, John (Pricaeus)   136, 429
Pritius, Johann Georg   109, 135, 288
Procopius von Caesarea   190

Quintilianus   147, 151, 204

Rabbi Bechai   363
Rabbi Menachem   363
Rechenberg, Adam   288
Reußner, Adam   299, 427
Rhegius, Urban   130, 250, 316
Robertson, William   136
Rupertus Tuitiensis   53, 63, 136 f., 199 f., 223, 278, 298, 301, 307, 313, 329 f., 377–380, 546

Saubert, Johann   XIX, 350, 356
Schmidt, Erasmus   31, 86, 119 f., 123, 136, 151, 289
Schmidt, Sebastian   XIX, 98 f., 112 f., 117, 192, 201, 211, 215 f., 247, 294, 299, 356 f., 363, 428
Seneca   144
Spalatin, Georg   380
Spanhem, Friedrich   375
Spener, Philipp Jakob   XIX, 88 f., 92 f., 101, 113, 257
Stephanus, Henricus   112, 135, 222, 289
Stolberg, Balthasar   109
Suicer, Johann Caspar   136

Tarnow, Johann   XIX, 113, 129, 131, 222, 225, 294, 315, 377
Taylor, Thomas   XIX, 126, 129, 315

Theodoret von Cyrus   282, 426
Thomas a Kempis   54
Til, Salomon van   XVIII, XIX, 123, 210 f., 295, 405, 430, 530
Tossanus, Peter   XIX, 135
Tremellius, Immanuel   112, 117, 348, 356 f.

Varenius, August   213, 219, 294
Vatablus, Franciscus   112, 133, 362 f.
Vitringa, Campegius   XIX, 120, 133, 135, 220 f., 224, 291
Witsius, Herman   XIX, 64, 290, 295
Wagenseil, Johann Christoph   120
Walther, Michael   95, 200, 212, 215, 217, 406
Wol(t)zogen, Johann Ludwig   89

Zierold, Johann Wilhelm   145

Sachregister

adfectus 6. 69. 70. 71. 151. 152. 153. 159. 160. 161. 162. 163. 202. 203. 204. 209. 243. 252. 310. 323. 324. 325. 326. 327. 328. 329. 350. 358. 364. 367. 368. 522. 534. 537. 538
adminicula 107. 147. 164. 196. 209. 284. 289. 291. 294. 301. 309. 316. 537. 552
–, exegeseos 95. 104. 105
–, externa 316. 526
–, specialissima 532
–, generalia/Haupt-adminicula 518. 532
–, hermeneutica 114. 146. 151. 164. 295. 509. 532. 536
–, interpretandi/interpretationis 106. 115. 152. 167. 307. 308
adplication 71. 137. 138. 139. 140. 151. 286. 331. 346. 379. 521
aedificatio 13. 128. 139. 164. 166. 197. 207. 208. 232. 236. 243. 256. 283. 304. 342. 508
– Erbauung 466. 477. 491
affectus 9. 88. 126. 134. 142. 151. 152. 153. 154. 155. 156. 157. 158. 159. 160. 161. 162. 163. 164. 165. 166. 167. 168. 169. 170. 171. 209. 291. 308. 309. 310. 311. 313. 371. 372. 406. 417. 418. 420. 446. 468. 478. 479. 537. 551
Allmacht (Gottes), allmächtig 445. 467. 475
–, omnipotentia Dei, omnipotens 17. 61. 99. 100. 158. 209. 305. 321
analogia fidei 142. 143. 144. 145. 146. 147. 148. 149. 150. 151. 212. 537
Anfechtung (s. vexationes) 460
animi motus 160. 169. 203. 204. 372
(animi) perturbatio 64. 67. 166. 308. 339
Antichrist/antichristum 46. 207. 252. 424. 438. 445. 449
antitypus 21. 22. 31. 33. 325. 326. 332. 333. 335. 336. 339. 340. 342. 354. 379
application 32. 98. 100. 188. 424. 479. 511. 521. 532. 543
ardor 12. 13. 155. 157. 203. 308
auctoritas (Scripturae) 31. 334. 336. 344. 382. 542

baptismus/baptisma 56. 112
Bekehrung 432. 439. 452. 538

conversio 376. 547
certitudo (verbi Dei) 72. 108

cognitio Dei/Jesu Christi 13. 32. 50. 188. 189. 191. 218. 239. 242. 255. 259. 274. 280. 290. 293. 300. 311. 317. 318. 347. 349. 352. 362. 372. 379. 381
cognitio Scripturae 91
cognitio naturalis 103
cognitio humana 103
concentum (Scripturae) 142. 145. 147. 149, 151. 303. 549. 550
conscientia 90. 101. 115. 156. 211. 236. 243. 248. 308. 320. 329. 344
–, Gewissen 448. 457. 458. 477. 481. 488. 489. 491
consensum Scriptorum 128. 314
consensum Euangelistarum 130
consensum Prophetarum 550

demissio 104
Demut 458
–, modestia 134
doctrina christianae 233. 234. 343. 348. 252. 263. 265. 542
doctrina apostolica 242. 246. 247. 251. 255. 268. 284. 293. 332. 336. 342. 344. 551
doctrina Scripturae 247. 291. 293. 298. 341
ductus Scripturae 59. 375

haeresis 72. 144. 204. 235
haereticus 11. 72. 86. 109. 155
honor Dei 14. 214
honor Filii 63. 65

imago Dei 27. 35. 43. 54. 64
interpretatio Scripturae/der Schrift 89. 93. 95. 102. 105. 106. 113. 142. 142. 143. 144. 145. 149. 150. 151. 153. 184. 308. 309. 343. 359. 417. 514. 518. 537. 546
iustificatio 27. 45. 138. 140. 141. 148. 149. 232. 233. 237. 238. 241. 249. 250. 261. 287. 293
iustitia Dei 23. 127. 191. 199. 208. 313. 347
iustitia fidei 22. 112. 238. 249. 254. 332

lectio dogmatica 184
lectio exegetica 418

meditatio Scripturae/der Schrift 90. 92. 141. 546
meditatio verbi divini 6
meritum Christi 240. 250. 281
mysterium Christi 232. 255
mysterium crucis 22. 201. 218, 327. 328. 333. 340. 341. 380. 384. 385. 386

officio Jesu Christi 231. 248. 259. 293

perfectio Scripturae 108. 143
perspicuitas Scripturae 108. 143
praedestinatio 233
precatio 204. 349. 352. 353. 355. 368
–, Gebet 412. 418. 442. 444. 445. 451. 476. 478. 480. 486. 487. 488. 492. 541
–, oratio 24. 40. 59. 68. 107. 118. 125. 126. 134. 153. 158. 160. 168. 208. 241. 254. 294. 303: 310. 311. 329. 346. 382. 383. 386. 534. 542

Reformation 416. 418. 422. 426
–, reformatio 59. 92. 157. 199. 208
res externae 246. 265. 342. 343. 344
res internae seu spirituales 342. 343. 344
revelatio 358
rhetorica 12. 415. 538

sacra coena 148. 250. 260
sanctificatio 33. 65. 69. 251
– Heiligung 523

sanctitas 56. 57. 96. 129. 142. 219. 251. 266. 315. 323. 324. 352
sensus adulterinus 85. 86. 88. 93. 101
sensus allegoricus 90. 133. 134
sensus analogicus 90
sensus falsus 85. 86. 88. 93
sensus fidei 145. 146. 147
sensus genuinus 10. 83. 84. 85. 86. 89. 90. 92. 93. 95. 101. 103. 104. 106. 107. 111. 113. 114. 116. 122. 163. 295. 521. 534. 536. 537. 539. 545
sensus literalis 9. 32. 39. 87. 88. 89. 90. 92. 98. 100. 101. 102. 103. 113. 114. 116. 119. 124. 126. 130. 133. 134. 135. 150. 188. 209. 343. 344. 346. 522. 524. 532. 534. 542
sensus litterae 37. 85. 86. 88. 90. 92. 98. 103. 110. 113. 114. 116. 117. 119. 120. 121. 123. 124. 128. 135. 150. 210. 313. 344
sensus mysticus 89. 90. 91. 98. 102. 114. 116. 133. 134. 135. 209. 342. 343. 344
sensus spiritualis 90. 91. 92. 103. 104. 130. 134. 150. 374
sensus tropologicus 90
status gloriae 187
status gratiae 191
status integritatis 40

tentatio 158. 201. 202. 203. 234. 241. 321. 385
textus authenticus 9. 10. 11. 13. 15. 16. 289

vexationes 243. 247. 251. 266

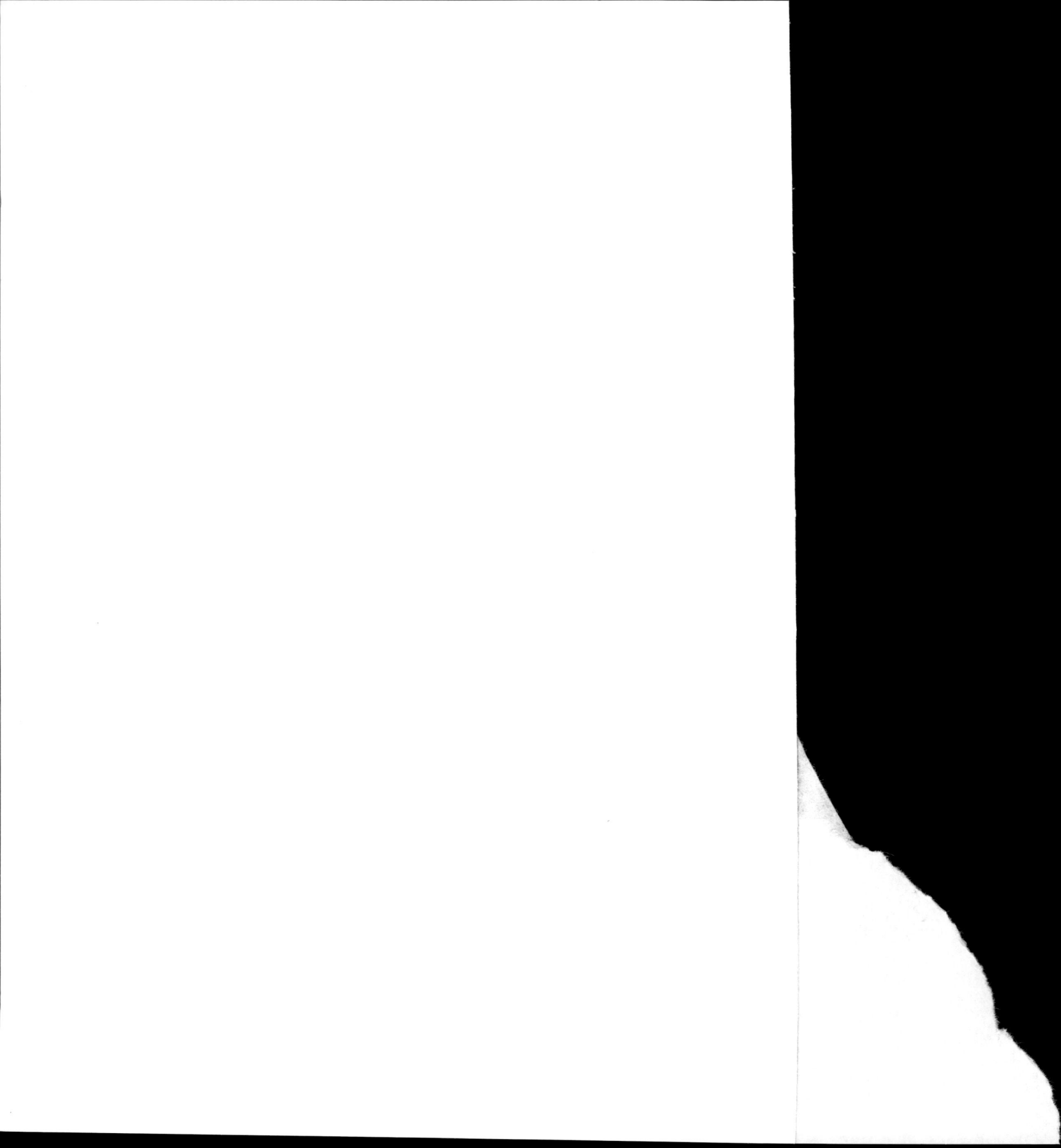